독자의 1초를 아껴주는 정성!

세상이 아무리 바쁘게 돌아가더라도
책까지 아무렇게나 빨리 만들 수는 없습니다.
인스턴트 식품 같은 책보다는
오래 익힌 술이나 장맛이 밴 책을 만들고 싶습니다.
길벗이지톡은 독자여러분이 우리를 믿는다고 할 때 가장 행복합니다.
나를 아껴주는 어학도서, 길벗이지톡의 책을 만나보십시오.

독자의 1초를 아껴주는 정성을 만나보십시오.

———

미리 책을 읽고 따라해본 2만 베타테스터 여러분과
무따기 체험단, 길벗스쿨 엄마 2% 기획단,
시나공 평가단, 토익 배틀, 대학생 기자단까지!
믿을 수 있는 책을 함께 만들어주신 독자 여러분께 감사드립니다.

홈페이지의 '독자광장'에 오시면 책을 함께 만들 수 있습니다.
(주)도서출판길벗 www.gilbut.co.kr
길벗이지톡 www.eztok.co.kr
길벗스쿨 www.gilbutschool.co.kr

동영상 강의 보는 방법

1 | 길벗/이지톡 홈페이지(gilbut.co.kr)에서 로그인한 다음 검색창에 '시나공 토익 리딩'을 검색합니다.

2 | 해당 책을 클릭한 다음 상세 페이지로 들어가 '동영상 강좌'를 클릭합니다.

3 | 무료(0원)로 표시된 동영상 강좌를 '수강 신청'한 후 수강할 수 있습니다. 무료 강좌이기 때문에 결제하지 않습니다.

〈시나공 토익 기본서〉가 제공하는 부가 자료

모든 부가 자료는 다운로드할 수 있고, mp3는 실시간으로 들을 수도 있습니다.

시나공 토익 리딩

- 실전 모의고사 RC 1세트
- 패러프레이징 훈련 노트
- 지문 유형별 단어 암기장

시나공 토익 리스닝

- 실전 모의고사 LC 1세트
- 책 전체 MP3   다운로드 + 실시간 듣기 가능
- 파트 1 고난도 기출표현
- 파트 2 유사 발음 정리
- 파트 3 패러프레이징 모음집

부가 자료 다운로드 방법

1 | 길벗/이지톡 홈페이지(gilbut.co.kr)에서 로그인한 다음 검색창에 '시나공 토익 리딩'을 검색합니다.

2 | 해당 책을 클릭한 다음 상세 페이지로 들어가 '자료실'을 클릭합니다.

3 | '자료실'에서 MP3나 학습자료를 선택해 다운로드할 수 있습니다. (MP3는 실시간 듣기 가능)

시험에 나오는 것만 공부한다!

시나공 토익 MAP

실전서
권장점수 600점 이상

10 회분 12,900원	10 회분 12,900원	12 회분 22,000원
950 1000제 LC	950 1000제 RC	950 실전 모의고사

고득점 공략
950 시리즈

5 회분 9,900원	5 회분 9,900원	8 회분 15,000원
D-5 실전테스트 S1	D-5 실전테스트 S2	실전 모의고사 S2

끝장 가성비
실전 문제집

12 회분 12,000원	20 회분 15,000원	12 회분 16,000원
파트 1, 2, 3, 4 실전 문제집	파트 5, 6 실전문제집 S2	파트 7 실전문제집 S2

부족한 파트만
공략하는
파트별 문제집

이론 + 전략서
권장점수 500~700점

750 완벽대비	850 단기완성	출제순위 파트 5,6

목표 점수대를
공략하는
이론+전략서

기본서
권장점수 500~700점

LISTENING	READING	VOCABULARY	기적의 토익보카

실전용 기본기를
다지는
기본서

입문서
권장점수 400~500점

START (LC+RC)	BASIC LC	BASIC RC	BASIC VOCA

체계적인
시작을 위한
입문서

시험에 나오는 것만 공부한다!

시나공 토익

READING

구원 지음

길벗
이지:톡

시나공 토익 READING

초판 1쇄 발행 · 2018년 11월 30일
초판 2쇄 발행 · 2019년 7월 29일

지은이 · 구원
발행인 · 김경숙
발행처 · 길벗이지톡
출판사 등록일 · 2000년 4월 14일
주소 · 서울시 마포구 월드컵로 10길 56 (서교동)
대표전화 · 02) 332-0931 | **팩스** · 02) 322-6766
홈페이지 · www.gilbut.co.kr | **이메일** · eztok@gilbut.co.kr

기획 및 책임편집 · 김지영(jiy7409@gilbut.co.kr) | **디자인** · 최주연 | **제작** · 이준호, 손일순, 이진혁
영업마케팅 · 김학흥, 장봉석 | **웹마케팅** · 이수미, 최소영 | **영업관리** · 심선숙 | **독자지원** · 송혜란

전산편집 · 기본기획 | **CTP 출력 및 인쇄** · 예림인쇄 | **제본** · 신정문화사

- 이 도서의 국립중앙도서관 출판예정도서목록(CIP)은 서지정보유통지원시스템 홈페이지(http://seoji.nl.go.kr)와
  국가자료공동목록시스템(http://www.nl.go.kr/kolisnet)에서 이용하실 수 있습니다.(CIP제어번호: CIP2018035418)

ISBN 979-11-5924-208-3 03740
(이지톡 도서번호 000970)

정가 19,800원

독자의 1초까지 아껴주는 정성 길벗출판사

(주)도서출판 길벗 | IT실용, IT/일반 수험서, 경제경영, 취미실용, 인문교양(더퀘스트) www.gilbut.co.kr
길벗이지톡 | 어학단행본, 어학수험서 www.eztok.co.kr
길벗스쿨 | 국어학습, 수학학습, 어린이교양, 주니어 어학학습, 교과서 www.gilbutschool.co.kr

독자 서비스 이메일 · **service@gilbut.co.kr** | 페이스북 · **www.facebook.com/hontoeic**

토익 만점자처럼 문제 푸는 방법과
핵심 이론을 중요한 순서대로 정리했습니다.

토익 문제를 푸는 데는 전략이 필요합니다.

15년 동안 토익 강의를 하며 원하는 점수를 얻지 못한 채 포기하는 수많은 수험생들을 만났습니다. 토익을 공부하는 방법이 잘못되면 원하는 기간 안에 점수를 얻지 못합니다. 저는 매달 토익 시험을 보고 출제 경향을 분석합니다. 토익의 최신 경향부터 많이 나오는 것까지 다 알고 있습니다. 토익에 대한 저의 결론은 '문제를 푸는 데는 전략이 필요하다'는 것입니다. 그래서 이 책을 집필할 때 이론만 늘어 놓으려 하지 않았습니다. 어떤 문제 유형인지 파악하고 그에 따른 전략을 적용할 수 있도록 하는 데 초점을 맞추었습니다. 이 책으로 공부하면 방향 없이 공부했던 수험생들도 이론을 유형별로 정리할 수 있고 실전 문제에 바로 적용할 수 있을 것입니다.

출제율에 따라 비중을 달리하여 공부하세요.

이 책은 각 Unit의 이론마다 출제율을 표기했습니다. 출제가 많이 되는 내용은 앞쪽에 배치하고, 출제가 되지 않는 내용은 과감히 솎아 냈습니다. 시간이 많지 않다면 더욱 자주 나오는 것부터 공부해야 합니다. 해설은 정답의 이유뿐 아니라 출제 포인트, 오답을 이끄는 함정까지 설명했으며, 암기해야 하는 것들은 따로 표시했습니다. 이 책으로 한정되어 있는 시간을 현명하게 토익 학습에 사용할 수 있을 것입니다.

파트별 시간 분배가 고득점의 핵심입니다.

토익은 파트 7 독해가 54문제입니다. 앞부분을 신중하게 풀다가 독해에 시간이 부족하다면 시간 분배에 실패한 것입니다. 저는 매달 수험생들과 함께 고사장에서 시험을 치러왔기 때문에 그들의 고충을 잘 알고 있습니다. 그래서 실제 시험을 볼 때 염두에 둬야 할 팁을 많이 알려줍니다. 이 책에는 실전에서 적용할 수 있는 그 팁을 모두 담았습니다. 파트 5, 6에서 시간을 절약하여 파트 7에 더 투자하는 법, 해석을 하지 않고도 문제를 푸는 법, 파트 7에서 필요한 부분을 먼저 보고 단서를 빨리 찾아 풀 수 있는 법을 이 책을 통해 익히면 이제 시간이 모자라는 일은 없을 겁니다.

풀리지 않는 토익 문제를 만나면 이 책을 펴십시오. 분명 그 문제에 맞는 전략이 있을 것입니다. 이 책을 쓰는 데 도움을 주신 길벗이지톡 편집부와 독자들에게 감사의 인사를 전합니다.

저자 구원

목차

토익이란?

TOEIC은 Test Of English for International Communication의 약자로 영어가 모국어가 아닌 사람들을 대상으로 언어의 주기능인 '커뮤니케이션' 능력을 중심으로 업무나 일상 생활에 필요한 실용 영어 능력을 평가하는 시험입니다. 비즈니스와 일상 생활에서 쓰이는 실용적인 주제들을 주로 다루고 있습니다.

시험의 출제 분야 및 특징

전문적인 비즈니스	계약, 협상, 마케팅, 세일즈, 비즈니스 계획, 회의
제조	공장 관리, 조립라인, 품질 관리
금융과 예산	은행, 투자, 세금, 회계, 청구
개발	연구, 제품 개발
사무실	임원 회의, 위원회 회의, 편지, 메모, 전화, 팩스, E-mail, 사무 장비와 가구
인사	구인, 채용, 퇴직, 급여, 승진, 취업 지원과 자기소개
주택 / 부동산	건축, 설계서, 구입과 임대, 전기와 가스 서비스
여행	기차, 비행기, 택시, 버스, 배, 유람선, 티켓, 일정, 역과 공항 안내, 자동차 렌트, 호텔, 예약, 연기와 취소

토익에서는 특정 문화에만 해당되는 내용은 출제를 피하고 있으며 여러 나라 인명, 지명 등이 골고루 등장합니다. 그리고 미국, 영국, 캐나다, 호주, 뉴질랜드 발음과 액센트도 골고루 나오고 있습니다.

시험의 구성

구성	Part	내용		문항 수	시간	배점
Listening Comprehension	1	사진 묘사		6	45분	495점
	2	질의 응답		25		
	3	짧은 대화		39		
	4	설명문		30		
Reading Comprehension	5	단문 공란 채우기 (문법/어휘)		30	75분	495점
	6	장문 공란 채우기		16		
	7	독해	단일 지문	29		
			복수 지문	25		
Total	7 Parts			200	120분	990점

시험 시간 안내

시간	내용
9:30 ~ 9:45	답안지 배부 및 작성 Orientation
9:45 ~ 9:50	휴식 시간
9:50 ~ 10:05	1차 신분증 검사
10:05 ~ 10:10	문제지 배부 및 파본 확인
10:10 ~ 10:55	LC 시험 진행
10:55 ~ 12:10	RC 시험 진행(2차 신분 확인)

토익 접수 방법

접수 기간 및 접수처 확인 : TOEIC 위원회 홈페이지(www.toeic.co.kr) / **응시료** : 44,500원
방문 접수 가능 / 사진 필수 첨부

* **특별 추가 접수**   특별 접수 기간 내에 인터넷 접수로만 가능하며 응시료는 48,900원입니다.

시험 준비 사항

■ **규정 신분증**   주민등록증, 운전면허증, 공무원증, 여권, 초 · 중 · 고생의 경우는 TOEIC 정기시험 신분 확인 증명서, 학생증, 청소년증을 인정합니다. 신분증이 없으면 절대 시험을 볼 수 없습니다. 꼭 챙기세요! (대학생 학생증은 인정되지 않습니다.)

■ **필기 도구**   컴퓨터용 연필(굵게 만들어 놓으면 편합니다. 일반 연필이나 샤프도 가능하지만 사인펜은 사용 불가), 지우개를 필수적으로 가져가세요.

* 시계가 잘 안보일 수 있으므로 손목시계를 가져가면 좋고, 시험을 볼 때 집중력이 떨어질 때를 대비해 초콜릿이나 사탕을 준비해 가도 도움이 됩니다.

성적 확인 및 성적표 수령

성적은 정해진 성적 발표일 오전 6시부터 토익위원회 홈페이지와 ARS 060-800-0515를 통해 조회할 수 있습니다. 성적표는 선택한 방법으로 수령이 가능하며 최초 발급만 무료입니다.

"토익은 시험이다.
시험에 최적화된 학습을 해야 한다!"

Interview 시나공의 사전 인터뷰

시나공 토익은 이 책을 기획하기에 앞서 100명의 토이커들과 밀착 인터뷰를 통해 그들의 고충을 듣고 이해하는 데 집중하였다.

수험생들의 대부분이 학원, 대학 특강, 동영상 강의를 통해 토익을 간접적으로 경험해본 편이었다. 그래서 토익을 어느 정도 안다고 생각하지만 이론이 잘 정리돼 있지 않았고, 문제는 더더욱 풀리지 않는다고 했다. 특히 시간이 터무니없이 모자란다고 하소연했다.

문제를 풀어보는 것이 우선이라 생각해 쉽게 구할 수 있는 실전 문제를 일단 풀어보지만, 점수는 잘 오르지 않고, 본인의 학습 패턴이 제대로 된 것인지 의문이 든다고 했다.

Think 시나공의 고민과 Solution 도출

900점을 쉽게 넘긴 친구들을 주변에서 흔히 볼 수 있지만, 막상 공부해보면 700점을 받는 것조차 그리 쉬운 일이 아니란 걸 알게 된다. 그들은 어떻게 쉽게 900점을 넘겼을까? 우리는 과연 올바른 방법으로 학습하고 있는 것일까? 정답은 없지만 결론적으로 가장 효율적인 방법으로 학습하는 것이 지름길이다. 그렇다면 빨리 고득점을 받는 효율적인 학습 방법은 무엇일까? 바로 토익이 시험이라는 점을 이용한 학습법이다.

첫 번째, 시험의 특성상 가장 중요한 것부터 배워야 한다. 토익은 매달 나오는 문제, 두 달에 한 번 나오는 문제, 일 년에 한 번 나오는 문제처럼 출제 주기가 정해져 있다. 이 점을 이용해 우리는 우선순위의 내용을 먼저 학습해 시간을 절약해야 한다. 달리 얘기하면 시간이 넉넉하지 않고, 꼭 900점을 넘겨야 하는 상황이 아니라면 1~2년에 한 번 나오는 중요하지 않은 내용은 학습하지 않아도 괜찮다. 어쨌든 가장 중요한 것부터 순차적으로 학습하는 것이 토익을 단기간에 정복하는 1순위 비법이다.

두 번째, 하나를 배우더라도 반드시 이론 습득과 함께 문제 푸는 실력도 함께 길러야 한다. 더불어 풀이 시간을 단축할 수 있는 최적화된 문제풀이 전략을 함께 훈련하면 금상첨화이다. 토익은 예상 외로 풀이 시간이 부족하다는 것을 항상 유념하며 시간을 줄이는 전략을 체득해야 한다.

결국 토익도 시험이다. 진정한 영어 실력을 평가하기보다는 토익에 얼마나 익숙한지를 평가한다. 출제자의 의도가 그러하므로 이 점을 이용해 현명하게 공부하자. 단 한 개의 유형을 공부하더라도 자주 출제되는 것을 바로 문제에 적용할 수 있도록 학습하면 여러분은 진정한 토익 전략가이다.

1 **10년 데이터 분석! 출제율 순으로, 출제 경향에 맞춰 학습!**

이 책의 내용은 철저하게 출제 데이터를 기반해 만들어졌다. 지난 10년간의 토익 흐름에 2년 전부터 시행된 신토익 경향까지 꼼꼼히 반영하여 중요한 내용 순으로 구성했다. 자주 나오는 이론은 집중적으로 다루고 적게 나오는 이론은 학습 비중을 줄여 수험생의 학습 부담을 줄이면서 성과를 극대화할 수 있도록 했다. 출제율 뿐만 아니라 출제 패턴을 세심하게 알려주어 시험에 최적화된 학습을 할 수 있도록 유도했다.

최근 6개월간 출제 경향	
출제 시기	출제 파트 & 정답 유형
N월	명사 자리 3개, 형용사 자리 3개, 부사 자리 1개
N+1월	명사 자리 1개, 형용사 자리 2개, 부사 자리 3개
N+2월	형용사 자리 3개, 부사 자리 2개
N+3월	형용사 자리 3개, 부사 자리 3개
N+4월	명사 자리 2개, 형용사 자리 1개, 부사 자리 3개
N+5월	명사 자리 2개, 형용사 자리 2개, 부사 자리 3개

* 다음달 나올 문제는 저자 동영상 확인 (https:c11,kr/3xgc)

정확한 출제율 데이터 표기

출제 경향

- 매회 5~7 문제가 주로 팟5에서 출제된다.
- 부사 자리, 명사 자리, 형용사 자리 순으로 각각 1~3개 출제된다.
- 빈칸 앞뒤만 보면 해석 없이 풀린다.

자세한 출제 패턴 분석

2 **문제 풀이로 직결되는 77개의 풀이 전략! 모든 실전 적용 문제와 종합 문제에 관련 전략 번호 표시!**

이 책은 문제풀이로 직결되는 이론과 전략을 동시에 담았다. 파트 5, 6은 24개의 풀이 전략, 파트 7은 53개의 풀이 전략, 총 77개로 정리하여 어떤 토익 문제도 이 77개의 전략으로 막힘 없이 풀 수 있도록 했다. 또한 모든 실전 적용 문제와 종합 문제에 관련 풀이 전략 번호를 표기해서, 해당 전략을 찾아 다시 한 번 완벽히 학습할 수 있도록 했다.

5초 풀이 전략 **1** **관소전타 뒤는 명사 자리**

명사 자리는 아래의 5가지 경우이다. 명사 앞 자리에는 명사를 수식하는 형용사가 올 수 성분은 관사, 소유격, 전치사, 타동사이다.

1 **관사(the, a)/소유격 + (형용사) + 명사**

A good (**advisor**, ~~advise~~) always motivates people. 좋은 조언자

▶ 관사인 a를 보아도 명사를 수식하는 형용사인 good을 보아도 뒤에 명사가 필요하다.

77개의 풀이 전략

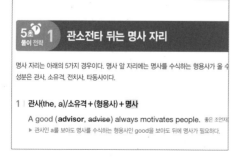

전략2-1대입 → 풀이 전략 번호

06. Mr. Green ------- various positions within the company before he was elected president.

(A) assumption
(B) assumingly
(C) assuming
(D) assumed

문제에 관련 풀이 전략 번호 표시

5초 풀이 전략, 단서 빨리 찾기 전략으로 풀이 시간 확보!

신토익 시행 후 파트 7의 문제 수가 눈에 띄게 늘어나고, 마지막 3세트는 3중 지문이 출제되면서 파트 7 해석에 요구되는 시간이 길어졌다. 파트 7에 소요되는 절대 시간을 확보하기 위해서는 파트 5, 6을 최대한 빨리 풀어야 하고 파트 7에서는 정답의 단서를 빠르고 정확하게 찾아내야 한다.

이 책의 파트 5, 6에서는 해석 없이 5초 안에 문제를 풀 수 있는 전략을, 파트 7에서는 지문을 다 읽지 않고도 단서를 빨리 찾아 정답을 고르는 전략을 담아서, 실전에서 시간이 촉박하여 문제를 놓치지 일이 없도록 했다.

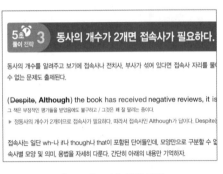

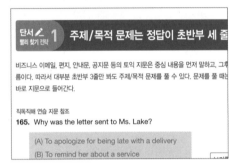

파트 5, 6 – 5초 풀이 전략   파트 7 – 단서 빨리 찾기 전략

적중률 높은 문제 최다량 제공 + 정답과 오답의 이유 및 출제 포인트까지 상세한 해설!

이 책은 실전에 바로 투입되는 실력을 키우는 데 초점을 맞추었고, 이를 위해 1000문제 이상을 담았다. 단순히 문제 수만 많이 제공하는 것이 아니라, 토익 출제 코드가 정확히 반영된 적중률 높은 문제들로 구성하여 이 책 한권만 풀어도 토익의 출제 경향을 정확히 파악하고 실전 감각을 최고치로 올리도록 했다. 또한 해설은 정답의 이유뿐 아니라 오답의 이유까지 조목조목 짚어주며, ETS의 출제 포인트와 풀이 접근법까지 자세히 알 수 있도록 했다.

풍부한 실전 문제

4. 빈칸 앞에는 전치사, 뒤에도 전치사이므로 빈칸은 명사 자리이다.

(A) 동사라서 오답

(B) 동사ed는 과거시제로 보면 동사, 과거분사로 보면 형용사 기능이다. 명사가 아니라서 오답

(C) 형용사라서 오답

(D) 명사라서 정답

정답 **(D)**

해석 Little Pig Smokehouse는 / 빠르게 움직였다 / 이웃의 경쟁에 대응하여 / 가격을 낮춤으로써.

정답과 오답의 이유, 출제 포인트를 담은 해설

시나공 Solution 5 — 빠른 독해를 위한 직독직해 제공!

영어는 우리말 어순으로 바꿔서 해석하는 과정에서 상당한 시간이 소비된다. 따라서 직독직해를 하면 어순을 바꿔서 이해하는 과정이 없으므로 독해 속도가 빨라질 수 있다. 또한 직독직해는 문장 구조를 분석하며 끊어 읽게 되므로 정확한 독해에도 필수적이다. 이 책은 직독직해법을 자세히 설명하고, 모든 지문에 직독직해를 제공하여 빠르고 정확한 해석을 할 수 있도록 도왔다.

직독직해 방법 자세히 설명, 동영상 강의 제공

지문 전체 직독직해 제공

시나공 Solution 6 — 독학자를 위한 무료 동영상 강의와 부가 자료!

이 책은 학원이나 특강의 도움 없이 혼자 공부해도 충분히 고득점을 받을 수 있도록 다양한 서비스를 제공한다. 각 유형의 개념이 확실히 이해되도록 각 Unit 시작 부분에 동영상을 제공한다. 또한 패러프레이징 연습 자료, 단어 암기 자료, 추가 실전 문제를 활용하면 이 책만으로도 학원에 버금가는 충분한 서비스를 누릴 수 있다. 추가 자료는 gilbut.co.kr에서 다운로드할 수 있다.

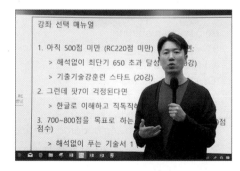

무료 동영상 강의 40강

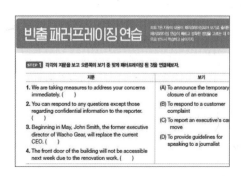

패러프레이징 연습 자료

다음 문제를 풀고 본인에게 맞는 학습 추천법을 확인해보세요.

PART 5 | 다음 문장을 읽고 빈칸에 알맞은 답을 고르세요.

1. Some of the reports you submitted ------- incomplete and require your signature.

   (A) is
   (B) are
   (C) being
   (D) been

2. Your inquiries have been ------- to Tom Hiddleston, who is in charge of customer relations.

   (A) sends
   (B) send
   (C) sent
   (D) sending

3. The researcher ------- two company directors his report to show them why the product design was defective.

   (A) suggested
   (B) explained
   (C) opposed
   (D) gave

4. Every Friday, Ronald Steele hosts the radio program *With You* and invites some of the world's most ------- politicians to come on the air.

   (A) accomplished
   (B) remaining
   (C) conditional
   (D) sufficient

5. Mr. Vasquez will open Pierce Mobile Phone's production branch ------- it is fully prepared.

   (A) as well as
   (B) thanks to
   (C) due to
   (D) as soon as

6. Although professional photographers usually work by themselves, yearly themed photo exhibitions provide a chance for them to collaborate with -------.

   (A) much
   (B) this
   (C) the same
   (D) one another

7. Due to rising demand, wages in the food service industry have ------- increased in recent months.

   (A) extremely
   (B) very
   (C) markedly
   (D) desperately

8. The Kruger Corporation's annual report ------- that the amount of its imports from Russia had risen by 5 percent as compared with the previous year.

   (A) designated
   (B) transferred
   (C) indicated
   (D) advised

9. The Human Resources Department announced that Ms. Vieri ------- her new job as an assistant director on Friday, July 14.

   (A) has been starting
   (B) will be starting
   (C) is started
   (D) is being started

10. Your responses to the survey are essential for improving our products and will assist us in serving you much -------.

   (A) efficiently
   (B) efficient
   (C) more efficiently
   (D) most efficiently

Questions 11–14 refer to the following fax.

Attn: Dave Franco

Dear Dave,

Thank you for your ------- in the administrative position at Solomon Electronics.
11.

We enjoyed speaking with you at the interview last Friday. The executives reviewed

your resume and were very impressed. -------.
12.

As you will notice, I have sent the contract along with this fax. Please read it -------,
13.

sign it, and fax it back to our office by Monday at 6:00 P.M. If possible, we would like

you to begin working for us as early as June 13, ------- two weeks from now.
14.

If you have any questions about the contract or the position, please call me at (595)

368-9457.

Congratulations.

We look forward to working with you.

Regards,

Michael Caine

---

11. (A) admission
(B) commission
(C) interest
(D) suggestion

13. (A) absolutely
(B) increasingly
(C) readily
(D) thoroughly

12. (A) We have decided to hire you for
the position.
(B) Your application will be kept on file.
(C) However, we want you to know
that we appreciate your interest in
Solomon Electronics.
(D) We are sorry to say that we have
chosen another candidate to fill the
position.

14. (A) approximately
(B) approximation
(C) approximate
(D) approximating

* 진단 테스트의 해설은 길벗이지톡 홈페이지(gilbut.co.kr)에서 확인할 수 있습니다.

정답	**1.** (B)	**2.** (C)	**3.** (D)	**4.** (A)	**5.** (D)	**6.** (D)	**7.** (C)	**8.** (C)	**9.** (B)
	10. (C)	**11.** (C)	**12.** (A)	**13.** (D)	**14.** (A)				

초급 레벨 맞힌 개수 7개 미만 또는 토익 점수 600점 미만

토익이 생소한 학습자로 문법, 어휘력, 독해력을 체계적으로 훈련해야 한다. 쉽게 말해 기본기가 부족한 단계이다.

이 단계 학습자들의 특징

- 주어, 동사 찾기가 힘들고 5형식의 개념이 명확하지 않다.
- 어휘 문제의 보기로 나오는 대부분의 단어들이 매우 생소하고, 정답을 감으로 찍는다.
- 파트 7에서 절대적으로 시간이 부족하다. 어려운 지문은 손도 대기 힘들고, 마지막 2~4개 지문은 통째로 찍는 경우가 많다.

2달(8주) 완성 추천

1주차	Day 1	Day 2	Day 3	Day 4	Day 5
권장 학습 분량	· 기초 문법 다지기	· 파트 5,6 – Unit 01	· Unit 02 · 종합문제	· Unit 03	· Unit 04 · 종합문제
학습 날짜	월 일	월 일	월 일	월 일	월 일
2주차	**Day 1**	**Day 2**	**Day 3**	**Day 4**	**Day 5**
권장 학습 분량	· Unit 05	· Unit 06 · 종합문제	· Unit 07	· Unit 08 · 종합문제	· Unit 09
학습 날짜	월 일	월 일	월 일	월 일	월 일
3주차	**Day 1**	**Day 2**	**Day 3**	**Day 4**	**Day 5**
권장 학습 분량	· Unit 10 · 종합문제	· Unit 11	· Unit 12 · 종합문제	· Unit 13	· Unit 14 · 종합문제
학습 날짜	월 일	월 일	월 일	월 일	월 일
4주차	**Day 1**	**Day 2**	**Day 3**	**Day 4**	**Day 5**
권장 학습 분량	· Unit 15	· Unit 16	· Unit 17 · 종합문제	· Unit 18	· Unit 19 · 종합문제
학습 날짜	월 일	월 일	월 일	월 일	월 일
5주차	**Day 1**	**Day 2**	**Day 3**	**Day 4**	**Day 5**
권장 학습 분량	· Unit 20	· Unit 21 · 종합문제	· Unit 22	· Unit 23 · 종합문제	· Part 7 – Unit 01
학습 날짜	월 일	월 일	월 일	월 일	월 일
6주차	**Day 1**	**Day 2**	**Day 3**	**Day 4**	**Day 5**
권장 학습 분량	· Unit 02	· Unit 03	· Unit 04	· Unit 05	· Unit 06
학습 날짜	월 일	월 일	월 일	월 일	월 일

5주차	Day 1	Day 2	Day 3	Day 4	Day 5
권장 학습 분량	· Unit 07	· Unit 08	· Unit 09	· Unit 10	· Unit 11
학습 날짜	월 일	월 일	월 일	월 일	월 일
6주차	**Day 1**	**Day 2**	**Day 3**	**Day 4**	**Day 5**
권장 학습 분량	· Unit 12	· Unit 13	· Unit 14	· Unit 15	· Unit 16
학습 날짜	월 일	월 일	월 일	월 일	월 일

중급 레벨 맞힌 개수 8개 이상 또는 토익 점수 600점 이상

토익 유형에 익숙하지만, 아직 고득점을 받기에는 문법, 어휘, 독해 실력이 부족한 단계이다. 문법을 숙지하고 있지만 조금만 응용되면 답을 고르기 힘들고, 확실한 독해가 되지 않기 때문에 파트 7에서 많이 틀리며 시간이 부족할 수 있다.

이 단계 학습자들의 특징

· 토익 어휘 문제에서 모르는 단어로 실수를 많이 하는 편이다.
· 까다로운 문법 문제를 대부분 틀린다.
· 해석이 완벽하게 되지 않으며, 시간 안배가 어렵다.

1달(4주) 완성 추천

1주차	Day 1	Day 2	Day 3	Day 4	Day 5
권장 학습 분량	· 기초 문법 다지기 · 파트 5,6 – Unit 01	· Unit 02 · Unit 03	· Unit 04 · Unit 05	· Unit 06 · Unit 07	· Unit 08 · Unit 09
학습 날짜	월 일	월 일	월 일	월 일	월 일
2주차	**Day 1**	**Day 2**	**Day 3**	**Day 4**	**Day 5**
권장 학습 분량	· Unit 10 · Unit 11	· Unit 12 · Unit 13	· Unit 14 · Unit 15	· Unit 16 · Unit 17	· Unit 18 · Unit 19
학습 날짜	월 일	월 일	월 일	월 일	월 일
3주차	**Day 1**	**Day 2**	**Day 3**	**Day 4**	**Day 5**
권장 학습 분량	· Unit 20 · Unit 21	· Unit 22 · Unit 23	· 파트 7 – Unit 01 · Unit 02	· Unit 03 · Unit 04	· Unit 05 · Unit 06
학습 날짜	월 일	월 일	월 일	월 일	월 일
4주차	**Day 1**	**Day 2**	**Day 3**	**Day 4**	**Day 5**
권장 학습 분량	· Unit 07 · Unit 08	· Unit 09 · Unit 10	· Unit 11 · Unit 12	· Unit 13 · Unit 14	· Unit 15 · Unit 16
학습 날짜	월 일	월 일	월 일	월 일	월 일

동영상 강의 가이드

《시나공 토익 READING》은 각 Unit마다 이론 개요와 문제풀이법을 다룬 동영상 강의를 제공합니다. 이 책의 저자가 현장 강의에서 전하는 노하우를 담은 동영상이니 꼭 활용하여 단기간에 고득점을 받길 바랍니다.

동영상 강의 보는 법

길벗 홈페이지(gilbut.co.kr)로 접속해 검색 창에 '시나공 토익 READING'을 검색합니다. 도서를 선택한 후 '동영상 강좌'로 들어가면 원하는 동영상을 실시간으로 보실 수 있습니다.

동영상 강의 목차

PART 5&6

해석 없이 5초 안에 푸는

비법 공개!

파트 5 문제 유형 | 단문 공란 채우기(30문제)

문장의 빈칸에 알맞은 단어를 채우는 유형으로 크게 문법, 어형, 어휘를 물어보는 유형으로 나온다.

❶ 문법 문제 샘플

------- we need to do is contact our regular customers and let them know about the new refund policy.

(A) When   (B) Where   **(C) What**   (D) That

❷ 어형 문제 샘플

------- are the results of the latest residents' survey on the proposed shopping mall construction project.

(A) Enclose   **(B) Enclosed**   (C) Enclosure   (D) Enclosing

❸ 어휘 문제 샘플

Bain Management Systems, one of the global management consulting firms, ------- new personnel polices on hiring last month.

(A) performed   **(B) implemented**   (C) achieved   (D) convinced

파트 5 최신 출제 경향 및 풀이 전략

파트 5의 30문제는 문법(50%), 어형(17%), 어휘(33%) 비율로 출제된다. 시험에서 문법 문제는 10회, 어형 문제는 5회, 어휘 문제는 20회 안에 나왔던 내용이 반복해서 출제된다. 따라서 20회 이상 분량을 분석해 출제된 내용으로 공부해야 한다. 매번 시험의 체감 난이도가 다른 것은 1~3개의 함정 문제와 2~4개의 고난도 문제 때문인데, 이것 역시 모두 기출된 내용이다. 기출된 적이 없는 완전 새로운 문제는 매회 1~2개뿐이며, 그 중 하나는 오답을 잘 제거하면 풀리는 수준에서 출제된다.

파트 5는 최대한 빨리 푸는 것이 중요하다. 파트 5의 문제를 풀기 위해 파트 6과 7의 시간을 끌어 써서는 안 된다. 700점 이상이 목표라면 10분 안에, 900점 이상이 목표라면 7분 안에 풀어야 한다. 이를 위해서는 해석 없이 5초~10초만에 풀어야 하는 유형과, 해석하여 15초~30초 안에 풀어야 하는 유형을 나누어 학습해야 한다.

매회 평균 출제율

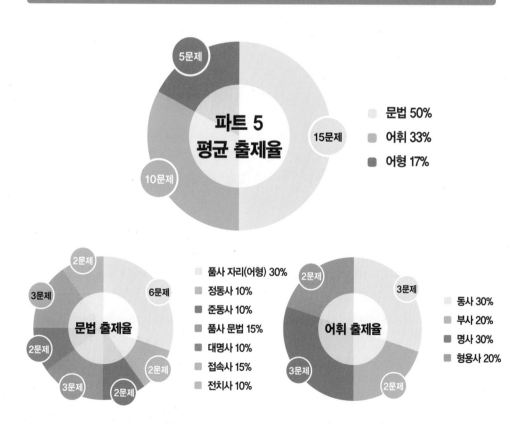

19

파트 6 문제 유형 | 장문 공란 채우기(16문제)

문장의 빈칸에 알맞은 단어를 채우는 유형은 파트 5와 동일하지만 장문의 지문 속에서 4문제가 동시에 제시된다는 점이 다르다. 3문제는 알맞은 단어를 고르는 문제이고, 1문제는 알맞은 문장을 고르는 문제이다.

* 파트 6 문제 샘플

Questions 135-138 refer to the following announcement.

Rodrigo Seria Exhibition -------- on May 15, the Bledgile Gallery will be exhibiting
                          135.
a selection of paintings by Rodrigo Seria. The exhibit will showcase Seria's recent
series of portraits and also provide an overview of his earlier works. The exhibit is
-------- by loans from the artist, the Veril Foundation, and the Metro Art Museum.
136.
--------. Discussions with the curator will be held every Thursday evening, with
137.
topics ranging from Seria's inspiration to the recent spotlight on Latin American
art. The exhibit will run -------- June 29 and will be located on the first floor of the
                         138.
gallery on Rumdau Street.

135. (A) Started

   (B) Starting

   (C) Starter

   (D) Start

136. (A) contacted

   (B) nominated

   (C) supported

   (D) proposed

137. (A) A book featuring Seria's portraits will be available for sale at the gallery.

   (B) The Bledgile Gallery building was previously a French restaurant.

   (C) The gallery's exhibit that attracted the most attention this year was Andy
   Vardy's.

   (D) Mr. Gagliardi, the gallery's curator, is new to the style of Rodrigo Seria.

138. (A) by

   (B) on

   (C) after

   (D) until

파트 6 최신 출제 경향 및 풀이 전략

파트 6의 16문제 중 12문제는 파트 5와 같이 문법 문제, 어형 문제, 어휘 문제가 골고루 출제된다. 하지만 이 문제들의 절반은 파트 5처럼 빈칸이 있는 문장만 보고 풀어서는 안 되고 주변의 다른 문장에서 추가 단서를 찾아 풀어야 한다. 주로 시제 문제, 대명사 문제, 어휘 문제가 그렇다.

파트 6에서만 등장하는 문제는 최근 더 어려워진 접속부사 문제와 2016년 토익 이후 새로 도입된 문장삽입 문제이다. 이 유형들은 빈칸 앞뒤 문장의 논리 관계, 이야기 흐름을 파악하여 풀어야 한다.

파트 6는 문장 전체를 다 해석하면서 풀되 지문을 여러 번 읽지 않고, 한 번만 읽으면서 풀이까지 할 수 있도록 훈련해야 한다. 지문을 다소 천천히, 꼼꼼히 읽더라도 한 번만 읽고 끝낼 수 있다면 한 지문당 2분 30초씩 총 4지문을 10분 안에 풀 수 있다. 700점 목표라면 파트 5와 6를 20분 이내에, 900점 목표라면 15분 이내에 끝내야 파트 7을 위한 충분한 풀이 시간을 확보할 수 있다.

매회 평균 출제율

파트 6 평균 출제율

- 어형 12.5%
- 문법 50%
- 어휘 12.5%
- 문장삽입 25%

| 팟6 문제 중 문맥을 따져 풀어야 하는 문제 (9문제) |

- 시제 문제: 1문제
- 대명사 문제: 1문제
- 접속부사 문제: 1문제
- 어휘 문제: 2문제
- 문장삽입 문제: 4문제

Section 1

기초 문법 다지기

토익 문제에 접근하기 위한 가장 기초적인 문법을 다루었다. 반드시 학습하고 넘어가자!

Unit 01 품사와 문장 구조

1 8품사

품사는 공통된 성격을 가진 단어들을 분류한 말이다. 책을 종류별로 분류하면 나중에 찾기가 편하듯이 단어의 공통된 성격 즉, 품사를 알면 문장의 구성 요소를 파악하여 해석을 하기 쉽다. 영어에는 총 8개의 품사가 있으며, 각 품사는 문장에서 크게 세 가지 요소로 쓰인다.

문장 요소 1 – 필수 요소

① **명사(noun)와 대명사(pronoun)** – 명사는 산, 배, 바다, 정보 같이 이름으로 쓰이는 단어이며 I(나), You(너, 너희들), He(그)처럼 명사를 대신하는 단어를 대명사라고 부른다. 명사나 대명사는 문장의 구성을 위한 가장 기본적인 요소이다.

② **동사 (verb)** – 동사는 명사의 동작이나 상태를 묘사하는 단어이다. 우리말의 동사는 '가다', '오다'처럼 단지 동작을 나타내지만, 영어에서 동사는 동작뿐 아니라 be(이다), stand(서 있다), wear(착용한 상태다) 같은 명사의 상태도 묘사한다.

(대)명사와 동사만 있어도 문장을 구성할 수 있다. 예를 들어 Mr. Kim walked.(김씨가 걸어갔다.)에서는 명사인 Mr. Kim과 동사인 walked가 모여 하나의 문장이 된다. 이때 Mr. Kim을 주어, walked는 주어를 설명하는 서술어라고 하는데, 영어에서 서술어의 품사는 모두 동사이다. 따라서 명사와 동사는 문장의 필수 요소가 되는 품사이다. 한편, 명사나 대명사가 동사 뒤에 위치하면 목적어가 되는데, 목적어에 대해서는 기초 문법 다지기 Unit 3에서 자세히 다룬다.

문장 요소 2 – 수식 요소

① **부사(adverb)** – 부사는 동사를 더 풍부하고 상세하게 해주는 단어이다. Mr. Kim walked.에서는 Mr. Kim이 걸었다는 것만 나타낸다. Mr. Kim walked quickly.와 같이 여기에 quickly나 slowly 같은 부사를 덧붙이면 Mr. Kim의 동작을 더 자세히 묘사할 수 있다. 이것을 '꾸며준다' 혹은 '수식한다'고 한다. 부사는 동사뿐 아니라 형용사나 다른 부사를 수식할 수 있고 문장의 맨 앞에 위치하여 문장 전체도 수식할 수 있다.

② **형용사(adjective)** – 형용사는 명사를 수식하는 단어이다. A man walked.는 '한 남자가 걸어갔다.'로 해석하는데, 어떤 남자인지 나타나 있지 않다. A young man walked.(한 젊은 남자가 걸어갔다.)처럼 young이나 tall 같은 형용사가 오면 man의 상태를 더 자세히 묘사할 수 있다.

부사나 형용사는 동사나 명사를 수식하기 때문에 수식 요소라고 하며 필수 요소인 명사, 동사에 비해 핵심적이지 않다. A young man walked slowly.에서 핵심은 man과 walk이다. young과 slowly는 부가적인 요소일 뿐이다. 단, He is young.과 같은 문장에서 형용사는 명사를 '수식한다'고 하지 않고 '보충한다'고 표현한다. 이를 '보어'라고 하며 이 경우 형용사는 필수 요소이다. 보어에 대한 설명은 기초 문법 다지기 Unit 3에서 자세히 다룬다.

문장 요소 3 – 연결 요소

① **전치사(preposition)** – 전치사는 명사와 명사, 동사와 명사를 연결하는 단어이다. the book on the desk(책상 위에 있는 책)에서 전치사인 on은 명사인 the book과 the desk를 연결하며, go to the building(빌딩으로 가다)에서 전치사 to는 동사인 go와 명사인 the building을 연결한다.

on the desk(책상 위에 있는)나 to the building(빌딩으로)과 같은 말은 '전치사와 명사의 묶음'이란 뜻으로 '전명구(혹은 전치사구)'라고 부르며 형용사나 부사의 역할을 한다. on the desk는 명사인 the book을 수식하는 형용사 역할, to the building은 동사인 go를 수식하는 부사 역할이다.

② **접속사 (conjunction)** – 접속사는 문장과 문장을 연결한다. I walk.와 You run.을 하나의 문장으로 만들면 I walk and you run.인데, 이때 and가 접속사이다.

Wow, Woops 같은 단어는 감탄사인데, 토익에 나오지 않고 문장에서 중요한 역할을 하지 않으므로 다루지 않는다. 지금껏 열거한 품사들과 감탄사를 더하면 총 여덟 가지이므로 8품사라고 한다. 관사, 한정사, 관계대명사, 조동사/본동사, 일반동사/be동사, 정동사/준동사, 동명사/to부정사/분사는 8품사가 아니며 교재의 각 단원을 통해 차차 공부하고 '용어 정리집'을 참고하도록 하자.

★중요 품사의 형태

각 품사는 어느 정도 일정한 모양을 가지고 있다. 품사를 알아야 정확한 구조 분석과 해석이 가능하므로 각 품사별 형태를 알아보자.

① **명사, 형용사, 부사는 꼬리를 보고 알 수 있다.**

명사	-tion, -sion, -cion	information 정보 decision 결정 coercion 강제
	-ty, -sy, -cy	responsibility 책임 autopsy 부검 accuracy 정확
	-ce, -se	diligence 부지런함 defense 방어
	-ture, -sure	creature 생물 exposure 노출
	-ance, -ence	assistance 보조/도움 experience 경험
	ment, -ery	government 정부 recovery 회복
	-ness, -dom, -hood, -ship, -ism, -tude (사상/주의 등 추상적 의미)	kindness 친절함 freedom 자유 childhood 어린시절 scholarship 장학금 industrialism 산업주의 attitude 자세/태도
	-logy, -ics (학문을 의미)	psychology 심리학 economics 경제학
	-er, -ee, -or, -ar, -ist, -ian, -ant/-ent, -ic (사람을 지칭)	employer 고용주 employee 직원 editor 편집자 scholar 학자 biologist 생물학자 technician 기술자 applicant 지원자 president 사장/대통령 critic 명 비평가 형 비판적인
형용사	-ous, -ic, -ical, -ive, -ful, -less, -able/-ible, -ish	dangerous 위험한 economic 경제의 economical 절약하는 competitive 경쟁적인 careful 조심스러운 hopeless 절망적인 understandable 이해할 수 있는 sluggish 게으른
	-ing/-ed, -ate (동사일 때도 있음), -al (명사일 때도 있음)	interesting 흥미로운 interested 관심 있는 delicate 미묘한 normal 정상적인
	-y, -ory, 명사+ly	sunny 태양이 비추는 preparatory 예비의 friendly 친근한
부사	형용사+ly	really 정말로 significantly 상당히 potentially 잠재적으로

② 동사는 꼬리를 보고 알 수 있는 경우가 적어, 해석을 해보거나 동사의 변화형을 보고 파악한다.

꼬리 혹은 머리로 판단	-ize, -fy, -en, en-	memorize 암기하다 satisfy 만족시키다 strengthen 강하게 하다 encourage 장려하다 ensure 확실하게 하다
	-ate	concentrate 집중하다 fluctuate 요동치다
'해석 + 변화형' 으로 판단	-es/-s(단수형), -ed(과거형), have/has -ed(완료형), is/are/am/was/were(be동사 변화형)	He hired an assistant. → hired는 동사의 과거형이고 hire는 동사. '그는 조수를 고용했다'는 해석도 어울림

③ 전치사나 접속사는 특정한 꼬리가 없고, 두세 단어가 하나의 단어처럼 쓰이는 경우도 있어 꾸준히 암기해야 한다.

전치사	길이가 짧은 단어	in, on, at, by, until, for, to, from, of 등
	전치사로 끝나는 어구	due to, because of, owing to, thanks to 등 in spite of, in regard to, in front of, instead of 등
접속사	wh-로 시작하는 단어	who, whom, which, what, when 등의 각종 의문사 whoever, whatever, whichever 등의 복합관계사
	if, though, that이나 이것들이 포함된 어구	even if, even though, so that, in order that, although 등

2 품사, 구조, 해석

Mr. Kim walked to me.(김씨가 나에게 걸어왔다.)에서 Mr. Kim이 명사라고 대답하는 사람과 주어라고 대답하는 사람이 있다. 명사와 주어는 같은 말이 아니다. 정확히 말하면 Mr. Kim의 품사는 명사이며, 문장 성분은 주어이다. 위에서 다룬 명사, 동사, 형용사, 부사, 전치사, 접속사 등이 품사이며 이는 단어의 고유한 성격을 말한다. 문장 성분은 주어, 동사, 목적어, 보어처럼 문장을 구성하는 구조를 말하며 정해진 자리가 있다. 이 정해진 자리를 파악하는 것을 '문장 구조를 파악한다'고 말한다. 쉽게 설명하면, 책을 교과서, 참고서, 공책, 사전처럼 성격으로 나눈다면 각각은 품사라고 볼 수 있다. 이 책을 종류별로 책꽂이에 1단, 2단, 3단, 4단으로 나누어 자리를 정해준다면 각각의 단은 문장 성분, 즉 구조라고 볼 수 있다.

The young man read the new book carefully before the meeting.
품사:　　형용사　명사　동사　　형용사　명사　　부사　　전치사　　　　명사

The young man read the new book carefully before the meeting.
구조 분석:　　수식어　주어　동사　　수식어　목적어　수식어　　　　수식어(전명구)

The young man is tall.
품사:　　형용사　명사 동사 형용사

The young man is tall.
구조 분석:　　수식어　주어　동사 보어

구조가 파악되면 해석은 어렵지 않다. 이것이 구조를 파악하는 이유이다. 주어에 '은/는/이/가'를 붙이고, 동사는 '~하다' 혹은 '~이다'로 해석하면 된다. 동사에 목적어가 있는 경우 '(목적어)를 ~하다', 보어가 있는 경우 '(보어)인 상태이다'로 해석한다. 단어의 품사를 알아야 구조를 쉽게 파악할 수 있다. 단어의 품사는 모양으로 아는 방법과 정해진 위치로 유추하는 방법이 있다.

★중요 정해진 위치로 품사를 유추하는 방법

명사	관사 뒤 (the/a man), 소유격 뒤 (my house), 전명구의 마지막 (for the **information**)
형용사	관사 뒤, 명사 앞 (the **useful** information)
동사	조동사 뒤 (can, may, will, would, could 등 + **wait**)
부사	조동사와 동사 사이 (will **soon** visit), '동사 + 목적어' 뒤 (read the book **carefully**)
전치사	'관사/소유격 + 명사' 앞 (**during** my vacation)
접속사	동사의 개수가 2개(I will visit your office **after** I finish my report.)

Q 점검퀴즈

1. 다음 중 맞는 것은 O, 틀린 것은 X로 표시하자.

1) 영어는 총 8개의 품사가 있다. (   )

2) 명사와 동사는 문장의 필수 요소이고, 부사와 형용사는 수식 요소, 전치사와 접속사는 연결 요소이다. (   )

3) 명사와 명사를 연결하거나 동사나 명사를 연결하는 것은 접속사이다. (   )

4) 동사가 두 개 오려면 접속사가 필요하다. (   )

5) 부사는 형용사를 수식할 수 있으나 형용사는 부사를 수식할 수 없다. (   )

6) 동사가 명사 앞에 오면 목적어, 뒤에 오면 주어라고 부른다. (   )

7) 주어는 '은/는/이/가'로 해석하고, 동사는 '하다' 혹은 '이다'로 해석한다. (   )

8) 품사는 문장에서 정해진 자리를 말하며, 품사를 알아야 해석을 할 수 있다. (   )

9) 해석이 잘 안 되는 이유는 구조 파악이 잘 안 되었기 때문이며, 구조 파악을 위해서는 품사를 알아야 한다. (   )

10) -ly로 끝나는 단어는 모두 부사이다. (   )

2. 다음 문장의 밑줄 친 단어의 품사를 적어보고, 구조 분석을 한 후 해석을 적어보자. (문장 구조 파악에서 주어는 S, 동사는 V, 목적어는 O, 보어는 C, 수식어는 수식어로 표시한다.)

ex A very tall man on the street walked quickly to me and I talked with him for a short time.
품사: 부 형 명 전 명 동 부 전 대 접 대 동 전 대 전 형 명

A very tall man on the street walked quickly to me and I talked with him for a short time.
구조 분석: 수식어   S   수식어   V   수식어   수식어   접 S V   수식어   수식어

해석(수식어 없이): 남자가 걸어왔다 / 그리고 나는 이야기를 했다.

해석(수식어 포함): 한 매우 큰 남자가 / 거리에 있는 / 걸어왔다 / 빠르게 / 나에게 / 그리고/ 나는 / 이야기를 했다 / 그와 함께 / 잠시 동안.

1) The two companies will meet each other before they enter an agreement tomorrow.

품사:

구조 분석:

해석(수식어 없이):

해석(수식어 포함):

2) The organization was not happy because its sales decreased significantly this quarter.

품사:

구조 분석:

해석(수식어 없이):

해석(수식어 포함):

▶ 정답 및 해석 2페이지

Unit 02 주어와 동사

1 주어

1) 주어란?

주어는 동사가 나타내는 동작이나 상태의 주체가 되는 말이며, 문장에 꼭 필요한 말, 즉 필수 요소이다.

Mr. Kim works. 김씨는 일한다.

▶ 일하는 주체는 Mr. Kim이므로 Mr. Kim이 주어이다

2) 주어 자리

주어는 동사 앞에 위치한다.

The **works** are Mr. kim's. Kim's 그 작품들은 김씨의 것들이다.

▶ are가 동사이므로 works는 주어이다. 여기서 works는 '일하다'라는 뜻이 아니고 '작품들'이란 뜻이다.

단, 동사 앞에서 동사를 꾸며주는 부사나 명사를 꾸며주는 수식어(주로 전명구)가 올 수 있기 때문에 수식어를 빼고 주어를 찾아야
한다.

The <u>tall</u> **building** <u>beside my house</u> overlooks the river. 그 높은 '빌딩은 / 나의 집 옆에 있는 / 내려다 본다 / 강을.

▶ overlooks가 동사, beside my house는 수식어이므로 빼면 tall building이 주어이며 그 앞의 tall은 수식어이다.

Mr. Kim <u>frequently</u> visits his client offices. 김씨는 자주 그의 고객 사무실들을 방문한다.

▶ visits가 동사. frequently는 동사를 수식하는 부사이므로 빼면 Mr. Kim이 주어이다.

3) 주어 자리에 오는 성분

주어가 될 수 있는 것을 명사류라고 하는데, 명사, 대명사, 동명사, to부정사, 명사절 이렇게 다섯 가지가 있다.

① 명사

명사는 주어가 될 수 있다. 명사 앞에는 형용사가 올 수 있고, 그 앞에 관사나 소유격이 위치한다.

The tall **man** likes me. 그 키가 큰 남자는 나를 좋아한다.

▶ The는 관사, tall은 형용사이고, man이 명사인데 동사인 likes 앞에 있으므로 주어이다.

② 대명사

대명사는 주어가 될 수 있다. 단, 대명사는 주격/소유격/목적격 대명사, 재귀대명사, 소유대명사, 지시대명사, 부정대명사, 관계대
명사 등 여러 종류가 있는데, 주어 자리에 단독으로 올 수 없는 대명사들도 있다.

ex **Me** likes you. (X) / **Myself** likes you. (X) / **Each other** likes me. (X)

③ 동명사, to부정사, 명사절

'가는 것', '그가 나쁘다는 것'과 같이 '~것'으로 끝나는 말도 주어가 될 수 있다. 동명사, to부정사, 명사절에 대한 설명은 해당 단원에서 자세히 다룬다.

Eating too much is harmful. 너무 많이 먹는 것은 해롭다. ➔ 동명사가 주어

To see is to believe. 보는 것이 믿는 것이다. ➔ to부정사가 주어

What you want is important to me. 당신이 원하는 것은 나에게 중요하다. ➔ 명사절이 주어

4) 주어에 대한 해석

주어는 명사류에 '은/는/이/가'를 붙여 해석한다.

2 동사

1) 동사란?

주어의 동작이나 상태를 묘사하는 말이다. 우리말에서는 이를 서술어라고 하며 동사와 형용사를 쓰지만, 영어는 오로지 동사만 서술어이다. 따라서 서술어라는 말 대신 동사라는 말을 쓴다. 동사도 문장에 꼭 필요한 요소이다.

Mr. Kim moved the chairs. 김씨는 그 의자들을 옮겼다.

▶ moved는 Mr. Kim의 동작을 묘사하고 있으므로 동사이다.

Mr. Kim is rich. 김씨는 부유하다.

▶ is는 'Mr. Kim이 ~한 상태'라고 묘사하고 있으므로 동사이다.

2) 동사 자리

동사는 주어 다음에 위치한다. (의문문, 도치 구문 등은 예외)

✋ 잠깐 주어가 긴 경우는 동사 찾기가 어려울 수 있으므로 조심한다.

수식어가 긴 경우: The employees <u>working in foreign countries</u> often **feel** alone.

외국에서 일하는 직원들은 종종 외롭다고 느낀다.

▶ working ~ countries는 employees를 수식. often은 feel을 수식. employees가 주어이고 feel이 동사이다.

명사절인 경우: That our employees work very hard these days **is** a good sign.

우리의 직원들이 요즘 열심히 일하고 있는 것은 좋은 징조이다.

▶ That ~ days까지가 '~것'이란 뜻의 명사절이므로 주어이고 is가 동사이다.

3) 동사 자리에 오는 성분

동사 자리에는 정동사가 온다. 정동사와 혼동해서는 안 되는 것이 준동사이다. 준동사는 동명사(-ing), to부정사(to 동사원형), 분사(현재분사(-ing)/과거분사(p.p.)이며 준동사는 동사 자리에 올 수 없다. 준동사는 동사에서 파생되었지만 동사의 역할을 하지 않는다. 동명사는 명사 역할, to부정사는 명사/형용사/부사 역할, 분사는 형용사 역할을 한다. 한 문장에 준동사는 여러 개가 올 수 있지만 정동사는 1개만 온다. 만약 한 문장에 정동사가 2개 있다면 문장 안에 반드시 접속사가 1개 필요하다.

He going. (X) / He to go. (X) / He gone. (X)
▶ going, to go, gone은 준동사이므로 동사 자리에 올 수 없다. 문장에 정동사가 필요하다.

He goes. (O) / He is going. (O) / He has to go. (O) / He is hired. (O)
▶ goes, is(혹은 is going), has to go, is 부분이 정동사이므로 맞는 문장이다.

The man working with me went to the hospital to see a doctor because he didn't feel well.
그 남자는 / 나와 함께 일하는 / 병원에 갔다 / 의사를 보기 위해 / 그가 몸이 좋지 않다고 느꼈기 때문에.

▶ 정동사는 went와 feel이며 because는 접속사이다. 정동사가 2개이므로 접속사가 1개 있다. working, to see는 준동사이다. 준동사 개수는 접속사 개수와 상관없다.

4) 조동사, be동사, 일반동사

① 조동사 (can, may, will, would, could, should, might, have to, has to, had to, ought to 등)
조동사는 단독으로는 동사 자리에 올 수 없다. 조동사 뒤에는 반드시 동사원형이 와야 하며 '조동사＋동사원형'은 정동사로 동사 자리에 올 수 있다.

Mr. Kim can meet you to talk about the issue. 김씨는 당신을 만날 수 있다 / 그 문제에 대해 이야기하기 위해.
▶ can이 조동사, meet가 동사원형으로 can meet는 정동사이며 Mr. Kim은 주어이다. to talk는 준동사이다.

> **✋잠깐** 완료시제(have p.p., has p.p., had p.p.)에 등장하는 have도 조동사이며 뒤에 p.p.(과거분사)가 붙은 have p.p.를 하나로 보아 동사(정동사)로 취급한다. having p.p., to have p.p., having been p.p. to have been p.p.는 준동사이다.
>
> ex The man **has lived** in Seoul for 5 years. 그 남자는 서울에서 5년 동안 살아왔다.
> ▶ The man이 주어, has lived가 동사이다.

② be동사
is, are, am, was, were, been의 동사원형을 be로 표시하므로 'be동사'라고 한다. be동사는 능동태/수동태, 시제 등을 만들 때 사용되며 기본적으로 '이다/있다'라는 뜻이 있다. is, are, am, was, were는 정동사이며, being, to be, been은 준동사이다.

③ 일반동사
조동사, 조동사have, be동사가 아닌 나머지 모든 동사들이 일반동사이다.

> **✋잠깐** 본동사란 무엇일까?
>
> 본동사와 정동사는 같은 개념이 아니다. 본동사는 완료시제를 만드는 조동사have, 의문문, 도치문 등을 만드는 조동사 do 등이 일반동사로 사용되는 경우를 말한다.
>
> ex I **have** a lot of money. 나는 많은 돈을 가지고 있다.
> ex I **do** homework every day. 나는 매일 숙제를 한다.
> ▶ have는 '가지다', do는 '하다'라는 뜻으로 사용되었으므로 조동사가 아니고 본동사이다.

5) 동사의 단/복수 및 시제

① 동사의 단/복수형

동사는 주어의 단/복수에 따라 변화한다. be동사의 경우 주어가 단수이면 is나 was를, 복수이면 are나 were를 쓴다. 일반동사의 경우 주어가 복수일 땐 동사원형과 동일하나 주어가 단수일 경우 동사에 s나 es를 붙인다. 조동사의 경우 단/복수가 상관이 없지만, have to의 경우 주어가 단수이면 has to로 쓴다.

The man works hard. 그 남자는 열심히 일한다.

The man teaches English. 그 남자는 영어를 가르친다.

▶ 주어가 단수이므로 동사원형 work와 teach에 각각 s와 es를 붙인다.

The students can work hard. (O) 그 학생들은 열심히 일할 수 있다.

The student (can, ~~cans~~) work hard. 그 학생은 열심히 일할 수 있다.

▶ 조동사는 주어가 단수라고 해서 cans라고 하지 않는다.

② 동사의 현재형/과거형/미래형

일반동사는 현재, 과거, 미래 등 시제에 따라 형태가 달라진다. 현재일 땐 주어가 단수일 경우에만 s나 es를 붙이고, 과거일 땐 단/복수 상관없이 ed를, 미래일 땐 조동사 will을 사용하여 'will + 동사원형'으로 표시한다.

동사원형에 ed를 붙이지 않고 아예 다른 단어를 사용하는 경우를 '불규칙 동사'라고 한다.

The man worked hard. 그 남자는 열심히 일했다.

▶ 동사 원형에 ed가 붙어 '일했다'는 뜻의 과거시제가 된다.

I went to the shop yesterday. 나는 어제 상점에 갔다.

▶ went는 go의 과거형으로, go는 불규칙 동사이다.

be동사는 불규칙 동사에 속해 과거시제의 단수형은 was, 복수형은 were를 쓰며, 조동사 중 일부는 과거 표현도 있다.

ex have to ~해야 한다 (현재)

ex had to ~해야만 했다 (과거)

6) 동사의 해석

동사는 주로 '하다/이다/되다'로 해석한다. 동사의 복수형과 단수형의 해석 차이는 없으며, 과거시제의 경우 '~했다', 현재시제의 경우 '~하다/한다', 미래시제는 '~할 것이다'로 해석한다.

The man is my supervisor. 그 남자는 / 이다 / 나의 상관

The man is happy. 그 남자는 / 이다 / 행복한 상태.

The options vary. 옵션들이 다양하다.

The man visits/visited/will visit the factory regularly. 그 남자는 방문한다/했다/할 것이다 / 그 공장을 / 정기적으로.

1. 다음 중 맞는 것은 O, 틀린 것은 X로 표시하자.

　　1) 주어와 동사는 문장의 필수 요소이다. (　　)

　　2) 주어는 동사 앞에 위치한다. (　　)

　　3) 주어 자리에 오는 5가지 성분을 명사류라고 한다. (　　)

　　4) 명사류는 명사, 대명사, 동명사, to부정사, 부사절이다. (　　)

　　5) 동사 자리에 오는 동사를 정동사라고 하며, 조동사만으로는 정동사라고 하지 않는다. (　　)

　　6) 정동사는 문장에 1개이며, 2개인 경우 접속사가 필요하다. (　　)

　　7) 준동사는 동명사, to부정사, 분사이며, 문장에 여러 개 올 수 있다. (　　)

　　8) 동사의 복수형은 s나 es를 붙여서 만든다. (　　)

　　9) 모든 조동사들은 과거시제나 미래시제가 따로 없다. (　　)

　　10) 동사는 주로 '하다/이다/되다'로 해석한다. (　　)

2. 보기 중 맞는 것을 선택한 후 주어와 동사를 찾아 주어는 S, 동사는 V로 표시하고 동사의 시제(현재, 과거, 미래)를 표시하자. 정답이 현재시제인 경우 단수형인지 복수형인지도 표시하자.

　　1) The (cost, costly) of living in the city rose dramatically last year.

　　2) The manager (requested, being requested, to request) his assistant to contact us.

　　3) The newly opened restaurant (serving, serve, serves, server) excellent meals at affordable prices.

　　4) To access the company Web site, you will (enter, entering, entered) the password.

▶ 정답 및 해석 2페이지

Unit 03 목적어와 보어

1 목적어

1) 목적어란?

목적어는 동사의 행위에 대한 대상이 되는 말이며, 목적어가 필요한 경우와 그렇지 않은 경우가 있으므로 선택적 필수 요소이다. 영어 문장에는 대부분 목적어가 있다.

Mr. Kim likes Ms. Lee. 김씨는 이씨를 좋아한다.

▶ Mr. Kim은 likes라는 행위의 주체이며, Ms. Lee는 행위의 대상이다.

Mr. Kim works. 김씨는 일한다.

▶ works라는 행위의 대상이 따로 없으므로 목적어가 없다.

2) 목적어 자리

목적어는 동사 뒤에 위치한다.

Mr. Kim likes Ms. Lee. 김씨는 이씨를 좋아한다.

Ms. Lee likes Mr. Kim. 이씨는 김씨를 좋아한다.

▶ 동사(likes) 뒤에 오는 Ms. Lee와 Mr. Kim이 각각 목적어이다.

3) 목적어 자리에 오는 성분

명사, 대명사, 동명사, to부정사, 명사절 이렇게 다섯 가지가 목적어가 될 수 있는데, 이것들을 '명사류'라고 한다. 명사나 대명사는 어떤 동사에나 목적어가 될 수 있다. 그러나 동명사, to부정사, 명사절은 동사에 따라 목적어가 될 수 있는 경우가 정해져 있다.

① 명사

명사는 목적어가 될 수 있다. 명사 앞에는 형용사가 올 수 있고, 그 앞에 관사나 소유격이 위치한다.

I like the tall man. 나는 그 키가 큰 남자를 좋아한다.

▶ the는 관사, tall은 형용사이고, man이 명사인데 동사 like 뒤에 있으므로 목적어이다.

② 대명사

대명사는 목적어가 될 수 있다. 단, 대명사는 주격/소유격/목적격 대명사, 재귀대명사, 소유대명사, 지시대명사, 부정대명사, 관계대명사 등 여러 종류가 있으며 목적어 자리에 올 수 없는 대명사들도 있다.

Mr. Kim likes I. (X) / **Mr. Kim likes he.** (X) / **Mr. Kim likes they.** (X)

③ 동명사, to부정사, 명사절

'가는 것', '그가 나쁘다는 것'과 같이 '~것/~하기'로 끝나는 말도 목적어가 될 수 있다. 특히 동명사, to부정사, 명사절은 동사에 따라 목적어가 될 수 있는 경우가 정해져 있는데, 지금은 간단히 정리만 하고 나중에 해당 단원에서 자세히 알아보자.

I enjoy **working** out. 나는 즐긴다 / 운동하는 것을 ➡ **동명사가 목적어**

I want **to work** out. 나는 원한다 / 운동하기를. ➡ **to부정사가 목적어**

I believe **that you did it**. 나는 믿는다 / 당신이 그것을 했다는 것을. ➡ **명사절이 목적어**

I enjoy **to work** out (X). / I want **working** out. (X) /

I believe **to work** out (X). / I believe **working** out. (X)

▶ enjoy는 동명사를, want는 to부정사를, believe는 명사절을 목적어로 갖는 동사이다.

4) 목적어에 대한 해석

목적어는 명사류에 '~을/를'을 붙여 해석한다. 동사에 따라 '~에/~에게'를 붙여 해석하는 경우도 있다.

Mr. Kim likes **me**. 김씨는 좋아한다 / **나를**.

Please contact **me**. 연락해주세요 / **나에게**

Mr. Kim attended **the meeting**. 김씨는 참석했다 / 그 미팅**에**.

2 | 보어

1) 보어란?

보어는 주어와 동사만으로는 뜻이 완전하지 못하여 보충해주는 말이다. I walk.(나는 걷는다.)라는 문장은 부족함이 없지만, I became.(나는 되었다.)라는 문장은 보충해주는 말이 필요하다. 따라서 보어도 동사의 종류에 따르는 선택적 필수 요소이다.

2) 보어 자리

보어도 목적어처럼 동사 뒤에 위치한다. 목적어는 동사의 대상이지만, 보어는 주어와 동일시되는 말, 즉 동격이 된다.

Mr. Kim became a **teacher**. 김씨는 선생님이 되었다.

▶ 김씨가 곧 선생님(동격)이므로 선생님은 보어이다.

Mr. Kim likes a **teacher**. 김씨는 선생님을 좋아한다.

▶ 김씨가 like의 주체이므로 주어, 선생님은 like의 대상이므로 목적어이다.

3) 보어 자리에 오는 성분

보어 자리에는 명사뿐 아니라 형용사도 올 수 있다. 명사가 오면 주어와 동격의 관계가 되고, 형용사가 오면 주어를 보충 설명하는 관계가 된다.

Mr. Kim became a **teacher**. ➡ 주어와 보어가 동격의 관계 (김씨 = 선생님)

Mr. Kim became **happy**. ➡ 보어는 주어를 보충 설명하는 관계 (김씨의 상태는? 행복한 상태)

Mr. Kim became **happily**. (X)

▶ happily는 부사이고, 부사는 수식어이므로 없어도 남은 성분으로 문장이 완전해야 한다. Mr. Kim became만으로는 문장이 불완전한 상태이므로 부사는 올 수 없다.

4) 주격 보어, 목적격 보어

주어와 동사만으로는 문장이 부족해서 보어를 쓰는 경우 이외에도, 주어, 동사, 목적어가 있는데도 문장이 부족해 보어를 쓰는 경우가 있다. 주어를 보충하면 주격 보어, 목적어를 보충하면 목적격 보어라고 한다.

Mr. Kim became **happy**. 그는 행복한 상태가 되었다.

▶ happy는 주어의 상태를 보충하여 설명하므로 주격 보어이다.

I made Mr. Kim **happy**. 나는 김씨를 행복한 상태로 만들었다.

▶ happy는 목적어의 상태를 보충하여 설명하므로 목적격 보어이다.

I made Mr. Kim **happily**. (X)

▶ happily는 부사이고, 부사는 수식어이므로 I made Mr. Kim으로 완전한 문장이 되어야 한다. 이렇게 되면 동사 make는 '생산/제조/제작하다(create, produce)'라는 뜻으로 쓰인 것이 되므로 어색하다. 여기서 make는 목적어가 '~한 상태가 되게 하다'라는 뜻으로 쓰여 목적어와 목적격 보어 모두 필요하다.

5) 보어가 필요한 동사

모든 동사가 다 보어가 필요한 것은 아니다. 주격 보어가 필요한 동사는 be(이다), become(되다), remain(여전히 ~인 상태로 있다), seem = appear(~인 것처럼 보이다) 등이 있고, 목적격 보어가 필요한 동사는 make(목적어가 ~한 상태가 되게 하다), keep(목적어를 ~로 유지하다), find(목적어가 ~하다고 알아차리다), consider(목적어가 ~하다고 간주하다) 등이다.

Mr. Kim remained **silent**. 김씨는 조용한 상태를 유지했다.

Mr. Kim found Ms. Lee **happy**. 김씨는 이씨가 행복한 상태라는 것을 알아차렸다.

6) 보어의 해석

주격 보어의 경우는 주어가 '~한 상태', 목적격 보어의 경우는 목적어가 '~한 상태'로 해석한다.

Mr. Kim is **happy**. 그는 행복한 상태이다. (의역: 그는 행복하다.)

I made Mr. Kim **happy**. 나는 김씨를 행복한 상태가 되게 했다. (의역: 나는 그를 행복하게 해주었다)

명사(류)가 보어인 경우는 동사와 같이 붙여서 해석한다. be + 명사(명사이다), become + 명사(명사가 되다), remain + 명사(명사인 상태로 유지하다), seem(= appear) + 명사(명사인 것처럼 보이다), make + 목적어 + 명사(목적어를 명사가 되게 하다), consider + 목적어 + 명사(목적어를 명사로 간주하다)

Mr. Kim is a **teacher**. 그는 선생님이다.

▶ 'be + 명사'는 '명사이다'로 해석

We consider Mr. Kim a **teacher**. 우리는 김씨를 선생님으로 간주한다.

▶ 'consider + 목적어 + 명사'는 '목적어를 명사로 간주하다'로 해석

1. 다음 중 맞는 것은 O, 틀린 것은 X로 표시하자.

1) 목적어와 보어는 문장의 선택적 필수 요소이다. (　　)

2) 목적어는 동사 뒤에 위치한다. (　　)

3) 목적어 자리에 오는 5가지 성분들을 명사류라고 한다. (　　)

4) 명사류가 동사 앞에 오면 주어, 동사 뒤에 오면 목적어가 된다. (　　)

5) 모든 동사들은 명사류 5가지를 모두 목적어로 취할 수 있다. (　　)

6) 동사 뒤에 오는 명사가 주어와 동격의 관계이면 보어이다. (　　)

7) 보어가 될 수 있는 품사는 명사와 부사이다. (　　)

8) 주어를 보충해주는 성분을 주격 보어, 목적어를 보충해 주는 성분을 목적격 보어라고 한다. (　　)

9) 주격 보어가 필요한 동사는 make, keep, find, consider이다. (　　)

10) 보어는 '～을/를'로 해석한다. (　　)

---

2. 보기 중 알맞은 말을 선택한 후 목적어와 보어를 찾아 목적어는 O, 주격 보어는 SC, 목적격 보어는 OC로 표시하자.

1) Mr. Kim showed (considerately / consideration) for other passengers by silencing his mobile phone.

2) What you need to get a job is (confident, confidence, confidently).

3) The new service will be completely (operational / operate / operation) by the end of August.

4) New employees often find the company's handbook very (useful / usefully / use).

▶ 정답 및 해석 2페이지

Unit 04 필수어와 수식어

1 필수어

1) 필수어란?

문장 구성에 꼭 필요한 성분을 말하며 필수어로는 주어, 동사, 목적어, 보어가 있다. 필수어의 반대말은 수식어이다.

I often walk. 나는 종종 걷는다.
▶ I는 주어, walk는 동사이므로 필수어이지만, often은 수식어이다.

I like Mr. Kim very much. 나는 김씨를 매우 좋아한다.
▶ I는 주어, like는 동사, Mr. Kim은 목적어이므로 필수어이지만, very much는 수식어이다.

Mr. Kim is happy today. 나는 오늘 행복하다.
▶ Mr. Kim은 주어, is는 동사, happy는 보어이므로 필수어이지만, today는 수식어이다.

2) 문장의 5형식

영어 문장은 총 5가지 형식이 있다.

① I walk. ➡ **주어＋동사**
② I am happy. ➡ **주어＋동사＋보어**
③ I love you. ➡ **주어＋동사＋목적어**
④ I gave him a notebook. ➡ **주어＋동사＋목적어1＋목적어2**
⑤ I made him happy. ➡ **주어＋동사＋목적어＋보어**

이 5가지 형태의 문장을 '문장의 5형식'이라고 한다. ①처럼 주어와 동사로 이루어진 완전한 문장을 1형식 문장, ②처럼 주어와 동사로는 부족하여 보어가 필요한 문장을 2형식 문장, ③처럼 목적어가 있어야 완전한 문장이 되는 것을 3형식 문장, ④처럼 목적어가 2개 있어야 하는 문장을 4형식 문장, ⑤처럼 주어, 동사, 목적어만으로는 부족하여 목적어를 보충하는 보어가 필요한 문장을 5형식 문장이라고 한다.

문장에 목적어나 보어를 쓰는 것은 해석으로 판단하는 것이 아니고 동사의 유형에 의해 결정된다. 예를 들어 walk는 1형식 동사이므로 보어나 목적어가 필요 없고, become은 2형식 동사이므로 보어가, provide는 3형식 동사이므로 목적어가 필요하다.

> **암기** 형식별 대표적인 동사
>
> ① 1형식 동사: '가다/오다'류(go, come, arrive, leave, fall, rise 등), '있다'류(exist, stay, live 등), '일하다'류(work, serve 등)
> ② 2형식 동사: '이다/되다'류(be, become, remain, seem ＝ appear 등), 감정동사류(look, sound, smell, taste 등)
> ③ 3형식 동사: 영어의 99%, 1, 2, 4, 5형식 동사가 아닌 것 모두
> ④ 4형식 동사: '주다'류(give, offer, send, bring, award, grant 등). '수여동사'라고도 함
> ⑤ 5형식 동사: make, keep, find, leave, consider 등

3) 자동사와 타동사

목적어를 갖지 않는 1형식과 2형식 동사가 자동사이다. 목적어를 갖는 동사를 타동사라고 하며 3, 4, 5형식 동사가 여기에 해당한다.

2 수식어

1) 수식어란?

수식어는 필수어의 반대말이다. 문장에서 필수어를 제외한 나머지는 수식어이다. 문장의 구조를 파악하기 위해서는 필수어를 먼저 찾아 문장의 형식을 확인하고 그에 맞는 해석을 해야 한다. 문장이 길어서 필수어를 찾는 것이 어렵다면 수식어에 괄호를 친다. 수식어가 괄호 안으로 다 빠지면 자연스럽게 필수어가 남아서 문장 구조를 파악할 수 있고 해석을 하기가 쉬워진다.

2) 수식어의 종류

수식어는 크게 형용사류와 부사류로 나뉜다. 형용사류는 기본 형용사, 전명구, 분사, 형용사 기능 to부정사, 형용사절이다. 부사류는 기본 부사, 전명구, 부사 기능 to부정사, 부사절이다.

3) 각 수식어의 형태와 위치

▣ 형용사류

① 기본 형용사
Unit 1에서 다루었듯이 -tive, -sive, -ful, -less, -able, -ible 등으로 끝나고, 우리말로 '–한/–인'으로 해석되는 단어이다. state-of-the-art(최신의)처럼 두 개 이상의 단어가 하나의 형용사처럼 쓰이는 경우도 있다. 형용사는 대부분 명사 앞에 위치한다. 수식어이므로 괄호를 치고 문장 구조를 분석한다.

a (**lucrative**) contract 수익성 있는 계약

👆 잠깐

형용사가 무조건 수식어가 되는 것은 아니다. 2형식이나 5형식 문장에서 보어가 되는 형용사는 필수어이므로 반드시 명사 앞의 수식어로 쓰인 형용사인지 확인하고 괄호를 친다.

② 전명구
Unit 1에서 다루었듯이 전명구는 전치사와 명사의 묶음이다. 전명구는 by train처럼 전치사와 명사로만 구성되어 있는 경우 외에도 for the very lucrative contract처럼 사이에 관사와 형용사 등의 수식어가 들어가 길이가 길어진 경우도 포함된다. 즉, 전치사로 시작해서 명사로 끝나면 전명구이다. 전명구는 명사 뒤에 위치한다. 이 경우 수식어이므로 괄호를 친다.

a contract (**between two companies**) 두 회사 사이의 계약

③ 현재분사, 과거분사
singing(노래하는)을 현재분사, hired(고용된)를 과거분사라고 한다. 이들은 동사인 sing, hire에서 각각 -ing와 -ed를 붙여 파생된 말로 형용사처럼 명사 앞에 오는 수식어가 된다.

(**singing**) birds 노래하는 새들 / the (**hired**) employees 고용된 직원들

현재분사나 과거분사는 명사 뒤에서도 그 앞의 명사를 수식할 수 있다. 이때는 여러 단어가 모여 있는 구의 형태가 대부분이므로 괄호를 칠 때 유의해야 한다. 자세한 내용은 나중에 분사편에서 다루기로 한다.

> ex the man (**distributing handouts**) 유인물을 나눠주는 남자

> ▶ distributing handouts 부분이 '유인물을 나눠주는'이란 뜻을 가진 현재분사구이다. 이는 뒤에서 앞에 있는 명사 the man을 수식한다.

④ 형용사 기능의 to부정사

'to + 동사원형'의 형태를 to부정사라고 하며, **명사 뒤에 위치한다.** to부정사는 형용사의 기능이 있어 명사 수식이 가능하다.

an effort (**to increase sales**) 판매량을 증가시키려는 노력

⑤ 형용사절

who will see you soon(당신을 곧 만날), which I ordered(내가 주문한)와 같이 하나의 절(문장)이 형용사의 기능을 하는 경우를 형용사절이라고 하며, **명사 뒤에 위치한다.** 이때, 형용사절의 수식을 받는 명사를 '선행사'라고 한다.

the man (**who will see you soon**) 곧 당신을 만날 남자

the product (**which I ordered**) 내가 주문한 제품

> ▶ the man, the product가 선행사이다.

▣ 부사류

① 기본 부사

Unit1에서 다루었듯이 '형용사+ly'로 끝나고, 우리말로 '-(하)게'로 해석되는 단어이다. next week(다음 주에)처럼 두 개 이상의 단어가 하나의 부사처럼 쓰이는 경우도 있다. 부사는 동사와 목적어 사이를 제외하고는 보통은 위치가 자유롭고, '앞에', '사이에', '뒤에'오는 부사로 분류한다. 부사는 수식어이므로 보이는 대로 괄호를 친다.

★ 중요 ▶ 부사의 위치

❶ 형용사, 분사(-ing/pp) 앞	**highly** profitable products 매우 수익성이 높은 제품들
	locally grown produce 지역에서 재배된 농산물
❷ 주어와 동사 **사이**	The CEO **initially** planned ~ 그 대표이사는 처음에는 계획했다
조동사와 동사원형 **사이**	can **easily** reduce ~ 쉽게 줄일 수 있다
have와 p.p. **사이**	have **recently** finished ~ 최근에 끝냈다
be와 -ing/p.p. **사이**	is **currently** offering ~ 현재 제공 중이다
to와 동사원형 **사이**	to **effectively** implement ~ 효과적으로 이행하기 위해서
전치사와 동명사 **사이**	for **carefully** reading ~ 주의 깊게 읽는 것에 대해서
❸ '타동사+목적어' 뒤	read the manual **carefully** 매뉴얼을 주의 깊게 읽다
1형식 동사 뒤	act **professionally** 전문적으로 행동하다
'be+p.p.' 뒤	will be delivered **shortly** 곧 배송될 것이다

동사와 목적어 사이는 형용사 자리이다. 여기에 부사가 단독으로 올 수 없다.

> ex We will inform **shortly** the result. (X)

> ex We will inform you the result **shortly**. (O)

② (부사 기능의) 전명구

전명구는 형용사 이외에도 부사 기능이 있다. 부사 기능의 전명구는 **완전한 문장의 앞이나 뒤에 위치한다.** 따라서 완전한 문장의 앞이나 뒤에 전명구가 있다면 괄호를 치고 문장 구조를 분석한다.

I read the manual (**for 5 hours**). 나는 매뉴얼을 주의 깊게 읽었다 5시간 동안. → **동사(read) 수식 전명구 (부사 기능)**

cf I read the manual (**on the desk**). 나는 책상 위에 있는 매뉴얼을 읽었다. → **명사(manual) 수식 전명구 (형용사 기능)**

(**In my opinion**), you are wrong. 내 의견으로, 당신은 틀렸어요. → **문장 전체 수식 전명구 (부사 기능)**

③ 부사 기능의 to부정사

'to + 동사원형'의 형태를 to부정사라고 하는데, to부정사는 부사의 기능이 있어 동사 수식이나 문장 전체 수식이 가능하다. to부정사는 완전한 문장의 앞이나 뒤에 위치한다. 따라서 완전한 문장의 앞뒤에 to부정사가 있으면 괄호를 치고 문장 구조를 분석한다.

I need your input (**to get a better result**). 나는 당신의 의견이 필요합니다 / 더 나은 결과를 얻기 위해서.

(**To get a better result**), I need your input. 더 나은 결과를 얻기 위해서 / 나는 당신의 의견이 필요합니다.

④ 부사절

although he is bad(그가 나쁘긴 하지만), because it is new(그것이 새것이기 때문에), when I ordered(내가 주문했을 때), if you are satisfied(당신이 만족한다면) 등과 같이 하나의 절(문장)이 부사의 기능을 하는 경우를 부사절이라고 하며, **완전한 문장의 앞이나 뒤에 위치한다.** 따라서 완전한 문장의 앞뒤에 부사절이 있으면 괄호를 치고 문장 구조를 분석한다.

I like Mr. Kim (**although he is bad.**) 나는 김씨를 좋아한다 / 그가 나쁘긴 하지만.

(**Although he is bad**), I like him. 그가 나쁘긴 하지만 / 나는 그를 좋아한다.

Q 점검퀴즈

1. 다음 중 맞는 것은 O, 틀린 것은 X로 표시하자.

1) 필수어의 반대말은 수식어, 수식어의 반대말은 필수어이다. (　　)

2) 영어 문장은 총 5가지 형식이 있다. (　　)

3) 1형식 동사는 '가다, 오다, 있다, 일하다' 등의 뜻을 가진 동사들이며, 이어서 부사류가 온다. (　　)

4) 목적어만으로는 부족하여 목적어를 보충하는 성분이 필요한 문장을 5형식 문장이라고 한다. (　　)

5) 1, 2, 3형식 동사를 자동사, 4, 5형식 동사를 타동사라고 한다. (　　)

6) 수식어는 크게 형용사류와 부사류가 있다. (　　)

7) 형용사와 부사는 무조건 수식어이다. (　　)

8) 부사는 위치가 자유로운 편이다. 단, 동사와 목적어 사이에 단독으로 오지 않는다. (　　)

9) 전명구는 형용사 기능과 부사 기능을 한다. (　　)

10) 문장이 통으로 형용사 기능을 하면 형용사절이며, 그 앞에는 선행사가 있다. (　　)

2. 다음 문장의 수식어에 (   )를 표시하고 수식어의 종류를 적어보자. 각 문장이 몇 형식 문장인지도 적어보자.

1) The economy of our nation runs according to the principles of the free market.

2) Employees going on the trip will get plane tickets at the end of this month.

3) The newly hired advisor suggested several strategies to reduce costs at the meeting yesterday.

4) The arena is a place which hosts sporting and musical events.

5) Selected customers on the waiting list should receive a call within a day if there are any cancellations.

▶ 정답 및 해석 3페이지

Unit 05 직독직해

1 해석법의 종류

1) 구조 분석 해석법

수식어에 괄호를 치고 필수어를 찾아 표시하면서 주어는 '은/는/이/가', 목적어나 보어는 문장의 형식에 따라 '~를 ~하다', '~가 ~한 상태이다' 등으로 해석하는 방식이다. 아직 영어 구조가 익숙하지 않을 때, 한두 줄 이내의 단문 독해에 적합한 방식이다. 구조 분석 해석법은 아래의 순서대로 한다.

The manager working with me contacted my client who requested a price estimate for the project.

① 동사부터 찾아 아래에 V라고 표시한다. 접속사도 있다면 '접'으로 표시한다.

The manager working with me <u>contacted</u> my client <u>who</u> <u>requested</u> a price estimate for the
project.
$\quad\quad\quad\quad\quad\quad\quad\quad\quad\quad$ V $\quad\quad\quad\quad\quad$ 접 $\quad$ V

② 동사를 찾을 때 수식어(특히 전명구)가 발견되면 무조건 괄호를 친다. 전부 다 찾지 못해도 괜찮다.

The manager working (with me) <u>contacted</u> my client <u>who</u> <u>requested</u> a price estimate (for the
project).
$\quad\quad\quad\quad\quad\quad\quad\quad\quad\quad$ V $\quad\quad\quad\quad\quad$ 접 $\quad$ V

③ 동사 앞에 있는 주어에 S라고 표기한다. 단, 주어를 수식하는 수식어(주로 전명구, 분사구 등)가 있으면 괄호를 친다.

The <u>manager</u> (working) (with me) <u>contacted</u> my client <u>who</u> <u>requested</u> a price estimate (for the
project). ^S
$\quad\quad\quad\quad\quad\quad\quad\quad\quad\quad\quad\quad$ V $\quad\quad\quad\quad$ 접 + S $\quad$ V

④ 동사의 형식에 따라 동사 뒤의 구조를 파악한다. 영어의 99%는 3형식이므로 목적어가 온다. 수식어가 더 있다면 괄호를 친다.

The <u>manager</u> (working) (with me) <u>contacted</u> my <u>client</u> (who <u>requested</u> a price <u>estimate</u> (for the
project)).^S
$\quad\quad\quad\quad\quad\quad\quad\quad\quad\quad\quad\quad$ V $\quad\quad$ O $\quad$ 접 + S $\quad$ V $\quad\quad\quad$ O

⑤ 구조 분석이 마무리됐으면 주어에 '은/는/이/가', 동사에 '~하다' 목적어에 '~을/를'을 붙이고 수식어와 함께 해석한다.

해석: (나와 함께 일하는) 그 매니저는 ((그 프로젝트를 위한) 가격 견적을 요청했던) 나의 고객에게 연락했다.

2) 직독직해법

직독직해란 읽으면서 바로 해석한다는 뜻으로 우리말 어순이 아닌 영어 어순대로 해석하는 것이다. 예를 들면 I love you so much.라는 문장을 '나는 너를 매우 많이 사랑한다'가 아니라 영어 어순을 그대로 살려 '나는 사랑해 / 너를 / 매우 많이'로 해석한다. 직독직해에서는 수식어에 괄호를 치지 않는다. 직독직해는 구조 분석이 어느 정도 익숙하다는 전제 하에 주로 단문보다는 중문, 장문 독해에 적합한 방식이다.

2 직독직해의 필요성

1) 빠른 독해 가능

영어는 우리말과 달리 목적어가 동사 뒤에 오며, 형용사를 제외하고는 수식어 대부분이 뒤에서 앞으로 수식하므로 우리말 어순으로 바꿔서 해석하는 과정에서 시간이 소비된다. 직독직해를 하면 어순을 바꿔서 이해하는 과정이 없으므로 독해 속도가 빨라진다.

I met with my client who requested a price estimate for the project.

우리말 어순의 독해: 나는 그 프로젝트를 위한 가격 견적서를 요청했던 내 고객을 만났다.

▶ 문장의 주어 '나는'을 해석한 후, 문장의 맨 끝에서 '그 프로젝트를 위한'을 해석하며 동사 쪽으로 거슬러 올라가므로 독해하는 데 시간이 소비된다.

직독직해: 나는 만났다 / 내 고객을 / 요청했던 / 가격 견적을 / 그 프로젝트를 위한.

▶ 이처럼 영어 어순과 동일하게 이해하는 연습을 하면 독해 속도가 빨라진다.

2) 듣기 능력(Listening Comprehension)의 향상

LC 지문 스크립트를 볼 때는 잘 이해하는데, 막상 들으면 이해가 안 되는 이유는 발음, 억양, 강세 같은 발음 요소들 때문만은 아니다. 더 중요한 이유는 원어민 성우가 말하는 속도대로 바로 이해하지 못하고 지나쳐 버리기 때문이다. 직독직해가 되면 문장을 끊어서 이해할 수 있으므로 말하는 속도에 맞추어 이해할 수 있다. 따라서 직독직해가 잘 되면 자연스러운 직청직해도 가능해진다.

3) 정확한 독해 가능

독해가 잘 안되는 사람들은 대부분 단어의 뜻을 기반으로 자신이 이미 알고 있던 지식과 결합한 추측과 상상으로 영어 문장을 이해하려 한다. 독해는 상상으로 하는 것이 아니고 정확한 구조 분석을 통해서 해야 한다. 구조가 정확히 분석되면 독해는 저절로 따라온다. 자연스럽게 구조를 분석할 수 있어야 끊어 읽을 수 있으므로 직독직해는 정확한 독해에 큰 도움이 된다.

4) Writing과 Speaking에 도움

영작이 어려운 이유는 단어 때문만이 아니다. 더 어려운 부분은 우리말의 어순을 영어의 어순으로 바꾸는 것이다. 직독직해를 적어보고 그것을 영어로 바꿔보면 영작이 훨씬 쉽고 빠르게 된다. 영작이 쉬워지면 영어로 말하는 능력도 함께 향상된다.

직독직해가 안된 문장을 영어로 바꾸기: 나는 그 프로젝트를 위한 가격 견적서를 요청했던 내 고객을 만났다.

▶ 일단 I로 시작은 하지만, 이어서 '그 프로젝트를 위한'을 문장의 어디에 배치할지 복잡해진다. '가격 견적서를 요청했던'이란 말 역시 배치하기가 쉽지 않다.

직독직해가 된 문장을 영어로 바꾸기: 나는 만났다 / 내 고객을 / 요청했던 / 가격 견적을 / 그 프로젝트를 위한.

▶ 직독직해가 제대로 된 문장이므로 영어로 바꾸는 것이 어렵지 않다. I부터 그대로 영어로 바꿔 나간다. I met with / my client / who requested / a price estimate / for the project.로 바꾼다.

3 직독직해 방법

직독직해는 충분한 연습이 되기까지는 지문에 끊어 읽기를 '/'로 표시한다. 익숙해지면 표시를 하지 않아도 표시한 것 같은 효과를 느낄 수 있다. 기본적으로 우리말과 어순이 달라지는 부분에서 끊으면 되는데, 우리말과 어순이 다르더라도 덩어리로 이해되는 수준이라면 끊지 않아도 된다. 즉, I love you. 정도는 '나는 사랑해 / 너를' 이라고 하지 않아도 바로 이해가 되므로 끊지 않아도 된다. 끊어 읽으면서 동시에 주어, 동사, 목적어, 보어 등의 필수 요소를 확인한다. 반드시 끊어 읽어야 할 부분은 아래와 같다.

① 전명구 앞
전명구는 우리말과 어순이 달라지는 부분이므로 보이는 대로 전명구의 앞에서 끊는다.

I ate lunch / with my friend / in the famous restaurant.
▶ 직독직해: 나는 점심을 먹었다 / 내 친구와 함께 / 그 유명한 식당에서.

② 길이가 긴 주어 뒤
명사절이나 동명사가 주어인 경우 길이가 길어서 끊어야 한다.

That you should work hard / is definitely true.   당신이 열심히 일해야 한다는 것은 / 단연코 사실이다.

What we need to do / is to finish this work / within today.
우리가 할 필요가 있는 것은 / 이 일을 끝내는 것이다 / 오늘 내로

Regularly updating your resume / will help you / submit it / quickly.
당신의 이력서를 정기적으로 업데이트시키는 것은 / 너를 도와줄 것이다 / 그것을 제출하는 것을 / 빨리.

③ 길이가 긴 목적어 앞
명사나 대명사가 목적어인 경우는 동사와 목적어를 끊을 필요가 없지만, 명사절이나 to부정사 혹은 동명사, 병치 구조의 덩어리가 목적어인 경우는 길이가 길어서 그 앞에서 끊어야 한다.

I believe / that our company will regain a good reputation.
나는 생각한다 / 우리 회사가 좋은 평판을 다시 얻을 것이라고.
▶ 명사절이 목적어

I want / to receive your monetary support.   나는 원한다 / 당신의 재정적 지원을 받기를.
▶ to부정사가 목적어

I will consider / visiting your office / in the near future.   나는 고려할 것이다 / 당신 사무실을 방문하는 것을 / 가까운 미래에.
▶ 동명사가 목적어

Students waste / both time and money.   학생들은 낭비한다 / 시간과 돈 둘 다를.

I met / a beautiful and attractive girl.   나는 만났다 / 아름답고 매혹적인 여자를.

I like / you, him and her.   나는 좋아한다 / 너와 그 그리고 그녀를.
▶ 등위/상관접속사를 사용한 병치 구조의 덩어리가 목적어

잠깐 동사 바로 뒤에서 주어와 동사가 나오는 경우, 명사절 접속사 that이 생략된 것이므로 바로 앞의 동사 뒤에서 끊는다.

ex I believe / our company will regain a good reputation.   나는 생각한다 / 우리의 회사가 좋은 평판을 다시 얻을 것이라고.
▶ 동사인 believe 바로 뒤에서 주어 our company와 동사 will regain이 나오므로 바로 앞의 동사인 believe 뒤에서 끊는다.

④ 형용사절 앞, 부사절 앞

형용사절(=관계사절)은 뒤에서 앞의 명사(선행사)를 수식하므로 반드시 끊어야 한다. 형용사절을 잘 찾을 수 없다면 명사 뒤에 오는 형용사절 접속사(관계대명사 who, whom, which, that, whose 등) 앞에서 끊으면 된다. 다시 말해서 선행사와 관계대명사 사이를 끊는다.

The company / that sells luxury goods / will launch / a new line of products / this year.
그 회사는 / 고급 제품을 판매하는 / 출시할 것이다 / 새로운 제품군을 / 올해.

완전한 문장(주절) 뒤에 오는 부사절은 주절을 수식하므로 부사절 접속사 앞에서 끊는다.

The president managed / to give a speech / although he didn't feel well / at that time.
그 사장은 가까스로 했다 / 연설을 / 그가 몸이 좋지 않았음에도 불구하고 / 그때에.

> **★ 중요** 명사 바로 뒤에 주어와 동사가 나오는 경우, 목적격 관계대명사 that(혹은 whom, which)이 생략된 것이므로 명사와 주어 사이에서 끊는다.
>
> ⓔⓧ The company / we contacted / will launch / a new line of products / this year.
> 그 회사는 / 우리가 연락했던 / 출시할 것이다 / 새로운 제품군을 / 올해.
> ▶ 명사인 company 바로 뒤에서 주어 we와 동사 contacted가 나오므로 바로 앞의 명사인 company와 주어인 we 사이에서 끊는다.

⑤ 후치 수식을 하는 준동사구 앞

to부정사와 분사구는 뒤에서 수식하는 후치 수식을 하므로 그 앞에서 끊는다.

The opportunity / to work with him / left me very happy. 그 기회는 / 그와 일을 같이 할 / 나를 매우 행복하게 했다.
▶ 형용사 기능의 to부정사 앞

The company / manufacturing cars / recently went bankrupt. 그 회사는 / 자동차들을 제조하는 / 최근에 파산했다.
▶ 현재분사구 앞

The product / made in Korea / sells well / all around the world.
그 제품은 / 한국에서 만들어진 / 잘 팔린다 / 전 세계에서.
▶ 과거분사구 앞

> **✋ 잠깐** 동사 수식 to부정사는 끊어서, 목적격 보어가 되는 to부정사는 자연스러운 방식으로 한다.
>
> ⓔⓧ I need a ride / to go to my office. 나는 태워주는 것이 필요하다 / 내 사무실로 가기 위해서.
> ▶ 동사 수식 to부정사 (부사 기능)
>
> ⓔⓧ I need you to go to my office. 나는 당신이 내 사무실로 가기를 원한다.
> ▶ 목적격 보어가 되는 to부정사 (형용사 기능)
>
> ⓔⓧ I ask you / to go to my office. 나는 당신에게 요청한다 / 내 사무실로 갈 것을.
> ▶ 목적격 보어가 되는 to부정사 (형용사 기능)
>
> ⓔⓧ I'll help you (to) go to my office. 나는 당신이 내 사무실로 가도록 도와주겠다.
> ▶ 목적격 보어가 되는 to부정사 (to 생략 가능)
>
> ⓔⓧ I'll make[let, have] you go to my office. 나는 당신이 내 사무실로 가게 하겠다.
> ▶ 목적격 보어가 되는 동사원형 (to를 쓰지 않음)

1. 다음 중 맞는 것은 O, 틀린 것은 X로 표시하자.

1) 장문일수록 직독직해로 해석하는 것이 효율적이다. (   )

2) 구조 분석 해석법은 영어 구조에 익숙할 때 적합한 해석법이다. (   )

3) 직독직해란 우리말 어순대로 맞추어 이해하는 방식이다. (   )

4) 직독직해는 writing과 speaking에도 도움이 된다. (   )

5) 전명구 뒤에는 항상 끊어 읽기를 표시한다. (   )

6) 주어나 목적어가 짧아도 무조건 끊어 읽기를 표시한다. (   )

7) 동사 뒤에 주어와 동사가 나오면 앞의 동사 뒤에 끊어 읽기를 표시한다. (   )

8) 관계대명사와 선행사 사이에 끊어 읽기를 표시한다. (   )

9) 명사 뒤에 주어와 동사가 나오면 명사와 주어 사이에 끊어 읽기를 표시한다. (   )

10) 준동사구 앞에서 끊는다. (   )

---

2. 다음 각 문장에 끊어 읽기를 표시하고 직독직해 방식으로 해석을 적어보자.

1) You need to start thinking about conducting annual performance reviews for your employees.

2) Please remember that you must speak in person with every employee you supervise directly.

3) A major aspect of this is to provide your employees with feedback.

4) You need to let them know not only what their weak points are but also how they can make them stronger.

5) Prior to conducting these meetings, ask each employee to submit a one-page summary of the work they have done in the past year.

6) That will help them prepare for the review and make them recall the work they have done.

7) It should also benefit you by reminding you of their performance.

▶ 정답 및 해석 3페이지

Unit 06 문법 용어 정리

기초 문법 다지기 Unit 1~5에서 나온 문법 용어 외에도 본문에 나오는 전반적인 문법 용어를 정리했다. 확실히 알고 있는 문법 용어는 확인란에 V 표시를 하고 그렇지 않은 것은 개념을 정확히 알아두자.

	문법 용어	확인	설명
1	품사(8품사)		공통된 성격을 가진 단어들을 8가지로 분류한 것. 명사, 대명사, 동사, 형용사, 부사, 전치사, 접속사, 감탄사가 있다.
2	단어, 구, 절		▶ 독립할 수 있는 의미의 최소 단위를 단어라고 하며, 모든 단어는 품사가 있다. ▶ 단어가 여러 개(2-3개)가 모여 하나의 품사 역할을 하는 것은 구이다. 예를 들어, take care of (~를 돌보다)는 동사구이다. ▶ 주어와 동사가 포함된 문장의 덩어리가 절이다. I like him, but he dislikes me.에서 I like him과 he dislikes me가 각각의 절이다.
3	전명구		전치사와 명사의 묶음으로 전치사로 시작해 명사까지 묶는다. '전치사구'라 부르기도 하며 문장에서 주로 명사 혹은 동사를 수식한다.
4	정동사		문장의 동사 자리에 오는 동사로 반대 개념은 준동사이다. I **want** to help you go shopping에서 want가 정동사이다.
5	준동사		동사에서 파생했으나 동사가 아닌 다른 품사의 역할을 하는 분사(-ing/p.p.), 동명사(-ing), to부정사(to동사원형)를 말한다.
6	조동사		동사 앞에 위치하여 '가능, 예정, 의무' 등의 의미를 만드는 것. 조동사는 문장의 필수 요소가 아니며, '조동사＋동사원형'의 형태로 동사 자리에 올 수 있다. 조동사로는 can, may, will, be going to, must, should, have to, has to, ought to, would/could/should/might 등이 있다.
7	동사원형		사전에 나와 있는 동사의 기본형이다. 동사는 주어의 단/복수나 동사의 시제에 따라 동사원형을 약간 변형하여 사용한다.
8	be동사		is, am, are, was, were 동사의 총칭. 이들의 원형이 be라서 be동사라고 한다. 문장에서는 수와 시제에 맞게 is, am, are, was, were 형태로 쓴다. '~이다'라는 뜻의 2형식 동사와 '~있다'라는 뜻의 1형식 동사로 사용된다.
9	필수어(필수 요소)		영어 문장의 구성을 위해 꼭 필요한 성분으로 주어(S), 동사(V), 목적어(O), 보어(C)가 있다.
10	주어(S)		동사가 서술하는 동작이나 상태의 주체. 주어는 동사 앞에 위치하고, 주어가 될 수 있는 것은 명사류이다.
11	동사(V)		주어의 동작이나 상태를 묘사하는 것. 동사는 주어 뒤에 위치하고, 동사 자리에는 준동사가 올 수 없다.
12	목적어(O)		동사가 묘사하는 행위의 대상으로 목적어는 동사 뒤에 위치한다. 명사류가 동사 앞에 오면 주어, 동사 뒤에 오면 목적어이다.
13	보어(C)		주어, 동사 혹은 주어, 동사, 목적어 만으로는 부족하여 주어나 목적어를 보충하는 성분이다. 보어 자리에는 명사나 형용사가 오는데, 명사는 주어(혹은 목적어)와 동격의 관계일 때 쓰고, 형용사는 주어나 목적어를 보충 설명할 때 쓴다.
14	동격		명사가 서로를 지칭하는 경우. Mr. Kim, our manger contacted you.나 Mr. Kim is our manger. I consider Mr. Kim our manger.에서 Mr. Kim과 our manger는 동격의 관계이다.

15	수식어		문장의 구성 요소 중 없어도 되는 성분. 수식어는 형용사류와 부사류가 있다. 필수어가 아닌 것은 수식어, 수식어가 아닌 것은 필수어이다.
16	명사류		문장에서 명사 역할(주어, 목적어, 보어)을 하는 5가지 성분. 명사, 대명사, 동명사, to부정사, 명사절(that S V 혹은 what S V 등)이 있다.
17	형용사류		문장에서 형용사 역할(명사 수식, 보어)을 하는 6가지 성분. 형용사, 전명구, 분사, 형용사 기능의 to부정사, 형용사절(보어 기능 X)이 있다.
18	부사류		문장에서 부사 역할(동사/형용사/부사/문장 전체 수식)을 하는 4가지 성분. 부사, 전명구, 부사 기능의 to부정사, 부사절(문장 전체 수식만 해당)이 있다.
19	자동사		목적어를 갖지 않는 동사. 1, 2형식 동사가 여기에 해당하며 1형식 동사는 완전 자동사, 2형식 동사는 불완전 자동사이다.
20	타동사		목적어를 가지는 동사. 3, 4, 5형식 동사이다.
21	1형식 동사		1형식 문장(주어, 동사)의 동사. 주로 '가다/오다/있다/일하다'의 뜻을 가진 동사이다.
22	2형식 동사		2형식 문장(주어, 동사, 보어)의 동사. 'be/become/appear/seem'이 빈출
23	3형식 동사		3형식 문장(주어, 동사, 목적어)의 동사로 1, 2, 4, 5형식 동사가 아닌 것. 동사의 99%가 3형식 동사이다.
24	4형식 동사		4형식 문장(주어, 동사, 간접목적어, 직접목적어)의 동사. 'give/offer/send/bring/award/grant'가 빈출. '수여동사'라고도 한다.
25	5형식 동사		5형식 문장(주어, 동사, 목적어, 목적격 보어)의 동사. 5형식 동사로는 make/keep/find/consider 계열, ask/advise/encourage/allow 계열, consider 계열, 그리고 기타 동사들(사역동사, 준사역동사, help동사, 지각동사)이 있고, 목적격 보어에 따라 분류한다.
*26	인어노리 동사		inform, assure, notify, remind 동사는 사람 명사를 목적어로 취하며, 목적어 뒤에 'of 사물'이 오면 3형식, 'that S V'가 오면 4형식이 되는 동사이다.
*27	막가파 동사		목적격 보어 자리에 형용사, -ing, p.p.가 오는 동사(make, keep, find). (단, make는 -ing를 목적격보어로 취하지 않는다.)
*28	결혼승낙 동사		희망(want, expect), 요청(ask, advise, remind), 설득(urge, force, encourage), 허락(allow, enable) 등의 의미를 갖는 5형식 동사. 목적격 보어 자리에 to부정사가 온다.
29	사역동사		'시키다'의 뜻을 가지는 동사들(make, let, have). 목적격 보어 자리에 동사원형이나 p.p.가 온다.
30	have(has) p.p.		현재완료 시제의 형태로 have p.p.가 하나의 정동사가 된다. **ex** I **have lived** in Seoul for 5 years. (난 서울에서 5년 동안 **쭉 살아왔다.**)
31	be p.p.		수동태의 형태. 여기에 현재완료시제가 더해지면 have been p.p.가 되며, have p.p.는 능동태이고 have been p.p.는 수동태이다.
32	수동태/능동태		수동태는 목적어를 주어 자리로 보내어 주체를 바꾸지만 뜻은 결국 같다. 수동태 문장에는 be p.p.가 포함되며, be p.p. 뒤에는 목적어가 올 수 없다. 문장 안에 be p.p.가 없으면 능동태이다. 능동태 문장에는 목적어가 있다. **ex** The rabbit **was eaten** by the lion.(수동태) / The lion **ate** the rabbit.(능동태)
33	4형식의 수동태		4형식 문장인 I gave him a pen.을 수동태로 만들면 He was given a pen.이 된다. 4형식 문장의 수동태는 목적어가 1개 남는다.
34	동사의 단수형		주어가 3인칭 단수이고 현재시제일 때 동사원형 뒤에 s나 es가 붙는 형태. A worker **works.**에서 works를 동사의 단수형, 즉 단수동사라고 한다.
35	동사의 복수형		주어가 복수일 때는 동사원형과 형태가 같다. 단, be동사의 경우는 are, were가 복수형이다. 동사의 복수형, 즉 복수동사라고 한다.
36	시제		현재, 과거, 미래 등 시간상의 특정 영역. 우리말은 총 3개의 시제가 있으나 영어는 12개가 있다. 이를 12시제라고 한다.

37	동사의 과거형		동사의 과거시제. 규칙 동사인 경우 동사원형에 ed를 붙여 만든다.
38	동사의 현재형		동사의 현재시제. 주어가 3인칭 단수인 경우 동사원형에 s나 es를 붙여 만든다. 그 외에는 동사원형을 쓴다. be동사는 is, are, am을 주어의 인칭과 단/복수에 맞춰 쓴다.
39	동사의 미래형		동사의 미래시제. '조동사 will + 동사원형'의 형태이다.
40	불규칙 동사		동사의 단수형이나 과거시제 등이 일반적이거나 공통적인 규칙을 따르지 않고 독립적으로 존재하는 동사. **ex** went(go의 과거시제), ran(run의 과거시제), has(have의 단수형) 등
41	가정법		'~라면, ~할 텐데' 식의 표현법이다. 과거의 사실을 반대로 묘사할 때는 가정법 과거완료, 현재의 사실을 반대로 묘사할 땐 가정법 과거, 현재나 미래의 가능성 낮은 사실을 말할 땐 가정법 미래를 쓴다.
42	동명사		동사에서 파생되어 문장에서 명사의 역할(주어, 목적어, 보어)을 하는 것. '동사원형 + ing' 형태이다.
43	to부정사		동사에서 파생되어 문장에서 명사, 형용사, 부사의 역할을 하는 것. 'to + 동사원형'의 형태이다.
44	과거분사(p.p.)		동사에서 파생되어 문장에서 형용사의 역할을 하는 것. '동사원형 + ed'의 형태로 완료/수동의 의미(~되어진)로 해석된다. 동사의 과거형과 같은 형태이지만 동사가 아니므로 과거시제와는 상관이 없다.
45	현재분사(-ing)		동사에서 파생되어 문장에서 형용사의 역할을 하는 것. '동사원형 + ing'의 형태로 진행/능동의 의미(~하는 중인, ~하는)로 해석된다. 동명사와 같은 형태이지만 동명사가 아니다. 이름은 현재분사이지만 동사가 아니므로 현재시제와는 상관이 없다.
46	분사구문		분사가 문장의 앞이나 뒤에 붙어 문장의 주어를 수식하는 것. **Being a student**, you should study hard.를 앞 분사구문이라 하고, I started a job, **receiving a high salary**.를 뒤 분사구문이라 한다. Being a student는 you를, receiving a high salary.는 I를 수식한다.
*47	응큼쟁이 동사		to부정사를 목적어로 갖는 동사들. want, wish, hope, expect, agree, refuse, decide, promise, plan, intend 등이 있다.
*48	생말예제		'생각하다, 말하다, 예측하다, 제안하다' 등의 동사들. 'that S V'를 목적어로 갖는 동사이다.
49	선행사		형용사절(=관계사절)의 수식을 받는 명사.
50	형용사절		형용사 기능(명사 수식)을 하는 문장의 덩어리. 이 덩어리가 뒤에서 앞으로 명사를 수식하는데, 이 명사를 선행사라고 한다. '~한, ~인' 등으로 해석한다.
51	관계대명사		문장을 연결해주는 대명사. 관계대명사가 이끄는 절을 관계사절 혹은 형용사절이라고 한다. 관계대명사는 who, whom, whose, which, that 등이 있다. 관계사절은 그 앞의 명사(선행사)를 수식한다. 관계대명사는 형용사절 접속사의 일부이다.
52	부사절과 주절		부사절은 부사 기능(문장 전체 수식)을 하는 문장의 덩어리이다. '부사절 접속사(although/because/when/if 등) S V'의 형태이며 주절을 수식한다. 부사절의 수식을 받는 절을 주절이라고 한다. **Although** he is bad, I like him.에서 I like him부분이 주절이다.
53	종속절과 주절		명사절, 형용사절, 부사절을 종속절이라 하고, 종속절이 아닌 나머지를 주절이라고 한다.
*54	요번주의명제		'요구, 주장, 의무, 명령, 제안'을 나타내는 명사, 동사, 형용사 뒤에 오는 'that S (should) 동사원형'의 형태를 말한다.
55	가주어 / 진주어		보통 to부정사나 명사절이 주어 자리에 올 때 길이가 길어서 이를 뒤로 보내고 그 자리에 가주어 it(해석X)을 쓴다. 이때 it을 가주어, 뒤로 보낸 주어를 진주어라고 한다.
56	가목적어 / 진목적어		보통 to부정사나 명사절이 5형식 문장의 목적어 자리에 올 때 길이가 길어서 이를 뒤로 보내고 그 자리에 가목적어 it(해석X)을 쓴다. 이때 it을 가목적어, 뒤로 보낸 목적어를 진목적어라고 한다.
57	도치 (구문)		주어와 동사 혹은 주어와 보어 등의 정해진 위치를 바꾸어 배치하는 것. 의문문이나 가정법의 도치, there is/are 구문, 부정어구가 문두에 오거나 only가 문두에서 부사구를 강조할 때, 가주어/진주어 등 다양한 경우가 있다.

58	가산명사		영어의 명사들 중에서 셀 수 있는 명사들. 사람 관련, 시간 관련, 규칙 관련, 증가감소 관련, 돈 관련이 빈출 가산명사이다.
59	불가산명사		영어의 명사들 중에서 셀 수 없는 명사들. 주로 물질명사나 추상명사 등이 불가산명사이다.
60	관사		명사 앞에 붙여주는 일종의 습관적인 말. 정관사와 부정관사로 나뉘며, 관사는 형용사나 p.p.보다 앞에 위치한다.
61	정관사/부정관사		a/an을 부정관사라고 하고 the를 정관사라고 한다. 부정관사는 '막연히 하나, 어떤'의 뜻이고, 정관사는 '그'의 뜻으로 정관사와 부정관사는 해석을 하지 않기도 한다.
62	소유격		my, your, his, her, their, the company's, Mr. Kim's 등의 형태로 '~의'로 해석하는 것들이며, 명사당 한 개만 온다. 소유격은 명사의 앞에 위치한다.
63	재귀대명사		myself, yourself, herself 등 자기 자신을 가리키는 대명사. 재귀 용법, 관용 용법, 강조 용법이 있다.
64	의미상 주어		It is easy for **me** to love her.에서 문장의 주어는 to love her이지만, to love의 love 부분의 주어는 '나(me)'이다.
65	복합명사		application form(신청서)처럼 명사 2개가 하나의 덩어리가 되어 하나의 명사처럼 취급하는 것이다. 단/복수는 뒤쪽 명사에 맞춘다.
66	완전한 문장		1형식 문장이라면 '주어＋동사', 2형식이라면 '주어＋동사＋보어', 3형식이라면 '주어＋동사＋목적어', 4형이라면 '주어＋동사＋간접목적어＋직접목적어', 5형식이라면 '주어＋동사＋목적어＋보어'를 다 갖추고 있는 문장을 완전한 문장이라고 한다. 불완전한 문장은 주로 주어가 없거나 목적어가 없는 문장이다.
67	불완전한 문장		문장의 필수 요소가 빠져 있는 문장. 주로 주어나 목적어가 빠져 있는 문장이다.
68	명사절		명사의 기능(주어, 목적어, 보어)을 하는 문장의 덩어리. 명사절 접속사(that, what, whether 등) 바로 뒤에 'S V'가 온다.
69	부사절		부사의 기능(특히 문장 전체를 수식)을 하는 문장의 덩어리이다. 부사절 접속사(although, because, when, if 등)로 시작하며 뒤에 'S V'가 온다.
70	등위접속사		앞뒤를 동등하게 연결해주며 문두에 오지 않는 접속사(for, and, nor, but, or, yet, so 등)이다. 이 중에서 and, but, or, yet, as well as는 '명사 ------- 명사'와 같은 병치 구조가 가능하다.

*참고: 26, 27, 28, 47, 48, 54는 저자의 창작 용어로 이 교재의 이해를 돕기 위해 함께 정리했다.

Section 2

해석 없이 푼다 - 문법편

파트 5, 6에서 시간을 절약하기 위해 해석 없이 5초 안에 문법 문제를 푸는 전략을 다룬다.

Chapter 01

매회 **8** 문제

품사 자리

Unit 01

빈칸 앞뒤만 보고 푼다.

명사/형용사/부사 자리

출제 경향

- 매회 5~7 문제가 주로 팟5에서 출제된다.
- 부사 자리, 명사 자리, 형용사 자리 순으로 각각 1~3개 출제된다.
- 빈칸 앞뒤만 보면 해석 없이 풀린다.

최근 6개월간 출제 경향

출제 시기	출제 파트 & 정답 유형
N월	명사 자리 3개, 형용사 자리 3개, 부사 자리 1개
N+1월	명사 자리 1개, 형용사 자리 2개, 부사 자리 3개
N+2월	형용사 자리 3개, 부사 자리 2개
N+3월	형용사 자리 3개, 부사 자리 3개
N+4월	명사 자리 2개, 형용사 자리 1개, 부사 자리 3개
N+5월	명사 자리 2개, 형용사 자리 2개, 부사 자리 3개

* 다음달 나올 문제는 저자 동영상 확인 (https:c11.kr/3xgc)

유형 파악

해석 없이 풀려면 가장 먼저 문제 유형을 파악해야 한다. 문제 유형은 보기만 보아도 95% 이상 알 수 있다.

STEP 1 두 문제의 보기에서 공통점을 확인해보자.

1. Finance Ledger reports that many small-business owners are ------- cautious during their first year of operation.

   (A) financially
   (B) financed
   (C) financing
   (D) financial

2. Deadlines listed in this contract are subject to change at the ------- of the project manager.

   (A) discreetly
   (B) discreet
   (C) discretion
   (D) discretionary

▶ 보기 앞부분의 모양이 동일하다. 이러한 문제를 품사 자리 문제라고 한다.

STEP 2 문제를 풀어보고 두 문제의 공통점과 차이점을 확인해보자.

1. Finance Ledger reports that many small-business owners are ------- cautious during their first year of operation.

   (A) financially
   (B) financed
   (C) financing
   (D) financial

2. Deadlines listed in this contract are subject to change at the ------- of the project manager.

   (A) discreetly
   (B) discreet
   (C) discretion
   (D) discretionary

▶ 두 문제 모두 해석을 하지 않아도 빈칸의 앞뒤 단어만으로도 문제를 풀 수 있다. 단, 1번의 빈칸은 부사 자리, 2번의 빈칸은 명사 자리라는 것이 차이점이다.

명사/형용사/부사 자리 풀이 전략

:출제 빈도: 매회 평균 5~7개

품사 자리 문제는 출제 빈도가 가장 높은 유형으로, 해석 없이 빈칸의 주변만 보고 5초 안에 풀 수 있어야 한다. 품사 자리 문제에서 최대한 풀이 시간을 단축해야 팟6, 7을 위한 시간을 확보할 수 있다. 그러나 쉬운 유형이더라도 실수를 할 수 있으므로 함정 패턴까지 명확히 알아 두자.

:**기초문법점검**: 풀이 전략에 들어가기 전에 아래의 기본 문법은 알고 있어야 한다. 알고 있다고 착각하기 쉬운 문법들을 점검 퀴즈로 확인해보자.

기본 점검 퀴즈	관련 문법
① 다음 중 명사 기능이 없는 것을 찾아라. instruct, employee, assembly, freedom	• 명사는 보통 -ness, -tion, -ance, -dom, -er, -or 등으로 끝난다. 예외는 암기한다. • assembly(조립, 모임)는 예외적인 명사이다.
② 다음 중 형용사 기능이 없는 것을 찾아라. lengthen, likely, informative, record	• 형용사는 보통 -tive, -sive, -ful, -less, -able, -ible, -ent, -ous 등으로 끝난다. 예외는 암기한다. • record는 '기록'이라는 뜻의 명사로 쓰이지만, '기록적인'이란 뜻의 형용사로도 쓰인다.
③ 다음 중 부사 기능이 없는 것을 찾아라. regularly, timely, somewhat, moreover	• 부사는 주로 -ly로 끝난다. 예외는 암기한다.

:**정답&해석**: 정답을 확인해보고 맞았으면 ○, 틀렸으면 ✕로 표시하자. 모르면 기초 문법 다지기 Unit 1을 복습하고 전략을 학습하자.

① instruct (　　) → 동사 '지시하다'
　employee 직원　assembly 집회, 의회　freedom 자유

② lengthen (　　) → 동사 '길게 하다, 늘리다'
　likely ~할 것 같은　informative 정보를 제공하는, 유익한　record 기록적인

③ timely (　　) → 형용사 '시기 적절한'
　regularly 규칙적으로　somewhat 약간, 다소　moreover 게다가, 더욱이

명사 자리는 아래의 5가지 경우이다. 명사 앞 자리에는 명사를 수식하는 형용사가 올 수 있으며 형용사보다 앞에 올 수 있는 문장 성분은 관사, 소유격, 전치사, 타동사이다.

1 | 관사(the, a)/소유격 + (형용사) + 명사

A good (**advisor**, ~~advise~~) always motivates people. 좋은 조언자는 항상 사람들을 동기부여한다.

▶ 관사인 a를 보아도 명사를 수식하는 형용사인 good을 보아도 뒤에 명사가 필요하다.

2 | 전치사 + 명사

In (**compliance**, ~~comply~~) with the new rule, employees must wear name tags.

새로운 규칙에 따라서 / 직원들은 명찰을 착용해야 한다.

▶ 전치사 뒤에도 명사가 온다. 토익에서는 주로 '전치사 + 명사 + 전치사'의 덩어리 숙어 형태로 출제된다.

3 | 타동사 + (형용사) + 명사

The customers expressed unique (**views**, ~~viewed~~) on the issue.

손님들은 독특한 관점들을 표현했다 / 그 문제에 대한.

▶ 형용사인 unique는 수식어이므로 생략해본다. express는 타동사이기 때문에 목적어로 명사가 필요하다.

4 | 명사 + 명사

Keeping up with the newest trend is important in the fashion (**industry**, ~~industrialize~~).

최신 트렌드를 따르는 것은 중요하다 / 패션 산업에서.

▶ fashion industry처럼 명사 뒤에 명사가 오는 경우를 복합명사라고 한다. 자주 나오는 복합명사는 따로 외워 둔다. (암기해야 할 복합명사는 Unit 21 참고)

Please congratulate Dr. Loony, (~~receive~~, **recipient**) of the Oscar Award.

Dr. Loony를 축하해 주세요 / 오스카 상 수상자인.

▶ Dr. Loony = recipient의 관계를 동격이라고 한다. Dr. Loony가 명사이며 뒤에서 Dr. Loony을 recipient로 설명했다. 쉼표로 동격을 나타낼 수 있다.

The organizer has given our company (**confirmation**, ~~confirmedly~~) that our booth has been secured. 주최자는 우리 회사에 확인서를 주었다 / 우리의 부스가 확보되었다는.

▶ 4형식 문장에서는 목적어가 2개 온다. our company는 간접 목적어, confirmation은 직접 목적어이다. (4형식 문장은 Unit 16 참고)

5 | 명사 + (전치사구) + 동사

(**Construction**, ~~Construct~~) of the much-anticipated bridge will finally begin next month.

상당히 기대를 모은 다리의 건설은 마침내 다음 달에 시작될 것이다.

▶ 앞에 관사나 소유격이 없는 경우에는 뒤의 전치사구나 동사를 확인한다. 전치사구의 수식을 받는 것은 명사, 동사의 주어가 되는 것도 명사이다. 이를 '주어가 되는 명사 자리'라고 하며 주로 복수명사나 불가산명사가 온다.

잠깐 명사 같지 않지만 명사인 단어들을 조심한다.

change 변경, 잔돈	charge 요금	contact 연락	graduate 졸업생	leave 휴가	pay 급료	permit 허가증

change 변경, 잔돈　charge 요금　contact 연락　graduate 졸업생　leave 휴가　pay 급료　permit 허가증
produce 농산물　raise 인상　request 요청　review 검토, 평론　alternative 대안　individual 개인
objective 목적　original 원본　potential 잠재력　representative 직원, 대표자　initiative 솔선 운동, 새로운 계획
respect 존경　adhesive 접착제　specifics [= particulars] 세부사항들

함정 the와 of가 나올 경우 최상급인지 확인한다.

Installing steel structures is the (~~cost~~, **costliest**) of the four construction phases.

철강 구조물들을 설치하는 것은 공사 4단계 중에서 가장 비싸다.

▶ 관사 뒤, 전치사구 앞이라고 해서 cost를 답으로 하면 해석이 이상하다. cost를 정답으로 하면 Installing steel structures와 the cost가 동격이 되어, '철강 구조물의 설치는 공사 4단계의 비용이다.'라는 뜻이 되어 어색하다. 'of ~ phases'는 '공사 단계들 중에서'라는 의미로 최상급의 단서 표현이다. 따라서 '가장 비싼'이란 의미의 costliest가 정답이다.

Q 점검퀴즈 다 맞혀야만 다음 전략으로 넘어갈 수 있다!

1. The (renovation, renovate) of St. Mosal Cathedral needs thorough preparations.
2. Store sales (representatives, represent) should work late during the peak season.
3. (Compensate, Compensation) for overtime work varies depending on each employee's duties.
4. Please give a warm welcome to Mr. Cooper, the (recipient, receiving) of the award.

▶ 정답 및 해석 4페이지

5초 풀이 전략 2 명사 앞, be동사 뒤는 형용사 자리

1 (관사/소유격) + (부사) + **형용사** + 명사

Ms. Joseph received an (**impressive**, ~~impress~~) grade from her immediate supervisor.

Ms. Joseph은 인상 깊은 점수를 받았다 / 그녀의 직속 상관으로부터.

▶ an은 관사, grade는 명사이므로 그 사이는 grade를 수식하는 형용사 자리이다.

Flash Maxe dishwashing detergent consistently delivers (**exceptional**, ~~exceptionally~~) **results**. Flash Maxe 식기 세제는 항상 뛰어난 결과를 낸다.

▶ 관사가 있어야만 명사라고 생각한다면 형용사를 찾기 어렵다. 관사나 소유격이 없는 복수명사나 불가산명사의 경우도 형용사를 답으로 찾을 수 있어야 한다.

Please let Ms. Sonata know your (**preferred**, ~~preference~~) date of departure.

Ms. Sonata에게 당신의 선호된 도착 날짜를 알려주세요.

▶ 분사(-ing/p.p.)도 형용사 기능을 한다. preferred는 '선호된'이란 뜻의 형용사 기능을 한다.

☀ 함정 부분 해석으로 명사 앞에 명사가 오는 '복합명사'의 경우를 체크한다.

For (~~safe~~, **safety**) reasons, workers must wear protective gear at all times.

안전상의 이유로 / 직원들은 보호장구를 입어야만 한다 / 항상.

▶ 명사 앞을 무조건 형용사 자리로 보면 안 된다. '안전한 이유'라는 해석은 어색하고, '안전상의 이유(for safety reasons)로 장구를 착용하는 것'이 자연스럽다. safety reasons는 '안전상의 이유'라는 복합명사로 시험에 자주 출제된다. 이처럼 부분 해석으로 점검하거나 복합명사들을 익혀 함정에 유의하자.

2 │ be동사 + (부사) + 형용사

Test results are hardly (**predictable**, ~~predictably~~) because of many unexpected factors.

테스트 결과는 거의 예측할 수 없다 / 많은 예기치 못한 요소들 때문에.

▶ 이 문장에서 형용사는 주어를 보충하는 보어의 역할을 한다. become, remain 등의 2형식 동사도 be동사처럼 보어인 형용사가 필요하다.

Since the printer on the third floor is (~~broke~~, **broken**), please use the one on the second floor. 3층에 있는 프린터가 고장 났기 때문에 / 2층에 있는 것을 사용하세요.

▶ 분사(-ing/p.p.)도 형용사 기능을 하므로 be동사 다음에 올 수 있다. broke가 되면 동사가 2개이므로 오답이다.

☀ 함정 be동사 뒤에 보어가 있는 경우에는 형용사가 올 수 없다.

Mr. Kim's effort was (~~clear~~, **clearly**) a success. Mr. Kim의 노력은 분명 성공적이었다.

▶ 주어인 '노력'이 곧 '성공'이므로 주어와 동격인 명사 보어가 이미 존재한다. 보어가 이미 있으므로 부사인 clearly가 답이다. clear a success는 올바른 어순(a clear success)이 아니므로 명사 보어가 될 수 없다.

The company we visited today was (~~financial~~, **financially**) sound. 우리가 오늘 방문했던 회사는 재정적으로 건실했다.

▶ sound는 형용사일 때 '건실한, 튼튼한'이란 뜻으로, 여기서는 주어인 company를 보충해주는 보어이다. financially sound는 '재정적으로 건실한'이란 의미이다.

The product you ordered is (~~current~~, **currently**) out of stock. 당신이 주문한 제품은 현재 재고가 없다.

▶ out of stock은 '재고가 바닥난'이란 뜻의 보어이다. 이미 보어가 있으므로 부사인 currently가 답이다.

3 │ make, keep, find, consider(5형식 동사) + 목적어 + 형용사

5형식 동사 다음에는 목적어와 목적어를 보충해주는 목적격 보어가 필요한데, 형용사가 목적격 보어 역할을 한다. (5형식 동사는 Unit 16 참고)

The heater will make your room (**warm**, ~~warmly~~). 그 히터는 당신의 방을 따뜻하게 할 것이다.

▶ 5형식 동사 make(되게 하다)는 목적어에 이어 목적격 보어가 필요하므로 형용사 warm이 정답이다. warmly를 답으로 하면 make가 3형식 동사가 되는데, '히터가 방을 만든다'는 어색한 의미가 된다.

✋ 잠깐 '형용사'와 '형용사 역할의 분사'가 보기에 같이 있을 경우

Mr. Kim was considered a highly (**resourceful**, ~~resourced~~) man. Mr. Kim은 여겨졌다 / 매우 지략 있는 사람으로.

Please note that general admission tickets are not (**refundable**, ~~refunding~~) under any circumstances.
알아 두세요 / 일반석 입장 티켓은 환불할 수 없습니다 / 어떠한 상황에서도.

▶ 의미로 구분하는 것이 정석이지만 기출 통계상 95%는 형용사가 정답이다. 따라서 형용사를 우선으로 선택한다.

Q 점검퀴즈 다 맞혀야만 다음 전략으로 넘어갈 수 있다!

1. Mr. Gupta has been recognized for his (exemplary, exemplarily) contributions.
2. The convention venue is easily (accessible, accessibly) to everyone.
3. Ms. Wang found installing the software relatively (easy, easily).
4. Our firm will surely make the investment in the foreign market (profitable, profited).

▶ 정답 및 해석 4페이지

5초 풀이 전략 ③ 형용사 앞, 어구 사이, 완전한 문장 앞뒤는 부사 자리

1 | 부사＋형용사(또는 -ing/p.p.), 부사＋부사, 부사＋S V(완전한 문장)

부사는 형용사, 분사, 부사, 완전한 문장을 앞에서 꾸며주는 역할을 한다.

- **부사＋형용사** : completely new (완전히 새로운), highly successful (매우 성공적인), nearly complete (거의 완성된)

- **부사＋-ing** : widely fluctuating (폭넓게 변동하는), effectively managing a task (효과적으로 일을 관리하기)

- **부사＋p.p.** : locally grown (지역에서 재배된), reasonably priced (합리적으로 가격이 매겨진), technically advanced (기술적으로 진보한)

- **부사＋부사** : so soon (그렇게 빨리), very quickly (매우 빨리)

- **부사＋S V** : The shop organized a promotional event, and (**fortunately**, ~~fortune~~), it was very successful. 그 상점은 판촉 행사를 조직했다 / 그런데 운 좋게도, 그것은 매우 성공적이었다.

▶ 문장 전체를 수식하는 부사 fortunately가 적합하다.

👆 함정 '부사＋형용사'의 해석이 어울리지 않는 경우

The (~~impressively~~ / **impressive**) new line of cars will soon be on sale. 인상 깊은 신형차들이 곧 시판될 것이다.

▶ 형용사 new를 수식하는 해석(인상적으로 새로운)이 어색해 오답이다. impressive가 정답인데, new와 함께 line of cars를 수식하여 impressive and new line of cars의 뜻이 된다. 비슷한 예로, confidential financial document(비밀 재무 문건), professional financial advisor(전문적인 재무 고문) 등이 있다.

2 | 각종 어구 사이에는 부사

The CEO (**promptly**, ~~prompt~~) called every department head. CEO는 모든 부서장에게 즉시 전화했다.

▶ 주어와 동사 사이에는 동사를 수식하는 부사가 온다. 또한 부사는 다음과 같이 각종 어구 사이에 와서 동사를 수식한다.

조동사와 동사원형 사이	**can** easily **reduce** ~ 쉽게 줄일 수 있다
have와 p.p. 사이	**have** recently **finished** 최근에 끝냈다
be와 동사ing/p.p. 사이	**is** currently **offering** 현재 제공 중이다
to와 동사원형 사이	**to** effectively **implement** 효과적으로 이행하기 위해서
동사구 사이	**agree** totally **with** 전적으로 동의하다
전치사구 사이	**due** largely **to** 주로 ~때문에

3 | 완전한 문장 뒤는 부사

Please read the assembly manual (**carefully**, ~~careful~~). 조립 매뉴얼을 주의 깊게 읽어 주세요.

▶ 밑줄 앞 문장은 '주어+동사+목적어' 구조의 완전한 문장이므로 이어서 부사가 온다.

Mr. Kim acted (~~profession~~, **professionally**). Mr. Kim은 전문가답게 행동했다.

Your order will be delivered (~~shortness~~, **shortly**). 당신의 주문품은 곧 배송될 것입니다.

▶ 단, 동사가 자동사인 경우나 수동태인 경우는 목적어가 없으므로 바로 부사가 온다. (자동사는 Unit 16 참고)

Q 점검퀴즈 다 맞혀야만 다음 전략으로 넘어갈 수 있다!

1. You will receive our (technically, technical) advanced power generator.

2. Please dress (warmly, warm) whenever you go outdoors during winter.

3. STK has (frequently, frequent) ranked as the best network company in Europe.

4. The course consists (large, largely) of reading and writing about ancient books. ▶ 정답 및 해석 4페이지

한눈에 정리하기

해석을 최소화하여 풀 수 있는 전략을 요약해보고 문제에 대입하여 푸는 과정을 살펴보자.

전략 요약

1. 보기의 앞머리가 같은 모양이면 명사/형용사/부사 자리 문제

2. 명사 자리는 '관소전타 + (형용사)' 뒤, 전치사구 앞

3. 형용사 자리는 명사 앞 혹은 be동사 뒤

4. 부사 자리는 형용사, -ing, p.p. 앞, 어구 사이, 완전한 문장 앞뒤

5. 해석 없이 풀고, 밑줄 주변 점검하여 함정 패턴인지 확인

전략 대입   5초 안에 푼다!

1. Finance Ledger reports that many small-business owners are ------- cautious during their first year of operation.

   (A) financially

   (B) financed

   (C) financing

   (D) financial

STEP 1 보기의 앞머리가 같은지를 확인

보기가 모두 finance-으로 시작한다. 품사 자리 문제이므로 앞에서부터 해석하지 말고 바로 빈칸 주변부터 본다.

STEP 2 빈칸 주변의 품사를 확인 후 정답 결정

빈칸 앞은 are, 빈칸 뒤는 형용사인 cautious이다. 따라서 부사 자리이므로 부사인 (A)가 정답이다.

STEP 3 오답 품사 확인 및 함정 점검

(B)와 (C)는 분사(형용사 기능), (D)는 형용사이므로 오답인 것을 확인한다. 밑줄 주변을 해석하여 정답이 확실한지 확인한다. '많은 소규모 사업 소유주들은 재무적으로 주의한다'로 해석이 자연스럽다.

정답 (A)

실전 적용 문제

전략을 적용해 해석 없이 문제를 풀어보고 채점시 점검 차원에서 해석해본다.

전략1대입

01. Visitors to the historic museum should secure their personal -------.

(A) belonged
(B) belongings
(C) belong
(D) belongs

전략1대입 ▶고난도!

02. The road ------- will lead to heavy traffic jams on Monday mornings when more workers commute to work.

(A) closing
(B) closely
(C) closure
(D) closed

전략2대입

03. Easy Data Solutions is specifically ------- to process all orders automatically as well as in a timely manner.

(A) design
(B) designs
(C) designed
(D) designer

전략1대입

04. The Little Pig Smokehouse moved quickly in ------- to the competition next door by lowering its prices.

(A) respond
(B) responded
(C) responsive
(D) response

전략3대입

05. Students at the Bellevue Dancing Academy have had regular ------- lessons.

(A) vocal
(B) vocals
(C) vocally
(D) vocalize

전략2대입

06. The grand opening and the ------- promotional events are being broadcast on the news on channel five.

(A) follow
(B) follows
(C) following
(D) followings

전략1대입

07. After much -------, city planning officials determined that the conference center should be built elsewhere.

(A) deliberately
(B) deliberated
(C) deliberate
(D) deliberation

전략2대입 ▶고난도!

08. Although heavy rains are ------- to come this week, the outdoor banquet will be held as scheduled.

(A) liking
(B) liked
(C) likely
(D) likelihood

전략 3 대입

09. Assembly workers are required to have their eyes ------- checked at the in-house clinic.

(A) regularly
(B) regular
(C) regulates
(D) regulate

전략 3 대입

10. You are supposed to file your complaint ------- with the Customer Service Department, not the Marketing Department.

(A) directly
(B) directness
(C) directs
(D) direct

전략 2 대입

11. You can download the ------- version of our software once you get the access code from us.

(A) correction
(B) correcting
(C) correct
(D) correctly

전략 3 대입

12. The team's efforts to fulfill bulk orders on time were ------- received by its many customers.

(A) positive
(B) positively
(C) positivity
(D) positiveness

전략 1 대입 ➤ *고난도!*

13. ------- for taking time off from work should be submitted to the appropriate department no later than 4 each Friday.

(A) Requested
(B) Requests
(C) Requesting
(D) To request

전략 1 대입 ➤ *고난도!*

14. Only security personnel with a valid pass will be allowed ------- to the off-limits area.

(A) access
(B) is accessed
(C) accessed
(D) to access

전략 3 대입 ➤ *고난도!*

15. The interns these days seem to work more ------- than the ones those days.

(A) most efficient
(B) efficiency
(C) efficient
(D) efficiently

전략 2 대입

16. Residents of Jacksonville do not consider it ------- for tourists to wear casual clothing when they visit the town's historic temples.

(A) appropriateness
(B) appropriately
(C) appropriation
(D) appropriate

▶ 정답 및 해석 5페이지

출제 경향

- 매회 1~2 문제가 주로 팟5에서 출제된다.
- 동사, 접속사, 전치사 자리가 골고루 출제된다.
- 문장 전체에서 동사와 접속사를 찾을 수 있어야 풀 수 있다.

최근 6개월간 출제 경향

출제 시기	출제 파트 & 정답 유형
N월	접속사 자리 2개
N+1월	동사 자리 1개, 접속사 자리 1개
N+2월	전치사 자리 1개
N+3월	접속사 자리 1개
N+4월	전치사 자리 1개
N+5월	전치사 자리 1개

＊다음달 나올 문제는 저자 동영상 확인 (https://c11.kr/3xgc)

유형 파악

해석 없이 풀려면 가장 먼저 문제 유형을 파악해야 한다. 문제 유형은 보기만 보아도 95% 이상 알 수 있다.

STEP 1 두 문제의 보기에서 공통점을 확인해보자.

1. The Cobb Firm finally met the submission deadline ------- some unexpected delays.

(A) even though
(B) only
(C) despite
(D) instead

2. ------- the final results of the 20th president election were not revealed, voters were able to predict the winner.

(A) In spite of
(B) Furthermore
(C) Even though
(D) In contrast

▶ 전치사, 부사, 접속사로 구성되어 있다.

STEP 2 문제를 풀어보고 두 문제의 공통점과 차이점을 확인해보자.

1. The Cobb Firm finally met the submission deadline ------- some unexpected delays.

(A) even though
(B) only
(C) despite
(D) instead

2. ------- the final results of the 20th president election were not revealed, voters were able to predict the winner.

(A) In spite of
(B) Furthermore
(C) Even though
(D) In contrast

▶ 1번은 동사가 1개(met)라서 접속사인 (A)가 오답이지만, 2번은 동사가 2개(were, were)라서 접속사인 (C)만 답이 될 수 있다.

동사/접속사/전치사 자리 풀이 전략

:출제 빈도: 매회 평균 1~2개

보기의 앞머리가 같고, 빈칸 주변만 보면 풀리는 명사/형용사/부사 자리 문제에 비해, 동사나 전치사, 접속사 자리를 판단하는 문제는 문장 전체를 봐야 한다. 아래 전략을 잘 숙지하여 해석을 하지 않고도 푸는 방법을 익혀 보자.

:기초문법점검 : 풀이 전략에 들어가기 전에 아래의 기본 문법은 알고 있어야 한다. 알고 있다고 착각하기 쉬운 문법들을 점검 퀴즈로 확인해보자.

기본 점검 퀴즈	관련 문법
① 다음 중 동사가 될 수 없는 것을 찾아라. realize, concentrate, taken, ensure, darken	• 동사는 보통 -lize, -rate, -en, en-으로 끝나거나 시작하지만 그렇지 경우는 암기해야 한다. • '형용사 + en'은 동사이지만, '동사 + en'은 과거분사, 즉 형용사의 기능인 경우가 많다.
② 다음 중 접속사 기능이 없는 것을 찾아라. while, even if, even though, during, that	• 접속사는 보통 wh-, if, though, that이 포함되어 있는 단어들이다. 그렇지 않은 경우는 암기한다. • during은 전치사이다.
③ 다음 중 전치사 기능이 없는 것을 찾아라. in, regarding, after, instead of, in case	• 전치사는 길이가 짧은 편이다. 두 단어 이상의 '구'일 경우 마지막 단어가 전치사이면 '전치사구'일 가능성이 높다. • in case는 접속사이다.

:정답&해석: 정답을 확인해보고 맞았으면 ○, 틀렸으면 X로 표시하자. 모르면 기초 문법 다지기 Unit 1을 복습하고 전략을 학습하자.

① taken (　　) → take의 과거분사형
　realize 깨닫다　concentrate 집중하다　ensure 확실하게 하다, 보증하다　darken 어두워지다

② during (　　) → 전치사(~동안)
　while ~하는 동안　even if 비록 ~일지라도　even though 비록 ~일지라도

③ in case (　　) → 접속사(~할 경우를 대비하여)
　in ~에, ~안에　regarding ~에 관하여　after ~후에　instead of ~대신에

문장에 정동사 1개는 필수이다.

한 문장에는 필수적으로 정동사가 1개는 있어야 한다. 정동사를 일반적으로 동사라고 부른다. 분사(-ing, p.p.), to부정사, 동명사 (-ing)는 준동사이며 동사가 아니기 때문에 개수에 제한이 없다.

1 | 접속사가 없는 경우

The <u>tour package</u> (~~including~~, **includes**, ~~to include~~) several free <u>rafting activities</u> on the Han
River.
　명사　　　　　　　　　　　　　　　　　　　　　　　　　　　　　　　　　　　형용사　　　복합명사　　　　전치사구

투어 패키지는 포함한다 / 여러 무료 래프팅 활동들을 / 한강에서의.

▶ 문장에는 정동사가 반드시 있어야 한다. including, to include는 모두 준동사라 오답이고, includes가 정동사이므로 정답이다.

2 | 접속사가 있는 경우

The purchasing manager (**reported**, ~~reporting~~, ~~to report~~) <u>that</u> there <u>were</u> no raw materials
in stock.
　　　　　　　　　　　　　　　　　　　　　　　　　　　　　　　　　　접속사　　　정동사

구매 담당 매니저는 보고했다 / 원자재가 재고에 없다고.

▶ 접속사가 있으면 정동사가 1개 더 필요하다. 따라서 정동사인 reported가 답이다. 이때 reported는 '보고했다'로 해석한다.

3 | 접속사가 생략된 경우

We hope you (**patronize** / ~~to patronize~~) our services.

우리는 당신이 우리 서비스를 애용하기를 희망한다.

▶ hope와 you 사이에 명사절 접속사 that이 생략되어 있다.

Any product you are ordering (**will be**, ~~to be~~) made available to you within a week.

당신이 주문한 어떠한 제품이라도 당신이 이용 가능하게 될 것이다 / 한 주 이내에.

▶ product와 you 사이에 형용사절 접속사 that이 생략되어 있다. (접속사 생략은 Unit 11 참고)

📖 암기 ▶ 정동사 VS 준동사

정동사	준동사
주어 뒤: Ms. Lee **likes** me.	to부정사: **to achieve** a goal 목표를 달성하기
조동사 뒤: I will **visit** his office.	동명사: **opening** a branch 지점을 여는 것
be동사의 변형: **is, are, am, was, were**	현재분사: a **singing** bird 노래하는 새
완료시제: **has p.p., had p.p., have p.p.** → 단, 앞에 to가 없을 때	과거분사: the newly **hired** man 새롭게 고용된 남자
'~한다'로 해석되는 경우: The man **plans** to start a new life.	locally **grown** produce 지역에서 재배된 농산물
'~했다'로 해석되는 경우: The man **hired** me.	**been -ing/p.p.** → have가 앞에 있어야 정동사

✋ 잠깐 **과거시제는 정동사, 과거분사는 준동사**

규칙 동사의 경우 과거분사는 과거시제와 같은 모양이므로 잘 구분해야 한다.

The building constructed downtown 30 years ago (**overlooks**, ~~overlooking~~) a train station.

건물은 / 30년 전에 시내에 건설된 / 내려다본다 / 기차역을.

▶ constructed는 '건설했다'는 정동사가 아니고, '건설된'이란 뜻의 과거분사 즉, 준동사이다. 한 문장에 정동사 1개는 반드시 있어야 하므로 overlooks가 답이다. constructed가 정동사였다면 주어 자리에 '건설했다'의 주체인 건설업체가 와야 하고, 무엇을 건설했는지 나타내는 목적어도 필요하다. downtown 30 years ago는 부사구이다.

☀ 함정 **사역동사나 help동사를 조심한다.**

Please have all computers (~~setting~~, **set**) up by the end of the week.

모든 컴퓨터들이 설치되게 해주세요 / 이번 주 말까지.

▶ 위의 have는 '시키다'라는 뜻의 사역동사이며 목적어 뒤에 오는 목적격 보어 자리에 동사원형 혹은 p.p.를 쓴다. 컴퓨터가 '설치되는' 것이므로 p.p.인 set이 왔다. have를 정동사로 보고 setting을 답으로 해선 안 된다.

Please help our staff (~~finishing~~, **finish**) the project by the end of the week.

도와주세요 / 저희 직원들이 프로젝트를 끝내도록 / 이번 주 말까지.

▶ help가 있다고 준동사인 finishing이 답이 아니다. help는 목적어 뒤에 to부정사나 동사원형을 쓸 수 있다.

Q 점검퀴즈 **다 맞혀야만 다음 전략으로 넘어갈 수 있다!**

1. The new GPS system (will allow, to allow) motorists to find roads more efficiently.

2. Because you bought more than two items from us, we (issued, issuing) you a $10 gift certificate.

3. The novel we purchased (contains, containing) the author's autograph.

4. Andante, Inc. (announced, announcing) it would expand into the Korean market.

▶ 정답 및 해석 7페이지

조동사, 명령문, 그리고 '요구, 주장, 의무, 명령, 제안' 뒤는 동사원형

동사에 -(e)s나 -(e)d 등이 붙지 않은 기본 형태가 동사원형이다. 정동사 자리인지 확인하지 않아도 다음 세 가지에 해당하면 바로 동사원형을 답으로 한다.

1 | 조동사 뒤

조동사는 can, may, will, would, could, should, have(has, had) to 등이다. 조동사 뒤에는 동사원형이 온다.

Chad should (**hire**, ~~hiring~~) more staff members to distribute pamphlets.

Chad는 더 많은 직원들을 고용해야 한다 / 팸플릿을 나눠 주기 위해서.

2 | 명령문

명령문은 맨 앞에 주어 없이 바로 동사원형으로 시작한다.

(**Stay**, ~~Staying~~, ~~To stay~~) tuned for more news coming up soon.

채널을 다른 데로 돌리지 마세요 / 곧 다가올 뉴스를 위해서.

Please (**stay**, ~~staying~~, ~~to stay~~) tuned for more news coming up soon.

채널을 다른 데로 돌리지 마세요 / 곧 다가올 뉴스를 위해서.

▶ 명령문을 완곡하게 표현할 때 please를 앞에 붙이기도 한다.

3 | 요구, 주장, 의무, 명령, 제안'의 뜻을 가진 동사, 명사, 형용사 뒤 that절의 동사

Mr. Gratski **has asked** that his secretary (~~arranging~~, **arrange**, ~~arranges~~, ~~to arrange~~) an appointment with his client at noon. Mr. Gratski는 요청했다 / 그의 비서가 그의 고객과의 약속을 잡을 것을 / 정오에.

▶ has asked(요청했다)는 '요구'하는 말에 해당되며, 이어서 나오는 that절의 동사는 should가 생략되어 동사원형이 온다.

🗂 암기 요번주의 명제 (요구, 주장, 의무, 명령, 제안) 표현들

동사	형용사	명사	
ask, request 요청하다	important 중요한 natural 당연한	regulation 규정	
insist 주장하다	crucial 중요한 critical 중요한	order 명령	
prefer 선호하다	proper 적절한 essential 필수인	instruction 지시	+ that절 안
advise 권하다	necessary 필요한	advice 충고	(should) 동사원형
suggest 제안하다	mandatory 의무적인	suggestion 제안	
recommend 추천하다	imperative 필수적인	recommendation 제안	
	advisable 권할 만한		

All the evidence **suggests** that he (~~steal~~, **stole**) the money. 모든 증거는 암시한다 / 그가 돈을 훔쳤다고.

Witnesses **insisted** that the accident (~~happen~~, **had happened**) in the crosswalk.

증인들은 주장했다 / 사고가 횡단보도에서 일어났다고.

▶ that절의 내용이 '~해야 한다'는 당위의 내용이 아니고 '사실'의 내용이다. 따라서 should가 생략된 형태라고 볼 수 없으므로 동사원형을 쓰지 않는다.

Please **make sure** that everyone working on the assembly line (~~wear~~, **wears**) safety equipment during the tour. 확실히 해주세요 / 조립라인에서 일하는 모든 사람들이 보호 장구를 착용 하는 것을 / 견학 동안에.

▶ make sure (= ensure)는 '요번주의 명제'에 포함되지 않는다. that절의 내용이 사실이 맞는지 확인(혹은 사실이 되도록)하라는 뜻이다.

Q 점검퀴즈 다 맞혀야만 다음 전략으로 넘어갈 수 있다!

1. Please note that hot weather can (spoil, spoilage) perishable goods.

2. The manufacturer had to (reducing, reduce) its labor expenses.

3. To secure the picture frame to the wall, (use, using) an electric drill.

4. It is necessary that every intern (finish, to finish) the daily work on time. ▶ 정답 및 해석 8페이지

5초 풀이 전략 3 동사의 개수가 2개면 접속사가 필요하다.

동사의 개수를 알려주고 보기에 접속사나 전치사, 부사가 섞여 있다면 접속사 자리를 물어보는 문제이다. 때로는 해석만으로 풀 수 없는 문제도 출제된다.

(~~Despite~~, **Although**) the book **has received** negative reviews, it **is** selling pretty well.

그 책은 부정적인 평가들을 받았음에도 불구하고 / 그것은 꽤 잘 팔리는 중이다.

▶ 정동사의 개수가 2개이므로 접속사가 필요하다. 따라서 접속사인 Although가 답이다. Despite는 전치사이므로 오답이다.

접속사는 일단 wh-나 if나 though나 that이 포함된 단어들인데, 모양만으로 구분할 수 없는 것들도 많다. 접속사 단원에서 각 접속사별 모양 및 의미, 용법을 자세히 다룬다. 간단히 아래의 내용만 기억하자.

등위접속사	and, but, nor, yet, so (Unit 12 참고)
명사절/형용사절 접속사	wh- 계열 (Unit 11 참고)
부사절 접속사	양보, 이유, 시간, 조건, 결과, 목적 등(that, if, though 등 포함) (Unit 12 참고)

특히, 접속사로 보이지 않는 접속사뿐 아니라 전치사 혹은 부사인 단어를 조심한다.

접속사처럼 보이지 않는 접속사	the moment ~할 때 at the time ~할 때 providing = provided ~라면 considering ~를 고려할 때 by the time ~할 때쯤 in case ~라면
접속사, 전치사, 부사	since 전접 ~이래로 분 그 이후로 before 전접 ~전에 분 전에 after 전접 ~후에 분 후에
접속사, 전치사	as 접 ~때문에, ~할 때, ~대로, ~함에 따라 전 ~로서 until 전접 ~까지
접속사, 부사	once 접 일단 ~하면, ~하자마자 분 한번은
접속사 + 대명사	wh- 계열 (관계대명사(형용사절), 의문대명사(명사절), 복합관계대명사)

✋ **잠깐** ▶ **분사구문은 동사가 없어도 접속사가 올 수 있다. (Unit 6 참고)**

Be sure to get approval from your manager (~~so that~~ / **when**) ordering office supplies.

승인을 얻는 것을 확실히 해주세요 / 당신의 매니저로부터 / 사무용품들을 주문할 때.

▶ when ordering은 when you order의 줄임 형태이며, when ordering ~을 분사구문이라고 한다

👁 **함정** ▶ **명사로도 동사로도 쓰이는 단어를 조심한다. (Unit 1 참고)**

(**When**, ~~On~~) employees request vacation time, the request form should be turned in on Friday.

직원들이 휴가 시간을 요청할 때, 신청서가 제출되어야 한다 / 금요일에.

▶ 앞의 request는 동사이고, 뒤의 request는 명사이다. 앞의 request와 뒤의 should be가 동사인데, 동사의 개수가 2개이므로 접속사인 When이 답이다.

Q 점검퀴즈 ▶ 다 맞혀야만 다음 전략으로 넘어갈 수 있다!

1. New hires should complete a form (before, so as to) they meet with their supervisors.
2. (During, Once) the green box is full of used batteries, it will be sent to the recycling facility.
3. An increase in fuel prices will affect drivers (whose, its) cars use too much gas.
4. Ms. Thai rejected the job offer (as, due to) the position required too much traveling.

▶ 정답 및 해석 8페이지

5초 풀이 전략 4 | 완전한 문장의 앞이나 뒤에 명사가 있을 때, 명사와 명사 사이일 때는 전치사 자리이다.

1 | 전명구(**전치사**+명사)+S V

(~~Because~~, **Due to**) the limited budget, we had to reduce our spending on advertising.

제한된 예산 때문에 / 우리는 줄여야만 했다 / 우리의 광고에 대한 지출을.

▶ 전치사는 뒤의 명사와 결합하여 수식어가 되는데, 이를 전명구 혹은 전치사구라고 한다. 전명구는 부사 기능이 있어 이어지는 문장 전체를 수식할 수 있다. Because는 '~하기 때문에'라는 뜻의 접속사이다.

전명구에서 전치사와 명사 사이에는 명사를 수식하는 수식어들이 여러 개 올 수 있지만 여전히 하나의 전명구다.

ex For our very important planning meeting 우리의 매우 중요한 기획 미팅을 위해서
　　　소유격　부사　　형용사　복합명사의 앞 단어

▶ For our very important planning meeting 전체가 전명구로, our very important가 복합명사 planning meeting을 수식하는 형태이다.

2 | S V+**전치사**+명사

필수 요소인 주어, 동사, 그리고 5형식에 따라 목적어나 보어가 빠짐이 없는 문장을 '완전한 문장'이라고 한다. 완전한 문장 바로 뒤에 명사가 또 올 수 없으므로 수식어인 전명구의 형태(전치사+명사)가 되어야 한다.

No one is allowed to enter the facility (**without**, ~~unless~~) a visitor's pass.

아무도 그 시설에 들어가는 것이 허락되지 않는다 / 방문자 통행증이 없으면.

▶ unless는 '~하지 않는 한'이라는 뜻의 접속사이다.

3 | 명사+**전치사**+명사

전명구는 뒤에서 앞의 명사를 수식하는 형용사의 기능도 있다.

The information (**about**, ~~once~~) our refund policy can be found on our Web site.

우리의 환불 정책에 대한 정보는 우리의 웹사이트에서 찾을 수 있다.

▶ 전명구 about our refund policy는 앞의 명사 information을 수식한다. once는 '일단 ~하면'이라는 뜻의 접속사 혹은 '한번'이란 뜻의 부사이다.

Gela Gems recently purchased the empty lot (**next to**, ~~somewhere~~) city hall.

Gela Gems는 최근에 구매했다 / 시청 옆의 빈 부지를.

▶ '시청 옆의 빈 부지'라는 뜻으로 명사와 명사 사이로 분류해 전치사인 next to가 와야 한다. somewhere는 '어딘가에'라는 뜻의 부사이다.

✋ 잠깐 ▶ 전치사의 구별

길이가 짧고, 전치사로 끝나면 전치사이다.

ex in, on, at, to, for, from, as, because of, due to, owing to, thanks to, in spite of, in case of, in the event of

전치사라고 생각하기 쉬운 부사	nevertheless 그럼에도 불구하고	otherwise 그렇지 않으면
	in addition 게다가	as a result 그 결과로서
-ing 혹은 p.p. 형태의 전치사	including ~를 포함하여	excluding ~를 제외하고
	following ~후에	regarding ~에 관하여
	concerning ~에 관하여	pertaining to ~에 관하여
	starting ~부로	beginning ~부로
	considering ~를 고려할 때	notwithstanding ~에도 불구하고
	given ~를 고려할 때	

Q 점검퀴즈 ▶ 다 맞혀야만 다음 전략으로 넘어갈 수 있다!

1. (Starting, At the time) next month, the manager will regularly visit his clients.

2. The Vickwell National Library will be closed (during, while) the national holiday.

3. You can find guidelines (for, so) easy assembly of the product.

4. Access to the factory will be limited (only, without) an identification badge.

▶ 정답 및 해석 8페이지

한눈에 정리하기 해석을 최소화하여 풀 수 있는 전략을 요약해보고 문제에 대입하여 푸는 과정을 살펴보자.

전략 요약

1. 문장을 볼 땐 항상 정동사부터 찾는다. 하나의 문장에는 반드시 하나의 정동사가 필요하다.

2. 정동사가 2개면 접속사가 필요하다. 즉, '동사의 개수 - 접속사의 개수' = 1이다.

3. ------- N, S V. / S V ------- N. / N ------- N은 전치사 자리이다.

4. 접속사, 전치사, 부사를 각각 외우고, 두 가지 이상의 품사가 되는 단어들을 암기한다.

5. 이 단원에서 다룬 동사/접속사/전치사 자리 문제는 빈칸 주변이 아닌 문장 전체의 기본 구조를 봐야 풀 수 있다.

전략 대입 〈 5초 안에 푼다!

1. The Cobb Firm finally met the submission deadline ------- some unexpected delays.

    (A) even though

    (B) only

    (C) despite

    (D) instead

STEP 1 보기에 접속사가 1개라도 있는지 확인한다.

even though는 접속사, only와 instead는 부사, despite는 전치사이다.

STEP 2 문장에 정동사의 개수를 확인한다.

met은 동사, unexpected는 준동사, delays는 명사이므로 정동사는 1개뿐이다. 접속사인 (A)를 소거한다.

~~(A) even though~~

STEP 3 전치사 자리인지 부사 자리인지 확인한다.

'완전한 문장 ------- 명사' 구조이므로 전치사 자리이다. 부사인 (B)와 (D)가 탈락되어 전치사인 (C)가 답이다.

정답 (C)

実

실전 적용 문제

전략2대입

01. No one except authorized personnel can ------- the customer database without prior permission.

(A) access
(B) accessing
(C) accessed
(D) accesses

전략1대입 ▶고난도!

02. Please make sure our new office in Brooklyn ------- open until 5 P.M. even on the weekend.

(A) will remain
(B) remaining
(C) remainder
(D) where remains

전략3대입

03. ----- they require greater care in handling and packaging, fragile items are more expensive to transport.

(A) Because
(B) In fact
(C) Just
(D) Even

전략1대입

04. Shoppers ------- favorably to the new policy that offers a 30-percent discount every Friday night.

(A) reacting
(B) reaction
(C) reactional
(D) reacted

전략4대입 ▶고난도!

05. The revised employee handbook outlines procedures ------- submitting formal requests.

(A) but
(B) or
(C) either
(D) for

전략2대입

06. Since Sidney Denver has been advanced to an executive position, he can ------- on managerial tasks only.

(A) focus
(B) focusing
(C) to focus
(D) are focused

전략4대입

07. The Cobb Firm finally met the submission deadline ------- some unexpected delays.

(A) even though
(B) only
(C) despite
(D) instead

전략3대입

08. The sales head will be temporarily in charge of the product launch event ------- a new marketing director is hired.

(A) until
(B) outside
(C) to
(D) with

09. ------- the inclement weather conditions, the outdoor concert will be held one week later than expected.

(A) Even though
(B) Because of
(D) Provided
(D) As far as

13. We request that you ------- through the rear gate while renovations are underway.

(A) exiting
(B) exited
(C) exits
(D) exit

10. The survey result ------- that many travelers place a high value on free and easy Internet access at every tour destination.

(A) indicating
(B) indicative
(C) indicates
(D) to indicate

14. Some residents ------- constructive solutions to the increasing amount of trash in their neighborhood.

(A) suggestive
(B) suggestions
(C) suggesting
(D) suggested

11. ------- all new recruits have finished the necessary training for their jobs, they will be assigned to departments.

(A) Instead
(B) Past
(C) Once
(D) Almost

15. If you don't mind, please ----- the regional office in Shanghai and meet with the investors from China.

(A) to visit
(B) visits
(C) visit
(D) visited

12. To check whether these gift items affect the baggage allowance, ------- the weight of each of these boxes.

(A) to measure
(B) measure
(C) measurable
(D) measuring

16. Cancelations made 2 hours ------- the tour starts will result in customers being granted a refund.

(A) for
(B) by
(C) in advance
(D) before

▶ 정답 및 해석 9페이지

'품사 자리' 종합 문제

반드시 다음의 순서대로 푼다.

1. 무턱대고 해석부터 하지 않는다.

2. 보기 확인 → 문제 유형 파악 → 품사 자리 문제라면 밑줄 주변이나 동사의 개수를 본다.

3. 핵심 전략을 적용해 문제를 푼다. (전략 1–1 : Unit 1의 전략 1)
   답을 확인하기 전 점검 차원에서 간단히 해석해본다.

파트 5

전략1-1대입

01. The following list details the information Ms. Nelson will need for her ------- of potential corporate clients.

(A) analysis
(B) analyze
(C) analyzed
(D) to analyze

전략1-2대입

02. The sports drink was endorsed by Mr. Susun, a nationally known swimmer, resulting in a ------- rise in sales.

(A) signify
(B) signifying
(C) significantly
(D) significant

전략1-1대입

03. The maintenance manager announced that there will be disruptions in the water supply today on ------- of a regular inspection.

(A) account
(B) accounted
(C) accounting
(D) accountable

전략1-3대입

04. Mr. Howe is ------- the person moderating the decision-making session.

(A) possible
(B) possibly
(C) possibility
(D) possibilities

전략1-2대입

05. Sales in the TV division in the third quarter alone were nearly ------- to those of the other three divisions in the company.

(A) equalize
(B) equalizing
(C) equality
(D) equal

전략2-1대입

06. Mr. Green ------- various positions within the company before he was elected president.

(A) assumption
(B) assumingly
(C) assuming
(D) assumed

07. Most of the employees at Kodda are satisfied with the high travel -------.

(A) allows
(B) allowing
(C) allowed
(D) allowance

08. For achievements to be considered successful, project managers must ------- their tasks before the specified deadlines.

(A) to complete
(B) complete
(C) completed
(D) completing

09. If attending a meeting or an interview, please keep your mobile phone ------- in order not to disturb others.

(A) silent
(B) silence
(C) silently
(D) silencing

10. The promotional event was only ------- successful because of low attendance caused by the bad weather.

(A) most partial
(B) more partial
(C) partially
(D) partial

11. ------- of the old residential building surrounded by the business district has just started.

(A) Renovation
(B) Renovate
(C) Renovated
(D) Renovative

12. Due ------- to the magician Donovan, the night market on Queen's Street has become a must-see place with visitors.

(A) largely
(B) larger
(C) largest
(D) large

13. A reply to the landlord's request should be sent within 7 days ------- the date you receive it.

(A) of
(B) whereas
(C) in that
(D) when

14. It is natural that the floor manager ------- the new cashiers when they have trouble with customers.

(A) assists
(B) assist
(C) assistant
(D) assisting

15. Team leaders often feel that giving clear and ------- directions to their team members is very important.

(A) preciseness
(B) precise
(C) precisely
(D) precision

16. Greenville City recently purchased several houses ------- Bluegreen Station.

(A) anywhere
(B) together
(C) opposite
(D) separately

17. The Feronhide Corporation will no longer ------- its automobile parts to rival car makers.

(A) supply
(B) supplying
(C) supplies
(D) supplied

18. The event organizer gave us ------- that our booth has been reserved, and instructions for exhibitors will be mailed shortly.

(A) confirmation
(B) confirmedly
(C) confirming
(D) confirm

19. The HR manager announced that the new payroll system was finally implemented ------- support from each department head.

(A) since
(B) entire
(C) thanks to
(D) even though

20. All of the blanks on the form should be filled in, and the forms should be returned by the end of the week ------- travel expenses can be reimbursed next week.

(A) so that
(B) so as to
(C) due to
(D) then

21. Readership of the latest trend magazine ------- that of the equivalent quarter last year.

(A) exceeded
(B) exceeding
(C) to exceed
(D) having exceeded

22. ------- a customer complaint is received, the Mastery Company tries to handle the issue within a day.

(A) Only
(B) Nor
(C) Almost
(D) Whenever

▶ 정답 및 해석 11페이지

Questions 23-26 refer to the following notice.

This week on Thursday, there will be roadwork performed by Duncan Construction on the section of Naples Avenue located near the city's baseball stadium. This is the part of Naples Avenue that runs ------- Rogerson Road and Willow Street. Workers are
23.
going to fill numerous potholes and then repave a 500-meter stretch of road. -------.
24.
During the construction period, drivers are encouraged to find alternative routes to their destinations. Only one lane in each direction will be ------- to traffic. As a result, drivers
25.
------- delays throughout the entire day
26.

23. (A) between
    (B) over
    (C) through
    (D) within

25. (A) opening
    (B) open
    (C) openness
    (D) openly

24. (A) This damage was caused by the
        heavy snowfall this winter.
    (B) The company that will do the work
        has yet to be selected.
    (C) No traffic will be allowed on the road
        during this time.
    (D) All of the work has been completed
        according to schedule.

26. (A) will have anticipated
    (B) should anticipate
    (C) have anticipated
    (D) to be anticipating

Questions 27-30 refer to the following article.

David Richardson has been repairing and selling guitars for the past twenty years. This summer, he will ------- close his business as he heads off to work at Harold's Music
27.
Academy in Westchester. -------. "I really enjoyed running a store, but it was getting to
28.
be a bit too much work for me," Mr. Richardson commented. Before his store closes for the last time, Mr. Richardson hopes to sell all the inventory there. Several handmade ------- will be available for purchase. Many other items will ------- be sold at prices up
29.   30.
to 50% off. The sale will last until the end of the week.

27. (A) sadly
    (B) sad
    (C) sadness
    (D) saddened

28. (A) He will speak to the owner about
        getting a job.
    (B) He has decided to open a store and
        to go into business.
    (C) He'll be teaching classes full time
        there.
    (D) He intends to continue running his
        business.

29. (A) instruments
    (B) toys
    (C) artworks
    (D) statues

30. (A) carefully
    (B) too
    (C) additional
    (D) also

▶ 정답 및 해석 14페이지

매회 **2~3** 문제

정동사

Unit 03 수일치와 태

주어의 수와 목적어 유무를 보고 푼다.

출제 경향

- 매회 1~2 문제가 주로 팟5에서 출제된다.
- 주어나 목적어만 봐도 풀리므로 해석 없이 풀 수 있다.
- 정답은 주로 단수 동사, 수동태로 출제된다.

최근 6개월간 출제 경향

출제 시기	출제 파트 & 정답 유형
N월	수일치 2개
N+1월	태 1개
N+2월	태 2개
N+3월	태 1개
N+4월	수일치 1개, 태 3개
N+5월	태 1개

* 다음달 나올 문제는 저자 동영상 확인 (https:c11.kr/3xgc)

유형 파악

해석 없이 풀려면 가장 먼저 문제 유형을 파악해야 한다. 문제 유형은 보기만 보아도 95% 이상 알 수 있다.

STEP 1 두 문제의 보기에서 공통점을 확인해보자.

1. The Dennis Inn ------- its cancellation policy on the reservation page of its Web site.

   (A) outlining
   (B) outlines
   (C) is outlined
   (D) to outline

2. The books ------- in both English and Chinese versions.

   (A) are offered
   (B) have offered
   (C) an offer
   (D) offering

▶ 보기가 동사(outline, offer)의 변형으로 이루어져 있다. 이러한 문제를 동사(혹은 정동사) 문제라고 한다.

STEP 2 문제를 풀어보고 두 문제의 공통점과 차이점을 확인해보자.

1. The Dennis Inn ------- its cancellation policy on the reservation page of its Web site.

   (A) outlining
   (B) outlines
   (C) is outlined
   (D) to outline

2. The books ------- in both English and Chinese versions.

   (A) are offered
   (B) have offered
   (C) an offer
   (D) offering

▶ 두 문제 모두 정동사가 보이지 않는다. 따라서 각 빈칸은 정동사가 들어가야 할 자리이다. 2번의 주어가 복수명사(The books) 이므로 빈칸의 정동사 역시 복수동사가 와야 한다. 따라서 (A)가 정답이다. 하지만 1번 문제의 경우 주어만 봐서는 정동사인 (B) 와 (C) 중 정답을 찾을 수 없다. 2번 문제를 수일치 문제, 1번 문제를 능동/수동태 문제라고 한다.

수일치와 태 풀이 전략

:출제 빈도: 매회 평균 1~2개

문제의 빈칸 자리가 동사 자리라고 판단되면 주어와의 수일치, 혹은 수동/능동태를 판단해 문제를 풀어야 한다. 이러한 문제는 주어나 목적어를 확인하면 쉽게 풀리는 편이라서 대충 공부하고 넘어가기 쉽다. 하지만 Skyway Airlines, each, theirs, all of the mail은 단수인가, 복수인가? to부정사는 목적어일까, 수식어일까? 바로 대답이 나오지 않는다면, 아래의 기본 문법 점검부터 풀이 전략까지 꼼꼼히 학습해두자. 그러면 해석 없이 문제를 풀며 시간을 단축시킬 수 있다.

:**기초문법점검**: 풀이 전략에 들어가기 전에 아래의 기본 문법은 알고 있어야 한다. 알고 있다고 착각하기 쉬운 문법들을 점검 퀴즈로 확인해보자.

기본 점검 퀴즈	관련 문법
① A worker (is, are, were) working. ② Workers (is, are, was) working. ③ A worker (is, are) laying some bricks.	• 주어의 단/복수에 따라 수일치되는 동사를 쓴다. (목적어의 단/복수는 동사와 상관 없다.)
④ The worker (work, works). ⑤ Workers (work, works). ⑥ President Lee (see, seen, seeing, has seen) the result.	• 주어가 3인칭 단수이고 현재일 때 일반동사에 -s나 -es를 붙인다.
⑦ A worker (worked, workeds). ⑧ A worker will (works, work). ⑨ Workers (have to, has to) work.	• 과거시제나 조동사는 수일치를 하지 않는다. (have to는 has to로 예외)
⑩ Mr. Sinclair regularly walks (the, on the) street. ⑪ The manager was (happy, happiness) to see the results. ⑫ Our team will attend (in the, the) meeting tomorrow. ⑬ The company (suggested, offered) Mr. Kim a job. ⑭ The workers found the site (dangerous, dangerously).	• 1형식 문장은 목적어를 갖지 않는다. • 2형식 문장도 목적어를 갖지 않는다. • 3형식 문장은 목적어가 필요하다. • 4형식 문장은 목적어가 2개 필요하다. • 5형식 문장은 목적어와 목적격 보어가 필요하다.

:**정답 & 해석**: 정답을 확인해보고 맞았으면 ○, 틀렸으면 X로 표시하자. 모르면 기초 문법 다지기 Unit 2, 3, 4를 복습하고 전략을 학습하자.

① is (　　) 한 인부가 일하는 중이다.

② are (　　) 인부들이 일하는 중이다.

③ is (　　) 한 인부가 벽돌을 쌓고 있는 중이다.

④ works (　　) 그 인부는 일한다.

⑤ work (　　) 인부들은 일한다.

⑥ has seen (　　) 이 대통령은 그 결과를 보았다.

⑦ worked (　　) 한 인부는 일했다.

⑧ work (　　) 한 인부는 일할 것이다.

⑨ have to (　　) 인부들은 일해야만 한다.

⑩ on the (　　) Mr. Sinclair는 규칙적으로 걷는다 / 거리에서.

⑪ happy (　　) 매니저는 즐거워했다 / 그 결과를 보고.

⑫ the (　　) 우리 팀은 그 회의에 참석할 것이다 / 내일.

⑬ offered (　　) 그 회사는 제의했다 / Mr. Kim에게 일자리를.

⑭ dangerous (　　) 인부들은 알아차렸다 / 그 현장이 위험하다는 걸.

주어가 단수일 때는 단수동사를, 주어가 복수일때는 복수동사를 쓴다. 수일치는 무조건 동사와 가까운 쪽 단어를 보고 정하는 것이 아니다. 단/복수를 판단할 때 조심해야 할 주어들을 확인해보자.

1 ㅣ 고유명사는 단수 취급한다.

Audio Labs (**is**, ~~are~~) offering seasonal promotions this week.

오디오 랩스는 제공할 것이다 / 시즌 할인 행사를 / 이번 주에.

2 ㅣ 복합명사(N1 + N2)는 뒤의 명사(N2)가 수일치를 결정한다.

The sales representative (**will be**, ~~are~~) responsible for the issue.

그 판매 직원은 책임을 진다 / 그 문제에 대해.

▶ sales와 representative가 합쳐진 복합명사인데 수일치를 representative에 맞춘다.

3 ㅣ 동명사와 명사절은 단수 취급한다.

Estimating sales figures (~~require~~, **requires**) a lot of effort. 판매 실적을 예상하는 것은 필요로 한다 / 많은 노력을.

Who submitted these proposals (**is**, ~~are~~) not important. 누가 제출했는지는 / 이러한 제안서들을 / 중요하지 않다.

4 ㅣ 주격 관계대명사(who, which, that) 다음에 오는 동사의 수일치는 그 앞의 단어인 선행사에 수일치를 시킨다.

Reservations that (~~is~~, **are**) made in this season exceeds your expectation.

예약들은 / 이번 시즌에 이루어진 / 초과합니다 / 당신의 기대치를.

5 ㅣ 등위접속사 and, but, or, yet 다음에 수일치 문제가 나올 경우 생략된 주어와 수일치를 시킨다.

Mr. Lee was offered a job in sales and (**is**, ~~are~~) considering accepting it.

이씨는 일자리를 제안 받았다 / 판매직의 / 그리고 고려하고 있는 중이다 / 그것을 받아들이는 것을.

▶ is 앞에 Mr. Lee가 생략되어 있다. sales에 혼동하지 말고 Mr. Lee에 수일치를 시킨다.

✋ 잠깐 ▶ 동사 바로 앞의 단어가 주어가 아닐 수 있다.

The orientation <u>for interns</u> (**has been**, ~~are~~) postponed until next week.

오리엔테이션이 / 인턴들을 위한 / 연기되었다 / 다음 주까지.

The proposal <u>to transform surrounding areas</u> (~~are~~, **will be**) reviewed by executives.

그 제안서는 / 주변 지역들을 바꿀 / 검토될 것이다 / 중역들에 의해서.

The new policy <u>that Joe & June Café will implement</u> (**will be**, ~~are to be~~) introduced to diners soon.

새로운 정책은 / Joe & June 카페가 이행할 / 소개될 것이다 / 식사 고객들에게 / 곧.

▶ 밑줄 친 부분들은 수식어이므로 빼내고 그 앞의 주어에 수일치를 시켜야 한다.

1. Using proper ink cartridges (guarantee, guarantees) the printer's lifetime.

2. The sports complex in the suburban area (is, are) open to the public for a variety of events.

3. Golden Electronics (has, have) retail outlets and also (manufacture, manufactures) kitchen appliances.

4. Any employees who often (use, uses) the company gym (have to, has to) report to a supervisor in advance.

▶ 정답 및 해석 16페이지

5초 풀이 전략 2 수량 명사의 단/복수를 확인한다.

수량 명사는 단/복수가 혼동되기 쉬우므로 구분해서 기억한다.

1 | one, either, neither, each는 단수 취급한다.

Each of the managers (**will be**, ~~are~~) present at the meeting. 각각의 매니저들이 참석할 것이다 / 그 회의에.

2 | many, a few, few, several, both는 복수 취급한다.

Due to its height, only a few (~~has~~, **have**) climbed to the top. 높이 때문에, 몇몇 사람들만 올라갔다 / 정상까지.

3 | much, a little, little은 불가산 취급하므로 동사는 단수동사를 쓴다.

Little (**has**, ~~have~~) been said about today's speaker. 거의 이야기된 바가 없다 / 오늘의 연설자에 대해서.

4 | all, most, some, any, half는 가리키는 명사에 따라 단수와 복수가 달라진다.

All of the employees (**are**, ~~is~~) receiving bonuses next week.
모든 직원들은 받게 될 것이다 / 보너스를 / 다음 주에.
▶ all은 가산 명사인 employees를 가리키므로 복수동사로 받는다.

All of the office mail (**is**, ~~are~~) stored in the cabinet. 모든 사무실 우편물들은 / 보관됩니다 / 캐비닛에.
▶ mail(불가산명사)을 가리키므로 단수동사로 받는다.

5 | 'a ~ of + 복수명사'는 복수 취급한다.

A variety of gift items (**are**, ~~is~~) on display in our shop. 다양한 선물들이 진열되어 있습니다 / 우리 상점에.

A number of passengers (~~is~~, **are**) waiting in line. 많은 승객들이 기다리고 있는 중이다 / 줄 서서.

A large[wide/diverse] array / collection / selection / variety of 복수명사 + **복수동사**

🧢 함정 ▶ **The number of는 '~의 숫자'라는 뜻이므로 단수 취급한다.**

The number of passengers (**is**, ~~are~~) increasing. 승객들의 숫자가 증가하고 있다.

Q 점검퀴즈 다 맞혀야만 다음 전략으로 넘어갈 수 있다!

1. A large number of ideas (were, was) suggested by the staff members.

2. All of the information that he provided (was, were) incorrect.

3. Neither of the buses (stop, stops) near the flea market.

4. Only a few (has, have) made suggestions in the meeting.
▶ 정답 및 해석 16페이지

5초 풀이 전략 3 목적어가 있으면 능동, 없으면 수동태이다.

목적어 유무로 능동태, 수동태를 확인할 수 있다.

Mr. Gabriel (**received**, ~~was received~~) his order on time. Mr. Gabriel은 받았다 / 그의 주문품을 / 제때에.

The man (~~is expected~~, **expects**) that he will work shortly. 그 남자는 / 기대한다 / 그가 곧 일할 것이라고.
▶ 밑줄 친 부분들이 목적어가 될 수 있는 명사류(명사, 대명사, 동명사, to부정사, 명사절)이며 따라서 능동태이다.

Some refreshments will (**be provided**, ~~provide~~). 약간의 다과가 제공될 것이다.

The meeting will (**be held**, ~~be holding~~) in the room. 회의는 개최될 것이다 / 그 방에서.
▶ 목적어가 없으므로 수동태이며, 수동태는 주로 'be + p.p. + 수식어(주로 부사, 전명구, 부사절)'로 구성된다.

✋ 잠깐 ▶ **to부정사는 목적어인 경우도 있고 아닌 경우도 있다.**

구분하는 방법은 간단하다. to부정사를 목적어로 취하는 동사를 암기한다. (Unit 5 참고)

We at Loson Ltd. (**strive**, ~~are strived~~) to meet our sales goals.
우리 Loson사는 노력한다 / 맞추려고 / 우리의 판매 목표를.
▶ strive는 to부정사를 목적어로 취하는 동사이므로 능동태가 답이다.

The proposal should (**be revised**, ~~revise~~) to reflect suggestions.
그 제안서는 수정되어야 한다 / 반영하기 위해서 / 제안 사항들을.
▶ revise는 to부정사를 목적어로 취하는 동사가 아니므로 수동태가 답이다.

to부정사를 목적 보어로 취하는 5형식 동사(Unit 5 참고)의 경우는 'be ~ to 동사원형'식의 숙어 형태로 암기하면 쉽다.

Only authorized personnel (**are permitted**, ~~permits~~) to enter the facility.
단지 인가된 직원만이 허락된다 / 들어가도록 / 그 시설에.

▶ permit은 'permit + 목적어 + 목적 보어(to부정사)'의 형태를 갖는 5형식 동사이다. 이것이 수동태가 되면 'be permitted to 동사원형'의 형태가 된다.

 함정 목적격 관계대명사의 생략에 주의한다.

관계사절에서 목적격 관계대명사(whom, which, that)가 생략되면 목적어가 없다고 착각하여 수동태를 고르기 쉽지만 능동태가 답이다.

The items you (~~are selected~~, **selected**) are currently on sale. 제품들은 / 당신이 선택한 / 현재 할인 판매 중입니다.

▶ items와 you 사이에는 selected의 목적어 역할을 하는 목적격 관계대명사(사물일 땐 which 혹은 that)가 생략되어 있으므로 능동태를 써야 한다.

Q 점검퀴즈 다 맞혀야만 다음 전략으로 넘어갈 수 있다!

1. Mr. Tahy (requested, was requested) a refund because of a scheduling conflict.

2. A large order (was received, received) the day before yesterday.

3. Customers will (be required, required) to complete a brief survey.

4. The strong influence Mr. Lark (has, is had) on us should not be overlooked. ▶ 정답 및 해석 16페이지

5초 풀이 전략 4 | 자동사는 수동태가 없다. 단, '자동사 + 전치사' 숙어는 수동태가 가능하다.

1 | 자동사는 1, 2형식 동사이다. 목적어가 없기 때문에 수동태가 존재하지 않는다.

Our secretary (**has worked**, ~~is worked~~) for 5 years now. 우리의 비서는 일했습니다 / 지금껏 5년 동안.

The album (~~was become~~, **has become**) very successful in a week.
그 앨범은 크게 성공을 거두게 되었다 / 한 주 만에.

▶ work와 become 모두 대표적인 자동사로 수동태가 될 수 없다.

2 | '자동사 + 전치사' 숙어는 한 덩어리로 묶어 타동사로 취급한다. (Unit 16 참고)

This program (**interacts**, ~~is interacted~~) with the users. 그 프로그램은 상호 교류한다 / 사용자들과.

▶ interact with(~와 상호작용하다)는 '자동사+전치사' 숙어인데 한 덩어리로 묶어 타동사로 취급한다.

The contract was (~~agreed~~, **agreed to**) by both parties. 그 계약서는 합의되었다 / 쌍방에 의해.

▶ 원래 능동태 문장은 Both parties agreed to the contract.인데 agreed to를 타동사로 본다. 이것이 수동태가 되면 덩어리로 움직이기 때문에 be agreed to by가 된다. by만 보고 to가 없는 agreed를 고르면 안 된다.

3 | 자동사와 타동사가 모두 가능한 동사는 해석으로 능/수동태를 구별한다.

You will (~~be reported~~, **report**) to your supervisor directly. 당신은 보고할 것입니다 / 당신의 상관에게 / 직접.

▶ report는 자동사, 타동사 모두 가능하지만 상관에게 보고를 하는 것이지 받는 것이 아니므로 능동태가 답이다. 이때 report는 1형식 동사이다.

The marketing team (**contributed**, ~~was contributed~~) to the success significantly.
마케팅 팀은 기여했다 / 성공에 / 상당히.

▶ contribute는 자동사, 타동사 모두 가능한데 3형식의 타동사일 때는 주로 '(돈이나 시간을)기부하다'라는 뜻으로 쓰인다. 따라서 수동 태가 되려면 주어가 돈이나 시간이 되어야 한다. contribute가 1형식 동사일 때는 '~에 공헌하다'라는 뜻으로 쓰이는데, 이 문장에서는 주어가 marketing team이므로 '마케팅팀이 기여하다'로 해석되는 1형식으로 쓰이는 게 적합하다.

암기 ▶ 자동사와 타동사 둘 다 되는 동사

자동사	타동사
expand into ~로 진출하다	expand A into B A를 B로 진출시키다
invest in ~에 투자하다	invest A in B A를 B에 투자하다
focus on ~에 집중하다	focus A on B A를 B에 집중시키다
choose from ~로부터 고르다	choose A from B A를 B로부터 선택하다
add to ~를 더하다	add A to B A를 B에 덧붙이다
refer to ~를 참고하다	refer A to B A에게 B를 참고하라고 말하다
transfer to ~로 전근 가다	transfer A to B A를 B로 전근시키다
apply to ~에 적용되다	apply A to B A를 B에 적용시키다
contribute to ~에 기여[공헌]하다	contribute A to B A를 B에게 기부하다
report to ~에게 보고하다	report A to B A를 B에게 보고하다
merge with ~와 합병하다	merge A with B A와 B를 합병시키다
return to ~로 복귀하다	return A to B A를 B에게 돌려주다

Q 점검퀴즈 ▶ 다 맞혀야만 다음 전략으로 넘어갈 수 있다!

1. After returning from his trip, Mr. Rodney (is, has) suddenly disappeared.

2. The director (objected, was objected) to the budget proposal.

3. To obtain a parking permit, (fill, be filled) in all the blanks on the application form.

4. After 2 weeks of vacation, Mr. John (returned, was returned) to his office.   ▶ 정답 및 해석 17페이지

Unit 03

1 ┃ 4형식의 수동태

목적어가 2개인 4형식은 수동태가 되어도 목적어가 1개 남아 있다. 따라서 뒤에 목적어가 있다고 무조건 능동태가 아니다.

Survey respondents will (~~give~~, **be given**) a gift certificate for their participation.

설문 응답자들은 받을 것이다 / 상품권을 / 그들의 참여해준 것에 대해.

▶ give는 4형식 동사로 수동태가 되어도 뒤에 목적어가 1개 남아 있다. 특히 4형식 수동태 문장에서는 주어가 사람인 경우 '~를 받는다'는 의미가 성립된다. 위의 문장에서 '설문 응답자들이 상품권을 받는다'는 의미이므로 능동태가 될 수 없다.

Tenants (**were informed**, ~~informed~~) that utility fees will increase next month.

세입자들은 통보 받았다 / 공과금이 인상될 것이라고 / 다음 달에.

▶ inform이 4형식 동사일 때는 사람 명사가 간접목적어, that절이 직접목적어가 된다. 위 문장에서 사람 명사가 없고 바로 that절이 나오므로 목적어가 한 개라서 수동태가 답이다. 의미상으로도 세입자들이 that절의 내용에 대해 통보를 받는 것이지 통보해주는 것은 아니므로 능동태가 될 수 없다.

🤚 암기 ▶ 4형식 동사의 빈출 수동태 표현

- be given a gift certificate 상품권을 받다
- be sent a letter 편지를 받다
- be allowed access 접속 권한을 받다
- be offered a job 일자리를 제안 받다
- be awarded a prize 상을 받다
- be assigned a task 업무를 할당 받다
- be charged a fee 요금을 부과 받다
- be issued a refund 환불 받다
- be told the news 뉴스를 듣다

✋ 잠깐 ▶ 4형식 동사인데 수동태 표현 다음에 목적어가 없는 경우

4형식 문장은 3형식으로 전환하여 쓰기도 한다. 이 경우에는 수동태가 되어도 뒤에 목적어가 오지 않는다.

4형식 문장 : The company will give customers free coupons. 그 회사는 고객들에게 무료 쿠폰을 줄 것이다.

3형식 문장으로 전환 : The company will give free coupons (to customers). 그 회사는 무료 쿠폰을 줄 것이다 / (고객들에게).

수동태 문장으로 전환 : Free coupons will be given (to customers) (by the company).

무료 쿠폰이 주어질 것이다 / (고객들에게) / (그 회사에 의해).

▶ be given 다음에 목적어는 없고 수식어(to customers)가 왔는데, 이미 3형식 문장이 되었기 때문이다.

2 ┃ 5형식의 수동태

5형식(주어 + 5형식 동사 + 목적어 + 목적 보어)이 수동태로 쓰인 경우에는 목적어가 주어 자리로 가기 때문에 목적 보어만 남아 있는 형태가 된다.

Leaders must (~~hold~~, **be held**) accountable for their members.

지도자들은 책임을 져야 한다 / 그들의 구성원들에 대해.

▶ 빈칸 다음이 주어를 보충해 준다면 5형식 능동태 문장이 수동태로 바뀐 것으로 생각하자. accountable은 형용사이므로 목적어가 아니다. 따라서 수동태가 답인데, 여기서 accountable(책임지는)은 결국 주어인 leaders를 보충해 주므로 원래 5형식 능동태 문장이 수동태 문장으로 바뀐 것으로 볼 수 있다.

Ms. Balisa (was elected, ~~has elected~~) CEO at the annual meeting.

Ms. Balisa는 대표이사로 선출되었다 / 연례 회의에서.

▶ 빈칸 다음이 주어와 동격이라면 5형식 능동태 문장이 수동태로 바뀐 것으로 생각하자. Ms. Balisa = CEO임을 생각해보면 5형식 'elect A (as) B(A를 B로 뽑다)'가 수동태로 바뀐 형태임을 알 수 있다. 목적 보어(CEO)를 목적어로 착각하고 능동태를 고르지 않도록 유의해야 한다.

📗 암기 ▶ 5형식 동사의 빈출 수동태 표현

- **be considered (as) + 명사** ~로 간주되다
- **be named (as) + 명사** ~로 임명되다
- **be elected (as) + 명사** ~로 선출되다
- **be appointed (as) + 명사** ~로 임명되다

Q 점검퀴즈 ▶ 다 맞혀야만 다음 전략으로 넘어갈 수 있다!

1. The contractor (was awarded, awarded) a contract through an open bid.

2. Customers cannot (be issued, issue) a refund without a receipt.

3. Mr. Salvador (has been appointed, appointed) the new vice president.

4. This book (is called, calls) *The Good Cookbook for Cats*.

▶ 정답 및 해석 17페이지

한눈에 정리하기

해석을 최소화하여 풀 수 있는 전략을 요약해보고 문제에 대입하여 푸는 과정을 살펴보자.

전략 요약

1. 동사 문제는 반드시 정동사 자리인지 확인이 우선. 다음으로 수와 태를 확인. 절대로 시제부터 확인 금지 ('정수태 씨'라고 외울 것)

2. 동사 앞이 무조건 주어라고 생각하지 말고, 수식어가 있는지, 동명사나 명사절이 주어인지를 확인하여 수일치

3. 대명사가 주어인 경우 단수/복수/불가산 구분, 가리키는 말을 확인하여 수일치

4. 목적어 있으면 능동태, 없으면 수동태. 단, to부정사는 목적어가 아닌 경우도 있으므로 필히 확인

5. 자동사는 수동태가 없고, 4형식/5형식 문장은 빈칸 다음 명사가 있어도 수동태인 경우가 있으니 조심

전략 대입 5초 안에 푼다!

1. The Dennis Inn ------- its cancelation policy on the reservation page of its Web site.

(A) outlining
(B) outlines
(C) is outlined
(D) outline

STEP 1 문장에 동사가 있는지 확인한다.

빈칸을 제외한 다른 곳에 동사가 없으므로 빈칸에는 동사가 와야 하며, 일단 동사가 아닌 (A)는 소거한다.

(A) outlining

STEP 2 주어를 본다.

주어는 Dennis Inn인데 고유명사이므로 단수 취급한다. 동사도 단수동사가 필요하므로 복수동사인 (D)는 소거한다.

(D) outline

STEP 3 목적어를 본다.

its cancelation policy가 명사이므로 목적어라 볼 수 있고, 목적어가 있으므로 능동형 동사인 (B)가 정답이다. (C)는 be p.p.가 들어가 있으므로 수동태이다.

정답 (B)

전략1 대입

01. The waiters at Tomson Bistro ------- to dress professionally when taking orders and serving meals to diners.

(A) advising
(B) advises
(C) to be advised
(D) are advised

전략2 대입

02. Dex-Tan Ltd. manages 1,000 chain stores, and most ------- quality products at affordable prices around the clock.

(A) provides
(B) to provide
(C) provide
(D) been providing

전략1, 3 대입

03. The accountant must report every bank transaction that ------- foreign currency to the CFO.

(A) involve
(B) involves
(C) is involved
(D) involving

전략1, 4 대입

04. Because the icon for placing orders on the Web site ------- temporarily, shoppers must call us to complete their purchases.

(A) is disappeared
(B) disappearing
(C) has disappeared
(D) have disappeared

전략1 대입

05. Giving substantial bonuses for their performance ------- employees to improve their productivity.

(A) motivate
(B) motivates
(C) motivation
(D) motivating

전략2 대입

06. If Morgan Investment Ltd. continues to improve its sales, many ------- that its profits in the third quarter will exceed the equivalent quarter last year.

(A) estimates
(B) to estimate
(C) has estimated
(D) estimate

전략3 대입 ▶고난도!

07. The number of proposals the construction company ------- exceeded 30.

(A) has submitted
(B) is being submitted
(C) are submitting
(D) to be submitted

전략5 대입 ▶고난도!

08. Those who sign up for this year's weeklong conference will ------- a registration packet.

(A) send
(B) have sent
(C) be sending
(D) be sent

`전략5대입`

09. If the manager ------- that the workshop had been postponed until the following week, he wouldn't have been in a hurry at that time.

(A) inform
(B) informing
(C) had informed
(D) had been informed

`전략3대입`

10. Starting next Monday, the Cool Coast Company ------- coffee and bottled water to its staff members during their lunch break.

(A) will be provided
(B) will be providing
(C) providing
(D) to provide

`전략3대입`

11. To protect the owner's privacy from being misused, all labels containing personal information on the packaging box ------- before throwing them out.

(A) have detached
(B) are detaching
(C) must be detached
(D) would be detaching

`전략5대입`

12. A company-wide luncheon will be held on July 8, and all full-time employees ------- to participate.

(A) invite
(B) are invited
(C) inviting
(D) to invite

`전략3대입`

13. Bicyclists must wear protective masks and goggles while riding as heavy smog -------.

(A) expect
(B) expectation
(C) is expected
(D) was expecting

`전략5대입`

14. Donnelly Professionals ------- the biggest supporter for children in need among area businesses.

(A) considered
(B) is considered
(C) are considered
(D) to consider

`전략4대입`

15. Any employees who put in for a transfer ------- in the orientation to become familiar with local government regulations.

(A) can be participated
(B) will have been participated
(C) should participate
(D) may be participated

`전략5대입` ▶고난도!

16. Our marketing director ------- to deliver the keynote speech at the upcoming trade exposition.

(A) has confirmed
(B) has been confirmed
(C) confirmed
(D) to have confirmed

▶ 정답 및 해석 18페이지

Unit 04

시제 단서를 보고 푼다.

시제와 가정법

출제 경향

- 매회 2~3 문제가 주로 팟6에서 출제된다.
- 팟5는 대부분 해석 없이, 팟6는 해석해야 풀린다.
- 정답은 주로 기본 시제(미래, 현재, 과거)로
  출제된다.

최근 6개월간 출제 경향

출제 시기	출제 파트 & 정답 유형
N 월	팟5 현재완료진행 1개, 팟6 미래진행 1개, 현재 1개
N+1 월	팟5 현재 1개
N+2 월	팟5 현재 1개 팟6 미래 1개, 현재 1개
N+3 월	팟5 미래 1개 팟6 현재 1개, 과거 1개
N+4 월	팟6 미래 2개
N+5 월	팟6 현재 1개, 과거완료 1개

* 다음달 나올 문제는 저자 동영상 확인 (https:c11.kr/3xgc)

유형 파악

해석 없이 풀려면 가장 먼저 문제 유형을 파악해야 한다. 문제 유형은 보기만 보아도 95% 이상 알 수 있다.

STEP 1 두 문제의 보기에서 공통점을 확인해보자.

1. The Marketing Department ------- some
   new recruits two days ago.

   (A) welcome
   (B) welcomed
   (C) will welcome
   (D) has been welcomed

2. The special sale on stationery ------- on the
   Write Things Web site two days ago.

   (A) was announced
   (B) announced
   (C) were announcing
   (D) to announce

▶ 모두 동사(welcome, announce)의 변형으로 이루어져 있다. 이러한 문제를 동사(혹은 정동사) 문제라고 한다.

STEP 2 문제를 풀어보고 두 문제의 공통점과 차이점을 확인해보자.

1. The Marketing Department ------- some
   new recruits two days ago.

   (A) welcome
   (B) welcomed
   (C) will welcome
   (D) has been welcomed

2. The special sale on stationery ------- on the
   Write Things Web site two days ago.

   (A) was announced
   (B) announced
   (C) were announcing
   (D) to announce

▶ 1번은 문제를 풀기 위해서 two days ago를 확인해야 하지만, 2번은 주어와 목적어의 유무만 보고도 풀 수 있다. 1번처럼 수와
태로는 안 풀리는 문제를 시제 문제라고 한다.

시제와 가정법 풀이 전략

영어는 12개의 시제가 있다. 시제가 3개인 우리말에 비해 체계가 복잡하기 때문에 우리말의 과거형과 영어의 과거형이 완전히 같을 수는 없다. 따라서 각 시제에 대해 정확히 이해하고 있어야만 해석 없이 시제 문제를 잘 풀 수 있다.

: 기초문법점검 : 풀이 전략에 들어가기 전에 아래의 기본 문법은 알고 있어야 한다. 알고 있다고 착각하기 쉬운 문법들을 점검 퀴즈로 확인해보자.

기본 점검 퀴즈	관련 문법
① Mr. Kim (read, reads) the article about him last week. ② Ms. Lee (goed, went) to the shop yesterday. ③ The project (has, were, has been) rejected due to a lack of funding.	• 규칙 동사의 과거시제는 동사원형에 -ed를 붙이고, 불규칙 동사는 과거시제가 따로 있다. • has p.p.는 능동태, has been p.p.는 수동태이며 둘 다 현재완료시제이다.
④ I have (lived, living) in this city for 5 years. ⑤ I (have, had) an idea those days. ⑥ I (have had, have) a boyfriend for the past 5 years.	• have는 '가지다'라는 뜻일 때는 일반동사로 취급하고 have-had-had의 불규칙 변형을 한다. • have가 조동사일 때는 뒤에 p.p.가 따라오며, '가지다'라는 뜻이 없다.
⑦ The room (is located, located) next to my office. ⑧ The room (is located, located) next to my office is Mr. Kim's.	• 과거시제와 과거분사는 규칙 동사의 경우 형태가 같다. 과거시제는 정동사이고, 과거분사는 준동사이다. • 과거시제는 '~했다'로, 과거분사는 '~되어진'으로 해석한다.

:정답 & 해석: 정답을 확인해보고 맞았으면 ○, 틀렸으면 X로 표시하자. 모르면 기초 문법 다지기 Unit 2를 복습하고 전략을 학습하자.

① read (　　) Mr. Kim은 읽었다 / 그에 관한 기사를 / 지난 주에.

② went (　　) Ms. Lee는 그 상점에 갔다 / 어제.

③ has been (　　) 그 프로젝트는 거절되었다 / 자금 부족 때문에.

④ lived (　　) 나는 이 도시에 살아왔다 / 5년 동안.

⑤ had (　　) 나는 아이디어가 있었다 / 그 시절에는.

⑥ have had (　　) 나는 남자친구가 있었다 / 지난 5년 동안.

⑦ is located (　　) 그 방은 위치해 있다 / 내 사무실 옆에.

⑧ located (　　) 그 방은 / 내 사무실 옆에 위치한 / Mr. Kim의 방이다.

5초 풀이 전략 1 · 팟5의 시제 문제는 시제를 나타내는 단어나 구를 보고 푼다.

우리말은 시점을 생략하고 '~했다', '~할거야'처럼 말을 하는 경우가 많지만, 영어에서는 시점을 명확하게 제시한다. 따라서 팟5의 시제 문제는 시제를 나타내는 단어나 구를 보고 바로 정답을 찾을 수 있다.

Simon Ltd. (**will unveil**, ~~unveiled~~) a new electric car at the motor show <u>next month</u>.
Simon 사는 새로운 전기 자동차를 발표할 것이다 / 모터쇼에서 / 다음 달.

The director (**approved**, ~~approves~~) the budget proposal <u>yesterday</u>.
그 이사는 예산 제안서를 승인했다 / 어제.

The team members (~~met~~, **meet**) with one another <u>every Friday</u> to check on their progress.
팀 멤버들은 서로 만난다 / 매주 금요일에 / 그들의 진척도를 확인하기 위해서.

Mr. Smith (**has owned**, ~~owns~~) his own business <u>since 2010</u>.
Mr. Smith는 그 자신의 사업체를 갖고 있다 / 2010년 이래로.

▶ 밑줄 친 부분들이 각각 미래, 과거, 현재, 현재완료를 나타내는 단어나 구이다.

🖊 암기

시제를 나타내는 단어나 구	정답이 되는 시제
tomorrow 내일 next ~ 다음의 ~ upcoming 다가오는 soon 곧 shorty 곧 in the near[foreseeable] future 가까운 미래에	미래
yesterday 어제 last ~ 지난 ~ ~ ago ~전에 in 과거 연도 ~년에 those days 그 시절에	과거
every[each] ~ 매 ~ on 요일s ~요일에 once a ~ ~에 한번 빈도부사: often 종종 usually 보통 regularly 정기적으로 periodically 주기적으로 frequently 자주 occasionally 가끔 customarily 습관적으로	현재
since + 과거 시점 명사 ~이래로 over the last[past] ~ years[months, weeks] 지난 ~간	현재완료
recently 최근에 previously 이전에 once 한 번	현재완료, 과거
currently 현재 presently 현재	현재진행, 현재

😮 함정 › 시제 확인은 가장 마지막에 한다 (동사 자리 → 수 → 태 → 시제 순서)

Last week, the director (~~worked~~, **working**) on the project announced his sudden resignation.
지난주에 프로젝트 작업 중인 이사는 그의 갑작스러운 사임을 알렸다.

▶ last week를 보고 worked를 선택하면 함정이다. 이 문장에서는 announced가 정동사이며, 준동사인 working이 답이다. 시제를 확인하는 것보다 동사 자리를 확인하는 것이 우선이다.

We (~~will be held~~, **are holding**) an information session next week. 우리는 설명회를 개최할 것이다 / 다음 주에.

▶ next week를 보고 미래시제인 will be held를 선택하면 함정이다. 뒤에 목적어가 있으므로 수동태인 will be held는 어차피 오답이다. 현재진행시제도 정확히 예정된 미래를 나타낼 수 있으므로 능동태인 are holding이 답이며, 태를 확인하는 것이 시제를 확인하는 것보다 우선이다. will처럼 미래적인 의미를 가지는 표현을 '미래 상당 어구'라고 한다.

미래 상당 어구란 현재시제로 쓰이지만 미래시제를 나타내는 기능도 하는 어구를 말한다.

조동사: can, may, must, have[has] to 동사원형
명령/제안: (just, simply, please) + 동사원형
be ~ to: be expected to 동사원형, be set to 동사원형, be about to 동사원형, be bound to 동사원형, be scheduled to 동사원형, be supposed to 동사원형, be due to 동사원형, be to 동사원형, be 동사ing + 미래 시점 부사(구)

It **is expected to** rain soon.   비가 올 것으로 예상된다 / 곧.

Mr. John **has to** miss the planning meeting tomorrow.   Mr. John은 기획 미팅을 빠져야 한다 / 내일.

The manager **is addressing** a budget proposal at the meeting next week.
매니저는 예산 제안서를 다룰 것이다 / 회의에서 / 다음 주에.

Q 점검퀴즈 다 맞혀야만 다음 전략으로 넘어갈 수 있다!

1. The accounting team (will revise, revised) the report 3 days ago.

2. Ms. Lester (visits, was visiting) her clients at least once a week.

3. The analyst has (recently, shortly) contacted me to get additional data.

4. We are (currently, lastly) using spreadsheets which have a severe problem.   ▶ 정답 및 해석 20페이지

5초 풀이 전략 2 **단어나 구가 없는 경우 절을 보고 푼다.**

시제의 단서가 되는 단어나 구 없으면 절이 단서가 되기도 한다. 단어나 구일 때보다 복잡하므로 더 꼼꼼히 따져보아야 한다.

As soon as the meeting started, we (~~have begun~~, began) discussing the urgent issue.
미팅이 시작되자 마자 / 우리는 시급한 문제에 대한 토론을 시작했다.

▶ 미팅이 시작되었던 것이 과거이므로 토론을 시작한 것도 과거에 발생한 일이다.

Mr. Franklin discussed the recent issue while he (was having, ~~will have~~) lunch with me.
Mr. Franklin은 최근의 문제를 토론했다 / 그가 나와 점심을 먹는 동안.

▶ while은 동시에 일어나는 상황을 나타내는데, 토론한 것은 과거이므로 식사하는 것도 과거이다. 단, 과거의 특정 순간을 기준으로 진행되고 있는 일이라면 과거진행시제를 쓴다.

The popularity of the book has greatly increased since the title (was, ~~will be~~) mentioned by a celebrity. 책의 인기는 크게 증가했다 / 책 제목이 한 유명 인사에 의해 언급된 이래로.

▶ 주절에 현재완료(have p.p.)가 있을 때 부사절의 since는 '~이래로'라는 뜻이며 과거시제가 온다.

▶ since ~ was를 보고 주절의 현재완료(has greatly increased)를 답으로 찾아야 하는 문제도 많이 나온다.

Korean Railways intends to develop a new application that (**will enhance**, ~~enhanced~~) mobile purchases. Korean Railways는 새로운 앱을 개발할 계획이다 / 모바일 구매를 향상시킬.

▶ 새로운 앱은 아직 개발된 것이 아니므로 미래시제가 정답이다.

단, 시간과 조건의 부사절에서는 현재시제가 미래시제를 대신한다.

When Mr. Lee (~~will visit~~, **visits**) us next week, we will pick him up at the airport.

Mr. Lee가 다음 주에 우리를 방문할 때 / 우리는 공항에서 그를 차에 태울 것이다.

▶ next week나 we will pick him up ~ 부분을 보면 미래에 발생하는 일을 묘사하고 있다. 하지만 When ~ next week를 시간의 부사절이라고 하며, 시간의 부사절에서는 현재가 미래를 대신한다.

If it (**rains**, ~~will rain~~) tomorrow, the outdoor event will be moved indoors.

내일 비가 온다면 / 야외 행사는 실내로 옮겨질 것이다.

▶ If ~ tomorrow는 조건의 부사절이며, 그 이하가 주절이다. 주절이 미래일 때 조건의 부사절에서는 현재가 미래를 대신한다.

When(혹은 If) you buy the promotional items, you (**will be**, ~~were~~) offered a 50% off.

당신이 판촉용 제품들을 구매한다면 / 당신은 50% 할인을 제공받을 것이다.

▶ 시간과 조건의 부사절이 현재(혹은 현재완료)일 때, 주절에서 미래시제를 답으로 찾는 문제도 나온다.

📑 암기

시간과 조건의 부사절 접속사 (when, while, before, until, by the time, as soon as, once, if) + S V(현재), S V(미래)

✋ 잠깐 ▶ 현재시제는 명확한 사실이나 규정을 나타낼 때도 사용한다. 이때는 해석을 해야 한다.

Factory visitors (~~were~~, **are**) not allowed to enter the restricted areas without consent.

공장 방문객들은 허용되지 않는다 / 제한된 구역에 들어가는 것이 / 허락 없이는.

▶ 공장의 규정을 설명하고 있으므로 현재시제가 답이다.

The card (~~will expire~~, **expires**) on December 31. 카드는 12월 31일에 만료된다.

▶ 미래에 이미 명확히 예정된 사실을 말하고 있으므로 현재시제를 쓴다.

Q 점검퀴즈 다 맞혀야만 다음 전략으로 넘어갈 수 있다!

1. When the new tax law was released, many citizens (criticized, have criticized) it.

2. The keynote speaker (made, will make) a speech as soon as he is ready.

3. Once you (will be, are) admitted to this school, you will surely win a scholarship.

4. Young passengers prefer window seats because they (provide, provided) a view from the sky.

▶ 정답 및 해석 20페이지

3 과거완료, 미래완료, 가정법을 혼동하지 않는다.

과거완료, 미래완료, 가정법은 기본 시제(미래, 현재, 과거)보다 정답이 될 확률이 낮다. 따라서 정답으로 생각되더라도 꼼꼼히 따져보자.

1 │ 과거완료는 과거에 일어난 일보다 먼저 일어난 일을 묘사할 때 사용한다. 따라서 과거완료시제가 답이 되려면 과거 시점의 부사구/절이 단서로 제시된다.

Before joining OTS Ltd. 10 years ago, she (**had served**, ~~serves~~) as an intern there for 6 months. 10년 전 OTS 사에 입사하기 전에 / 그녀는 인턴으로서 일했다 / 거기서 / 6개월 동안.

Before he was promoted to marketing director, Mr. Bin (~~has worked~~, **had worked**) as sales manager. 그가 마케팅 이사로 승진되기 전에 / Mr. Bin은 판매 매니저로서 일했다.

By the time the policemen arrived at the scene, the criminal (**had disappeared**, ~~has disappeared~~). 경찰들이 현장에 도착했을 쯤에는 / 범인이 사라졌다.

▶ 기준이 되는 과거형 문장이 있고, 일했던 것이나 사라졌던 것은 그보다 먼저 일어난 일들이다.

잠깐 ▶ **과거완료가 당연한 경우 과거완료 대신 과거시제를 쓰는 경우도 있다.**

Mr. Kim **washed** his hands before he ate lunch. Mr. Kim은 그의 손을 씻었다 / 그가 점심을 먹기 전에.

▶ before가 점심을 먹은 사실과 손을 씻은 사실의 시간 관계를 명확히 제시하기 때문에 had washed 대신 washed를 썼다.

2 │ 미래완료는 미래보다 먼저 일어난 일을 묘사할 때 사용한다. 따라서 미래완료시제가 답이 되려면 미래 시점 부사구/절이 단서로 제시된다.

By next week, we (**will have made**, ~~made~~) all the necessary arrangements for the event.
다음 주까지 / 우리는 모든 필요한 준비를 끝내게 될 것이다 / 그 행사를 위한.

▶ 준비를 끝내는 것이 다음 주보다 먼저 일어나는 일이다.

By the time Mr. Martin returns to Korea, his rental agreement (**will have expired**, ~~expires~~).
Mr. Martin이 한국에 돌아올 쯤에는 / 그의 임대 계약서가 만료되어 있을 것이다.

▶ 만료가 되는 것은 Mr. Martin이 한국에 돌아오는 것보다 먼저 일어나는 일이다. 조심해야 할 것은 시간의 부사절에선 현재가 미래를 대신하므로 앞의 부사절에서 현재 동사인 returns가 쓰였다는 점이다.

3 │ 가정법 표현은 부사절이 기준이다.

신토익으로 바뀐 후 구토익에서 잘 출제되지 않던 가정법의 출제 비율이 높아졌다. 하지만 가정법은 주절을 보고 부사절을, 부사절을 보고 주절을 결정하면 되므로 조금만 숙지하면 쉽게 풀 수 있는 편이다.

If Mr. Flamingo had waited longer, he (~~had been meeting~~, **could have met**) the purchasing manager. 만약 Mr. Flamingo가 더 오래 기다렸더라면 / 그는 구매 담당 매니저를 만났을 수도 있었을 것이다.

▶ 부사절에 'if + 주어 + had p.p.'가 나오면 주절에는 가정법 과거완료 표현인 'would/should/could/might have p.p.'가 온다.

If visitors were allowed, they (**would take**, ~~would have taken~~) photographs of the ancient monument. 방문객들이 허락된다면 / 그들은 고대 유적의 사진을 찍을 것이다.

▶ 부사절에 'if + 주어 + 동사의 과거형(be동사는 were)'이 오면, 주절에는 가정법 과거표현인 'would/should/could/might 동사원형'이 온다.

Should you (= If you should) have any questions, feel free to call our service hotline.
당신이 어떠한 질문들이라도 있다면 / 자유롭게 우리의 서비스 직통전화로 전화하세요.

▶ 부사절에 'if + 주어 + should + 동사원형'이 오면, 주절에는 미래시제나 명령/제안문이 온다.
▶ 가정법에서 if가 생략되면 조동사가 주어 앞에 위치한다. 이러한 현상을 가정법의 도치라고 한다.

🖐 잠깐 ▶ 추측의 조동사

조동사는 뜻과 사용법이 다양한데, 아래 조동사들은 추측의 의미를 나타낼 때 사용한다. 이때 과거의 추측은 '조동사 + 과거시제'가 아니라 '조동사 + have p.p.'로 만든다.

현재	과거	그가 교사라는 확신
He is a teacher. 그는 교사이다.	He was a teacher. 그는 교사였다.	100%
He must be a teacher. 그는 교사임에 틀림없다.	He **must have been** a teacher. 그는 교사였음에 틀림없다.	
He should be a teacher. 그는 교사임에 틀림없다.	He **should have been** a teacher. 그는 교사였음에 틀림없다.	
He may be a teacher. 그는 아마도 교사이다.	He **may have been** a teacher. 그는 아마도 교사였을 것이다.	
He could/might/would be a teacher. 그는 아마도 교사이다.	He **could/might/would have been** a teacher. 그는 아마도 교사였을 것이다.	
He cannot be a teacher. 그는 교사일 리가 없다.	He **cannot have been** a teacher. 그는 교사였을 리가 없다.	
He is not a teacher. 그는 교사가 아니다.	He was not a teacher. 그는 교사가 아니었다.	0%

Q 점검퀴즈 ▶ 다 맞혀야만 다음 전략으로 넘어갈 수 있다!

1. I (have passed, had passed) the test when I started driving my own car.

2. If you had finished the report last week, you (would have received, had been receiving) a day off.

3. Ms. Mito (has worked, will have worked) at our company for 30 years by the time she retires next year.

4. (Should, Whenever) this arrangement not suit you, don't hesitate to call us.　　▶ 정답 및 해석 21페이지

5초 풀이 전략 4 혼동되는 시제는 개념을 확실히 이해하여 구분한다.

우리말은 3개의 시제로 되어 있고 영어는 12시제이므로 아래의 시제들이 혼동될 수 있으니 조심하자.

1 │ 현재완료 VS 과거

I (have lost, **lost**) my wallet 3 days ago. 나는 내 지갑을 잃어버렸다 / 3일 전에.

▶ 과거시제는 일반적으로 과거 시점 부사와 함께 과거에 한 번 발생하여 완성된 일을 묘사한다. 단, 예문에서 3 days ago가 없다면 현재 완료시제도 사용할 수 있다. 현재완료시제가 쓰였다면 지갑을 잃어버린 상태가 현재에 영향을 미치기 때문에 '지갑을 못 찾은 상태 즉, 현재 여전히 지갑이 없다'는 뜻이 된다.

I (lived, **have lived**) in Pleasantville since 1989. 나는 Pleasantville에 살아왔다 / 1989년 이래로.

▶ 현재완료는 과거에 발생하여 현재까지 이어지거나 영향을 미치는 일을 묘사한다. '1989년 이래로'라는 말은 '지금까지 계속 ~해왔다'는 말을 내포하고 있으므로 현재완료시제가 어울린다. 만약 since 1989 부분이 없다면 과거시제를 쓸 수 있다.

I (will check, **have checked**) the dictionary, and now I know what the word means.

나는 사전을 확인했다 / 그리고 지금 나는 안다 / 그 단어가 무엇을 의미하는지.

▶ and의 뒷부분에서 '이제 그 단어의 의미가 무엇인지 안다'는 것은 이미 사전을 확인한 것이다. 현재완료시제도 since ~ 같은 부분이 없는 경우는 우리말의 과거시제처럼 '~했다'로 해석한다.

2 │ 현재 VS 현재진행

I (am writing, **write**) for the newspaper regularly as a full-time contributor.

나는 신문에 정기적으로 글을 쓴다 / 정규직 기고 필자로서.

I (**am writing**, write) to you regarding the recent inquiry received by my assistant.

나는 당신에게 글을 쓰는 중이다 / 최근의 질문에 대해서 / 내 조수가 받은.

▶ 현재시제는 반복적, 습관적 사실에 사용하며 현재진행시제는 지금 이 순간 한 번 일어나는 일을 묘사한다.

3 │ 현재완료 VS 현재완료진행

I (**have reviewed**, have been reviewing) your application, and now I would like to offer you a job. 나는 당신의 지원서를 검토했고 / 이제 나는 당신에게 제안하고 싶다 / 일자리를.

I (have reviewed, **have been reviewing**) your application for 3 hours now.

나는 당신의 신청서를 검토하고 있는 중이다 / 지금 3시간째.

▶ 현재완료는 발생한 일에 초점을 맞추는 반면, 현재완료진행은 계속해오고 일에 초점을 맞춘다. 특히 첫 번째 문장에서 현재완료진행시제를 굳이 쓰고 싶다면 두 번째 문장처럼 얼마의 기간 동안 계속해 왔는지를 표시해야 자연스럽다.

4 │ 미래 VS 미래완료

When the inspector arrives at our facility this evening, I (**will give**, will have given) him a tour of our factory. 검사관이 우리 시설에 도착할 때 / 오늘 저녁 / 나는 그에게 공장 견학을 시켜줄 것이다.

When the inspector arrives at our facility this evening, I (~~will leave~~, **will have left**) for Seoul already. 검사관이 우리 시설에 도착할 때 / 오늘 저녁 / 나는 이미 서울을 향해 떠났을 것이다.

▶ 미래시제는 미래의 특정 시점에 발생하는 일을 묘사하지만, 미래완료는 기준이 되는 일보다 앞서 발생하게 될 일을 묘사한다.

Q 점검퀴즈 다 맞혀야만 다음 전략으로 넘어갈 수 있다!

1. Mr. Sullivan (makes, is making) a presentation in the meeting room right now.
2. The company (controlled, has controlled) its local rental market for the last decade.
3. Please lock the door if every member (has been leaving, has left).
4. The manager (will pay, will have paid) the building's utility bill tomorrow. ▶ 정답 및 해석 21페이지

5초 풀이 전략 5 | 팟6의 시제 문제는 나중에 푼다.

팟 6의 시제 문제는 빈칸에 해당하는 문장에만 단서가 있는 게 아니다. 따라서 팟5와 동일한 접근법으로 문제를 풀어서는 안 된다. 단서가 바로 이어지는 문장에서 나오는 경우도 있고 다음 단락이나 마지막에 나오는 고득점 문제도 있다. 따라서 문제가 잘 풀리지 않는 경우 먼저 다른 문제부터 풀어라. 특히 편지, 공지, 기사문에서 제목 부분에 발행 날짜가 나오는 경우에는 시제 문제의 단서로 활용되니 미리 확인하고 지문 독해로 들어간다.

I have found Data Soft's management program very effective ever since I installed it on my computer. I (**used to lack**, ~~am lacking~~, ~~will lack~~) an effective way to organize my daily work. Now, I use the program to schedule appointments and to make weekly plans.
나는 Data Soft의 관리 프로그램이 매우 효율적이라고 느꼈다 / 내가 그것을 내 컴퓨터에 설치한 이후로 줄곧. 나는 효과적인 방법이 부족하곤 했다 / 나의 일상적인 작업을 정리하는. 지금, 나는 이 프로그램을 사용한다 / 약속을 계획하고 일주일의 계획들을 짜기 위해서.

▶ 빈칸이 포함된 문장만 봐서는 문제를 풀 수 없다. 그 다음 문장에서 '이제는 해당 프로그램을 사용한다'고 하므로 빈칸에는 프로그램을 사용하기 전의 내용이 언급되어야 한다. 즉, 해당 프로그램을 사용하기 전에는 효과적인 방법이 부족했고, 이제는 해당 프로그램을 사용하게 되어 효과적이라는 내용이다.

LONDON (OCT 11) - The famous singer's new song debuted last night at the Locus Concert Hall. Written by the singer herself, the lyrics of the song (**include**, ~~will include~~) hopeful messages for children in need. 그 유명한 가수의 새로운 노래는 처음 공개되었다 / 지난밤 Locus Concert Hall에서. 그녀 자신이 쓴 / 그 노래의 노랫말은 빈곤한 아이들을 위한 희망적인 메시지를 포함하고 있다.

▶ 빈칸이 포함된 문장만 봐서는 문제를 풀 수 없다. 앞 문장에서 '새로운 노래가 지난밤에 공개되었다'고 하므로 노래 가사도 같이 공개된 것으로 볼 수 있으며, 노래 가사가 희망적인 메시지를 담고 있다는 것은 앞으로 일어날 일이 아니고 시간과 관계 없는 사실이므로 현재시제를 써야 한다.

We hope you (**enjoyed**, ~~will enjoy~~) our premium service. (중략) We would like to know how enjoyable **your recent stay** with us was.

우리는 희망합니다. / 당신이 우리의 프리미엄 서비스를 즐겼기를. / (중략) 우리는 알고 싶습니다 / 얼마나 즐거웠는지를 / 당신이 최근에 우리와 함께 머물렀던 것이.

▶ 앞 문장만 봐서는 풀 수 없는 문제이다. 단서는 몇 문장 후 나오는 your recent stay이며 이미 머물렀다는 사실을 알 수 있으므로 과거시제인 enjoyed가 답이 된다.

Q 점검퀴즈 다 맞혀야만 다음 전략으로 넘어갈 수 있다!

1. You may have been informed by the maintenance manager last week that we will be repaving the underground parking area from May 5 to 10. There (was, will be) limited access to the company's basement during this time.

2. You (may receive, should have received) a text message. Included on it was a gift certificate for $50 in appreciation of your patronage.

3. A renowned artist, Alba Micky, (donated, will donate) a sizable amount of money to a local school where he graduated from. "If it had not been for his generous contribution" said the principal of Hailey School, "we couldn't have bought art supplies for our young students."

▶ 정답 및 해석 22페이지

한눈에 정리하기

해석을 최소화하여 풀 수 있는 전략을 요약해보고 문제에 대입하여 푸는 과정을 살펴보자.

전략 요약

1. 정동사 문제에서 수와 태를 확인해도 더 이상 안 풀린다면 그것은 시제 문제이다.

2. 시제 문제는 시제를 나타내는 단어나 구 혹은 절을 확인하여 그에 맞는 시제를 선택한다.

3. 과거완료 시제는 비교가 되는 과거 시점이 있어야 하고, 미래완료 시제는 비교가 되는 미래 시점이 있어야 사용 가능하다.

4. 가정법, '추측의 조동사+have p.p'를 과거완료/미래완료/현재완료 시제들과 구분한다.

5. 팟6의 시제 문제는 바로 풀지 말고 이어지는 문장이나 단락에서 나오는 단서를 통해 정답을 결정한다.

전략 대입 · 5초 안에 푼다!

1. The Marketing Department ------- some new recruits two days ago.

    (A) welcome

    (B) welcomed

    (C) will welcome

    (D) has been welcomed

STEP 1 보기가 정동사로만 구성되었는지 확인한다.

보기가 모두 정동사이므로 수, 태, 시제 순으로 확인할 준비를 한다.

STEP 2 주어와 목적어를 확인한다.

주어는 Marketing Department로 단수이며, 목적어인 some new recruits도 있다. 일단 복수동사인 (A)와 수동태인 (D)는 소거한다.

~~(A) welcome~~

~~(D) has been welcomed~~

STEP 3 시제를 나타내는 단서를 찾는다.

과거시제 단서인 two days ago를 확인하고 과거시제인 (B)를 답으로 한다. (C)는 미래시제이므로 오답이다.

정답 (B)

실전 적용 문제

전략을 적용해 해석 없이 문제를 풀어보고 채점 시 점검 차원에서 해석해본다.

전략1대입

01. Following the upcoming conference, the marketing team ------- a brainstorming session.

(A) to hold
(B) holding
(C) will hold
(D) has held

전략2대입

02. As soon as the financial director finished the budget proposal, his assistant ------- it to headquarters for review.

(A) has sent
(B) sent
(C) were sending
(D) send

전략1대입

03. Receive a monthly newsletter loaded with tips and stories that ----- next week.

(A) will be published
(B) was published
(C) publishing
(D) was being published

전략3대입

04. By the time Ngwane Hachiman's first novel is released to the public, he ------- on the sequel.

(A) worked
(B) will be worked
(C) will have worked
(D) have worked

전략1대입

05. Since the construction of the Sungsan Bridge began last month, Bell Construction Ltd. ------- 50 percent of its allocated funds.

(A) is spending
(B) were spending
(C) has spent
(D) was spent

전략1대입

06. Bravo Innovation's CEO regularly visits the Seoul factory to check whether the inspections ------- smoothly.

(A) to be conducted
(B) would have conducted
(C) had been conducted
(D) are being conducted

전략2대입 ▶고난도!

07. The goods ----- straight to the buyer once it is confirmed that the person has paid in full.

(A) shipped
(B) were shipped
(C) would ship
(D) will be shipped

전략3대입 ▶고난도!

08. Despite working as an editor, writing a book was much more difficult than Mr. Durant ------.

(A) was expected
(B) will expect
(C) had expected
(D) would have expected

09. The appointment with Dr. Soon -------
initially scheduled for April 7, but it was
rescheduled for the following day.

(A) was
(B) is
(C) will be
(D) has been

10. If Ms. Connelly had waited longer, she
------- the next express train, which
would have let her arrive on time.

(A) catches
(B) will catch
(C) had been catching
(D) could have caught

11. All regional managers ------- the 10th
anniversary of Hwajin Construction Ltd.
at the main office in Seoul next Friday.

(A) have attended
(B) attended
(C) will be attending
(D) will have been attending

12. Over the last 3 years, the cost of raw
materials ------- dramatically, causing
KCC Ltd. to increase the prices of its
finished products.

(A) rising
(B) will rise
(C) is rising
(D) has risen

13. Young Automotive plans to launch a
new Web site that ------- its customers
to access invoices.

(A) has allowed
(B) allow
(C) will allow
(D) allowed

14. If a passenger ------- to summon a flight
attendant, he or she may push the call
button.

(A) want
(B) will want
(C) was wanting
(D) wants

15. There will be some interruptions in the
water supply while maintenance work
------- done today.

(A) is being
(B) was
(C) has been
(D) being

16. The property owner ------- several
broken windows in the house by the
time the new tenant moves in there next
week.

(A) will have repaired
(B) will be repairing
(C) has repaired
(D) is repaired

▶ 정답 및 해석 22페이지

'정동사' 종합 문제

반드시 다음의 순서대로 풀어보자.

1. 무턱대고 해석부터 하지 않는다.

2. 보기 확인 → 문제 유형 파악 → 동사 자리 문제라면 수, 태, 시제 순서로 푼다.

3. 핵심 전략을 적용해 문제를 푼다. (전략 3-1 : Unit 3의 전략 1)
    답을 확인하기 전 점검 차원에서 간단히 해석해본다.

파트 5

전략3-1대입

01. Prior to being acquired by Spicy King, Sweet Potatoes ------- a large selection of snacks.

(A) supplying
(B) to supply
(C) supplied
(D) supply

전략3-3대입

02. The acquisition of Real Time Media by the SK Company ------- at a press conference this morning.

(A) was announced
(B) announce
(C) was announcing
(D) to announce

전략4-1대입

03. Adele Electronics ------- its fourth store in Brisbane by the end of next month.

(A) has
(B) has had
(C) is having
(D) will have

전략4-2대입

04. When the news that a skyscraper will be built in the vicinity of the town was announced, property prices in nearby areas ------- dramatically.

(A) soars
(B) have soared
(C) will soar
(D) soared

전략3-4대입 ▶고난도!

05. During your first week at work, you will ------- to our human resources director.

(A) reporting
(B) report
(C) be reported
(D) reported

전략3-2대입

06. Administrative assistants have many duties, some of which ------- answering phones, taking memos, and maintaining files.

(A) include
(C) including
(B) included
(D) is included

07. Mr. Griezmann will summarize ideas received from a technology conference he ------- in Barecelona last week.

(A) attended
(B) will attend
(C) attends
(D) was attended

11. Even before serving as a professional chef at restaurants, Mr. Jaunting ------- several cooking classes.

(A) taking
(B) taken
(C) take
(D) took

08. Happy Money ------- an online payment system to better serve its customers overseas, where it has fewer branches.

(A) has launched
(B) to be launched
(C) to have been launched
(D) is launched

12. Ms. Tejera ------- the new marketing director at the last board meeting.

(A) named
(B) names
(C) to name
(D) was named

09. Maylee's Coffee House provides unlimited Wi-Fi service to anyone who ------- a beverage.

(A) buys
(B) buying
(C) buyable
(D) buy

13. The director of the product development team ------- an apology last week for the recent flaws found in the company's baby product line.

(A) has extended
(B) extended
(C) to extend
(D) will extend

10. Mr. Kroos ------- the planning meeting for the business strategy yesterday, but it conflicted with his dental appointment.

(A) has to attend
(B) would have attended
(C) might attend
(D) must have attended

14. Vision Auto revealed several new sedans at the motor show, but only one model ------- available for purchase this month.

(A) will be made
(B) were made
(C) to make
(D) made

전략4-2 대입
15. Ms. Veneta ------- all the related data before the meeting and then presented the final results to the attendees.

(A) is compiling
(B) will compile
(C) compiled
(D) compiling

전략4-1 대입 ▶고난도!
16. Based on your responses to the questions, the inspectors ------- you to submit additional data.

(A) may ask
(B) are asking
(C) have been asked
(D) must be asking

전략4-3 대입
17. Had Mr. Ramos paid for a subscription this month, he ------- one free issue of the magazine.

(A) will have received
(B) would have received
(C) will receive
(D) is receiving

전략3-2 대입
18. One of the interns ------- to help sales representatives position the display boards at the company booth.

(A) need
(B) to need
(C) needs
(D) needing

전략4-2 대입
19. Drivers who park their vehicles in restricted zones ------- subject to considerable fines.

(A) has
(B) were
(C) is
(D) are

전략3-5 대입
20. A cost increase in menu items at the restaurant ------- diners to cook by themselves at home.

(A) would force
(B) is forced
(C) forcing
(D) force

전략4-1 대입
21. Immediately after the last business meeting, Mr. Albany ------- his flight back to Italy to handle an urgent issue with a client.

(A) to be rescheduled
(B) rescheduled
(C) will be rescheduled
(D) reschedules

전략4-3 대입 ▶고난도!
22. Because Mr. Jang has already received the award twice now, the next win ------- him the first director ever to be a three-time winner.

(A) have made
(B) will make
(C) would have made
(D) is being made

▶ 정답 및 해석 25페이지

Questions 23-26 refer to the following article.

Macron, Inc. Releases Quarterly Report

April 8

At a press conference yesterday morning, Macron Inc. issued its preliminary report for the first quarter. The news was mostly positive. -------, Macron reported an
23.
increase in both revenues and profits for the seventh consecutive quarter. The cost of manufacturing many of Macron's products has declined since ------- it uses in
24.
great quantities, such as iron, nickel, and silver, have seen their prices drop. -------.
25.
As a result, there will be job opportunities at several facilities around the country. The company's management ------- the current economic conditions as ideal for the firm to
26.
expand.

---

23. (A) However
(B) In fact
(C) Nonetheless
(D) To that end

24. (A) machines
(B) expenses
(C) materials
(D) utilities

25. (A) Macron released data covering the past three years.
(B) The company expects to bring on more workers this quarter.
(C) These products should be on the market by July.
(D) There was also a drop in demand for many products.

26. (A) consider
(B) considers
(C) considering
(D) are considered

Questions 27-30 refer to the following e-mail.

To all staff members,

You ------- an e-mail from the Human Resources Department. It contains a link to the
    27.

employee biography page. -------. Among them are how to update your personal page
        28.

on the Web site.

The e-mail should also contain a username as well as a password. Please log on to

the site as soon as possible so that you can change your password to something more

personal. Be sure to do ------- by 6:00 P.M. on Thursday. -------, the password you
        29.   30.

were issued will become invalid.

Please call me at extension 65 if you have any questions or problems.

27. (A) may get
    (B) will be getting
    (C) have been getting
    (D) should have gotten

28. (A) Until you submit the form, your
        status will be unconfirmed.
    (B) You must fill this information out in
        order to get paid on time.
    (C) Be sure to save this e-mail as it
        contains important instructions.
    (D) Use it to apply for any jobs you are
        interested in.

29. (A) so
    (B) one
    (C) these
    (D) too

30. (A) In fact
    (B) After this
    (C) However
    (D) As a result

▶ 정답 및 해석 28페이지

매회 2~3문제

준동사

출제 경향

- 매회 1~2 문제가 주로 팟5에서 출제된다.
- 기능과 공식을 알면 해석 없이 풀 수 있다.
- 동명사는 전치사의 목적어 기능, to부정사는 부사 기능이 주로 출제된다

최근 6개월간 출제 경향

출제 시기	출제 파트 & 정답 유형
N월	to부정사 1개
N+1월	to부정사 1개
N+2월	동명사 1개
N+3월	to부정사 1개
N+4월	to부정사 1개
N+5월	to부정사 1개

＊다음달 나올 문제는 저자 동영상 확인 (https:c11.kr/3xgc)

유형 파악

해석 없이 풀려면 가장 먼저 문제 유형을 파악해야 한다. 문제 유형은 보기만 보아도 95% 이상 알 수 있다.

STEP 1 두 문제의 보기에서 공통점을 확인해보자.

1. Sales in South Asia are expected ------- the majority of the company's revenues this year.

   (A) generated
   (B) generating
   (C) will generate
   (D) to generate

2. The accountant must report every bank transaction that ------- foreign currency to the CFO.

   (A) involve
   (B) involves
   (C) is involved
   (D) involving

▶ 공통점은 모두 동사(generate, involve)의 변형으로 이루어져 있다는 것이다.
▶ 차이점은 1번은 준동사가 2개 이상, 2번은 준동사가 1개뿐이다.

STEP 2 문제를 풀어보고 두 문제의 공통점과 차이점을 확인해보자.

1. Sales in South Asia are expected ------- the majority of the company's revenues this year.

   (A) generated
   (B) generating
   (C) will generate
   (D) to generate

2. The accountant must report every bank transaction that ------- foreign currency to the CFO.

   (A) involve
   (B) involves
   (C) is involved
   (D) involving

▶ 1번은 준동사 문제, 2번은 정동사 문제이다. 2번은 정동사의 수와 태를 확인하면 풀리지만, 1번은 이미 정동사인 are가 있다. 따라서 빈칸은 준동사 자리인데, expected 다음에 (B) 동사ing가 오는지 (A) p.p.가 오는지 혹은 (D) to 부정사가 오는지 알아야 풀리는 문제이다. 1번처럼 보기에 준동사가 2개 이상이고, 준동사의 기능을 정확히 알아야 풀 수 있는 문제를 준동사 문제라고 한다.

동명사와 to부정사 풀이 전략

:출제 빈도: 매회 평균 1~2개

3/10 기능은 동명사의 3가지 기능과 to부정사의 10가지 기능을 말한다. 동명사와 to부정사는 기능이 매우 많아 공부할 내용이 많으며 동명사와 to부정사를 구분하기도 쉽지 않다. 여기에 제시된 전략들을 통해 동명사와 to부정사의 다양한 기능들을 시험에 많이 나오는 순서대로 공부할 수 있으며, 연상 암기법으로 외우면 훨씬 쉽게 암기할 수 있을 것이다.

:기초문법점검: 풀이 전략에 들어가기 전에 아래의 기본 문법은 알고 있어야 한다. 알고 있다고 착각하기 쉬운 문법들을 점검 퀴즈로 확인해보자.

기본 점검 퀴즈	관련 문법
① (Fill out, Filling out) this form is an easy process. ② I enjoy (eat, eating) between meals. ③ I talked about (hold, holding) a party. ④ My hobby is (study, studying) English.	• 동명사: 준동사 　기능: 주어, 타동사의 목적어, 전치사의 목적어, 보어
⑤ It is necessary (contact, to contact) him right away. ⑥ I want (eat, to eat) between meals. ⑦ Our goal is (finish, to finish) the project this week.	• to부정사: 준동사 　기능: 명사(주어, 목적어, 보어)
⑧ Mr. Yoon has the ability (do, to do) that. ⑨ He seems (be, to be) happy. ⑩ The manager asked me (go, to go) along with the plan.	• to부정사: 준동사 　기능: 형용사(명사 수식, 주격 보어, 목적격 보어)
⑪ She left the party (take, to take) care of her baby. ⑫ The manager was able (lead, to lead) a workshop. ⑬ The box is too heavy (carry, to carry) by myself. ⑭ (Take, To take) care of her baby, she left the party.	• to부정사: 준동사 　기능: 부사(동사 수식, 형용사 수식, 다른 부사 수식, 문장 전체 수식)

:정답&해석: 정답을 확인해보고 맞았으면 ○, 틀렸으면 X로 표시하자. 모르면 기초 문법 다지기 Unit 2, 3을 복습하고 전략을 학습하자.

① Filling out (　　) 이 양식을 작성하는 건 쉬운 과정이다.

② eating (　　) 나는 즐긴다 / 간식 먹는 것을.

③ holding (　　) 나는 이야기했다 / 파티 여는 것에 대해.

④ studying (　　) 나의 취미는 영어를 공부하는 것이다.

⑤ to contact (　　) 필요하다 / 그에게 연락하는 것이 / 즉시.

⑥ to eat (　　) 나는 원한다 / 간식 먹는 것을.

⑦ to finish (　　) 우리의 목표는 그 프로젝트를 끝내는 것이다 / 이번 주에.

⑧ to do (　　) Mr. Yoon은 갖고 있다 / 그것을 할 능력을.

⑨ to be (　　) 그는 행복한 것처럼 보인다.

⑩ to go (　　) 매니저는 요청했다 / 내가 그 계획에 찬성하도록.

⑪ to take (　　) 그녀는 파티를 떠났다 / 그녀의 아기를 돌보기 위해.

⑫ to lead (　　) 매니저는 워크숍을 이끌 수 있었다.

⑬ to carry (　　) 그 박스는 너무 무겁다 / 나 혼자 나르기에.

⑭ To take (　　) 그녀의 아기를 돌보기 위해 / 그녀는 파티를 떠났다.

5초 풀이 전략 1 : '전치사+( )+관사/소유격+형용사+명사'면 동명사가 답이다.

전치사 뒤에 명사가 오는 것처럼 동명사도 전치사 뒤에 올 수 있다. 그런데 동명사도 동사의 성격을 가지고 있으므로 타동사에 -ing를 붙여 동명사를 만들었다면 뒤에 목적어가 필요하다.

The manager is responsible for (developing, ~~development~~) an informative seminar.
매니저는 책임을 지고 있다 / 설명회를 개발하는 것에 대해.

▶ for가 전치사, developing은 동명사이다. 동사인 develop가 목적어가 필요한 것처럼 동명사인 developing도 an informative seminar와 같은 목적어가 필요하다. 전치사 뒤에 명사인 development가 오면 뒤에 an informative seminar라는 또 다른 명사가 올 수 없다. 그런데 이때 전치사 for 뒤에 to부정사, 형용사, p.p.(분사)는 올 수 없다. big the house 가 아니라 the big house인 것처럼 형용사나 분사는 관사 뒤에 온다. 이것을 공식화하면 아래와 같다.

📝 암기 : 전치사 + -ing + 관사/소유격 + (형용사) + 명사

The manager is responsible for (reviewing, ~~to review~~, ~~reviewed~~) the sales contract.
매니저는 책임을 지고 있다 / 판매 계약서를 검토하는 것에 대해.

▶ 전치사 뒤에 to부정사는 올 수 없으므로 탈락. reviewed는 형태상 과거시제이거나 과거분사이다. 과거시제로 보면 정동사인데 앞에 동사가 이미 존재하므로 탈락. 과거분사로 보면 형용사 기능이라 관사 뒤에 위치해야 하므로 the reviewed sales contract가 되어야 한다. 따라서 탈락.

👆 잠깐 ▶ ① 빈칸 뒤에 관사/소유격이 없는 경우는 부분적으로 해석을 해보거나 숙어로 푼다.

Sales associates can learn various ways of (~~attractive~~, **attracting**) customers at the workshop.
영업 사원들은 다양한 방법들을 배울 수 있다 / 손님들을 끄는 / 워크샵에서.

▶ customers 앞에 관사/소유격이 없는 경우는 customers 앞에 attracting뿐 아니라 형용사인 attractive가 나올 수 있다. 이럴 때는 부분적으로 해석을 해본다.

various ways of attractive customers: 매혹적인 고객들의 다양한 방법
various ways of attracting customers: 고객들을 끄는 다양한 방법

attracting의 해석이 더 자연스럽다. 대부분 -ing가 답인 아래 숙어를 통해 더 쉽게 접근하자.

• be in the process of -ing ~하는 과정 중에 있다	• for the purpose of -ing ~를 하기 위한 목적으로	
• way of -ing ~하는 방법 • by -ing ~함으로써	• instead of -ing ~하는 것 대신에	• without -ing ~하지 않고

② 무조건 동명사만 쓰는 경우(동명사 관용어구)는 암기한다.

We look forward to (~~see~~, **seeing**) you again. 저희는 고대합니다 / 당신을 다시 보기를.

▶ 괄호 앞 to는 전치사 to이므로 동명사인 seeing이 답이다. 관용어구를 외우지 않으면 전치사 to인지, to부정사의 to인지 구분이 어려우니 아래 연상법을 활용한다.

식신 정준하 연상법: 의미(동사 eat를 대입하여 연상)	동명사 관용어구
(먹는 것)에 익숙하다	be used[accustomed] to **-ing**
(먹는 것)에 헌신적이다	be devoted[dedicated, committed] to **-ing**
(어머니는 먹는 것)에 반대한다	object to **-ing**(= be opposed to **-ing**)
(먹기)를 기대한다	look forward to **-ing**
(먹고 싶)은 생각이 든다	feel like **-ing**
(먹)을 때, (먹)자마자	in -ing, on **-ing**
(먹)을 가치가 있다	be worth **-ing**
(먹으)러 간다	go **-ing**
(먹)지 않을 수 없다	cannot help **-ing**
(먹)는 데 바쁘다	be busy (in) **-ing**
계속 (먹)는다	keep (on) **-ing**
(먹)는 데 시간과 돈을 소비하다	spend time[money] (in) **-ing**
(돈이 부족해 먹)는 데 어려움을 느끼다	have difficulty[trouble, a hard time] (in) **-ing**

Q 점검퀴즈 다 맞혀야만 다음 전략으로 넘어갈 수 있다!

1. The updates will be conducted without (disruption, disrupting) our service.
2. By (opening, opened) a second office, the company has expanded.
3. Mr. John has devoted his time to (support, supporting) local schools.
4. We will buy a new copier instead of (use, using) the existing one. ▶ 정답 및 해석 29페이지

동명사는 문장에서 주어의 기능을 할 수 있다. 이때 동명사는 단수 취급한다.

(**Estimating**, ~~Estimated~~) sales figures is meaningless at this stage.

판매 수치를 예측하는 것은 의미가 없다 / 이 단계에서는.

▶ 주어는 '판매 수치를 예측하는 것'이란 뜻의 동명사이다. '~하는 것'이란 의미이므로 단수형 동사를 쓴다. Estimated(예측된)를 답으로 하면 sales figures가 주어가 되어 복수형 동사를 써야 한다.

(~~To maintain~~, **Maintaining**) a high standard needs a lot of energy and costs.

높은 수준을 유지하는 것은 필요로 한다 / 많은 에너지와 비용들을.

▶ To maintain이 주어로 오면 문장이 길어지므로 문장의 뒤로 보내야 한다. to부정사는 길이가 길어지면 문장의 뒤로 보내며 이것을 '가주어/진주어(It ~ to)' 용법이라고 한다. 이때 가주어는 해석하지 않는다.

It requires a lot of energy and costs to maintain a high standard.

가주어   진주어

많은 에너지와 비용을 필요로 한다 / 높은 수준을 유지하는 것은.

(~~Complete~~, **Completely**) (~~renovation~~, **renovating**) the building is the costliest of the three options. 완전히 건물을 개조하는 것은 세 가지 옵션 중에서 가장 비싸다.

▶ the building은 동명사의 목적어이므로 renovating이 답이다. 동명사는 부사의 수식을 받을 수 있다. 단, planning처럼 명사로 굳어진 단어들은 명사이므로 형용사의 수식을 받으며 목적어도 갖지 않는다.

(**Careful**, ~~Carefully~~) planning made the project completed ahead of schedule.

주의 깊은 기획은 프로젝트를 완성시킨다 / 예정보다 앞서서.

📖 암기

-ing 형태의 가산명사	-ing 형태의 불가산명사
a painting 그림 listings 목록 findings 조사결과물 a showing 전시회 a covering 덮개 earnings 수입 a meeting 회의	funding 자금 지원 planning 기획 cleaning 청소, 세탁 clothing 옷 advertising 광고 seating 좌석, 좌석 배치 housing 주택 widening 확장 processing 처리 founding = establishing 설립

Q 점검퀴즈 다 맞혀야만 다음 전략으로 넘어갈 수 있다!

1. (Finding, Found) a good job after graduation is harder than it looks.

2. (Reducing, Reduced) prices are available for those who qualify.

3. (There, It) is necessary for you to finish the task by next week.

4. The electric shaver is waterproof for (easily, easy) cleaning.

▶ 정답 및 해석 30페이지

1 | 동사 및 문장 전체를 수식

완전한 문장 뒤에 오는 to부정사를 '동사 수식 to부정사'라고 하며, '~하기 위해서'로 해석한다.

<u>Mr. Kim scheduled a time</u> (**to meet**, ~~meet~~, ~~meeting~~) his client.

Mr. Kim은 시간을 잡았다 / 그의 고객과 만나기 위해서.

▶ 동사 scheduled가 있기 때문에 또 다른 동사 meet이 올 수 없다. 밑줄 친 부분은 완전한 문장이므로 부사 기능이 필요한데, to부정사가 오면 동사인 scheduled를 수식하는 부사 기능을 한다.

▶ meeting을 분사로 보아 답으로 하면, 고객을 만나는 주체가 '시간'이 되어 어색하므로 오답이다.

to부정사를 문장에 앞에 두면 '문장 전체 수식 to부정사'가 되며 '~하기 위해서'로 해석한다. 이때는 콤마가 들어간다.

(**To meet**, ~~Meet~~, ~~Meeting~~) his client, Mr. Kim scheduled a time.

그의 고객을 만나기 위해서 / Mr. Kim은 일정을 잡았다.

'동사 수식 to부정사' 혹은 '문장 전체 수식 to부정사'는 in order to나 so as to로도 쓸 수 있으며 '~하기 위해서'로 해석한다.

(**In order to**, ~~In regard to~~) meet his client, Mr. Kim scheduled a time.

✋ 잠깐 in order for나 in order that도 있다.

We hired an expert in the field in order (~~to~~, **that**) the new policy be implemented successfully.

우리는 그 분야의 전문가를 고용했다 / 새로운 정책이 성공적으로 이행되도록 하기 위해서.

▶ 여기서 in order that은 '~하기 위해서'라는 뜻의 접속사이다. in order to 뒤에는 '동사원형'이 와야 한다.

Please advise Mr. Kim to get to work early in order (~~to~~, **for**) him to avoid heavy traffic in the morning.

Mr. Kim에게 조언해 주세요 / 일찍 출근하라고 / 그가 교통 혼잡을 피하기 위해서 / 아침에.

▶ 여기서 in order 뒤의 for him은 to avoid의 의미상 주어이고 '그가 피하기 위해서'로 해석한다. 뒤에 to부정사가 오므로 in order to로 쓸 수 없다.

2 | 형용사 및 부사를 수식

be able to do(~할 수 있다)라는 숙어를 접해본 적이 있을 것이다. 이때 to부정사는 형용사 able을 수식하고 있으므로 '형용사 수식 to부정사'라고 한다. be able to 뒤에는 동사원형이 오는 것도 기억해 두어야 한다.

The company will be able to (**achieve**, ~~achieving~~, ~~achievement~~) a goal.

회사는 목표를 성취할 수 있을 것이다.

📝 암기 자주 쓰이는 '형용사＋to부정사' 숙어 암기법 – '번지 점프' to부정사

올라가기 전	I am **hesitant[reluctant]** to jump.	나는 번지점프 하기를 주저한다.
1층에서 보니	I am **likely** to jump.	나는 번지점프를 할 수 있을 것 같다.
2층에서 보니	I am **sure** to jump.	나는 번지점프를 반드시 할 수 있다.

Unit 05

3층에서 보니	I am **eager** to jump.	나는 번지점프를 할 열망이 생긴다.
점프대에 올라서	I am **willing** to jump.	나는 번지점프를 기꺼이 할 것이다.
교관이 묻기를	Are you **ready** to jump?	뛰어 내릴 준비가 되어 있나요?
나는 대답했다	I am **able** to jump.	나는 뛰어 내릴 수 있습니다.

한편, 'The box is too heavy to carry.'는 to carry가 앞의 부사인 too를 수식해 '운반하기에는 너무 무겁다'가 되어 결국 '너무 무거워서 운반할 수 없다.'로 해석된다. 이때 to부정사를 '부사 수식 to부정사'라고 한다. too나 enough는 to부정사의 수식을 잘 받는 부사들이다.

The box is sturdy enough to (**hold**, ~~holding~~) many books. 박스는 많은 책들을 담기에 충분히 견고하다.

▶ enough는 부사일 때 형용사 뒤에 위치하며, to부정사의 수식을 받아 '~하기에 충분히 ~하다'는 뜻이 된다.

| **too 형용사 to do** 너무 ~해서 ~할 수 없다 | **형용사 enough to do** ~하기에 충분히 ~하다 |

점검퀴즈 다 맞혀야만 다음 전략으로 넘어갈 수 있다!

1. We require an additional payment (delivering, to deliver) your product.
2. In order (to, for) you to get more help, please inquire of the receptionist.
3. This year's tax return is likely (to be, being) higher than ever.
4. This bag is too big (to fit, fitting) into my car.

▶ 정답 및 해석 30페이지

5초 풀이 전략 4 형용사 기능의 to부정사를 이해하고 공식으로 푼다.

to부정사의 형용사 기능은 아래의 기출 순서대로 암기해야 반사적으로 풀 수 있다.

1 | 명사 수식

He gave me an opportunity (**to work**, ~~working~~, ~~work~~) as an apprentice reporter.
그는 나에게 일할 기회를 주었다 / 견습 리포터로서.

▶ 밑줄 친 부분이 완전한 문장이므로 to부정사가 우선이지만, 여기서 to부정사는 동사를 수식하는 것이 아니다. '(그가) 일하기 위해서' 기회를 준 것이 아니고 '(내가) 일할 기회'를 준 것이기 때문이다. opportunity를 수식하는 '명사 수식 to부정사'이다. working을 분사로 보고 답으로 하면 일하고 있는 주체가 '기회'가 되어 어색하다. opportunity처럼 to부정사의 수식을 잘 받는 아래의 명사들을 앞 글자를 따서 A POWER로 암기하자.

A POWER (Ability/Attempt, Plan, Opportunity, Way, Effort, Right) to부정사

2 | 목적격 보어

He wants a ride to go to the place. 그는 차를 얻어 타기를 원한다 / 그 장소에 가기 위해서.

He wants you to go to the place. 그는 네가 그 장소로 가기를 원한다.

▶ 첫 번째 문장에서 가야 할 주체는 He이다. to go to the place 부분은 in order to go to the place(그 장소에 가기 위해서)로 바꿀 수 있다. 두 번째 문장은 '네가 그 장소로 가기'라는 뜻이며 가야 할 주체는 you이다. 두 번째는 to부정사가 주어가 아닌 목적어와 연관성이 있다. 이처럼 to부정사가 목적어의 상태를 보충 설명하면 '목적격 보어가 되는 to부정사'이다. 목적격 보어로 to부정사를 취하는 동사들을 아래와 같이 연상하여 암기한다.

📘 암기 '결혼승낙' 동사

결혼하고 싶은 희망이 있어	want would like wish expect	
친구들에게 도움을 요청하고	ask require request advise remind invite	+목적어+to 동사원형
부모님을 설득하여	convince persuade urge encourage drive prompt force	(목적격 보어)
마침내 허락을 받아냈다.	allow permit enable authorize	

I'll allow you to go to the place. 나는 허락한다 / 당신이 그 장소에 가는 것을.

I'll help (you) (to) go to the place. 나는 돕는다 / (당신이) 그 장소에 가는 것을. .

I'll let you go to the place. 나는 당신이 그 장소에 가는 것을 허락한다.

▶ help 동사의 경우는 to부정사의 to를 생략하여 let처럼 동사원형을 쓸 수 있고, 목적어조차 생략되어 'I'll help go to the place.'라는 문장도 가능하다. make나 let이나 have 등은 사역동사로, 목적격 보어 자리에 동사원형뿐 아니라 p.p.가 올 수도 있다.

I'll have my car (~~fix~~, fixed). 나는 내 차를 수리되게 하겠다.

▶ 자동차의 입장에서 수리되는 것이므로 수동의 의미인 p.p.가 온다.

목적격 보어가 되는 to부정사는 수동태 표현이 되면 하나의 숙어처럼 기억하여 문제를 풀어라.

He was advised to go there. 그는 거기 가도록 권고되었다.

▶ 이 문장은 원래 'I advised him to go there.'였는데, 수동태가 되면서 be advised to do(~하도록 권고되다)의 숙어가 만들어졌다. 이 과정을 거친 아래 숙어들을 암기하면 푸는 시간을 절약할 수 있다.

📘 암기 결혼승낙 동사의 수동태 표현

예정	be expected to do ~할 것으로 예상되다 be scheduled to do ~하도록 일정이 잡혀 있다 be set to do ~하도록 예정되어 있다 be supposed to do ~하도록 되어 있다 be prepared to do ~하도록 준비되어 있다
요청	be asked to do ~하도록 요청 받다 be invited to do ~하도록 (정중히) 요청되다 be required to do ~하도록 요청 받다 be requested to do ~하도록 요구되다 be reminded to do ~하도록 상기되다 be advised to do ~하도록 권고되다
설득	be encouraged to do ~하도록 장려되다 be forced to do 억지로 ~하게 되다 be urged to do ~하도록 촉구되다 be prompted to do ~하도록 촉구되다 be instructed to do ~하도록 지시되다 be persuaded to do ~하도록 설득되다
허락	be allowed to do ~하도록 허가되다 be permitted to do ~하도록 허가되다 be enabled to do ~할 수 있게 되다 be entitled to do ~할 자격이 있다 be authorized to do ~하도록 인가되다

3 | 주격 보어

The manger is to attend the conference. 그 매니저는 회의에 참석할 것이다.

▶ to부정사가 주격 보어가 될 때는 '미래적이고 의무적'인 뜻을 포함한다. 따라서 'be동사＋to부정사'는 '조동사 will/must'의 의미로 사용되며 '주격 보어가 되는 to부정사'라고 한다. to부정사를 주격 보어로 취할 수 있는 동사들은 다음과 같다.

- **seem[appear] to be** ～인 것처럼 보인다
- **turn out [prove] to be** ～라고 판명되다
- **remain to be seen** 두고 볼 일이다

Q 점검퀴즈 다 맞혀야만 다음 전략으로 넘어갈 수 있다!

1. Mr. Rawlings has the ability (to finish, finishing) the task in time.

2. You are advised (to wear, wearing) a safety vest in the facility.

3. The application help users (check, to checking) their schedules easily.

4. Connecting people is proving (to be, being) easier than ever before. ▶ 정답 및 해석 30페이지

5초⏱ 풀이 전략 ⑤ 명사 기능의 to부정사를 이해하고 암기법에 따른 공식으로 푼다.

to부정사의 명사 기능을 아래의 기출 순서대로 암기하여 반사적으로 푼다.

1 | 목적어

The project manager wants (to operate, ~~operating~~, ~~operation~~) the factory by himself.

프로젝트 매니저는 운영하기를 원한다 / 공장을 / 스스로.

▶ 명사, 동명사, to부정사 모두 동사 뒤에 오면 목적어 기능이 있지만 명사에 이어서 the factory라는 명사가 또 올 수 없다. 따라서 operation은 오답이다. 반면에 to부정사는 뒤에 목적어로 the factory가 올 수 있다. want는 동명사를 목적어로 취하지 않으므로 operating은 오답이다.

Please avoid (operating, ~~to operate~~, ~~operation~~) the machines near water.

기계를 작동하는 것을 피해 주세요 / 물 가까이에서.

▶ avoid는 동명사를 목적어로 취하고 want는 to부정사를 목적어로 취하는 동사이다. 이러한 동사들은 아래와 같은 연상법으로 암기하여 혼동하지 말자.

📖 암기 to부정사를 목적어로 취하는 동사 VS 동명사를 목적어로 취하는 동사

'응큼쟁이' 동사 타동사＋to do	나는 너와 여행 가기를 원하고(**want**) 바라고(**wish**) 희망하고(**hope**) 기대한다(**expect**). 네가 동의를 해도(**agree**) 상관없고 거절을 해도(**refuse**) 상관없다. 그러나 가기를 결정하고(**decide**) 약속해 준다면(**promise**) 계획을 짤(**plan**) 작정이다(**intend**).

'모태쏠로' 동사 자동사 + to do	나는 연애를 하기 위해 애쓰지만(**strive**) 여자 앞에서 주저하고(**hesitate**) 기다리는(**wait**) 경향이 있다(**tend**). 우연히(**happen**) 그녀에게 고백하기 위해 멈춰 섰으나(**stop**) 결국 고백하지 못했다(**fail**).
'연애박사' 동사 + -ing	연애는 인조이(**enjoy**)가 아니니 양다리를 멈추고(**stop/discontinue**) 끝내고(**finish**) 포기해라(**give up**). 맘에 드는 사람과의 만남을 피하거나(**avoid**) 연기하지(**postpone**) 마라. 지인을 포함하여(**include**) 이것저것 추천하는(**suggest/recommend**) 사람들 말은 너무 신경 쓰지(**mind**) 마라. 사귈지 말지를 스스로 고려하라(**consider**).

2 │ 보어

The manger is to attend the conference. 매니저는 회의에 참석을 해야 한다(할 것이다).

Our mission is to attend the conference. 우리 사명은 회의에 참석하는 것이다.

▶ 첫번째 문장의 to부정사는 주어를 보충하는 형용사 기능을 한다. 매니저가 참석해야 할 상태임을 나타내는 말이다. 두 번째 문장의 to부정사는 주어와 동격의 관계인 명사 기능을 한다. '사명 = 회의 참석하기'의 관계이다. 이 경우를 '명사 보어 기능의 to부정사'라고 하며, 주어로는 mission 외에도 '목표/계획/이유'와 같은 단어들이 온다.

개품(GAP PORM)의 이유와 목적 Goal / Aim / Purpose / Plan / Objective / Reason / Mission is to do ~

3 │ 주어

It is easy for you (to read, ~~reading~~) this book. 당신이 이 책을 읽는 것은 쉽다.

▶ 원래 문장은 '**For you to read this book** is easy.'이지만 주어가 너무 길어서 뒤로 보낸 것으로, 이렇게 쓰는 형태를 '가주어/진주어 용법'이라고 한다. 앞에서도 언급했듯이 동명사는 길어도 가주어를 쓰지 않는다.

한편 같은 패턴으로서 주어가 아닌 목적어로 to부정사가 오는 경우가 있다.

I found it easy for you (to read, ~~reading~~) this book. 나는 쉽다는 걸 알았다 / 당신이 그 책을 읽는 것이.

▶ 원래 문장은 'I found **for you to read this book** easy.'이지만 목적어가 너무 길어서 뒤로 보낸 것으로, 이렇게 쓰는 형태를 '가목적어/진목적어 용법'이라고 한다.

Q 점검퀴즈 다 맞혀야만 다음 전략으로 넘어갈 수 있다!

1. Mr. Jay decided (to extend, extending) his stay at the hotel.

2. The publisher's goal is (to surpass, to surpassing) its rivals.

3. It is necessary (to complete, completing) the basic courses first.

4. All the participants found it necessary (to engage, engaging) in a role-playing activity.

▶ 정답 및 해석 31페이지

한눈에 정리하기

전략 요약

1. '전치사 ------- 관사/소유격 + 명사' 형태에서는 무조건 -ing가 답

2. 완전한 문장의 앞 뒤는 to부정사가 답. 동사원형 앞은 in order to가 답

3. ability, attempt, plan, opportunity, way, effort, right 뒤에는 to부정사가 답

4. 목적격 보어로 to부정사를 취하는 '결혼승낙' 동사(want, wish, expect, ask, convince, allow 등)를 암기

5. 목적어로 동명사를 취하는 '연애박사' 동사(enjoy, stop, finish, consider 등)를 암기

6. to부정사를 취하는 '응큼쟁이' 동사(want, wish, agree, decide 등)와 '모태쏠로' 동사(strive, hesitate, tend, happen 등)를 암기

7. 동명사나 to부정사는 자체의 목적어가 필요하며, 동명사는 부사의 수식을 받는다.

동명사의 3가지 기능, to부정사의 10가지 기능 정리

공식에 표시되어 있으면 해당 전략에서 공식을, 암기법에 표시되어 있으면 암기법을 꼭 외워야 한다.

동명사 3가지 기능 (보어 기능은 시험에 안 나오므로 제외)			
전치사의 목적어	I talked about **holding a party**.	**공식** , 암기법	전략1
주어	**Filling out this form** is an easy process.	**공식** , 암기법	전략2
타동사의 목적어	I enjoy **eating** between meals.	공식, **암기법**	전략5
보어	My hobby is **studying English**.	공식, 암기법	출제 안됨

to부정사의 10가지 기능				
부사	동사 수식	She left the party **to take care of her baby**.	**공식** , 암기법	전략3
	문장 전체 수식	**To take care of her baby**, she left the party.	**공식** , 암기법	
	형용사 수식	The manager was able **to lead a workshop**.	공식, **암기법**	
	부사 수식	The box is too heavy **to carry by myself**.	**공식** , 암기법	
형용사	명사 수식	Mr. Yoon has the ability **to do that**.	공식, **암기법**	전략4
	목적 보어	The manager asked me **to go** along with the plan.	공식, **암기법**	
	주격 보어	He seems **to be happy**.	**공식** , 암기법	
명사	목적어	I want **to eat between meals**.	공식, **암기법**	전략5
	보어	Our goal is **to finish the project this week**.	공식, **암기법**	
	주어	It is necessary **to contact him right away**.	**공식** , 암기법	

전략 대입 〈 5초 안에 푼다!

1. Sales in South Asia are expected ------- the majority of the company's revenues this year.

(A) generated

(B) generating

(C) will generate

(D) to generate

STEP 1 보기에 준동사가 2개 이상인지 확인한다.

(B)와 (D)가 준동사이며, (A)도 과거분사로 쓰이는 경우 준동사이다. 준동사가 2개 이상이므로 준동사 문제이다.

STEP 2 문장에서 정동사를 확인한다.

문장에 이미 정동사가 있으므로 보기에서 정동사인 (C)는 소거한다. 한 문장에 접속사가 없다면 정동사는 1개뿐이기 때문이다.

~~(C) will generate~~

STEP 3 준동사의 기능을 확인하고 공식을 대입한다.

expect는 to부정사를 목적격 보어로 취하는 동사이므로 수동태가 되면 be expected to do라는 숙어가 만들어진다(전략 4 참고). 희망, 요청, 설득, 허락 계열의 결혼승낙 동사를 외웠다면 to부정사인 (D)를 즉시 답으로 고를 수 있다.

정답 (D)

전략1 대입

01. Instead of ------- for a part-time job, Ms. Patricova will apply for an intern position.

(A) looking
(B) looked
(C) looks
(D) look

전략3 대입 ▶고난도!

02. Jacey, the secretary, has arranged for a limousine ------- the VIP customer from the airport.

(A) escort
(B) escorting
(C) will escort
(D) to escort

전략2 대입

03. ------- the Devers Innovation Award was big help for the startup entrepreneurs to attract investors.

(A) Receiving
(B) Received
(C) Receives
(D) Has received

전략5 대입

04. Our maintenance manager always strives ------- any parts that can cause safety issues in the factory.

(A) to spot
(B) spots
(C) is spotting
(D) spotted

전략4 대입

05. Sales in Southeast Asia are expected ------- the majority of the company's revenue this year.

(A) generated
(B) generating
(C) will generate
(D) to generate

전략4 대입

06. Finding solutions through collaborative work is a great way ------- rapport with team members.

(A) establish
(B) had established
(C) have established
(D) to establish

전략1 대입

07. Researchers at Falcon Lab are seeking ways to reduce fuel costs by ------- recyclable materials.

(A) use
(B) using
(C) uses
(D) used

전략5 대입

08. It is one of the regional sales representative's vital tasks ------- the current client files.

(A) to maintain
(B) will maintain
(C) is maintaining
(D) maintains

09. The Duncan Group Corp. is likely to
------- a lucrative contract with a buyer.

(A) securing
(B) security
(C) secured
(D) secure

10. Please find the time ------- more about
the new apple saplings our nursery can
provide on our Web site.

(A) to learn
(B) learning
(C) is learning
(D) leant

11. By ------- another store in town, Quincy
Bistro was able to double its profits
compared to the preceding year.

(A) opening
(B) open
(C) opened
(D) to open

12. ------- all job applications is part of the
customs office's daily work.

(A) To screen
(B) Screen
(C) Screens
(D) Screening

13. Whether the local community members
will react favorably to the new bicycle
lane remains ------- seen.

(A) to be
(B) had been
(C) be
(D) been

14. The technical support team has asked
all employees to ------- the protective
measures to ensure server security.

(A) following
(B) follows
(C) followed
(D) follow

15. Staff members whose job performances
excel those of others tend -------
promotions within 6 months.

(A) have received
(B) received
(C) to receive
(D) receiving

16. Mr. Lincoln will tell us how the -------
funds are used to support local
communities.

(A) collecting
(B) collected
(C) collect
(D) collectors

▶ 정답 및 해석 31페이지

Unit 06 분사

6 기능과 공식으로 푼다.

R 07

출제 경향

- 매회 0~2 문제가 주로 팟5에서 출제된다.
- 6가지 기능과 공식을 알면 해석 없이 풀 수 있다.
- be동사 뒤 보어 자리의 분사와 앞에서 뒤의 명사를 수식하는 분사가 가장 많이 나오며, 현재분사(-ing)보다 과거분사(p.p.)가 정답인 경우가 많다.

최근 6개월간 출제 경향

출제 시기	출제 파트 & 정답 유형
N월	출제 안 됨
N+1월	감정 분사(p.p.) 1개, 주격 보어(p.p.) 1개
N+2월	출제 안 됨
N+3월	출제 안 됨
N+4월	감정 분사(p.p.) 1개, 앞에서 수식(-ing) 1개
N+5월	주격 보어(p.p.) 1개

＊다음달 나올 문제는 저자 동영상 확인 (https:c11.kr/3xgc)

유형 파악

해석 없이 풀려면 가장 먼저 문제 유형을 파악해야 한다. 문제 유형은 보기만 보아도 95% 이상 알 수 있다.

STEP 1 두 문제의 보기에서 공통점을 확인해보자.

1. The ------- contract was rejected because the company received a better offer.

   (A) propose
   (B) proposed
   (C) proposing
   (D) proposes

2. Company-owned vehicles should be ------- only for business purposes.

   (A) used
   (B) use
   (C) usages
   (D) using

▶ 모두 동사(propose, use)의 변형으로 이루어져 있다. 보기에 이렇게 준동사, 특히 분사(-ing/p.p.)가 포함되어 있는 문제를 분사 문제라고 한다.

STEP 2 문제를 풀어보고 두 문제의 공통점과 차이점을 확인해보자.

1. The ------- contract was rejected because the company received a better offer.

   (A) propose
   (B) proposed
   (C) proposing
   (D) proposes

2. Company-owned vehicles should be ------- only for business purposes.

   (A) used
   (B) use
   (C) usages
   (D) using

▶ 1번은 proposed가 답이고, 2번은 used가 답이다. 둘 다 과거분사가 답이지만, 1번은 명사를 수식하는 분사이고, 2번은 주격 보어가 되는 분사이다. 분사는 이 두 가지 기능 외에도 다양한 기능을 한다.

분사 풀이 전략

분사는 해석에만 의존해서 풀면 안 된다. '경력 있는'이란 말이 experiencing인지 experienced인지, '분실된'이란 말이 missing인지 missed인지 혼동된다면 분사의 6가지 기능을 명확히 이해하고 공식을 적용해 풀어야 한다.

: 기초문법점검 : 풀이 전략에 들어가기 전에 아래의 기본 문법은 알고 있어야 한다. 알고 있다고 착각하기 쉬운 문법들을 점검 퀴즈로 확인해보자.

기본 점검 퀴즈	관련 문법
① I saw a (sing, singing) bird. ② Please submit the (revised, revise) report.	• 분사는 뒤의 명사를 수식하는 형용사 기능이 있다.
다음 밑줄의 올바른 해석을 선택하라. ③ There is an <u>increasing</u> demand. 　(증가하는, 증가시키는 것) ④ <u>Increasing</u> our income is the first thing to do. 　(증가하는, 증가시키는 것)	• 현재분사와 동명사의 모양은 -ing로 같지만 현재 분사는 형용사 기능을 하고, 동명사는 명사 기능을 한다. • 현재분사는 '~하는 (중인)'으로 해석하며, 동명사는 '~하는 것'으로 해석한다.
다음 밑줄의 올바른 해석을 선택하라. ⑤ The newly <u>hired</u> employee works very hard. 　(고용된, 고용했다) ⑥ We <u>hired</u> several employees. 　(고용된, 고용했다)	• 과거시제와 과거분사는 규칙 동사의 경우 형태가 같다. 과거시제는 정동사이고, 과거분사는 준동사 이다. • 과거시제는 '~했다'로, 과거분사는 '~되어진'으로 해석한다.

: 정답 & 해석 : 정답을 확인해보고 맞았으면 ○, 틀렸으면 X로 표시하자. 모르면 기초 문법 다지기 Unit 2, 4를 복습하고 전략을 학습하자.

① singing (　) 나는 보았다 / 노래하는 새를.

② revised (　) 제출해 주세요 / 수정된 보고서를.

③ 증가하는(현재분사) (　) 증가하는 수요가 있다.

④ 증가시키는 것(동명사) (　) 우리의 소득을 증가시키는 것이 첫 번째 할 일이다.

⑤ 고용된(과거분사) (　) 새로 고용된 직원은 일한다 / 매우 열심히.

⑥ 고용했다(과거시제) (　) 우리는 고용했다 / 여러 명의 직원들을.

분사는 명사를 수식할 때 형용사처럼 명사 앞에 위치한다.

Please inform Ms. Sonata about your (~~prefer~~, **preferred**, ~~preference~~) date of departure.

Ms. Sonata에게 알려주세요 / 당신의 선호된 출발 날짜를.

▶ your는 소유격, date는 명사이므로 그 사이는 형용사 자리이다. 분사도 형용사 기능을 하므로 이 자리에 올 수 있다. 이때 이 자리에 동사나 명사는 올 수 없다. (Unit 1 전략 2 참고)

Please inform Ms. Sonata about your (~~preferring~~, **preferred**) date of departure.

Ms. Sonata에게 알려주세요 / 당신의 선호된 출발 날짜를.

위와 같이 -ing와 p.p. 중에 답을 고르는 문제가 나오면 대부분은 p.p.가 답이지만 아래와 같이 접근하는 것이 정확한 방법이다.

주로 수식을 받는 명사가 의미상 주어가 되는 경우에는 -ing가 답

ex singing bird 새가 노래하므로 새는 의미상의 주어

주로 수식을 받는 명사가 의미상 목적어가 되는 경우에는 p.p.가 답

ex preferred date 날짜를 선호한다는 것이므로 날짜는 의미상의 목적어

의미 관계와 상관없이 무조건 -ing 혹은 p.p.를 쓰는 경우도 있으므로 다음 표를 외운다.

암기 ▶ 주로 나오는 -ing 형태 및 무조건 -ing/p.p.

의미상 주어 관계	무조건 -ing/p.p.
aspiring man 대망을 품은 사람	asking price 호가(부르는 가격)
participating store 참가하는 상점	missing belongings 분실된 소지품
revolving door 회전문	promising company 유망한 기업
leading company 선도하는 회사	rewarding job 가치 있는 일
contributing author 기고 작가	challenging work 고된 일
increasing[rising] demand 증가하는 수요	
surrounding areas 주변 지역들	
demanding supervisor 까다로운 상관	experienced manager 경험 많은 매니저
following year 다음 해	complicated process 복잡한 절차
upcoming year 내년	qualified candidate 자격이 되는 후보자
preceding years 이전 해들	distinguished guests 귀빈들
existing law 현행법	detailed instructions 상세한 설명서
lasting impression 지속적인 인상	informed decision 현명한 결정

1. The (proposed, proposal) land was not suitable for our needs.
2. Mr. Lee is the newly (appointing, appointed) marketing director.
3. Daniel Campbell will serve as a (contributable, contributed, contributing) author.
4. Faster Co. is a (leading, led) courier service provider in New Zealand.

▶ 정답 및 해석 34페이지

5초 풀이 전략 2 명사를 뒤에서 수식하는 분사는 목적어가 있으면 -ing, 없으면 p.p.

일반적으로 형용사는 명사를 앞에서 수식하지만, 분사는 뒤에서 앞의 명사를 수식할 수 있다. 특히 분사에 목적어나 수식어가 있으면 분사가 뒤에서 명사를 수식하는데 이 자리에 동사나 명사는 올 수 없다.

The manager released the survey results (**outlining**, ~~outline~~) consumers' buying patterns.
매니저는 공개했다 / 설문조사 결과들을 / 소비자 구매 패턴을 요약하는.

▶ 밑줄 친 부분은 완전한 문장이며, 완전한 문장 다음에 동사 혹은 명사인 outline이 바로 이어서 올 수 없다.
▶ outlining은 consumers' buying patterns를 수식하는 분사가 아니고 outlining consumers' buying patterns가 '소비자 구매 패턴을 요약하는'이라는 뜻의 분사로 뒤에서 앞의 명사 survey results를 수식한다.

The manager released the survey results (**outlining**, ~~to outline~~) consumers' buying patterns.
매니저는 공개했다 / 설문조사 결과들을 / 소비자 구매 패턴을 요약하는.

▶ 분사와 to부정사 모두 완전한 문장 뒤에 올 수 있으므로 해석으로 점검해봐야 한다. to outline은 '요약하기 위해서 배포했다'는 의미 관계가 되므로 어색하다. 한편 '명사 수식 to부정사'로 본다 하더라도 '앞으로 요약할 결과'라는 해석도 어울리지 않는다.

명사를 뒤에서 앞으로 수식하는 분사 자리에 -ing와 p.p.를 선택해야 하는 문제는 목적어 유무로 풀 수 있다.

The manager released the survey results (**prepared**, ~~preparing~~) by the team members.
매니저는 공개했다 / 설문조사 결과들을 / 팀 멤버들에 의해 준비된.

▶ by the team members는 전치사구로 수식어이지 목적어가 아니다. 목적어가 없으므로 p.p.가 답이다.

The manager released the survey results (**outlining**, ~~outlined~~) consumers' buying patterns.
매니저는 공개했다 / 설문조사 결과들을 / 소비자 구매 패턴을 요약하는.

▶ consumers' buying patterns가 명사이고, 명사는 곧 목적어이므로 -ing가 답이다.

✋ 잠깐 앞에서 수식하는 분사와 뒤에서 수식하는 분사를 꼭 구분하자.

The manager submitted the (**revised**, ~~revising~~) report to the CEO. 매니저는 제출했다 / 수정된 보고서를 / CEO에게.

▶ report를 목적어로 착각하고 -ing를 고르면 안된다. 목적어 유무로 -ing/p.p.를 구분하는 것은 뒤에서 앞으로 수식하는 분사일 경우에 해당한다. 이 문장은 앞에서 뒤로 수식하는 분사 자리로, report는 분사의 목적어가 아니고 '보고서를 수정하다'라는 의미 관계이므로 p.p.가 답이다. (전략 1 참고)

The manager released the survey results (~~detailed~~, **detailing**) consumer preferences.
매니저는 공개했다 / 설문조사 결과들을 / 고객 선호도를 자세히 설명하는.

▸ detailed(상세한)가 익숙하다고 답으로 해선 안 된다. 완전한 문장 뒤에 consumer preferences라는 명사가 또 붙은 것이 되어 오답이다. 분사의 수식을 받는 survey results라는 명사가 있고, consumer preferences라는 분사의 목적어가 있으므로 detailing이 답이다. detailing consumer preferences가 '고객 선호도를 자세히 설명하는'이란 뜻의 분사로 뒤에서 앞의 명사를 수식한다.

함정 **과거시제와 과거분사를 구분하자.**

The man (**loving**, ~~loved~~) the woman was Tom. 그 여자를 사랑했던 남자는 톰이었다.

▸ was가 과거라고 해서 loved를 답으로 해서는 안 된다. 빈칸은 The man을 뒤에서 앞으로 수식하는 분사 자리이고, 목적어 the woman이 있으므로 과거분사인 loving이 답이며 '사랑했던'으로 해석한다.

The man that (~~loving~~, **loved**) the woman was Tom. 그 여자를 사랑했던 남자는 톰이었다.

▸ loved는 과거시제이므로 정동사이다. 동사가 loved, was 2개이므로 접속사가 들어가야만 '사랑했던'이란 의미를 이루는 문장이 성립된다.

Q 점검퀴즈 다 맞혀야만 다음 전략으로 넘어갈 수 있다!

1. All visitors should wear a visitor pass (issued, issuing) at the main gate.

2. You will be reimbursed for expenses (total, totaling, totaled) less than $300.

3. Mr. John examined the e-mail (to detail, detailing) the new policy.

4. The church located on the hill (overlooks, overlooking) the village.　　▸ 정답 및 해석 34페이지

 주격 보어, 목적격 보어 자리 분사는 능동/수동의 관계로 푼다.

1 | 주격 보어

분사는 형용사처럼 be동사 뒤에서 주어를 보충해줄 수 있다. 이 자리에 동사는 올 수 없다.

Airplane service has been temporarily (**suspended**, ~~suspend~~). 비행기 서비스는 일시적으로 중단되었다.

▸ 이미 정동사 has been이 있어 정동사인 suspend는 올 수 없다. 부사인 temporarily를 빼면 be동사 뒤는 형용사 보어 자리이고 여기에 분사가 올 수 있다.

주격 보어가 되는 분사 자리에 -ing/p.p.를 구분하는 문제가 나오면 능동태/수동태를 구분하는 문제와 동일하게 푼다.

Airplane service has been temporarily (**suspended**, ~~suspending~~) due to maintenance work. 비행기 서비스는 일시적으로 중단되었다 / 유지보수 작업 때문에.

▸ due to maintenance work는 전치사구이므로 목적어가 될 수 없다. 목적어가 없으므로 be동사 뒤에 p.p.가 오는 수동태가 정답이다.

2 | 목적격 보어

분사는 형용사처럼 5형식 문장의 목적격 보어 자리에 위치하여 목적어를 보충해줄 수 있다. 기본적으로 이 자리에는 p.p.가 오는데, 동사에 따라서 목적어와 능동의 관계이면 -ing 혹은 동사원형을 쓰는 경우가 있다.

Please keep me (inform, informed, information). 저에게 계속 알려주세요.

▶ keep은 5형식 동사로 목적격 보어 자리에는 -ing나 p.p.나 형용사가 올 수 있다. 따라서 동사원형이나 명사가 오면 오답이다.

Please have him (repair, repaired, repairing) my car soon. 그가 제 차를 곧 수리하도록 해주세요.

▶ have도 5형식 동사이지만 keep과는 다르게 목적격 보어 자리에 p.p.나 동사원형이 올 수 있다. '그가 내 차를 수리하는 것'이므로 him 과 repair가 능동의 관계이다. 따라서 p.p.는 안 되고 동사원형을 써야 한다.

Please have my car (repair, repairing, repaired) soon. 제 차가 곧 수리되게 해주세요.

▶ '내 차가 수리되는 것'이므로 my car와 repair가 수동의 관계이다. 따라서 동사원형은 안 되고 p.p.를 써야 한다.

🗒️ 암기 ▶ -ing나 p.p.를 목적격 보어로 취하는 5형식 동사들

동사	목적격 보어	예문
사역동사 make, have	동사원형, p.p., 형용사 (O) -ing (X)	I'll have you stay. 나는 당신을 머물도록 할 것이다. I'll have my car fixed[ready]. 나는 내 차를 수리되게 [준비되게] 할 것이다.
let	동사원형, be p.p. (O) -ing (X)	Let it go. 그것을 그대로 놔 두세요. Let it be done. 그것이 행해지도록 합시다.
keep, find, consider, hold, leave	형용사, p.p., -ing (O) 동사원형 (X)	I found him happy[hired, sleeping]. 나는 그가 행복하다는[고용되었다는, 자는 중이라는] 것을 알았다.
see, hear, feel	동사원형, -ing, p.p. (O)	I saw him sleep[sleeping, hired]. 나는 그가 자는 [자고 있는, 고용된] 것을 보았다.
준사역동사 get	p.p., to 동사원형 (O) -ing (X)	I'll get the job done. 나는 그 일이 행해지도록 할 것이다. I'll get you to go. 나는 너를 가게 할 것이다.

Unit 06

Q 점검퀴즈 다 맞혀야만 다음 전략으로 넘어갈 수 있다!

1. Our sales goals have been (meet, met) every month since last year.

2. Please keep your staff (updated, to update) about the new policy.

3. We are no longer (accepting, accepted) suggestions for that issue.

4. By clicking on this button, you can have this software (install, installed).   ▶ 정답 및 해설 35페이지

분사는 문장의 맨 앞이나 맨 뒤에서 콤마로 분리되어 주어를 수식한다. 이러한 형태를 분사구문이라고 한다.

1 | 문장의 앞에서 주어 수식

(**Being**, ~~To be~~, ~~Be~~) the security manager, Mr. Han can have access to confidential data.
보안 담당 매니저인 한 씨는 접근 권한을 가지고 있다 / 기밀 데이터에.

▶ 문장에 이미 정동사 can have가 있으므로 정동사인 Be는 오답이다. Being ~ manager까지가 주어인 Mr. Han을 수식하여 '보안 담당 매니저인'이란 뜻이므로 정답이다. To be ~ manager는 문장 전체를 수식하여 '보안 담당 매니저가 되기 위해서'라는 뜻이므로 오답이다.

분사구문 앞에 부사절 접속사를 써서 의미 관계를 명확하게 하기도 한다.

When (~~submit~~, **submitting**, ~~submitted~~) a time-off request, you must include the department head's signature. 휴가 신청서를 제출할 때 / 당신은 포함해야 한다 / 부서장의 서명을.

▶ 이때 접속사가 있다고 동사 submit을 답으로 해선 안 된다. submit의 주어가 없기 때문이다. 분사구문에서 -ing와 p.p.를 구분할 때는 분사 뒤의 목적어 유무를 확인하여 풀면 되는데, 예문의 밑줄이 목적어이므로 submitted는 오답이다.

토익에서는 주로 before/after/when/while 뒤에는 -ing가, as/once/unless/if 뒤에는 p.p.가 답이다.

> as p.p.(~한 대로), once p.p.(일단 ~하기만 하면), unless p.p.(~가 아니라면), if p.p.(~라면)
>
> unless otherwise noted/indicated/contracted 달리 통보된 바/명시된 바/계약된 바 없으면
>
> **ex** Your suggestions will appear in the newspaper **once approved**.
>> 당신의 제안사항들은 신문에 나올 것이다 / 일단 승인되면.
>
> **ex** The promotion will be good until next week **unless otherwise noted**.
>> 그 판촉은 유효할 것이다 / 다음 주까지 / 달리 통보된 바 없으면.

2 | 문장의 뒤에서 주어 수식

The company reported the highest profits ever, (**allowing**, ~~allowed~~) itself to expand into China. 그 회사는 보고했다 / 지금껏 가장 높은 수익을 / 그래서 가능하게 되었다 / 자사가 중국으로 확장하는 것이.

▶ reported가 과거시제라고 allowed를 답으로 해선 안 된다. allowed가 과거시제가 되려면 문장 안에 동사가 2개이므로 접속사가 필요하다. 여기서 allowing은 The company를 수식하는 분사이다. 문장의 앞이 아니라 뒤에 위치하는 이유는 상황이 발생한 순서가 '가장 높은 수익을 기록한 것'이 먼저이고, '중국으로 확장이 가능하게 된 것'이 그 후이기 때문이다. 다음을 하나의 공식처럼 기억해두자.

> S + V, ------- 목적어 ➡ 빈칸은 -ing가 정답

문장 뒤에 오는 -ing 앞에는 의미를 확실히 하기 위해 thus, thereby 같은 인과 관계의 부사가 오기도 한다.

She started working at a company last month, **thereby** receiving a paycheck.
그녀는 지난달에 한 회사에서 일하기 시작했고 / 그럼으로써 급여를 받았다.

1. (Analyzing, To analyze) the survey results, the manager decided to launch the product.
2. Don't forget to check all the details when (signing, singed) the document.
3. The new manufacturing equipment operated very fast, (saved, saving) workers a lot of time.
4. You may regularly receive a bonus while (working, worked) at Don, Inc. unless otherwise (contracting, contracted).

▶ 정답 및 해석 35페이지

5초 풀이 전략 5 감정을 주는 것이면 -ing 감정을 받는 것이면 p.p.

interest(흥미롭게 하다), satisfy(만족시키다)같은 계열의 동사를 '감정 동사'라고 한다. 감정 동사에서 파생된 분사를 '감정 분사'라고 하며, 이와 관련된 문제는 감정을 주는 것인지 받는 것인지를 구분하여 풀어야 한다.

The movie that Mr. Paraguchi directed was very (interesting, ~~interested~~).
그 영화는 / Mr. Paraguchi가 감독했던 / 매우 흥미롭다.

▶ 영화가 흥미를 받는 것이 아니고 흥미를 주는 것이므로 interesting이다.

Anyone who is (interested, ~~interesting~~) in the position should inform us.
관심 있는 누구든지 / 이 직위에 / 저에게 알려주세요.

▶ 사람이 무언가에 의해 흥미를 받는 것이므로 interested이다.

주로 사물은 흥미를 주고 사람은 받는 경우가 많으므로 사물은 -ing, 사람은 p.p.가 어울린다. '사물 잉(-ing), 사람을 패(p.p.)'로 기억하자.

📖 암기 ▶ 감정 동사

satisfy 만족시키다	refresh 새롭게 하다	excite 흥분시키다	interest 흥미롭게 하다
bore 지루하게 하다	exhaust 지치게 하다	tire 지치게 하다	please 기쁘게 하다
disappoint 실망시키다	overwhelm 압도하다	embarrass 당혹스럽게 하다	surprise 놀라게 하다
frustrate 좌절시키다	amaze 놀라게 하다	thrill 전율시키다	annoy 짜증나게 하다

✋ 잠깐 ▶ 사람과 사물로만 기억하면 아래 내용이 혼동될 수 있다.

Ace Hightech is (pleased / ~~pleasing~~) to announce the merger with Westsoft.
Ace Hightech는 기쁘다 / Westsoft와의 합병을 발표하게 되어.

▶ Ace Hightech는 회사명이지만 사람이 모인 집단이므로 사물인지 사람인지 헷갈린다. 해석을 해보면 이 회사는 합병 발표에 의해 기쁨을 받는 입장이므로 p.p.를 써야 한다.

감정 분사를 결정할 때 엉뚱한 부분을 보지 않도록 한다.

The construction noise in the building next door has left the office workers (~~annoying~~ / **annoyed**).

공사 소음은 / 이웃 건물의 / 사무실 근무자들을 짜증난 상태가 되게 했다.

▶ 빈칸은 5형식 동사 leave의 목적격 보어 자리로, 주어인 noise를 보고 관계를 따지면 함정이다. 목적어인 office workers와의 관계를 따져야 한다

Q 점검퀴즈 다 맞혀야만 다음 전략으로 넘어갈 수 있다!

1. We are (delighted, delighting) to discuss your needs.

2. Customers (dissatisfying, dissatisfied) with the service can call us.

3. You can have the most (exciting, excited) marine experiences with our tour package.

4. Ms. Spring found the activities very (amused, amusing). ▶ 정답 및 해석 35페이지

한눈에 정리하기

해석을 최소화하여 풀 수 있는 전략을 요약해보고 문제에 대입하여 푸는 과정을 살펴보자.

전략 요약

1. ~ 관사/소유격 ------- 명사 ~ . → 명사를 앞에서 수식하는 분사 자리로 95%는 p.p.가 답. '목적어와 동사'의 의미 관계 확인.

2. ~ 명사 ------- ~. → 명사를 뒤에서 수식하는 분사 자리. 목적어가 있으면 -ing, 없으면 p.p.

3. ~ be동사 ------- ~. → 주격 보어가 되는 분사 자리. 목적어가 있으면 -ing, 없으면 p.p.

4. before/after/when/while -ing, as/once/unless/if ~ p.p. '완전한 문장, ------- 목적어'이면 -ing

5. 감정 동사는 '사물 잉(-ing), 사람을 패(p.p.)'로 푼다.

분사의 6가지 기능 정리

명사 수식	뒤의 명사 수식	I saw a **singing** bird.	공식 . 암기법	전략1	
	앞의 명사 수식	The product **made** in Korea is very good.	공식 . 암기법	전략2	
보어	주격 보어	He is **singing** a song.	공식 . 암기법	전략3	전략5는 모두 해당
	목적격 보어	I found him **singing**.	공식 . 암기법		
주어 수식 (분사구문)	문장의 앞에서	**Managing the task**, Mr. Jin worked late.	공식 . 암기법	전략4	
	문장의 뒤에서	The company earned record profits, **helping it expand into other regions**.	공식 . 암기법		

전략 대입 〈 5초 안에 푼다!

2. Company-owned vehicles should be ------- only for business purposes.

    (A) used

    (B) use

    (C) usages

    (D) using

STEP 1 보기에 준동사가 2개 이상인지 확인한다.

(A)와 (D)가 준동사인데, 특히 (A)와 (D)를 구분해야 하는 문제라면 분사 문제이다.

STEP 2 문장에서 정동사를 확인한다.

문장에 이미 정동사가 있으므로 보기에서 정동사인 (B)는 소거한다. 한 문장에 접속사가 없다면 정동사는 1개뿐이다.

STEP 3 준동사의 기능을 확인하고 공식을 대입한다.

be동사 뒤는 형용사 자리이다. 형용사의 기능을 하는 (A)와 (D)중에서 only for business purposes 부분은 전치사구이므로 목적어가 없다. 목적어가 없으면 p.p.가 답이다.

정답 (A)

실전 적용 문제

전략을 적용해 해석 없이 문제를 풀어보고 채점 시 점검 차원에서 해석해본다.

전략3 대입
01. Company-owned vehicles should be ------- only for business purposes.

(A) used
(B) use
(C) usages
(D) using

전략1 대입
02. The ------- contract was rejected because the company received a better offer.

(A) propose
(B) proposed
(C) proposing
(D) proposes

전략2 대입
03. Ms. Dana will give a speech on how to deal with difficulties ------- the fashion industry.

(A) is faced
(B) facing
(C) to face
(D) are faced

전략1 대입
04. The ------- e-mail system will not begin operation until 6 P.M. today.

(A) upgraded
(B) upgrades
(C) upgrading
(D) upgrade

전략3 대입 ▶고난도!
05. Residents at Cranberry Suites are ------- the construction project for the sports complex.

(A) reconsidered
(B) reconsidering
(C) reconsiders
(D) reconsider

전략2 대입
06. We at Sena Cosmetics reserve the right to delete any content ------- on our company's Web site.

(A) posts
(B) posted
(C) posting
(D) post

전략4 대입
07. Please don't forget to ensure that all members are on the bus when ------- to the next spot.

(A) moving
(B) moves
(C) moved
(D) move

전략5 대입 ▶고난도!
08. Mr. Corazon has written several of the most ------- comic books in recent years.

(A) intrigued
(B) intriguer
(C) intriguing
(D) intriguingly

전략4대입

09. Lora Antonio received the employee of the year award, ------- her colleagues with her fast accomplishments at the company.

(A) surprised
(B) surprises
(C) was surprising
(D) surprising

전략1대입

10. To win a free lunch coupon, simply fill out an application form and mail it in the ------- envelope.

(A) enclosing
(B) enclose
(C) enclosure
(D) enclosed

전략2대입

11. Mr. Hiwei is working closely with several experts ------- in the initiative to keep the environment clean.

(A) involves
(B) will involve
(C) involving
(D) involved

전략1대입

12. Pamskin residents will gather to talk about several ------ innovative ideas, none of which has been suggested to the public yet.

(A) proposing
(B) proposal
(C) propose
(D) proposed

전략4대입

13. ------- on the hilly side of the city, Blueberry Bistro is popular with diners for its scenic view and tasty meals.

(A) Situate
(B) Situates
(C) Situating
(D) Situated

전략3대입

14. To keep up with the latest trends, Omash Fragrance will be ------- its operations in France.

(A) expand
(B) expanded
(C) expanding
(D) expansion

전략2대입

15. The Bigwell Historical Museum is located directly opposite the shopping complex ------- with shoppers.

(A) crowded
(B) crowding
(C) that crowd
(D) are crowded

전략5대입

16. You may be ------- to see how the printed images are different from the original ones on the computer.

(A) surprise
(B) surprises
(C) surprising
(D) surprised

▶ 정답 및 해석 36페이지

'준동사' 종합 문제

반드시 다음의 순서대로 풀어보자.

1. 무턱대고 해석부터 하지 않는다.

2. 보기 확인 → 문제 유형 파악 → 준동사 문제라면 구조 분석 후 기능에 따른 공식을 적용하여 푼다.

3. 핵심 전략을 적용해 문제를 푼다. (전략 5-1 : Unit 5의 전략 1)

　답을 확인하기 전 점검 차원에서 간단히 해석해본다.

파트 5

전략6-1대입

01. Due to the chairman's ------- arrival
time, the HR manager called the caterer
and canceled the reservation for the
dinner.

(A) reschedules
(B) reschedule
(C) rescheduling
(D) rescheduled

전략5-1대입

02. All factory workers at Paso Tech are
responsible for ------- their equipment in
working order.

(A) maintenance
(B) maintain
(C) maintaining
(D) maintainer

전략5-3대입

03. Ms. Ruiz visited the local supplier
------- much cheaper raw materials for
the product she was developing.

(A) procures
(B) procured
(C) will procure
(D) to procure

전략6-5대입

04. Customers who are ------- with our
service are kindly advised to fill out the
questionnaire provided.

(A) satisfy
(B) satisfies
(C) satisfied
(D) satisfying

전략5-5대입

05. The city council should consider -------
a site for the new community center in
response to public opinion.

(A) to purchase
(B) purchasing
(C) purchases
(D) purchased

전략5-1대입

06. The head chef prides himself on -------
only the freshest ingredients for all his
cuisine.

(A) selection
(B) selecting
(C) selected
(D) select

07. According to a news report, homeowners priced their homes 1.5 percent higher than the ------- value this quarter.

(A) appraised
(B) appraisal
(C) apparition
(D) appraising

08. It is important for all tenants at the Annex Apartment to ------- their cars with the Administrative Department to receive a parking permit.

(A) register
(B) will register
(C) registers
(D) registered

09. As ------- on yesterday's conference call, the company's annual retreat for managers will be postponed until late July.

(A) discussion
(B) discuss
(C) discussing
(D) discussed

10. Individuals sending their applications over the Internet after the due date will not be ------- for an interview.

(A) considered
(B) considers
(C) considering
(D) consider

11. The municipal government hopes ------- initiatives in reducing micro-dust as well as sustaining forestry.

(A) will take
(B) to take
(C) to be taken
(D) taking

12. A one-year agreement can be made, if -------, even though the supplier initially offered a six-month contract.

(A) to accept
(B) accepted
(C) accepting
(D) accept

13. Neo Soft is in the process of ------- with Nespress to install a coffee vending machine on its premises.

(A) partnering
(B) partnership
(C) partner
(D) partnered

14. The lane ------- for bicyclists should not be used by pedestrians at any time in order to ensure safety.

(A) that designate
(B) are designated
(C) designating
(D) designated

15. Judging from the ------- number of
preregistered attendees, we assume
this year's convention will be the most
successful ever.

(A) overwhelming
(B) overwhelm
(C) overwhelmingly
(D) overwhelms

16. ------- a quiet office setting, management
requested that employees silence their
mobile phones during working hours.

(A) To establish
(B) Establish
(C) Being established
(D) Established

17. Columnist Susan Jang joined *Weekly
Gourmet*, a famous TV show ------- on
exotic food trips.

(A) to focus
(B) focus
(C) focusing
(D) will focus

18. Mr. Clark made his immediate
supervisor ------- by being late for work
frequently.

(A) annoy
(B) annoyance
(C) annoying
(D) annoyed

19. Ms. Lee is very busy these days as the
exhibition she is organizing is about
------- next week.

(A) took place
(B) to take place
(C) will have taken place
(D) taking place

20. ------- that the manufacturing
equipment works properly is one of the
maintenance crew's responsibilities.

(A) To ensure
(B) Endurance
(C) Ensure
(D) Ensuring

21. In developing countries, the number of
smartphone users is ------- while the
use of feature phones is still common.

(A) increase
(B) increases
(C) increased
(D) increasing

22. The newly appointed regional manager
has been ------- to have received the
salesperson of the year award for his
outstanding performance.

(A) confirmed
(B) confirm
(C) confirming
(D) confirms

▶ 정답 및 해석 38페이지

Questions 23-26 refer to the following e-mail.

To: All Staff
From: angela@genetech.com
Date: December 12
Subject: Survey

Good morning,

It's time to complete the annual employee satisfaction survey. This is your chance to let us know your thoughts about ------- here at GeneTech. The answers you provide will
23.
help us make your employment as good as possible.

Please be aware that your responses are -------. You will not be asked to provide any
24.
personal information, such as a name or employee number, when filling out the survey. In addition, the company conducting the survey will not share direct comments -------
25.
GeneTech.

You should receive an e-mail by tomorrow. -------. Please go there and share your
26.
thoughts about the company.

Best,

Angela Hartman
Human Resources

23. (A) are working
(B) working
(C) was worked
(D) works

24. (A) approved
(B) individual
(C) confidential
(D) vague

25. (A) to
(B) with
(C) among
(D) at

26. (A) Most employees have already turned in their answers.
(B) We look forward to seeing your there.
(C) Thank you for your responses.
(D) It will contain a link to the survey.

Questions 27-30 refer to the following information.

The Denison microwave oven you purchased will be an important appliance in your kitchen. -------, operating it properly will ensure you get the most out of your oven.
27.
Here are a few tips for doing so. First, it is best to use Denison-manufactured -------
28.
when operating your oven. Our wide range of dishes, pots, and pans are guaranteed to be safe to use in your microwave. Second, if your oven stops working properly, do not attempt repairs yourself. -------. Instead, call our toll-free number to find out where the
29.
nearest ------- technician is located and arrange to have that person look at your oven.
30.

27. (A) Then again
    (B) In conclusion
    (C) Despite this
    (D) Therefore

28. (A) foods
    (B) supplies
    (C) electricity
    (D) controls

29. (A) This could cause additional problems not covered by your warranty.
    (B) Be sure to unplug your oven anytime you are not using it.
    (C) Your meals should come out perfectly if you follow the recipes carefully.
    (D) Clean your oven from time to time to help extend its lifetime.

30. (A) qualifying
    (B) qualification
    (C) qualified
    (D) qualify

▶ 정답 및 해석 42페이지

Chapter 04

매회 **3** 문제

품사 문법

Unit 07

가산/불가산 혹은 의미 구분으로 푼다.

명사 문법

출제 경향

- 매회 1~2 문제가 주로 팟5에서 출제된다.
- 가산/불가산, 사람/사물의 의미를 구분하면 풀린다.
- 단수, 복수, 불가산, 사람/사물 명사가 골고루 정답으로 출제된다.

최근 6개월간 출제 경향

출제 시기	출제 파트 & 정답 유형
N월	단순 의미 구분 1개
N+1월	사람/사물 의미 구분 1개
N+2월	가산/불가산 3개, 사람/사물 의미 구분 1개
N+3월	가산/불가산 1개, 사람/사물 의미 구분 1개
N+4월	
N+5월	사람/사물 의미 구분 1개

* 다음달 나올 문제는 저자 동영상 확인 (https:c11.kr/3xgc)

유형 파악

해석 없이 풀려면 가장 먼저 문제 유형을 파악해야 한다. 문제 유형은 보기만 보아도 95% 이상 알 수 있다.

STEP 1 두 문제의 보기에서 공통점을 확인해보자.

1. Contact the attending physician to obtain ------- for any prescription refill requests.

    (A) approved
    (B) approves
    (C) approve
    (D) approval

2. Viva Café offers ------- to employees of Samuel Industries.

    (A) discounted
    (B) discount
    (C) discountable
    (D) discounts

▶ 보기들의 앞부분이 같다. 같은 단어의 변형된 형태라는 것을 알 수 있다.

STEP 2 문제를 풀어보고 두 문제의 공통점과 차이점을 확인해보자.

1. Contact the attending physician to obtain ------- for any prescription refill requests.

    (A) approved
    (B) approves
    (C) approve
    (D) approval

2. Viva Café offers ------- to employees of Samuel Industries.

    (A) discounted
    (B) discount
    (C) discountable
    (D) discounts

▶ 두 문제 모두 빈칸 앞은 타동사, 빈칸 뒤는 전명구가 있어 빈칸은 명사 자리이다. 1번의 경우 명사가 (D)뿐이라 바로 답을 고를 수 있지만, 2번의 경우는 명사가 (B)와 (D)라서 가산/불가산을 추가로 따져보고 풀어야 한다. 1번은 명사 자리 문제, 2번은 명사 문법 문제이다.

명사 문법 풀이 전략

출제 빈도 : 매회 평균 1~2개

영어의 명사는 가산/불가산의 개념이 있다. apple이나 water처럼 가산명사인지, 불가산명사인지 쉽게 구분되는 경우보다는 discount나 mail처럼 쉽게 구분되지 않아 암기하지 않으면 쉽게 풀리지 않는 문제가 더 자주 출제된다. 시험에 나오는 가산/불가산명사, 사람/사물 명사를 확실히 구분해서 익히고, 일부 해석을 해서 풀어야 하는 문제도 전략을 통해 알아보자.

: 기초문법점검 : 풀이 전략에 들어가기 전에 아래의 기본 문법은 알고 있어야 한다. 알고 있다고 착각하기 쉬운 문법들을 점검 퀴즈로 확인해보자.

기본 점검 퀴즈	관련 문법
① My (big, the) house is over there. ② The (big, my) house is mine. ③ (A big, Big a) house is mine. ④ (This big, Big this) house is mine. ⑤ (This, These) (house, houses) are mine.	• the, my, a, this/that 등은 단수명사에 꼭 필요하며 형용사보다 앞에 위치한다. • 복수명사는 단수명사에 -s나 -es를 붙인다. • 단수명사와 복수명사의 총칭이 가산명사이다.
⑥ 다음 중 가산명사인 것은? 　money, baggage, e-mail, information, produce	• 가산명사 : 셀 수 있는 명사 • 불가산명사 : 셀 수 없는 명사
⑦ 다음 중 information 앞에 쓸 수 없는 것들을 선택하라. 　a, an, the, my, this, that, these	• 불가산명사는 복수형이 없고, 앞에 a/an이나 these/those 등의 복수형과 어울리는 형용사를 쓸 수 없다. • 불가산명사 앞에는 소유격과 정관사(the), this/that은 써도 되고 쓰지 않아도 된다.

: 정답 & 해석 : 정답을 확인해보고 맞았으면 ○, 틀렸으면 X로 표시하자. 모르면 기초 문법 다지기 Unit 1을 복습하고 전략을 학습하자.

① big (　　) 나의 큰 집이 저기에 있다.

② big (　　) 그 큰 집은 나의 것이다.

③ A big (　　) 큰 집이 나의 것이다.

④ This big (　　) 이 큰 집이 나의 것이다.

⑤ These, houses (　　) 이 집들은 나의 것이다.

⑥ e-mail (　　)

　money 돈　baggage 수하물　e-mail 이메일　information 정보　produce 농산물

⑦ a, an, these (　　)

Unit 07_ 명사 문법　**147**

5초 풀이 전략 1 단수명사 자리인지 복수명사 자리인지 구분한다.

가산명사는 단수명사와 복수명사가 있다. 단수명사 뒤에 s나 -es를 붙이면 복수명사이다.

1 │ 단수명사 자리

빈칸 앞에 부정관사(a/an)가 있다면 빈칸은 단수명사가 답이다.

Participate in a special (contest, ~~contests~~) to win a $100 gift certificate.

참가하세요 / 특별한 대회에 / 100달러짜리 상품권을 얻기 위해.

▶ special은 형용사이므로 빼고 생각한다. 관사 a 뒤에는 단수명사가 와야 한다. contests는 복수명사이므로 오답이다.

The special (contest, ~~contests~~) is being held next week. 특별한 대회는 열릴 것 입니다 / 다음주에.

▶ 빈칸 앞에 정관사(the)나 소유격은 단/복수와 상관없이 올 수 있는데, 이 경우에는 동사를 확인한다. 단수동사가 쓰였다면 빈칸은 단수명사가 답이다.

> one, each, either, neither, another, every, this/that(불가산 앞에도 가능) + **단수명사**

2 │ 복수명사 자리

빈칸 앞에 관사도 소유격도 없는데, 보기가 가산명사라면 빈칸은 복수명사가 답이다.

Viva Café offers (~~discount~~, discounts) to employees of Samuel Industries.

Viva Café는 할인들을 제공한다 / Samuel Industries의 직원들에게.

▶ discount가 오려면 앞에 관사나 소유격 등이 와야 한다. discount는 가산명사이므로 복수형인 discounts로 써야 한다.

복수명사는 앞에 부정관사(a/an)는 쓸 수 없어도 정관사(the)나 소유격은 쓸 수 있는데, 이 경우에는 복수와 어울리는 형용사(Unit 8 전략 2 참고)나 복수동사를 썼는지 확인한다.

The various (~~flavor~~, flavors) are sold in four different cans. 다양한 맛들이 팔린다 / 네 개의 다른 캔들로.

▶ various는 복수명사와 어울리며, are는 복수동사이다.

> two, many, few(거의 없는), a few(몇몇의), these, those, both, several, various, multiple, numerous, assorted(다양한), [one/each/either(둘 중 하나) / neither (둘 다 ~ 아니다) of the] + **복수명사**

Q 점검퀴즈 다 맞혀야만 다음 전략으로 넘어갈 수 있다!

1. The (summary, summaries) is attached to the e-mail.

2. The organizer will issue you a (confirmation, confirmations) shortly.

3. The policy requires (managers, manager) to have a certificate.

4. There are several (files, file) in the cabinet that you can refer to.

▶ 정답 및 해석 43페이지

단수명사는 반드시 앞에 한정사가 있어야 한다. 한정사란 부정관사(a/an), 정관사(the), 소유격(my, your, his 등), 지시형용사 (this/that) 등이다.

(A, S̶i̶n̶g̶l̶e̶) worker is working at the construction site. 작업자 한 사람이 작업중이다 / 공사장에서.

▶ single은 형용사이므로 답으로 할 경우 여전히 단수명사인 worker 앞에 한정사가 필요하게 된다.

All employees should follow (r̶e̶g̶u̶l̶a̶t̶i̶o̶n̶, regulations) set by their company.
모든 직원들은 따라야 한다 / 규정들을 / 그들의 회사에 의해 정해진.

▶ 한정사가 없다면 정답이 가산명사인지 불가산명사인지를 확인한다. 가산명사라면 -s나 -es가 붙어 있는 복수명사가 답이다. regulation은 가산명사이므로 regulations가 답이다.

You need (approval, a̶p̶p̶r̶o̶v̶a̶l̶s̶) from your supervisor. 당신은 승인이 필요하다 / 당신의 상사로부터.

▶ 불가산명사는 복수가 없으므로 -s나 -es가 없어야 한다. approval은 불가산명사이다. approval이 가산명사라면 -s가 붙은 approvals가 답이 되겠지만, 불가산명사이므로 -s가 안 붙은 approval이 답이다.

암기 ① 빈출 불가산명사

equipment 장비	machinery 기계류	news 뉴스	information 정보	baggage/luggage 여행 가방
money 돈	cash 현금	furniture 가구	merchandise 상품	produce 농산물
behavior 행동	scenery 장면	advice 충고	knowledge 지식	mail 메일, 우편물
consent 동의, 허락	software 소프트웨어	access 접근	bulk 부피, 용적, 대량	assembly 조립
membership 회원제	care 걱정, 근심, 주의	caution 주의, 경계	resistance 저항	

가산명사를 포괄하는 명사는 주로 불가산명사이다.

가산명사	불가산명사	불가산명사를 외우는 팁
audio, projector, forklift 지게차	equipment, machinery	장비가 뉴스에서 정보를 얻어 가방에 돈을 넣어 가구/상품/농산물을 사려는 행동을 했는데, 이 장면을 본 유비가 충고와 지식이 담긴 메일을 보냈다.
bag, backpack, suitcase	baggage, luggage	
desk, table, chair	furniture	
coin, bill 청구서	money, cash	"요샌 동의만 해주면 소프트웨어로 접근하여 대량으로 조립해주는 회원제가 있으니 걱정 말고 저항 말아라"
car, vehicle, bicycle, automobile	traffic 교통량	
employee, worker, laborer 노동자	workforce 인력	

② 빈출 가산명사

1. **사람** a designer 디자이너 an architect 건축가 an expert 전문가 a contestant 참가자 a representative 직원

2. **시간** a day 날 a week 주 a month 달 a year 해

3. **규칙** regulations 규정 rules 규칙 codes 규정 directions 방침

4. **증가/감소** an increase 증가 a jump 급등 a hike 급등 a rise 증가 a decline 감소 a decrease 감소 a drop 하락
   a reduction 감소

5. **돈** costs 비용 expenses 비용 a price 가격 a refund 환불 a bonus 상여금 an incentive 장려금
   an account 계좌, 계정 a budget 예산 a discount 할인 a coin 동전 funds 자금
   단, 돈 관련 불가산명사(money 돈 cash 현금 funding 자금 지원 change 잔돈 interest 이자)는 주의!

6. **시도/노력/결과** problems 문제 ideas 아이디어 reasons 이유 alternatives 대안 solutions 해결책
   suggestions 추천 사항 efforts 노력 attempts 시도 results 결과 decisions 결정

✋ 잠깐 ▶ 불가산명사도 되고 가산명사도 되는 명사

불가산명사라고 생각했으나 -s, 나 -es가 붙어 있다면 가산명사로도 사용할 수 있다는 뜻이다. 단, 뜻이 달라지는 경우가 많으니
조심한다.

불가산명사	가산명사	불가산명사	가산명사
support 지지	supports 지지대	interest 관심, 이자	interests 취미, 이익
business 사업	a business 회사	work 일, 작업, 직장	works 작품들
condition 상태	conditions 여건	receipt 수령	a receipt 영수증
room 공간	a room 방	assembly 조립	an assembly 모임

😮 함정 ▶ 불가산명사인 듯한 가산명사 VS 가산명사인 듯한 불가산명사

가산명사			불가산명사		
delays 지연	approaches 접근법	costs 비용	assistance 도움	help 도움	vocabulary 어휘
expenses 비용	funds 자금	fines 벌금	evidence 증거	software 소프트웨어	funding 자금 지원
proceeds 수익금	findings 조사 결과물	a covering 덮개	planning 기획	advertising 광고	seating 좌석 배치
alternatives 대안	suggestions 제안사항	efforts 노력	processing 처리	ticketing 발권	widening 확장
attempts 시도	results 결과	decisions 결정	housing 주택	clothing 의류	heating 난방
discounts 할인			speeding 과속		

Q 점검퀴즈 ▶ 다 맞혀야만 다음 전략으로 넘어갈 수 있다!

1. Our sales clerks have extensive (knowledge, knowledges) in the field.

2. You have to present the original receipt to get (refund, a refund).

3. The print (readerships, readership) of *HQ Magazine* will decrease.

4. We have reached our goal due to (support, supports) from the community.

▶ 정답 및 해석 43페이지

가산/불가산으로 문제가 안 풀린다면 사람 명사가 어울리는지 사물 명사가 어울리는지 따져본다.

A (**trainer**, ~~training~~) will greet you when you come in. 한 트레이너가 당신에게 인사할 것이다 / 당신이 들어올 때.

The (**trainer**, ~~training~~) will greet you when you come in. 그 트레이너가 당신에게 인사할 것이다 / 당신이 들어올 때.

▶ 첫 번째 문제는 trainer가 가산명사, training이 불가산명사라는 구분으로 풀린다. 그러나 두 번째 문제는 가산명사, 불가산명사가 모두 가능한 자리로 의미로 구분하여 풀어야 한다. 인사하는 것은 사람이지 사물이 아니므로 trainer가 답이다.

*사람 명사와 사물 명사를 구분할 때 점검 포인트

• **주어와 동격 관계인지 확인**

　Mr. Kim will be considered [appointed, named] the keynote (**speaker**, ~~speech~~).

　Mr. Kim은 간주될 [임명될, 임명될] 것이다 / 기조 연설자로.

• **'사람 and 사람', '사물 and 사물' 관계**

　We need to purchase silverware and other (**supplies**, ~~suppliers~~).

　우리는 구매할 필요가 있다 / 은식기류와 다른 비품들을.

• **사람을 주로 수식하는 형용사를 확인**

　[qualified 자격 있는, experienced 경험 있는, considerate 사려 깊은, proficient 능숙한, confident 확신하는, eager 열렬한] + 사람

• **동사의 뜻이 사람, 사물 중 어떤 것에 어울리는지 확인**

　All (**applications**, ~~applicants~~) should be submitted in person.

　모든 신청서들은 제출되어야 한다 / 직접.

암기 ▶ 사람 명사 VS 사물 명사

사람 명사	사물 명사
attendee 참석자　attendant 도우미	attendance 참석
applicant 지원자	application 신청서, 컴퓨터 프로그램
employee 직원　employer 고용주	employment 고용
assistant 보조자	assistance 도움, 원조
interviewer 면접관　interviewee 피면접인	interview 면접
advisor 조언자	advice 충고
professional 전문가　professor 교수	profession 직업　professionalism 전문성
enthusiast 열성팬	enthusiasm 열정
exhibitor 전시자	exhibition 전시회
architect 건축가	architecture 건축술
consultant 상담가	consultation 상담

Unit 07

Q 점검퀴즈 다 맞혀야만 다음 전략으로 넘어갈 수 있다!

1. Your (application, applicant) must be postmarked by June 3.
2. (Attendant, Attendance) at the local theater has increased recently.
3. Most of the (residents, residences) complained about the new policy.
4. We will choose the most experienced (architecture, architect) for the project.   ▶ 정답 및 해석 44페이지

5초 풀이 전략 4 비슷한 형태를 가진 명사의 뜻을 구분한다.

때로는 가산/불가산으로도 사람/사물의 의미 구분으로도 잘 풀리지 않는 문제가 있다. 시험에 잘 나오는 유사한 모양의 명사 어휘는 의미상 차이를 미리 구분해두고 문제에서 단서를 찾아서 표시하고 푼다.

I admired her (~~profession~~, **professionalism**) in dealing with the task.
나는 존경했다 / 그녀의 전문성을 / 그 일을 다루는데 있어서.

▶ 소유격 뒤에는 단수명사나 불가산명사가 모두 가능하므로 가산/불가산으로 풀 수 없다. 둘 다 사물을 뜻하는 단어이므로 동사인 admire를 보고 풀 수 없다. 이 문제를 풀기 위한 단서는 '그 문제를 다루는데 있어서'라는 부분이다. profession은 '직업'이란 뜻이고 professionalism은 '전문성'이란 뜻을 알고 있어야 professionalism이 답이라는 것을 알 수 있다.

ABC Pharmaceuticals makes every effort to maintain the (~~confidence~~, **confidentiality**) of all participants in its clinical studies. ABC 제약회사는 모든 노력을 한다 / 비밀을 유지하려고 / 임상 실험에 참여한 모든 참여자들의.

▶ 보기 둘 다 불가산명사이고 사물을 뜻하는 단어로, 동사인 maintain만 보고는 잘 풀리지 않는다. 단서는 '임상 실험에 참여한 모든 참여자들의'라는 부분이다. 자신감(confidence)을 유지하기 위해 노력할지, 비밀(confidentiality)을 유지하기 위해 노력할지 생각해보면 정답을 알 수 있다.

✋ 잠깐 단어의 모양과 의미가 비슷하여 혼동되는 명사

limit 경계(선), 범위 limitation (능력의) 한계, 약점	Drive slowly within the city (**limits**, ~~limitation~~). 천천히 운전하세요 / 도시 경계 내에서는. The car has only two (~~limits~~, **limitations**). 그 자동차는 단지 2가지의 약점만 있다.
motive 이유, 목적 motivation 동기부여, 열의, 욕구	The (**motive**, ~~motivation~~) for the attack is still unknown. 공격의 이유는 여전히 알려져 있지 않다. He's intelligent enough, but he lacks (~~motive~~, **motivation**). 그는 머리는 아주 좋다 / 하지만 그는 열의가 부족하다.
effect 영향, 결과 effectiveness 효율성, 유용성	Scientists are studying the chemical's (**effect**, ~~effectiveness~~) on the environment. 과학자들은 그 화학물질의 영향을 연구하고 있는 중이다 / 환경에 대한. The (~~effect~~, **effectiveness**) of this drug was checked through clinical trials. 이 약의 효율성은 점검되었다 / 임상 실험을 통해.

Q 점검퀴즈 다 맞혀야만 다음 전략으로 넘어갈 수 있다!

1. Thanks to the modernization of the assembly line, (produce, productivity) increased by 20%.

2. Balot Ltd. has successfully made the (transition, transit) to a profitable business.

3. The grand (opening, openness) of the nearby store will take place tomorrow.

4. The (state, statement) issued by the government surprised many people. ▶ 정답 및 해석 44페이지

5초 풀이 전략 **5** 복합명사의 자리 및 단/복수와 불가산을 구분한다.

복합명사란 retirement party(은퇴 기념 파티)와 같이 두 개의 명사(N1, N2)가 한 단어처럼 사용되는 것을 말한다.
복합명사의 N1은 형용사 역할이기 때문에 단/복수는 N2의 단/복수를 따른다.

There will be a retirement (**party**, ~~parties~~) for Mr. Kim. 은퇴식이 있을 것이다 / Mr. Kim을 위한.

▶ retirement를 없다고 생각하라. 그 앞에 a가 있기 때문에 단수명사인 party가 답이다.

A sales (**manager**, ~~managers~~) called me this morning. 판매 부장이 나에게 전화했다 / 오늘 아침에.

▶ 앞 단어가 복수(sales)라도 없다고 생각하라. 그 앞에 a가 있기 때문에 단수명사인 manager가 답이다.

단수명사 앞에 관사나 소유격이 없다면 복합명사의 가능성을 생각해야 한다.

Exercise can reduce patient (~~reliant~~, **reliance**) on medication. 운동은 줄일 수 있다 / 환자 의존도를 / 약에 대한.

▶ be reliant on(~에 의존하다)이라는 숙어를 들어본 적이 있다고 reliant를 답으로 해서는 안 된다. patient(환자)가 가산명사임에도 불구하고 앞에 관사나 소유격이 없고 복수형도 아니다. 따라서 복합명사임을 알 수 있다. reliance는 불가산명사이므로 복수형이 없고 patient 앞에 한정사를 쓰지 않아도 된다. patient reliance는 '환자 의존도'라는 뜻의 복합명사이다.

명사 앞이 형용사 자리인지, 명사 자리인지를 구분하는 문제는 복합명사가 익숙해야 풀 수 있다. (Unit 21 참고)

For (~~safe~~, **safety**) reasons, all workers should leave the office before 9 p.m.

안전상의 이유로 / 모든 직원들은 사무실을 떠나야 한다 / 9시 전에.

▶ 전치사 뒤 명사 앞은 형용사 자리이기 때문에 복합명사(safety reasons)가 익숙하지 않다면 함정에 빠질 수 있는 문제이다. 이것을 좀 더 깊이 생각해보면, safe reasons(안전한 이유)의 경우는 '안전한'이 '이유'를 수식하면서 '이유가 안전한' 것이 된다. 내용상 '안전상의 이유'가 되어야 하므로 safe는 어울리지 않는다.

복합명사의 N1은 수에 영향을 끼치지 않으므로 N1이 무조건 복수 형태인 경우는 따로 외워야 한다. (Unit 21 참고)

You should report to the (~~custom~~, **customs**) office if you have more than $10,000 in cash.

당신은 보고해야 한다 / 세관에 / 당신이 가지고 있다면 / 현금 10,000달러 이상을.

아래 표의 복합명사는 자주 나오는 복합명사로 의미 관계를 이해한 후 암기해 두도록 한다.

(**accounting**, ~~accountable~~) responsibilities include auditing ~ 회계 책무들은 포함한다 / 회계 감사를	auditing은 '회계 감사'라는 뜻으로 회계 업무에 포함된다. '회계상의 책무'를 뜻하는 말이 accounting responsibilities이다. accountable은 '책임을 지는'이란 뜻으로 책임을 지는 주체가 사람이 되어야 하는데, '책임을 지는 책무' 즉 '책무가 책임을 진다'는 어색한 의미가 된다.
(~~authorized~~, **authorization**) card to enter the facility 출입 카드 / 시설에 들어가기 위한	'사용이 승인된(authorized) 카드'가 필요한 것이 아니고, '출입 카드(authorization card)'가 필요하다.
implement (~~secure~~, **security**) measures 보안 조치를 이행하다	조치(measures)들이 안전한(secure) 것이 아니고 '보안상의 조치(security measures)'를 이행한다는 뜻이다.
refer to the (~~submitted~~, **submission**) guidelines 제출 지침을 참고하다	지침(guideline)이 제출된(submitted) 것이 아니라 어떻게 제출해야 한다는 '제출 지침(submission guidelines)'을 참고하라는 뜻이다.

Q 점검퀴즈 다 맞혀야만 다음 전략으로 넘어갈 수 있다!

1. A large number of appliance (shipments, shipment) came to Korea last year.

2. Office (supplies, supplier) should be ordered right away.

3. By next year, Holon Ltd. will have three branch (locations, located) in Korea.

4. Refer to the (submission, submitted) guidelines when contributing your article. ▶ 정답 및 해석 44페이지

한눈에 정리하기

해석을 최소화하여 풀 수 있는 전략을 요약해보고 문제에 대입하여 푸는 과정을 살펴보자.

전략 요약

1. one, each, either, neither, another, every, this/that(불가산 앞에도 가능) + 단수명사
   two, many, few, a few, these, those, both, several, various, multiple, numerous, assorted,
   [one/each/either/neither of the] + 복수명사

2. 빈칸 앞에 한정사가 없으면 복수명사나 불가산명사가 답이다.

3. 사람 명사와 사물 명사를 구분하는 경우 수식어나 동사를 봐야 하며, 동격의 관계인지도 확인한다.

4. 의미 구분을 해야만 풀리는 문제는 문제 안에서 단서를 찾아서 표시하고 푼다.

5. 복합명사의 단/복수는 N2에 맞춘다. N1이 가산인데 한정사 없이 단수형이라면 N2에는 복수나 불가산명사가 온다.

전략 대입 — 5초 안에 푼다!

2. Viva Café offers ------- to employees of Samuel Industries.

   (A) discounted
   (B) discount
   (C) discountable
   (D) discounts

STEP 1 보기의 앞부분이 같은 모양인지 확인한다.

보기 모두 discount가 포함되어 있는 품사 자리 문제이다.

STEP 2 품사 자리를 확인한다.

빈칸 앞은 타동사, 빈칸 뒤는 전명구이므로 빈칸은 명사 자리이다. 명사가 아닌 (A)와 (C)는 소거한다. (B)와 (D) 모두 명사이므로 명사 자리 문제가 아니고 명사 문법 문제이다.

(A) discounted

(C) discountable

STEP 3 명사 문법을 확인한다.

빈칸 앞에 한정사가 없으므로 빈칸은 복수명사나 불가산명사가 답이다. discount는 가산명사이므로 복수명사인 (D)가 답이다.

정답 (D)

실전 적용 문제

전략 5 대입

01. Nilsson's new album includes a piano ------- on a traditional folk song that originated in the 1870s.

(A) various
(B) variation
(C) variously
(D) variations

전략 2 대입

02. The do-it-yourself guide provides free ------- to various online tutorials for making a garden.

(A) accessor
(B) accessed
(C) access
(D) accessory

전략 1 대입

03. ------- will be given a $500 gift certificate that can be redeemed at any Lohaio chain store.

(A) Responding
(B) Respondents
(C) Response
(D) Respondent

전략 3 대입

04. A lot of ------- have already registered for this year's consumer electronics exhibition.

(A) exhibits
(B) exhibitions
(C) exhibitors
(D) exhibited

전략 5 대입

05. Ms. Hepburn will write ------- letters only for students who take all the exams, complete the assignments she gives, and receive high grades.

(A) refer
(B) reference
(C) referred
(D) references

전략 3 대입

06. University ------- can learn about employment opportunities related to their field of study by visiting the career center on campus.

(A) graduating
(B) graduates
(C) graduated
(D) graduations

전략 4 대입

07. Analysts should prove that they have a certain level of ------- when presenting their research results.

(A) profession
(B) professional
(C) professionally
(D) professionalism

전략 2, 3 대입

08. Even after 30 years of business in the fashion industry, Merit Apparel gives its investors comparatively high -------.

(A) returned
(B) returning
(C) returner
(D) returns

전략1 대입

09. Full-time employees at Lora Ltd. are entitled to ------- when they register at Fitness X by using the promotional code provided.

(A) discounts
(B) discounting
(C) discount
(D) discountable

전략1 대입 ▶고난도!

10. Mr. Hershel's local reputation is largely the ------- of his decision to move to a company based in his hometown.

(A) products
(B) producing
(C) product
(D) produce

전략5 대입

11. Mr. Jin, the communications advisor at the California Department of Water Resources, confirmed a worker was injured in a heavy equipment -------.

(A) accidently
(B) accidents
(C) accident
(D) accidental

전략4, 5 대입 ▶고난도!

12. The new regulation stipulates that drivers are not allowed to use their mobile phones while driving within the city -------.

(A) limiting
(B) limits
(C) limitation
(D) limitable

전략1 대입

13. Because of its limited size, only a small ------- of people can ride to shore in the lifeboat.

(A) groups
(B) grouping
(C) group
(D) grouped

전략5 대입

14. You may find that safety ------- are posted on the wall beside the factory entrance.

(A) ruling
(B) rule
(C) rulers
(D) rules

전략1 대입 ▶고난도!

15. There will be ------- for two to three hours in exiting the city due to the upcoming parade scheduled for this Friday.

(A) delayed
(B) delaying
(C) delays
(D) delayer

전략1, 5 대입

16. A large variety of tourist ------- will be developed by the American Tourism Association next year.

(A) attractions
(B) attracting
(C) attraction
(D) attracted

▶ 정답 및 해석 45페이지

Unit 08

비교급/최상급 혹은 문법성으로 푼다.

형용사/부사 문법

출제 경향

- 매회 1~3 문제가 주로 팟5에서 출제된다.
- 비교/최상급의 단서나 형용사/부사의 특성을 알면 풀 수 있다.
- 비교급은 단순하게 than을 보고 바로 풀리도록 출제되며, 최상급은 다양한 패턴이 출제된다.
- 복수명사와 어울리는 형용사, 시제부사, 숫자수식부사, 정도부사는 매회 출제된다.

최근 6개월간 출제 경향

출제 시기	출제 파트 & 정답 유형
N월	부사 문법 3개
N+1월	부사 문법 1개
N+2월	형용사 문법 1개, 부사 문법 2개
N+3월	부사 문법 1개
N+4월	부사 문법 1개
N+5월	형용사 문법 1개, 부사 문법 4개

＊다음달 나올 문제는 저자 동영상 확인 (https:c11.kr/3xgc)

유형 파악

해석 없이 풀려면 가장 먼저 문제 유형을 파악해야 한다. 문제 유형은 보기만 보아도 95% 이상 알 수 있다.

STEP 1 두 문제의 보기에서 공통점을 확인해보자.

1. Rachel, the office manager, agreed that purchasing a new copier would be ------- than fixing the old one.

    (A) cheap
    (B) cheaper
    (C) cheapest
    (D) more cheaply

2. The specialist will be ------- for identifying and developing new business opportunities in East Asia.

    (A) responsibility
    (B) responsibilities
    (C) responsibly
    (D) responsible

▶ 모두 특정 어근(cheap, responsi)의 변형이므로 일단 품사 자리부터 보는 문제이다.

STEP 2 문제를 풀어보고 두 문제의 공통점과 차이점을 확인해보자.

1. Rachel, the office manager, agreed that purchasing a new copier would be ------- than fixing the old one.

    (A) cheap
    (B) cheaper
    (C) cheapest
    (D) more cheaply

2. The specialist will be ------- for identifying and developing new business opportunities in East Asia.

    (A) responsibility
    (B) responsibilities
    (C) responsibly
    (D) responsible

▶ 두 문제 모두 빈칸이 be동사 뒤 보어가 되는 형용사 자리이다. 1번은 (A), (B), (C) 모두 형용사, 2번은 (D)만 형용사이다. 따라서 1번은 품사 문법(형용사 문법) 문제이며, 답으로 (D)를 바로 찾을 수 있는 2번은 품사 자리(형용사 자리) 문제이다.

형용사/부사 문법 풀이 전략

:출제 빈도: 매회 평균 1~3개

형용사는 명사를 수식하거나 보어의 기능을 하며, 부사는 동사나 형용사를 수식한다는 지식만 가지고 풀 수 없는 문제들이 있다. 이번 Unit에서는 비교급/최상급 및 문법성을 판단하여 풀 수 있는 형용사/부사를 배우도록 한다.

:**기초문법점검** : 풀이 전략에 들어가기 전에 아래의 기본 문법은 알고 있어야 한다. 알고 있다고 착각하기 쉬운 문법들을 점검 퀴즈로 확인해보자.

기본 점검 퀴즈	관련 문법
① He is (tall, taller, more tall) than I. ② He is the (tall, tallest, most tall) of the three men. ③ He walks (fast, faster) than I.	• 비교급은 형용사/부사 뒤에 -er을 붙이고, 최상급은 -est를 붙인다. • than이나 of는 비교급/최상급의 단서이다.
④ She is (more efficient, efficienter) than I. ⑤ She is the (most efficient, efficientest) of the three girls. ⑥ She works (efficientlier, more efficiently) than I.	• 3음절 이상의 형용사는 앞에 more나 most를 붙여 비교급/최상급을 만든다. • 부사는 음절과 상관없이 more나 most를 붙여 만든다. 단, 형용사/부사가 다 되는 단어(fast, late, far, close, high, low 등)는 형용사 비교급/최상급 법칙을 따른다.
다음 단어들의 비교급과 최상급을 적어보세요. ⑦ good - ( ) - ( ) ⑧ well - ( ) - ( ) ⑨ little - ( ) - ( ) ⑩ many - ( ) - ( ) ⑪ much - ( ) - ( )	• 불규칙으로 변하는 비교급/최상급은 암기한다.

Unit 08

:**정답 & 해석**: 정답을 확인해보고 맞았으면 ○, 틀렸으면 ✕로 표시하자. 모르면 기초 문법 다지기 Unit 1, 4를 복습하고 전략을 학습하자.

① taller (   ) 그는 키다 더 크다 / 나보다.

② tallest (   ) 그는 키가 가장 크다 / 3명의 남자들 중에서.

③ faster (   ) 그는 더 빠르게 걷는다 / 나보다.

④ more efficient (   ) 그녀는 더 효율적이다 / 나보다.

⑤ most efficient (   ) 그녀는 가장 효율적이다 / 3명의 여자 아이들 중에서.

⑥ more efficiently (   ) 그녀는 더 효율적으로 일한다 / 나보다.

⑦ better−best (   ) 좋은 – 더 좋은 – 가장 좋은

⑧ better−best (   ) 잘, 건강한 – 더 나은 – 가장 나은

⑨ less−least (   ) 적은 – 더 적은 – 가장 적은

⑩ more−most (   ) 많은 – 더 많은 – 가장 많은

⑪ more−most (   ) 많은 – 더 많은 – 가장 많은

비교급/최상급 형용사나 부사 문제는 정답의 단서가 반드시 제시된다.

Purchasing a new copier would be (~~cheap~~, **cheaper**) than fixing the old one.

구매하는 것은 / 새로운 복사기를 / 더 쌀 것이다 / 고치는 것보다 / 오래된 것을.

▶ cheap과 cheaper 모두 형용사이지만 than은 비교급의 단서가 되어 cheaper가 답이다.

Purchasing a new copier would be (~~cheap~~, ~~cheaper~~, **the cheapest**) of/among three solutions.

구매하는 것은 / 새로운 복사기를 / 가장 쌀 것이다 / 세 가지 해결책들 중에서.

▶ cheap, cheaper, cheapest 모두 형용사지만 of(~중에서)는 최상급의 단서가 되어 the cheapest가 답이다. 형용사의 최상급 앞에는 the를 쓴다.

The new proposal will be reviewed (~~carefully~~, **more carefully**) than usual.

새로운 제안서는 검토될 것이다 / 더 신중하게 / 평소보다.

▶ 형용사뿐 아니라 부사도 비교급/최상급이 있다. 부사의 최상급 앞에는 일반적으로 the를 쓰지 않는다.

He works the (**hardest**, ~~harder~~) of his team members.　그는 일한다 / 가장 열심히 / 그의 팀 멤버들 중에서.

▶ 일반적으로 부사의 최상급 앞에는 the를 쓰지 않지만, 부사와 형용사로 모두 쓰이는 단어가 부사의 최상급일때는 the를 쓰기도 한다.

🗂 암기 ▶ 비교급/최상급의 단서

원급의 단서	extremely, very, pretty, quite, so, too + 원급 형용사/부사
비교급의 단서	even, still, much, far + 비교급 형용사/부사 + than ever/before ('much, far + 최상급 형용사/부사'도 가능)
최상급의 단서	by far/only + 최상급 형용사/부사 + ever, yet, to date, available, possible, of/among 복명, in 범위/지역

* 형용사 최상급 앞에는 the뿐 아니라 소유격도 가능 **ex** Ms. Han is my best friend. Mr. Han은 나의 최고의 친구이다.
* very는 최상급 앞에 사용 가능 **ex** at the very latest 아무리 늦어도
* the (**single**, ~~singly~~) largest (단일 규모로는 가장 큰), the (**second**, ~~secondly~~) largest (두 번째로 가장 큰) 등의 표현은 암기

as ~ as 사이에는 '원급의 형용사/부사', '형용사 + 명사'만 올 수 있다. 어떤 품사를 쓸지는 as ~ as의 앞부분을 보면 된다.

The proposal will be reviewed as (**carefully**, ~~careful~~, ~~more carefully~~) as possible.

제안서는 검토 될 것이다 / 가능한 주의 깊게

▶ 원급만 올 수 있고, 앞의 문장이 완전하므로 부사인 carefully가 답이다.

Please be as (**careful**, ~~most careful~~, ~~carefully~~) as you can.　당신이 할 수 있는 한 조심하십시오.

▶ 원급만 올 수 있고, be동사의 보어 자리이므로 형용사인 careful이 답이다

She has as (**much money**, ~~money~~, ~~monetary~~) as I do.　그녀는 내가 가지고 있는 것만큼 많은 돈을 가지고 있다.

▶ has의 목적어 자리이므로 '형용사 + 명사'인 much money가 답이다.

잠깐 than이 없는 경우를 조심한다.

① than이 없어도 비교급이 정답인 경우

The new vacation policy proved to be (**more effective**, ~~most effective~~) according to the survey results. 새로운 휴가 정책은 판명되었다 / 더 효율적이라고 / 설문조사 결과들에 따르면.

▶ effective 뒤에 than the old vacation policy 부분이 생략되었다. 따라서 than이 없어도 비교급이 답이다.

② 비교급만 보고 than을 답으로 생각하면 안 되는 경우

The man wearing the hat is junior (~~than~~, **to**) me. 남자는 / 모자를 쓰고 있는 / 나보다 어리다.

▶ 라틴어를 어원으로 하는 senior(나이가 더 많은), junior(나이가 더 어린), inferior(열등한), superior(월등한) 등을 라틴 비교라고 하며, 뒤에는 than 대신에 to를 쓴다.

Q 점검퀴즈 다 맞혀야만 다음 전략으로 넘어갈 수 있다!

1. The order was delivered two days (later, latest) than usual.

2. The company recorded its (sharper, sharpest) increase in sales yet.

3. Chinese is the (most widely, more widely) spoken language in the world.

4. All the employees worked as (efficiently, more efficient, efficient) as possible. ▶ 정답 및 해석 47페이지

Unit 08

5초 풀이 전략 ② 특정 수나 시제로 푸는 형용사

형용사는 명사의 단/복수 혹은 시제에 따라 사용 가능 여부가 결정되기도 한다.

1 │ 단수명사 앞에 오는 형용사

(**Every**, ~~Few~~) **employee** does not want to work overtime. 모든 직원은 원하지 않는다 / 초과근무 하는 것을.

▶ every 뒤에는 단수명사, few 뒤에는 복수명사가 온다.

> **one, each, either, neither, another, every, this/that**(불가산 앞에도 가능)**＋단수명사**
>
> 단, every two years (= every second year) (2년에 한번), another two years (추가로 2년 더)는 예외.
> two years를 하나의 묶음으로 보기 때문에 가능한 표현이니 조심한다.

2 | 복수명사 앞에 오는 형용사

We offer (**many**, ~~each~~) job opportunities. 우리는 제공한다 / 많은 취업 기회들을.

▶ many 뒤에는 복수명사, each 뒤에는 단수명사가 온다.

> **two, many, few, a few, these, those, both, several, various, multiple, numerous, assorted + 복수명사**
>
> 단, all, most, plenty of, a lot of, lots of + 복수 및 불가산 모두 가능
> **ex** all employees (복수), all information (불가산)

3 | 특정 시제와 어울리는 형용사

The Yoyo Gym will be relocated to 6th Avenue (**next**, ~~soon~~, ~~near~~, ~~last~~) year.

Yoyo Gym은 이전될 것이다 / 6th Avenue로 / 내년에.

▶ 명사 year 앞은 형용사 자리이므로 부사인 soon을 제외한다. near는 year와 같이 부사구를 만들 수 없다. 문장의 시제가 미래이므로 next가 정답이다.

> **과거나 현재완료와 어울리는 시점 부사구를 만드는 데 사용되는 형용사: recent, last, past**
>
> **ex** The prices of vegetables have increased in recent months. 채소 가격은 올랐다 / 최근 몇 개월 동안에.
>
> **미래 시점 부사구를 만드는 데 사용되는 형용사: next, upcoming, coming**
>
> **ex** We will open another store in the coming month. 우리는 열 것이다 / 또 다른 가게를 / 다음 달에.
>
> **형용사로 혼동하기 쉬운 부사: soon, once**

잠깐 ▶ following(다음의)과 upcoming(다가오는)을 혼동하지 않도록 조심한다.

두 단어가 의미는 비슷하지만 과거를 기준으로 이어서 일어나는 일은 following을 쓰며 upcoming은 미래시제와 어울리는 차이점이 있다.

Although Mr. Kim wrote about the damaged goods last Friday, he was not replied to until the (~~upcoming~~, **following**) Monday.

비록 Mr. Kim이 글을 썼지만 / 손상된 제품들에 대해 / 지난 금요일에 / 그는 답신을 받지 못했다 / 그 다음 월요일까지.

Q 점검퀴즈 다 맞혀야만 다음 전략으로 넘어갈 수 있다!

1. I would like to extend my lease for (another, several) 6 months.
2. Kevin has occupied positions in (every, various) areas.
3. Chris Bike Rentals have (plenty, many) customers during winter.
4. In the (soon, upcoming) year, Linda Auto will build a new facility.

▶ 정답 및 해석 48페이지

문법성을 판단하여 푸는 부사

부사 어휘 중 -ly로 끝나지 않는 부사들은 문법적인 특성(문법성)을 가지고 있다. 문법성을 통해 해석을 하지 않고도 풀 수 있다.

1 | 시제부사

특정 시제와 어울리는 부사들이 있다.

She refused at first but has (since, ~~soon~~) consented. 그녀는 거절했다 / 처음에는 / 하지만 그 후 동의했다.

▶ since는 현재완료시제와 어울리는 부사이다. soon은 미래시제와 어울린다.

recently 최근에 previously 이전에 once 한번은, 한때는	현재완료, 과거
since 그 이후로 lately 최근에 already 이미	현재완료
빈도부사: regularly 정기적으로 frequently 빈번하게 always 항상 usually 대개 often 자주 typically 전형적으로 routinely 일상적으로 periodically 정기적으로 occasionally 가끔씩 normally 보통 customarily 관례상 빈도부사구: once in a week 일주일에 한 번 every/each + 기간 명사	주로 현재
soon, shortly, in a moment 곧	미래시제
currently, presently, at the moment 지금	현재진행

2 | 정도부사

정도부사란 quite(꽤), extremely(매우), very(매우), somewhat(약간), rather(다소), relatively(비교적), almost(거의), highly(매우) 등 주로 형용사/부사의 앞에 위치해 정도를 묘사하는 부사이다. 정도부사는 동사를 수식하지 않는다.

Mr. Watson said the presentation was (rather, ~~promptly~~) boring.

Mr. Watson은 말했다 / 발표가 다소 지루했다고.

▶ 형용사 boring 앞에서 지루함의 정도를 묘사하는 rather가 답이다. promptly(즉시)는 동사를 수식하는 부사이다.

단, highly, almost는 예외적으로 **recommend 목적어 highly**(~를 적극 추천하다), **speak highly of**(~를 매우 칭찬하다), **almost finish**(거의 완성하다)처럼 사용되어 동사를 수식할 수 있다.

The CEO recommended Ms. Johnson highly for her exemplary work.

CEO는 추천했다 / Mr. Johnson을 적극 / 그녀의 모범적인 일에 대해.

We have almost finished the weeklong program. 우리는 거의 끝냈다 / 일주일에 걸친 프로그램을.

The number of visitors to the traditional market have (~~extremely~~, reportedly) fallen since the shopping mall opened last month.

방문자들의 수는 / 전통 시장에 / 알려진 바에 따르면 떨어졌다 / 쇼핑몰이 문을 연 이래로 / 지난달에.

▶ 급격하게 떨어졌다는 의미를 주고 싶어 extremely를 답으로 하면 안 된다. have fallen이 동사이므로 정도부사인 extremely는 쓸 수 없다. '알려진 바에 따르면'이라는 뜻의 reportedly가 어울린다.

🖐 잠깐 ① 정도부사 very, so, too, enough를 구분한다.

He works very hard. 그는 매우 열심히 일한다. (긍정적 의미)

He works too hard. 그는 너무 열심히 일한다. (부정적 의미)

He works hard enough. 그는 충분히 열심히 일한다. (긍정적이며, 뒤에서 수식)

He works so hard that he will succeed soon. 그는 매우 열심히 일해서 곧 성공할 것이다. (that절과 같이 사용)

---

② p.p.와 잘 어울리는 정도부사

- highly recommended 적극 추천되는
- highly recognized 매우 인정 받는
- highly regarded 높이 평가되는
- well organized 잘 조직된
- well received 반응이 좋은
- well attended 참석률이 높은
- uncommonly found 드물게 발견되는

3 │ 숫자수식부사

숫자는 형용사로 취급하는데, 빈칸 뒤에 숫자가 보이면 바로 답이 되는 부사들이 있다.

The Hobb, Inc. Web site remained inaccessible for (nearly, ~~near~~) two days.

Hobb사 웹사이트는 있었다 / 접근할 수 없는 상태로 / 거의 이틀 동안.

▶ two가 숫자이므로 nearly(거의)가 답이다. near도 부사 기능이 있으나 come near(가까이 오다) 처럼 동사를 수식한다.

approximately 대략 nearly 거의 almost 거의 more than ~이상 over ~이상 less than ~이하 at least 적어도
up to ~까지 roughly 대략 around 대략 about 약 just 정확히 a maximum of 최대 a minimum of 최소
as much as + 숫자 ~만큼 많이

숫자의 모양을 하고 있지 않아도 half (절반), double (두 배), decade (십년), triple (세 배), once (한 번), a(하나의)처럼 숫자의 의미를 가진 단어들을 조심한다.

(~~Approximate~~, Approximately) half the employees at Goodwill, Inc. registered for the evening language classes. 대략 절반의 직원들이 / Goodwill사의 / 등록했다 / 야간 언어 수업들을.

▶ half를 명사로 생각해 형용사를 답으로 해서는 안 된다. half는 50%를 의미하므로 숫자의 의미를 가지고 있기 때문에 숫자수식부사가 정답이다.

4 │ 초점부사 (= 강조부사)

문장의 특정 부분을 강조하는 부사가 있다. 이를 초점부사라고 하는데, 주로 전명구, 부사절, 명사 등의 바로 앞에 위치하여 강조한다.

To handle the large order, Mr. Yoon should work (even, ~~so~~) during his breaktime.

대량 주문을 다루기 위해서, Mr. Yoon은 일해야만 한다 / 심지어 그의 휴식 시간 동안에도.

Mr. Yoon checks his company e-mail (even, ~~so~~) when he is at home.

Mr. Yoon은 확인한다 / 그의 회사 이메일을 / 심지어 그가 집에 있을 때에도.

(**Even**, ~~So~~) Mr. Yoon checks his company e-mail when he is at home.

심지어 Mr. Yoon도 확인한다 / 그의 회사 이메일을 / 그가 집에 있을 때.

▶ 초점부사인 even이 각각 전명구, 부사절, 명사를 강조해주고 있다. so 뒤에는 형용사나 부사가 오므로 오답이다.

> only 단지 exclusively 독점적으로 just 단지 even ~조차 specifically 특히 especially 특히 + 전명구/부사절/명사

alike(비슷하게), alone(혼자서) 등은 명사 뒤에 위치한다.

Employers and employees (**alike**, ~~both~~) benefited from the new policy.

고용주들과 직원들이 똑같이 혜택을 받았다 / 새로운 정책의.

▶ both는 Employers and employees의 앞에 있어야 하므로 오답

The sales of its shoe line (**alone**, ~~apart~~) exceeded $5 million this quarter.

신발 제품군 판매만으로도 초과했다 / 500만 달러를 / 이번 분기에.

▶ apart(따로, 떨어져)는 명사 뒤나 동사 앞에 오는 부사가 아니고 의미도 어울리지 않는다.

5 | 준부정어

준부정어는 hardly, scarcely, seldom, rarely, barely와 같은 단어들인데, 조동사 뒤, 일반동사 앞에 오며, '거의 ~하지 않다'라는 뜻으로 자체적으로 이미 부정적인 뜻을 포함하고 있어 not과 함께 쓸 수 없다.

Our salesperson (**rarely**, ~~well~~) calls our customers directly.

우리의 판매 식원은 거의 선화하지 않는다 / 우리의 고객들에게 직접.

▶ well은 동사 뒤나 p.p.앞에 위치하는 부사이다.

준부정어를 포함하여 부정어가 문두에 오면 조동사 have나 has가 주어 앞으로 나가는 도치가 일어난다.

(~~However~~, **Seldom**) have I seen such a beautiful resort in my life.

저는 거의 보지 못했습니다 / 그렇게 아름다운 리조트를 / 제 인생에서.

▶ I have seen이 맞는 어순이나 도치가 되어 있으므로 앞에 부정어가 와야 한다. However는 부정어가 아니므로 오답이다.

ever나 yet은 긍정문과는 어울리지 않으며 최상급이나 부정문과 어울린다. still은 not보다 앞에, yet은 not보다 뒤에 온다는 것도 기억하자. 한편 have[be] yet to do(아직 ~하지 못하다)라는 숙어도 가끔 등장한다.

6 | 시간/장소부사구

in advance(미리), anytime(언제든지), sometime(어느 때), anywhere(어디든지), somewhere(어딘가에서) 등은 어구와 결합하여 시간이나 장소부사구로 사용할 수 있다.

Smoking is not allowed (**anywhere**, ~~locations~~) on the premises.

흡연은 허락되지 않습니다 / 어디에서도 / 구내의.

▶ 괄호 앞이 완전한 문장이다. anywhere는 on the premises와 결합하여 부사구가 된다. locations를 답으로 하면 명사구가 되어 오답이다.

Please book a ticket at least 3 days (**in advance**, ~~in order~~) to secure a seat.

티켓을 예약해 주세요 / 적어도 3일 이전에 / 좌석을 확보하기 위해.

▶ in advance는 앞의 3 days와 결합하여 부사구가 된다. in order를 답으로 하면 3 days가 명사가 되어 완전한 문장 뒤에 올 수 없다.

Please visit us (**sometime**, ~~whenever~~) between 6 and 9 A.M.

저희를 방문해 주세요 / 오전 6시와 9시 사이에 어느 때.

▶ sometime은 between 6 and 9 A.M.과 결합하여 부사구가 된다. 접속사인 whenever 뒤에는 주어와 동사가 와야 한다.

7 | 연결부사구

otherwise(반대로), likewise(이와 유사하게), instead(대신에), accordingly(따라서), also(또한), then(그러면) 등은 팟6 에서는 문두에 위치하는 접속부사로 나오지만, 팟5에서는 문장의 중간이나 마지막에 나오는 편이며 보통은 문장의 앞부분에 정답의 단서가 제시된다.

The restaurant has developed a new dish and changed its menu (**accordingly**, ~~instead~~).

식당은 개발했다 / 새로운 음식을 / 그리고 바꿨다 / 그것의 메뉴를 / 그에 따라서.

▶ 요리를 개발했으니 결과적으로 그에 따라서 메뉴를 바꿨다고 봐야 한다. 앞에 제시된 '원인'이 문제 풀이의 단서가 된다.

She managed to finish the work in time even though everyone expected (**otherwise**, ~~beside~~). 그녀는 간신히 그 일을 끝냈다 / 제시간에 / 모두가 반대로 예상했었지만.

▶ even though는 앞뒤의 절을 역접의 관계로 연결한다. '그녀는 제시간에 일을 끝냈다'라는 문장과 역접이 되려면 '모두가 반대로 예상했 었지만'이라는 뜻을 나타내는 otherwise가 어울린다. beside는 '옆에'라는 뜻이므로 빈칸에 어울리지 않는다.

otherwise는 형용사 앞이나 부정어 앞에 와서 '반대로, 원래는 ~한'이란 뜻으로도 사용된다.

You may find several examples of modern technology in the (**otherwise**, ~~nevertheless~~) traditional town. 당신은 발견할 수도 있다 / 현대 기술의 몇몇 예들을 / 반대로 전통적인 마을에서.

The perks attracted many guests who would (**otherwise**, ~~beforehand~~) have paid no attention to the survey. 그 혜택들은 끌어들였다 / 많은 손님들을 / 원래는 관심이 없었을 / 그 설문조사에.

Q 점검퀴즈 다 맞혀야만 다음 전략으로 넘어갈 수 있다!

1. Mr. Park (in a moment, previously) served as the assistant manager.

2. The news has been (relatively, carefully) widespread among the public.

3. The 50% discount is available (only, closely) until next week.

4. Mr. Watanabe is (seldom, hard) available to meet you because he is busy. ▶ 정답 및 해석 48페이지

4 유사한 모양을 가진 형용사/부사의 의미를 구분한다.

유사한 모양의 형용사/부사 빈출 어휘는 의미상 차이를 익혀 두고, 문제를 풀 때는 단서를 찾아 표시하여 실수를 줄인다.

Our organization holds a (~~weekly~~, **weeklong**) workshop every year.

우리 단체는 개최한다 / 매년 일주일에 걸친 워크샵을.

▶ '매년마다'라는 every year와 '매주마다'라는 weekly는 의미상 충돌한다. 일주일에 걸친 워크샵을 매년 개최한다고 보는 것이 맞다.

형용사	단서	형용사	단서
confident 자신하는	사람 is confident about ~ 에 대해 자신하다	confidential 기밀의	confidential document 기밀 문건
advisory 자문의	advisory committee 자문위원회	advisable 권할 만한	It is advisable that ~ 권할 만한 일이다
favorable 우호적인	favorable review 우호적 평가	favorite 가장 좋아하는	favorite color 가장 좋아하는 색
dependable 신뢰할 만한	dependable product 신뢰할 만한 제품	dependent 의존적인	be dependent on ~에 의존하다

부사	단서	부사	단서
high 높게	rise high 높게 올라가다	highly 매우, 매우 크게	speak highly of ~를 격찬하다 highly successful 매우 성공적인
almost 거의 (~할 뻔하다)	almost complete, almost 70% almost late 거의 늦을 뻔한	mostly 대게, 주로 = largely, primarily	The workers were mostly volunteers. 작업자들은 주로 자원자들이었다.
just 단지, 막	just started 막 시작했다	justly 정당하게	deal justly with ~를 정당하게 취급하다
late 늦게	arrive late 늦게 도착하다	lately 최근에	It has not rained lately. 최근에 비가 안 왔다.
right 정확히, 바로	It is right in the middle of town. 바로 마을의 중간에 있다.	rightly 바르게, 정당하게	The referee rightly sent him off. 심판이 정당하게 그를 내보냈다.

Q 점검퀴즈 다 맞혀야만 다음 전략으로 넘어갈 수 있다!

1. Michael got the information from a (reliable, reliant) source.
2. The manager has (comprehensible, comprehensive) knowledge in marketing.
3. In order to fulfill the recent large order, Mr. Kim stayed up (lately, late) last night.
4. (Near, Nearly) 75,000 people are expected to attend the exhibition this year.

▶ 정답 및 해석 48페이지

전략 요약

1. than이 보이면 비교급, of/among/in/possible/available/yet/ever/to date가 보이면 최상급이 답

2. one, each, either, neither, another, every, this/that(불가산 앞에도 가능) + 단수명사
   two, many, few, a few, these, those, both, several, various, multiple, numerous, assorted + 복수명사

3. 시제부사, 정도부사, 숫자수식부사, 정도부사의 문법성을 판단한다.

4. 의미 구분을 해야만 풀리는 문제는 문제 안에서 단서를 찾아서 표시하고 푼다.

전략 대입 — 5초 안에 푼다!

1. Rachel, the office manager, agreed that purchasing a new copier would be ------- than fixing the old one.

   (A) cheap
   (B) cheaper
   (C) cheapest
   (D) more cheaply

STEP 1 보기 앞 부분이 같은 모양인지 확인한다.

보기 모두 cheap이 포함되어 있는 품사 자리 문제이다.

STEP 2 품사 자리를 확인한다.

be동사 다음은 형용사 자리이다. 부사인 (D)는 소거한다. 'more + 부사'도 부사이다.

~~(D) more cheaply~~

STEP 3 형용사 문법을 확인한다.

비교급의 단서 than이 있으므로 형용사의 비교급인 (B)가 답이다. (A)는 원급, (C)는 최상급이라서 오답이다.

정답 **(B)**

실전 적용 문제

전략을 적용해 해석 없이 문제를 풀어보고 채점 시 점검 차원에서 해석해본다.

전략2 대입 ▶고난도!

01. The sales director is preparing to hire additional employees for the exhibition in the ------- event that his department is understaffed.

(A) likes
(B) likely
(C) liked
(D) liking

전략3 대입 ▶고난도!

02. Wilson Academy offers free ------- educational seminars to local residents every week.

(A) still
(B) politely
(C) even
(D) highly

전략3 대입

03. According to the weather report, the Pacific region has been too warm -------.

(A) recentness
(B) more recent
(C) recently
(D) most recent

전략3 대입

04. The world's second tallest skyscraper will ------- be built in the southern part of Dubai.

(A) soon
(B) so
(C) yet
(D) such as

전략3 대입

05. The news program's premiere was rescheduled, and it will now be shown on Saturday -------.

(A) alike
(B) instead
(C) already
(D) seldom

전략1 대입

06. With 2.6 million residents, Greenville is the fourth ------- growing city in the nation.

(A) quick
(B) quicken
(C) most quickly
(D) more quickly

전략4 대입

07. Although Mr. Yoon has worked at Sentiano Supply for only 2 months, he has already paid ------- ten visits to local branches.

(A) almost
(B) most
(C) the most
(D) mostly

전략3 대입

08. Star Airways advises passengers to reconfirm their return flights, preferably 72 hours ------- of departure.

(A) at last
(B) in spite
(C) in case
(D) in advance

Unit 08

09. Please check ------- item on the list carefully before moving on to the next stage.

(A) comprehensive
(B) each
(C) all
(D) entire

10. Airline passengers should arrive ------- 3 hours before their flight departs to proceed with the boarding process.

(A) over
(B) less than
(C) at least
(D) at all

11. Construction of the new library is ------- on the city's ability to pass a new budget.

(A) depend
(B) depends
(C) dependable
(D) dependent

12. ------- security personnel are permitted to enter the restricted area in the factory.

(A) Only
(B) By
(C) If
(D) Pretty

13. Due to the implementation of the new sick leave policy, ------- of the company's employees call in sick than ever before.

(A) fewest
(B) a few
(C) fewer
(D) few

14. The General Affairs Department ------- processes requests, so employees should put in for a transfer several weeks in advance.

(A) lately
(B) regularly
(C) swiftly
(D) equally

15. ------- computer in our department is to be checked next Monday to ensure that its software is up to date.

(A) Most
(B) Every
(C) Theirs
(D) An array of

16. ------- out of town, Mr. Gu is now making official visits to overseas clients to secure more business opportunities.

(A) Little
(B) Sufficient
(C) Aside
(D) Seldom

▶ 정답 및 해석 49페이지

'품사 문법' 종합 문제

반드시 다음의 순서대로 풀어보자.

1. 무턱대고 해석부터 하지 않는다.

2. **보기 확인 → 문제 유형 파악 → 품사 문법 문제라면** 품사 자리, 문법성 확인 순서**로 푼다.**

3. 핵심 전략을 적용해 문제를 푼다. (전략 7-1 : Unit 7의 전략 1)
   답을 확인하기 전 점검 차원에서 간단히 해석해본다.

파트 5

전략8-3대입

01. The research findings will ------- help scientists to discover unknown secrets of ancient history.

(A) soon
(B) previously
(C) currently
(D) quite

전략7-1, 5대입

02. All community ------- being held in Hannahville are listed on the display board near the entrance.

(A) activities
(B) actively
(C) action
(D) activity

전략8-1대입

03. Too many items on the agenda make it even ------- for our team to focus on the imminent issues.

(A) difficult
(B) difficultly
(C) more difficult
(D) difficulty

전략8-3대입

04. The weekly local street fair helps boost the local economy while ------- serving as a famous tour destination.

(A) also
(B) finally
(C) yet
(D) previously

전략7-1대입

05. Lohan Ltd. is a tech-oriented ------- that specializes in building new technical solutions and offers new and advanced products.

(A) firms
(B) firmer
(C) firmed
(D) firm

전략7-3대입

06. Don't forget to mention this reference number in any ------- with our service representatives.

(A) correspond
(B) correspondence
(C) correspondents
(D) correspondent

07. The last quarterly report showed that TNQ Electronics' earnings were ------- than anticipated.

(A) lowest
(B) lowering
(C) lower
(D) low

08. At Vegas, Inc., we provide ------- ways for new recruits to enhance their abilities.

(A) another
(B) plenty
(C) many
(D) much

09. The president came under harsh ------- from the public after the news that he didn't take any immediate measures was broadcast.

(A) criticism
(B) critic
(C) critics
(D) critically

10. Every employee was able to easily predict who would be the next CEO ------- before the official announcement.

(A) even
(B) more
(C) as
(D) yet

11. Site workers should regularly check their electricity -------, especially during the summer.

(A) useful
(B) usefully
(C) user
(D) usage

12. The construction company hired a creative ------- to design a new corporate office.

(A) architecture
(B) architects
(C) architectural
(D) architect

13. Maxstar's updated software processes data ------- twice as fast as the program we use now.

(A) almost
(B) more
(C) far
(D) yet

14. We are grateful for your ------- in the Help the Environment initiative.

(A) participation
(B) participate
(C) participant
(D) participated

전략8-1 대입

15. The registration fee at this year's flower convention is ------- last year's, but there is no free lunch provided this time.

(A) a little more
(B) even less
(C) provided that
(D) less than

전략7-2 대입

16. This scholarship program is planned for those who are seeking ------- for funding for higher education.

(A) assisted
(B) assist
(C) assistant
(D) assistance

전략7-3, 5 대입 ▶고난도!

17. Market ------- assume that many nations will gradually reduce trade barriers in various sectors.

(A) analysts
(B) analytically
(C) analytical
(D) analysis

전략8-3 대입

18. In spite of being an award-winning movie at the Asian Cultural Festival, *My President* ------- was badly received by critics.

(A) moreover
(B) except
(C) nevertheless
(D) either

전략7-3 대입

19. Despite the Reservation Department's ------- that the conference room is available, Mr. Watanabe was very worried about it.

(A) confirms
(B) confirmer
(C) confirmation
(D) confirmedly

전략8-3 대입

20. An annual fundraising event for the local community center and hospital will be held ------- next year.

(A) lately
(B) elsewhere
(C) hardly
(D) rather

전략7-4 대입

21. The editor complained that there was no ------- but to delay the publication date until he receives more resources from the writer.

(A) alternative
(B) alternation
(C) alternatively
(D) alternate

전략8-2 대입

22. Renowned professor Grant McAllister has more than ------- resources to lead this year's weeklong seminar.

(A) skilled
(B) ready
(C) every
(D) enough

▶ 정답 및 해석 51페이지

Questions 23-26 refer to the following webpage.

Eagle Air Rewards

The Eagle Air Rewards card offers the ------- rewards program of any airline in the
23.
country. -------. When there are special events, it is possible to receive double or even
24.
triple points for purchases made at ------- locations. Individuals can use their points
25.
to buy airline tickets, to upgrade their seats, to book hotel rooms, and to rent vehicles

in 175 countries around the world. ------- there are advantages to being a cardholder.
26.
Among them are extra baggage allowances and priority boarding. To apply for your

card, visit www.eagleair.com/rewards.

23. (A) completed
(B) most complete
(C) completion
(D) most completed

25. (A) approve
(B) approves
(C) approved
(D) approval

24. (A) Reward card members gain points
each time they use their credit card.
(B) Rewards card members can get
a credit card by following these
instructions.
(C) Your balance now stands at more
than 4,500 miles.
(D) We are pleased to let you know you
have been approved for a new card.

26. (A) Therefore
(B) However
(C) In addition
(D) As a result

Questions 27-30 refer to the following e-mail.

From: customerservice@modernarchaeology.org
To: wendyschnell@personalmail.com
Date: May 15
Subject: Welcome
Attachment: Form

Dear Ms. Schnell,

We are pleased to have you as a new subscriber. -------, you will be informed about
27.
the latest news in the world of archaeology. You'll learn all about digs going on around
the world, including some near where you live. The June issue of Modern Archaeology
should arrive within one week. After that, you'll receive a magazine during the first
week of each month. -------.
28.

As a subscriber, you now have ------- to every article found on our Web site. Just log
29.
on by using the name your subscription is under and the password, which is ------- the
30.
registration form attached to this e-mail.

Sincerely,

David Chun
Customer Service Representative

---

27. (A) Now
    (B) Apparently
    (C) Later
    (D) Meanwhile

29. (A) accessible
    (B) accessory
    (C) accessed
    (D) access

28. (A) To subscribe, call our toll-free
       number anytime.
    (B) If it fails to arrive by the tenth,
       contact us at once.
    (C) Thank you for the article you
       submitted for publication.
    (D) You can apply to be a volunteer on
       several digs.

30. (A) through
    (B) by
    (C) on
    (D) among

▶ 정답 및 해설 55페이지

Chapter 05

매회 3 문제

대명사

Unit 09 주변을 볼지 해석을 할지 구분하여 푼다.
인칭/재귀/소유대명사

출제 경향

- 매회 1~2 문제가 주로 팟5에서 출제된다.
- 팟5의 경우는 주로 해석 없이, 팟6의 경우 대명사가 가리키는 말을 확인해야 정확히 풀린다.
- 소유격과 주격 그리고 재귀대명사 강조 용법이 주로 정답이다.

최근 6개월간 출제 경향

출제 시기	출제 파트 & 정답 유형
N 월	팟5 인칭대명사 1개 팟6 인칭대명사 2개
N+1 월	팟5 인칭대명사 1개 팟6 인칭대명사 1개
N+2 월	팟6 인칭대명사 1개
N+3 월	팟5 인칭대명사 1개
N+4 월	팟5 인칭대명사 1개
N+5 월	팟5 인칭대명사 1개 팟5 재귀대명사 1개

* 다음달 나올 문제는 저자 동영상 확인 (https:c11,kr/3xgc)

유형 파악

해석 없이 풀려면 가장 먼저 문제 유형을 파악해야 한다. 문제 유형은 보기만 보아도 95% 이상 알 수 있다.

STEP 1 두 문제의 보기에서 공통점을 확인해보자.

1. Mr. Gu was granted two days of paid leave when ------- successfully secured a funding deal.

   (A) his
   (B) he
   (C) him
   (D) himself

2. Kiyoung Park has a sense of humor to distinguish ------- from many other speakers.

   (A) she
   (B) her
   (C) hers
   (D) herself

▶ 1번과 2번은 남자와 여자를 가리키는 것만 차이가 있을 뿐 공통적으로 인칭대명사(he, his, him, she, her), 재귀대명사(himself, herself), 소유대명사(his, hers)로 구성되어 있다.

STEP 2 문제를 풀어보고 두 문제의 공통점과 차이점을 확인해보자.

1. Mr. Gu was granted two days of paid leave when ------- successfully secured a funding deal.

   (A) his
   (B) he
   (C) him
   (D) himself

2. Kiyoung Park has a sense of humor to distinguish ------- from many other speakers.

   (A) she
   (B) her
   (C) hers
   (D) herself

▶ 1번의 밑줄 주변을 살펴보자. when 뒤에는 문장이 와야 하는데 secured가 동사이므로 그 앞은 주어가 필요하다. 따라서 1번 he가 답이라는 것을 해석 없이도 풀 수 있다. 하지만 2번은 타동사인 distinguish 뒤에 목적어가 필요하다. (A)를 제외하고는 (B), (C), (D)가 모두 목적어 기능이 있어 부분적인 해석을 통해 빈칸이 무엇을 가리키는지를 확인해야만 herself를 답으로 고를 수 있다.

인칭/재귀/소유대명사 풀이 전략

: 출제 빈도: 매회 평균 1~2개

인칭/재귀/소유대명사는 다른 대명사 문제들에 비해 해석 없이 바로 풀리는 문제가 많다. 그러나 쉬운 만큼 함정 문제도 종종 출제되므로 이에 대한 대비가 필요하다. 이미 알고 있는 내용은 더욱 확실히 다져 두고, 어떤 함정이 자주 나오는지도 확인하자.

: 기초문법점검 : 풀이 전략에 들어가기 전에 아래의 기본 문법은 알고 있어야 한다. 알고 있다고 착각하기 쉬운 문법들을 점검 퀴즈로 확인해보자.

기본 점검 퀴즈	관련 문법
① (I, My, Me) like to go shopping. ② Three apples are on the desk, and (it, they) will be given to (you, yours, youth).	• 대명사는 문장에서의 위치에 따라, 가리키는 말의 단/복수에 따라, 사람/사물에 따라 모양이 다르다. (형태가 같은 몇 가지 제외)
③ (You, Yourself) can contact us anytime. ④ Our students (themself, themselves, theirselves) study hard. ⑤ Since you are the only one who can do the task, I ask you to do it by (yourself, yourselves).	• 재귀대명사는 단독으로 주어가 될 수 없다. • myself, yourself, himself, herself는 단수형, ourselves, yourselves, themselves는 복수형이다. • you는 내용 파악을 해서 단수인지 복수인지에 따라 yourself와 yourselves로 나뉜다.
⑥ Because his assistant is always on time, Mr. Robbin likes (whom, him) very much.	• whom은 접속사이다. 이미 동사 2개(is, likes)에 접속사가 1개 있으므로 접속사가 또 올 수 없어서 him이 답이다.

: 정답 & 해석 : 정답을 확인해보고 맞았으면 ○, 틀렸으면 X 로 표시하자. 모르면 기초 문법 다지기 Unit 1, 2를 복습하고 전략을 학습하자.

① I (　　　)
나는 좋아한다 / 쇼핑 가는 것을.

② they (　　　), you (　　　)
3개의 사과가 있다 / 책상 위에 / 그리고 그것들은 주어질 것이다 / 당신에게.

③ You (　　　)
당신은 우리에게 연락할 수 있습니다 / 언제나.

④ themselves (　　　)
우리 학생들은 / 스스로 공부합니다 / 열심히.

⑤ yourself (　　　)
당신은 유일한 사람이기 때문에 / 그 일을 할 수 있는 / 저는 당신에게 그것을 해달라고 요청합니다 / 당신 스스로.

⑥ him (　　　)
그의 비서는 언제나 시간을 엄수하기 때문에 / Mr. Robbin은 그를 좋아합니다 / 매우.

1 명사 앞은 소유격, 동사 앞은 주격, 동사 뒤는 목적격이 답이다.

대명사는 명사처럼 주어, 목적어, 보어 기능을 하지만 명사와 달리 자리에 따라서 모양이 변한다. 자리에 따라 모양이 달라지는 형태를 '대명사의 격'이라고 하며 주격, 목적격, 소유격이 있다. 명사 앞은 소유격, 동사 앞은 주격, 동사나 전치사 뒤는 목적격이 온다.

Dr. Franklin said (he, ~~his~~, ~~him~~) will visit us next week.

Dr. Franklin이 말했다 / 그는 방문할 것이라고 / 우리를 / 다음 주에.

▶ 동사(will visit) 앞이므로 주격인 he가 답이다.

Dr. Franklin said he will visit (~~we~~, ~~our~~, us) next week.

Dr. Franklin이 말했다 / 그는 방문할 것이라고 / 우리를 / 다음 주에.

▶ 동사 뒤이므로 목적격인 us가 답이다.

Dr. Franklin said he will visit (~~we~~, our, ~~us~~) office next week.

Dr. Franklin이 말했다 / 그는 방문할 것이라고 / 우리 사무실을 / 다음 주에.

▶ 동사 뒤이긴 하지만 office가 명사이므로 명사 앞은 소유격인 our가 답이다. (office는 셀 수 있는 명사이며 단수이므로 앞에 관사나 소유격이 필요하다. next week는 부사이다.)

Dr. Franklin said he will meet with (~~we~~, ~~our~~, us) next week.

Dr. Franklin이 말했다 / 그는 만날 것이라고 / 우리를 / 다음 주에.

▶ 전치사 뒤에도 목적격이 온다.

📖 암기 ▶ 대명사의 격 및 사람/사물 구분

	사람	사람/사물	사물
주격 + 동사	I, you, he, she, we	they	it
소유격 + 명사	my, your, his, her, our	their	its
동사/전치사 + **목적격**	me, you, him, her, us	them	it

※ 회사를 가리킬 때는 it이나 they 둘 다 가능하다.

😈 함정 ▶ 익숙하다고 답이 아니다. 품사를 정확히 따져 격을 확인한다.

Mr. Yoon will escort me during (my, ~~I~~) visit to the Indonesian facility.

Mr. Yoon은 바래다줄 것이다 / 나를 / 나의 방문 동안 / 인도네시아 시설에.

▶ I visit이 익숙하다고 정답으로 선택하면 함정에 빠진다. visit처럼 명사와 동사가 다 가능한 단어는 어떤 품사로 사용되었는지 확인해야 한다. during은 전치사이기 때문에 뒤에 동사는 쓰일 수 없다. 따라서 visit는 명사이며 명사 앞에는 소유격인 my가 와야 한다.

Only a handful of (us, ~~we~~) will attend the marketing conference this time.

오직 소수의 우리들만 참석할 것이다 / 마케팅 회의에 / 이번에.

▶ 동사 will attend를 보고 주격인 we를 고르면 오답이다. a handful of us가 '소수의 우리들'이라는 뜻의 주어이며, of가 전치사이므로 목적격인 us가 정답이다.

The three gold medals, all of (**which**, ~~them~~) Michael Johansson won, were from short track races.

3개의 금메달은 / 전부 Michael Johansson이 따낸 / 쇼트트랙 경주에서 나온 것이었다.

▶ all of them이 익숙하다고 해서 답으로 하면 함정에 빠진다. 동사의 개수가 2개(won, were)이므로 접속사가 필요하다. 따라서 접속사의 역할을 하는 which가 답이며 앞의 gold medals를 가리킨다.

✋잠깐 같은 격이 보기에 2개 이상 있을 경우는 대명사가 가리키는 부분을 확인한다.

Residents are not allowed to park (~~its~~, ~~your~~, **their**) cars along the road next to the apartment complex. 거주자들은 허락되지 않는다 / 그들의 차를 주차하는 것이 / 길을 따라서 / 아파트 단지 옆의.

▶ 보기가 모두 소유격이므로 '격'의 확인으로 풀 수 없는 문제이다. '누구의' 차들인지 확인해야 하는데, '주민들은 허락되지 않는다'는 내용으로 보아 '주민들의' 차들을 가리킨다고 봐야 한다. 따라서 Residents를 받는 their가 답이다.

한편, '주민들은 당신들이 차들을 주차하는 것을 허락하지 않는다.'라는 의미를 표현하려면 Residents do not allow you to park your cars ~로 해야 한다.

소유격 자리에 '소유격+own'도 가능하다.

Residents are not allowed to park (~~they~~, ~~them~~, **their own**) cars along the road next to the apartment complex. 거주자들은 허락되지 않는다 / 그들 자신의 차를 주차하는 것이 / 길을 따라서 / 아파트 단지 옆의.

▶ 동사 뒤, 명사 앞은 소유격 자리이지만 their가 보기에 없으므로 their own이 답이다. own은 소유격을 강조하는 말이다.

Q 점검퀴즈 다 맞혀야만 다음 전략으로 넘어갈 수 있다!

1. The manager received a promotion after (he, him) secured a deal.

2. Mr. Alan will be attending the workshop with (he, his, whose) employees.

3. The new software will help (us, we, our) finish the project in time.

4. (We, Our) employees, most of (whom, them) have a doctoral degree, are very knowledgeable.

▶ 정답 및 해석 56페이지

1 | 강조 용법

재귀대명사란 myself, yourself, himself, herself, itself, ourselves, yourselves, themselves이며 '~자신'으로 해석된다. 주어와 동사 사이나 완전한 문장 뒤는 부사 자리이다. 이 자리에 부사의 역할로 재귀대명사가 들어갈 수 있으며 이를 재귀대명사의 '강조 용법'이라고 한다.

<u>Ms. Park likes to handle multiple tasks</u> (**herself**, ~~her~~).

Ms. Park은 여러 일들을 다루는 것을 좋아한다 / 그녀 자신이.

▶ 밑줄 친 부분은 완전한 문장이므로 이어서 재귀대명사가 올 수 있다. 이 자리에 주격, 목적격, 소유격이 올 수 없다.

Ms. Park (**herself**, ~~she~~) likes to handle multiple tasks.

Ms. Park 자신이 / 좋아한다 / 여러 일들을 다루는 것을.

▶ 주어와 동사 사이에도 재귀대명사가 온다. 이 자리에 she를 쓰면 주어가 2개가 되어 오답이다.

2 | 재귀 용법

동작의 주체와 목적어가 같을 때 재귀대명사를 목적어 자리에 쓴다. 이것을 '재귀 용법'이라고 한다.

Mr. Kim introduced (~~him~~, **himself**) to the board of directors.

Mr. Kim은 소개했다 / 자기 자신을 / 이사회에.

▶ 동작(introduced)의 주체(Mr. Kim)와 목적어가 같으므로 재귀대명사가 답이다. 이사회에 자신을 소개하는 상황이다. him이 답이 되려면 'Mr. Kim이 이사회에 그를 소개한다'는 뜻이 되는데, Mr. Kim 자신이 아닌 다른 사람이 문장 내에 언급되어야 한다.

Because we haven't met Mr. Shin before, Mr. Kim introduced (**him**, ~~himself~~) to us.

우리가 Mr. Shin을 전에 만난 적이 없기 때문에 / Mr. Kim은 그를 우리에게 소개했다.

▶ 동작(introduced)의 주체는 Mr. Kim이며 소개를 하는 대상인 Mr. Shin이 목적어이다. 동작의 주체와 목적어가 다르므로 목적격 대명사 him이 답이다.

암기 ▶ **재귀대명사 관련 빈출 표현**

- **familiarize oneself with** ~에 익숙하게 하다
- **differentiate oneself from** ~와 구별 짓다
- **help oneself to** ~를 맘껏 먹대[쓰다]
- **devote/dedicated/committed oneself to** ~에 전념하다[몰두하다]
- **distinguish oneself by** ~로 자신을 돋보이게 하다
- **prove/show oneself (to be) 명/형** 자신이 ~임을 증명해 보이다
- **introduce oneself to** ~에게 자신을 소개하다

ex Mr. Hopkins proved himself to be an excellent supervisor.
Mr. Hopkins는 그 자신이 훌륭한 상관임을 증명해 보였다.

ex Please familiarize yourself with our new policy. 우리의 새로운 정책에 스스로를 익숙하게 하세요.

잠깐 ▶ **재귀대명사는 단독으로 주어가 될 수 없다.**

(**You**, ~~Yourself~~) should inform my assistant Joan of your estimated arrival time.

당신은 알려야만 합니다 / 저의 조수 Joan에게 / 당신의 예상 도착 시간을.

The manager asked his team members to help (**him**, ~~himself~~) to finish the team project.

매니저는 요청했다 / 그의 팀 멤버들에게 / 그 자신을 도우라고 / 팀 프로젝트를 끝내기 위해서.

▶ him은 the manager를 가리킨다. 해석상으로는 '그 자신을 도우라고'가 어색하지 않지만 help의 주체를 확인해야 한다. help의 주체는 team members이므로 주체와 목적어가 같지 않기 때문에 himself는 오답이다. 따라서 The manager를 가리키는 him이 답이다.

3 | 관용 용법

빈칸 앞에 by나 for가 왔을 때, '혼자 힘으로, 혼자서, 스스로'라는 의미로 해석되면 재귀대명사가 답이며 이것을 재귀대명사의 '관용 용법'이라고 한다.

The manager finished the project by (~~him~~, **himself**).   매니저는 끝냈다 / 그 프로젝트를 / 혼자서

▶ '혼자서 프로젝트를 끝냈다'는 말이 어울리므로 재귀대명사가 답이다.

The manager asked me to finish the project by (**myself**, ~~himself~~).

매니저는 나에게 요청했다 / 그 프로젝트로 끝내라고 / 나 혼자서

▶ 동작(finish)의 주체는 the manager가 아니고 me다. '나 혼자서 끝내라고 요청했다'는 해석이 어울린다.

Because the manager oversees the project, **all requests** should be confirmed by (**him**, ~~himself~~).   그 매니저가 그 프로젝트를 감독하기 때문에 / 모든 요청들은 확인되어야 한다 / 그에 의해.

▶ 습관적으로 by himself라고 해서는 안 된다. 동작(be confirmed)의 주체는 all requests이므로 '그 스스로' 확인되는 게 아니고 그 (the manager)에 의해 확인되어야 한다. himself는 오답이다.

on oneself (X) → by oneself (O)   by one's own (X) → on one's own (O)

Mr. Mark and his old friend opened a business by (**themselves**, ~~their own~~).

Mr. Mark와 그의 오랜 친구는 사업체를 열었다 / 그들 스스로.

Q 점검퀴즈 다 맞혀야만 다음 전략으로 넘어갈 수 있다!

1. Interns are not allowed to work by (them, themselves).

2. The hotel receptionist (herself, her) escorted the guest to the room.

3. Matthew is so qualified that he can distinguish (his, himself) from others.

4. Mr. Bloomberg implemented the new policy on (his own, himself).   ▶ 정답 및 해석 57페이지

3 **소유대명사는 무엇을 가리키는지 알 수 있을 때 답이 된다.**

소유대명사는 '~의 것'으로 해석되며, mine(나의 것), yours (너의 것), his (그의 것), hers (그녀의 것), ours(우리의 것), theirs(그들의 것)가 있다. 문장 안에서 '~의 것'이 무엇인지 찾을 수 있어야 정답을 고를 수 있으므로 약간의 해석이 필요하다.

소유대명사는 소유격과는 다르며 명사 기능을 한다. 따라서 주어, 목적어, 보어 자리에 올 수 있다.

Mr. Kim likes his car, but I like (my, ~~mine~~) car. Mr. Kim은 그의 차를 좋아한다 / 하지만 나는 나의 차를 좋아한다.

▶ 명사 car 앞은 소유격 자리다. mine은 명사라서 오답이다.

Ms. Kim rode in my car because she left (~~she~~, ~~her~~, ~~herself~~, hers) at home.
Ms. Kim은 나의 차를 탔다 / 왜냐하면 그녀는 그녀의 것을 두고 왔기 때문이다 / 집에.

▶ left의 목적어 자리이므로 일단 주격인 she는 오답이다. 여기에서 she는 Ms. Kim이며 그녀가 자기 자신을 집에 두고 떠날 수는 없으므로 herself는 오답이다. her는 Ms. Kim이 아니라 다른 여성을 가리키므로 다른 누군가가 문장에 등장해야 쓸 수 있어 오답이다. 앞 문장에 my car가 있기 때문에 hers는 이 문장에서 her car를 가리킨다. 따라서 소유대명사 hers가 정답이며 명사 기능을 하므로 목적어 자리에 올 수 있다. 소유대명사는 그것이 무엇인지를 가리키는지 명확해야 정답이 된다.

(~~We~~, Ours, ~~Us~~) has been selected for an award from among the 100 entries submitted.
우리의 것은 선택되었다 / 수상을 위해서 / 100개의 출품작들 중에서/ 제출된.

▶ 소유대명사는 명사의 역할이므로 주어 자리에 올 수 있다. Ours(우리의 것)는 our entry를 가리킨다.

소유대명사는 가리키는 말이 복수일 때는 복수형 동사로 받는다.

Many individuals shooting fireworks like to show that theirs are bigger and louder than everybody else's. 많은 개인들이 / 폭죽을 쏘는 / 보여주는 것을 좋아한다 / 그들의 것들이 더 크고 더 소리가 크다는 것을 / 다른 사람들 것보다.

▶ 여기서 theirs는 their fireworks를 뜻한다. firework(불꽃놀이) 하나를 여러 명이 소유한 것이 아니고 개인들이 가진 firework의 복수형을 가리키므로 복수형 동사가 쓰였다.

of와 소유대명사가 같이 쓰이면 이중으로 소유의 의미가 들어가서 '이중 소유격'이라 한다.

Since Mr. Lacan is not available today, I left a message with a colleague of (his, ~~him~~).
Mr. Lacan은 오늘 시간이 없기 때문에 / 나는 메시지를 남겼다 / 그의 동료들 중 한 동료에게.

▶ a colleague of his는 '그의 동료들 중의 한 동료'라는 뜻이다. 여기서 of는 '~중에서'로 해석되므로 목적격인 him보다 his colleagues를 가리키는 소유대명사 his가 어울린다. 비슷한 유형으로 a friend of mine 혹은 one of my friends이 있다. '나의 친구들 중 한 친구'로 해석되며 a friend of me는 틀린 표현이다. 단, 예외적으로 a picture of me는 가능한데, 이는 내가 소유한 사진(a picture of mine)이 아니라 '내가 나온 사진'이란 뜻이다.

👆 **잠깐** **of one's own(자기 자신의, 자기 자신이 소유한)과 on one's own(스스로)는 다른 말이다.**

As soon as they quit their jobs, Mr. Mark and his old friend opened a business of (~~theirs~~, their own).
그들이 일을 그만두자마자 / Mr. Mark와 그의 오랜 친구는 / 그들 자신의 사업체를 열었다.

▶ a business of theirs라고 하면 one of their businesses의 뜻이 된다. 즉 '여러 개의 사업체들 중 하나'라는 의미가 되는데, 이 문장은 두 사람이 은퇴하자마자 사업을 차렸다는 의미가 더 자연스럽다. 따라서 '그들의 사업체'라는 의미를 이루는 of their own이 어울린다.

'소유격＋own'은 소유격도 되고 소유대명사도 된다.

Ms. Lee argued that the idea was (~~hers~~, **her**) own rather than her manager's.
Ms. Lee는 주장했다 / 그 아이디어가 그녀 자신의 것이었다고 / 그녀의 매니저의 것이라기보다는.

▶ her own은 여기서 '그녀 자신의 것'이란 뜻 즉, hers와 같은 말이다. hers를 답으로 하려면 own이 없어야 한다.

Q 점검퀴즈 다 맞혀야만 다음 전략으로 넘어갈 수 있다!

1. Mr. Weaving said that the file on the desk was not (his, him).

2. Different from my warranty, (you, yours) does not provide for a full refund.

3. Ms. Rolling said that making suggestions was a responsibility of (her, hers).

4. I will close with three words of (my own, me, myself).

▶ 정답 및 해석 57페이지

5초 풀이 전략 4 팟6의 대명사 문제는 가리키는 부분을 반드시 확인하여 푼다.

팟6의 인칭/재귀/소유대명사 문제는 보통 빈칸이 있는 문장만 봐서는 풀리지 않는다. 일단 팟5처럼 자리를 확인한 후에 선택 보기가 더 이상 소거되지 않는다면 빈칸이 포함된 문장이 아닌 앞이나 뒤의 다른 문장에서 단서를 찾아야 한다.

Mr. Johnson, the inspector, will visit (my, his, their) facility next week.
검사관인 Mr. Johnson은 방문할 것이다 / (나의, 그의, 그들의) 시설을 / 다음 주에.

▶ 이 문제는 답이 없는 문제이다. Mr. Johnson이 남자라고 해서 his를 답이라고 할 수 없다. 팟6에서 이 문제가 출제된다면 분명 앞이나 뒤의 다른 문장에 단서가 나와 있다.

Hi, Joe. I'm writing about an upcoming inspection, and I need your advice since your facility has already been inspected. Mr. Johnson, the inspector, will visit (**my**, ~~his~~, ~~their~~) facility next week, so I need to prepare for that. As a factory manager, I have to check all the details that could possibly affect the inspection.
안녕하세요, Joe. 저는 편지를 쓰는 중입니다 / 다가올 검사에 대해서 / 그리고 저는 귀하의 조언을 필요로 합니다 / 귀하의 시설은 이미 검사를 받았기에. 검사관인 Mr. Johnson이 방문할 것입니다 / 저의 시설을 / 다음 주에 / 그래서 저는 준비할 필요가 있습니다 / 그것에 대해. 공장장으로서 / 저는 확인해야 합니다 / 모든 세부사항들을 / 검사에 영향을 미칠 수 있는.

▶ 검사관이 곧 온다는 것, 수신자의 시설은 이미 검사가 끝난 상태라는 것, 그리고 발신자가 공장장으로서 검사에 대비해 세부사항들을 확인해야 한다는 것이 밝혀져 있다. 따라서 앞뒤의 문장들을 통해 공장장인 발신자가 자신의 공장을 가리킨다는 것을 알 수 있으므로 빈칸은 my가 알맞다.

I'm sorry to hear that you haven't received (it, one, them).
저는 듣게 되어서 유감입니다 / 귀하가 받지 못했다는 것을 / (그것을, 하나를, 그(것)들을).

▶ 이 문제는 답이 없는 문제이다. 괄호 안에 가리키는 말이 무엇인지 모르기 때문이다. 팟6에서 이 문제가 출제된다면 분명 앞이나 뒤의 다른 문장에 단서가 나와 있다.

Unit 09

Thank you for ordering three Jow Well towels last Friday that were scheduled to arrive yesterday. I'm sorry to hear that you haven't received (it, one, them).

주문해 주셔서 감사합니다 / 3개의 Jow Well 수건을 / 지난 금요일에 / 어제 도착하기로 예정되어 있던. 저는 듣게 되어서 유감입니다 / 귀하가 받지 못했다는 것을 / (그것을, 하나를, 그것들을).

▶ 주문한 것이 3개의 타월들이므로 단수인 it은 소거된다. 그러나 전부 못 받은 것인지, 일부만 받은 것인지에 대해서 명확히 파악해야 한다.

Thank you for ordering three Jow Well towels last Friday that were scheduled to arrive yesterday. I'm sorry to hear that you haven't received (~~it~~, ~~one~~, **them**). I checked the delivery tracking system, and it says your order will be at your place tomorrow.

주문해 주셔서 감사합니다 / 3개의 Jow Well 수건을 / 지난 금요일에 / 어제 도착하기로 예정되어 있던. 저는 듣게 되어서 유감입니다 / 귀하가 받지 못했다는 것을 / 그것들을. 저는 확인했습니다 / 배송 추적 시스템을 / 그리고 그것이 알려줍니다 / 귀하의 주문품이 귀하의 장소에 도달할 것이라고 / 내일.

▶ 이어진 문장을 보면 3개 중 2개가 먼저 도착하고 1개가 도착하지 않았다는 단서가 없다. 따라서 최종적으로 them이 답이라는 확인이 가능하다.

Q 점검퀴즈 다 맞혀야만 다음 전략으로 넘어갈 수 있다!

1. At a press conference, each company's representatives issued a joint statement that there would be no changes in their services after the merger. (It, They) also said there were no plans for layoffs.

2. Small- to medium-sized companies in Korea affect the Korean economy. We found from our research that (their, my) success is attributable largely to the dedicated workers at these companies.

3. I'm very grateful for you leading this month's seminar. Your speech was not only informative but was also highly entertaining, and our employees' motivation and productivity have risen very sharply. Would (they, you) be interested in giving a talk to our new interns next month?

▶ 정답 및 해석 57페이지

한눈에 정리하기

해석을 최소화하여 풀 수 있는 전략을 요약해보고 문제에 대입하여 푸는 과정을 살펴보자.

전략 요약

1. 명사 앞은 소유격, 동사 앞은 주격, 동사/전치사 뒤는 목적격이 답이다.

2. 격을 확인할 때 request, visit, file, plan, permit처럼 명사, 동사, 둘 다 되는 단어에 유의한다.

3. 주어와 동사 사이, 완전한 문장 뒤는 재귀대명사가 답이다.

4. 빈칸이 목적어 자리면 목적격, 재귀대명사, 소유대명사 중 가리키는 부분을 확인하여 답을 고른다.

5. 팟6에서는 빈칸이 포함된 문장이 아닌 앞이나 뒤의 다른 문장에서 단서를 찾는다.

전략 대입 ── 10초 안에 푼다!

2. Kiyoung Park has the sense of humor to distinguish ------- from many other speakers.

   (A) she
   (B) her
   (C) hers
   (D) herself

STEP 1 인칭/재귀/소유대명사 문제인지 확인한다.

보기 (A), (B)는 인칭대명사, (C)는 소유대명사, (D)는 재귀대명사이다.

STEP 2 밑줄 주변만 보고 자리를 확인한다.

앞에 타동사가 있으므로 주격인 (A)를 소거한다.

(A) she

STEP 3 대명사가 가리키는 부분을 확인한다.

(B) her를 답으로 하면 가리키는 부분이 없다. 문장 안에 Kiyoung Park이 아닌 다른 여성이 있어야 하므로 오답이다.

(C) hers를 답으로 하면 가리키는 부분이 없다. '그녀의 것'이 무엇인지 알 수 없으므로 오답이다.

(D) herself을 답으로 하면 herself가 곧 주어인 Kiyoung Park을 가리키게 되어 정답이다. '다른 사람들과 자기 자신을 구별 지었다'는 의미도 자연스럽다.

정답 (D)

실전 적용 문제

전략을 적용해 해석 없이 문제를 풀어보고 채점 시 점검 차원에서 해석해본다.

전략1대입

01. As a marketing consultant, ------- will be responsible for doing market research and for compiling data to use advertising.

(A) your own
(B) yours
(C) you
(D) yourselves

전략2대입

02. Correspondents from the media company intentionally placed ------- in the major cities of the nation.

(A) them
(B) theirs
(C) themselves
(D) yourself

전략3대입

03. Your role as a marketing manager should be totally different from -------.

(A) ours
(B) ourselves
(C) us
(D) our

전략1, 2대입 ▶고난도!

04. Mr. John allowed the team members to assist ------- with the planning stage of the project.

(A) he
(B) him
(C) his
(D) himself

전략2대입

05. Jordan Brook, the marketing director, stressed that she would lead the strategy meeting -------.

(A) she
(B) her
(C) hers
(D) herself

전략1, 3대입 ▶고난도!

06. I was so grateful that Mr. Night took a picture of ------- at the graduation ceremony yesterday.

(A) mine
(B) my
(C) I
(D) me

전략2대입

07. Mr. Harry started the new business by ------- but was later joined by more individuals.

(A) himself
(B) him
(C) his
(D) he

전략3대입

08. Some of the rental fleet we manage is not ------- but is owned by our partner businesses.

(A) we
(B) our
(C) us
(D) ours

09. We have a very important meeting tomorrow, so make sure that all ------- equipment in the meeting room is in order.

(A) we
(B) our
(C) ours
(D) ourselves

10. Before the Hong Kong tour bus departs, don't forget to help ------- to free beverages.

(A) you
(B) yours
(C) yourselves
(D) your own

11. Ms. Yoon promised to offer ------- a managerial job in the near future.

(A) me
(B) myself
(C) my
(D) I

12. All passengers are advised to check their seat numbers to ensure that the seats they take are -------.

(A) them
(B) they
(C) theirs
(D) themselves

13. Employees with questions about where to secure ------- personal belongings should call the administrative office.

(A) them
(B) themselves
(C) their
(D) they

14. The Marketing Department has completed its budget for the next year, but we in the Sales Department haven't finished ------- yet.

(A) our
(B) ours
(C) ourselves
(D) us

15. Mr. Dean will go over the architectural companies' proposals before ------- has meetings with them next week.

(A) he
(B) him
(C) his
(D) himself

16. Mr. Donald met with the contractor's CEO ------- in order to deal with a very important sales contract.

(A) him
(B) his own
(C) he
(D) himself

▶ 정답 및 해석 58페이지

출제 경향

- 매회 1~2 문제가 주로 팟5에서 출제된다.
- 단수/복수, 사람/사물 구분만으로 해석 없이 풀리는 경우와 대명사가 가리키는 부분을 해석해서 확인해야 하는 경우가 있다.
- 부정대명사가 지시대명사보다 출제 비율이 높으며, 같은 표현은 6~12개월 주기로 출제된다.

최근 6개월간 출제 경향

출제 시기	출제 파트 & 정답 유형
N월	팟5 부정대명사 1개
N+1월	팟6 지시대명사 1개
N+2월	팟5 부정대명사 1개
N+3월	팟5 부정대명사 1개
N+4월	팟5 지시대명사 1개
N+5월	

＊다음달 나올 문제는 저자 동영상 확인 (https:c11.kr/3xgc)

유형 파악

해석 없이 풀려면 가장 먼저 문제 유형을 파악해야 한다. 문제 유형은 보기만 보아도 95% 이상 알 수 있다.

STEP 1 두 문제의 보기에서 공통점을 확인해보자.

1. We find ------- more necessary or rewarding than for a sales clerk to help customers make right choices.

   (A) every
   (B) either
   (C) nothing
   (D) whichever

2. Only ------- who have proper identification can get access to the facility.

   (A) those
   (B) this
   (C) that
   (D) them

▶ 보기들이 주로 부정대명사(either, nothing)나 지시대명사(those, this, that)로 구성되어 있다.

STEP 2 문제를 풀어보고 두 문제의 공통점과 차이점을 확인해보자.

1. We find ------- more necessary or rewarding than for a sales clerk to help customers make right choices.

   (A) every
   (B) either
   (C) nothing
   (D) whichever

2. Only ------- who have proper identification can get access to the facility.

   (A) those
   (B) this
   (C) that
   (D) them

▶ 1번과 2번에 있는 대부분의 보기들은 부정대명사, 지시대명사로 구성되어 있는데, 1번 정답은 nothing이므로 1번은 부정대명사 문제로 분류하고, 2번 정답은 those이므로 지시대명사 문제로 분류한다.

지시/부정대명사 풀이 전략

: 출제 빈도: 매회 평균 1~2개

지시대명사사와 부정대명사는 종류가 매우 다양하다. 또한 가산/불가산, 단수/복수, 사람/사물, 부정어/긍정어, 대명사가 가리키는 대상 등 확인해야 할 요소가 많아 수험자들이 매우 어려워하는 부분이므로 아래 전략을 통해 충분히 학습하도록 한다.

: **기초문법점검** : 풀이 전략에 들어가기 전에 아래의 기본 문법은 알고 있어야 한다. 알고 있다고 착각하기 쉬운 문법들을 점검 퀴즈로 확인해보자.

기본 점검 퀴즈	관련 문법
① (This, These) employees need to visit us. ② (That, Those) employee needs to visit us. ③ (This desk, These) belong to us.	• this, that, these, those를 지시대명사라고 한다. 지시대명사는 명사 앞에서 명사를 꾸며주는 형용사 기능을 할 수 있다. • this, that은 단수형, these, those는 복수형이다.
④ 맞는 문장이면 O, 틀린 문장이면 X로 표시하세요. 　(1) One is mine, and the other is yours. (　　) 　(2) Many apple is on display. (　　) 　(3) A few apple is on display. (　　) 　(4) Each students are studying hard. (　　)	• 둘 중 하나는 one, 나머지 하나는 the other • many + 복수명사 + 복수동사 • a few + 복수명사 + 복수동사 • each + 단수명사 + 단수동사
⑤ (Every, All, Each) of the students is running. ⑥ (Every, All, Each) of the mail is missing. ⑦ (Every, All, Each) of the students are running.	• 빈칸은 주어, 즉 명사 자리이고 every는 형용사이다. • each of + 복수명사 + 단수동사 • all of + 불가산명사 + 단수동사 • all of + 복수명사 + 복수동사

: **정답 & 해석**: 정답을 확인해보고 맞았으면 ○, 틀렸으면 X로 표시하자. 모르면 기초 문법 다지기 Unit 1을 복습하고 전략을 학습하자.

① These (　　) 이 직원들은 우리를 방문할 필요가 있다.

② That (　　) 그 직원은 우리를 방문할 필요가 있다.

③ These (　　) 이것들은 우리 것이다.

④ (1) (O) (　　) 하나는 내 것이고 / 다른 하나는 네 것이다.

　(2) (X) (　　) 많은 사과들이 진열되어 있다.

　(3) (X) (　　) 몇 개의 사과들이 진열되어 있다.

　(4) (X) (　　) 각각의 학생이 열심히 공부하고 있다.

⑤ Each (　　) 학생들 각자가 달리고 있다.

⑥ All (　　) 우편물 전부가 사라졌다.

⑦ All (　　) 학생들 모두가 달리고 있다.

지시대명사는 '이것, 저것'을 의미하는 대명사로 this(복수형은 these)나 that(복수형은 those)이다.
부정대명사란 정해지지 않은 사람이나 사물을 가리킬 때 사용하는 대명사로 some, any, one, another, other, every, all, each, both, either, neither, none 등이 있다.
이들은 대부분 명사와 형용사의 기능을 동시에 가지고 있지만 부정대명사의 일부는 대명사로만, 혹은 형용사로만 사용된다. 따라서 지시/부정대명사 문제가 나오면 품사 자리부터 확인하여 오답을 지워내는 것이 쉽다.

(~~Every~~, ~~Other~~, **Some**) of the employees will receive bonuses this year.
직원들의 몇몇은 받을 것이다 / 보너스를 / 올해에.

▶ 괄호 안은 전치사구(of the employees)의 수식을 받는 명사 자리이다. some은 명사, 형용사가 다 되지만, every나 other는 형용사의 기능만 있으므로 오답이다.

(~~Anyone~~, ~~Nothing~~, **Some**) employees will receive bonuses this year.
몇몇의 직원들은 받을 것이다 / 보너스를 / 올해에.

▶ 괄호 안은 명사 앞 형용사 자리이다. Some은 명사, 형용사가 다 되지만 Anyone, Nothing은 명사의 기능만 있으므로 오답이다.

wh-로 시작하는 단어들(관계대명사, 의문대명사(명사절 접속사), 복합관계대명사)은 접속사와 대명사의 기능을 둘 다 가지고 있다. 따라서 접속사 기능이 없는 일반 대명사들과 혼동해서는 안된다.

(~~Whoever~~, **Anyone**) interested in the position should contact us anytime.
누구든지 / 이 직책에 관심 있는 / 우리에게 연락해야 한다 / 언제든지.

▶ interested는 동사가 아니라 과거분사 즉 준동사이다. 문장에 정동사는 should contact뿐이다. 따라서 대명사인 Anyone이 정답이며 whoever는 접속사이므로 오답이다. Whoever is interested라고 해야 가능하다.

암기 ▶ 일부 기능만 있는 지시/부정 대명사, 형용사

형용사 기능	every, other, no	명사 앞 빈칸일 때 답
명사 기능	-thing, -body, -one, none, each other, one another	동사 앞뒤 빈칸일 때 답
'접속사 + 대명사' 기능	whoever, whomever, whatever 등 wh- 포함 대명사	동사의 개수가 2개여야 답
부사 기능	almost, not, never	부사 자리에 와야 답

(**Every**, ~~Everyone~~) student will attend the seminar. 모든 학생이 참석할 것이다 / 세미나에.

(~~Every~~, **Everyone**) will attend the seminar. 모든 사람이 참석할 것이다 / 세미나에.

(**Who**, ~~Everyone~~) will attend the seminar has not been decided yet.
누가 세미나에 참석할지 / 정해지지 않았다 / 아직.

(**Almost**, ~~Most~~) all of the students will attend the seminar. 거의 모든 학생들이 참석할 것이다 / 세미나에.

* this, that은 대명사, 형용사 이외에 부사 기능도 있다.

    It's a long time since I felt **this** good. 내가 이렇게 좋게 느낀 것이 오랜만이다.
    I can't walk **that** far. 나는 그렇게 멀리 걸을 수가 없다.

* each other (= one anther)는 명사 기능이지만 주어가 될 수 없다. (부사 아님)

Mr. Gu and his assistant will work (**together**, ~~each other~~) to finish the project.

Mr. Gu와 그의 조교는 일할 것이다 / 함께 / 그 프로젝트를 끝내기 위해서.

▶ 1형식 동사 뒤 부사 자리이므로 명사인 each other는 오답이다.

There will be 5 branches in Korea, and (**each**, ~~each other~~, ~~one another~~) will have 100 employees.

5개의 지점들이 있을 것이다 / 한국에 / 그리고 각각은 가질 것이다 / 100명의 직원들을.

▶ 주어 자리에 each other나 one another를 쓸 수 없으므로 오답이다.

Mr. Gu and his assistant will help (~~each~~, **each other**) to finish the project.

Mr. Gu와 그의 조교는 도울 것이다 / 서로를 / 그 프로젝트를 끝내기 위해서.

▶ 동사의 목적어 자리이므로 each other를 쓸 수 있다. each other는 '서로'라는 뜻이므로 주어인 둘을 가리키는 말이지만, each는 가리키는 말이 없어서 오답이다. 여기서 each는 주어를 가리킬 수 없다.

* each는 '각각의'라는 뜻으로 뒤의 명사와 함께 목적어 역할을 하는데, 뒤의 명사가 생략될 수 있다.

This class consists of 10 students, and Mr. Gu and his assistant will help **each** (student).

이 반은 포함한다 / 10명의 학생들을 / 그리고 Mr. Gu와 그의 조교는 도울 것이다 / 각각을(각각의 학생을).

▶ 이 문장에서는 앞에 students가 있으므로 each student에서 student를 생략하고 each만 써도 된다.

함정 several, much, many 등은 형용사뿐 아니라 명사로도 잘 쓰인다.

Among the committee members are **several** (**who**, ~~they~~) voted for the new proposal.

위원회 멤버들 중에 있다 / 몇몇 사람들이 / 새로운 제안서에 찬성 투표한.

▶ 여기서 several은 '몇몇 사람들'이란 명사로 사용되었다. 문장에 동사가 2개(are, voted)이므로 접속사인 who가 답이다.

For (**many**, ~~whom~~), the streetlamps along the park trails are essential.

다수의 사람들에게는 / 가로등들이 / 공원 길을 따라 서 있는 / 필수적이다.

▶ 여기서 many는 '다수의 사람들'이란 명사로 사용되었다. 문장에 동사가 1개(are)이므로 접속사인 whom은 오답이다.

Q 점검퀴즈 다 맞혀야만 다음 전략으로 넘어갈 수 있다!

1. (Some, Other) of our office supplies should be stocked.

2. (Anyone, Whoever) working on the project will receive an overtime allowance.

3. (Each other, Each) employee works hard to meet the tight sales goals.

4. (Almost, Most) of the candidates were qualified for the job.

▶ 정답 및 해석 60페이지

품사 자리를 확인했는데도 소거하지 못한 보기들은 단/복수, 불가산을 확인하면 해석 없이 풀 수 있다.

(~~Few~~, **One**) of the employees is contacting you next week. 직원들 중 한 명이 연락할 것이다 / 당신에게 / 다음 주에.

▶ 동사가 단수이므로 단수 취급하는 One이 답이다. Few는 복수 취급한다.

(~~Each~~, **A few**) of the employees were interested in attending the seminar.
직원들 중 몇 명은 관심이 있다 / 세미나에 참석하는 것에.

▶ 동사가 복수이므로 복수 취급하는 A few가 답이다. Each는 단수 취급한다.

(~~Neither~~, ~~Many~~, **Much**) of the confidential information was not given to the entry-level employees. 기밀 정보의 대부분은 주어지지 않는다 / 신입 사원들에게는.

▶ 동사가 단수이므로 복수 취급하는 Many는 소거한다. 괄호 안은 불가산명사인 information을 가리키므로 단수형 가산명사를 가리키는 neither는 쓸 수 없다. Much는 불가산명사를 받으며 단수형 동사를 쓰기 때문에 정답이다.

복수와 불가산이 모두 가능한 대명사의 경우는 가리키는 명사가 무엇인지 확인하여 결정한다.

(~~Each~~, **All**) of the employees were interested in attending the seminar.
직원 모두가 관심이 있었다 / 세미나에 참석하는 것에.

(~~Each~~, **All**) of the information was saved in the computer.
모든 정보는 저장되어 있었다 / 컴퓨터에.

▶ 첫 번째 All은 employees를 가리키나 두 번째 All은 information을 가리킨다. all은 복수와 불가산이 모두 가능하므로 정답이며 each는 단수명사를 받아야 하고 단수형 동사를 써야 하므로 오답이다.

📖 암기

가산		불가산	지시/부정대명사, 형용사
단수	복수		
○			one, each, either, neither, anyone, -thing/-body, every
	○		few, a few, both, several, many, ones, others, the others, these, those
○		○	this, that
	○	○	any, some, most, all, other
○	○	○	none, no

* this나 that은 문장을 받을 수 있다.

Our sales have increased sharply, and **this** will enable us to expand.
우리의 판매는 증가했다 / 급격하게 / 그리고 이것은 가능하게 할 것이다 / 우리가 확장하는 것을.

* any나 some이 대명사가 아니라 형용사로 사용될 때는 단수명사도 올 수 있다.

Any plan will do. 어떤 계획이든 괜찮을 것이다.

Some man came to me. 어떤 남자가 나에게 왔다.

명사의 반복을 피하기 위한 one/ones과 that/those

one/ones는 앞에 언급된 명사의 반복을 피하기 위해서 사용한다. 보통은 형용사나 전명구 등의 수식어와 함께 사용한다.

I lost my wallet, so I had to buy a new **one**. 나는 나의 지갑을 잃어버렸다 / 그래서 나는 사야만 했다 / 새로운 것을.

You may park your car in this parking lot or in the **one** across the street.
당신은 당신의 차를 주차할 수 있습니다 / 이 주차장에 혹은 길 건너에 있는 것(주차장)에.

Give me two red roses and three white **ones**. 저에게 주세요 / 두 개의 빨간 장미들을 그리고 세개의 하얀 것들을.

▶ 여기서 one 혹은 ones는 wallet, parking lot, roses의 반복을 피하기 위해 사용되었으며, 앞의 my wallet, this parking lot, red roses 자체를 가리키는 말이 아니다.

that/those도 앞에 언급된 명사의 반복을 피하기 위해서 사용하며 앞에서 사용된 명사와 같은 종류의 사람/사물을 나타낸다. 형용사의 수식을 받지 못하고, 주로 'of 전치사구'의 수식을 받는다. 이때 이 자리에 this/these나 it, them을 쓸 수 없다.

His appearance was (**that**, ~~those~~, ~~this~~, ~~it~~) of a child. 그의 외모는 어린아이의 그것(외모)과 같았다.

The employees at our company work harder than (**those**, ~~that~~, ~~these~~, ~~them~~) at your firm.
직원들은 / 우리 회사에 있는 / 일한다 / 더 열심히 / 당신 회사의 직원들보다.

▶ that은 appearance라는 단수명사 대신, those는 employees라는 복수명사 대신 쓴 것이다.
▶ The employees를 가리키는 말이 오려면 them이 아닌 themselves를 써야 하지만 의미상으로 맞지 않고 at your firm의 수식도 받지 못한다.

Q 점검퀴즈 다 맞혀야만 다음 전략으로 넘어갈 수 있다!

1. (A few, All) of the information turned out to be wrong.

2. The Rania swimming suit is the cheapest (one, any) on sale at our shop.

3. (Both, Either) needs to call me today to schedule an interview.

4. Our sales are much higher than (that, those) of your company. ▶ 정답 및 해석 61페이지

3 **지시/부정대명사 문제는 사람/사물, 지정 순서, 부정/긍정의 어울림을 확인한다.**

1 | 사람/사물 확인

수식어나 동사를 보면 빈칸의 대명사가 사람을 가리키는지 사물을 가리키는지 확인할 수 있다. -thing은 사물, -body나 -one은 사람을 가리킨다.

(**Nobody**, ~~Nothing~~) attended the strategy meeting. 아무도 참석하지 않았다 / 전략 회의에.

▶ 참석하는 것(attended)은 사람이므로 Nobody가 답이다. Nothing은 사물을 가리키는 말이다.

(~~Anyone~~, **Those**, ~~Anything~~, ~~They~~) who want to enroll in the evening course should let me know directly. 저녁 코스에 등록하기 원하는 사람들은 / 나에게 직접 알려줘야 한다.

▶ 등록을 원하는 것도 알려주는 것도 사람이 하는 일이다. 사물을 가리키는 Anything을 소거한다.
  want는 복수형 동사인데, Anyone은 단수 취급하므로 소거한다.
  They는 누구를 가리키는지 알 수 없어 오답이다.
  Those는 여기서 Those people의 줄임말로, 앞의 복수명사를 받는 those가 아니고 '~하는 사람들'이란 뜻의 표현이다. 참고로 those대신에 these, this, that은 불가능하다.

those + (~하는 사람들)	those가 '~하는 사람들'로 쓰일 때 수식하는 형용사류 정리	
	형용사	available in the evening 오후에 시간이 되는
	전명구	in meeting room 16 16호 회의실에 있는
	현재분사구	interviewing applicants 신청자들을 인터뷰하는
	과거분사구	contacted by our HR manager 인사부장에 의해 연락된
	형용사절	who visit the facility 그 시설을 방문하는

2 | 지정 순서 확인

두 개의 사람[사물]을 가리킬 경우, 하나는 one, 또 다른 하나는 the other라고 한다.

There are two apples. **One** is mine, and **the other** is yours.
두 개의 사과들이 있다. 하나는 나의 것이고 / 다른 하나는 당신의 것이다.

세 개 이상의 사람[사물]을 가리킬 경우, 하나는 one, 또 다른 하나는 another, 마지막 하나는 the other이다. 나머지 것들이 복수인 경우 the others가 된다.

We have five umbrellas now, so you may take **one** for you and **another** for your friend.
우리는 가지고 있다 / 5개의 우산들을 지금 / 그래서 당신은 하나를 가져갈 수 있다 / 당신을 위해 / 그리고 또다른 하나를 / 당신의 친구를 위해.

The others will be reserved for other guests. 다른 것들은 예약될 것이다 / 다른 손님들을 위해서.

많은 사물[사람]을 몇 개[사람]씩 가리킬 경우는 처음 그룹은 some, 다음 그룹은 others로 쓴다. 처음 그룹 이외의 나머지 전부는 the others로 쓴다.

We have ten umbrellas now, so you may take **some** for group A.

우리는 10개의 우산들을 가지고 있다 / 지금 / 그래서 당신은 몇 개를 가져갈 수 있다 / 그룹 A를 위해서.

Mr. Kim will take **others** for group B. **The others** will be kept here just in case.

Mr. Kim은 다른 것들을 가져갈 것이다 / 그룹 B를 위해서. 나머지들은 여기에 보관될 것이다 / 만약을 위해서.

그룹 규모	예시	지정 순서에 따른 부정대명사
2개	● ●	one (하나) the other (나머지 하나)
3개	● ● ●	one (하나) another (다른 하나) the other (나머지 하나)
다수 (정해진 개수)	●●●●●●●●●●●	one (하나) another (다른 하나) the others (나머지 모두)
	●●●●●●●●●●●	one (하나) the others (나머지 모두)
	●●●●●●●●●●●	one (하나) others (다른 몇 개) the others (나머지 모두)
	●●●●●●●●●●●	some (몇 개) others (다른 몇 개) the others (나머지 모두)
다수 (무한정 개수)	●●●●●●●● ……	one (하나) others (다른 몇 개)
	●●●●●●●● ……	some (몇 개) others (다른 몇 개)

3 | 부정/긍정의 어울림을 확인

보기에 긍정어와 부정어(neither, none, nobody, nothing, few, little)가 같이 있을 경우 부정어부터 대입하여 해석한다. 부정어는 주로 역접 계열의 단어(but, although)와 잘 어울리는데, 부정어가 답인 경우 자연스럽게 긍정어를 오답으로 소거할 수 있다.

The laboratory submitted two grant proposals, but (**neither**, ~~either~~) of them was approved.

그 실험실은 제출했다 / 두 개의 보조금 제안서들을 / 하지만 그것들 둘 다 승인되지 않았다.

▶ neither와 either는 서로 반대말이므로 일단 neither부터 넣고 논리 관계를 따져 본다. '제출했다＋but'의 내용으로 미루어 보았을 때 '승인되지 않았다'는 것이 어울리며 뒤에는 approved가 있다. 그렇다면 부정어인 neither가 답이 되며 자동으로 either는 소거된다.

Q 점검퀴즈 다 맞혀야만 다음 전략으로 넘어갈 수 있다!

1. (Anyone, Anything) you can do will pay off in the end.
2. (Those, These) who are obese should work out every day.
3. Of the three, two are acceptable, but (other, the other) isn't.
4. Many applied for the position, but (all, none) were qualified.

▶ 정답 및 해석 61페이지

5초 풀이 전략 4 팟6의 지시/부정대명사, 형용사 문제는 앞/뒤의 다른 문장에서 가리키는 말을 확인한다.

팟6의 지시/부정대명사 문제는 보통 빈칸이 있는 문장만 봐서는 풀리지 않는다. 일단 팟5처럼 자리를 확인한 후 선택 보기가 더 이상 소거되지 않는다면 빈칸이 포함된 문장이 아닌 앞이나 뒤의 다른 문장에서 단서를 찾아야 한다.

1 | 앞의 문장을 확인하는 경우

(Both, Either, This, These) will be shared during the board meeting next week.

(둘 다, 둘 중 하나, 이것, 이것들은) 공유될 것이다 / 이사회 회의 중에 / 다음 주.

▶ 이 문장만으로는 답을 찾을 수 없다. 회의에서 공유되는 것이 무엇인지는 그 앞의 문장을 봐야 한다.

There will be **many changes** in our future strategy. (~~Both~~, ~~Either~~, ~~This~~, **These**) will be shared during the board meeting next week.

많은 변화가 있을 것이다 / 우리의 미래 전략에. 이것들은 공유될 것이다 / 이사회 회의 중에 / 다음 주.

▶ Both나 Either는 앞에 확실한 두 개의 사람 혹은 사물이 언급되어야 쓸 수 있으므로 오답이다. many changes를 받아야 하므로 복수인 These가 답이다.

2 | 뒤의 문장을 확인하는 경우

Employees are allowed to work from home (some, most, all) of the time.

직원들은 허락된다 / 일하는 것이 / 집에서 / (약간, 대부분, 전부를) / 시간의.

▶ 이 문장만으로는 답을 찾을 수 없다. 재택 근무를 어느 정도 할 수 있는지에 대한 단서가 없기 때문이다. 팟6에서 이 문제가 출제된다면 뒷문장에 단서가 있다.

Employees are allowed to work from home (**some**, ~~most~~, ~~all~~) of the time. However, except in very special cases such as unpredictable sicknesses, they should report to the office every day. 직원들은 허락된다 / 일하는 것이 / 집에서 / 가끔씩. 하지만 매우 특별한 경우들을 제외하고는 / 예측할 수 없는 질병 같은 / 그들은 사무실에 출근해야 한다 / 매일.

▶ 이어지는 문장에서 매우 특별한 경우를 제외하고는 사무실로 출근해야 한다는 말이 나온다. 이는 재택 근무할 수 있는 시간이 대부분이나 항상이 아니고 가끔 가능한 경우라고 봐야 하므로 some이 답이다.

We decided to offer a 30% discount (this, every) year.

우리는 결정했다 / 제공하는 것을 / 30% 할인을 / (올, 매)해에.

▶ 이 문장만으로는 답을 찾을 수 없다. 올해만 할인을 제공하는지, 해마다 제공하는지를 뒤의 문장에서 확인해야 한다.

We decided to provide a 30% discount (**this**, ~~every~~) year. If this promotional event proves to be successful, we will make this promotion a regular event.

우리는 결정했다 / 제공하는 것을 / 30% 할인을 / 올해에. 만약 이 판촉 행사가 성공적인 것으로 입증되면 / 우리는 이 홍보가 정기적 행사가 되도록 할 것이다.

▶ 앞으로 정기적인 행사로 만들겠다는 말이 있기 때문에 every year를 답으로 하면 이 판촉 행사가 이미 정기적인 행사가 되므로 의미상 맞지 않는다. 따라서 올해의 행사라고 보는 것이 맞다.

1. You can use the conference room for your allotted time only. (Others, None) may need to use the room.

2. Over one hundred businesses were offered a chance to participate in the survey. (All, Some) firms decided not to participate. 89 companies were surveyed in the end.

3. The dormitory will have 10 floors. (Each, Everything) will be equipped with a furnished lobby for socializing as well as its own laundry room.

▶ 정답 및 해석 62페이지

Unit 10

전략 요약

1. 지시/부정대명사 문제는 품사 자리부터 확인한다. 대부분 명사, 형용사 둘 다 가능하다. wh- 계열의 복합관계대명사/관계대명사는 접속사의 기능이 추가되고, other/every는 형용사 기능만, none/-thing/-body/each other/one another는 명사 기능만, almost/never/not은 부사 기능만 있다.

2. one/each/either/neither/another는 단수, both/many/a few/few는 복수, all/most/some/any는 복수/불가산 취급한다.

3. -one/-body는 주로 사람, -thing은 사물을 가리킨다. 'those + 형용사류'는 '~하는 사람들'이란 뜻이다.

4. another는 one이 있을 때 사용하며, that/those, one/ones는 명사의 반복을 피하기 위해 쓴다.

5. 팟6에서 지시/부정대명사 문제는 앞/뒤의 다른 문장에서 가리키는 말을 확인한다.

전략 대입 〈 5초 안에 푼다!

1. We find ------ more necessary or rewarding than for a sales clerk to help customers make right choices.

   (A) every
   (B) either
   (C) nothing
   (D) whichever

STEP 1 지시/부정대명사 문제인지 확인한다.

(B)와 (C)는 부정대명사, (D)는 복합관계대명사이므로 대명사 문제이다. 특히 답이 (B)나 (C)라면 부정대명사 문제이다.

STEP 2 접속사 자리인지, 명사 자리인지 확인한다.

문장에 동사가 1개뿐이므로 접속사 기능이 포함된 (D) whichever는 오답이다. 빈칸은 동사 find의 목적어 자리이므로 명사나 대명사가 필요한데, 형용사 기능만 있는 (A) every는 오답이다.

(A) every

(D) whichever

STEP 3 대입하여 가리키는 말을 확인한다.

either는 2개가 언급되어야 사용할 수 있는데, 앞에 그러한 언급이 없어서 오답이다. 상관접속사인 either A or B를 생각한다면 find의 목적어가 없으므로 오답이다. necessary는 형용사이므로 목적어가 될 수 없다. 정답인 nothing을 대입하면 '~보다 더 필요한 것은 없다', 즉 '~이 가장 필요하다'는 뜻이 되어 정답이다.

정답 (C)

전략을 적용해 해석 없이 문제를 풀어보고 채점 시 점검 차원에서 해석해본다.

전략3대입

01. The informational seminar led by Benjamin Park is designed for ------- involved in the upcoming negotiations.

(A) both
(B) those
(C) what
(D) who

전략2대입 ▶고난도!

02. ------- recently hired employee at Tower Industries has received the access code for the payroll system.

(A) Only
(B) Towards
(C) Other
(D) Every

전략1대입

03. Because of their increasing popularity, ------- of our books will run out of stock this week.

(A) some
(B) other
(C) every
(D) one another

전략3대입

04. Hynix Engineering is now using airmail in order to quickly move cargo from one location to -------.

(A) another
(B) other
(C) each other
(D) one other

전략2대입 ▶고난도!

05. ------- our president talked about in the board meeting will be shared in each departmental meeting this week.

(A) Several
(B) Anything
(C) Every
(D) That

전략1대입

06. The personnel manager set three respective time slots to interview ------- of the three final candidates we narrowed down.

(A) each
(B) every
(C) what
(D) each other

전략3대입

07. Only ------- who have parking permits displayed on their windows can avoid getting ticketed and fined.

(A) these
(B) those
(C) each one
(D) other

전략1, 2대입 ▶고난도!

08. ------- the talented architects with experience working overseas met to come up with ideas on building a new sport complex.

(A) Almost
(B) Most of
(C) Several
(D) Plenty of

Unit 10

전략2대입

09. The survey results indicate that ------- of AC Auto's compact car models should be discontinued.

(A) variety
(B) what
(C) no
(D) several

전략1대입

10 Employees can bring ------- they like if it is not on the list of prohibited items.

(A) whatever
(B) the most
(C) that
(D) nothing

전략3대입

11. It is clear that ------- secures lucrative contracts better than Mr. Oldman.

(A) nobody
(B) any
(C) these
(D) nothing

전략1대입

12. Mr. Sandman submitted two different proposals for developing the old downtown, and the city government accepted -------.

(A) no
(B) both
(C) almost
(D) never

전략3대입

13. One winner at the awards ceremony expressed gratitude to the audience while ------- thanked his former supervisor, who was not present that day.

(A) other
(B) either
(C) the other
(D) each other

전략1대입 ▶고난도!

14. Mr. Owhana Lee has ------- of the most state-of-the-art facilities in his field.

(A) regardless
(B) aware
(C) one
(D) these

전략2대입

15. If ------- is available to work overtime this week, the possibility of meeting the deadline will be remote.

(A) a few
(B) no one
(C) anyone
(D) some

전략2대입

16. ------- of the computers in our department is to be checked next Monday to ensure that its software is up to date.

(A) Most
(B) Every
(C) Theirs
(D) Each one

▶ 정답 및 해석 62페이지

'대명사' 종합 문제

반드시 다음의 순서대로 풀어보자.

1. 무턱대고 해석부터 하지 않는다.

2. **보기 확인 → 문제 유형 파악 → 대명사 문제라면** 품사 자리, 단/복수, 가리키는 명사 확인 순서**로 푼다.**

3. 핵심 전략을 적용해 문제를 푼다. (전략 9-1 : Unit 9의 전략 1)
   답을 확인하기 전 점검 차원에서 간단히 해석해본다.

파트 5

전략10-1대입

01. Even though many companies offer comparable salaries, ------ promise to raise them the next year like we do.

(A) few
(B) everything
(C) any
(D) other

전략9-1대입 ➤고난도!

02. Archaeologists excavate old tombs and study ------- historical meanings through various techniques.

(A) where
(B) who
(C) their
(D) these

전략10-1대입

03. ------- in the residents' association agreed with the proposal to transform the apartment's rooftop into a garden.

(A) Everyone
(B) Anything
(C) Whatever
(D) One another

전략9-2대입

04. Before contacting applicants for an interview, Mr. Grove will review their qualifications -------.

(A) himself
(B) his
(C) him
(D) he

전략9-1대입

05. Ms. Woo would like to be informed of what time the rehearsal will start for ------- performance.

(A) she
(B) her
(C) hers
(D) herself

전략10-3대입

06. A processing fee will be deducted from their deposit for ------- who cancel their reservations fewer than 24 hours before the check-in date.

(A) any
(B) those
(C) what
(D) they

전략9-1대입

07. Because my immediate supervisor is on vacation, all questions should be directed to -------.

(A) I
(B) me
(C) mine
(D) myself

전략9-1대입

11. The executives at ANA Ltd. decided that ------- would expand into overseas markets to offset the decline in domestic sales.

(A) they
(B) their
(C) them
(D) themselves

전략9-2대입

08. The manager, Ms. Kwon, decided to take on the task ------- because everyone in her department was busy doing other jobs.

(A) herself
(B) her
(C) hers
(D) her own

전략10-3대입

12. We are sorry to postpone the shipment of the machine parts until next week because we have ------- in stock.

(A) no
(B) not
(C) never
(D) none

전략10-3대입

09. Please contact the Personnel Department if you lose your employee ID card and want to be reissued -------.

(A) every
(B) other one
(C) each other
(D) another

전략9-1대입

13. Because Mr. Green swiftly reacted to the matter, ------- company avoided declaring bankruptcy.

(A) he
(B) him
(C) his
(D) himself

전략9-3대입

10. Although most of the entries were accepted, Mr. Roberts and Ms. Roman were disappointed when ------- were rejected.

(A) themselves
(B) theirs
(C) they
(D) them

전략10-1, 2대입 ▶고난도!

14. Mr. Sim took part in ------- the famous lecturer Mr. Gu led during the last year.

(A) either
(B) both
(C) additional
(D) everything

15. Although Ms. Janita worked hard to boost attendance at her presentation, ------- was better attended.

(A) I
(B) me
(C) mine
(D) myself

19. The reunited band introduced ------- to the eagerly awaiting audience at the start of the concert.

(A) their own
(B) themselves
(C) they
(D) their

16. The board of directors confirmed that their company was doing -------- to meet its ambitious sales goals.

(A) such a
(B) every
(C) enough
(D) fewer

20. To protect endangered species, some nations are forced to hunt as ------- whales as possible to fulfill their needs.

(A) little
(B) few
(C) nothing
(D) none

17. Please check ------- of the contract terms and conditions thoroughly before you sign it.

(A) all
(B) every
(C) whole
(D) much

21. The captain of the woman's soccer team stressed that leading her team to the final match was a personal responsibility of -------.

(A) herself
(B) her
(C) hers
(D) she

18. The proposal was considered favorably by most of the board members even though ------- raised a question about the limited budget.

(A) one
(B) each other
(C) another
(D) every

22. John Harris has proved ------- to be an enthusiastic and talented employee at Solomon, Inc.

(A) his
(B) its
(C) itself
(D) himself

▶ 정답 및 해석 64페이지

Questions 23-26 refer to the following letter.

Dear Ms. Martinez,

Thank you for meeting with me to talk about the chance ------- as an executive at
23.
Powell Technology. It was fascinating to hear your thoughts on the position. Having

done that, I'm positive my qualifications make me the ideal candidate for the position.

------- have a tremendous amount of knowledge on the experiments your company is
24.
conducting in its labs. -------. Another advantage is that my contacts in the industry
25.
would be of great benefit to your -------.
26.

Thank you for your time.

Regards,

Steven Wilkinson

23. (A) to work
    (B) worked
    (C) having worked
    (D) works

24. (A) You
    (B) They
    (C) I
    (D) We

25. (A) It would be great to meet you
        sometime soon.
    (B) It is difficult to get hired as an
        executive anywhere.
    (C) Please take a look at my résumé
        when you can.
    (D) In particular, I have very much
        experience with lithium batteries.

26. (A) seminar
    (B) experience
    (C) organization
    (D) appearance

Questions 27-30 refer to the following notice.

After receiving numerous requests from tenants in Heathcliff Apartments, the management team has decided to provide space for tenants' ------- in the basement
27.
floor of the building.

The room adjacent to the laundry facilities will be renovated so that it holds 40 lockers.
------- will have space to hang items as well as two drawers for you to place any
28.
apparel that needs storing. This work will take ------- two weeks to complete.
29.

If you are interested in storing garments there, please provide your name, apartment number, and e-mail address to the person at the front desk in the lobby. -------. The fee
30.
must be paid at the moment you register.

27. (A) vehicles
(B) furniture
(C) visitors
(D) clothing

28. (A) Each
(B) Either
(C) Anything
(D) This

29. (A) rough
(B) rougher
(C) roughest
(D) roughly

30. (A) Thank you for informing us of this.
(B) Lockers may be rented for $20 a month.
(C) All tenants must keep the laundry room clean.
(D) Rent is expected to go up in the next few months.

▶ 정답 및 해석 68페이지

매회 **4** 문제

접속사

Unit 11 명사절/형용사절 접속사

선행사의 유/무, 사람/사물을 확인하고 완전/불완전 절을 구분하여 푼다.

출제 경향

- 매회 0~2 문제가 주로 팟5에서 출제된다.
- 선행사와 절의 완전/불완전을 확인하면 해석 없이 풀 수 있다.
- 형용사절 접속사는 who, that, whose가 명사절 접속사는 whether, that, what 등이 정답으로 자주 출제된다.

최근 6개월간 출제 경향

출제 시기	출제 파트 & 정답 유형
N월	명사절 접속사 2개
N+1월	형용사절 접속사 1개
N+2월	명사절 접속사 2개, 형용사절 접속사 1개
N+3월	
N+4월	
N+5월	

* 다음달 나올 문제는 저자 동영상 확인 (https:c11.kr/3xgc)

유형 파악

해석 없이 풀려면 가장 먼저 문제 유형을 파악해야 한다. 문제 유형은 보기만 보아도 95% 이상 알 수 있다.

STEP 1 두 문제의 보기에서 공통점을 확인해보자.

1. Amanda Lily, ------- monetary support has made the renovation of the city museum possible, will be honored at its twentieth anniversary.

   (A) what
   (B) that
   (C) whomever
   (D) whose

2. Dr. Jang, ------- is off duty, asked his assistant to compile sales data for the strategic meeting next week.

   (A) what
   (B) who
   (C) which
   (D) that

▶ 모두 명사절 접속사(what, that, whomever, whose, who, which)나 형용사절 접속사(who, that, which, whose)로 구성되어 있다. that, whose, who, which는 명사절 접속사와 형용사절 접속사의 기능을 모두 가지고 있다.

STEP 2 문제를 풀어보고 두 문제의 공통점과 차이점을 확인해보자.

1. Amanda Lily, ------- monetary support has made the renovation of the city museum possible, will be honored at its twentieth anniversary.

   (A) what
   (B) that
   (C) whomever
   (D) whose

2. Dr. Jang, ------- is off duty, asked his assistant to compile sales data for the strategic meeting next week.

   (A) what
   (B) who
   (C) which
   (D) that

▶ 1번과 2번 모두 빈칸 앞에 위치한 선행사가 사람이라는 공통점이 있으나 1번 빈칸은 명사 앞이고 2번은 동사 앞이다. 1번은 명사 앞이므로 소유격 관계대명사인 (D)가 정답이고, 2번은 동사 앞이므로 주격 관계대명사인 (B)가 정답이다.

명사절/형용사절 접속사 풀이 전략

:출제 빈도: 매회 평균 0~2개

> 명사절 및 형용사절 접속사 문제는 선행사의 유무를 확인하고 절의 완전/불완전을 확인하면 해석 없이 풀 수 있다. 그러나 명사절 및 부사절의 기능을 갖는 경우도 있어 토익 문법 중 가장 어려운 부분에 해당된다.

:기초문법점검 : 풀이 전략에 들어가기 전에 아래의 기본 문법은 알고 있어야 한다. 알고 있다고 착각하기 쉬운 문법들을 점검 퀴즈로 확인해보자.

기본 점검 퀴즈	관련 문법
예시를 응용하여 적합한 단어를 선택하세요. ① I said, "He was wrong." → I said (that, whether) he was wrong. ② I asked, "Was he wrong?" → I asked (that, whether) he was wrong or not. ③ I asked "What will he do?" → I asked (what, that) he will do.	• 동사의 목적어가 되는 절을 명사절이라고 한다. • that he was wrong (그가 틀렸다는 것), whether he was wrong or not (그가 틀렸는지 아닌지), what he will do (그가 무엇을 할지) 부분이 명사절이며, 명사절은 동사 said와 asked의 목적어가 된다.
예시를 응용하여 적합한 단어를 선택하세요. ④ I like the man. He speaks English. → I like the man (who, he) speaks English. ⑤ I like the man. They like him very much. → I like the man (him, whom) they like very much. ⑥ I like the man. His car is over there. → I like the man (his, whose) car is over there.	• 뒤에서 앞의 명사를 수식하는 절을 형용사절이라고 한다. • who speaks English (영어를 말하는), whom they like very much (그들이 매우 좋아하는), whose car is over there (그의 차가 저쪽에 있는) 부분이 형용사절이며, 형용사절은 그 앞의 명사 the man을 수식한다.

Unit 11

:정답&해석 : 정답을 확인해보고 맞았으면 ◯, 틀렸으면 X로 표시하자. 모르면 기초 문법 다지기 Unit 3, 4를 복습하고 전략을 학습하자.

① that (   ) 나는 말했다 / 그가 틀렸다고.

② whether (   ) 나는 물었다 / 그가 틀렸는지 아닌지.

③ what (   ) 나는 물었다 / 그가 무엇을 할지.

④ who (   ) 나는 그 남자를 좋아한다 / 영어를 말하는.

⑤ whom (   ) 나는 그 남자를 좋아한다 / 그들이 매우 좋아하는.

⑥ whose (   ) 나는 그 남자를 좋아한다 / 그의 차가 저기에 있는.

명사절이 완전하면 that, 불완전하면 what, 선택은 whether

주어와 동사가 있는 문장의 기본 단위를 절이라고 한다. 이 절이 명사처럼 주어, 목적어, 보어 역할을 할 때 명사절이라고 하며 명사절은 명사절 접속사(that, what, whether, 의문사)로 시작한다.

1 | 명사절 접속사 자리

The company announced (that, ~~because~~) it will unveil a new product next month.

그 회사는 발표했다 / 그것이(그 회사가) 공개할 것이라고 / 새로운 제품을 / 다음 달에.

▶ announce는 목적어가 필요한 동사이며, 괄호부터 문장 끝까지가 명사절이다. 여기에서 that은 명사절 접속사로 정답이다. because는 부사절 접속사로 because를 쓴다면 문장 끝까지 부사절이 되는데, 부사절은 수식어로서 목적어가 될 수 없기 때문에 오답이다.

(What, ~~Although~~) you need is not known. 당신이 필요한 것은 알려지지 않았다.

▶ 동사인 is 앞에는 주어가 필요하다. 괄호부터 need까지가 주어의 역할을 하는 명사절이다. what은 명사절 접속사이므로 정답이지만, although는 부사절 접속사이므로 although를 쓰면 need까지가 부사절이 되고, 부사절은 수식어로서 주어가 될 수 없기 때문에 오답이다.

주어가 되는 명사절	------- S V V.	**What** you want matters. 당신이 원하는 것은 중요하다.
타동사의 목적어가 되는 명사절	S *3V ------- S V.	I know **what** you want. 나는 알고 있다 / 당신이 원하는 것을.
전치사의 목적어가 되는 명사절	전 ------- S V	about **what** you want 당신이 원하는 것에 대해서
보어가 되는 명사절	S be ------- S V.	This is **what** you want. 이것은 당신이 원하는 것이다.

*3V: 3형식 동사

2 | 명사절 접속사 구분

The company announced (that, ~~what~~, ~~whether~~) it will unveil a new product next month.

그 회사는 발표했다 / 그것이(그 회사가) 공개할 것이라고 / 새로운 제품을 / 다음 달에.

The man didn't know (~~that~~, what, ~~whether~~) his girlfriend wanted.

그 남자는 알지 못했다 / 그의 여자친구가 무엇을 원하는지를.

▶ that은 이어지는 절이 완전할 때, what은 이어지는 절이 불완전할 때 쓴다. 완전하다는 것은 문장의 필수 요소인 주어, 동사 혹은 목적어, 보어 등이 형식에 따라 빠짐없이 갖춰진 경우를 말한다. his girlfriend wanted에서는 wanted의 목적어가 없으므로 절이 완전할 때 쓰는 that이나 whether가 올 수 없다.

whether는 이어지는 절에 주로 or가 등장하며, 주절에는 ask, wonder, don't know, would like to know 등의 확정되지 않은 의미의 동사가 온다.

Mr. Burano wondered (~~that~~, ~~what~~, whether) he could open his own store within a year (or not). Mr. Burano는 궁금해 했다 / 그가 그 자신의 가게를 1년 이내에 열 수 있을지 (혹은 없을지).

한편, 주절에 아래와 같은 동사들이 올 때는 주로 명사절 접속사 that이 온다. '생말예제' 동사로 암기하자.

생각하다	think 생각하다 guess 추측하다 assume 추정하다 believe 믿다. 생각하다	
말하다	mention 말하다 state 말하다 indicate 나타내다 say 말하다 detail 상세히 말하다 outline 요약하여 말하다 stress 강조하다 add 덧붙이다 caution 경고하다 ensure(=make sure) 분명히 하다 specify 지정하다 note 알아두다	(that) S V(완전)
예측하다	predict 예측하다 project 예상하다 expect 기대하다 anticipate 예상하다 estimate 추정하다	
제안하다	suggest 제안하다 recommend 추천하다 request 요구하다 ask 요구하다	

ex The survey results indicate **that** customers tend to buy items on the Internet.

설문조사 결과는 나타낸다 / 고객들이 물건들을 구매하는 경향이 있다는 것을 / 인터넷에서.

what을 포함한 의문사들은 명사절 접속사로 사용된다. 의문사끼리 구분할 때는 그 의문사가 명사, 형용사, 부사 중 어떤 역할인지, 명사일 경우는 주어, 목적어, 보어 중 어떤 역할인지를 구분하면 쉽게 풀 수 있다.

David wants to know (**who**, ~~which~~, ~~whose~~, ~~why~~) will attend the meeting.

Davis는 알기를 원한다 / 누가 미팅에 참석할지.

▶ 괄호 뒤에 주어가 빠져 있으므로 주어 역할을 할 수 있는 who와 which중에서 선택한다. 이 중 which는 '둘 중 어떤 것/사람'같이 선택 사항이 있을 때 사용하므로 who가 정답이다.

의문사	풀이법	명사절	명사절 안
의문대명사	주어나 목적어나 보어의 기능을 하므로 기능을 하는 요소가 이어지는 절에 빠져 있게 된다. 따라서 이어지는 절은 불완전하다.	who + 동사 (주어 빠짐) ex who likes you 누가 당신을 좋아하는지 whom + 주어 + 타동사 + (목적어 빠짐) ex whom you like 당신이 누구를 좋아하는 지 whom + 주어 + 자동사 + 전치사 + (전치사의 목적어 빠짐) ex whom you work for 당신이 누구를 위해 일하는지 what/which + 주어 + 타동사 + (목적어 빠짐) ex what you like 당신이 무엇을 좋아하는지 what/which + 동사 (주어 빠짐) ex what makes you happy 무엇이 당신을 행복하게 하는지	불완전(주어나 목적어 빠짐)
의문부사	부사의 기능을 하므로 문장 필수 요소에 영향을 미치지 않는다. 따라서 이어지는 절이 완전하다.	where/when/why/how + 완전한 문장 ex where the man will stay 그 남자가 어디에 머물지	완전 (정상 어순)
의문형용사	형용사의 기능을 하므로 바로 뒤에 명사가 붙는다. '의문사 + 명사'가 주어나 목적어, 보어가 된다.	whose/what/which + 관사/소유격 없는 명사 → **주어** ex which car is better 어떤 차가 더 훌륭한지 whose/what/which + 관사/소유격 없는 명사 → **목적어** ex whose car the man will buy 남자가 누구의 차를 구매할지	필수 요소가 다 있으나 관사/소유격이 빠지거나 어순이 틀어짐

Unit 11

1. (That, What) Mr. Sun said today was disappointing to the candidate.

2. Mr. Wilson will decide (that, whether) or not to visit his client today.

3. The job description states (who, where) is accountable for the task.

4. (Which, That) manager approves an invoice depends on the situation.　　▶ 정답 및 해석 69페이지

5초 풀이 전략 2 선행사가 사람이면 who/whom, 사물이면 which

주어와 동사가 있는 문장의 기본 단위를 절이라고 한다. 이 절이 형용사처럼 명사를 수식할 때 형용사절이라고 하며 뒤에서 앞의 명사를 수식한다. 형용사절은 형용사절 접속사(관계대명사, 관계부사)로 시작하며 형용사절의 수식을 받는 명사를 선행사라고 한다.

1 │ 형용사절 접속사 자리

The company (**which**, ~~what~~) announced the merger will start restructuring its operations.

그 회사는 / 합병을 발표했던 / 시작할 것이다 / 자사의 운영을 재조정하는 것을.

▶ 괄호부터 merger까지는 선행사인 company를 수식하는 형용사절이다. '합병을 발표했던 회사'로 해석하며, which는 형용사절 접속사이다. what은 명사절 접속사로 선행사를 갖지 않는다.

The company hired an architect (**who**, ~~because~~) will create a plan for its headquarters.

회사는 고용했다 / 건축가를 / 자사의 본사를 위한 설계도를 만들.

▶ 괄호부터 headquarters까지는 선행사인 architect를 수식하는 형용사절이다. '설계도를 만들 건축가'로 해석하며, who는 형용사절 접속사이다. because는 부사절 접속사로 선행사를 갖지 않는다.

아래는 형용사절 접속사 자리를 간단히 나타낸 것이다.

- 선행사가 주어인 형용사절: **선행사** ------- (S) V V.
- 선행사가 타동사의 목적어인 형용사절: S 3V **선행사** ------- (S) V.

2 │ 형용사절 접속사 구분

보기에 형용사절 접속사가 2개 이상 존재한다면 두 가지를 확인한다. 먼저 선행사가 무엇인지를 확인하고, 두 번째로 형용사절 접속사(관계대명사)의 자리(격)를 확인해야 한다. 선행사가 사람이면 who, whom을 쓰고, 선행사가 사물이면 which를 쓴다. 사람/사물 구분없이 쓰는 접속사는 that과 whose이다.

The travel package (~~who~~, **which**) includes free meals attracted many customers.

여행 패키지는 / 무료 식사들을 포함하고 있는 / 많은 손님들을 끌어들였다.

The man (**whom**, ~~which~~) his assistant respected gave him advice.

그 남자는 / 그의 조수가 존경했던 / 그에게 조언을 주었다.

▶ 선행사의 사람/사물 구분해도 풀 수 있는 문제이다. travel package는 사물이므로 which, man은 사람이므로 whom을 답으로 할 수 있다.

선행사의 사람/사물 구분으로 풀리지 않는다면, 두 번째로 형용사절 접속사의 자리(관계대명사 격)를 확인한다. 주어/보어 자리면 who, which, that, 목적어 자리면 whom, which, that, 소유격 자리면 whose가 온다.

The man [(~~whom~~, **who**, ~~whose~~) made a speech] expressed his gratitude to the audience.

그 남자는 / 연설을 했던 / 표시했다 / 청중에게 그의 감사를.

▶ 동사 앞 주어 자리이다. 따라서 who가 답이다.

The man [(~~whom~~, ~~who~~, **whose**) book was well received] expressed his gratitude to the readers. 그 남자는 / 그의 책이 호평을 받은 / 표시했다 / 독자들에게 그의 감사를.

▶ 명사 앞 소유격 자리이다. 따라서 whose가 답이다.

The man [(**whom**, ~~whose~~) his assistant respected] gave him advice.

그 남자는 / 그의 조수가 존경했던 / 그에게 조언을 주었다.

▶ 타동사 respect의 목적어가 빠져 있으므로 목적격이 답이다.

The man [with (**whom**, ~~who~~, ~~whose~~) we work] gave us advice.

그 남자는 / 우리가 함께 일했던 / 우리에게 조언을 주었다.

▶ 전치사 with의 목적어가 빠져 있으므로 목적격이 답이다.

선행사가 '장소, 시간, 이유, 방법'인 경우 관계부사를 쓰는데, 관계부사는 '접속사＋부사'의 기능을 하므로 형용사절 안이 형식에 따른 문장의 필수 요소(주어, 동사, 목적어, 보어)를 갖춘 완전한 문장이여야 한다.

I know the place [where I will stay]. 나는 안다 / 장소를 / 내가 머무를.
I know the time [when I will stay]. 나는 안다 / 시간을 / 내가 머무를.
I know the reason [why I will stay]. 나는 안다 / 이유를 / 내가 머무를.
I know the way [how I will stay]. 나는 안다 / 방법을 / 내가 어떻게 머무를지.

단, I know the way [how I will stay].의 경우 the way와 how를 같이 쓰지 않고, the way나 how 중 하나를 생략하여 I know how I will stay이나 I know the way (that) I will stay.로 쓴다.

형용사절 접속사		형용사절	형용사절 안
관계대명사	선행사 사람	who＋동사 (주어 빠짐) ex who likes me 나를 좋아하는 whom＋주어＋타동사＋(목적어 빠짐) ex whom she likes 그녀가 좋아하는 whom＋주어＋자동사＋전치사＋(전치사의 목적어 빠짐) ex whom she talked with 그녀가 함께 이야기한	불완전 (주어나 목적어 빠짐)
	선행사 사물	which＋주어＋타동사＋(목적어 빠짐) ex which she likes 그녀가 좋아하는 which＋동사 (주어 빠짐) ex which includes this map 이 지도를 포함하는	
	선행사 구분 X	that＋주어＋타동사＋(목적어 빠짐) ex that she likes 그녀가 좋아하는 that＋동사 (주어 빠짐) ex that includes this map 이 지도를 포함하는	

whose + 관사나 소유격 없는 명사 → **주어** ⒠ whose effort helped us → whose effort가 주어 whose + 관사나 소유격 없는 명사 → **목적어** ⒠ whose effort we recognize → whose effort가 목적어	필수 요소가 다 있으나 어순이 틀어지거나 관사/ 소유격 빠짐
관계부사	where/when/why/how + 완전한 문장 ⒠ where the man will stay 그 남자가 머무를	완전 (정상 어순)

✋ 잠깐 ▶ ① '전치사 + 관계대명사'인 경우도 있다.

The three students, all of (~~them~~, **whom**, ~~who~~, ~~which~~) are rich, will go abroad to study.

세 명의 학생들은 / 그들 모두가 부자인 / 해외로 갈 것이다 / 공부하기 위해서.

▶ 문장에 동사가 2개이므로 접속사인 whom, who, which 중에서 선택한다. 선행사가 사람이므로 who나 whom 중에서 선택한다. 동사 are 앞은 주어 자리이지만 전치사 of가 앞에 있으므로 목적격인 whom이 답이다. all of whom이 한꺼번에 주어가 된다.

The man (**with whom**, ~~whom~~) we work gave us advice.

그 남자는 / 우리가 함께 일하는 / 우리에게 조언을 주었다.

▶ 목적격 whom이 답이라면 이어지는 문장에는 목적어가 빠져 있어야 한다. 하지만 work가 1형식 동사이므로 목적어가 빠져 있는 것이 아니라 원래부터 목적어가 없는 것이다. with whom we work는 whom we work with에서 with가 앞으로 나간 형태이다.

② that은 콤마 뒤나 전치사 뒤에 오지 않는다.

The Harrison Bridge, (~~that~~, **which**) was built in 1977, is in an urgent need of restoration.

The Harrison Bridge는 / 1977년에 지어진 / 긴급한 복구의 필요성에 놓여 있다.

▶ that과 which 모두 사물을 받을 수 있으나 괄호 앞에 콤마가 있으므로 that은 쓸 수 없다.

Q 점검퀴즈 ▶ 다 맞혀야만 다음 전략으로 넘어갈 수 있다!

1. Those experts (who, which) can use the design software will be hired.

2. Safety is something (when, that) should not be compromised.

3. Refund will be issued for the products (which, who) are damaged in shipping.

4. Candidates (who, whose) applications are incomplete will be disqualified.　　　▶ 정답 및 해석 70페이지

5초 풀이 전략 3 명사절이나 형용사절 접속사가 생략되는 경우를 따져본다.

명사절 접속사나 형용사절 접속사가 생략되면 정동사와 준동사 자리, 수동태와 능동태 자리를 구분하기가 어렵다. 명사절 접속사나 형용사절 접속사가 생략되는 경우는 다음과 같다.

1 │ 주어와 조동사 will/should의 생략

wh- 접속사 뒤의 주어와 조동사(will, should 등)는 to로 줄여 사용할 수 있다.

I haven't decided whether I will buy a boat (or not). 나는 결정하지 않았다 / 내가 보트를 살지 말지.
→ I haven't decided whether to buy a boat (or not). 나는 결정하지 않았다 / 보트를 살지 말지.

I know what I should do. 나는 안다 / 내가 무엇을 해야 하는지.
→ I know what to do. 나는 안다 / 무엇을 해야 하는지.

I don't know which file I should bring. 나는 모른다 / 어떤 파일을 내가 가져와야 하는지.
→ I don't know which file to bring. 나는 모른다 / 어떤 파일을 가져와야 하는지.

2 │ 명사절 접속사 that의 생략

The recent survey (**suggests**, ~~suggesting~~) (that) price is more important than quality.
최근 설문조사는 나타낸다 / 가격이 더 중요하다고 / 품질보다.

▶ 동사 뒤에 오는 명사절 접속사 that은 생략할 수 있다. is가 정동사라서 준동사인 suggesting을 답으로 하면 해석이 이상하다. suggests 뒤에는 명사절 접속사 that이 생략되어 있다.

3 │ 목적격 관계대명사의 생략

The recent survey (that) we (**have conducted**, ~~have been conducted~~) shows we lack advertising. 최근 설문조사는 / 우리가 시행했던 / 보여준다 / 우리는 광고가 부족하는 것을.

▶ recent survey와 we 사이에는 목적격 관계대명사(that 혹은 which)가 생략되어 있다. we부터 shows 바로 앞 까지가 형용사절인데, 목적어가 없는 것처럼 보인다고 해서 have been conducted를 답으로 하면 안 된다. 생략된 목적격 관계대명사(that 혹은 which)가 The recent survey를 가리키는 목적어이다. 따라서 능동태인 have conducted가 답이다.

4 │ '주격 관계대명사＋be동사'의 생략

We have all the resources (**necessary**, ~~necessarily~~) for you to make your own house.
우리는 가지고 있습니다 / 모든 자원들을 / 필요한 / 당신이 당신의 집을 만들기 위해.

▶ 부사인 necessarily가 올 경우 for you to make your own house가 have를 수식한다.
'당신이 당신의 집을 만들기 위해 필수적으로 모든 자원을 가지고 있다'라는 의미는 어색하다.

▶ 형용사 necessary가 올 경우 'for you to make your own house'가 necessary를 수식한다.
'당신이 당신의 집을 만들기 위해 필요한 모든 자원을 가지고 있다'라는 의미는 자연스럽다.

▶ 명사인 resources 뒤에 형용사인 necessary가 오는 것이 어색하다고 생각하면 안 된다. 형용사가 뒤에서 앞의 명사를 수식하고 있다면 '주격 관계대명사＋be동사'가 생략된 것이다. We have all the resources (which are) necessary for you ~에서 which are가 생략되었다.

Unit 11

5 | 관계부사의 생략

관계부사는 생략할 수 있다.

The manager didn't specify the date he (would visit, ~~to visit~~) us.

매니저는 명시하지 않았다 / 날짜를 / 그가 우리를 방문할.

▶ the date와 he 사이에는 관계부사 when이 생략되어 정동사인 would visit가 답이다.

단, the way how는 반드시 the way와 how 중 하나만 써야 한다.

I don't know **the way** we get serviced. (O) → how 생략
I don't know **how** we get serviced. (O) → the way 생략
I don't know **the way how** we get serviced. (X)

✋ 잠깐 ▶ 형용사절과 명사절을 혼동하지 않는다.

명사절 접속사도 되고 형용사절 접속사도 되는 who, whom, whose, which, that, where, when, why, how를 구분하는 방법은 간단하다.

> **선행사가 있으면 형용사절, 없으면 명사절**
>
> I know **who likes me.** 나는 알고 있다 / 누가 나를 좋아하는지. → 선행사가 없으니 명사절
> I know the man **who likes me.** 나는 그 사람을 알고 있다 / 나를 좋아하는. → 선행사가 있으니 형용사절
>
> I know **where you will stay.** 나는 알고 있다 / 네가 어디에 머물지. → 선행사가 없으니 명사절
> I know the place **where you will stay.** 나는 장소를 알고 있다 / 네가 머물. → 선행사가 있으니 형용사절

단, that과 which는 명사절일 때와 형용사절일 때 성격이 다르다.

> **명사절 접속사 that 뒤의 절은 완전한 문장**
>
> I think **that** you are wrong. → 명사절 접속사 that. you are wrong은 완전한 문장
>
> **형용사절 접속사 that(관계대명사 that) 뒤의 절은 불완전한 문장**
>
> I know the man **that** you like. → 형용사절 접속사 that. you like는 목적어가 빠져서 불완전한 문장
>
> **명사절 접속사 which는 사람/사물을 모두 받을 수 있고, '어떤 ~(것/사람)을'이라고 해석함**
>
> Of the five candidates, I will decide **which** (one) I will interview. → 명사절 접속사 which. one I will interview는 one 앞에 관사가 빠져 있고 어순이 비정상
>
> **형용사절 접속사 which(관계대명사 which)는 사물 선행사를 받고 해석을 따로 하지 않는다.**
>
> I will buy the car **which** you recommended. → 형용사절 접속사 which. you recommended는 목적어가 빠져서 불완전한 문장. 선행사 car는 사물이고 which는 해석하지 않음

Please refer to the tentative schedule (~~what~~, that) you can find in the enclosed packet.

임시 스케줄을 보세요 / 당신이 찾을 수 있는 / 동봉된 패킷에서.

▶ you can find가 불완전한 문장이라고 해서 what을 답으로 고르면 안 된다. 선행사(schedule)가 있고, 문장이 불완전할 때 쓰는 that을 '관계대명사 that 혹은 형용사절 접속사 that'이라고 한다. what은 명사절 접속사만 되므로 선행사를 갖지 않는다.

Q 점검퀴즈 다 맞혀야만 다음 전략으로 넘어갈 수 있다!

1. I can't decide (whether, both) to receive a higher salary or more time off.

2. This short manual shows you (what, how) to assemble your own office chair.

3. The director (insisted, insisting) the parking lot be open to the residents at all times.

4. Most of the electricity people (use, are used) is produced at power plants. ▶ 정답 및 해석 70페이지

5초 풀이 전략 4 복합관계사는 형용사절 접속사가 아니다.

복합관계사는 의문사에 -ever가 붙은 형태로 복합관계대명사, 복합관계형용사, 복합관계부사가 있다. 복합관계대명사/형용사는 부사절도 되고 명사절 접속사도 되며 복합관계부사는 부사절 접속사이다. 단, 복합관계사는 형용사절 접속사가 아니므로 선행사를 갖지 않는다.

Anyone (**who**, ~~whoever~~) is interested in the position should contact our HR manager.
이 자리에 관심 있는 누구든지 / 우리의 인사부장에게 연락해야 한다.

▶ anyone who는 whoever와 같은 말이다. 복합관계사인 whoever는 선행사인 anyone이 포함된 말이므로 선행사를 갖지 않는다.

복합 관계사끼리 구분하는 문제가 나오면 의문사의 성격대로 풀면 된다. 예를 들어 whoever와 whosever를 구분하는 문제는 who와 whose를 구분하는 문제라고 생각하고 접근하면 쉽다.

(**Whoever**, ~~Whosever~~) is interested in the position should contact our HR manager.
이 자리에 관심 있는 누구든지 / 우리의 인사부장에게 연락해야 한다.

▶ 괄호 뒤에 바로 동사가 붙어 있으므로 who와 whose 중에서 고른다면 who가 답이다. 따라서 whoever와 whosever 중에서는 whoever 가 답이 된다. whose와 whosever는 바로 뒤에 명사가 와야 한다.

Please bring (**whatever**, ~~whomever~~) you want if it's not a prohibited item.
가져오세요 / 당신이 원하는 무엇이든 / 그것이 금지된 물품이 아니라면.

▶ what과 whom를 구분하는 문제로 생각하면 풀기 쉽다. what은 사물, whom은 사람을 가리키는 말이다. '금지된 물품이 아니라면'이란 말 을 통해 사물을 가리키는 what, 즉 whatever가 답이다.

부사절로 사용되는 복합관계사는 'no matter + 의문사'로 바꿀 수 있다.

Whatever you say, I won't be shocked. = **No matter what** you say, I won't be shocked.
당신이 무엇을 말하든, / 나는 놀라지 않을 것이다.

종류	이름	절 안의 모양
명사절 접속사/ 부사절 접속사	복합관계대명사(의문대명사ever) whatever, whichever, whoever, whomever ex whatever you can do 당신이 무엇을 하든지	주어나 목적어가 빠짐
	복합관계형용사(의문형용사ever) whatever, whichever, whosever ex whatever book you read 당신이 무슨 책을 읽든지	필수 요소가 다 있으나 어순이 틀어지거나 관사/소유격 빠짐
부사절 접속사	복합관계부사(의문부사ever) however, whenever, wherever (*whyever는 없음) ex whenever you walk 당신이 걸을 땐 언제든지	완전한 문장 (단, however는 'however + 형용사/부사'의 형태)

✋ 잠깐 ① 접속사로도 부사로도 사용되는 however를 조심한다.

(**However**, ~~Whatever~~) heavy the desk is, I can move it by myself. → However는 접속사

그 책상이 아무리 무겁다 할지라도, / 나는 옮길 수 있다 / 그것을 / 나 혼자서.

(**However**, ~~Whatever~~), I think we should go out. → However는 부사

그러나, 나는 생각한다 / 우리가 나가야 한다고.

▶ however가 접속사로 쓰이면 바로 뒤에 형용사나 부사가 오며 '아무리 ~일지라도'라고 해석한다. however가 부사로 쓰이면 '그러나'의 뜻이다.

② 복합관계사 뒤 '주어 + 동사'가 생략되는 경우를 조심한다.

The reimbursement requests should be accompanied by receipts (**whenever**, ~~whereas~~) possible.

환급 요청들은 동반되어야만 한다 / 영수증들과 / 가능할 때는 언제든지.

The sales manager stressed that anything is possible, (**however**, ~~whatever~~) remote.

판매부장은 강조했다 / 어떤 것도 가능하다고 / 아무리 가능성이 낮더라도.

첫 번째 문장은 whenever 뒤에 it is가 생략되었고, 두 번째 문장은 remote 뒤에 it is가 생략되었다.
'주어 + 동사'가 없는 것처럼 보이지만 생략된 것이므로 복합관계사가 답이 될 수 있다.

Q 점검퀴즈 다 맞혀야만 다음 전략으로 넘어갈 수 있다!

1. (Whoever, Whatever) is selected as the winner will receive a cash bonus.

2. Please contact me (whenever, whichever) you are uncertain about the assignment.

3. (Although, However) carefully I explained, Mr. Smith still didn't understand.

4. My boss always encourages us (no matter when, however) we make mistakes. ▶ 정답 및 해석 70페이지

전략 요약

1. 보기에 의문사 계열의 단어(wh-)가 등장하면 정동사가 2개 필요하다.

2. 빈칸 앞에 선행사가 없으면 명사절 접속사 자리이다. 명사절이 완전하면 that, 불완전하면 what, 선택사항(or)이 있으면 whether가 답이다. 의문사는 절 안의 형태가 완전/불완전인지 확인해서 풀거나 의미로 푼다.

3. 빈칸 앞에 선행사가 있으면 형용사절 접속사(관계대명사) 자리이다. 선행사가 사람이면 who, whom, 사물이면 which가 답이다. that과 whose는 선행사가 사람/사물인지 구분하지 않고 사용한다. that은 콤마 뒤나 전치사 뒤에 오지 않는다. who 뒤에는 동사, whom 뒤에는 목적어가 빠진 절, whose 뒤에는 명사, that 뒤에는 주어나 목적어가 빠진 절이 온다.

4. 명사절 접속사 that, 목적격 관계대명사(whom, which, that), '주격관계대명사＋be동사', 관계부사는 생략할 수 있으며, '주어＋조동사(will/should)'는 to로 줄여 쓸 수 있다.

5. 복합관계사는 선행사를 갖지 않으며 복합관계사절은 ever를 빼고 명사절 접속사 문제와 동일하게 절 안의 완전/불완전을 확인하거나 의미로 푼다.

전략 대입 〈 5초 안에 푼다!

1. Amanda Lily, ------- monetary support has made the renovation of the city museum possible, will be honored at its twentieth anniversary.

    (A) what

    (B) that

    (C) whomever

    (D) whose

STEP 1 보기에 명사절이나 형용사절 접속사가 있는지 확인한다.

(A)는 명사절 접속사, (B)는 명사절/형용사절/부사절 접속사, (C)는 명사절/부사절 접속사, (D) 명사절/형용사절 접속사이다.

STEP 2 선행사 유무, 선행사가 사람/사물인지 확인한다.

Amanda Lily는 사람 선행사이므로 선행사를 갖지 않는 (A), (C)는 탈락된다.

STEP 3 대입하여 가리키는 말을 확인한다.

빈칸 뒤는 5형식 문장이므로 완전하다. 그러나 명사 앞이므로 소유격 관계대명사인 (D)는 올 수 있다. (B)는 형용사절 접속사일 때 뒤에 불완전한 문장이 오고 콤마 뒤에 쓸수 없어서 오답이다.

정답 (D)

전략 2 대입

01. Callers may be put through directly to technicians ------- can answer sophisticated questions about malfunctioning products.

(A) who
(B) their own
(C) theirs
(D) while

전략 1 대입

02. Residents who attended the public meeting wondered ------- the long-pending project would resume this May.

(A) though
(B) because
(C) whether
(D) either

전략 4 대입

03. ------- quickly our entire staff may be working, it is still impossible to meet the deadline without an extension or overtime work.

(A) Other
(B) Seldom
(C) However
(D) Meticulously

전략 2 대입

04. The training session ------- is mandatory for employees to attend will be held on Friday, June 8.

(A) rather
(B) what
(C) so
(D) that

전략 1 대입 ▶고난도!

05. ------- needs to be emphasized is this proposal's feasibility and its substantial impact on the local economy.

(A) Anything
(B) Which
(C) That
(D) What

전략 3 대입

06. The all-day management seminar was well received because it dealt largely with ------- to write effective business plans.

(A) how
(B) what
(C) as if
(D) so as

전략 2 대입

07. The board of directors is reviewing the proposal for the facility's relocation, ------- is set to take place next year.

(A) which
(B) that
(C) why
(D) how

전략 3 대입 ▶고난도!

08. Taking the express subway line is the way your group ------- on to the next tourist destination easily and fast.

(A) move
(B) to move
(C) can move
(D) moving

전략4 대입

09. During the job interview, Ms. Mell stressed that she had no problem traveling overseas ------- her company needed her to do so.

(A) herself
(B) whenever
(C) somewhere
(D) whatever

전략3 대입

10. Our final decision on ------- to acquire the empty lot on Main Street will be based on the results of the assessment.

(A) whether
(B) what
(C) whose
(D) that

전략1 대입

11. The consultant advised ------- all line workers familiarize themselves with the safety regulations and wear protective gear at work at all times.

(A) and
(B) while
(C) that
(D) which

전략4 대입

12. Motorists should be careful about ------- they find unusual in their cars, no matter how trivial it may seem.

(A) whenever
(B) anywhere
(C) whatever
(D) every

전략3 대입 ▶고난도!

13. Even though his lectures rated relatively high, Edward Giordano ------- his audience still wanted them to be more informative and educational.

(A) believer
(B) believing
(C) believed
(D) believe

전략2 대입 ▶고난도!

14. Star Rental Car has entered into an agreement with a social media company ------- presence in Jeju is phenomenal.

(A) however
(B) which
(C) whose
(D) whenever

전략1 대입

15. The third block on Stanley Avenue is ------- our headquarters is situated.

(A) what's
(B) at
(C) where
(C) which

전략3 대입 ▶고난도!

16. The artwork our young talented painters ------- will be displayed on the wall in the lobby for the next two weeks.

(A) to complete
(B) completion
(C) was completed
(D) completed

▶ 정답 및 해석 71페이지

Unit 11

출제 경향

- 매회 1~3 문제가 주로 팟5에서 출제된다.
- 해석을 해서 푸는 것이 정석이나 보기 1~2개는 해석 없이 소거된다.
- 양보(although), 이유(because), 시간(when) 계열의 부사절 접속사가 주로 정답이다.

최근 6개월간 출제 경향

출제 시기	출제 파트 & 정답 유형
N월	부사절 접속사 3개
N+1월	부사절 접속사 3개, 등위/상관접속사 1개
N+2월	등위/상관접속사 1개
N+3월	부사절 접속사 5개, 등위/상관접속사 1개
N+4월	등위/상관접속사 1개
N+5월	부사절 접속사 2개, 등위/상관접속사 1개

＊다음달 나올 문제는 저자 동영상 확인 (https:c11.kr/3xgc)

유형 파악

해석 없이 풀려면 가장 먼저 문제 유형을 파악해야 한다. 문제 유형은 보기만 보아도 95% 이상 알 수 있다.

STEP 1 두 문제의 보기에서 공통점을 확인해보자.

1. The winner of the sports competition will be announced ------- the panel makes a decision.

   (A) owing to
   (B) as soon as
   (C) in addition
   (D) as well as

2. Massive layoffs after the acquisition were predicted, ------- the labor union will go on strike next week.

   (A) so
   (B) at which
   (C) as though
   (D) where

▶ 두 문제 모두 보기에 접속사가 최소 1개 이상 있다. (as soon as, as well as, so, at which, as though, where)
▶ 1번에는 전치사(owing to)나 부사(in addition)도 있지만 2번은 모두 접속사이다.

STEP 2 문제를 풀어보고 두 문제의 공통점과 차이점을 확인해보자.

1. The winner of the sports competition will be announced ------- the panel makes a decision.

   (A) owing to
   (B) as soon as
   (C) in addition
   (D) as well as

2. Massive layoffs after the acquisition were predicted, ------- the labor union will go on strike next week.

   (A) so
   (B) at which
   (C) as though
   (D) where

▶ 두 문제 모두 빈칸이 앞뒤로 완전한 절과 절을 연결하므로 부사절 접속사나 등위접속사가 올 수 있다.
▶ 1번 보기의 as well as는 등위접속사이지만 뒤에 절(주어＋동사)이 오지 못하므로 오답이다. 따라서 해석하지 않고도 부사절 접속사인 as soon as를 답으로 고를 수 있다. 2번은 부사절 접속사 as though뿐만 아니라 등위접속사 so도 가능하므로 해석을 해야 풀 수 있다. 대량 정리해고 예상이 원인이고, 다음 주 파업이 그 결과이므로 so가 정답이다.

부사절 접속사, 등위/상관접속사 풀이 전략

: 출제 빈도: 매회 평균 1~3개

부사절 접속사와 등위접속사 단원은 다른 단원과 달리 해석해서 풀어야 하는 경우가 많다. 그러나 보기를 대입해 해석할 때 우선 순위대로 대입하여 해석하면 좀 더 빠르고 정확하게 풀 수 있으므로 다음 전략들을 꼼꼼히 학습하자.

: 기초문법점검 : 풀이 전략에 들어가기 전에 아래의 기본 문법은 알고 있어야 한다. 알고 있다고 착각하기 쉬운 문법들을 점검 퀴즈로 확인해보자.

기본 점검 퀴즈	관련 문법
① I like him (although, because) he is bad. ② (Although, Because) he is bad, I like him.	• 부사절(although he is bad)은 완전한 문장 뒤에 오거나 완전한 문장 앞에 온다. • he is bad을 주절이라고 하며, 부사절과 주절의 의미 관계가 역접일때는 although, 인과 관계일 때는 because를 쓴다.
③ (Although, But) we have some time, the deadline is coming. ④ The deadline is coming, (but, so) we still have some time.	• 등위접속사(and, but, or, so 등)는 절과 절을 연결하며 문두에 오지 않는다. • but은 역접, so는 인과의 의미 관계일 때 사용한다.
⑤ Either Mr. Kim (or, and) I will visit the factory. ⑥ (Either, Both) employee will visit the factory. ⑦ (Either, Nothing) will visit the factory.	• either A or B를 상관접속사라고 하며 여기서 either는 부사 기능을 한다. • either는 형용사 및 대명사 기능도 있다.

: 정답 & 해석 : 정답을 확인해보고 맞았으면 ○, 틀렸으면 X로 표시하자. 모르면 기초 문법 다지기 Unit 4를 복습하고 전략을 학습하자.

① although (　　) 나는 그를 좋아한다 / 그가 나쁘긴 하지만.

② Although (　　) 그가 나쁘긴 하지만 / 나는 그를 좋아한다.

③ Although (　　) 우리는 시간이 좀 있긴 하지만 / 마감시한이 다가오고 있다.

④ but (　　) 마감시한이 다가오고 있다 / 하지만 우리는 아직 시간이 좀 있다.

⑤ or (　　) Mr. Kim이나 나 둘 중 하나가 공장을 방문할 것이다.

⑥ Either (　　) (둘 중) 어느 한 직원이 공장을 방문할 것이다.

⑦ Either (　　) (둘 중) 어느 한 사람이 공장을 방문할 것이다.

5초 풀이 전략 1 부사절 접속사는 '양보, 이유, 시간, 조건' 순으로 대입하여 해석한다.

주어와 동사가 있는 문장의 기본 단위를 절이라고 한다. 절이 부사처럼 문장의 앞이나 뒤에 위치하여 문장 전체를 수식하는 것을 부사절이라고 하며 부사절은 부사절 접속사(although, because, when, if 등)로 시작한다.

1 | 부사절 접속사 자리

(~~What~~, ~~Meanwhile~~, ~~During~~, **While**) the meeting is taking place, nobody will answer the phone. 회의가 개최되는 동안, 아무도 전화를 받지 않을 것이다.

▶ 콤마 앞의 절이 콤마 뒤의 문장을 수식한다. 이러한 절을 부사절이라고 하며, 일단 접속사가 아닌 meanwhile이나 during은 소거한다. what이 올 경우 명사절이 되는데, 명사절은 명사의 기능이므로 이어지는 문장을 수식할 수 없다.

Nobody will answer the phone (**while**, ~~what~~) the meeting is taking place.
아무도 전화를 받지 않을 것이다 / 회의가 개최되는 동안에.

▶ 부사절은 완전한 문장 뒤에 위치하기도 한다. 이때 부사절 접속사 앞에는 보통 콤마를 찍지 않는다. 부사절의 수식을 받는 Nobody will answer the phone 부분을 주절이라고 한다. what이 오면 명사절이 되어 완전한 문장 뒤에 올 수 없다.

아래는 부사절 접속사 자리를 간단히 나타낸 것이다.

- 문장의 앞: ------- S V, S V.
  　　　　　부사절
- 문장의 뒤: S V ------- S V.
  　　　　　　　　부사절

🔖 암기 ▶ 비슷한 뜻을 가진 부사절 접속사, 전치사, 부사를 구분한다.

	부사절 접속사	전치사	부사
양보	although / though / even though ~에도 불구하고 even if 심지어 ~라 할지라도 while / whereas 반면에	despite / in spite of / notwithstanding ~에도 불구하고 regardless of ~와 상관없이	even so 심지어 그렇다고 해도 nevertheless / nonetheless / notwithstanding 그럼에도 불구하고 on the contrary 반대로
이유	because / now that / as ~때문에	because of / due to / owing to ~때문에 thanks to ~덕분에 as a result of ~의 결과로서 on account of ~때문에	as a result 결과적으로 therefore 그러므로 thus 그리하여　thereby 그래서
시간	when ~할 때 by the time ~할 무렵에 as soon as ~하자마자 after ~후에　before ~전에 while ~동안에　until ~할 때까지 since ~이래로　as ~할 때	prior to ~전에 following ~후에 toward(s) ~을 향하여, ~무렵에 since ~이래로 during ~동안에 in / on / at / within / for	once 한때 meanwhile / meantime 그러는 동안에 at the same time 동시에

조건	If 만약 ~라면 once 일단 ~하면 unless ~하지 않는 한 provided / providing (that) ~라면 given that ~를 고려하면 as long as ~하기만 하면 in case ~한 경우를 대비하여	in case of ~한 경우에 in the event of 만약 ~한 경우에는 given ~를 고려할 때	if so 그렇다면 if not 그렇지 않다면 otherwise 그렇지 않으면 then 그래서
목적/ 결과	so that S can / may / will 그래야 ~하니까 so 형/부 that S V 너무 ~해서 ~하다	for ~를 위해서 in order to do / so as to do ~하기 위해서	
추가/ 보충	in that ~라는 점에서	in addition to ~에 더하여 besides ~외에 aside from ~을 제외하고 apart from ~을 제외하고 on top of ~의 위에	in addition / besides 게다가 additionally 추가적으로 likewise 이와 유사하게 furthermore / moreover 게다가

2 | 부사절 접속사 구분

부사절 접속사끼리 구분해야 하는 문제는 반드시 해석해서 푼다. 부사절 접속사는 의미 파악이 쉬운 '양보, 이유, 시간, 조건'
의 순으로 대입하면 문제를 푸는 시간을 절약할 수 있다.

(Although, ~~Because~~) Ms. Russel works pretty hard, people think she is lazy.

Ms. Russel이 일함에도 불구하고 / 꽤 열심히 / 사람들은 생각한다 / 그녀가 게으르다고.

▶ 해석을 하더라도 Although부터 대입하여 논리 관계를 따져보는 것이 효율적이다. '열심히 일한다는 것'과 '게으르다고 여긴다는 것'은
양보(역접)의 의미 관계가 자연스럽다.

주절이 미래이고 부사절이 현재나 현재완료라면 '시간/조건의 부사절 접속사'가 우선순위가 된다.

(~~Although~~, As soon as) you have completed the form, the interview will begin.

당신이 양식 작성을 완성하자마자, / 인터뷰가 시작될 것입니다.

▶ 부사절이 현재완료이고 주절이 미래이므로 시간의 부사절 접속사인 as soon as를 먼저 대입하여 해석한다.

not이 주절에 있다면 until이 우선순위이다.

Please don't ask any questions **(until, ~~because~~)** you finish reading this manual.

물어보지 마세요 / 어떠한 질문이라도 / 당신이 끝낼 때까지 / 이 매뉴얼을 읽는 것을.

▶ 주절에 not이 있으므로 부사절 접속사 until을 우선순위로 대입하여 해석해 본다. not A until B는 'B하고 나서 A하다'는 뜻이다.

부사절 안에 can, may, will, would, could가 있다면 so that이나 in order that을 우선순위로 대입해본다. 해석은 '~하
기 위해서' 혹은 '그래야 ~하니까'이다.

Please fill out the survey form **(so that, ~~after~~)** we can improve our service.

설문 양식을 작성하세요 / 그래야 우리는 향상시킬 수 있습니다 / 우리의 서비스를.

부사절 접속사의 의미를 정확히 모르면 틀리는 문제도 출제된다.

You may enter the facility (**as long as**, ~~in case~~) you have an employee ID card.
당신은 시설에 들어갈 수 있습니다 / 당신이 직원 신분증을 갖고 있는 한.

▶ 해석해보면 '직원 신분증이 있는 경우에 들어갈 수 있다'는 말이라서 in case가 문제가 없을 것 같지만 in case는 '∼인 경우에 대비하여'라는 뜻이다. 직원 신분증이 있는 경우에 대비하여 들어가는 것은 아니다. as long as는 '∼하기만 하면, ∼하는 한'이란 뜻이므로 정답이다.

분사편에서 다룬 before/after/when/while 뒤에는 -ing가, as/once/unless/if 뒤에는 p.p.가 온다는 것을 응용하여 우선순위를 정하자. -ing가 오면 before/after/when/while, p.p.가 오면 as/once/unless/if임을 알 수 있다.

Please make sure the package is sealed (**before**, ~~since~~) sending it to the mailroom.
확실히 해주세요 / 소포가 밀봉되어 있는지 / 보내기 전에 / 그것을 우편실로.

▶ -ing와 잘 어울리는 before를 우선순위로 대입하여 해석해본다.

단, since도 주절에 현재완료시제가 있으면 -ing와 쓸 수 있으니 주의한다.

Ms. Margret has lived in the downtown area (~~when~~, **since**) starting to work at her company. Ms. Margret는 시내에 살아 왔다 / 그녀의 회사에서 일하기 시작한 이래로.

Q 점검퀴즈 다 맞혀야만 다음 전략으로 넘어갈 수 있다!

1. All tickets will be refunded (if, what) the outdoor concert is canceled.

2. Mr. Kim will get promoted soon (although, now that) he performed well last year.

3. The store will resume operations (as soon as, so that) the remodeling work has been completed.

4. (Once, As if) Ms. Nakano is admitted to the school, she will receive a scholarship.

▶ 정답 및 해석 73페이지

'I like him, but he dislikes me.'에서 but처럼 문장과 문장을 동등하게 연결해주는 접속사를 '등위접속사'라고 한다. 등위접속사에는 for(왜냐하면 ~때문에), and(그리고, 그러면), nor(~도 아니다), but(그러나), or(혹은, 그렇지 않으면), yet(그러나), so(그래서) 등이 있는데, 이것의 앞 글자를 따서 'FANBOYS'라고 기억하자.

등위접속사는 문두에 올 수 없다.

(S̶o̶, O̶r̶, If) you finish your assignment, please let me know.
만약 당신이 끝낸다면 / 당신의 일을 / 저에게 알려주세요.

▶ so, or는 등위접속사로는 문두에 오지 않는다. 따라서 if가 답이다.

등위접속사가 문장과 문장을 연결할 때는 보통 앞에 콤마가 온다.

The copier was broken, **(so, b̶e̶c̶a̶u̶s̶e̶)** we had to use the one downstairs.
복사기가 망가졌다. / 그래서 우리는 사용해야만 했다 / 아래층에 있는 하나를.

▶ 괄호 앞에 있는 콤마를 통해 등위접속사인 so가 대입의 우선순위가 된다. 부사절 앞에는 콤마를 안 찍는 편이지만 해석으로 최종 점검해야 한다. '복사기가 고장 난 것'이 원인이고, 그래서 '아래층의 복사기를 사용해야만 했다는 것'이 결과이므로 so가 답이다.

등위접속사끼리 구분하는 문제는 해석하여 논리 관계를 따진다.

The deadline for the proposal is approaching rapidly, **(but, s̶o̶)** we still have 5 days.
제안서의 마감일은 / 빠르게 다가오는 중이다 / 하지만 우리는 여전히 5일이 있다.

▶ '마감일이 빨리 다가오는 것'과 '여전히 5일이 있다는 것'은 역접의 관계이다. 특히 still은 역접의 연결어구와 잘 어울리는 부사이다. so는 인과 관계가 되어야 사용한다.

해석을 하지 않고도 풀 수 있는 등위접속사가 있다.

Ms. Kerr didn't remember my name, **(nor, a̶n̶d̶)** did she recognize me at first.
Ms. Kerr은 기억하지 못했다 / 나의 이름을 / 또한 그녀는 알아보지도 못했다 / 나를 / 처음에는.

▶ 올바른 어순인 she recognized를 도치시킬 수 있는 것은 nor이다. nor 뒤에는 도치된 문장이 온다. '노터치'로 연상하여 기억하자

부사절 접속사 so that을 줄여 so로 쓰기도 한다.

Please make a payment today **so** we can process your order as soon as we confirm receipt of it. 지불해주세요 / 오늘 / 그래야 우리는 처리할 수 있습니다 / 당신의 주문을 / 우리가 확인하자마자 / 그것의 수령을.

▶ 여기서 so는 so that과 같은 기능으로, '그래야 ~하니까'의 뜻이다.

Q 점검퀴즈 다 맞혀야만 다음 전략으로 넘어갈 수 있다!

1. (But, Although) Mr. Wright has little working experience, he finished the job on time.

2. Mr. Lee was not present, (but, nor) was his assistant.

3. Our copier makes strange sounds, (but, so) we are considering buying a new one.

4. The company's revenues fell sharply last quarter, (so, because) it gave up on its expansion plans.

▶ 정답 및 해석 74페이지

5초 풀이 전략 3 등위접속사(and, but, or, yet)가 답이면 같은 부분은 생략된다.

'I like him, and I like her.'는 'I like him and her.'로 줄여 사용할 수 있는데, 이처럼 '명사 and 명사, 동사 and 동사, 형용사 and 형용사, 부사 and 부사' 등으로 줄여 사용하는 유형을 '병치(고르게 위치시킴) 구조'라고 한다.

병치 구조를 사용하는 등위접속사는 and, but, or, yet이 있다.

You can take the subway (**or**, ~~so~~) bus to Central Park Station.
당신은 탈 수 있다 / 지하철 또는 버스를 / Central Park Station으로 가는.

▶ so 뒤에는 완전한 문장이 와야 한다.

and나 or의 경우, 3개 이상 열거한다면 끝에만 접속사를 쓴다.

You can take the subway, drive your own car, (**or**, ~~so~~) just walk to my office.
당신은 지하철을 타거나, 당신의 차를 운전하거나 / 또는 걸어올 수 있다 / 나의 사무실로.

▶ 3개의 선택사항(전철, 자가 운전, 걷기)을 나열하였고, or(또는 and)는 끝에만 사용한다.

등위접속사의 앞부분도 생략될 수 있다.

Your job includes, (**but**, ~~so~~) is not limited to doing this task.
당신의 업무는 포함한다. / 하지만 국한되지 않는다 / 이 일을 하는 것에만.

▶ Your job includes (doing this task), but (your job) is not limited to doing this task.이 생략되기 전의 문장이다. 등위접속사 앞에 doing this task가 생략되어 있다.

as well as, rather than은 병치 구조로만 사용되며 이어서 절(주어＋동사)이 오지 않는다. 주어가 생략되어 동사가 오거나 주어와 동사가 모두 생략되어 명사가 온다. 특히 A as well as B나 A rather than B는 B부터 해석한다. 즉 'B뿐만 아니라 A', 'B라기보다는 A'로 해석한다.

My assistant will visit your office today, (**and**, ~~as well as~~, ~~rather than~~) I will meet with you tomorrow. 나의 조수는 방문할 것이다 / 당신의 사무실을 / 오늘 / 그리고 나는 만날 것이다 / 당신을 / 내일.

▶ as well as나 rather than은 뒤에 절이 오지 않는다.

(**Rather than**, ~~In order to~~) push his assistant, Mr. Kim will finish the project by himself.

그의 조수를 재촉하기보다는, / Mr. Kim은 끝낼 것이다 / 그 프로젝트를 / 스스로.

▶ push 앞에 Mr. Kim will이 생략되었다고 생각하면 '조수를 재촉하기보다는 스스로 프로젝트를 끝낼 것'이라는 말이 어울린다.

The project is designed to enhance international (**as well as**, ~~so that~~) domestic demand.

그 프로젝트는 고안되었다 / 향상시키기 위해서 / 국제적 (수요)를 / 국내의 수요뿐만 아니라.

▶ domestic 앞에는 the project is designed to enhance가 international 뒤에는 demand가 생략되어 있다.

✋ 잠깐 rather than과 other than은 다르다.

rather than은 '~대신에(instead of)'의 뜻이며 other than은 '~를 제외하고/포함하지 않고(except and not including)'와 '~에 덧붙여서(in addition to)'의 두가지 뜻이 있다. 단, 대부분 rather than은 동등한 관계(사과와 배), other than은 하나의 단어가 다른 하나를 포함하거나 제외하는 상위, 하위의 관계(과일과 사과, 과일과 배)에서 사용한다. (Unit 14 전략 2 참고)

I want an apple rather than a pear. 나는 배보다 사과를 원한다. ➡ 배와 사과는 동등한 관계

I want a fruit other than an apple. 나는 사과 외의 다른 과일을 원한다. ➡ 과일은 사과의 상위 개념

I want nothing other than an apple. 나는 사과 말고는 아무것도 원하지 않는다. ➡ 아무것은 사과보다 큰 상위 개념

Q 점검퀴즈 다 맞혀야만 다음 전략으로 넘어갈 수 있다!

1. The weather was rather cold, (yet, so) bright and sunny.

2. (Rather than, In order to) recruit outside workers, the HR director posted all openings internally.

3. The secretary's responsibilities include, (but, so) are not limited to, answering phone calls.

4. We can deliver this package to Asian nations such as Korea, Japan, (and, but) China.

▶ 정답 및 해석 74페이지

'I like him and her.'에서 him and her는 both him and her로 쓸 수 있다. both A and B와 같은 말을 '상관접속사'라고 한다. 상관접속사는 either A or B, neither A nor B, not only A but also B, not A but B (= B but not A) 등이 있다. 이때 both, either, neither는 부사이며 생략해도 무방하다.

(**Both**, ~~Between~~) you and I will visit his office. 당신과 나는 둘 다 방문할 것이다 / 그의 사무실을.

▶ Between you and I는 전명구가 되어 수식어로 처리하면 주어가 없는 문장이 된다. Both you and I는 both를 쓰지 않아도 되는 말이므로 you and I가 주어가 될 수 있다.

상관접속사는 정해진 짝만 쓸 수 있다. 예를 들어 neither A and B는 불가능하다.

(**Either**, ~~Neither~~) you or I will visit his office. 당신 또는 나 둘 중 하나는 방문할 것이다 / 그의 사무실을.

▶ or는 either와 어울리고, neither는 nor가 있어야 쓸 수 있다.

✋ 잠깐 either, neither, both는 형용사 및 대명사 기능도 있다.

Either (man) is scheduled to walk home. 두 남자 중 하나는 집에 걸어갈 예정이다.

Both (men) are scheduled to walk home. 두 남자 둘 다 집에 걸어갈 예정이다.

▶ either, neither, both 모두 단독으로 사용하면 대명사나 형용사 기능을 한다. both는 이 경우 복수 취급한다. either와 neither는 단수 취급한다.

☀ 함정 either와 whether를 구분해야 한다.

(**Whether**, ~~Either~~) I will go or not depends on the situation. 내가 갈지 말지는 상황에 따라 다르다.

▶ 위 문장에서 depends가 동사이기 때문에 앞에는 주어의 역할을 하는 명사절이 와야 한다. 접속사인 Whether가 와야 명사절이 될 수 있으며, Either는 이 경우 부사가 되어 I will go or not 부분이 명사절이 될 수 없다.

Q 점검퀴즈 다 맞혀야만 다음 전략으로 넘어갈 수 있다!

1. We accept (whether, either) cash or credit cards.

2. The sports complex is not only the newest (but also, nor) the largest in Korea.

3. (Neither, No) visitors nor employees are allowed to enter the area.

4. The date of the vacation was not confirmed officially, (but, both) it was approved orally.

▶ 정답 및 해석 75페이지

전략 요약

1. ------- S V, S V. 혹은 S V ------- S V. 형태면 부사절 접속사를 우선순위로 고른다.

2. 보기에 부사절 접속사가 2개 이상 있을 경우는 '양보, 이유' 순서대로 대입하여 해석하고, 부사절이 현재, 주절이 미래시제면 시간과 조건의 부사절 접속사를 우선으로 대입하여 해석한다.

3. S V, ------- S V. 의 형태면 등위접속사(and, but, or, yet, so)를 우선순위로 선택하고, 등위접속사 중에서는 해석하여 선택한다.

4. 빈칸 뒤에 바로 명사 혹은 동사가 올 경우 등위접속사(and, but, or, yet, as well as, rather than)가 답일 확률이 높다.

5. 상관접속사는 짝을 지어 다닌다. either A or B, both A and B가 기출 1순위인데, either와 whether를 혼동하지 않도록 유의한다.

전략 대입 < 5초 안에 푼다!

2. Massive layoffs after the acquisition were predicted, ------- the labor union will go on strike next week.

   (A) so
   (B) at which
   (C) as though
   (D) where

STEP 1 보기에 접속사가 있는지 확인한다.

모두 접속사이다.

STEP 2 빈칸 주변을 통해 절의 형태를 확인한다.

앞뒤로 완전한 문장이 있으므로 부사절 접속사, 혹은 등위접속사 자리이다. (B)와 (D)는 형용사절 접속사이므로 빈칸 앞에 선행사가 있어야 하는데 없으므로 오답이다.

~~(B) at which~~   ~~(D) where~~

STEP 3 우선순위 보기부터 대입하여 해석 후 논리 관계를 따진다.

빈칸 앞에 콤마가 있을 경우는 등위접속사를 우선순위로 대입하여 해석한다. 빈칸 앞은 '대량 해고에 대한 예측'이고 빈칸 뒤는 '파업이 있을 것'이라는 내용이므로 서로 인과 관계이다. 따라서 so가 답이다. as though는 '마치 ~처럼'이란 뜻이므로 빈칸에 어울리지 않는다.

정답 (A)

Unit 12

실전 적용 문제

전략 1 대입

01. ------- you find the assembly instructions to be unclear, please call our customer support center.

(A) Until
(B) So that
(C) Whether
(D) If

전략 4 대입

02. Successful candidates need to be licensed to operate ------- cranes and backhoes.

(A) once
(B) there
(C) after
(D) both

전략 2 대입

03. Finding a suitable rental house in the Honeyville area is hardly easy, ------- it is necessary to contact a professional realtor.

(A) where
(B) therefore
(C) neither
(D) so

전략 1 대입

04. Employees may work from home ------- the renovation project to add a wing is underway.

(A) where
(B) except for
(C) while
(D) throughout

전략 3 대입

05. Research scientists can search for various reference data in alphabetical ------- chronological order.

(A) yet
(B) either
(C) while
(D) or

전략 2 대입

06. The Kim & Lee Law Office operates in Korea now, ------- the partners want to expand its service into international markets.

(A) then
(B) if
(C) whichever
(D) but

전략 3 대입

07. Officials from Finland will visit the Dongmak facility in Incheon ------- not the one in Busan.

(A) either
(B) but
(C) as
(D) or

전략 4 대입 ➤ 고난도!

08. In case of an unexpected shortage, you may ------- cancel your order or get alternative products similar in shape and color.

(A) whether
(B) while
(C) either
(D) whichever

09. Due to the west wing renovations, neither the cafeteria ------- the gift shop will be accessible next week.

(A) and
(B) as well as
(C) between
(D) nor

10. ------- Kim's Café reopened after remodeling, its longtime patrons visited there to try its main dishes.

(A) Soon
(B) When
(C) As though
(D) At last

11. The main heating unit is so old that management decided to replace it ------- repair it.

(A) at once
(B) rather than
(C) for example
(D) instead of

12. The government announced that it will develop more affordable housing in the suburb, ------- many residents in the area believed the announcement.

(A) and
(B) however
(C) therefore
(D) furthermore

13. It is highly recommended that you bring any documents that include your job description ------- show your job performance to the performance appraisal.

(A) if
(B) and
(C) so
(D) but

14. ------- the transportation authority cut the road improvement budget last year, the number of traffic accidents has increased.

(A) Although
(B) Despite
(C) Even so
(D) Since

15. Mr. Alex will be updating the department directory, ------- notify him if your phone number has changed.

(A) after
(B) so
(C) rather than
(D) in order to

16. When readers give unfavorable feedback on a book, it will influence not only that title ------- its publisher.

(A) providing that
(B) even though
(C) even as
(D) but also

▶ 정답 및 해석 75페이지

Unit 12

'접속사' 종합 문제

반드시 다음의 순서대로 풀어보자.

1. 무턱대고 해석부터 하지 않는다.
2. **보기 확인 → 문제 유형 파악 → 접속사 자리 문제라면** 절의 형태와 절의 완전/불완전 확인 순서로 **푼다.**
3. 핵심 전략을 적용해 문제를 푼다. (전략 11-1 : Unit 11의 전략 1)
   답을 확인하기 전 점검 차원에서 간단히 해석해본다.

파트 5

전략12-4대입

01. Tofu House provides both healthy nutritional meals ------- relaxing oriental ambience for gourmets.

   (A) so
   (B) even though
   (C) now that
   (D) and

전략11-4대입 ▶고난도!

02. Of all the entries submitted by the contestants, the judging panel will choose ------- best represents the theme of the show.

   (A) how
   (B) whoever
   (C) whichever
   (D) whenever

전략12-1대입

03. ------- a prescription you have is fewer than 2 years old at the start of the clinical trial, you can participate in it.

   (A) As long as
   (B) Alongside
   (C) Not just
   (D) Nevertheless

전략11-2대입

04. The marketing director was very pleased that Jongsu Kim, ------- achievements were exemplary, motivated the others on his team.

   (A) what
   (B) whom
   (C) whose
   (D) where

전략12-2대입 ▶고난도!

05. It's not that difficult for us to know the benefits of doing exercise regularly, ------- we often skip it for various reasons.

   (A) otherwise
   (B) so
   (C) yet
   (D) also

전략12-1대입

06. The company changed its supplier ------- another provider offered a lower price.

   (A) because
   (B) nevertheless
   (C) for instance
   (D) consequently

07. The latest version of our spreadsheet for tracking expenses, ----- includes updated calculations, is actually quite easy to use.

(A) it
(B) itself
(C) which
(D) whose

11. Manual work will gradually be phased out over the next two years ------- the transition to factory automation is complete.

(A) until
(B) by
(C) during
(D) through

08. The seminar participants will be able to attend an outdoor reception ------- a book signing.

(A) so that
(B) or
(C) yet
(D) when

12. It is the job of ------- enters the office first to turn on the heaters and the lights in the morning.

(A) anybody
(B) whatever
(C) whoever
(D) someone

09. The Technology Innovation Prize will be awarded to ------- pharmaceutical company contributed to the development of medicines for rare, incurable diseases.

(A) whichever
(B) every
(C) these
(D) any

13. This e-mail confirms your booking at our hotel ------- serves as a receipt of your payment for the night market tour you requested.

(A) in order that
(B) when
(C) in addition
(D) and also

14. Inspectors are checking ------- can lead to potentially dangerous wiring problems in the future.

(A) what
(B) how
(C) whom
(D) these

10. The research director ------- the grant proposal be submitted to the government by the end of the month.

(A) request
(B) requesting
(C) requested
(D) requestor

전략12-2대입

15. The organizer had predicted the number of participants at this year's conference would be double last year's, ------- it was actually the same.

(A) if
(B) or
(C) but
(D) and

전략11-2대입 ▶고난도!

16. The screening of the newly released documentary is open to the public while the banquet ------- follows it is by invitation only.

(A) afterward
(B) because
(C) that
(D) whether

전략12-3대입

17. Art Department computers are connected to printers ------- scanners in Area C.

(A) yet
(B) both
(C) and
(D) only

전략12-4대입

18. The mayor of Pine City has ------- rejected nor approved our proposal to transform Canal Street into a more pedestrian-friendly setting.

(A) since
(B) not
(C) neither
(D) either

전략11-3대입

19. The marketing team will have a meeting next week to determine ------- to publicize the latest Loofook jewels.

(A) so that
(B) refer
(C) how
(D) before

전략12-4대입

20. The residents of Pleasantville met with one another not only to make suggestions about the ongoing construction project ------- to vote for the next president.

(A) but also
(B) except
(C) if only
(D) as of

전략11-1대입

21. The goal of our recycling initiative is to determine ------- our daily operating expenses can be reduced.

(A) either
(B) while
(C) though
(D) whether

전략11-4대입

22. It is Mr. Andrew's duty to give information to new interns ------- they are uncertain about their assigned tasks.

(A) whenever
(B) however
(C) whoever
(D) whichever

▶ 정답 및 해석 78페이지

Questions 23-26 refer to the following announcement.

Dave's Used Books is happy to announce that local writer Andrea Lincoln will be our

next guest this Saturday, August 22, at 3:00 P.M. Ms. Lincoln, ------- novels are known
23.

around the world, will be releasing her latest thriller, *A Time to Flee*, on September 1.

She intends to read the first two chapters from her ------- book and will then give a
24.

short speech about her life as a novelist. -------.
25.

As space is limited, only 150 people will be able to attend the event. Interested

individuals can book a ------- by registering online at www.davesusedbooks.com.
26.

23. (A) her
(B) all
(C) who
(D) whose

26. (A) time
(B) location
(C) seat
(D) novel

24. (A) apparent
(B) published
(C) upcoming
(D) bestselling

25. (A) She has also agreed to take
questions from the audience.
(B) She expects to arrive no later than
4:00 in the afternoon.
(C) The work is already selling out at
many stores.
(D) The date of publication has not yet
been announced.

Questions 27-30 refer to the following article.

Last night, the mayor's office ------- its decision regarding the building of a new
             27.
stadium for the local high school. According to Mayor Kenneth Ross, enough funding

must be raised for the stadium ------- he is willing to agree to build it. -------. Yet many
             28.   **29.**
others claim the school's existing structure is not only safe but also spacious enough.

Some individuals claim the ------- in support of maintaining the old stadium is related to
             30.
the economic crisis the city is facing as it went over budget for the first time in twenty

years last month.

27. (A) postponed
    (B) made
    (C) announced
    (D) reaffirmed

30. (A) decision
    (B) vote
    (C) increase
    (D) promotion

28. (A) so
    (B) before
    (C) while
    (D) because

29. (A) Various sporting events take place at
        the stadium.
    (B) Mr. Ross has two children enrolled at
        the school.
    (C) The vote by the city council was
        unanimous.
    (D) Some local residents claim the
        stadium is needed.

▶ 정답 및 해석 81페이지

매회 **4** 문제

전치사

출제 경향

- 매회 2~3 문제가 주로 팟5에서 출제된다.
- 대부분 빈칸 앞이나 뒤를 보고 해석 없이 풀 수 있다.
- 시간/장소의 전치사는 매번 기출이 되며 for는
  시험 2회당 1번 정답으로 출제된다.

최근 6개월간 출제 경향

출제 시기	출제 파트 & 정답 유형
N월	시간의 전치사 1개, 장소의 전치사 1개
N+1월	시간의 전치사 2개
N+2월	시간의 전치사 2개, of 1개
N+3월	시간의 전치사 1개, 장소의 전치사 1개
N+4월	시간의 전치사 3개, 장소의 전치사 1개
N+5월	시간의 전치사 1개, 장소의 전치사 1개

* 다음달 나올 문제는 저자 동영상 확인 (https:c11.kr/3xgc)

유형 파악

해석 없이 풀려면 가장 먼저 문제 유형을 파악해야 한다. 문제 유형은 보기만 보아도 95% 이상 알 수 있다.

STEP 1 두 문제의 보기에서 공통점을 확인해보자.

1. All employees should turn in their vacation
   requests ------- noon on Friday.

   (A) behind
   (B) into
   (C) between
   (D) by

2. Passengers should put their carry-on bags
   ------- the overhead compartments.

   (A) by
   (B) around
   (C) for
   (D) in

▶ 보기가 모두 전치사로 구성되어 있다. 이것을 전치사 어휘 문제라고 한다.

STEP 2 문제를 풀어보고 두 문제의 공통점과 차이점을 확인해보자.

1. All employees should turn in their vacation
   requests ------- noon on Friday.

   (A) behind
   (B) into
   (C) between
   (D) by

2. Passengers should put their carry-on bags
   ------- the overhead compartments.

   (A) by
   (B) around
   (C) for
   (D) in

▶ 1번에서 noon은 '정오'라는 뜻의 시점 명사인데, 보기 중 시점과 쓰는 전치사는 by이다. between은 A and B가 뒤에 와야 하며 behind와 into는 장소와 쓰는 전치사이므로 오답이다. 2번에서 the overhead compartments는 '머리 위 짐칸' 이란 뜻의 장소 명사로, 보기 4개 모두 장소 명사와 사용 가능하므로 동사인 put까지 봐야 '~에 넣다'는 말이 자연스럽다는 것을 알게 되어 in이 정답이다. 두 문제 모두 밑줄 앞이나 뒤를 보고 푸는 문제이며, 해석을 다 해야 풀리는 문제는 아니다.

시간/장소의 전치사 풀이 전략 :출제 빈도: 매회 평균 2~3개

전치사 어휘 문제는 75% 가량이 해석 없이 빈칸 앞이나 뒤를 보고 해석을 최소화하여 풀 수 있다. 아래 전략을 통해 어떤 전치사 뒤에 어떤 명사가, 어떤 전치사 앞에 어떤 동사(혹은 명사, 형용사)가 오는지를 익히자.

:기초문법점검 : 풀이 전략에 들어가기 전에 아래의 기본 문법은 알고 있어야 한다. 알고 있다고 착각하기 쉬운 문법들을 점검 퀴즈로 확인해보자.

기본 점검 퀴즈	관련 문법
① 다음 중 전치사도 되고 접속사도 되는 것은? in, at, on, by, until, prior to, following, once	• 전치사와 접속사가 모두 되는 것: until, before, after, as, since • once는 접속사와 부사가 가능
② 다음 중 시간의 전치사가 될 수 없는 것은? by, until, within, for, during, over, from, onto	• 시점과 쓰는 전치사: by, until, in, on, at, from • 기간과 쓰는 전치사: within, over, during, for
③ 다음 중 장소의 전치사가 될 수 없는 것은? by, until, from, over, below, beside, in, at	• 장소의 전치사: by = next to = beside, below, in, on, at

:정답 & 해석 : 정답을 확인해보고 맞았으면 ○, 틀렸으면 X로 표시하자. 모르면 위의 관련 문법을 재점검하고 전략을 학습하자.

① until (　　)
　in ~에 at ~에 by ~옆에, ~까지 until ~까지 prior to ~에 앞서 following ~후에 once 한 번; 일단 ~하면
② onto (　　)
　by ~까지 until ~까지 within ~이내에 for ~동안 during ~동안 over ~에 걸쳐 from ~부터 onto ~위에
③ until (　　)
　by ~옆에 until ~까지 from ~에서 over ~위에 below ~아래에 beside ~옆에 in ~에 at ~에

매회 시험마다 빠짐없이 나오는 것이 시간의 전치사이다. 시간의 전치사는 시각, 날짜, 요일 등 특정 시점을 나타내는 시점의 전치사(**at** 3 o'clock, **on** Monday 등)와 일정 기간을 나타내는 기간의 전치사(**within** a week, **throughout** the week 등)로 구분된다. 시간의 전치사는 빈칸 뒤 시점이나 기간을 확인하고 구분하면 바로 풀 수 있다.

You should submit your report (**within**, ~~at~~, ~~beside~~) a week. 당신은 제출해야 한다 / 당신의 보고서를 / 일주일 이내에.

▶ 일단 a week는 시간 명사이므로 장소 명사와 어울리는 beside부터 소거한다. 시간은 시점과 기간으로 구분되는데, a week는 기간을 나타낸다. 따라서 시점과 어울리는 전치사 at은 오답, 기간과 어울리는 within이 정답이다.

같은 시점 전치사라도 상세한 차이점을 파악하여 풀어야 한다.

You should submit your report (**on**, ~~at~~, ~~in~~) June 3. 당신은 제출해야 한다 / 당신의 보고서를 / 6월 3일에.

▶ 정확한 날짜나 요일에 쓰는 전치사는 on이다. in이 답이 되려면 in June처럼 달만 나타내야 한다. at은 정확한 시각이나 at night, at noon처럼 명사와 어울린다.

You should submit your report (**on**, ~~at~~, ~~in~~) Monday morning.

당신은 제출해야 한다 / 당신의 보고서를 / 월요일 아침에.

▶ 요일과 쓰는 전치사는 on, morning과 쓰는 전치사는 in이지만 '월요일 아침에'일 때 요일을 기준으로 한다. 마찬가지로 '밤에'라는 표현은 at night이지만 '월요일 밤에'일 땐 on Monday night이라고 한다.

🗂️ 암기 ① 시점 명사, 기간 명사

시점 명사	시각(3:30), 날짜(6월 3일), 요일, ago(3 days ago), last week, last month, last year와 연도 등
기간 명사	시간(hours), 날(days), 주(weeks), 달(months) 등

② 시점과 어울리는 전치사, 기간과 어울리는 전치사

시점	at + 정확한 시각　on + 날짜/요일　in + 달/계절/연도/세기　since + 과거 시점
	before, ahead of + 시점　by, until + 완료 시점
	from, as of, starting, beginning, effective (from) + 출발 시점
기간	during + 기간 명사　within + 숫자 기간　for + 숫자 기간　throughout + 기간 명사
	over + 숫자 기간/기간 명사

* after는 시점, 기간 모두 가능하다.

ex I will visit your office **after** June 3. 나는 너의 사무실을 방문하겠다 / 6월 3일 후에.

ex Mr. Kim will step down **after** 20 years of service. Mr. Kim은 은퇴할 것이다 / 20년의 근무 후에.

* 'in + 기간'은 '~ (직)후에', '~ 이내에'로 모두 가능하다.

ex I will be back **in** twenty minutes. 나는 돌아오겠다 / 20분 후에.

ex I finished the job **in** two weeks. 나는 그 일을 끝냈다 / 2주 이내에.

* in ~ing는 '〜할 때'라는 뜻이고, on ~ing는 '〜하자마자'라는 뜻이다.

ex In trying to solve one problem, I created another.

하나의 문제를 해결할 때 / 나는 또 다른 문제를 만들었다.

ex You will receive your new assignments **on** returning from your vacation.

당신은 새로운 과제를 받을 것이다 / 휴가로부터 돌아오자마자.

빈칸 뒤만 봐서는 안 되고 동사를 봐야 확실히 풀리는 경우가 있다.

You said you will stay with us (**until**, ~~by~~, ~~in front of~~) next week.

당신은 말했다 / 당신이 머무를 것이라고 / 우리와 함께 / 다음 주까지.

I will submit a vacation request (~~until~~, **by**, ~~in front of~~) this week.

나는 제출할 것이다 / 휴가 요청서를 / 이번 주까지.

▶ 일단 next week가 시간 명사이므로 장소 명사와 어울리는 in front of는 소거한다. until과 by는 모두 시간 명사와 사용하지만 by는 1회성 동작과 어울리고, until은 지속적인 동작과 어울린다. stay, wait, remain, be 형용사, be delayed/deferred/postponed 등은 지속적인 동작을 나타내므로 until이 답이다. by는 submit, return, inform, contact 등의 동사와 어울린다.

접속사도 되는 시점 전치사들(before, after, until, since)은 동사의 개수가 2개면 바로 답이다.

Employee benefits should be taken into consideration (~~for~~, ~~at~~, **before**, ~~prior to~~) employees' duties are discussed. 직원 복지는 고려되어야 한다 / 직원들의 직무들이 논의되기 전에.

▶ 보기를 보면 전치사 어휘 문제 같지만 동사의 개수가 2개(should be, are)이므로 접속사 자리 문제이다. before와 after는 접속사와 전치사로 동시에 쓰이지만, 각각의 동의어인 prior to와 following은 전치사로만 쓰인다.

Q 점검퀴즈 다 맞혀야만 다음 전략으로 넘어갈 수 있다!

1. The event coordinator silenced his mobile phone (during, behind) the meeting.
2. The presentation will be postponed (for, until) the electricity comes back on.
3. You may receive your order (within, only) two days unless otherwise notified.
4. Please submit your proposal to transform the abandoned land (until, by) June 3.

▶ 정답 및 해석 83페이지

in, on, at, by, throughout 등은 시간뿐 아니라 장소 명사와 결합하여 위치를 묘사하는 데 사용된다.

The building is located (at, ~~during~~) the intersection. 건물은 위치해 있다 / 교차로에.

▶ intersection은 장소 명사이므로 시간 명사와 쓰는 during은 오답이다. at은 시간뿐 아니라 장소와도 사용할 수 있다.

장소의 전치사는 위치를 나타내는 전치사(**in** the room, **on** the desk, **in front of** the house)와 방향을 나타내는 전치사(**to** the hotel, **from** the door, **out of** the house)로 구분된다. 위치의 전치사는 주로 상태를 나타내는 동사(be, be located 등)와 사용되고, 방향의 전치사는 주로 동작을 나타내는 동사(walk, depart, arrive, move 등)와 사용된다.

The building is located (at, ~~from~~) the intersection. 건물은 위치해 있다 / 교차로에.

▶ 위치해 있다는 것은 상태를 나타내는 말이다. 따라서 위치를 나타내는 전치사 at이 답이다. from은 방향의 전치사이므로 동작을 나타내는 동사와 사용한다.

방향의 전치사가 쓰인 문장 예시

ex The shuttle will **depart from** the main gate of the hotel. 셔틀 버스는 출발한다 / 호텔의 정문에서.

암기 장소의 전치사

위치의 전치사(정적인 느낌)	방향의 전치사(동적인 느낌)
in ~에서 (be held in the meeting room 회의실에서 개최되다)	for(= toward) ~를 향하여 (leave for Seoul 서울을 향해 떠나다)
on ~위에 (stand on the stage 무대 위에 서다)	to ~에게 (speak to ~에게 말하다)
at ~에서 (wait at the corner 코너에서 기다리다)	into ~로 (expand into ~로 진출하다)
next to(= by, beside, adjacent to) ~옆에 (be located next to my office 내 사무실 옆에 위치해 있다)	from ~로부터 (benefit from ~로부터 혜택을 얻다)
near ~근처에 (near the airport 공항 근처에)	out of ~에서 (take A out of B B에서 A를 빼내다)
opposite(= across from) ~의 맞은편에	through ~을 통해 (exit through the rear door 뒷문을 통해 나가다)
throughout ~전체에 걸쳐	
between ~사이에	
among ~사이에	
behind ~의 뒤에	
in front of ~의 앞에	

위치, 방향 둘 다 사용하는 전치사	
over ~위에 above ~위에 under(= beneath, below) ~아래에 past ~를 지나쳐서 along ~를 따라서 across ~를 가로질러 down ~를 따라 쭉 up ~의 상류로	

장소의 전치사, 특히 방향의 전치사는 대부분 특정 명사나 특정 동사와 어울리는 경향이 있다. 이 경우는 명사나 동사가 정답의 단서가 될 수 있다. (Unit 16, Unit 20 참고)

Please obtain approval (from, ~~to~~) the budget office. 받아주세요 / 승인을 / 예산실로부터.

You may refer to the driving directions (~~from~~, to) our office.
당신은 참조할 수 있습니다 / 우리의 사무실로 가는 운전 경로를.

▶ 'obtain A from B', 'directions to 명사' 등의 숙어로 기억해두면 쉽게 풀린다.

장소의 전치사의 의미를 구분해야 풀리는 문제들이 있다.

Walk (~~over~~, past) the GWF Building, and then you will find our office.
걸으세요 / GW 건물을 지나쳐서 / 그러면 당신은 찾을 수 있습니다 / 우리의 사무실을.

▶ past는 '~를 지나쳐서'라는 의미이다. over는 '~를 넘어서'라는 의미로 위로 넘어가는 느낌이라 오답이다.

Mr. Kim is (among, ~~between~~) the many famous singers in Korea.
Mr. Kim은 많은 유명한 가수들 중 하나이다 / 한국에서.

▶ among은 3명 이상, between은 2명 '사이에서'를 의미한다. many는 2명을 가리키는 말이 아니므로 among이 답인데, 'be among 복수 명사'는 'one of 복수명사'와 같은 표현이다. 이 문장은 도치가 되어 수일치 문제로도 출제된다. 아래의 예문을 살펴보자.

Among the many famous singers in Korea (is, ~~are~~) Mr. Kim.
한국에서 많은 유명한 가수들 중 하나이다 / Mr. Kim은.

▶ singers가 주어라고 생각하여 are를 쓰면 오답이다. 이 문장의 주어는 Mr. Kim이며 among ~ Korea 부분이 보어이다. 보어를 강조하기 위해 도치가 된 문장이다.

✋ 잠깐 **장소의 전치사와 시간의 전치사가 다 되는 단어들**

in, on, at, between, for, from, over, through, throughout, past, toward는 장소의 전치사뿐 아니라 시간의 전치사로도 사용된다.

We have many branch locations throughout the country. 우리는 많은 지점들을 가지고 있다 / 전국에 걸쳐서.

I have been working hard throughout the week. 나는 열심히 일했다 / 한 주 내내.

▶ 첫 번째 문장에서는 throughout이 장소의 전치사로, 두 번째 문장에서는 시간의 전치사로 사용되었다.

Human Auto intends to unveil its new model (toward, ~~regarding~~) the end of the month.
Human Auto는 공개할 예정이다 / 그것의 새로운 모델을 / 이번 달 말 무렵에.

Let's gather at half (past, ~~at~~) six. 6시 30분에 모입시다.

▶ toward(~무렵에), past(~를 지나쳐서)가 각각 시간의 전치사로 사용되었다.

Q 점검퀴즈 **다 맞혀야만 다음 전략으로 넘어갈 수 있다!**

1. You can see Mr. Chang standing (opposite, from) me in the picture.

2. The name tag should be affixed (to, from) the luggage.

3. The singer's performance (at, onto) the hall attracted many people.

4. Guests can enter the underground parking lot (upon, through) the rear entrance. ▶ 정답 및 해석 83페이지

'~와 함께, ~에 의해서'처럼 동반이나 수단을 나타내는 전치사들이 있다. 이러한 전치사들도 주로 빈칸 주변의 단어들을 보고 풀 수 있다.

1 | 동반의 전치사: with(~와 함께), along with(~와 함께), alongside(~와 동반하여), without(~없이)

동사를 보고 푸는 경우 (동사+with, 동사 A with B)

You should comply (**with**, ~~for~~) the company's policy.   당신은 준수해야 한다 / 회사의 정책을.

We will reward you (**with**, ~~to~~) a bonus.   우리는 보상할 것이다 / 당신에게 / 보너스로.

▶ comply with(~를 준수하다), reward 사람 with 보상물(사람에게 ~로 보상하다)를 기억하면 쉽게 풀 수 있다.

앞의 명사를 보고 푸는 경우 (명사 with 명사)

If you have any problem (**with**, ~~to~~) our product, please contact us.

당신이 어떠한 문제라도 가지고 있다면 / 우리의 제품에 대해 / 우리에게 연락하세요.

▶ problem with(~에 대한 문제)를 기억하면 쉽게 풀 수 있다.

앞의 형용사를 보고 푸는 경우 (형용사 with 명사)

Please enjoy our state-of-the-art facility, complete (**with**, ~~to~~) racquetball courts and a swimming pool.   즐기세요 / 우리의 최신 시설을 / 라켓볼 코트들과 수영장이 완비된.

▶ complete with(~가 완비된)를 기억하면 쉽게 풀 수 있다.

뒤의 명사를 보고 푸는 경우 (without 명사)

Your refund request will not be honored (**without**, ~~except~~) a receipt.

귀하의 환불 요청은 이행될 수 없습니다 / 영수증 없이는.

▶ 'without + 허가, 허락, 통행증, 영수증, -ing' 등을 기억하면 쉽게 풀 수 있다. except는 '영수증을 제외한 모든 종류의 증빙 문건들'처럼 앞에 포괄적인 단어가 와야 한다.

✋ 잠깐 ▶ along with(~와 함께), alongside(~와 공동으로, ~와 나란히, ~측면을 따라서), along(~측면을 따라서, ~위/안을 따라서)를 구분한다

Please send your résumé (**along with**, ~~along~~) two references.   이력서를 보내주세요 / 두 통의 추천서들과 함께.

▶ along with는 '~와 함께'라는 뜻으로 추가적인 사람이나 사물들이 역시 앞의 말에 연관되거나 포함될 때 사용하는 말이다. 두 통의 추천서는 이력서와 같이 보내야 할 것들이다.

Volunteers worked (**alongside**, ~~along~~) one another.   자원봉사자들은 일했다 / 서로서로 협력하여.

▶ alongside는 '~와 공동으로'라는 뜻이 있는데, '일하다'는 뜻의 동사인 work와 잘 어울린다.

I run every day (~~along with~~, **along**) the Han River.   나는 매일 뛴다 / 한강을 따라서.

▶ along은 '~의 측면을 따라서'라는 뜻이 있고, 이때는 alongside도 사용할 수 있다.

The ship sailed (~~alongside~~, **along**) the Han River.   배는 항해했다 / 한강을 따라서.

▶ along은 '~의 위/안을 따라서'라는 뜻도 있는데, alongside는 이와 같은 뜻이 없으므로 오답이다.

2 │ 수단의 전치사 with(~를 사용하여), by(~에 의해서), through(~를 통해서)

with는 동반의 뜻만이 아니라 '~를 사용하여'라는 뜻도 있다. 이때 with 다음에는 '도구, 수단, 재료'가 온다.

Stir the mixture (**with**, ~~for~~) a spoon. 섞으세요 / 혼합물을 / 스푼을 사용하여.

▶ 여기서 with는 '~를 사용하여'라는 뜻이므로 수단의 전치사라고 한다.

by나 through도 수단의 전치사로 사용된다. 이때 by 뒤에는 교통수단, 통신수단, 지불수단 등이, through 뒤에는 인터넷, TV, 신문 등의 매체가 온다.

I talked (**through**, ~~for~~) an interpreter. 나는 말했다 / 통역사를 통해서.

I always go (**by**, ~~to~~) bus. 나는 항상 간다 / 버스로.

by는 수동태(be p.p.)의 주체를 표시할 때도 사용하며, by -ing (~함으로써)라는 숙어도 자주 나온다.

The book is written (**by**, ~~from~~) Mr. Wright. 책은 쓰였다 / Mr. Wright에 의해서.

(**By**, ~~To~~) increasing productivity, the company could meet the heavy demand.
생산성을 증가시킴으로 / 그 회사는 충족시킬 수 있었다 / 많은 수요를.

Q 점검퀴즈 다 맞혀야만 다음 전략으로 넘어갈 수 있다!

1. The contract will not be valid (without, except) both parties' signatures.

2. Tourists (with, of) valuables are responsible for keeping them secure.

3. Those mobile phones are bought (in, by) government agencies.

4. Mr. Logan runs (along, along with) the nearby river every day.

▶ 정답 및 해석 83페이지

---

4 of가 답이 되는 주격, 목적격, 소유격, 동격

우리 말의 '~의'에 해당하는 말이 of다. of가 답인 문제는 다양한 패턴을 알아야 빈칸 주변만 보고 풀 수 있다.

1 │ 명사 of 명사

Both parties must put their signatures on the last page (**of**, ~~except for~~) the sales contract.
양측은 서명해야만 한다 / 마지막 페이지에 / 판매 계약서의.

▶ 마지막 페이지는 판매 계약서의 일부분에 해당된다. 이러한 것을 '부분 of'라고 한다. except (for)는 '포괄적 except (for) 구체적'인 관계에서 사용한다.

ex **All documents except for the sales contract** should be disposed of right away.
모든 문서들은 / 판매 계약서를 제외한 / 처분되어야 한다 / 당장.

주격 of	the arrival **of** our train 우리 기차의 도착	기차가 도착하다 (주어와 동사 관계)
목적격 of	awareness **of** air pollution 공해의 인식	공해를 인식하다 (목적어와 동사 관계)
소유격 of	the property **of** our company 우리 회사의 재산	회사가 소유한 재산 (소유의 관계)
부분 of	the back **of** my head 내 머리의 뒷부분	내 머리의 일부인 뒷부분 (부분의 관계)
구체 of (동격 of)	the procurement threshold **of** $1,000 1000달러의 구매 한계금 the month **of** April 4월의 한 달 the aim **of** fighting global warming 지구 온난화를 막기 위한 목표	구매 한계금이 구체적으로 가리키는 것 한 달이 구체적으로 가리키는 것 목표가 구체적으로 가리키는 것
관련, 한정 of	the issue **of** housing 주택의 문제 the history **of** Korea 한국의 역사	주택에 관한 문제 한국에 관한 역사

2 │ 동사＋(목적어)＋of 명사

'동사 of 명사'나, '동사＋목적어 of 명사'인 경우는 해당 동사를 숙어로 암기해야 한다. (Unit 16 참고)

This chapter consists (**of**, ~~about~~) two units. 이 챕터는 구성된다 / 두 개의 단원으로.

Please inform us (**of**, ~~for~~) the news. 알려주세요 / 우리에게 / 그 소식에 대해서.

▶ consist of(~로 구성되다), inform A of[about] B (A에게 B에 대해 통보하다)의 숙어로 기억해두면 쉽게 풀 수 있다.

3 │ 형용사 of 명사

'be 형용사 of 명사' 계열의 숙어를 암기하면 빈칸 주변만 보고 풀 수 있다. (Unit 22 참고)

Increased profits are not always indicative (**of**, ~~between~~) an increase in sales.

증가된 수익이 항상 나타내는 것은 아니다 / 판매에서의 증가를.

▶ be indicative of는 indicate(~를 나타내다)와 같은 뜻의 숙어이다.

Q 점검퀴즈 다 맞혀야만 다음 전략으로 넘어갈 수 있다!

1. Refer to the last page (of, upon) the sales contract.

2. You can take advantage (to, of) this graphic software.

3. It is necessary that engineers be aware (of, for) safety.

4. I inquired (about, of) Ms. Rose about the selection process.　　　▶ 정답 및 해석 84페이지

한눈에 정리하기

해석을 최소화하여 풀 수 있는 전략을 요약해보고 문제에 대입하여 푸는 과정을 살펴보자.

전략 요약

1. 시점의 전치사는 빈칸 뒤 명사가 시점인지, 기간인지 확인하여 푼다.

2. 장소의 전치사는 빈칸 뒤 명사가 장소 명사인지와 빈칸 앞의 동사를 보고 푼다.

3. 동반/수단/수동의 전치사는 빈칸 앞의 동사, 명사, 형용사 및 빈칸 뒤의 명사를 보고 푼다.

4. of는 답으로 할 때 주격, 목적격, 소유격, 동격 등 어떤 of인지 확인하고 푼다.

전략 대입 < 5초 안에 푼다!

2. Passengers should put their carry-on bags ------- the overhead compartments.

    (A) by
    (B) around
    (C) for
    (D) in

STEP 1 보기가 전치사로 구성되어 있는지 확인한다.

보기가 모두 전치사이므로 전치사 어휘 문제이다.

STEP 2 밑줄 뒤를 확인한다.

the overhead compartments는 장소 명사이다. 보기 4개 모두 장소 명사와 사용 가능하다.

STEP 3 밑줄 앞의 동사(혹은 명사, 형용사)를 확인한다.

put과 어울릴 수 있는 동사는 in이다. by의 경우는 the overhead compartments라는 명사에 '옆'이라는 의미가 있을 수 없어 오답이다. around는 '~를 돌아서', for는 '~를 위해서, ~에 대해서'라는 뜻으로 put과 어울리지 않는다.

정답 (D)

`전략1대입`

01. ------- three business days, applicants normally receive a Brill & Quinn Bookstore membership card.

(A) Into
(B) From
(C) Within
(D) Alongside

`전략2대입`

02. Due to the renovations being done at the main gate, visitors should enter ------- the west entrance.

(A) except
(B) out of
(C) rather than
(D) through

`전략3대입`

03. A reservation will not be confirmed ------- a down payment.

(A) except for
(B) in addition to
(C) among
(D) without

`전략2대입`

04. Ms. Renner reserved a hotel room ------- the Traveler's Hot Deals Web site for her boss's business trip.

(A) before
(B) at
(C) and
(D) as to

`전략1대입` **고난도!**

05. ------- the end of this year, Glasgow Retail will have opened three more branches in New York.

(A) For
(B) By
(C) Too
(D) Starting

`전략4대입`

06. The CTRA Corporation has finally attained its sales goal thanks to the concerted efforts ------- its devoted employees.

(A) to
(B) of
(C) above
(D) on

`전략2대입` **고난도!**

07. The New-Star Department Store is located slightly ------- the Yongsan Electronics Market on Han River Avenue.

(A) to
(B) over
(C) between
(D) past

`전략3대입`

08. Spectators ------- children are required to keep them silent during the performance.

(A) on
(B) with
(C) out of
(D) to

전략2대입 ▶고난도!

09. Joy Science Shop sells its instructive audiovisual materials directly to educational institutes all ------- Korea.

(A) nationwide
(B) faraway
(C) across
(D) along

전략1대입

10. ------- the weeklong conference last month, our company secured many potential customers.

(A) As
(B) Later
(C) During
(D) Above

전략2대입

11. The articles published in the *Pittsburgh Daily* are ------- the most persuasive ones that she has ever written.

(A) to
(B) with
(C) among
(D) after

전략3대입 ▶고난도!

12. Managerial jobs normally require thorough checks when their subordinates are done ------- their assigned tasks.

(A) with
(B) outside
(C) by
(D) in

전략1대입

13. Club members who renew their membership ------- next month will get 10 percent off the regular fee.

(A) nearly
(B) enough
(C) in front of
(D) before

전략3대입

14. Black Power phones are primarily used ------- government officials.

(A) on
(B) at
(C) into
(D) by

전략3대입

15. The Santa Maria night cruise provides a romantic trip in a moonlit setting ------- the Aria Canal.

(A) aside
(B) under
(C) along
(D) among

전략1대입 ▶고난도!

16. Newly hired employees will be notified of their specific responsibilities ------- the brief orientation.

(A) from
(B) following
(C) in advance
(D) while

▶ 정답 및 해석 84페이지

출제 경향

- 매회 1~2 문제가 주로 팟5에서 출제된다.
- 해석을 통해 논리 관계를 따져 풀어야 한다.
- 양보 계열은 despite, 이유 계열은 due to가 주로 정답이다.

최근 6개월간 출제 경향

출제 시기	출제 파트 & 정답 유형
N월	이유의 전치사 1개, 양보의 전치사 1개, 근거의 전치사 1개
N+1월	대상의 전치사 1개, 주제의 전치사 1개
N+2월	양보의 전치사 1개, 주제의 전치사 1개
N+3월	근거의 전치사 1개
N+4월	
N+5월	

* 다음달 나올 문제는 저자 동영상 확인 (https:c11.kr/3xgc)

유형 파악

해석을 최소화해서 풀려면 문제 유형부터 파악해야 한다. 문제 유형은 보기만 보아도 95% 이상 알 수 있다.

STEP 1 두 문제의 보기에서 공통점을 확인해보자.

1. ------- its aggressive promotional offers, Tarakan Mobile has been struggling all year long.

   (A) Aside from
   (B) Despite
   (C) Among
   (D) Rather than

2. Many local farms are growing a variety of exotic fruits ------- high consumer demand.

   (A) as a result of
   (B) since
   (C) in order that
   (D) far from

▶ 보기들이 주로 전치사로 구성되어 있다. in order that만 접속사이다.

STEP 2 문제를 풀어보고 두 문제의 공통점과 차이점을 확인해보자.

1. ------- its aggressive promotional offers, Tarakan Mobile has been struggling all year long.

   (A) Aside from
   (B) Despite
   (C) Among
   (D) Rather than

2. Many local farms are growing a variety of exotic fruits ------- high consumer demand.

   (A) as a result of
   (B) since
   (C) in order that
   (D) far from

▶ 1번은 Despite가 답이고 2번은 as a result of가 답인데, 이 답들을 고르기 위해서는 해석을 통해 논리 관계를 따져봐야 한다. 1번의 '공격적인 판촉 행사'와 '일년 내내 고전했다'는 역접의 관계이고, 2번의 '높은 수요'와 '다양한 이국적 과일들의 재배'는 인과 관계로 볼 수 있다. 이처럼 양보와 이유의 전치사 문제는 해석으로 논리 관계를 확인해야 풀 수 있다.

양보/이유, 목적/대상, 주제/근거의 전치사 풀이 전략

:출제 빈도: 매회 평균 1~2개

전치사 문제의 4분의 1은 해석을 해서 논리 관계를 따져야 풀린다. 아래 전략을 통해서 어떤 전치사들이 그에 해당하는지 알아보고 그런 전치사들이 보기에 있다면 일단 먼저 대입하여 해석하고 반드시 논리 관계를 따져보도록 한다.

:기초문법점검: 풀이 전략에 들어가기 전에 아래의 기본 문법은 알고 있어야 한다. 알고 있다고 착각하기 쉬운 문법들을 점검 퀴즈로 확인해보자.

기본 점검 퀴즈	관련 문법
① 다음 중 양보/이유의 전치사가 아닌 것은? despite, because of, in spite, notwithstanding	• 양보의 전치사: despite, in spite of, notwithstanding • 이유의 전치사: because of, due to, owing to
② 다음 중 포함/제외, 추가/제거의 전치사가 아닌 것은? instead, in addition to, such as, except for	• 포함: including, such as, like • 제외: except, except for, excluding • 추가: in addition to, besides • 제거: instead of, rather than
③ 다음 중 주제/범위/근거의 전치사가 아닌 것은? based on, according to, depending, regarding	• 주제: regarding, about, concerning • 범위: within, beyond • 근거: according to, depending on, based on

:정답 & 해석: 정답을 확인해보고 맞았으면 ○, 틀렸으면 X로 표시하자. 모르면 위의 관련 문법을 재점검하고 전략을 학습하자.

① in spite (   )
despite ~에도 불구하고 because of ~때문에 notwithstanding ~에도 불구하고
② instead (   )
in addition to ~에 더하여 such as (예를 들어) ~와 같은 except for ~을 제외하고
③ depending (   )
based on ~에 근거하여 according to ~에 따르면 regarding ~에 관하여

'~에도 불구하고'라는 뜻을 가진 전치사를 '양보의 전치사'라고 하고, '~때문에'라는 뜻을 가진 전치사를 '이유의 전치사'라고 한다. 양보/이유의 전치사는 반드시 해석해서 논리 관계를 따져야만 정확히 풀 수 있다.

The project has been suspended (**due to**, ~~despite~~, ~~because~~) a lack of funding.
프로젝트는 중단되었다 / 자금의 부족 때문에.

▶ 선택지에 양보/이유의 전치사가 있으므로 해석하여 논리 관계를 따져야 하는 문제이다. 자금의 부족이 원인이 되어 프로젝트가 중단되었다고 볼 수 있다.

▶ because도 due to와 의미가 같지만 접속사라서 오답이다. 접속사가 오려면 뒤에 문장이 와야 한다.

시험에 잘 나오는 양보/이유의 전치사는 다음과 같다.

🖍암기 ▶ 양보/이유의 전치사와 접속사

	전치사	접속사
양보	despite, in spite of, notwithstanding ~에도 불구하고	although, though, even though, even if ~에도 불구하고, ~라 할지라도
이유	because of, due to, owing to, on account of ~때문에 thanks to ~덕택에 as a result of ~의 결과로서	because, now that, since, as ~때문에

전치사 어휘 중 기출 1순위인 for는 이유/원인을 나타낼 수 있으며, 목적/대상 등을 나타낼 때도 사용한다. 전치사 for가 보기에 있으면 일단 해석을 해서 푸는 것이 좋다.

이유: The company rewarded Mr. Kim (for, ~~with~~) his contributions to the project.
회사는 보상했다 / Mr. Kim에게 / 그의 헌신들 때문에 / 그 프로젝트로에 대한.

▶ for를 '~때문에'로 해석한다. 헌신 때문에 상을 받은 것이다.

이유: The writer is famous (for, ~~with~~) his novel. 그 작가는 유명하다 / 그의 소설 때문에.

▶ for를 '~때문에'로 해석한다. 소설 때문에 유명한 것이다.

목적: Photos submitted (~~during~~, for) inclusion in the newsletter will not be returned.
제출된 사진들은 / 사보에 게재를 위해서 / 반납되지 않을 것이다.

▶ for를 '~를 위해서'로 해석한다. 사보에 포함(게재)되기 위해서 제출된 사진들이다.

대상: Mr. Kim didn't mentioned his reason (for, ~~by~~) leaving us.
Mr. Kim은 언급하지 않았다 / 그의 이유를 / 우리를 떠나는 것에 대해서.

▶ 해석 없이 풀면 by ~ing가 익숙해 보이기 때문에 틀리기 쉽다. for를 '~에 대해서'로 해석한다. 떠나는 것에 대한 이유, 즉 떠나는 이유이다.

대상: They are anxious (for, ~~on~~) her safety. 그들은 그녀의 안전에 대해서 걱정하고 있다.

▶ 걱정을 하는 것이 어떤 쪽을 향하는지를 나타낸다. '~에 대해서'라고 해석되므로 대상의 for이다.

대상: Someone left a message (**for**, ~~with~~) Vicky. 누가 Vicky에게 메시지를 남겼다.

▶ 메시지의 수신자는 Vicky이다. 'Vicky에게'라고 해석하지만 Vicky를 향한 것이므로 대상의 for이다.

✋ 잠깐 ▶ since의 쓰임새와 뜻에 주의한다.

(**Because of**, ~~Since~~) the economic downturn, most industries had low earnings last quarter.
경기 침체 때문에 대부분의 업계들은 지난 분기에 낮은 수익을 가졌다.

▶ since를 이유의 전치사라고 생각해서 답으로 고르면 안 된다. since는 접속사일 때 '~때문에'로 해석되고, 전치사일 때는 '~이래로'의 뜻이 된다.

Q 점검퀴즈 ▶ 다 맞혀야만 다음 전략으로 넘어갈 수 있다!

1. Ms. Saporo will prepare a meal (to, for) the seminar attendees.
2. (In spite of, Because of) unfavorable reviews, Mr. Albert is optimistic about his future.
3. Our budget should be revised (opposite, because of) a lack of funding.
4. Ms. Walker could finish the work (thanks to, despite) the help of her colleagues.   ▶ 정답 및 해석 87페이지

5초 풀이 전략 2 · 포함/제외, 추가/제거의 전치사는 해석하여 논리 관계를 확인한다.

such as(예를 들어 ~와 같은), like(~와 같은), including(~를 포함하여)을 '포함의 전치사'라 하고 except(~을 제외하고) 혹은 except for(~을 제외하고, ~이 없으면), other than(~이외에)을 '제외의 전치사'라고 한다. 포함/제외의 전치사가 보기에 등장하면 반드시 해석하여 빈칸 앞에 포괄적인 개념이 오고 빈칸 뒤엔 구체적인 개념이 오는지 확인해야 한다.

All employees at Wilson Publishing (~~without~~, **except**) Mr. Kim should attend the weekly seminar. 모든 직원들은 / Wilson Publishing의 / Mr. Kim을 제외한 / 참석해야만 한다 / 주간 세미나에.

▶ all employees가 포괄적 개념이고, Mr. Kim은 구체적인 개념이므로 except가 어울린다.

Anyone (**without**, ~~except~~) a passport is not allowed to enter the security gate.
누구라도 / 여권이 없는 / 허락되지 않는다 / 입장하는 것이 / 보안 게이트에.

▶ anyone이 a passport의 포괄적인 개념이 될 순 없다. a passport의 포괄적 개념은 identification(신분증)이다.

instead of(~대신에), rather than(~라기 보다는)도 포괄과 구체의 논리 관계가 아니다. 이러한 관계를 추가/제거의 관계라고 한다.

Please have your passport ready (**instead of**, ~~except~~) a student ID card.
당신의 여권을 가지고 있으세요 / 준비된 상태로 / 학생 신분증 대신에.

▶ 여권과 학생증은 같은 부류이므로 except를 쓰지 않는다.

in addition to(~에 더하여[덧붙여]), besides(~이외에도), on top of(~에 더하여)를 '추가의 전치사'라고 하는데, 이는 추가/제거의 계열이며, except는 포함/제외의 계열이므로 구별하자.

Many employees **in addition to** Mr. Kim attended the seminar.
많은 직원들이 / Mr. Kim에 더하여 / 세미나에 참석했다.

All of the employees **except** Mr. Kim attended the seminar.
모든 직원들이 / Mr. Kim을 제외한 / 세미나에 참석했다.

▶ 첫 번째 문장은 Mr. Kim이 참석자들 중의 한 사람이 되지만, 두 번째 문장은 김씨가 참석하지 않은 사람이 된다.

단, 추가의 전치사인 aside[apart] from(~이외에)은 부정어와 사용할 경우 주로 except for의 뜻으로 쓰인다.

Aside from (= Except for) wandering around the streets, there's nothing to do.
거리를 돌아다니는 것을 제외하고는 / 아무것도 할 것이 없다.

Aside from (= In addition to) English, Mr. Kim can speak Japanese.
영어에 더하여 / Mr. Kim은 일본어를 말할 수 있다.

✋ 잠깐 ▶ 일반 전치사와 다른 except의 특징

except는 문두에 오지 않는다.

(~~Except~~, **Unlike**) the other employees, Mr. Kim works hard even on weekends.
다른 직원들과 달리 / Mr. Kim은 열심히 일한다 / 심지어 주말에도.

단, **except for**는 문두에 올 수 있다.

Except for Mr. Kim, all of the employees will attend the meeting.
Mr. Kim을 제외한 / 모든 직원들은 참석할 것이다 / 회의에.

except 뒤에는 전명구, to부정사, 명사절 등이 올 수 있다.

Employees can talk with their fellow workers (~~during~~, **except**) on the assembly line.
직원들은 이야기할 수 있다 / 그들의 동료 직원들과 / 조립 라인을 제외하고는

except는 앞에 명사가 없으면 뒤에 명사를 쓸 수 없다.

Employees can work **except** the room. (X)

Q 점검퀴즈 ▶ 다 맞혀야만 다음 전략으로 넘어갈 수 있다!

1. You should report to work every day, (except, with) on holidays.

2. We have a wide array of books, (including, without) college textbooks.

3. The store posted its weekend hours (in addition to, except) its weekday schedule.

4. Subscribers can now read our magazine electronically (through, instead of) in paper form.

▶ 정답 및 해석 87페이지

5초 풀이 전략 3 | 빈칸 앞뒤만 보고 먼저 풀고, 안 풀리면 해석하는 기타 전치사

1 | 주제의 전치사

about(~에 관하여)과 같은 전치사를 '주제의 전치사'라고 한다. 주제의 전치사는 주로 빈칸 앞의 명사, 동사, 형용사와의 어울림을 보면 풀리는 경우가 많지만 그렇지 않으면 해석을 해본다.

The brochure includes information (**about**, ~~and~~) the company's products.

브로셔는 포함한다 / 정보를 / 회사의 제품들에 대한.

▶ 괄호 앞의 information이 about과 어울림이 매우 좋은 명사이다. 그러나 and도 괄호 앞뒤의 명사를 연결해줄 수 있으므로 해석해서 정확히 푸는 것이 안전하다. 브로셔에 정보와 제품이 포함된다는 것은 어색하다. 브로셔에는 제품 자체가 포함되는게 아니고 제품에 대한 정보가 포함되는 것이 맞다.

🗒 암기) 주제의 전치사(~에 관하여)

about, regarding, concerning, as to, with regard to, in regard to, pertaining to, pertinent to, relevant to, relating to, related to, over, on

🖐 잠깐) as for, as of, as to를 구분하라.

as for: (주로 문두에 와서) ~에 한하여, ~에 대해 말하자면

As for me, I like summer much better. 저에 대해 말하자면 / 저는 여름을 훨씬 좋아합니다.

as of: (시점 앞에서) ~부로

As of today, Mr. Kim will serve as our vice president. 오늘 부로 / Mr. Kim은 우리 부사장님으로 일할 것입니다.

as to: ~에 관하여

Employees differ **as to** the solution to the problem. 직원들은 의견이 다르다 / 그 문제에 대한 해결책에 관해서.

2 | 근거의 전치사

according to(~에 따라서)와 같은 전치사를 '근거의 전치사'라고 한다. 근거의 전치사 뒤에는 주로 뉴스, 조사, 보고, 연구, 기관 등이 온다는 것을 알면 풀 수 있지만 그렇지 않다면 해석을 해본다.

(**According to**, ~~Due to~~) the recent survey, our newest model is gaining popularity.

최근 설문조사에 따르면 / 우리의 최신 모델은 얻고 있는 중이다 / 인기를.

▶ 설문조사와 모델의 인기 상승은 인과 관계가 아니다. 설문조사에 따르면 인기가 있다고 보는 것이 맞다.

based on(~에 기준하여), depending on(~에 따라서)도 근거의 전치사이다.

(**Depending on**, ~~Despite~~) the test score you receive, you may have to take the exam again.

시험 점수에 따라서 / 당신이 받은 / 당신은 시험을 다시 봐야할 수도 있다.

▶ 시험 점수가 나쁘면 시험을 봐야 하고, 좋으면 시험을 보지 않아도 되는 상황이므로 '~에 따라서'라는 의미의 근거 전치사 depending on이 알맞다. 시험 점수의 결과에 상관없이 단지 시험 점수와 시험을 다시 봐야만 하는 것은 역접의 관계가 될 수 없다.

✋ 잠깐 in accordance with(~에 따라서, ~에 부합되게) 뒤에는 주로 법이나 규정 등이 온다.

> **ex** **In accordance with** the company's regulations, all employees should attend the mandatory fire drill. 회사에 규정에 따라서 / 모든 직원들은 참석해야만 한다 / 의무적인 소방 훈련에.

3 | 범위의 전치사

within(~이내에), beyond(~를 넘어서)와 같은 전치사를 '범위의 전치사'라고 한다. 범위의 전치사 뒤에는 한계치를 나타내는 표현들이 온다. 이러한 표현에는 능력(ability), 통제(control) 등의 추상적 개념부터 회사(company), 경계선(boundaries), 도시(city), 도보 거리(walking distance) 등의 장소 개념이 올 수도 있고, 3시간(3 hours), 65세(65 years old) 등의 시간 개념이 올 수도 있다. 한계치 이내가 되는 것이 within, 한계치를 넘어서는 것이 beyond인데, 답을 바로 찾기 어렵다면 해석을 통해 풀어야 한다.

We provide free delivery (**within**, ~~through~~) the city limits. 우리는 제공한다 / 무료 배송을 / 도시 경계 이내에.

▶ '도시 경계'가 한계치를 나타내는 표현이므로 within이 답이다. within the city limits라는 표현을 알면 해석을 최소화하여 풀 수 있다.

Our office is located (**within**, ~~from~~) walking distance. 우리의 사무실은 위치한다 / 걸어서 갈 수 있는 거리에.

▶ '걸어서 갈 수 있는 거리'가 한계치에 해당된다. from 뒤에는 출발점이 와야 한다. within walking distance라는 표현을 알면 해석을 최소화하여 풀 수 있다.

Please wear a safety helmet whenever you walk (**beyond**, ~~to~~) the main gate of our factory.

안전모를 착용하세요 / 당신이 걸을 땐 언제라도 / 우리의 공장 정문을 넘어서.

▶ '공장의 정문'이 일종의 한계치에 해당된다. 정문 쪽으로 걷는다고 안전모를 쓸 필요는 없다. 정문을 넘어서서 들어올 때 비로소 안전모를 착용할 필요가 있으므로 beyond가 답이다.

Mr. Kim is willing to do tasks (**beyond**, ~~among~~) his original assignments.

Mr. Kim은 기꺼이 일할 의향이 있다 / 그의 원래의 할당 업무들을 넘어서.

▶ 해석하지 않으면 풀기 어려운 문제이다. '원래의 할당 업무들'이 한계치에 해당된다. 그 한계 이상의 일도 할 의향이 있다는 표현이다. 뒤에 복수명사가 왔다고 among을 답으로 하면 원래의 할당 업무들에서 tasks가 무엇을 가리키는지 명확하지 않다.

4 | 기타 전치사

시험에 나오는 전치사 중 출제되는 문제의 수는 많지 않아도 뜻이나 쓰임을 모르면 틀릴 수밖에 없는 전치사들이 있다. 고득점이 필요하다면 하나도 빠짐없이 알아두자.

The assembly process will take two (**to**, ~~by~~) three hours. 조립 과정은 걸린다 / 2시간에서 3시간이.

▶ 뒤의 숫자를 보고 by를 쓰면 안 된다. to는 범위를 나타낼 때 사용할 수 있다. '2시간에서 3시간'이라는 시간의 범위를 나타낸다.

3단어로 구성된 전치사	in response to ~에 대한 응답으로 in favor of ~를 찬성하여 in recognition of ~를 인정하여 on behalf of + 회사/사람 ~를 대표하여[대신하여] in the event of ~의 경우에	in exchange for ~에 대한 교환으로 in preparation for ~에 대한 준비로 in terms of ~에 관하여, ~면에서 in case of ~의 경우에
2단어로 구성된 전치사	ahead of ~보다 앞서서	regardless of ~와 상관없이
기타	given ~를 고려할 때 in + 색깔/맛/치수 at + 가격/속도/비율 as + 자격 ~로서	unlike + other/previous 다른/이전 ~와는 달리

ex **On behalf of** Madison Medical Supplies, I'd like to make an announcement.
　Madison Medical Supplies를 대신해서 / 나는 발표하고 싶다.

ex You should report any issues to your mentor **regardless of** how trivial they are.
　당신은 보고해야 한다 / 어떠한 문제들이라도 / 당신의 멘토에게 / 그것들이 얼마나 사소한 것인지에 상관없이.

ex **Given** the situation, we have to hire more workers. 상황을 고려해볼 때 / 우리는 고용해야만 한다 / 더 많은 직원들을.

ex We have this bag **in black**. 우리는 이 가방이 있어요 / 검은색으로

Q 점검퀴즈 다 맞혀야만 다음 전략으로 넘어갈 수 있다!

1. What I like most (among, about) using this product is its quality.

2. (According to, Despite) the news report, working overtime can often lead to serious illnesses.

3. Our company operate (within, about) the limits of the law.

4. The product was developed (in order to, in response to) customer demand.　▶ 정답 및 해석 87페이지

전략 요약

1. 전치사 어휘 문제의 1/4은 해석을 해야 풀린다. 아래의 전치사들이 보기에 있으면 해석을 해본다.

2. 양보(despite, in spite of)/이유(because, due to)의 전치사가 보기에 있으면 해석하여 역접과 인과의 논리 관계를 확인한다.

3. 포함(including, excluding)/제외(except)의 전치사는 추가(in addition to)/제거(instead of)의 전치사와 논리 관계가 다르므로 해석하여 구분한다.

4. 주제(regarding), 범위(within/beyond), 근거(according to)의 전치사 및 기타 전치사들도 해석하여 어울림을 확인한다.

전략 대입   〈 15초 안에 푼다!

1. ------- its aggressive promotional offers, Tarakan Mobile has been struggling all year long.

   (A) Aside from

   (B) Despite

   (C) Among

   (D) Rather than

STEP 1 **보기가 무엇으로 구성되어 있는지 확인한다.**

모두 전치사로 구성되어 있는 전치사 어휘 문제이다. 특히 보기들이 해석을 해야 알 수 있는 전치사들이다.

STEP 2 **despite부터 대입 후 해석한다.**

despite를 넣으면 '공격적인 판촉 행사에도 불구하고, Tarakan Mobile은 일년 내내 고전해왔다.'로 해석할 수 있다.

STEP 3 **논리 관계를 따져보고 정답을 확인한다.**

판촉 행사는 매출 상승을 위해 하는 것인데 실제로는 어려움을 겪어 왔다는 이야기는 역접의 관계라고 볼 수 있으므로 despite가 정답이다. aside from과 rather than은 추가/제거의 논리 관계이므로 어색하다.

정답 (B)

실전 적용 문제

전략을 적용해 해석 없이 문제를 풀어보고 채점 시 점검 차원에서 해석해본다.

전략1 대입

01. The rooftop of the Jordan Building is off-limits to casual visitors ------- safety reasons.

(A) out
(B) to
(C) for
(D) by

전략3 대입 ▶고난도!

02. Questions ------- the exhibition map can be directed to the receptionist.

(A) across from
(B) about
(C) with
(D) except for

전략1 대입

03. ------- a decrease in consumer demand for public telephones, Nippon Telecom has suffered losses for five consecutive years.

(A) Because of
(B) In place of
(C) Except
(D) Including

전략2 대입

04. Smoking is not allowed anywhere on the premises ------- in the designated smoking area on the first floor.

(A) except
(B) above
(C) so
(D) ever

전략1 대입

05. Gang Manufacturing will be open even during the upcoming holiday ------- the recent high volume of orders.

(A) although
(B) where
(C) as for
(D) due to

전략3 대입

06. Accountants process a considerable amount of material ------- strict time limits.

(A) toward
(B) past
(C) near
(D) within

전략3 대입 ▶고난도!

07. ------- the termination of the contract, the deposit will not be refunded as specified in the agreement.

(A) In the event of
(B) Alongside
(C) Given that
(D) Beyond

전략1 대입

08. The airline lounge offers a very relaxing atmosphere and casual food ------- business aviation passengers.

(A) for
(B) on
(C) of
(D) into

09. ------- the project manager, Mr. Thompson is responsible for the successful implementation of the ongoing renovations at city hall.

(A) For
(B) By
(C) As
(D) On

10. You can use other antivirus software ------- the company-assigned one.

(A) out of
(B) in case of
(C) instead of
(D) in front of

11. The construction of a 10km stretch of the Motrial Highway was completed on schedule ------- objections by nearby residents.

(A) except for
(B) despite
(C) in front of
(D) into

12. New hires will be assigned to the appropriate department ------- the results of their aptitude tests.

(A) adjacent to
(B) except
(C) based on
(D) instead of

13. ------- the previous model, the Miracle Rice Cooker features automatic and remote operations.

(A) Before
(B) Contrary
(C) Instead
(D) Unlike

14. Anywhere Travel can suit all your travel needs, ------- of whether you travel for business or pleasure.

(A) regardless
(B) regards
(C) regarded
(D) regarding

15. ------- the record readership of Dr. Callahan's previous novel, those interested in attending his book-signing event should reserve a seat as soon as possible.

(A) Without
(B) Given
(C) Onto
(D) Resulting

16. The public hearing ------- the new zoning policy will be held at the Mahogany County Center next Friday.

(A) during
(B) regarding
(C) amid
(D) below

▶ 정답 및 해석 88페이지

'전치사' 종합 문제

반드시 다음의 순서대로 풀어보자.

1. 무턱대고 해석부터 하지 않는다.

2. 보기 확인 ➜ 문제 유형 파악 ➜ **전치사 어휘 문제라면** 밑줄 앞뒤 확인, 해석 순서**로 푼다.**

3. 핵심 전략을 적용해 문제를 푼다. (전략 13-1 : Unit 13의 전략 1)
답을 확인하기 전 점검 차원에서 간단히 해석해본다.

파트 5

전략13-2대입

01. In order to take an extended vacation, permission should be obtained ------- each department's supervisor.

(A) alongside
(B) regarding
(C) from
(D) after

전략14-1대입

02. Last year, the top five executives received bonuses ------- their outstanding work.

(A) alone
(B) always
(C) around
(D) for

전략14-3대입

03. Please consult the employee handbook ------- allowed paid vacation dates.

(A) between
(B) since
(C) just
(D) concerning

전략13-1대입 ▶고난도!

04. Our EasyDoc software enables you to make any business document ------- 10 minutes by providing an easy-to-use template.

(A) before
(B) among
(C) within
(D) below

전략14-2대입

05. If you want to use electric devices ------- mobile phones and personal digital assistants, please do so anytime except during takeoff and landing.

(A) rather than
(B) on behalf of
(C) such as
(D) without

전략13-2대입

06. At Campbell Dining, servers alternate ------- taking orders from diners and bringing dishes to the tables.

(A) across
(B) without
(C) between
(D) next to

07. ------- the low maintenance costs, more and more people want to purchase electric or hybrid vehicles.

(A) Except
(B) In spite of
(C) In addition to
(D) Because of

11. Getting a promotion this time is dependent ------- successfully implementing the new company policy.

(A) onto
(B) in
(C) during
(D) upon

08. We kindly ask you to fill out this questionnaire if you want to close your savings account ------- Central Bank.

(A) of
(B) regarding
(C) under
(D) with

12. ------- the effective management of our inventory, we can deliver every item in stock within a day of it being ordered.

(A) Now that
(B) Thanks to
(C) Resulting in
(D) In case of

09. Special uninterruptible power supplies may be used to ensure that the servers continue to run ------- a power failure.

(A) due to
(B) for example
(C) in the event of
(D) as soon as

13. To catch up ------- the latest trends, Polianta Ltd. regularly dispatches its R&D personnel to overseas tech expos.

(A) by
(B) to
(C) with
(D) since

10. Sun-Ultimate Machinery is likely to regain its position as the largest producer of mobile phones ------- the end of the year.

(A) without
(B) among
(C) by
(D) until

14. ------- the recent influx of overseas food items into the country, the prices of domestic confectioneries have dropped.

(A) In compliance with
(B) Whether or not
(C) Furthermore
(D) As a result of

전략14-3대입 ▶고난도!

15. Even though she was hired as an assistant manager, Ms. Lee often assumes managerial tasks ------- her normal duties.

(A) beyond
(B) among
(C) between
(D) under

전략13-3대입

16. To apply for this job, contact us ------- our company's Web site.

(A) beyond
(B) despite
(C) until
(D) through

전략13-1대입

17. Mr. Jackson's presentation was scheduled ------- last Friday, but it was delayed due to poor weather.

(A) until
(B) on
(C) up
(D) for

전략14-2대입

18. The Ministry of Sports announced that, ------- the normal compensation package, medalists would also receive several perks.

(A) as a result
(B) beside
(C) in addition to
(D) although

전략14-1대입 ▶고난도!

19. ------- the concerted efforts to improve its sales, Norian Auto has fell behind in the competition in recent months.

(A) Apart from
(B) In spite of
(C) Through
(D) Other than

전략13-1대입

20. ------- taking the customer's message, the secretary mistakenly jotted down the wrong phone number.

(A) Onto
(B) Against
(C) Around
(D) In

전략14-3대입

21. ------- the terms of the contract, Lyang Steel, Ltd. should send the payment for the total amount to the contractor upon the completion of the work.

(A) Until
(B) Because
(C) According to
(D) By means of

전략13-1대입 ▶고난도!

22. You must reconfirm your flight at least 48 hours ------- your scheduled departure time.

(A) later
(B) in advance of
(C) in spite of
(D) followed by

▶ 정답 및 해석 90페이지

Questions 23-26 refer to the following article.

August 29 – Last week, computer programmer Thomas Lemieux ------- a new firm.
23.

This company, called Lemieux Technology, will focus on designing the Web sites of

companies. Mr. Lemieux's employees, of which there are seven, are particularly skilled

at collecting data ------- clients and then making sure that their Web sites reflect their
24.

core customer base. -------. Mr. Lemieux expects his company to acquire work rapidly.
25.

He comments, "We can provide better Web sites for ------- experiences by both the
26.

users and the owners of the companies themselves."

23. (A) hired
(B) launched
(C) considered
(D) transferred

24. (A) through
(B) to
(C) from
(D) in

25. (A) Customers have been visiting the store for the past month.
(B) Market analysists are confident that the economy is beginning to improve.
(C) They do this mostly by analyzing the buying habits of the stores' customers.
(D) Most customers prefer to shop online than to visit physical stores.

26. (A) enhancement
(B) enhance
(C) enhances
(D) enhanced

Questions 27-30 refer to the following memo.

To: All Staff
From: Peter Cole
Date: December 18
Subject: News

Dear everyone,

This year has been our best one by far. Since we're doing so well, we will be ------- 27. a second location in the coming months. The additional store will be located at 453 Sheraton Avenue, which is across the street from the Logan Shopping Mall.

In case you are interested, we are accepting applications for managerial positions ------- the first week of February. We'll review all the applications during the second 28. week, and ------- will start the following week. -------. Be sure to let interested 29. 30. individuals know as well.

Regards,

Peter Cole
Cole Clothing

27. (A) relocating
    (B) closing
    (C) expanding
    (D) opening

28. (A) until
    (B) following
    (C) regarding
    (D) with

29. (A) trains
    (B) training
    (C) trainer
    (D) trained

30. (A) This is a great opportunity for some of you to get promotions.
    (B) Don't forget to check the revised schedules on the Web site.
    (C) Contact your supervisor if you still haven't received a response.
    (D) The store will be closed during the last weekend of the year.

▶ 정답 및 해석 94페이지

Chapter **08**

빈칸에 문장 넣기

출제 경향

- 매회 4문제가 팟6의 지문 각각에서 1개씩 출제된다.
- 앞뒤 문맥을 보고 들어갈 문장을 선택하는 문제이다.
- 4문제중 2~3문제는 빈칸 앞만 보고 풀 수 있으나, 1~2문제는 빈칸 뒤를 확인해야 풀린다.

유형 파악

문장삽입 문제는 팟6에서 각 지문당 무조건 한 문제씩은 출제된다. 단, 첫 번째 ~ 네 번째 문제 중 순서는 정해지지 않는다. 보기는 아래와 같이 1~2줄의 문장으로 구성된다.

Questions 135-138 refer to the following e-mail.

To: All Supervisors
From: Greg Anderson
Date: December 2
Subject: Performance Reviews

Everyone,

You need to start thinking about conducting annual performance reviews for your employees. Please remember that you must speak in person with every employee you supervise -------.
135.
A major aspect of this is to provide your employees with -------. You need to let them know not only
136.
what their weak points are but also how they can make them stronger.

------- conducting these meetings, ask each employee to submit a one-page summary of the work
137.
they have done in the past year. That will help them prepare for the review and make them recall the work they have done. -------.
138.

Regards,

Greg Anderson

---

138. (A) As you know, there has not been enough time to make a decision.

(B) Unfortunately, we have yet to hire a replacement for the outgoing employee.

(C) It should also benefit you by reminding you of their performance.

(D) The orientation session for new employees will be scheduled soon.

▶ 위 지문은 팟6의 두 번째 지문이며, 문장삽입 문제는 지문의 네 번째 문제로 출제되었다.
▶ 보기 (C)처럼 지시어(It)나 (B)처럼 연결어(Unfortunately)가 포함된 경우는 문제 풀이가 수월한 편이다.
▶ 보기 (A)나 (D)처럼 지시어나 연결어가 없는 경우에는 이야기의 흐름을 잘 판단해서 풀어야 한다.

팟6 문장삽입 문제 풀이 전략

:출제 빈도: 매회 평균 4개

문장삽입 문제는 수험생들이 가장 어려워하는 문제로, 독해력 없이 주변 단어만으로 푸는 것은 불가능하다. 그렇다고 해석이 되었다고 풀리는 것도 아닌 까다로운 유형이다. 정답과 오답의 패턴을 올바로 이해하고 접근해야 정답률을 높일 수 있다.

5초 풀이 전략 1 바로 앞 문장과 주제가 일치해야 정답이다.

문장삽입 문제의 정답은 빈칸 앞 문장과 동일한 주제를 가지고 있어야 한다.

After several suspensions and delays, the longest bridge in the nation will soon be open to the public. The World Land Bridge, which will connect two islands, will have 8 lanes for cars and 2 lanes for bicycles. -------. **131.**	몇 번의 중단과 지연 후에 / 가장 긴 다리가 / 전국에서 / 곧 대중에게 개방될 것이다. The World Land Bridge는 / 두 개의 섬을 연결하는 / 8개의 차선들을 가질 것이다 / 자동차들을 위한 / 그리고 2개의 차선들을 / 자전거들을 위한. -------. 131.
131. (A) It will cover a total distance of 14.6 kilometers. (정답) (B) Cars are causing pollution problems these days. (오답)	131. (A) 그것은 전체 14.6킬로미터의 거리에 해당될 것이다. (B) 자동차들은 공해 문제를 야기시키고 있다 / 요즘에.

▶ 빈칸 앞 문장은 '다리의 규모'에 대한 이야기이다. (A)번은 다리의 길이를 이야기하고 있으므로 빈칸 앞 문장과 동일한 주제가 되어 정답이며 앞 문장에 대한 추가 설명이다.

문장삽입 문제의 정답 유형은 앞 문장에 대한 '추가 설명' 유형뿐 아니라 앞 문장을 다른 말로 바꿔서 말하는 '재진술(요약형/구체형)' 유형, 앞 문장의 원인이나 결과를 말하는 '인과' 유형도 있다.

보기 문장에 지시어(it, that, this, them, he, she 등)나 연결어(However, Therefore 등)가 재진술/추가/원인/결과 등의 흐름을 파악하는 것에 약간은 도움이 되지만 결정적인 요소는 아니므로 지시어나 연결어에만 의존해선 안 된다.

ex1 Since most of the manufacturing processes are done automatically, few workers are working at the site.

대부분의 제조 과정들이 자동으로 이루어지기 때문에 / 아주 적은 수의 작업자들만 일하는 중이다 / 현장에서. (앞 문장 주제: 공장의 자동화)

Only very little work is done manually at our facility.

오직 아주 적은 업무만이 행해진다 / 수동으로 / 우리의 시설에서. (정답 문장: 재진술 유형)

ex2 The renovation project is now expected to take two months.

보수공사 계획은 이제 예상된다 / 두 달이 걸릴 것으로. (앞 문장 주제: 보수공사 소요 기간)

The initial estimate of one month was revised because of budget cuts.

한 달이라는 최초 견적서는 수정되었다 / 예산 삭감 때문에. (정답 문장: 원인 유형)

ex3 If you want to participate in the program, you must be a resident of Pleasantville.

만약 당신이 참가하기를 원한다면 / 이 프로그램에 / 당신은 Pleasantville의 주민이어야 한다. (앞 문장 주제: 참가 자격)

We will ask you to submit a document for verification.

우리는 요청한다 / 당신이 제출하기를 / 증명을 위한 서류를. (정답 문장: 결과 유형)

ex4 Our rival firm copied our creative packaging designs.

우리의 경쟁 회사는 따라 했다 / 우리의 창조적인 포장 디자인들을. (앞 문장 주제: 제품 디자인 도용)

Therefore, these products are not competitive anymore.

그러므로, 이 제품들은 더 이상 경쟁력이 없다. (정답 문장: 결과 유형)

▶ 지시어 및 연결어 포함이 힌트이다.

빈칸의 앞 문장만 봐서는 정답을 고를 수 없거나, 문장삽입 문제가 문단의 맨 처음부터 시작되어 앞 문장이 없는 경우는 빈칸 뒤의 문장을 보고 정답을 결정한다. 이때 빈칸 뒤의 문장에 등장하는 지시어나 연결어를 확인하면 정답을 찾기 쉽다.

-------. Each will have retail shops on the first floor and **132.** student housing on the upper four levels.	-------. 각각은 소매 상점을 갖게 될 것이다 / 1층에 / 그리고 학생 기 **132.** 숙사를 / 위의 4개 층에.
132. (A) The company will construct 3 buildings near the local college. (정답) (B) The construction project has been facing a lack of funding. (오답)	132. (A) 그 회사는 건설할 것이다 / 3개의 건물을 / 지역 대학 근처에. (B) 그 건설 계획은 겪고 있다 / 자금 부족을.

▶ 빈칸이 문단의 처음에 있으므로 빈칸 뒤 지시어인 each가 가리키는 말이 포함된 문장이 정답이다. each는 3 buildings의 각각을 가리킬 수 있으므로 (A)가 답이다. (B)에는 each가 가리킬 수 있는 말이 없어 오답이다.

Q 점검퀴즈

In the DM3 model, the part that controls the emergency brake is faulty. -------.
1.

1. (A) This defect could put the driver in a dangerous situation.
   (B) We are certain that you will be satisfied with our cars.

We are very sorry that you haven't received your order yet. It usually takes 2 days to get a delivery. -------. According to this information, your delivery will arrive at your office next Monday.
2.

2. (A) Visit our store if you have any more inquires.
   (B) We checked your delivery status with a tracking system.

▶ 정답 및 해석 95페이지

5초 풀이 전략 2 주제가 엉뚱하거나 모순이면 오답이다.

정답을 찾는 것이 어렵다면 오답을 소거하는 방법으로 접근해보자. 가장 많이 나오는 오답은 앞의 내용과 다른 주제인 경우이다. 이때 동일한 단어나 연상되는 단어(병원 → 의사, 주문 → 배송 등)를 사용하여 같은 주제인 것처럼 착각하게 만드는 경우가 많다.

After several suspensions and delays, the longest bridge in the nation will soon be open to the public. The World Land Bridge, which will connect two islands, will have 8 lanes for cars and 2 lanes for bicycles. --------. **131.**	몇 번의 중단과 지연 후에 / 가장 긴 다리가 / 전국에서 / 곧 대중에게 개방될 것이다. The World Land Bridge는 / 두 개의 섬을 연결하는 / 8개의 차선들을 가질 것이다 / 자동차들을 위한 / 그리고 2개의 차선들을 / 자전거들을 위한. --------. 131.
131. (A) It will cover a total distance of 14.6 kilometers. (정답) 　　　 (B) Cars are causing pollution problems these days. (오답)	131. (A) 그것은 전체 14.6킬로미터의 거리에 해당될 것이다. 　　　 (B) 자동차들은 공해 문제를 야기시키고 있다 / 요즈음에.

▶ 빈칸 앞 문장은 '다리의 규모'에 대한 이야기이다. (B)는 자동차로 인한 공해에 대해 이야기하고 있으므로 오답이다. 여기서 cars는 바로 앞 문장에도 등장하는 동일 단어이므로 오히려 오답의 가능성이 더 높다고 생각하고 풀어야 한다.

전략 1의 각 지문에 엉뚱한 주제로 답한 오답 예시이다.

ex1 Since most of the manufacturing processes are done automatically, few workers are working at the site.

대부분의 제조 공정들이 자동으로 이루어지기 때문에 / 아주 적은 수의 작업자들만 일하는 중이다 / 현장에서. (앞 문장 주제: 공장의 자동화)

Our workers receive bonuses on a regular basis.

우리 작업자들은 보너스를 받는다 / 정기적으로 (오답 주제: 작업자들의 혜택)

▶ workers라는 동일한 단어를 사용하며 오답을 유도하지만 주제가 달라서 오답이다.

ex2 The renovation project is now expected to take two months.

보수공사 계획은 이제 예상된다 / 두 달이 걸릴 것으로. (앞 문장 주제: 보수공사 소요 기간)

They were funded by local businesses and private donations.

그들은 자금 지원을 받았다 / 지역 기업체들과 개인 기부에 의해서. (오답 주제: 자금 출처)

ex3 If you want to participate in the program, you must be a resident of Pleasantville.

만약 당신이 참가하기를 원한다면 / 이 프로그램에 / 당신은 Pleasantville의 주민이어야 한다. (앞 문장 주제: 참여 자격)

We only accept cash since our credit card machine is broken.

우리는 오직 현금만 받는다 / 우리의 신용카드 기계가 고장 났기 때문에. (오답 주제: 지불 방식)

ex4 Our rival firm copied our creative packaging designs.

우리의 경쟁 회사는 따라 했다 / 우리의 창조적인 포장 디자인들을. (앞 문장 주제: 제품 디자인 도용)

Our designers are well regarded in the industry.

우리의 디자이너들은 매우 인정받는다 / 그 업계에서. (오답 주제: 디자이너 평판)

▶ designs, designers라는 유사 발음 단어를 사용하여 오답을 유도하지만 주제가 달라서 오답이다.

빈칸 앞 문장이나 그 앞에서 언급된 내용과 상충되는 표현이 있으면 오답이다. 시제를 틀리게 하거나 편지글의 수신자와 발신자를 반대로 설정하여 혼동을 주는 오답도 같은 패턴에 해당한다.

After several suspensions and delays, the longest bridge in the nation will soon be open to the public. The World Land Bridge, which will connect two islands, will have 8 lanes for cars and 2 lanes for bicycles. -------. 　　　　　　　　　　　　　　131. 131. (A) It will cover a total distance of 14.6 kilometers. (정답) 　　　(B) Cars are causing pollution problems these days. 　　　(C) Only security personnel will have access to the bridge. 　　　(D) Most of the motorists benefited from this project.	몇 번의 중단과 지연 후에 / 가장 긴 다리가 / 전국에서 / 곧 대중에게 개방될 것이다. The World Land Bridge는 / 두 개의 섬을 연결하는 / 8개의 차선들을 가질 것이다 / 자동차들을 위한 / 그리고 2개의 차선들을 / 자전거들을 위한. -------. 　　　　　　　　　　　　　　131. 131. (A) 그것은 전체 14.6킬로미터의 거리에 해당될 것이다. 　　　(B) 자동차들은 공해 문제를 야기시키고 있다 / 요즈음에. 　　　(C) 오직 보안 직원만이 접근할 수 있다 / 다리에. 　　　(D) 운전자들의 대부분은 혜택을 받을 것이다 / 이 계획으로부터.

▶ (B)는 주제가 엉뚱해서 오답이고, (C)는 대중에게 개방될 것이라는 말과 모순이라서 오답이며, (D)는 다리 개통은 앞으로 있을 일인데, 이미 혜택을 받았다고 하므로 시제상 모순이 되어 오답이다.

If you have those products in stock, I would like to order some. -------. If they work well with our machines, I will need them in bulk. (A) We have a wide variety of products that you can choose from. (오답)	만약 당신이 그 제품들을 가지고 있다면 / 재고로 / 나는 몇 개를 주문하고 싶습니다. ------- 만약 그것들이 우리의 기계들과 잘 작동한다면 / 나는 그것들이 필요할 것입니다 / 대량으로. (A) 우리는 가시고 있습니나 / 나양한 상품들을 / 당신이 선택할 수 있는.

▶ 발신자는 제품을 구매하려는 고객이고 수신자는 제품의 판매자임을 알 수 있다. 그러나 (A)는 판매자가 할 수 있는 말이므로 모순이다.

Q 점검퀴즈

Mr. Chen went to a local culinary school and then opened his own shop in his hometown. At that time, the menu was very simple, and it took a lot of time to prepare the dishes. -------.
　　　　　　　　　　　　　　　　　　　　　　　　　　　　　　　　　　1.

1. (A) Now, he offers a variety of dishes in a very short time.
　　(B) So far, he has not learned about cooking.

We will be holding a company-wide outing this coming week. There will be many activities for us to take part in. -------.
　　　　　　　　　　　　　　　2.

2. (A) Don't litter in any situations.
　　(B) We hope you are able to attend.

▶ 정답 및 해석 96페이지

3 큰 주제는 같더라도 흐름이 부적절하면 오답이다.

때로는 틀린 내용도 아니고, 큰 주제도 같지만 오답인 경우가 있다. 이때는 삽입할 문장이 앞뒤 문장의 흐름에 맞는지 생각해 본다. 다른 위치에 오는 것이 흐름에 더 어울릴 경우에는 오답이 되기도 한다.

Mr. Wright will read excerpts from his new book at the book signing tomorrow. Mr. Wright has written many books about children and their education. -------. **134.**	Mr. Wright는 그의 새 책의 발췌 부분을 읽을 것입니다 / 내일 책 사인회에서. Mr. Wright는 많은 책을 써 왔습니다 / 아이들과 그들의 교육에 관한. -------. 134.
134. (A) The book-signing event will be held at 10:00 A.M. (오답) 　　　(B) This new book is the most intriguing one. (정답)	134. (A) 책 사인회 행사는 개최될 것입니다 / 오전 10시에. 　　　(B) 이 새 책은 가장 흥미로운 책입니다.

▶ 전체 글의 주제는 '작가의 책 사인회에서의 발표'이므로 (A)를 답으로 하기 쉽다. 그러나 빈칸 바로 앞의 문장은 '작가가 쓴 책'에 대한 이야기이다. 따라서 동일한 주제를 가진 (B)가 답이다. (A)는 모순되는 내용은 아니나 첫 번째 문장 Mr. Wright will read ~ tomorrow. 다음에 위치하는 것이 적절하다. 이러한 오답 유형을 '부적절한 흐름 유형'이라고 한다.

Q 점검퀴즈

If you are interested in the position, send us your résumé along with two references, ideally from different organizations. -------. The successful candidates will be announced on our Web site.
1.

1. (A) The responsibilities include managing daily operations.
   (B) Only five applicants will be contacted for an interview.

I am writing to inform you that your annual subscription to our magazine will soon expire. We kindly ask you to renew your subscription. We have not only changed the format of our magazine, but we also provide an online version for your convenience. -------. Should you have any
2.
questions, don't hesitate to contact me. Thank you.

2. (A) The final day of your subscription is December 31.
   (B) In addition, we provide more benefits than you enjoyed last year.

▶ 정답 및 해석 96페이지

한눈에 정리하기

전략 요약

1. 빈칸 바로 앞 문장의 주제를 잡아내고 그것과 동일한 주제인 보기를 찾는다.

2. 정답은 바로 앞 문장과 동일한 주제이자, 앞 문장에 대한 '재진술, 추가, 원인, 결과'의 내용이다.

3. 정답을 찾기 어렵다면 오답을 소거한다. 모순되는 보기는 우선순위로 소거한다. 동일 단어, 연상 단어에 주의한다.

4. 파트 6, 4세트의 문장삽입 4문제 중 1~2문제는 빈칸 뒤의 문장을 확인해야 풀린다. 빈칸 뒤의 문장에 지시어나 연결어가 있는 경우에는 지시어가 가리키는 말이나, 연결어를 통한 논리 관계 등을 확인하면 힌트가 된다.

5. 아무리 어려운 문제라도 문장삽입 문제에 1분 이상 소비하지 않도록 한다. 그래야 파트 6 문제 전체를 8분 안에 풀 수 있으며 다른 파트에 시간을 적절히 배분할 수 있다.

전략 대입 — 1분 안에 푼다

Questions 131-134 refer to the following article. MONTGOMERY (November 16) – The Streetwise Café, located at 56 Holland Drive, has just acquired the ¹³¹**vacant** lot next door to it. The owner of the café, Richard Armstrong, stated that this will let him increase the size of the café. The ¹³²**expansion** will also permit Mr. Armstrong to make baked goods and ice cream on the premises. The work to redo the interior of the building is ¹³³**estimated** to take around seven weeks to complete. The Streetwise Café is one of the most popular coffee shops in the city of Montgomery. -------. 134. Mr. Armstrong has been the owner for ten of them.

문제 131–134번은 다음 기사를 참조하시오.

MONTGOMERY (11월 16일) – 56 Holland Drive에 위치한 Streetwise 카페가 / 막 빈 부지를 매입했다 / 그것 가까이에 있는. 카페의 소유주인 Richard Armstrong이 말했다 / 이것은 그가 늘리도록 할 것이라고 / 카페의 규모를. 이 확장은 또한 가능하게 할 것이다 / Mr. Armstrong이 제빵류와 아이스크림을 만드는 것을 / 그 점포에서. 건물의 인테리어를 다시 하는 작업은 / 걸릴 것으로 예상된다 / 완료하는데 약 7주가.

Streetwise 카페는 가장 인기 있는 커피숍들 중 하나이다 / Montgomery 시에서. -------. Mr. Armstrong은 소유주였다 / 그 중 10년 동안.

134. (A) Individuals looking for jobs are urged to apply.

(B) There is a renewal of interest in coffee throughout the city.

(C) The café often features live music and other performances.

(D) It has been open for business for the past fifteen years.

134. (A) 일자리를 찾고 있는 개인들이 / 지원하도록 촉구된다.

(B) 커피에 대한 관심이 다시 살아나고 있다 / 도시 전역에서.

(C) 그 카페는 종종 특징으로 한다 / 라이브 음악과 다른 공연들을.

(D) 그곳은 영업을 해왔다 / 지난 15년 동안.

STEP 1 빈칸 앞 문장의 주제를 확인한다.

Streetwise 카페에 대한 이야기이다.

STEP 2 동일한 주제를 가진 보기를 찾고, 뻔한 오답(모순, 엉뚱한 주제)은 소거한다.

(C)와 (D)는 카페에 대한 이야기이나, (A)는 빈자리 지원에 대한 이야기이고 (B)는 커피의 유행에 대한 이야기이다.

STEP 3 빈칸 뒤의 문장과 어울림을 확인한다.

빈칸 뒤의 문장에서 지시어인 them이 가리키는 말은 (D)에 있다. them은 '지난 15년'을 가리키며, the owner for ten of them은 '그 중 10년 동안 카페의 소유주였다'는 뜻이 된다.

정답 (D)

Questions 1-4 refer to the following memo.

To: All Employees, Prentice, Inc.
From: Stacy Jackson, Vice President
Re: Good News
Date: April 20

It is my pleasure to inform you that Prentice, Inc. will be merging with Kelly Manufacturing on May 14. From that date -------, our firm will be called PK
1.
Manufacturing. Once the process is complete, we will be the biggest ------- of
2.
automobile parts in Europe.

I'm sure many of you have questions about the effects of the merger. Please be aware there will be no change in the status of your position or salary. -------.
3.

Naturally, there will be some changes here. ------- will be explained by CEO Hauser on
4.
April 28 when he addresses everyone on our intranet.

1. (A) since
(B) forward
(C) soon
(D) after

2. (A) making
(B) made
(C) maker
(D) makes

3. (A) In fact, you may have the opportunity to be promoted.
(B) It was a pleasure to have worked with all of you.
(C) We will be sending out the new pay scale tomorrow.
(D) You can reapply for your positions as early as next week.

4. (A) This
(B) These
(C) Every
(D) That

Questions 5-8 refer to the following notice.

July 11

To All Residents of the Golden Field Neighborhood,

Please be advised that there will be construction work on several streets in the Golden Field Neighborhood from July 15 to 19. Affected areas include Kingston Street, Declan Avenue, and Wilbur Road. Motorists ------- delays during the construction
5.
period. There will also be numerous city work crews in the area for the ------- of the
6.
construction period. -------, some streets will be completely closed off while they are
7.
being paved. -------. We request your patience during this period.
8.

Regards,

Daniel Lansing

City Manager

5. (A) are expecting
   (B) should expect
   (C) have expected
   (D) were expecting

6. (A) choice
   (B) suspension
   (C) duration
   (D) size

7. (A) Furthermore
   (B) Otherwise
   (C) Repeatedly
   (D) In other words

8. (A) Only those individuals who live in the area will be permitted to drive on these roads.
   (B) The work crews report that they are nearly finished with all of the work.
   (C) According to the city, the work cost much less than last year's repairs did.
   (D) There is a proposal to add sidewalks to some streets being considered now.

▶ 정답 및 해석 96페이지

전략을 적용해 해석 없이 문제를 풀어보고 채점 시 점검 차원에서 해석해본다.

Questions 9-12 refer to the following release.

Desmond, Inc. is setting aside funds to improve the conditions in its factory in Pomona. The factory currently employs 220 full-time workers and operates nonstop 365 days a year. A number of items are manufactured by the workers in the plant.

-------. In addition, the funds will pay for the construction of new rooms, ------- a
9.   **10.**
lounge for off-duty workers and a recreation center. Once these ------- are made, any
                                                                    11.
remaining funds will be used to make improvements recommended by the workers themselves.

Edward Marsh, the company's vice president, ------- the work alongside plant manager
                                            12.
Hans Carol.

9. (A) Desmond, Inc. is a manufacturer of high-end electronics.
   (B) The upgrade includes the installation of an air-conditioning system.
   (C) Mr. Marsh has led a number of similar projects in the past.
   (D) The company is dedicated to creating high-paying jobs for its workers.

11. (A) appropriations
    (B) decisions
    (C) improvements
    (D) advances

12. (A) will supervise
    (B) supervising
    (C) to supervise
    (D) was supervising

10. (A) when
    (B) which
    (C) as if
    (D) such as

Dear Guest,

We wish you a warm welcome to the Silent Forest Inn. This establishment was founded by my grandparents 70 years ago and later passed on to my parents and then to me. As you can see, this is not just a ------- but a home, and you're now a member of my
13.
family. We strive to provide our guests with various activities to keep them entertained.

-------. The available options ------- hiking, horseback riding, and swimming in the lake.
14. **15.**
Be sure to have ------- meals at our restaurant to take advantage of some of the best
16.
home cooking in the region.

We hope you enjoy your stay with us.

13. (A) school
(B) restaurant
(C) fitness center
(D) hotel

15. (A) are included
(B) include
(C) have included
(D) including

14. (A) You can see a complete schedule of events on the noticeboard
(B) We are located in a quiet area far from any large cities.
(C) Please be sure to use as little water and electricity as possible.
(D) You'll find everything you could possibly need already in your room.

16. (A) their
(B) her
(C) my
(D) your

▶ 정답 및 해석 98페이지

Questions 17-20 refer to the following press release.

Candice Barrow, the owner of Barrow's, a popular restaurant in West Haven,

announced that she ------- $5,000 to the construction of the city's newest retirement
                       17.

center. All the funds were raised at a charity event held two days ago at her -------. Ms.
                                                                          18.

Barrow will give the check to the mayor in a ceremony to be held this weekend. -------
                                                                              19.

the last decade, Ms. Barrow held many special events intended to help the city and its

residents. -------.
          20.

17. (A) will contribute
(B) contributed
(C) might contribute
(D) contributing

18. (A) gallery
(B) hotel
(C) factory
(D) establishment

19. (A) Since
(B) Over
(C) Between
(D) Approximately

20. (A) Donations can be made at the event when it is held.
(B) The retirement center will offer many different programs.
(C) The most recent event was the most successful of these.
(D) Ms. Barrow appreciates the help everyone has given her.

Questions 21-24 refer to the following manual.

This manual was written to explain how to monitor inventory at our warehouse. Our retail stores depend on ------- inventory control to receive the clothes they order
21.
on time. Only because we monitor our inventory carefully ------- guarantee that our
22.
products get to stores on time. We do this by making sure we have the proper number of each item we sell in our warehouse. This lets us send products out on time. -------.
23.
Every employee must therefore be sure all the processes are correctly -------.
24.

21. (A) accurate
(B) typical
(C) expensive
(D) mechanized

22. (A) be able to
(B) to be able
(C) our abilities to
(D) are we able to

23. (A) The total of cost of your order will be e-mailed to you.
(B) The items you ordered will take five to seven days to arrive.
(C) We regret to inform you that those items are not available now.
(D) However, we cannot do that when we run out of some products.

24. (A) followed
(B) dictated
(C) approved
(D) recorded

▶ 정답 및 해석 99페이지

Section 3

해석 없이 푼다 - 어휘편

파트 5, 6에서 시간을 절약하기 위해 해석 없이 푸는 어휘 문제와
해석해서 푸는 어휘 문제를 나누어 푸는 전략을 다룬다.

매회 **4** 문제

Chapter 09

동사 어휘

Unit 16

- 매회 1~2 문제가 주로 팟5에서 출제된다.
- 동사의 형식과 전치사의 어울림을 알면 거의 해석 없이 풀 수 있다.
- 일반적으로 보기 중 1개는 자동사이거나, 특정 전치사와 어울리는 동사이다.

최근 6개월간 출제 경향

출제 시기	출제 파트 & 정답 유형
N월	주변 단어 1개
N+1월	주변 단어 2개
N+2월	주변 단어 2개
N+3월	주변 단어 1개
N+4월	주변 단어 1개
N+5월	주변 단어 3개

＊다음달 나올 문제는 저자 동영상 확인 (https:c11.kr/3xgc)

유형 파악

해석 없이 풀려면 가장 먼저 문제 유형을 파악해야 한다. 문제 유형은 보기만 보아도 95% 이상 알 수 있다.

STEP 1 두 문제의 보기에서 공통점을 확인해보자.

1. The judge ------- the conclusion that Inno Housing & Materials had disposed of its construction waste in a legal manner.

   (A) come
   (B) proceeded
   (C) differed
   (D) reached

2. All employees must ------- with the company's new rules on vacation requests.

   (A) comply
   (B) adhere
   (C) complete
   (D) observe

▶ 보기들이 모두 동사인데 뜻은 다르다. 이러한 문제를 동사 어휘 문제라고 한다.

STEP 2 문제를 풀어보고 두 문제의 공통점과 차이점을 확인해보자.

1. The judge ------- the conclusion that Inno Housing & Materials had disposed of its construction waste in a legal manner.

   (A) come
   (B) proceeded
   (C) differed
   (D) reached

2. All employees must ------- with the company's new rules on vacation requests.

   (A) comply
   (B) adhere
   (C) complete
   (D) observe

▶ 두 문제 모두 빈칸 뒤만 보고 풀 수 있는 문제이다. 1번은 목적어의 유무로, 2번은 전치사와의 어울림으로 풀린다. 1번은 빈칸 뒤에 목적어가 있으므로 타동사인 (D)가 답이다. 나머지는 모두 자동사라서 목적어를 가질 수 없다. 2번은 빈칸 뒤의 전치사 with와 같이 사용하는 동사가 필요한데, (A)는 '~를 준수하다'라는 뜻이 되어 정답이다. (B)는 to가 필요하고, 나머지는 전치사 없이 바로 목적어가 필요하다.

동사 어휘 풀이 전략(Ⅰ)

동사 어휘 문제 중 절반 이상은 각 동사의 형식과 전치사의 어울림을 알면 해석 없이 풀 수 있다. 아래 전략을 통해서 해석에 의존해 풀지 않고 시간을 절약하는 법을 알아보자. 해석 없이 풀고 간단한 해석으로 마무리 점검만 하면 된다.

5초 풀이 전략 1 빈칸 뒤의 전치사를 확인하여 푼다.

동사는 전치사와의 어울림이 있다. 이 어울림을 알면 해석을 최소화해서 풀 수 있다.

You have to (~~enroll~~, **comply**) with the safety regulations. 당신은 준수해야만 한다 / 안전 규정들을.

▶ with와 같이 사용하는 동사는 comply이다. enroll은 in과 같이 사용한다.

You need to (**obtain**, ~~submit~~) a permit from your supervisor. 당신은 얻어야만 한다 / 허가증을 / 당신의 상사로부터.

▶ A from B의 형태로 사용하는 동사는 obtain이다. submit은 A to B의 형태로 사용한다.

암기 ① '자동사 + 전치사' 숙어

자동사 to	lead to ~한 결과를 낳다 react to ~에 반응하다 reply to ~에 응답하다 respond to ~에 응답하다 object to ~를 반대하다 subscribe to ~를 정기 구독하다 adhere to ~를 준수하다 report to ~에게 보고하다 revert to ~로 돌아가다
자동사 with	deal with ~를 다루다 proceed with ~를 진행하다 interfere with ~를 방해하다, ~에 지장을 주다 interact with ~와 상호작용하다 agree with ~에게 동의하다 comply with ~를 준수하다 contend with ~와 다투다 coincide with ~와 동시에 일어나다, ~와 일치하다 cope with ~에 대처하다, ~을 극복하다 negotiate with ~와 협상하다
자동사 for	account for ~를 설명하다 sign up for ~에 등록하다 register for ~에 등록하다 look for ~를 찾다 ask for ~를 요청하다 wait for ~를 기다리다 qualify for ~대해 자격이 되다 apply for ~에 지원하다 arrange (for) ~를 준비하다 allow for ~를 감안하다
자동사 of	consist of ~로 구성되다 think of ~를 생각하다 dispose of ~를 처분하다 approve (of) ~를 승인하다
자동사 on	depend[rely] on ~에 의존하다 count on ~에 의존하다 comment on ~에 관해 언급하다 focus on ~에 주력[집중]하다 concentrate on ~에 집중하다
자동사 in	result in ~한 결과를 낳다 enroll in ~에 등록하다 engage in ~에 종사하다 specialize in ~를 전문으로 하다 participate in ~에 참여하다 take part in ~에 참여하다 succeed in ~에 성공하다
자동사 into	look into ~를 찾다 expand into ~로 진출하다
자동사 about	think about ~에 관해 생각하다 inquire about ~에 관해 문의하다
자동사 from	result from ~이 원인이다 abstain from ~을 자제하다 refrain from ~을 자제하다 suffer from ~로부터 고통 받다 choose from ~로부터 선택하다
자동사 by	come by ~에 잠깐 들르다 drop by ~에 잠깐 들르다 stop by ~에 잠깐 들르다 abide by ~을 따르다, ~을 지키다

② '타동사＋목적어＋전치사' 숙어

A to B	**덧붙이다:** add 더하다 attach 첨부하다 affix 부착하다 **보내다:** send 보내다 submit 제출하다 return 돌려주다 donate 기부하다 forward 보내다 　　　　direct (주로 be directed to(~에 보내지다)로 사용) report 보고하다 **기타:** attribute A의 원인을 B로 돌리다 escort 안내하다 limit 제한하다 restore 복구시키다 transfer 전근시키다 　　　apply 적용시키다
A from B	**획득, 제거:** obtain 얻다 collect 모으다 order 주문하다 purchase 구매하다 remove 제거하다 **막다:** prohibit, prevent, keep, discourage A가 B하지 못하게 하다
A into B	**진출:** expand ('expand into 명사'로도 사용) 확장하다 load A를 B로 싣다 **변환:** convert A를 B로 바꾸다 process A를 가공처리하여 B로 만들다 factor A를 B의 요소로 넣다.
A for B	**이유:** compensate A에게 B에 대해서 보상하다 reimburse 환급하다 reward 보상하다 commend 칭찬하다 　　　congratulate 축하하다 prefer A를 B 때문에 좋아하다 **대상:** substitute B 대신 A를 쓰다 exchange A와 B를 교환하다 check (check for로도 사용) 점검하다 　　　schedule A를 B로 일정을 잡다
A with B	**공급:** replace A를 B로 교체하다 provide(=provide B to A), outfit, equip A에게 B를 갖춰 주다 **동반:** take, bring B가 A를 지참하다 share A를 B와 공유하다 **기타:** personalize A를 B로 자신의 기호에 맞추다
A on B	congratulate B에 대해 A를 축하하다 base (주로 be based on(~에 기반을 두다)으로 사용) focus 집중시키다
A until B	postpone, defer A를 B까지 연기하다

Q 점검퀴즈 다 맞혀야만 다음 전략으로 넘어갈 수 있다!

1. The opening of the exhibition will be (postponed, proposed) until further notice.

2. Those who (register, enroll) for the class this week will receive 30% discounts.

3. It will give you an opportunity to (familiarize, interact) with people from all walks of life.

4. The stools should be (replaced, proceeded) with new ones.　　　　▶ 정답 및 해석 100페이지

동사는 목적어를 취할 수 있는 타동사와 목적어가 없는 자동사로 구분된다. 동사의 대부분은 타동사이므로 자동사를 외우면 해석 없이 오답을 소거하거나 정답을 고를 수 있다.

Visiting his clients daily (**falls**, ~~covers~~) within Mr. Kim's regular duties.

그의 고객들을 매일 방문하는 것은 속한다 / Mr. Kim의 일상 업무들에.

▶ within ~ duties까지는 전명구 즉 수식어이므로 목적어가 될 수 없다. 따라서 자동사가 답이다. cover는 타동사라서 목적어가 필요하다.

자동사 중 동사만으로는 부족하여 보어가 필요한 동사가 있다. 이를 불완전자동사 혹은 2형식 동사라고 한다.
보어는 주로 형용사이지만, 명사가 오는 경우는 주어와 동격(같은 관계)이 된다.

The film is (**proving**, ~~finding~~) very profitable. 그 영화는 매우 수익성이 있다고 판명되고 있다.

▶ 형용사 profitable이 동사 뒤에 오면 보어이다. 보어가 필요한 것이 2형식 동사 prove이다.

The mobile phone (**features**, ~~remains~~) a new, bright, and big screen.

그 휴대폰은 특징으로 한다 / 새롭고 밝고, 그리고 큰 화면을.

▶ remain이 답이 되려면 phone = screen의 관계가 되어야 한다. 따라서 a new ~ screen은 보어가 아니고 목적어이다.

자동사와 타동사 둘 다 되는 단어는 의미로 자타를 구분한다.

The company has (**increased**, ~~looked~~) its number of employees. 그 회사는 증가시켰다 / 자사의 지원든이 수를.

▶ increase가 자동사라고 생각해서 오답으로 소거해선 안 된다. increase가 자동사일 땐 주로 '매출, 이익, 숫자, 추세' 등이 '증가하다'라는 의미를 나타낸다. increase가 타동사일 땐 어떤 주체가 '~를 증가시킨다'라는 뜻이 된다. 여기서는 '회사가 자사의 직원 수를 증가시켰다'라는 뜻으로, increase가 타동사로 사용되었다. look은 자동사이므로 look at처럼 전치사와 함께 써야 목적어를 쓸 수 있다.

암기 ① 1형식 동사(완전자동사) + 부사류

			부사류
가다	go 가다 swim 수영하다 fly 날다 run 달리다 walk 걷다 proceed 나아가다 depart, leave 떠나다 emerge 출현하다 disappear 사라지다 rise 일어나다 increase 증가하다 peak 최고치에 달하다 start, begin 시작하다 commence 시작하다		부사: I work efficiently. 나는 효율적으로 일한다.
오다	come 오다 arrive, get 도착하다 appear 나타나다 commute 통근하다 fall, decrease, decline, drop 떨어지다 end 끝나다 expire 만료되다 happen, occur, take place 일어나다, 발생하다	**+**	전명구: I work with my friend. 나는 내 친구와 함께 일한다. to부정사 부사적 용법: I work to earn money. 나는 돈을 벌기 위해 일한다.
있다/기타	exist 존재하다 stay 머무르다 live 거주하다 stand 서다 sit 앉다 wait 기다리다 last 지속되다 work 일하다 collaborate 협력하다 labor 노동하다 serve 일하다, 역할을 하다 function 기능하다 act, behave 행동하다 compete 경쟁하다 differ[= vary] (from) ~와 다르다 vary (from) 다양하다 preside (over) ~의 사회를 보다 appeal (to) ~에 호소하다 revert (to) (이전 상태로) 되돌아가다		부사절: I work because you work. 나는 네가 일을 하기 때문에 일한다.

② 2형식 동사(불완전자동사) + 형용사/명사(동격일 때)

이다	be, remain ~한 상태로 남아 있다 stay ~한 상태로 유지하다	+	형용사(혹은 -ing, p.p.) / 명사(동격일 때)
되다	become, get, go, come, turn ~이 되다		
숙어류	seem (to be), appear (to be) ~인 것처럼 보이다 turn out (to be), prove (to be) ~로 판명되다 remain (to be) seen 두고 볼 일이다		
감각 동사	look ~처럼 보이다 smell ~냄새가 나다 taste ~맛이 나다 sound ~처럼 들리다 feel ~한 느낌이 들다		

③ 1형식과 3형식이 모두 되는 동사들

increase 증가하다, ~를 증가시키다	**expand** 확장하다, ~를 확장시키다	**resume** 시작되다, ~를 시작하다
vary 다양하다, ~를 바꾸다	**reopen** 다시 열리다, ~를 다시 열다	**double** 두 배가 되다, ~를 두 배로 하다
approach 다가가다, ~에게 다가가다	**evolve** 진화하다(into), ~를 발전시키다	**invest** 투자하다, ~를 투자하다

Q 점검퀴즈 다 맞혀야만 다음 전략으로 넘어갈 수 있다!

1. Your flight to San Francisco will (depart, reach) at 7 A.M.

2. We ask you to renew your subscription since it will (reject, expire) next week.

3. Population growth (remains, considers) a serious issue in some countries.

4. Film cameras (emerged, became) obsolete once digital cameras were introduced.

▶ 정답 및 해석 101페이지

5초 풀이 전략 3 4형식과 5형식의 문장 구조를 확인하여 푼다.

1 | 4형식 문장

4형식 문장은 목적어가 2개 있는 문장이다. 목적어가 2개임을 확인한다면 해석 없이 4형식 동사를 답으로 할 수 있다.

Manning's Retail Shop has (**offered**, ~~signed~~) Daisy Manufacturing a one-year contract.

Manning's Retail Shop은 제안했다 / Daisy Manufacturing에게 / 1년 계약을.

▶ Daisy Manufacturing은 간접목적어, a one-year contract는 직접목적어라고 한다. 목적어가 2개이므로 4형식 동사인 offer가 답이다.

단, 수동태 문장에서는 목적어가 1개일 때 4형식 동사가 답이다.

Mr. Donovan will be (**awarded**, ~~received~~) the best employee award.

Mr. Donovan은 받을 것이다 / 최우수 직원 상을.

▶ 수동태 문장은 목적어가 없어야 하는데 있으므로 4형식 문장의 수동태가 되어야 한다. award는 4형식 동사이지만 receive는 3형식 동사이다. be awarded는 '～(상을) 받다'라는 뜻이 된다. be received는 3형식의 수동태의 문장이므로 뒤에 목적어가 올 수 없다.

✋ 잠깐 4형식 문장은 3형식으로 변환시키는 경우 목적어가 1개다.

I gave him a pen. → I gave a pen (to him).

✍ 암기 4형식 동사

give 주다	offer 제공하다	send 보내주다	bring 가져다 주다	grant 주다
award (상을) 수여하다	win 얻어주다	get 얻어주다	allow 허락해주다	assign 할당하다
issue 발급해주다	cause 야기시키다	fax 팩스를 보내다	show 보여주다	tell 말해주다
cost 비용이 들다	lend 빌려주다	charge 부과하다	make 만들어 주다	

Mr. James (**informed**, ~~announced~~) the readers that he had already read the article.

Mr. James는 알렸다 / 독자들에게 / 그가 이미 읽었다는 것을 / 기사를.

▶ readers가 간접목적어, that ～ article이 직접목적어로 목적어가 2개라서 4형식 동사가 필요하다. announce는 'that S V'를 목적어로 취하는 3형식 동사이다.

4형식 동사 중 inform처럼 '사람 that S V'의 구조로 쓰이는 동사들은 따로 기억한다. 이를 '인어노리 동사'로 암기하자.

'인어노리' 동사

인어노리 동사: inform, assure, notify, remind의 앞 글자를 따서 암기한다.

inform, assure, notify, remind＋사람＋that S V → 4형식

He **informed** me that he had decided. 그는 알렸다 / 나에게 / 그가 결정했다는 것을.

인어노리 동사는 3형식으로도 사용 가능하다.

inform, assure, notify, remind＋사람＋of 사물 → 3형식

He **informed** me of his decision. 그는 알렸다 / 나에게 / 그의 결정을.

2 │ 5형식 문장

I made him happy.(나는 그를 행복하게 만들었다.)와 같은 문장을 5형식 문장이라고 하는데, 여기서 happy는 목적어인 him을 보충해주는 역할을 하므로 목적격 보어이다. 5형식 문장의 구조를 파악하면 5형식 동사를 답으로 할 수 있다.

Appropriate use of company vehicles (**makes**, ~~ensures~~) <u>all employees</u> <u>safe</u>.

저절한 사용은 / 회사 차량들의 / 모든 직원들을 안전하게 한다.

▶ all employees가 목적어, safe는 형용사이므로 목적격 보어이다. 이러한 구조를 취하는 것이 5형식 동사이다. ensures는 3형식 동사이므로 safe 자리에 부사가 와야 사용 가능하다.

5형식 문장에서 목적격 보어에는 형용사 뿐만 아니라 '-ing, p.p., to부정사, 동사원형, 명사, as + 명사' 등이 올 수 있는데, 어떤 형태의 목적격 보어가 오느냐는 동사에 따라 다르다. 목적격 보어의 형태를 기억하면 그에 맞는 5형식 동사를 정답으로 고를 수 있다.

The store's extended hours (**allow**, ~~accept~~) customers to order meals at all times.

가게의 연장 시간들은 허락한다 / 고객들이 주문하는 것을 / 식사를 / 언제든지.

▶ allow는 to부정사를 목적격 보어로 취하는 동사이다. to부정사 부분이 customers를 보충해주는 목적격 보어로 사용되어 '고객이 주문하도록 허락한다'는 뜻이 된다. 그러나 accept가 올 경우 to부정사 부분이 동사를 수식하게 되어 '연장 시간이 식사를 주문하기 위해서 고객들을 받아들이다'라는 어색한 의미가 된다.

👆 잠깐 ▶ 기출 빈도순 5형식 동사

5형식 동사	목적어	목적격 보어	대표 예문
'결혼승낙' 동사 (Unit 5 전략4 참고)		to 동사원형	I want you to go. 나는 원한다 / 네가 가기를.
help, assist 돕다		(to) 동사원형 *assist는 to 생략 불가	I will help you (to) go. 나는 도와줄 것이다 / 당신이 가는 것을.
make ~하게 하다 keep ~상태로 유지하다 find ~라는 것을 알아차리다 hold ~한 상태라고 여기다 leave ~한 상태로 두다 *'막가파 홀릭' 동사로 암기	명사	형용사/p.p./-ing *make는 -ing대신 동사원형	I found him happy[hired, sleeping]. 나는 알아차렸다 / 그가 행복하다는 것을[고용되었다는 것을, 자고 있는 것을].
consider 간주하다 choose 선택하다 name 임명하다 appoint 임명하다 elect 뽑다		(as) 명사	I consider him (as) a teacher. 나는 간주한다 / 그를 선생님으로.
regard 간주하다 designate 지정하다		as 명사	I regard him as a teacher. 나는 간주한다 / 그를 선생님으로.
call (목적어를) ~라고 부르다 make (목적어를) ~로 만들다		명사	Please call me David. 나를 불러주세요 / 데이빗이라고.
사역동사: make, let, have (목적어가) ~하게 하다		동사원형/p.p.	I'll let you go. 나는 하겠다 / 당신을 가게. I'll have my car fixed. 나는 하겠다 / 내 차가 수리되도록.
준사역동사: get (목적어가) ~하게 하다		to동사원형/p.p.	I'll get you to go. 나는 하겠다 / 당신을 가게. I'll get the job done. 나는 하겠다 / 그 일이 행해지도록.
지각동사: see 보다 hear 듣다 feel 느끼다		동사원형/-ing/p.p.	I saw him sleep[sleeping, hired]. 나는 보았다 / 그가 자는 것을[자고 있는 것을, 고용된 것을].

1. Please (inform, note) your manager that the gathering has been canceled.

2. MK Universal (gave, reached) Wolf Manufacturing a one-year contract.

3. The updated software (helped, enabled) me work effectively.

4. Advances in technology (enabled, improved) me to work from home.

▶ 정답 및 해석 101페이지

Unit 16

한눈에 정리하기

해석을 최소화하여 풀 수 있는 전략을 요약해보고 문제에 대입하여 푸는 과정을 살펴보자.

전략 요약

1. 동사 어휘 문제의 보기에 전치사와 어울림이 있는 동사가 있을 경우 빈칸 뒤 전치사를 확인한다.

1. 보기 중 자동사가 있을 경우 빈칸 뒤 목적어 유무를 확인한다. 목적어 없으면 자동사가 답이다.

2. 빈칸 뒤 부사류(부사, 전명구, to부정사, 부사절)가 있으면 1형식 동사, 형용사류가 있으면 2형식 동사가 답이다.

4. 목적어가 2개 있거나, 수동태 문장인데도 목적어가 있다면 4형식 동사가 답이다. 빈칸 뒤 '사람＋that절'일 경우 '인어노리' 동사가 답이다.

5. 목적어 뒤가 형용사일 경우 make/keep/find/hold/leave/consider, to부정사일 경우 '희망/요청/설득/허락류 동사', 동사원형일 경우 사역동사나 help 동사, (as) 명사가 있으면 consider/appoint/name/elect/choose 등이 답이다.

전략 대입 〈 5초 안에 푼다!

1. The judge ------- the conclusion that Inno Housing & Materials had disposed of its construction waste in a legal manner.

   (A) come
   (B) proceeded
   (C) differed
   (D) reached

STEP 1 보기의 품사를 확인한다.

보기 모두 동사이며, 서로 의미가 다른 단어로 구성되어 있으므로 동사 어휘 문제이다.

STEP 2 빈칸 뒤 목적어 유무를 확인한다.

conclusion은 명사이므로 목적어에 해당된다.

STEP 3 보기 중 자동사를 소거한다.

(A), (B), (C) 모두 자동사인데, 자동사는 목적어를 가지지 않으므로 오답이다. (D)의 reach는 타동사이므로 빈칸 뒤 목적어 the conclusion과 사용할 수 있어 정답이다.

정답 (D)

실전 적용 문제

전략을 적용해 해석 없이 문제를 풀어보고 채점 시 점검 차원에서 해석해본다.

전략2 대입

01. Monetary compensation will ------- depending on the company's financial situation and each employee's performance.

(A) differ
(B) reward
(C) exclude
(D) support

전략2 대입

02. New Delhi in India has ------- as a prime medical destination for cardiac care.

(A) selected
(B) caused
(C) emerged
(D) exhibited

전략1 대입 ➤고난도!

03. The fire drill will be ------- until one month later than originally scheduled because the date falls on a national holiday this month.

(A) deferred
(B) committed
(C) agreed
(D) observed

전략2 대입

04. The assistant, Mr. Julian, should ------- customer inquiries while his supervisor is out of town on business.

(A) handle
(B) respond
(C) shift
(D) conform

전략1 대입

05. Professor Gomez intends to ------- her seminar into three small sessions.

(A) separate
(B) reflect
(C) assure
(D) supply

전략1 대입

06. Ms. Nolan ------- with her team members on a weekly basis to follow up on tasks, but she skipped this week for some reason.

(A) suits
(B) meets
(C) notes
(D) proceed

전략3 대입 ➤고난도!

07. The recent survey results indicate that more and more students ------- lectures that last over 50 minutes very boring.

(A) find
(B) hear
(C) unlike
(D) attend

전략2 대입 ➤고난도!

08. After merging with Changlin, Heilung Power has ------- the largest electricity provider in the northern part of China.

(A) complied
(B) become
(C) operated
(D) distributed

09. Semi Norman will be ------- the training for the new database system in the Accounting Department.

(A) participating
(B) leading
(C) replying
(D) talking

10. Ms. Terri was ------- the project leader following an hourlong discussion.

(A) determined
(B) invited
(C) appointed
(D) situated

11. The CEO has decided to ------- Mr. Goo and his team members a substantial cash bonus and one week of paid vacation for their achievement.

(A) provide
(B) protect
(C) award
(D) donate

12. By using Wireless Connection, you will be able to ------- with everyone in your company no matter where you are.

(A) participate
(B) mention
(C) notify
(D) communicate

13. The Dormy Hotel ------ its patrons to present a passport when checking in.

(A) welcome
(B) sign up
(C) protect
(D) requires

14. We are pleased to ------- our patrons that on July 2, we will be opening another branch on Main Street to accommodate the large influx of customers.

(A) show
(B) say
(C) suggest
(D) notify

15. The season-end sale that the Endo Department Store is holding will ------- over five thousand shoppers this time.

(A) attract
(B) feature
(C) look
(D) appeal

16. The technological innovation ------- the Sherwood Company, a home furnishings manufacturer, to reduce its workforce.

(A) improved
(B) enlarged
(C) involved
(D) enabled

▶ 정답 및 해석 102페이지

출제 경향

- 매회 1~2문제가 팟5에서, 1문제가 팟6에서 출제된다.
- 팟5 30문제 중 주로 중/후반부에 나오며 해석 없이 풀기는 어렵다.
- 정답의 단서는 주로 빈칸이 포함되지 않은 절이나 구에서 제시된다.

최근 6개월간 출제 경향

출제 시기	출제 파트 & 정답 유형	
N 월	팟5 해석 1개	팟6 해석 1개
N+1 월	팟5 해석 1개	팟6 해석 1개
N+2 월	팟5 해석 2개	
N+3 월	팟5 해석 2개	팟6 해석 1개
N+4 월	팟5 해석 2개	
N+5 월	팟5 해석 2개	

* 다음달 나올 문제는 저자 동영상 확인 (https:c11.kr/3xgc)

유형 파악

해석을 최소화해서 풀려면 문제 유형부터 파악해야 한다. 문제 유형은 보기만 보아도 95% 이상 알 수 있다.

STEP 1 두 문제의 보기에서 공통점을 확인해보자.

1. The company implemented strict security measures to ------- unauthorized use of the new equipment.

   (A) dispose
   (B) prevent
   (C) protect
   (D) ignore

2. All our products are thoroughly ------- for any defects before being shipped to customers.

   (A) chosen
   (B) inspected
   (C) enclosed
   (D) achieved

▶ 1번은 보기들이 모두 동사인데, 서로 뜻이 다르다. 이러한 문제를 동사 어휘 문제라고 한다.
▶ 2번은 보기들이 동사의 과거분사형인데, 서로 뜻이 다르다. 이러한 문제도 동사 어휘 문제라고 한다.

STEP 2 문제를 풀어보고 두 문제의 공통점과 차이점을 확인해보자.

1. The company implemented strict security measures to ------- unauthorized use of the new equipment.

   (A) dispose
   (B) prevent
   (C) protect
   (D) ignore

2. All our products are thoroughly ------- for any defects before being shipped to customers.

   (A) chosen
   (B) inspected
   (C) enclosed
   (D) achieved

▶ 1번은 목적어인 unauthorized use(인가되지 않은 사용)만 봐서는 (B)와 (D) 중 무엇이 답인지 구분할 수 없다. 그러나 2번은 빈칸 앞 thoroughly(철저하게)와 주로 사용하는 단어가 (B) 뿐이다.
▶ 두 문제 다 문제 안에 정답의 논리적 단서가 있다. 1번은 회사가 엄격한 보안 조치를 이행했다고 하는 부분이 인가되지 않은 사용을 막기 위한(prevent) 이유가 되며, 2번은 고객들에게 배송하기 전 결함에 대해 해야할 것은 검사(inspected)가 자연스럽다.

동사 어휘 풀이 전략(Ⅱ)

:출제 빈도: 매회 평균 2~3개

동사 어휘 문제 중 같은 형식의 동사인 경우 해석하지 않으면 풀리지 않는 문제도 있다. 정확도를 올리려면 해석하고 반드시 답이 되는 논리적인 단서를 찾아야 한다. 한편 보기를 대입해서 해석할 때 주로 빈칸에 잘 어울릴 만한 보기부터 대입하면 시간을 줄이고 정확도를 올릴 수 있다.

5초 풀이 전략 1 목적어나 부사와의 어울림을 확인하고 해석한다.

동사와 어울리는 목적어는 어느 정도 정해져 있다. 예를 들어 attend(참석하다)는 주로 행사명(meeting, seminar, workshop 등)의 목적어가 온다. 반대로 행사명이 있다면 attend를 답으로 할 수 있다. 이러한 관계를 어울림(collocation)이라고 한다. 토익에는 특히 반복해서 출제되는 어울림이 있다. 동사의 형식이 같다면 해석을 해야 하지만, 목적어와 어울림이 좋은 동사부터 대입하여 해석하는 것이 시간을 단축하고 정확도를 올릴 수 있는 방법이다.

Mr. John (**expressed**, ~~informed~~) his views on the issue in the planning meeting.
Mr. John은 표현했다 / 그의 견해들을 / 그 쟁점에 관한 / 기획 회의에서.

▶ 감정, 견해, 의견 등을 주로 목적어로 취하는 동사는 express이다. '기획 회의에서 그의 견해를 표현했다'는 해석도 자연스럽다. inform은 사람을 목적어로 취하는 동사이다.

빈칸 앞에 be가 있고 보기들이 모두 p.p.일 경우는 주어와의 어울림을 따진다.

The meeting will be (**attended**, ~~expressed~~) by many participants.   미팅은 참석될 것이다 / 많은 참석자들에 의해서.
▶ 수동태 문장이므로 주어인 meeting을 목적어라고 생각하고 대입한다. '미팅에 참석하다'가 어울리므로 attended가 답이다.

3형식 동사는 기본적으로 명사나 대명사를 목적어로 취하지만, 동명사, to부정사, 명사절을 목적어로 취하는 동사가 있고 그렇지 않은 동사가 있다. 이 내용을 보기에 적용해보면 우선순위가 결정된다.

The company (**ensured**, ~~measured~~) its products are environmentally safe.
그 회사는 보장했다 / 자사 제품들이 환경적으로 안전하다는 것을

▶ 괄호 뒤에 절이 따라오는 것으로 보아 밑줄 앞에는 접속사가 생략되어 있고, 타동사 뒤에 오는 절을 명사절이라고 하므로 괄호 뒤에는 명사절 접속사 that이 생략되어 있다. ensure는 명사절을 목적어로 취하는 동사이므로 우선순위로 대입하여 해석한다. '그 회사가 자사 제품들이 환경적으로 안전하다는 것을 보장했다'는 해석도 자연스럽다. measure(측정하다)는 that절을 목적어로 취하지 않는 동사이다.

동사 어휘는 특정 부사와의 어울림도 있다. 예를 들어 carefully(주의 깊게)는 '읽다, 점검하다, 테스트하다, 다루다' 등의 동사와 어울린다.

Please (**read**, ~~increase~~) the employee handbook carefully.   읽으세요 / 직원 책자를 / 주의 깊게.
▶ carefully와 어울림이 좋은 동사가 read이므로 우선순위로 대입하여 해석한다. '직원 책자를 주의 깊게 읽으라'는 해석도 자연스럽다.

① to부정사, 동명사, 명사절을 목적어로 취하는 동사

동명사를 목적어로 ➡ Unit 5 전략 5 참고

to부정사를 목적어로 ➡ Unit 5 전략 5 참고

명사절을 목적어로 ➡ Unit 11 전략 1 참고

② 특정 목적어와 어울림이 좋은 동사

동사	목적어	예시
attend 참석하다 host 주최하다 hold 열다 organize 조직하다 postpone 연기하다 A be followed by B A 이후 B가 있다	행사명	meeting 회의 opening ceremony 개점식 seminar 세미나 session (일정 기간의) 활동, 모임 gala 축제 reception 환영회
inform 알리다 assure 보장하다 notify 통보하다 remind 상기시키다 advise 충고하다 convince 확신시키다 respect 존경하다 contact 연락하다 hire 고용하다 employ 고용하다 train 교육시키다	사람, 회사	Mr. Kim GW, Inc. the company
attract 마음을 끌다, 끌어들이다 welcome 환영하다	사람	customers 고객들 visitors 방문객들
express 표현하다	감정, 견해	view 견해 concern 우려 thanks 감사
show, present, produce 제시하다	티켓, 신분증	a visitor pass 방문자 통행증 identification 신분증
address 다루다 resolve 해결하다 encounter 부닥치다 face 직면하다	문제, 우려, 도전 과제, 어려움	issue, problem 문제 concern 우려 challenge 도전 difficulty 어려움
release 개봉하다, 공개하다 launch 개시하다 unveil 베일을 벗다	제품, 영화, 책	product 제품 movie 영화 book 책
implement 이행하다	프로그램, 시스템, 정책	program 프로그램 system 시스템 policy 정책
consult (사람과) 상담하다, (책자를) 참고하다 review 보다, 검토하다	사람, 책자	Dr. Kim, manual 매뉴얼
conduct 실행하다, 수행하다	인터뷰, 견학, 연구, 조사	interview 인터뷰 tour 견학 research 연구 survey 조사
assume, take 떠맡다	자리	position 직책, 자리 duty 의무, 직무 responsibility 책임
meet, fulfill 충족시키다 satisfy 만족시키다 accommodate 수용하다	요구 (사항)	needs, requirement 요구 (사항)
complete 완성하다	과정	course 과정, 코스 evaluation 평가
fill out 작성하다	신청서	application form 신청서 vacation request 휴가 요청서
visit 방문하다 enter 들어가다 reach 도착하다 contact 연락하다	장소, 방, 회사	office
announce 발표하다	계획, 은퇴, 합병, 확장	plan 계획 retirement 은퇴 merger 합병 expansion 확장

Unit 17

access ~에 접근[접속]하다	장소, 데이터	confidential data 비밀 데이터
seek 구하다	충고, 사람	advice 조언
take 취하다	조치	steps, measures 조치 precautions 예방 조치
follow 따르다 comply with 준수하다	규정, 지침	rules, regulations 규정 guidelines 지침
reduce, shorten 줄이다 waive (비용을) 철회하다	비용, 사용, 시간	costs 비용 expense 경비 use 사용
reserve (the right이 오면 '보유하다'의 뜻)	장소/좌석, 권리	meeting room 회의실 right 권리
review 검토하다	예산안, 서류, 제출물	proposal 제안 documents 서류 submission 제출물
install, set up 설치하다 develop 개발하다	프로그램	software
increase, raise 올리다 lower 낮추다	매출, 가격	sales 판매 price 가격
purchase 구입하다 produce 생산하다 manufacture 제조하다 promote 촉진하다, 홍보하다	제품	products, goods, items, merchandise 제품, 상품
lead 이끌다	토론회, 점검	discussion 토론 overhaul 점검
reach 도달하다	결론, 합의	a conclusion 결론 an agreement 합의
earn 얻다 build 쌓다 garner 얻다 establish 쌓다	평판	a good reputation 좋은 평판
specify 지정하다	숫자	the number
achieve 달성하다 attain 획득하다 exceed 초과하다	목표, 기대치	goals, expectations
invent 발명하다 use 이용하다	장치	device
compile, put together 모으다	데이터	data

Q 점검퀴즈 다 맞혀야만 다음 전략으로 넘어갈 수 있다!

1. Ms. Elmore made a reservation to (attend, oversee) the movie preview.

2. The manager will be (reviewing, operating) résumés before interviewing candidates.

3. Please (invent, renew) your membership card to get discounts on your purchases.

4. The CEO will (reach, inform) a decision about the potential merger next week. ▶ 정답 및 해석 104페이지

5초 풀이 전략 2 해석하여 정답의 논리적인 근거를 찾는다.

동사 어휘 문제 중 매달 한 문제 이상은 주변 단어와의 어울림만으로는 풀 수 없는 문제가 나온다. 이러한 문제는 해석하되, 근거는 주로 빈칸에서 떨어진 곳에서 찾을 수 있다. 한편 주변 단어와의 어울림이 있는 문제도 추가로 이러한 논리적 근거를 찾으면 보다 명확하게 풀 수 있다.

1 | 부사구가 단서

To reduce daily operating expenses, management (**implemented**, ~~rejected~~) a recycling initiative.   줄이기 위해서 / 매일의 운영 비용들을 / 경영진은 이행했다 / 재활용 계획을.

▶ 목적어만 봐서는 풀 수 없는 문제이다. 재활용 계획을 이행할 수도 거절할 수도 있기 때문이다. 앞 부분에 나온 to부정사가 답의 근거로 제시되어 있다. '운영비를 줄이기 위해서 재활용 계획을 이행했다'고 보는 것이 논리적으로 타당하다.

2 | 부사절이 단서

While Mr. Anthony is out of town next week, his assistant will (**replace**, ~~identify~~) him.

Mr. Anthony가 다음 주에 출장 중인 동안 / 그의 조수가 그를 대신할 것이다.

▶ 목적어만 봐서는 풀 수 없는 문제이다. '그를 대신하다'와 '그를 확인하다'가 모두 가능하기 때문이다. 정답의 논리적 근거는 Mr. Anthony가 출장을 간다는 것으로 제시되었다. 그런 상황에서 그의 조수가 할 일이 무엇인지를 생각해보면 그를 대신하여 그의 업무를 진행한다고 보는 것이 타당하다.

3 | 주절이 단서

You will receive a bonus if you (**complete**, ~~terminate~~) the assigned task.

당신은 받을 것이다 / 보너스를 / 당신이 완성한다면 / 할당된 업무를.

▶ 목적어만 봐서는 풀 수 없는 문제이다. '할당된 업무를 완성하다'와 '할당된 업무를 중단하다'가 모두 가능하기 때문이다. 정답의 논리적 근거는 보너스를 받는다는 부분이다. 할당된 업무를 완성해야 보너스를 받는다는 것이 논리적으로 타당하므로 complete가 답이다.

4 | 등위접속사 뒤가 단서

The temperatures in the area typically (**decline**, ~~raise~~) during the night but recover in the morning.   온도들은 / 그 지역에서 / 일반적으로 떨어진다 / 밤 동안에 / 하지만 회복된다 / 아침에.

▶ 목적어의 유무로도 풀 수 있는 문제이다. raise는 타동사라서 목적어가 필요하므로 오답이다. 그러나 정답에 대한 논리적인 단서가 but 뒤에 추가로 나오므로 보다 정확하게 풀 수 있다. '그러나 아침에는 회복된다'는 말은 반대로 '밤에는 떨어진다'는 말이 앞에 와야 논리적으로 타당하다.

> **암기 정답의 논리적 근거가 되는 부분(밑줄 친 부분)**
> - 부사구: In order to[혹은 to] 동사원형 (~하기 위해서), S -------. / S ------- by ~ (~에 의해서, ~함으로써).
> - 부사절: Although/Because/When/If S V, S -------. / S ------- although/because/when/if S V.
> - 주절: S V if S -------.
> - 등위접속사 뒤: S -------, but S V. / S -------, so S V.

1. To increase sales, the company (terminated, implemented) an effective strategy.

2. If you find the MKZ Building, you can easily (locate, open) our store beside it.

3. The company wants to expand since its profits have (departed, increased) considerably.

4. The submission deadline is (approaching, passing) quickly, but you still have five days.

▶ 정답 및 해석 104페이지

5초 풀이 전략 3 · 팟6의 동사 어휘 문제는 빈칸을 포함한 문장이 아닌 다른 문장에서 단서를 찾는다.

팟6의 동사 어휘 문제는 팟5처럼 풀면 틀리기 쉽다. 답의 단서가 빈칸이 포함된 문장에 있는 것이 아니고 다른 문장에 있기 때문이다. 특히, 팟6에서 동사 어휘 문제가 첫 번째 문제라면 바로 풀지 말고 확실한 답이라는 논리적 단서가 보일 때까지 다른 문제부터 먼저 풀고 정답에 대한 결정을 한다.

I would like to (purchase, return) two tickets for Saturday night's theater performance.

나는 원한다 (구입하기를, 반환하기를) / 두 장의 표를 / 토요일 밤 극장 공연을 위한.

▶ 이 문제가 팟5 문제라면 답을 고를 수 없는 잘못된 문제이다. 익숙해 보인다고 해서 purchase를 고르면 안 된다.

I would like to (~~purchase~~, **return**) two tickets for Saturday night's theater performance. I've got an urgent issue that is making me change my schedule on that day, so I don't think I can use them. 나는 원한다 반환하기를 / 두 장의 표를 / 토요일 밤 극장 공연을 위한. 나는 긴급한 문제가 있다 / 내가 일정을 변경하도록 하는 / 그날에 / 그래서 나는 생각하지 않는다 / 내가 그것들을 사용할 수 있을 거라고.

▶ 이어지는 문장에서 '그날 일정을 변경해야 할 긴급한 문제가 있다', '그 티켓들을 사용할 수 없을 것 같다'는 부분들이 정답의 단서가 된다. 이를 통해 표를 이미 구매했는데, 긴급한 문제가 생겨서 그것을 반환하려 한다는 것을 알 수 있다.

---

1. Thank you for your order from the Lotus Online Shopping Center. ~ (중략) ~ We appreciate your business and hope you continue (dining, shopping) with us.

2. Please (review, ignore) the attached budget proposal this year. I want all of you to familiarize yourself with it and share with me where you think we should spend more and less money during the next meeting.

3. I'd like to announce that Samson Hardware will be (closing, opening) another store this spring. This additional space will provide easy access to existing and potential customers in the area.

▶ 정답 및 해석 105페이지

한눈에 정리하기 해석을 최소화하여 풀 수 있는 전략을 요약해보고 문제에 대입하여 푸는 과정을 살펴보자.

전략 요약

1. 동사 어휘 문제는 무턱대고 해석부터 해서 풀지 말고 목적어나 부사와 어울림이 좋은 보기부터 대입하여 해석한다.

2. 해석할 때는 대입한 동사가 답이 되게 하는 논리적인 근거가 어디에 있는지 꼭 확인한다.

3. 팟5의 경우 논리적인 근거는 한 문장 안에서 빈칸에서 먼 쪽에, 팟6의 경우는 보통 다른 문장에서 제시된다.

전략 대입 < 15초 안에 푼다!

1. The company implemented strict security measures to ------- unauthorized use of the new equipment.

    (A) dispose

    (B) prevent

    (C) protect

    (D) ignore

STEP 1 보기의 품사를 확인한다.

보기 모두 동사이며, 서로 뜻이 다른 단어로 구성되어 있으므로 동사 어휘 문제이다.

STEP 2 빈칸 뒤의 목적어와 어울림이 좋은 보기를 찾는다.

(B)를 넣으면 '인가되지 않은 사용을 막는다'는 자연스러운 의미를 이루게 된다. 그러나 (D)를 대입한다고 해서 틀린 말은 아니다. (A) 배치하다, (C) 보호하다는 일단 목적어와 어울림이 좋지 않아 소거한다.

(A) dispose

(C) protect

STEP 3 해석하여 논리적인 단서를 찾는다.

to부정사는 '~하기 위하여'라는 뜻이므로 to부정사 앞에는 빈칸에 대한 이유가 등장하게 된다. 회사가 엄격한 안전조치를 이행한 것은 인가되지 않은 사용을 막기(protect) 위한 것이지 무시하기(ignore) 위한 것이 아니므로 (B)가 답이다.

정답 (B)

실전 적용 문제

전략을 적용해 해석 없이 문제를 풀어보고 채점 시 점검 차원에서 해석해본다.

전략1 대입

01. Kaiako Eugene will be sure to accept the job offer because she thinks it ------- her salary expectations.

(A) sends
(B) meets
(C) charges
(D) appears

전략2 대입 ▶ 고난도!

02. The newspaper gave the writer an extension on his deadline for submitting articles in order to ------- the editor's revisions to the contents.

(A) set up
(B) specialize in
(C) move into
(D) allow for

전략1 대입

03. In May, La Roche Ltd., a Swiss-based pharmaceutical company, will ------- a marketing campaign for its new painkiller.

(A) launch
(B) print
(C) experiment
(D) appeal

전략2 대입 ▶ 고난도!

04. Mr. Porter ------- his presentation when the projector didn't work all of a sudden.

(A) realized
(B) improvised
(C) educated
(D) presided

전략1 대입

05. Holden Enterprises rewards employees who consistently ----- company expectations.

(A) exceed
(B) describe
(C) command
(D) believe

전략1 대입 ▶ 고난도!

06. Mr. Stevens will ------- the development and implementation of the quality-assurance process at the Romandie facility.

(A) contend
(B) proceed
(C) oversee
(D) contact

전략2 대입 ▶ 고난도!

07. Supporters of uniforms ------- the opinion that a strict dress code could suppress individual expression.

(A) suggest
(B) depend
(C) spread
(D) reject

전략1 대입 ▶ 고난도!

08. Trueo, Inc. will spend roughly 5 percent of its profits to ------- the development of new drugs.

(A) invest
(B) recruit
(C) enjoy
(D) finance

09. At the awards ceremony, Mr. McDonald ------- a plaque for his contributions to the annual charity event.

(A) accepted
(B) celebrated
(C) designated
(D) trusted

10. Patrons of *China Daily Magazine* are recommended to ------- their yearly subscription by the end of the month.

(A) develop
(B) renew
(C) persuade
(D) appeal

11. Professor Yim Jinsu, the featured speaker at today's lecture, ------- a voice-activated typewriter.

(A) invented
(B) surpassed
(C) administered
(D) transferred

12. If you ------- the new project for developing a nuclear power plant, please vote against the proposal.

(A) oppose
(B) object
(C) acquire
(D) accept

13. Since its founding 30 years ago, the Lesley Company has ------- a number of policies to clarify employees' duties and to protect their rights.

(A) voiced
(B) partnered
(C) gestured
(D) established

14. *Daily Farm News* recommends small nurseries buy advertising space if they want to ------- home farming.

(A) predict
(B) encourage
(C) think
(D) issue

15. The state-of-the-art laser printer ------- images with a higher resolution than normal inkjet ones.

(A) finances
(B) produces
(C) detects
(D) categorizes

16. The famous film *Catch Me If You Want* ------- exotic locations all over the world.

(A) relates
(B) transfers
(C) parks
(D) features

▶ 정답 및 해석 105페이지

'동사 어휘' 종합 문제

반드시 다음의 순서대로 푼다.

1. 무턱대고 해석부터 하지 않는다.

2. 보기 확인 ➡ 문제 유형 파악 ➡ 동사 어휘 문제라면 전치사나 목적어와의 어울림을 확인한 후 **해석해서 푼다.**

3. 핵심 전략을 적용해 문제를 푼다. (전략 16-1 : Unit 16의 전략 1)
   답을 확인하기 전 점검 차원에서 간단히 해석해본다.

파트 5

전략17-1대입

01. We'd like to ------- a warm welcome to Ms. Hito, our new vice president.

(A) devote
(B) obtain
(C) resign
(D) extend

전략16-2, 17-1대입

02. The weeklong seminar will give opportunities for entrepreneurs to ------- the feasibilities of their business plans.

(A) protect
(B) streamline
(C) proceed
(D) evaluate

전략16-1대입

03. I am ------- to confirm that your submitted short story titled "New Adventure" has been accepted for publication.

(A) arranged
(B) liked
(C) pleased
(D) talented

전략16-3대입 ➤*고난도!*

04. The teachers at the Crimson Conservatory were ------- the Best Musicianship Prize for their excellence at instructing all levels of students.

(A) won
(B) awarded
(C) presented
(D) accepted

전략16-2대입

05. We are seeking a full-time assistant manager who can ------- the evening shift on weekends.

(A) look
(B) take care
(C) oversee
(D) think

전략17-1대입

06. The logo of the Horizon Company will be redesigned to ------- not only domestic customers but also international ones.

(A) request
(B) mandate
(C) exclaim
(D) appeal to

전략16-1, 17-1대입

07. One of our executives ------- Mr. Tanaka highly for substantially reorganizing the company directory.

(A) merited
(B) recommended
(C) committed
(D) assigned

전략17-1, 2대입

08. Implementing a customer incentive program will ------- employee productivity and morale at Emerson Industry.

(A) understand
(B) reach
(C) finish
(D) improve

전략16-2, 17-2대입

09. As Ms. Yamamoto will step down as CEO next year, the board is searching for someone to ------- her.

(A) replace
(B) emerge
(C) recognize
(D) collaborate

전략16-3대입 ▶고난도!

10. Only retailers that have a government permit are ------- to sell alcohol and tobacco in certain nations.

(A) accepted
(B) alarmed
(C) alerted
(D) authorized

전략16-1대입

11. The city will ------- the status of the construction of the bridge with residents on its Web site this week.

(A) divide
(B) share
(C) model
(D) propose

전략16-3대입 ▶고난도!

12. Ms. Rachael is ------- the frontrunner for the vacant CEO position of Exelon Electrics.

(A) considered
(B) regarded
(C) measured
(D) respected

전략17-1대입

13. In celebration of Mr. Schmitt's promotion to vice president, we should ------- a caterer to prepare for a party.

(A) restart
(B) finish
(C) hire
(D) undergo

전략17-2대입

14. To ------- a reimbursement request, fill out the form completely for each section that corresponds to the company's regulations.

(A) initiate
(B) assign
(C) distinguish
(D) reveal

15. The legal expert is responsible for
------- that the books Delta Books
publishes comply with copyright law.

(A) requesting
(B) fortifying
(C) ensuring
(D) expecting

16. Ms. Mu attributed to her colleagues
the good reputation her company has
------- over the last 5 years.

(A) assured
(B) acted
(C) completed
(D) built

17. This is to inform you that the due date
for contributing articles regarding
environmental topics is rapidly -------.

(A) matching
(B) signifying
(C) approaching
(D) succeeding

18. With his superior designs, Mr. Park has
already ------- himself from his peers.

(A) differentiated
(B) designated
(C) fashioned
(D) featured

19. Fox Engineering will relocate its existing
manufacturing facilities in Mexico to
------- the recent increasing demand in
the U.S.

(A) allocate
(B) inspect
(C) practice
(D) accommodate

20. The last day of work for Jim Katerson,
the retiring vice president at the Moon
Corporation, will ------- his birthday.

(A) coincide with
(B) transfer to
(C) ask about
(D) reply to

21. To lead an interactive discussion, -------
several groups and assign a few tasks
to each one.

(A) decide
(B) assemble
(C) trade
(D) attain

22. The demand for professional workers
who can ------- design software to
create 3D images has become high.

(A) use
(B) respond
(C) put
(D) present

▶ 정답 및 해석 108페이지

Questions 23-26 refer to the following e-mail.

To: All Staff

From: Roberta Jones

Date: May 21

Subject: Software Upgrade

A software upgrade is going to be made on all computers at the company today.

-------. You will be able to run your computer while the program is being uploaded, but
  23.

you might ------- that it is working fairly slowly. Once the upgrade is complete, you will
    24.

receive a message on your computer to restart it. -------, this does not need to be done
       25.

immediately. It can wait until you finish doing whatever task you are working on. We

apologize in advance for any ------- to your work.
    26.

---

23. (A) The upgrades will start automatically
     at noon.
  (B) You can already use the new
     software.
  (C) I'll be in my office if you have
     questions.
  (D) This new product is one of our
     bestsellers.

24. (A) consider
  (B) recall
  (C) appear
  (D) notice

25. (A) However
  (B) Therefore
  (C) Especially
  (D) Rather

26. (A) interrupt
  (B) interruptive
  (C) interrupted
  (D) interruption

Questions 27-30 refer to the following press release.

Your Town, hosted by Melissa Sanders and Roger Woodson, is a radio program providing local news updates ------- other stories about the Amity area. *Your Town* has
27.

been on the air for ten years. It was initially a one-person show, but then Mr. Woodson

------- Ms. Sanders seven years ago. Once that happened, the radio station's owner
28.

------- to expand the program to carry live interviews of notable local residents at
29.

times. -------. Your Town can be heard every day from 1:00 to 2:00 P.M.
30.

27. (A) with regard to
    (B) in other words
    (C) apparently
    (D) together with

28. (A) joined
    (B) replaced
    (C) met
    (D) transferred

29. (A) option
    (B) opted
    (C) opting
    (D) opts

30. (A) We hope that our listeners enjoy all of our programs.
    (B) The news can be heard on the station at the top of every hour.
    (C) These people include politicians and entrepreneurs.
    (D) Radio is becoming more popular than ever these days.

▶ 정답 및 해석 112페이지

매회 **4**문제

Chapter 10

부사 어휘

출제 경향

- 매회 1~2 문제가 주로 팟5에서 출제된다.
- 시제와 어울림, 부사의 정해진 위치를 알면 거의 해석 없이 풀 수 있다.
- 보기 중 1~2개는 문법을 확인하여 소거할 수 있다. (Unit 8 참고)

최근 6개월간 출제 경향

출제 시기	출제 파트 & 정답 유형
N월	주변 단어 1개
N+1월	주변 단어 1개
N+2월	주변 단어 2개
N+3월	주변 단어 2개
N+4월	주변 단어 2개
N+5월	출제 안 됨

＊다음달 나올 문제는 저자 동영상 확인 (https:c11.kr/3xgc)

유형 파악

해석 없이 풀려면 가장 먼저 문제 유형을 파악해야 한다. 문제 유형은 보기만 보아도 95% 이상 알 수 있다.

STEP 1 두 문제의 보기에서 공통점을 확인해보자.

1. At the weekly meetings, our CEO ------- emphasizes the importance of communication between employees.

   (A) finally
   (B) frequently
   (C) previously
   (D) inadvertently

2. It will be ------- more difficult for startup companies to receive enough publicity and funding.

   (A) extremely
   (B) substantially
   (C) seriously
   (D) gladly

▶ 보기들이 모두 부사이지만 서로 뜻이 다르다. 이러한 문제를 부사 어휘 문제라고 한다.

STEP 2 문제를 풀어보고 두 문제의 공통점과 차이점을 확인해보자.

1. At the weekly meetings, our CEO ------- emphasizes the importance of communication between employees.

   (A) finally
   (B) frequently
   (C) previously
   (D) inadvertently

2. It will be ------- more difficult for startup companies to receive enough publicity and funding.

   (A) extremely
   (B) substantially
   (C) seriously
   (D) gladly

▶ 두 문제 모두 우선순위대로 보기를 대입할 수 있는 문제들이다. 1번은 현재시제(emphasizes)와 어울리는 부사 (B)를 우선순위로, 2번은 비교급 형용사를 수식하는 (B)를 우선순위로 대입하여 해석하면 좀 더 빠르게 풀 수 있다.

부사 어휘 풀이 전략(Ⅰ)

부사 어휘 문제 중 절반 이상은 동사의 시제나 부사의 정해진 위치를 알면 해석을 최소화해서 풀 수 있다. 어휘 문제라고 해서 해석에만 의존하여 풀지 말고, 전략을 잘 숙지하여 우선순위에 따라 보기를 대입하여 해석을 최소화하자.

5초 풀이 전략 1 동사의 시제를 확인하여 푼다.

부사 어휘 문제를 풀 때 특정 시제와 잘 어울리는 부사를 알아 두자. 동사의 시제를 보고 해석을 최소화하여 풀 수 있다.

The Host Hotel has (**recently**, ~~usually~~) been renovated 30 years after its founding.
Host Hotel은 최근에 개조되었다 / 그것의 설립 30년 후에.

▶ 현재완료시제와 잘 어울리는 부사는 recently이다. usually는 현재시제와 잘 어울린다.

We (**regularly**, ~~previously~~) check our inventory in case of shortages.
우리는 정기적으로 확인한다 / 우리의 재고를 / 부족에 대비해서.

▶ 현재시제와 잘 어울리는 부사는 regularly이다. previously는 과거시제나 현재완료시제와 잘 어울린다.

암기 ▶ 특정 시제와 잘 어울리는 부사

현재완료/과거	recently 최근에 previously 이전에 once 한때 **ex** They **once** performed in the same theater group. 그들은 한때 공연했다 / 같은 연극부에서.
현재완료	since 이래로 lately 최근에 already 이미(완료시제나 현재시제) **ex** If you haven't **already** purchased a ticket, you can do that at the ticket office. 만약 당신이 아직 티켓을 구매하지 않았다면 / 당신은 그것을 구매할 수 있다 / 티켓 판매소에서.
주로 현재시제	빈도부사: regularly 정기적으로 frequently 자주 always 항상 usually 일반적으로 often 종종 typically 보통, 일반적으로 routinely 일상적으로 periodically 정기적으로 occasionally 가끔 normally 보통 customarily 습관적으로 빈도 부사구: once in a week 일주일에 한 번 every/each + 기간 명사 **ex** We **usually** get two deliveries of office supplies each month. 우리는 대개 받는다 / 두 차례의 사무용품 배달을 / 매달.
미래시제	soon, shortly, in a moment 곧 **ex** The Gilbert Clothing Store will receive its summer inventory **shortly**. Gilbert Clothing Store는 받을 것이다 / 여름 재고를 / 곧.
현재진행	currently, presently, at the moment 지금, 현재 **ex** They are **currently** hiring engineers 그들은 현재 고용중이다 / 기술자들을.

함정 시제 부사가 예외적으로 다른 시제와 사용되는 경우

During the last month, all of the line workers at the Denver facility (~~formerly~~, **often**) worked overtime to fill the orders. 지난달 동안 / 모든 생산라인 직원들은 / Denver facility의 / 자주 초과근무를 했다 / 주문들을 맞추기 위해서.

▶ 과거시제만 보고 formerly를 바로 답으로 고르면 안 된다. 앞에 이미 during the last month가 있으므로 formerly를 쓰는 것은 어색하다. often은 주로 현재시제와 쓰지만, 과거에 반복되거나 습관적으로 일어난 일을 묘사할 때도 사용할 수 있다.

특정 시제와 어울리는 부사	일반적인 경우	예외적인 경우
soon, shortly	미래	soon after, shortly after ('직후'는 주로 과거시제) ex Julie **was** suspended from work **shortly after** the incident. Julie는 정직되어 있었다 / 사고 직후에.
currently, presently	현재진행	현재시제 ex He **currently** has 5 employees. 그는 현재 5명의 직원이 있다. **Currently**, there are 5 employees. 현재 5명의 직원이 있다.
always	현재	현재완료 ex Supermarkets **have always** relied on marketing. 슈퍼마켓들은 항상 의존해왔다 / 마케팅에.
already	현재완료	현재 ex The company **already** runs several branches in L.A. 그 회사는 이미 운영한다 / 몇 개의 지사를 / LA에
once	과거 / 현재완료	단, once again, once a week, once a year 등은 모든 시제와 사용 ex They must **think** carefully about their roles **once again**. 그들은 반드시 주의 깊게 생각해봐야 한다 / 그들의 역할에 대해서 / 다시 한번

recently는 과거나 현재완료시제와 사용하지만, 구체적인 기간과 어울려 쓰지 않는다.

The prices of raw materials have (**clearly**, ~~recently~~) risen in the last 5 years.

원자재의 가격들은 분명히 올랐다 / 지난 5년간.

▶ 현재완료시제만 보고 recently를 답으로 선택해서는 안 된다. '지난 5년간'이라는 구체적인 기간이 있으므로 recently는 어울리지 않는다.

Q 점검퀴즈 다 맞혀야만 다음 전략으로 넘어갈 수 있다!

1. Patrons (frequently, mutually) return to us due to our outstanding service.

2. Our sales manager (customarily, recently) visits his clients' offices.

3. The company is (currently, shortly) seeking an exceptional expert.

4. The Middletown Coffee House (routinely, once) stays open late. ▶ 정답 및 해석 113페이지

부사는 완전한 문장의 앞뒤, 동사의 앞뒤, 부사의 앞 등에 위치하지만, 주로 형용사 앞에 오는 부사들이 있으므로 빈칸이 형용사 앞이면 보기의 부사를 대입할 때 우선순위로 적용할 수 있다.

1 │ 숫자수식부사

빈칸 뒤에 숫자가 있다면 숫자수식부사가 답일 가능성이 높다. 숫자도 형용사에 속한다.

Please note that the process will take (**approximately**, ~~carefully~~) 3 hours.
알아두세요 / 그 과정은 대략 3시간이 걸린다는 것을.

▶ carefully는 동사를 수식하는 부사이므로 '동사 + 목적어' 뒤에 위치한다. 괄호 뒤에 숫자가 있으므로 바로 숫자수식부사인 approximately부터 대입하면 해석을 최소화해서 풀 수 있다.

암기 ▶ 숫자수식부사

approximately 대략적으로	nearly 거의	almost 거의	more than ~이상	over ~이상
less than ~이하	at least 적어도	up to ~까지	roughly 대략적으로	around 대략
about 대략	just 딱	a maximum of 최대 ~	a minimum of 최소 ~	
as much as + 숫자 ~만큼 많이				

2 │ 정도부사

빈칸 뒤에 형용사가 있다면 형용사의 정도를 묘사하는 정도부사가 답일 가능성이 높다.

The company spent a (**relatively**, ~~closely~~) small amount of money developing new products. 회사는 소비했다 / 비교적 적은 양의 돈을 / 새 제품들을 개발하는 데.

▶ closely는 동사를 수식하는 부사이므로 '동사 + 목적어' 뒤에 위치한다. 괄호 뒤에 형용사가 있는 것을 보고 일단 정도부사부터 대입해보면 해석을 최소화해서 풀 수 있다. relatively는 '비교적'이란 뜻의 정도부사이다.

암기 ▶ 정도부사

quite 꽤	extremely 매우	very 매우	somewhat 약간, 다소	rather 다소
relatively 비교적	almost 거의	highly 매우	too 매우	

Q 점검퀴즈 다 맞혀야만 다음 전략으로 넘어갈 수 있다!

1. The firm's Web site remained inaccessible for (nearly, frequently) two days.
2. Getting the result of the survey by next week will be (extremely, carefully) difficult.
3. It will take (within, over) a month to process this big order.
4. After (extremely, carefully) reviewing the proposal, the CEO accepted it. ▶ 정답 및 해석 113페이지

5초 풀이 전략 3 특정 자리에 어울리는 부사인지 확인한다.

1 │ 전명구 앞에 잘 오는 부사

특정 내용을 강조해주는 역할을 하는 부사를 초점부사라고 하며 보통 전명구나 부사절 앞에 온다. 따라서 만약 빈칸이 전명구나 부사절 앞에 있다면 초점부사가 답이 될 가능성이 높다.

Mr. Lawson's seminar will focus (**specifically**, ~~previously~~) on problem-solving skills.
Mr. Lawson의 세미나는 특히 초점이 맞춰져 있다 / 문제 해결 기술들에.

▶ 전명구인 on problem solving skills 앞에 괄호가 위치하므로 초점부사인 specifically를 우선순위로 대입해 풀면 해석을 최소화해서 풀 수 있다. previously는 과거시제와 어울린다.

암기 전명구 앞에 잘 오는 부사들

초점부사	specifically 특히 especially 특히 exclusively 오로지, 독점적으로 only 단지 even ~조차 just 단지, 딱, 막
	ex These dishes are made **exclusively** from organic ingredients. 이 음식들은 만들어진다 / 오로지 유기농 재료로.
시간관련부사	[soon 곧 shortly 곧 right 바로 immediately 즉시] + after/before ~직후에/~직전에 [precisely 정확히 exactly 정확히] + at 시각 ~시 정각에 sometime between 7 and 9 P.M. 7시에서 9시 사이 어느 때 later today 오늘 늦게 later in the week 이번 주 말에 later this year 올해 말에
방식관련부사	directly to/from ~로/~로부터 직접 separately from ~와는 별도로 ideally from 이상적으로는 ~로부터 independently of ~와는 독립적으로 preferably within two days 가급적이면 2일 이내에
기타 부사	probably due to 주로 ~때문에 consistently behind schedule 지속적으로 일정보다 늦은 everywhere in the room 방안 어디든지 temporarily out of stock 일시적으로 재고가 바닥난

잠깐 초점부사는 부사절이나 명사 앞에 오기도 한다.

Only those who have an identification badge are allowed to enter the facility.
오직 신분증을 가진 사람들만 허락된다 / 그 시설에 입장하는 것이.

▶ those는 '사람들'이란 뜻의 명사이다.

Even before the meeting began, the attendees had already started discussing the agenda.
심지어 회의가 시작하기도 전에 / 참석자들은 이미 시작했다 / 안건에 대해 토론하는 것을.

▶ before the meeting began은 부사절이다.

2 │ 특정 단어 앞이나 뒤에 위치하는 부사

정해진 위치가 있는 부사들이 있다. 이를 기억하면 정답을 맞히거나 오답을 소거하기 쉽다.

Although the order was placed a week ago, it (**still**, ~~yet~~) has not arrived.
비록 주문이 되었지만 / 일주일 전에 / 그것은 여전히 도착하지 않았다.

▶ still은 not보다 앞에 위치하지만, yet은 not보다 뒤에 위치한다.

Before he meets with a customer, the manager (~~well~~, **always**) checks the agenda.

그가 고객을 만나기 전에 / 매니저는 항상 확인한다 / 안건을.

▶ well은 동사보다 앞에 위치하지 않는다. 빈도부사인 always는 현재시제와 잘 어울린다.

Because his flight was delayed, Mr. Kim arrived (**quite**, ~~enough~~) late.

그의 비행이 지연되었기 때문에 / Mr. Kim은 도착했다 / 꽤 늦게.

▶ late는 '늦게'라는 뜻의 부사이다. enough는 부사로 사용되는 경우 부사나 형용사보다 뒤쪽에 와야 한다(hard enough, late enough). quite는 형용사나 부사 앞에 오는 정도부사이다.

Good management benefits employers and employees (**alike**, ~~both~~).

훌륭한 경영은 이익이 된다 / 고용주들과 직원들 둘 다에게.

▶ alike는 '명사 and 명사' 뒤에 위치한다. both는 '명사 and 명사' 앞에 위치한다.

부사	특정 위치	어울림이 좋은 단어
still	동사 앞, 형용사 앞, not보다 앞	although / despite / but ~ still even after(심지어 ~한 후에도) ~ still
	ex Although he retired from the CEO position, Mr. Min **still** gives useful advice to us. 그는 CEO 자리에서 은퇴했음에도 불구하고 / Mr. Min은 여전히 유용한 충고를 준다 / 우리에게.	
yet	not보다 뒤	have yet to do 아직 ~하지 못하다
	ex Employees who have not **yet** signed a copy of the security policy are instructed to do so promptly. 안전 정책 사본에 아직 사인하지 않은 직원들은 / 그렇게 하도록 지시를 받는다 / 즉각적으로.	
well	p.p. 앞, 전명구 앞, 동사 뒤	well-organized 잘 조직된 well-attended 출석률이 좋은 well before N 명사보다 한참 전에 perform well 좋은 활약을 하다
enough	복수/불가산명사 앞(형용사일 때), 형용사/부사 뒤(부사일 때)	to부정사
	ex The money is not **enough** to purchase updated reference materials. 그 돈은 충분하지 않다 / 구매하기에 / 업데이트된 참조 자료를.	
alike, alone, only	명사 뒤	N1 and N2 alike 명사1과 명사2 둘 다 N alone 명사 단독으로도 N only 명사만
	ex This film is a lot of fun for adults and children **alike**. 이 영화는 아주 재미있다 / 성인과 아이들에게 모두.	
준부정어	일반동사 앞, 형용사 앞, 조동사 뒤	rarely visit 거의 방문하지 않는다 seldom available 거의 시간이 안 되는

* 준부정어는 seldom, rarely, hardly, scarcely, barely 등이다. 준부정어는 not과 같이 쓰지 않는다.

3 | 부정문이나 의문문과 어울리는 부사

yet와 ever는 부정문이나 의문문과 사용한다. (단, 최상급의 경우는 긍정문도 가능하다.)

The company has (~~yet~~, just) changed its media policy. 그 회사는 막 변경했다 / 그것의 미디어 정책을.

▶ yet은 부정문이나 의문문과 사용하므로 오답이다. just는 현재완료시제와 잘 어울린다.

I haven't finished the report yet. 나는 아직 그 보고서를 끝내지 못했다.

Have you finished the project yet? 당신은 이미 그 프로젝트를 끝냈나요?

This is the best film I've seen yet. 이것은 가장 훌륭한 영화다 / 내가 지금까지 본.

▶ 최상급이라 부정문과 의문문이 아님에도 yet이 쓰였다.

not always(항상 ~인 것만은 아니다), not entirely(= wholly)(전적으로 ~인 것만은 아니다), not necessarily(반드시 ~인 것만은 아니다), not quite(그다지 ~아니다), not completely(완전히 ~인 것은 아니다)는 그렇지 않을 수도 있다는 뜻의 '부분 부정' 표현이다. not이 보이면 일단 정답으로 예상하고 대입해본다.

The more expensive items are not (necessarily, ~~barely~~) better.

더 비싼 물건들이 반드시 더 훌륭한 것은 아니다.

▶ not과 잘 어울리는 표현이 necessarily이다. 준부정어인 barely는 not과 사용하지 않는다.

Q 점검퀴즈 다 맞혀야만 다음 전략으로 넘어갈 수 있다!

1. The customer was not (entirely, hardly) satisfied with the measures taken.

2. Please check the inventory status (immediately, scarcely) after you report to work.

3. We have (yet, recently) to see any satisfactory results from the company-wide recycling initiative.

4. I (still, well) haven't received a product sample since the meeting ended.　　▶ 정답 및 해석 114페이지

전략 요약

1. 부사 어휘 문제의 보기에 특정 시제와 잘 쓰이는 부사가 있으면 일단 문제의 시제를 확인한다.

2. 현재시제는 빈도부사, 과거시제는 previously, 미래시제는 soon, shortly가 주로 답이므로 우선순위로 대입한다. recently, once는 현재완료나 과거시제 모두 어울린다.

3. 빈칸이 형용사 앞이라면 정도부사(quite, extremely, relatively 등)를, 비교급이라면 considerably, significantly 가 주로 답이 되므로 우선순위로 대입한다.

4. 전치사 앞에는 초점부사가 오며, 특정 위치, 부정문과 어울리는 부사를 기억한다.

5. 점검을 위해 간단히 해석을 해본 후 오답을 소거하거나 추가 논리적 단서를 확인한 후 최종 정답을 고른다.

전략 대입   〈 10초 안에 푼다! 〉

1. At the weekly meetings, our CEO ------- emphasizes the importance of communication between employees.

    (A) finally
    (B) frequently
    (C) previously
    (D) inadvertently

STEP 1 보기의 품사를 확인한다.

보기 모두 부사이며, 서로 의미가 다른 단어로 구성되어 있으므로 부사 어휘 문제이다. 특히 (B)나 (C)는 특정 시제와 잘 어울리므로 문제의 시제를 확인할 준비를 한다.

STEP 2 문제의 시제를 확인한다.

emphasizes는 현재시제이다. 따라서 빈도부사인 (B)가 우선순위가 되고, 대입하여 해석하면 'CEO가 빈번하게 중요 성을 강조한다'는 말도 자연스럽다. (C)는 과거시제와 사용한다.

STEP 3 해석하여 논리적인 단서를 찾는다.

'매주 회의할 때마다'라는 말도 frequently에 대한 좋은 단서가 되므로 (B)가 답이다. (A)는 주로 After ~ (~한 후에) 와 같이 이전에 일어난 일에 대한 언급이 있을 때 사용한다. (D)는 '무심코, 부주의하게'라는 뜻인데, 답이 되기에 근거가 될 만한 단서를 찾아볼 수 없다.

정답 (B)

Unit 18

실전 적용 문제

전략을 적용해 해석 없이 문제를 풀어보고 채점 시 점검 차원에서 해석해본다.

전략1 대입

01. Mr. Joshua brought a used car 3 months ago, but he has ------- had to get it serviced 3 times.

(A) quite
(B) commonly
(C) already
(D) cautiously

전략2 대입

02. Since the new manager was hired, the overall service at Quince Grocery has become ------- better.

(A) mainly
(B) markedly
(C) affordably
(D) inextricably

전략1 대입

03. *Car Watch Magazine* ------- ranks the BTW's electric car as the one of the world's most environmentally friendly vehicles.

(A) strongly
(B) roughly
(C) routinely
(D) greatly

전략2 대입

04. Only a ------- small portion of the company's profits are being invested into the expansion of the current manufacturing facility.

(A) closely
(B) carefully
(C) relatively
(D) tastefully

전략3 대입

05. The proposal we submitted last month ------- needs to be approved by the CEO.

(A) well
(B) evenly
(C) ever
(D) still

전략3 대입

06. Even though Ms. Lao took on this type of project for the first time, she managed it very -------.

(A) yet
(B) even
(C) partially
(D) well

전략2 대입

07. The purpose of this seminar is to teach participants how to remain competitive in the job market ------- during an economic recession.

(A) even
(B) at last
(C) but
(D) nevertheless

전략3 대입

08. The van is owned by our company and should be used ------- for work-related issues.

(A) exclusively
(B) mutually
(C) partly
(D) instead

전략3대입 ▶고난도!

09. Revenues at Dingdong Bistro ------- rose after the nearby sports complex opened in May.

(A) forcefully
(B) reportedly
(C) extremely
(D) appropriately

전략1대입

10. Books Around the Corner was opened just 6 months ago by two ambitious local residents and ------- operates 5 stores in the Milltown City.

(A) earlier
(B) past
(C) now
(D) apart

전략1대입

11. ------- a month, an inspector from Serena Systems visits its local factories to ensure their compliance with safety regulations.

(A) Once
(B) Promptly
(C) Indirectly
(D) Still

전략3대입 ▶고난도!

12. Mr. Lee has ------- to have difficulties interacting with his subordinates during his 5-year tenure.

(A) lastly
(B) yet
(C) close
(D) previously

전략1대입

13. Diners ------- leave a small amount of cash as a tip for the service they get.

(A) customarily
(B) mistakenly
(C) invaluably
(D) sparingly

전략3대입

14. The official assessment report will be issued ------- after the inspectors finish analyzing the results.

(A) once
(B) only
(C) still
(D) almost

전략3대입

15. The new training seminar for Lamington Landscaping will deal ------ with how to identify a good vendor.

(A) hesitantly
(B) previously
(C) specifically
(D) suspiciously

전략1대입

16. Hotel and restaurant reservations for managers are ------- made by their assistants unless otherwise noted.

(A) likely
(B) noticeably
(C) sensitively
(D) typically

▶ 정답 및 해석 114페이지

출제 경향

- 1문제는 주로 팟5에서, 1문제는 주로 팟6에서 접속부사 문제로 출제된다.
- 해석해서 풀되, 팟5의 경우 정답의 단서는 빈칸에서 먼 쪽에, 팟6의 경우 다른 문장에 있다.
- 팟6는 접속부사 문제는 논리 관계를 명확히 따져야 풀리는데, however가 정답 기출 1순위이다.

최근 6개월간 출제 경향

출제 시기	출제 파트 & 정답 유형
N월	팟5 해석 1개
N+1월	팟5 해석 1개
N+2월	팟5 해석 1개
N+3월	팟6 해석 1개 팟6 접속부사 3개
N+4월	팟6 접속부사 2개
N+5월	팟6 접속부사 2개

＊다음달 나올 문제는 저자 동영상 확인 (https:c11.kr/3xgc)

유형 파악

해석을 최소화해서 풀려면 문제 유형부터 파악해야 한다. 문제 유형은 보기만 보아도 95% 이상 알 수 있다.

STEP 1 두 문제의 보기에서 공통점을 확인해보자.

1. Mr. Kim normally works -------, but you may ask him to join us in this company-wide project.

   (A) inadvertently
   (B) steadily
   (C) openly
   (D) independently

2. The mayor ------- visited the rehabilitation center to hand out winter coats, and it was appreciated by residents.

   (A) personally
   (B) almost
   (C) comparatively
   (D) hardly

▶ 보기들이 모두 부사인데, 서로 뜻은 다르다. 이러한 문제를 부사 어휘 문제라고 한다.

STEP 2 문제를 풀어보고 두 문제의 공통점과 차이점을 확인해보자.

1. Mr. Kim normally works -------, but you may ask him to join us in this company-wide project.

   (A) inadvertently
   (B) steadily
   (C) openly
   (D) independently

2. The mayor ------- visited the rehabilitation center to hand out winter coats, and it was appreciated by residents.

   (A) personally
   (B) almost
   (C) comparatively
   (D) hardly

▶ 두 문제 모두 빈칸 주변만 봐서는 풀 수 없는 문제이므로 해석을 해야 하며, 정답의 단서들이 등위접속사 뒤의 절에 제시된다. 1번은 but 뒤의 company-wide project 부분 때문에 (D)를, 2번은 and 뒤의 was appreciated by residents 부분 때문에 (A)를 답으로 고를 수 있다.

부사 어휘 풀이 전략(II)

: 출제 빈도: 매회 평균 2개

부사 어휘 문제는 해석 없이 풀리는 문제도 있지만 해석을 해야 풀 수 있는 문제도 있다. 단, 정확도를 높이려면 해석하여 반드시 그것이 답이 되는 논리적인 단서를 찾아야 한다. 한편 보기를 대입해서 해석할 때 주로 빈칸과 잘 어울리는 보기부터 대입하면 시간을 줄이고 정확도를 높일 수 있다.

5초 풀이 전략 1 동사나 형용사, 부사와의 어울림을 확인하고 해석한다.

부사 중에는 특정 동사와 잘 어울리는 부사들이 있다. 예를 들어 '철저하게'라는 뜻을 가진 thoroughly는 test, inspect, read 등과 어울린다. '급격하게'라는 뜻을 가진 dramatically, sharply, drastically 등의 부사는 increase, decrease 등과 같은 '증가, 감소'의 동사들과 잘 어울린다. 어차피 해석을 해야 풀리는 문제라면 동사와의 어울림이 좋은 부사부터 대입하여 해석하는 것이 시간을 단축하고 정확도를 높일 수 있는 방법이다.

Mr. Trey reviewed the e-mail (**thoroughly**, ~~eagerly~~) to filter out the spam.

Mr. Trey는 재검토했다 / 이메일을 / 꼼꼼하게 / 스팸을 걸러내기 위해서.

▶ 스팸을 걸러내는 것이 '열망하여(eagerly)' 하는 일이라고 볼 수 없다. 그러나 reviewed가 thoroughly와 잘 어울린다는 것을 알면 우선순위로 대입하여 보다 빠르게 풀 수 있다.

부사는 특정 형용사(혹은 -ing/p.p.)나 부사와도 잘 어울리는 조합이 있다.

Our second branch office is (**conveniently**, ~~fluently~~) located in the center of the town.

우리의 두 번째 지점은 편리하게 위치해 있다 / 마을의 중심부에.

▶ 해석을 해보면 '마을의 중심부에 위치해 있다'는 말을 통해 conveniently를 답으로 할 수 있으나, located만 보고도 바로 conveniently를 대입 및 해석하여 정답을 확정하는 것이 좋다. fluently는 speak 같은 동사와 어울린다.

암기 특정 동사와 어울림이 좋은 부사

부사	잘 어울리는 동사 / p.p. / 형용사 / 부사
증감부사: sharply 급격히 dramatically 극적으로 drastically 과감하게 markedly, remarkably, noticeably 현저히, 두드러지게 increasingly 점점 considerably, substantially, significantly 상당히 greatly 대단히 gradually 점진적으로 steadily 꾸준히 incrementally 증가하여	'증가하다' 혹은 '감소하다'의 뜻을 가진 1형식 동사: increase, rise, decrease, drop, fall, reduce, raise 등
rapidly, quickly, swiftly 빠르게	approach 접근하다 move 움직이다 change 변화하다
thoroughly, exhaustively 철저하게 carefully 주의 깊게	inspect 점검하다 test 검사하다 research 연구[조사]하다 read 읽다 clean 청소하다 wash 씻다 go through 검토하다
eagerly 열망하여, 간절히	await 기다리다 anticipate 기대하다

adversely 역으로, 반대로	affect 영향을 끼치다
extensively 광범위하게	research 연구[조사]하다
closely 면밀하게, 긴밀하게	look ~ at (자세히) 살펴보다 work (긴밀히 협조하여) 일하다
cautiously 조심스럽게	predict 예측하다
eloquently 유창하게 fluently (다른 언어를) 유창하게	speak 말하다
conveniently 편리하게 centrally 중심부에	located, situated 위치해 있는
reasonably 합리적으로 affordably 알맞게	priced 가격이 매겨진
severely 심하게	damaged 손상된
perfectly 완벽하게	suited 어울리는
tentatively 잠정적으로	scheduled 일정이 잡힌
potentially 잠재적으로	dangerous 위험한
mutually 상호간에	beneficial 혜택이 되는, 유익한
moderately 적당히	successful 성공적인
nearly, almost 거의	complete 완성된
uncommonly 드물게	found 발견된 cold 추운
newly 새롭게 recently 최근에	constructed 건설된 opened 문을 연
absolutely, completely 완전히	free of charge 공짜로

Q 점검퀴즈 다 맞혀야만 다음 전략으로 넘어갈 수 있다!

1. We were surprised that the aggressive promotion had (adversely, positively) affected sales of our new product line.

2. Our restaurant will be (temporarily, previously) closed while repairs are made.

3. Putting on TV ads has been only (newly, moderately) successful at increasing sales.

4. The quality-control workers looked (approximately, closely) at all the outgoing products for any defects.

▶ 정답 및 해석 117페이지

해석하여 정답의 논리적인 근거를 찾는다.

부사 어휘 문제 중 매달 한 문제 이상은 주변 단어의 어울림만으로는 풀 수 없는 문제가 나온다. 이러한 문제는 주로 해석을 통해 빈칸에서 멀리 있는 부분에서 논리적 근거를 찾아야 한다. 한편 주변 단어와의 어울림이 있는 문제도 추가로 이러한 논리적 근거를 찾으면 더 정확하게 풀 수 있다.

1 │ 부사구가 단서

To prevent breakage, all outgoing items are handled (~~recklessly~~, **cautiously**).

파손을 막기 위해서 / 모든 발송 제품들은 다뤄진다 / 조심스럽게.

▶ 동사 are handled만 봐서는 풀 수 없는 문제이다. 무모하게 다뤄지는지, 주의 깊게 다뤄지는지는 앞 부분의 '파손을 막기 위해서'라는 부분을 단서로 찾아야 한다.

2 │ 부사절이 단서

There were (~~apparently~~, **hardly**) any mistakes in the manuscript after the editor proofread it. 어떠한 오류도 거의 없었다 / 원고에서 / 편집자가 그것을 교정한 후에.

▶ There were만 봐서는 풀 수 없는 문제이다. 오류가 거의 없다는 말인지, 분명히 있다는 말인지는 after가 이끄는 절을 통해서 확실히 알 수 있다. 편집자가 교정을 봤으므로 오류가 거의 없다고 보는 것이 맞다.

3 │ 등위접속사 뒤가 단서

Mr. Kim skips meals (**frequently**, ~~barely~~), so he is getting unhealthy.

Mr. Kim은 식사를 자주 건너뛴다 / 그래서 그는 건강하지 않게 되고 있다.

▶ 준부정어인 barely는 조동사나 be동사 뒤, 일반동사 앞에 위치한다는 사실로 소거를 할 수 있지만, frequently가 답이 되는 논리적인 단서를 찾아야 한다. 건강하지 않게 되고 있는 것은 '식사를 자주 건너뛰기 때문'이라는 것이 논리적으로 타당하므로 frequently가 답이다.

4 │ 주절이 단서

Even those who (**initially**, ~~monthly~~) were not used to cooking can now make their own meals within 5 minutes.

심지어 사람들도 / 처음에 요리하는 것에 익숙하지 않았던 / 지금은 만들 수 있다 / 그들 자신의 식사를 / 5분 이내에.

▶ monthly는 현재시제와 어울리는 빈도부사이므로 우선순위로 고려할 필요가 없다. initially가 답이 되는 단서는 '이제는 5분 이내에 요리를 만들 수 있다'는 부분이다. now 이후가 현재의 이야기이므로 now 앞에는 이와 반대되는 '처음에는 ~했다'는 과거의 이야기를 해야 하는데, 이와 잘 어울리는 부사가 initially(처음에는)이다.

1. The speaker answered the questions (briefly, closely) because he had another engagement right after that.

2. The hotel placed (artificially, naturally) made trees in the lobby in order not to water and care for them.

3. We use artificial flavors and preservations (sparingly, frequently) in our dishes so that you can eat more healthily.

4. Ms. Yoon had served as an intern before she (formally, inadvertently) start working in the Marketing Department.

▶ 정답 및 해석 117페이지

5초 풀이 전략 3 팟6의 부사 어휘 문제는 빈칸이 포함된 문장이 아닌 다른 문장에서 단서를 찾는다.

팟6의 부사 어휘 문제는 팟5처럼 풀면 틀리기 쉽다. 답의 단서가 빈칸이 포함된 문장에 있는 것이 아니고 다른 문장에 있는 경우가 많기 때문이다. 팟6의 부사 어휘 문제는 바로 풀지 말고 논리적 단서가 보일 때까지, 답에 대한 확신이 있을 때까지 다른 문제를 풀고 나서 정답을 고른다.

1 | 일반 부사 어휘

Ms. Yoon (recently, previously) started her own business, and she is seeking professional advice on how to attract more investors. Mr. Yoon은 (최근에, 이전에) 시작했다 / 그녀 자신의 사업을 / 그리고 그녀는 찾는 중이다 / 전문적인 조언을 / 어떻게 끌어들일지에 대해 / 보다 많은 투자자들을.

▶ started의 시제만 보고 이 문제를 풀려고 하면 recently나 previously 둘 다 과거시제와 사용할 수 있기 때문에 헷갈릴 수 있다. 특히 초보자일수록 recently보다는 previously가 과거시제와 더 잘 어울린다고 생각하여 틀리기 쉬운 문제이다. recently는 현재와 연관성이 있지만, previously는 보통 현재와 관련 없는 과거의 사실을 나타낸다. 그런데 and 이후의 내용인 '어떻게 투자자를 끌어들일지에 대해 조언을 구한다'는 것은 현재와 연관성이 있기 때문에 recently가 답이 될 가능성이 높다. 아직 확신이 없다면 답을 결정하지 않아도 된다. 분명히 다음 문장에서 더 확실한 단서가 제시될 것이기 때문이다.

Ms. Yoon (**recently**, ~~previously~~) started her own business, and she is seeking professional advice on how to attract more investors. Even though it has only been a few months since her company was founded, it has already secured several major contracts.

Mr. Yoon은 최근에 시작했다 / 그녀 자신의 사업을 / 그리고 그녀는 찾는 중이다 / 전문적인 조언을 / 어떻게 끌어들일지에 대해 / 보다 많은 투자자들을. 비록 불과 몇 달 밖에 안 되었음에도 불구하고 / 그녀의 회사가 설립된 지 / 그 회사는 이미 확보했다 / 몇 개의 주요 계약들을.

▶ 이어지는 문장에서 '그녀의 회사가 설립된 지 얼마 안 되었다'는 내용이 이 회사가 최근에 생겼음을 알 수 있는 명확한 단서가 된다. 따라서 recently가 정답이다.

2 | 접속부사

however, therefore와 같은 부사를 접속부사 또는 연결부사라고 하는데, 접속부사 문제는 빈칸 앞뒤 문장을 대충 해석해서 풀면 틀리기 쉽다. 반드시 빈칸 앞뒤의 내용에 대해 명확하게 이해하고 논리 관계를 파악하여 풀어야 한다. 논리 관계를 쉽게 파악하려면 일단 앞뒤 문장을 요약해본다.

Running your own business can be stressful. People only want to invest small amounts of money to reduce the potential risks. (**However**, ~~Therefore~~), getting started with a big investment is more likely to lead to high returns.

당신의 사업을 운영하는 것은 스트레스가 될 수 있다. 사람들은 단지 원한다 / 투자하기를 / 적은 액수의 돈을 / 잠재적인 위험들을 줄이기 위해서. 하지만, 큰 투자로 시작하는 것은 결과를 낳게 될 것 같다 / 높은 수익이라는.

▶ 앞 문장을 요약하면 '소액 투자 선호', 뒤의 문장을 요약하면 '큰 금액 투자'이다. 요약을 했으면 이제 논리 관계를 따져본다. 소액 투자와 큰 금액 투자는 역접의 관계이지 인과 관계가 아니다. 따라서 However가 답이다.

만약 논리 관계가 잘 안 보인다면 아래의 순서대로 대입하여 푸는 것이 정답을 맞힐 확률도 높고, 논리 관계를 이해하기도 편하다.

🔖 암기 접속부사 대입의 우선순위

논리 관계	접속부사
역접	However 그러나 nevertheless 그럼에도 불구하고 nonetheless 그럼에도 불구하고 even so 심지어 그렇다 해도 on the other hand 반면에 on the contrary 반대로
인과	therefore 그러므로 accordingly 그런 이유로 as a result 그 결과로 thus 그리하여 consequently 결과적으로 for this reason 이러한 이유로
시간	afterward 그 후에 at the same time 동시에 since then 그때 이후로 until now 지금까지 meanwhile 그러는 동안에 meantime 그러는 동안에 after that 그 후에 simultaneously 동시에 up until now 지금까지
조건	alternatively 대안으로는 otherwise 그렇지 않으면 if so 그렇다면 if not 그렇지 않다면 in that case 그러한 경우에 then 그러면 instead 대신에
추가/강조	furthermore 게다가 in addition 게다가 plus 추가로 moreover 게다가 besides 게다가 in fact 사실상 actually 사실상
예시	likewise 이와 유사하게 as always 항상 그렇듯이 for instance 예를 들어 for example 예를 들어
요약/결론	in short 요약하여 말하면 in conclusion 결과적으로
기타	as usual 평상시대로 to that end 그러한 목적으로 unfortunately 불행하게도

1. 단순한 시간의 흐름과 인과 관계를 구분한다.

All line workers are advised to attend the information session this Friday morning. (~~Therefore~~, **After that**), everyone should be prepared for another session in the afternoon.

모든 생산라인의 직원들은 권고 받았다 / 정보 세션에 참석할 것을 / 이번 주 금요일 아침에. (그러므로, 그 후에), 모든 사람들은 준비를 해야 한다 / 또 다른 세션을 / 오후에.

▶ '이번 주 금요일 오전에 정보 세션에 참석해야 한다'는 내용과 '오후에 또 하나의 세션에 참석해야 한다'는 내용은 인과 관계라고 볼 수 없다. 단순한 시간의 흐름이다.

2. 추가의 내용을 덧붙이는 것과 예를 들어 말하는 것을 구분한다.

Starting next week, we will have some special promotional offers. (**For example**, ~~Additionally~~), we will start offering reduced-price flights to our customers. 다음 주부터 / 우리는 가질 것이다 / 몇몇 특별 판촉 행사를. (예를 들어, 추가로), 우리는 시작할 것이다 / 제공하는 것을 / 할인된 가격의 항공편들을 / 우리의 고객들에게.

▶ 앞 문장에서 '특별 판촉 행사가 있다'고 했고, 뒤의 문장에서 '할인된 가격의 항공편을 제공하겠다'고 했는데, 할인된 가격의 항공편은 특별 판촉 행사의 일부라고 할 수 있다. additionally가 답이 되려면 특별 판촉 행사에 포함되지 않는 다른 무언가를 추가로 언급해야 한다.

Q 점검퀴즈 다 맞혀야만 다음 전략으로 넘어갈 수 있다!

1. The profits the company make go (entirely, primarily) toward making investments. It plans to acquire small firms while only a slight portion will be used for operating expenses.

2. In response to your loyalty, we are providing free delivery for any orders. (In addition, For example), we are issuing a 30-percent-discount coupon that can be used for your next purchase.

3. On January 2, I heard from my assistant Anna Oh that you had been mistakenly charged for a pair of shoes which you didn't order. (As a result, On the contrary), on the following day, I made an adjustment.

▶ 정답 및 해석 118페이지

해석을 최소화하여 풀 수 있는 전략을 요약해보고 문제에 대입하여 푸는 과정을 살펴보자.

전략 요약

1. 부사 어휘 문제는 무턱대고 해석부터 해서 풀지 않는다. 일단 빈칸 주변의 동사, 형용사, 부사, 전치사 등과의 어울림을 확인하고 어울림이 좋은 보기부터 대입하여 해석한다.

2. 해석할 때는 대입한 부사가 답이 되는 논리적인 근거가 어디에 있는지 꼭 확인한다.

3. 팟5의 경우 논리적인 근거는 한 문장 안에서 빈칸에서 먼 쪽에, 팟6의 경우는 보통 다른 문장에서 제시된다.

4. 팟6의 접속부사 문제는 빈칸 앞의 내용과 빈칸 뒤의 내용을 간략히 요약한 후 역접, 이유, 시간, 조건, 추가/강조, 예시, 요약/결론의 순서로 대입하여 해석해본다. 잘 모르겠다면 기출 1순위인 however를 선택한다.

전략 대입 < 15초 안에 푼다!

1. Mr. Kim normally works -------, but you may ask him to join us in this company-wide project.

    (A) inadvertently

    (B) steadily

    (C) openly

    (D) independently

STEP 1 보기의 품사를 확인한다.

보기 모두 부사이며, 서로 뜻이 다른 단어로 구성되어 있으므로 부사 어휘 문제이다.

STEP 2 빈칸 앞 works와 어울림이 좋은 보기부터 찾는다.

(B)의 '꾸준히 일한다'와 (D)의 '독립적으로 일한다'는 말은 어울림이 좋으므로 대입하여 해석할 준비를 한다. 그에 반해 (A) '무심코[부주의하게] 일한다', (C)의 '개방적으로 일한다'는 말은 어색하므로 대입하여 해석하기를 보류한다.

STEP 3 해석하여 논리적인 단서를 찾는다.

등위접속사 but 뒤에는 보통 반대의 개념이 단서로 제시된다. but 뒤에서 '전사적인 프로젝트에 참여해볼 것을 요청할 수도 있다'고 하였으므로 빈칸에는 그와 상반되는 의미의 단어가 어울린다는 것을 짐작할 수 있다. 전사적인 프로젝트는 여러 사람이 참여하는 일인데, 그와 상반되는 것은 개인적인 것이므로 (D)가 적합하다.

정답 (D)

전략2 대입

01. The CLT Hotel has upgraded the reservation system to allow customers to book rooms more ------- than before.

(A) strictly
(B) efficiently
(C) hardly
(D) sturdily

전략1 대입

02. The supervisor will extend the deadline to next week unless the project is ------- finished by the end of this week.

(A) almost
(B) near
(C) often
(D) ever

전략2 대입 ➤고난도!

03. The supply of electricity in the town was terminated so ------- that few residents had time to prepare for the power outage.

(A) prominently
(B) largely
(C) essentially
(D) abruptly

전략1 대입

04. Even though Sonya Lane has stepped down from her position, she ------- gives valuable advice.

(A) still
(B) yet
(C) anyhow
(D) specifically

전략1, 2 대입

05. For passengers' safety, using electronic devices when taking off and landing is ------- prohibited.

(A) only
(B) scarcely
(C) strictly
(D) distantly

전략1 대입

06. During her six years at the hospital, Ms. Lee performed her duties professionally and -------.

(A) originally
(B) effectively
(C) extremely
(D) spaciously

전략2 대입 ➤고난도!

07. The project leader stressed that communicating between team members ------- is one of the factors that leads to success.

(A) frequently
(B) mainly
(C) enormously
(D) randomly

전략2 대입 ➤고난도!

08. -------, employees are allowed to leave early on Friday if they finish their daily work.

(A) Soon or later
(B) Once in a while
(C) By the way
(D) In no time

전략1 대입
09. The results of the research showed that some people would ------- question their supervisors at the beginning than at the end of the assigned task.

(A) furthermore
(B) rather
(C) cautiously
(D) additionally

전략1 대입
10. The claim that sales of imported luxury cars are increasing in Korea is not ------- true.

(A) effortlessly
(B) entirely
(C) rightly
(D) carefully

전략2 대입
11. Even though she majored in mechanical engineering, Ms. Kim ------- serves as a software designer.

(A) thereby
(B) now
(C) rather
(D) quite

전략2 대입 ▶고난도!
12. Last year, Miami ranked first ------- in pet-friendly restaurants and cafés per capita.

(A) sharing
(B) overall
(C) consecutively
(D) normally

전략2 대입
13. ------- promoted only on individual blogs, the Willy Vacuum Cleaner is now being advertised on television and online.

(A) Extremely
(B) Previously
(C) Abruptly
(D) Roughly

전략2 대입
14. The CEO's itinerary for this week will be kept unchanged unless ------- noted.

(A) quite
(B) hardly
(C) once
(D) otherwise

전략1 대입
15. Wellborn Lab has developed some new antivirus software to protect users from being in ------- dangerous situations.

(A) cautiously
(B) potentially
(C) officially
(D) initially

전략2 대입
16. To ensure the fairness of the survey results, the respondents will be ------- divided into two groups.

(A) proportionally
(B) totally
(C) randomly
(D) significantly

▶ 정답 및 해석 118페이지

'부사 어휘' 종합 문제

반드시 다음의 순서대로 푼다.

1. 무턱대고 해석부터 하지 않는다.

2. 보기 확인 ➜ 문제 유형 파악 ➜ 부사 어휘 문제라면 시제, 빈칸의 위치(형용사 혹은 동사 앞), 긍/부정 확인 후 **해석해서 푼다.**

3. 핵심 전략을 적용해 문제를 푼다. (전략 18−1 : Unit 18의 전략 1)
답을 확인하기 전 점검 차원에서 간단히 해석해본다.

파트5

전략18-1대입

01. To keep up with the latest trends, Rohi Deli ------- conducts customer satisfaction surveys.

  (A) excessively
  (B) routinely
  (C) immensely
  (D) significantly

전략19-1, 2대입

02. When operating a factory machine, please make sure to follow the operating procedures ------- to ensure the best performance.

  (A) honestly
  (B) precisely
  (C) legally
  (D) extremely

전략18-1대입

03. The repaving job is ------- halfway finished on a 5-kilometer stretch of Anderson Highway.

  (A) by
  (B) now
  (C) formerly
  (D) very

전략19-1대입

04. Coffee Cong started as a family-owned café in a small town but ------- grew into a brand-name coffee franchise.

  (A) quickly
  (B) well
  (C) relatively
  (D) urgently

전략18-3대입

05. Despite a series of informational sessions, many employees ------- have not gotten used to the new payroll system.

  (A) yet
  (B) still
  (C) shortly
  (D) almost

전략18-1대입

06. This year, the musician Tina Jerry will play the violin at her annual concert even though she has ------- alternated between the guitar and the piano.

  (A) previously
  (B) accordingly
  (C) closely
  (D) markedly

07. Due to a problem that Dr. Lee is -------
unaware of, he was informed that his
proposal was rejected this time.

(A) only
(B) more
(C) still
(D) by far

08. Mr. Yamanaka prefers that employee
expense reports be submitted -------
after the expenses have been incurred.

(A) measurably
(B) vaguely
(C) uniquely
(D) promptly

09. The stains in the black clothing were
------- recognizable even though a
considerable amount of coffee had been
spilled on it.

(A) barely
(B) accurately
(C) properly
(D) inadvertently

10. The results of the survey show that
seasonal demand for skilled workers will
increase -------.

(A) proficiently
(B) steadily
(C) strictly
(D) eagerly

11. Should you need to leave the classroom
during the lecture, you may do so as
------ as you can.

(A) indistinctly
(B) quietly
(C) largely
(D) lastly

12. The Godin Public Library is -------
located near several subway lines that
connect you to every part of the city.

(A) conveniently
(B) steadily
(C) repeatedly
(D) normally

13. Ever since the product launch, the CS
manager has been given a negative
rating by a customer just -------.

(A) accordingly
(B) once
(C) roughly
(D) ever

14. Mr. Shaw has stressed that the number
of tablet PC users will decrease -------
as the use of smartphones expands.

(A) questionably
(B) allegedly
(C) brilliantly
(D) incrementally

15. A detailed manual comes with the chair so that you can ------- assemble it on your own.

(A) initially
(B) rarely
(C) specifically
(D) easily

16. Either the CEO or the factory manager ------- gives a tour of our facility at the time a potential customer pays a visit.

(A) annually
(B) yet
(C) well
(D) usually

17. Given the current situation, the two options suggested seem ------- important to our company.

(A) promptly
(B) regularly
(C) equally
(D) recently

18. Our judging panel will need ------- half an hour to complete the selection process and to announce the finalists.

(A) momentarily
(B) quickly
(C) randomly
(D) approximately

19. We have given advance notice, but most of the employees ------- have not been punctual in their attendance.

(A) ever
(B) still
(C) shortly
(D) well

20. The packaging materials for fragile items are supposed to arrive ------- on Monday.

(A) barely
(B) comfortably
(C) early
(D) enthusiastically

21. The CFO objected to the proposal at first but has ------- consented.

(A) ever
(B) yet
(C) very
(D) since

22. Following a great deal of deliberation, the proposal to build an employee lounge in the facility was ------- accepted.

(A) finally
(B) formerly
(C) neatly
(D) severely

▶ 정답 및 해석 121페이지

Questions 23-26 refer to the following advertisement.

Thanks to the free one-month trial period at the Grayson Community Center, you can have access to all our classes and facilities. -------. There's no risk to you at all. When
23.
you sign up, just give us your contact information. If you decide to stay for -------. thirty
24.
days, you'll be asked to make a payment. If you choose no longer to visit the Grayson
Community Center at any time, ------- give us a call and let us know. One of the
25.
receptionists can ------- your membership and refund any unused funds to you.
26.

23. (A) You pay absolutely nothing during this entire time.
(B) The gym is currently being renovated.
(C) All new members must provide a credit card number.
(D) Call 938-3933 if you have any questions.

24. (A) about
(B) approximately
(C) over
(D) fewer than

25. (A) nearly
(B) regularly
(C) constantly
(D) simply

26. (A) approve
(B) charge
(C) cancel
(D) start

Questions 27-30 refer to the following article.

Daily Tribune

Economics News

November 11 – Baked Delights, a maker of breads, cakes, and other baked goods, announced that its founder and CEO, Justine Richards, intends to retire at the end of this year. Ms. Richards ------- Baked Delights ever since 1998. -------. According to a
27. .... **28.**
press release, Ms. Richards believed she could make items tastier and more nutritious than the ones she was purchasing at the supermarket. -------, she was getting orders
29.
from friends and family members. Then, she founded her own company, which began

------- customers primarily through word of mouth. "It won't be the same without Ms.
30.
Richards," said Ted Garrett, the company's vice president.

27. (A) has run
(B) will run
(C) is running
(D) had been running

28. (A) Her company is one of many serving the local area.
(B) Ms. Richards has decided to close the store to spend more time at home.
(C) She started the company by selling cakes she made in her own kitchen.
(D) She is good friends with the person who started the company.

29. (A) Consequently
(B) Before long
(C) Despite this
(D) On the contrary

30. (A) obtains
(B) to obtain
(C) be obtained
(D) in obtainment

▶ 정답 및 해석 124페이지

매회 **4** 문제

Chapter 11

명사 어휘

출제 경향

- 매회 1~2문제가 주로 팟5에서 출제된다.
- 전치사를 확인하거나 사람/사물, 단수/복수/불가산을 구분하면 해석 없이 풀 수 있다.
- 동사나 부사 어휘 문제에 비해 문법적 요소가 적다.

최근 6개월간 출제 경향

출제 시기	출제 파트 & 정답 유형
N월	주변 단어 1개
N+1월	주변 단어 2개
N+2월	주변 단어 3개
N+3월	주변 단어 1개
N+4월	주변 단어 2개
N+5월	주변 단어 1개

* 다음달 나올 문제는 저자 동영상 확인 (https:c11,kr/3xgc)

유형 파악

해석 없이 풀려면 가장 먼저 문제 유형을 파악해야 한다. 문제 유형은 보기만 보아도 95% 이상 알 수 있다.

STEP 1 두 문제의 보기에서 공통점을 확인해보자.

1. Engineers at Samuel Autos will publicize the results of the ------- into the recent car accident next week.

   (A) understanding
   (B) determination
   (C) investigation
   (D) specification

2. In response to increasing ------- for electric bicycles, Phoenix Cycle developed a new quick board.

   (A) seniority
   (B) arrival
   (C) demand
   (D) certificate

▶ 보기들이 모두 명사이며, 서로 뜻이 다르다. 이러한 문제를 명사 어휘 문제라고 한다.

STEP 2 문제를 풀어보고 두 문제의 공통점과 차이점을 확인해보자.

1. Engineers at Samuel Autos will publicize the results of the ------- into the recent car accident next week.

   (A) understanding
   (B) determination
   (C) investigation
   (D) specification

2. In response to increasing ------- for electric bicycles, Phoenix Cycle developed a new quick board.

   (A) seniority
   (B) arrival
   (C) demand
   (D) certificate

▶ 두 문제 모두 보기를 대입해볼 때 우선순위가 있는 문제들이다. 1번은 빈칸 뒤 전치사 into와 어울리는 명사인 (C)를 우선순위로, 2번은 빈칸 뒤 전치사 for와 어울리는 명사인 (C)를 우선순위로 대입하여 해석해보면 좀 더 빠르게 풀 수 있다.

명사 어휘 풀이 전략(I)

명사 어휘 문제 중 절반 이상은 전치사를 확인하거나 사람/사물, 단수/복수/불가산을 구분하면 해석을 최소화해서 풀 수 있다. 아래 전략을 통해서 해석에만 의존하여 풀지 말고, 우선순위에 의해 보기를 대입하여 해석을 최소화하자.

5초 풀이 전략 1 | 빈칸 앞이나 뒤의 전치사를 확인하여 푼다.

명사는 특정 전치사와 어울리는 것이 있다. 이것을 알면 해석을 최소화해서 풀 수 있다.

1 | 빈칸 뒤 전치사와의 어울림

There has been a sharp (~~addition~~, **increase**) in the number of tourists.
급격한 증가가 있어 왔다 / 관광객 수에

▶ in과 함께 사용하는 명사는 increase이다. addition은 to와 같이 사용한다.

2 | 빈칸 앞 전치사와의 어울림

You must report to your immediate supervisor upon (**arrival**, ~~proposal~~).
당신은 보고해야만 한다 / 당신의 직속 상관에게 / 도착하자마자.

▶ upon과 함께 사용하는 명사는 arrival이다. proposal은 특정 전치사와의 어울림이 따로 없다.

3 | 빈칸 앞뒤 전치사와의 어울림

The secretary made a reservation for a conference room in (**preparation**, ~~result~~) for the upcoming meeting. 비서는 회의실을 예약했다 / 다가오는 회의의 준비로

▶ in과 for 사이에 어울리는 명사는 '~에 대한 준비로'라는 의미를 이루는 preparation이다.

 암기 ▶ 빈칸 뒤 전치사와 어울리는 명사

명사 뒤 to	answer 대답 solution 해결책 change 변화 transfer 전환, 전근 introduction 소개 access 접근 addition 추가 admission 입장, 허가 advancement 발전, 승진 commitment 약속, 헌신 contribution 기부금, 기여 gratitude 감사 invitation 초대 directions 길 안내 attention (to detail) (세부적인 것에 대한) 관심 key 핵심 transition 전이, 이전 exposure 노출 reaction 반응 subscription 구독 promotion (~로) 승진 revision 수정사항 alternative 대안 proximity 인접성, 접근성
	ex All Network provides the **solution** to your firm's networking needs. All Network는 제공한다 / 해결책을 / 당신 회사의 네트워킹 요구에 대한.
	Mr. Kim has **access** to the performance evaluation files. Mr. Kim은 갖고 있다 / 접근 권한을 / 실적 평가 파일에 대한.

	The total **contributions** to the hospital fund came to the amount that we had expected. 병원 기금으로 들어온 총 기부금이 / 도달했다 / 우리가 예상했던 금액에. The Paradise Hotel's **proximity** to the city makes it a premier place for many travelers. Paradise Hotel의 접근성은 / 그 도시에 대한 / 되게 한다 / 그것이 많은 여행객들을 위한 최고의 장소가.
명사 뒤 in	error 오류 increase 증가 jump, hike 급등 rise 증가 decrease, decline, drop 감소 advance 진보, 발전 interest 흥미 growth 성장 delay 지연 fluctuation 변동　　　　　→ '증감흥 in'으로 암기하자. **ex** Many market analysts predict a **rise** in stock prices in the near future. 많은 시장 분석가들은 예측한다 / 주가가 오를 것으로 / 가까운 미래에는. **Growth** in the tourism sector was fast in the second quarter. 관광 부문의 성장은 / 빨랐다 / 2분기에.
명사 뒤 on	implication 의미 topic 주제 seminar 세미나 demonstration 시연 effect 효과 impact, influence 영향 **ex** The company's commitment to diversifying its workforce has had an **effect** on performance. 그 회사의 노력은 / 자사의 인력을 다양화하기 위한 / 영향을 주었다 / 성과에.
명사 뒤 at	reception 접수처, 환영회 arrival 도착 **ex** The members of the board seemed to be surprised at our **arrival** at this conclusion. 이사진 구성원들은 놀란 것처럼 보였다 / 우리의 이 결론 도달에.
명사 뒤 with	problem 문제 contact 연락 agreement 동의 compliance 준수 difficulty 어려움 cooperation 협력 help 도움 **ex** An auditor is scheduled to come to the factory next week to check whether the company is in **compliance** with the safety regulations. 회계 감사관이 공장에 오기로 예정되어 있다 / 다음 주에 / 확인하기 위해서 / 회사가 안전 규정을 준수하고 있는지를.
명사 뒤 about	inquiry 문의 question 질문 worry 걱정 detail 세부사항 reservation 유보, 거리낌 information 정보 **ex** I need more **information** about the size of the packaging. 나는 더 많은 정보가 필요하다 / 포장의 크기에 대해서.
명사 뒤 for	nomination 추천, 지명 respect 존경 advocate 지지자 cause 원인 reason 이유 passion 열정 preference 선호 demand 요구 **ex** She earned a **nomination** for the employee of the year award. 그녀는 추천을 받았다 / 올해의 직원 상에 대한.
명사 뒤 from	result 결과 permission 허락, 허가 difference 차이 **ex** The manufacturer will not be responsible for any damage that **results** from the improper use of this tool. 그 제조업체는 책임이 없다 / 어떠한 피해에도 / 이 도구의 잘못된 사용에서 비롯된.
명사 뒤 over	dispute 논쟁 concern 걱정 **ex** The citizen assembly expressed **concern** over the nuclear power plant. 그 시민단체는 표명했다 / 원자력 발전소에 대한 우려를.
명사 뒤 of	lack 부족 a list 목록 knowledge 지식 portion 부분 a[an] range/array/selection/collection/variety/number of + 복수명사 많은 다양한 ~ a wealth of + 복수/불가산명사 풍부한 ~ **ex** The operation of the business was suspended for a while due to a **lack** of funds. 그 사업의 운영은 중단되었다 / 일시적으로 / 자금 부족 때문에.

명사 뒤 into	expansion 확장 investigation 조사 insight 견해
	ex She has been the driving force in the company's **expansion** into Asian markets. 그녀는 원동력이 되어 왔다 / 회사의 확장에 / 아시아 시장으로.
명사 뒤 as	service 근무 reputation 평판, 명성
	ex He built a **reputation** as an innovative businessman. 그는 쌓았다 / 명성을 / 혁신적인 사업가로서.

빈칸 앞 전치사와 어울리는 명사

명사 앞 along	border 국경, 경계선 street 도로 river 강 way 길 line 선, 선로
	ex There is mounting tension along **the border**. 긴장 상태가 고조되고 있다 / 국경을 따라서.
명사 앞 under	pressure 압박 warranty 보증 construction 공사 direction 방향 supervision 관리, 감독 guidance 안내 control 통제, 제어 consideration 고려, 숙고 discussion 논의 review 검토 policy 정책 terms of the contract 계약 조건
	ex The boss believes the staff performs well under **pressure**. 그 상사는 믿는다 / 직원들이 일을 잘 한다고 / 압박 하에서도.
명사 앞 without	delay 지연, 지체 a receipt 영수증 permission, consent 허락
	ex You cannot use another person's account without **permission**. 당신은 사용할 수 없습니다 / 다른 사람의 계좌를 / 허락 없이는.
명사 앞 upon	arrival 도착 (즉시) receipt 수령 (즉시) request 요청 (즉시) delivery 배송 (즉시) completion 완료 (시에)
	ex All charges for equipment are due upon **receipt** of the billing statement. 장비에 대한 모든 비용은 / 지불되어야 합니다 / 청구서를 받는 즉시.
명사 앞 on	schedule 일정 (대로) **cf** behind schedule, ahead of schedule)
	ex The event will continue on **schedule**. 그 행사는 계속된다 / 일정대로.
명사 앞 across	street 도로 river 강 border 국경, 경계선 road 도로
명사 앞 according to	contract 계약 factor 요인 policy 정책, 보험 증권 survey (설문) 조사
	ex Insurance money is paid according to the **policy terms**. 보험금은 지급된다 / 보험 약관에 따라.
명사 앞 by	fax 팩스 bus 버스 subway 지하철 mistake 실수

빈칸 앞뒤 전치사 숙어

in 명사 of	in celebration of ~를 축하하여 in recognition of ~를 인정하여
in 명사 to	in response to ~에 대한 응답으로
in 명사 with	in conjunction with ~와 함께 in keeping with ~에 맞춰 in compliance with ~를 준수하여
in 명사 for	in preparation for ~에 대한 준비로 in exchange for ~와 교환으로
as 명사 of	as a consequence of ~에 대한 결과로서 as part of ~의 일환으로 as a courtesy of ~에 대한 예우로서

Unit 20

Q 점검퀴즈 다 맞혀야만 다음 전략으로 넘어갈 수 있다!

1. The recent (increase, addition) in the price of groceries caused a sharp drop in sales.

2. We will not use your (answers, consideration) to our survey questions for other purposes.

3. Mr. Wales will retire after 20 years of (service, reputation) as the CEO of Emersion, Inc.

4. In (preparation, courtesy) for the upcoming meeting, Mr. Yoshi compiled the survey data.

▶ 정답 및 해석 126페이지

5초 풀이 전략 2 사람/사물, 단수/복수/불가산을 구분하여 푼다.

사람 명사가 답이 되는 경우를 알면 해석을 최소화하여 풀 수 있다.

(~~Services~~, **Supporters**) of the new regulations agree that they will help boost the local economy. 새로운 규정들의 지지자들은 / 동의한다 / 그것들이 도울 것이라는 점을 / 지역 경제를 끌어올리는 것을.

▶ 동의하는 것은 사람이 하는 일이다. 따라서 전부 해석을 하지 않아도 사람/사물 구분으로 문제를 풀 수 있다.

(**Nominations**, ~~Supporters~~) for the employee of the year award must be submitted to the personnel director by tomorrow. 올해의 직원 상을 위한 후보 추천은 / 제출되어야 한다 / 인사 부장에게 / 내일까지.

▶ 제출되는 것은 사람이 아니고 사물이다. 따라서 '후보 추천'의 뜻인 Nomination이 답이다.

암기 사람 명사가 답이 되는 단서

1. **사람을 목적어로 취하는 동사가 앞에 있을 때**

   채용 관련 동사들: hire, employ, interview

   연락 관련 동사들: contact, inform, assure, notify, remind

   기타: respect, invite

2. **사람을 주어로 취하는 동사가 뒤에 있을 때**

   '생말예제' 동사(Unit 11 전략 1 참고), attend, participate in

3. **빈칸이 사람 주어와 동격일 때**

   Mr. Kim will be the factory (**manager**, ~~facility~~). Mr. Kim은 공장장이 될 것이다.

4. **who나 whom으로 시작하는 형용사절의 수식을 받을 때**

   a (**manager**, ~~facility~~) who will be in charge of ~

5. 사람을 수식하는 형용사가 앞에 있을 때

> 감정동사 p.p.: satisfied 만족한 pleased 기쁜 interested 흥미 있는 tired 지친 disappointed 실망한
>
> 사람 수식 형용사: experienced 경험 있는 skillful 숙련된 knowledgeable 지식이 많은 considerate 사려 깊은
> responsible 책임지는 aware 알고 있는 confident 자신감 있는

6. a team of, a group of, a panel of 뒤일 때

가산인지 불가산이지를 확인하면 풀리는 문제가 있다. (가산/불가산명사는 Unit 7 전략 2 참고)

To get the beverage you want, you need to use exact (~~coin~~, **change**) for the vending machine.
음료를 얻기 위해서 / 당신이 원하는 / 당신은 사용할 필요가 있다 / 정확한 잔돈을 / 자판기를 위한.

▶ coin은 가산명사이므로 앞에 관사를 쓰거나 복수형으로 써야 한다. 따라서 '잔돈'을 뜻하는 change가 답이다.

You can read various (**articles**, ~~news~~) on our Web site. 당신은 읽을 수 있다 / 다양한 기사들을 / 우리의 웹사이트에서.

▶ various는 복수명사를 수식하는 형용사이므로 articles가 답이다.(복수명사와 어울리는 형용사는 Unit 7 전략 1 참고) news는 불가산명사
이므로 various의 수식을 받을 수 없다.

Q 점검퀴즈 다 맞혀야만 다음 전략으로 넘어갈 수 있다!

1. Due to an increase in (demand, certificate), customers should expect shipping delays.

2. We are looking for talented (applicants, initiatives) who can work at our overseas branch.

3. The (extent, panel) of judges was introduced to the audience.

4. We at Dream Tours offer trips to (multiple, interested) destinations in China.   ▶ 정답 및 해석 126페이지

1 | to부정사

명사 어휘 중 to부정사와 잘 어울리는 명사들이 있다. 이를 알면 해석을 최소화하여 풀 수 있다.

Customers participating in our promotional event will be given the (~~arrangement~~, **opportunity**) to win a prize.   손님들은 / 우리의 홍보 행사에 참여하고 있는 / 받을 것이다 / 상을 탈 수 있는 기회를.

▶ opportunity는 to부정사의 수식을 잘 받는 명사이다. (Unit 5 전략 4 참고)

The (**goal**, ~~attitude~~) of the charity event is to improve self-sustainability.

자선 행사의 목표는 / 증가시키는 것이다 / 자급력을.

▶ 목표/계획/사명/이유 등의 명사는 to부정사와 동격 관계를 형성하는 경우가 많다. (Unit 5 전략 4 참고)

2 | 명사절

명사 어휘 중 명사절과 잘 어울리는 명사들이 있다. 이때 명사절을 '동격의 that'이라고 한다.

Ms. Flora got the (~~promotion~~, **news**) that she had been selected as the winner.

Ms. Flora는 뉴스를 들었다 / 그녀가 선택되었다는 / 우승자로.

▶ 밑줄 친 부분이 곧 뉴스의 내용이다. that S V절이 바로 앞 명사와 같은 경우가 '동격의 that'이다. 괄호 뒤 that절이 완전하다는 것(주어, 동사 등 필수 요소를 다 갖춘 문장)을 확인한 후 동격의 that과 잘 어울리는 news, idea, opinion, claim, fact, report, assurance, confirmation 등을 답으로 한다.

> 🖊 **암기** ▶ 동격의 that과 잘 어울리는 명사와 암기법
>
> 뉴스(**news**)는 자신의 생각(**idea**)이나 의견(**opinion**)을 주장(**claim**)하거나 진술(**statement**)하는 게 아니고 사실(**fact**)만을 보고(**report**)하며 보장(**assurance**)해주고 확인(**confirmation**)시켜 주는 것이다.

> **Q 점검퀴즈** ▶ 다 맞혀야만 다음 전략으로 넘어갈 수 있다!
>
> 1. All of the staff members will have the (opportunity, progress) to visit the new facility.
> 2. Mr. Smith has the (ability, increase) to speak Japanese fluently.
> 3. The (objective, destinations) of the manager's visit here is to check on everyone's progress.
> 4. Your (idea, effort) that we recycle used jewelry was well received.   ▶ 정답 및 해석 126페이지

한눈에 정리하기

해석을 최소화하여 풀 수 있는 전략을 요약해보고 문제에 대입하여 푸는 과정을 살펴보자.

전략 요약

1. 명사 어휘 문제의 보기 중 특정 전치사를 좋아하는 명사가 있다면 빈칸 앞뒤의 전치사를 확인한다.

2. 빈칸 주변 수식어나 동사를 확인하고 빈칸이 사람 명사 자리인지, 사물 명사 자리인지를 확인한다.

3. 빈칸 앞의 관사나 형용사를 통해 빈칸이 단수명사 자리인지, 복수명사 자리인지, 불가산명사 자리인지 확인한다.

4. 빈칸 주변에 to부정사나 명사절이 있다면 POWER to 부정사, 목표 is to 부정사, 동격의 that인지 확인한다.

5. 점검을 위해 간단히 해석 후 오답을 소거하거나 추가 논리적인 단서를 확인한다.

전략 대입 ⟨ 10초 안에 푼다!

1. Engineers at Samuel Autos will publicize the results of the ------- into the recent car accident next week.

   (A) understanding
   (B) determination
   (C) investigation
   (D) specification

STEP 1 보기의 품사를 확인한다.

보기 모두 명사이며, 서로 의미가 다른 단어로 구성되어 있으므로 명사 어휘 문제이다. 보기의 명사들 중에서 특정 전치사와 잘 어울리는 명사가 있는지 확인한다. 일단 (C)가 into와 잘 어울리는 명사로 눈에 들어온다.

STEP 2 보기 대입의 우선순위를 결정해주는 요소를 확인한다.

일단 빈칸 뒤에 into가 있으므로 into와 잘 어울리고, 빈칸 앞의 '~의 결과'라는 의미와도 잘 어울리는 (C)가 대입의 우선순위가 된다. '~에 대한 조사의 결과를 발표하다'라는 내용이 자연스럽다.

STEP 3 오답에 대한 이유와 정답의 추가 논리적 단서를 확인한다.

'최근의 자동차 사고에 대한 조사 결과를 발표하는 것'은 엔지니어들이 할 일로 타당하다. 따라서 (C)는 논리적으로 아무 문제가 없다. (A)를 넣으면 '이해에 대한 결과', (B)를 넣으면 '결심에 대한 결과'로 말이 되는 것 같지만 전치사 into와 쓰지 않는 말이다. 세부사항을 뜻하는 (D)도 마찬가지 이유로 오답이 된다.

정답 (C)

실전 적용 문제

전략2 대입

01. The city council is accepting ------- of citizens for the Most Helpful Volunteer Award.

(A) donations
(B) nominations
(C) followers
(D) settings

전략1 대입

02. Baking powder can be used as a powerful and effective ------- to cleaning products.

(A) decision
(B) selection
(C) alternative
(D) opportunity

전략1 대입

03. Director Gu's ------- for working at his own company turns out to be stronger than that of any other executive.

(A) passion
(B) variety
(C) likeness
(D) presence

전략2 대입

04. A training session for the new payroll system will be held at headquarters, so attend it with your ------- in the regional office.

(A) occupations
(B) relatives
(C) residents
(D) colleagues

전략2 대입 ▶고난도!

05. As there are thousands of contestants expected to submit ------- for the competition, we will accept only two per individual this time.

(A) deliveries
(B) earnings
(C) individuals
(D) entries

전략3 대입

06. The security manager had ------- to access customer data that is not supposed to be revealed unless explicitly permitted.

(A) conclusion
(B) expenditure
(C) demand
(D) permission

전략1 대입

07. Alta Airlines' ------- on customer's baggage allowance, which recently became stricter, can be seen on signs near the checkout counter.

(A) policy
(B) design
(C) petition
(D) source

전략2 대입 ▶고난도!

08. ------- of the labor union leader condemned management for not giving them sufficient paid leaves.

(A) Guidelines
(B) Apprentices
(C) Amenities
(D) Supporters

전략3 대입

09. It is the production manager's ------- to maintain high levels of productivity.

(A) salutation
(B) appointment
(C) acknowledgement
(D) responsibility

전략1 대입 ▶고난도!

10. The new environmental regulation has satisfied residents with the ------- of reducing air pollution.

(A) emergencies
(B) prospect
(C) concern
(D) manipulation

전략1 대입

11. The New Guilderoy Hotel is highly rated in Blackpool mostly due to its ------- to Hsim Sai Airport.

(A) direction
(B) relationship
(C) vicinity
(D) proximity

전략1 대입

12. If anyone tries to log on to an account with the wrong password 3 times, ------- to the account will be automatically blocked.

(A) proximity
(B) appointment
(C) access
(D) commitment

전략2 대입

13. Because of the high levels of mercury, only ------- trained in handling toxic chemicals have been given access to the facility.

(A) accounts
(B) specialists
(C) instances
(D) expenses

전략3 대입

14. The ultimate ------- of the project is to raise global awareness of sweatshops in Indonesia.

(A) goal
(B) destination
(C) view
(D) behavior

전략1 대입

15. Sana Finance made a small initial ------- in the emerging technology venture Nanotech.

(A) investment
(B) conservation
(C) obligation
(D) belonging

전략1 대입

16. To be in ------- with the safety rules, all line workers must wear protective gear while working in the factory.

(A) completion
(B) assistance
(C) application
(D) compliance

▶ 정답 및 해석 127페이지

Unit 20

해석해서 푼다.
명사 어휘(Ⅱ)

R22

출제 경향

- 주로 팟5에서 1문제, 팟6에서 1문제가 출제된다.
- 팟5의 경우 정답의 단서는 빈칸에서 먼 쪽에, 팟6의 경우 다른 문장에 있다. 해석을 해서 풀어야 한다.
- 팟6의 경우 빈칸이 아닌 다른 문장에서 패러프레이징된 어휘를 통해 단서를 주는 경우가 많다.

  ex clothing ➡ garments, apparel

최근 6개월간 출제 경향

출제 시기	출제 파트 & 정답 유형
N월	팟5 해석 1개 팟6 해석 1개
N+1월	팟6 해석 2개
N+2월	팟5 해석 1개
N+3월	팟5 해석 1개 팟6 해석 1개
N+4월	팟5 해석 1개 팟6 해석 1개
N+5월	팟5 해석 2개 팟6 해석 1개

* 다음달 나올 문제는 저자 동영상 확인 (https:c11.kr/3xgc)

유형 파악

해석을 최소화해서 풀려면 문제 유형부터 파악해야 한다. 문제 유형은 보기만 보아도 95% 이상 알 수 있다.

STEP 1 두 문제의 보기에서 공통점을 확인해보자.

1. The board of directors finally reached a conclusion through much -------.

    (A) presence
    (B) attendance
    (C) correspondence
    (D) discussion

2. I am enclosing a reference from my previous supervisor for your -------.

    (A) description
    (B) presence
    (C) regret
    (D) consideration

▶ 보기들이 모두 명사인데, 서로 뜻은 다르다. 이러한 문제를 명사 어휘 문제라고 한다.

STEP 2 문제를 풀어보고 두 문제의 공통점과 차이점을 확인해보자.

1. The board of directors finally reached a conclusion through much -------.

    (A) presence
    (B) attendance
    (C) correspondence
    (D) discussion

2. I am enclosing a reference from my previous supervisor for your -------.

    (A) description
    (B) presence
    (C) regret
    (D) consideration

▶ 두 문제 모두 빈칸 주변만 봐서는 풀 수 없는 문제이므로 해석을 해야 하는데, 두 문제 모두 정답의 단서가 문장의 앞 부분에 있다. 1번은 finally reached a conclusion 때문에 (D), 2번은 I am enclosing a reference 때문에 (D)를 고를 수 있다.

명사 어휘 풀이 전략(Ⅱ)

: 출제 빈도 : 매회 평균 2개

명사 어휘 문제는 해석 없이 풀리는 문제도 있지만 해석을 해야 풀 수 있는 문제도 있다. 단, 정확도를 높이려면 해석하고 반드시 그것이 답이 되는 논리적인 단서를 찾아야 한다. 하지만 보기를 대입해서 해석할 때 주로 빈칸과 잘 어울리는 보기부터 대입하면 시간을 줄이고 정확도를 높일 수 있으니 평소 단어를 외울 때 잘 어울리는 단짝 어휘를 알아두자.

5초 풀이 전략 1 │ 수식어나 동사와 어울리는 명사가 보기에 있으면 미리 대입 후 해석한다.

명사 어휘 문제 중 빈칸 주변만 보고 풀 수 없는 어휘 문제의 경우 해석을 해야 풀린다. 무턱대고 해석하지 말고, 이미 정해진 어울림을 가진 보기부터 대입하여 해석한다.

1 │ '형용사 + 명사' 어울림 (형용사를 보고 먼저 대입할 보기 결정)

Because of its affordable (**rates**, ~~increase~~), the hotel is well known to business travelers.

그것의 적절한 요금 때문에 / 호텔은 잘 알려져 있다 / 출장 여행객들에게.

▶ affordable, reasonable 등의 형용사는 요금, 가격 등과 어울린다. 따라서 rates(요금), increase(증가) 중에서 rates가 우선순위이다. increase는 sharp(급격한) 등의 증가/감소의 형용사와 어울린다.

2 │ '명사 + 명사' 어울림 (앞의 명사를 보고 대입할 보기 결정)

All visitors to the factory should comply with the safety (**rules**, ~~delivery~~).

공장의 모든 방문객들은 / 준수해야 한다 / 안전 규칙을.

▶ safety와 어울리는 명사는 measures(조치), regulation(규정), reason(이유) 등이다. 따라서 rules가 우선순위이다. delivery(배달)는 product(상품)와 같은 명사와 함께 사용된다.

3 │ '동사 + 명사' 어울림 (동사를 보고 대입할 보기 결정)

All workers should follow the (**regulations**, ~~permissions~~) posted beside the factory entrance. 모든 직원들은 따라야만 한다 / 규정들을 / 공장 입구 옆에 게시된.

▶ follow는 rules(규정), law(법), policy(정책), practice(관행), advice(충고), guideline(지침) 등을 목적어로 취하므로 이런 명사들이 우선순위이다. permission(허가)은 have, give, obtain 등과 같은 동사의 목적어가 된다.

Company (**regulations**, ~~expenditures~~) stipulate that protective gear should be worn in the facility at all times. 회사 규정들은 / 명시한다 / 보호 장비가 착용되어야 한다고 / 시설에서 / 항상.

▶ stipulate는 계약이나 규정 같은 것에 '~와 같이 명시하다[쓰여 있다]라는 뜻이다. 따라서 규정을 뜻하는 regulations가 우선순위이다. expenditure는 '비용'이란 뜻인데 비용이 무엇인가를 명시할 수는 없다.

Unit 21

단서가 되는 형용사	정답이 되는 명사
affordable 적절한 reasonable 합리적인 competitive 경쟁력 있는	rate 요금 price 가격
written 서면의	confirmation 확인(서) estimate 견적(서)
additional, extra 추가의	charge, fee 요금 day 하루, 날 night 밤
unforeseen 예기치 않은	circumstances 상황
careful 주의 깊은	planning 기획 evaluation 평가
minor 작은, 사소한	lapse 잘못, 과실 error 오류
highest 가장 높은	standard 기준 priority 우선 사항
positive 긍정적인 favorable 우호적인	review 평가 feedback 반응
ongoing 진행 중인	effort 노력
detailed 상세한	instructions 설명, 지침
staplers, pens, paperclips, and other ~ 그리고 다른	supplies 비품들
unique 독특한	perspective 관점
large 많은 diverse 다양한 wide 폭넓은	array, range, variety, selection, collection, number, series of
key 중요한	factor 요소
retail 소매의	sales 판매
high, large, great 많은	volumes 양
further 추가의 short 갑작스런	until further notice 추가 공지가 있을 때까지 on short notice 갑작스런 알림에도
vigorous 적극적인 concerted, collaborative 협동의	effort 노력
public 대중의	comment 의견
brief 간략한	consultation 상담 discussion 토론회
pending 미결의	issue 문제, 사안 decision 결정

'명사 + 명사' 어울림

N1 유형	단서가 되는 명사(N1)	정답 포함 복합명사 (N1 + N2)
동명사	working	working environment 작업 환경
	scheduling	scheduling conflict 일정상의 충돌
	advertising	advertising campaign 광고 캠페인 Advertising Department
	operating	operating expenses, operating costs 운영비
	speaking	speaking engagement 연설 약속

복수	sales	sales director 판매부장 sales representative 판매 사원
	electronics	electronics company 전자 회사
	customs	customs office 세관 customs clearance 통관
	savings	savings account 보통예금[저축예금] 계좌 savings bank 저축은행
-tion, -ment 규칙형	application, complaint, enrollment	application form 신청서 complaint form 불만 신고 양식 enrollment form 등록 양식
	replacement	replacement fee 교체 비용
	retirement	retirement party 은퇴 기념 연회
사람 명사	worker, employee	worker productivity 작업자 생산성 employee identification 사원증
	customer, client, employee	customer satisfaction 고객 만족 employee retention 직원 유지
	patient	patient reliance 환자의 의존성
일반 명사	meal, food	meal preferences 식사 선호도
	safety, security	safety measures 안전 조치 safety procedures 안전 절차
	budget	budget proposal 예산안
	quality	quality check 품질 점검
	money	money transfer 송금
	product, room	product availability 제품 있음
	office	office supplies 사무용품
	price	price reduction 가격 할인
	survey, test	survey result 설문조사 결과

'동사 + 명사' 어울림

단서가 되는 동사	정답이 되는 명사(목적어)
follow 따르다 comply with 준수하다 abide by 지키다 adhere to 고수하다	rules 규정 law법 policy 정책 practice 관행 advice 충고 guideline 지침
attend 참석하다 hold 열다 host 주최하다 organize 준비하다	meeting 회의 ceremony 의식 workshop 워크숍 seminar 세미나
obtain 얻다	approval 승인 permission 허가
make	make an arrangement 준비하다 make a suggestion 제안하다 make a recommendation 추천하다 make a purchase 구매하다 make a decision 결정하다 make a selection 선택하다 make an investigation 투자하다
'인어노리' 동사: inform 알리다 assure 보증[보장]하다 notify 통지하다 remind 상기시키다	사람 명사 of 사물 명사 사람 명사 that S V
socialize with ~와 사귀다[어울리다] invite 초대하다	사람 명사
submit, send in, turn in 제출하다	application 신청서, 지원서 nomination 후보 추천[지명]

show, present, produce 제시하다	proof of identification 신분 증명
increase 증가시키다	productivity 생산성
reduce 줄이다 increase 증가시키다 cover 충당하다	costs, expenses 비용
receive 받다	promotion 승진 approval 승인
draw 비교하다, 끌다	a comparison 비교 ➡ 비교하다 attention 관심 ➡ 관심 끌다
achieve, attain 달성하다	goals, objectives 목표

Q 점검퀴즈 다 맞혀야만 다음 전략으로 넘어갈 수 있다!

1. The event organizer decided to hold a (reception, construction) following the keynote speech.

2. We at Home Furnishing provide a wide (objective, variety) of interior decorations.

3. Because of unforeseen (circumstances, qualifications), many were laid off last month.

4. A harsh food critic drew a (comparison, difference) between two famous restaurants.

▶ 정답 및 해석 129페이지

5초 풀이 전략 2 해석해서 정답의 논리적인 근거를 찾는다.

명사 어휘 문제 중 매달 한 문제 이상은 주변 단어의 어울림만으론 풀 수 없는 문제가 나온다. 이러한 문제는 해석해서 풀어야 하는데 대체로 빈칸보다 멀리 있는 부분에 논리적인 근거가 있다. 한편 주변 단어와의 어울림이 있는 문제도 추가로 이러한 논리적 근거를 찾으면 더 명확하게 풀 수 있다.

1 | 부사구가 단서

We are accepting only (**cash**, ~~proposals~~) now because of a problem with our credit card
machine.   우리는 받는 중이다 / 단지 현금만 / 지금 / 문제 때문에 / 우리의 신용카드 기계의

▶ accept만 단서로 잡아서는 풀 수 없는 문제이다. '현금을 받는 것'과 '제안서들을 받는 것' 둘 다 가능하기 때문이다. 정답의 논리적 근거는 부사구인 '신용카드 기계의 문제' 부분이다. 신용카드에 문제가 있어서 현금만 받는다는 것이 타당하다.

2 | 형용사절이 단서

Mr. John has started the (**repair**, ~~export~~) of the sofa, which showed signs of wear.

Mr. John은 시작했다 / 소파의 수리를 / 마모의 징후가 보였던.

▶ start를 단서로 잡아서는 풀 수 없는 문제이다. '소파의 수리를 시작한 것'과 '수출을 시작한 것' 둘 다 가능하기 때문이다. 그러나 이어지는 형용사절의 '마모의 징후가 보였던'이란 부분을 통해 수리를 시작했다고 보는 것이 타당하다. 마모되기 시작한 제품을 수출한다는 것은 비상식적이다.

3 | 주절이 단서

Please read the draft of the contract and call me if you have any (**questions**, ~~applications~~).

초안을 읽어주세요 / 계약서의 / 그리고 저에게 전화해 주세요 / 당신이 어떤 질문이라도 있다면.

▶ 동사인 have만 가지고는 풀 수 없는 문제이다. '질문을 갖고 있는 것'과 '신청서들을 갖고 있는 것' 둘 다 가능하기 때문이다. 주절의 '계약서 초안'이라는 말을 통해 질문이 있을 수 있다고 보는 것이 타당하다.

4 | 등위접속사 앞의 절이 단서

I think this new product is very fragile, so please treat it with (**care**, ~~regularity~~).

나는 생각한다 / 이 새로운 제품이 매우 깨지기 쉽다고 / 그러니 그것을 다뤄 주세요 / 주의해서.

▶ with care는 carefully와 같은 말이고, with regularity는 regularly와 같은 말이다. 등위접속사인 so 앞에 '제품이 매우 깨지기 쉽다'는 말이 있으므로 주의해서 다뤄 달라고 하는 것이 타당하다.

Q 점검퀴즈 다 맞혀야만 다음 전략으로 넘어갈 수 있다!

1. Attached, please find my cover letter and résumé for your (consideration, participation).

2. Because readers showed so much (enthusiasm, opinion) for the novel, it was developed into a movie.

3. Managers who attended the conference overseas must be reimbursed for their travel (expenses, destinations).

4. The company had a limited budget while its new project required heavy (expenditures, weights).

▶ 정답 및 해석 130페이지

5초 풀이 전략 3 · 팟6의 명사 어휘 문제는 빈칸이 포함된 문장이 아닌 다른 문장에서 단서를 찾는다.

팟6의 명사 어휘 문제는 팟5처럼 풀면 틀리기 쉽다. 답의 단서가 빈칸이 포함된 문장에 있는 것이 아니고 다른 문장에 있기 때문이다. 특히, 팟6에서 명사 어휘 문제가 첫 번째 문제라면 절대로 바로 풀지 말고 논리적 단서가 보일 때까지, 답에 대한 확신이 있을 때까지 다른 문제를 먼저 풀고 정답을 고른다.

The (book, sequel) *Welcome, My Friend* will soon be released.

이 (책, 후속작) Welcome, *My Friend*가 곧 출간될 것입니다.

▶ 이 문제가 팟5 문제라면 답이 없는 문제이다. Welcome to my friend가 책 이름인지, 후속작인지에 대한 단서가 없다.

Three years ago, 10 million Koreans were moved by *Welcome to My Home*. The (~~book~~, **sequel**) *Welcome, My Friend* will soon be released. ~ **(중략)** ~ Don't miss this fantastic film.

3년 전 / 1000만 명의 한국인들은 감동을 받았다 / Welcome to My Home에 의해서. 후속편인 Welcome, *My Friend*는 곧 개봉될 것이다. ~ (중략) ~ 놓치지 마세요 / 이 환상적인 영화를.

▶ 뒤의 문장에서 '이 환상적인 영화를 놓치지 마라'라는 단서를 통해 영화에 대한 이야기임을 알 수 있고, 따라서 3년 전 한 영화가 있었고 그 후속편이 나온다는 이야기임을 알 수 있다.

Q 점검퀴즈 · 다 맞혀야만 다음 전략으로 넘어갈 수 있다!

1. It's your duty to provide your subordinates with (feedback, software). For example, you have to tell them about the areas in which they are good or poor and also give them advice on how to improve.

2. I was in the (audience, kitchen) when you made a speech. Your presentation was wonderful and encouraged me to start my own business.

3. The renovations of cafeteria in our facility have been finished. ~ **(중략)** ~ With this (upgrade, contract), our employees no longer need to go out for dinner, which will save them money as well as time.

▶ 정답 및 해석 130페이지

전략 요약

1. 명사 어휘 문제라고 해서 무턱대고 해석부터 하지 않는다. 일단 명사 앞의 형용사, 명사, 동사와 어울림이 좋은 보기부터 대입하여 해석한다.

2. 해석할 때는 대입한 명사가 답이 되는 논리적인 근거가 어디에 있는지 꼭 확인한다.

3. 팟5의 경우 논리적인 근거는 한 문장 안에서 빈칸에서 먼 쪽에, 팟6의 경우는 보통 다른 문장에서 제시된다.

전략 대입 〈 15초 안에 푼다!

1. The board of directors finally reached a conclusion through much -------.

    (A) presence

    (B) attendance

    (C) correspondence

    (D) discussion

STEP 1 보기의 품사를 확인한다.

보기 모두가 명사이며, 서로 뜻이 다른 단어로 구성되어 있으므로 명사 어휘 문제이다.

STEP 2 빈칸 앞 형용사나 전치사와 어울림이 좋은 보기부터 찾는다.

'많은 ~를 통해서'에 어울리는 말은 보기 4개가 모두 가능하다. 보통은 대입의 우선순위가 보이지만 이 문제는 반드시 해석을 해야만 하는 문제이다.

STEP 3 해석하여 논리적인 단서를 찾는다.

'이사회가 마침내 결론에 도달했다'는 말을 잘 생각해본다. 마침내 도달했다는 것은 도달하는 것이 쉽지 않았고, 도달을 위해서 무엇인가 필요했다는 내용이 있어야 한다. (D)가 들어가면 '많은 토론을 통해서'라는 의미가 되는데, 결론에 도달하기 위한 과정으로 적절하다. (A) presence(출석, 존재감, 영향력), (B) attendance(참석, 참석률)는 어디에 출석이나 참여를 했는지 불확실하고, (C) correspondence(서신 왕래)는 이사회가 결론에 도달한 방식으로 적절하지 않다.

정답 (D)

실전 적용 문제

전략을 적용해 해석 없이 문제를 풀어보고 채점 시 점검 차원에서 해석해본다.

전략1 대입

01. To protect our company's intellectual
------, it is mandatory that all
employees sign a confidentiality
agreement.

(A) safety
(B) role
(C) property
(D) substance

전략1 대입

02. The meeting agenda includes one of the
marketing ------ to be achieved next
year.

(A) objectives
(B) indicators
(C) references
(D) commentaries

전략1, 2 대입 ▶ 고난도!

03. The Xiong Mao Group is highly regarded
by job seekers for its competitive
compensation ------.

(A) admiration
(B) balance
(C) lapse
(D) packages

전략2 대입

04. To avoid charges for credit card use,
small shop owners accept only ------
for purchases under 10 dollars.

(A) reimbursement
(B) sums
(C) salaries
(D) cash

전략1, 2 대입

05. As a token of our appreciation for your
patronage, a gift ------ will be mailed to
each of you.

(A) bill
(B) reminder
(C) certificate
(D) channel

전략2 대입 ▶ 고난도!

06. Mr. Donald decided that the ------ of
the new washing machine were greater
than its advantages.

(A) shortcomings
(B) accomplishments
(C) sufferings
(D) praises

전략1 대입

07. Smith Hardware provides an ------ of
gardening tools to help city residents
grow their own plants.

(A) array
(B) object
(C) alignment
(D) angle

전략1 대입

08. Research labs wishing to obtain funds
must complete an online ------ for a
research grant by the end of the month.

(A) description
(B) application
(C) contribution
(D) establishment

09. Mr. Conan made a lunch ------- for Monday, June 3.

(A) engagement
(B) contract
(C) break
(D) service

10. The Marryat Theater requests that the ------- of personal devices be strictly prohibited during the performance.

(A) use
(B) storage
(C) breakage
(D) demand

11. Ever since the spot was introduced on a TV program, Cancun has become a premier travel -------.

(A) agency
(B) weekly
(C) approval
(D) destination

12. Company ------- stipulate that every line worker should take a break on a regular basis.

(A) theories
(B) themes
(C) regulations
(D) expenses

13. ------- from today's meeting will be distributed to all attendees just in case people missed any critical points made during the meeting.

(A) Notes
(B) Catalogues
(C) Itineraries
(D) Performances

14. The TV division alone surpassed its ------- goal, but other departments reported low profits.

(A) earnings
(B) deliveries
(C) journeys
(D) mixtures

15. Greenhouse Produce recorded a 10-percent quarterly sales -------.

(A) measurement
(B) increase
(C) strategy
(D) agent

16. At the Oaktown Contemporary Art Museum, we take pride in satisfying our visitors, so please assist everyone with -------.

(A) accomplishment
(B) advancement
(C) burden
(D) enthusiasm

▶ 정답 및 해석 131페이지

Unit 21

'명사 어휘' 종합 문제

반드시 다음의 순서대로 푼다.

1. 무턱대고 해석부터 하지 않는다.

2. **보기 확인 → 문제 유형 파악 → 명사 어휘 문제라면** 전치사, 사람/사물, 단/복수 확인 후 해석해서 푼다.

3. 핵심 전략을 적용해 문제를 푼다. (전략 20-1 : Unit 20의 전략 1)
   답을 확인하기 전 점검 차원에서 간단히 해석해본다.

파트 5

전략20-1대입

01. Cedar Hill is considered as an ideal place due not only to its tranquil setting but also to its ------- to the city.

(A) accomplishment
(B) proximity
(C) capability
(D) exemption

전략21-2대입 ▶고난도!

04. YS Tech Valley takes pride in the ------- of thousands of innovative startups and their patented intellectual properties.

(A) translation
(B) convention
(C) concentration
(D) mobility

전략21-1, 2대입

02. To increase -------, Boz Ltd has implemented an incentive program through which workers can be more attentive.

(A) appropriateness
(B) state
(C) productivity
(D) aptitude

전략21-2대입

05. To form an official agreement, the purchasing contract must include at least two ------- from different sellers.

(A) mixtures
(B) actions
(C) estimates
(D) cooperation

전략20-3대입

03. If customer questions are not likely to be solved, it is the service representative's ------- to direct these issues to technicians.

(A) status
(B) responsibility
(C) precision
(D) operation

전략20-1, 21-2대입

06. To meet the deadline, the proofreaders must turn in all ------- to the manuscripts to the writers by Monday.

(A) proposals
(B) articles
(C) revisions
(D) recommendations

07. Department supervisors are in the process of checking the license ------- the government issued last week.

(A) requirements
(B) distributions
(C) designers
(D) assets

11. Our commitment to quality and excellent service will be a key ------- to satisfying customers.

(A) factor
(B) word
(C) origin
(D) organization

08. The Deacon Logic Institute can send language tutors if students want to study at their own -------.

(A) act
(B) pace
(C) stability
(D) style

12. The ------- of the CEO's secretary include handling appointment scheduling and answering telephone calls.

(A) elevations
(B) donations
(C) constructions
(D) duties

09. The ------- of marketing experts to the current staff will help our company penetrate the Chinese market.

(A) list
(B) addition
(C) efforts
(D) advance

13. Next year, Nexson Ltd. will keep reducing its mounting operating -------.

(A) costs
(B) practices
(C) clients
(D) instances

10. Only authorized personnel will have ------- to customers' personal data due to privacy issues.

(A) statement
(B) permission
(C) effort
(D) access

14. If the research can transfer over to humans, there could be breakthroughs in the ------- of cardiac disease.

(A) reference
(B) treatment
(C) outbreak
(D) involvement

15. Your reserved seat for the Routan Express Train can be upgraded to one of the front seats that have more legroom for an additional -------.

(A) cash
(B) charge
(C) funding
(D) pay

16. According to Bestguard Apparel's -------, all returns should be received within 5 business days of being delivered.

(A) refund
(B) policy
(C) character
(D) outfit

17. The ------- of this benefit dinner will be offset by the volunteers' hard work and generous contributions from private donors.

(A) cost
(B) revenue
(C) assistance
(D) merge

18. Nobody wants to be responsible for the failed rescue -------, which caused a big disaster affecting young children.

(A) sensations
(B) notifications
(C) opinions
(D) efforts

19. As a leading architect, Sider Cosino made several proposals for the town's new housing -------.

(A) varieties
(B) essentials
(C) developments
(D) examples

20. You have no ------- to sign the contract unless you are not fully satisfied with our service.

(A) hypothesis
(B) assessment
(C) awareness
(D) obligation

21. At the Nelson County Institute, you can learn how to build a ------- as a tutor with this step-by-step guide.

(A) forecast
(B) courteousness
(C) reputation
(D) announcement

22. Greene and Burch is a full-service accounting firm that can assist you with a ------- of financial and business needs.

(A) kind
(B) deposit
(C) range
(D) way

▶ 정답 및 해석 133페이지

Questions 23-26 refer to the following letter.

Dear Mr. Twilling,

This letter is being written in response to your ------- e-mail regarding the services
23.
that we at Hampton Financial can provide. You asked for some information about the

various funds and other investment opportunities we can provide. -------, please look
24.
at the brochure describing everything you need to know about us. -------.
25.

If you are interested in opening any kind of ------- with us, please pay us a visit at 584
26.
Main Street. One of our financial analysts would be more than willing to talk to you

about your investment needs.

We hope to hear from you soon.

Regards

---

23. (A) recent
(B) proposed
(C) returned
(D) controversial

24. (A) Enclosing
(B) Enclosures
(C) Enclosed
(D) Enclose

25. (A) Your balance from your first month
with us has been included.
(B) You will notice that we provide
something for all kinds of investors.
(C) The discount that we discussed will
be applied to your bill.
(D) We always appreciate any feedback
you can provide us with.

26. (A) offer
(B) version
(C) rebate
(D) account

Questions 27-30 refer to the following memo.

To: All Staff

From: Janet Remy

Date: May 23

Subject: New Policy

Please be advised that we have made a change in the ------- policy for our theater.
27.
Many moviegoers come to the theater with reserved tickets only to request that their
seats be changed to be by an aisle, which can provide them with more legroom.
Starting now, these requests will be permitted ------- at the time of purchase. In
28.
addition, audience members ------- extra room are more than welcome to sit in the
29.
front row. -------. By instituting this policy, our box office employees as well as ushers
30.
should keep from getting too busy right before a movie begins.

27. (A) refund
(B) apparent
(C) seating
(D) purchasing

28. (A) only
(B) every
(C) since
(D) before

29. (A) wanted
(B) who want
(C) they want
(D) having wanted

30. (A) That area has been reserved for
premium ticket holders.
(B) Weekend shows always attract the
most people.
(C) The theater doors should be shut
once the movie starts.
(D) Those seats are almost always the
last to be sold.

▶ 정답 및 해석 137페이지

매회 **4** 문제

Chapter 12

형용사 어휘

출제 경향

- 매회 1문제가 주로 팟5에서 출제된다.
- 전치사를 확인하거나 사람/사물, 단수/복수/불가산을 구분하면 해석 없이 풀 수 있다.
- 동사나 부사 어휘 문제에 비해서 문법적 요소가 적다.

최근 6개월간 출제 경향

출제 시기	출제 파트 & 정답 유형
N월	주변 단어 3개
N+1월	출제 안 됨
N+2월	주변 단어 1개
N+3월	주변 단어 3개
N+4월	출제 안 됨
N+5월	주변 단어 1개

＊다음달 나올 문제는 저자 동영상 확인 (https:c11.kr/3xgc)

유형 파악

해석 없이 풀려면 가장 먼저 문제 유형을 파악해야 한다. 문제 유형은 보기만 보아도 95% 이상 알 수 있다.

STEP 1 두 문제의 보기에서 공통점을 확인해보자.

1. We are ------- that our customers will be completely satisfied with the measures we have taken.

   (A) hopeful
   (B) impressive
   (C) honorable
   (D) cheerful

2. The Empire Hotel is very ------- of the support it has gotten from its patrons over the last 30 years here in Elsa City.

   (A) happy
   (B) sufficient
   (C) exceptional
   (D) appreciative

▶ 보기들이 모두 형용사이며, 서로 뜻이 다르다. 이러한 문제를 형용사 어휘 문제라고 한다.

STEP 2 문제를 풀어보고 두 문제의 공통점과 차이점을 확인해보자.

1. We are ------- that our customers will be completely satisfied with the measures we have taken.

   (A) hopeful
   (B) impressive
   (C) honorable
   (D) cheerful

2. The Empire Hotel is very ------- of the support it has gotten from its patrons over the last 30 years here in Elsa City.

   (A) happy
   (B) sufficient
   (C) exceptional
   (D) appreciative

▶ 두 문제 모두 보기를 대입할 때 우선순위가 있는 문제들이다. 1번은 빈칸 뒤 명사절(that S V)과 어울리는 형용사는 (A)를 우선순위로, 2번은 빈칸 뒤 전치사 of와 어울리는 형용사인 (D)를 우선순위로 대입하여 해석해보면 좀 더 빠르게 풀 수 있다.

형용사 어휘 풀이 전략(Ⅰ)

출제 빈도: 매회 평균 1개

형용사 어휘 문제 중 절반 이상은 전치사를 확인하거나 사람/사물, 단수/복수/불가산을 구분하면 해석을 최소화해서 풀 수 있다. 아래 전략을 통해서 해석에만 의존하여 풀지 말고, 우선순위에 의해 보기를 대입하여 해석을 최소화하고 시간을 절약하자.

5초 풀이 전략 1 빈칸 뒤의 전치사를 확인하여 푼다.

형용사는 뒤의 전치사와의 어울림이 있다. 이것을 알면 해석을 최소화해서 풀 수 있다.

The sales staff is mainly (**responsible**, ~~advisable~~) for managing the inventory.
판매 직원은 주로 책임을 진다 / 재고를 관리하는 것에.

▶ for와 같이 쓸 수 있는 형용사는 responsible이다. advisable은 가주어/진주어에 어울리는 형용사로 사람을 수식하는 형용사가 아니다.

ex It is **advisable** that you review the terms of the contract carefully before signing it.
권장한다 / 당신이 계약 조건을 꼼꼼하게 살펴볼 것을 / 그것에 서명하기 전에.

암기 ▶ 빈칸 뒤 전치사와 어울리는 형용사

of	be aware of ~를 알고 있다 be appreciative of ~에 감사하다 be representative of ~를 대표하다 be indicative of ~를 나타내다 be reminiscent of ~를 상기시키다 be capable of ~를 할 수 있다
at	be good at ~에 능숙하다 be skilled at ~에 능숙하다 be poor at ~에 서투르다 be present at ~에 참석하다 be aimed at ~를 겨누고 있다
for	be responsible for ~를 책임지다 be famous for ~로 유명하다 be notable for ~로 유명하다 be eligible for ~할 자격이 있다 be adequate for ~에 적절하다[충분하다]
about	be optimistic about ~에 대해 낙관적이다 be concerned about ~에 대해 우려하다
from	be exempt from ~로부터 면제되다
with	be familiar with ~에 익숙하다 be happy with ~에 만족하다[기쁘다]
by	be accessible by ~에 의해 접속 가능하다
to	be available to 명사 ~가 이용 가능하다 be accessible to 명사 ~가 접근 가능하다 be entitled to 명사 ~에 대해 자격이 있다 be prone to 명사 ~하기 쉽다 be subject to 명사 ~을 받기[당하기] 쉽다 be vulnerable to 명사 ~에 취약하다 be receptive to 명사 ~를 잘 수용하다

Unit 22

🔆 함정 전치사 to와 to부정사의 to를 구분한다.

to는 전치사일 때와 to부정사일 때가 혼동될 수 있으므로 따로 외우도록 한다. (전략 3 참고)

The new fitness facility will be (~~ready~~, **available**) to the apartment residents next week.
새로운 운동 시설은 이용할 수 있을 것이다 / 아파트 거주자들이 / 다음 주에.

▶ to 뒤에 명사가 있으므로 전치사 to이며 'be available to 사람'의 형태로 사용한다. be ready to는 뒤에 동사원형이 온다.

Q 점검퀴즈 다 맞혀야만 다음 전략으로 넘어갈 수 있다!

1. This manual is helpful for anyone (unfamiliar, common) with the new safety measures.
2. We are very (appreciative, initiative) of your help with this matter.
3. Star Auto is justifiably (optimistic, impressive) about its growth next year.
4. The annual membership fees are (subject, capable) to change without prior notice.

▶ 정답 및 해석 138페이지

5초 풀이 전략 2 사람/사물, 단수/복수/불가산을 구분하여 푼다.

형용사 중에는 사람을 수식하는 형용사가 있고, 사물을 수식하는 형용사가 있다. 이를 알면 해석을 하지 않고 오답을 소거하거나 정답을 맞힐 수 있다.

The executive manager has decided to promote each highly (~~mandatory~~, **qualified**) employee.
경영 매니저는 결정했다 / 승진시키기로 / 각각의 매우 자격이 있는 직원을.

▶ qualified(자격 있는)는 사람을 수식하는 형용사라서 정답이다. mandatory(의무적인)는 사물을 수식하므로 굳이 해석을 하지 않고도 빠르게 답을 맞힐 수 있다. **ex** the mandatory training session 의무적인 교육

사람 수식	사물 수식
considerate 사려 깊은 qualified 자격 있는 pleased 기쁜 impressed 감동 받은 skilled 숙련된 knowledgeable 박식한 experienced 경험 있는 responsible 책임지는 aware 알고 있는 eligible 자격이 되는 entitled 자격이 되는 optimistic 낙관적인 able 할 수 있는 capable 능력 있는 talented 재능 있는	considerable 상당한 significant 상당한 substantial 상당한 impressive 인상적인 pleasant 유쾌한 convenient 편리한
감정 분사: interested 관심 있는 satisfied 만족하는 dissatisfied 불만스러운 excited 흥분한 overwhelmed 압도된 tired 피곤한 bored 지루해 하는 invigorated 고무된 embarrassed 당황스러운 disappointed 실망한 fascinated 매료된 startled 깜짝 놀란 worried 우려하는	감정 분사: interesting 흥미로운 satisfying 만족스러운 dissatisfying 실망스러운 exciting 신나는 overwhelming 압도적인 tiring 피곤한 boring 지루한 invigorating 기운 나게 하는 embarrassing 난처한 disappointing 실망스러운 fascinating 매력적인 startling 아주 놀라운 worrying 우려되는

various(다양한), assorted(다양한), numerous(많은) 등은 복수명사를 수식하는 형용사이다. 복수명사 앞이라면 정답의 가능성이 높아지고, 단수나 불가산명사 앞이라면 오답이 된다.

Finding a well-paid job is a (**sensible**, ~~various~~) solution to making a living.

보수가 좋은 직업을 찾는 것은 / 지각 있는 해결책이다 / 생계를 유지하기 위한.

▶ sensible의 뜻이 무엇인지 몰라 고민할 필요가 없다. solution은 복수명사가 아니므로 various는 오답이다. 이처럼 오답 소거를 정답을 찾는 데 활용한다.

5초 풀이 전략 3   to부정사나 that절을 확인하여 푼다.

1 │ to부정사의 수식을 받는 형용사나 p.p.

형용사 중에서 주로 to부정사의 수식을 잘 받는 형용사가 있다.

The employees are (**eager**, ~~exempt~~) to adopt the new company policy.

직원들은 채택하기를 열망한다 / 새로운 회사 정책을.

▶ eager는 to부정사의 수식을 받는 형용사이다. exempt는 from과 어울린다.

ex In some countries, nonprofit organizations are **exempt** from paying taxes.

일부 국가들에서 / 비영리 단체들은 면제받는다 / 세금 내는 것을

형용사 to부정사		be able to do ~할 수 있다 be ready to do ~할 준비가 되어 있다 be willing to do 기꺼이 ~하다 be eager to do ~하기를 열망하다 be sure[certain] to do 틀림없이 ~하다 be likely to do ~할 것 같다 be reluctant to do ~하기를 꺼리다 be hesitant to do ~하기를 주저하다 be about to do 막 ~하려고 하다 be eligible to do ~할 자격이 있다 be entitled to do ~할 자격이 있다
p.p. to부정사	희망/예정	be expected to do ~할 것으로 예상[기대]되다 be set to do ~할 예정이다 be bound to do ~하도록 되어 있다 be supposed to do ~하도록 되어 있다 be scheduled to do ~할 예정이다
	요청/권고	be asked to do ~하도록 요청되다 be required to ~하도록 요구되다 be requested to do ~하도록 요구되다 be advised to do ~하도록 권고되다 be reminded to do ~하도록 상기되다
	설득	be persuaded to do ~하도록 설득되다 be forced to do ~하도록 강요되다 be urged to do ~하도록 촉구되다 be encouraged to ~하도록 장려되다
	허락	be allowed to do ~하도록 허락되다 be permitted to do ~하도록 허락되다 be enabled to ~하도록 가능하게 되다 be authorized to do ~하도록 인가되다

Unit 22

2 | that절의 수식을 받는 형용사

aware(알고 있는), sure/certain(확신하는), afraid(유감인), sorry(유감인), happy(기쁜), pleased(기쁜), glad(기쁜), grateful(감사하는), concerned (우려하는), hopeful (희망에 찬) 등의 형용사는 이어서 that절의 수식을 받을 수 있으므로 that을 단서로 해서 답을 고를 수 있다.

I am (**aware**, ~~responsible~~) that Mr. Kim will be our new marketing director.
나는 알고 있다 / Mr. Kim이 우리의 새로운 마케팅 감독이 될 것이라는 것을.

▶ that절의 수식을 잘 받는 형용사는 aware이다. responsible은 전치사 for와 어울린다.

3 | 가주어/진주어와 잘 어울리는 형용사

It is (**crucial**, ~~aware~~) that you comply with the safety instructions at work.
필수적이다 / 당신이 안전 지침을 준수하는 것은 / 일할 때.

▶ It이 가주어, that절은 진주어이다. crucial(필수적인)은 '이성 판단의 형용사'인데 '가주어/진주어'와 잘 어울린다. aware는 주어가 사람일 때 사용한다.

ex Negotiators should be **aware** that the prime minister tends to speak vaguely.
협상자들은 인지하고 있어야 한다 / 그 수상이 모호하게 말하는 경향이 있다는 것을

암기 ▶ 가주어/진주어와 잘 어울리는 형용사

이성 판단의 형용사	necessary, essential 필수적인 important 중요한 urgent 긴급한 mandatory 의무적인 crucial 중요한 (Unit 2 참고)
난이도 형용사	easy 쉬운 hard 어려운 impossible 불가능한 possible 가능한
기타	advisable 권할 만한 desirable 바람직한 true 사실인 strange 이상한 surprising 놀라운 probable (어떤 일이) 있을 것 같은 common 흔한, 공동의 helpful 유용한 beneficial 유익한

Q 점검퀴즈 다 맞혀야만 다음 전략으로 넘어갈 수 있다!

1. Only local companies will be (eligible, convenient) to participate in the project.

2. After undergoing many hardships, Mr. Long was finally (able, possible) to resume his duties.

3. Shoppers will be (asked, decided) to complete a brief survey.

4. We are (hopeful, cheerful) that sales of our new product will increase sharply next year.

▶ 정답 및 해석 139페이지

한눈에 정리하기
해석을 최소화하여 풀 수 있는 전략을 요약해보고 문제에 대입하여 푸는 과정을 살펴보자.

전략 요약

1. 형용사 어휘 문제 보기 중 특정 전치사를 좋아하는 형용사가 있다면 빈칸 뒤의 전치사를 확인한다.

2. be동사 앞의 주어나 빈칸 뒤 명사를 확인하여 빈칸이 사람을 수식하는 형용사 자리인지 사물을 수식하는 형용사 자리인지를 확인한다.

3. 보기 중 복수명사와 사용하는 형용사가 있다면 오답을 소거하는 데 활용한다.

4. 빈칸 뒤에 to부정사가 있다면 be ~ to 계열의 숙어 표현, that S V가 있다면 숙어나 '가주어/진주어'와 어울리는 형용사가 답이다.

5. 점검을 위해 간단히 해석 후 오답을 소거하거나 추가 논리적인 단서를 확인한다.

전략 대입 〈 5초 안에 푼다!

1. We are ------- that our customers will be completely satisfied with the measures we have taken.

   (A) hopeful
   (B) impressive
   (C) honorable
   (D) cheerful

STEP 1 보기의 품사를 확인한다.

보기가 모두 형용사이며, 서로 의미가 다른 단어로 구성되어 있으므로 형용사 어휘 문제이다.

STEP 2 보기 대입의 우선순위를 결정해주는 요소를 확인한다.

일단 주어가 사람이고, 빈칸 뒤 명사절 that S V와 어울리는 (A)가 대입의 우선순위가 된다. be hopeful that S V는 hope that S V와 같은 뜻을 나타낸다.

STEP 3 오답에 대한 이유와 정답의 추가 논리적 단서를 확인한다.

(A)를 넣고 해석을 해보면 '우리는 우리의 고객들이 완전히 만족하기를 희망한다'는 내용이 자연스럽다. that S V는 희망할 수 있는 내용이므로 논리적으로 문제가 없다. (B)나 (C)는 사람을 수식하는 말이 아니므로 오답이고, (D)는 that S V와 쓰지 않고 사람의 성격을 묘사할 때 사용하므로 어색하다.

정답 (A)

실전 적용 문제

전략을 적용해 해석 없이 문제를 풀어보고 채점 시 점검 차원에서 해석해본다.

전략3대입
01. This year's average tax return rate is ------- to be lower than in previous years.

(A) difficult
(B) likely
(C) possible
(D) late

전략2대입
02. The Crevel City Conservatory of Music trains ------ musicians and transforms them into teachers as well as professional performers.

(A) unambiguous
(B) inadequate
(C) misused
(D) inexperienced

전략1대입
03. The board of directors agreed that acquiring Endo, Inc. is ------- for their needs.

(A) supportive
(B) thoughtful
(C) comprehensive
(D) adequate

전략2대입 ▶고난도!
04. Replacing the old machine is a ------- solution to streamlining the production process at the Juran facility.

(A) talented
(B) numerous
(C) eager
(D) sensible

전략2대입
05. Miyuki Moriguchi, a specialist on environmental issues, will be the ------- speaker at the Greenpeace Convention.

(A) consecutive
(B) principal
(C) extreme
(D) instant

전략2대입
06. ------- problems that workers face on the assembly line will be addressed during the upcoming meeting.

(A) Capable
(B) Common
(C) Considerate
(D) Estimated

전략1대입
07. Arton Co., Ltd. made an automated payroll system ------- to those employees who complained about computing time clock data by hand.

(A) capable
(B) accessible
(C) endless
(D) familiar

전략2대입
08. Although Mr. Romansky lacks teaching experience, his knowledge of engineering is -------.

(A) extensive
(B) clever
(C) careful
(D) enthusiastic

전략1, 2대입

09. Cardio Weekly seeks interns who are ------- about editing books, and some of them end up working as editors or writers at the company.

(A) enthusiastic
(B) polite
(C) affordable
(D) honorable

전략3대입 ▶고난도!

10. Employee retention is critical to our company, so it is ------- that we implement a fair and competitive reward program.

(A) careful
(B) imperative
(C) magnificent
(D) troublesome

전략1대입

11. After experiencing a sales increase last year, SMT Solutions became well ------- of the importance of successful advertising.

(A) aware
(B) present
(C) serious
(D) attentive

전략2, 3대입

12. After conducting an internal survey, management figured out there are more than ------- people to power the initiative.

(A) able
(B) numerous
(C) sure
(D) enough

전략3대입

13. To convince people to invest in our new project, it is ------- that we present them with a feasible action plan.

(A) conservative
(B) foreseeable
(C) essential
(D) probable

전략1대입

14. Another advantage of the new P7 smartphone is that it is ------- with previous models.

(A) official
(B) exterior
(C) different
(D) compatible

전략1, 2대입

15. The special offer through this promotional event is ------- until the end of the week, so don't wait.

(A) frequent
(B) valid
(C) positive
(D) devoted

전략1, 2대입 ▶고난도!

16. Movie enthusiasts who are ------- to conventional films will be astonished by recent movies whose plots are from Internet-based cartoons.

(A) lucky
(B) clear
(C) equivalent
(D) accustomed

▶ 정답 및 해석 140페이지

Unit 23

해석해서 푼다.

형용사 어휘(Ⅱ)

출제 경향

- 1문제는 주로 팟5에서, 2문제는 주로 팟6에서 출제된다.
- 해석해서 풀되, 팟5의 경우 정답의 단서는 빈칸에서 먼 쪽에, 팟6의 경우 다른 문장에 있다.
- 보통 보기 1개 이상은 전치사와 어울림, 사람/사물 구분 등을 통해 해석 없이 오답 소거가 가능하다.

최근 6개월간 출제 경향

출제 시기	출제 파트 & 정답 유형
N월	팟6 해석 1개
N+1 월	팟5 해석 3개 팟6 해석 2개
N+2 월	팟5 해석 1개 팟6 해석 1개
N+3 월	팟6 해석 1개
N+4 월	팟5 해석 2개 팟6 해석 4개
N+5 월	팟5 해석 1개 팟6 해석 1개

＊다음달 나올 문제는 저자 동영상 확인 (https:c11.kr/3xgc)

유형 파악

해석을 최소화해서 풀려면 문제 유형부터 파악해야 한다. 문제 유형은 보기만 보아도 95% 이상 알 수 있다.

STEP 1 두 문제의 보기에서 공통점을 확인해보자.

1. Because it can be rolled up into a ------- shape, the Trivi Bag can be kept in automotive storage compartments.

   (A) massive
   (B) compact
   (C) thoughtful
   (D) inflexible

2. Due to our ------- order volumes in the summer months, the lead time will be double that of the other seasons.

   (A) heavy
   (B) small
   (C) long
   (D) noisy

▶ 보기들이 모두 형용사인데, 서로 뜻이 다르다. 이러한 문제를 형용사 어휘 문제라고 한다.

STEP 2 문제를 풀어보고 두 문제의 공통점과 차이점을 확인해보자.

1. Because it can be rolled up into a ------- shape, the Trivi Bag can be kept in automotive storage compartments.

   (A) massive
   (B) compact
   (C) thoughtful
   (D) inflexible

2. Due to our ------- order volumes in the summer months, the lead time will be double that of the other seasons.

   (A) heavy
   (B) small
   (C) long
   (D) noisy

▶ 두 문제 모두 빈칸 주변만 봐서는 풀 수 없는 문제이므로 해석을 해야 하는데, 두 문제 모두 정답의 단서가 문장의 뒷부분에 제시되어 있다. 1번은 kept in automotive storage compartments 때문에 '작은 모양(compact shape)'이라는 의미를 이루는 (B)가 답이고, 2번은 the lead time will be double that of the other seasons 때문에 '많은 주문량(heavy order volumes)'이라는 의미를 이루는 (A)가 답이다.

형용사 어휘 풀이 전략(Ⅱ)

：출제 빈도: 매회 평균 3개

형용사 어휘 문제는 해석 없이 풀리는 문제도 있지만 해석을 해야 풀 수 있는 문제도 있다. 단, 정확도를 올리려면 해석하고 반드시 그것이 답이 되는 논리적인 단서를 찾아야 한다. 한편 보기를 대입해서 해석할 때 주로 빈칸과 잘 어울리는 보기부터 대입하면 시간을 줄이고 정확도를 높일 수 있다.

5초 풀이 전략 1 명사나 부사와의 어울림을 확인하고 해석한다.

형용사 어휘 문제 중 빈칸 주변만 보고 풀 수 없는 어휘 문제의 경우 해석을 해야 풀린다. 무턱대고 해석하지 말고, 이미 정해진 어울림을 가진 보기부터 먼저 대입하여 해석한다.

1 │ 빈칸 뒤 명사를 보고 들어갈 보기를 결정

During our spring sale, all winter items are offered at (**reduced**, ~~partial~~) prices.

우리의 봄 할인 판매 기간 동안에 / 모든 겨울 제품들은 제공된다 / 할인된 가격들로.

▶ reduced는 price나 rate과 어울림이 좋은 형용사이므로 우선순위로 대입하여 해석한다. '봄 할인 판매 기간에 겨울 제품들이 할인 가격으로 제공된다'는 내용도 자연스럽다. partial(부분적인)은 delivery, payment 등과 어울린다.

2 │ 주어를 보고 들어갈 보기를 결정

Employees at Oracle often look for Ms. Kwon for questions because her knowledge is very (**extensive**, ~~eager~~). Oracle의 직원들은 Ms. Kwon을 자주 찾는다 / 질문을 위해서 / 그녀의 지식이 매우 광범위하기 때문에.

▶ knowledge와 어울림이 좋은 형용사는 extensive(광범위한), board(넓은) 등이다. eager는 사람을 수식할 때 사용한다. 주어는 그녀 (she)가 아니고 그녀의 지식(her knowledge)이다.

3 │ 부사를 보고 들어갈 보기를 결정

Both parties agreed to the mutually (**beneficial**, ~~located~~) plan.

쌍방이 동의했다 / 상호간에 혜택이 되는 계획에.

▶ mutually(상호간에)와 어울림이 좋은 형용사는 beneficial(혜택이 되는)이다. located는 주로 conveniently와 어울린다.

Unit 23

단서가 되는 명사	정답이 되는 형용사 어휘
time 시간 amount 양 effort 노력 money 돈 growth 성장	considerable, substantial, significant 상당한
복수 명사	various 다양한 numerous 많은 assorted 다양한
price 가격 rate 요금	reasonable 합리적인 affordable 저렴한 competitive 경쟁력 있는
study 연구 research 조사, 연구	comprehensive 종합적인 extensive 폭넓은
information 정보 report 보고서 review 검토, 평가 proposal 제안	detailed 상세한
service 서비스	outstanding 탁월한 exceptional 훌륭한 exemplary 모범적인
product 생산품 merchandise 제품 item 물건, 제품	defective 결함 있는
a ~ collection[selection, array, variety, number] of 다양한, 많은	wide, diverse, large
belongings 소지품 information 정보	personal 개인의
time 시간 period 기간 access 접근	limited 제한된, 한정된
information 정보 document 서류, 문서 data 데이터	confidential 비밀의
product 생산품 service 서비스 transportation 교통수단	dependable, reliable 신뢰할 만한
service 서비스 train 기차 meeting 회의 search 검색	frequent 빈번한
weather conditions 기상 여건 review 검토, 평가 market conditions 시장 상황	favorable 호의적인, 유리한 unfavorable 형편이 나쁜, 불리한
supplier 공급자 farmers 농부 vendor 상인	local 지역의
appreciation, gratitude 감사 apology 사과	sincere 진솔한
experience 경험 knowledge 지식 familiarity 익숙함	extensive, broad 넓은
book 책 technology 기술	latest 최신의
review 평가 feedback 피드백, 반응	positive 긍정적인
change 변화 error 실수, 오류	minor 사소한
measure 조치 clothing 의류	protective 보호용의
manner, fashion 방식	timely 시기 적절한 orderly 순서 바른, 정연한
effort 노력	concentrated, concerted 집중된
seat 자리 position 직책	vacant 빈
attention 주의, 관심	immediate 즉각적인 urgent 긴급한

Q 점검퀴즈 다 맞혀야만 다음 전략으로 넘어갈 수 있다!

1. Due to mounting competition, mobile phones are increasingly being offered at (reasonable, popular) prices.

2. These documents are kept (protective, confidential), so they are not distributed to any unauthorized users.

3. We would like to hire someone who has (extensive, concerted) knowledge.

4. Medicare, Ltd., one of the leading manufacturers of (reliable, latest) healthcare products, will go public soon.

▶ 정답 및 해석 142페이지

5초 풀이 전략 2 해석하여 정답의 논리적인 근거를 찾는다.

형용사 어휘 문제 중 매달 한 문제 이상은 주변 단어의 어울림만으론 풀 수 없는 문제가 나온다. 이러한 문제는 해석해서 주로 빈 칸에서 멀리 있는 부분에서 논리적인 근거를 찾아야 한다. 한편, 주변 단어와의 어울림이 있는 문제도 추가로 이러한 논리적 근거를 찾으면 더 정확하게 풀 수 있다.

1 | 부사구가 단서

To attract more visitors to our shop, it is (**essential**, ~~possible~~) that we provide more promotional offers. 더 많은 방문객을 끌어들이기 위해서 / 우리의 가게에 / 필수적이다 / 우리가 제공하는 것이 / 더 많은 판촉용 특별 서비스를.

▶ essential과 possible 둘 다 가주어/진주어 용법에 어울리는 형용사이고 진주어인 that절을 해석해 보아도 판촉용 특별 비스를 제공한다는 것이 가능한 것인지, 필수적인 것인지 잘 구분이 안 된다. 정답의 논리적 근거는 '더 많은 방문객을 끌어들이기 위해서'라는 부분이다. 고객 유치에 판촉용 특별 서비스가 필수적인 것으로 보는 것이 타당하다.

2 | 부사절이 단서

Although the costs of raw materials are fluctuating, we strive to keep our product prices relatively (~~rising~~, **stable**).

원자재들의 가격들이 변동하고 있음에도 불구하고 / 우리는 노력한다 / 우리 제품들의 가격들을 유지하려고 / 비교적 안정적으로.

▶ product prices만 봐서는 풀기 어렵다. '증가하는 가격'과 '안정적인 가격'이 모두 가능하기 때문이다. 정답의 논리적 근거는 '원자재 가격이 변동하고 있다'는 부분이다. Although를 보아 역접 관계이므로 제품 가격을 안정적으로 유지하려고 노력한다는 것이 타당하다.

3 | 주절이 단서

Happy Tour provides you with a free foldable pillow to make your journey with us (**comfortable**, ~~interesting~~).

Happy Tour는 당신에게 제공한다 / 무료 접이식 베개를 / 만들기 위해서 / 우리와 함께 하는 당신의 여행을 / 편안하게.

▶ 목적어만 봐서는 풀 수 없는 문제이다. '편안한 여행'과 '흥미로운 여행'이 모두 가능하기 때문이다. 정답의 논리적 근거는 '무료 베개를 제공한다'는 부분인데, 이는 편안한 여행을 위한 것이라고 볼 수 있다.

4 | 등위접속사 뒤가 단서

The blueprint has very many (**abbreviated**, ~~contented~~) terms, so it's not easy to understand. 그 청사진은 가지고 있다 / 매우 많은 축약된 용어들을 / 그래서 쉽지 않다 /이해하는 것이.

▶ contented(만족한)는 사람을 수식하는 형용사이므로 오답이지만, abbreviated(축약된)가 정답이 되는 단서가 so 뒤에 추가로 나오기 때문에 더 정확하게 풀 수 있다. '이해하기 쉽지 않은 것'의 이유로 '축약된 용어들이 너무 많은 것'이 제시되었다.

Q 점검퀴즈) 다 맞혀야만 다음 전략으로 넘어갈 수 있다!

1. Through (frequent, comfortable) inspections, the food company prevented itself from safety-related accidents.

2. Although it's a national holiday, the factory will remain (operational, closed) to fulfill the recent large orders.

3. To be (successful, possible) at a job interview, answer the questions from the interviewers with confidence.

4. Market conditions are not (worsening, favorable), so the company delayed the launch of its new model.

▶ 정답 및 해석 143페이지

팟6의 형용사 어휘 문제는 팟5처럼 풀면 틀리기 쉽다. 답의 단서가 빈칸이 포함된 문장에 있는 것이 아니고 다른 문장에 있기 때문이다. 특히, 팟6에서 형용사 어휘 문제가 첫번째 문제라면 절대로 바로 풀지 말고 논리적 단서가 보일 때까지, 답에 대한 확신이 있을 때까지 다른 문제를 풀고 나서 정답에 대한 결정을 하도록 한다.

Delta Publishing cordially invites you and your family to our (annual, first) company outing.
Delta Publishing은 정중히 초대합니다 / 당신과 당신의 가족을 / 우리의 (연례, 첫) 회사 야유회에.

▶ 이 문제가 팟5 문제라면 답이 없다. 익숙한 단어라 해서 무턱대고 first를 고르면 안 된다. '연례 행사'인지 '첫 번째 행사'인지 알 수 없기 때문이다.

Delta Publishing cordially invites you and your family to our (annual, ~~first~~) company outing. (중략) In addition, don't forget to participate in the prize drawing, which has become a yearly tradition since the first outing, at the conclusion of the program before you return to your home.
Delta Publishing는 정중히 초대합니다 / 당신과 당신의 가족을 / 우리의 연례 회사 야유회에. (중략) 아울러, 잊지 마세요 / 참여하는 것을 / 경품 추첨에 / 해마다 전통이 된 / 첫 번째 야유회 이후로 / 프로그램 마지막에 / 당신이 집으로 돌아가기 전.

▶ 지문의 마지막 부분에서 '첫 번째 야유회 이후로 해마다 전통이 된 경품 추첨'이란 말을 통해 야유회가 첫 번째가 아니고 매년 개최되었음을 알 수 있다. 따라서 annual이 답이다.

Q 점검퀴즈 **다 맞혀야만 다음 전략으로 넘어갈 수 있다!**

1. The parking lot on the first floor is an (exclusive, common) area for company executives and VIP customers. Other employees must use the outdoor one right across the street.

2. We will keep your responses (informative, confidential). They are managed and hidden by an outside contractor, and we only use the survey results.

3. The author of the famous book *Creative Thinking*, Nayoon Jin, will appear at our book-signing event with her new book to be released next week. She will be reading an excerpt from this (upcoming, bestselling) book and be interviewed by the press.

▶ 정답 및 해석 143페이지

Unit 23

전략 요약

1. 형용사 어휘 문제라고 해서 무턱대고 해석부터 하지 않는다. 일단 빈칸 앞 부사, 빈칸 뒤 명사, be동사 앞 주어와 어울림이 좋은 보기부터 대입하여 해석한다.

2. 해석할 때는 대입한 형용사가 답이 되는 논리적인 근거가 어디에 있는지 꼭 확인한다.

3. 팟5의 경우 논리적인 근거는 한 문장 안에서 빈칸에서 먼 쪽에, 팟6의 경우는 보통 다른 문장에서 제시된다.

전략 대입   15초 안에 푼다!

1. Because it can be rolled up into a ------- shape, the Trivi Bag can be kept in automotive storage compartments.

   (A) massive
   (B) compact
   (C) thoughtful
   (D) inflexible

STEP 1 보기의 품사를 확인한다.

보기 모두가 형용사이며, 서로 뜻이 다른 단어로 구성되어 있으므로 형용사 어휘 문제이다.

STEP 2 빈칸 뒤의 명사와 어울림이 좋은 보기부터 찾는다.

사람을 수식하는 (C)를 제외하고 나머지 모두 shape와 어울릴 수 있다. 따라서 이 문제는 해석을 해야 하는 문제이다.

(C) thoughtful

STEP 3 해석하여 논리적인 단서를 찾는다.

어떠한 모양으로 말아야 자동차의 보관함으로 들어갈 수 있을지 생각해보면 '작은 모양'이라는 의미를 이루는 (B)가 자연스럽다. (A) massive(거대한)는 자동차의 보관함에 들어가기에 무리가 있으며, (D) inflexible(유연하지 않은)은 둥글게 말릴 수 있다(can be rolled up)는 것과 모순이다.

정답 (B)

실전 적용 문제

전략을 적용해 해석 없이 문제를 풀어보고 채점 시 점검 차원에서 해석해본다.

전략2대입

01. All information regarding the contract will be kept ------- and will not be disclosed to any third parties.

(A) cautious
(B) secret
(C) inquisitive
(D) frank

전략1대입

02. Passengers using Kodiak Express can benefit from our ------- babysitting service even while on board.

(A) exceptional
(B) exceeding
(C) efficient
(D) obvious

전략1, 2대입

03. SC Edu opened several online courses to make costs ------- for its education programs.

(A) affordable
(B) allowed
(C) reducing
(D) requested

전략1, 2대입 ▶고난도!

04. On the bottom of the plaque, you will easily find the artists' initials -------.

(A) sophisticated
(B) engraved
(C) innovative
(D) advanced

전략1, 2대입

05. Providing the board members with the meeting agenda in advance will give them a ------- understanding.

(A) basic
(B) satisfied
(C) improvised
(D) pure

전략1대입

06. ------- weather conditions this summer caused corn crop yields in South Africa to drop more than the initial estimate.

(A) Talented
(B) Slight
(C) Indicative
(D) Unforeseen

전략1대입

07. ------- materials are needed as the mechanism will undergo a large amount of wear over its lifespan.

(A) Severe
(B) Similar
(C) Durable
(D) Energetic

전략1, 2대입

08. The HR manager stressed that continuous efforts to enhance leadership are an ------- step for anyone wishing to become a manager.

(A) insignificant
(B) equivalent
(C) appreciative
(D) essential

전략 1 대입

09. Music lovers are enthusiastic about the ------- sound quality of T500 headsets.

(A) pure
(B) fragile
(C) transparent
(D) perishable

전략 1 대입

10. Prestige Autos requires its executives to regularly participate in a(n) ------- array of managerial workshops.

(A) diverse
(B) lengthy
(C) equivalent
(D) eloquent

전략 1 대입

11. Phoenix Productions has experienced ------- growth since implementing a new system.

(A) steady
(B) specific
(C) recyclable
(D) finished

전략 1, 2 대입 ▶ 고난도!

12. Seldom publishing short books, New Town Books is now releasing a ------- book with 38 pages.

(A) condensed
(B) copied
(C) pleased
(D) constant

전략 1 대입

13. Any inquiries about sick leave should be directed to the ------- division head.

(A) crucial
(B) appropriate
(C) following
(D) distributable

전략 1 대입

14. Given her ------- experience in the field, Ms. Auxi is the most qualified for the job.

(A) extensive
(B) prompt
(C) potential
(D) received

전략 2 대입 ▶ 고난도!

15. To make the selection process easy to understand and -------, Mr. Picker announced a clear standard for successful candidates.

(A) magnificent
(B) transparent
(C) irregular
(D) relevant

전략 1 대입 ▶ 고난도!

16. Residents are advised to register for automated text reminders to be regularly informed of updates on any ------- issues.

(A) reliant
(B) indicative
(C) pending
(D) competent

▶ 정답 및 해석 144페이지

'형용사 어휘' 종합 문제

반드시 다음의 순서대로 풀어보자.

1. 무턱대고 해석부터 하지 않는다.

2. **보기 확인 → 문제 유형 파악 → 형용사 어휘 문제라면** 전치사, 사람/사물, 단수/복수 확인 후 **해석해서 푼다.**

3. 핵심 전략을 적용해 문제를 푼다. (전략 22-1 : Unit 22의 전략 1)
   답을 확인하기 전 점검 차원에서 간단히 해석해본다.

파트 5

전략22-3 대입

01. Following extensive refurbishing work, the store was finally ------- to resume operations.

(A) valued
(B) accountable
(C) able
(D) possible

전략23-1 대입

02. Though launched as a perfume for women, Sasha has shown ------- sales even for men after the brand was featured on a TV drama.

(A) modern
(B) qualified
(C) steady
(D) satisfied

전략22-3 대입

03. It is ------- that all participants collect their own garbage at the conclusion of the tour program.

(A) likely
(B) vital
(C) serene
(D) complete

전략22-2, 23-1 대입

04. Power Clean is a household cleaner that removes ------- stains on any surfaces within a few seconds.

(A) notified
(B) reluctant
(C) unwanted
(D) decided

전략23-1, 2 대입

05. Before attending the informational seminar on global warming, participants had at best a ------- understanding of environmental issues.

(A) challenging
(B) basic
(C) regarded
(D) wild

전략22-2, 23-1 대입

06. Last year, Stark Tech rewarded its workers with ------- bonuses and paid leaves for their achievements.

(A) critical
(B) multiple
(C) substantial
(D) largest

전략23-2대입
07. The historic museum will attract more than ten thousand tourists next year, bringing the surrounding areas ------- business opportunities.

(A) exhibited
(B) increased
(C) succeeded
(D) spared

전략23-1대입
08. In order to handle potentially dangerous chemicals at the laboratory, all researchers should have ------- licenses.

(A) ultimate
(B) persistent
(C) relevant
(D) malfunctioning

전략22-2대입
09. Ms. Tanaka is the most ------- regarding our refund policy, so you should contact her.

(A) permitted
(B) knowledgeable
(C) intricate
(D) accepted

전략22-1, 2대입 ▶고난도!
10. ------- among the concerns the board members expressed in the meeting was the company's recent financial situation.

(A) Proficient
(B) Correct
(C) Chief
(D) Straight

전략22-1, 2대입 ▶고난도!
11. The company executives that attended the final interview are ------- about which candidates they choose.

(A) prominent
(B) prompt
(C) severe
(D) selective

전략23-1, 2대입
12. With growing threats of hurricanes, evacuation drills are ------- for residents who live near the beach.

(A) accountable
(B) finest
(C) vague
(D) mandatory

전략23-1, 2대입
13. For a ------- map of surrounding areas, you may visit the town's tourist information center.

(A) detailed
(B) described
(C) listed
(D) agreed

전략22-1대입 ▶고난도!
14. Even though the new T7 phone is ------- to previous models in shape, it weighs only half as much.

(A) similar
(B) likable
(C) reflected
(D) considerate

15. By selling unique contents and switching to a subscription base, Netfix is giving itself a ------- advantage.

(A) careful
(B) extreme
(C) competitive
(D) assorted

16. In Zambia, PCC purchased a majority equity in a cigarette manufacturer, helping it to capture a ------- market share.

(A) long
(B) plenty
(C) sizable
(D) durable

17. The ------- version of the current operating software will be made public next month.

(A) various
(B) updated
(C) sure
(D) aware

18. Sayora Automobiles has developed a luxury sedan and announced its ------- sales goal for the next year.

(A) ambitious
(B) uncommon
(C) jealous
(D) arriving

19. To keep ----- products such as milk fresh, we need a refrigerated storage tank.

(A) abundant
(B) perishable
(C) productive
(D) contrary

20. It is ----- that those working with heavy equipment comply with the safety guidelines.

(A) critical
(B) specific
(C) considerable
(D) instant

21 Anywheretravel.com is a renowned Web site and is regarded as the ------- tour information source for frequent travelers.

(A) most
(B) late
(C) sure
(D) primary

22. Please be advised that you are ------- for only half the wages that regular office workers get during the three-month probation period.

(A) advantageous
(B) eligible
(C) convenient
(D) pertinent

▶ 정답 및 해석 146페이지

Questions 23-26 refer to the following notice.

Providing for the local community is a major aspect ------- the Thompson Group's
23.
mission. It is vital to us that we assist the more unprivileged members of our

community. As a result, we have decided that twenty percent of all of our revenues this

month ------- to various local charities. This applies only to certain items.
24.

Items which qualify include our complete lines of sweaters, neckties, and men's suits.

No sale items qualify. Other ------- items will have tags placed on them at the store.
25.

We did the same thing last year and managed to raise nearly a quarter of a million

dollars. -------. So be sure to let customers know about this special opportunity.
26.

23. (A) of
    (B) for
    (C) around
    (D) in

24. (A) are giving
    (B) will be given
    (C) will give
    (D) was given

25. (A) recalled
    (B) replaced
    (C) excluded
    (D) sold

26. (A) There is no charge to participate in
        the program.
    (B) Our revenues should increase for the
        entire year.
    (C) There are only a few days left in this
        promotion.
    (D) We intend to do better than that this
        year.

Questions 27-30 refer to the following e-mail.

To: All Employees
From: Dana Morrison
Date: November 22
Subject: Let's Read

I am ------- to announce we have joined together with local charity Let's Read in an
        27.
effort to help underprivileged youths this year. You have probably seen the large box

by the front door. -------. Let's Read sent us that box to place used and new books in.
        28.
As soon as the box is -------, a representative from Let's Read will arrive to take it away
        29.
and will replace it with a new one. Please be sure only to put books in the box. Let's

Read does not deal with any other -------. Let's all contribute so that local kids will
        30.
have books to read during the coming holiday.

Dana Morrison
Office Manager

27. (A) pleasured
(B) pleased
(C) please
(D) pleases

28. (A) I'll remove it later this afternoon.
(B) Feel free to look through it.
(C) It was put there two days ago.
(D) Tell me what you think of it.

29. (A) full
(B) clean
(C) returned
(D) identified

30. (A) reports
(B) fees
(C) donors
(D) materials

▶ 정답 및 해석 150페이지

PART 7

다 읽지 않고 빨리 단서를 찾는
비법 공개!

파트 7 문제 유형 | 지문을 읽고 문제 풀기(54문제)

이메일, 기사, 광고, 정보, 메시지 대화, 공지 등 다양한 형식의 지문을 읽고 딸려 있는 문제 2~5개를 푸는 유형으로 단일 지문, 이중 지문, 삼중 지문이 순차적으로 출제된다.

* 지문 종류

① **단일 지문**: 1개의 지문에 2~4개의 문제가 딸려 나오며, 총 29문제가 나온다. (147번~175번)

② **이중 지문**: 2개의 지문을 동시에 보고 5개의 문제를 풀어야 하며, 총 10문제가 나온다. (176번 ~185번)

③ **삼중 지문**: 3개의 지문을 동시에 보고 5개의 문제를 풀어야 하며, 총 15문제가 나온다. (186번~200번)

* 문제 유형

❶ **주제/목적**: 지문이 쓰인 목적이나 의도를 묻는 유형이다.

  ⓔ**ⓧ** Why was the e-mail sent? 이메일이 보내진 이유는?

❷ **세부내용**: 지문 내용에 대한 세부적인 사항에 대해 묻는 유형이다.

  ⓔ**ⓧ** Who has to pay for the ordered items? 누가 주문 물품에 대해 지불해야 하는가?

  ⓔ**ⓧ** When did Ms. Taylor make her purchase? Ms. Taylor는 언제 구매했는가?

  ⓔ**ⓧ** What is Mr. Hong asked to do? Mr. Hong은 무엇을 하도록 요청 받았는가?

❸ **사실확인**: 지문에 언급된 내용에 대한 사실 여부에 대해 묻는 유형이다.

  ⓔ**ⓧ** What is mentioned/not mentioned about the meeting?
  그 미팅에 대해 언급된/언급되지 않은 것은 무엇인가?

❹ **유추, 추론**: 지문에 직접적인 언급은 없으나, 정황으로 특정 사항을 추론하는 유형이다.

  ⓔ**ⓧ** According to the e-mail, who most likely is Mr. Brian?
  이메일에 따르면, Mr. Brian은 누구일 것 같은가?

❺ **문장삽입**: 문제에서 주어진 문장이 지문의 어디에 들어가야 하는지 묻는 유형이다.

  ⓔ**ⓧ** In which of the positions marked [1], [2], [3], and [4] does the following sentence best belong? [1], [2], [3], [4]로 표시된 곳 중에서 다음 문장이 들어가기에 가장 적합한 곳은?

  "The yacht was renovated to reflect the iconic Lamada Hotel's facilities and service."
  "요트는 라마다 호텔을 상징하는 시설과 서비스를 반영하기 위해 개조되었다."

❻ **의도 파악**: 특정한 문장이 어떤 의미를 함축하고 있는지 묻는 유형이다.

  ⓔ**ⓧ** At 2:21 P.M., what does Ms. Jane mean when she writes, "I'll find out."?
  오후 2시 21분에 Ms. Jane이 "I'll find out."이라고 쓸 때 의도한 바는 무엇인가?

❼ **동의어**: 지문에 나온 특정한 단어와 뜻이 비슷한 단어를 묻는 유형이다.

  ⓔ**ⓧ** The word "contribution" in paragraph 2, line 2 is closest in meaning to
  두 번째 문단 두 번째 줄의 "contribution"과 의미상 가장 가까운 것은?

파트 7 최신 출제 경향 및 풀이 전략

파트 7은 54문제의 압도적인 문제 수로 학생들이 매우 부담을 느끼는 파트이다. 특히 추론 문제의 개수가 많이 출제되면 난이도가 상승한다. 따라서 꾸준한 직독직해 및 논리적 사고 훈련이 필수이며, 문제풀이 전략 외에 시간 관리도 중요하다. 700점 이상이 목표라면 일단 시간 안에 다 풀기만 해도 점수가 나온다. 900점 이상이 목표라면 시간 안에 푸는 것은 기본이고 틀린 개수가 5개를 넘어서는 안 된다. 이를 위해서는 파트 5, 6을 20분 안에 끝내야 한다(900점 이상이 목표인 경우는 15분, 5분 동안 오답 검토 필요). 남은 55분의 시간으로 파트 7의 54문제를 풀어야 하므로 한 문제당 평균 1분이 필요하며, 단일 지문(보통 10개 지문)에서 최대한 30초씩 절약하여 얻어낸 5분의 시간을 5개의 다중 지문에 각 1분씩 더 투자한다.

각 문제 유형에 따라 정해진 단서의 위치와 풀이 전략, 자주 나오는 정답과 오답 유형을 익혀 지문을 한 번만 읽고도 정확히 푸는 것이 핵심이다. 다중 지문의 경우는 연계 문제와 그렇지 않은 문제를 구분하여 단서를 빠르고 정확하게 찾는 것이 중요하다.

매회 평균 출제율

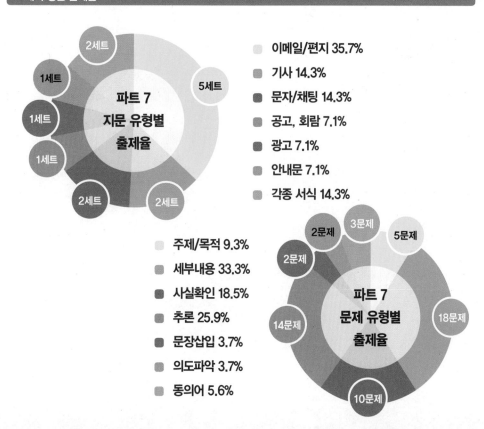

Section 1

다 읽지 않고 단서를 찾는다
- 문제 유형편

지문을 다 읽지 않고도 빨리 단서를 찾는 법과 문제 유형별 풀이 전략을 다루었다.

🎥 R25

- 무엇에 관한 글인지, 왜 쓰였는지에 대한 문제로, 지문의 첫 번째 문제로 나온다.
- 매회 평균적으로 5~6문제가 출제된다.
- 4~5문제 정도는 초반부 세 줄 안에 단서가 있다. 그러나 1~2문제 정도는 단서가 후반부에 나오거나 전체 흐름을 제대로 알아야 풀 수 있는 고난도 문제로 출제된다.

유형 파악

주제 유형

What is the topic of the information? 이 안내문의 주제는 무엇인가?

What does the memo discuss? 이 회람은 무엇을 이야기하는가?

What is the article about? 이 기사는 무엇에 관한 글인가?

▶ 글의 주제를 묻는 문제이다.

목적 유형

Why was the letter sent to Ms. Lake? 이 편지는 Ms. Lake에게 왜 보내졌는가?

What is the purpose of the e-mail? 이 이메일의 목적은 무엇인가?

Why was the letter written? 이 편지는 왜 작성되었는가?

▶ 글을 쓴 목적을 묻는 문제이다.

▶▶ 위와 같이 글의 주제나 목적을 묻는 질문을 '주제/목적 문제'라고 한다.

주제/목적 문제 풀이 전략

: 출제 빈도 : 매회 평균 5~6개

주제 문제는 지문의 초반부에 단서가 나오는 경우가 많다. 그러나 이메일, 편지 등은 중/후반부까지 봐야 정답을 찾을 수 있거나 기사문은 다 읽어도 정답을 찾기 어려운 경우가 있다. 아래 전략을 통해서 보다 효과적이고 정확한 풀이법을 배워보자.

: 직독직해 연습 : 파트 7은 기본적인 독해 실력이 중요하다. 아래 지문을 직독직해 해보고, 해설지와 비교하여 정확한지 점검해본다.

Questions 165-167 refer to the following letter.

From : *Westmoreland Daily* (543 E. Main St. Westmoreland, PA)
Date : May 21
To : Cynthia Lake (292 Spring Street Westmoreland, PA)

Dear Ms. Lake,

On June 1, your two-month trial membership to the *Westmoreland Daily* will be expiring. If you are interested in continuing to receive the region's most comprehensive newspaper, then please fill out the enclosed card and return it to us as soon as you can. Among the options you can check are a six-month, one-year, and two-year subscription. You'll notice that the most savings are offered on the two-year option.

We thank you for having been a reader of the Westmoreland Daily. Our staff works hard every day to provide our readers with the most comprehensive stories on local and national news, sports, culture, society, and more. We always welcome feedback to help us serve you better. Simply visit our Web site at www.westmorelanddaily.com and complete a comment form.

Regards,

Harold Potter
Customer Service Representative

6월 1일에 / 귀하의 2개월 시험 구독권이 / Westmoreland Daily에 대한 / 만료가 될 것입니다.

✎

▶ 해석 152페이지

단서 빨리 찾기 전략 1 주제/목적 문제는 정답이 초반부 세 줄 안에 있다.

비즈니스 이메일, 편지, 안내문, 공지문 등의 토익 지문은 중심 내용을 먼저 말하고, 그후에 세부적인 내용을 이야기하는 두괄식 흐름이다. 따라서 대부분 초반부 3줄만 봐도 주제/목적 문제를 풀 수 있다. 문제를 풀 때는 보기를 먼저 읽지 말고 문제만 확인한 후 바로 지문으로 들어간다.

직독직해 연습 지문 참조

165. Why was the letter sent to Ms. Lake?

(A) To apologize for being late with a delivery

(B) To remind her about a service

(C) To mention the paper's new Web site   •·········· 보기를 먼저 읽지 않는다.

(D) To make an offer of employment

직독직해 연습 지문에서 세 줄만 봐도 목적이 드러나는지 확인해 보자.

> On June 1, your two-month trial membership to the *Westmoreland Daily* will be expiring. If you are interested in continuing to receive the region's most comprehensive newspaper, then please fill out the enclosed card and return it to us as soon as you can.

▶ 2개월 시험 구독권이 만료될 것이라고 했고, 계속 서비스를 받으려면 동봉된 카드를 작성해 달라고 요청하고 있다. 이는 계속해서 신문을 구독해 달라고 요청하는 것이 목적이라고 할 수 있다.

★ 중요 초반부만 봐도 알 수 있는 빈출 주제/목적

지문 유형	초반부 3줄의 내용	주제 및 목적
이메일/편지	당신의 예약이 확인되었습니다.	예약이 되었음을 확인시키기 위해서
	지난번 미팅에 대해 감사하고, 몇 가지 사안을 정리했습니다.	후속 조치를 취하기 위해서
	당신이 예약 확인을 받은 방이 막상 없었다는 것을 듣게 되어 유감입니다.	불평에 대응하기 위해서
공고/회람	앞으로 더 이상 종이 사전은 출간하지 않습니다.	정책 변경을 공지하기 위해서
	저희 부사장인 Mr. Kim이 뉴욕에서 일을 하게 되었습니다.	인사 이동
기사	A사는 B사를 인수했다고 발표했습니다.	한 회사의 변화를 발표하기 위해서
	OO사의 Mr. A가 사장 자리에서 물러납니다.	한 회사 리더십의 변화를 알리기 위해서
안내문	저희 울트라 파워 세탁기를 구매해 주셔서 감사합니다.	제품에 대해 읽어볼 것을 권고하려고
광고	우리는 새로 오픈한 브라질 사무실에서 근무할 지점 관리자가 필요합니다.	빈자리에 대한 지원서 제출을 요청하려고

Q 점검퀴즈 초반부 세 줄을 읽고 문제의 주제/목적을 골라보자. 단, 보기는 먼저 읽지 않는다.

To: Marketing Staff
From: Owen Jackson
Date: July 27
Subject: Customer Survey
Attachment: survey draft

Hello, everybody.

As you should recall, we talked about conducting a survey of our biggest customers at last Thursday's meeting. I've come up with some questions I believe we should ask. Please take a look at them as soon as you can. If you feel that any of them need to be changed or that we need to inquire about some other topics, I'd love to hear what you think.

Regards,

Owen Jackson
Marketing Director

1. What is the purpose of the e-mail?

(A) To provide the results of a recent survey

(B) To share a list of the firm's top customers

(C) To follow up on a topic discussed earlier

(D) To give approval for a new project to begin

▶ 정답 및 해석 152페이지

주제/목적 문제의 정답은 포괄적, 원인이다.

주제/목적 문제의 정답에는 주로 포괄적인 단어가 사용된다. 예를 들어 '전주 비빔밥'에 대한 글이라면 '지역 음식'에 대한 글이 정답이 된다. 주제/목적 문제에 잘 등장하는 포괄적인 어휘는 다음과 같다.

포괄적 표현(동사)		포괄적 표현(명사)	
list 열거하다	reschedule 다시 일정을 잡다	an event 한 사건[행사]	a project 한 프로젝트
review 되새겨보다	remind 상기시키다	a business 한 회사	a service 한 서비스
follow up 후속 조치를 취하다	detail 상세히 말하다	change 변화	move 이동
promote 홍보하다, 촉진하다	profile 간략히 소개하다	executive 중역	update 최신 소식
respond to 대응하다, 답변하다		local~ 지역의~	a reminder 공지, 알림
update 갱신하다, 최신의 것으로 만들다		a colleague 동료	a complaint 불만사항
		details 세부사항	

따라서 주제/목적 문제에서 자신이 정답이라고 생각한 보기가 있다면 그 보기 안에 포괄적 표현이 있는지 확인한다.

직독직해 연습 지문 참조

165. Why was the letter sent to Ms. Lake?

　　(B) To remind her about a service

▶ remind나 a service 등은 주제/목적 문제의 답에서 잘 등장하는 포괄적인 어휘에 해당한다. service는 '시험 구독 만료에 따른 재구독'을, remind는 '만료가 된다는 것을 상기시키려는 것'을 간략하게 표현한 어휘에 해당한다. 따라서 (B)가 답이다.

한편, 주제/목적 문제의 단서를 찾을 때는 원인에 가까운 내용이 결과와 관련된 내용보다 중요하다. 보기가 혼동되는 경우 주로 원인에 가까운 경우가 정답이다.

지문

귀하의 '홍콩 3박 4일 투어' 패키지가 성공적으로 예약되었음을 확인하기 위해서 연락을 드립니다.

첨부된 세부 일정을 보면 알 수 있듯이,

1일차: 야시장에 갑니다. (중략) 2일차: 공원에 갑니다. (중략)

3일차: 박물관에 갑니다. (중략) 4일차: 쇼핑몰에 갑니다. (중략)

유의 사항은 ~~~ 입니다.

궁금하신 점이 있으면 연락주세요. 그럼 즐거운 여행 되시길 바랍니다. 감사합니다.

- -

문제 글의 목적은?

　　(A) 여행의 세부 일정을 알려주기 위해서

　　(B) 예약을 확인해 주기 위해서

▶ 정답은 (B)이다. 지문 초반에 나와 있는 대로 '예약 확인'이 원인에 가까운 내용이다. 예약이 되었기 때문에 일정을 알려주는 것이므로 결과보다는 원인에 집중해야 한다.

Familia Healthcare Center
101 Rutland Avenue
Portland, OR

March 13

Judy Haber
393 W. Symington Drive
Portland, OR

Dear Ms. Haber,

The Familia Healthcare Center has decided no longer to accept medical insurance as payment from our customers. Instead, services must be paid for by cash, check, or credit card before customers leave the facility. Please look at the attached brochure to see a complete list of the fees we charge.

In recent months, we have been forced to hire several new employees to deal with paperwork regarding insurance matters. By altering how payments are made, we can return to focusing on our mission of providing our customers with outstanding health care while maintaining low prices.

Should you have any questions regarding this matter, please contact Catherine Rudolph at 930-2933.

Regards,

Familia Healthcare Center

1. Why was the letter sent to Ms. Haber?

(A) To cancel an appointment she made ▶정답/오답의 이유: ✎ ....

(B) To let her know a price she asked about ▶정답/오답의 이유: ✎ ....

(C) To announce a change in a policy ▶정답/오답의 이유: ✎ ....

(D) To request payment for services ▶정답/오답의 이유: ✎ ....

▶ 정답 및 해설 152페이지

단서 빨리 찾기 전략 3 오답은 구체, 결과, 동일 단어이다.

주제/목적 문제에서 자주 등장하는 오답 패턴이 있다. 이는 정답 패턴의 반대를 생각하면 되는데, 지문 전체 내용의 일부분만 이야기하거나, 초반부에 주로 언급되는 원인보다 후반부에 주로 언급되는 결과적인 내용이나 추가적인 정보에 대해 이야기한다면 오답이다. 또한 오답에는 지문에 나온 단어와 동일한 단어나 연상할 수 있는 단어가 함정 패턴으로 자주 등장한다.

직독직해 연습 지문 참조

165. Why was the letter sent to Ms. Lake?

　　　(C) To mention the paper's new Web site

▶ 위의 보기가 오답인 이유는 4가지이다.

　1. 너무 구체적이다 : 새 웹사이트에 대해 언급하기 위해서는 장문의 글이 필요하지 않다. 한두 줄이면 가능하다.

　2. 결과적, 추가적인 내용이다 : 시험 구독 기간 만료라는 원인을 언급하며 재구독해달라는 내용을 이야기한 후, 피드백이 있으면 웹페이지에서 하라는 추가 요청을 했다. 웹페이지에 대한 언급은 결국 큰 주제에 속하는 것이 아닌 추가적인 내용일 뿐이다.

　3. 동일 단어가 사용되었다 : Web site라는 동일 단어가 사용되었으므로 오답일 가능성이 높다.

　4. new에 대한 근거가 부족하다 : new, only 등의 단어가 있으면 항상 점검한다. 정말 새로운 것인지, 유일한 경우인지를 확인해야 한다.

★중요 정답과 오답의 사용 어휘 비교(예시)

글의 내용	정답(포괄적 패러프레이징)	오답(구체적, 동일 단어)
전주에 가면 향토 음식이 있다	**지역** 음식	**전주** 한옥 마을
OO사가 중국에 공장을 건설할 것이다	**한 업체의 해외 진출**	**공장**의 가동시간
A씨는 은퇴하고 B씨가 새로 회장 자리를 맡을 것이다	**한 회사의 인사 이동**	**은퇴** 연회 시간
다음 달부터 컬러 복사기는 마케팅 부서만 사용할 수 있습니다.	**정책 변화**를 알려주려고	**복사기**의 부품에 대해 설명하려고
지난번 미팅에서 협의된 사항이 계약서에 반영되지 않았습니다.	**문제**를 보고하려고	**미팅** 일정을 잡기 위해서

한편, 주제 문제에서 보기 4개 중 2개는 대체로 매우 엉뚱한 내용으로 구성된다.

(A) To apologize for being late with a delivery (지문 내용과 관련 없는 엉뚱한 오답)
　　배달이 지연된 것을 사과하기 위해서

(B) To remind her about a service (정답)
　　서비스에 관해 그녀에게 상기시키기 위해서

(C) To mention the paper's new Web site (이유가 있는 오답)
　　신문사의 새로운 웹사이트를 언급하기 위해서

(D) To make an offer of employment (지문 내용과 관련 없는 엉뚱한 오답)
　　채용 제안을 하기 위해서

From: Christine Moore

To: Jacob Marshall

Subject: Order #59585

Date: April 11

Dear Mr. Marshall,

We received your e-mail and have canceled the order you made. Here is your order information:

Order #59585: Greenbrier Electric Blender (ordered on April 9) $32.99

Your credit card ending in the numbers 5684 will be credited with the full amount of the purchase within the next three business days.

We hope you shop with us again in the future.

Regards,

Christine Moore

Customer Service Representative

Whistler Online Shopping

1. Why was the e-mail sent?

    (A) To indicate that the company issued a refund ▶ 정답/오답의 이유: ✎ _____

    (B) To confirm that an order has been changed ▶ 정답/오답의 이유: ✎ _____

    (C) To request that a customer wait for an item ▶ 정답/오답의 이유: ✎ _____

    (D) To mention an error in a credit card machine ▶ 정답/오답의 이유: ✎ _____

▶ 정답 및 해석 153페이지

글의 주제가 초반부에 드러나지 않는 경우가 있다. 이러한 문제는 '숲'을 봐야 하는 문제이다. 숲 속에 있을 땐 숲의 모양을 알 수 없고 숲을 빠져 나와 아주 높은 곳에서 봐야 숲의 모양이 보이듯이 전체를 훑어봐야만 답을 고를 수 있는 유형이다. 주제/목적 문제의 20% 정도는 이런 식으로 출제되므로 초반부 세 줄에서 주제/목적을 알기 어려운 경우는 해당 지문의 다른 문제부터 풀고, 마지막에 주제/목적 문제를 풀어야 한다. 이러한 유형은 주로 이메일/편지, 기사문, 안내문에서 등장하는데, 글의 독자와 출처도 고려하여 풀어야 한다.

1 │ 요청사항이 곧 주제/목적인 경우 (주로 이메일/편지) → 후반부 요청사항에 주목한다.

> **지문** 안녕하세요. 저는 우연히 웹 서핑 도중 당신이 운영 중인 블로그의 게시글을 보게 되었습니다. 당신도 저와 같이 3D프린팅에 관해 관심이 많으신 것 같더라구요. 특히 최근에 올리신 '3D 프린팅의 의학적 가치'라는 글은 정말 대단했습니다. 제가 몰랐던 가능성을 열어준 정말 참신한 글이더군요.
> ~ (중략) ~
> 제가 관심있는 분야는 인공 장기 분야인데, 그와 관련하여 저도 작은 블로그를 운영하고 있습니다. 큰 방해가 안된다면 귀하의 포스팅에 제 블로그에 대한 이야기도 언급해주실 수 있나요?
>
> ------
>
> **문제** 글의 목적은?
> (A) 자신의 블로그를 홍보하기 위해서
> (B) 상대방의 칭찬에 감사하기 위해

▶ 상대방에게 자신의 블로그에 대한 언급을 요청하는 이유는 자신의 블로그에 대한 홍보 효과를 생각하고 하는 요청이다. 따라서 (A)가 답이다. (B)는 상대방을 칭찬하는 것이지 칭찬을 받은 것이 아니므로 오답이다.

2 │ 전체 내용을 요약하는 주제/목적인 경우 (주로 기사문) → 각 문단을 요약하여 종합한다.

> **지문** 첫 번째 문단 : 성공한 사업가인 오주명 씨는 자신의 마을에 극장을 꼭 오픈하고 싶었다. 원래 지역 극장이었던 한 건물이 경매에 나왔을 때, 그는 참여하여 낙찰을 받을 수 있었다. 그 당시엔 아무도 관심이 없었으나, 그 건물이 보수공사가 될 것이라는 보도가 나오면서 사람들에게 그 소식이 알려지기 시작했다. 건물 공사에는 지역 주민들의 아이디어도 반영되었다. (중략)
> 두 번째 문단 : 몇 년 전 라이브 공연을 했을 때는 많은 지역 주민들이 즐거워했다. 지역 주민들 뿐 아니라 지역 회사들도 여러 면에서 이 극장으로부터 혜택을 받았다. (중략)
> 세 번째 문단 : "이곳이 활성화되면서 주변 상점들도 활기를 띄게 되었어요" (중략)
> 네 번째 문단 : 30주년을 기념하기 위해 이 극장은 무대 행사를 개최할 예정이다.
>
> ------
>
> **문제** 글의 목적은?
> (A) 극장 공연에 대해 평가하기 위해서
> (B) 한 건물의 역사를 묘사하기 위해

▶ 기사문의 대부분은 첫 번째 문단에 주제/목적이 드러난다. 하지만 위 지문은 그렇지 않다. 오히려 각 문단을 요약한 후 종합해보면 한 건물에 관한 이야기임을 알 수 있다. 따라서 (B)가 답이다. (A)는 '극장, 공연'의 동일 단어와 지역 주민들의 반응을 통해 연상될 수 있는 '평가'라는 단어를 사용하여 오답을 유도하고 있다.

3 ┃ 주제/목적이 표면적으로 드러나 있지 않은 경우 (이메일/편지, 기사문, 안내문 등)
→ 수신자(독자) / 발신자(출처)까지 확인하여 추론한다.

지문

수신: CFO(최고재무책임자)

발신: 인사부장

제목: 내년도 예산안

첨부 문건: 내년도 인사부 예산안

내년도 인사부 예산안을 첨부했습니다. 우리가 일부분에 대해서는 비용을 절감할 수 있을 것 같습니다. 직원 식당 식사 공급 업체를 바꾸면 비용이 절감될 것 같습니다. 그런데 내년 건물 임대료 인상이 예정되어 절감된 비용과 상쇄될 것 같습니다. 결국 작년에 비해 예산의 변화는 없습니다. 궁금하신 부분이 있으면 연락 주십시오. 신규 직원 채용 면접이 있어서 잠시 다녀올 테니 필요하다면 그 후에 회의를 하도록 하겠습니다.

문제 글의 목적은?

(A) 지출 계획에 대해 승인을 얻기 위해

(B) 비용 절감 대책을 추천하기 위해

▶ 지문을 다 읽어도 주제/목적이 잘 파악되지 않는 고난도 문제이다. 중간에 비용 절감 이야기가 나오므로 (B)를 답으로 하기 쉬우나, 회사의 각 부서장들은 자기 부서의 내년도 예산안을 최고재무책임자에게 보내고 승인을 받는다는 상식이 있어야 (A)를 답으로 할 수 있다. 결국 예산안을 첨부한 것은 승인을 받기 위해서 하는 것이다. 중간에 언급된 비용 절감에 대한 내용은 자신의 부서(인사부)에서 해보겠다는 것이고, 다른 쪽 비용 상승으로 인해 작년 대비 예산의 차이가 없을 것 같다는 내용이다.

To: All Staff
From: Thomas Carol
Subject: Hanover Advertising Conference
Date: April 16
Attachment: application form

Good afternoon.

As you're surely aware, the Hanover Advertising Conference is set to take place here from June 15 to 17. This year's event promises to be bigger than ever as more than 10,000 individuals are expected to attend at least one day of the conference. President Melissa Warden believes that we at Warden Advertising have the perfect opportunity to increase our profile at this conference. Ms. Warden is scheduled to give the keynote speech. She intends to discuss how the reduced number of people watching television these days is affecting the advertising industry. I'm going to be working on the booth we're going to have at the conference. If any of you would like to assist me, please respond to this e-mail by the end of the day.

In addition, if anyone is interested in giving a talk at the conference, please fill out the attached form and return it by Friday, April 20. Be sure to indicate what you'd like to speak about. All presentations should be between forty-five and sixty minutes in length. A group of managers will look at the topics being proposed and decide which ones to accept by April 27.

Best,

Thomas

1. What is the purpose of the e-mail?

(A) To provide information on a business survey ▶정답/오답의 이유: ✎ ....

(B) To request suggestions on the design of a booth ▶정답/오답의 이유: ✎ ....

(C) To remind people to sign up for an event ▶정답/오답의 이유: ✎ ....

(D) To request that individuals submit a form ▶정답/오답의 이유: ✎ ....

▶ 정답 및 해석 153페이지

한눈에 정리하기

다 읽지 않고도 단서를 빨리 찾을 수 있는 전략을 요약해보고, 문제에 대입하여 푸는 과정을 살펴보자.

전략 요약

1. 주제/목적 문제는 대부분 초반부 세 줄 안에 단서가 나온다. 주제/목적 문제라는 것만 확인 후 보기까지 읽지 말고 바로 지문 세 줄을 읽는다.

2. 정답은 포괄적인 어휘나 문장으로 패러프레이징이 된다. 답이라고 생각한 보기에 포괄적인 어휘가 있는지 확인한다.

3. 너무 구체적이거나 결과적/추가적인 내용일수록, 동일 단어나 연상되는 단어가 사용되면 오답일 가능성이 높다.

4. 초반부에 주제가 드러나지 않는 경우는 다른 문제들부터 풀고 마지막에 주제/목적 문제를 푼다. 요청사항이나 문단별 요약, 수신자(독자), 발신자(출처)들의 관계를 통해 주제를 추론한다.

전략 대입

Questions 139-142 refer to the following article.

From : *Westmoreland Daily* (543 E. Main St. Westmoreland, PA)
Date : May 21
To : Cynthia Lake (292 Spring Street Westmoreland, PA)

Dear Ms. Lake,

On June 1, your two-month trial membership to the *Westmoreland Daily* will be expiring. If you are interested in continuing to receive the region's most comprehensive newspaper, then please fill out the enclosed card and return it to us as soon as you can. Among the options you can check are a six-month, one-year, and two-year subscription. You'll notice that the most savings are offered on the two-year option.

We thank you for having been a reader of the Westmoreland Daily. Our staff works hard every day to provide our readers with the most comprehensive stories on local and national news, sports, culture, society, and more. We always welcome feedback to help us serve you better. Simply go to www. westmorelanddaily.com and complete a comment form.

Regards,
Harold Potter
Customer Service Representative

165. Why was the letter sent to Ms. Lake?

(A) To apologize for being late with a delivery
(B) To remind her about a service.
(C) To mention the paper's new Web site
(D) To make an offer of employment

STEP 2 지문의 초반부 세 줄까지 읽고, 주제/목적이 드러나는지 확인한다.

2개월 시험 구독권이 만료될 것이라고 했고, 계속 서비스를 받으려면 동봉된 카드를 작성해 달라고 요청하고 있다. 이는 곧 계속해서 구독을 해달라고 권고하는 것이 목적이라고 할 수 있다.

STEP 1 주제/목적 문제라는 것을 확인한다. 이때 보기는 읽지 않는다.

STEP 3 정답을 선택한 후 포괄적으로 패러프레이징된 어휘가 있는지 확인하고 오답의 이유도 따져본다.

구독을 요청하는 것에 해당되는 보기는 (B)이다. a service는 재구독(resubscription)을 포괄적으로 표현한 것이다.

(C)의 경우 Web site 이야기는 후반부에 추가적인 내용으로 언급되어 있는데, 너무 내용이 구체적이라서 오답이다. new인지도 알 수 없다.

(A)나 (D)는 지문과 전혀 상관이 없으므로 오답이다.

Questions 1-3 refer to the following notice.

London Banking Conference

Convention Center Rules
ID Cards

Only individuals who have registered for the conference, their guests, staff members, and other authorized personnel may enter the convention center.

Everyone in the center must have an official ID card, which must be worn around the neck at all times.

- ID cards are issued by the London Convention Center and then distributed to companies or individuals who have registered for the event. Companies receiving multiple cards are responsible for distributing them.
- Each company receives a specific number of ID cards based upon the fee paid upon registering.
- All unauthorized individuals lacking ID cards will be requested to leave the premises.
- Any attempt to alter an ID card or to use another person's ID card will result in that person being ejected from the convention center.

---

1. What is the purpose of the policy statement?

(A) To explain who is allowed in the convention center
(B) To mention how to register for an upcoming event
(C) To describe how to replace a missing ID card
(D) To provide details of the registration process

2. How can individuals attending with their companies receive their ID cards?

(A) They will be sent to the people at their workplace.
(B) A person from their company will hand them out.
(C) The ID cards may be picked up when they register.
(D) They will be e-mailed the cards and can print them.

3. What will happen to a person using someone else's ID card?

(A) That individual will be removed from the center.
(B) That individual will be fined.
(C) That individual will be reported to the police.
(D) That individual will be given a new ID card.

Questions 4-6 refer to the following e-mail.

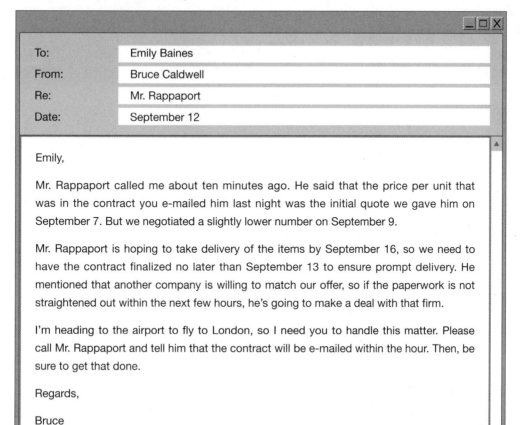

To: Emily Baines
From: Bruce Caldwell
Re: Mr. Rappaport
Date: September 12

Emily,

Mr. Rappaport called me about ten minutes ago. He said that the price per unit that was in the contract you e-mailed him last night was the initial quote we gave him on September 7. But we negotiated a slightly lower number on September 9.

Mr. Rappaport is hoping to take delivery of the items by September 16, so we need to have the contract finalized no later than September 13 to ensure prompt delivery. He mentioned that another company is willing to match our offer, so if the paperwork is not straightened out within the next few hours, he's going to make a deal with that firm.

I'm heading to the airport to fly to London, so I need you to handle this matter. Please call Mr. Rappaport and tell him that the contract will be e-mailed within the hour. Then, be sure to get that done.

Regards,

Bruce

4. Why was the e-mail written?

(A) To approve a contract
(B) To send an itinerary
(C) To describe a problem
(D) To provide an introduction

5. When was the agreement modified?

(A) On September 7
(B) On September 9
(C) On September 13
(D) On September 16

6. What does Mr. Caldwell instruct Ms. Baines to do?

(A) Send a contract
(B) E-mail him instructions
(C) Negotiate a price
(D) Contact their competitor

▶ 정답 및 해석 154페이지

출제 경향

- 지문 안에 나온 특정 세부 정보를 묻는 유형이다.
- 팟7 문제에서 가장 많이(35%가량) 차지하는 유형으로, 매회 평균 18~19문제가 출제된다.
- 전체 맥락이나 논리를 따질 필요가 없고, 질문이 요구하는 구체적 정보만 찾으면 되기 때문에 비교적 쉽다.

유형 파악

언제: When will the event begin?   행사가 언제 시작하는가?

어디서: Where is Maxwell's main office located?   Maxwell의 본사는 어디에 있는가?

누가: Who coordinates CBT Hotel evaluations?   누가 CBT 호텔 평가를 조정하는가?

어떻게: How did AH first contact MMI?   AH는 어떻게 MMI와 처음 연락했는가?

무엇을: According to the letter, what can be found on the Web site?
편지에 따르면, 웹사이트에서 무엇을 찾을 수 있는가?

왜: Why are people instructed to call the Aventar office?
사람들은 왜 Aventar 사무실에 전화할 것을 지시 받았나?

▶ '세부내용 문제'란 위와 같이 특정 세부 정보를 묻는 유형이며 '육하원칙 문제' 혹은 '키워드 문제'라고도 한다.

세부내용 문제 풀이 전략

:출제 빈도: 매회 평균 18~19개

세부내용 문제는 키워드를 찾고, 그것이 패러프레이징이 되는 원리를 파악하면 다 맞힐 수 있는 유형이다. 아래 전략을 통해 각종 패러프레이징 패턴과 정답/오답의 원리를 알아보자.

: 직독직해 연습 : 파트 7은 기본적인 독해 실력이 중요하다. 아래 지문을 직독직해 해보고, 해설지와 비교하여 정확한지 점검해본다.

Questions 158-160 refer to the following letter.

Dear Mr. Snyder,

This summer, Kicker Footwear is starting an advertising campaign for our newest line of sneakers and sports shoes. The campaign will begin in June and will last until the beginning of September. We'll be advertising in *Running Magazine* and *Sports Weekly* and will also purchase ads on the Internet.

We had considered radio ads but decided against them because of the declining popularity of that medium. However, we'll be advertising on national television a few times in July.

Enclosed, please find several posters and pamphlets to give to customers. Should you require any more, please ask.

Gus Wilson
Kicker Footwear

올 여름에 / Kicker Footwear는 시작할 것입니다 / 광고 캠페인을 / 우리의 가장 최신 제품군을 위한 / 스니커즈와 운동화들의.

✎ _____

_____

_____

_____

_____

_____

▶ 해석 155페이지

단서 ✎ 빨리 찾기 전략 **1** 세부내용 문제는 문제 안에 키워드가 있다.

세부내용 문제를 키워드 문제라고도 하는데, 여기에는 지문에서 찾아야 할 키워드가 포함되어 있다. 키워드를 찾을 때는 그것이 '지문에서 나올 만한 것'인지를 따져야 한다. 따라서 의문사보다는 주로 인명, 지명 등의 고유명사 혹은 고유명사가 없다면 주로 질문의 뒷단어 등이 키워드가 된다. 키워드 문제가 보이면 키워드에만 표시를 한 후 보기를 읽지 않고 바로 지문으로 넘어간다. 키워드는 보통 1~3개의 단어로 되어 있다. 아래 문제의 경우 키워드는 begin advertising이다.

직독직해 연습 지문 참조

158. When will Kicker Footwear begin advertising its newest shoes?

(A) In June

(B) In July ....•........... 보기를 먼저 읽지 않는다.

(C) In August

(D) In September

지문에 딸린 아래 두 문제도 역시 세부내용 문제이며, advertising without, send with가 각각 키워드이다.

159. According to the letter, what type of advertising will Kicker Footwear do without?

160. What did Mr. Wilson send with the letter?

유형	문제	키워드	특징
대상	What is Mrs. Carry concerned about? What is the main advantage of container gardening? According to the letter, what can be found on the Web site? For what type of event has Ms. Trilling reserved the hall?	concerned advantage Web site reserved hall	• 키워드 문제 중 가장 많이 나오는 유형
이유	Why were people waiting for hours? Why are people instructed to call the Aventar office? Why is Ms. Smith considering leaving Studio T? What reason did Mr. Jing give for choosing apartment E421?	waiting call Aventar leaving Studio T apartment E421	• 편지가 왜 보내졌는지 묻는 문제는 주제/목적 문제로 분류되어 세부 내용 문제의 '이유' 분류에 속하지 않는다.
요청사항	What are interested individuals asked to do? What is a requirement of the special ticket offer? What is Mr. Dewitt encouraged to do?	asked requirement encouraged	• 이메일/편지/공지 글의 빈출 문제 • 지문의 후반부에 단서
미래 계획	What does Focus Engineering plan to do in the future? According to the flyer, what will happen on January 16? What is scheduled to happen on November 14?	F/E plan January 16 November 14	• 지문의 후반부에 단서
시간, 날짜, 요일, 월	When will the event begin? At what time does the flight to Dayton leave? By what date must an applicant submit an application? What is the deadline for returning the form?	event begin Dayton leave submit application returning form	• 계산하는 문제는 나오지 않는다. • 보기는 단답형이다.
인물, 장소	Who coordinates CBT Hotel evaluations? Who is Clara Steward? To whom did Joe most likely send his application? Where is Maxwell's main office located? Where are all the hikers scheduled to meet?	coordinates Clara Steward send application main office hikers meet	• 수신자(독자), 발신자(출처) 문제는 이 분류에 포함되지 않는다. (Unit 4 참고) • 보기는 단답형
방법, 수량, 금액, 빈도 등	How did AH first contact MMI? How much did the cold drink cost?	first contact cold drink cost	• 보기는 단답형

SANDHURST (February 19) – According to government statistics, sales of beef in the local region have declined thirty percent in the past three months. This is shocking news since the Sandhurst region is widely regarded for the cows its farmers raise. However, many local farmers have pointed out that the rising price of livestock feed has caused them to raise their own prices.

Local restaurants are finding themselves adjusting their menus. As hamburgers and steaks increase in price, meals featuring chicken and pork are becoming more prominent. Industry analysts expect the price of beef to decline during the summer months.

1. According to the article, why have beef sales decreased?

   (A) People are becoming more health conscious.
   (B) Feeding the animals has become more expensive.
   (C) Farmers are raising fewer cows nowadays.
   (D) The government is promoting chicken and pork.

   ▶ 유형: ✏ _____   ▶ 키워드: ✏ _____

2. How are restaurants responding to the trend?

   (A) By changing the products they sell
   (B) By offering customers discounts
   (C) By increasing their advertising budgets
   (D) By staying open later at night

   ▶ 유형: ✏ _____   ▶ 키워드: ✏ _____

▶ 정답 및 해석 155페이지

단서 ✎ 빨리 찾기 전략 2 정답의 단서는 키워드를 패러프레이징 한 곳에 있다.

문제의 유형을 알았고 키워드 표시를 했다면 이제 지문으로 들어가서 해당 키워드가 나오는 곳까지 읽는다. 정답의 단서는 그 키워드 주변에 있다. 키워드가 고유명사나 날짜, 숫자라면 그대로 지문에 드러나지만 패러프레이징이 되기도 한다. free가 complimentary로 바뀌는 것처럼 동의어 위주의 패러프레이징이 있고, weekdays가 Monday로 바뀌는 것처럼 구체적인 표현을 사용하는 패러프레이징도 있다.

직독직해 연습 지문 참조

1 | 동일 단어 사용 패러프레이징

> **문제** When will Kicker Footwear begin advertising its newest shoes?
>
> ------
>
> **지문**
>
> Dear Mr. Snyder,
>
> This summer, Kicker Footwear is starting an advertising campaign for our newest line of sneakers and sports shoes. The campaign will begin in June and will last until the beginning of September. We'll be advertising in Running Magazine and Sports Weekly and will also purchase ads on the Internet.

▶ 문제의 키워드인 begin이 지문에서는 start/begin으로 advertising은 지문에서 an advertising campaign과 the campaign으로 비교적 동일한 단어들을 사용하여 패러프레이징이 되었다.

2 | 동의어 사용 패러프레이징

> **문제** What did Mr. Wilson send with the letter?
>
> ------
>
> **지문** Enclosed, please find several posters and pamphlets to give to customers. Should you require any more, please ask.

▶ 문제의 키워드인 send with가 지문에서는 동의어인 enclosed로 패러프레이징이 되었다. send with가 주로 enclosed나 attached로 패러프레이징이 된다는 것을 알면 빠르고 정확하게 풀 수 있다.

3 | 구체적인 표현을 사용한 패러프레이징

> **문제** What change Mr. Kim has made in recent years?
>
> ------
>
> **지문** Over the last 5 years, Mr. Kim helped his company reach record high sales.

▶ 문제의 키워드인 in recent years가 지문에서는 구체적인 숫자를 사용한 over the last 5 years로 패러프레이징이 되었다.

동의어 패턴		포괄적 → 구체적 패턴	
문제	지문	문제	지문
free 무료의	complimentary 무료의 at no charge 무료로	earlier in the week 이번주 초에	Monday 월요일
asked, encouraged, instructed, required	please ~, should/must, need	weekdays 주중	Thursday 목요일
requirement 필수 조건	must have 반드시 가지고 있어야 한다	in recent years 최근 몇 년 동안	over the last 5 years 지난 5년 동안
main office 본사 head office 본사	based ~에 기반을 둔 headquarters 본사 headquartered 본사가 있는	offer 제공하다	We can ~ 우리는 ~할 수 있다
send with ~와 함께 보내다	attached 첨부된 enclosed 동봉된	contact 연락하다	send an email 이메일을 보내다
the area of expertise 전문 분야	specialize in ~을 전문으로 하다	near water 물가에	coastal area 해변 지역

✋ 잠깐 ▶ 키워드가 지문 안에 잘 드러나지 않거나 단서 문장을 분석해서 찾아야 하는 경우

> 문제 What is the cause of the problem that Mr. Kim is having?
>
> 지문 I spilled coffee on my laptop, so it no longer turns on.

▶ 커피를 쏟은 것이 원인(cause)이고, 노트북이 켜지지 않는 것이 문제(problem)이다. 동일 단어나 동의어가 사용되지 않아 키워드를 쉽게 발견하기 어렵다. 이처럼 키워드가 잘 드러나지 않거나 단서 문장을 분석해서 찾아야 하는 경우는 키워드에 의존하기 힘들기 때문에 문제의 순서에 따라 푼다. 예를 들어, 한 지문에 문제 수가 3개이고, 이러한 문제가 두 번째 문제라면 단서는 지문의 중반부에 나온다.

Q 점검퀴즈 아래 두 문제의 키워드가 지문에서 어떤 패턴으로 패러프레이징이 되는지 다음 보기 중에서 골라보자.

① 동일 단어 사용 **ex** beverage → beverage

② 동의어를 사용한 패러프레이징 **ex** beverage → drink

③ 구체적 표현으로 패러프레이징 **ex** refreshment → beverage

④ 키워드가 잘 드러나지 않거나 단서 문장을 분석해야 하는 경우

To: Rosalie Cash <rcash@quarkmail.com>
From: John Thomas <john_thomas@ttp.com>
Date: May 11
Subject: Your Order

Dear Ms. Cash,

Thank you for the order you recently made. We mailed you most of the items this morning. Unfortunately, one item you ordered (item number 950-LF-59) is extremely popular so it is currently out of stock at our warehouse. We ordered more from the manufacturer, but we were told that they won't be shipped to us until next week. We hope you do not mind the short delay in delivery. As our way of apologizing to you, we will waive the delivery fee on the product and send it to you by express mail.

Sincerely,

John Thomas
Customer Service Representative

---

1. Why has part of the order been delayed?

   (A) The requested color is on back order.
   (B) An item is currently unavailable.
   (C) Ms. Cash failed to pay for the item.
   (D) The manufacturer has stopped making an item.

   ▶ 문제의 키워드: delayed　　▶ 지문의 키워드: ✎ _____　　▶ 패러프레이징 유형: ✎ _____

2. What will Ms. Cash receive?

   (A) A replacement item
   (B) A voucher for a complimentary item
   (C) A refund on her purchase
   (D) Free shipping on an item

   ▶ 문제의 키워드: receive　　▶ 지문의 키워드: ✎ _____　　▶ 패러프레이징 유형: ✎ _____

   ▶ 정답 및 해석 156페이지

지문에서 키워드를 찾았으면 이제는 키워드 주변 문장을 제대로 해석하여 정답의 단서를 확인한다. 지문의 단서에 사용된 표현은 주로 패러프레이징이 되어 정답 보기로 나온다. 동의어를 사용하는 패러프레이징보다 주로 그 단어를 포함한 의미의 포괄적인 단어를 사용하는 경우가 많다.

문제 What did Mr. Wilson send with the letter?

....

지문

Enclosed, please find **several posters and pamphlets** to give to customers.
　　키워드　　　　　　　　　　　　　　정답의 단서

Should you require any more, please ask ~.

....

보기

(A) Some magazine articles

(B) A videotape

(C) Promotional material → 포스터와 팸플릿에 대한 포괄적 표현

(D) Some sample items

▶ 지문의 키워드인 enclosed가 포함된 문장은 '고객들에게 제공할 몇 장의 포스터와 팸플릿이 동봉되어 있으니 확인하라'로 해석된다. 즉, 윌슨이 함께 보냈던 것은 '포스터와 팸플릿'이고, 이를 포괄적으로 표현한 (C) 홍보 자료가 답이다.

★ 중요 **포괄적 패러프레이징**

구체적 → 포괄적 패턴	
지문	정답
several posters and pamphlets 몇 장의 포스터와 팸플릿	promotional material 홍보 자료
alternative dessert 대체 디저트	different product 다른 제품
move it back by a few days 며칠 뒤로 미루다	reschedule it 일정을 다시 잡다
For over 20 years, we have offered~ 지난 20년 이상, 우리는 ~을 제공해왔다	It has been in business for more than two decades. 20년 이상 사업을 해왔다

함정 정답의 단서가 나뉘어 있는 경우에 주의한다.

키워드 주변에 정답의 단서가 일부만 있어서 정답을 결정하기 어려운 경우가 있다. 이 경우는 다른 문단을 보고 추가 단서를 통해 정답을 결정한다.

문제 167-169번은 다음 기사문을 참조하시오.

첫 번째 문단 : 뉴욕 (7월 5일) – 서울에 본사를 둔 천리마 자전거는 어제 100번째 지점을 울산 지역에 오픈했다. 개점식에서는 추첨을 통해 참석자 중 총 5명에 대해 무료로 자전거를 제공했고, 아시안 게임 철인 3종 경기 우승자인 김상호 씨의 팬 사인회도 있었다. 그는 8월 2일에 개최되는 아시안 게임에도 출전할 예정이라고 한다.

두 번째 문단

세 번째 문단

네 번째 문단 : 자전거 애호가인 김씨는 말했다. "너무 기뻐요. 이제 이곳에서도 쉽게 천리마 자전거를 사고, 수리도 받을 수 있게 되었습니다. 특히 무료 자전거에 당첨될 줄은 상상도 못했습니다." 천리마 자전거는 8월 1일에 101번째 지점을 부산에 오픈할 예정이다.

---

169. 김씨는 언제 무료 자전거를 얻었는가? (한 세트의 세 문제 중 마지막 문제)

   (A) 7월 4일
   (B) 7월 5일
   (C) 8월 1일
   (D) 8월 2일

▶ 문제의 키워드는 '무료 자전거'이다. 이 문제가 마지막 문제이므로 마지막 문단의 무료 자전거 부분에서 단서를 찾게 되면 8월 1일을 답으로 하여 틀릴 수도 있다. 무료 자전거는 울산 지역 개점식에서 당첨된 것이며, 울산 지점 개점식은 기사문 발행일(7월 5일) 기준으로 어제 있었던 행사이므로 (A)가 답이다.

Unit 02 _ 세부내용 문제 417

① 동일 단어 사용 ex beverage → beverage

② 동의어를 사용한 패러프레이징 ex beverage → drink

③ 포괄적 표현으로 패러프레이징 ex beverage → refreshment

Mario's Pizzeria

Frequent Customer Coupon

The next time you order a pizza, pasta meal, or sandwich, present this coupon to your server to receive a complimentary order of chicken wings. This coupon is not valid with any other offers.

Help us improve our service. Ask your server for a customer service card and let us know how you feel about Mario's. Sign your name before submitting the card, and you'll be entered into a contest to win a free pizza dinner at Mario's Pizzeria.

1. What free item can a customer receive with this coupon?

   (A) A pizza
   (B) A sandwich
   (C) Some pasta
   (D) chicken wings

   ▶ 정답: ✎ _____   ▶ 패러프레이징 유형: ✎ _____

2. How can a customer receive a free meal?

   (A) By complimenting a server
   (B) By visiting a Web site
   (C) By ordering a large pizza
   (D) By providing feedback

   ▶ 정답: ✎ _____   ▶ 패러프레이징 유형: ✎ _____   ▶ 정답 및 해석 156페이지

단서 빨리 찾기 전략 4 · 키워드에서 멀어지거나 동일 단어가 사용되면 주로 오답이다.

오답 패턴을 알고 있다면 함정에 빠지는 일도 줄일 수 있다.

지문

안녕하세요. 저는 OO건설의 김 과장입니다. 당신도 아시다시피, 최근 노동 시장이 좋지 않습니다. 그래도 당신이 걱정하신 인력 부족 문제는 잘 해결되었습니다. 우리 작업자 중 몇 명이 갑자기 그만두었지만 이전에 거래하던 협력사 측을 통해서 마침 적합한 사람을 구할 수 있게 되었습니다. (중략)

그럼에도 불구하고, 저는 **우려합니다, 금요일까지 벽돌 쌓는 것을 끝내지 못할 것 같아서 ~**
　　　　　　　　　　　키워드　　　　　　　　　　　정답 단서

문제 김 과장은 무엇을 걱정하고 있는가?

　(A) 인력 부족

　(B) 마감일 이내의 작업 완성

▶ 문제의 키워드는 '걱정'이며, 지문에서는 '우려'로 패러프레이징이 되었다. 정답 단서는 '금요일까지 끝내지 못할 것'이며, 이는 정답에서 포괄적인 표현인 '마감일 이내의 작업 완성'으로 패러프레이징이 되어 있다.

(A)가 오답인 이유는 다음과 같다.

1. 인력 부속에 대한 내용이 키워드에서 주변(보통 같은 문장이나 한 줄 위, 아래)이 아닌 곳에 위치한다.

2. 지문에 나오는 '인력 부족'이란 동일한 단어가 보기에도 사용되었다.

3. 발신자인 김 과장이 걱정하는 부분이 아니라 편지의 수신자가 걱정하는 부분이다.

함정 ▶ 오답의 단서가 키워드 주변에 매우 가깝게 있는 경우

지문

최근 아이스크림 판매량이 급격히 **줄었습니다.** 대부분의 카페 주인들은 우유가 들어가지 않는 대체
　　　　　　　　　　　　　　키워드

후식류를 판매하기 시작했습니다. 아이스크림 판매자들에 따르면, 최근 폭염이 유례없이 오래 지속되었기 때문에
　오답 단서

축산 전반에 대한 비용이 상승하여 우유 가격이 상승했다고 합니다. 따라서 우유가 포함된 대부분의 유제품들이
　　　　　　　　정답 단서

연쇄적으로 가격이 대폭 상승했습니다.

문제 왜 아이스크림 판매가 줄었는가?

　(A) 카페에서 대체 후식류를 팔아서

　(B) 제조가가 상승되어서

▶ 키워드는 '줄었다'이며 키워드 바로 뒤에 오는 카페에서 대체 후식류를 판매하는 것(동의어 함정)을 답으로 착각하기 쉽다. 하지만 '폭염 ➡ 축산 비용 상승 ➡ 우유 값 상승 ➡ 아이스크림 값 상승 ➡ 아이스크림 판매 감소'로 이어지므로 결국 (B)가 답이다. most, likely 등의 표현이 없으면 추론 문제가 아닌 세부내용 문제이지만 이 문제처럼 내용상으로 추론이 필요한 경우도 출제된다. 따라서 쉽다고 느낄수록 확실히 점검해야 한다.

① 키워드에서 한 줄 위, 아래에 위치하지 않아서

② 지문에 나온 단어와 동일 단어를 사용해서

③ 지문에 나온 단어와 연상되는 단어를 사용해서

④ 동일 단어나 연상 단어가 아예 없고 엉뚱한 내용이라서

---

http://rosemarytheater.com

Attention, all theater fans:

Director George MacDonald is premiering his newest theatrical performance at the Rosemary Theater on Friday, April 23. It's a modern interpretation of William Shakespeare's masterpiece A *Midsummer Night's Dream*. Tickets can be purchased online at www.rosemarytheater.com/tickets or by calling 847-3092.

To celebrate Mr. MacDonald's return to Bridgewater, we're holding a contest. Submit an essay 500 words or shorter about your favorite play by Shakespeare and win free seats in the front row on opening night plus the opportunity to go backstage to meet the actors. Send your entry to shakespearecontest@rosemarytheater.com.

---

1. What will happen on April 23?

   (A) Tickets for a performance will go on sale. ▶ 정답/오답의 이유: ✎ _____

   (B) Auditions for a play will be held. ▶ 정답/오답의 이유: ✎ _____

   (C) A play will be performed for the first time. ▶ 정답/오답의 이유: ✎ _____

   (D) A director will give a talk about a performance ▶ 정답/오답의 이유: ✎ _____

2. How can the contest be entered?

   (A) By writing a paper ▶ 정답/오답의 이유: ✎ _____

   (B) By purchasing a ticket ▶ 정답/오답의 이유: ✎ _____

   (C) By submitting a name and an address ▶ 정답/오답의 이유: ✎ _____

   (D) By visiting the theater ▶ 정답/오답의 이유: ✎ _____   ▶ 정답 및 해석 157페이지

한눈에 정리하기

다 읽지 않고도 단서를 빨리 찾을 수 있는 전략을 요약해보고, 문제에 대입하여 푸는 과정을 살펴보자.

전략 요약

1. 세부내용 문제는 대상, 이유, 요청사항, 미래 계획을 묻는 '문장 위주 보기'의 문제와, 인물/장소, 시간/날짜/요일, 방법/수량/금액/빈도 등을 묻은 '단답형 위주의 보기'의 문제로 구성된다. 세부내용 문제 안에는 키워드가 있으므로 표시해 둔다.

2. 문제의 보기는 미리 읽지 않고 바로 지문으로 들어가 문제에 표시했던 키워드를 지문에서 찾는다. 이때 키워드는 동일한 단어, 동의어, 구체적으로 패러프레이징이 된 표현이다.

3. 지문의 키워드 주변에서 정답의 단서를 찾아 정답을 고른다. 정답의 단서를 동의어나 포괄적으로 패러프레이징한 표현이 사용된 보기가 주로 정답이다.

4. 오답을 소거할 때는 키워드와 멀어졌거나 지문에서 나온 동일 단어가 들어간 보기를 선택했는지 확인한다. 오답의 단서가 키워드 바로 근처에 있는 경우 매우 위험한 함정이므로 주의한다.

전략 대입

Dear Mr. Snyder,

This summer, Kicker Footwear is starting an advertising campaign for our newest line of sneakers and sports shoes. The campaign will begin in June and will last until the beginning of September. We'll be advertising in *Running Magazine* and *Sports Weekly* and will also purchase ads on the Internet.

We had considered radio ads but decided against them because of the declining popularity of that medium. However, we'll be advertising on national television a few times in July.

Enclosed, please find several posters and pamphlets to give to customers. Should you require any more, please ask.

Gus Wilson
Kicker Footwear

> **STEP 2** 문제의 키워드 send with와 통하는 키워드가 나올 때까지 지문을 읽어 나간다. 키워드가 나오면 그 주변에서 정답의 단서를 찾는다.

160. What did Mr. Wilson send with the letter?
- (A) Some magazine articles
- (B) A videotape
- (C) Promotional material
- (D) Some sample items

> **STEP 1** 문제부터 본다. 세부내용 문제라는 것을 확인하고 키워드를 표시한다. 이때 보기는 읽지 않는다.

STEP 3 보기를 확인한다. 정답의 단서를 포괄적으로 패러프레이징한 보기를 정답으로 하고, 오답도 왜 오답인지 확인한다.

promotional material은 posters와 pamphlets를 포괄적으로 패러프레이징한 정답이다.
(A)의 경우는 키워드에서 멀어진 단어 magazine을 사용하여 오답이다.
(B), (D)의 경우 videotape나 sample에 대한 언급이 아예 지문에 없어서 오답이다.

실전 적용 문제

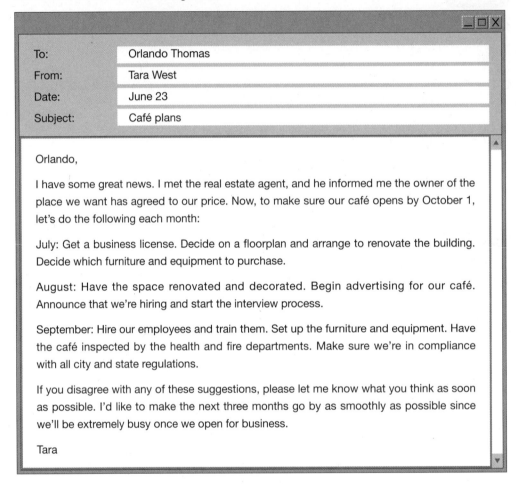

전략을 활용해 문제를 풀어보고 채점 시 정확하게 해석해본다.

Questions 1-3 refer to the following e-mail.

To:	Orlando Thomas
From:	Tara West
Date:	June 23
Subject:	Café plans

Orlando,

I have some great news. I met the real estate agent, and he informed me the owner of the place we want has agreed to our price. Now, to make sure our café opens by October 1, let's do the following each month:

July: Get a business license. Decide on a floorplan and arrange to renovate the building. Decide which furniture and equipment to purchase.

August: Have the space renovated and decorated. Begin advertising for our café. Announce that we're hiring and start the interview process.

September: Hire our employees and train them. Set up the furniture and equipment. Have the café inspected by the health and fire departments. Make sure we're in compliance with all city and state regulations.

If you disagree with any of these suggestions, please let me know what you think as soon as possible. I'd like to make the next three months go by as smoothly as possible since we'll be extremely busy once we open for business.

Tara

1. What is indicated about Ms. West?

(A) She has already gotten a business license.
(B) She has agreed to rent a property.
(C) She is going into business alone.
(D) She hopes to open her café in September.

2. What task is proposed for August?

(A) Hiring an architect
(B) Announcing the opening of a new business
(C) Hiring all of the new employees
(D) Purchasing equipment for the café

3. Why does Ms. West request feedback?

(A) She wants to ensure that her plans are efficient.
(B) She is interested in finding out what Mr. Thomas wants to buy.
(C) She cannot handle the interviews all by herself.
(D) She is not sure what equipment they need to buy.

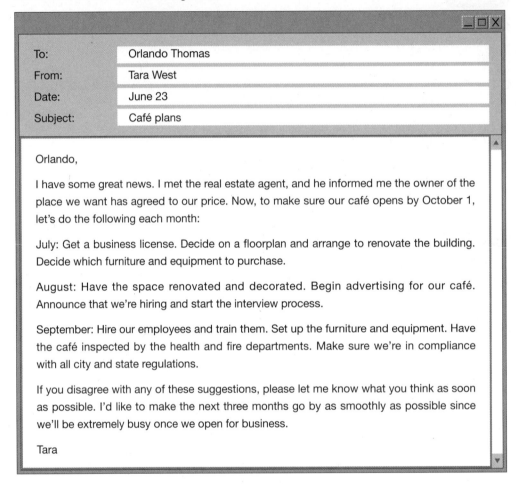

Questions 4-6 refer to the following information on a Web page.

www.greenville.gov

Home   Local News   **Notices**   Services   Contact Us

The city of Greenville occasionally posts notices about various events happening in the city. These may be related to traffic or construction issues. They sometimes concern governmental meetings that will be held. Check this page for important notifications updated daily.

*There will be no driving allowed downtown in the Somerset District this Saturday, July 17. The city is hosting its annual festival on that day. Events will be held throughout the Somerset area, so only pedestrians, cyclists, and city-sponsored shuttle buses are permitted on the streets from 6 A.M. to 9 P.M.

*Wright Elementary School is scheduled to undergo emergency repairs after last week's thunderstorm caused extensive damage to the roof of the building. While several classrooms suffered water damage, no major harm was done. Work is expected to be completed prior to the start of the fall semester.

*The city council will meet in room 103 in city hall at 6:30 P.M. on Friday, July 23. Among the matters to be discussed are increasing local property taxes and building several bike lanes alongside city streets. All local residents are invited to attend and to make their voices heard.

4. What is one purpose of the information?

(A) To provide details about city news
(B) To warn residents about problems
(C) To inform people about elections
(D) To announce the cancelation of meetings

5. Why will the Somerset District be closed to vehicles on July 17?

(A) Road construction will take place.
(B) A school festival will happen then.
(C) A special event will be held there.
(D) Water pipes must be maintained.

6. According to the Web page, what will happen on July 23?

(A) Taxes will be increased.
(B) Local issues will be talked about.
(C) Candidates for city council will be announced.
(D) The building of bike lanes will be approved.

▶ 정답 및 해석 157페이지

출제 경향

- 지문의 내용이 보기와 맞는지 확인하는 문제로 한 지문당 한 문제 정도 포함되어 있다.
- 매회 평균 10문제가 출제되지만, 3~13문제까지 나올 때가 있어 편차가 심하다
- True 유형과 Not True 유형이 6:4의 비중으로 출제되며, True 유형이 Not True 유형보다 대조 확인할 것이 많아 어려운 편이다.

유형 파악

True/NOT True 문제 유형

True 유형

What is indicated about the gloves? 장갑에 대해 나타나 있는 것은?

What is mentioned about the product? 상품에 대해 언급된 것은?

What does the article state about increasing the amount of time employees sleep?
직원들의 수면 시간의 양을 늘리는 것에 대해 기사에서 말하는 바는?

What is true about Ms. Gopal? Ms. Gopal에 대해 사실인 것은?

▶ 문제에 indicate/mention/state/true 등이 들어 있는 문제로 지문 내용과 보기가 일치하는 것을 찾는다.

NOT True 유형

What is NOT mentioned about poll participants? 투표 참가자들에 대해 언급되지 않은 것은?

What is NOT indicated about Gujarat Farmers Past & Present?
Gujarat Farmers Past & Present에 대해 나타나지 않은 것은?

What is NOT stated about the museum displays? 박물관 전시에 대해 명시되지 않은 것은?

What is NOT true about BVG Fitness? BVG Fitness에 대해 사실이 아닌 것은?

▶ 위와 같이 사물/인물/사건에 대해 지문의 내용과 대조하여 사실인지 판별하는 문제를 '사실확인 문제' 라고 한다.

사실확인 문제 풀이 전략

: 출제 빈도 : 매회 평균 10개

사실확인 문제는 각 보기의 내용을 지문에서 찾아 대조하여 사실 여부를 확인해야 하므로 키워드 문제에 비해 시간이 많이 소요된다. 또한 단서를 놓치는 경우 다시 단서를 찾기 위해 지문을 두 번, 세 번 읽게 되기 때문에 팟7 문제 풀이 시간을 잡아먹는 주범이다. 아래 전략을 통해서 지문을 여러 번 읽지 않고도 정확하고 빠르게 풀 수 있도록 하자.

: 직독직해 연습 : 파트 7은 기본적인 독해 실력이 중요하다. 아래 지문을 직독직해 해보고, 해설지와 비교하여 정확한지 점검해본다.

Questions 162-164 refer to the following notice.

Volunteer for a worthy cause!

We at the Shinny Art Gallery are supporting local schools through the Plant Art Program, which raises funds to purchase art supplies for them. We are looking for volunteer artists for this cause.

If you want to be part of it, first, visit our gallery any time in August during our business hours. Just tell the receptionist about the program, and you will receive a new, plain lightshade of your choice in a variety of sizes.

The next step is to take the lampshade with you and to paint it as creatively as possible. Don't forget to sign it when you return it to us along with your business card. The deadline is August 28.

During the month of September, these painted shades will be offered for sale. All proceeds will go toward Plant Art. Your business card will be displayed on the bulletin board set up near the painted lampshades.

If you have any questions, feel free to call us at 555-7589 and tell the reference number 123 to the receptionist.

우리 / Shinny Art Gallery는 / 후원하고 있습니다 / 지역 학교들을 / Plant Art 프로그램을 통해서 / 기금을 모금하는 / 구매하기 위한 / 그들을 위한 미술 용품들을.

✎ ....

....

....

....

....

▶ 해석 159페이지

단서
빨리 찾기 전략 1   사실확인 문제는 지문보다 보기를 먼저 확인한다.

세부내용(키워드) 문제는 문제의 키워드만 잘 기억하면 답의 위치를 금방 찾을 수 있는 반면, 사실확인 문제는 보통 지문 전체에 오답과 정답의 단서가 깔려 있으므로 문제의 키워드만 기억해서는 답의 위치를 알 수 없다.

직독직해 연습 지문 참조

162. What will the volunteers receive in August?

(A) A business card

(B) An unpainted lampshade

(C) A monetary reward

(D) Art supplies

▶ 세부내용(키워드) 문제로, 보기를 미리 읽지 않아도 된다. 지문에서 August에 대한 언급이 있는 부분에서 단서를 찾으면, 그때 알맞은 보기를 고른다.

163. What is indicated about the Shinny Art Gallery?

(A) It raises funds for working artists.

(B) It will be sold in September.

(C) It has a display board near the front desk.

(D) Volunteer artists can get an unpainted shade there in August.

▶ 사실확인 문제로, 보기를 미리 읽어야 한다. 사실확인 문제는 키워드인 Shinny Art Gallery 주변에 꼭 정답의 단서가 있지 않으며, 오답도 지문에 사용된 일부 표현을 가지고 그럴듯하게 제시되기도 한다. 아래 지문에서 오답에 대한 사실여부를 확인할 수 있는 부분들은 키워드 바로 옆이 아닌 다양한 위치에 있다.

Questions 162-164 refer to the following notice.

Volunteer for a worthy cause!

사실확인 문제 키워드

We at the Shinny Art Gallery are supporting local schools though the Plant Art Program, which (A) raises funds to purchase art supplies for them. We are looking for volunteer artists for this cause.

오답에 대한 사실 여부 확인 부분

If you want to be part of it, first, visit our gallery any time in August during our business hours. Just tell the receptionist about the program, and you will receive a new, plain lightshade of your choice in a variety of sizes.

세부내용 문제 키워드 / 사실확인 문제 정답 단서

The next step is to take the lampshade with you and to paint it as creatively as possible. Don't forget to sign it when you return it to us along with your business card. The deadline is August 28.

오답에 대한 사실 여부 확인 부분

(B) During the month of September, these painted shades will be offered for sale. All proceeds will go toward Plant Art. Your business card will be displayed on (C) the bulletin board set up near the painted lampshades.

오답에 대한 사실 여부 확인 부분

If you have any questions, feel free to call us at 555-7589 and tell the reference number 123 to the receptionist.

www.brooklinezoo.com

Brookline Zoo

The Brookline Zoo is pleased to announce its newest exhibit will open on May 1. The exhibit is called Animals of the Rainforest and is being housed in a recently constructed exhibit hall in the eastern section of the zoo.

More than fifty species of animals will be a part of the exhibit. They include mammals, birds, reptiles, amphibians, and fish. There are jaguars, toucans, poison dart frogs, anacondas, and more for visitors to observe. The animals will be housed in exhibits resembling their natural habitats. Zoo visitors may see the exhibit at no extra cost.

Animals of the Rainforest is a permanent exhibit. The curator, Martina Gonzalez, has spent more than three decades studying the denizens of the Amazon Rainforest. She previously worked at the Brazilian Amazon Institute, where she conducted biological research. She also teaches part time at Brookline University.

There will also be a research organization associated with the exhibit. Three scientists will conduct experiments and do research related to rainforests. Individuals interested in volunteering to assist the scientists should write to volunteers@brooklinezoo.org.

1. What is indicated about Animals of the Rainforest?

(A) It contains animals on loan from Brazil.
(B) It includes many types of animals.
(C) It is a temporary exhibit.
(D) It charges an extra fee to visitors.

2. Who is Ms. Gonzalez?

(A) A worker at the Brazilian Amazon Institute
(B) A zoo employee
(C) A university administrator
(D) A researcher

3. According to the Web page, why should a person e-mail the zoo?

(A) To ask about the museum's hours
(B) To learn how to become a sponsor
(C) To discuss working for free
(D) To ask the scientists questions

▶ 정답 및 해석 159페이지

단서 빨리 찾기 전략 **2** 지문은 세 줄씩 읽고 대조한다.

사실확인을 위해 지문을 한꺼번에 많이 읽으면 판단력이 떨어지고, 기억을 잘 하지 못하는 경우가 생긴다. 결국 지문을 여러 번 다시 읽으면 시간을 뺏길 수 있으므로 지문은 3줄씩 읽고 사실 여부를 확인해가는 것이 좋다.

먼저 보기까지 읽고 키워드에 표시한 후 키워드만 다시 한번 읽어준다.

직독직해 연습 지문 참조

163. What is indicated about the Shinny Art Gallery?

    (A) It raises funds for working artists.

    (B) It will be sold in September.

    (C) It has a display board near the front desk.

    (D) Volunteer artists can get an unpainted shade there in August.

이제 지문을 세 줄씩 점검한다.

Volunteer for a worthy cause!

We at the Shinny Art Gallery are supporting local schools though the Plant Art Program, which raises funds to purchase art supplies for them. We are looking for volunteer artists for this cause.

▶ 키워드 raises funds가 보이므로 멈추고, (A)의 내용이 맞는지 확인한다. 직업 미술가들을 위한 기금 모금이 아니라 학생들을 위한 기금 모금이므로 오답. (A) 옆에 X 표시를 한다.

If you want to be part of it, first, visit our gallery any time in August during our business hours. Just tell the receptionist about the program, and you will receive a new, plain lightshade of your choice in a variety of sizes.

▶ 키워드 August가 보이므로 멈추어 (D)의 내용이 맞는지 확인한다. 미술관을 방문하면 무늬가 없는 새 전등갓을 받는다고 하므로 (D)의 내용과 일치한다.

시간이 없다면 여기서 다음 문제로 넘어가도 좋다. 어차피 다른 문제를 풀다 보면 (B)나 (C)가 틀린 내용임을 알게 된다. 이것을 다 확인하기 위해 지문을 끝까지 읽으면 나머지 문제들을 풀기 위해 다시 지문을 보게 되어 시간이 그만큼 낭비된다. 다른 문제들을 풀다 보면 나머지 부분에 대한 독해가 되어 (B)의 '갤러리 자체가 매각된다'는 내용은 지문의 '전등갓 판매'에 대한 이야기와 일치하지 않아 오답이고, (C)는 알 수 없는 내용이라서 오답이라는 것이 확인된다.

To: Sara Millwood
From: Tabitha Hawkins
Date: September 21
Subject: Order

Dear Ms. Millwood,

I would like to confirm what we discussed over the phone earlier this morning. You want my catering firm to provide your office with enough food for 50 people next Friday at 4:00. You requested the sandwich platter and the seafood platter as well as an assortment of desserts and beverages. I recall that the last time, you specifically complimented the taste of the smoked salmon which accompanied the seafood platter. Unfortunately, our supplier went out of business, and we have not yet identified a replacement for the smoked salmon. May I suggest replacing it with the shrimp scampi? I think you'll find it quite delicious. Please let me know if this is an acceptable substitute by responding by e-mail. Once you do so, I can fax you the price list as well as the contract you need to sign. Feel free to call me at 859-9354 if you have any questions.

Best,

Tabitha Hawkins
Hawkins Catering

1. What is indicated about Ms. Millwood?

(A) She is resigning her position next week.
(B) She wants to change her order.
(C) She is planning a birthday party.
(D) She has used Hawkins Catering before.

▶ 정답 및 해석 160페이지

단서 빨리 찾기 전략 3   세부내용에 대한 사실확인 문제는 보기를 나중에 본다.

모든 사실확인 문제를 보기부터 먼저 읽는 것은 아니다. 주로 한 세트의 마지막 문제로 나오는 세부내용에 대한 사실확인 문제가 그렇다. 예를 들면 "What is indicated about the reference number?"와 같은 경우 reference number라는 키워드가 지문에 나올 때 확인을 하면 된다. 매우 세부적인 내용을 물어 보기 때문에, 지문의 단서도 reference number 주변에서 크게 벗어나지 않는다.

직독직해 연습 지문 참조

164. What is true about the reference number?

    (A) It should be downloaded from the Web site.

    (B) It can be received by calling a hotline.

    (C) It can be used when calling the receptionist.

    (D) It can be redeemed at any shops near the gallery.

지문의 마지막 문단

> If you have any questions, feel free to call us at 555-7589 and tell the reference number 123 to the receptionist.

▶ 질문이 있을 경우 전화하여 접수원에게 참조 번호 123을 말하라고 하는 것으로 보아 전화할 때 사용되는 번호임을 알 수 있다. 따라서 (C)가 답이다.

Acknowledgements

While there is only one name listed as the author on the front cover, this book required hard work and dedication by a large number of people during the five years it took me to complete. Without them, *Travels through the Countryside* never would have been published.

First, I would like to thank Theodore Wright, whose tireless work made the editorial process go smoothly. He made a number of suggestions which greatly improved the overall quality of the text. He corrected the numerous errors I made in the manuscript as well. Wendy Chapman also played an important role by providing nearly all of the photographs that appear in this book.

Furthermore, I would like to thank my travel companion, Richard Purcell. He showed me places which I never dreamed even existed and introduced me to the true beauty of the Piedmont region. Thanks to Richard, I encountered a number of fascinating individuals, many of whose stories appear in these very pages. I simply could not have completed this work without Richard's assistance.

Ronald Dancer

1. What is mentioned about Ms. Chapman?

(A) She helped with pictures.
(B) She edited the book.
(C) She corrected mistakes.
(D) She published the work.

▶ 정답 및 해석 161페이지

NOT true 유형은 무조건 보기부터 읽고, 지문의 단서가 되는 주요 패턴을 확인한다.

NOT mentioned / NOT indicated / NOT stated / NOT true가 포함된 '사실이 아닌 것을 찾는 문제' 유형은 문제와 보기를 모두 읽은 후 지문 분석을 한다. 보기 4개 중 3개가 사실로, 지문을 읽기 전 지문을 파악할 수 있는 힌트가 되기 때문이다. 특히 아래의 지문의 단서가 되는 세 가지 패턴을 미리 익혀 둔다면 한 가지만 발견해도 나머지 단서의 위치를 더 빠르게 알 수 있다.

단서가 포진되어 있는 세 가지 유형

열거형	분산형	균등 분배형
XXXXXXXXXXXXX XXXXXXXXXXXXXXXXXXXXXXX XXXXXXXXXXXXXXXXXXXXXXX XXXXXXXXXXXXXXXXXXXXXXX XXXXXXXXXXXXXXXXXXXXXXX XXXXXXXXXXXXXXXXXXXXXXX XXXXXXXXXXXXXXXXXXXXXXX XXXXXXXXXXXXXXXXXXXXXXX XXXXXXXXXXXXXXXXXXXXXXX XXXXXXXXXXXXXXXXX	XXXXXXXXXXXXXXXXXXXXXXXXXXX XXXXXXXXXXXXXXXXXXXXXXXXX XXXXXXXXXXXXXXXXXXXXXXXX XXXXXXXXXXXXXXXXXXXXXXXX XXXXXXXXXXXXXXXXXXXXXXXX XXXXXXXXXXXXXXXXXXXXXXXX XXXXXXXXXXXXXXXXXXXXXXXX XXXXXXXXXXXXXXXXXXXXXXXX XXXXXXXXXXXXXXXXXXXXXXXX	XXXXXXXXXXXXXXXXXXXXXXXXXXX XXXXXXXXXXXXXXXXXXXXXXXXX XXXXXXXXXXXXXXXXXXXXXXXX XXXXXXXXXXXXXXXXXXXXXXXX XXXXXXXXXXXXXXXXXXXXXXXX XXXXXXXXXXXXXXXXXXXXXXXX XXXXXXXXXXXXXXXXXXXXXXXX XXXXXXXXXXXXXXXXXXXXXXXX XXXXXXXXXXXXXXXXXXXXXX
단서가 짧은 목록으로 열거되어 있거나 (세로 열거형) 두세 줄 사이에 위치하는 유형 (가로 열거형)	단서가 한두 줄 사이에 모여 있으며, 나머지 한 단서가 한참 떨어져 있는 유형. 역삼각형 유형과 삼각형 유형(하나가 먼저 나오고 나머지 두 개가 나중에)이 있다.	단서가 지문 전체에 균등하게 퍼져 있는 유형

열거형의 경우는 하나만 발견하면 나머지 두 개도 모여 있으므로 패러프레이징만 익숙해지면 쉽게 풀 수 있다. 분산형은 열거형인 줄 알고 2개를 찾았으나 여전히 단서가 나오지 않을 때 조금 더 아래나 아니면 더 위에 있을 것이라고 생각하고 접근한다. 가장 어려운 것은 균등 분배형인데, 이는 제대로 다 읽고 꼼꼼하게 분석하여 문제당 족히 1분 이상 소비해서 풀어야 한다. 단, 틀린 내용을 바로 찾았을 경우엔 굳이 올바른 내용 3개를 찾느라 시간을 허비할 필요가 없다.

직독직해 연습 지문 참조

163. What is NOT indicated about the Shinny Art Gallery?

    (A) It sponsors local schools through a program.

    (B) It will offer sales event for signed artwork in September.

    (C) It will have a display board set up.

    (D) Volunteer artists can get an unpainted shade there in September.

▶ (D)는 8월에 일어나는 일이지 9월에 일어나는 일이 아니므로 틀린 내용이다. 다른 보기들에 앞서 이것을 바로 찾았다면 올바르게 언급된 나머지 보기 3개를 신경 쓰지 말고 바로 다음 문제로 넘어가자.

To: All Staff, Hal's Family Restaurant
From: Lucy Winthrop
Date: November 4
Subject: Winter Menu

To all staff,

Fall is rapidly ending as winter is coming. The weather is getting colder, and when that happens, people's dinner choices change. Rather than enjoying light food, they prefer heartier and heavier meals. This winter, we intend to make some alterations to the menu. But we need your help to do so. Please think of the meals you enjoy during winter and write them down on a suggestion form. I'll choose five of them for the menu. If your dish is chosen, you'll receive a $100 gift certificate you can use at the Brisbane Shopping Center.

You can get suggestion forms from Cara. I'd like your ideas by the end of the week. Please take into consideration the taste of the food, the possibility of getting the ingredients from local sources, and the ease of production.

Thank you.

1. What is NOT mentioned as an important aspect of the suggested items?

(A) Having a pleasant appearance
(B) Being able to get the food used in them nearby
(C) Having a good taste
(D) Being able to be made easily

▶ 정답 및 해석 161페이지

한눈에 정리하기

전략 요약

1. 사실확인 문제는 문제와 보기를 다 읽고 키워드에 표시한 후 지문을 본다.

2. 사실을 확인하려는 대상이 매우 구체적일 때는 문제만 읽고 해당 키워드를 찾아 그 주위만 살펴도 좋다.

3. 지문을 세 줄씩 읽고 각각의 보기와 대조한다.

4. NOT true 문제는 맞는 내용이 3개이므로 보기를 무조건 다 읽는다. 지문의 단서가 나오는 유형을 예상하면 더 빠르게 풀 수 있다.

5. NOT true 문제에서 사실과 확실히 다른 보기(사실확인 불가 제외)를 찾으면 나머지를 대조하지 말고 넘어간다.

전략 대입

Volunteer for a worthy cause!

We at the Shinny Art Gallery are supporting local schools through the Plant Art Program, which raises funds to purchase art supplies for them. We are looking for volunteer artists for this cause.

If you want to be part of it, first, visit our gallery any time in August during our business hours. Just tell the receptionist about the program, and you will receive a new, plain lightshade of your choice in a variety of sizes.

The next step is to take the lampshade with you and to paint it as creatively as possible. Don't forget to sign it when you return it to us along with your business card. The deadline is August 28.

During the month of September, these painted shades will be offered for sale. All proceeds will go toward Plant Art. Your business card will be displayed on the bulletin board set up near the painted lampshades.

If you have any questions, feel free to call us at 555-7589 and tell the reference number 123 to the receptionist.

> **STEP 2** 지문을 세 줄씩 읽으면서 보기의 키워드가 나올 때마다 대조한다.
>
> 키워드 raises funds가 보이므로 멈추고, (A)의 내용이 맞는지 확인해 본다. 직업 미술가들을 위한 기금 모금이 아니라 학생들을 위한 기금 모금이므로 오답이다.

> **STEP 2** 지문을 세 줄씩 읽으면서 보기의 키워드가 나올 때마다 대조한다.
>
> 키워드 August가 보이므로 멈추고, (D)의 내용이 맞는지 확인한다. 갤러리를 방문하면 새 전등갓을 받으므로 사실이다.

163. What is indicated about the Shinny Art Gallery?

   (A) It raises funds for working artists.
   (B) It will be sold in September.
   (C) It has a display board near the front desk.
   (D) Volunteer artists can get an unpainted shade there in August.

> **STEP 1** 사실확인 문제라면 문제와 보기를 모두 읽는다. 읽을 때 보기에 키워드를 표시한다. 키워드만 한 번씩 더 읽는다.

STEP 3 정답이 나왔다면 넘어가고, 안 나왔다고 해도 지문을 너무 많이 읽었다면 넘어간다.

지문에 문제가 3개인 경우는 한 문제당 지문의 1/3을, 문제가 4개인 경우 1/4 정도를 읽는 것이 적당하다. 한 세트의 다른 문제를 풀면서 나머지 사항들을 확인하며 동시에 푼다.

Questions 1-3 refer to the following article.

Local Business News

HAVEN (August 11) – Prentiss, Inc. announced last night that it has agreed to construct a facility with local manufacturer PPR Industry.

The facility will be in the new business park in the southern part of the city. Haven has been encouraging companies to construct facilities there by offering tax breaks and other incentives. Few companies have responded in a positive manner as yet. The deal between Prentiss and PPR Industry, however, will require an investment of $10 million.

"We will share the use of the space when construction is completed," said Prentiss CEO Lionel Woolworth. "We've worked together with PPR in the past and have always had positive experiences. I'm sure this project will be as successful as our past ventures."

Following the completion of the building, which should happen in sixteen months, Prentiss intends to move its R&D Department there. The employees will do work on developing the company's future lines of kitchen appliances. PPR has not indicated how it will use the space. However, the company has plans to expand, so the facility will likely house its new employees.

1. What is the purpose of the article?

(A) To explain a government policy

(B) To announce a merger

(C) To describe a new project

(D) To criticize a recent trend

2. What is mentioned about the city of Haven?

(A) It is providing funds for the building of the structure.

(B) It has a large manufacturing base.

(C) It is lowering taxes on its residents.

(D) It recently established a business park.

3. What is indicated about Prentiss, Inc.?

(A) Its headquarters is located in Haven.

(B) It makes kitchen appliances.

(C) It is hiring more employees soon.

(D) It hopes to acquire PPR Industry.

http://www.bentongallery.org

Benton Gallery

Winter Exhibits at the Benton Gallery!

Get out of the cold and visit the Benton Gallery this winter. We have several temporary exhibits planned as well as special seminars. Best of all, the seminars won't cost you anything to view.

Gallery Hours

Tuesday-Saturday, 11:00 A.M. – 6:00 P.M.

Sunday, 1:00 P.M. – 8:00 P.M.

Closed on Monday

Winter Exhibitions

*The Sculptures of Marina Stuart

*Peter Graves: Master Impressionist

*Paintings from 19th-Century America

Seminars

December 3 at 7:00 P.M.

Chris Watson will give a talk about his aunt, Marina Stuart, and the art she produced. Ms. Stuart's art is on temporary loan from the private collection of Mr. Watson.

January 11 at 4:00 P.M.

Dolores Washington, the curator at the Fields Museum of Art, will talk about the Impressionist Movement of the nineteenth century. Ms. Washington will bring several of her museum's pieces, including art by Cezanne, Monet, and Renoir.

February 28 at 4:00 P.M.

Ken Remington, a professor of art history at Union College, will lecture on art in America in the nineteenth century. He will then conduct a guided tour of the works being displayed in the main gallery.

4. What is indicated about the Benton Gallery?

(A) It extends its hours in winter.

(B) It charges an admission fee to visitors.

(C) Its curator teaches at a college.

(D) It stays open late on Sundays.

5. What is NOT mentioned as a part of the Benton Gallery's exhibits?

(A) Art from America

(B) Statues

(C) Impressionist paintings

(D) Drawings

6. Who is Ms. Stuart?

(A) A professor

(B) A curator

(C) A sculptor

(D) A painter

7. What will the January presentation be about?

(A) A school of art

(B) Painting methods

(C) A modern painter

(D) Art collecting

▶ 정답 및 해석 162페이지

출제 경향

- 지문의 내용을 근거로 유추할 수 있는 것을 묻는 문제이다.
- 매회 평균적으로 14~16문제가 출제되지만, 최근 최대 20문제까지 나온 적도 있다.
- 한번 더 생각해야 하기 때문에 고난도 문제에 속하고, 추론 문제가 많아지면 파트 7의 전체 난이도가 올라가게 된다.

유형 파악

세부내용 추론 유형

What will most likely happen on March 5? 3월 5일에 무슨 일이 일어날 것 같은가?

What will Mr. Jacob probably do next week? Mr. Jacob은 아마도 다음 주에 무엇을 하겠는가?

▶ 문제에 infer, imply, most likely 등이 있고, 특정 세부 내용에 대해 유추가 가능한지를 묻는 문제이다.

사실확인 추론 유형

What is implied/suggested about Office Mart? Office Mart에 대해 암시되는 바는 무엇인가?

What can be inferred about the product being offered? 제공되는 제품에 대해 추론할 수 있는 것은?

▶ about 뒤의 단어가 키워드 역할을 못하고 지문 전체에 걸쳐 언급되는 경우이다. 지문의 전체 내용에 대해 유추 가능한지를 묻는 문제이다.

출처/독자 추론 유형

Where would A most likely appear/be found? A는 아마도 어디에서 나타날 것 같은가 / 찾을 수 있겠는가?

For whom is A most likely intended? A는 아마도 누구를 위해 의도되었는가?

▶ 글의 출처나 글을 읽는 대상이 누구인지 추론하는 문제이다. 주로 첫 번째 문제로 나온다.

▶▶ 위와 같이 지문에 직/간접적으로 언급된 바를 통해 유추하여 푸는 문제를 '추론 문제'라고 한다.

추론 문제 풀이 전략

추론 문제는 표면에 직접적으로 드러나지 않은 내용을 찾아내야 하므로 다른 문제들에 비해 풀기 어렵다. 게다가 지문에 오답의 키워드들이 다수 분산되어 잘못된 추론을 유발시킨다. 때로는 보기 둘 사이에서 고민하거나 지문을 반복해서 읽어도 단서를 찾지 못해 시간만 낭비할 수 있다. 아래 전략을 제대로 이해하여 추론 문제를 빠르고 정확하게 풀 수 있도록 훈련하자.

:직독직해 연습: 파트 7은 기본적인 독해 실력이 중요하다. 아래 지문을 직독직해 해보고, 해설지와 비교하여 정확한지 점검해본다.

Questions 147-148 refer to the following job advertisement.

Pandora

Pandora, a firm that has establishments in 17 countries in Europe and North America, is currently expanding. We need cooks, greeters, servers, and cleaners at our three newest locations, all of which are in Berlin. Cooks should have professional experience or be graduates of a culinary school while greeters and servers need to have one year of experience doing similar work. Those with experience applying for cleaning positions will be given preference, but it is not necessary. Interviews will be held on March 11 at the Pandora in Berlin. Please bring a résumé and proof of previous employment. Visit www.pandora.com for more information.

:직독직해 써보기:

한 회사인 판도라는 / 매장을 가지고 있는 / 유럽과 북미의 17개국에 / 현재 확장 중입니다.

✎ ....

....

....

....

....

....

▶ 해석 163페이지

추론 문제와 사실확인 문제, 그리고 세부내용 문제를 구분한다.

세부내용 문제나 사실확인 문제와 추론 문제가 어떻게 다른지 아래 세 문제를 통해 확인해보자.

지문

안녕하세요. 김미연 고객님. 고객님께서 주문하신 제품이 주문한 지 일주일이 넘도록 아직 도착하지 않았다고 들었습니다. 저희는 주문을 받은 다음 날 바로 택배회사를 통해 보냈습니다. 그런데 알아보니 지난주 택배기사들의 이틀간 파업으로 인해 배송상 지연이 발생한 것 같습니다. 아래 배송사의 웹사이트에 가면 귀하의 주문품이 지금 어디쯤 있는지 확인할 수 있습니다. 아마 오늘 받을 수도 있으나, 여전히 더 오래 걸릴 수도 있습니다. 만약 원하신다면 다른 택배회사를 통해 오늘 제품을 발송해드릴 수 있으며 모레쯤 받아볼 수 있습니다. 단, 이미 발송된 제품은 받으신 후 다시 저희에게 돌려 보내 주십시오.

문제1 What can be found on the Web site? 웹사이트에서 발견될 수 있는 것은?
(A) 주문한 제품
(B) 배송품 추적 정보
(C) 고객 전화번호
(D) 포장지

문제2 What is indicated about the Web site? 웹사이트에 대해서 나타나 있는 바는 무엇인가?
(A) 주문이 이루어진다
(B) 파업에 대한 공지가 올라온다
(C) 배송 추적 정보를 제공한다
(D) 다음 주에 개편이 있다.

문제3 What is suggested about the Web site? 웹사이트에 대해서 암시되어 있는 것은?
(A) 그곳에 일주일 전에 이미 파업을 공지했다.
(B) 김미연 씨에게 판단 근거를 제공한다.
(C) 반품 받을 주소를 입력해야 한다.
(D) 고객들이 자주 이용한다.

▶ 1번 문제는 세부내용 문제, 2번은 사실확인 문제, 3번은 추론 문제이다. 세 문제가 비슷해 보여도, 풀이법과 난이도는 분명 다르다. 세부내용 문제는 키워드 가까이에 있는 구체적 정보를 찾아내면 되므로 비교적 쉬운 편이다. 사실확인 문제는 오답의 진위 여부도 확인해야 하므로 시간이 좀 더 소비된다. 그러나 추론 문제의 경우는 지문에 직/간접적으로 언급된 내용을 바탕으로 정답을 유추해야 하므로 가장 어렵다.

추론 문제는 3가지로 분류한다.

직독직해 연습 지문 참조

1 | 세부내용 추론 문제

148. What will most likely happen on March 11?

    (A) A cooking demonstration will be conducted.

    (B) Job descriptions will be discussed by applicants.

    (C) Candidates will gather in Berlin to prove their qualifications.

    (D) There will be an onsite recruitment.

▶ 키워드 주변의 구체적인 사실을 바탕으로 추론하는 문제로 보기를 미리 읽을 필요가 없다.

2 | 사실확인 추론 문제

149. What is suggested about the positions being offered?

    (A) Most of them require experience.

    (B) They are all full-time positions.

    (C) They are available in various cities.

    (D) They must be filled by March 11.

▶ 지문 전체에서 추론할 수 있는 바를 묻기 때문에 지문의 어디쯤에 단서가 있을지 예상하기 어렵다. 따라서 지문을 확인하기 전에 보기를 먼저 읽는 것이 좋으며 이때 보기에 키워드 표시를 한다. experience, full-time, various cities, March 11이 키워드이다. 3줄씩 읽으며 추론 가능 여부를 확인하는 방식은 사실확인 문제와 같다.

3 | 발신자 (혹은 출처)나 수신자 (혹은 독자) 추론 문제

147. What kind of business most likely is Pandora?

    (A) A cooking school

    (B) A job placement agency

    (C) A restaurant chain

    (D) A cleaning agency

▶ 글의 출처나 대상을, 이메일의 경우는 수신자나 발신자가 누구인지를 묻는 문제로 다른 문제부터 풀고 나중에 푸는 것이 오히려 수월하다.

① 세부내용 추론 문제

② 사실확인 추론 문제

③ 발신자 (혹은 출처)나 수신자 (혹은 독자) 추론 문제

Robinson Remodeling

Work Order

Date: October 11-12	Phone: 908-1283
Customer: Weber International	Location: 42 Causeway Dr., Lucasville
Contractor: Harvey Carmichael	Order Number: 859-49548

Materials: 20 cans ivory paint; paint bucket; paint mixer; brushes; plastic covering

Estimated Labor: 12 hours

Elevator: Yes (capacity = 4,000 pounds)

Description:

Paint 7 rooms in the offices of Weber International on the building's fourth floor. May have to move furniture in some offices. Must apply plastic covering to avoid splashing the furniture and carpets. Call the office when you arrive. Must be supervised at all times due to the sensitive nature of the work done there.

1. What is indicated about the job at Weber International? ▶유형: ✎ ....

   (A) The work must be watched by someone in the office.

   (B) It must be done over the course of three days.

   (C) It requires several people to complete.

   (D) The contractor must sign in at the security office.

2. What is suggested about the building? ▶유형: ✎ ....

   (A) It was recently renovated.

   (B) It has several floors.

   (C) It is a residential building.

   (D) Its exterior is being painted.

▶ 정답 및 해석 163페이지

단서 빨리 찾기 전략 2 상상이 아닌 지문 안에서 근거를 찾는다.

세부내용 추론 문제는 세부내용 문제에서, 사실확인 추론 문제는 사실확인 문제에서 추가로 추론의 요소를 더하는 것이다. 따라서 추론 문제의 기본적인 풀이법은 세부내용 문제나 사실확인 문제나 동일하다. 즉, 지문을 보고 근거를 찾기 시작해야 한다.

직독직해 연습 지문 참조

1 | 세부내용 추론 문제

148. What will most likely happen on March 11?

일단, 세부내용 문제와 동일하게 접근한다. 보기를 먼저 읽을 필요는 없다. March 11가 키워드이므로 March 11에 발생할 일이 무엇인지 확인한다.

> Those with experience applying for cleaning positions will be given preference, but it is not necessary. Interviews will be held on March 11 at the Pandora in Berlin. Please bring a résumé and proof of previous employment. Visit www.pandora.com for more information.

세부내용 문제라면 인터뷰가 답이 되겠지만, 추론 문제이므로 인터뷰를 통해 추론 가능한 내용을 보기 중에서 찾는다. 이때 키워드 주변에서 다소 먼 추가의 단서가 필요할 수도 있다.

(A) A cooking demonstration will be conducted.

(B) Job descriptions will be discussed by applicants.

(C) Candidates will gather in Berlin to prove their qualifications.

(D) There will be an onsite recruitment.

▶ 지문에서 드러난 사실은 '인터뷰가 있을 것', '장소는 베를린 소재 회사', '이력서와 재직증명서를 가져올 것' 등이다. 이를 종합해 보면 '지원자들이 자격요건을 증명하기 위해서 베를린에 모일 것'이라는 (C)를 추론할 수 있다.

2 | 사실확인 추론 문제

149. What is suggested about the positions being offered?

(A) Most of them require experience.

(B) They are all full-time positions.

(C) They are available in various cities.

(D) They must be filled by March 11.

일단, 사실확인 문제와 동일하게 접근한다. 문제에는 따로 키워드가 없으므로 보기를 먼저 읽으면서 각 보기에 키워드 표시를 한다. experience, full-time, various cities, March 11이 키워드이다. 이제 지문을 세 줄씩 읽어가며 추론 가능 여부를 확인한다.

> Pandora, a firm that has establishments in 17 countries in Europe and North America, is currently expanding. We need cooks, greeters, servers, and cleaners at our three newest locations, all of which are in Berlin.

▶ 첫 번째 세 줄 안에는 (C)의 various cities 부분과 관련 있는 all of which are in Berlin이 있으므로 잠시 멈추고 (C)의 내용을 유추 가능한지 확인한다. Berlin이 하나의 도시이므로 (C)는 틀린 이야기이다. 이어서 세 줄을 추가로 읽는다.

Cooks should have professional experience or be graduates of a culinary school while greeters and servers need to have one year of experience doing similar work. Those with experience applying for cleaning positions will be given preference, but it is not necessary.

▶ 두 번째 세 줄 안에 (A)의 experience 부분과 연관성 있는 말들이 나오므로 잠시 멈추고 (A)의 내용을 유추할 수 있는지 확인한다. 요리사와 서빙 종업원들은 경력이 필수이고, 청소 인력은 경력이 선호 조건이므로 (A)는 유추 가능한 부분이다. 따라서 (A)가 정답이다.

Q 점검퀴즈 아래 문제가 세부내용 추론 문제인지, 사실확인 추론 문제인지 구분한다. 문제와 보기의 키워드에 표시를 하고, 지문에서 추론의 근거가 되는 부분을 표시한 후 정답을 찾아보자.

To: Rick Waters <rickwaters@harperretail.com>
From: Melina Schubert <melina_s@harperretail.com>
Subject: Update
Date: November 10

Dear Rick,

I'd like you to know I made the changes to our Web site which you requested. I added the section about the upcoming sale in December, and I made sure to add all of the new products we'll be selling. I included a note that these items will be on sale for the first two weeks after they are released. Finally, I included a page about how customers can get specialized service at our stores in England, Spain, and Italy.

If you need me to make any more changes, please let me know.

Melina

1. What is suggested about Harper Retail?

(A) It conducts business internationally.
(B) It plans to open some new stores.
(C) It recently released several new products.
(D) It will be hiring new employees next month.

▶ 정답 및 해석 164페이지

발신자(혹은 출처)나 수신자(혹은 독자)가 누구인지 묻는 추론 문제가 있다. who 혹은 where로 시작되므로 키워드 문제와 혼동될 수 있는데, 보통은 문제 안에 most likely나 probably가 포함되어 있으며 그렇지 않은 경우도 있다. 이러한 문제들은 지문에서 언급된 인물이나 장소를 묻는 세부내용 문제와는 달리 지문 전체의 여러 요소를 종합한 후 추론해서 풀어야 하므로 지문의 문제들 중에서 마지막에 푸는 것이 좋다.

직독직해 연습 지문 참조

147. What kind of business most likely is Pandora?

   (A) A cooking school

   (B) A job placement agency

   (C) A restaurant chain

   (D) A cleaning agency

▶ 지문을 다 읽고 나서 판단해 보면, 아래의 요소들이 등장한다.

   – 17개의 매장. 사업 확장 중. 베를린 지역에 매장 3개 최근 추가 ➡ 체인점의 유추 근거

   – 요리사, 안내원, 서빙 직원, 청소 직원이 필요한 업종 ➡ 식당의 유추 근거

   이를 종합하면 (C)가 답임을 알 수 있다.

이때 주의해야 할 것은 동일한 단어가 사용된 보기이다. 추론 문제가 너무 쉽게 풀리면 의심해 보아야 한다. 예를 들어, '우리가 이번에 기획한 휴대폰 광고가 아주 성공적이었어요'라는 말로 바로 화자가 일하는 곳을 휴대폰 업체로 단정지어서는 안된다. 오히려 동일한 단어인 '휴대폰'을 그대로 답으로 하고 있다면 의심할 필요가 있다. 지문의 후반부에서 더 명확한 단서가 분명히 등장한다. '우리가 기획한 광고로 그들의 제품이 더 많이 팔리기 시작했다고 합니다'라는 말이 뒤에 나온다면 화자가 일하는 곳은 '광고 회사'라고 할 수 있다.

★ 중요   발신자 (혹은 출처)나 수신자 (혹은 독자)

발신자 (혹은 출처)		수신자 (혹은 독자)	
단서	정답 / 오답	단서	정답 / 오답
뉴올리언스 박물관의 방문객들, 새로운 전시	(가) 지역 뉴스 (나) 경제 부분 뉴스	저희 로펌에 오셔서 새로운 사무실 부지 임대에 대해 ~	(가) 변호사 사무실 (나) 부동산 업체
의자, 신상품, 편안한 작업 공간을 제공한다	(가) 의자 조립 매뉴얼에서 (나) 사무용 가구 카탈로그에서	머물기에 완벽한 장소, 당신이 회의에 참석하는 동안	(가) 호텔 직원들 (나) 출장 가는 사람들
구매해 주셔서 감사합니다, 가전, 당신이 요리하기 전에	(가) 설치 매뉴얼에서 (나) 제품 카탈로크에서	사무 가구 할인 판매, 일찍 오세요.	(가) 쇼핑몰 직원들 (나) 회사 사장님들
이 매뉴얼은 직원들에게 ~, 모든 작업자들은 ~해야 한다	(가) 직원 핸드북에서 (나) 회사 브로셔에서	아름다움을 즐기세요, 킹스턴의 풍경, 칼슨 여행사와	(가) 지역 주민들 (나) 관광객들

Unit 04

| **Home** | Our Services | Rates | Contact Us |

It doesn't matter how big or small your package is or how many you are sending. Roper, Inc. will get everything there on time and for a lower price than our competitors charge.

Our fleet of jets moves items around the world at all hours of the day. We have special refrigerated containers in case you're sending perishable items. We'll even assist in clearing customs for your items in an efficient manner so that the recipients can take possession of their items.

Call 1-888-393-8493 to have a Roper, Inc. representative show up at your place of business or home to pick up your package 24 hours a day.

1. Who most likely are customers of Roper, Inc.?

(A) Restaurant owners
(B) Packaging material suppliers
(C) Delivery companies
(D) Food exporters

▶ 정답 및 해석 164페이지

단서 빨리 찾기 전략 4 — 나왔던 추론인지, 반대의 상황이 가능한지 따진다.

추론 문제의 난이도가 비교적 높은 것은 사실이나 추론 문제 중 상당수는 이미 기출된 내용이다. '특히 과거에 ~한 적이 있다', '국제적 영향력이 있다', '정기적으로 ~', '~에 본사가 있다' 등은 빈출 내용으로 보기에 있을 경우 일단 그것부터 유추 가능 여부를 따져본다.

직독직해 연습 지문 참조

148. What is suggested about Pandora?

(A) It employs full-time workers only.

(B) It lacks qualified employees.

(C) It has an international presence.

(D) It has been doing business for 17 years.

▶ 보기 (C)번은 여러 차례 기출된 정답이므로 일단 답이라고 생각하고 지문에서 단서를 찾아본다. 지문의 첫 번째 줄에 '유럽과 북미 지역에 총 17개의 매장을 가지고 있다'는 말로 미루어 보아 정답임을 알 수 있다.

▶ 추론 문제의 오답은 주로 아예 엉뚱한 보기 내용보다는 지문에 사용된 단어나 연상되는 단어를 사용하여 구성한다. (D)의 경우 지문에서 사용된 17이란 숫자를 사용하여 오답을 유도하는 패턴이다.

▶ (A)는 아예 언급이 없어서 오답이고, (B)는 베를린 지점에 대한 이야기라고 한정할 수 없어 오답이다.

보기 중에 가장 적합한 것을 골라야 하는 토익의 원칙이 특히 추론 문제에는 잘 적용된다. 추론 문제를 풀다 보면 보기 2개가 모두 정답으로 보이거나 답이 없는 것 같은 문제도 있다. 이럴 경우는 가장 적합한 것을 선택해야 한다. 예를 들어 '예약 없이는 식사를 할 수 없는 식당'이 지문에 언급되었을 때, '그 식당은 인기가 있다'는 말은 나머지 3개가 확실한 오답이라면 정답이 될 수 있는 보기가 되지만, 더 명확히 정답이 되는 보기가 있다면 오답이 될 수도 있다. 해당 보기가 오답인지를 점검하려면 그렇지 않은 상황이 있는지 생각해보면 된다. 즉, 인기가 없어도 식당 정책상 여전히 예약제만을 고집하는 식당이 있을 수도 있기 때문이다. 위의 문제에서도 (B)에 대해 오답인지를 점검해 보려면 그렇지 않은 상황을 생각해 보면 된다. 자격 있는 직원들이 새로 문을 여는 Pandora 매장이 아닌 기존 매장들에 충분히 있을 수 있으므로 오답인 것을 알 수 있다.

★중요 ▶ 매번 나오는 추론의 정답 패턴

이런 보기가 있으면 답이라고 생각하고	지문에 이런 말이 있는지 찾아보라!
A씨는 B씨와 인터뷰를 한 적이 있다.	기사 제목 바로 아래 필자의 이름이 A씨 기사 중간에 B씨가 말하는 인용구
A씨는 이전에 B씨와 만난 적이 있다	지난번 미팅에 감사합니다 ~
A씨는 이전에 B씨와 이야기한 적이 있다	지난번에 당신이 질문하셨던 ~
정기적으로 개최된다	작년은 ~ 올해는 / 매년 / 매월
정기적으로 이용한다 / 이전에도 이용한 적이 있다	단골 고객 / 충성스러운 고객 / 고객 충성도 / 지속적 거래
1년 이상 근무했다	1년 2개월 근무
최근에 지점을 오픈했다	새로운 우리의 지점에서 ~
국제적이다	캐나다, 미국, 영국 ~
추석은 통행료가 면제된다	추석 이외에는 돈을 받는다
6월 3일부터는 기회가 없다	6월 2일에 마감이다

★중요 ▶ 매번 나오는 추론의 오답 패턴

유형	지문의 단서	잘못된 추론	잘못된 이유
시제 오류	그의 최근 작품은 ~	그는 작품을 만들 것이다.	작품은 이미 있다
new 오류	도움이 필요하면 사무실로 연락하라	고객을 도와줄 새로운 사무실을 열었다	사무실은 이미 있다
only 오류	초보자도 참석 가능하다	초보자만 참석할 수 있다	다른 사람도 참석 가능하다
흑백 논리	매출을 증가시키기 위해 광고 서비스를 이용했다	광고서비스를 이용하기 전엔 매출이 하락했다	매출이 일정했을 수도 있다

Dear Ms. Sinclair,

We hope you liked the musical services provided by Lakeland Academy. Why don't you tell your friends and family members about us? If they sign up to learn a musical instrument, they should mention code PIANO434 to receive a 15% discount. In addition, each time a new student mentions your name when registering, you'll be entered into a drawing to win two free tickets to see the Westside Orchestra. Visit www.lakelandacademy.com to learn more.

1. What is suggested about Ms. Sinclair?

(A) She inquired about some services.
(B) She learned about the academy from a family member.
(C) She recently took music lessons.
(D) She often attends orchestral performances.

▶ 정답 및 해석 165페이지

한눈에 정리하기

전략 요약

1. 세부내용 추론 문제는 보기를 먼저 읽지 않고, 키워드 주변의 단서를 근거로 정답을 유추한다.

2. 사실확인 추론 문제는 보기에서 키워드를 결정한 후 지문을 세 줄씩 읽으며 각 보기별로 추론 가능 여부를 확인한다.

3. 출처/대상을 묻는 문제는 나중에 풀되, 동일한 단어보다는 몇 가지의 단서를 종합하여 최종 결론을 내린다.

4. 매번 나오는 추론의 정답 패턴은 그것이 답이라고 생각하고 단서를 찾고, 매번 나오는 추론의 오답 패턴은 꼭 점검한다.

5. 해당 보기가 오답인지를 점검하려면 그렇지 않은 상황이 있는지 생각해본다.

전략 대입

Pandora

Pandora, a firm that has establishments in 17 countries in Europe and North America, is currently expanding. We need cooks, greeters, servers, and cleaners at our three newest locations, all of which are in Berlin. Cooks should have professional experience or be graduates of a culinary school while greeters and servers need to have one year of experience doing similar work. Those with experience applying for cleaning positions will be given preference, but it is not necessary. Interviews will be held on March 11 at the Pandora in Berlin. Please bring a résumé and proof of previous employment. Visit www.pandora.com for more information.

149. What is suggested about the positions being offered?

　(A) Most of them require experience.
　(B) They are all full-time positions.
　(C) They are available in various cities.
　(D) They must be filled by March 11.

STEP 2-1 지문을 세 줄씩 읽으면서 보기의 키워드가 나오는 곳에 멈춘다. 키워드 주변 내용으로 유추 가능한 보기를 고른다.

(C)의 various cities 부분과 연관성 있는 all of which are in Berlin이 있으므로 잠시 멈추고 (C)의 내용이 유추 가능한지 확인한다. Berlin이 하나의 도시이므로 (C)는 틀린 내용이다.

STEP 2-2 이어서 지문 세 줄을 추가로 읽는다.

두 번째 세 줄 안에 (A)의 experience 부분과 관련 있는 말들이 나오므로 잠시 멈추고 (A)의 내용을 유추할 수 있는지 확인한다. 요리사와 서빙 종업원들은 경력이 필수이고, 청소 인력은 선호 조건이므로 (A)는 유추 가능한 부분이다.

STEP 1 문제를 보고 사실확인 추론 문제임을 확인한다. 보기를 읽고 키워드에 표시한다.

STEP 3 나머지 오답에 대한 이유를 점검한다.

(D)의 3월 11일은 인터뷰 날짜인데, 그때까지 빈자리가 채워져야 한다고 유추할 수는 없다. 인터뷰하고, 추후에 최종 합격자가 결정되어 자리가 채워지는 것이다.

(B)의 full time 근무에 대한 이야기는 아예 언급된 바가 없으므로 추론의 근거가 없어 오답이다.

전략을 활용해 문제를 풀어보고 채점 시 정확하게 해석해본다.

Questions 1-3 refer to the following contract.

Bright Day Landscaping Contract Renewal Form

Thank you for choosing us again.

Name: Andrew Masterson
Address: 435 Marlin Lane, Tampa, FL
Zip Code: 20393
Telephone: 894-948-2948
Signature: *Andrew Masterson*
Amount Due: $599

Basic Plan: $599	**Advanced Plan: $789**
For one year, Bright Day Landscaping will provide basic lawncare services for your home. The services include: - Cutting the grass - Removing all grass clippings - Trimming bushes - Raking leaves	This one-year plan provides the same services as the Basic Plan. However, the landscapers will water the grass and flowers in the yard. They will also fertilize the grass and remove any pests such as bees, wasps, gophers, and ants.

Visits: Both services are provided on a weekly basis from April 1 to October 31 and once a month from November 1 to March 31. Call 384-2938 to schedule your visit.

Service Calls: Should the landscapers be requested to visit on any day other than the regularly scheduled one, customers will be charged $60 per visit. This does not apply to Advanced Plan subscribers.

---

1. What is implied about Mr. Masterson?

(A) He hopes to have weekly service on Mondays.
(B) He signed a contract with Bright Day Landscaping before.
(C) He is upgrading to the Advanced Plan this year.
(D) He requires urgent care on his lawn.

2. What is NOT part of the Basic Plan?

(A) Removing leaves from the ground
(B) Cutting bushes to smaller sizes
(C) Cleaning up after the grass is cut
(D) Putting fertilizing on the grass

3. What additional benefit is included with the Advanced Plan?

(A) Visits to a home twice each week
(B) More time spent cutting the grass
(C) The waiving of fees for extra visits
(D) Taking care of animals at homes

Questions 4-6 refer to the following e-mail.

To: Vladimir Andropov <vladandropov@personalmail.com>

From: Martin Corvus <mcorvus@destinenviroconference.org>

Date: April 23

Subject: Destin Environmental Conference

Dear Mr. Andropov,

I appreciate your positive response to my request that you give the keynote address at the fifth annual Destin Environmental Conference this coming weekend on April 27. —[1]—. I apologize for making this request so late, but George Herbert had a sudden illness which caused him to step aside as he needs to recover. I am positive that your knowledge of solar power and other sources of alternative energy will make for a fascinating speech. —[2]—. After all, Mr. Herbert's session on geothermal energy two years ago was extremely popular.

I realize that as an author with several novels published, you may be interested in selling them at the conference. —[3]—. You may feel free to set them up on a table for sale outside the room your talk is in. —[4]—. Finally, if you could send me a short outline of the points you intend to make, I would appreciate it. It will allow me to introduce you better at the conference. Thanks again for your assistance.

Sincerely,

Martin Corvus

4. Why did Mr. Corvus most likely send the e-mail?

(A) To ask about the topic of a speech
(B) To invite Mr. Andropov to a conference
(C) To confirm the acceptance of an offer
(D) To provide a schedule for an event

5. What is suggested about Mr. Herbert?

(A) He has written some works of fiction.
(B) He spoke at a previous conference.
(C) He lives in the Destin area.
(D) He has met Mr. Andropov in person.

6. In which of the positions marked [1], [2], [3], and [4] does the following sentence best belong?

"A staff member will be assigned to assist you with that."

(A) [1]
(B) [2]
(C) [3]
(D) [4]

▶ 정답 및 해석 165페이지

출제 경향

- 문제에 주어진 문장이 지문 내 어느 위치에 들어가야 하는지 묻는 문제이다.
- 3문제나 4문제로 구성된 단일 지문의 문제 중 하나로, 매회 2문제가 출제된다.
- 이메일/편지, 기사문에서 주로 출제되며 기사문에 나오는 문장삽입 문제가 가장 어렵다.

유형 파악

문제 In which of the positions marked [1], [2], [3], and [4] does the following sentence best belong? [1], [2], [3], [4]로 표시된 곳 중에서 다음 문장이 들어가기에 가장 적합한 곳은?

"**Each** will have a grocery shop and student housing." 각각은 식품점과 학생 기숙사가 있다.

문제 In which of the positions marked [1], [2], [3], and [4] does the following sentence best belong? [1], [2], [3], [4]로 표시된 곳 중에서 다음 문장이 들어가기에 가장 적합한 곳은?

"**In addition**, we can provide free delivery. 추가로, 우리는 무료 배송을 제공할 수 있습니다.

▶ 삽입할 문장 안에 지시어(it, that, them, they, each, he, she 등)나 연결어(However, Therefore, In addition 등)가 있다.

문제 In which of the positions marked [1], [2], [3], and [4] does the following sentence best belong? [1], [2], [3], [4]로 표시된 곳 중에서 다음 문장이 들어가기에 가장 적합한 곳은?

"A free audio guide will be available upon request at the information desk.
무료 오디오 가이드는 안내 데스크에서 요청 시 얻을 수 있습니다.

▶ 삽입할 문장 안에 지시어나 연결어가 없다.

▶▶ 주어진 문장이 지문 속 어느 위치에 들어가야 하는지를 묻는 이러한 문제를 '문장삽입 문제'라고 하며 지시어/연결어가 있는 문제와 지시어/연결어가 없는 문제로 크게 구분한다.

문장삽입 문제 풀이 전략

문장삽입 문제는 넣을 문장을 대입하여 해석해보면 앞뒤가 어울려 보이는 것 같아서 틀리기 쉽다. 특히 기사문에서는 까다로운 문제가 나오기도 하므로 아래 전략을 통해 정확히 푸는 법을 학습하자.

: 직독직해 연습 : 파트 7은 기본적인 독해 실력이 중요하다. 아래 지문을 직독직해 해보고, 해설지와 비교하여 정확한지 점검해본다.

Questions 162-165 refer to the following e-mail.

To: Jessica Crawford <jcrawford@crp.com>

From: Thomas Forsythe <thomas@dextermoving.com>

Subject: Information

Date: September 3

Attachment:

Dear Ms. Crawford,

I'm following up on our conversation on September 1 in which you inquired about using the services of Dexter Moving. My firm is well known in the local area for handling moves in a swift, efficient, and cost-effective manner. —[1]—. We hope you will be our next satisfied customer. —[2]—. Here is the proposal I created from the information you provided me with.

To be clear, my firm will be responsible for packing all the items at Crawford Rental Properties, including the furniture and the electronics. Then, we will move them to your new location across town, unpack everything, and set up the items as you request. —[3]—. If you require faster service, then an additional fee will be charged.

I'm looking forward to hearing your response. —[4]—. We can be ready to move you as soon as this coming Tuesday.

Sincerely,

Thomas Forsythe

저는 후속 조치를 취하고 있습니다 / 우리의 대화에 관해 / 9월 1일에 / 귀하가 문의하셨던 / 이용하는 것에 관해 / Dexter Moving의 서비스를.

✎ _____

_____

_____

_____

_____

_____

▶ 해석 167페이지

단서 빨리 찾기 전략 1 앞의 내용을 예상해서 푼다.

문장삽입 문제는 삽입할 문장의 앞에 위치할 내용을 예상하면 빠르고 정확히 풀 수 있다. 예상 없이 하나씩 대입하여 풀면 전부 어울리는 것 같아서 더욱 어려워질 수 있다. 삽입할 문장은 일단 다른 문제들보다 먼저 읽고 요약을 해둔다. 삽입할 문장에 대부분 지시어나 연결어가 있으므로 잘 활용하여 앞에 위치한 내용을 예상한다.

직독직해 연습 지문 참조

165. In which of the positions marked [1], [2], [3], and [4] does the following sentence best belong?

"We anticipate all this work will take two days to complete." → 삽입할 문장

(A) [1]

(B) [2]

(C) [3]

(D) [4]

▶ 한 세트의 문제들에서 다른 문제를 풀기 전에 문장 삽입 문제의 문장을 먼저 요약하고 시작한다.

▶ 삽입 문장을 요약하면 '작업 예상 소요 기간'에 대한 이야기이다.

▶ 지시어인 this가 포함된 this work로 미루어 보아 삽입할 문장 앞에는 '작업'에 대한 언급이 있다는 것을 예상한다.

이제, 다른 문제를 풀기 시작한다. 다른 문제를 풀기 위해서는 지문을 순차적으로 읽게 되는데, 지문에서 [1]이 지나가는 부분을 읽게 된다면 그 문제 풀이를 잠시 멈추고 [1] 앞의 내용에서 예상했던 '작업'에 대한 언급이 있는지 확인한다.

> I'm following up on our conversation on September 1 in which you inquired about using the services of Dexter Moving. My firm is well known in the local area for handling moves in a swift, efficient, and cost-effective manner. —[1]—.

작업에 대한 언급이 없으므로 [2]번 앞을 확인한다.

> We hope you will be our next satisfied customer. —[2]—.

작업에 대한 언급이 없으므로 [3]번 앞을 확인한다.

> To be clear, my firm will be responsible for packing all the items at Crawford Rental Properties, including the furniture and the electronics. Then, we will move them to your new location across town, unpack everything, and set up the items as you request. —[3]—.

짐을 포장하고, 옮기고, 풀어서 정리하는 것은 일종의 작업에 대한 이야기이므로 이는 예상했던 내용과 일치한다. 따라서 굳이 [4]를 확인하지 않아도 답이 결정된다.

★ 중요 지시어나 연결어가 없을 경우

삽입할 문장 (구체적, 추가적, 결과적)	앞에 위치한 내용 예상 (포괄적이거나 원인이 되는 내용)
개인 티켓은 30달러입니다.	티켓이나 요금에 대한 이야기
홍보용 전단지는 하나의 좋은 예가 됩니다.	홍보용 전단지를 포괄하는 효과적인 홍보 수단
바닥이 포장되고 울타리가 만들어집니다.	주차장 보수 작업이 있어 접근이 불가함
직원들은 영업 시간 중에 전화로 연락 가능합니다.	궁금한 것이 있으면 저희 직원들에게 연락주세요.

Delta Industries, a local manufacturer of motorcycles, intends to hire a new assistant director of marketing to replace Genevieve Kennedy. Ms. Kennedy announced her intention to retire next month on May 20 after working at Delta for more than twenty-five years. —[1]—.

Ms. Kennedy has had a highly successful tenure at Delta. She began working there when the company had only fifteen employees. —[2]—. Ms. Kennedy was responsible for the highly successful "Get Biking" campaign launched by Delta four years ago. She has also served as a mentor to numerous employees.

"Genevieve has done an exceptional job here," said Marketing Department head Allan Gray. —[3]—. "She has both the experience and the creativity required to be a successful marketer. It's going to be difficult to replace her."

Mr. Gray said that applications are being accepted for the position. Interviews will start next week. —[4]—. He hopes the new hire will be ready to start by May 20.

1. In which of the positions marked [1], [2], [3], and [4] does the following sentence best belong?

   "Today, it has 3,000 at four facilities located around the country."

   ▶ 요약: 🖊 _____

   ▶ 앞의 내용 예상: 🖊 _____

   (A) [1]
   (B) [2]
   (C) [3]
   (D) [4]

▶ 정답 및 해석 167페이지

앞의 내용을 예상해서 푸는 것이 어렵다면 이야기의 흐름을 확인해서 푸는 방법이 있다. 토익 지문은 비즈니스용으로 정해진 이야기의 흐름을 갖고 있다. 예를 들어 구인 광고 지문의 경우 먼저 '회사 소개', '빈자리 공고'로 초반부가 구성된다. 중반부는 '빈자리의 책무'나 '자격요건'을 언급하고, 후반부에는 '지원 방법', '향후 일정' 등으로 마무리된다. 이처럼 흐름이 명확한 지문의 경우에는 앞의 내용을 예상하지 않아도 삽입할 문장의 내용이 이러한 흐름 중 어디에 해당하는지 판단하면 되므로 전략 1번에만 의존해서 푸는 것보다 수월하다.

지문   인재를 모십니다

전국에 걸쳐 100개 지점을 가지고 있는 '팜스빌리지'에서 서울 본사에서 근무할 영업 담당자를 찾고 있습니다. —[1]—.

영업 담당자는 서울 본사에서 근무하며 기존 점주들과 원만한 협력 관계를 유지하며, 추가 점주들을 모집하는 일을 담당합니다. 합격자는 2년 이상 요식업에서 일한 경력이 있어야 하며, 뛰어난 의사소통 능력이 필수입니다. 관련 전공 학위는 고려 요소이나 필수 요소는 아닙니다. —[2]—.

관심 있는 분은 3월 5일까지 팜스빌리지 홈페이지에서 지원 양식을 다운받아서 작성 후 recruit@farmsvill.com으로 보내주세요. 마감은 3월 10일까지입니다. —[3]— 최종 합격자 명단은 3월 말에 당사 홈페이지에 게시될 것입니다. —[4]—

- -

문제 [1], [2], [3], [4]로 표시된 곳 중에서 다음 문장이 들어가기에 가장 적합한 곳은?

"서류 합격자에 한해 3월 15일에 인터뷰가 있을 것입니다"

(A) [1]

(B) [2]

(C) [3]

(D) [4]

▶ 삽입할 문장은 인터뷰에 대한 내용이므로 구인 광고의 지문 흐름상 후반부에 위치해야 한다. 따라서 지문을 다 읽지 않아도 [3] 혹은 [4]에 들어갈 것임을 알 수 있다. 시간 흐름을 보면 3월 10일이 서류 마감이고, 3월 말이 최종 발표이므로 3월 15일 인터뷰는 그 사이에 위치하는 것이 맞다. 따라서 [3]이 답이다.

한편, 이야기의 흐름이 잘 파악되지 않는 경우는 직접 각 문단을 요약하는 방법이 있다. 각 문단을 요약하면 이야기의 흐름이 보이고, 삽입할 문장의 내용이 어느 문단에 어울리는지 알 수 있다.

★ 중요 시험에 잘 나오는 대표적인 이야기의 흐름

지문 유형	초반부	중반부	후반부
이메일/편지	주제/목적	세부 내용(첨부 문건)	요청 사항
기사	주제	사건의 배경 / 사건의 파급 효과	향후 전망
공고/회람	주제/목적	공지 이유 / 세부 일정이나 계획	요청 사항 / 추가 정보(담당자)
상품 광고	공감대 형성 / 회사 혹은 제품 소개	제품의 특장점	추가 혜택 / 유효 기간 / 구매 방법
구인 광고	회사 내력 및 빈자리 공고	책무 및 자격 요건	지원 방법 / 향후 일정

Unit 05

From: Ophelia Stewart <o_stewart@oec.org>

To: Emilio Horner <emilio-horner@centraluniversity.edu>

Date: October 11

Subject: Seminar

Dear Professor Horner,

This Saturday, October 16, from 3:00 to 5:00 P.M., the Office of Economic Cooperation (OEC) will hold a seminar entitled "Providing Youths with Practical Experience Abroad." Individuals such as yourself, who are particularly interested in advancing the job prospects of young people, will attend the seminar to discuss how such matters can be undertaken. —[1]—.

Among the speakers will be Dr. Janet Prentice, a professor of economics at Stone College, Mr. Franz Spitz, the founder of GTP, Inc. and a local philanthropist, and Ms. Maybelle Deacon, the director of the International Youth Alliance. —[2]—. All three are noted for their contributions to disadvantaged youths.

To attend the seminar, please call 873-9383 to reserve a seat. —[3]—. You may also register online at www.oec.org/seminar. You need to do this by October 15. On October 17, a video of the seminar will be released on the OEC Web site. —[4]—.

Regards,

Ophelia Stewart

President, OEC

1. In which of the positions marked [1], [2], [3], and [4] does the following sentence best belong?

   "They will also talk about acquiring the funding necessary to enact various programs."

   (A) [1]

   (B) [2]

   (C) [3]

   (D) [4]

   ▶ 정답 및 해석 168페이지

문장삽입 문제에서 삽입할 문장의 앞에 위치한 내용을 봐서는 안 풀리는 경우가 있다. 이 경우에는 삽입할 문장의 뒤에 위치한 문장에 단서가 나오기도 한다. 또한 전략 1, 2의 과정을 통해서 답이 결정된 후라도 뒤의 문장을 보고 확인을 하면 답의 정확도가 올라간다.

직독직해 연습 지문 참조

165. In which of the positions marked [1], [2], [3], and [4] does the following sentence best belong?

"We anticipate all this work will take two days to complete." → 삽입할 문장

(A) [1]

(B) [2]

(C) [3]

(D) [4]

▶ 전략 1을 통해 답으로 (C)를 골랐다면, 이를 확인하기 위해서 [3] 뒤의 문장을 본다.

—[3]—. If you require faster service, then an additional fee will be charged. → 다음 문장

▶ 삽입할 문장의 내용이 작업의 일반적인 소요 기간이고, 그 다음 문장은 보다 빠른 서비스에 대한 내용이므로 [3]이 삽입할 문장의 올바른 자리임을 확인할 수 있다.

To: Joseph Daniels <jdaniels@robinsons.com>
From: Marvin Dinkins <marvin_d@robinsons.com>
Date: January 28
Subject: Fitness Benefit

Dear Mr. Daniels,

I looked over the files you sent concerning the company's new health and fitness program. I'll inform the staff at the Houston branch when we have our weekly meeting tomorrow. —[1]—. Since this new benefit doesn't go into effect until March, they'll have plenty of time to determine which health club or fitness center they are interested in joining. —[2]—.

I need to clarify a couple of points regarding this program with you. —[3]—. I wonder when you have some time to discuss this matter over the phone.

I look forward to hearing from you soon. —[4]—.

Regards,

Marvin Dinkins
HR

....

1. In which of the positions marked [1], [2], [3], and [4] does the following sentence best belong?

   "They'll surely be pleased to learn the company will provide them with a free health club membership."

   (A) [1]
   (B) [2]
   (C) [3]
   (D) [4]

▶ 정답 및 해석 168페이지

한눈에 정리하기

전략 요약

1. 문장삽입 문제는 다른 문제들을 풀기 전에 먼저 접근한다. 일단 삽입할 문장을 읽고 요약한 후 앞에 위치한 내용을 예상한다. 특히 지시어나 연결어를 통해 예상하면 수월하다.

2. 삽입할 문장에 지시어나 연결어가 없는 경우, 앞에 위치한 내용은 포괄적이거나 원인이 되는 내용일 것을 예상한다.

3. 문장삽입 문제가 아닌 다른 문제를 풀면서 [1], [2], [3], [4]의 각각 앞 부분에 미리 예상했던 내용이 있는지 확인한다.

4. 흐름이 명확한 지문의 경우는 삽입할 문장이 지문의 각 문단 중 어디에 들어갈지 판단한다.

5. 앞 문장만 보고 풀기 어려운 경우 뒤의 문장을 보고 푼다.

전략 대입

To: Jessica Crawford <jcrawford@crp.com>
From: Thomas Forsythe <thomas@dextermoving.com>
Subject: Information
Date: September 3

Attachment:

Dear Ms. Crawford,

I'm following up on our conversation on September 1 in which you inquired about using the services of Dexter Moving. My firm is well known in the local area for handling moves in a swift, efficient, and cost-effective manner. —[1]—. We hope you will be our next satisfied customer. —[2]—. Here is the proposal I created from the information you provided me with.

To be clear, my firm will be responsible for packing all the items at Crawford Rental Properties, including the furniture and the electronics. Then, we will move them to your new location across town, unpack everything, and set up the items as you request. —[3]—. If you require faster service, then an additional fee will be charged.

I'm looking forward to hearing your response. —[4]—. We can be ready to move you as soon as this coming Tuesday.

Sincerely,

Thomas Forsythe

165. In which of the positions marked [1], [2], [3], and [4] does the following sentence best belong?

"We anticipate all this work will take two days to complete."

(A) [1]
(B) [2]
(C) [3]
(D) [4]

STEP 2 지문 내 다른 문제들을 풀며, [1] 부분을 지날 때쯤 그 앞에 예상한 내용이 있는지 확인한다. 없으면 다른 문제를 풀다가 [2] 앞에서 예상한 내용이 있는지 확인한다. [3] 앞에서 packing, move, unpack, set up 같은 작업에 대한 이야기가 나오므로 정답이다.

STEP 3 빈칸 뒤와 잘 어울리는지 확인한다.

삽입할 문장은 작업 예상 소요 기간에 대한 내용인데, 빠른 서비스에 대한 이야기는 그에 대한 추가/보충의 이야기이므로 삽입할 문장이 [3]에 잘 어울린다.

STEP 1 한 지문에 해당되는 다른 문제들보다 먼저 본다. 삽입할 문장을 요약한다. 지시어나 연결어를 기준으로 앞에 위치한 내용을 예상한다.

요약: 작업 예상 소요 기간
지시어: this work
앞에 위치한 내용 예상: 작업에 대한 이야기

전략을 활용해 문제를 풀어보고 채점 시 정확하게 해석해본다.

Questions 1-4 refer to the following article.

Community Center to Undergo Renovations

by Fred Thomas

Washburn (October 11) – At city hall last night, the city council unanimously voted to provide funding for the renovation of the Washburn Community Center. The center, which is a decade old, has been in dire need of repairs for the past three years. —[1]—. However, on account of the city's economic situation, funds were unavailable until recently. Mayor Janet Irving stated, "I'm proud that the city's economy has turned around during my time as mayor. Now we can finance projects such as the renovation of the community center."

The Washburn Community Center is one of the city's most popular places. It features an indoor swimming pool, several racquetball and squash courts, and other fitness facilities. —[2]—. Outside, it has basketball and tennis courts, a baseball diamond, and a track for jogging and walking.

The community center also offers numerous classes to local residents. Many people go there to learn arts and crafts, to do yoga and aerobics, and to study foreign languages. —[3]—. It's a popular place for picnickers on weekends, too.

The renovations will focus on the indoor part of the community center. As such, the building will be closed for a period of five months starting in December. However, access to the outdoor facilities will still be possible during the course of the entire project. —[4]—. It is estimated that the renovations will cost $1.7 million. The cost will be paid in its entirety by the city.

1. The words "turned around" in paragraph 1, line 5, are closest in meaning to

(A) reversed
(B) approached
(C) improved
(D) started

2. How do some residents use the center?

(A) To improve their knowledge
(B) To take part in organized sports leagues
(C) To play football and soccer
(D) To meet other local residents

3. What is indicated about the center's renovation?

(A) Taxes will be increased to pay for it.
(B) A starting date has not been selected yet.
(C) People will not get to swim during it.
(D) It should take up to a year to complete.

4. In which of the positions marked [1], [2], [3], and [4] does the following sentence best belong?

"Some also attend the seminars held there on occasion."

(A) [1]
(B) [2]
(C) [3]
(D) [4]

Questions 5-8 refer to the following letter.

April 10

Sylvia Reynolds
Cloverdale Apartments Unit 5D
Dublin, Ireland

Dear Ms. Reynolds,

Every year at the end of April, we conduct an inspection of each unit in the complex. We plan to visit your apartment on Tuesday, April 18, at 1:00 P.M. According to government regulations, the tenant must be in the apartment at the time of the inspection. If this time does not fit your schedule, please contact me at once to reschedule it for a mutually convenient time. —[1]—.

When the inspection is conducted, we will check the condition of the entire apartment. This includes the plumbing, the electric wiring, and the appliances. We will attempt to make any repairs that need to be done on the spot. —[2]—.

According to our records, your walls were painted last year. If you wish to have them repainted, you can do so; however, you will have to assume 50% of the cost. —[3]—.Your carpeting has not been replaced for four years, so you are eligible to have new carpeting laid in every room. You should visit our Web site at www.cloverdaleapartments.com/carpeting to make your selections. —[4]—.

You may call me at 584-3958 if you have any questions or concerns.

Sincerely,

Tom O'Malley
Apartment Manager

5. Why was the letter sent to Ms. Reynolds?

(A) To ask her for her opinion
(B) To inform her of an inspection
(C) To list some repairs that were made
(D) To request that she make some changes

6. What is Ms. Reynolds asked to do on April 18?

(A) Make a phone call
(B) Attend a meeting
(C) Be at her home
(D) Provide an apartment key

7. What home improvement must Ms. Reynolds pay for?

(A) Painting
(B) Carpeting
(C) Wiring
(D) Plumbing

8. In which of the positions marked [1], [2], [3], and [4] does the following sentence best belong?

"If they are too complex, we will schedule them for a later time."

(A) [1]
(B) [2]
(C) [3]
(D) [4]

▶ 정답 및 해석 169페이지

Unit 06

앞뒤의 말로 상황을 파악하여 푼다.

의도파악 문제

 R30

출제 경향

- 메시지와 채팅 유형에서 특정 인물이 한 말의 의도를 묻는 문제다.
- 매회 메시지 유형과 채팅 유형에서 각각 1문제씩, 총 2문제가 출제된다.
- 의도를 파악해야 할 문장의 바로 앞이나 뒤를 보면 정답의 단서가 나오지만, 처음부터 대화의 상황을 파악하고 풀어야 하는 경우도 있다.
- 메시지 유형의 의도파악 문제가 채팅 유형의 의도파악 문제보다 쉽다.

유형 파악

At 2:03 P.M., **what** does Mr. Jessup **most likely mean** when he writes, "My thoughts exactly"? 오후 2시 3분에 Mr. Jessup이 "제 생각도 그래요"라고 쓸 때 아마도 무엇을 의미하겠는가?

At 5:40 P.M., **what** does Mr. Ngwane **imply** when he writes, "There's a lot of paper on your desk?" 오후 5시 40분에 Mr. Ngwane가 "당신의 책상 위에 많은 종이가 있어요?"라고 쓸 때 무엇을 암시하는가?

At 4:34 P.M., **why most likely** does Mr. White **write**, "That's too bad"?
오후 4시 34분에 Mr. White는 왜 "그거 참 안됐군요"라고 쓰는가?

At 11:09 A.M., **what** does Mr. Olsson **indicate** he will do when he says, "Let me check"? 오전 11시 9분에 Mr. Olsson이 "제가 확인해 볼게요"라고 말할 때 무엇을 하겠다는 것을 나타내는가?

▶ 각각 다르게 표현되어 있지만 모두가 뒤에 나오는 큰 따옴표 안의 말이 무엇을 의미하는지 묻고 있다. 이런 문제를 '의도파악 문제'라고 한다.

의도파악 문제 풀이 전략

의도파악 문제는 파트 3, 4에도 등장한다. 주변이 모두 대화문 형식으로 되어 있으므로 해당 문장의 표면적인 뜻만으로는 의미 파악이 어려워 문제를 풀기가 쉽지 않은 경우가 있다. 아래 전략을 통해 해결책을 알아보자.

: 직독직해 연습 : 파트 7은 기본적인 독해 실력이 중요하다. 아래 지문을 직독직해 해보고, 해설지와 비교하여 정확한지 점검해본다.

Questions 155-156 refer to the following text message chain.

Demetrius Carter 2:32 P.M.

Allison, I'm at the bakery waiting for both of the cakes to be done. Do you mind getting the tables ready? You can find the instructions for everything in my office.

Allison Randolph 2:34 P.M.

Sure thing. I'll take care of that right now.

Demetrius Carter 2:35 P.M.

Excellent. The retirement ceremony is starting at 5:00, but we should have everything set up as soon as possible.

Allison Randolph 2:36 P.M.

It's taking place in the ballroom, right?

Demetrius Carter 2:37 P.M.

That's correct. But the dinner will be held in our restaurant. The entire place has been reserved. When I get back, we can start decorating it.

Allison Randolph 2:38 P.M.

Okay. I'll get to work now.

Demetrius Carter 2:39 P.M.

Thanks a lot.

[Demetrius Carter 2:32 P.M.]

Allison, 저는 빵집에서 기다리고 있는 중이에요 / 케이크 두 개가 완성되기를. 당신은 테이블들을 준비해 주시겠어요? 당신은 찾을 수 있을 거예요 / 모든 것을 위한 지침서들을 / 제 사무실에서.

🖉 ....

....

....

....

....

▶ 해석 171페이지

단서 🖉 빨리 찾기 전략 1   의도를 파악할 문장의 앞 문장을 보고 푼다.

의도파악 문제는 해당 문장만 해석해서는 정확한 의도를 파악하는 것이 어렵다. 따라서 그 앞이나 뒤의 문장을 보아야 하는데, 의도파악을 해야 할 문장이 답변형일 경우는 앞의 한두 문장을 보고 파악하는 것이 수월하다.

직독직해 연습 지문 참조

155. At 2:34 P.M., what does Ms. Randolph most likely mean when she writes, "Sure thing"?

    (A) She has seen the instructions.

    (B) She is able to assist Mr. Carter.

    (C) She can visit the bakery soon.

    (D) She already prepared the tables.

일단, 보기를 읽지 않고, 바로 지문 전체에서 Sure thing을 찾아야 하는데 이때는 제시된 시간을 보고 찾는다. 2:34 P.M에 Sure thing이 있고, Sure thing 바로 앞의 대화문에 주목한다.

> **Demetrius Carter 2:32 P.M.**
> Allison, I'm at the bakery waiting for both of the cakes to be done. Do you mind getting the tables ready? You can find the instructions for everything in my office.
>
> **Allison Randolph 2:34 P.M.**
> Sure thing.

▶ Sure thing의 바로 앞 문장에서 '테이블을 준비해 달라'는 말이 나온다.

▶ 보기를 읽기 전에 생각해본다. Sure thing은 '테이블 준비해달라'는 말에 대한 긍정의 답변이므로 '테이블을 준비해 주겠다'는 말이다.

▶ 이제 보기를 보고 정답을 찾아본다. 정답은 주로 포괄적으로 패러프레이징한 표현이 답이다. 확실하게 정답인지 확인하고 싶다면 오답에 대한 점검도 동시에 한다.

(A) She has seen the instructions. ➡ 오답. 지침서를 아직 보지 않았다. 동일어(instructions)를 사용한 오답

(B) She is able to assist Mr. Carter. ➡ 정답. '테이블을 준비해 주겠다'는 말을 포괄적으로 패러프레이징한 표현

(C) She can visit the bakery soon. ➡ 오답. 지침서가 사무실에 있다고 했으므로 제과점을 방문한다고 볼 수 없다.

(D) She already prepared the tables. ➡ 오답. 테이블을 준비하도록 부탁을 받은 것이지 아직 준비한 것이 아니다. 동일어 (tables)를 사용한 오답

★중요 의도파악 문제에서 단서가 되는 앞의 문장과 정답

문제 (의도파악 문장)	바로 앞의 문장 (상대방의 말)	정답 (의도)
물론이죠.	테이블을 준비해 주시겠어요?	준비해 주겠다.
이건 말도 안되요.	그녀는 지각할 사람이 아니에요.	그녀는 보통 제때에 도착한다.
해볼 가치가 있는 일이에요.	소유주들에게 연락해서 양해를 구해야 하지 않을까요?	기꺼이 소유주들에게 연락할 의향이 있다.
네, 그렇게 해주세요.	고객이 막 도착했어요. 당신 없이 발표를 시작할까요?	그는 일정대로 일이 진행되기를 바란다.
제가 알아보겠습니다.	이렇게 갑자기 알리는데 그분이 시간이 될지 안 될지 모르겠군요.	그분이 시간이 가능한지를 확인해보겠다.

Unit 06

☀함정 바로 앞의 대화문으로 안 풀리는 경우 더 앞을 본다.

바로 앞의 문장만으로 의도 파악이 안 되는 경우에는 그 보다 더 앞을 봐야 한다. 특히 채팅 유형에서는 여러 명이 등장해서 한 마디씩 하기 때문에 바로 앞의 문장에서 단서를 찾을 수 없는 경우가 많다.

문자 메시지 유형 (2인 대화)

> **지문**
>
> 샐리 김 [3:15] : 제 프린터가 고장 나서 이 도면을 인쇄할 수가 없어요. 서비스 센터에 전화했는데 아직 안 왔어요. 회의가 곧 시작할 텐데 난감하네요.
>
> 데이빗 최 [3:15] : 제가 인쇄해 드릴 수 있어요. 문서가 어디에 있나요?
>
> 샐리 김 [3:17] : 그것을 회사 내부 폴더에 업로드 해놨어요. '세류 정공'이란 폴더에 들어가 보세요.
>
> 데이빗 최 [3:18] : 그렇게 했어요. 당장 착수하겠습니다.
>
> ---
>
> **문제** 3시 18분에 데이빗 최가 "당장 착수하겠습니다"라고 쓸 때 무엇을 의미하는가?
>
> (A) 파일을 업로드 하겠다.
>
> (B) 세류 정공에 연락하겠다.
>
> (C) 문서를 인쇄하겠다.
>
> (D) 도면을 수정하겠다.

▶ 바로 앞의 문장을 보고 업로드에 관련한 (A)나 업체명에 관련된 (B)를 답으로 하면 오답이다. 의도파악 문장의 바로 앞의 문장만 봐서는 알 수 없는 유형이다. 그보다 더 앞에서 데이빗 최 자신이 인쇄를 해주겠다고 했으므로 '당장 착수하겠다'는 것은 인쇄를 하겠다는 의미이다. 따라서 (C)가 답이다.

지문

존 프랭클린 [4:15] : 일과 후에 맛있는 것 먹으러 가려고 하는데 같이 갈 사람 없나요?

잭 앤더슨 [4:15] : 저는 아직 마무리 못한 프로젝트가 있어서 잘 모르겠어요. 어디로 가는데요?

존 프랭클린 [4:17] : 음, 아마 길 건너편의 새로운 식당인 '바나나 치킨'에 갈 생각이에요.

닐 잭슨 [4:18] : 그곳은 며칠 전에 폐업했어요.

존 프랭클린 [4:20] : 아이고 이런. 그곳에 관한 후기가 진짜 엄청 좋았어요.

문제 4시 20분에 존 프랭클린이 "아이고 이런"이라고 쓸 때 무엇을 의미하는가?

    (A) 식당이 너무 멀다.

    (B) 그는 프로젝트를 제때에 끝내지 못할 것 같다.

    (C) 그는 일정의 겹침이 있다.

    (D) 그는 새로운 식당에 한번 가보고 싶었다.

▶ 여러 명의 대화이므로 바로 앞 사람의 말에 단서가 없는 경우도 있으니 유의한다. '아이고 이런'은 폐업했다는 말에 대한 답변이지만, 무엇이 폐업한 것인지는 그보다 앞의 문장에서 '새로운 식당'으로 언급되었다. 새로운 식당에 가려고 했으나 폐업했음을 아쉬워하는 상황이므로 (D)가 답이다.

Q 점검퀴즈 다음 의도파악 문제에서 정답의 단서를 지문에 표시하고 정답을 골라보자.

Ray Harris 10:37 A.M.
Samantha, did you take the day off today?

Samantha Dillard 10:40 A.M.
No. I'm touring the new facility in Salem now. What's going on?

Ray Harris 10:41 A.M.
Mr. Suzuki requested some files regarding the Sanderson Corporation. I don't have them, but I know they're on your computer. May I use yours and print them?

Samantha Dillard 10:43 A.M.
That's fine. Get the key to my office from Ms. Carpenter.

Ray Harris 11:04 A.M.
I'm all done. Thanks. I locked up and returned the key.

1. At 10:43 A.M., what does Ms. Dillard most likely mean when she writes, "That's fine"?

    (A) The door to her office is open.

    (B) Mr. Harris can use her computer.

    (C) She will call the Sanderson Corporation.

    (D) She can provide some documents.

▶ 정답 및 해석 171페이지

의도파악 문제가 꼭 그 앞의 문장만 보고 풀리는 것은 아니다. '물론이지'와 같은 단답형일 경우 주로 앞을 봐야 풀리지만 '도와 주겠어요?' 같은 질문의 형태일 때는 앞의 문장만이 아니라 뒤의 문장까지 봐야 정확히 풀 수 있다.

지문

존 해밍턴 [10:46] : 당신이 요청한 수정사항을 반영했고, 이제 그 부분을 이메일로 보내려고 해요.

찰리 박 [10:47] : 여기서 이메일 접속이 안 되네요. 이 호텔 인터넷이 다운되었어요.

존 해밍턴 [10:48] : 제가 생각하기엔 좀 기다려도 될 듯해요. 어차피 회의는 내일 아닌가요?

찰리 박 [10:50] : **왜 기다려요?** 그냥 수정한 부분만 팩스로 보내주면 안 되나요?

⋯⋯⋯⋯⋯⋯⋯⋯⋯⋯⋯⋯⋯⋯⋯⋯⋯⋯⋯⋯⋯⋯⋯⋯⋯⋯⋯⋯⋯⋯⋯⋯⋯⋯⋯

문제 10시 50분에 찰리 박이 "왜 기다려요?"라고 쓸 때 무엇을 의미하는가?

(A) 그는 전화 거는 것을 미루고 싶지 않다.

(B) 그는 지금 문서를 받고 싶다.

(C) 그의 팀이 지금 그를 기다리는 것을 원치 않는다.

(D) 그는 지체가 되는 이유가 궁금하다.

▶ '왜 기다려요?'라는 말의 의도는 '기다릴 필요가 없다'는 것인데, 바로 앞의 문장만으로는 풀 수 없기 때문에 첫 번째 문장인 10시 46분의 존 해밍턴의 말, '이제 그 부분을 이메일로 보내려고 해요'까지 살펴봐야 한다. '왜 기다려요?'라는 말은 이메일을 받고 싶다는 것으로 유추할 수 있으나 이메일 접속이 안 되므로 정확히 어떻게 해달라는 것인지 의도를 파악하기 어렵다. 따라서 이 문제는 의도를 파악할 문장 뒤의 문장을 봐야 더 쉽게 풀 수 있다. '왜 기다려요?'라는 말 뒤에 '그냥 수정한 부분만 팩스로 보내주면 안 되나요?'라는 말을 통해 어떤 방식이든 상관없이 문서를 바로 받고 싶다는 의도를 알 수 있으므로 (B)가 답이다.

★ 중요 **의도파악 문제에서 단서가 되는 뒤의 문장과 정답**

의도파악 문장	바로 뒤의 문장 (혹은 다음 사람의 말)	의도
왜 기다려요?	그냥 팩스로 3페이지만 보내주면 됩니다.	문서를 받기를 원한다.
도와 주시겠어요, 김대리?	네, 제가 10분 전에 연락해본 바로는 배송품이 아직 도로 상에 있다는 것을 확인했습니다.	배송 정보를 알기를 원한다.
전혀 문제가 안 됩니다.	우리가 오늘 3시까지만 원자재를 받는다면 문제없이 내일까지 고객에게 제품을 배송할 수 있습니다.	그는 일정을 맞출 수 있다.
뭘 하시려고요?	아, 여기 감자칩과 초코칩이 있네요.	상대방이 뭘 사려고 하는지 궁금하다.

Ken Nguyen 3:33 P.M.

Hans, Dr. Bobo called to tell me he can't be at the seminar this Saturday because he's got to head out of the country.

Hans Bader 3:35 P.M.

What do you think we should do about finding a replacement?

Ken Nguyen 3:37 P.M.

I believe Professor Pitt from Central University would be fine. I've seen him speak before, and he does an outstanding job, but I don't know if he's available this weekend.

Hans Bader 3:38 P.M.

I'll check on that.

Ken Nguyen 3:39 P.M.

Thanks. If he's not available, we'll have to think of something else.

Hans Bader 3:40 P.M.

Okay.

1. At 3:38 P.M., what does Mr. Bader mean when he writes, "I'll check on that"?

   (A) He will contact Dr. Bobo to ask him to reconsider.
   (B) He will ask about changing the time of the seminar.
   (C) He will make plans to travel to Central University.
   (D) He will find out about Professor Pitt's availability.

▶ 정답 및 해석 171페이지

단서 빨리 찾기 전략 3 상황을 파악하여 푼다.

의도파악 문제는 주로 의도를 파악할 문장의 앞과 뒤를 보고 푼다. 하지만 간혹 단어는 아는데도 대화의 정확한 상황을 몰라서 의도파악 문장의 앞과 뒤의 문장을 확인해도 문제가 풀리지 않는 경우가 있다. 이런 경우에는 아래 네 가지 사항을 확인해가며 풀면 상황이 이해되며 좀 더 쉽게 접근할 수 있다.

1. **대화 장소:** 한 사람은 기차역, 기차 안, 공항, 도로 위, 빵집, 꽃가게, 상점 등

   　　　　　　 다른 한 사람은 사무실, 행사장 등

2. **인물 관계:** 상관과 부하 사이인지, 동료들 사이인지, 납품 업체와 고객 사이인지를 파악

3. **문제점:** 재고 부족, 회의 지각, 연설자 불참 통보, 인터넷 고장, 프린터 고장 등

4. **해결책/다음 일정:** 다른 창고에 가서 가져옴, 먼저 시작함, 대체자 연락, 팩스로 전달, 다른 프린터로 인쇄 등

> **Demetrius Carter 2:32 P.M.**
> Allison, I'm at the bakery waiting for both of the cakes to be done. Do you mind getting the tables ready? You can find the instructions for everything in my office.

▶ **1. 대화 장소:** Demetrius는 빵집에 있고 Allison은 사무실에 있다.

▶ **2. 인물 관계:** 요청을 하는 것으로 보아 Demetrius는 Allison의 상관 혹은 동료이다.

▶ **3. 문제점:** 테이블을 준비하는 일이 늦어질 수 있다.

> **Allison Randolph 2:34 P.M.**
> Sure thing. I'll take care of that right now.

▶ **2. 인물 관계:** 답변의 어투로 보아 Allison은 Demetrius의 부하직원으로 짐작된다.

▶ **4. 해결책/다음 일정:** 문제점에 대한 해결책과 다음 일정이 결정되었다.

> **Demetrius Carter 2:35 P.M.**
> Excellent. The retirement ceremony is starting at 5:00, but we should have everything set up as soon as possible.

▶ **2. 인물 관계:** 자신은 빵집에 있으면서 행사 준비에 대해 계속해서 설명하고 있다. 따라서 분명 Demetrius는 상관이다.

> **Allison Randolph 2:36 P.M.**
> It's taking place in the ballroom, right?

▶ **2. 인물 관계:** 할 일에 대해 질문을 하는 것으로 보아 Allison은 부하직원이 맞다.

보통은 3번 정도의 대화에서 전반적인 상황 파악을 할 수 있다. 그러면 의도 파악도 더 쉬워진다. 의도 파악이 어려운 경우에는 이처럼 상황 파악을 병행하며 한 마디 한마디씩 확인한다.

★ 중요 구어체 표현을 알면 상황 파악에 도움이 된다.

의도파악 문제의 일부는 'I can't believe it.'과 같은 구어체 표현으로 구성된다. 구어체 표현의 뜻을 정확히 알면 문제를 푸는 데 훨씬 도움이 된다. 그러나 앞뒤 문장을 파악하지 않아도 풀리는 것은 아니며, 잘 모르는 구어체 표현이 나와도 앞뒤 문장을 잘 살펴보면 문제를 풀 수 있다.

구어체 표현	의미	상황
I can't believe it.	놀랍다.	앞에 예상치 못한 좋은 일 혹은 나쁜 일이 언급될 때
It doesn't make sense.	말이 안 된다.	앞에 일상적이지 않고 예상치 못한 일이 언급될 때
Here we go.	자, 여기요.	앞에 내용에 대한 해결책을 제시할 때

Sure thing	물론이죠.	앞의 제안에 대한 허락의 표현
Will do.	그렇게 할게요.	앞의 요청에 대한 허락의 표현
I'll get right on it.	바로 시작하겠다.	앞의 요청에 대해 바로 실행하겠다는 의지
You can say that again.	맞는 말이에요.	앞의 의견에 대한 강한 동의
No doubt.	의심의 여지가 없어요.	앞의 의견에 대한 강한 동의

Q 점검퀴즈 아래의 4가지 상황 파악의 요소를 적어보고 문제를 풀어보자.

① 대화 장소 : 인물 각각 ✎ ....

② 인물 관계 : 인물 각각 ✎ ....

③ 문제점 : ✎ ....

③ 해결책/다음 일정 : ✎ ....

Cathy Jacobs 4:04 P.M.
You were really in a hurry. Were you about to catch the subway?

Greg King 4:08 P.M.
I just missed it. But there's another one coming five minutes from now.

Cathy Jacobs 4:10 P.M.
That's good. Did you remember to fax the invoice to Denton Pharmaceuticals before you left?

Greg King 4:11 P.M.
I wanted to, but I couldn't find the fax number. So I sent it by courier instead.

Cathy Jacobs 4:12 P.M.
That's fine. It should arrive before the day ends.

Greg King 4:13 P.M.
That's what I expect.

1. At 4:13 P.M., what does Mr. King most likely mean when he writes, "That's what I expect"?

   (A) An invoice will be paid soon.
   (B) Using a courier is fine.
   (C) A fax machine should be repaired.
   (D) Denton Pharmaceuticals will call soon.

▶ 정답 및 해석 172페이지

한눈에 정리하기

다 읽지 않고도 단서를 빨리 찾을 수 있는 전략을 요약해보고, 문제에 대입하여 푸는 과정을 살펴보자.

전략 요약

1. 의도파악 문제는 보기를 먼저 읽지 말고 의도를 파악할 문장의 바로 앞 문장 혹은 앞 사람의 말을 통해 의도를 파악한 후 보기에서 정답을 찾는다.

2. 앞의 문장으로 풀기 어려울 땐 이어지는 문장이나 다음 사람의 말을 보면 풀 수 있다.

3. 의도 파악이 어려운 경우 처음부터 상황 파악을 하면서 읽는다. 대화 장소, 인물 관계, 문제점, 해결책/다음 일정을 확인하면 상황 파악이 되어 문제 푸는 것이 수월하다.

4. 구어체 표현은 많이 알수록 좋지만 그것이 절대적인 요소는 아니므로 모르더라도 앞뒤 문장을 확인하여 풀 수 있다.

전략 대입

[Demetrius Carter 2:32 P.M.]
Allison, I'm at the bakery waiting for both of the cakes to be done. Do you mind getting the tables ready? You can find the instructions for everything in my office. ●

[Allison Randolph 2:34 P.M.]
Sure thing. I'll take care of that right now.

[Demetrius Carter 2:35 P.M.]
Excellent. The retirement ceremony is starting at 5:00, but we should have everything set up as soon as possible.

[Allison Randolph 2:36 P.M.]
It's taking place in the ballroom, right?

[Demetrius Carter 2:37 P.M.]
That's correct. But the dinner will be held in our restaurant. The entire place has been reserved. When I get back, we can start decorating it.

[Allison Randolph 2:38 P.M.]
Okay. I'll get to work now.

[Demetrius Carter 2:39 P.M.]
Thanks a lot.

155. At 2:34 P.M., what does Ms. Randolph most likely mean when she writes, "Sure thing"?

(A) She has seen the instructions.
(B) She is able to assist Mr. Carter.
(C) She can visit the bakery soon.
(D) She already prepared the tables.

STEP 3 의도를 파악할 문장 바로 앞 문장까지 상황 파악을 해가며 읽는다. 이를 바탕으로 Sure thing의 의도를 파악해본다.

Allison이 부하직원이고, 상관인 Demetrius가 지시한 테이블 준비에 대한 수락의 답변으로 Sure thing이라고 했다고 볼 수 있다.

STEP 2 Sure thing을 찾는 것보다 2:34 P.M.을 찾는 것이 편하다. 일단 지문의 Sure thing에 밑줄 표시한다.

STEP 1 다른 문제들 보다 우선 순위로 의도를 파악할 문장 Sure thing과 오후 2:34분을 확인 후 지문으로 들어간다. 보기는 먼저 읽지 않는다.

STEP 4 정답 및 오답을 확인한다.

(A) 지침서를 아직 보지 않아서 오답. 동일어(instructions)를 사용한 함정이다.

(B) 테이블을 준비해 주겠다는 말을 포괄적으로 패러프레이징한 표현이므로 정답

(C) 지침서가 사무실에 있다고 한 것으로 보아 제과점으로 방문한다고 볼 수 없어서 오답

(D) 테이블을 아직 준비한 것이 아니므로 오답. 동일어(tables)를 사용한 함정이다.

Unit 06

전략을 활용해 문제를 풀어보고 채점 시 정확하게 해석해본다.

Questions 1-2 refer to the following text message chain.

Sandra Watson
9:35 A.M.
Carl, I just arrived at the restaurant. I was planning to start preparing the appetizers for the special event this afternoon. But the door is locked, and nobody's here.

Carl Westwood
Isn't Marcus there? He always arrives several hours early when we have functions like this.
9:37 A.M.

Sandra Watson
9:38 A.M.
Yeah, it's really strange. What time will you be here?

Carl Westwood
Actually, I'll be attending a meeting for local business owners all day, but I can drop by there first to let you in. I'll get there in fifteen minutes.
9:40 A.M.

Sandra Watson
9:41 A.M.
Thanks a lot. I'll be waiting by the front door.

Send

1. Who most likely is Mr. Westwood?

(A) A restaurant owner

(B) A chef

(C) A waiter

(D) A delivery person

2. At 9:38 A.M., what does Ms. Watson mean when she writes, "Yeah, it's really strange"?

(A) Marcus forgot to give her the key last night.

(B) She knows where Marcus is now.

(C) She was expecting several people to be there.

(D) Her colleague is always at work early.

Questions 3-4 refer to the following text message chain.

Amy Chang 1:11 P.M
Hello. I saw an online ad asking for volunteers to help out with the fall festival the city is holding in two weeks. I'm supposed to text this number to learn how I can be of assistance.

Joseph Devine 1:15 P.M
Thank you so much for writing. We're going to start setting up the festival grounds next week. We'll need lots of people to do a variety of work for us during that time.

Amy Chang 1:17 P.M
Great. It sounds like something I can do. When and where do you want me to go? I go to my office at 1:00 P.M.

Joseph Devine 1:18 P.M
Send me your e-mail address, please. Once a few more people respond, then I can set up a schedule based on when everyone is available.

Amy Chang 1:19 P.M
That makes sense. My contact information is amychang@quarkmail.com.

3. Why did Ms. Chang send a message to Mr. Devine?

(A) To inquire about festival tickets
(B) To rent a booth for the festival
(C) To ask about her assignment
(D) To find out how to volunteer

4. At 1:17 P.M., what does Ms. Chang most likely mean when she writes, "I go to my office at 1:00 P.M."?

(A) She is able to help in the morning.
(B) She cannot talk to Mr. Devine for much longer.
(C) She can talk on the phone at work.
(D) She might be late for work.

▶ 정답 및 해설 172페이지

출제 경향

- 지문 내 특정 어휘와 같은 뜻을 가진 보기를 고르는 문제이다.
- 단일 지문보다는 다중 지문에서 더 많이 출제되며, 한 지문에 속한 문제 중 2번째나 3번째 문제로 출제된다.
- 매회 2~5문제가 출제되며, 팟7의 지문이 전체적으로 길거나 어려울수록 난이도 조정을 위해 동의어 문제 수가 늘어난다.
- 매회 한 문제는 난이도가 높으며, 나머지는 쉬운 편이다.

유형 파악

문제 In the e-mail, the word "retains" in paragraph 2, line 9, is closest in meaning to
이메일에서 두 번째 문단 아홉 번째 줄에 있는 단어인 "retains"와 의미상 가장 가까운 것은?

문제 In paragraph 1, line 1 of the e-mail, the phrase "drawn up" is closest in meaning
to 이메일의 첫 번째 문단 첫 번째 줄에 있는 구인 "drawn up"과 의미상 가장 가까운 것은?

문제 In the letter, the phrase "go with" in paragraph 1, line 3, is closest in meaning to
편지에서 첫 번째 문단 세 번째 줄에 있는 구인 "go with"와 의미상 가장 가까운 것은?

▶ 지문 내 특정 어휘의 뜻을 묻는 문제를 '동의어 문제'라고 한다.

동의어 문제 풀이 전략

동의어 문제는 평상시 어휘 실력과 비례하기 때문에 단기간에 대비하기 어렵다. 따라서 고득점자 학생들이라 해도 어려워 하는 부분이다. 그러나 동의어 부분을 쉽게 해결하면 문제 풀이 시간을 단축할 수 있으므로 아래 전략을 익혀두자.

: 직독직해 연습 : 파트 7은 기본적인 독해 실력이 중요하다. 아래 지문을 직독직해 해보고, 해설지와 비교하여 정확한지 점검해본다.

Questions 161-163 refer to the following job announcement.

Athletic Facilitator Needed

The Richmond Parks and Recreation Department is searching for an athletic facilitator to run the city's various sports programs. Among the responsibilities are organizing the baseball, soccer, softball, and basketball leagues throughout the year, ensuring that the city's athletic facilities are in ideal condition, and promoting athletic activities to local residents.

The ideal candidate needs to be in good physical condition. The person should have an outgoing personality and should have prior experience managing others. A college degree is desired yet not necessary. Good organizational and leadership skills and the ability to multitask are musts though.

Interested individuals can apply by sending a résumé, a cover letter, and the contact information for three professional references to job@richmondcitypard.gov.

Go to www.richmondcity.gov/jobs to learn more about the city's hiring practices.

: 직독직해 써보기 :

운동 조력자 구함

Richmond 공원 레크리에이션 부서는 구하고 있습니다 / 운동 조력자를 / 운영할 / 시의 다양한 스포츠 프로그램들을.

▶ 해석 173페이지

동의어 문제를 보면 먼저 지문의 해당 단어에 밑줄을 긋는다.

동의어 문제는 다른 문제에 비해 풀이법이 매우 단순하다. 다른 문제를 풀면서 지문의 해당 단어가 지나갈 때 자연스럽게 푸는 것이 일반적인 방법이다. 하지만 해당 단어를 지나가도 알아차리지 못하고, 나중에 다시 해당 단어를 찾느라 시간을 허비할 수 있다. 따라서 이러한 실수를 막기 위해 처음부터 지문의 해당 단어에 밑줄을 긋고 나서 첫 번째 문제 풀이를 시작한다.

직독직해 연습 지문 참조

161. What is a requirement for the position?

(A) A college degree

(B) A background in sports

(C) The ability to lead others

(D) Experience working for the city

162. The word "prior" in paragraph 2, line 2, is closest in meaning to

(A) previous

(B) extensive

(C) important

(D) various

이렇게 두 문제가 있다면 161번을 풀기 전에 바로 prior를 지문에서 찾아 밑줄을 긋고 시작한다.

첫 번째 문단

두 번째 문단:

The ideal candidate needs to be in good physical condition. The person should have an outgoing personality and should have prior experience managing others. A college degree is desired yet not necessary. Good organizational and leadership skills and the ability to multitask are musts though.

첫 번째 문제를 풀다 보면 첫 번째 문단에 답이 없기 때문에 두 번째 문단을 읽게 된다. 이때 자연스럽게 밑줄 친 prior가 보이기 때문에 이때 뜻을 찾아 답을 고르면 된다. 첫 번째 문제는 키워드 문제로 두 번째 문단 마지막 줄 leadership skills를 패러프레이징 한 (C)가 답이며, 두 번째 문제는 prior experience가 '이전 경력'을 의미하므로 (A)가 답이다.

From: Sandra Crawford
To: All Employees
Subject: Update
Date: March 2

This Friday, March 5, two journalists from the *Singapore Daily News* will be visiting our facility to make observations for an article they are working on. They will be accompanied by George Yan from the Publicity Department. However, they have been granted permission to speak with any of the employees whom they encounter. If they talk with you, please be kind and courteous and answer their questions directly. But be sure not to disclose any information regarding our manufacturing methods as that is proprietary. If you are not sure what you can say, look to Mr. Yan for advice before speaking.

Thank you all.

1. What is the purpose of the memo?
   (A) To give some guidelines for dealing with visitors
   (B) To advise the employees to read the news
   (C) To promote an article that was written about the company
   (D) To report on a new manufacturing method

2. The word "disclose" in line 5 is closest in meaning to
   (A) write
   (B) forget
   (C) assume
   (D) reveal

▶ 정답 및 해석 173페이지

단서 빨리 찾기 전략 2 해당 단어가 없다고 생각하고 들어갈 단어를 고른다.

동의어 문제 중 approximately(대략적으로)처럼 하나의 뜻만 있는 단어일 경우는 문맥을 파악하지 않아도 바로 답을 맞힐 수 있다. 그러나 run처럼 여러 뜻이 있는 동사는 문맥에 따라 의미가 달라지므로 반드시 주변 문맥을 확인하고 풀어야 한다.

직독직해 연습 지문 참조

162. The word "run" in paragraph 1, line 2, is closest in meaning to

   (A) try to be elected
   (B) move quickly
   (C) exist
   (D) operate

run은 여러가지 뜻이 있는 단어로 문맥 없이 단어만으로는 답을 맞힐 수 없다. 따라서 지문에서 run이 어떤 뜻으로 사용되는지 확인해야 한다.

> Athletic Facilitator Needed
>
> The Richmond Parks and Recreation Department is searching for an athletic facilitator to run the city's various sports programs.

쉽게 풀려면 run 부분에 빈칸이 있고, 빈칸에 어울리는 동사를 고르는 팟6의 어휘 문제라고 생각하자. 그러면 다음과 같은 형식이 된다.

> Athletic Facilitator Needed
>
> The Richmond Parks and Recreation Department is searching for an athletic facilitator to ------- the city's various sports programs.

(A) elect
(B) move
(C) exist
(D) operate

어휘 문제이므로 문맥을 통해 풀어야 한다. 여기서 to부정사의 주체는 athletic facilitator이다. 빈칸에는 목적어인 sports programs와도 어울리고 사람이 하는 일로 적합한 동사가 들어가야 하므로 '운영하다'라는 뜻의 (D)가 정답이다. 전체 문맥으로도 구인 광고이므로 '다양한 스포츠 프로그램을 관리/운영할 사람을 구한다'는 말이 자연스럽다. (C)는 자동사이므로 어차피 목적어를 취할 수 없으므로 오답이다. (A)는 사람을 뽑아야 하고, (B)는 목적어인 sports programs와 어울리지 않아서 오답이다.

★ 중요 시험에 잘 나오는 다의어

다의어	뜻	다의어	뜻
practice	관습, 관행, 훈련, 연습, 실행, 개업, 영업	run	뻗어 있다, 운영하다, 출마하다, 계속되다
matter	일, 문제, 중요한 것, 물질, 재료, 상황	maintain	유지하다, 보수관리하다, 주장하다, 지속하다
capacity	수용 능력, 역할, 용량	treat	다루다, 치료하다, 식사 대접하다
figure	수치, 계산, 인물, 모양, 그림	promote	홍보하다, 승진시키다, 촉진시키다
stock	재고, 주식; 채워 넣다	observe	관측하다, 준수하다
view	전망, 견해, 살펴보기	suit	옷, 소송; 적합하다, 어울리다
issue	(잡지의) 호, 문제; 발행하다, 제공하다	arrange	정돈하다, 계획하다, 준비하다

잠깐 동사 어휘일 경우 자/타동사 구분이 도움이 될 수 있다.

> **지문** I am pleased to announce that we will be attending the Convention on International Trade on August 11. This will be a good opportunity for professionals in the industry to gather for discussions about various topics.

> **문제** The word "gather" in paragraph 1, line 2, is closest in meaning to
>
> (A) obtain
>
> (B) assemble

▶ convention은 전문가들이 모여서 정보를 교환하는 곳이다. 따라서 여기서 gather는 '모이다'라는 뜻의 자동사로 사용되었다. 같은 뜻으로 자동사의 기능이 있는 (B)가 정답이다. gather는 타동사일 때 '모으다'라는 뜻이 있어 obtain이 의미상 비슷하다고 생각할 수 있지만 타동사는 목적어가 필요하므로 오답이다.

Q 점검퀴즈 아래 동의어 문제를 팟6 어휘 문제처럼 해당 단어가 없다고 생각하고 문맥으로 풀어보자.

Rosewood Hotel　　　　　　　　　　　　　　　　　　　　　　　　Voucher 48538

The holder of this voucher is entitled to receive a two-night stay in a double room at the Rosewood Hotel in Destin, Cordova, Piedmont, or Jasper. The room must be booked at least 24 hours in advance of using the voucher. This voucher may not be used in combination with any other offers.

Guest Signature:

Date:

Inquiries should be made by e-mailing help@rosewoodhotel.com or by calling 908-8373.

1. The phrase "in advance of" in paragraph 1, line 3, is closest in meaning to
   (A) for the purpose of
   (B) as time goes by
   (C) prior to
   (D) superior to

▶ 정답 및 해석 174페이지

▶ 정답 및 해석 174페이지

단서 빨리 찾기 전략 3 너무 뻔한 표면적인 뜻은 오답일 가능성이 높다.

동의어 문제를 풀 때 가장 익숙한 의미를 찾아 답을 선택하면 함정에 빠질 수 있다. 따라서 한번 더 의심하고 점검해야 한다.

> **지문** 창고 대방출! 우리는 신상품을 위한 진열 공간을 만들기 위해서 기존 재고를 move해야 합니다.

> **문제** The word "move" in paragraph 1, line 1, is closest in meaning to
> (A) 옮기다　　(B) 팔다　　(C) 감동시키다　　(D) 이사하다

▶ move의 뜻 중 가장 익숙한 것은 '옮기다'이므로 (A)를 선택했다면 너무 뻔한 뜻이므로 정말 그 뜻으로 사용되었는지 문맥을 확인하는 것은 필수이다. 진열 공간을 만들기 위해 기존 재고를 다른 데로 옮길 수 있겠지만, 궁극적으로 이 지문은 재고처리 할인 행사 광고이므로 여기서 move의 뜻은 (B)라고 볼 수 있다.

Unit 07

어휘	이렇게만 알고 있으면 틀릴 수 있다!	이런 뜻으로 나온다!
monitor	TV 등의 모니터	감시하다(oversee), 관측하다(observe)
locate	위치시키다	찾다(find)
feature	특징, 기능	~를 특집으로 다루다, ~가 주된 내용이다(be an important part of)
good	훌륭한	유효한(valid)
move	옮기다, 이동시키다	팔아 없애다(sell and get rid of), 감동시키다
conduct	행동하다	관리/진행하다(administer)
wealth	부, 재산	풍부함(abundance)
go with	함께 가다	선택하다(select)
prompt	신속한	개시되게 하다(initiate), 장려하다(encourage)
entry	입구	출품작(submission to a contest)
grasp	꽉 쥐기, 장악력	이해(understanding)
covered	덮여진, 보호된	다루어진(noted on), 비용이 지불되는(paid with)
stress	스트레스, 걱정	강조하다(emphasize)
land	땅, 착륙하다	획득하다(acquire)
spot	장소, 점	알아차리다(notice)
slot	구멍, 컴퓨터 슬롯	빈자리(opening), 할당된 시간(an assigned time)

Q 점검퀴즈 아래 문제에서 'thanks to'를 보자마자 떠오르는 보기는 무엇이고, 그것이 정답인지 오답인지 확인해보자.

I would like to thank Ms. Lisa Waverly in particular for her assistance. It was thanks to her hard work and dedication that I was able to complete my debut novel. There were times when I doubted myself and my ability to complete the work, but she encouraged me to continue writing. I am fully aware that this book never would have become reality if it were not for her. Nor would it have been as successful as it has been.

Joseph Graves

1. The phrase "thanks to" in line 1 is closest in meaning to

(A) appreciative of
(B) attributable to
(C) responsible for
(D) resulting in

▶ 정답 및 해석 174페이지

한눈에 정리하기

다 읽지 않고도 단서를 빨리 찾을 수 있는 전략을 요약해보고, 문제에 대입하여 푸는 과정을 살펴보자.

전략 요약

1. 동의어 문제는 한 지문에서 다른 문제를 풀기 전에 지문의 해당 단어에 밑줄을 긋고 시작한다.

2. 다른 문제를 풀면서 밑줄 그은 부분이 지나가면, 팟6 어휘 문제를 풀듯이 앞이나 뒤의 문맥을 보고 푼다.

3. 뜻이 하나인 경우 빨리 풀고 넘어가고, 다의어인 경우 여러가지 뜻이 있으므로 문맥을 파악하여 고른다.

4. 너무 쉬운 어휘라면 오답의 가능성도 생각해보고, 생소한 어휘라도 주변과 어울리는 단어를 고르면 답을 맞힐 수 있다.

전략 대입

Athletic Facilitator Needed

The Richmond Parks and Recreation Department is searching for an athletic facilitator to run the city's various sports programs. Among the responsibilities are organizing the baseball, soccer, softball, and basketball leagues throughout the year, ensuring that the city's athletic facilities are in ideal condition, and promoting athletic activities to local residents.

The ideal candidate needs to be in good physical condition. The person should have an outgoing personality and should have prior experience managing others. A college degree is desired yet not necessary. Good organizational and leadership skills and the ability to multitask are musts though.

Interested individuals can apply by sending a résumé, a cover letter, and the contact information for three professional references to job@richmondcitypard.gov.

Go to www.richmondcity.gov/jobs to learn more about the city's hiring practices.

STEP 1 다른 문제 풀이에 앞서 해당 어휘를 지문에서 찾아 밑줄을 긋는다.

STEP 2 다른 문제들을 풀며 자연스럽게 run 부분을 지날 때 주변 문맥을 보고 의미를 파악한다. 혼동되면 run 부분이 빈 칸이라 생각하고 팟6 어휘 문제처럼 푼다.

목적어인 sports programs와 어울리며 사람이 하는 일로 적합한 것은 '운영하다'라는 뜻의 (D)이다.

162. The word "run" in paragraph 2, line 2, is closest in meaning to

(A) elect
(B) move
(C) exist
(D) operate

STEP 3 오답에 대해 점검한다.

• 타동사 자리이므로 자동사인 (C)는 오답이다.

• run이 '달리다'라는 뜻이 있어 (B)를 답으로 한다면, move는 타동사일 때 '이동시키다'라는 뜻이므로 오답이다.

• run이 '출마하다'라는 뜻이 있어 (A)를 답으로 한다면, elect는 타동사일 때 '뽑다'라는 뜻이므로 오답이다.

Unit 07

Questions 1-5 refer to the following memo and e-mail.

MEMORANDUM

From: Human Resources
To: All Employees
Subject: Update
Date: August 11

Last month, the Human Resources Department at Duncan, Inc. adopted a new policy related to the dining behavior of its employees. As a result of numerous complaints concerning bad smells, employees must now refrain from consuming any food products at their desks. This does not include beverages but does include foods commonly considered snacks (chocolate, candy, etc.). While most employees have complied with the regulation, there have been several who have violated it. From now on, those who fail to follow the regulation will be referred to HR for punishment.

To:	All Employees
From:	Kathy Lee
Subject:	Survey on Company Eating Habits
Date:	August 19

Dear employees,

Next week on August 22, Nancy Radcliffe of Partridge Consulting will be visiting Duncan, Inc. to conduct interviews of employees willing to speak to her about their thoughts on eating in company environments. She is curious to learn how employees feel about various rules that determine when and where they are permitted to eat their meals and snacks.

Ms. Radcliffe will also be administering a survey. All Duncan, Inc. are eligible to complete it. Please be aware that you are not required to do so and that your answers will remain strictly confidential. What you write on the form will not be attributed to you nor will it affect your employment at Duncan, Inc. in any manner.

For more information, contact David Pierce at extension 902.

Sincerely,

1. Why was the memo distributed?

    (A) To remind employees about a policy

    (B) To explain how employees may be punished

    (C) To clarify a potential rule change

    (D) To announce the opening of the cafeteria

2. What caused some employees to complain?

    (A) A lack of space

    (B) Unpleasant behavior

    (C) Loud noises

    (D) Bad odors

3. What is the purpose of Ms. Radcliffe's visit?

    (A) To determine the success of a regulation

    (B) To find out how employees like the cafeteria food

    (C) To ask employees for their opinions

    (D) To describe her most recent research

4. What is indicated about the survey?

    (A) Completing it is voluntary.

    (B) It will take several minutes to complete.

    (C) Employees can take it online.

    (D) Answers will be shared with management.

5. In the e-mail, the word "attributed" in paragraph 2, line 3, is closest in meaning to

    (A) blamed

    (B) credited

    (C) authored

    (D) referred

Questions 6-10 refer to the following e-mails and event information.

From:	Francis Jenkins
To:	Roger Morris
Date:	November 18
Subject:	Program Copy
Attachment:	December 18 Event

Good morning, Roger.

I've attached the file for the program we need printed. I think it would be best if we printed 500 copies to ensure we have enough. As for the color, I believe a light blue background with all of the words printed in black would be ideal. And be sure to write the award recipients' names in a unique font so that they stand out.

Before you send the program to the printer, make all of the changes, print it, and give me a hard copy to look over. Please give it to me no later than the end of the day tomorrow.

Regards,
Francis Jenkins

Sunrise Manufacturing
20th Annual Year-End Reception

Florentine Resort, December 18

6:00 P.M. – 7:30 P.M. — Dinner
7:30 P.M. – 8:00 P.M. — The Year in Review, Lysander Mayfield, CEO
8:00 P.M. – 8:30 P.M. — Presentations, Simone Maginot, Vice President

Best Newcomer – Rosemary Davis
Top Manager – Martin Desmond
Gold Service – Harold Carter
Employee of the Year – Cynthia Yates

From:	Roger Morris
To:	Francis Jenkins
Date:	November 26
Subject:	Program for the December 18 Event

Francis,

I looked at the copy of the program you sent me. I love the color you chose and think the program looks much better than any of the previous years' versions do.

You might want to be aware that we normally present the Gold Service award first. The recipient is always someone who has been with the company for at least two decades, so we prefer to give that person the honor of receiving the first award of the night. You might want to check with Harold to see if this year's order is fine with him. And please confirm that everyone's name is spelled properly. We don't want a repeat of what happened last year.

This should go to the printer no later than next Monday. In case there are any problems, we need to have enough time to amend the program if necessary.

Roger Morris

6. Whose name will most likely appear in a special style on the program?

(A) Lysander Mayfield's
(B) Rosemary Davis's
(C) Simone Maginot's
(D) Francis Jenkins's

7. What event will take place on December 18?

(A) A retirement party
(B) An orientation session
(C) A training program
(D) An awards ceremony

8. What is indicated about Mr. Carter?

(A) He is the winner of the employee of the year award.
(B) He works in the same department that Mr. Morris does.
(C) He has worked at Sunrise Manufacturing for more than 20 years.
(D) He plans to have his family attend the event on December 18.

9. What does Mr. Morris instruct Ms. Jenkins to do?

(A) Ask the printer for an estimate
(B) Check for mistakes
(C) Change the color and font
(D) Send him a copy of the program

10. In the second e-mail, the word "order" in paragraph 2, line 4, is closest in meaning to

(A) request
(B) instruction
(C) sequence
(D) command

▶ 정답 및 해석 175페이지

Section 2

다 읽지 않고 단서를 찾는다
- 지문 유형편

지문을 다 읽지 않고도 빨리 단서를 찾는 법과 지문 유형별 풀이 전략을 다루었다.

출제 경향

- 이메일/편지 유형은 팟7에서 가장 많이 출제되는 지문으로 한 회에 4~6세트가 출제된다.
- 주제는 일정 변경, 참석 요망, 제품 재고 부족 사과, 오류 정정 요청, 재구독 요청, 구직 의뢰, 합격 통보, 계약의 중단/연장, 서비스 문의/답변 등으로 다양하게 나온다.
- 이야기의 흐름은 '글을 쓴 목적 ➡ 세부내용 ➡ 요청사항'으로 구성된다.

유형 파악

글의 목적을 묻는 문제

Why was the letter sent to Ms. Lake? 편지가 왜 Ms. Lake에게 보내졌는가?

Why did Mr. Cowden most likely send the e-mail? Mr. Cowden은 왜 편지를 보냈겠는가?

What is the purpose of the e-mail? 이메일의 목적은 무엇인가?

수신자/발신자가 누구인지 묻는 문제

For what kind of business does Mr. Reyes most likely work?
Mr. Reyes는 아마도 어떤 종류의 업체에서 일하겠는가?

Who most likely is Mr. Marssala? Mr. Marssala는 아마도 누구일 것 같은가?

요청사항을 묻는 문제

What does Mr. Ikeda ask Ms. Warner to do next?
Mr. Ikeda는 Ms. Warner에게 다음에 무엇을 하라고 요청하는가?

What is Mr. Kuiper asked to do? Mr. Kuiper는 무엇을 하라고 요청 받았는가?

What is Mr. Grant advised to do? Mr. Grant는 무엇을 하라고 조언을 받는가?

세부내용을 묻는 문제

Why is Ms. Riad most likely in Hong Kong? Ms. Riad는 왜 홍콩에 있는가?

What does Orenia Electronics offer? Orenia Electronics가 제공하는 것은 무엇인가?

What problem does Ms. Henning report? Ms. Henning은 무슨 문제를 보고하는가?

사실확인 / 추론 문제

What is NOT mentioned about the property on Santa Rosa Street?
Santa Rosa Street의 건물에 대해서 언급되지 않은 것은 무엇인가?

What is indicated about Ms. Warner? Ms. Warner에 대해서 나타난 바는 무엇인가?

What is suggested about Wellhome Interiors? Wellhome Interiors에 대해서 암시된 것은 무엇인가?

문장삽입 문제

In which of the positions marked [1], [2], [3], and [4] does the following sentence best belong? [1], [2], [3], [4]로 표시된 곳 중에서 다음 문장이 들어가기에 가장 적합한 곳은?

"A free audio guide is available upon request at the information desk."
무료 오디오 가이드는 안내데스크에서 요청 시 구할 수 있습니다.

이메일/편지는 팟7에서 가장 많이 출제되는 지문 유형으로 목적, 요청사항, 세부내용을 주로 물어본다.

:직독직해 연습: 파트 7은 기본적인 독해 실력이 중요하다. 아래 지문을 직독직해 해보고, 해설지와 비교하여 정확한지 점검해본다.

Questions 169-171 refer to the following e-mail.

To: Catherine Moss <catherinemoss@rtt.com>
From: Hannah Chin <hannah@ihac.org>
Re: International Homebuilders Association Conference
Date: July 1

Dear Ms. Moss,

I'm writing to inform you that the International Homebuilders Association Conference will no longer be taking place from July 13-16. The Manchester Conference Center, where we had booked space, will be closed during the entire month of July, so the event will now take place from August 2-5. You were scheduled to make a presentation on the second day of the event. However, you will now be doing so on the final day of the rescheduled conference. We truly regret the inconvenience.

We realize that you are busy and hope you can participate in the conference. Please inform us of your plans as soon as possible so that we can make the necessary arrangements. Should you require assistance rebooking airplane tickets or hotel rooms, please let us know.

Regards,

Hannah Chin
Conference Organizer

저는 편지를 쓰는 중입니다 / 당신에게 알리기 위해서 / 국제 주택건설업자 협회 총회가 더 이상 개최되지 않을 것이라는 것을 / 7월 13일부터 16일까지.

✎

▶ 해석 177페이지

단서 ✎ 1
빨리 찾기 전략

수신자, 발신자, 보내는 목적을 확인한다.

이메일/편지에서 가장 많이 나오는 문제는 주제/목적 문제이다. 주제/목적 문제는 보통 초반부 세 줄 안에 단서가 나오지만 일부는 후반부 요청사항까지 봐야 풀 수 있는 경우도 있다. 초반부 세 줄로 정답을 확실히 고를 수 있으면 한 세트의 첫 문제로 풀고, 아니면 마지막에 푼다.

직독직해 연습 지문 참조

169. What is the purpose of the e-mail?

    (A) To reserve a venue for an event

    (B) To cancel an upcoming conference

    (C) To approve a speech to be given

    (D) To provide details on a schedule change

▶ 초반부에서 총회 날짜가 7월에서 8월로 변경될 것이라고 이야기하고 있으므로 (D)가 답이다.

수신자 혹은 발신자가 누구인지 묻는 문제도 자주 나오는데, 이는 주제/목적 문제와 마찬가지로 초반부에 유추가 가능하지만 지문 전반에 걸친 몇 가지 요소를 종합해서 추론해야 하는 경우도 있어 한 세트의 문제 중 마지막에 풀어야 수월하다. 주제/목적 문제가 잘 풀리지 않으면 수신자/발신자가 누구인지 확인하고, 반대로 수신자/발신자 문제가 잘 풀리지 않으면 주제/목적을 확인하면 더 쉽게 풀린다.

170. Who most likely is Ms. Moss?

    (A) A journalist

    (B) A flight attendant

    (C) A speaker

    (D) A conference coordinator

▶ Ms. Moss는 이메일의 수신자이다. 초반부에 회의에 대한 일정 변경은 발신자가 이야기했다. 따라서 발신자가 (D) 총회 주최자이다. 이메일 주소를 확인하면 발신자와 수신자의 회사가 같지 않으므로 수신자가 주택건설업자 협회 총회에 참석할 사람이라는 것이 유추 가능하다. 이어 중반부에서 '당신의 발표일이 행사 두 번째 날에서 마지막 날로 변경되었다'는 말이 나오므로 수신자인 Ms. Moss는 발표자라는 것을 알 수 있다. 따라서 이를 패러프레이징한 (C)가 답이다. (D)는 수신자와 발신자를 반대로 이해했을 경우 틀리도록 유도하는 전형적인 오답 패턴이다.

★ 중요 이메일/편지에 주로 나오는 수신자/발신자/목적

발신자	수신자	목적
회의 주최자	연설자	일정 변경, 참석 요망
업체	제품 구매 고객	제품 재고 부족 사과, 요청
독자 / 출판사	출판사 / 독자	오류 정정 요청, 재구독 요청
구직자 / 구인자	구인자 / 구직자	지원 문의, 합격 통보
고용업체	하청업체	계약의 중단, 연장
서비스 이용 업체	서비스 제공 업체	서비스 문의, 답변
분실물 보관 센터	물건 분실자	분실된 물건 확인 절차
부서장, 임원	전 직원	공고(notice)/회람(memo)성 이메일: 행사 공지, 자원자 모집, 보수공사 안내 등

✋ 잠깐 이메일/편지의 고정된 수신자/발신자 정보의 위치를 확인한다. 녹색은 발신자 정보, 하늘색은 수신자 정보

이메일	편지

To: Catherine Moss <catherinemoss@rtt.com>
From: Hannah Chin <hannah@ihac.org>
Re: International Homebuilders Association Conference
Date: July 1
 	
Dear Ms. Moss,
 	
  As 직책/신분, I ~~~
  As 직책/신분, You ~~~~~
 	
Hannah Chin
Conference Organizer
	Biotechnology Laboratory
	199 Edward Drive
	Elmwood Park, NJ 07407
	June 21
	Kevin Chou
	10 Cheng Shou Si Road
	Beijing, China
	
	Dear Mr. Chou,
	
	  As 직책/신분, I ~~~
	  As 직책/신분, You ~~~~~
	
	Sincerely,
	
	Dhruv Kumer
	Head Researcher and Administrator

To: All Employees
From: Craig Justice
Date: September 25
Subject: Update

Starting on October 1, Desmond Groceries will provide free same-day home delivery to customers who spend a minimum of $100 and live within the Jacksonville city limits.

There will be signs posted at all checkout counters starting tomorrow. All members of our shoppers' club will receive an e-mail regarding this benefit as well. If customers request delivery, please refer them to the customer information desk, where they can make the necessary arrangements. Thank you very much.

Craig Justice

1. What is the purpose of the e-mail?

   (A) To announce a sale
   (B) To describe a new policy
   (C) To provide advice about complaints
   (D) To reschedule a training session

2. Who most likely is Craig Justice?

   (A) A local resident
   (B) A deliverer
   (C) A store manger
   (D) A shopper

▶ 정답 및 해석 177페이지

이메일/편지에는 대부분 요청사항이 등장한다. 단순히 정보만 전달하기 위해 이메일이나 편지를 쓰는 경우는 거의 없다. 요청사항을 묻는 문제는 ask 같은 동사가 포함되는데, ask 외에도 advise, encourage, invite 등이 포함된 문제도 역시 같은 유형의 문제이다. 요청사항은 제안/요청문의 단서인 please와 함께 주로 후반부에 제시된다.

직독직해 연습 지문 참조

171. What does Ms. Chin ask Ms. Moss to do?

　　(A) Pay a registration fee

　　(B) Submit his speech

　　(C) Confirm his attendance

　　(D) Reserve a hotel room

▶ 발신자(Ms. Chin)가 요청하는 바가 무엇인지를 확인하는 문제이다.

▶ 요청사항은 보통 이메일의 후반부에 언급하기 때문에 후반부의 please 부분에 주목한다.

▶ please 뒤에는 '필요한 준비를 할 수 있도록 계획을 빨리 알려달라'는 말이 나오는데, 여기서 계획은 please 바로 앞에 나오는 참석 여부를 말한다. 따라서 이를 패러프레이징한 (C)가 답이다.

😀 함정 **수신자와 발신자를 반드시 확인한다!**

　　수신자와 발신자를 반대로 이해해서 틀리기 쉬운 문제가 출제되므로 문제를 정확하게 해석하자.

What does Mr. Kim ask/request/advised/tell/invite Mr. Lee to do? ➡ Mr. Kim이 발신자이다.

What Mr. Kim is asked/requested/advised/told/invited to do? ➡ Mr. Kim이 수신자이다.

⭐ 중요 **시험에 잘 나오는 요청사항 키워드와 요청사항 BEST 5**

요청사항 키워드	요청사항
• Please ~. ~해주세요.	• 계약서, 양식(설문지 등)을 작성하여 돌려달라
• You will have to ~. 당신은 ~해야 할 것입니다.	• 선호 사항(메뉴, 날짜 등)을 알려달라
• You are required to ~ 당신은 ~하도록 요구됩니다.	• 추가 정보를 위해 웹사이트 방문, 전화, 직접 방문을 해달라
• You need to ~ 당신은 ~할 필요가 있습니다.	• 다른 제품 구매를 고려해보라
• Why not ~ ? ~하는 게 어때요?	• 시간이 되는지 안 되는지 알려달라

To: All Employees
From: Stacy Dean
Date: July 31
Subject: Urgent Information

To all employees,

As you know, we have been heavily advertising our ongoing sale in several types of local media. Please be aware that the *Hagerstown Daily* published one of our advertisements but made a mistake. It has our sale running until August 15 rather than August 5. The paper promised to run a correction for the next three days; however, some shoppers are sure to miss it. From August 6 to 15, any shoppers who mention the sale should be given a coupon good for 15% off. You should also apologize and describe what happened. If anyone is not satisfied with the explanation, please call the supervisor on duty to explain the situation further.

Regards,

Stacy Dean

1. What does Ms. Dean tell the employees to do?

   (A) Process refunds to anyone who requests them

   (B) Accept coupons after their expiration dates

   (C) Have customers speak with a manager

   (D) Double the value of any coupons that are used   ▶ 정답 및 해석 178페이지

이메일/편지에서는 먼저 한두 문장으로 간략한 용건을 전한 후, 중반부에서 그에 대한 구체적인 내용을 이야기하거나 후반부에서 요청사항과 함께 이야기를 하기도 한다. 이때 이유, 방법, 시간, 대상(주로 첨부 문건) 등의 내용을 묻는 세부내용 문제나 사실확인 문제 혹은 추론 문제가 주로 출제된다. 이러한 문제들은 주로 단서가 중/후반부에 나오는데, 문제나 보기에 키워드를 표시한 후 지문에서 해당 키워드가 패러프레이징 된 것을 찾으면 그 주변에 정답의 단서가 있다.

직독직해 연습 지문 참조

170. When was Ms. Moss originally scheduled to speak?

     (A) On July 13

     (B) On July 14

     (C) On August 2

     (D) On August 3

▶ 이 문제는 이메일/편지의 세부내용을 묻는 문제로, 키워드인 originally scheduled를 패러프레이징한 부분을 찾아야 한다. 먼저, 지문 중반부에 있는 "**You were scheduled** to make a presentation on the second day of the event. However, **you will now** be doing so" 부분이 첫 번째 단서이다.

▶ 행사의 두 번째 날이라는 말로는 보기 중에서 정답을 고를 수 없으므로 지문의 다른 부분에서 좀 더 확인한다. 초반부에 일정이 두가지가 나오는데, 7월 13일~16일과 8월 2일~5일이다. 원래의 일정을 물어보는 것이므로 7월 13일~16일인데, 행사의 두 번째 날은 7월 14일이므로 (B)가 정답이다. 이때 키워드 주변에 있는 8월 2일이나 3일을 답으로 하면 함정에 빠지게 된다.

★ 중요 **시험에 잘 나오는 이메일/편지의 세부내용 및 단서**

세부내용	단서
첨부 문건	attached 첨부된 enclosed 동봉된 send along 보내다 enclosure 동봉물
변경 전후 날짜	originally. initially 처음에는 ~ now 이제는
정정이 필요한 것	misprinted 잘못 인쇄된~ (올바르지 못한 것) instead of 그 대신에~ (올바른 것) modify 수정하다
문의 사항	you have asked about 당신이 물어보았던
문제의 세부내용	However 그러나 Unfortunately 불행히도 difficulty 어려움 trouble 문제

Unit 08

From: chris@davisrentalcars.com
To: terrywelch@mymail.com
Subject: Your Comments
Date: October 28
Attachment: Voucher

Dear Mr. Welch,

I read with interest the comments you left on our Web site regarding your rental of one of our vehicles. I was pleased you thought the vehicle was clean and in perfect condition. However, I was disappointed to learn you weren't given the vehicle you had reserved. I spoke with the employee you dealt with, and he admitted to making a mistake. I would like you to know we provided extra training for all our employees to make sure incidents like this do not happen again.

I'm sending you a voucher good for the free rental of any vehicle for three days. It must be redeemed within the next six months. And we appreciate your comments, both the positive and negative ones.

Regards,

Chris Pearl

. . . .

1. What recently happened at the Davis Rental Car Agency?

   (A) Employees were taught to do their jobs.
   (B) Several individuals were fired.
   (C) Prices were lowered for customers.
   (D) New cars were added to its fleet.

▶ 정답 및 해석 178페이지

한눈에 정리하기

다 읽지 않고도 단서를 빨리 찾을 수 있는 전략을 요약해보고, 문제에 대입하여 푸는 과정을 살펴보자.

전략 요약

1. 이메일/편지 지문에 가장 많이 나오는 문제는 발신자/수신자/편지의 목적을 묻는 것으로 초반부만 봐도 거의 풀리지만 한 지문의 다른 문제들부터 풀고 마지막에 풀면 더욱 쉽다.

2. 일정 변경, 참석 요망, 제품 재고 부족 사과, 오류 정정 요청, 재구독 요청, 구직 의뢰, 합격 통보, 계약의 중단/연장, 서비스 문의/답변 등의 주제가 출제되며, 목적에 따라 수신자와 발신자를 유추할 수 있다.

3. 이메일/편지 지문에는 요청/권고사항을 묻는 문제가 많이 나오는데, 이는 지문의 중/후반부, please 뒤에 단서가 있다.

4. 주로 출제되는 요청사항은 서류 작성, 선호 사항(메뉴, 날짜 등) 통보, 전화 혹은 직접 방문, 참여 유무 통보 등이다.

5. 이메일/편지는 중/후반부의 세부내용, 사실확인, 추론 문제가 출제된다. 주로 첨부 문건은 무엇인지, 변경 전후 날짜, 정정이 필요한 부분, 문의 사항, 문제점의 세부내용 등을 묻는다.

전략 대입

Dear Ms. Moss,

I'm writing to inform you that [170]the International Homebuilders Association Conference will no longer be taking place from July 13-16. The Manchester Conference Center, where we had booked space, will be closed during the entire month of July, so the event will now take place from August 2-5. [170]You were scheduled to make a presentation on the second day of the event. However, you will now be doing so on the final day of the rescheduled conference. We truly regret the inconvenience.

We realize that you are busy and [171]hope you can participate in the conference. [171]Please inform us of your plans as soon as possible so that we can make the necessary arrangements. Should you require assistance rebooking airplane tickets or hotel rooms, please let us know.

169. What is the purpose of the e-mail?

(A) To reserve a venue for an event
(B) To cancel an upcoming conference
(C) To approve a speech to be given
(D) To provide details on a schedule change

170. When was Ms. Moss originally scheduled to speak?

(A) On July 13   (B) On July 14
(C) On August 2   (D) On August 3

171. What does Ms. Chin ask Ms. Moss to do?

(A) Pay a registration fee
(B) Submit a speech
(C) Confirm her attendance
(D) Reserve a hotel room

STEP 1 이메일 유형과 목적 문제임을 확인했다면 단서의 위치와 주로 나오는 정답을 먼저 생각한 후 일단 다른 문제들부터 푼다.

목적 문제로, 정답의 단서는 대개 초반부 세 줄에 있음을 생각하고, 주로 나오는 정답은 '일정 변경'이므로 (D)를 답으로 예상해본다.

STEP 2 세부내용을 묻는 문제로, 키워드인 originally scheduled를 패러프레이징한 부분을 지문의 중/후반부에서 찾는다.

'당신은 행사의 두 번째 날에 발표를 하기로 되어 있었습니다. 그러나 당신은 이제는 ~' 부분과 '~ 더 이상 7월 13~16일에 개최되지 않습니다'라는 내용을 결합하면 (B)를 답으로 선택할 수 있다.

STEP 3 요청사항 문제로 중/후반부, please 주변을 확인하여 답을 고른다.

'가능한 한 계획을 빨리 통보해달라'는 말과 '참석을 희망한다'는 말을 종합하면 참석 여부를 확인해달라는 말이므로 (C)가 정답이다.

STEP 4 170번과 171번을 풀고 169번을 다시 본다.

Step 1에서 초반부 세 줄만으로는 확실하지 않았던 목적 문제를 마지막에 풀어보니 훨씬 쉬워졌다. 전체적으로 일정 변경에 대한 세부사항을 이야기하고 있으므로 169번은 역시 (D)가 답이다.

Unit 08

실전 적용 문제

전략을 활용해 문제를 풀어보고 채점 시 정확하게 해석해본다.

Questions 1-4 refer to the following e-mail.

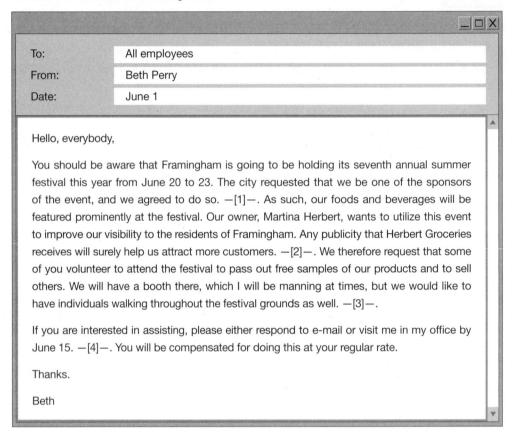

To:	All employees
From:	Beth Perry
Date:	June 1

Hello, everybody,

You should be aware that Framingham is going to be holding its seventh annual summer festival this year from June 20 to 23. The city requested that we be one of the sponsors of the event, and we agreed to do so. —[1]—. As such, our foods and beverages will be featured prominently at the festival. Our owner, Martina Herbert, wants to utilize this event to improve our visibility to the residents of Framingham. Any publicity that Herbert Groceries receives will surely help us attract more customers. —[2]—. We therefore request that some of you volunteer to attend the festival to pass out free samples of our products and to sell others. We will have a booth there, which I will be manning at times, but we would like to have individuals walking throughout the festival grounds as well. —[3]—.

If you are interested in assisting, please either respond to e-mail or visit me in my office by June 15. —[4]—. You will be compensated for doing this at your regular rate.

Thanks.

Beth

---

1. What is the purpose of the e-mail?

(A) To request recommendations for new employees

(B) To ask the staff to assist with an event

(C) To promote a city festival

(D) To remind employees to submit timecards

2. What is suggested about Herbert Groceries?

(A) It was recently founded.

(B) It is the only sponsor of the festival.

(C) It is opening new stores soon.

(D) It is located in Framingham.

3. According to the e-mail, how are employees asked to participate in the festival?

(A) By helping set up a booth

(B) By giving away the store's items

(C) By donating money for the event

(D) By attending it with their families

4. In which of the positions marked [1], [2], [3], and [4] does the following sentence best belong?

"Once I know how many people are interested, I can make a schedule."

(A) [1]   (B) [2]   (C) [3]   (D) [4]

Questions 5-8 refer to the following e-mail.

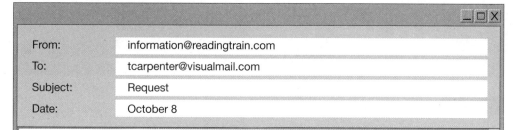

From:	information@readingtrain.com
To:	tcarpenter@visualmail.com
Subject:	Request
Date:	October 8

Dear Ms. Carpenter,

We received your e-mail and checked the missing item center. There are several pieces of baggage matching the description you gave. However, none of them has a nametag indicating that it is yours. We request that you visit us at 589 Apple Drive to search for your item in person.

Upon arrival, you will be asked to identify which train you took, where you were going, and where you were sitting. If you still have your ticket, please bring it with you.

You can visit the center every day of the week between 7 A.M. and 9 P.M. But please be advised that since passengers lose a large number of items, we only have a limited amount of space. We therefore dispose of all items ten days after they are found.

Sincerely,

Tim Holt

5. Where does Mr. Holt work?

(A) At a government agency
(B) At a transportation company
(C) At an insurance company
(D) At a travel agency

6. What did Ms. Carpenter most likely inquire about?

(A) A high price
(B) A lost item
(C) A missing receipt
(D) A reservation

7. What information will Ms. Carpenter be asked to provide?

(A) Her seat number
(B) Her address
(C) Her work number
(D) Her point of departure

8. What is Ms. Carpenter advised to do?

(A) Take good care of her possessions
(B) Present any coupons that she has
(C) Make future bookings online
(D) Go to the center as soon as she can

▶ 정답 및 해석 179페이지

출제 경향

- 기사문은 팟7의 가장 고난도 지문으로 한 회에 2~3세트가 출제된다.
- 주제는 공사, 기업 인수/합병/확장, 후기/평론, 조언/제안, 제품 출시, 인사 이동, 창업 등 다양하다.
- 이야기의 흐름은 '주제 언급 ➡ 사건의 배경/파급 효과 ➡ 미래 전망/계획'으로 구성된다.

유형 파악

글의 주제/목적을 묻는 문제

What is the article about? 기사는 무엇에 관한 것인가?
What is the subject of the article? 기사의 주제는 무엇인가?
What is the purpose of the article? 기사의 목적은 무엇인가?

발행처나 독자를 묻는 문제

Where can this article be found? 이 기사는 어디서 발견될 수 있는가?
For whom is the article mainly intended? 이 기사는 주로 누구를 위해 의도되었는가?

미래 계획을 묻는 문제

Where will Psionic Tech most likely build its next production facility?
Psionic Tech는 아마도 다음 생산 시설을 어디에 지을 것 같은가?

Where will the next Wonkette factory be built? 다음 Wonkette 공장은 어디에 건설될 것인가?
According to the article, what will happen on June 3? 기사에 따르면, 6월 3일에 무슨 일이 발생할 것인가?

세부내용을 묻는 문제

According to the article, what was unusual about the shop when it first opened?
기사에 따르면, 그 가게가 처음 문을 열었을 때 특이했던 점은 무엇인가?

Why has Tenford Construction been hired? Tenford Consruction은 왜 고용되었는가?
According to the article, what has Mr. Avelino recently done?
기사에 따르면, Mr. Avelino은 최근에 무엇을 해왔는가?

사실확인 / 추론 문제

What detail about business hotels is NOT mentioned in the article?
이 기사에서 비즈니스 호텔에 관한 어떤 세부사항이 언급되지 않았는가?

What does the article indicate about Mr. Aloha? 이 기사가 Mr. Aloha에 대해서 나타내고 있는 것은 무엇인가?
What does the article suggest about the Skyview Hotel?
이 기사가 Skyview Hotel에 대해서 암시하는 것은 무엇인가?

문장삽입 문제

In which of the positions marked [1], [2], [3], and [4] does the following sentence best belong? [1], [2], [3], [4]로 표시된 곳 중에서 다음 문장이 들어가기에 가장 적합한 곳은?
"The new policy, however, will go into effect next week."
이 새로운 정책은 / 그러나 / 효력을 발휘할 것이다 / 다음 주에.

기사문 지문 풀이 전략

: 출제 빈도: 매회 평균 2~3세트

기사문은 수험생들이 가장 어려워하는 지문이다. 길고 단어와 내용이 생소하여 문제를 푸는 데 시간이 지연되는 경우가 많다. 시험에 나오는 기사문의 주제와 이야기의 흐름, 자주 나오는 문제의 정답과 오답을 얼마나 익숙하게 만드는지가 기사문 정복의 핵심이다.

: 직독직해 연습 : 파트 7은 기본적인 독해 실력이 중요하다. 아래 지문을 직독직해 해보고, 해설지와 비교하여 정확한지 점검해본다.

Questions 166-168 refer to the following article.

Hanna West's Daring Move

by Mark Snyder

Dallas (October 5) – Hanna West is known around the world for her starring roles in numerous films. Her talents as an actress have enabled her to perform in a wide variety of genres, from action to comedy to drama. She has received several awards for her acting, including the Devers Award for Best Actress for her performance in *It Takes Two to Tango*, last year's biggest hit. —[1]—.

In a stunning announcement, Ms. West stated last night that she intends to retire from acting in films to pursue her current interest: performing live on stage in musicals. Ms. West noted that she is working with Diane Carter on the production of *It's My Life*, a musical that will be staged at the Western Theater in Dallas. Its opening night is scheduled for January 18. This will be the third musical Ms. Carter has directed to have its grand opening in Dallas. —[2]—.

When contacted by e-mail, Ms. West remarked, "I just got tired of performing in front of the camera. Now, I'd like to act for a live audience. It's more challenging because if I make a mistake, I don't get to do it over. So I'll have to hone my craft even more." —[3]—.

A spokesman for the Western Theater confirmed Ms. West would be performing there. He said that the number of inquiries for tickets had increased greatly and that he expected them to be sold out soon. —[4]—.

Hanna West는 알려져 있다 / 전 세계에 / 그녀의 주연 출연으로 / 많은 영화들에서.

✎ ....

....

....

....

....

....

....

....

▶ 해석 181페이지

단서 빨리 찾기 전략 **1** 주제/목적과 출처/독자를 확인한다.

기사문에서는 기사의 주제/목적을 묻는 문제가 자주 나온다. 아래 세 가지의 방법을 각각 혹은 복수로 적용해 주제/목적 문제를 푼다.

1 │ 제목을 보고 풀기

기사문의 제목에서 전체 주제/목적을 암시하는 경우가 있다. 이런 경우에는 제목을 보고 바로 풀 수 있다.

직독직해 연습 지문 참조

제목 **Hanna West's Daring Move**

....

166. What is the purpose of the article?

    (A) To announce an upcoming movie

    (B) To promote a musical performance

    (C) To describe a woman's career change

    (D) To review a movie star's performance

▶ 글의 제목은 Hanna West's Daring Move인데, 여기서 Daring은 '대담한'이란 뜻이고, Move는 '움직임, 변화' 등의 뜻으로 사용되었다. 따라서 이 글은 Hanna West라는 인물에 대한 이야기로, 이 인물이 이전과는 다른 무언가를 시도한다는 내용을 다룰 것이라고 유추해 볼 수 있다. 이에 부합하는 보기는 (C)이다.

2 | 초반부 혹은 첫 번째 문단을 보고 풀기

제목이 없거나 제목이 '비즈니스 요약' 혹은 '이번 주 비즈니스 소식' 같이 아주 포괄적인 제목인 경우는 제목으로 주제/목적을 유추하는 것이 불가능하다. 이때는 지문의 첫 번째 문단을 보고, 하나의 문단으로 구성된 지문일 경우에는 지문의 초반부를 보고 푼다.

> **지문** (6월 3일 뉴욕) – 이전 한성 음료 부사장이었던 김진만 씨가 관련 업계의 새로운 자리를 맡았다. 11월 부로 그는 비타 음료 올라잇 C로 유명한 코끼리 제약사의 사장으로 근무할 것이다
> (하략)
>
> ----
>
> **문제** 이 기사문의 목적은 무엇인가?
> (A) 한 회사가 직면하는 재무적 어려움을 설명하기 위해서
> (B) 새로운 음료 회사의 시작을 알리기 위해서
> (C) 한 중역의 경력상 변화를 보도하기 위해서
> (D) 지역의 관광업 상황을 알리기 위해서

▶ 이 문제는 지문의 초반부만으로도 글의 주제/목적을 찾을 수 있다. 이전 회사의 부사장이었던 인물이 다른 회사의 사장이 되었다는 내용이다. 따라서 (C)가 답이다.

3 | 지문을 다 읽고 풀기

제목으로도, 지문의 초반부로도 파악할 수 없는 경우는 일단 다른 문제들부터 풀고 마지막에 각 문단의 내용을 확인하여 주제/목적을 확인한다. 위의 직독직해 연습 지문에 제목이 없었다고 가정해 보자.

직독직해 연습 지문 참조

> **지문** (제목이 없다고 가정)
>
> ----
>
> **166.** What is the purpose of the article?
> (A) To announce an upcoming movie
> (B) To promote a musical performance
> (C) To describe a woman's career change
> (D) To review a movie star's performance

▶ 첫 번째 문단은 Hanna West라는 여자가 다양한 장르의 영화에서 주연 역할을 맡았고 여러 상을 받았다는 내용이고, 두 번째 문단은 그녀가 영화를 은퇴하고 뮤지컬 쪽에서 일하겠다고 발표했다는 내용이다. 그리고 세 번째 문단은 그 이유에 대한 그녀의 인터뷰이고, 네 번째 문단은 그녀의 공연에 대한 전망을 다루고 있다. 따라서 이 내용들을 종합하면 '한 여자의 경력상의 변화'를 묘사한 것으로 볼 수 있으므로 (C)가 답이다.

한편, 기사문의 출처나 독자를 묻는 문제도 가끔 나오는데, 이때 초반부에서 답을 찾을 수 없다면 지문을 다 읽고 나서 마지막에 푼다. 특히 출처 문제는 독자가 누구인지 생각해보면 더 쉽게 풀 수 있다.

> **지문**
> ### 매일의 피부 관리
> 로즈 그린필드
>
> 사람들은 잡지에서 보이는 무결점 피부를 얻기 위해서 그들의 피부에 수백 달러씩 투자한다. 하지만 몇 가지 간단한 활동과 습관만으로 많은 돈을 쏟아 붓지 않고도 당신의 피부를 변화시킬 수 있다. Riverwood 피부 클리닉의 슈압 디 마문 와셈 박사로부터 제공된 몇 가지 팁을 소개한다.

(하략)

문제 이 기사문은 어디에서 볼 수 있는가?
(A) 화장품 회사 직원 소식지
(B) 피부 관리 제품 설명서
(C) 미용 잡지
(D) 의학 저널

▶ 첫 번째 문단에 의학 박사의 이름이 언급되어 있기는 하지만 새로운 의학적 발견이나 의학 계통에 종사하는 사람들이 관심을 기울일 만한 전문적인 내용이 아니므로 (D)보다는 (C)가 더 적절한 답이 된다. 이처럼 출처를 묻는 문제에서 혼동되는 선택지가 있다면 주된 독자가 누구인지를 고려해서 답을 고르면 혼동을 피할 수 있다.

★중요 제목으로 알 수 있는 주제/목적

기사 제목	주제/목적
지역 뉴스(around town), 비즈니스 보도(business report), 비즈니스 최신 소식(business updates), 간략 보도(business brief)	제목으로 알 수 없음
재단이 빈자리를 제안합니다	일자리 기회를 발표하기 위해서
'스코필드' 맨션 최신 소식	한 빌딩의 미래
김민선 씨의 도전적인 도약	한 인물의 경력 변화

★중요 기사문에 주로 나오는 초반부 내용과 주제/목적

초반부 내용	주제/목적
비즈니스 최신 소식 7월 부로, 제과 체인인 '빵굽는 마을'은 18개의 새로운 카페를 중국에 개설할 것이다. 빈자리들은 다음 6개월간에 걸쳐서 모집된다.	회사의 변화를 보고하려고
그 회사는 선도하는 컴퓨터 제조업체 사장인 김주연씨가 그녀의 자리에서 은퇴할 것이라고 어제 발표했다.	회사 리더십의 변화를 알리려고
길모퉁이 서점은 그곳의 원래 부지 옆의 빈 공간을 매입했는데, 그 공간은 이 서점의 오랜 숙원 사업인 서점 확장 공사를 위한 공간이다.	지역 서점의 변화를 설명하려고
신성 전자는 신종 광섬유 산업의 성공적인 인수를 어제 발표했다. 특히 신성 전자는 신종 광섬유 공장의 건설을 다시 시작하겠다고 밝혔다.	지연된 프로젝트에 대한 최신 소식을 제공하려고
거의 2년간의 보수공사 후 시청은 운영을 다시 시작했다.	빌딩의 재운영을 알리기 위해서
3일, 7일 투어 패키지를 더하고 룰루섬으로 가는 직항편 비행기를 하루 2차례 운영한다고 밝혔다.	사업의 확장을 알리기 위해서
30년 전 성심 병원의 접수원으로 일했던 강철수씨는 이제 의사일 뿐 아니라 새롭게 보수공사를 한 성심 병원의 병원장이 되었다.	한 병원 의사에 대해 간략한 소개를 하려고

LEXINGTON (October 3) – In a surprise announcement, Jonathon Dawkins, the CEO of Denton Enterprises, a leader in the computer software industry, said he is going to step down from his position. Mr. Dawkins has been in charge of the company for the past fifteen years. When he first started working at Denton Enterprises, it was mostly a maker of video games. While the company still releases several new titles a year, it has branched into a number of other fields. Mr. Dawkins was responsible for the expansion of the firm into these fields. His actions have proven to be effective as Denton Enterprises has been completely transformed in his decade and a half of leadership. The company was in debt, and the top executives were considering declaring bankruptcy when Mr. Dawkins took over. He promptly eliminated the firm's debt and expanded its R&D and IT teams. Since then, the company has made a profit for the past twelve years in a row. According to the announcement, Mr. Dawkins is leaving the company to pursue another business venture. However, specifics regarding it were not provided.

1. What is the purpose of the article?

    (A) To describe a company's future plans

    (B) To publicize an opening for an executive position

    (C) To announce the departure of an employee

    (D) To give a short history of a company

▶ 정답 및 해석 181페이지

단서 빨리 찾기 전략 2 이야기의 흐름을 확인하며 문제를 푼다.

기사문의 첫 번째 문제로는 주제/목적 문제가 주로 나오지만, 그렇지 않은 경우는 세부내용을 묻는 문제나 사실확인 문제, 추론 문제, 문장삽입 문제, 동의어 문제에 이르기까지 의도파악 문제를 제외한 모든 종류의 문제들이 나온다. 이러한 문제들은 기사문을 얼마나 이해했는지를 점검하기 위한 것이다. 기사문은 길이가 길고, 어휘나 표현이 다른 지문에 비해 어려워 시간을 허비하기 쉽다. 이때 필요한 것이 이야기 흐름이다. 기사문의 이야기 흐름을 알면 각 문제의 단서가 어디에 나올지 예상이 가능하다.

일단 기사문의 기본적인 이야기 흐름은 다음과 같다.

제목
필자 및 필자 소속
기사 발행 지역 (기사 발행 날짜)

이야기 흐름: 기사 주제 ➡ 사건의 배경(등장인물 1, 2를 통해 묘사) ➡ 파급 효과(등장인물 3, 4를 통해 묘사) ➡ 미래 전망/계획

직독직해 연습 지문의 경우 다소 변형 패턴으로 순서상 변화가 있지만 일반적인 기사의 흐름과 유사하다.

제목: Hanna West's Daring Move
필자 및 필자 소속: by Mark Snyder
기사 발행 지역 (기사 발행 날짜): Dallas (October 5)

이야기 흐름: 유명 영화배우의 이력(배경) ➡ 유명 영화배우의 계획 발표(주제/파급 효과) ➡ 인터뷰 내용(배경) ➡ 뮤지컬 공연 계획(미래 전망/계획)

아래 문제 유형은 흐름을 이해하면 특히 쉽게 풀린다.

직독직해 연습 지문 참조

1 | 문장 삽입 문제

> **문제** In which of the positions marked [1], [2], [3], and [4] does the following sentence best belong?
>
> "그녀는 또한 미국인이 가장 좋아하는 영화배우 5인 중 한 명으로 선출되기도 했다"
>
> ....
>
> (A) [1]　　　　(B) [2]　　　　(C) [3]　　　　(D) [4]

▶ 이 문제는 내용만 봐도 영화배우로서 은퇴 발표를 하기 전 내용이다. 즉, 사건의 배경에 해당하는 내용이므로 초반부인 [1]에 위치할 것을 예상할 수 있다. 흐름을 알고 있으면 이렇게 쉽게 풀 수 있다.

2 | 세부내용 문제 / 세부내용 추론 문제

> **문제** When did Ms. West make an announcement about her new career?
>
> ....
>
> (A) October 4　　　(B) October 5　　　(C) January 18　　　(D) January 19

▶ 발표한 것(announcement about he new career)은 주제에 해당하는데, 일반적으로 초반부에 단서가 있지만 직독직해 연습 지문은 두 번째 문단에 단서가 나온다. 지난밤에 은퇴를 발표했다는 말이 나오는데, 기사의 날짜가 10월 5일이므로 그보다 하루 전인 10월 4일이 발표한 날짜이므로 (A)가 정답이다.

3 | 사실확인 문제 / 사실확인 추론 문제

> **문제** What is indicated about the Western Theater?
>
> ....
>
> (A) It is owned by Ms. West.
>
> (B) It will be hosting *It's My Life*.
>
> (C) It has sold all the tickets for a show.
>
> (D) It will be holding a musical for the first time.

▶ Western Theater에 대한 사실을 물어보는 사실확인 문제이다. 지문의 흐름을 알고 있다면 Western Theater는 뮤지컬 공연을 하기로 되어 있는 곳으로 사건의 배경에 해당되는 첫 번째와 세 번째 문단보다는 파급 효과와 미래 전망/계획에 해당되는 두 번째와 네 번째 문단에 집중해야 한다. 두 번째 문단을 보면 (B)가 사실이며, 네 번째 문단을 보면 (C)는 시제가 맞지 않아 오답임을 알 수 있다.

> **문제** What most likely is true about Mr. Snyder?
>
> ....
>
> (A) He talked to Ms. West recently.　　　(B) He has a background in musicals.
>
> (C) He intends to see It's My Life.　　　(D) He frequently writes on the theater.

▶ 한 인물에 대한 내용이 사실인지 추론하는 문제이다. 이야기의 흐름을 알면 풀이에 도움이 된다. Mr. Snyder는 기사의 필자이므로 지문에 인용문이 있다면 서로 이야기를 주고 받았음을 확인할 수 있다. 세 번째 문단은 인용문으로 구성되는데, 이메일로 연락되었다는 말은 저자가 이메일로 먼저 연락했고, 이에 대해 Ms. West가 답변한 것을 알 수 있다. 이메일로 주고 받은 이야기도 talk의 범주에 포함되므로 (A)가 정답이다.

첫 번째 문단 ✎ ....

두 번째 문단 ✎ ....

세 번째 문단 ✎ ....

네 번째 문단 ✎ ....

Airport to Expand

(December 9) – Plans for the expansion of the Fairfield Airport have been approved. The construction of an additional terminal will be completed in ten months. —[1]—.

Because the city's population has expanded so much in recent years, airport authorities are considering adding a second runway. However, much of the land that would have to be acquired remains in private hands. So the city is considering building a second airport within the next five years. —[2]—.

At present, the Baker Group has been hired to begin work on the construction of the new terminal. The company has stated that the work will not interfere with the daily operations of the existing terminal. —[3]—. It promises to do its best to reduce the noise to an acceptable level.

The work on the terminal is expected to cost $500 million. When the second terminal opens, the number of daily flights to the airport will more than double. —[4]—.

1. Why is the airport undergoing an expansion?

   (A) It cannot handle international flights now.
   (B) There is competition from other airports.
   (C) The city it is in is getting larger.
   (D) Residents have complained about delays.

2. What has the Baker Group been hired to do?

   (A) Handle daily operations at the airport
   (B) Build an addition to the airport
   (C) Construct another runway
   (D) Conduct a study on noise pollution

3. In which of the positions marked [1], [2], [3], and [4] does the following sentence best belong?
   "However, there will be noise considerations."

   (A) [1]   (B) [2]   (C) [3]   (D) [4]

▶ 정답 및 해석 181페이지

기사문을 어렵다고 느끼는 것은 기사문에 인명, 회사명, 지명 등의 고유명사들이 다수 등장하고, 각 인물들의 말이 최소한 한 번 이상 인용문으로 들어가기 때문이다. 따라서 일단 기사문 독해가 시작되면 인물이 등장할 때마다 그 옆에 간단히 그 인물에 대한 정보를 정리한다. 등장인물이 많지 않다면 기타 고유명사들도 간단하게 정리한다.

먼저, 이러한 정리 없이 직독직해 연습 지문을 읽고, 인물에 관한 다음 문제를 푼다고 생각해보자. 문제 푸는 것이 그리 쉽지 않을 것이다.

직독직해 연습 지문 참조

문제 What is indicated about Ms. Carter?

(A) She has collaborated with Ms. West for various films.

(B) She has received the Devers Award 3 times.

(C) She has lived in Dallas over the last 10 years.

(D) A musical she directed will be performed in Dallas.

사실확인 문제는 보기 하나 하나의 사실 여부를 확인해야 하므로 시간이 많이 소비되고 혼동될 수 있다. 그러나 지문을 읽을 때 고유명사에 대한 정리를 간단히 하면서 읽으면 다시 읽지 않고도 쉽게 사실 확인이 가능하다. 이번에는 아래처럼 각각의 고유명사를 지문 독해와 동시에 정리하고 문제를 풀어보자.

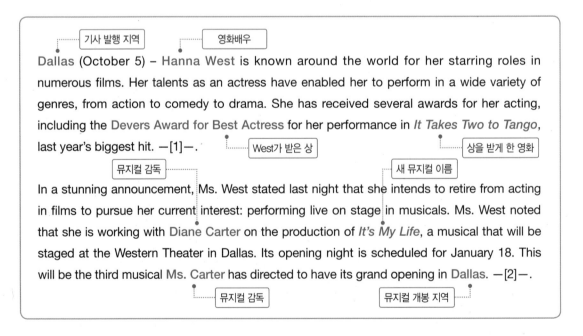

What is indicated about Ms. Carter?

(A) She has collaborated with Ms. West for various films.

(B) She received the Devers Award 3 times.

(C) She has lived in Dallas over the last 10 years.

(D) A musical she directed will be performed in Dallas.

▶ Carter는 뮤지컬 감독으로 (A)는 영화에 대한 이야기라 오답이고, (B)는 영화에 대한 상이고 상을 받은 건 West라서 오답이다. (C)는 Dallas 라는 지명만 활용한 오답이다. (D)는 It's My Life라는 새 뮤지컬에 대한 이야기로 볼 수 있으므로 정답이다.

Q 점검퀴즈 각각의 고유명사가 누구(혹은 무엇)인지 간단히 적어본 후 문제를 풀어보자.

1. Henderson: ✎ --

2. Dave McClain: ✎ --

3. Baxter: ✎ --

4. Sal Antonio: ✎ --

Local News Updates

Henderson's Café announced that it purchased the empty building located at 44 Madison Avenue. It was introduced by a local realtor, Dave McClain. It contracted its renovation work to Wong Interiors.

"In the five years we've been in business, we've seen our clientele grow a tremendous amount," said Robert Baxter, the founder. "Many people doubted that a café which sells hot-cooked meals would be successful, but I believe we've proved them wrong."

"It will take at least two months to get the new building into perfect condition," said Sal Antonio, the contractor's foreman. "After that, they'll need to hire and train new staff members to work in the new branch."

1. Who is Mr. Antonio?

(A) A chef

(B) A business owner

(C) A real estate agent

(D) A construction employee

▶ 정답 및 해석 182페이지

한눈에 정리하기

1. 기사문에 가장 많이 나오는 문제는 기사문의 주제/목적을 묻는 형태로 제목이나 초반부를 보고 풀되, 잘 풀리지 않는다면 한 지문의 다른 문제들부터 풀고 마지막에 푼다.

2. 주제는 공사, 기업 인수/합병/확장, 후기/평론, 조언/제안, 제품 출시, 인사 이동, 창업 등 다양하게 출제되며, 주제/목적을 알면 출처나 독자를 유추할 수 있다.

3. 기사문은 이야기의 흐름에 따라 세부내용 문제, 사실확인 문제, 추론 문제, 문장삽입 문제로 나눌 수 있는데, 정답의 단서는 비교적 순차적으로 나온다.

4. 기사문에서 인물, 회사명 등의 고유명사가 많이 나오는 경우는 각각의 고유명사에 대해 간단히 정리하면서 푸는 것이 좋다.

전략 대입

Hanna West's Daring Move

by Mark Snyder

Dallas [167] (October 5) – Hanna West is known around the world for her starring roles in numerous films. Her talents as an actress have enabled her to perform in a wide variety of genres, from action to comedy to drama. She has received several awards for her acting, including the Devers Award for Best Actress for her performance in It Takes Two to Tango, last year's biggest hit.

In a stunning announcement, [167] Ms. West stated last night that she intends to retire from acting in films to pursue her current interest: performing live on stage in musicals. Ms. West noted that she is working with [168] Diane Carter on the production of It's My Life, a musical that will be staged at the Western Theater in Dallas. Its opening night is scheduled for January 18. This will be the third musical Ms. Carter has directed to have its grand opening in Dallas.

When contacted by e-mail, Ms. West remarked, "I just got tired of performing in front of the camera. Now, I'd like to act for a live audience. It's more challenging because if I make a mistake, I don't get to do it over. So I'll have to hone my craft even more."

A spokesman for the Western Theater confirmed Ms. West would be performing there. He said that the number of inquiries for tickets had increased greatly and that he expected them to be sold out soon.

166. What is the purpose of the article? •⋯⋯⋯⋯

    (A) To announce an upcoming movie

    (B) To promote a musical performance

    (C) To describe a woman's career change

    (D) To review a movie star's performance

STEP 1 기사문의 주제/목적 문제임을 확인했다면 단서의 위치와 주로 나오는 정답을 먼저 생각한 후 일단 다른 문제들부터 푼다.

목적 문제로, 정답의 단서는 대개 제목과 초반부 세 줄에 있음을 생각하고, 주로 나오는 정답은 '인사 이동'이므로 (C)를 답으로 예상해본다.

167. When did Ms. West make an announcement about her new career? •----------

(A) October 4
(B) October 5
(C) January 18
(D) January 19.

168. Who is Ms. Carter? •----------

(A) A spokesperson
(B) A performer
(C) A film producer
(D) A musical director

STEP 2 세부내용 문제는 이야기의 흐름과 문제의 순서를 활용해 최대한 답의 위치를 예상하여 푼다.

발표한 것은 주제에 해당하는데, 일반적으로 초반부에 단서가 있지만 이 지문은 첫 번째 문단에는 Hanna West라는 인물에 대한 소개이고, 두 번째 문단에서 발표 시점에 대한 단서가 나온다. 바로 지난밤에 발표했다는 말이 나오는데, 기사의 날짜가 10월 5일이므로 발표일은 그 보다 하루 전인 10월 4일이므로 (A)가 정답이다.

STEP 3 세부내용을 묻는 문제로, 키워드인 Ms. Carter 부분이 나올 때까지 각 고유명사들에 표시를 하면서 푼다.

West가 영화배우라는 것은 첫 번째 문단에서 확인되었고, 두 번째 문단에서 Carter는 뮤지컬 감독이라는 것이 밝혀져 있으므로 (D)가 정답이다.

STEP 4 167번과 168번을 풀고 166번을 다시 본다.

Step 1에서 초반부 세 줄만으로 잘 풀리지 않았던 목적 문제를 마지막에 풀어보니 훨씬 쉬워졌다. 영화배우인 Hanna West가 영화에서 뮤지컬로 경력을 바꾸게 되는 이야기이므로 166번은 (C)가 정답이다.

Unit 09

Alderson, Inc. to Expand

March 30 – Alderson, Inc., the largest employer in the region, announced it is planning to expand its current facility in light of the growing market for ships. The company, which is a global leader in the manufacture of ships, particularly merchant ships and oil and natural gas tankers, has received a record number of orders in the past six months. As such, it will be undergoing an immediate expansion at its Portsmouth facility. —[1]—.

Currently, the Portsmouth facility employs more than 7,500 full-time workers. —[2]—. That number will be immediately increased by 2,000 as the company hopes to find skilled workers for its docks. After it completes the expansion, which should take two years, more than 15,000 people are expected to be working there full time.

Alderson, Inc. President Corey Wellman said, "After five years of low sales, the market appears to be turning around. —[3]—. The people of the town really support us, and we've got a talented labor pool to select from. We'll also be bringing on more workers in Miami, Shanghai, and Melbourne and increasing the size of our Cape Town location. But our headquarters here will be expanded the most."

According to news reports, Alderson, Inc. has received more than 150 orders for ships of various sizes since last November. —[4]—. These ships are expected to be delivered within the next seven years.

1. What is true of Alderson, Inc.?

   (A) It has signed new contracts recently.
   (B) It only has facilities in one country.
   (C) It recorded a profit last year.
   (D) It has been in business for 150 years.

2. What is stated about the Alderson, Inc. facility in Portsmouth?

   (A) It will bring in workers from other countries.
   (B) 150 ships are being built there.
   (C) It presently employs 15,000 people.
   (D) The home office is located there.

3. Where will an Alderson, Inc. facility be expanded?

   (A) In Melbourne
   (B) In Cape Town
   (C) In Miami
   (D) In Shanghai

4. In which of the positions marked [1], [2], [3], and [4] does the following sentence best belong?

   "We're excited to be expanding here in Portsmouth."

   (A) [1]   (B) [2]   (C) [3]   (D) [4]

Questions 5-7 refer to the following article.

Sullivan Home Purchased
by Karen Fields

May 12

One of the most prominent structures in Madison is the Sullivan home, which was built more than 200 years ago. Three years ago, David Sullivan, the last living ancestor of the original owner, put the house up for sale. Citing the high cost of maintaining the building and a desire to retire elsewhere, Mr. Sullivan hoped to find a buyer quickly.

While that did not happen, it has been revealed that the house was purchased last week by Desmond Descartes, a newcomer to the city. According to a source close to the purchase, the price was $8.6 million for both the house and the property it sits on.

Some local residents have expressed alarm about the purchase. "The Sullivan home is the ancestral home of one of the most important people in our city's history," said Jacob Carter, the president of the Sullivan Property Association (SPA). "We don't know anything about Mr. Descartes or his intentions regarding the Sullivan home. What we do know is that he purchased another historical building in his hometown in France and promptly tore it down. We simply can't allow that to happen here."

When contacted, Mr. Descartes insisted that he had no interest in destroying the home and that he would respect the wishes of local residents. "I plan to move my family here to live," he said. "We're excited about living in one of the oldest homes in the area."

5. What is the article about?

(A) The construction of a home
(B) The planning of a project
(C) The future of a structure
(D) The sale of a business

6. What is indicated about Mr. Descartes?

(A) He is originally from France.
(B) He has spoken with the SPA.
(C) He is an entrepreneur in Madison.
(D) His original offer for the house was rejected.

7. What is suggested about the SPA?

(A) It disapproves of Mr. Descartes' purchase.
(B) It is led by Mr. Sullivan.
(C) Its members all live in Madison.
(D) It supports the tearing down of the Sullivan home.

▶ 정답 및 해석 183페이지

대화의 상황을 파악한다.
문자/채팅 지문

R34

출제 경향

- 2016년 5월부터 두 사람 사이의 문자 메시지, 세 사람 이상 사이의 채팅 유형이 각각 한 지문씩 추가되었다.
- 주로 발표/미팅/행사 준비 시 진행사항 등을 공유하며 문제나 해결책에 대한 이야기를 다룬다.
- 이야기의 흐름은 '주제/문제 제기 ➡ 해결책 ➡ 다음 일정'으로 구성된다.

유형 파악

의도파악 문제

At 11:09 A.M., what does Mr. Larsson indicate he will do when he says, "Let me check"? 오전 11:09분에 Mr. Larsson이 "확인해 볼게요"라고 말할 때 무엇을 하겠다는 것을 나타내는가?

추론 문제

• 화자의 직업 추론 문제

Who most likely is Ms. Elkind? Ms. Elkind는 누구일 것 같은가?

What type of business do the people most likely work for? 사람들은 어떤 종류의 회사에서 일하는 것 같은가?

Where do the writers most likely work? 글쓴이들이 일하는 곳은 어디일 것 같은가?

• 세부내용 추론 문제

Where most likely is Mr. Shin when he writes to Ms. Cha?

Mr. Shin이 Ms. Cha에게 글을 쓸 때 그는 어디에 있겠는가?

What will Mr. Larson most likely do next? Mr. Larson은 다음에 무엇을 하겠는가?

• 사실확인 추론 문제

What is probably true about Ms. Larkin? Ms. Larkin에 대해 사실인 것은 무엇이겠는가?

What is suggested about Ms. Shimizu? Ms. Shimizu에 대해 암시된 것은 무엇인가?

세부내용 문제

When will workers stock the displays? 작업자들은 진열품들을 언제 채워 넣을 것인가?

What session will the Accounting Department attend? 회계 부서는 무슨 시간에 참석할 것인가?

What does Mr. Muro want Ms. Santos to do? Mr. Muro는 Ms. Santos가 무엇을 하기를 원하는가?

사실확인 문제

What is true about the regional recruiters? 지역 채용 담당자들에 대해 사실인 것은 무엇인가?

What is mentioned about the trainee? 수습 직원에 대해 언급된 것은 무엇인가?

What is indicated about Ms. Hargrave? Ms. Hargrave에 대해 나타나 있는 바는 무엇인가?

주제/목적 문제

What is the purpose of the discussion? 토론의 목적은 무엇인가?

What are the writers primarily discussing? 글쓴이들은 주로 무엇을 토론하고 있는가?

Why did Mr. Barsamian send the message? Mr. Barsamian은 왜 메시지를 보냈는가?

문자/채팅 지문 풀이 전략

:출제 빈도: 매회 각각 1세트

앞서 의도파악 문제 유형에서 알아보았듯이 문자/채팅 문제는 대화하는 상황을 파악하지 못하면 의미 파악이 어렵다. 이번 Unit에서는 의도파악 문제 이외에 문자/채팅에서 주로 나오는 문제들에 대한 풀이법을 배워보자.

: 직독직해 연습 : 파트 7은 기본적인 독해 실력이 중요하다. 아래 지문을 직독직해 해보고, 해설지와 비교하여 정확한지 점검해본다.

Questions 172-175 refer to the following online chat discussion.

Chris Hamilton [9:21 A.M.]
We got several phone calls regarding machines this morning. How are we progressing on solving all the issues?

Douglas Warner [9:23 A.M.]
I took care of both machines at Stanton Electronics. Fixing them was easy. But I wasn't able to repair the vending machine at the Lakeland Building. I had to order a part for it.

Chris Hamilton [9:25 A.M.]
Does the client know that?

Douglas Warner [9:26 A.M.]
I explained the problem, but they weren't very happy. There's nothing I can do though.

Trace Watson [9:28 A.M.]
I might be of assistance. We've got a lot of spare parts for vending machines in the warehouse. If you let me know what you're looking for, I might be able to find it.

Douglas Warner [9:30 A.M.]
I took a picture. I'll e-mail it to you in a moment.

Chris Hamilton [9:32 A.M.]
I hope we can get this problem solved today. Donner Manufacturing is one of our best clients.

Douglas Warner [9:34 A.M.]
I'm on my way to 989 Baker Avenue now. If Trace has what I need, I'll drop by the office before lunch to pick up the part.

Chris Hamilton [9:21 A.M.]

우리는 몇 통의 전화를 받았어요 / 기계에 관해서 / 오늘 아침에. 우리는 어떻게 진행하는 중인가요 / 모든 문제들을 해결하는 것에 대해?

✎ ....

....

....

....

....

....

▶ 해석 184페이지

단서 ✎ 빨리 찾기 전략 1   화자의 직업을 묻는 문제는 두세 개의 단서를 종합하여 푼다.

문자/채팅 유형에서 잘 나오는 문제는 화자의 직업을 묻는 문제이다. Who most likely is Mr. Kim? 형태로 화자들 중 한 사람의 직업을 추론하는 문제와 대화에 등장하는 모든 이들의 직업군을 묻는 경우가 있다. Where do the writers most likely work?도 마찬가지로 직업을 묻는 유형인데, 이것은 Where will the meeting be held?처럼 장소를 묻는 세부내용 문제와는 다르다. 화자의 직업을 묻는 문제의 정답을 고를 때는 지문에 나온 동일한 단어를 선택하기보다는 지문에서 드러난 두세 가지 요소를 통해 추론해야 한다.

직독직해 연습 지문 참조
172. What type of business do the people most likely work for?

　(A) A manufacturing company

　(B) A food and beverage supplier

　(C) A delivery firm

　(D) A machine repair company

한 사람이 아닌 화자들의 직업군을 묻는 유형으로 단서의 위치가 정해지지 않았기 때문에 마지막에 푼다. 지문에 딸린 다른 문제들을 풀기 위해 지문을 처음부터 읽어 내려가며 추론의 근거가 될 만한 부분이 나올 때마다 밑줄을 친다. 단서 하나로 답이 나오기보다는 대체로 두세 개의 단서를 종합해야 답이 나올 수 있도록 출제된다.

Chris Hamilton [9:21 A.M.]

We got several phone calls regarding machines this morning. How are we progressing on solving all the issues?

▶ 단서1: 기계에 관한 문제를 해결해 주는 업체

Douglas Warner [9:23 A.M.]

I took care of both machines at Stanton Electronics. Fixing them was easy. But I wasn't able to repair the vending machine at the Lakeland Building. I had to order a part for it.

▶ 단서2: 자판기를 수리 서비스를 해주는 업체

Trace Watson [9:28 A.M.]

I might be of assistance. We've got a lot of spare parts for vending machines in the warehouse. If you let me know what you're looking for, I might be able to find it.

▶ 단서3: 창고에 자판기 예비 부품을 다량 보유하고 있는 업체

단서 1, 2, 3을 종합하면 자판기 수리 업체라는 결론이 나온다. 단서 1과 2만으로 잠시 (A) 제조회사와 혼동될 수 있으나 화자 중 한 명이 방문 수리 서비스 중이라는 것과 회사에 다량의 자판기 예비 부품이 있다는 것을 볼 때 (A)는 답이 될 수 없다.

Chris Hamilton [9:32 A.M.]

I hope we can get this problem solved today. Donner Manufacturing is one of our best clients.

여기서 Donner Manufacturing은 고객 업체의 이름이므로 화자들의 회사로 착각해서는 안 된다. 보기에 나온 동일한 단어는 오답일 확률이 높다.

Ed Watkins [10:11 A.M.]

Chris, are you in the office?

Chris Steele [10:13 A.M.]

No, but I'm on Maple Drive, so I'll be there in ten minutes. What's up?

Ed Watkins [10:15 A.M.]

We're running low on bricks for the wall we're building on Sanderson Street. Do we have any in the warehouse? I don't want to go to the store on Delvin Road to get more.

Chris Steele [10:17 A.M.]

I put Tina on the line since she's at the office. How many bricks do you need?

Ed Watkins [10:18 A.M.]

Four cases should be sufficient.

Tina Kennedy [10:23 A.M.]

I've got you covered.

Ed Watkins [10:25 A.M.]

Wonderful. I need them before noon, so I'll drive there to pick them up.

Chris Steele [10:26 A.M.]

Actually, I just arrived at the office. I've got to deliver some cement to Hamilton Avenue, but I can fit the bricks in the truck. I'll drop by your place first.

Ed Watkins [10:28 A.M.]

I owe you one, Chris. Tina, could you write down my name and the number of bricks on the log sheet?

Tina Kennedy [10:29 A.M.]

Of course.

1. What type of business does Mr. Watkins most likely work for?

    (A) A landscaping company
    (B) A security firm
    (C) A construction firm
    (D) A delivery company

    ▶ 정답 및 해석 185페이지

세부내용 문제, 사실확인 문제, 그리고 이에 대한 추론 문제는 대화의 상황을 파악해서 푼다.

파트7의 단일 지문 중 문자/채팅 유형은 기사문 다음으로 까다롭기 때문에 시간을 많이 소비하게 된다. 내용에 등장하는 구어체 표현이 익숙하지 않아 어려울 수 있으며, 특히 채팅 유형은 여러 사람이 등장하므로 이야기 흐름을 잡는 것도 만만치 않다. 문자/채팅 유형에 세부내용 문제, 사실확인 문제뿐 아니라 추론 문제(세부내용 유형, 사실 확인 유형)가 특히 많이 나오는 것도 난이도를 높이는 추가적인 요소이다. 따라서 반드시 대화 장소, 상하 관계, 문제점, 해결책 및 다음 일정 등의 상황을 파악하면서 풀어야 한다. (상황 파악 요령은 Unit 6 참고)

직독직해 연습 지문 참조

173. What problem are the people discussing?

    (A) An employee did not go to work.

    (B) A customer complained.

    (C) A part is needed.

    (D) A client is unhappy.

▶ 문제점을 묻는 문제이므로 상황 파악을 잘 하면 어렵지 않게 풀 수 있다. 지문에서 첫 번째 화자의 말을 보자.

Chris Hamilton [9:21 A.M.]

We got several phone calls regarding machines this morning. How are we progressing on solving all the issues?

▶ Chris Hamilton은 안건 해결에 대한 진척도를 점검하고 있으므로 상관으로 추측된다. 아마도 사무실에 있을 것으로 판단된다.

Douglas Warner [9:23 A.M.]

I took care of both machines at Stanton Electronics. Fixing them was easy. But I wasn't able to repair the vending machine at the Lakeland Building. I had to order a part for it.

▶ Douglas Warner는 부하 직원으로 업체를 직접 방문했고, 아직 장소는 명확하지 않다. 부품이 없어서 수리하지 못한 것이 문제로 제기되었다.

Douglas Warner [9:26 A.M.]

I explained the problem, but they weren't very happy. There's nothing I can do though.

▶ 이미 지문의 절반 가량을 읽었다. 해결책은 아직 나오지 않았지만 문제점은 파악 되었으므로 문제를 풀어본다. (A)는 언급된 바가 없어서 바로 오답이다. 대화문의 첫 대화자의 말에 나오는 solving all the issues만으로는 고객이 먼저 불평을 제기했다고 할 수 없으므로 (B)는 오답이다. (C)와 (D)가 다소 혼동될 수 있으므로 다음 대화문의 해결책까지 보는 것이 정확하다.

Trace Watson [9:28 A.M.]

I might be of assistance. We've got a lot of spare parts for vending machines in the warehouse. If you let me know what you're looking for, I might be able to find it.

▶ Trace Watson이 해결책을 제시하고 있다. 부품 부족에 대한 해결책을 언급하고 있으므로 이들이 논의하는 문제는 부품 부족에 관한 것이다. 따라서 (C)가 정답이다.

상황 파악이 되기 시작하면 아래와 같은 다음 일정에 관한 추론 문제도 쉽게 풀 수 있다.

직독직해 연습 지문 참조

174. What will Mr. Watson most likely do next?

(A) Check his e-mail

(B) Go to the warehouse

(C) Talk to Donner Manufacturing

(D) Meet Mr. Hamilton

Douglas Warner [9:30 A.M.]

I took a picture. I'll e-mail it to you in a moment.

▶ 위의 Trace Watson이 부품이 창고에 있다고 하자 Douglas Warner는 찍은 사진을 이메일로 보내겠다고 말한다. 이를 통해 Watson이 다음에 할 일은 이메일을 체크하는 것으로 추론할 수 있으므로 (A)가 답이다. (B)는 이메일 체크 이후에 있을 만한 일이므로 오답이다.

Q 점검퀴즈 다음의 상황을 파악하면서 문제를 풀어보자.

① 화자들의 장소 : ✎ _____

② 상하 관계 : PG : ✎ _____   LR/SA : ✎ _____

③ 문제점 : ✎ _____

③ 해결책 / 다음 일정 : ✎ _____

....

Pierre Gastineau [4:15 P.M.]
Thank you for attending today's sales meeting. Do any of you have questions that weren't addressed there?

Luke Reinhold [4:18 P.M.]
Susan and I are a bit confused about how the sales territories have changed. Do these changes apply to any new customers we land?

Pierre Gastineau [4:19 P.M.]
Not quite. They're for both new and existing customers.

Luke Reinhold [4:21 P.M.]
So I won't be responsible for PTR, Inc. anymore? I won't get the commissions from it?

Pierre Gastineau [4:23 P.M.]
Correct. Susan will be taking over every client in western France.

Susan Allard [4:25 P.M.]
I don't mind if Luke keeps PTR, Inc.

Pierre Gastineau [4:27 P.M.]
PTR, Inc. is one of our biggest contracts.

Susan Allard [4:28 P.M.]
I understand, but I won't feel like I earned the money. Luke was the one who convinced them to sign the initial contract.

Pierre Gastineau [4:30 P.M.]
I see your point, Susan, and respect that decision. I'm willing to allow that to go through if the CEO approves it.

Luke Reinhold [4:31 P.M.]
Should I talk to him?

Pierre Gastineau [4:33 P.M.]
I don't think that's necessary.

Susan Allard [4:34 P.M.]
Okay. We'll just wait until you get back to us.

---

1. Who most likely is Mr. Gastineau?

   (A) The chief executive officer
   (B) A sales manager
   (C) A PTR, Inc. employee
   (D) An Accounting Department employee

2. At 4:27, what does Mr. Gastineau imply when he writes, "PTR, Inc. is one of our biggest contracts"?

   (A) He wants to be the new contact for PTR, Inc.
   (B) He is surprised by Ms. Allard's offer.
   (C) He thinks Mr. Reinhold made a mistake.
   (D) He approves of Ms. Allard's decision.

3. What is indicated about Mr. Reinhold?

   (A) He will be transferred to France.
   (B) He is pleased with the news from the meeting.
   (C) He signed PTR, Inc. in the past.
   (D) He has met the company's CEO before.

4. What will most likely happen next?

   (A) Mr. Gastineau will speak with the company's CEO.
   (B) The sales territories will be altered.
   (C) Mr. Reinhold will have a meeting with Ms. Allard.
   (D) Some existing customers will be contacted.

▶ 정답 및 해석 185페이지

문자/채팅 유형 역시 무엇을 토론하고 있는지를 묻는 주제 문제와 왜 글을 썼거나 연락했는지를 묻는 목적 문제가 출제된다. 이러한 문제는 대부분 첫 대화의 말만 보아도 바로 풀린다.

직독직해 연습 지문 참조

> 문제 Why did Mr. Hamilton write to the others?
>
> ---
>
> (A) To schedule a service call
> (B) To communicate about the upcoming inspection
> (C) To check on the status of ongoing efforts
> (D) To give instructions on how to use a machine

▶ 대화문의 첫 대화자의 말인 We got several phone calls regarding machines this morning. How are we progressing on solving all the issues?만 봐도 문제 해결의 진행 상황을 점검하려는 의도를 알 수 있다. 따라서 (C)가 답이다.

간혹 초반부만 보고 푸는 것이 혼동된다면 한 세트의 문제들 중 마지막에 풀어도 좋다.

👆잠깐 **문자/채팅 지문의 단골 출제 주제와 목적**

　　1순위 주제: 미팅/발표/행사에 대한 준비

　　1순위 목적: 직원의 의견을 묻기 위해
　　　　　　　자원자를 모집하기 위해
　　　　　　　진행 상황을 공유하기 위해
　　　　　　　진행 과정 중에 발생하는 참석자/장소 변경을 알리기 위해
　　　　　　　재고나 자재 부족/키 분실 등의 문제 등을 보고하기 위해

Keith Gordon [9:03 A.M.]

Good morning, everyone. As you know, we're hosting a meeting for the branch managers next Wednesday. I'd like to know everyone's travel information so that I can arrange for pickup at the airport.

Sara Johnson [9:05 A.M.]

This is incredible. I haven't made a reservation yet, and I'm pretty sure flights from Houston are sold out. Will the company reimburse me if I drive?

Elaine Burgess [9:08 A.M.]

I've got a reservation on Canary Airlines Flight 928. I'll be getting to Dallas from Cincinnati at 10:30 A.M.

Keith Gordon [9:09 A.M.]

I'm not sure. I'll have to check with my boss.

George Rose [9:11 A.M.]

I couldn't book a flight from Miami, so I'm going to be driving to Tampa instead. I'll fly from there and will arrive in Dallas at 9:05 A.M.

Keith Gordon [9:15 A.M.]

According to our policy, company employees aren't allowed to drive to events if they have to travel more than 100 miles. Why don't you look into coming here by bus instead? I can help you out if you need assistance.

Sara Johnson [9:18 A.M.]

Okay. I'll get back to you later.

Keith Gordon [9:22 A.M.]

Elaine and George, there will be drivers waiting for you at the airport. Each one will have your name on a small poster.

1. What are the writers mainly discussing?

   (A) Travel allowances
   (B) Transportation to an event
   (C) Some meeting agendas
   (D) An upcoming banquet

▶ 정답 및 해석 186페이지

Unit 10

한눈에 정리하기

전략 요약

1. 문자/채팅 지문에서는 의도파악 문제, 화자의 직업 추론 문제가 자주 나온다.
2. 화자의 직업 추론 문제는 지문의 단어가 포함된 보기보다는 두 세개의 단서로 추론할 수 있는 보기가 정답이다.
3. 세부내용 문제, 사실확인 문제, 추론 문제는 대화의 상황을 파악하면 쉽게 풀 수 있다.
4. 화자 각각의 장소, 상하 관계, 문제점, 해결책, 다음 일정을 확인하며 지문을 읽으면 지문의 3분의 1이나 절반 정도에서 자연스럽게 상황 파악이 되어 문제를 쉽게 풀 수 있다.
5. 주제/목적 문제는 대화문의 첫 대화자의 말로 풀리는 편이나, 그렇지 않은 경우는 세트의 다른 문제들을 먼저 풀고 마지막에 푼다.

전략 대입

Chris Hamilton [9:21 A.M.]
We got several phone calls regarding machines this morning. How are we progressing on solving all the issues?

Douglas Warner [9:23 A.M.]
I took care of both machines at Stanton Electronics. Fixing them was easy. But [173] I wasn't able to repair the vending machine at the Lakeland Building. I had to order a part for it.

Chris Hamilton [9:25 A.M.]
Does the client know that?

Douglas Warner [9:26 A.M.]
I explained the problem, but they weren't very happy. There's nothing I can do though.

Trace Watson [9:28 A.M.]
I might be of assistance. We've got a lot of spare parts for vending machines in the warehouse. If you let me know what you're looking for, I might be able to find it.

Douglas Warner [9:30 A.M.]
I took a picture. [174] I'll e-mail it to you in a moment.

Chris Hamilton [9:32 A.M.]
I hope we can get this problem solved today.
Donner Manufacturing is one of our best clients.

Douglas Warner [9:34 A.M.]
I'm on my way to 989 Baker Avenue now. [175] If Trace has what I need, I'll drop by the office before lunch to pick up the part.

172. What type of business do the people most likely work for? •······

    (A) A manufacturing company
    (B) A food and beverage supplier
    (C) A delivery firm
    (D) A machine repair company

> **STEP 2** 화자들의 직업을 묻는 문제이므로 두세 개의 단서를 종합하여 답을 고른다. 일단 나중에 푸는 것이 좋으므로 다음 문제로 넘어간다.
>
> **STEP 6** 단서를 종합하여 직업을 추론한다.
>
> 기계에 관한 문제를 해결해 주는 업체, 자판기 수리 서비스 제공 업체, 창고에 자판기 예비 부품을 다량 보유하고 있는 업체라는 단서를 종합하면 (D)가 답이다. (A)는 동일 단어를 이용한 함정이다.

173. What problem are the people discussing?

    (A) An employee did not go to work.

    (B) A customer complained.

    (C) A part is needed.

    (D) A client is unhappy.

STEP 3 지문을 건너뛰지 말고, 처음부터 읽으면서 상황 파악을 해가며 문제를 푼다.

CH(상관) DW(부하) TW(부하)

장소: CH(사무실) DW(외부) TW(사무실)

문제점: 부품 부족

문제점은 부품 부족이므로 (C)가 답이다.

174. What will Mr. Watson most likely do next?

    (A) Check his e-mail

    (B) Go to the warehouse

    (C) Talk to Donner Manufacturing

    (D) Meet Mr. Hamilton

STEP 4 계속 상황 파악을 하며 문제를 푼다.

CH(상관) DW(부하) TW(부하)

장소: CH(사무실) DW(외부) TW(사무실)

문제점: 부품 부족

해결책: 창고에 예비 부품이 많음

TW의 다음 일정은? → 상대방이 이메일로 보낸다고 하였으므로 이메일을 확인할 것이라는 (A)가 답이다.

175. At 9:34 A.M., what does Mr. Warner mean when he writes, "I'm on my way to 989 Baker Avenue now"?

    (A) He will be at the office soon.

    (B) He will go to see Mr. Hamilton next.

    (C) He will visit another customer.

    (D) He is returning to Donner Manufacturing.

STEP 1 의도를 파악할 문장에 밑줄을 긋고 시작한다.

9:34분의 I'm on my way to 989 Baker Avenue now.에 밑줄을 긋고 172번으로 넘어간다.

STEP 5 의도를 파악할 문장의 앞뒤를 보고 푼다.

뒤의 문장에서 내가 필요한 부품을 Trace가 갖고 있다면 사무실에 들르겠다는 것으로 보아 이 말은 사무실로 가고 있음을 전하기 위한 것임을 알 수 있다. 따라서 (A)가 답이다.

Unit 10

실전 적용 문제

전략을 활용해 문제를 풀어보고 채점 시 정확하게 해석해본다.

Questions 1-4 refer to the following online chat discussion.

 Lisa Dalton
10:22 A.M.
Have we heard from Davis Consulting yet? Has our bid been accepted?

 Rudolf Bender
10:23 A.M.
Mr. Blair told me on Monday that he was planning to decide by today, but I haven't communicated with him yet.

 Lisa Dalton
10:25 A.M.
That's not good. We need to know which teams we're going to assign to work over the weekend. If we have to send a late-night crew to clean his office this Saturday, we might not have enough workers.

 Jeff Thomas
10:26 A.M.
I already assigned Tom and his team to go to Kudrow Electronics this Saturday and Sunday.

 Lisa Dalton
10:28 A.M.
That might be a problem. Then again, if we get the contract, I suppose this is a good problem to have. We can always hire a temporary cleaning crew until we get the schedule fixed.

 Jeff Thomas
10:30 A.M.
Why don't you just call him and ask him if he's made a decision? We've already worked for him before, so he's likely to choose us.

 Rudolf Bender
10:35 A.M.
I just got off the phone with Mr. Blair. He said that he's decided to go with Delmar, Inc. this time because its bid was a bit lower than ours.

 Lisa Dalton
10:38 A.M.
That's a shame. Anyway, we have several other potential new clients. Let's work on getting contracts with them.

`Send`

1. What kind of business do the writers most likely work for?

   (A) Landscaping
   (B) Office cleaning
   (C) Interior design
   (D) Construction

2. At 10:28 A.M., what does Ms. Dalton mean when she writes, "That might be a problem"?

   (A) There may not be enough employees.
   (B) A bid might not be low enough.
   (C) She forgot to assign more workers.
   (D) Tom does not have time to work.

3. What information does Mr. Bender provide?

   (A) Who will work at Davis Consulting
   (B) Why Mr. Blair called back late
   (C) When a new project will start
   (D) How to complete an assignment

4. What does Ms. Dalton want the writers to do?'

   (A) Ask Mr. Blair to reconsider
   (B) Acquire new customers
   (C) Contact Delmar, Inc.
   (D) Revise the work schedule

Questions 5-8 refer to the following online chat discussion.

Muriel Jones [1:32 P.M.]
Now that everyone has some time, we should go over the most recent news regarding the festival. Deanna, you have some information for us, don't you?

Deanna Freeman [1:33 P.M.]
I sure do. I managed to convince the city council to let us have the festival in Stoneham Park.

Sydney Frost [1:34 P.M.]
Well done.

Harold Simpson [1:35 P.M.]
I'm pleased to learn that. I was afraid we might have to stage it somewhere else.

Deanna Freeman [1:36 P.M.]
I met with them for a while and showed our detailed plans for the event. The council members were concerned about traffic and crowd issues, but I convinced them anyway.

Muriel Jones [1:38 P.M.]
Is there any other news to share?

Sydney Frost [1:40 P.M.]
Pieter's Deli is going to be setting up a booth there. I'm waiting to hear back from several other eateries, but I'm sure that the responses will be mostly positive.

Harold Simpson [1:41 P.M.]
So far, three local bands have agreed to perform. Bryan Gordon has also verbally committed to singing with his band on the last night.

Muriel Jones [1:43 P.M.]
That would be wonderful. He's really popular and has several top forty hits.

Unit 10

5. What are the writers discussing?

(A) A television program
(B) A sporting event
(C) A theatrical performance
(D) An outdoor event

6. At 1:35 P.M., what does Mr. Simpson mean when he writes, "I was afraid we might have to stage it somewhere else"?

(A) He did not think traffic would be a problem.
(B) He thought an event would be postponed.
(C) He thought a permit would not be granted.
(D) He did not think enough donations had been made.

7. What is Ms. Frost expecting?

(A) Approval from the city council
(B) Replies from restaurants
(C) Traffic reports
(D) Attendance estimates

8. Who most likely is Mr. Gordon?

(A) A performer
(B) A city council member
(C) A sponsor
(D) A volunteer

▶ 정답 및 해석 187페이지

Unit 11

목적과 요청사항을 확인한다.
공고/회람 지문

출제 경향

- 공고(notice, announcement)는 특정한 다수의 사람들을 대상으로 새로운 방침, 규정 변경, 행사 등을 알리기 위한 글이다. 회람(memorandum)은 회사에서 부서/직원 간에 업무 관련 안내 사항이나 새로운 소식을 전달할 때 사용하는 간략한 통신문으로 각각 한 회에 1~2 세트가 출제된다.
- 공고의 주제는 행사 공지, 공사 및 교통 통제, 공익 업무 관련(자원봉사자 모집, 모금 운동) 등이며, 회람의 주제는 사내 행사 안내, 새로운 정책 공고, 인사 및 시스템 변경, 공사/점검/유지보수로 인한 변화 등이다.
- 이야기의 흐름은 '공고 주제 ➡ 세부내용(이유, 세부 일정/장소) ➡ 요청사항/담당자 지정'으로 구성된다.

유형 파악

글의 주제/목적을 묻는 문제

What is the purpose of the notice/announcement/memo? 공고/알림/회람의 목적은 무엇인가?

What is the memo announcing? 회람에서 발표하고 있는 것은 무엇인가?

출처(발신자)와 독자(수신자)를 추론하는 문제

Where is the notice most likely posted? 공고는 아마도 어디에 게시되어 있겠는가?

Who most likely is Mr. Winston? Mr. Winston은 누구일 것 같은가?

요청/권고 사항을 묻는 문제

What are employees advised to do? 직원들은 무엇을 하라고 권고 받는가?

What are employees invited to do on Thursday? 직원들은 목요일에 무엇을 하도록 요청되는가?

세부내용을 묻는 문제

What is the reason for the closure of the north wing? **(이유)** 북쪽 별관의 폐쇄 이유는 무엇인가?

Where will the book fair be held? **(장소)** 책 박람회가 개최되는 곳은 어디인가?

How will individual team members obtain a badge? **(방법)** 각각의 팀원들은 어떻게 배지를 얻을 것인가?

Who is Ms. Suarez? **(인물)** Ms. Suarez는 누구인가?

사실확인 / 추론 문제

What is indicated about the museum? 박물관에 대해서 나타나 있는 바는 무엇인가?

What is suggested about QFS? **(사실확인 추론 문제)** QFS에 대해서 암시된 것은 무엇인가?

What is suggested as an additional way to save resources?
(세부내용 추론 문제) 자원을 저장하기 위한 추가적인 방법으로 암시된 것은 무엇인가?

문장삽입 문제

In which of the positions marked [1], [2], [3], and [4] does the following sentence best belong? [1], [2], [3], [4]로 표시된 곳 중에서 다음 문장이 들어가기에 가장 적합한 곳은?

"You will also find the complete itinerary there." 당신은 또한 발견할 것입니다 / 완전한 여행일정표를 / 거기서.

공고/회람 지문은 이야기 흐름이 '주제 ➡ 세부내용(이유, 일정, 장소 등) ➡ 요청/협조 사항'으로 비교적 명확하고, 자주 나오는 문제와 답이 어느 정도 정해져 있어서 이를 파악하면 수월하게 풀 수 있는 지문 유형이다.

: **직독직해 연습** : 파트 7은 기본적인 독해 실력이 중요하다. 아래 지문을 직독직해 해보고, 해설지와 비교하여 정확한지 점검해본다.

Questions 158-160 refer to the following memo.

To: All Staff, R&D Department
From: Wade Thomas, Vice President
Subject: Announcement
Date: July 18

I'm sure you all know the head of your department, Thomas Rand, submitted his resignation to move back to his hometown, where he has secured employment. We will be holding a farewell party for Mr. Rand at 4:00 P.M. on Friday, July 29, in the employee lounge. You are all invited to attend.

In addition, you should be pleased to know I have hired the new head of your department. Wilson Park will be joining us on August 1. Mr. Park served as the lead researcher at Bantam Pharmaceuticals for several years and was most recently the head scientist at JT Technology. Mr. Park has published a number of widely regarded papers and also has extensive management experience.

I will introduce Mr. Park to the company at 9:00 A.M. on August 1 in the auditorium. He will give a few words about his vision for the department and what projects he hopes to work on. All employees should be at this meeting.

Unit 11

저는 확신합니다 / 여러분 모두가 알 것이라고 / 여러분의 부서장인 Thomas Rand가 제출했다는 것을 / 그의 사직서를 / 돌아가기 위해 /
그의 고향으로 / 그가 직업을 구했던.

✎ _____

_____

_____

_____

_____

_____

▶ 해석 189페이지

단서 빨리 찾기 전략 1 무엇을, 누가 누구에게 알리는지 확인한다.

1 │ 무엇을 왜 공지하는지(주제/목적) 확인

공고/회람에서 첫 번째 문제로 자주 나오는 문제는 주제와 목적을 묻는 문제이다. 주로 초반부에 단서가 나오며 정책 시행/
변경, 행사 공고, 자원자 모집, 공사/점검/유지 보수로 인한 변화 등이 주제로 자주 나온다.

직독직해 연습 지문 참조
158. What is the memo announcing?

　　(A) A new company policy

　　(B) A change in personnel

　　(C) News about a department's projects

　　(D) A job opening in the R&D Department

▶ 회람의 주제를 묻는 문제이므로 보기를 먼저 읽지 않고, 문제만 읽은 후 바로 지문의 초반부 세 줄을 읽는다.

To: All Staff, R&D Department
From: Wade Thomas, Vice President
Subject: Announcement
Date: July 18

> I'm sure you all know the head of your department, Thomas Rand, submitted his resignation to move back to his hometown, where he has secured employment.

▶ Subject(제목)인 Announcement만 봐서는 무엇을 공지하는지 알 수 없다. 따라서 지문의 초반부를 읽어봐야 하는데, 한 직원의 은퇴에 대해 공지하고 있으므로 이를 '인사상의 변화'로 패러프레징한 (B)가 답이다.

2 | 누가 누구에게 알리는지(발행처/대상) 확인

회람은 사장, 부사장, 판매부장, 인사부장 등 직급이 높은 한 사람이 부서 직원 전체나 회사 직원 전체에게 보내는데, 이 정보는 지문의 첫머리에 나온다. 반면에 공고는 누가 발행을 했고, 누가 읽을 것인지는 지문에서 드러난 몇 개의 단서를 바탕으로 추론해야 한다.

지문　　　　　　　　　　　　　환상 열차

탑승 후 느낀 소감을 평가해 주세요! 그리고 무료 티켓을 받으세요.
저희 웹사이트에 오셔서 설문지 양식을 받은 후 작성해서 보내주시면 100명을 추첨하여
국내 총 다섯 곳에 있는 저희 시설 어느 곳에서나 이용할 수 있는 자유이용권을 드립니다.
안전상 만 10세 미만, 키 120cm 미만의 아동은 환상 열차 탑승이 제한됩니다.

문제 이러한 공고는 어디에서 발견될 것 같은가?
(A) 기차역
(B) 버스정류장
(C) 공항
(D) 놀이공원

▶ 열차라는 단어를 보고 (A)를 답으로 하면 전형적인 오답 유도 패턴에 빠진 것이다. '다섯 곳에 있는 시설에서 이용할 수 있는 자유이용권', '안전상 아동 탑승 제한' 등을 종합하면 이 열차는 놀이기구 중 하나임을 추론할 수 있다. 따라서 이러한 공지의 발행처, 혹은 이러한 공지가 게시될 곳은 (D) 놀이공원이다.

★ 중요 ▶ 시험에 주로 나오는 공고/회람의 주제 및 목적

	초반부 3줄의 내용	주제 및 목적
공고	이달 강수량이 부족하여, 서울시 상하수도 관리국은 물 제한 정책을 시행하게 됩니다.	임시 정책을 설명하기 위해서
	제주 테마파크의 보수 공사 작업이 3월 17일에서 4월 10일까지 이루어집니다.	공원의 변경 사항에 대해 알려주기 위해서
	우리는 강남 제일 병원의 김 박사님이 우리 병원에 합류하게 되어 기쁩니다.	한 기관에게 한 의사를 소개하기 위해서
회람	앞으로 컬러 복사기는 마케팅 부서만 사용할 수 있습니다	정책 변경을 공지하기 위해서
	우리 부사장님인 김씨가 뉴욕에서 일을 하게 되었습니다.	인사 이동을 알려주기 위해서
	지난 분기의 비용보고서에 따르면, 우리의 사무용품에 대해 비용 절감을 해야 한다는 것이 분명해졌습니다.	직원들에게 예산상 우려 사항을 알려주기 위해서

Unit 11

TASTY SNACKS

RATE OUR PRODUCTS AND WIN FREE SNACKS

Go to www.tastysnacks.com/survey to complete a short questionnaire. Provide your name and contact information, and you can enter a contest. You'll have the chance to win all sorts of prizes, including a one-year supply of our pastries, which are prepared on the premises each day.

Only residents of Helena are eligible to participate. You must have a Tasty Snacks membership card to win a prize.

1. What is the purpose of the notice?

   (A) To explain how to enter a contract
   (B) To describe a job opening
   (C) To announce a winner
   (D) To solicit some feedback

2. Where would the notice most likely be seen?

   (A) At a bakery
   (B) At a convenience store
   (C) In a cafeteria
   (D) At a fruit store

▶ 정답 및 해석 189페이지

단서 빨리 찾기 전략 2 │ 요청사항이 무엇인지 확인한다.

공고/회람에는 대부분 요청사항이 있다. 공지할 내용을 전달하고 이에 따라 어떻게 해달라는 형식이다. 회람의 경우에는 높은 직급의 사람이 전 직원을 대상으로 보내는 통신문이므로 요청/의무 사항이 나오고, 공고문의 경우는 요청/의무 사항 뿐만 아니라 협조를 구하는 내용이 나온다. 요청/의무 사항이 무엇인지 묻는 문제는 asked/required/requested를, 협조 사항을 묻는 문제는 advised(권고된), invited(정중하게 요청되는), encouraged(장려되는)를 포함하고 있다. 요청이나 협조에 관한 내용은 주로 지문의 후반부에 나오며 참석, 작성, 신청, 사용 금지 등을 요청한다.

직독직해 연습 지문 참조

160. What are the employees required to do?

   (A) Introduce Mr. Park to the audience

   (B) Attend a company event

   (C) Deliver some messages

   (D) Raise some questions

▶ 요청사항을 묻는 문제이므로 required에 표시한 후 지문의 후반부를 본다.

직독직해 연습 지문의 후반부 3줄

> I will introduce Mr. Park to the company at 9:00 A.M. on August 1 in the auditorium. He will give a few words about his vision for the department and what projects he hopes to work on. All employees should be at this meeting.

▶ 조동사 should를 통해 의무 사항을 나타내고 있다. '모든 직원들이 이번 회의에 있어야 한다'는 말은 Mr. Park의 소개 연설 때 반드시 참석하라는 의미이다. 따라서 이를 포괄적으로 패러프레이징한 (B)가 답이다.

	주제 및 목적	요청/협조 사항
공고	임시 정책을 설명하기 위해서	잔디에 물주는 것은 30분 이상 초과되어서는 안됩니다.
	공원의 변경 사항에 대해 알려주려고	측면 문을 사용해 주세요
	한 기관에게 한 의사를 소개하려고	새로운 동료에게 인사하러 오세요.
회람	정책 변경을 공지하기 위해서	매주 금요일에 보고서를 보내주세요.
	직원상 변동을 알려주기 위해서	환송회에 참석해 주세요.
	직원들에게 예산상 우려를 알리려고	컬러 복사를 반드시 사용해야 하는 경우, 부서장의 허락을 받으세요.

Q 점검퀴즈 문제를 풀면서 우리말로 글의 목적과 요청사항을 적어보자.

① 글의 목적: ✎ ....

② 요청사항: ✎ ....

To: Sandpiper Consulting Staff
From: Manager
Date: October 11
Subject: Refreshments

Starting at once, all staff members are requested to contribute to the cost of the refreshments that are provided in the employee lounge. Every time you have a cookie or donut, we would like you to leave 50 cents. Furthermore, we request that you deposit the same amount whenever you pour yourself a cup of coffee or tea.

When you enjoy one of the snacks provided for you, you can leave the payment in the basket that is on the counter beside the refrigerator. Your cooperation with this policy will enable us to continue to purchase the high-quality snacks and beverages that everyone here enjoys. We hope you understand that on account of the current economic situation, this request is necessary.

1. What is the purpose of the memo?

   (A) To describe the cafeteria
   (B) To suggest new refreshments
   (C) To discuss a new policy
   (D) To handle a recent complaint

2. What are staff members asked to do?

   (A) Remove old food from the refrigerator
   (B) Inform the manager when items are missing
   (C) Provide snacks on a daily basis
   (D) Put their payments in a container

▶ 정답 및 해석 190페이지

Unit 11

1 | 공지의 이유를 묻는 문제

공고/회람에서는 공지의 주제를 말한 후, 공지의 이유를 묻는 문제가 나온다. 정답의 단서는 주제 문제의 단서에 이어 나오므로 주로 지문의 초/중반부에서 찾아야 한다. 주로 나오는 이유는 '누수로 인한 보수 공사를 위해', '고객 불평이 접수되어서', '매출이 떨어져서', '고객 기반을 확대하기 위해서' 등이다.

문제 What is the reason for the closure of the north parking lot? → 공지의 이유를 묻는 문제
북쪽 주차장의 폐쇄 이유는 무엇인가?

단서 위치 초반부 세 줄에 나오는 주제의 단서 다음 문장

단서 문장 Maintenance workers will be resurfacing the entire parking area.
보수 관리 작업자들이 새로 포장할 것이다 / 전체 주차장을.

정답 Its surface is being repaved. 그것의 표면이 재포장된다.

2 | 일정이나 장소를 묻는 문제

공고/회람에서는 언제 새로운 정책이 시행되는지, 행사가 언제, 어디에서 열리는지 등을 묻는 문제가 나온다. 정답의 단서는 보통 지문의 초/중반부에서 찾아야 한다.

문제 When will the closure start? 언제 폐쇄가 시작될 것인가? → 정책 관련 일정을 묻는 문제

단서 위치 초반부 세 줄에 나오는 주제의 단서 다음 문장

단서 문장 The work is scheduled to begin on Friday, October 25, and will last for a week.
그 작업은 10월 25일 금요일에 시작하기로 예정돼 있고 / 일주일 동안 지속될 것이다.

정답 On October 25 10월 25일에

문제 Where will a charity event be held? 어디에서 자선 행사가 개최될 것인가? → 행사 장소를 묻는 문제

단서 위치 초반부 세 줄에 나오는 주제의 단서 다음 문장

단서 문장 We will be holding the benefit dinner at the community center on May 1.
우리는 개최할 것이다 / 자선 만찬을 / 주민 센터에서 / 5월 1일에.

정답 At the community center 주민 센터에서

3 | 추가 정보에 대한 문의 방법을 묻는 문제

공고/회람에서는 질문이 있거나 추가 정보가 필요할 경우에 어떻게 하는지를 묻는 문제가 나온다. 주로 지문의 중/후반부에 정답의 단서가 나온다. 웹사이트를 참고하거나 담당자 한 명에게 연락하는 방법이 주로 나온다.

문제 According to the notice, why should Ms. Suarez be contacted? → 담당자 연락 이유를 묻는 문제
공고에 따르면, 왜 Ms. Suarez에게 연락이 되어야 하는가?

단서 위치 지문의 마지막 사람 이름 주변

단서 문장 If you want to see what it looks like, call Ms. Suarez, our property manager, to schedule a visit. 당신이 보기를 원하신다면 / 그것이 어떻게 보이는지를 / 저희 부동산 매니저인 Ms. Suarez에게 연락하세요 / 방문 일정을 잡기 위해서.

정답 To make an appointment to view the house 집을 보기 위한 약속을 잡기 위해서

What should employees do if they have an inquiry? → 문의 방법을 묻는 문제

직원들은 문의 사항이 있다면 무엇을 해야 하는가?

단서 위치 지문의 후반부

단서 문장 If you want to learn more about it, please speak with your supervisor in your department. 당신이 그것에 대해서 더 알기를 원하면 / 당신의 상관과 이야기해보세요 / 당신 부서의.

정답 Contact their department manager 그들의 부서장에게 연락하기

문제 Who is Ms. Sutherland? Ms. Sutherland는 누구인가? → 담당자를 묻는 문제

단서 위치 지문의 후반부 Ms. Sutherland 이름 주변

단서 문장 You may contact Ms. Sutherland for any customer service issues.

당신은 Ms. Sutherland에게 연락할 수 있습니다 / 어떤 고객 서비스 문제들에 대해서도.

정답 A customer service representative 고객 서비스 직원

Q 점검퀴즈 문제를 풀면서 정답의 단서가 되는 부분에 표시해보자.

Attention, All Hanson, Inc. Employees

As Hanson, Inc. has been expanding extensively over the past four years, we will no longer be printing our employee directory and handing it out to each individual. Instead, we will be posting all the relevant material on our Web site.

We have not yet transferred the information, but when we do, it can be accessed at www.hanson.com/directory. You will be required to enter your login and password whenever you wish to gain access to it. Once the directory is available, check your personal entry to confirm the information in it is accurate. Please inform me at once if anything is missing or is in error.

Regards,

Harry Masterson
HR Director, Hanson, Inc.

1. Where can the employee directory be found from now on?

   (A) On everyone's desk
   (B) In some printed material
   (C) At the HR Department
   (D) On the company's Web site

2. According to the notice, why might readers contact Mr. Masterson?

   (A) To suggest a correction
   (B) To provide a picture
   (C) To change a password
   (D) To obtain a directory

▶ 정답 및 해석 190페이지

Unit 11

한눈에 정리하기

전략 요약

1. 공고/회람 지문에서 무엇을 공지하는지(공지의 주제)는 지문의 초반부 세 줄에 단서가 있고, 어디에서 공지하는지, 누가 공지를 읽을지는 지문 전체에서 몇 개의 단서를 종합해서 추론해야 답을 찾을 수 있다.

2. 주로 나오는 주제는 정책 시행/변경, 행사 공고, 지원자 모집, 공사/점검/유지보수로 인한 변화 등이다.

3. 공고/회람 지문에는 요청/권고 사항을 묻는 문제가 많이 나오는데, 이는 지문의 중/후반부, please 뒤에 단서가 있고, 자주 출제되는 요청의 내용은 주로 참석, 작성, 신청, 사용 금지 등이다.

4. 공고/회람 지문의 중반부에는 공지의 이유, 세부 일정, 장소 등이, 지문의 후반부에는 문의나 추가 정보 요청 시 연락 방법, 연락 담당자에 대한 정보가 나온다. 또한 이와 관련된 세부내용 문제, 진위 확인 문제, 추론 문제가 출제된다.

전략 대입

To: All Staff, R&D Department
From: Wade Thomas, Vice President
Subject: Announcement
Date: July 18

[158] I'm sure you all know the head of your department, Thomas Rand, submitted his resignation to move back to his hometown, where he has secured employment. [159] We will be holding a farewell party for Mr. Rand at 4:00 P.M. on Friday, July 29, in the employee lounge. You are all invited to attend.

In addition, you should be pleased to know I have hired the new head of your department. Wilson Park will be joining us on August 1. Mr. Park served as the lead researcher at Bantam Pharmaceuticals for several years and was most recently the head scientist at JT Technology. Mr. Park has published a number of widely regarded papers and also has extensive management experience.

I will introduce Mr. Park to the company at 9:00 A.M. on August 1 in the auditorium. He will give a few words about his vision for the department and what projects he hopes to work on. [160] All employees should be at this meeting.

158. What is the memo announcing?

(A) A new company policy
(B) A change in personnel
(C) News about a department's projects
(D) A job opening in the R&D Department

> **STEP 1** 회람의 주제 문제임을 확인하고, 지문의 초반부 세 줄에서 단서를 찾는다.
>
> 직원의 은퇴에 대한 이야기이므로 이를 포괄적으로 패러프레이징한 (B)가 답이다

159. According to the memo, what will happen on July 29?

    (A) Mr. Thomas will publish a paper.
    (B) Mr. Rand will attend an event.
    (C) Mr. Thomas will make an announcement.
    (D) Mr. Park will give a short speech.

STEP 2 세부내용, 특히 일정을 묻는 문제로, 키워드인 July 29를 지문의 초/중반부에서 찾는다.

주제에 관한 단서가 나오는 초반부 세 줄 다음에 July 29가 나오고 이 날짜에 Mr. Rand의 송별회가 열린다고 언급하고 있으므로 이를 포괄적으로 패러프레이징한 (B)가 답이다.

160. What are the employees required to do?

    (A) Introduce Mr. Park to the audience
    (B) Attend a company event
    (C) Deliver some messages
    (D) Raise some questions

STEP 3 요청사항 문제로 중/후반부, You should 주변을 확인하여 답을 고른다.

지문의 맨 마지막 문장에서 '모든 직원이 이 회의에 있어야 한다'고 했는데, 이 회의는 새로 고용된 Mr. Park이 자신을 소개하기 위한 회의이므로 이를 회사 행사로 패러프레이징한 (B)가 답이다.

Questions 1-3 refer to the following memo.

To: All Employees
From: Cathy Haught
Date: Friday, May 5
Subject: Office Closure

Please be aware that the office will be closed for two days at the end of next week. Work crews will be coming to fix the ceiling, which has been leaking water for the past several days. Other workers will replace the carpeting and paint the walls. City regulations dictate that no employees be in the office while renovations are proceeding. The work will begin on Thursday, May 12, and will be finished by Friday, May 13.

These two days are not vacation days as you are still expected to work. We have arranged for a temporary workspace to be set up at 857 Winston Avenue. That is just a two-minute walk from our building. In addition, some of you may be permitted to work from home. To request this, please speak with Martin Frost, who will inform you where you should be on those two days, no later than May 11.

---

1. What is the reason for the closure of the office?

(A) A broken pipe must be fixed.
(B) The air conditioning is not working.
(C) There are leaks in the ceiling.
(D) The walls will be wallpapered.

2. When will the closure begin?

(A) On May 5
(B) On May 11
(C) On May 12
(D) On May 13

3. What are some employees advised to do?

(A) Leave the office early
(B) Take their laptops with them
(C) Work at their homes
(D) Speak with a supervisor

Jasper Flea Market

The annual Jasper Flea Market has been scheduled for 10 A.M. to 6 P.M. on Saturday, July 28. All donations are welcome. Please search through your homes for any unwanted clothing, furniture, books, toys, and other similar items. You can then drop them off at the Jasper Public Library, Jasper City Hall, or the location of the event, the Jasper Community Center. We will be accepting items until July 27.

All money raised from the flea market will go toward paying for supplies at Jasper Elementary School as well as the salaries of arts and crafts instructors at the Jasper Community Center.

If you have time and are available to volunteer to assist the flea market, we would love to hear from you. We need people to organize items, to run the cash registers, and to clean up afterward. Call David Stanton at 875-8493 to let him know how you can help. See you at the flea market.

4. Where will the flea market be held?

(A) At city hall
(B) At a library
(C) At a school
(D) At a community center

5. According to the notice, how will some of the money from sales be used?

(A) To purchase new books
(B) To pay employees for working
(C) To take students on field trips
(D) To provide free community center memberships

6. Who most likely is Mr. Stanton?

(A) A donor
(B) An event organizer
(C) A cashier
(D) A school teacher

▶ 정답 및 해석 191페이지

Unit 11

- 광고문은 흐름이 명확하고 문제의 패턴이 정해져 있어 난이도가 높지 않으며 한 회에 0~1세트가 출제된다.
- 광고문은 크게 구인 광고와 상품/서비스 광고로 나뉘며, 상품/서비스 광고는 부동산, 출판물 구독, 여행 상품, 공연/학회/세미나 등을 주제로 한다.
- 상품/서비스 광고는 '광고 물품 소개 ➡ 물품의 특장점 ➡ 혜택/유효 기간/구매 방법/연락 방법/추가 정보'의 흐름으로, 구인 광고는 '회사 및 일자리 소개 ➡ 책무/자격요건 ➡ 지원 방법/향후 일정'의 흐름이다.

유형 파악

상품/서비스 광고

- 무엇을 광고하는지 묻는 문제

What is being advertised? 광고되는 것은 무엇인가?

What does the advertisement promote? 광고에서 홍보하는 것은 무엇인가?

- 광고 제품에 대해 사실이거나 추론할 수 있는 바를 묻는 문제

What is NOT indicated about the pump? 펌프에 대해 나타나 있지 않은 것은 무엇인가?

What most likely is Butterfly Mountain? Butterfly Mountain은 무엇일 것 같은가?

- 특장점, 혜택, 구매 방법 등 세부내용을 묻는 문제

What is offered at an extra cost? 추가 비용으로 제공되는 것은 무엇인가?

Who is eligible for a discount? 할인의 자격이 있는 사람은 누구인가?

구인 광고

- 구인 업체에 대해 묻는 문제

What kind of business is Frolicity? Frolicity는 어떤 종류의 회사인가?

What is indicated about Hong Kong Legal News Hub?
Hong Kong Legal News Hub에 대해 나타나 있는 바는 무엇인가?

- 자격요건이나 책무 등 세부내용을 묻는 문제

What is NOT a qualification for the position? 그 직책의 자격요건이 아닌 것은 무엇인가?

What job responsibility is mentioned? 직무로 언급된 것은 무엇인가?

- 지원 방법, 추후 일정 등을 묻는 문제

According to the advertisement, why should applicants visit the AJQ Web site?
광고에 따르면, 지원자들은 왜 AJQ 웹사이트를 방문해야 하는가?

- 문장삽입 문제

In which of the positions marked [1], [2], [3], and [4] does the following sentence best belong? [1], [2], [3], [4]로 표시된 곳 중에서 다음 문장이 들어가기에 가장 적합한 곳은?

"Additionally, the applicant must demonstrate a strong awareness of current events."
"추가적으로, 지원자는 보여줘야 합니다 / 최신의 일들에 대해 충분한 이해를."

광고문 지문 풀이 전략

광고문은 이야기 흐름이 '업체/광고 물품 소개 → 물품의 특장점 → 혜택/구매 방법'으로 비교적 명확하고, 자주 출제되는 문제와 답이 정해져 있어 이를 숙지해두면 어렵지 않게 풀 수 있는 유형이다.

:직독직해 연습 : 파트 7은 기본적인 독해 실력이 중요하다. 아래 지문을 직독직해 해보고, 해설지와 비교하여 정확한지 점검해본다.

Questions 161-163 refer to the following job announcement.

Lab Instructor Needed

Parkland High School is looking for an individual to work as an instructor in its science laboratory. The person will be responsible for running the lab, making sure there are enough supplies and equipment, guaranteeing the safety of the students, and teaching lab classes.

The qualifications include a four-year degree in chemistry, physics, or biology. Applicants must also have teaching experience and good communication skills. They must be able to manage groups of up to thirty students at a time. Good writing skills are a positive but are not required.

To apply, e-mail a cover letter, a resumé, and three letters of recommendation to job@parklandhighschool.com no later than April 12.

To learn more about the position and other open ones in the Parkland School District, visit www.parklandschools.com/jobs.

: 직독직해 써보기 :

Parkland 고등학교는 찾는 중입니다 / 일할 사람을 / 지도교사로서 / 그곳의 과학실험실에서.

✎ ....

....

....

....

....

....

▶ 해석 192페이지

1 │ 무엇을 광고하는지 묻는 문제

광고문의 첫 번째 문제로는 무엇을 광고하는지 묻는 패턴이 자주 나온다. 지문의 초반부 세 줄로 풀 수 있는 경우가 많지만 두 개 이상의 단서를 종합해야 하는 경우도 있다. 이때 지문에 등장한 단어와 동일한 단어가 포함된 보기는 오답인 경우가 많으니 주의한다.

지문 우리와 함께 해요. 당신의 미각이 고대하고 있어요.

'서울 음식 모험'은 4월에서 6월 매 주말마다 식도락가들에게 도시의 가장 훌륭한 식당들 중 몇 개를 체험할 기회를 제공하는 회사입니다. 우리가 제휴를 맺고 있는 식당들은 서울 여행 가이드에서 특별히 다루어진 식당들입니다. 당신은 다음과 같은 기회를 가질 수 있습니다.

– 가이드를 동반한 서울 시내 관광
– 걸어갈 수 있는 거리의 5성급 식당에서 맛있는 애피타이저와 디저트 요리 시식 (하략)

....

문제 광고하고 있는 것은 무엇인가?
(A) 식당
(B) 최근 출판된 요리책
(C) 할인 쿠폰
(D) 음식 시식 기회

▶ '식당들 중 몇 개를 체험한다', '디저트 요리 시식' 등의 말을 통해 식당 광고가 아니고 음식을 먹어볼 기회를 제공하는 음식 시식 광고임을 알 수 있다. 따라서 (D)가 답이다.

2 │ 광고 출처에 대해 묻는 문제

구인 광고 지문에서는 빈자리가 무엇인지 묻는 것이 아니라, 주로 구인 업체에 대한 사실 확인이나 추론을 요하는 문제가 나온다. 단서는 초반부에 있는 편이며 회사 소개와 관련된 내용, 예를 들면 '역사가 오래되었다', '지점/직원 수가 많다', '국제적이다' 등이 나온다.

직독직해 연습 지문의 첫 번째 문제

161. What is indicated about Parkland High School?

(A) It offers hands-on practice opportunities.
(B) It regularly holds science workshops.
(C) It has some lab equipment.
(D) It lacks enough supplies.

▶ 구인 광고의 첫 번째 문제로, 구인 업체에 대해 나타나 있는 것을 묻는 문제이다. 보기를 지문보다 먼저 읽고 키워드 표시를 한다. hands-on practice, workshops, equipment, supplies가 키워드로 지문을 세 줄씩 읽어가며 각 보기와 대조하여 사실 여부를 확인한다.

Lab Instructor Needed

Parkland High School is looking for an individual to work as an instructor in its science laboratory. The person will be responsible for running the lab, making sure there are enough supplies and equipment, guaranteeing the safety of the students, and teaching lab classes.

▶ 첫 번째 줄에서 Parkland 고등학교가 과학 실험실에서 근무할 지도교사를 모집하고 있다는 것을 알 수 있다. 또한 지도교사의 책무 중에 충분한 비품과 장비를 갖추고 있는지 확인하는 것도 언급되어 있다. 따라서 학교가 실험실 장비를 갖추고 있다는 (C)가 지문 내용과 일치한다.

Q 점검퀴즈 문제를 풀면서 정답의 단서가 되는 부분에 표시해보자.

New Product!

You will love the look of this new parka made by Treadway, Inc., which has been in business over the last 50 years and has more than a thousand retail chains throughout the country. Designed to retain heat, you'll feel warm and comfortable even in subzero conditions. Don't worry about rain or snow as it's completely waterproof. There are two outer pockets and two inner ones, all of which are large enough to hold a phone or a wallet. It's stylish enough to wear with a suit but has a great casual look as well. It comes in a variety of solid colors and can be purchased with or without a hood.

1. What type of product is being described?

   (A) Shoes
   (B) Gloves
   (C) A jacket
   (D) A wallet

2. What is suggested about Treadway. Inc.?

   (A) Its products are custom-made.
   (B) It has designed a thousand parkas.
   (C) It is an established company.
   (D) It has an international presence.

▶ 정답 및 해석 192페이지

1 | 광고 물품에 대한 사실 여부와 추론할 수 있는 것을 묻는 문제

광고문의 두 번째 문제로는 광고 물품에 대한 사실 여부 판단과 추론할 수 있는 것을 묻는 패턴이 자주 나온다. 정답의 단서는 주로 지문의 중반부에 나온다.

> **지문** 품목: 구식 철제 대형 책상
>
> 게시일: 5월 13일
>
> 지역: 서울 종로구
>
> 품목 설명: 2년 전, 100만원에 고가구점에서 구매. 구매 영수증 있음. 보증 기간 1년 남음. 생활 흠집 다소 있으나 전반적으로 깨끗한 상태. 의자는 불포함. 배송비 불포함 30만원. (협상 사절)
>
> 댓글 남겨 주시면 연락 드립니다.
>
> ─────────────────────────────────────
>
> **문제** 책상에 대해 나타나지 않은 바는 무엇인가?
>
> (A) 생활 흠집 있음
>
> (B) 의자 조립 상태
>
> (C) 가격 협상 가능 여부
>
> (D) 최초 구매 당시의 가격

▶ 중반부의 품목 설명에서 구매 당시의 최초 가격이 100만원이고, 생활 흠집이 다소 있고, 가격 협상 사절이라고 하므로 (D), (A) (C) 순서로 지문 내용과 일치한다. 의자는 불포함이라 했고, 조립 상태에 대해서는 언급되지 않았으므로 (B)가 정답이다.

2 | 빈자리의 책무/자격요건을 묻는 문제

구인 광고의 경우 주로 중반부에서 빈자리의 책무나 자격요건이 언급되므로 이를 묻는 문제가 나온다. 주로 나오는 자격요건은 몇 년 이상의 관리자 경력, 관련 분야 경력, 대학 학위, 의사소통 기술 등이며, 이때 꼭 갖춰야 할 조건(필수조건)과 갖추면 바람직한 조건(선호 조건)을 구분하여 답을 고른다.

직독직해 연습 지문의 두 번째 문제

162. What is a requirement for the job?

(A) The ability to speak well with others

(B) A master's degree in science

(C) The ability to write well

(D) Knowledge of a foreign language

▶ 구인 광고의 두 번째 문제로, 필수 조건을 물어보는 문제이므로 지문 중반부에서 required, must have, should 등의 키워드를 찾아본다.

The qualifications include a four-year degree in chemistry, physics, or biology. Applicants must also have teaching experience and good communication skills. They must be able to manage groups of up to thirty students at a time. Good writing skills are a positive but are not required.

▶ 자격요건으로는 4년제 학사 학위, 가르쳐 본 경력, 의사소통 기술, 학생 그룹을 관리할 수 있는 능력이 언급되어 있으므로 의사소통 기술을 패러프레이징한 (A)가 답이다. 작문 기술인 (C)는 필수 조건이 아니므로 오답이다. 선호 조건을 필수 조건으로 착각하도록 유도하는 전형적인 오답 패턴에 주의해야 한다.

Q 점검퀴즈 문제를 풀면서 정답의 단서가 되는 부분에 표시해보자.

Posting Item: Tilson 4000 Racing Bicycle
Price: $1,000
Location: Duluth, MN

Description:
Bought brand new one year ago. Paid $1,200. Only rode a couple of times before suffering a knee injury. Can't use anymore. Is in almost-new condition. Back tire could use replacing.

Pictures available upon request.

Price is not subject to negotiation.

First offer will be accepted. Will not deliver to buyer.

Reply to: Call 874-9838 for address.

1. What is NOT indicated about the bicycle?

   (A) It needs a new tire.
   (B) It is in excellent condition.
   (C) It has not been used much.
   (D) It was ridden in races.

2. What is the seller willing to do?

   (A) Send an address
   (B) Take the bicycle to the buyer
   (C) Provide photographs
   (D) Lower the asking price

▶ 정답 및 해석 193페이지

혜택/구매 방법, 일정/지원 방법을 확인한다.

1 │ 혜택/구매 방법을 묻는 문제

광고문의 세 번째 문제로는 추가 혜택이나 구매 방법을 묻는 패턴이 자주 나온다. 정답의 단서는 주로 지문의 후반부에 나온다. 무료 배송, 무료 샘플, 전화 연락이나 인터넷 연락 등이 정답이다.

지문의 후반부 세 줄

가이드 동반 관광을 제외한 모든 비용은 소요산 패키지에 포함됩니다. 근처 여행사에 연락하여 예약을 하세요.

문제 추가 비용을 내면 얻을 수 있는 것이 무엇인가?
(A) 래프팅
(B) 승마
(C) 자전거 사용
(D) 가이드 동반 관광

▶ 후반부에 가이드 동반 관광 이외의 모든 비용이 패키지에 포함된다고 하였으므로 가이드 동반 관광은 추가 비용이 필요하다고 할 수 있다. 따라서 (D)가 답이다.

2 │ 일정/지원 방법/추가 정보를 얻는 방법을 묻는 문제

구인 광고의 후반부에는 인터뷰 등의 일정이나 무엇을 어디에 제출해야 하는지 등의 지원 방법과 추가 정보를 얻는 방법이 나오며 이것을 묻는 문제가 출제된다. 보통 웹사이트에서 신청서를 다운받아 작성한 후 이메일로 제출하는 방법 등이 제시되며, 인터뷰 날짜, 근무 시작일 등에 대한 정보가 제공된다. 추가 정보에 대해서는 회사의 웹사이트를 제시하는 경우가 많다.

직독직해 연습 지문의 세 번째 문제

163. How can more information about the job be obtained?

(A) By visiting a school
(B) By sending an e-mail
(C) By making a phone call
(D) By going to a Web site

▶ 구인 광고의 세 번째 문제로, 추가 정보를 얻는 방법을 묻는 문제이므로 지문의 후반부에서 단서를 찾는다.

직독직해 연습 지문의 네 번째 문단

To learn more about the position and other open ones in the Parkland School District, visit www.parklandschools.com/jobs.

▶ 광고되는 일자리와 다른 자리들에 대해서 더 알아보려면 웹사이트를 방문하라고 하므로 (D)가 답이다.

Visit the Sylvan Center

*Some of the state's most thrilling outdoor rides

*Chances to play exciting games and to win prizes

*Parades held daily

*All kinds of delicious foods and beverages

*Special rides for children 6 and younger

The Sylvan Center is open every day of the year.

You can get tickets online or at the entrance.

Special rates apply for individuals showing their school IDs.

1. How can customers purchase their tickets?

(A) By contacting a travel agency

(B) By visiting a Web site

(C) By making reservations

(D) By presenting their ID cards

2. Who is eligible for a discount?

(A) The elderly

(B) Students

(C) Children under 6

(D) Large groups

▶ 정답 및 해석 193페이지

한눈에 정리하기

1. 광고 지문의 첫 번째 문제는 무엇을 광고하는지와 광고 게시자에 대한 사실 확인을 묻는 문제가 출제된다.

2. 주로 광고하는 물품은 부동산, 구독권, 여행 상품, 총회/세미나/강연 등이며, 광고 게시자에 대해서는 주로 회사의 이력이나 직원 및 지점 수 등이 나오며 지문의 초반부에 언급된다.

3. 상품/서비스 광고인 경우 광고 물품의 특징에 대한 세부내용이나 사실확인/추론 여부에 대해, 구인 광고의 경우 책무나 자격요건에 대한 문제가 나오는데 주로 두 번째 문제로 출제되며 단서는 지문의 중반부에 제시된다.

4. 자격요건의 경우 꼭 있어야 하는 필수 조건과 있으면 유리한 선호 조건을 반드시 구분한다.

5. 광고 지문의 마지막 문제는 추가 혜택, 구매 방법이나 지원 방법 등을 묻는데 정답의 단서는 지문의 후반부에 제시된다.

전략 대입

Lab Instructor Needed

[161]Parkland High School is looking for an individual to work as an instructor in its science laboratory. The person will be responsible for running the lab, making sure there are enough supplies and equipment, guaranteeing the safety of the students, and teaching lab classes.

[162]The qualifications include a four-year degree in chemistry, physics, or biology. Applicants must also have teaching experience and good communication skills. They must be able to manage groups of up to thirty students at a time. Good writing skills are a positive but are not required.

To apply, e-mail a cover letter, a resumé, and three letters of recommendation to job@parklandhighschool.com no later than April 12.

[163]To learn more about the position and other open ones in the Parkland School District, visit www.parklandschools.com/jobs.

161. What is indicated about Parkland High School? •·····

(A) It offers hands-on practice opportunities.
(B) It regularly holds science workshops.
(C) It has some lab equipment.
(D) It lacks enough supplies.

> **STEP 1** 구인 업체에 대해 나타나 있는 것을 묻는 문제로 지문의 초반부에서 단서를 찾는다.
>
> 첫 번째 문단에서 실험실에서 일할 지도교사를 구한다는 것과 지도교사의 책무로 비품과 실험 장비가 충분한지 확인하는 것이 언급되어 있으므로 이 학교에는 실험 장비가 있다고 볼 수 있다.

162. What is a requirement for the job?

    (A) The ability to speak well with others
    (B) A master's degree in science
    (C) The ability to write well
    (D) Knowledge of a foreign language

STEP 2 빈자리에서 일할 사람의 자격요건을 묻는 문제이므로 지문의 중반부에서 단서를 찾는다.

자격요건으로 언급되고 있는 것은 4년제 학사 학위, 가르쳐 본 경력, 의사소통 기술, 학생 그룹을 관리할 수 있는 능력이므로 의사소통 능력을 패러프레이징한 (A)가 답이다. 작문 기술인 (C)는 선호 조건이므로 오답이다.

163. How can more information about the job be obtained?

    (A) By visiting a school
    (B) By sending an e-mail
    (C) By making a phone call
    (D) By going to a Web site

STEP 3 추가 정보를 얻는 방법을 묻는 문제로 지문의 후반부에서 단서를 찾는다.

마지막 문단에서 이 자리와 다른 빈 자리들에 대해 더 알아보려면 웹사이트를 방문하라고 하므로 (D)가 답이다.

Unit 12

Questions 1-3 refer to the following advertisement.

> **Looking for a place to spend the summer months? Visit Bear Lake, the area's top tourist destination.**
>
> At Bear Lake, you can get in touch with nature. We own 110 acres around our private lake, which itself covers 22 acres. Enjoy boating, waterskiing, and swimming at the lake. You can go fishing and catch game fish, including bass, bream, and trout. If you'd rather hike or cycle, we've got more than 20km of trails that go through the woods and fields on our land. Play tennis and badminton or enjoy a round of golf at our 9-hole private course as well.
>
> If outdoor activities aren't for you, then stay at the lodge, where you can enjoy five-star meals at our restaurant or sit on the back porch and enjoy a beautiful sunset or sunrise. You can spend time in our library, which contains more than 10,000 books of all genres. Get a relaxing massage or go swimming at our recreation center. Every activity, other than waterskiing, is included in the price of your stay at Bear Lake. Visit www.bearlake.com for reservations and pricing information.

1. What most likely is Bear Lake?

(A) A community center
(B) An amusement park
(C) A state park
(D) A vacation resort

2. What is indicated about Bear Lake?

(A) It has a highly rated restaurant.
(B) It is offering special deals this month.
(C) Its main feature is the library.
(D) It has a baseball field.

3. What is offered at an extra cost?

(A) A massage at the recreation center
(B) Cycling
(C) Waterskiing
(D) A round of golf

Questions 4-6 refer to the following advertisement.

http://www.lincolnnurseacademy.com

Attend Lincoln Nurse Academy and become a nurse in a few months!

Tired of your low-level job? Want to get paid more than minimum wage? How'd you like a starting salary of $40,000? If you're ready for a career change, why not attend Lincoln Nurse Academy?

At Lincoln Nurse Academy, you'll undergo a rigorous course to get your Licensed Practical Nurse Diploma. You don't need a college degree for the course. All that's necessary is a high school diploma and a desire to work hard. During the one-year program, you'll receive a combination of classroom and hands-on training at one of the five local hospitals we have partnerships with. Thus you'll get practical experience while you're studying.

After graduating, you must take an exam to get your license. Our program is specially designed to ensure you pass this test. In fifteen years of training nurses, our students have a 98.7% success rate. Even better, we help our graduates find jobs at local hospitals, so you'll be able to secure employment rapidly.

Click on "Apply Now" to submit your application. Be sure to leave your phone number because we'll call you if we believe you have what it takes to become a nurse. We offer scholarships and other financial assistance to students in need. Don't wait. Apply now and change your life.

4. What is mentioned as part of the program?

(A) Taking some lab classes
(B) Working closely with doctors
(C) Studying for six months
(D) Training at a hospital

5. According to the advertisement, what must a student do to get a license?

(A) Have work experience
(B) Take a test
(C) Pay a fee
(D) Do an internship

6. According to the advertisement, what is true about students at Lincoln Nurse Academy?

(A) They study for two years.
(B) They are all from the local area.
(C) They all have a college degree.
(D) They can get tuition assistance.

▶ 정답 및 해석 194페이지

Unit 12

출제 경향

- 안내문은 정보 전달이 주목적인 글인데, 실제로는 광고, 공고, 양식의 형태이다. 매회 0~2세트가 출제된다.
- 주제는 제품 설명서, 공공시설 안내, 숙박시설 안내, 관광 및 여행 안내, 행사 안내, 공사 안내, 광고, 이용 후기/리뷰, 양식 등으로 다양하게 나온다.
- 이야기의 흐름은 공고/회람과 비슷하게 '글을 쓴 목적 ➡ 세부내용 ➡ 요청사항'으로 구성된다.

유형 파악

글의 목적/이유를 묻는 문제

What is the purpose of the information? 안내문의 목적은 무엇인가?

Why would customers receive the information? 고객들은 왜 정보를 받겠는가?

출처(발신자)와 독자(수신자)를 추론하는 문제

Where would the information most likely appear? 이 안내문은 어디에서 나오겠는가?

Where is the information posted? 이 안내문이 게시된 곳은 어디인가?

For whom is the information most likely intended? 이 안내문은 아마도 누구를 위해 의도된 것인가?

세부내용을 묻는 문제

According to the instructions, what must appear on every purchase request form? (대상)

설명서에 따르면, 모든 구매 요청서에 나타나야 하는 것은 무엇인가?

What should customers do if an item is damaged on arrival? (행위)

물품이 도착했을 때 손상되어 있다면 고객들은 무엇을 해야 하는가?

How long has the bank been in business? (기간) 그 은행은 얼마나 오랫동안 영업을 해왔는가?

What will happen on May 15? (시간) 5월 15일에 무슨 일이 일어날 것인가?

How can the contest be entered? (방법) 어떻게 그 콘테스트에 참가할 수 있는가?

사실확인/추론 문제

What is true about food exhibitors? 음식 출품자들에 대해 사실인 것은 무엇인가?

Where will conference participants NOT be served lunch?

회의 참석자들이 점심을 제공받는 장소가 아닌 곳은 어디인가?

What is suggested about the show? 쇼에 대해서 암시된 것은 무엇인가?

문장 삽입 문제

In which of the positions marked [1], [2], [3], and [4] does the following sentence best belong? [1], [2], [3], [4]로 표시된 곳 중에서 다음 문장이 들어가기에 가장 적합한 곳은?

"You are likely to see them participating in various community events."

"당신은 볼 수 있을 것 같습니다 / 그들이 다양한 공동체 행사에 참가하는 것을."

안내문 지문 풀이 전략

안내문은 정보 전달을 목적으로 하는 글인데, 실제로는 광고나 공지, 양식 등의 내용이므로 목적과 출처, 독자를 단시간에 파악하는 것이 핵심이다.

: **직독직해 연습** : 파트 7은 기본적인 독해 실력이 중요하다. 아래 지문을 직독직해 해보고, 해설지와 비교하여 정확한지 점검해본다.

Questions 149-151 refer to the following information.

SEYMOUR PHARMACEUTICALS

Terrance Shaw
Supervisor, Chemistry Laboratories

An expert in chemistry, Mr. Shaw is the supervisor of the chemistry laboratories at the Seymour Pharmaceuticals facility in Florence. He has worked in Florence for the past five years after transferring from Madison, where he was based for six years.

In his current position, Mr. Shaw provides oversight for the 74 researchers and technicians working in the chemistry laboratories in Florence. His team has been responsible for several discoveries that have resulted in profitable products for the company.

Mr. Shaw frequently tours the country to speak at conferences and workshops. He is an adjunct professor of chemistry at Watson University, where he teaches seminars on organic chemistry. Mr. Shaw has been the lead author of more than twenty papers that have been published in refereed journals. Prior to working at Seymour Pharmaceuticals, Mr. Shaw was a researcher at Davidson Machinery.

화학 분야 전문가인 Mr. Shaw는 관리자입니다 / 화학 연구소의 / Seymour 제약회사 시설의 / Florence에 있는.

✎ _____

....

....

....

....

....

....

▶ 해석 195페이지

단서 ✎ 빨리 찾기 전략 1 안내문의 목적을 확인한다.

안내문(information)이란 정보 전달을 주된 목적으로 하는 공고, 광고문, 각종 양식을 가리킨다. 제품 매뉴얼(instructions)도 안내문이라는 유형으로 출제가 되는데, 이처럼 구체적인 유형을 밝히지 않고 '안내문'이라는 유형으로 시작하는 이유는 이 안내문이 무슨 목적으로 발행되는지를 문제로 내기 위해서이다. 안내문의 목적을 묻는 문제는 안내문에서 가장 많이 나오는 유형으로, 초반부만 읽어도 대부분 답을 알 수 있고, 나오는 안내문은 비교적 한정되어 있으므로 안내문의 종류에 따른 목적을 알아두면 보다 빠르고 정확하게 풀 수 있다.

직독직해 연습 지문 참조

149. What is the purpose of the information?

(A) To suggest a transfer destination

(B) To profile a company employee

(C) To give information on research interests

(D) To name the winner of an award

▶ 안내문의 목적을 묻는 문제이므로 지문의 초반부에 집중한다.

SEYMOUR PHARMACEUTICALS

Terrance Shaw

Supervisor, Chemistry Laboratories

An expert in chemistry, Mr. Shaw is the supervisor of the chemistry laboratories at the Seymour Pharmaceuticals facility in Florence. He has worked in Florence for the past five years after transferring from Madison, where he was based for six years.

▶ 문제에서 information이라는 것으로 보아 안내문 유형임을 알 수 있다. 첫 줄에 회사 이름, 사람 이름, 직책이 나왔고, 이어서 한 사람에 대해 상세히 설명하고 있다. 세 줄까지 읽어 보면 안내문 중에서도 한 인물을 소개하기 위한 글이라는 것을 알 수 있다.

★ 중요 안내문의 세부 유형

세부 유형	초반부 3줄 (단서)	안내문의 목적 (정답)
제품 사용 설명서	저희 울트라 파워 세탁기를 구매해 주셔서 감사합니다.	제품에 대해 읽어볼 것을 권고하려고
직원 소개 페이지	회사의 긍정적 변화를 이끌었던 존경받는 리더 Ms. Lee가 한성 음료의 인사부서를 관리합니다. 그녀는 10년 전 입사하여 ~	한 직원에 대해 간략한 소개를 하기 위해서
여행 안내서	경주를 방문하세요? 그럼 꼭 방문해야 할 아래의 장소들을 놓치지 마세요!	관광 명소들에 대해 설명하기 위해서
직원 매뉴얼	텐다라 리조트의 청소 관리 부서에는 100여 명의 직원들이 있으며, 우리 빌딩의 모든 곳을 청소하는 책임을 지고 있습니다.	직원들의 담당 업무를 설명하기 위해서
감사문	이 책이 나오기까지 저를 도와 주신 모든 분들께 감사를 드립니다. 이분들이 없었다면 저의 책은 제때에 출간될 수 없었을 것입니다.	작품 출간에 도움을 준 사람들에 대해 감사를 표시하기 위해서
웹페이지	– – – / 도로와 대중 교통 탭 / – – – 서울 도로 공사는 도로에 관한 모든 점검과 보수공사를 담당합니다. 도로의 일부는 보수공사를 위해 폐쇄될 수 있습니다.	도시 서비스에 대한 세부사항을 제공하기 위해서

Q 점검퀴즈 문제를 풀면서 정답의 단서가 되는 부분에 표시해보자.

Russell 4000 Cordless Vacuum Cleaner

Thank you for purchasing a Russell 4000 cordless vacuum cleaner. Your device contains new technology that should provide hundreds of hours of usage in your home or office. Before employing the device, please read this guide to learn how to properly handle and clean the unit. Proper care will guarantee that it has a long life. To keep from damaging the device, please only use accessories such as vacuum bags and rechargers that are approved by the Russell Corporation.

1. What is the purpose of the information?

   (A) To describe the terms of an item's warranty
   (B) To encourage customers to read about an item
   (C) To explain how to return or exchange a product
   (D) To promote some items that are being discounted

▶ 정답 및 해석 196페이지

안내문의 첫 번째 문제로는 목적을 묻거ㅏ 누가 발행했는지, 누구를 위한 글인지를 묻는 문제가 나온다. 이 문제들은 목적을 묻는 문제와 마찬가지로 일단 초반부를 보고 풀어본 후 확실하지 않다면 세트 내 다른 문제들을 풀고 난 후 최종적으로 결정한다. 출처 및 독자를 묻는 문제는 목적과 같이 생각하면 보다 쉽게 풀 수 있다.

직독직해 연습 지문 참조

149. Where would the information most likely appear?

　　(A) In an assembly manual

　　(B) On a company's Web site

　　(C) In a chemistry journal

　　(D) In a product brochure

▶ 출처를 묻는 문제이므로 목적과도 연계해 생각해본다. 글의 목적은 직원 소개이다. 직원 소개는 회사 소개 자료나 회사의 홈페이지에서 운영진 등을 소개할 때 나올 수 있는 내용이다. 따라서 (B)가 답이다. (C)에도 인물에 대한 소개가 나올 수 있으나 지문의 제목이 회사 이름으로 시작하는 것으로 보아 이 글은 해당 회사에서 발행한 것으로 보는 것이 타당하다.

요청/협조 사항이 있는 지문일수록 출처보다는 독자가 누구인지를 묻는 문제가 나온다. 푸는 원리는 출처 문제와 동일하다.

> **지문**
> 저희와 함께 하는 순간이 소중한 기억이 되기를 바랍니다. 지구 환경 보호를 위해서 사용하지 않은 수건은 그 자리에 그대로 두시기 바랍니다. 협조해 주셔서 감사합니다.
>
> ┄┄┄┄┄┄┄┄┄┄┄┄┄┄┄┄┄┄┄┄┄┄┄┄┄┄┄┄┄┄┄┄┄┄┄┄┄┄
>
> **문제** 이 안내문은 아마도 누구를 위해 의도된 것인가?
> 　　(A) 수건 납품 업체
> 　　(B) 투숙객
> 　　(C) 호텔 직원
> 　　(D) 환경 단체

▶ 사용하지 않은 수건을 그대로 두라는 안내는 수건을 사용하는 투숙객에게 하는 말이라고 볼 수 있다. 따라서 (B)가 답이다.

Lionel Whitman
Sunrise over the Bay
Oil on canvas
60cm x 30cm

This work is part of a series done by Lionel Whitman. Mr. Whitman spent two years painting pictures of Truman Bay, and this is the tenth in a series of twenty-seven paintings. The paintings in this series have been featured in numerous exhibits around the world, and some are permanently displayed in galleries such as the Modern Museum in London, the Hampton Gallery in Chicago, the Desmond Gallery in Los Angeles, and Prentice Hall in Mexico City. *Sunrise over the Bay* was bought by Deanna Hunter for her private collection six years ago and was then donated to the Mullholland Gallery four years ago, where it has remained to this day.

1. Where is the information posted?

   (A) At the Mullholland Gallery
   (B) At the Hampton Gallery
   (C) At Prentice Hall
   (D) At the Modern Museum

▶ 정답 및 해석 196페이지

안내문에서 목적, 출처, 독자 문제를 제외하면 나머지 문제들은 회사, 인물, 제품 등에 대한 세부내용을 묻는 문제로 구성된다. 정답의 단서는 각 문제의 키워드 주변에 있다. 키워드가 없는 문제는 보기를 먼저 읽고 세 줄씩 점검한다. 또한 단서의 위치는 문제의 순서를 따라간다. 총 3문제로 구성된 세트인 경우 첫 번째 문제는 초반부에, 두 번째 문제는 중반부에, 세 번째 문제는 후반부에 단서가 있다.

1 | 회사에 대해 묻는 문제   *노란 색자가 키워드

How long has the bank been in business?

What is indicated about the Royal Society of Law Librarians? → 키워드: X

What is suggested about the Froehling Company? → 키워드: X

2 | 인물에 대해 묻는 문제

What is suggested about Mr. Smith? → 키워드: X

What is mentioned about Ms. Golding? → 키워드: X

What is NOT indicated as one of Ms. Brown's strengths?

3 | 제품이나 구성품에 대해 묻는 문제

What is NOT included in the package? → 키워드: X

What is suggested about mobile phone accessories?

4 | 방법에 대해 묻는 문제

How can the contest be entered? (지문의 후반부에 단서)

How can more information about the job be obtained? (지문의 후반부에 단서)

5 | 일정/빈도에 대해 묻는 문제

How often are the floors of the business offices cleaned?

What will happen on May 15?

6 | 대상/행위에 대한 문제

What type of damage is covered under the agreement?

What should customers do if an item is damaged on arrival?

http://www.whistler.com

Attention, all fans of Gloria Redding!

Redding's latest work will be available on August 1. The novel can be preordered at Whistler Publications' online store, www.whistler.com. It is also available on the author's personal Web site at www.gloriaredding.com.

If you order the book by July 31, you will qualify for a chance to have dinner with Ms. Redding as she goes on her latest book tour. To do so, e-mail your order number to specialchance@whistler.com. If you're the lucky winner, you'll be notified by August 5.

1. What will happen on August 1?

   (A) A store will hold a sale.
   (B) A book tour will begin.
   (C) A book will come out.
   (D) A prize will be awarded.

2. How can the contest be entered?

   (A) By signing up online
   (B) By submitting a number
   (C) By providing a receipt
   (D) By leaving a review

▶ 정답 및 해석 196페이지

한눈에 정리하기

1. 안내문은 정보 전달이 주된 목적인 글로 실제로는 공고, 광고, 각종 양식이다.

2. 제품 설명서, 공공시설 안내, 숙박시설 안내, 관광 및 여행 안내, 행사 안내, 공사 안내, 광고, 이용 후기/리뷰, 양식 등이 실제 안내문의 내용에 해당된다.

3. 안내문은 반드시 글의 목적, 출처, 독자를 묻는다. 초반부 세 줄로 답을 찾아보고, 어렵다면 한 세트의 문제 중 마지막으로 푼다. 이때 몇 개의 요소를 종합하여 추론하여 풀 수도 있다.

4. 출처를 알기 어려울 땐 독자가 누구인지 생각하면 쉽게 풀 수 있다. 반대로 독자를 통해 출처를 파악할 수 있다.

5. 목적, 출처, 독자 문제를 제외하고는 인물, 회사, 제품 등의 내용 전반에 걸친 세부내용, 진위 확인, 추론 문제 등이 나온다. 문제에 키워드가 있는 경우는 지문의 키워드 주변에서 단서를 찾고, 문제에 키워드가 없는 경우는 지문을 세 줄씩 점검하며 단서를 찾는다.

전략 대입

SEYMOUR PHARMACEUTICALS

Terrance Shaw
Supervisor, Chemistry Laboratories

[149] An expert in chemistry, Mr. Shaw is the supervisor of the chemistry laboratories at the Seymour Pharmaceuticals facility in Florence. He has worked in Florence for the past five years after transferring from Madison, where he was based for six years.

In his current position, Mr. Shaw provides oversight for the 74 researchers and technicians working in the chemistry laboratories in Florence. His team has been responsible for several discoveries that have resulted in profitable products for the company.

[150] Mr. Shaw frequently tours the country to speak at conferences and workshops. He is an adjunct professor of chemistry at Watson University, where he teaches seminars on organic chemistry. Mr. Shaw has been the lead author of more than twenty papers that have been published in refereed journals. [151] Prior to working at Seymour Pharmaceuticals, Mr. Shaw was a researcher at Davidson Machinery.

149. What is the purpose of the information?

(A) To suggest a transfer destination
(B) To profile a company employee
(C) To give information on research interests
(D) To name the winner of an award

> **STEP 1** 안내문의 목적 문제이므로 초반부 세 줄로 답을 확인해보고, 어렵다면 세트의 다른 문제를 먼저 풀고 나중에 푼다.
>
> 제목에 회사 이름이 나오고, 회사 직원의 이름과 직책, 그리고 그에 대해 자세히 소개하는 내용이 전개되고 있으므로 (B)가 답이다.

150. What is NOT indicated as one of Mr. Shaw's strengths?

(A) He gives speeches at various events.
(B) He has written many papers.
(C) He teaches at a university.
(D) He tests the effectiveness of products.

> **STEP 2** 인물에 대한 사실확인 문제로 보기를 먼저 읽고 지문을 세 줄씩 점검하며 푼다.
>
> (A)에 대한 내용은 세 번째 문단 첫 줄에, (C)에 대한 내용은 세 번째 문단 두 번째 줄에, (B)에 대한 내용은 바로 그 뒤에 나온다. 따라서 (D)가 답이다.

151. What is suggested about Mr. Shaw?

(A) He has a doctoral degree from Watson University.
(B) He is being considered for promotion to upper management.
(C) He is originally from the city of Florence.
(D) He has not always worked in the pharmaceutical industry.

> **STEP 3** 인물에 대해 추론할 수 있는 바를 묻는 문제로 역시 보기를 먼저 보고 지문을 세 줄씩 점검하며 푼다.
>
> 지문의 마지막 줄에서 제약회사가 아닌 곳에서도 일했다는 것을 알 수 있다. 따라서 (D)가 답이다.

Unit 13

실전 적용 문제

전략을 활용해 문제를 풀어보고 채점 시 정확하게 해석해본다.

Questions 1-3 refer to the following information from a brochure.

If you're visiting Columbus, be sure to check out these places!

Bayside Gallery

Open Monday to Saturday, 10 A.M. – 6 P.M.; $10 admission

See some of the region's finest art along with a collection of Impressionist works.

Snyder House

Open daily, 9 A.M. – 4 P.M., $4 admission

View the ancestral home of David Snyder, the founder of Columbus. Guided tours of the home and the grounds around it are available.

Pine Amusement Park

Open daily, 8 A.M. – 11 P.M.; $15 admission

Enjoy the 23 rides, the animal shows, the games, and the delicious street food at the region's best amusement park. Located by the harbor, Pine Amusement Park is a great place to spend the day—or even the weekend—with your family.

Columbus Museum

Open Monday to Friday, 9 A.M. – 5 P.M.; no admission fee

Learn about the history of Columbus and the surrounding area by viewing its five permanent exhibit halls. Tours available upon request. The museum often features temporary exhibits and conducts seminars and speeches on topics of local interest.

---

1. What is the purpose of the information?

(A) To give directions to places
(B) To provide a schedule of activities
(C) To describe tourist destinations
(D) To explain how to book tickets

2. What is suggested about the Pine Amusement Park?

(A) It is a popular place in Columbus.
(B) It is closed on national holidays.
(C) It has activities for young people.
(D) It was recently renovated.

3. According to the information, what do the Snyder House and the Columbus Museum have in common?

(A) Both are located near the amusement park.
(B) Both offer tours to visitors.
(C) Both charge for admission.
(D) Both are open all weekend long.

Questions 4-7 refer to the following information.

One year ago last June, Anderson Technology added Devers to the group of companies it owns. It spent more than $3.5 million to update the facilities at the luxury watchmaker so that its artisans could have a state-of-the-art factory. The company just announced it will be investing another $5 million to expand the facility in Middletown.

A spokesman for Anderson Technology stated that the company had purchased some land adjacent to the Devers building and would be constructing a second factory there. The work should be completed within fourteen months.

After the takeover, Devers sold more than $50 million in luxury watches last year and estimates that it will sell more than $65 million this year. This is mainly on account of its newest line of gold men's and women's watches, which is responsible for 53% of all its sales. Most Devers watches are sold at high-end department stores, at various online stores, and at duty-free shops around the world.

A press release from Anderson Technology read, "The investment in Devers shows our commitment to its brand. Devers manufactures watches of the highest quality, and its artisans require the best equipment and facilities to continue making watches worthy of bearing the Devers name."

4. Where would the information most likely be found?

(A) In a watch repair manual
(B) In a journal on the watch industry
(C) In a watchmaker's handbook
(D) In a company guidebook

5. What is the relationship between Anderson Technology and Devers?

(A) Devers promotes the items Anderson Technology makes.
(B) Anderson Technology makes parts for Devers.
(C) Devers is owned by Anderson Technology.
(D) Anderson Technology provides raw materials for Devers.

6. Why have Devers' revenues been increasing?

(A) A line of items has been very popular.
(B) Its new factory lets it make more watches.
(C) Prices on some of its items have increased.
(D) A celebrity spokesperson has increased its popularity.

7. Where can interested individuals NOT purchase Devers watches?

(A) At duty-free stores
(B) At watch stores
(C) At department stores
(D) On Web sites

▶ 정답 및 해석 197페이지

출제 경향

- 각종 서식은 이전 Unit에서 다루지 않은 모든 지문 유형을 말하며 한 회에 1~3세트가 출제된다.
- 다음과 같이 다양한 형태의 지문이 나온다.

  1. 계산서류: 영수증, 운송장, 청구서, 견적서
  2. 일정표류: 행사 일정표, 여행 일정, 달력
  3. 광고지류: 쿠폰, 상품권, 전단지, 브로셔, 팸플릿, 리플릿
  4. 정보전달류: 웹페이지, 설명서, 작업 지시서, 정책, 표지판, 회의 안건, 주간 보고서, 초대장
  5. 작성양식류: 지원서, 신청서, 설문지, 계약서, 고객 후기
  6. 메시지류: 전화메시지, 휴대전화 문자, 팩스, 명함, 엽서

- 이야기의 흐름은 '문서 제목 ➡ 부가 설명(수신자, 발신자 등) ➡ 세부내용(표, 목록 등) ➡ 예외/부가, 수단/ 방법/제안 사항'이다.

유형 파악

서식의 주제/목적을 묻는 문제

What is the purpose of the brochure/card/form? 브로셔/카드/서식의 목적은 무엇인가?

What type of product is being described? 어떤 종류의 제품이 묘사되고 있는가?

발신자(출처)/수신자(독자)가 누구인지 묻는 문제

To whom was the questionnaire given? 이 설문지는 누구에게 주어졌는가?

For whom is the workshop most likely intended? 이 워크샵은 아마도 누구를 위해 의도되었는가?

What most likely is Omicron Premier Services? Omicron Premier Services는 무엇일 것 같은가?

요청사항을 묻는 문제

What are guests asked to do? 손님들이 하도록 요청 받은 것은 무엇인가?

What does Ms. Pahlavi ask Mr. Jensen to do? Ms. Pahlavi는 Mr. Jensen에게 무엇을 하라고 요청하는가?

세부내용을 묻는 문제

What does Ms. Shalib plan to do on May 1? (세부 일정) Ms. Shalib이 5월 1일에 하려고 계획한 것은 무엇인가?

Where will the work take place? (장소) 그 작업이 발생하는 곳은 어디인가?

What is one problem with Stevedore TX boots? (문제점) Stevedore TX 부츠가 가진 한 가지 문제점은 무엇인가?

Why has the price of a project been adjusted? (이유) 프로젝트의 가격이 왜 조정되었는가?

How might a customer win a prize? (방법) 고객은 어떻게 상을 받을 수 있는가?

What free item can be obtained by using this coupon? (대상)
이 쿠폰을 사용함으로써 어떤 무료 아이템을 얻을 수 있는가?

사실 확인 / 추론 문제

What is NOT indicated about the workshop? 워크샵에 대해 나타나 있는 바가 아닌 것은 무엇인가?

What is suggested about Ms. Redman? Ms. Redman에 대해 암시된 것은 무엇인가?

각종 서식 지문 풀이 전략

각종 서식 지문의 길이는 짧은 편이나 종류가 다양하다. 지문을 익혀야 목적이나 독자, 출처 등을 확인하는 데 시간을 절약할 수 있다. 각 서식별 출제 포인트를 잘 학습하여 빠르고 정확하게 풀어보자.

: 직독직해 연습 : 파트 7은 기본적인 독해 실력이 중요하다. 아래 지문을 직독직해 해보고, 해설지와 비교하여 정확한지 점검해본다.

Questions 149-151 refer to the following invoice.

From: Davidson Services

487 Sanderson Avenue

Provo, UT

Invoice

Billed to:	**Shipped to (on May 21):**
Richard Moss	Crosby Manufacturing
Crosby Manufacturing	574 Watson Road, Provo, UT

Item Code	Description	Quantity
859HR	Ink Cartridge, Black	3
363MM	Ballpoint Pen, Blue	8
127PR	Ink Refill, Blue	15
094OL	Legal Notepad	9

*Item 094OL will be shipped in a week as it is not currently available in the store.

발신: Davidson Services
487 Sanderson Avenue
Provo, UT

송장

지불인: 수신인 (5월 21일에):

✎...

_____

_____

_____

▶ 해석 199페이지

단서 ✎ 1 빠리 찾기 전략   **서식의 목적과 독자, 출처를 확인한다.**

서식 유형에서 첫 번째 문제로 잘 나오는 것은 안내문과 마찬가지로 주제/목적, 독자, 출처를 묻는 것이다. 이러한 지문을 처음 본다면 초반부만 보고 풀기 어려울 수 있으며, 익숙하다 해도 초반부에 충분한 정보가 나오지 않는 경우도 있다. 이 경우 글의 제목과 표나 목록, 그리고 후반부의 예외/부가/제안 사항 등을 통해 정답을 추론한다.

지문 태양 전자

태양열 에너지로 바꾸실 생각이 있나요? 태양 전자와 함께 몇 번의 절차로 가능합니다.

1. 가정 상담을 받으세요.

~ (중략) ~

2. 당신의 디자인을 승인하세요.

~ (중략) ~

3. 설치 예약을 잡으세요.

~ (중략) ~

4. 에너지 요금 절약하기를 시작하세요.

~ (중략) ~

문제 What is the purpose of the brochure?

(A) 한 회사의 제품을 광고하기 위해서

(B) 에너지 절약의 트렌드를 설명하기 위해서

(C) 두 개의 다른 형태의 에너지를 설명하기 위해서

(D) 한 시스템을 가동하기 위한 절차를 설명하기 위해서

▶ brochure, catalogue, leaflet, pamphlet, flyer는 모두 제품이나 회사를 알리는 광고의 성격을 가지고 있는 문서들이다. 따라서 이러한 서식들을 접해본 적이 있다면 지문을 보기 전에도 (A)가 답임을 짐작할 수 있다. 그러나 brochure 유형이 낯설다면 1-4단계의 절차가 나오는 것을 보고 오답인 (D)를 고르기 쉽다. 이 글을 읽을 사람은 태양열 설치에 관심 있는 사람이지 이미 제품을 구매한 후 그것을 가동하는 방법을 알고자 설명서를 봐야 할 사람이 아니다.

위의 예를 통해서 알 수 있듯이, 독자나 출처 문제는 주제/목적 문제와 같이 묶어서 생각하면 더 쉽게 풀 수 있다. 또한 표나 목록으로 단서를 주는 경우도 많다.

직독직해 연습 지문 참조

149. What most likely is Davidson Services?

(A) A stationery store

(B) A shipping firm

(C) A manufacturer

(D) A law office

▶ 지문의 초반부 From: Davidson Services에서 이 업체가 invoice의 발행자라는 것을 알 수 있으며 이 업체의 정보는 invoice에 나온 품목 목록을 보면 알 수 있다. 잉크나 펜을 취급하므로 (A)가 답이다. 단순 배송업체일 경우 세부 목록과 수량을 자세히 보여줄 이유가 없고, 후반부에 as it is not currently available in the store(매장에 재고가 없기 때문에)라는 말은 제조업체가 아니고 제품 판매업체에서 하는 말이다.

invoice가 정확히 어떤 성격의 문서인지 안다면 이 문제는 훨씬 빠르고 정확하게 풀 수 있다. 영영사전에 invoice를 검색하면 이렇게 나온다.

* invoice [명사]: a document giving details of goods or services that someone has bought and must pay for: 누군가 구매했고, 따라서 지불해야 할 제품이나 서비스의 세부사항을 알려주는 문서

즉, invoice는 제품을 판매한 업체가 그것을 구매한 사람에게 발행하는 것이다. 직독직해 연습 지문의 수신자는 해당 제품을 배송업체나 제조업체에게서 구매한 것이 아니다. 배송업체에게는 배달 서비스를 받을 수 있고 제조업체의 고객은 일반인이 아니고 판매점이다.

⭐중요 **각 서식의 발행자, 독자, 용도**

서식 유형	발행자	독자	용도
송장(invoice)	판매자	구매자	구매 목록과 지불해야 할 것에 대해 알려주는 것
견적서(estimate)	판매자	구매 희망자	판매 전에 구매 희망자의 요청에 대해 판매자가 제품/서비스가 완성되는 시간이나 비용을 산출하여 알려주는 것
지침서/설명서(instructions, manual, handbook)	회사	직원들	회사의 규정이나 방침을 설명하는 것
소개 책자(brochure, leaflet, pamphlet, catalogue), 전단지(flyer)	업체	잠재 고객	광고성의 소개 자료
작업 지시서(work order)	하청 회사	하청 회사의 작업자	작업 세부사항(시간, 비용, 위치, 담당자, 고객 연락처, 고객 요청사항 등)을 작성하여 공유

Teamwork: Getting Your Employees to Come Together
August 21-22
Stanton Hotel, Toronto, Canada

Name: Bruce Hardy

Title: Office Manager

Company: Duncan Consulting

Address: 675 Whitley Ave., Toronto, CA

E-Mail: bhardy@duncanconsulting.com

Phone: 895-9584

I will attend:

_____ August 21: Afternoon session includes introductory comments, the keynote address, a team-building workshop, and two seminars (1:30 P.M. – 5:00 P.M.)

___X___ August 22: Full-day session includes two workshops, three seminars, closing remarks, and a catered lunch (9:00 A.M. – 4:00 P.M.)

Cost:

___X___ One day ($120)

_____ Two days ($200)

1. What is the purpose of the form?

   (A) To confirm payment
   (B) To sign up for an event
   (C) To ask for a change in dates
   (D) To reserve a hotel room

▶ 정답 및 해석 199페이지

단서 빨리 찾기 전략 2 | 서식에 등장하는 날짜, 표, 예외/부가사항은 꼭 확인한다.

서식의 목적, 독자, 출처를 확인한 후 날짜, 표, 예외/부가사항을 확인한다. 이는 대부분의 양식에서 공통적으로 출제된다.

1 | 날짜 관련 문제

서식의 발행일, 작성일, 계약이 효력을 발휘하는 날짜, 지불 만기일, 공사 완료일, 초대장의 행사 시작일 등의 서식에는 다양한 날짜 정보가 나오며 이 부분에 대한 문제가 출제된다.

직독직해 연습 지문 참조

150. According to the invoice, what happened on May 21?

    (A) Some items were delivered.

    (B) An invoice was paid.

    (C) An order was placed.

    (D) A shipment was delayed.

▶ invoice에서 날짜 정보는 지문의 초반부에 나온다. 보통은 invoice 발행일이나 제품의 배송일 등이 제시된다. 직독직해 연습 지문에서 Shipped to (on May 21) 부분을 통해 5월 21일은 제품이 고객에게 배송된 날짜라는 것을 알 수 있으므로 (A)가 답이다.

2 | 표 관련 문제

지문에 표나 목록이 포함되어 있다면 그곳에서 적어도 한 문제는 나온다. 표의 목록 중 해당되거나 해당되지 않는 한 가지를 찾는 문제와 표의 목록을 종합 추론하는 문제가 나온다.

지문

고양이 학교

김나래 님께,

문의하신 내용을 정리하여 보내드립니다.

종류	수용 인원	좌석/테이블	대여료
커플룸	2인	좌석 2개/테이블 1개	10,000KRW
소그룹룸	6명 이하	좌석 6개/테이블 2개	30,000KRW
중그룹룸	20명 이하	좌석 20개/테이블 4개	100,000KRW
강당	100명 이하	좌석 100개/테이블 없음	300,000KRW

알림: 중그룹룸의 경우 프로젝터, 마이크는 요청하시면 무료 대여 가능합니다. 강당에는 이미 설치되어 있습니다.

문제 테이블이 없는 방은 무엇인가? → 표의 목록 중 해당되는 하나를 고르는 문제

    (A) 커플룸   (B) 소그룹룸

    (C) 중그룹룸   (D) 강당

문제 고양이 학교는 어떤 업체인 것 같은가? → 표의 목록을 종합 추론하는 문제

    (A) 동물 병원   (B) 가구 소매점

    (C) 회의실 대여업체   (D) 시청각 장비 판매 업체

▶ 문제 1과 문제 2 둘 다 표의 목록을 보고 푸는 문제이다. 문제 1은 목록 중 해당되는 하나를 고르는 문제로 표에서 강당에 테이블이 없다는 것을 알 수 있으므로 (D)가 답이다. 문제 2는 목록을 종합 추론하는 문제로 목록이 회의실 대여료에 대한 것이므로 고양이 학교는 회의실을 대여해 주는 업체임을 유추할 수 있어 (C)가 답이다.

3 | 예외/부가사항을 묻는 문제

서식의 맨 아래에는 Note(유의사항)나 *(별표) 등의 기호로 예외나 부가사항 등을 알리는데, 이 부분에서 꼭 한 문제가 나오므로 관련 문제를 예상해본다.

Item Code	Description	Quantity
859HR	Ink Cartridge, Black	3
363MM	Ballpoint Pen, Blue	8
127PR	Ink Refill, Blue	15
094OL	Legal Notepad	9

*Item 094OL will be shipped in a week as it is not currently available in the store.

151. What is indicated about the notepads?

(A) They are the standard size.

(B) They are currently out of stock.

(C) They are available at a cheaper price.

(D) They are no longer made.

▶ 품목 코드 094OL은 재고가 없다고 했는데, 목록을 보면 이것은 Notepad에 해당되므로 (B)가 답이다.

Invoice   Jordan, Inc.

Bill To: SSM Machinery

ATTN: Robert Messier, Manager

Date and Time of Service: August 30, 4:00 P.M. – 6:00 P.M.

Item/Service	Quantity	Price	Total
Sandwich Platter	4	€30	€120
Assorted Snacks	20	€3	€60
Cold Beverages	40	€2	€80
Wait Staff (2)	2 hours	€25	€50
			Total €310

Thank you. Please contact Lucille Meyers at lucille@jordan.com with any questions or comments.

1. What type of business most likely is Jordan, Inc.?

   (A) A café
   (B) A caterer
   (C) A supermarket
   (D) A bakery

2. What information is NOT included in the invoice?

   (A) Who to speak with at Jordan, Inc.
   (B) How many servers were hired
   (C) What type of food was served
   (D) Where the food was sent

▶ 정답 및 해석 199페이지

단서 빨리 찾기 전략 3 · 서식별로 자주 나오는 문제를 알아둔다.

목적, 독자, 출처, 날짜, 표, 예외사항 등은 모든 양식에서 공통적으로 주의 깊게 봐야 할 부분이지만, 각 서식별 주요 내용과 자주 나오는 문제를 익혀 두면 문제를 쉽게 풀 수 있다.

1 ┃ 계산서류: 영수증, 운송장, 청구서, 견적서

- 발행일, 배송일, 총액에서 빠지는 부분(단골고객 할인, 대량구매 할인 등), 결제 수단 등을 확인한다.
- 표의 항목을 통해 발행업체나 수신업체를 추론한다.
- 주문자와 배송지가 다른 경우에 유의한다.(선물 배송, 회사로 배송 등)

2 ┃ 일정표류: 행사 일정표, 여행 일정, 달력

- 행사 시간, 날짜, 장소, 순서에 대한 질문이 주로 나온다.
- 항목의 공통점이나 차이점을 확인하는 문제가 나온다.

3 ┃ 광고지류: 쿠폰, 상품권, 전단지, 브로셔, 팸플릿, 리플릿

- 할인 기간, 할인 혹은 예외 품목, 할인 받을 수 있는 조건(지역 주민, 신규 고객 등)을 확인한다.
- 어느 지역 매장에서 언제까지 쿠폰이 인정되는지 확인하는 문제가 나온다.
- 브로셔, 팸플릿, 리플릿 모두 광고성 문건이다.

4 ┃ 작성양식류: 설문지, 계약서, 고객 후기, 지원서, 신청서

- 계약서는 계약 날짜, 보증금/잔금 지불 시기와 방법, 작업 내용 등을 확인한다.
- 설문지 작성자나 고객이 남긴 후기는 반드시 확인한다. 긍정적인 내용과 부정적인 내용이 같이 나온다.
- 지원서, 신청서 등은 고객이 표시한 부분(Yes, 혹은 V 등)을 반드시 확인한다.

5 ┃ 정보전달류: 웹페이지, 설명서, 초대장, 작업 지시서, 정책, 표지판, 회의 안건, 주간 보고서

- 웹페이지는 지문 시작의 탭이 지문의 주제이므로 반드시 확인한다.(Home, About Us, Products & Services 등)
- '제품 구매에 대해 감사 ~', '제품을 잘 사용하기 위해서 ~ ' 등의 표현이 나오면 제품 설명서이다.
- 초대장은 '행사명 ➜ 장소/날짜 ➜ 식순 ➜ 담당자 연락처'의 흐름으로 이어진다.

6 ┃ 메시지류: 전화 메시지, 휴대전화 문자, 팩스, 명함, 엽서

- 누가 누구에게 왜 보내는지를 확인한다.
- 구체적 요청사항을 확인한다.

The Chophouse

Thank you for dining at the Chophouse. We strive to make the dining experience as pleasurable as possible for everyone, but we can't do that without your help. Please complete this form and give it to any of our staff members before you depart.

How did you enjoy your meal at the Chophouse?

Please select one response for each category:

Food	<u>Very Satisfied</u>	Satisfied	Not Satisfied
Price	<u>Very Satisfied</u>	Satisfied	Not Satisfied
Service	Very Satisfied	<u>Satisfied</u>	Not Satisfied
Atmosphere	Very Satisfied	Satisfied	<u>Not Satisfied</u>

Would you recommend the Chophouse to anyone?
<u>Yes</u>   Maybe   No

Comments:

The taste of the food at the Chophouse can't be beat. The steaks you serve are the tastiest in the city. The low prices and special offers you constantly have help me avoiding going over my monthly budget. However, this time, the restaurant was much noisier than usual, which hurt the dining experience. My waiter, Chris, was all right, but he made a mistake on my son's dinner order.

If you would like to be contacted for additional feedback, please leave your name and contact information below.

Eric Hoff
ehoff@personalmail.com

1. What are diners asked to do?

   (A) Request a coupon
   (B) Tip their servers
   (C) Rate the restaurant online
   (D) Submit a form

2. What is suggested about Mr. Hoff?

   (A) He enjoys dining in places with loud atmospheres.
   (B) He is willing to discuss his visit to the Chophouse.
   (C) He has never eaten at the Chophouse before.
   (D) He wishes the prices at the Chophouse were lower.

▶ 정답 및 해석 200페이지

한눈에 정리하기

전략 요약

1. 각종 서식의 첫 번째 문제는 글의 목적과 독자, 출처를 묻는다. 서식의 형태가 익숙하다면 제목이나 초반부 세 줄만으로도 풀 수 있으나 그렇지 않은 경우 다 읽고 푸는 것이 좋다.

2. 서식에 등장하는 날짜, 표의 목록, 예외/부가사항 등에서 적어도 한 문제가 나오므로 반드시 확인한다.

3. 계산서류나 일정표류는 주문자/발신자 정보, 날짜, 표 항목이나 일정상의 공통점/차이점을 확인한다.

4. 작성양식류는 작성된 내용에 주목하고, 광고지류는 할인 기간, 할인 혹은 예외 품목, 할인 받을 수 있는 조건을 확인한다.

5. 메시지류는 메시지의 목적과 요청사항을, 정보전달류는 '주제 ➡ 세부내용 ➡ 요청사항 ➡ 담당자'의 흐름을 확인한다.

전략 대입

From: [149] Davidson Services
487 Sanderson Avenue
Provo, UT

Invoice

Billed to: [150] **Shipped to (on May 21)**
Richard Moss   Crosby Manufacturing
Crosby Manufacturing   574 Watson Road, Provo, UT

Item Code	Description	Quantity
859HR	[149] Ink Cartridge, Black	3
363MM	Ballpoint Pen, Blue	8
127PR	Ink Refill, Blue	15
094OL	Legal Notepad	9

[151] *Item 094OL will be shipped in a week as it is not currently available in the store.

149. What most likely is Davidson Services?

    (A) A stationery store
    (B) A shipping firm
    (C) A manufacturer
    (D) A law office

> **STEP 1** invoice의 발행자가 누구인지에 대한 추론 문제로 초반부 세 줄로 안 풀리면 150번과 151번을 풀고 나서 마지막에 푼다.
>
> 초반부만으로는 내용이 충분하지 않아 풀리지 않으므로 나중에 푼다.

150. According to the invoice, what happened on May 21?

    (A) Some items were delivered.
    (B) An invoice was paid.
    (C) An order was placed.
    (D) A shipment was delayed.

> **STEP 2** 문제의 키워드인 May 21을 지문에서 찾아 정답의 단서를 확인한다.
>
> Shipped to (on May 21)이란 말을 통해 May 21이 제품 배송 날짜임을 알 수 있으므로 (A)가 답이다.

151. What is indicated about the notepads? •·········

    (A) They are the standard size.

    (B) They are currently out of stock.

    (C) They are available at a cheaper price.

    (D) They are no longer made.

STEP 3 지문에서 invoice 유형에서 잘 나오는 표의 목록이나 예외/부가사항을 확인한다. (주로 별표 표시)

*(별표) 부분에서 품목 094OL이 현재 재고가 없어 일주일 후 배송될 것이라고 하는데, 목록을 보면 그것이 Notepad를 가리키므로 (B)가 답이다.

STEP 4 미뤄둔 149번을 푼다.

내역의 목록을 보면 잉크나 펜을 판매하는 업체이므로 (A)가 답이다.

Questions 1-3 refer to the following Web page.

Home	**Updates**	Our Facilities	Maps	Contact Us

Please be aware that www.yourstateparks.com, a well-known Web site, mentions that the hours for Duncan State Park are 8 A.M. to 5 P.M. each day of the week. We would like you to know that those are only the hours during the winter months, when the park has a reduced staff and large parts of it are closed due to bad weather.

From March 1 to November 15, Duncan State Park is open from 5 A.M. to 8 P.M. every day, including weekends and holidays. In addition, visitors are permitted to camp in the park overnight if they make arrangements at the visitors' center, which is located at the park's main entrance near Springfield. Camping is not, however, permitted from November 16 to February 28. To find out more about the park's hours of operation, call 874-8323.

1. For whom is the notice most likely intended?

(A) Park visitors
(B) Springfield residents
(C) Job applicants
(D) Park employees

2. What is suggested about the Web site www.yourstateparks.com?

(A) It has pictures of Duncan State Park.
(B) It charges visitors a fee to use it.
(C) It contains incorrect information.
(D) It was recently updated.

3. What does the notice include?

(A) Directions on how to get to the park's main entrance
(B) Information about admission fees to the park
(C) Instructions for spending the night in the park
(D) An update on the weather situation at the park

Questions 4-7 refer to the following agenda.

Workshop: Finding the Right Employees
June 11
10:00 A.M. to 5:00 P.M.
€60 per person

10:00 A.M.: Hiring
Learn to evaluate résumés so that you don't waste time on unqualified candidates. Focus on asking the right questions in interviews to learn the most about applicants.

11:00 A.M.: Promotions
Learn to determine which employees are worthy of being promoted and which should be fired or transferred to other departments.

12:00 P.M.: Lunch Break
Dine with your fellow attendees in the hotel's restaurant. May choose one of two entrées: roasted pork with vegetables or vegetarian lasagna.

1:30 P.M.: Role-Playing Activities
Experiment with the information you've learned with your group members. Practice using the techniques discussed and perfect your usage of them.

3:30 P.M.: Evaluation
Have your role-playing activities evaluated by the members of our staff. Get tips on what you are doing right and what you are doing wrong.

4. For whom is the workshop most likely intended?

(A) Personnel managers
(B) Job applicants
(C) Journalists
(D) Restaurant owners

5. What session involves looking at written information?

(A) Hiring
(B) Promotions
(C) Role-Playing Activities
(D) Evaluation

6. What is NOT indicated about the workshop?

(A) It focuses on team-building skills.
(B) A meal will be served there.
(C) It takes place in a single day.
(D) Attendees must pay a fee.

▶ 정답 및 해석 200페이지

Unit 15

연계 문제를 예상하여 푼다.

이중 지문

 R39

출제 경향

- 두 지문을 읽고 다섯 문제를 푸는 유형으로 매회 총 2세트, 총 10문제(176~185번)가 출제된다.
- 1~3문제의 단서는 첫 번째 지문에, 1~2문제의 단서는 두 번째 지문에 있다.
- 첫 번째 지문과 두 번째 지문에서 찾은 단서를 종합하여 푸는 연계 문제가 1~2문제 나온다.

유형 파악

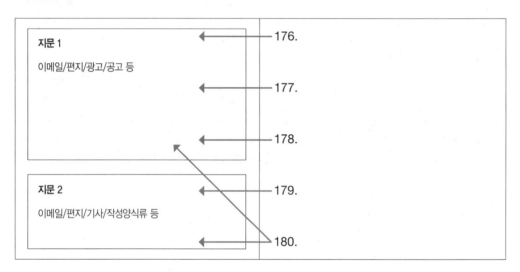

이중 지문의 구성

- 두 지문 모두 일반 지문(이메일/편지, 기사, 광고, 공고/메모, 안내문)으로 구성되는 경우가 있고, 다르게 구성되는 경우도 있다. 이때 한 지문은 일반 지문, 다른 한 지문은 작성양식류(설문지, 계약서, 신청서 등)로 구성된다.
- 두 지문 중 한 지문에 표나 목록이 있는 경우가 있다.
- 두 지문 중 한 지문에 이메일/편지가 포함된 경우가 많고, 두 지문 모두 이메일/편지인 경우도 있다.

문제 구성과 정답 단서 위치

- 첫 번째 문제의 정답 단서는 주로 첫 번째 지문의 초반부에 있다.
- 두 번째 문제의 정답 단서는 주로 첫 번째 지문의 중/후반부에 있다.
- 세 번째 문제의 정답 단서는 상황에 따라 다르지만, 첫 번째 지문이 더 긴 경우 주로 첫 번째 지문의 후반부에 있다.
- 네 번째, 다섯 번째 문제는 기본적으로 두 번째 지문을 봐야 하며, 그 중 하나는 연계 문제로 첫 번째 지문도 봐야 한다.

이중 지문

: 출제 빈도 : 매회 2세트 10문제

이중 지문은 지문의 길이가 길어 어려워 보이지만 한두 문제의 연계 문제를 제외하고는 단일 지문 문제와 같은 방식으로 풀 수 있다. 단일 지문과 연계 문제를 쉽게 구분하는 방법과 연계 문제의 단서 위치가 어디에 있는지 알아보자.

: 직독직해 연습 : 파트 7은 기본적인 독해 실력이 중요하다. 아래 지문을 직독직해 해보고, 해설지와 비교하여 정확한지 점검해본다.

Questions 176-180 refer to the following letter and survey.

April 12

Ms. Lana Wright
83 Apple Lane
San Diego, CA

Dear Ms. Wright,

Thank you very much for being a loyal customer at Hoskins' Clothing Store for the past several years. In an effort to improve our customer service, we are conducting a survey of the members of our shoppers' club. Enclosed with this letter is a short survey. Would you mind completing it and then mailing it back to us in the self-addressed, stamped envelope we have included with it? If you respond by April 30, you will receive a complimentary pair of Gergen sunglasses. If you send it back anytime in May, you will receive a coupon good for ten percent off on your next purchase at our store.

Thank you.

Mandy Carle,
Customer Service Representative
Hoskins' Clothing Store

Hoskins' Clothing Store

Thank you for taking the time to complete this survey.

Name: Lana Wright   Date: April 21

1. Do you mind if we call you to discuss your answers later?
☐ Yes   ☑ No – phone number: 569-9431

---

2. How do you normally shop at Hoskins' Clothing Store?

☑ At our physical store   ☐ On our Web site   ☐ At both places

Please explain your response:

I prefer to try on clothes before I purchase them. In addition, your store is across the street from my office, so visiting it is simple.

3. The last time you shopped at Hoskins' Clothing Store, did you find what you wanted?

☐ Yes   ☐ No   ☑ Sort of

Please explain your response:

I visited your store last week because of the spring sale you were holding. I wanted to get a blouse, but the color I wanted was not available. I considered purchasing it online, but the sales assistant showed me an item by another maker which looked similar and was slightly cheaper. It was even available in the color I wanted.

: 직독직해 써보기(첫 번째 지문만) :

친애하는 Ms. Wright에게,

대단히 감사합니다 / 충실한 고객이 되어 주셔서 / Hopkins' Clothing Store에서 / 지난 몇 년 동안.

✎ ....

....

....

....

....

....

....

▶ 해석 202페이지

단서✎ 빨리 찾기 전략 **1** 단일 지문처럼 풀어라.

1 │ 첫 번째 문제

이중 지문의 첫 번째 문제는 주로 주제 문제나 세부내용 문제, 사실확인 문제, 추론 문제, 동의어 문제가 나온다. 이중 지문의 첫 번째 문제를 풀기 위해 두 번째 지문을 볼 필요는 없다. 단일 지문이며 초반부 세 줄이면 풀린다는 생각으로 접근한다.

직독직해 연습 지문 참조

176. Why did Ms. Carle write to Ms. Wright?

   (A) To ask her to provide some feedback

   (B) To say her store credit card has been activated

   (C) To give her the results of a survey

   (D) To request payment on an item

▶ 글의 목적을 묻는 문제이므로 첫 번째 지문 초반부 세 줄을 먼저 확인해보자.

첫 번째 지문 초반부 세줄

> Thank you very much for being a loyal customer at Hoskins' Clothing Store for the past several years. In an effort to improve our customer service, we are conducting a survey of the members of our shoppers' club.

▶ 단골 고객에게 감사의 말을 전한 후, 고객 서비스 향상을 위해 설문조사를 하고 있다고 언급한 것으로 보아 설문조사 작성을 요청하는 글이라고 볼 수 있다. 따라서 (A)가 답이다.

2 │ 두 번째 문제

이중 지문에서는 보통 두 번째 문제까지도 첫 번째 지문에 단서가 있는 경우가 많다. 두 번째 문제까지는 편하게 첫 번째 지문만 본다.

직독직해 연습 지문 참조

177. What is indicated about Hoskins' Clothing Store?

   (A) It opened more than two decades ago.

   (B) It has a special group for shoppers.

   (C) It is located in a shopping center.

   (D) It only sells items in a physical store.

▶ 이미 첫 번째 지문의 초반부 세 줄 가량을 읽은 상태이므로 그 이하 지문을 보기 전에 문제의 보기를 확인한다.

첫 번째 지문 초반부 세 줄

> Thank you very much for being a loyal customer at Hoskins' Clothing Store for the past several years. In an effort to improve our customer service, we are conducting a survey of the members of our shoppers' club.

▶ for the past several years는 단골 고객과 관련된 사항일 뿐이고 업체가 언제 처음 문을 열었는지 언급되지 않았으므로 (A)는 오답이다. (C)나 (D)에 대한 언급도 없으므로 (B)의 가능성을 생각해 볼 수 있는데, a special group for shoppers가 지문의 our shoppers' club이라고 볼 수 있으므로 정답이다.

3 | 네 번째와 다섯 번째 문제 중 연계 문제가 아닌 문제

이중 지문의 네 번째와 다섯 번째 중 적어도 하나는 연계 문제인 경우가 많다. 하나가 연계 문제라는 것이 확인되면 나머지 하나는 대부분 두 번째 지문만 보고 풀 수 있다.

직독직해 연습 지문 참조

180. What does Ms. Wright mention about Hoskins' Clothing Store?

    (A) It is located near her home.

    (B) She shops there during her lunch hour.

    (C) It offers discounts on items.

    (D) She likes the wide selection there.

▶ 전략 2에서 다루겠지만 179번이 연계 문제이므로 180번은 연계 문제가 아닐 가능성이 높다. 두 번째 지문인 설문지에서 고객이 상점에 대해 언급한 내용에 대해 묻는 문제이므로 두 번째 지문에서 고객의 comment를 확인한다. 보통은 긍정적인 내용과 부정적인 내용이 같이 나온다.

두 번째 지문의 고객 comment

> Please explain your response:
>
> I visited your store last week because of the spring sale you were holding. I wanted to get a blouse, but the color I wanted was not available. I considered purchasing it online, but the sales assistant showed me an item by another maker which looked similar and was slightly cheaper. It was even available in the color I wanted.

▶ 이 후기는 Ms. Wright가 Hoskins' Clothing Store를 방문했던 때를 기준으로 하는 이야기인데, 그녀는 상점 방문 당시에 봄 할인 행사 (spring sale)가 있었음을 언급하고 있으므로 (C)가 정답이다.

단서 빨리 찾기 전략 2 | 두 지문을 연계하여 푼다.

이중 지문의 핵심은 연계 문제이다. 연계 문제인지 모르고 한 지문에서만 단서를 찾게 보면 정답을 맞힐 수 없고, 연계 문제가 아닌 것을 연계 문제로 풀면 두 지문을 번갈아 보다가 시간만 허비하게 되어 결과적으로 정답을 찾기가 더욱 어려워진다.

연계 문제는 한 세트의 문제들 중 어느 것이나 가능성은 있지만, 주로 네 번째나 다섯 번째 문제 중 하나가 연계 문제이며 둘 다 연계 문제인 경우도 있다. 보기가 단답형인 경우 연계 문제가 많은 편이며 특히 문제의 보기가 표 안의 목록에 해당되는 경우는 대부분 연계 문제이다.

직독직해 연습 지문의 네 번째 문제

179. What will Ms. Wright most likely receive from Hoskins' Clothing Store?

    (A) A discount coupon

    (B) A blouse

    (C) A pair of sunglasses

    (D) A sweater

▶ 네 번째 문제이고 단답형이므로 연계 문제일 가능성을 생각한다. 첫 번째나 두 번째 지문에 표나 목록이 없었으므로 일단 단일 지문 문제라고 생각하고 접근한다. 이 문제의 키워드는 Ms. Wright receive이며 항상 키워드나 보기가 있는 지문을 먼저 봐야 한다. 첫 번째 지문의 후반부 you will receive ~ 부분에서 보기의 단어인 sunglasses, coupon 등의 단어가 나온다.

If you respond by April 30, you will receive a complimentary pair of Gergen sunglasses. If you send it back anytime in May, you will receive a coupon good for ten percent off on your next purchase at our store.

▶ you는 Ms. Wright이고 받을 것으로 선글라스, 할인 쿠폰 등이 제시되었는데, 보기에 이미 (A)와 (C)가 모두 있으므로 첫 번째 지문만으로는 부족하다. 따라서 추가 단서를 찾아야 하는데, 선글라스는 4월 30일까지 제출했을 경우, 쿠폰은 5월 중에 제출했을 경우에 받을 수 있다. 이제 두 번째 지문에서 이 둘 중에 하나를 결정지어줄 단서인 설문지 작성일을 찾아본다. 두 번째 지문에서 설문지 작성일이 4월 21일로 나와 있으므로 (C)가 정답이다.

👆 잠깐 ▶ NOT 문제에서 단서가 첫 번째와 두 번째 지문에 골고루 분산되어 있어도 연계 문제이다.

첫 번째 지문 – 광고

~ 우리는 100년 전에 설립되었습니다.

~ 우리는 매년 재고 정리 세일을 합니다.

두 번째 지문 – 송장

– 중고 서적 1권
– 아동 서적 2권
– 참고서 3권

문제 업체에 대해 나타나 있지 않은 것은?

　　(A) 영업한 지 한 세기가 되었다.

　　(B) 매년 할인 행사가 있다.

　　(C) 책을 판매하는 업체이다.

　　(D) 아동 교육 수업이 있다.

▶ (A)와 (B)의 단서는 첫 번째 지문에, (C)의 단서는 두 번째 지문에 있다. (D)는 두 지문 모두에 단서가 보이지 않으므로 정답이다.

단일 지문을 볼 때 연계 문제의 단서가 될 만한 부분을 미리 표시한다.

이중 지문의 연계 문제를 더 정확하고 빨리 푸는 방법은 첫 번째나 두 번째 지문을 독해할 때부터 연계 문제의 단서가 될 만한 부분을 표시하고 연계 문제를 기다리는 것이다. 표나 목록이 있는 부분, 조건이 두 개 이상 제시되는 부분, 할인/무료 혜택에 대한 언급이 있는 부분, 일정/금액/장소에 대한 언급, 혹은 그것들의 변경이 언급되는 부분이 연계 문제의 단서가 되는 경우가 많다.

1 | 표나 목록이 있는 부분/조건이 두 개 이상 제시되는 부분

첫 번째 지문 – 이메일

김과장님께,

우리는 최소 3년의 편집 경력자를 뽑아야 합니다. 석사 학위는 선호되지만 필수 자격요건은 아닙니다. 팀을 이끌 것이므로 의사소통 기술은 플러스가 됩니다.

두 번째 지문 – 안내문

후보자 명단

* 김진호 : 프리랜서 저자, 3년간 8권 집필

* 박광수 : 국제대학 국문학과 석사

* 김남희 : 길벗 출판사 편집부 대리 5년

* 진소연 : 의사소통 전문가

문제 김과장은 아마도 누구를 채용할 것 같은가?
(A) 김진호
(B) 박광수
(C) 김남희
(D) 진소연

▶ 첫번째 지문을 읽을 때, 조건이 두 개 이상(최소 3년, 편집 경력) 나오므로 이 부분이 연계 문제의 단서로 활용될 것을 예상한다.

▶ 두 번째 지문을 읽을 때, 목록을 보며 이 부분이 연계 문제의 단서로 활용될 수 있음을 예상한다.

▶ 최소 3년의 편집 경력이 필수 조건인데, 이에 부합되는 후보자는 (C)이다. (A)는 편집 경력으로 볼 수 없다.

2 | 할인/무료 혜택 등에 대한 언급이 있는 부분

첫 번째 지문 – 광고

4월까지 저희 회원으로 등록하시면 한 달의 무료 수업을 제공합니다.

두 번째 지문 – 안내문

발신일: 4월 25일

수신자: Mr. Kim

저희 요가 수업에 등록해 주셔서 감사합니다.

문제 Mr. Kim에 대해 맞는 것은?
(A) 한 달 수업을 무료로 들을 수 있다.
(B) 멤버십이 곧 만료가 될 것이다.

▶ 첫 번째 지문에 무료에 대한 이야기가 나오므로 이 부분이 연계 문제의 단서로 활용될 것을 예상한다.

▶ 두 번째 지문에 날짜가 나오므로 유심히 본다.

▶ 4월 25일에 등록했으므로 한 달 수업을 무료로 들을 수 있다는 (A)가 답이다.

3 | 일정/금액/장소 혹은 그것들의 변경이 언급되는 부분

첫 번째 지문 – 공고

일시: 8월 1일

국제 가전 박람회의 개최지가 최근 파주, 일산 근처의 수해로 인해 고양 일산에서 인천 송도로 변경되었음을 알려드립니다. 행사는 예정대로 20일에 개최될 것입니다.

두 번째 지문 – 이메일

일시: 8월 5일

발신자: 행사 주최자

수신자: Mr. Kim

등록에 감사드리며, 요청하신 대로 행사장 주변 호텔에서 사용할 수 있는 할인 쿠폰을 동봉했습니다.

문제 Mr. Kim은 행사 기간 동안 어디에 머무를 것 같은가?

  (A) 인천 송도
  (B) 서울 강남
  (C) 경기 파주
  (D) 고양 일산

▶ 첫 번째 지문에 일정 변경에 대한 이야기가 나오므로 이 부분이 연계 문제의 단서로 활용될 것을 예상한다.

▶ 첫 번째 지문의 지명 등을 유심히 본다.

▶ Mr. Kim은 행사장 근처 호텔에 머무를 것이며 행사장은 인천 송도로 변경되었으므로 (A)가 답이다.

👆 **잠깐** 지문 속에 표나 목록이 숨어 있을 수 있다.

직독직해 연습 지문 참조

첫 번째 지문

Ms. Wright가 받을 수 있는 것

제출 시기	받을 수 있는 것
4월 작성하여 제출	선글라스
5월 작성하여 제출	할인 쿠폰

두 번째 지문

설문지 작성일: 4월 21일

문제 Ms. Wright는 무엇을 받을 것인가?

  (A) 할인 쿠폰
  (B) 선글라스

▶ 설문지 작성일은 4월 21일이므로 Ms. Wright는 선글라스를 받을 수 있다.

전략 요약

1. 이중 지문에서 첫 번째와 두 번째 문제는 주로 첫 번째 지문으로 풀리므로 단일 지문 문제를 푼다 생각하고 접근한다.

2. 이중 지문의 네 번째와 다섯 번째 문제 중 적어도 하나는 연계 문제이나 일단 단일 문제를 푼다 생각하고 접근한다.

3. 단일 지문만으로 풀리지 않는다면 다른 한 지문에서 추가 단서를 찾아 연계해 푼다.

4. 표나 목록에 포함된 항목이 보기에 단답형으로 들어가 있다면 연계 문제일 가능성이 높다.

5. 단일 지문 문제를 풀면서 표나 목록, 조건이 두 개 이상 제시되는 부분, 할인/무료 혜택에 대한 언급, 일정/금액/장소나 그것들에 대한 변경이 있다면 연계 문제의 단서가 될 부분이라고 예상한다.

전략 대입

April 12

Ms. Lana Wright
83 Apple Lane
San Diego, CA

Dear Ms. Wright,

Thank you very much for being a loyal customer at Hoskins' Clothing Store for the past several years. [176] In an effort to improve our customer service, we are conducting a survey of the members of [177] our shoppers' club. Enclosed with this letter is a short survey. Would you mind completing it and then mailing it back to us in the self-addressed, stamped envelope we have included with it? [179] If you respond by April 30, you will receive a complimentary pair of Gergen sunglasses. If you send it back anytime in May, you will receive a coupon [178] good for ten percent off on your next purchase at our store.

Thank you.

Mandy Carle,
Customer Service Representative
Hoskins' Clothing Store

Hoskins' Clothing Store

Thank you for taking the time to complete this survey.

Name: <u>Lana Wright</u>   Date: [179] <u>April 21</u>

1. Do you mind if we call you to discuss your answers later?
☐ Yes   ☑ No – phone number: <u>569-9431</u>

2. How do you normally shop at Hoskins' Clothing Store?
☑ At our physical store   ☐ On our Web site   ☐ At both places

Please explain your response:
<u>I prefer to try on clothes before I purchase them. In addition, your store is across the street from my office, so visiting it is simple.</u>

3. The last time you shopped at Hoskins' Clothing Store, did you find what you wanted?
☐ Yes   ☐ No   ☑ Sort of

Please explain your response:

[180] I visited your store last week because of the spring sale you were holding. I wanted to get a blouse, but the color I wanted was not available. I considered purchasing it online, but the sales assistant showed me an item by another maker which looked similar and was slightly cheaper. It was even available in the color I wanted.

176. Why did Ms. Carle write to Ms. Wright?

(A) To ask her to provide some feedback
(B) To say her store credit card has been activated
(C) To give her the results of a survey
(D) To request payment on an item

177. What is indicated about Hoskins' Clothing Store?

(A) It opened more than two decades ago.
(B) It has a special group for shoppers.
(C) It is located in a shopping center.
(D) It only sells items in a physical store.

178. In the letter, the phrase "good for" in line 6 is closest in meaning to

(A) worth
(B) beneficial
(C) useful
(D) clear

179. What will Ms. Wright most likely receive from Hoskins' Clothing Store?

(A) A discount coupon
(B) A blouse
(C) A pair of sunglasses
(D) A sweater

180. What does Ms. Wright mention about Hoskins' Clothing Store?

(A) It is located near her home.
(B) She shops there during her lunch hour.
(C) It offers discounts on items.
(D) She likes the wide selection there.

다 읽지 않고도 단서를 빨리 찾을 수 있는 전략을 요약해보고, 문제에 대입하여 푸는 과정을 살펴보자.

STEP 1 첫 번째와 두 번째 문제는 첫 번째 지문만 보고 단일 지문처럼 푼다.

176번: 주제 문제이므로 초반부 세 줄을 보고 푼다. 설문지 작성을 요청하므로 (A)가 답이다.

177번: 보기를 먼저 읽고 지문을 세 줄씩 읽어가며 사실 여부를 점검한다. 이미 읽은 부분에서 our shoppers' club을 통해 (B)의 내용이 일치한다는 것을 알 수 있다.

STEP 2 세 번째 문제는 첫 번째, 두 번째 지문 중 어느 것을 볼지 상황에 따라 결정한다. 대개 첫 번째 지문의 후반부에 단서가 있다.

178번: good은 쿠폰에 대한 이야기이므로 '유효한'이란 뜻으로 사용된다. 그 정도의 값어치가 있다는 의미이므로 (A)가 답이다.

STEP 3 네 번째와 다섯 번째 문제는 연계 문제의 가능성을 생각한다.

179번: 첫 번째 지문에 4월 30일까지와 5월이라는 두 가지 조건이 제시된다. 조건이나 일정이 제시되면 연계 문제의 단서이다. 그러나 첫 번째 지문만으로 풀 수 없고 두 번째 지문에서 설문지의 작성 날짜를 단서로 잡아 문제를 풀어야 한다. 설문지 작성 날짜가 4월 21일이므로 (C)가 정답이다.

180번: 179번이 연계 문제였으므로 일단 단일 지문으로 풀릴 가능성을 생각해 본다. 두 번째 지문인 설문지에서 고객이 상점에 대해 언급한 내용에 대해 묻는 문제이므로 고객의 comment 부분을 확인한다. 이 comment는 Hoskin's Clothing Store를 방문했을 때를 기준으로 하는 이야기이고, 방문 당시 봄 할인 행사(spring sale)가 열리고 있었다고 하므로 (C)가 정답이다.

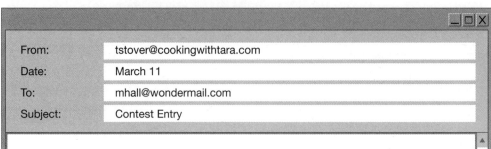

Questions 1-5 refer to the following e-mail and magazine index.

From:	tstover@cookingwithtara.com
Date:	March 11
To:	mhall@wondermail.com
Subject:	Contest Entry

Dear Mr. Hall,

It is my pleasure to inform you that the recipe you submitted for baked chicken Kiev was selected as the winner of our recipe of the month contest. It will therefore be featured in the April edition of our magazine. It is possible, however, that we will rewrite some of the steps due to space considerations.

In the interest of clarity, we need some additional information regarding the recipe. You wrote that the dish can cook faster at a higher temperature and that the taste will not be affected. What is the higher temperature, and for how long should it be cooked? In addition, you stated that you prefer to use dried parsley but that fresh parsley could be used. In that case, how much fresh parsley does the recipe call for?

We like to publish a picture of each award winner, so please send us a picture of yourself that we can include in the magazine.

Sincerely,

Tara Stover
Cooking with Tara Magazine

Cooking with Tara Magazine   Issue 75

Recipe Index

Tara's Favorites

8   Creamy Garlic Scallops: You won't want to miss out on this delicious recipe.

11   Crispy Chicken Parmesan: Try a new version of an old favorite. You'll love the taste of this low-calorie meal.

Dessert Corner

17   Cream Cheese Cupcakes: You'll be enchanted by this cherry cheesecake cupcake that includes a chocolate chip cookie crust.

Contest Winner

23   Baked Chicken Kiev: This entrée is great for those nights when you don't have much time to spend making dinner.

In a Flash

31   Mango Chicken Salad: Make this delicious salad for lunch just a few minutes before your friends come over.

Ingredient of the Month

48   Sun-Dried Tomatoes: Experience the taste of salmon in a cream sauce. The tomatoes make the dish unique.

1. Why was the e-mail sent to Mr. Hall?

(A) To discuss the printing of a recipe

(B) To ask him to submit an entry

(C) To request pictures of some food

(D) To describe the prize he will be given.

2. In the e-mail, the word "dish" in paragraph 2, line 2, is closest in meaning to

(A) plate

(B) utensil

(C) meal

(D) ingredient

3. What does Ms. Stover NOT ask Mr. Hall to provide?

(A) A photograph of himself

(B) A temperature for cooking

(C) Shortened instructions

(D) An amount of an ingredient

4. On what page does Mr. Hall's recipe appear?

(A) 11

(B) 17

(C) 23

(D) 48

5. What is indicated about the recipe on page 31?

(A) It can be made quickly.

(B) It is a vegetarian dish.

(C) It is low in calories.

(D) It only has a few ingredients.

Mayweather Technology
Research and Development Department

Employee Report for Annual Performance Review
Name: Joseph Swift
Title: Researcher

Please describe the major projects and events you participated in this year.

1. Attended the International Chemists Society's annual conference in Madrid, Spain, from January 11-14.

2. Led the research team at Mayweather Technology working on lithium batteries for electric cars.

3. Presented the paper "Extending the Lives of Lithium Batteries" at the Chemistry Symposium in Toronto, Canada (May 19-23).

4. Made breakthrough while working on lithium batteries that can lower the cost of making them by 30% while increasing efficiency by 25%. Paper submitted to the Journal of Chemistry and accepted for publication.

5. Represented the R&D Department during the opening of the new laboratory in the New Haven facility (October 29).

New Haven's Joseph Swift Wins Award
By Maria West

December 19 – New Haven native Joseph Swift was named the winner of the Peterman Award, which is given by the National Chemistry Organization each year. He received the award for the work he did on lithium batteries for Mayweather Technology, a local firm.

Emily Forester, Mr. Swift's supervisor, stated he is one of the top researchers at the company. "Despite having only worked here for eighteen months, Joseph has done some incredible work," she commented. "We're looking forward to seeing what else he can do in the future."

Mr. Swift joined Mayweather Technology after getting his master's degree in chemistry at nearby Placid University. He will receive his award at the International Chemists Society's conference, which is set to take place in Moscow, Russia, from January 18-22.

6. According to the report, why did Mr. Swift go to Toronto?

(A) To negotiate a contract
(B) To interview for a job
(C) To demonstrate an invention
(D) To give a talk

7. What does the report suggest happened at Mayweather Technology in October?

(A) Several people were hired.
(B) A conference was hosted.
(C) A new facility opened.
(D) Papers were submitted.

8. Where most likely did the article first appear?

(A) On a Web site
(B) In a local newspaper
(C) In a research journal
(D) In a conference brochure

9. What does Ms. Forester imply about Mr. Swift?

(A) He may get promoted to a management position.
(B) He will continue to contribute to the company.
(C) He will be transferred to another facility.
(D) He hopes to do research in another field.

10. What is suggested about the International Chemist Society's conference?

(A) It is held in a different city each year.
(B) It lasts for an entire week.
(C) It extends invitations to chemists around the world.
(D) It offers discounts to certain individuals.

▶ 정답 및 해석 202페이지

Unit 16

두 개의 연계 문제를 예상하여 푼다.

삼중 지문

 R40

출제 경향

- 지문 세 개를 읽고 다섯 문제를 푸는 유형으로 매회 총 3세트, 총 15문제(186~200번)가 출제된다.
- 세 번째 문제까지는 첫 번째와 두번째 지문으로 풀고, 네 번째와 다섯 번째 문제는 세 번째 지문을 보고 푼다.
- 세 번째 문제까지 연계 문제 하나, 네 번째와 다섯 번째 문제 중 하나가 연계 문제이다.
- 세 지문 중 하나는 표나 목록이 포함되는 경우가 많고, 적어도 한 지문은 이메일/편지 등이다.

유형 파악

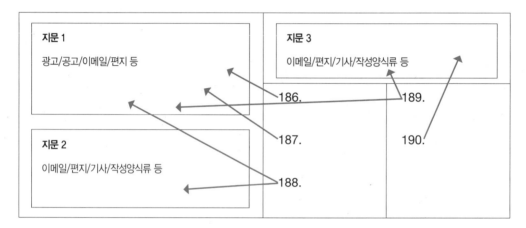

삼중 지문의 구성
- 세 지문 중 첫 번째 지문은 일반 지문(이메일/편지, 기사, 공고/메모, 광고, 안내문)으로 구성되고, 두 번째와 세 번째 지문 중 하나는 이메일/편지로, 다른 한 지문은 각종 양식류(설문지, 계약서, 신청서 등)로 구성된다.
- 세 지문 중 대부분 한 지문에 표나 목록이 있다.
- 세 지문 중 적어도 한 지문에 이메일/편지가 포함되는데, 세 지문 모두 이메일/편지인 경우는 없다.

문제 구성과 정답 단서 위치
- 첫 번째 문제의 정답 단서는 주로 첫 번째 지문의 초반부에 있다.
- 두 번째 문제가 연계 문제가 아니라면 단서는 주로 첫 번째 지문의 중/후반부에 있으며, 연계 문제라면 두 번째 지문도 봐야 한다.
- 두 번째 문제가 연계 문제라면 세 번째 문제는 두 번째 지문만 봐도 풀린다. 하지만 세 번째 문제가 연계 문제라면 첫 번째 지문도 같이 봐야 한다.
- 네 번째, 다섯 번째 문제는 기본적으로 세 번째 지문을 봐야 하며, 그 중 하나는 연계 문제로 첫 번째 지문이나 두 번째 지문과 연계해야 풀린다. 세 지문 모두를 연계해서 푸는 문제는 거의 출제되지 않는다

삼중 지문

삼중 지문은 지문이 세 개라서 처음에는 어려워 보인다. 그러나 세 지문을 한꺼번에 보면서 푸는 문제는 출제되지 않으므로 두 문제의 연계 문제를 제외하고는 단일 지문 문제와 같은 방식으로 풀 수 있어 그리 어렵지 않다. 단일 지문과 연계 문제를 쉽게 구분하는 방법과 연계 문제의 단서 위치가 어떻게 되는지 알아보자.

: 직독직해 연습 : 파트 7은 기본적인 독해 실력이 중요하다. 아래 지문을 직독직해 해보고, 해설지와 비교하여 정확한지 점검해본다.

Questions 191-195 refer to the following letters and invoice.

Duncan and Lloyd
940 Western Avenue
Baltimore, MD 20384

To Whom It May Concern,

I discovered your bookstore through a friend of mine, who is a collector of rare books and first editions. As I too enjoy purchasing both, I visited your Web site and looked through your collection. I then purchased several books, all of which were listed as first editions. When I received my order, I was somewhat disappointed when I came across the volume by Hampton. On your Web site, the book was listed as the first printing of a first edition, but the publication date listed in the book is 1904. That book, however, was printed for the first time in 1902.

I would appreciate your contacting me regarding this situation so that we can discuss how to solve the problem.

Regards,

Martin Wilson

Duncan and Lloyd
940 Western Avenue
Baltimore, MD 20384

S. Walton, The Prince's Journey	$85.00
T. Hampton, Strange Tales	$105.00
G. Cuthbert, A Man at Sea	$70.00
P. Washington, Lives of the English Kings	$90.00
E. Yates, Collected Poems	$130.00

Total: $480

All sales are final. No exceptions.

Martin Wilson
49 Cherry Lane
Arlington, VA 20459

Dear Mr. Wilson,

I would like to assure you that you received a book which was a first edition, first printing. The book in question is the first printing of the American edition, which came out in 1904. The 1902 date that you referred to was when the British edition of the book was printed for the first time. It was clearly stated on the book's entry on the Web site that the publisher of the book, Simpson House, is an American publisher. If you are interested in acquiring the first printing of the British edition, we have that item in stock as well.

I understand how you may be feeling at this time, so I have decided to refund the price of the Cuthbert book. This will be reflected on your next credit card statement. If there is anything else I can do for you, please ask.

Regards,

Sheldon Duncan
Bookseller

: 직독직해 써보기(첫 번째 지문만) :

담당자께,

저는 발견했습니다 / 당신의 서점을 / 제 친구를 통해서 / 그런데 그는 희귀 책들과 초판의 수집가입니다.

✐ ....

....

....

....

....

....

▶ 해석 205페이지

단서 빨리 찾기 전략 **1** 단일 지문처럼 풀어라.

1 | 첫 번째 문제

삼중 지문의 첫 번째 문제는 주로 주제 문제나 세부내용 문제, 사실확인 문제, 추론 문제, 동의어 문제가 나온다. 삼중 지문의 첫 번째 문제를 풀기 위해 두 번째 지문을 볼 이유는 없다. 단일 지문이라는 생각과 초반부 세 줄이면 풀린다는 생각으로 접근한다.

직독직해 연습 지문 참조

191. Why did. Mr. Wilson write to Duncan and Lloyd?

    (A) To ask about a book's availability

    (B) To request a complete refund

    (C) To complain about an item's condition

    (D) To claim that an error was made

▶ 글의 목적을 묻는 문제이므로 첫 번째 지문 초반부 세 줄을 먼저 확인해보자.

첫 번째 지문 초반부 세 줄

> I discovered your bookstore through a friend of mine, who is a collector of rare books and first editions. As I too enjoy purchasing both, I visited your Web site and looked through your collection.

▶ 희귀한 책과 초판 책을 수집하는 자신의 친구로부터 소개를 받았고, 자신도 수집가라고 소개하고 있으나 아직 글을 쓴 목적이 정확히 드러나 있지 않다. 여기서 바로 (A)를 답으로 하면 위험하다. 일단 (A)가 정답일 가능성을 염두에 둔 채 첫 번째 지문을 다 읽고 단서를 찾는다. 이 문제는 지문의 후반부까지 가야 목적이 드러나는 고난도 패턴이다.

첫 번째 지문 후반부

> On your Web site, the book was listed as the first printing of a first edition, but the publication date listed in the book is 1904. That book, however, was printed for the first time in 1902.
>
> I would appreciate your contacting me regarding this situation so that we can discuss how to solve the problem.

▶ 초판이라고 생각하고 책을 주문했는데 그렇지 않은 듯하여 문제를 제기하는 편지글이다. 따라서 (D)가 답이다.

2 | 두 번째나 세 번째 문제 중 연계 문제가 아닌 문제

직독직해 연습 지문에서는 두 번째 문제가 연계 문제이다. (이유는 다음 전략에서 다룬다.) 따라서 세 번째 문제는 단일 지문 문제 풀 듯이 두 번째 지문만 보고 풀면 된다.

193. What is suggested about Duncan and Lloyd?

    (A) It recently opened for business.

    (B) It charges a fee for shipping.

    (C) It specializes in modern books.

    (D) It does not allow exchanges.

▶ 키워드가 없는 추론 문제이므로 보기에서 키워드를 잡는다. recently opened, fee for shipping, modern books, not exchanges를 작은 소리로 읽어보고 두 번째 지문을 세 줄씩 점검한다. 지문의 후반부에 All sales are final.이란 말이 나오는데, 이는 교환이 안된다는 뜻 이므로 (D)가 답이다.

3 | 네 번째와 다섯 번째 문제 중 연계 문제가 아닌 문제

삼중 지문의 네 번째와 다섯 번째 문제 중 적어도 하나는 연계 문제인 경우가 많다. 하나가 연계 문제라는 것이 확인되면 나 머지 하나는 세 번째 지문만 보고 풀 수 있다. 여기서는 다섯 번째 문제가 연계 문제이므로 네 번째 문제는 단일 지문 문제처 럼 푼다.

194. What is stated in the second letter?

    (A) There was a mistake made on a Web site.

    (B) A book was published in two different countries.

    (C) Simpson House published the book in 1902.

    (D) The American edition of the book is very valuable.

▶ 전략 2에서 다루겠지만 195번이 연계 문제이므로 194번은 세 번째 지문만 보고 푼다. 문제에는 키워드가 없는 사실확인 문제이므로 보기의 키 워드를 먼저 파악한 후 세 번째 지문을 세 줄씩 보면서 사실 여부를 확인한다.

세 번째 지문 초반부

> The book in question is the first printing of the American edition, which came out in 1904. The 1902 date that you referred to was when the British edition of the book was printed for the first time.

▶ 초판 발행이 영국과 미국에서 각각 이루어진 것이므로 (B)가 사실이다. Simpson House는 1904년에 출판했기에 (C)는 오답이다. (A), (D) 는 알 수 없는 사실이라 오답이다.

단서 빨리 찾기 전략 2 앞의 세 문제 중 하나, 뒤의 두 문제 중 하나는 연계 문제이다.

삼중 지문의 핵심은 연계 문제이다. 이중 지문보다 복잡해 보이나 원리는 단순하다. 삼중 지문의 연계 문제는 보통 두 개이다. 첫 번째 문제부터 연계인 경우가 드물게 있지만, 주로 두 번째와 세 번째 중 하나, 네 번째와 다섯 번째 중 하나가 연계 문제이다.

1 ㅣ 두 번째와 세 번째 문제 중 하나는 연계 문제

직독직해 연습 지문의 두 번째 문제

192. What book is Mr. Wilson concerned about?

    (A) The Prince's Journey

    (B) Strange Tales

    (C) Lives of the English Kings

    (D) Collected Poems

▶ 두 번째 문제이고 단답형이므로 연계 문제일 가능성을 생각한다. 두 번째 지문에서는 Mr. Wilson이 등장하지 않으므로 첫 번째 지문에서 Mr. Wilson이 걱정하고 있는 책이 무엇인가 확인한다.

첫 번째 지문 중반부 키워드 주변

> When I received my order, I was somewhat disappointed when I came across the volume by Hampton. On your Web site, the book was listed as the first printing of a first edition, but the publication date listed in the book is 1904. That book, however, was printed for the first time in 1902.

▶ 걱정하고 있는 부분은 Hampton이 쓴 책이다. 그러나 책의 이름이 나오지 않아 단서가 부족하다. 따라서 이 문제는 두 번째 지문에서 추가 단서를 보고 풀어야 하는 연계 문제이다. 두 번째 지문의 목록에 보면 Hampton에 해당하는 책 이름이 보기 (B)와 일치한다.

2 ㅣ 네 번째와 다섯 번째 문제 중 하나는 연계 문제

직독직해 연습 지문의 다섯 번째 문제

195. How much will Mr. Wilson receive as a refund?

    (A) $70

    (B) $85

    (C) $90

    (D) $105

▶ 다섯 번째 문제이고 단답형이므로 연계 문제일 가능성을 생각한다. 일단 네 번째와 다섯 번째 문제는 세 번째 지문을 봐야 풀리므로 세 번째 지문을 먼저 본다. 세 번째 지문의 후반부에 환불에 관한 단서가 나온다.

세 번째 지문 후반부 키워드 주변

> I understand how you may be feeling at this time, so I have decided to refund the price of the Cuthbert book. This will be reflected on your next credit card statement. If there is anything else I can do for you, please ask.

▶ Cuthbert book의 가격을 환불해 주겠다고 했는데, 그것이 얼마인지는 세 번째 지문에 안 나오므로 다른 지문과 연계해서 풀어야 한다. 이때

첫 번째 지문과 연계해서 풀리는 패턴도 있고, 두 번째 지문과 연계해서 풀리는 패턴도 있다. 직독직해 연습 지문에서 두 번째 지문에 각 책에 대한 가격이 나오므로 두 번째 지문을 확인한다. 두 번째 지문에 Cuthbert book이 70달러로 명시되어 있으므로 (A)가 답이다.

단서 ✎ 빨리 찾기 전략 3 · 문장형 보기를 가진 연계 문제를 조심한다.

단답형 보기를 가진 연계 문제는 비교적 풀기가 쉬운 편이다. 단답형 보기들이 주로 표나 목록 안에 있고, 다른 지문에서 조건을 찾아 그에 맞는 항목을 표나 목록에서 선택하면 된다. 그러나 보기들이 문장으로 구성된 연계 문제는 단일 지문이라고 생각하고 접근하되, 그것만 보고 섣불리 정답 혹은 오답이라고 판단하면 안 된다. 각 보기의 정답 가능성을 확인하고 다른 지문을 보고 연계해야 하는지를 생각하며 문제를 푼다. 특히 보기 중에 할인/무료 등의 혜택, 일정, 금액, 지역 그리고 이러한 것들의 변경, 또는 '이전에 ~한 적이 있다' 같은 언급이 있다면 그 보기가 정답이 될 수 있는지를 다른 지문과 연계하여 확인한다.

첫 번째 지문 – 광고

서울 오페라 극단의 다음 시즌 공연을 발표합니다.

시즌 티켓 회원들은 당일 티켓 구매 시 50% 할인을 받습니다.

– 나비 부인 12/1 – 12/15
– 라 보엠 12/16 – 12/30
– 피가로의 결혼 1/2 – 1/15
– 라 트라비아타 1/16 – 1/30

두 번째 지문 – 이메일

수신: 김태균
발신: 이기남
참조: 마동탁
날짜: 12월 3일

1월 15일과 16일에 걸친 귀하의 방문을 기대하고 있습니다. 이번에 저희 회사 직원들을 대상으로 강연 잘 부탁드리며, 준비 관련 궁금하신 점 있으면 연락주세요.

저희 부서장인 마동탁 부장님이 귀하의 방문 날짜에 식사를 같이 하고 이어 오페라 공연을 함께 관람하기를 희망합니다.

세 번째 지문 – 전화 메시지

이기남 씨의 전화기
발신: 마동탁 / 오전 9:00에 수신됨

김태균 씨로부터 그의 연결편 비행기가 연착될 것이라고 막 들었습니다. 그리고 새로운 도착 시간을 확인시켜 주었습니다. 모두가 서두르지 않기 위해서 미팅은 오늘 하더라도 식사 및 공연은 내일로 미뤘으면 하네요. 저도 제가 직접 내일 공연 티켓을 주문한다면 상당한 할인을 받을 수 있을 것 같군요. 저녁 예약을 미뤄 주세요.

186.

187.

188. 김태균 씨는 원래 어떤 공연에 참석하기로 예정되어 있었는가?

(A) 나비 부인
(B) 라 보엠
(C) 피가로의 결혼
(D) 라 트라비아타

189. 이기남 씨는 무엇에 대한 일정을 조정하라고 요청받았는가?

(A) 항공편
(B) 미팅
(C) 교육 훈련
(D) 식사

190. 마동탁 씨는 왜 새 티켓 구매하기를 미루고 있는가?

(A) 김태균 씨의 일정은 아직 확인되지 않았다.
(B) 마동탁 씨는 김태균 씨가 그 공연을 좋아할지에 대해 확신할 수 없다.
(C) 마동탁 씨는 이전 티켓들에 대해 포인트를 얻을 수 있다.
(D) 마동탁 씨는 서울 오페라 극단의 회원권이 있다.

▶ 188번과 190번 둘 다 연계 문제이지만, 188번은 보기들이 첫 번째 지문의 목록과 같은 내용으로 구성되어 있으므로 쉽게 연계 문제라는 것을 알 수 있다. 190번은 문장형 보기이므로 연계 문제라는 것을 놓칠 수 있으니 조심한다. 190번이 연계 문제인지 파악하려면 189번이 연계 문제인지를 확인한다. 189번은 보기들이 첫 번째나 두 번째 지문의 표나 목록의 형태로 등장하지 않고, 세 번째 지문만 봐도 풀리므로 연계 문제가 아니다. 따라서 190번은 연계 문제이다.

▶ 일단 190번을 단일 지문 문제처럼 생각하고 세 번째 지문만 보고 단서를 찾아본다. (A)는 세 번째 지문 초반부만 봐도 틀린 내용이므로 오답이다. 확인할 수 없다고 단정지을 수 없고 또한 티켓을 구매하려는 상황이므로 (B)도 오답이다. (C)에 대한 언급도 전혀 없어 오답이다. 이제 남은 것은 (D)뿐인데, 이것이 단일 지문 문제였다면 이 문제는 답이 없게 된다.

▶ 이때 첫 번째나 두 번째 지문의 내용에서 추가로 연계해서 풀 부분이 무엇인가 생각해본다. 이중 지문 전략 3에서 다루었듯이 할인/무료 등의 혜택, 일정, 금액, 지역, 그리고 이러한 것들의 변경에 대한 것은 빈출 연계 포인트이므로 첫 번째나 두 번째 지문에서 이런 부분을 확인한다. 첫 번째 지문에는 할인과 일정에 대한 내용이, 두 번째 지문에서는 일정에 대한 내용이 나온다. 보기 (A)는 일정에 대한 이야기, 보기 (D)는 할인에 대한 이야기이나 보기 (A)는 단일 지문 문제처럼 풀었을 때 이미 오답으로 소거하였으므로 (D)가 답이다. 마동탁 씨는 서울 오페라 극단의 시즌 티켓 회원이므로 할인 자격이 되고, 그래서 자신이 직접 티켓을 구매한다면 할인을 받을 수 있다고 하는 것이다.

전략 요약

1. 삼중 지문에서 첫 번째 문제는 주로 첫 번째 지문으로 풀리므로 단일 지문 문제를 푼다 생각하고 접근한다.

2. 삼중 지문의 두 번째와 세 번째 문제 중 하나, 네 번째와 다섯 번째 문제 중 하나는 연계 문제로, 하나가 연계 문제일 경우 다른 하나는 단일 지문 문제이다.

3. 세 번째 문제까지는 첫 번째와 두 번째 지문으로, 나머지 두 문제는 세 번째 지문을 기본적으로 확인하되 연계 문제인 경우 첫 번째 혹은 두 번째 지문을 연계하여 푼다.

4. 표나 목록에 포함된 항목이 보기에 단답형으로 들어가 있다면 연계 문제일 가능성이 높다.

5. 문장형 보기를 가진 연계 문제는 일단은 단일 지문 문제처럼 접근하되, 할인/무료 등의 혜택, 일정, 금액, 지역 그리고 이러한 것들의 변경, '이전에 ~한 적이 있다' 같은 언급이 있는 보기가 있다면 다른 지문에서 추가 단서를 찾아 푼다.

전략 대입

Duncan and Lloyd
940 Western Avenue
Baltimore, MD 20384

To Whom It May Concern,

I discovered your bookstore through a friend of mine, who is a collector of rare books and first editions. As I too enjoy purchasing both, I visited your Web site and looked through your collection. I then purchased several books, all of which were listed as first editions. [192]When I received my order, I was somewhat disappointed when I came across the volume by Hampton. [191]On your Web site, the book was listed as the first printing of a first edition, but the publication date listed in the book is 1904. That book, however, was printed for the first time in 1902.

I would appreciate your contacting me regarding this situation so that we can discuss how to solve the problem.

Regards,

Martin Wilson

Duncan and Lloyd
940 Western Avenue
Baltimore, MD 20384

S. Walton, The Prince's Journey	$85.00
T. [192]Hampton, Strange Tales	$105.00
G. [195]Cuthbert, A Man at Sea	$70.00
P. Washington, Lives of the English Kings	$90.00
E. Yates, Collected Poems	$130.00

Total: $480

[193]All sales are final. No exceptions.

Martin Wilson
49 Cherry Lane
Arlington, VA 20459

Dear Mr. Wilson,

I would like to assure you that you received a book which was a first edition, first printing. [194]The book in question is the first printing of the American edition, which came out in 1904. The 1902 date that you referred to was when the British edition of the book was printed for the first time. It was clearly stated on the book's entry on the Web site that the publisher of the book, Simpson House, is an American publisher. If you are interested in acquiring the first printing of the British edition, we have that item in stock as well.

I understand how you may be feeling at this time, so [195]I have decided to refund the price of the Cuthbert book. This will be reflected on your next credit card statement. If there is anything else I can do for you, please ask.

Regards,

Sheldon Duncan
Bookseller

191. Why did. Mr. Wilson write to Duncan and Lloyd?
 (A) To ask about a book's availability
 (B) To request a complete refund
 (C) To complain about an item's condition
 (D) To claim that an error was made

192. What book is Mr. Wilson concerned about?
 (A) The Prince's Journey
 (B) Strange Tales
 (C) Lives of the English Kings
 (D) Collected Poems

193. What is suggested about Duncan and Lloyd?
 (A) It recently opened for business.
 (B) It charges a fee for shipping.
 (C) It specializes in modern books.
 (D) It does not allow exchanges.

194. What is stated in the second letter?
 (A) There was a mistake made on a Web site.
 (B) A book was published in two different countries.
 (C) Simpson House published a book in 1902.
 (D) The American edition of a book is very valuable.

195. How much will Mr. Wilson receive as a refund?
 (A) $70
 (B) $85
 (C) $90
 (D) $105

STEP 1 첫 번째 문제는 첫 번째 지문만 보고 단일 지문처럼 편하게 푼다.

191번: 편지의 목적 문제이므로 초반부 세 줄을 보고 풀고, 안 풀리면 첫 번째 지문을 다 읽고 푼다. 초판이라고 생각하고 주문한 책인데 그렇지 않은 듯하여 문제를 제기하고 있으므로 (D)가 답이다.

STEP 2 두 번째 문제와 세 번째 문제 중 연계 문제와 단일 지문 문제를 구분하여 푼다.

192번: 두 번째 지문에 나오는 항목들이 보기에 단답형으로 들어가 있으므로 연계 문제일 가능성을 생각한다. 첫 번째 지문에서 Mr. Wilson이 걱정하고 있는 것은 Hampton이 쓴 책이다. 두 번째 지문의 목록을 보면 Hampton에 해당하는 책 이름은 (B)이다.

193번: 두 번째 문제가 연계 문제이므로 이것은 단일 지문 문제이며, 두 번째 지문만 보고 풀 수 있다. 지문의 후반부에 All sales are final.이란 말이 나오는데, 이는 곧 교환이 안 된다는 뜻이므로 (D)가 답이다.

STEP 3 네 번째 문제와 다섯 번째 문제 중 연계 문제와 단일 지문 문제를 구분하여 푼다.

194번: 다섯 번째 문제가 연계 문제이므로 이것은 단일 지문 문제이다. 따라서 세 번째 지문만 확인한다. 초판 발행이 영국과 미국에서 각각 이루어진 것이므로 (B)가 답이다.

195번: 연계 문제이므로 세 번째 지문과 다른 한 지문을 연계해서 푼다. Cuthbert book의 가격을 환불해 주겠다고 했는데, 두 번째 지문에서 그 책의 가격이 70달러로 명시되어 있으므로 (A)가 답이다.

전략을 활용해 문제를 풀어보고 채점 시 정확하게 해석해본다.

Questions 1-5 refer to the following article and e-mails.

Future Renovations to Be Done

On Wednesday night, it was announced at the weekly meeting of the Cooperstown city council that the recent work on the city's elementary school had been completed significantly under budget. As a result, there are leftover funds which can be spent on other projects.

The city council unanimously voted to use the money on one of the following three projects: the renovating of the Cooperstown Community Center, the building of tennis courts at Lakeland Park, or the construction of a parking lot at 847 Mountain Avenue. The matter will be decided at a meeting on August 11. Local residents are welcome to attend the meeting to voice their opinions. They may also submit e-mails no later than August 20. The final decision will be made by August 25.

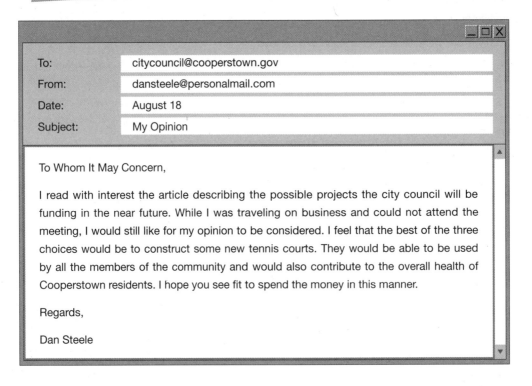

To:	citycouncil@cooperstown.gov
From:	dansteele@personalmail.com
Date:	August 18
Subject:	My Opinion

To Whom It May Concern,

I read with interest the article describing the possible projects the city council will be funding in the near future. While I was traveling on business and could not attend the meeting, I would still like for my opinion to be considered. I feel that the best of the three choices would be to construct some new tennis courts. They would be able to be used by all the members of the community and would also contribute to the overall health of Cooperstown residents. I hope you see fit to spend the money in this manner.

Regards,

Dan Steele

To:	citycouncil@cooperstown.gov
From:	wendyjones@mymail.com
Date:	August 19
Subject:	New Project

To the City Council,

I'm pleased to hear the city completed the renovation of the local elementary school. My son and daughter both attend that school, and it was in dire need of improvement. I'm also happy the leftover money will be used for another project to help the Cooperstown community.

In my opinion, there is no need to construct a parking lot since there is already ample parking on most city streets. Instead, the community center ought to be renovated. My family frequently uses it, and we know many other families—both parents and children—use its facilities for a variety of reasons. That is clearly where the money would best be used.

Sincerely,

Wendy Jones

1. Why does Cooperstown have additional funds to spend?

(A) The government gave a grant to the city.
(B) More tax money was collected.
(C) A local resident donated some money.
(D) A project cost less than expected.

2. When did Mr. Steele go on a business trip?

(A) On August 11
(B) On August 18
(C) On August 20
(D) On August 25

3. What does Ms. Jones indicate about the elementary school?

(A) It was in poor condition.
(B) She attended it in the past.
(C) The school should be relocated.
(D) Too many students attend it.

4. In the second e-mail, the word "ample" in paragraph 2, line 1, is closest in meaning to

(A) free
(B) sufficient
(C) occasional
(D) spacious

5. On what point would Mr. Steele and Ms. Jones most likely agree?

(A) Local residents should donate money for some projects.
(B) The parking lot is the most important of the suggested projects.
(C) The selected project should benefit the entire community.
(D) The community center needs repairing more than any other place.

Questions 6-10 refer to the following Web page ad e-mails.

www.abnercement.com

Home   **Our Products**   Order   Find Us

At Abner Cement, we are here to assist with your next construction project. We have more than 50 locations throughout the country. You can visit any of them to discuss which of our products suit your needs best.

We sell Portland cement, quick-setting concrete, all-purpose concrete, stepping stone cement, and several others. We also sell everything else you need to build with concrete or cement.

If you would like to order, simply call 1-800-905-9478 to reach our Sales Department. You can also find the phone number of the location closest to you by going online at www.abnercement.com/findus. You can place orders 24 hours a day. Orders can be received 12 hours after making them online or by phone.

To avoid long waits over the phone, simply send an e-mail to orders@abnercement.com to let us know what you want.

To:	undisclosed-recipients@abnercement.com
From:	sales@abnercement.com
Date:	July 28
Subject:	New Payment Options

Dear Customer,

As a returning customer, you are now eligible for a new payment option at Abner Cement. If you spend more than $1,000 on our products, you only have to pay half of the money at the time of payment. You may then pay the other half within two weeks of making your order. If you want more information regarding this process, please call 1-903-958-2733 and ask to speak with Mr. Powers.

Regards,

Abner Cement

To:	orders@abnercement.com
From:	Davelincoln@lincolnconstruction.com
Date:	August 8
Subject:	Portland Cement

Dear Sir/Madam,

Thank you very much for agreeing to make an exception regarding the order I made thirty minutes ago. The cement I ordered from you last week was not enough for my needs. I will be at your Henderson location in one hour to pick up the Portland cement I purchased. To confirm, I will be getting 3,000 pounds of Portland Cement in 10-pound bags at a total cost of $4,800. The truck I will be driving is unable to carry everything at one time, so I will have to make two trips. I hope that is not a problem for you.

Thank you very much.

Dave Lincoln

6. According to the Web site, how can Abner Cement customers learn where a store is located?

(A) By going online
(B) By calling a number
(C) By sending a text message
(D) By looking at a map

7. What is suggested about Abner Cement?

(A) It is the country's largest cement dealer.
(B) It manufactures its own products.
(C) It receives a lot of phone calls.
(D) It provides free delivery.

8. What exception did Abner Cement give Mr. Lincoln?

(A) He can get his order in 10-pound bags.
(B) He can get his order in fewer than 12 hours.
(C) He can get his order delivered for free.
(D) He can get his order premixed.

9. What is indicated about Mr. Lincoln?

(A) He is visiting the Henderson location for the first time.
(B) He spoke with Mr. Powers regarding his order.
(C) He will use the cement to renovate his home.
(D) He can pay for his purchase in two installments.

10. According to the second e-mail, what will Mr. Lincoln do?

(A) Pick up an order personally
(B) Return some cement he ordered
(C) Pay for an order with cash
(D) Request directions to a location

▶ 정답 및 해석 205페이지

하루에 1세트씩!
D-5 고득점 프로젝트!

시험에 나오는 것만 공부한다!

시나공 토익

"역시 시험에 강하다!"

파트 5·6 | 해석 없이 푸는 비법 공개

파트 7 | 다 읽지 않고 단서를 찾는 비법 공개

구원 지음

READING

시나공 토익

READING

구원 지음

정답 및 해설

길벗
이지:톡

기초 문법 다지기

Unit 01 품사와 문장 구조

점검 퀴즈

1.

1) (O) 2) (O) 3) (X) 4) (O) 5) (O)
6) (X) 7) (O) 8) (X) 9) (O) 10) (X)

2.

1) The two companies will meet each other before they enter an agreement tomorrow.

품사: The two companies will meet each other before they enter
　　　형　명　　　동　　대　　접　대
an agreement tomorrow.
　　명　　부

구조 분석: The two companies will meet each other before they
　　　　　수식어　　S　　　V　　　O　　접　S
enter an agreement tomorrow.
　V　　　O　　　수식어

해석(수식어 없이): 회사들은 / 만날 것이다 / 서로 / 전에 / 그들이 / 들어가다(가기) / 계약에.

해석(수식어 포함): 두 회사들은 / 만날 것이다 / 서로 / 전에 / 그들이 / 들어가다(가기) / 계약에 / 내일.

2) The organization was not happy because its sales decreased significantly this quarter.

품사: The organization was not happy because its sales
　　　　명　　　　동　부　형　　접　　　명
decreased significantly this quarter.
　동　　　부　　　부

구조 분석: The organization was not happy because its sales
　　　　　　S　　　　　V 수식어 C　접　　　S
decreased significantly this quarter.
　V　　　수식어　　　수식어

해석(수식어 없이): 그 기관은 행복했다 / 때문에 / 판매가 감소하다(했기).

해석(수식어 포함): 그 기관은 행복하지 않았다 / 때문에 / 그 기관의 판매가 상당히 감소하다(했기) / 이번 분기에.

Unit 02 주어와 동사

점검 퀴즈

1.

1) (O) 2) (O) 3) (O) 4) (X) 5) (O)
6) (O) 7) (O) 8) (X) 9) (X) 10) (O)

2.

1) The (**cost**, costly) of living in the city rose dramatically last
　　　S　　　　　　　　　　　V(과거; 불규칙 동사)
year.

2) The manager (**requested**, being requested, to request) his
　　　S　　V(과거; 규칙 동사)
assistant to contact us.
　　준동사

3) The newly opened restaurant (serving, serve, **serves**,
　　S(opened는 준동사로 '열린'의 뜻)　　　　V(현재; 단수형)
server) excellent meals at affordable prices.

4) To access the company Web site, you will (**enter**, entering,
　준동사　　　　　　　　　　　　　S　will　V(미래)
entered) the password.

Unit 03 목적어와 보어

점검 퀴즈

1.

1) (O) 2) (O) 3) (O) 4) (O) 5) (X)
6) (O) 7) (X) 8) (O) 9) (X) 10) (X)

2.

1) Mr. Kim showed (considerately / **consideration**) for other
　　　　　　　　　　　　　　　　　O
passengers by silencing his mobile phone.

2) What you need to get a job is (confident, **confidence**,
　　　　　　　　　　　　　　　　　SC(명사 보어)
confidently).

3) The new service will be completely (**operational** / operate
　　　　　　　　　　　　　　　　SC(형용사 보어)
/ operation) by the end of August.

4) New employees often find the company's handbook very
(**useful** / usefully / use).
OC(목적격 보어)

2

점검 퀴즈

1.

1) (O)   2) (O)   3) (O)   4) (O)   5) (X)

6) (O)   7) (X)   8) (O)   9) (O)   10) (O)

2.

1) The economy (of our nation) runs (according to the
　　S　　　형용사 기능 전명구　　　V　　　부사 기능 전명구
principles) (of the free market).
　　형용사 기능 전명구　　　　　　　　　　　　》 1형식 문장

2) Employees (going on the trip) will get plane tickets
　　S　　　현재분사구　　　　　　V　　　O(복합명사)
(at the end) (of this month).
부사 기능 전명구 형용사 기능 전명구　　　　　》 3형식 문장

3) The (newly) (hired) advisor suggested (several) strategies (to
　　　부사 현재분사　S　　　V　　형용사　　　O
reduce costs) (at the meeting) (yesterday).
부사 기능 to부정사 부사 기능 전명구　부사　　　　》 3형식 문장

4) The arena is a place (which hosts sporting and musical
　　S　　V　C　　　　형용사절
events).　　　　　　　　　　　　　　　　　　》 2형식 문장

5) (Selected) customers (on the waiting list) should receive
　　과거분사　　S　　　형용사 기능 전명구　　　V
a call (within a day) (if there are any cancellations).
　O　부사 기능 전명구　　　　부사절　　　　》 3형식 문장

점검 퀴즈

1.

1) (O)   2) (X)   3) (X)   4) (O)   5) (X)

6) (X)   7) (O)   8) (O)   9) (O)   10) (O)

2.

1) You need / to start thinking / about conducting annual performance reviews / for your employees.

해석 당신은 필요로 합니다 / 생각하기 시작하는 것을 / 연간 업무 실적 평가를 수행하는 것에 대해 / 당신의 직원들을 위한.

2) Please remember / that you must speak / in person / with every employee / you supervise / directly.

해석 기억하십시오 / 당신은 말해야 한다는 것을 / 몸소 / 모든 직원과 / 당신이 관리하는 / 직접.

3) A major aspect / of this / is to provide your employees / with feedback.

해석 주요한 측면은 / 이것의 / 제공하는 것입니다 / 당신의 직원들에게 / 피드백을.

4) You need / to let them know / not only / what their weak points are / but also / how they can make them stronger.

해석 당신은 필요로 합니다 / 그들이 알게 하는 것을 / 그들이 약점이 무엇인지에 대한 것뿐만 아니라 / 그들이 어떻게 그것들을 더 강하게 만들 수 있는지를.

5) Prior to conducting these meetings, / ask each employee / to submit a one-page summary / of the work / they have done / in the past year.

해석 이러한 미팅을 진행하기 전에 / 각각의 직원에게 요청하세요 / 한 페이지짜리 요약문을 제출할 것을 / 작업에 대한 / 그들이 했었던 / 지난해에

6) That will help them prepare / for the review / and make them recall the work / they have done.

해석 그것은 그들이 준비하도록 도울 것입니다 / 평가를 / 그리고 그들이 작업을 상기시키도록 할 것입니다 / 그들이 했던.

7) It should also benefit you / by reminding you / of their performance.

해석 그것은 또한 당신에게도 혜택을 줄 것입니다 / 당신에게 상기시킴으로써 / 그들의 업무 실적에 대해.

PART 5, 6

Unit 01 빈칸 앞뒤만 보고 푼다. - 명사/형용사/부사 자리

전략 1 | 점검 퀴즈

1. 괄호 앞에는 관사, 뒤에는 전명구가 있어 명사인 renovation이 답이다. renovate는 동사이다.

정답 renovation

해석 Mosal 성당의 수리는 필요하다 / 철저한 준비가.

표현 정리 renovation 개혁, 수리 renovate 개조하다 need 필요하다 thorough 철저한 preparation 준비

2. should work가 동사이므로 동사인 represent는 오답이다. store sales representatives는 명사인 sales 뒤에 또 명사가 오는 복합명사 형태이다. 따라서 representatives가 답이다.

정답 representatives

해석 가게 판매원들은 늦게까지 일해야 한다 / 성수기 동안에.

표현 정리 store 가게 sales 판매 representative 대표자, 직원 represent 대표하다 work 일하다 late 늦게 during ~동안에 peak season 성수기

3. varies가 동사이며 그 앞은 주어 자리이다. 문장에 주어가 없으므로 명사인 compensation이 답이다.

정답 Compensation

해석 초과 근무의 보상은 다양하다 / 직원들의 직무에 따라.

표현 정리 compensate 보상하다 compensation 보상 overtime work 초과 근무 vary 다르다, 다양하다 employee's duties 직원의 직무

4. 괄호 앞 Mr. Cooper와 동격으로 명사인 recipient가 답이다.

정답 recipient

해석 따뜻하게 환영해 주세요 / Mr. Cooper를 / 그 상의 수상자인.

표현 정리 give 주다 warm welcome 따뜻한 환영 recipient 수상자 award 상

전략 2 | 점검 퀴즈

1. 괄호 앞은 소유격, 괄호 뒤는 명사가 있으므로 형용사인 exemplary가 답이다.

정답 exemplary

해석 Mr. Gupta는 인정받았다 / 그의 모범적인 기여에 대해서.

표현 정리 recognize 인정하다 exemplary 모범적인 exemplarily 모범적으로 contribution 기여, 공헌

2. 괄호는 be동사의 보어 자리이므로 형용사인 accessible이 답이다.

정답 accessible

해석 컨벤션 장소는 쉽게 접근할 수 있다 / 모든 사람들이.

표현 정리 convention 컨벤션 venue 장소 easily 쉽게 accessible 접근할 수 있는

3. find는 5형식 동사로 뒤에 목적어와 목적격 보어가 온다. 괄호 앞은 목적어인 installing the software가 있고 괄호는 목적격 보어로 쓰일 수 있는 형용사가 와야 하므로 easy가 답이다.

정답 easy

해석 Ms. Wang은 소프트웨어를 설치하는 것이 비교적 쉽다고 생각했다.

표현 정리 find ~라고 여기다[생각하다] install 설치하다 software 소프트웨어 relatively 상대적으로, 비교적으로 easy 쉬운 easily 쉽게

4. make는 5형식 동사로 뒤에 목적어와 목적격 보어가 온다. 괄호 앞은 목적어인 the investment가 있고 괄호는 목적격 보어로 쓰이는 형용사 자리이다. profit은 타동사로 쓰일 경우 사람을 목적어로 취하므로 profited도 사람을 수식해야 한다. 목적어인 the investment는 사람이 아니므로 profited는 쓸 수 없다. 투자는 수익이 날 수 있으므로 profitable이 답이다.

정답 profitable

해석 우리 회사는 확실히 해외 시장에 대한 투자를 수익성이 있도록 할 것입니다.

표현 정리 firm 회사 surely 확실히 make (~이 어떻게 되도록) 하다 investment 투자 foreign market 해외 시장 profitable 수익성이 있는 profit 이익을 얻다[주다]

전략 3 | 점검 퀴즈

1. 괄호 앞은 소유격, 괄호 뒤는 p.p.가 있어 괄호는 p.p.를 수식해주는 부사 자리이므로 technically가 답이다. power generator가 기술적이진 않으므로 technical power generator라고 하지 않는다.

정답 technically

해석 당신은 받을 것이다 / 우리의 기술적으로 진보한 발전기를.

표현 정리 receive 받다 technically 기술적으로 technical 기술적인 advanced 발전된, 진보된 power generator 발전기

2. 괄호는 자동사인 dress 뒤에 위치하므로 부사인 warmly가 답이다.

정답 warmly

해석 옷을 따뜻하게 입으세요 / 밖에 나갈 때마다 / 겨울 동안에는.

표현 정리 dress warmly 옷을 따뜻하게 입다 whenever ~할 때마다

go 가다 outdoors 야외에 during ～동안에 winter 겨울

3. 괄호는 has와 ranked 사이에 들어갈 부사 자리이므로 frequently가 답이다.

정답 frequently

해석 STK는 자주 순위를 차지했다 / 유럽에서의 최고의 네트워크 회사로서.

표현 정리 frequently 자주, 빈번히 rank (순위, 등급을) 차지하다, 순위를 매기다 as ～로서

4. 괄호는 자동사인 consist와 of 사이에 있으므로 부사인 largely가 답이다.

정답 largely

해석 그 강좌는 주로 구성되어 있다 / 고서적에 대한 읽기와 쓰기로.

표현 정리 course 코스, 강의, 강좌 consist of ～로 구성되다 largely 주로 reading 읽기 writing 쓰기 ancient book 고서적

실전 적용 문제

1. 빈칸 앞에는 형용사, 형용사 앞에는 소유격이 있으므로 빈칸은 명사 자리이다.

(A) 명사가 아니라서 오답. 동사ed는 과거시제로 보면 동사, 과거분사로 보면 형용사 기능이다.

(B) 명사의 복수형이므로 정답

(C) 동사라서 오답

(D) 동사의 단수형이므로 오답

정답 (B)

해석 방문객들은 / 역사 박물관의 / 챙겨야 한다 / 그들의 개인 소지품들을.

표현 정리 visitor 방문객 historic 역사적인 museum 박물관 secure 안전하게 하다, 보관하다 personal belongings 개인 소지품

▶고난도!
2. 빈칸 앞에는 명사, 뒤에는 동사가 있어 빈칸을 부사 자리라고 생각하면 함정에 빠지는 문제이다.

(A) 동사ing는 동명사로 명사 기능을 할 수 있지만 뒤에 목적어가 없어서 오답

(B) 부사가 오면 모양은 그럴듯하지만 '도로가 면밀하게 교통 체증을 초래한다'는 어색한 의미가 되므로 오답

(C) road closure는 '도로 폐쇄'라는 뜻의 복합명사가 되어 정답. 도로 폐쇄가 교통 체증을 유발한다는 해석도 자연스럽다.

(D) 과거시제로 볼 경우 동사가 되므로 오답이다. 과거분사로 본다면 The closed road라고 써야 한다.

정답 (C)

해석 도로 폐쇄는 / 심한 교통 체증을 초래할 것이다 / 월요일 아침마다 / 많은 근로자들이 일하기 위해 통근하는.

표현 정리 road closure 도로 폐쇄 traffic jam 교통 체증 lead to ～한 결과를 낳다 commute 통근하다

3. specifically는 부사이므로 빼면 빈칸은 be동사 뒤 형용사 자리이다.

(A) 명사 또는 동사라서 오답. be동사 뒤에서 명사가 보어가 되는 경우는 주어(Easy Data Solution)와 보어(design)가 동격의 관계일 때인데 여기서는 주어가 회사 이름이므로 그렇게 볼 수 없다.

(B) 명사 또는 동사라서 오답

(C) 동사ed 형태는 '～되어진'이란 뜻의 형용사 기능을 하므로 정답

(D) 명사라서 오답

정답 (C)

해석 Easy Data Solution는 / 특별히 설계되었다 / 모든 주문을 자동으로 처리하도록 / 시기 적절하게 뿐만 아니라.

표현 정리 specifically 특별히, 명확하게 process 처리하다 automatically 자동으로 in a timely manner 시기 적절하게 design 설계하다 A as well as B B일 뿐만 아니라 A도

4. 빈칸 앞에는 전치사, 뒤에도 전치사이므로 빈칸은 명사 자리이다.

(A) 동사라서 오답

(B) 동사ed는 과거시제로 보면 동사, 과거분사로 보면 형용사 기능이다. 명사가 아니라서 오답

(C) 형용사라서 오답

(D) 명사라서 정답

정답 (D)

해석 Little Pig Smokehouse는 / 빠르게 움직였다 / 이웃의 경쟁에 대응하여 / 가격을 낮춤으로써.

표현 정리 competition 경쟁, 경쟁 상대 lower 낮추다 respond 반응하다, 대응하다 response 반응

5. 빈칸은 형용사 뒤, 명사 앞에 오는 형용사 자리이다. '형용사 + 형용사 + 명사'의 구조이다.

(A) 형용사라서 정답. 명사 앞에 형용사 2개가 올 수 있다. '큰 빨간 사과'라는 말을 생각해보라.

(B) 명사라서 오답. 참고로 vocals lessons라는 복합명사는 없다.

(C) 부사라서 오답. 부사는 일반적으로 명사 앞에 오지 않는다. 명사 앞에 오는 부사는 따로 있다.

(D) 동사라서 오답

정답 (A)

해석 Bellevue 무용 학원의 학생들은 / 받아 왔다 / 정기적인 발성 수업들을.

표현 정리 regular 정기적인 vocal 발성의 vocalize 목소리로 표현하다 vocally 구두로

6. 빈칸 앞에는 관사, 뒤에는 명사가 있으므로 빈칸은 형용사 자리이다.

(A) 동사라서 오답

(B) 동사의 단수형이라서 오답

(C) '잇따르는'이란 뜻의 형용사이므로 정답

(D) '지지자들'이나 '다음의 사람/사물들'을 뜻하는 명사라서 오답

정답 (C)

해석 개장과 이어지는 판촉 행사들이 / 방송되고 있다 / 채널 5번의 뉴스에서.

표현 정리 grand opening 개장 promotional event 판촉 행사 broadcast 방송하다 followings 지지자들

---

7. 빈칸 앞에 전치사가 있어 빈칸은 전치사의 목적어 자리이므로 명사가 필요하다.

(A) 부사라서 오답

(B) 명사가 아니라서 오답. 동사ed는 과거 시제로 보면 동사, 과거분사로 보면 형용사 기능이다.

(C) 동사라서 오답

(D) 명사라서 정답

정답 (D)

해석 많은 심의 후에 / 시 기획 공무원들은 결정했다 / 이 회의 센터가 / 건설되어야 한다고 / 다른 곳에.

표현 정리 official 공무원 determine 결정하다 conference 회의 elsewhere 다른 곳에 deliberately 고의로 deliberate 신중히 생각하다; 신중한 deliberation 숙고

➤ 고난도!

8. 빈칸 앞에는 be동사, 뒤에는 to부정사가 있으므로 빈칸은 보어 역할을 하는 형용사 자리이다.

(A) 동사ing일 경우 진행형(be 동사ing)이라서 오답. like를 상태동사라고 하는데, 진행 시제를 쓰지 않는다.

(B) 동사ed일 경우 수동태(be p.p.)가 되는데, 'be liked to 동사원형'의 표현은 존재하지 않아서 오답

(C) 형용사라서 정답. likely는 '있을 법한'이란 뜻이며, 주로 'be likely to 동사원형(~일 것 같다)'의 형태로 쓰인다.

(D) 명사라서 오답. heavy rains와 likelihood(있을 법함)가 동격의 관계는 아니다.

정답 (C)

해석 폭우가 내릴 것 같지만 / 이번 주에 / 야외 만찬은 열릴 것이다 / 예정대로.

표현 정리 although (비록) ~이긴 하지만 outdoor 야외의 banquet 만찬 likely ~할 것 같은 as scheduled 예정대로

---

9. 빈칸 앞에는 5형식 동사 have의 목적어인 명사(their eyes), 뒤에는 목적격 보어인 과거분사(checked)가 있으므로 빈칸은 과거분사를 수식하는 부사 자리이다.

(A) 부사라서 정답. 부사는 과거분사(p.p.), 현재분사/동명사(동사ing)를 수식할 수 있다.

(B) 형용사라서 오답. 형용사 2개가 보어가 될 수는 없다.

(C) 동사라서 오답. 동사s는 동사의 단수형이다.

(D) 동사라서 오답

정답 (A)

해석 조립 노동자들은 요구된다 / 그들의 눈을 정기적으로 검사 받도록 / 사내 진료소에서.

표현 정리 assembly 조립 regularly 정기적으로 regular 정기적인 regulate 규제하다

---

10. 빈칸 앞의 문장이 완전하고, 빈칸 뒤는 전명구 즉 수식어이므로 빈칸은 부사 자리이다.

(A) 부사라서 정답

(B) 명사라서 오답. complaint directness라는 복합명사는 존재하지 않는다.

(C) 동사의 단수형이라서 오답

(D) 형용사라서 오답. 부사의 의미도 있지만 특수한 경우의 용례이다.

정답 (A)

해석 당신은 제출해야 한다 / 당신의 불만을 / 직접 고객 서비스 부서에 / 마케팅 부서가 아니라.

표현 정리 be suppose to do ~해야 한다 file 제출하다 complaint 불만 department 부서 directly 직접, 곧장

---

11. 빈칸 앞에는 관사, 뒤에는 명사가 있으므로 빈칸은 형용사 자리이다.

(A) 명사라서 오답

(B) 동사ing는 형용사 기능이 있으나 '수정하고 있는 중인 버전'이 되어 '버전이 수정한다'는 의미 관계가 되므로 오답

(C) 형용사라서 정답. '올바른 버전'이라는 의미도 자연스럽다.

(D) 부사라서 오답

정답 (C)

해석 당신은 내려받을 수 있다 / 우리의 소프트웨어의 올바른 버전을 / 일단 당신이 얻으면 / 우리에게서 접속 비밀번호를.

표현 정리 download 내려받다 version 버전 access code 접속 코드[비밀번호] correct 올바른, 정확한

---

12. 빈칸이 be동사와 과거분사(p.p.) 사이에 위치하고 있으므로 빈칸은 부사 자리이다.

(A) 형용사라서 오답

(B) 부사라서 정답

(C) 명사라서 오답. received가 뒤에서 앞의 명사를 수식한다고 보는 경우라면, efforts는 복수명사인데 positivity는 단수명사이므로 동격의 관계가 될 수 없다.

(D) 명사라서 오답. (C)와 마찬가지 이유로 명사가 보어가 되는 경우로 볼 수 없다.

정답 (B)

해석 그 팀의 노력은 / 대량 주문을 제시간에 완수하려는 / 긍정적으로 여겨졌다 / 그 팀의 많은 고객들에 의해서.

표현 정리 effort 노력 fulfill 이행하다 bulk order 대량 주문

positivity 확신 positiveness 명백함

▶고난도!

13. 빈칸 뒤에 전치사구, 그 뒤에 정동사가 있기 때문에 빈칸은 주어 자리이다.

(A) 동사ed는 과거시제로 보면 동사, 과거분사로 보면 형용사 기능이다. 주어가 될 수 없기 때문에 오답

(B) 명사라서 정답. 명사는 주어가 될 수 있다.

(C) 동사ing는 주어가 될 수 있지만 뒤에 목적어가 없기 때문에 오답

(D) to부정사의 목적어가 없기 때문에 오답. 또한 to부정사는 길이가 길어지면 'it is ~ to(가주어/진주어 용법)'의 형태로 사용한다.

정답 (B)

해석 휴가를 위한 요청서들은 / 제출되어야 한다 / 해당 부서에 / 매주 금요일 4시보다 더 늦지 않게.

표현 정리 request 요청(서) take time off 휴가를 떠나다 submit 제출하다 appropriate 적절한 department 부서 no later than 늦어도 ~까지는

▶고난도!

14. 많이 들어본 말(be allowed to)을 기준으로 (D)를 고르면 함정에 빠지는 문제이다. allow는 4형식 동사인 경우 'allow A B', 5형식 동사인 경우 'allow A to do(동사원형)'로 쓴다. 수동태일 경우 'A is allowed B(명사)' 혹은 'A is allowed to do(동사원형)'로 쓴다는 것을 알아야 다른 가능성을 생각해볼 수 있다.

(A) access는 동사, 명사 둘 다 가능하다. be allowed access(명사)가 되면 '접근을 허락 받다'라는 뜻이 되어 정답이다.

(B) 정동사라서 오답. 빈칸 앞에 이미 정동사 will be allowed가 있다.

(C) accessed는 동사의 과거형 또는 과거분사이므로 오답. 과거분사가 2개 연속으로 와서 보어가 될 순 없다.

(D) to access가 들어가면 access는 타동사이므로 access의 목적어가 필요한데, access의 목적어가 없어서 오답

정답 (A)

해석 단지 유효한 통행증을 지닌 보안 요원만이 허락 받게 될 것이다 / 출입 금지 구역에 대한 접근을.

표현 정리 security 보안 personnel 인력, 요원 valid 유효한 pass 통행증 access 접근하다 off-limits 출입 금지의

▶고난도!

15. 빈칸 앞 more의 앞에 나온 work(일하다)는 1형식 동사. 따라서 more와 빈칸이 함께 부사 기능을 해야 한다. 'more + 형용사'는 형용사 기능이며, 'more + 부사'는 부사 기능이다. 따라서 빈칸은 부사 자리이다.

(A) most는 최상급 표현인데 비교급 표현인 more가 이미 있으므로 오답

(B) 'more + 명사'는 명사 기능이라서 오답. work가 일하다는 뜻일 때는 뒤에 목적어를 갖지 않는다.

(C) 'more + 형용사'는 형용사 기능이라서 오답

(D) 'more + 부사'는 부사 기능이라서 정답. 1형식 동사 work 뒤에 올 수 있다.

정답 (D)

해석 요즘 인턴들은 / 일하는 것 같다 / 더 효율적으로 / 그 당시에 인턴들보다.

표현 정리 intern 인턴, 견습 사원 seem to do ~하는 것 같다
efficiency 효율성 efficient 효율적인 those days 그 당시에

16. 5형식 동사 consider의 목적격 보어가 필요하므로 빈칸은 형용사 또는 명사 자리이다.

(A) 명사는 목적격 보어가 될 수 있지만 동격(캐주얼한 옷을 입는 것 = 적절함)의 관계는 아니라서 오답

(B) 부사라서 오답. consider가 '고려하다'라는 뜻의 3형식 동사라고 본다면 부사가 올 수 있으나 그럴 경우 it이 가리키는 말이 없다. 여기서는 it이 가목적어, to 이하가 진목적어로 쓰인 5형식 문장이다.

(C) 명사는 목적격 보어가 될 수 있지만 동격(캐주얼한 옷을 입는 것 = 횡령)의 관계는 아니라서 오답

(D) 형용사라서 정답. 여기서 형용사는 진목적어(캐주얼한 옷을 입는 것)을 보충해주는 목적격 보어가 된다.

정답 (D)

해석 잭슨빌 주민들은 / 적절하다고 생각하지 않는다 / 관광객들이 간편한 옷을 입는 것이 / 그들이 방문할 때 / 마을의 유서 깊은 사원들을.

표현 정리 resident 거주자 consider 고려하다, 간주하다 casual 캐주얼한, (옷차림이) 간편한 appropriateness 타당성 appropriately 적당하게 appropriation 사용, 도용 appropriate 적절한

Unit 02 동사의 개수와 문장의 형태로 푼다. – 동사/접속사/전치사 자리

전략 1 점검 퀴즈

1. 한 문장에는 정동사가 필수적으로 있어야 한다. 문장에 정동사가 없으므로 정동사인 will allow가 답이다.

정답 will allow

해석 새로운 GPS 시스템은 운전자들에게 허락한다 / 길을 더 효율적으로 찾는 것을.

표현 정리 allow 허락하다 motorist 운전자 find 찾다 road 길 efficiently 효율적으로

2. 접속사인 because가 있으므로 문장에 두 개의 정동사가 필요하다. bought 정동사가 하나 있으므로 정동사인 issued가 답이다.

정답 issued

해석 당신이 우리에게 두 개 이상의 물건들을 샀기 때문에 / 우리는 당신에게 10달러 상품권을 발급했다.

표현 정리 because 왜냐하면 bought 샀다(buy의 과거형) item 물건 issue 발급하다 gift certificate 상품권

3. novel과 we 사이에 형용사절 접속사인 that이 생략되어 있다. 따라서 정동사가 두 개 필요하므로 정동사인 contains가 답이다

정답 contains

해석 우리가 구매했던 소설은 작가의 자필 서명을 포함하고 있다.

표현 정리 **novel** 소설 **purchase** 구매하다 **contain** 포함하다 **author's autograph** 작가의 자필 서명

4. 괄호와 it 사이에 명사절 접속사인 that이 생략되어 있다. 따라서 정동사가 두 개 필요하므로 정동사인 announced가 답이다.

정답 announced

해석 Andante 사는 발표했다 / 그것이(자사가) 한국 시장으로 진출할 것이라고.

표현 정리 **announce** 발표했다 **expand into** ~로 진출하다 **Korean market** 한국 시장

전략 2 | 점검 퀴즈

1. 조동사 뒤에는 동사원형이 온다. 괄호 앞에 can이 있으므로 동사원형인 spoil이 답이다.

정답 spoil

해석 알아두세요 / 더운 날씨는 잘 상하는 상품을 상하게 할 수 있음을.

표현 정리 **Please note that** (that절 이하를) 알아두세요 **hot weather** 더운 날씨 **spoil** 상하게 하다 **spoilage** 부패 **perishable** 상하기 쉬운 **goods** 상품

2. 조동사 뒤에는 동사원형이 온다. 괄호 앞에 had to가 있으므로 동사원형인 reduce가 답이다.

정답 reduce

해석 그 제조업체는 인건비를 줄여야만 했다.

표현 정리 **manufacturer** 제조업체 **had to** ~해야 했다(have to의 과거형) **reduce** 줄이다 **labor expense** 인건비

3. To부터 콤마까지는 부사구이고, 콤마 뒤는 주어를 생략한 동사원형으로 시작하는 명령문이므로 use가 답이다.

정답 use

해석 사진 액자를 벽에 고정시키기 위해서 / 전기 드릴을 사용해라.

표현 정리 **secure** 고정시키다 **picture** 사진 **frame** 액자 **wall** 벽 **use** 사용하다 **electric drill** 전기 드릴

4. necessary는 '요번주의 명제'에 포함되는 형용사이므로 that절의 동사는 should가 생략된 동사원형 finish가 알맞다.

정답 finish

해석 필수적이다 / 모든 인턴이 매일의 작업을 제시간에 끝내는 것이.

표현 정리 **necessary** 필수적인 **every** 모든 **intern** 인턴 **finish** 끝내다 **daily** 매일의 **work** 일, 작업 **on time** 제시간에

전략 3 | 점검 퀴즈

1. 정동사의 개수가 2개이므로 접속사가 필요하다. 따라서 접속사인 before가 답이다. so as to 다음에는 동사원형이 온다.

정답 before

해석 새로운 신입사원들은 서식을 작성해야 한다 / 그들이 그들의 상사들을 만나기 전에.

표현 정리 **new hire** 신입사원 **complete a form** 서식을 작성하다 **before** ~전에 **so as to do** ~하기 위해서 **meet** 만나다 **supervisor** 상사

2. 정동사의 개수가 2개이므로 접속사가 필요하다. 따라서 접속사인 once가 답이다. during은 전치사이다.

정답 Once

해석 초록 박스가 사용된 배터리들로 가득 차면 / 그것은 재활용 시설로 보내질 것이다.

표현 정리 **during** ~동안 **once** 일단 ~하면 **green box** 초록색 박스 **be full of** ~로 가득 차다 **used battery** 사용된 배터리 **send** 보내다 **recycling facility** 재활용 시설

3. 정동사의 개수가 2개이므로 접속사가 필요하다. 따라서 접속사인 whose가 답이다. its는 대명사 it의 소유격이다.

정답 whose

해석 연료 가격의 증가는 운전자들에게 영향을 미칠 것이다 / 그들의 자동차가 너무 많은 연료를 사용하는.

표현 정리 **increase** 증가 **fuel** 연료 **price** 가격 **affect** 영향을 미치다 **driver** 운전자 **whose** 누구의, (형용사절을 이끌어) 그의[그들의] **use** 사용하다 **gas** 휘발유, 가솔린(= gasoline)

4. 정동사의 개수가 2개이므로 접속사가 필요하다. 따라서 접속사인 as가 답이다. due to는 전치사이다.

정답 as

해석 Ms. Thai는 일자리 제의를 거절했다 / 그 직책이 너무 많은 출장을 필요로 했기 때문에.

표현 정리 **reject** 거절하다 **job offer** 일자리 제의 **as** ~때문에 **due to** ~때문에 **position** 직책 **require** ~를 필요로 하다 **traveling** 출장

전략 4 | 점검 퀴즈

1. 뒤에 완전한 문장이 있으므로 괄호와 뒤의 명사가 함께 부사 기능을 할 수 있는 전명구가 되어야 한다. 따라서 전치사인 starting이 답이다. starting은 '~부로'라는 뜻의 전치사이다. at the time (when)은 접속사이다.

정답 starting

해석 다음 달 부로 / 매니저는 정기적으로 그의 고객들을 방문할 것이다.

표현 정리 starting ~부로 next month 다음 달 manager 매니저 regularly 정기적으로 visit 방문하다 client 고객

2. 완전한 문장 뒤에는 부사 기능을 할 수 있는 전명구가 와야 한다. 따라서 전치사인 during이 답이다. while은 접속사이다.

정답 during

해석 Vickwell 국립 도서관은 문을 닫을 것이다 / 국경일 동안.

표현 정리 close (문을) 닫다 during ~동안 while ~동안 national holiday 국경일

3. 완전한 문장 뒤에는 부사 기능을 할 수 있는 전명구가 와야 한다. 따라서 전치사인 for가 답이다. so는 부사나 접속사이다.

정답 for

해석 당신은 지침서를 찾을 수 있다 / 제품의 쉬운 조립을 위한.

표현 정리 find 찾다 guideline 지침서 for ~을 위한 so 그래서 easy 쉬운 assembly 조립 product 제품

4. 완전한 문장 뒤에는 부사 기능을 할 수 있는 전명구가 와야 한다. 따라서 전치사인 without이 답이다. only는 부사이다.

정답 without

해석 공장으로의 접근은 제한될 것이다 / 신분 확인 명찰이 없으면.

표현 정리 access 접근 factory 공장 limit 제한하다 only 단지, 오직 without ~이 없이, ~이 없으면 identification badge 신분 확인 명찰

실전 적용 문제

1. 빈칸은 조동사 can 뒤에 오는 동사원형의 정동사 자리이다.

(A) '접속하다'라는 뜻의 동사원형이므로 정답

(B) 동사ing는 현재분사 또는 동명사인 준동사이므로 오답

(C) 동사ed는 과거 동사 또는 과거분사이므로 오답

(D) 동사es는 단수 표현 동사이므로 오답

정답 (A)

해석 권한이 부여된 직원을 제외하고 아무도 / 접속할 수 없다 / 고객 데이터베이스에 / 사전 허가 없이.

표현 정리 no one 아무도 ~않다 except ~을 제외하고 authorized 권한이 부여된 personnel 직원들 customer 고객 without ~없이 prior permission 사전 허가 access 접속하다

▶고난도!
2. 빈칸은 뒤에 형용사 open을 보어로 가지는 정동사 자리이다. 앞의 정동사 make sure 뒤에 접속사 that이 생략된 문장이므로 또 다른 동사가 필요한 문장이다. open을 동사로 보거나 make sure 뒤에 접속사가 생략될 수 있다는 것을 생각하지 못하면 함정에 빠질 수 있다.

(A) '조동사 + 동사원형' 형태의 정동사이므로 정답

(B) 동사ing는 현재분사 또는 동명사인 준동사이므로 오답

(C) '나머지'라는 뜻의 명사이므로 오답

(D) 접속사 that이 생략된 문장에 또 다른 접속사 where가 들어갈 수 없으므로 오답. where는 접속사이므로 들어가면 remain 말고도 동사가 하나 더 있어야 한다.

정답 (A)

해석 확실히 해주세요 / Brooklyn에 있는 저희의 새 사무실은 / 오후 5시까지 문을 열고 있는 상태임을 / 주말에도.

표현 정리 make sure 확실히 하다 office 사무실 until ~까지 even ~라도 weekend 주말 remain 계속 ~인 상태이다

3. 정동사가 2개(require, are) 있는 문장에는 접속사가 필요하므로 빈칸은 접속사 자리이다.

(A) '~이기 때문에'라는 뜻의 접속사이므로 정답

(B) '실제로, 사실'이라는 뜻의 부사이므로 오답

(C) '단지, 딱'이라는 뜻의 부사이자 '공정한'이라는 뜻의 형용사이므로 오답

(D) '~조차, 훨씬'이라는 뜻의 부사이자 '평평한'이라는 뜻의 형용사이므로 오답

정답 (A)

해석 그것들은 더 많은 주의를 필요하기 때문에 / 취급하고 포장하는 데 / 깨지기 쉬운 물품들은 / 더 많은 비용이 든다 / 운송하기에.

표현 정리 require 필요로 하다 care 주의 handling 취급 packaging 포장 fragile 깨지기 쉬운 item 물품 expensive 비싼, 비용이 많이 드는 transport 운송하다

4. 빈칸은 복수 주어 Shoppers 뒤에 위치하고 부사 favorably의 수식을 받을 수 있는 정동사 자리이다.

(A) 동사ing는 현재분사 또는 동명사인 준동사이므로 오답

(B) '반응, 반작용'이라는 뜻의 명사이므로 오답

(C) '휴양의, 오락의'라는 뜻의 형용사이므로 오답

(D) '반응을 보였다'라는 뜻의 과거형 동사이므로 정답

정답 (D)

해석 쇼핑객들은 호의적으로 반응을 보였다 / 새로운 정책에 / 30퍼센트 할인을 제공하는 / 매주 금요일 밤마다.

표현 정리 shopper 쇼핑객 favorably 호의적으로 policy 정책, 방침 offer 제공하다 discount 할인; 할인하다

▶고난도!
5. 빈칸은 앞의 절과 뒤의 명사구를 연결해 줄 전치사 자리이다.

(A) '하지만'이라는 뜻의 등위접속사이므로 오답

(B) '또는'이라는 뜻의 등위접속사이므로 오답

(C) '(둘 중) 어느 하나(의)'라는 뜻의 대명사이자 형용사이므로 오답. either A or B 형태의 상관접속사로도 쓰인다.

(D) '~에 관한'이라는 뜻의 전치사이므로 정답

정답 (D)

해석 개정된 직원 안내서는 / 절차들을 개괄한다 / 제출하는 것에 관한 / 공식 요청.

표현 정리 revised 개정된 employee handbook 직원 안내서 outline 개괄하다 procedure 절차 submit 제출하다 formal request 공식 요청

6. 빈칸은 조동사 can 뒤에 오는 동사원형의 정동사 자리이다.

(A) '주력하다'라는 뜻의 동사원형이므로 정답

(B) 동사ing는 현재분사 또는 동명사인 준동사이므로 오답

(C) 'to 동사원형'은 to부정사인 준동사이므로 오답

(D) are는 동사원형이 아니므로 오답

정답 (A)

해석 Sidney Denver가 승진했기 때문에 / 간부직으로 / 그는 주력할 수 있다 / 경영 업무에만.

표현 정리 since ～때문에 advance 승진시키다, 승진하다 executive position 간부직 managerial task 경영 업무, 관리 업무

7. 빈칸 앞에 명사, 뒤에 명사구가 있으므로 그 사이는 전치사 자리이다.

(A) '비록 ～이지만'이라는 뜻의 접속사이므로 오답

(B) '오직, 다만'이라는 뜻의 부사이자 '유일한'이라는 뜻의 형용사이므로 오답

(C) '～에도 불구하고'라는 뜻의 전치사이므로 정답

(D) '대신에'라는 뜻의 부사이므로 오답

정답 (C)

해석 Cobb Firm은 마침내 / 제출 기한을 맞췄다 / 몇몇 예기치 않은 지연에도 불구하고.

표현 정리 finally 마침내 submission deadline 제출 기한 unexpected 예기치 않은, 뜻밖의 delay 지연, 지체

8. 정동사가 2개(will be, is) 있는 문장에는 접속사가 필요하므로 빈칸은 접속사 자리이다.

(A) '～할 때까지'라는 뜻의 접속사이므로 정답

(B) '～의 밖에'라는 뜻의 전치사이므로 오답

(C) '～로, ～에게'라는 뜻의 전치사이므로 오답

(D) '～와 함께, ～를 가지고'라는 뜻의 전치사이므로 오답

정답 (A)

해석 영업 부장이 임시로 맡게 될 것이다 / 제품 출시 행사를 / 새 마케팅 부장이 고용될 때까지.

표현 정리 sales head 영업 부장 temporarily 임시로, 일시적으로 be in charge of ～을 맡다, ～을 담당하다 product launch 제품 출시 marketing director 마케팅 부장 be hired 고용되다

9. 빈칸을 포함해 콤마까지 하나의 전치사구이므로 빈칸은 구를 이끌어줄

전치사 자리이다.

(A) '비록 ～이지만'이라는 뜻의 접속사이므로 오답

(B) '～때문에'라는 뜻의 전치사이므로 정답

(C) '～라면'이라는 뜻의 접속사이므로 오답

(D) '～하는 한'이라는 뜻의 접속사이므로 오답

정답 (B)

해석 좋지 못한 기상 상황 때문에 / 야외 콘서트가 열릴 것이다 / 일주일 늦게 / 예상된 것보다.

표현 정리 inclement (날씨 등이) 좋지 못한 weather conditions 기상 상황 outdoor 야외의 be held 열리다, 개최되다 later 늦게 expected 예상되는

10. 접속사 that으로 연결된 문장에는 정동사가 2개 필요하므로 빈칸은 정동사 자리이다.

(A) 동사ing는 현재분사 또는 동명사인 준동사이므로 오답

(B) '나타내는, 표시하는'이라는 뜻의 형용사이므로 오답

(C) '나타내다, 표시하다'라는 뜻의 정동사이므로 정답

(D) 'to 동사원형'은 to부정사인 준동사이므로 오답

정답 (C)

해석 조사 결과는 나타낸다 / 많은 여행객들이 높은 가치를 둔다는 것을 / 무료이고 쉬운 인터넷 접속에 / 모든 관광지에서.

표현 정리 survey result 조사 결과 traveler 여행객 place high value on ～에 높은 가치를 두다 access 접속 tour destination 관광지

11. 정동사가 2개(have finished, will be) 있는 문장에는 접속사가 필요하므로 빈칸은 접속사 자리이다.

(A) '대신에'라는 뜻의 부사이므로 오답

(B) '지난'이라는 뜻의 형용사이자 '～지나서'라는 뜻의 전치사이므로 오답

(C) '일단 ～하면'이라는 뜻의 접속사이므로 정답

(D) '거의'라는 뜻의 부사이므로 오답

정답 (C)

해석 일단 모든 신입 사원들이 / 필요한 교육을 끝내면 / 각자의 직무를 위한 / 그들은 부서에 배정될 것이다.

표현 정리 new recruit 신입 사원 necessary 필요한 training 교육 be assigned to ～에 배정되다 department 부서

➤고난도!
12. 빈칸 앞부분 전체는 부사구이고, 뒤에는 타동사의 목적어가 되는 명사구가 있으므로 빈칸은 정동사 자리이다. 명령문에는 동사원형을 쓴다.

(A) 'to 동사원형'은 to부정사인 준동사이므로 오답

(B) '재다, 측정하다'라는 뜻의 동사원형이므로 정답

(C) '측정할 수 있는'이라는 뜻의 형용사이므로 오답

(D) 동사ing는 현재분사 또는 동명사인 준동사이므로 오답

정답 (B)

해석 확인하기 위해 / 이 선물들이 영향을 미치는지 아닌지 / 수하물 허용량에 / 무게를 측정하시오 / 이 상자들 각각의.

표현 정리 whether ~인지 아닌지 gift item 선물 affect 영향을 미치다 baggage allowance 수하물 허용량 weight 무게

13. 접속사 that으로 연결된 문장에는 2개의 정동사가 필요하므로 빈칸은 정동사 자리이다. 특히 request 다음에 오는 명사절 안에는 조동사 should가 생략되어 동사원형이 온다.

(A) 동사ing는 현재분사 또는 동명사인 준동사이므로 오답

(B) 동사ed는 과거동사 또는 과거분사이므로 오답

(C) 동사s는 단수 동사이므로 오답

(D) '나가다'라는 뜻으로 주어에 수일치되는 복수 동사이기도 하지만 동사원형으로 볼 수 있으므로 정답

정답 (D)

해석 저희는 요청합니다 / 여러분이 나가시기를 / 뒷문을 통해 / 보수 공사가 진행 중인 동안.

표현 정리 request 요청하다 through ~을 통해 rear gate 뒷문 while ~동안 renovation 수리, 보수 underway 진행 중인

14. 빈칸은 복수 주어 Some residents 뒤에 명사구 constructive solutions를 목적어로 가지는 정동사 자리이다.

(A) '시사하는, 도발적인'이라는 뜻의 형용사이므로 오답

(B) '제안'이라는 뜻의 명사이므로 오답

(C) 동사ing는 현재분사 또는 동명사인 준동사이므로 오답

(D) '제안했다'라는 뜻의 과거 동사이므로 정답

정답 (D)

해석 몇몇 주민들이 제안했다 / 건설적인 해결책을 / 증가하는 쓰레기의 양에 대한 / 그들의 동네에서.

표현 정리 resident 주민 constructive solution 건설적인 해결책 increasing 증가하는 the amount of ~의 양 trash 쓰레기 neighborhood 동네, 이웃

15. 빈칸은 '제안, 요청'을 나타내는 부사 please 뒤에 동사원형의 정동사 자리이다.

(A) 'to 동사원형'은 to부정사인 준동사이므로 오답

(B) 동사s는 동사의 단수형이므로 오답

(C) '방문하다'라는 뜻의 동사원형이므로 정답

(D) 동사ed는 과거동사 또는 과거분사이므로 오답

정답 (C)

해석 괜찮으시다면 / 방문해 주세요 / 상하이에 있는 지사를 / 그리고 투자자들을 만나세요 / 중국에서 온.

표현 정리 if you don't mind 괜찮으시다면 regional office 지사 investor 투자자

›› 고난도!

16. 정동사가 2개(starts, will result) 있는 문장에는 접속사가 필요하므로 빈칸은 접속사 자리이다. made는 '이루어진'이란 뜻의 준동사이다. 빈칸 앞뒤의 명사만 보고 전치사가 들어갈 자리라고 생각하고 풀면 함정에 빠지는 문제이다. 2 hours before the tour starts 부분은 '투어가 시작하기 2시간 전에'라는 뜻의 부사구가 된다.

(A) '~를 위해, ~에 대해'라는 뜻의 전치사이므로 오답

(B) '~에 의해, ~까지'라는 뜻의 전치사이므로 오답

(C) '미리, 사전에'라는 뜻의 부사구이므로 오답

(D) '~전에'라는 뜻의 접속사이므로 정답

정답 (D)

해석 이루어진 취소는 / 투어가 시작되기 2시간 전에 / 고객들에게 / 환불이 승인되도록 할 것이다.

표현 정리 cancellation 취소 grant 승인하다 result in (결과적으로) ~이 되다 be granted 승인되다 refund 환불

'품사 자리' 종합 문제 |파트5|

1. 빈칸 앞에는 소유격, 뒤에는 전명구가 있으므로 빈칸은 전명구의 수식을 받는 명사 자리이다.

(A) 명사라서 정답

(B) 동사라서 오답

(C) 과거시제 동사이자 과거분사라서 오답

(D) 소유격 뒤에 위치할 수 없는 to부정사라서 오답

정답 (A)

해석 다음 목록은 정보를 상술한다 / Ms. Nelson이 필요할 / 그녀의 분석을 위해 / 잠재적인 기업 고객들에 관한.

표현 정리 following 다음의 detail 상술하다 potential 잠재적인 corporate client 기업 고객

2. 빈칸 앞에는 관사, 뒤에는 명사가 있으므로 빈칸은 뒤의 명사를 수식해 줄 형용사 자리이다.

(A) 동사라서 오답

(B) 동명사이자 형용사 역할을 할 수 있는 현재분사이지만, '나타내는 상승'이라는 의미는 어색하므로 오답

(C) 부사라서 오답

(D) '상당한 증가'라는 의미를 완성해줄 형용사라서 정답

정답 (D)

해석 그 스포츠 음료는 Mr. Susun에 의해 광고되어 / 전국적으로 알려진 수영 선수인 / 결과적으로 매출에 상당한 증가를 가져오게 되었다.

표현 정리 endorse (유명 인사가 제품을) 광고하다 nationally known 전국적으로 알려진 result in (결과적으로) ~를 야기하다 significant 상당한 rise 증가, 상승 sales 매출, 판매

3. 빈칸 앞에는 전치사, 뒤에도 전치사가 있으므로 빈칸은 뒤에 전명구의 수식을 받는 명사 자리이다.

(A) 명사라서 정답

(B) 과거시제 동사이자 과거분사라서 오답

(C) 명사인 경우 '회계'라는 뜻으로 내용상 어색하고, 동명사인 경우 뒤에 목적어가 있어야 하므로 오답

(D) 형용사라서 오답

정답 (A)

해석 유지 보수 관리자가 발표했다 / 물 공급에 중단이 있을 것이라고 / 오늘 / 정기 점검 때문에.

표현 정리 maintenance 유지 보수 announce 발표하다 disruption 중단 water supply 물 공급 on account of ~ 때문에 regular inspection 정기 점검

4. 빈칸은 정동사 is를 수식해줄 부사 자리로, 뒤에 'the 명사'인 주격 보어가 있으므로 형용사는 들어갈 수 없다. (Unit 1 전략 2의 함정 참고)

(A) 형용사라서 오답

(B) 부사라서 정답

(C) 단수 명사라서 오답

(D) 복수 명사라서 오답

정답 (B)

해석 Mr. Howe가 아마도 그 사람이다 / 조정하는 / 의사 결정 세션을.

표현 정리 possibly 아마도 moderate 조정하다, 관리하다 decision-making session 의사 결정 세션

5. 빈칸 앞에 정동사 were와 부사가 있으므로 빈칸은 부사의 수식을 받는 형용사 보어 자리이다.

(A) 동사라서 오답

(B) 동명사이자 형용사 역할을 할 수 있는 현재분사이지만 이어서 목적어가 필요해서 오답. '동등하게 하는'이라는 의미도 어색하다.

(C) 명사라서 오답

(D) 형용사라서 정답

정답 (D)

해석 TV 부문의 매출이 / 3분기에만 / 거의 동일했다 / 회사에서 다른 세 부문의 그것(매출)들과.

표현 정리 sales 매출 division 부문 quarter 분기 nearly 거의 equal 동일한, 같은 equalize 동등하게 하다

6. 접속사 before가 있는 문장에는 정동사가 두 개 있어야 하므로 빈칸은 단수 주어 뒤에 오는 정동사 자리이다.

(A) 명사라서 오답

(B) 부사라서 오답

(C) 현재분사이자 동명사인 준동사라서 오답

(D) 과거시제 정동사라서 정답

정답 (D)

해석 Mr. Green은 맡았다 / 회사 내 다양한 직책들을 / 그가 회장으로 선출

되기 전에.

표현 정리 assume 맡다 various 다양한 elect 선출하다 president 회장

7. 빈칸은 앞의 형용사 high의 수식을 받으며 명사 travel과 함께 복합명사를 이루는 명사 자리이다.

(A) 동사라서 오답

(B) 현재분사이자 동명사인 준동사라서 오답

(C) 과거시제 동사이자 과거분사라서 오답

(D) '여행 수당(travel allowance)'이라는 복합명사를 이루는 명사라서 정답

정답 (D)

해석 Kodda의 직원들 대부분이 / 만족한다 / 높은 여행 수당에.

표현 정리 employee 직원 be satisfied with ~에 만족하다 travel allowance 여행 수당, 여행 비용

8. 빈칸은 조동사 must 뒤에 오는 동사원형의 정동사 자리이다.

(A) to부정사인 준동사라서 오답

(B) 동사원형이라서 정답. complete는 '완성된, 완전한'이라는 뜻의 형용사이자 '완료하다'라는 뜻의 동사이다.

(C) 과거시제 동사이자 과거분사라서 오답

(D) 현재분사이자 동명사인 준동사라서 오답

정답 (B)

해석 업적이 성공적인 것으로 간주되기 위해 / 프로젝트 관리자들은 / 그들의 작업을 완료해야 한다 / 지정된 마감일 전에.

표현 정리 achievement 성취, 업적 consider 간주하다 successful 성공적인 complete 완료하다 task 작업 specified 지정된, 명시된

9. 빈칸은 5형식 동사 keep의 목적어 your mobile phone 뒤에 오는 목적 보어인 형용사 자리이다.

(A) 형용사라서 정답

(B) 명사도 보어 역할을 할 수 있지만 your mobile phone과 동격이 될 수 없으므로 오답

(C) 부사라서 오답. keep을 3형식 동사로 보고 동사를 수식하는 부사를 골라서는 안 된다. 조용한 상태가 되는 것은 주어가 아니고 목적어이므로 5형식 문장이다.

(D) 현재분사로 형용사 역할을 할 수 있지만 이어서 목적어가 필요하므로 오답. '~를 조용하게 하는'이라는 의미도 어색하다.

정답 (A)

해석 회의나 면접에 참석할 경우 / 여러분의 핸드폰을 무음으로 해두세요 / 다른 사람들을 방해하지 않기 위해.

표현 정리 attend a meeting 회의에 참석하다 silent 조용한, 소리를 안 내는 disturb 방해하다 others 다른 사람들

10. 빈칸은 정동사 was의 형용사 보어를 수식해줄 부사 자리로, 앞의 부사 only는 또 다른 부사와 함께 형용사를 수식할 수 있다.

(A) 최상급 형용사라서 오답. 최상급 형용사도 형용사이다.

(B) 비교급 형용사라서 오답. 비교급 형용사도 형용사이다.

(C) 부사라서 정답

(D) 형용사라서 오답

정답 (C)

해석 그 판촉 행사는 / 부분적으로만 성공적이었다 / 낮은 참석률 때문에 / 나쁜 날씨로 인해 야기된.

표현 정리 promotional event 판촉 행사 partially 부분적으로 attendance 참석, 참석률 caused by ~에 의해 야기된

11. 빈칸은 문장의 주어로 뒤에 전명구의 수식을 받는 명사 자리이다.

(A) 명사라서 정답

(B) 동사라서 오답

(C) 과거시제 동사이자 과거분사라서 오답

(D) 형용사라서 오답

정답 (A)

해석 낡은 주거용 건물의 개조가 / 상업 지구로 둘러싸인 / 막 시작되었다.

표현 정리 renovation 개조, 보수 residential building 주거용 건물 surrounded by ~로 둘러싸인 business district 상업 지구

12. 빈칸은 전치사 사이에 오는 부사 자리이다.

(A) 부사라서 정답

(B) 비교급 형용사라서 오답

(C) 최상급 형용사라서 오답

(D) 형용사라서 오답

정답 (A)

해석 주로 마술사 Donovan으로 인해 / Queen's Street의 야시장은 / 꼭 봐야 할 곳이 되었다 / 방문객들에게.

표현 정리 due largely to 주로 ~로 인해[~때문에] magician 마술사 night market 야시장 must-see place 꼭 봐야 할 곳

13. 빈칸은 앞의 완전한 절과 빈칸 뒤 명사구(the date you receive it)를 연결해주는 전치사 자리이다. 절과 절을 연결하는 것이 아니므로 접속사는 답이 될 수 없다. the date와 you receive it 사이에 관계부사 when이 생략되어 있다. 동사의 개수가 2개(should be, receive)라고 생각해서 접속사를 고르면 함정에 빠진다.

(A) 전치사라서 정답

(B) 접속사라서 오답

(C) 접속사라서 오답

(D) 접속사라서 오답

정답 (A)

해석 집주인의 요청에 대한 답신은 / 7일 이내에 발송되어야 합니다 / 귀하가 그것을 받은 날의.

표현 정리 reply 답신, 대답 landlord 집주인 request 요청 send 발송하다, 보내다 receive 받다

▶고난도!

14. 빈칸은 단수 주어 뒤에 정동사 자리로, 접속사 that이 있으므로 정동사가 두 개(is, assist) 필요하다는 생각에 단수동사인 assists를 답으로 하면 함정에 빠진다. natural(당연한)은 '요번주의 명제'에 해당하는 명사이므로 (Unit 2 전략 2 참고) that절 안의 동사 앞에 should가 생략된 동사원형이 와야 한다.

(A) 단수동사라서 정답

(B) 복수동사이기도 하지만 동사원형으로 볼 수 있어 정답

(C) 명사라서 오답

(D) 현재분사이자 동명사인 준동사라서 오답

정답 (B)

해석 당연한 일이다 / 매장 관리자가 신입 계산원들을 돕는 것은 / 그들이 고객들과 문제가 있을 때.

표현 정리 natural 당연한, 자연스러운 floor manager 매장 관리자 cashier 계산원 have trouble with ~와 문제가 있다

15. 빈칸은 등위접속사 and 앞뒤의 병치 구조를 완성해 줄 형용사 자리로, clear가 형용사이므로 and 뒤도 형용사가 와야 한다.

(A) 명사라서 오답

(B) 형용사라서 정답. clear (directions) and precise directions가 줄여진 형태라고 생각하면 이해하기 쉽다.

(C) 부사라서 오답

(D) 명사라서 오답

정답 (B)

해석 팀장들은 종종 느낀다 / 분명하고 정확한 지시를 하는 것이 / 그들의 팀원들에게 / 매우 중요하다는 것을.

표현 정리 team leader 팀장 clear 분명한 precise 정확한 give directions to ~에게 지시를 하다 important 중요한

16. 빈칸은 앞의 완전한 문장과 빈칸 뒤의 명사를 이어주는 전치사 자리이다. 부사는 완전한 절과 명사를 연결하는 역할을 할 수 없다.

(A) 부사라서 오답

(B) 부사라서 오답

(C) 전치사라서 정답

(D) 부사라서 오답

정답 (C)

해석 Greenville City가 최근에 구입했다 / 여러 주택들을 / Bluegreen Station 맞은편에.

표현 정리 recently 최근에 purchase 구입하다, 매입하다 opposite ~ 맞은편에

▶고난도!

17. 빈칸은 조동사 뒤에 오는 동사원형의 정동사 자리로, 부사 no longer 의 수식을 받는 동사원형이 들어가야 한다.

(A) **동사원형이라서 정답**

(B) 현재분사이자 동명사인 준동사라서 오답

(C) 단수형 동사라서 오답

(D) 과거시제 동사이자 과거분사라서 오답

정답 (A)

해석 Feronhide Corporation은 더 이상 공급하지 않을 것이다 / 자사의 자동차 부품들을 / 경쟁 자동차 제조업체들에게.

표현 정리 no longer 더 이상 ~않는 supply 공급하다 automobile parts 자동차 부품 rival 경쟁하는; 경쟁 상대

▶고난도!

18. 빈칸은 4형식 동사 gave에 두 개의 목적어 중 하나가 될 명사 자리로, 뒤에 that절과 동격이 될 명사 목적어가 들어가야 한다.

(A) **명사라서 정답**

(B) 부사라서 오답

(C) 현재분사이자 동명사인 준동사라서 오답

(D) 동사원형의 정동사라서 오답

정답 (A)

해석 행사 주최자가 우리에게 확인해 주었다 / 우리의 부스가 예약되었고 / 전시자들을 위한 안내문들이 / 곧 우편으로 발송될 것임을.

표현 정리 event organizer 행사 주최자 confirmation 확인 instruction 안내(문) exhibitor 전시자, 출품자 shortly 곧

19. 빈칸은 앞의 완전한 문장과 빈칸 뒤의 명사를 연결해줄 전치사 자리이다.

(A) 접속사라서 오답. 전치사일 경우 '~이후로, ~이래로'라는 뜻으로 쓰이며, 이어서 과거 시점 명사가 온다.

(B) 형용사라서 오답

(C) **전치사라서 정답**

(D) 접속사라서 오답

정답 (C)

해석 인사 관리자가 발표했다 / 새로운 급여 시스템이 / 마침내 시행되었다는 것을 / 각 부서장의 지원 덕분에.

표현 정리 payroll 급여 지불 명부, 지불 급여 총액 finally 마침내 implement 시행하다 support from ~로부터의 지원[지지] department head 부서장

20. 접속사인 and 이후부터 보자면, 빈칸 앞뒤로 정동사가 두 개(should be returned, can be reimbursed) 있으므로 빈칸은 접속사 자리이다.

(A) **접속사라서 정답**

(B) 부사구라서 오답

(C) 전치사라서 오답

(D) 부사라서 오답

정답 (A)

해석 서식의 모든 빈칸들이 / 기입되어야 하고 / 그 서식들은 반환되어야 한다 / 금주 말까지 / 그래야 여행 경비가 환급될 수 있다 / 다음 주에.

표현 정리 blank 빈칸, 공란 form 서식, 양식 fill in 기입하다, 채우다 return 반환하다, 반납하다 by the end of the week 금주 말까지 travel expenses 여행 경비 be reimbursed 환급되다

▶고난도!

21. 빈칸은 단수 주어 뒤에 정동사 자리이다.

(A) **과거시제 정동사라서 정답**

(B) 현재분사이자 동명사인 준동사라서 오답

(C) to부정사인 준동사라서 오답.

(D) 완료시제 형태의 동명사인 준동사라서 오답

정답 (A)

해석 최신 트렌드 잡지의 독자 수가 / 그것(독자 수)을 넘어섰다 / 작년 같은 분기의.

표현 정리 readership 독자 수 latest 최신의, 최근의 equivalent 동등한, 같은 quarter 분기

22. 빈칸 뒤에 정동사가 두 개(is received, tries) 있으므로 빈칸은 접속 사 자리이다.

(A) 형용사이자 부사라서 오답.

(B) 부사라서 오답. 접속사로 쓰일 수 있으나 문장의 맨 앞에 오지 않으며 이어지는 절에 도치가 일어난다.

(C) 부사라서 오답

(D) **접속사라서 정답**

정답 (D)

해석 고객 불만이 접수될 때마다 / Mastery Company는 노력한다 / 그 문제를 처리하려고 / 하루 안에.

표현 정리 customer complaint 고객 불만 be received 접수되다 handle 처리하다 issue 문제 within a day 하루 안에

'품사 자리' 종합 문제 |파트6|

문제 23-26번은 다음 공지를 참조하시오.

이번 주 목요일에 / 도로 공사가 있을 것입니다 / Duncan Construction에 의해 시행되는 / Naples Avenue의 구역에서 / 도시의 야구장 인근에 위치한. 이것은 Naples Avenue의 일부분입니다 / Rogerson Road와 Willow Street 사이에서 뻗어 있는. 작업자들은 많은 움푹 팬인 곳들을 채우고 / 그런 다음 도로의 500미터 구간을 재포장할 것입니다. ²⁴이 손상은 야기되었습니다 / 올 겨울 심한 폭설에 의해. 공사 기간 동안 / 운전자들은 찾도록 권장됩니다 / 그들의 목적지로 가는 우회 도로들을. 각 방향의 한쪽 차선만 / 개통될 것입니다. 그 결과로 / 운전자들은 지연을 예상해야 합니다 / 온종일 내내.

표현 정리 roadwork 도로 공사 perform 시행하다 located 위치한

part 일부분 run 뻗다 numerous 많은 pothole (도로에) 움푹 패인 곳 repave 재포장하다 stretch (길게 펼쳐진) 구간 be encouraged to do ~하도록 권장되다 alternative route 우회 도로 destination 목적지 direction 방향 be open to traffic 개통하다 throughout the entire day 온종일 내내

23. 전치사 어휘 문제이므로 빈칸 뒤나 빈칸 앞을 확인하여 푼다. 빈칸 뒤 A and B가 있다.

(A) 사이에 ➡ 도로가 A와 B사이에 뻗어 있다는 표현으로 정답

(B) ~위에 ➡ 두 도로 위로 다른 한 도로가 뻗어 있다는 것은 적절하지 않아서 오답

(C) ~통해서 ➡ 두 도로를 통과하여 뻗어 있다는 것은 적절하지 않아서 오답

(D) ~안에 ➡ 경계선이나 어떤 한계점 등을 넘지 않을 때 사용하는 전치사이므로 오답

정답 (A)

24. 빈칸 앞 문장은 손상된 곳의 공사 작업을 언급하고 있는데, 이와 관련된 내용이 이어져야 한다.

(A) 이 손상은 야기되었습니다 / 올 겨울 심한 폭설에 의해. ➡ this damage가 가리키는 것은 많은 움푹 패인 곳들이며 이것은 앞 문장에 대한 원인이 되므로 정답

(B) 그 작업을 할 회사는 / 아직 선정되지 않았습니다. ➡ 회사에 관한 이야기라서 오답

(C) 어떤 차량도 허용되지 않을 것입니다 / 도로에 / 이 기간 동안. ➡ 각 방향의 한쪽 차선만 개통한다는 뒤의 문장과 상반되는 내용이라서 오답.

(D) 모든 작업이 완료되었습니다 / 일정에 따라. ➡ 앞으로 작업이 있을 것이라는 지문의 초반부 내용과 모순되어 오답

정답 (A)

표현 정리 damage 손상, 피해 cause ~을 야기하다 heavy snowfall 폭설 select 선정하다 traffic 차량들, 교통량 complete 완료하다 according to ~에 따라

25. 빈칸 앞에 be동사가 있으므로 형용사나 명사 자리이고, 뒤의 전치사 to와도 어울려야 한다.

(A) 개막식 ➡ 'to 명사'와 어울리지 않아 오답

(B) 열려 있는 ➡ 형용사이고 한 차선만 개통된다는 해석도 자연스럽다.

(C) 솔직함 ➡ 'to 명사'와 어울리지 않아 오답

(D) 솔직하게 ➡ 부사라서 오답. 부사가 오려면 이어서 형용사가 와야 한다.

정답 (B)

26. 시제 문제이므로 시제의 단서가 되는 문장을 위나 아래에서 찾는다.

(A) 예상했을 것이다 ➡ 미래완료시제는 'by + 미래 시점'과 같은 미래의 완료 시점이 제시되어야 쓸 수 있으므로 오답

(B) 예상해야 한다 ➡ 앞으로 공사 때문에 당연히 지연을 예상할 것이므로 정답

(C) 예상했다 ➡ 운전자들이 예상을 했는지 안 했는지에 대해서 알 수 없어서 오답

(D) 예상하는 ➡ 준동사라서 오답

정답 (B)

문제 27-30번은 다음 기사를 참조하시오.

> David Richardson는 / 수리하고 판매해왔다 / 기타들을 / 지난 20년 동안. 올 여름에 / 그가 애석하게도 자신의 사업을 접을 것이다 / 일하기 위해 진로를 바꾸면서 / Westchester에 소재한 Harold's Music Academy에서. **28**그는 수업을 할 것이다 / 거기서 전임으로, "매장을 운영하는 것이 정말 즐거웠지만 / 저에게 다소 좀 과한 일이 되고 있었습니다." / Mr. Richardson이 말했다. 마지막으로 자신의 가게를 닫기 전에 / Mr. Richardson은 팔고자 한다 / 그곳에 모든 재고품을. 몇몇 수제 악기들도 / 구입 가능할 것이다. 많은 다른 물품들 또한 판매될 것이다 / 50%까지 할인된 가격에. 세일은 금주 말까지 지속될 것이다.

표현 정리 repair 수리하다 guitar 기타 head off 진로를 바꾸다 run 운영하다 get to be ~이 되다 comment 의견을 말하다 for the last time 마지막으로 inventory 재고(품) several 몇몇의, 여럿의 handmade 수제의, 손으로 만든 available for purchase 구입 가능한 up to ~까지 last 지속되다 until the end of the week 금주 말까지

27. 빈칸 앞은 조동사, 뒤는 동사원형이라서 빈칸은 부사 자리이다.

(A) 슬프게 ➡ 부사라서 정답

(B) 슬픈 ➡ 형용사라서 오답

(C) 슬픔 ➡ 명사라서 오답

(D) 슬프게 된 ➡ 과거분사라서 오답. 과거분사는 형용사와 같은 기능을 한다.

정답 (A)

28. 빈칸 앞 문장은 David가 사업을 접는다고 언급하고 있는데, 이와 관련된 내용이 어어져야 한다.

(A) 그가 소유주에게 말할 것이다 / 일자리를 얻는 것에 대해. ➡ 빈칸 앞 문장에서 일자리를 얻어서 자신의 사업을 접는다고 했는데 일자리를 얻는 것에 대해 소유주에게 문의할 이유가 없으므로 오답.

(B) 그가 결정했다 / 가게를 열고 사업을 하기로. ➡ 사업을 접는다는 내용과 상반되므로 오답

(C) 그는 수업을 할 것이다 / 거기서 전임으로. ➡ 빈칸 앞 문장에 대한 결과적인 내용이므로 정답

(D) 그는 계속 운영하려고 한다 / 자신의 사업체를. ➡ 사업을 접는다는 내용과 상반되므로 오답

정답 (C)

표현 정리 owner 소유주, 주인 get a job 일자리를 얻다 go into business 사업을 하다 full time 전임으로 continue 계속하다

29. 팟6에서 명사 어휘 문제는 주로 빈칸이 있는 문장이 아닌 앞이나 뒤의 다른 문장에 단서가 있다.

(A) 악기 ➡ Mr. Richardson이 기타를 팔고 수리하는 일을 해온 문장을 보고 빈칸에는 '악기'라는 단어가 적합하다는 것을 알 수 있어서 정답

(B) 장난감 ➡ 근거가 없어서 오답

(C) 작품 ➡ 근거가 없어서 오답

(D) 조각상 ➡ 근거가 없어서 오답

정답 (A)

30. 조동사와 동사원형 사이에 들어가는 부사 자리로 해석하여 문제를 푼다.

(A) 조심스럽게 ➡ 조심스럽게 판매될 근거가 없어서 오답

(B) ~도 ➡ 보통 절의 끝에 위치하므로 오답

(C) 추가의 ➡ 형용사라서 오답

(D) 또한 ➡ (수제품과 함께) 많은 다른 제품들 '또한' 판매된다는 의미이므로 정답

정답 (D)

Unit 03 주어의 수와 목적어 유무를 보고 푼다. - 수일치와 태

전략 1 점검 퀴즈

1. 동명사는 단수 취급하므로 단수동사인 guarantees가 답이다. cartridges에 수일치를 해서는 안 된다.

정답 guarantees

해석 적절한 잉크 카트리지를 사용하는 것은 보장한다 / 프린터의 수명을.

표현 정리 proper 적절한 ink cartridge 잉크 카트리지 guarantee 보장하다 printer's lifetime 프린터의 수명

2. in the suburban area는 수식어이다. 따라서 이를 빼면 주어는 the sports complex이므로 단수동사인 is가 답이다.

정답 is

해석 교외에 있는 스포츠 종합 단지는 대중에게 개방된다 / 여러 가지 행사를 위해서.

표현 정리 sports complex 스포츠 종합 단지 suburban area 교외 open 개방된, 열려 있는 public 대중, 일반인들 a variety of 여러 가지의 event 행사

3. Golden Electronics는 고유명사이므로 단수 취급한다. 따라서 단수동사인 has가 답이며, 등위접속사인 and 다음에는 주어인 Golden Electronics가 생략되어 있으므로 단수동사인 manufactures가 답이다.

정답 has / manufactures

해석 Golden Electronics는 소매 판매점들을 가지고 있다 / 그리고 또한 주방용품을 제조한다.

표현 정리 retail outlet 소매 판매점 manufacture 제조하다 kitchen appliances 주방용품

4. 주격 관계대명사 who 다음에 오는 동사의 수일치는 그 앞의 단어인 employees에 수일치를 시켜야 하므로 복수동사인 use가 답이다. who often use the company gym은 수식어이다. 따라서 빼내면 주어는 employees이므로 복수동사인 have to가 답이다.

정답 use / have to

해석 어떤 직원들이라도 / 종종 회사 체육관을 이용하는 / 상관에게 보고해야만 한다 / 미리.

표현 정리 employee 직원 often 자주, 종종 use 이용하다 company gym 회사 체육관 have to do ~해야 하다 report 보고하다 supervisor 상관, 상사 in advance 미리, 사전에

전략 2 점검 퀴즈

1. 'a large number of + 복수명사'는 복수 취급한다. 따라서 복수동사인 were가 답이다.

정답 were

해석 많은 아이디어들이 제안되었다 / 직원들에 의해서.

표현 정리 a large number of 많은 idea 아이디어 suggest 제안하다 staff members 직원들

2. all이 가리키는 명사는 information이므로 단수동사인 was가 답이다. that he provided는 information을 꾸며 주는 형용사절이다.

정답 was

해석 모든 정보는 / 그가 제공한 / 부정확했다.

표현 정리 all 모두, 모든 것 information 정보 provide 제공하다 incorrect 부정확한

3. neither는 단수 취급하므로 단수동사인 stops가 답이다. buses가 복수라고 해서 복수동사를 쓰면 안 된다.

정답 stops

해석 그 버스들 둘 다 정차하지 않는다 / 벼룩시장 근처에서.

표현 정리 neither (둘 중) 어느 것도 ~아니다 stop 멈추다, 정차하다 near 근처에서 flea market 벼룩시장

4. a few는 복수 취급하므로 복수동사인 have가 답이다.

정답 have

해석 단지 몇 명만 제안을 했다 / 회의에서.

표현 정리 only a few 단지 몇몇의 make a suggestion 제안하다 meeting 회의, 모임

전략 3 점검 퀴즈

1. a refund는 명사라서 목적어가 될 수 있으므로 능동태인 requested가 답이다.

정답 requested

해석 Mr. Tahy는 환불을 요청했다 / 일정이 겹치기 때문에.

표현 정리 request 요청하다 refund 환불 because of ~때문에 scheduling conflict 일정이 겹침

2. the day before yesterday는 부사구라서 목적어가 될 수 없으므로 수동태인 was received가 답이다.

정답 was received

해석 대량 주문이 접수되었다 / 그저께

표현 정리 large order 대량 주문 receive 받다 the day before yesterday 그저께

3. require는 to부정사를 목적어로 갖는 동사가 아니라 목적격 보어로 갖는 동사이다. to부정사는 require의 목적어가 될 수 없으므로 수동태 'be required to부정사'의 형태가 쓰인 것으로 볼 수 있다.

정답 be required

해석 고객들은 요청 받을 것이다 / 간단한 설문조사를 작성해줄 것을.

표현 정리 customer 고객 require 요청하다 complete 완성하다, (서식을 빠짐없이) 작성하다 a brief survey 간단한 설문조사

4. 괄호 다음에 목적어가 보이지 않는다고 해서 수동태인 is had를 고르면 함정에 빠진다. 목적어가 없는 것이 아니고 influence와 Mr. Lark 사이에 생략되어 있는 목적격 관계대명사 that이 목적어이므로 능동태인 has가 답이다.

정답 has

해석 Mr. Lark가 우리에게 가진 강한 영향력은 간과되어서는 안 된다.

표현 정리 strong influence 강한 영향(력) overlook 간과하다

전략 4 | 점검 퀴즈

1. disappear는 자동사이므로 수동태가 존재하지 않는다. 따라서 has가 답이다.

정답 has

해석 그의 여행에서 돌아온 후 / Mr. Rodney는 갑자기 사라졌다.

표현 정리 after ~후에 return 돌아오다 trip 여행 suddenly 갑자기 disappear 사라지다

2. object는 전치사 to와 함께 목적어를 갖는 '자동사+전치사' 숙어이다. 괄호 다음에 to가 있고 이어서 목적어가 나오므로 능동태인 objected가 답이다.

정답 objected

해석 그 이사는 예산 제안서에 반대했다.

표현 정리 director 이사 object to ~에 반대하다 budget proposal 예산 제안서

3. fill은 전치사 in과 함께 목적어를 갖는 '자동사＋전치사' 숙어이다. 괄호 다음에 in이 있고 이어서 목적어가 나오므로 능동태인 fill이 답이다.

정답 fill

해석 주차 허가증을 얻기 위해서 / 신청서에 있는 모든 공란을 채우세요.

표현 정리 obtain 얻다 parking permit 주차 허가증 fill in ~을 채우다, (서식을) 작성하다 blank 빈칸, 공란 application form 신청서

4. return은 자동사, 타동사가 모두 가능하므로 해석해서 구별해야 한다. Mr. John이 그의 사무실로 복귀하는 것이지 반환되는 것이 아니므로 return이 자동사로 사용되었음을 알 수 있다. 따라서 능동태인 returned가 답이다.

정답 returned

해석 2주의 휴가 후에 / Mr. John은 그의 사무실로 복귀했다.

표현 정리 after ~후에 vacation 휴가 return to ~로 복귀하다 office 사무실

전략 5 | 점검 퀴즈

1. award는 4형식 동사로, 수동태가 되면 여전히 목적어가 남아 있게 되며 이때 '~을 수여 받다, 얻다'라는 뜻으로 해석된다. '도급업체는 입찰에서 계약서를 수여 받았다'는 해석이 어울리므로 수동태인 was awarded가 답이다.

정답 was awarded

해석 도급업체는 계약서를 수여 받았다 / 공개 입찰을 통해서.

표현 정리 contractor 계약자, 도급 업체 award 주다, 수여하다 contract 계약서 through ~를 통해서 open bid 공개 입찰

2. issue는 4형식 동사로, 수동태가 되면 여전히 목적어가 남아 있게 되며 이때 '~를 발급[발부]받다'라는 뜻으로 해석된다. '고객들은 영수증 없이는 환불을 받을 수 없다'는 해석이 어울리므로 수동태인 be issued가 답이다.

정답 be issued

해석 고객들은 환불을 받을 수 없다 / 영수증 없이는.

표현 정리 customer 손님, 고객 issue a refund 환불을 해주다 without ~없이 receipt 영수증

3. appoint는 5형식 동사로, 수동태가 되면 목적 보어만 남아 있는 형태가 된다. 이때 주어인 Mr. Salvador가 the new vice president로 임명되었다는 뜻으로 해석되며, 이는 Mr. Salvador가 the new vice president이므로 동격의 관계가 형성된다. 따라서 수동태인 has been appointed가 답이다.

정답 has been appointed

해석 Mr. Salvador는 임명되었다 / 새로운 부사장으로.

표현 정리 appoint 임명하다 vice president 부사장

4. call은 5형식 동사로, 수동태가 되면 목적 보어만 남아 있는 형태가 된다. 이때 주어인 책이 '~라고 불린다'라는 뜻으로 해석되며, 주어인 책과 책 이름은 동격의 관계를 이룬다. 따라서 수동태인 is called가 답이다.

정답 is called

해석 이 책은 *The Good Cookbook for Cats*로 불린다.

표현 정리 call 부르다 **cat** 고양이

실전 적용 문제

1. 빈칸은 정동사 자리로, 주어인 waiters는 복수이고 advise는 to부정사를 목적어로 취하지 않으므로 to부정사는 목적어가 아니다.

(A) 동사ing는 준동사라서 오답

(B) 동사가 -s로 끝나면 동사의 단수형이라서 오답

(C) to be는 준동사라서 오답

(D) are는 동사의 복수형이라서 정답

정답 (D)

해석 웨이터들은 / Tomson Bistro의 / 권고를 받는다 / 전문적으로 옷을 입도록 / 주문을 받고 식사를 손님들에게 서빙할 때.

표현 정리 waiter 웨이터, 식당 종업원 **advise** 충고하다, 권고하다 **dress** 옷을 입다 **professionally** 전문적으로 **take orders** 주문을 받다 **serve meals** 식사를 서빙하다 **diner** (식당에서) 식사하는 사람

2. 빈칸은 정동사 자리로, most가 주어이고 목적어가 있다.

(A) most는 stores를 가리키므로 복수 취급인데, 동사es는 동사의 단수형이라서 오답

(B) 'to 동사원형'은 준동사라서 오답

(C) most는 stores를 가리키므로 복수 취급인데, provide는 동사의 복수형이므로 정답. 일반동사의 복수형은 동사원형과 같은 형태이다.

(D) been은 앞에 have/has/had가 있어야만 사용 가능하므로 오답

정답 (C)

해석 Dex-Tan사는 관리한다 / 1000개의 체인점들을 / 그리고 대부분이 제공한다 / 양질의 제품을 / 합리적인 가격으로 / 24시간 내내.

표현 정리 manage 관리하다 **chain store** 체인점 **quality product** 양질의 제품 **reasonable price** 합리적인 가격 **around the clock** 24시간 내내

3. that은 주격 관계대명사이므로 빈칸은 정동사 자리이고 빈칸 뒤에 목적어가 있다.

(A) that의 수일치는 선행사인 every bank transaction에 맞춰야 하는데 동사의 복수형이라서 오답

(B) every bank transaction가 단수이고 foreign currency가 목적어. 동사의 단수형에 능동태라서 정답

(C) 동사의 단수형이긴 하지만 수동태(be p.p.)라서 오답. 수동태는 목적어를 갖지 않는다.

(D) 주격 관계대명사 that 뒤는 정동사 자리인데, 동사ing는 준동사라서 오답

정답 (B)

해석 회계사는 반드시 보고해야 한다 / 모든 은행 거래를 / 외화와 관련된 / CFO에게.

표현 정리 accountant 회계사 **transaction** 거래, 매매 **foreign currency** 외화

4. 부사절 접속사 Because 다음엔 완전한 문장이 온다. 빈칸은 정동사 자리이고, 주어인 icon은 단수이다.

(A) disappear는 1형식 동사로 수동태를 쓰지 않으므로 오답

(B) 동사ing는 준동사라서 오답

(C) has p.p.는 정동사라서 정답

(D) have p.p.는 동사의 복수형이라서 오답

정답 (C)

해석 웹사이트에서 주문을 하기 위한 아이콘이 / 일시적으로 사라졌기 때문에 / 구매자는 반드시 우리에게 전화해야 한다 / 완성하기 위해 / 그들의 구매를.

표현 정리 place an order 주문하다 **disappear** 사라지다 **temporarily** 일시적으로 **complete** 완성하다, 완료하다

5. 빈칸은 정동사 자리로, Giving ~ performance는 동명사가 이끄는 주어이며 동명사는 단수 취급한다.

(A) 동사의 복수형이라서 오답

(B) '동기를 부여하다'라는 뜻의 동사의 단수형이라서 정답

(C) '동기 부여'라는 뜻의 명사라서 오답

(D) 동사ing는 준동사라서 오답

정답 (B)

해석 상당한 보너스를 주는 것은 / 그들의 성과에 대한 / 동기를 부여한다 / 직원들에게 / 그들의 생산성을 향상시키도록.

표현 정리 substantial 상당한 **motivate** 동기를 부여하다 **employee** 종업원, 노동자 **improve** 향상시키다 **productivity** 생산성

6. If ~ 콤마까지 부사절이고, 주절의 빈칸은 정동사 자리이다. many는 '다수의 사람'이란 뜻의 복수 주어이다.

(A) 동사의 단수형이라서 오답. many를 형용사로 보고 estimates를 복수명사로 본다면 뒤에 정동사가 필요하다.

(B) 'to 동사원형'은 준동사라서 오답

(C) has p.p.는 동사의 단수형이라서 오답

(D) '예측하다'라는 뜻의 동사의 복수형이라서 정답

정답 (D)

해석 만약 Morgan Investment사가 계속 향상시키면 / 자사의 매출을 / 많은 사람들이 예측한다 / 3분기의 수익이 초과할 것이라고 / 작년의 같은 분기를.

표현 정리 continue to do 계속 ~하다 **sales** 매출 **estimate** 추산하다, 예측하다 **quarter** 분기 **profit** 이윤, 수익 **exceed** 초과하다 **equivalent** 동등한, 맞먹는

7. proposals와 the construction company 사이에 목적격 관계대명사가 생략되어 있음을 알아야 풀 수 있는 함정 문제이다. 주어는 the company로 단수이고, 빈칸에 들어갈 동사의 목적어는 생략된 목적격 관계대명사 that이다.

(A) **동사의 단수형에 능동태라서 정답**

(B) 단수이지만 수동태라서 오답. 목적어가 없는 것이 아니라 생략된 that이 목적어임에 유의

(C) 동사의 복수형이라서 오답. 주어가 proposals이라고 생각해선 안 된다.

(D) 준동사라서 오답. 동사가 이미 있다고 해서 준동사 자리라고 보면 안 된다. 생략된 that이 접속사 기능을 한다.

정답 (A)

해석 제안서의 수는 / 그 건설 회사가 제출한 / 30개를 초과했다.

표현 정리 the number of ~의 수 construction company 건설 회사 submit 제출하다 exceed 초과하다

8. 조동사 will 다음에는 동사원형이 온다. send는 4형식 동사로, 빈칸 뒤에 목적어가 2개가 올 수도 있고 4형식이 3형식으로 전환되면 목적어가 1개만 올 수도 있다. 결국 의미를 통해서 파악해야 하는 문제이다.

(A) 등록자들이 등록안내서 묶음을 보내는 개념이 되어 오답

(B) 등록자들이 등록안내서 묶음을 보내는 개념이 되어 오답

(C) 등록자들이 등록안내서 묶음을 보내는 개념이 되어 오답

(D) **등록자들이 등록안내서 묶음을 받게 된다는 뜻이므로 정답. send는 4형식 동사로 수동태가 되면 '~를 받는다'는 뜻이 된다.**

정답 (D)

해석 등록한 사람들은 / 올해의 일주일에 걸쳐 열리는 회의에 / 배송 받을 것이다 / 등록안내서 묶음을.

표현 정리 sign up for ~에 등록하다 weeklong 일주일에 걸친 conference 회의 registration packet 등록안내서 묶음

9. If ~ 콤마까지 부사절이고, 부사절 안의 빈칸은 (정)동사 자리이다. 주어는 단수이고 inform은 사람을 목적어 취하는 동사이다.

(A) inform은 동사의 복수형이라서 오답

(B) 동사ing는 준동사라서 오답

(C) 빈칸 다음에 사람이 없고 바로 that S V가 왔다. 목적어가 없으므로 능동태는 오답

(D) **빈칸 다음에 사람이 없고 바로 that S V가 오므로 수동태라서 정답**

정답 (D)

해석 만약 매니저가 통보를 받았었다면 / 워크샵이 연기되었다고 / 그 다음 주로 / 그는 그때 서두를 필요가 없었을 것이다.

표현 정리 inform 알리다 postpone 연기하다 the following week 그 다음 주 at that time 그때

10. 빈칸은 정동사 자리로, 주어는 단수이고 목적어가 있는 문장이다.

(A) be p.p.가 포함되어 있으면 수동태이므로 오답

(B) **정동사이고 목적어를 취할 수 있는 능동태이므로 정답**

(C) 동사ing는 준동사라서 오답

(D) 'to 동사원형'은 준동사라서 오답

정답 (B)

해석 다음 주 월요일부터 / Cool Coast Company는 제공할 예정이다 / 커피와 병에 든 생수를 / 자사의 직원들에게 / 그들의 점심 시간에.

표현 정리 starting ~부터 provide 제공하다 staff members 직원들 lunch break 점심 시간

11. 빈칸은 정동사 자리로, 복수 주어인 all labels가 containing ~ box의 수식을 받고 있으며 빈칸 뒤에 목적어가 없다.

(A) have p.p.는 능동태라서 오답

(B) be 동사ing는 능동태라서 오답

(C) **must be p.p.는 수동태라서 정답**

(D) would be 동사ing는 능동태라서 오답

정답 (C)

해석 소유자의 사생활을 보호하기 위해 / 악용되는 것으로부터 / 개인정보를 포함하는 모든 라벨들은 / 포장 박스 위의 / 반드시 떼어 내야 한다 / 그것들을 버리기 전에.

표현 정리 protect 보호하다 privacy 사생활 misuse 악용하다, 남용하다 contain 포함하다 detach 떼다, 분리되다 throw out 버리다

12. 접속사 and 뒤에 오는 빈칸은 정동사 자리이다. 주어는 복수이며 to participate는 목적어가 아니고 목적 보어이다. (전략 3 참고)

(A) 능동태라서 오답. invite는 to부정사를 목적어로 취하는 동사가 아니다.

(B) **수동태라서 정답. be invited to do는 '~하도록 (정중히) 요청되다'라는 뜻이다.**

(C) 동사ing는 준동사라서 오답

(D) 'to 동사원형'은 준동사라서 오답

정답 (B)

해석 회사 전체 오찬이 열릴 것이다 / 7월 8일에 / 그리고 모든 정규직 직원들은 참여하도록 요청된다.

표현 정리 company-wide 회사 전반의, 전사적인 luncheon 오찬 hold 열다, 개최하다 full-time employee 정규직 직원 participate 참여하다

13. as부터 마침표까지 부사절이고, 부사절 안의 빈칸은 정동사 자리이다. 주어는 단수이고 목적어는 없다.

(A) 동사의 복수형이라서 오답

(B) '기대'라는 뜻의 명사라서 오답

(C) **be p.p.는 수동태라서 정답**

(D) 동사의 단수형이지만 능동태라서 오답

정답 (C)

해석 자전거 타는 사람들은 반드시 착용해야 한다 / 보호 마스크와 고글을 /

자전거 타는 동안 / 심한 스모그가 예상되기 때문에.

표현 정리 **bicyclist** 자전거 타는 사람 **heavy** 심한 **expect** 예상하다

14. 빈칸은 정동사 자리로, 주어는 회사명이므로 단수 취급한다. the biggest supporter는 목적어가 아니다. consider는 5형식 동사로 쓰일 때는 뒤에 목적어와 목적 보어를 갖는다. 수동태로 쓰일 때는 목적 보어만 남게 된다.

(A) 능동태라서 오답. considered를 3형식으로 보면 the biggest supporters가 목적어가 되는데, 이 경우 주어 Donnelly Professionals가 목적어를 고려한다는 뜻이 되어 어색하다.

(B) 동사의 단수형이자 수동태로 쓰였으므로 정답

(C) 동사의 복수형이라서 오답

(D) 'to 동사원형'은 준동사라서 오답

정답 (B)

해석 Donnelly Professionals는 가장 큰 후원자로 여겨진다 / 어려움에 처한 어린이들을 위한 / 지역 기업들 중에.

표현 정리 **consider** 여기다 **supporter** 후원자 **in need** 어려움에 처한, 궁핍한 **among** ~중에 **business** 기업

15. 빈칸은 정동사 자리로, participate in은 한 덩어리로 묶어 타동사로 취급하며 the orientation이 목적어이다.

(A) 수동태라서 오답

(B) will have been p.p.는 수동태라서 오답

(C) 능동태라서 정답

(D) may be p.p.는 수동태라서 오답

정답 (C)

해석 전근을 신청하는 모든 직원들은 / 오리엔테이션에 참여해야 한다 / 익숙해지기 위해 / 지방자치단체의 규정에.

표현 정리 **put in for** ~을 신청하다 **transfer** 전근 **familiar with** ~에 익숙한 **local government** 지방자치단체 **regulation** 규정

▶**고난도!**
16. 빈칸은 정동사 자리로, 주어는 단수이다. 여기서 빈칸 뒤의 to부정사는 목적어가 아니다.

(A) has p.p.는 능동태라서 오답

(B) has been p.p.는 수동태라서 정답

(C) 동사ed로 정동사로 볼 경우 능동태라서 오답

(D) to have p.p.는 준동사라서 오답

정답 (B)

해석 우리의 마케팅 이사는 확인되었다 / 기조 연설을 하기로 / 다가오는 무역 박람회에서.

표현 정리 **marketing director** 마케팅 부장[이사] **confirm** 확인하다 **deliver** 전달하다, (연설, 발표 등을) 하다 **keynote speech** 기조 연설 **exposition** 전시회, 박람회

Unit 04 시제 단서를 보고 푼다. – 시제와 가정법

전략 1 점검 퀴즈

1. 3 days ago는 과거시제를 나타내는 구이다. 따라서 과거시제인 revised가 답이다.

정답 revised

해석 회계팀은 수정했다 / 그 보고서를 / 3일 전에.

표현 정리 **accounting team** 회계팀 **revise** 수정하다 **report** 보고서 **3 days ago** 3일 전에

2. once a week는 현재시제를 나타내는 구이다. 따라서 현재시제인 visits가 답이다.

정답 visit

해석 Ms. Lester는 그녀의 고객들을 방문한다 / 적어도 일주일에 한 번.

표현 정리 **visit** 방문하다 **client** 고객 **at least** 적어도 **once a week** 일주일에 한 번

3. 현재완료시제와 잘 쓰이는 부사는 recently이다. shortly는 미래시제와 쓰인다.

정답 recently

해석 그 분석가는 최근에 나에게 연락했다 / 추가 데이터를 얻기 위해서.

표현 정리 **analyst** 분석가 **recently** 최근에 **shortly** 곧 **contact** 연락하다 **get** 얻다 **additional data** 추가 데이터

4. 현재진행시제와 잘 쓰이는 부사는 currently이다. lastly는 주로 문두에 써서 순서를 나타낼 때 쓰는 부사이다.

정답 currently

해석 우리는 현재 스프레드시트들을 사용하고 있는 중이다 / 심각한 문제를 가지고 있는.

표현 정리 **currently** 현재 **lastly** 마지막으로 **use** 사용하다 **spreadsheet** 스프레드시트 **severe** 극심한, 심각한 **problem** 문제

전략 2 점검 퀴즈

1. When ~ released까지의 부사절이 단서이다. 과거시제를 나타내는 부사절이므로 주절에는 과거시제인 criticized가 답이다. have p.p.는 현재완료시제이다.

정답 criticized

해석 새로운 세법이 발표되었을 때, 많은 시민들이 그것을 비판했다.

표현 정리 **when** ~할 때 **new** 새로운 **tax law** 세법 **release** 발표하다, 공개하다 **citizen** 시민 **criticize** 비판하다

2. as soon as ~ ready까지의 부사절이 단서이다. 시간의 부사절에 현재가 오면 그것이 미래시제를 나타내는 부사절이 되므로 주절에는 미래시제인 will make가 쓰여야 한다.

정답 will make

해석 기조 연설자가 연설을 할 것이다 / 그가 준비가 되자마자.

표현 정리 keynote speaker 기조 연설자 make a speech 연설하다 as soon as ~하자마자 ready 준비가 된

3. Once ~ school까지가 조건의 부사절, 나머지가 주절이다. 주절의 시제가 미래이므로 부사절의 시제는 현재가 미래를 대신한다. 따라서 현재시제인 are이 답이다.

정답 are

해석 당신이 이 학교로 입학이 승인되면 / 당신은 분명 장학금을 받을 것입니다.

표현 정리 once ~할 때, 일단 ~하면 be admitted to ~로 입학이 승인되다 surely 분명 win a scholarship 장학금을 받다

4. 주절인 Young ~ seats까지는 일반적인 사실을 나타내고 있으므로 부사절에도 일반적인 사실을 나타내는 현재시제가 자연스럽다. 굳이 과거시제를 쓸 이유가 없고, 과거시제는 과거시제를 나타내는 단어나 구 등이 필요하다.

정답 provide

해석 젊은 탑승객들은 창가 좌석들을 선호합니다 / 왜냐하면 그것들은 하늘의 전망을 제공하기 때문입니다.

표현 정리 young passengers 젊은 탑승객들 prefer 선호하다 window seat 창가 좌석 because 왜냐하면 provide 제공하다 view 전망

전략 3 | 점검 퀴즈

1. 시간의 부사절(when 이하)이 과거이면, 주절의 시제는 과거나 과거완료를 써야 하므로 had passed가 답이다. have p.p.는 현재완료시제이다. 내용상으로도 운전을 시작하기 전에 이미 (면허) 시험에 통과했다는 것이 이치에 맞다.

정답 had passed

해석 나는 시험에 통과한 상태였다 / 내가 나의 차를 운전하기 시작했을 때는.

표현 정리 pass 통과하다 test 시험 when ~할 때 start 시작하다

2. 부사절에 'if + 주어 + had p.p.'가 나오면 주절에는 가정법 과거완료 표현인 'would/should/could/might have p.p.'가 온다. 따라서 would have received가 답이다.

정답 would have received

해석 만약 당신이 보고서를 지난주에 끝냈더라면 / 당신은 하루 휴가를 받

았을 것이다.

표현 정리 finish 끝내다 report 보고서 last week 지난 주 receive 받다 a day off 하루 휴가

3. by the time ~ next year까지는 시간의 부사절이고 현재가 미래를 대신하므로 주절에는 미래나 미래완료가 와야 한다. has worked는 현재완료이므로 오답이고, will have worked가 정답이다. 아직 은퇴는 하지 않았지만 내년에 은퇴하는 시점을 기준으로 보면 30년이 완성된다는 의미를 나타낸다.

정답 will have worked

해석 Ms. Mito는 우리 회사에서 30년 동안 일을 한 셈이 될 것이다 / 그녀가 내년에 은퇴할 쯤에는.

표현 정리 work 일하다 company 회사 by the time ~할 쯤에는 retire 은퇴하다

4. 가정법에서 if가 생략되면 조동사가 주어 앞에 위치한다. 이러한 현상을 가정법의 도치라고 한다. 따라서 정답은 should이다. Whenever가 들어가면 this arrangement와 not 사이에 조동사가 필요하다. 원래 문장은 If this arrangement should not suit you, ~ 인데 여기서 if가 생략되어 should가 주어 앞에 위치하게 된 것이다.

정답 should

해석 만약 이 준비가 당신에게 맞지 않으면 / 주저 말고 연락 주세요.

표현 정리 arrangement 준비 suit 맞다, 적합하다 hesitate 망설이다

전략 4 | 점검 퀴즈

1. 단서는 right now로, 지금 이 순간 한 번 일어나는 일을 묘사하므로 현재진행시제인 is making이 답이다. 현재시제는 명확한 사실, 규정, 반복적 사실 등에 쓰인다.

정답 is making

해석 Mr. Sullivan은 발표하는 중이다 / 지금 회의실에서.

표현 정리 make a presentation 발표하다 meeting room 회의실 right now 지금

2. for the last decade는 지난 10년 동안 계속 발생한 일을 나타내는 단서가 되므로 현재완료인 has controlled가 답이다. 과거시제는 과거에 한 번 발생하여 완성된 일을 나타낸다.

정답 has controlled

해석 그 회사는 지역의 임대 시장을 지배해왔다 / 지난 10년 동안.

표현 정리 company 회사 control 통제하다, 지배하다 local 지역의 rental market 임대 시장 for the last decade 지난 10년 동안

3. 모든 멤버들이 떠난다는 것이 특정 기간에 걸쳐 계속 발생되어 온 일이라고 보긴 어렵다. 떠난 일에 초점을 맞춰야 하므로 has left가 답이다.

정답 has left

해석 문을 잠가 주세요 / 모든 멤버들이 떠나면.

표현 정리 lock 잠그다 **every member** 모든 멤버 **leave** 떠나다

4. 미래시제는 미래의 특정 시점에 발생하는 일을 묘사하며 단서로 tomorrow가 제시되었으므로 will pay가 답이다. 미래완료는 기준이 되는 일보다 전에 발생하는 일을 묘사하므로 by tomorrow과 같은 단서가 필요하다.

정답 will pay

해석 관리자가 지불할 것이다 / 건물의 공공 요금을 / 내일.

표현 정리 manager 매니저, 관리자 **pay** 지불하다 **utility bill** (전기, 가스, 수도 등의) 공공 요금

전략 5 점검 퀴즈

1. during this time이 가리키는 것은 May 5 to 10에 있을 공사를 가리킨다. 따라서 미래시제인 will be가 답이다.

정답 will be

해석 당신은 아마도 통보를 받았을 것입니다 / 유지보수 관리자에게 / 지난주에 / 우리가 재포장할 것이라고 / 지하 주차장을 / 5월 5일부터 10일까지. 접근이 제한될 것입니다 / 회사의 지하층에 / 이 기간 동안.

표현 정리 inform 알리다 **maintenance manager** 유지보수 관리자 **repave** 재포장하다 **underground parking area** 지하 주차장 **limited** 제한된 **access** 접근 **basement** 지하층

2. 괄호가 포함된 문장만 봐서는 문제를 풀 수 없다. 그 다음 문장에서 '상품권이 포함되어 있었다'라는 내용으로 보아 이미 문자 메시지를 받았다는 사실을 알 수 있다. 따라서 should have received가 답이다.

정답 should have received

해석 당신은 문자 메시지를 받았을 것입니다. 그것에 포함된 것은 50달러짜리 상품권이었습니다 / 당신의 후원에 감사하는.

표현 정리 receive 받다 **text message** 문자 메시지 **included on** ~에 포함된 **gift certificate** 상품권 **appreciation** 감사 **patronage** 후원

3. 괄호가 포함된 문장을 봐서는 문제를 풀 수 없다. 그 다음 문장에서 '후한 기부가 없었더라면 미술 용품을 살수 없었을 것이다'라는 말이 나온다. 즉, 기부가 있었기에 미술 용품을 살 수 있었다는 뜻이 되므로 과거시제인 donated가 답이다.

정답 donated

해석 유명 예술가인 Alba Micky는 상당한 금액의 돈을 지역 학교에 기부했다 / 그가 졸업했던. "만약 그의 후한 기부가 없었다면" / Hailey School의 교장이 말했다 / "우리는 미술 용품들을 살 수 없었을 것입니다 / 어린 학생들을 위한".

표현 정리 renowned 유명한 **artist** 예술가, 미술가 **donate** 기부하다

a sizable amount of money 상당한 금액의 돈 **local school** 지역 학교 **graduate from** ~를 졸업하다 **generous** 후한 **contribution** 기여, 기부 **principal** 교장 **art supplies** 미술 용품

실전 적용 문제

1. 빈칸은 단수 주어 뒤에 오는 정동사 자리로, 앞에 미래 시점을 나타내는 부사구 Following ~ conference가 있으므로 미래시제가 들어가야 한다.

(A) to부정사는 준동사라서 오답

(B) 현재분사이자 동명사인 준동사라서 오답

(C) 미래시제라서 정답

(D) 현재완료시제라서 오답

정답 (C)

해석 다가오는 학회 후에 / 마케팅 팀은 개최할 것이다 / 브레인스토밍 세션을.

표현 정리 following ~후에, 그 다음의 **upcoming** 다가오는, 곧 있을 **hold** 개최하다, 열다 **session** 세션, 회기

2. 빈칸은 단수 주어 뒤에 오는 정동사 자리로, 부사절이 과거시제이므로 주절에도 과거시제가 들어가야 한다.

(A) 현재완료시제라서 오답

(B) 과거시제라서 정답

(C) 복수의 과거진행시제라서 오답

(D) 동사원형이자 동사의 복수형이라서 오답

정답 (B)

해석 재무 관리자가 예산안을 마무리하자마자 / 그의 보조가 그것을 본사에 보냈다 / 검토를 위해.

표현 정리 as soon as ~하자마자 **budget proposal** 예산안 **assistant** 보조, 조수 **headquarters** 본사 **review** 검토

3. 접속사 that 앞뒤로 두 개의 정동사가 있어야 하므로 빈칸은 정동사 자리이다. 뒤에 미래 시점을 나타내는 부사 next week가 있고 목적어가 없으므로 수동태 미래시제가 들어가야 한다.

(A) 수동태 미래시제라서 정답

(B) 수동태 과거시제라서 오답

(C) 현재분사이자 동명사인 준동사라서 오답

(D) 수동태 과거진행시제라서 오답

정답 (A)

해석 월간 뉴스레터를 받으세요 / 조언과 이야기들이 실려 있는 / 다음 주에 발간될.

표현 정리 receive 받다 **monthly** 월간의 **loaded with** ~이 실려 있는 **publish** 발간하다, 발행하다

4. 빈칸은 단수 주어 뒤에 오는 정동사 자리로, 앞에 현재시제 부사절은 미

래 시제를 대신하는 것이므로 주절에는 미래나 미래완료시제가 들어가야 한다. work on은 '~에 대해 작업하다'라는 뜻으로 이어서 목적어가 오는 '자동사+전치사' 숙어이다.

(A) 과거시제라서 오답

(B) be worked on은 수동태 표현이고 이어서 수식어가 와야 해서 오답. the sequel은 수식어가 아니고 목적어이다.

(C) 미래완료시제라서 정답.

(D) have p.p.는 동사의 복수형이라서 오답. 시제보다 수일치 확인이 우선이다.

정답 (C)

해석 Ngwane Hachiman's의 첫 번째 소설이 대중에게 공개될 때쯤 / 그는 속편을 작업했을 것이다.

표현 정리 by the time ~할 때쯤 be released 공개되다 public 대중 sequel 속편

---

5. 빈칸은 단수 주어 뒤에 오는 정동사 자리로, 뒤에 목적어 50 percent가 있으므로 능동태이다. 또한 Since ~ last month까지는 현재완료의 단서가 된다.

(A) 현재진행시제라서 오답

(B) 동사의 복수형이라서 오답. 시제 확인 없이 소거할 수 있다.

(C) 능동태 현재완료시제라서 정답

(D) 수동태라서 오답. 시제 확인 없이 소거할 수 있다.

정답 (C)

해석 Sungsan Bridge 건설이 시작된 이후로 / 지난달에 / Bell Contraction 사는 50퍼센트를 지출했다 / 자사의 할당된 자금의.

표현 정리 since ~이후로, ~이래로 construction 건설 allocated 할당된 fund 자금

---

6. 빈칸은 복수 주어 뒤에 오는 정동사 자리로, 목적어가 없으므로 수동태가 들어가야 한다.

(A) to부정사는 준동사라서 오답

(B) 능동태라서 오답

(C) 과거완료시제라서 오답. 과거완료는 보통 과거시제가 있어야 사용이 가능하다.

(D) 수동태라서 정답. 점검이 원활히 진행되고 있는 중인지를 확인하기 위해서 정기적으로 방문한다는 것이 가능한 상황이다. 즉, 진행 시제를 쓰는 것에 무리가 없다.

정답 (D)

해석 Bravo Innovation의 CEO는 정기적으로 방문한다 / 서울 공장을 / 확인하기 위해 / 점검이 순조롭게 실시되고 있는지를.

표현 정리 regularly 정기적으로 factory 공장 inspection 점검 conduct 실시하다, 시행하다 smoothly 순조롭게, 원활하게

➤고난도!

7. 빈칸은 복수 주어 뒤에 오는 정동사 자리로, 목적어가 없으므로 수동태이다. 또한 once ~ 이하 조건의 부사절은 미래를 대신하는 것이므로 주절에는 미래시제가 들어가야 한다.

(A) 능동태라서 오답

(B) 수동태 과거시제라서 오답

(C) 능동태라서 오답

(D) 수동태 미래시제라서 정답

정답 (D)

해석 상품들은 배송될 것이다 / 구매자에게 곧장 / 일단 확인이 되면 / 그 사람이 전액 지불했다는 것이.

표현 정리 goods 상품 ship 배송하다, 발송하다 straight 곧장 once 일단 ~하면 pay in full 전액 지불하다

➤고난도!

8. 빈칸은 단수 주어 뒤에 오는 정동사 자리로, 목적어가 없다고 수동태라고 생각하면 함정에 빠지는 문제이다. 목적어가 너무 뻔한 말인 경우 목적어를 생략하기도 한다. 이 문장에서는 '어려울 것'이라는 말이 생략되었다. '예상했던 것'과 '실제로 일어났던 것'의 순서를 보면 '예상했던 것'이 더 먼저 일어난 일이다.

(A) 과거시제라서 오답

(B) 미래시제라서 오답

(C) 과거완료시제라서 정답. 과거의 일(실제로 일어났던 것)보다 더 먼저 일어난 일(예상했던 것)을 묘사한다.

(D) 가정법 과거완료에 쓰이는 '조동사+have p.p.'라서 오답. 과거의 사실을 반대로 묘사할 때 사용한다.

정답 (C)

해석 편집자로 일하고 있음에도 불구하고 / 책 쓰는 것은 훨씬 더 어려웠다 / Mr. Durant이 예상했던 것보다.

표현 정리 despite ~에도 불구하고 editor 편집자 write a book 책을 쓰다 difficult 어려운, 힘든

➤고난도!

9. 빈칸은 단수 주어 뒤에 오는 정동사 자리로, 등위접속사 but으로 연결된 절이 과거시제이므로 병렬 구조를 이루도록 과거시제가 들어가야 한다.

(A) 과거시제라서 정답

(B) 현재시제라서 오답

(C) 미래시제라서 오답

(D) 현재완료시제라서 오답

정답 (A)

해석 Soon 박사와의 약속이 처음에 예정되어 있었다 / 4월 7일로 / 하지만 일정이 변경되었다 / 그 다음 날로.

표현 정리 appointment 약속 initially 처음에 be scheduled for ~로 예정되다 be rescheduled 일정이 변경되다 the following day 그 다음 날

---

10. 빈칸은 단수 주어 뒤에 오는 정동사 자리로, 부사절이 가정법 과거완료이므로 주절에는 '조동사 과거형+have p.p.'가 들어가야 한다.

(A) 현재시제라서 오답

(B) 미래시제라서 오답

(C) 과거완료진행시제라서 오답

(D) '조동사 과거형 + have p.p.'라서 정답

정답 (D)

해석 Ms. Connelly가 더 오래 기다렸다면 / 그녀는 탈 수 있었을 것이다 / 다음 급행 열차를 / 그녀를 제시간에 도착하게 했을.

표현 정리 wait 기다리다 catch (기차 등을) 타다 express train 급행 열차 arrive 도착하다 on time 제시간에

11. 빈칸은 복수 주어 뒤에 오는 정동사 자리로, 뒤에 타동사의 목적어와 미래 시점을 나타내는 부사 next Friday가 있으므로 미래시제가 들어가야 한다.

(A) 현재완료시제라서 오답

(B) 과거시제라서 오답

(C) 미래시제라서 정답

(D) 미래완료진행시제라서 오답. 미래완료진행시제는 'by 미래 시점' 형태의 단서가 필요하다. 의미적으로 보자면 다음 주까지 특정 기간 동안 계속 참여를 하고 있는 중일 때 사용하는 말이다.

정답 (C)

해석 모든 지역 관리자들이 참석할 것이다 / Hwajin Construction 사의 10주년 기념식에 / 서울 본사에서 / 다음 주 금요일에.

표현 정리 regional manager 지역 관리자 anniversary 기념식, 기념일 main office 본사

12. 빈칸은 단수 주어 뒤에 오는 정동사 자리로, 부사구 Over the last 3 years 뒤에는 과거 또는 현재완료시제가 들어가야 한다.

(A) 현재분사이자 동명사인 준동사라서 오답

(B) 미래시제라서 오답

(C) 현재진행시제라서 오답

(D) 현재완료시제라서 정답

정답 (D)

해석 지난 3년에 걸쳐 / 원자재의 비용이 급격하게 상승했다 / KCC 사가 가격을 인상하도록 야기시키며 / 그 완제품들의.

표현 정리 raw materials 원자재 rise 오르다, 상승하다 dramatically 급격하게, 극적으로 finished products 완제품들

13. 빈칸은 관계대명사 that 뒤에 오는 정동사 자리로, 주어인 선행사 a new Web site는 단수이고 주절의 동사 plans에는 미래의 의미가 있으므로 미래시제가 들어가야 한다. 아직 웹사이트가 존재하는 것은 아니다.

(A) 현재완료라서 오답

(B) 동사원형이자 동사의 복수형이라서 오답

(C) 미래시제라서 정답

(D) 과거시제라서 오답

정답 (C)

해석 Young Automotive은 출시할 계획이다 / 새로운 웹사이트를 / 자사의 고객들이 / 청구서에 접근할 수 있도록 하는.

표현 정리 launch 출시하다, 시작하다 allow ~할 수 있게 하다 access 접근하다, 이용하다 invoice 청구서, 송장

14. 빈칸은 단수 주어 뒤에 오는 정동사 자리로, 주절의 동사 may push는 미래의 가능성을 나타내고 부사절은 현재시제가 미래를 대신하므로 현재시제가 들어가야 한다.

(A) 동사원형이자 동사의 복수형이라서 오답

(B) 미래시제라서 오답

(C) 과거진행시제라서 오답

(D) 현재시제라서 정답

정답 (D)

해석 승객이 호출하기를 원한다면 / 승무원을 / 그는 혹은 그녀는 호출 버튼을 누를 수 있다.

표현 정리 passenger 승객 summon 호출하다, 소환하다 flight attendant 승무원 push 누르다

15. 빈칸은 단수 주어 뒤에 오는 정동사 자리로, 주절이 미래시제일 때 시간 부사절은 현재시제가 미래를 대신하므로 현재시제가 들어가야 한다.

(A) 현재시제라서 정답. is being은 현재진행 시제이나 is가 현재이므로 시간의 부사절에 사용될 수 있다.

(B) 과거시제라서 오답

(C) 현재완료시제라서 오답

(D) 현재분사이자 동명사인 준동사라서 오답

정답 (A)

해석 약간의 중단이 있을 것이다 / 물 공급에 / 오늘 유지보수 작업이 진행되는 동안.

표현 정리 interruption 중단, 방해 water supply 물 공급, 급수 maintenance work 유지보수 작업

▶고난도!

16. 빈칸은 단수 주어 뒤에 오는 정동사 자리로, 목적어가 있으므로 능동태이다. 또한 by the time부터 next week까지는 시간의 부사절이므로 주절에는 미래나 미래완료시제가 들어가야 한다.

(A) 미래완료시제를 사용하면 세입자가 이사오는 시점보다 수리가 먼저 된다는 뜻이 되므로 정답

(B) 미래진행시제를 사용하면 세입자가 이사오는 시점에 수리가 진행되고 있다는 어색한 말이 되므로 오답

(C) 현재완료시제라서 오답. 현재완료시제는 미래와 아무런 관련이 없다.

(D) 수동태라서 오답

정답 (A)

해석 집주인은 수리를 끝냈을 것이다 / 집 안에 여러 깨진 창문들을 / 새로운 세입자가 이사올 때쯤에는 / 그곳에 다음 주에.

표현 정리 property owner 집주인, 부동산 소유주 repair 수리하다 several 여럿의 broken 깨진 tenant 세입자

'정동사' 종합 문제 |파트5|

1. 빈칸은 고유명사인 단수 주어 뒤에 오는 정동사 자리로, 뒤에 명사구 목적어가 있다. 이런 형태의 주어는 복수라고 착각할 수 있으므로 조심해야 한다.

(A) 현재분사이자 동명사인 준동사라서 오답

(B) 'to 동사원형'은 준동사라서 오답

(C) 단수 주어 뒤에 올 수 있는 과거시제라서 정답. 일반동사의 과거시제는 단/복수 구분이 없다.

(D) 복수 주어를 받는 동사의 복수형이라서 오답. 동사원형에 −s/es가 붙어야 동사의 단수형이 된다.

정답 (C)

해석 인수되기 전에 / Spicy King에 의해 / Sweet Potatoes는 공급했다 / 많은 종류의 간식을.

표현 정리 **prior to** ~이전에 **acquire** 인수하다 **supply** 공급하다 **a large selection of** 많은 종류의

2. 빈칸은 단수 주어 뒤에 오는 정동사 자리로, 뒤에 목적어 없이 전치사구가 연결되어 있으므로 수동태가 들어간다.

(A) 수동태라서 정답

(B) 동사원형이자 복수 주어를 받는 동사의 복수형이라서 오답

(C) 능동태라서 오답

(D) to부정사인 준동사라서 오답

정답 (A)

해석 SK Company에 의한 Real Time Media의 인수가 / 발표되었다 / 오늘 아침 기자 회견에서.

표현 정리 **acquisition** 인수 **announce** 발표하다 **press conference** 기자 회견

3. 빈칸은 단수 주어 뒤에 오는 정동사 자리로, 뒤에 미래를 나타내는 부사구 by the end of next month가 있으므로 미래시제가 들어간다.

(A) 현재시제라서 오답

(B) 현재완료시제라서 오답

(C) 현재진행시제라서 오답

(D) 미래시제라서 정답

정답 (D)

해석 Adele Electronics는 갖게 될 것이다 / Brisbane에 자사의 네 번째 매장을 / 다음 달 말까지.

표현 정리 **fourth** 네 번째 **store** 매장, 상점 **by the end of** ~의 말까지

4. 빈칸은 복수 주어 뒤에 오는 정동사 자리로, 부사절의 시제가 과거이므로 주절도 과거시제가 들어간다.

(A) 동사의 단수형이라서 오답

(B) 현재완료시제라서 오답

(C) 미래시제라서 오답

(D) 과거시제라서 정답

정답 (D)

해석 마천루가 건설될 것이라는 소식이 / 그 마을의 부근에 / 발표되었을 때 / 인근 지역의 부동산 가격이 / 급격하게 치솟았다.

표현 정리 **skyscraper** 마천루 **build** 짓다 **in the vicinity of** ~의 부근에 **property prices** 부동산 가격 **soar** 치솟다 **dramatically** 급격하게, 극적으로

▶**고난도!**

5. 빈칸은 조동사 will 뒤에 오는 동사원형의 정동사 자리로, 목적어가 없다고 수동태만 고려하면 함정에 빠질 수 있다. report는 자동사로 사용되면 report to로, 타동사로 사용되어 수동태가 되면 be reported to로 쓸 수 있기 때문이다.

(A) 현재분사이자 동명사인 준동사라서 오답

(B) 동사원형으로, '상관에게 보고하다'라는 의미도 자연스러우므로 정답

(C) 'report A(사물) to B(사람)'의 수동태가 A is reported to B의 형태이다. 따라서 A자리에 사물이 와야 하는데 you는 사람이므로 오답

(D) 과거시제이자 과거분사라서 오답

정답 (B)

해석 여러분의 근무 첫 주 동안 / 여러분은 보고할 것입니다 / 우리의 인사부 관리자에게.

표현 정리 **work** 근무 **report** 보고하다, ~의 지시를 받다 **human resources director** 인사부 관리자

6. 빈칸은 주격 관계대명사 some of which 뒤에 오는 정동사 자리로, 뒤에 동명사 목적어가 있으므로 능동태가 들어간다.

(A) 복수 주어 뒤에 올 수 있는 정동사라서 정답

(B) 현재분사이자 동명사인 준동사라서 오답

(C) 과거시제 동사이자 과거분사라서 오답

(D) 수동태라서 오답. 수동태는 목적어를 갖지 않는다.

정답 (A)

해석 행정 보조원들은 많은 직무를 갖고 있는데 / 그것의 일부는 포함한다 / 전화를 받는 것, 메모하는 것, 그리고 파일을 관리하는 것을.

표현 정리 **administrative assistant** 행정 보조원 **duty** 직무, 의무 **include** 포함하다 **maintain** 관리하다

7. 빈칸은 단수 주어 뒤에 오는 정동사 자리로, 뒤에 목적어가 없고 과거를 나타내는 부사 last week가 있으므로 과거시제가 들어간다. 목적어가 없다고 수동태를 쓰면 함정에 빠진다. conference와 he사이에는 목적격 관계대명사 that이 생략되어 있다.

(A) 단수 주어 뒤에 올 수 있는 과거시제라서 정답. 목적어는 conference와 he 사이에 생략된 목적격 관계대명사 that이다. 따라서 목적어가 없어 보여도 능동태를 써야 한다.

(B) 미래시제라서 오답

(C) 현재시제라서 오답

(D) 수동태라서 오답. 목적어가 없는 것이 아니고 conference와 he 사이에

생략된 목적격 관계대명사 that이 목적어이다.

정답 (A)

해석 Mr. Griezmann이 아이디어들을 요약할 것이다 / 기술 학회에서 받은 / 그가 지난주 바르셀로나에서 참석했던.

표현 정리 summarize 요약하다 receive 받다 technology conference 기술 학회 attend 참석하다

8. 빈칸은 단수 주어 뒤에 오는 정동사 자리로, 뒤에 목적어가 있으므로 능동태가 들어간다.

(A) 능동태라서 정답
(B) to부정사인 준동사라서 오답
(C) to부정사인 준동사라서 오답
(D) 수동태라서 오답

정답 (A)

해석 Happy Money가 시작했다 / 온라인 지불 시스템을 / 더 나은 서비스를 제공하기 위해 / 그것의 해외 고객들에게 / 그것이 더 적은 지점들을 갖고 있는.

표현 정리 launch 시작하다, 개시하다 payment 지불, 납입 overseas 해외의; 해외에 branch 지점

9. 빈칸은 주격 관계대명사 who 뒤에 오는 정동사 자리이다. 주격 관계대명사는 접속사 역할도 동시에 하므로 정동사가 두 개 필요한데, 주어가 선행사인 anyone으로 단수이므로 동사의 단수형이 들어간다.

(A) 동사의 단수형이라서 정답
(B) 현재분사이자 동명사인 준동사라서 오답
(C) 형용사라서 오답
(D) 정동사이지만 동사원형이자 복수 주어를 받는 동사의 복수형이라서 오답

정답 (A)

해석 Maylee's Coffee House는 제공한다 / 무제한의 Wi-Fi 서비스를 / 음료를 구매한 누구에게나.

표현 정리 provide 제공하다 unlimited 무제한의 beverage 음료

▶고난도!
10. 빈칸은 단수 주어 뒤에 오는 정동사 자리로, 접속사 but 다음에 '(기획 회의가) 치과 예약과 겹쳤다'라는 말을 통해 앞부분에서 '어제 일정이 겹치지 않았더라면'이란 말이 생략된 것으로 볼 수 있다. 부사절이 과거의 사실을 반대로 나타내는 경우 주절에는 가정법 과거완료 표현을 사용해야 한다.

(A) 의무를 나타낼 때 쓰는 'have to + 동사원형'이라서 오답
(B) would have p.p.는 가정법 과거완료의 주절에 어울리는 표현으로 '(어제 일정이 겹치지 않았더라면), Mr. Kroos는 기획 회의에 참석했을 것이다'라는 해석이 자연스러우므로 정답
(C) 불확실한 추측을 나타낼 때 쓰는 'might + 동사원형'이라서 오답. 과거의 일을 묘사할 때는 might have p.p로 표현해야 한다.
(D) must have p.p.는 과거에 대한 강한 추측을 나타내어 '참석했었음에 틀림없다'라는 의미인데, 치과 예약과 겹쳤다는 말과 모순이 되므로 오답

정답 (B)

해석 (치과 예약과 겹치지 않았다면) Mr. Kroos는 어제 사업 전략을 위한 기획 회의에 참석했을 것이다 / 하지만 그것은 겹쳤다 / 그의 치과 예약과.

표현 정리 planning meeting 기획 회의 business strategy 사업 전략 conflict with ~와 상충하다, ~와 겹치다 dental appointment 치과 예약

11. 빈칸은 단수 주어 뒤에 오는 정동사 자리이다.

(A) 현재분사이자 동명사인 준동사라서 오답
(B) 과거분사라서 오답. 과거분사는 준동사이다.
(C) 정동사이지만 동사원형이자 복수 주어를 받는 동사의 복수형이라서 오답
(D) 단수 주어 뒤에 올 수 있는 과거시제라서 정답

정답 (D)

해석 전문 요리사로 일하기 전에도 / 레스토랑들에서 / Mr. Jaunting은 여러 요리 수업들을 들었다.

표현 정리 serve as ~로 일하다 professional chef 전문 요리사 cooking class 요리 수업

12. 빈칸은 단수 주어 뒤에 정동사 자리로, 뒤에 목적 보어가 있다. 뒤에 명사구를 목적어로 생각하고 풀면 함정에 빠질 수 있는 문제로, Ms. Tejera가 곧 new marketing director임을 생각하면 5형식의 수동태 표현을 생각해야 한다.

(A) 능동태의 3형식 문장이 되어 'Ms. Tejera가 새로운 마케팅 부장을 임명했다'는 뜻이 되는데, 누구를 마케팅 부장으로 임명하는지가 빠져 어색한 문장이 된다.
(B) 능동태라서 오답
(C) to부정사는 준동사라서 오답
(D) 수동태라서 정답. 'be named (as) 명사'는 '명사로 임명되다'라는 뜻이다.

정답 (D)

해석 Ms. Tejera가 임명되었다 / 새로운 마케팅 부장으로 / 지난 이사회에서.

표현 정리 name 지명하다, 임명하다 marketing director 마케팅 부장 board meeting 이사회

13. 빈칸은 단수 주어 뒤에 오는 정동사 자리로, 과거를 나타내는 부사구 last week가 있으므로 과거시제가 들어가야 한다.

(A) 현재완료시제라서 오답
(B) 과거시제라서 정답
(C) to부정사인 준동사라서 오답
(D) 미래시제라서 오답

정답 (B)

해석 제품 개발 팀의 관리자가 사과했다 / 지난주에 / 최근의 결함에 대해 / 회사의 아기용 제품군에서 발견된.

표현 정리 product development 제품 개발 extend an apology 사과하다 recent 최근의 flaw 결함, 흠

14. 빈칸은 단수 주어 뒤에 오는 정동사 자리로, 뒤에 목적어가 없으므로 수동태가 와야 한다. 빈칸 뒤 형용사가 있는 이유는 make가 5형식 동사로서 목적격 보어로 형용사가 오는데, 수동태가 되면 목적어가 없지만 목적격 보어인 형용사는 그대로 남아 있기 때문이다. 결국 시제를 확인하지 않고 푸는 문제이나 앞의 revealed만 보고 과거시제를 고르면 함정에 빠지는 문제이다.

(A) 단수 주어를 받을 수 있는 수동태라서 정답

(B) 동사의 복수형이라서 오답

(C) to부정사는 준동사라서 오답

(D) 능동태라서 오답

정답 (A)

해석 VisionAuto가 여러 신형 세단들을 출시했다 / 모터쇼에서 / 그러나 한 모델만 구입이 가능하게 될 것이다 / 이번 달에.

표현 정리 reveal 출시하다, 드러내다 available for purchase 구입 가능한 month 달

15. 빈칸은 단수 주어 뒤에 오는 정동사 자리로, and then(그리고 나서) 다음이 과거시제이므로 앞에도 과거를 나타내는 표현이 필요하다.

(A) 현재진행시제라서 오답

(B) 미래시제라서 오답

(C) 과거시제라서 정답. '자료를 종합했고, 그런 다음 최종 결과를 발표했다'는 시간의 흐름이 자연스럽다.

(D) 현재분사이자 동명사인 준동사라서 오답

정답 (C)

해석 Ms. Veneta가 모든 관련된 자료를 종합했다 / 회의 전에 / 그런 다음 최종 결과를 발표했다 / 참석자들에게.

표현 정리 compile 편집하다, 종합하다 related 관련된 present 발표하다, 제시하다 final results 최종 결과 attendee 참석자

▶▶고난도!

16. 빈칸은 복수 주어 뒤에 오는 정동사 자리로, 뒤에 목적어 you와 목적격 보어인 to부정사가 모두 있으므로 5형식 동사 ask의 능동태가 들어간다.

(A) 가능성을 나타내는 '조동사 + 동사원형'의 능동태라서 정답. '질문에 대한 응답에 기반하여'라는 말은 추가 자료를 요청할 수도 있고 요청하지 않을 수도 있다는 가능성을 나타내므로 자연스럽다.

(B) 질문에 대해 충분한 답변이 있었는지 없었는지에 대한 언급이 없는 상태에서 추가 자료를 요청하고 있다는 것은 확정적인 말이 되어 어색하므로 오답

(C) 수동태라서 오답

(D) '물어보고 있음에 틀림없다'는 확정적인 말이 되는데 (B)와 같은 이유로 오답

정답 (A)

해석 질문에 대한 여러분의 응답에 기반하여 / 조사관들은 여러분에게 요청할 수도 있습니다 / 추가 자료를 제출해 달라고.

표현 정리 based on ~에 기반하여, ~에 근거하여 response 응답, 대답 inspector 조사관 submit 제출하다 additional 추가적인

17. 빈칸은 단수 주어 뒤에 오는 정동사 자리로, 앞에 Had로 시작하는 부사절이 가정법 과거완료 표현이므로 주절에는 would/should/could/might + have p.p. 형태의 동사가 들어가야 한다. If S had p.p.에서 Had S p.p.로 도치된 형태이다.

(A) 미래에 완료될 상황을 나타내는 미래완료시제라서 오답

(B) would/should/could/might+have p.p. 형태의 동사라서 정답

(C) 미래시제라서 오답

(D) 현재진행시제라서 오답

정답 (B)

해석 Mr. Ramos가 이번 달 구독료를 지불했다면 / 그는 받았을 것이다 / 잡지의 무료 호 한 부를.

표현 정리 pay 지불하다 subscription 구독, 구독료 receive 받다 free 무료의 issue (잡지 등의) 호

18. 빈칸은 단수 주어 뒤에 오는 정동사 자리이다.

(A) 동사원형이자 복수 주어를 받는 동사의 복수형이라서 오답

(B) to부정사인 준동사라서 오답

(C) 동사의 단수형이라서 정답

(D) 현재분사이자 동명사인 준동사라서 오답

정답 (C)

해석 인턴들 중 한 명이 / 도울 필요가 있다 / 영업 담당자들이 게시판을 배치하는 것을 / 회사 부스에서.

표현 정리 sales representative 영업 담당자 position 배치하다, 자리를 잡다 display board 게시판 booth 부스

19. 빈칸은 복수 주어 Drivers 뒤에 오는 정동사 자리로, 주어가 형용사절 who ~ zones의 수식을 받고 있고 뒤에 형용사 보어인 subject가 있으므로 동사의 복수형이 들어간다. 내용상 일반적 사실이나 규정을 나타내는 경우 현재시제를 쓴다.

(A) 동사의 단수형이라서 오답

(B) 과거시제라서 오답

(C) 동사의 단수형이라서 오답

(D) 동사의 복수형이며, 일반적인 사실을 나타내는 현재시제라서 정답

정답 (D)

해석 그들의 차량을 주차하는 운전자들은 / 제한 구역에 / 상당한 벌금의 대상이다.

표현 정리 vehicle 차량, 탈것 restricted zone 제한 구역 be subject to ~의 대상이다 considerable 상당한, 많은 fine 벌금

20. 빈칸은 단수 주어 뒤에 오는 정동사 자리로, 뒤에 목적어와 to부정사의 목적 보어가 있으므로 5형식 동사 force의 능동태가 들어간다.

(A) 단수 주어를 받을 수 있는 '조동사 + 동사원형'에 능동태라서 정답

(B) 수동태 동사라서 오답

(C) 현재분사이자 동명사인 준동사라서 오답

(D) 동사원형이자 복수 주어를 받는 동사의 복수형이라서 오답

정답 (A)

해석 메뉴 항목들의 비용 증가가 / 레스토랑에서 / 식사하는 사람들이 요리하게 만들 것이다 / 집에서 스스로

표현 정리 cost increase 비용 증가 diner 식사하는 사람 force ~하게 만들다 by oneself 스스로

21. 빈칸은 단수 주어 뒤에 오는 정동사 자리로, 목적어가 있으므로 능동태이고 앞의 부사구에 과거 시점을 나타내는 Immediately after the last business meeting이 있으므로 과거시제가 들어간다.

(A) to부정사인 준동사라서 오답

(B) 단수 주어를 받을 수 있는 능동태 과거시제라서 정답

(C) 수동태라서 오답

(D) 현재시제라서 오답

정답 (B)

해석 지난 비즈니스 회의 직후에 / Mr. Albany는 자신의 비행 일정을 변경했다 / 이탈리아로 돌아가는 / 고객과의 긴급한 사안을 처리하기 위해.

표현 정리 immediately after ~직후에 reschedule 일정을 변경하다 flight 비행, 비행기 handle 처리하다 urgent 긴급한 issue 사안

▶ 고난도!
22. 빈칸은 단수 주어 뒤에 오는 정동사 자리로, 뒤에 목적어와 목적 보어가 모두 있으므로 5형식 동사 make의 능동태가 들어간다.

(A) 동사의 복수형이라서 오답

(B) 단수 주어를 받고 미래 의미를 나타내는 능동태라서 정답

(C) 과거에 대한 추측 또는 가정법 과거완료에 쓰는 표현이라서 오답

(D) 수동태라서 오답

정답 (B)

해석 Mr. Jang은 이미 받았기 때문에 / 지금까지 그 상을 두 번 / 다음 수상은 / 그를 역대 최초의 감독으로 만들 것이다 / 세 차례 수상자가 되는.

표현 정리 receive an award 상을 받다 twice 두 번 director 감독, 관리자 winner 수상자

'정동사' 종합 문제 |파트6|

문제 23~26번은 다음 기사를 참조하시오.

Macron, Inc. 분기별 보고서를 발표하다

4월 8일

어제 아침 기자 회견에서 / Macron 사가 발표했다 / 자사의 예비 보고서를 / 1분기에 대한. 그 뉴스는 대체로 긍정적이었다. 사실상 / Macron은 증가를 보고했다 / 수입과 수익 둘 다에 / 7분기 연속으로. 많은 Macron 제품들의 제조 비용이 / 감소했다 / 그것이 다량으로 이용하는 소재들이 / 철, 니켈, 그리고 은 같은 / 가격 하락을 보였기 때문에. 25회사는 불러올 것으로 예상한다 / 이번 분기에 더 많은 직원들을. 그 결과로 / 취업 기회들이 있을 것이다 / 전국의 여러 시설들에서. 회사의 경영진은 여긴다 / 현재의 경제 상황을 / 회사가 확장하기에 이상적인 것으로서.

표현 정리 press conference 기자 회견 issue 발표하다, 공표하다 preliminary report 예비 보고서 quarter 분기 revenue 수입 profit 이익, 수익 consecutive 연이은, 연속적인 cost of manufacturing 제조 비용 decline 감소하다 material 재료, 소재 in great quantities 다량으로 job opportunities 취업 기회 facility 시설, 기관 management 경영진 economic condition 경제 상황 consider 여기다 ideal for ~에 이상적인 firm 회사 expand 확장하다

23. 접속부사 문제는 앞뒤 문장의 논리 관계를 보고 푼다. 빈칸 앞에는 1분기 보고서의 내용이 긍정적이라는 것이고, 빈칸 뒤에는 수입과 수익 모두 7분기 연속 증가했다는 것이다. 이는 추가/강조의 논리 관계이다.

(A) 하지만 ➡ 역접 관계의 접속부사라서 오답

(B) 사실상 ➡ 추가/강조의 접속부사라서 정답. 앞의 긍정적인 내용이 뒤에서 더 강조되고 있다.

(C) 그럼에도 불구하고 ➡ 역접 관계의 접속부사라서 오답

(D) 그러한 목적을 달성하기 위해서 ➡ 앞뒤의 내용이 목적과 결과의 관계가 아니라서 오답

정답 (B)

24. such as나 like, and other 이후의 내용은 그 앞 어휘 문제의 단서가 된다.

(A) 기계 ➡ 철, 니켈, 은 등을 포괄적으로 가리키는 말이 아니라서 오답

(B) 비용 ➡ 철, 니켈, 은 등을 포괄적으로 가리키는 말이 아니라서 오답

(C) 재료 ➡ 철, 니켈, 은 등을 포괄적으로 가리키는 말이라서 정답

(D) 시설 ➡ 철, 니켈, 은 등을 포괄적으로 가리키는 말이 아니라서 오답

정답 (C)

25. 빈칸 앞 문장은 원자재 값의 하락으로 인한 비용 절감에 대해 언급하는데, 회사에게는 바람직한 내용이다.

(A) Macron은 자료를 발표했다 / 지난 3년에 걸친. ➡ 데이터에 대한 이야기로 주제가 달라서 오답

(B) 회사는 불러올 것으로 예상한다 / 이번 분기에 더 많은 직원들을. ➡ 회사에게 바람직한 이야기라서 정답. 다음 문장에 나온 취업 기회와도 연관성이 있다.

(C) 이 제품들은 시중에 나올 것이다 / 7월까지. ➡ 제품에 관한 이야기라서 오답

(D) 또한 하락이 있었다 / 많은 제품들에 대한 수요에. ➡ 회사에게 부정적인 내용이며 다음 문장과도 자연스럽게 연결되지 않으므로 오답

정답 (B)

표현 정리 release 발표하다 expect 예상하다, 기대하다 be on the market 시중에 나오다 drop 하락 demand 수요

26. 빈칸은 동사 자리로, 주어가 단수이다.

(A) 복수 동사라서 오답

(B) 단수 동사라서 정답

(C) 준동사라서 오답

(D) 복수 동사라서 오답. 태를 구분하지 않아도 된다.

정답 (B)

문제 27-30번은 다음 이메일을 참조하시오.

전 직원에게,

여러분은 이메일을 분명 받았을 것입니다 / 인사부로부터. 그것에는 링크가 들어 있습니다 / 직원 약력 페이지로의. ²⁸이 이메일을 반드시 저장해야 합니다 / 그것은 중요한 지침들을 포함하고 있기 때문에. 그것들 중에는 업데이트할 방법이 있습니다 / 웹사이트에 여러분의 개인 페이지를.

그 이메일에는 또한 들어 있을 것입니다 / 비밀번호뿐만 아니라 사용자 이름이. 그 사이트에 로그인 해주세요 / 가능한 한 빨리 / 여러분이 여러분의 비밀번호를 바꿀 수 있도록 / 좀 더 개인적인 무언가로. 반드시 그렇게 하세요 / 목요일 오후 6시까지. 그 이후에 / 여러분이 발급받았던 비밀번호는 / 유효하지 않게 될 것입니다.

내선번호 65로 저에게 전화해 주세요 / 어떤 질문이나 문제가 있다면.

표현 정리 Human Resources Department 인사부 contain 들어 있다, 포함하다 biography 약력, 전기 be sure to do 반드시 ~하다 A as well as B B뿐만 아니라 A도 log on to ~에 로그인하다 as soon as possible 가능한 한 빨리 so that S can S가 ~ 할 수 있도록 issue 발급하다 invalid 유효하지 않은 extension 내선번호

27. 시제 문제이다. 팟6의 시제 문제는 비교적 쉬운 경우 그 다음 문장에, 난도가 보통인 경우 중반부에, 매우 어려운 경우 다 읽어야 단서가 나온다. 따라서 확신이 없다면 나중에 푼다.

(A) 받을지도 모른다 ➡ 중반부 이후에 편지를 받은 것에 대한 확신에 찬 표현이 나오므로 추측성 표현은 오답

(B) 받을 것이다 ➡ 중반부 이후 편지를 받은 것에 대한 확신에 찬 표현이 나오므로 미래형 표현은 오답

(C) 쭉 받아오고 있다 ➡ 한 번이 아니고 과거부터 지금까지 지속적인 동작을 묘사하는 말이라서 오답

(D) 틀림없이 받았을 것이다 ➡ 중반부 이후에서 로그인해서 비번을 목요일 오후 6시까지는 바꿔야 한다고 하므로 이미 수신자들이 이메일을 받았다는 것에 대해 확신을 가지고 있는 상황이다. should have p.p.는 '~했어야 했다'는 후회의 어감뿐만 아니라 '~했음에 틀림없다'는 강한 추측의 어감도 가지고 있으므로 정답

정답 (D)

28. 빈칸 앞 문장은 '이메일의 내용'에 대해 말하고 있다. 참고로, 신유형의 보기 안에 지시어가 등장하면 그것이 가리키는 대상이 바로 앞 문장에 나와야 한다.

(A) 여러분이 양식을 제출할 때까지 / 여러분의 상태는 확인되지 않을 것입니다. ➡ 양식을 제출하라는 엉뚱한 내용이라서 오답

(B) 여러분은 이 정보를 작성해야 합니다 / 제때에 급여를 받기 위해. ➡ 급여에 대한 엉뚱한 이야기라서 오답

(C) 이 이메일을 반드시 저장해야 합니다 / 그것은 중요한 지침들을 포함하고 있기 때문에. ➡ 이메일의 내용에 대한 이야기이고, this email이 곧 앞의 email을 가리키고 있어 자연스럽게 연결되므로 정답

(D) 그것을 이용해 지원하세요 / 여러분이 관심 있는 어느 일자리에나. ➡ 일자리에 지원하는 것에 대한 엉뚱한 이야기라서 오답

정답 (C)

표현 정리 submit 제출하다 form 양식, 서식 status 상태

unconfirmed 확인되지 않은 fill out (양식을) 작성하다 get paid 급여를 받다 on time 제때에 instruction 지침, 설명 apply for ~에 지원하다 be interested in ~에 관심이 있다

29. 대명사 문제이다. 팟6에서 대명사 문제는 대명사가 가리키는 말을 정확히 확인해야 풀린다.

(A) 그렇게 ➡ do so(그렇게 하다)는 앞의 동사구인 change your password를 가리키는 일종의 대명사 표현이므로 정답

(B) 하나의 ➡ 앞에 one이 가리키는 명사가 없어서 오답

(C) 이것들 ➡ 앞에 these가 가리키는 복수명사가 없어서 오답

(D) 또한 ➡ too는 앞의 내용과 다른 것을 추가로 할 때 사용하는 부사이므로 오답

정답 (A)

30. 접속부사 문제는 앞뒤 문장의 논리 관계를 보고 푼다. 빈칸 앞에서는 비밀번호 변경에 대한 마감일을 언급했고, 빈칸 뒤에서는 이전에 발급된 비밀번호가 유효하지 않을 것이라고 했다.

(A) 사실상 ➡ 추가/강조의 접속부사라서 오답

(B) 이후에 ➡ 시간의 흐름에 대한 접속부사라서 정답. this는 마감일을 가리키므로 그 이후에 일어나는 일과 연결된다.

(C) 하지만 ➡ 역접 관계의 접속부사라서 오답

(D) 결과적으로 ➡ 인과 관계의 접속부사라서 오답. '의무 사항'이기 때문에 비밀번호의 효력이 없어지는 것은 아니다.

정답 (B)

Unit 05 3/10 기능과 공식으로 푼다. - 동명사와 to부정사

전략 1 | 점검 퀴즈

1. '전치사+( )+관사/소유격+(형용사)+명사'이면 괄호는 -ing 자리이다. 또한 without ~ing는 숙어로 쓰인다. 따라서 disrupting이 답이다.

정답 disrupting

해석 업데이트는 실행될 것이다 / 우리의 서비스를 중단시키지 않고.

표현 정리 update 업데이트, 갱신 conduct 실행하다, 수행하다 without ~없이, ~하지 않고 disruption 중단, 방해 disrupt 방해하다, 중단시키다 service 서비스

2. '전치사+( )+관사/소유격+(형용사)+명사'이면 괄호는 -ing 자리이다. 또한 by ~ing는 숙어로 쓰인다. 따라서 opening이 답이다.

정답 opening

해석 두 번째 사무실을 개설함으로써 / 그 회사는 확장했다.

표현 정리 by ~ing ~함으로써 open 열다 second 두 번째의 office 사무실 company 회사 expand 확장하다

3. be devoted to ~ing라는 관용어구를 능동태로 바꾸면 devote 목적

어 to ~ing가 된다. 따라서 supporting이 답이다.

정답 supporting

해석 Mr. John은 그의 시간을 쏟았다 / 지역 학교들을 후원하는 것에.

표현 정리 devote (노력, 시간, 돈을) 바치다[쏟다] support 지지하다, 후원하다 local schools 지역 학교들

4. '전치사+( )+관사/소유격+(형용사)+명사'이면 괄호는 -ing 자리이다. 또한 instead of ~ing는 숙어로 쓰인다. 따라서 using이 답이다.

정답 using

해석 저희는 새로운 복사기를 구매할 것입니다 / 기존의 것을 사용하는 대신에.

표현 정리 buy 구매하다, 사다 copier 복사기 instead of ~대신에 use 사용하다 existing 기존의

전략 2 | 점검 퀴즈

1. 문장의 맨 앞이 괄호이고 동사가 단수인데, 주어 역할을 할 수 있는 것은 동명사이므로 Finding이 답이다. Found는 '발견된'이란 뜻의 과거분사형인데 관사보다 앞에서 a good job을 수식할 수 없다.

정답 Finding

해석 졸업 후에 좋은 직업을 찾는 것은 / 보기보다 더 어렵다.

표현 정리 find 찾다 job 직업 after ~후에 graduation 졸업 hard 어려운

2. Reducing을 대입해 '가격을 줄이는 것'이란 동명사로 보아도 주어가 될 수 있고, Reduced를 대입해 '줄여진 가격'으로 보아도 prices가 주어가 될 수 있다. 그러나 동사가 are이므로 동명사는 쓸 수 없다. 동명사 주어는 단수 취급한다.

정답 Reduced

해석 할인 가격은 이용 가능하다 / 자격이 있는 사람들에게.

표현 정리 reduced prices 할인 가격 available 이용 가능한 qualify 자격이 있다, 자격을 얻다

3. to부정사는 길이가 길어지면 문장 뒤로 보내는데 이것을 가주어/진주어 용법이라고 한다. 따라서 가주어인 It이 답이다. 이때 가주어는 해석하지 않는다. There가 들어가면 There is ~가 되는데 there는 부사일 뿐 주어가 아니므로 뒤에 주어가 필요하다. necessary는 형용사이므로 주어가 될 수 없다.

정답 It

해석 필수적이다 / 당신이 그 일을 끝내는 것이 / 다음 주까지.

표현 정리 necessary 필요한, 필수적인 finish 끝내다 task 일 next week 다음 주

4. cleaning은 -ing 형태의 불가산명사이다. 따라서 명사 앞에 올 수 있는

형용사인 easy가 답이다.

정답 easy

해석 그 전기 면도기는 방수이다 / 쉬운 청소를 위해서.

표현 정리 electric shaver 전기 면도기 waterproof 방수의 easy 쉬운 cleaning 청소

전략 3 | 점검 퀴즈

1. 완전한 문장 뒤에 올 수 있는 것은 부사이다. 부사의 기능을 할 수 있는 것은 to부정사이므로 to deliver가 답이다. delivering이 오면 payment가 의미상 주어가 되어 '지불금이 배달한다'는 의미 관계가 되어 어색하다. 배달의 주체는 We이다.

정답 to deliver

해석 우리는 추가의 지불금을 요구한다 / 당신의 상품을 배달하기 위해서.

표현 정리 require 요구하다 additional 추가의 payment 지불(금) deliver 배달하다 product 상품, 제품

2. 'in order to 동사원형'으로 쓰일 때 앞에 의미상 주어인 'for 사람'을 쓸 수 있다. 따라서 for가 답이다.

정답 for

해석 당신이 더 많은 도움을 얻기 위해서는 / 접수 담당자에게 문의하세요.

표현 정리 help 도움 inquire of ~에게 묻다 receptionist 접수 담당자

3. 'be likely to 동사원형'은 번지점프 to부정사 계열의 단어 중 하나이다. 따라서 to be가 답이다.

정답 to be

해석 올해의 납세 신고는 더 높을 수 있다 / 그 어느때보다.

표현 정리 tax return 납세 신고(서) be likely to do ~할 것 같다

4. too A to B는 '너무 A해서 B할 수 없다'라는 숙어인데, 이때 to부정사를 '부사 수식 to부정사'라고 한다. 따라서 to fit이 답이다.

정답 to fit

해석 이 가방은 너무 커서 내 차 안에 들어갈 수 없다.

표현 정리 bag 가방 big 큰 fit into ~안에 들어가다

전략 4 | 점검 퀴즈

1. ability는 to부정사의 수식을 잘 받는 명사이다. 따라서 to finish가 답이다. 'A POWER to부정사'로 기억하자.

정답 to finish

해석 Mr. Rawlings는 능력을 가지고 있다 / 그 일을 끝낼 / 제시간에.

표현 정리 ability 능력 finish 끝내다 task 일, 업무 in time 제시간에, 제때에

2. 'be advised to 동사원형'은 하나의 숙어처럼 기억해야 하는 결혼승낙 동사 수동태 표현이다. 따라서 to wear가 답이다.

정답 to wear

해석 당신은 입도록 권고된다 / 안전 조끼를 / 시설 안에서.

표현 정리 be advised to do ～하도록 권고되다 wear 입다 safety vest 안전 조끼 facility 시설

3. help는 5형식 동사로 목적 보어 자리에 to부정사를 쓸 수 있는데, 이때 to는 생략이 가능하여 동사원형을 쓸 수 있다. 따라서 to가 생략된 check가 답이다.

정답 check

해석 그 어플리케이션은 사용자들을 돕는다 / 그들의 스케줄을 쉽게 확인할 수 있도록.

표현 정리 application 어플리케이션 help 돕다 user 사용자 check 확인하다 schedule 스케줄, 일정 easily 쉽게

4. '～라고 판명되다'라는 뜻의 숙어인 prove to be의 표현을 기억하자.

정답 to be

해석 사람들을 연결하는 것은 판명되고 있다 / 이전 어느 때보다 더 쉬운 것으로.

표현 정리 connect 연결하다 prove to be ～라고 판명되다 easier than ～보다 더 쉬운

전략 5 | 점검 퀴즈

1. decide는 to부정사를 목적어로 취하는 동사이므로 to extend가 답이다.

정답 to extend

해석 Mr. Jay는 연장하기로 결정했다 / 머무는 것을 / 그 호텔에.

표현 정리 decide 결정하다 extend 연장하다 stay 머무름, 체류 (기간)

2. goal은 to부정사와 잘 쓰이는 명사이다. 이 문장에서 to부정사는 주어와 동격 관계인 명사 기능을 한다. '목표 = 경쟁자들을 능가하는 것'의 관계이다. 따라서 surpass가 답이다.

정답 surpass

해석 그 출판사의 목표는 경쟁자들을 능가하는 것이다.

표현 정리 publisher 출판사 goal 목표 surpass 능가하다 rival 라이벌, 경쟁자

3. 가주어/진주어 용법이므로 진주어 부분인 to complete가 답이다. 동명사는 가주어/진주어 용법에 쓸 수 없다.

정답 to complete

해석 필수이다 / 기본 코스를 완료하는 것이 / 먼저.

표현 정리 necessary 필요한, 필수적인 complete 완성하다, 완료하다 basic 기본적인 course 코스, 과정

4. 가목적어/진목적어 용법인데, find라는 5형식 동사 뒤에 가목적어 it이 있으므로 뒤에 진목적어인 to부정사가 필요하다. 따라서 to engage가 답이다.

정답 to engage

해석 모든 참가자들은 알게 되었다 / 필요하다는 것을 / 역할극 활동에 참여하는 것이.

표현 정리 participant 참가자 find 알게 되다, 발견하다 engage 종사하다, 참여하다 role-playing activity 역할극 활동

실전 적용 문제

1. 정동사 will apply가 있으므로 빈칸은 준동사 자리로, 전치사구 뒤에는 명사나 동명사가 들어가야 한다.

(A) 전치사구의 목적어가 될 수 있는 동명사라서 정답

(B) 과거시제 동사 또는 과거분사라서 오답

(C) 동사의 단수형이라서 오답. 복수명사로 볼 경우 '외모, 외관'이란 뜻이므로 의미상 부적절하다.

(D) 동사원형이자 동사의 복수형이라서 오답

정답 (A)

해석 파트 타임 일자리를 찾는 대신에 / Ms. Patricova는 지원할 것이다 / 인턴 자리에.

표현 정리 instead of ～대신에 look for ～를 찾다 job 일자리 apply for ～에 지원하다 intern position 인턴 자리

▶고난도!

2. 정동사 has arranged가 있으므로 빈칸은 준동사 자리로, 'arrange for 목적어 to부정사'를 완성해줄 to부정사가 필요하다.

(A) 동사원형이자 동사의 복수형이라서 오답

(B) 현재분사도 준동사이지만 'VIP 고객을 에스코트하고 있는 리무진에 대해 준비하다'라는 어색한 의미가 되어 오답

(C) '조동사 + 동사원형'은 정동사라서 오답

(D) 'arrange for 목적어 to부정사'는 '목적어가 ～하도록 조처하다'라는 뜻으로 사용되므로 정답

정답 (D)

해석 비서인 Jacey가 / 리무진이 VIP 고객을 에스코트하도록 조처했다 / 공항에서부터.

표현 정리 secretary 비서 arrange 준비하다, 조처하다 customer 고객 airport 공항

3. 정동사 was가 있으므로 빈칸은 준동사 자리로, 뒤에 목적어를 가지며 주어 자리에 올 수 있는 동명사가 들어가야 한다.

(A) 동명사라서 정답. Receiving ~ Award까지가 동명사이자 주어가 된다. 동명사는 단수 취급한다.

(B) 과거분사는 수식어 기능이 있으나 정관사 the보다 앞에 올 수 없어서 오답

(C) 동사의 단수형으로 정동사라서 오답

(D) 현재완료시제로 정동사라서 오답

정답 (A)

해석 Devers Innovation Award를 받은 것은 / 큰 도움이었다 / 신생 기업가들에게 / 투자자들을 유치하는 데.

표현 정리 innovation award 혁신 상 startup entrepreneur 신생 기업가 attract 유치하다, 끌어들이다 investor 투자자

4. 정동사 strives가 있으므로 빈칸은 준동사 자리로, strive는 to부정사를 목적어로 취하는 동사이므로 to부정사가 필요하다.

(A) to부정사라서 정답

(B) 동사의 단수형으로 보면 정동사라서 오답. 복수명사로 볼 경우 뒤에 명사인 any parts가 올 수 없다.

(C) 현재친행시제로 정동사라서 오답

(D) 과거시제로 보면 정동사라서 오답. 준동사로 보면 수식어 역할을 하는 과거분사라서 오답. 과거분사는 any보다 앞에 올 수 없다.

정답 (A)

해석 저희 유지보수 관리자는 늘 노력합니다 / 어떤 부품이라도 찾아내기 위해 / 안전 문제를 야기할 수 있는 / 공장에서.

표현 정리 maintenance 유지보수 strive 노력하다, 애쓰다 spot 찾아내다, 발견하다 part 부품 cause 야기하다 safety issue 안전 문제

5. 정동사 are가 있으므로 빈칸은 준동사 자리로, expect는 to부정사를 목적어로 취할 수도 있지만 목적 보어로 취할 수도 있어서 'be expected to 동사원형'의 형태가 가능하다.

(A) 과거시제로 보면 정동사라서 오답. 과거분사로 보면 expected도 과거분사이므로 연속으로 올 수 없다.

(B) 이것이 가능하려면 능동태일 때 'expect 목적어 ~ing' 형태가 가능해야 하는데 이러한 구문은 없다.

(C) 미래시제로 정동사라서 오답

(D) to부정사라서 정답

정답 (D)

해석 동남아시아에서의 판매가 / 창출할 것으로 예상된다 / 회사 수익의 대다수를 / 올해.

표현 정리 sales 판매, 매출 be expected to do ~할 것으로 예상되다 majority 대다수 revenue 수익 generate 창출하다

6. 정동사 is가 있으므로 빈칸은 준동사 자리로, 앞의 명사 way를 수식해줄 수식어가 필요하다.

(A) 동사원형 혹은 동사의 복수형이라서 오답

(B) 과거완료시제로 정동사라서 오답

(C) 현재완료시제로 정동사라서 오답

(D) to부정사가 오면 way를 수식하여 '~할 방법'이란 의미가 되므로 정답

정답 (D)

해석 해법을 찾는 것은 / 협력 작업을 통해 / 좋은 방법이다 / 친밀한 관계를 형성할 / 팀원들과.

표현 정리 find a solution 해법을 찾다 collaborative work 협력 작업 establish rapport 친밀한 관계를 형성하다

7. 정동사 are이 있으므로 빈칸은 준동사 자리로, 전치사 뒤에 위치하여 목적어를 가지는 동명사가 들어가야 한다.

(A) 동사원형이자 동사의 복수형이라서 오답

(B) 동명사로서 전치사의 목적어 자리에 올 수 있으므로 정답. by ~ing는 '~함으로써'의 뜻의 숙어로, '재활용 가능한 재료들을 이용함으로써 비용을 줄인다'는 자연스러운 의미를 이룬다.

(C) 동사의 단수형으로 보면 정동사라서 오답. 명사의 복수형으로 보면 이어서 또 명사가 나오므로 오답

(D) 과거분사로 볼 경우 '사용된 재활용 가능한 재료들에 의해'라는 어색한 표현이 되어 오답. 사용된 무언가로 줄이겠다는 것이 아니고 사용함으로써 줄이겠다는 의미가 자연스럽다.

정답 (B)

해석 Falcon Lab의 연구원들은 / 방법을 찾고 있다 / 연료비를 줄일 / 재활용 가능한 재료들을 이용함으로써.

표현 정리 researcher 연구원 seek 찾다, 구하다 reduce 줄이다 fuel cost 연료비 recyclable 재활용 가능한 material 재료

8. 정동사 is가 있으므로 빈칸은 준동사 자리이다.

(A) to부정사는 준동사라서 정답. 이때 it이 가주어, to ~ files가 진주어이다.

(B) 미래시제로 정동사라서 오답

(C) 현재진행시제로 정동사라서 오답

(D) 현재시제로 정동사라서 오답

정답 (A)

해석 지역 영업 담당자의 중요한 업무들 중 하나이다 / 현재 고객 파일들을 관리하는 것이.

표현 정리 regional 지역의 sales representative 영업 담당자 vital 중요한, 필수적인 current 현재의 maintain 관리하다, 유지하다

9. 빈칸은 'be likely to 동사원형' 구문을 완성해줄 동사원형이 들어갈 자리이다.

(A) 현재분사 또는 동명사라서 오답

(B) 명사라서 오답

(C) 동사의 과거형 또는 과거분사라서 오답

(D) 동사원형이라서 정답

정답 (D)

해석 Duncan Group Corp.은 확보할 것 같다 / 수익성 좋은 계약을 / 구매자와.

표현 정리 be likely to do ~할 것 같다 lucrative 수익성 좋은 contract 계약 secure 확보하다, 얻어내다

10. 정동사 find가 있으므로 빈칸은 준동사 자리로, 앞의 명사 time을 수식해줄 형용사적 용법의 to부정사가 들어가야 한다.

(A) to부정사인 준동사라서 정답

(B) 현재분사로 본다면 '배우고 있는 시간'이란 뜻이 되는데, 이는 '시간이 배우고 있다'는 어색한 의미 관계가 형성되므로 오답

(C) 현재진행시제로 정동사라서 오답

(D) 과거분사라서 오답. '배워진 시간'이란 뜻이 되는데, 이는 '시간을 배우고 있다'는 어색한 의미 관계가 형성되므로 오답

정답 (A)

해석 시간을 내 보세요 / 새로운 사과 묘목들에 관해 더 알아볼 / 우리 묘목장이 제공할 수 있는 / 우리 웹사이트에서.

표현 정리 find the time 시간을 내다 sapling 묘목 nursery 종묘장, 묘목장 provide 제공하다

11. 정동사 was가 있으므로 빈칸은 준동사 자리인데, 전치사 뒤에는 명사나 동명사가 들어가야 한다.

(A) 동명사라서 정답. by ~ing는 '~함으로써'라는 뜻의 숙어이다.

(B) 동사원형이자 동사의 복수형이라서 오답

(C) 과거시제로 보면 정동사라서 오답. 과거분사로 보면 another보다 앞에 올 수 없다.

(D) to부정사라서 오답. to도 일종의 전치사이므로 전치사 by 뒤에 올 수 없다.

정답 (A)

해석 시내에 또 다른 매장을 여는 것으로써 / Quincy Bistro는 수익을 두 배로 할 수 있었다 / 전년도와 비교하여.

표현 정리 store 매장 double 두 배로 하다 profit 수익 compared to ~와 비교하여 preceding year 전년도

▶고난도!
12. 정동사 is가 있으므로 빈칸은 준동사 자리인데, 뒤에 목적어가 있으므로 주어 자리에 올 수 있는 타동사로 만든 동명사가 들어가야 한다.

(A) to부정사라서 오답. to부정사는 속담이나 격언 같이 특별한 경우를 제외하고는 주어 자리에 쓰지 않고 가주어/진주어(It ~ to) 용법을 사용한다.

(B) 동사원형이라서 오답. 명사로 볼 경우 가산명사이므로 앞에 관사가 있어야 한다.

(C) 동사의 단수형이라서 오답. 명사일 경우 뒤에 명사구 all the job applications가 또 올 수 없으므로 오답

(D) 동명사라서 정답. all job applications는 동명사의 목적어가 되며 동명사는 단수 취급한다.

정답 (D)

해석 모든 입사 지원서들을 가려내는 것은 / 일부분이다 / 세관 사무소의 일일 업무 중의.

표현 정리 screen 가려내다, 거르다 job application 입사 지원서 customs office 세관 사무소 daily work 일일 업무

13. Whether부터 lane까지는 명사절로 주어가 된다. 이어 정동사 remains가 있으므로 빈칸은 준동사 자리인데, remain의 보어가 될 수 있는 to부정사가 들어가야 한다.

(A) to부정사라서 정답. remain to be seen은 '두고 볼 일이다'라는 뜻의 숙어이다.

(B) 과거완료시제로 정동사라서 오답

(C) 동사원형이라서 오답

(D) be동사의 과거분사 형태인 been은 반드시 have와 같이 써야 하므로 오답

정답 (A)

해석 지역 사회 구성원들이 호의적으로 반응할지 아닐지 / 새로운 자전거 전용 도로에 / 두고 볼 일이다.

표현 정리 local community 지역 사회 react 반응하다 favorably 호의적으로 bicycle lane 자전거 전용 도로 remain to be seen 두고 볼 일이다

14. 정동사 has asked가 있고 빈칸은 5형식 동사 ask의 목적 보어 자리이다. 이 자리에는 to부정사가 오는데, to가 있으므로 빈칸은 동사원형이 와야 한다.

(A) 현재분사 또는 동명사라서 오답

(B) 동사의 단수형이라서 오답

(C) 동사의 과거형이라서 오답

(D) 동사원형이라서 정답

정답 (D)

해석 기술 지원 팀이 요청했다 / 모든 직원들에게 / 보호 조치를 따르도록 / 서버 안전을 보장하기 위해.

표현 정리 technical support team 기술 지원 팀 protective measures 보호 조치 ensure 보장하다 security 안전

15. 빈칸은 정동사 tend의 목적어 자리인데, tend는 to부정사를 목적어로 취하는 동사이다.

(A) 정동사라서 오답

(B) 과거시제 혹은 과거분사라서 오답

(C) to부정사라서 정답

(D) 동명사라서 오답

정답 (C)

해석 업무 실적이 능가하는 직원들은 / 다른 이들의 것을(업무 실적을) / 승진하는 경향이 있다 / 6개월 안에.

표현 정리 job performance 업무 실적 excel 능가하다 receive a promotion 승진하다 tend to do ~하는 경향이 있다

≫고난도!

16. 빈칸은 정동사 will tell의 목적절인 how절의 주어인 명사 funds를 수식해줄 형용사나 복합명사를 만들어 줄 명사 자리이다. 이 단원에서 배운 것이 동명사/to부정사라고 해서 분사의 가능성을 고민하지 않고 풀면 함정에 빠질 수 있다.

(A) 명사로 본다면 collecting funds는 단수 취급하여 is로 받아야 하므로 오답. 현재분사로 본다면 '자금들이 수집한다'는 의미 관계가 되어 오답

(B) 과거분사로 본다면 '모금된 자금들'이라는 자연스러운 의미를 이루고 동사의 복수형 are와도 어울리므로 정답

(C) 동사원형 혹은 동사의 복수형이라서 오답

(D) 복수명사로, '수집가들 자금'이라는 복합명사는 없으므로 오답

정답 (B)

해석 Mr. Lincoln이 우리에게 말할 것이다 / 모금된 자금들이 어떻게 이용되는지 / 지역 사회들을 지원하기 위해.

표현 정리 fund 자금 support 지원하다, 지지하다 local community 지역 사회

Unit 06 기능과 공식으로 푼다. - 분사

전략 1 | 점검 퀴즈

1. 관사 뒤 명사 앞은 형용사 자리이므로 proposed가 답이다. proposal land라는 복합명사는 없다.

정답 proposed

해석 제안된 부지는 적합하지 않다 / 우리의 필요에.

표현 정리 proposed 제안된 proposal 제안서 land 땅, 부지 suitable 적합한 need 요구, 필요

2. 마케팅 감독이라는 수식을 받는 명사가 의미상의 목적어가 되기 때문에 p.p.인 appointed가 답이다.

정답 appointed

해석 Mr. Lee는 새롭게 임명된 마케팅 이사이다.

표현 정리 newly 새롭게 appoint 임명하다 marketing director 마케팅 이사

3. '기고 작가'라는 뜻으로 수식 받는 명사 author가 의미상의 주어가 되므로 contributing이 답이다. contributable은 형용사로서 괄호에 들어갈 수 있지만 의미가 어색하다.

정답 contributing

해석 Daniel Campbell은 일할 것이다 / 기고 작가로서.

표현 정리 serve as ~로서 일하다[근무하다] contributing author 기고 작가 contributable 공헌할 수 있는

4. '선도하는 택배 서비스 제공업체'라는 뜻으로 수식 받는 명사 courier service가 의미상의 주어가 되므로 leading이 답이다.

정답 leading

해석 Faster사는 선도하는 택배 서비스 제공업체이다 / 뉴질랜드에 있는.

표현 정리 leading 선도하는 courier service provider 택배 서비스 제공업체

전략 2 | 점검 퀴즈

1. 명사를 뒤에서 수식하는 분사 뒤에 목적어가 없으므로 issued가 답이다.

정답 issued

해석 모든 방문객들은 착용해야 한다 / 방문자 출입증을 / 정문에서 발급되는.

표현 정리 visitor 방문객 wear 입다, 착용하다 visitor pass 방문자 출입증 main gate 정문

2. 명사를 뒤에서 수식하는 분사 뒤에 목적어가 있으므로 totaling이 답이다. less than은 숫자를 수식하는 부사이므로 빼내면 명사는 $3000이다. total은 동사로 쓰일 때는 '합계 ~가 되다'는 뜻이며, '명사1 totaling 명사2'는 '합계가 명사2인 명사'이란 뜻이 된다. 명사1과 명사2 사이에는 형용사나 과거분사가 올 수 없다.

정답 totaling

해석 당신을 환불 받을 것이다 / 비용에 대해서 / 총 300달러 이하인.

표현 정리 reimburse 환불하다 expense 비용

3. 분사와 to부정사 모두 완전한 문장 뒤에 올 수 있으므로 해석으로 점검해봐야 한다. '상세히 알리기 위해 이메일을 점검한 것'이 아니고, '상세히 열거하고 있는 이메일을 점검한 것'이다. 따라서 현재분사인 detailing이 답이다.

정답 detailing

해석 Mr. John은 이메일을 검토했다 / 새로운 정책에 대해 상세히 열거하고 있는.

표현 정리 examine 조사하다, 검토하다 detail 상세히 말하다 policy 정책

4. 문장에 접속사 없이 정동사가 이미 있다고 생각해서 분사인 overlooking을 고르면 함정에 빠진다. located는 뒤에 목적어가 없으므로 정동사가 아니고 '위치된'이란 뜻의 과거분사 즉 준동사이다. 문장에 정동사가 없으므로 정동사인 overlooks가 답이다.

정답 overlooks

해석 언덕 위에 위치한 교회는 마을을 내려다본다.

표현 정리 church 교회 locate ~에 위치시키다 hill 언덕 overlook 내려다보다 village 마을

1. have been은 be동사의 현재완료형이므로 일단 be동사라고 생각한다. be동사 다음에 또 다른 동사인 meet가 올 수 없다. 따라서 형용사 기능인 과거분사 met이 답이다.

정답 met

해석 우리의 판매 목표는 충족되어 왔다 / 매달 / 지난해 이래로.

표현 정리 sales goal 판매 목표 **meet** (필요, 요구를) 충족시키다

2. keep은 5형식 동사로 p.p.나 -ing를 목적격 보어로 취한다. 따라서 updated가 답이다.

정답 updated

해석 당신의 직원들을 업데이트된 상태로 유지시키세요 / 새로운 정책에 대해서.

표현 정리 keep ~한 상태로 유지하다 **staff** 직원들 **update** 업데이트하다, 최신 정보를 알려주다 **policy** 정책

3. no longer는 부사이므로 빼내면 괄호 뒤에 목적어가 있으므로 accepting이 답이다. accepted라고 하면 be p.p. 즉 수동태가 되어 뒤에 목적어가 없어야 한다.

정답 accepting

해석 우리는 더 이상 제안을 받아들이지 않고 있습니다 / 그 사안에 대해서는.

표현 정리 no longer 더 이상 ~하지 않는 **accept** 받아들이다 **suggestion** 제안 **issue** 사안, 문제

4. have는 사역동사로 목적격 보어 자리에 동사원형이나 과거분사가 올 수 있다. 그러나 괄호 뒤에 목적어가 없기 때문에 과거분사인 installed가 답이다. 동사원형인 install이 들어가면 install의 주체가 software가 되어 어색할 뿐만 아니라 install의 목적어가 있어야 하므로 오답이다.

정답 installed

해석 이 버튼을 클릭함으로써 / 당신은 이 소프트웨어를 설치되게 할 수 있습니다.

표현 정리 click 클릭하다 **button** 버튼 **software** 소프트웨어 **install** 설치하다

1. Analyzing the survey results는 주어인 manager를 수식하여 '설문조사 결과들을 분석하는 매니저'란 뜻을 이루므로 Analyzing이 정답이다. To analyze가 들어가면 '설문조사 결과를 분석하기 위해서 제품을 출시하기로 결정했다'라는 어색한 뜻이 된다.

정답 Analyzing

해석 설문조사 결과들을 분석하는 매니저는 결정했다 / 제품을 출시하는 것을.

표현 정리 analyze 분석하다 **survey results** 설문조사 결과 **manager** 매니저, 관리자 **decide** 결정하다 **launch** 출시하다

2. before, after, while, when에 쓰인 분사를 찾는 문제인데, 목적어 the document가 있으므로 signing이 답이다.

정답 signing

해석 잊지 마세요 / 모든 세부사항들을 확인하는 것을 / 서류에 서명할 때.

표현 정리 forget 잊다 **check** 확인하다 **details** 세부사항 **sign** 서명하다 **document** 서류

3. 앞 문장의 The new manufacturing equipment를 수식하는 분사인 saving이 답이다. operated가 과거시제라고 해서 동사의 과거형인 saved를 답으로 해서는 안 된다. 문장에 접속사가 없으므로 saved는 동사의 과거 시제가 아니고 과거분사이며, 과거분사는 목적어를 가질 수 없다.

정답 saving

해석 새로운 제조 장비는 작동되었다 / 매우 빠르게 / 그래서 절약해 주었다 / 근로자들에게 많은 시간을.

표현 정리 manufacturing equipment 제조 장비 **operate** 작동되다, 가동하다 **worker** 노동자, 근로자

4. 첫 번째 괄호는 while 뒤 분사구문을 고르는 문제로 뒤에 목적어 유무를 따져야 하지만 work는 자동사이므로 뒤에 목적어가 없어도 p.p.가 아닌 -ing를 써야 한다. 따라서 working이 답이다. 두 번째 괄호는 관용 표현으로 unless otherwise p.p로 쓰고, 해석은 '달리 p.p.된 바 없으면'이란 뜻이다. 따라서 contracted가 답이다. 물론 목적어가 없어서 p.p.이기도 하다.

정답 working / contracted

해석 당신은 정기적으로 받을 수 있을 것입니다 / 보너스를 / Don 사에서 일하는 동안에 / 달리 계약된 바 없으면.

표현 정리 regularly 정기적으로 **receive** 받다, 받아들이다 **bonus** 상여금 **while** ~동안에 **unless otherwise contracted** 달리 계약된 바 없으면

1. We는 사람이므로 delighted가 답이다.

정답 delighted

해석 우리는 기쁘다 / 당신의 필요에 대해 상의하게 되어.

표현 정리 delight 매우 기쁘게 하다, 아주 즐겁게 하다 **discuss** 상의하다 **need** 요구, 필요

2. Customers는 사람이므로 dissatisfied가 답이다.

정답 dissatisfied

해석 서비스에 불만을 느낀 고객들은 우리에게 전화할 수 있다.

표현 정리 customer 손님, 고객 **dissatisfy** 불만을 느끼게 하다
call 전화하다

3. marine experiences는 사물이므로 exciting이 답이다.

정답 exciting

해석 당신은 가장 흥미진진한 바다 경험을 가질 수 있습니다 / 우리의 관광
패키지로.

표현 정리 excite 흥분시키다 marine 바다의 tour package 관광
패키지, (여행사의) 일괄 알선 여행

4. activities는 사물이므로 amusing이 답이다.

정답 amusing

해석 Ms. Spring은 그 활동들이 매우 즐겁다고 생각한다.

표현 정리 activity 활동 amuse 즐겁게 하다

실전 적용 문제

1. 빈칸은 be동사의 보어가 되는 분사 자리로, 뒤에 목적어가 없으므로 과
거분사가 들어가야 한다.

(A) 과거분사라서 **정답**

(B) 동사 또는 명사라서 오답. 명사가 보어가 되려면 주어와 동격의 관계(회
사 차량들 = 사용)가 되어야 한다.

(C) 명사라서 오답. 명사가 보어가 되려면 주어와 동격의 관계(회사 차량들 =
사용법)가 되어야 한다.

(D) 현재분사로, 뒤에 목적어가 있어야 하므로 오답

정답 (A)

해석 회사 소유 차량들은 이용되어야 한다 / 업무 목적으로만.

표현 정리 company-owned vehicle 회사 소유 차량 business
purpose 업무 목적

2. 빈칸은 주어인 뒤의 명사를 수식해줄 분사 자리이다.

(A) 동사원형이자 동사의 복수형이라서 오답

(B) 과거분사로, contract가 의미상의 목적어가 되므로 **정답. '제안된 계약'**
이라는 의미가 자연스럽다.

(C) 현재분사로, contract가 의미상의 주어가 될 수 없으므로 오답. '계약이
제안하다'는 의미가 부자연스럽다.

(D) 동사의 단수형이라서 오답

정답 (B)

해석 제안된 계약이 거절되었다 / 회사가 받았기 때문에 / 더 좋은 제안을.

표현 정리 proposed 제안된 contract 계약 reject 거절하다
receive 받다 offer 제안

3. 빈칸은 명사를 뒤에서 수식해줄 분사 자리로, 뒤에 목적어가 있으므로
현재분사가 들어가야 한다.

(A) 정동사라서 오답

(B) **현재분사로, 앞의 명사를 수식하며 뒤에 목적어를 가지므로 정답**

(C) to부정사로, '~가 직면하기 위해서'라는 부사적 용법의 해석도 어색하고
'~가 직면할 어려움'이란 형용사적 용법의 해석도 어색하므로 오답

(D) 정동사라서 오답

정답 (B)

해석 Ms. Dana가 강연을 할 것이다 / 어려움을 다루는 방법에 관한 / 패션
업계가 직면하고 있는.

표현 정리 give a speech 강연을 하다 deal with 다루다, 처리하다
difficulty 어려움 face 직면하다

4. 빈칸은 뒤의 명사를 수식해줄 분사 자리로, 의미상 목적어가 될 수 있는
명사 앞에는 과거분사가 들어가야 한다.

(A) **과거분사로, e-mail system이 의미상 목적어가 될 수 있으므로 정답.**
'이메일 시스템을 업그레이드시킨다'는 의미 관계는 자연스럽다.

(B) 동사의 단수형 또는 복수명사라서 오답

(C) 현재분사로, e-mail system이 의미상의 주어가 될 수 없으므로 오답. '이
메일 시스템이 업그레이드시킨다'는 의미 관계는 부자연스럽다.

(D) 동사의 복수형 또는 단수명사라서 오답

정답 (A)

해석 업그레이드된 이메일 시스템은 작동이 시작되지 않을 것이다 / 오늘
저녁 6시까지.

표현 정리 upgraded 업그레이드된 begin 시작되다 operation 작동,
운영

▶ 고난도!

5. 빈칸은 be동사의 보어가 될 분사 자리로, 뒤에 목적어가 있으므로 현재
분사가 들어가야 한다.

(A) 과거분사로 뒤에 목적어가 올 수 없으므로 오답

(B) **현재분사라서 정답**

(C) 동사의 단수형이라서 오답

(D) 동사의 복수형이라서 오답

정답 (B)

해석 Cranberry Suites 주민들이 / 건설 프로젝트를 재고하고 있다 / 스포
츠 종합 단지를 위한.

표현 정리 resident 주민 reconsider 재고하다 construction 건설
sports complex 스포츠 종합 단지

6. 빈칸은 명사를 뒤에서 수식해줄 분사 자리로, 뒤에 목적어가 없으므로
과거분사가 들어가야 한다.

(A) 동사의 단수형 혹은 복수명사라서 오답

(B) **과거분사라서 정답**

(C) 현재분사라서 오답. 현재분사가 오면 뒤에 목적어가 필요하다.

(D) 동사원형 또는 명사라서 오답

정답 (B)

해석 Sena Cosmetics 사의 저희는 / 삭제할 권리를 보유합니다 / 어떤 콘텐츠도 / 저희 회사의 웹사이트에 게시된.

표현 정리 reserve the right to do ~할 권리를 보유하다 delete 삭제하다 content 콘텐츠, 내용물 post 게시하다

7. 빈칸은 접속사 when 뒤에 주어가 생략된 분사구문의 분사 자리이다. 그런데 to the next spot을 수식어로 빼낸 후 목적어가 없다고 과거분사를 답으로 하면 함정에 빠진다. move는 여기서 '~로 이동하다'라는 뜻으로 사용되는 자동사이므로 목적어 없이 바로 to와 같이 사용한다. 즉 빈칸은 현재분사 자리이다.

(A) 현재분사라서 정답. 접속사 before/after/while/when 뒤에는 주로 현재분사가 온다. when (you are) moving to the next spot이라고 이해하면 된다.

(B) 정동사라서 오답. 정동사가 오려면 when 다음에 주어가 필요하다.

(C) move는 '~로 이동시키다'라는 뜻의 타동사도 되므로 when 다음에 과거분사 형태로 올 수도 있다. 그러나 when (you are) moved to the next spot은 '누군가에 의해서 억지로 옮겨진다'는 의미 관계가 되어 어색하다.

(D) 동사원형 또는 명사라서 오답

정답 (A)

해석 잊지 말고 분명히 하세요 / 모든 멤버들이 버스에 타고 있다는 것을 / 다음 장소로 이동할 때.

표현 정리 ensure that ~을 확실히 하다 be on the bus 버스에 타고 있다 spot 장소

▶ 고난도!
8. 빈칸은 뒤의 명사를 수식해줄 분사 자리로, 감정을 주는 대상 앞에는 현재분사가 들어가야 한다.

(A) 과거분사로, comic books가 감정을 받는 대상이 될 수 없으므로 오답

(B) 명사라서 오답

(C) 현재분사로, comic books가 감정을 주는 대상이므로 정답

(D) 부사라서 오답. 부사가 바로 뒤의 형용사 comic을 수식해 준다고 볼 수 없다. comic books는 '만화책'이라는 뜻으로 하나의 명사라고 생각하면 이해하기 쉽다. 명사 앞에는 형용사 기능의 단어가 와야 한다.

정답 (C)

해석 Mr. Corazon은 써왔다 / 몇몇의 가장 흥미를 불러일으키는 만화책들을 / 최근 몇 년간.

표현 정리 several of 몇몇의 intrigue 흥미를 불러일으키다

9. 빈칸 앞에 콤마와 완전한 문장이 있으면 빈칸은 분사구문의 분사 자리로, 빈칸 뒤에 목적어가 있으므로 현재분사 자리이다.

(A) 과거분사라서 오답.

(B) 동사의 단수형이라서 오답

(C) 과거진행시제로, 정동사라서 오답

(D) 현재분사로, 뒤에 목적어 her colleagues가 있으므로 정답

정답 (D)

해석 Lora Antonio가 올해의 직원 상을 받았다 / 그녀의 동료들을 놀라게 만들며 / 회사에서 그녀의 빠른 성취로.

표현 정리 receive 받다 the employee of the year award 올해의 직원 상 colleague 동료 accomplishment 성취, 달성

10. 빈칸은 뒤의 명사를 수식해줄 분사 자리로, 의미상 목적어가 될 수 있는 명사 앞에는 과거분사가 들어가야 한다.

(A) 현재분사로, envelope이 의미상 주어가 될 수 없으므로 오답. '봉투가 동봉한다'는 의미 관계는 부자연스럽다.

(B) 동사라서 오답

(C) 명사라서 오답. enclosure envelope라는 복합명사는 존재하지 않는다.

(D) 과거분사로, envelope이 의미상 목적어가 될 수 있으므로 정답. '봉투를 동봉한다'는 의미 관계는 자연스럽다.

정답 (D)

해석 무료 점심 쿠폰을 얻기 위해서는 / 그저 신청서를 작성하고 / 그것을 우편으로 보내세요 / 동봉된 봉투에 넣어.

표현 정리 win 얻다 simply 단지, 그저 fill out an application form 신청서를 작성하다 mail 우편으로 보내다 envelope 봉투

11. 빈칸은 명사를 뒤에서 수식해줄 분사 자리로, 뒤에 목적어가 없으므로 과거분사가 들어가야 한다.

(A) 동사의 단수형이라서 오답

(B) 동사라서 오답. 미래시제이다.

(C) 현재분사로 뒤에 목적어가 없으므로 오답. 현재분사는 목적어가 필요하다.

(D) 과거분사라서 정답

정답 (D)

해석 Mr. Hiwei는 긴밀하게 일하고 있다 / 여러 전문가들과 / 계획과 관련된 / 환경을 깨끗하게 유지하기 위한.

표현 정리 work closely with ~와 긴밀하게 일하다 expert 전문가 initiative (새로운) 계획 environment 환경

12. 빈칸은 뒤의 명사 ideas를 수식해줄 분사 자리로, 의미상 목적어가 될 수 있는 명사 앞에는 과거분사가 들어가야 한다.

(A) 현재분사로, ideas가 의미상 주어가 될 수 없으므로 오답. '아이디어가 제안한다'는 의미 관계는 부자연스럽다.

(B) 명사라서 오답

(C) 동사라서 오답

(D) 과거분사로, ideas가 의미상 목적어가 될 수 있으므로 정답. '제안된 아이디어'라는 의미 관계는 자연스럽다.

정답 (D)

해석 Pamskin 주민들이 모일 것이다 / 이야기하기 위해 / 몇몇 제안된 혁신적인 아이디어들에 관해 / 그 중 어느 것도 / 대중에게 이제껏 제시된 적 없었던.

표현 정리 resident 주민 gather 모이다 innovative 혁신적인.

획기적인 public 대중

13. 빈칸은 문두에서 주어를 수식해줄 분사 자리로, 뒤에 목적어가 없으므로 과거분사가 들어가야 한다.

(A) 동사원형이자 동사의 복수형이라서 오답

(B) 동사의 단수형이라서 오답

(C) 현재분사로, 뒤에 목적어가 없으므로 오답

(D) 과거분사라서 정답

정답 (D)

해석 도시의 언덕 면에 위치해 있는 / Blueberry Bistro는 식사하는 이들에게 인기가 있다 / 그곳의 경치 좋은 전망과 / 맛있는 식사들로.

표현 정리 situate 위치시키다 hilly side 언덕 면 popular 인기 있는 scenic view 경치 좋은 전망 tasty 맛있는

14. 빈칸은 be동사의 보어가 되는 분사 자리로, 뒤에 목적어가 있으므로 현재분사가 들어가야 한다.

(A) 동사라서 오답

(B) 과거분사라서 오답. be p.p.가 되므로 목적어를 갖지 않는다.

(C) 현재분사라서 정답

(D) 명사라서 오답

정답 (C)

해석 최신 트렌드에 발맞추기 위해 / Omash Fragrance는 자사의 사업을 확장할 것이다 / 프랑스에서.

표현 정리 keep up with 발맞추다, 쫓아가다 latest 최신의 trend 트렌드, 경향 expand 확장하다 operation 사업, 운영

15. 빈칸은 명사를 뒤에서 수식해줄 분사 자리로, 뒤에 목적어가 없으므로 과거분사가 들어가야 한다.

(A) 과거분사라서 정답

(B) 현재분사로, 뒤에 목적어가 없으므로 오답

(C) '관계대명사＋동사'로, 단수 선행사에 수일치 되지 않고 뒤에 목적어가 없어서 수동태(be p.p.)가 되어야 하므로 오답

(D) 정동사의 수동태라서 오답

정답 (A)

해석 Bigwell 역사 박물관은 위치해 있다 / 쇼핑 단지 바로 맞은 편에 / 쇼핑객들로 붐비는.

표현 정리 be located 위치해 있다 directly opposite 바로 맞은편에 shopping complex 쇼핑 단지

16. 빈칸은 be동사의 보어가 되는 분사 자리로, 주어가 감정을 받는 것이므로 과거분사가 들어가야 한다.

(A) 동사원형이자 명사로, 명사인 경우 주어와 동격 관계가 될 수 없으므로 오답

(B) 동사의 단수형이라서 오답

(C) 감정을 주는 것일 때 쓰는 현재분사라서 오답

(D) 과거분사로, 감정을 받는 것이므로 정답

정답 (D)

해석 여러분은 놀랄 수도 있습니다 / 인쇄된 이미지들이 얼마나 다른지 보면 / 컴퓨터 상의 원래의 것들과.

표현 정리 surprise 놀라게 하다 image 이미지 original 원래의

'준동사' 종합 문제 |파트5|

1. 빈칸 앞에는 소유격, 뒤에는 명사가 있으므로 빈칸은 명사를 수식해줄 형용사 자리이다.

(A) 동사의 단수형이라서 오답

(B) 동사원형이라서 오답

(C) 현재분사이므로 형용사 기능이 있지만 '도착 시간(arrival time)이 변경한다'는 의미상 주어 관계가 되어 오답

(D) 과거분사이므로 형용사 기능이 있으며 '도착 시간(arrival time)을 변경한다'는 의미상 목적어 관계가 되므로 정답

정답 (D)

해석 의장의 변경된 도착 시간으로 인해 / 인사부장이 출장 요리 업체에 전화했고 / 저녁식사 예약을 취소했다.

표현 정리 due to ～로 인해 chairman 의장 rescheduled 일정이 변경된 caterer 출장 요리 업체 cancel 취소하다 reservation 예약

2. 빈칸 앞에는 전치사, 뒤에는 '소유격＋명사'가 있으므로 빈칸은 타동사로 만든 동명사 자리이다.

(A) 명사라서 오답

(B) 동사라서 오답

(C) 동명사라서 정답

(D) 명사라서 오답

정답 (C)

해석 Paso Tech의 모든 공장 직원들은 유지할 책임이 있다 / 자신들의 장비를 / 정상적으로 작동하도록.

표현 정리 factory worker 공장 직원 be responsible for ～할 책임이 있다 maintain 유지하다 equipment 장비 in working order 정상적으로 작동하는

3. 빈칸 앞에는 완전한 문장이 있어 빈칸 뒤에는 수식어의 기능을 할 수 있는 성분이 필요하다.

(A) 현재시제 동사의 단수형이라서 오답

(B) 과거시제로는 오답이고, 과거분사로는 수식어가 될 수 있으나 이어서 목적어인 much cheaper raw materials가 올 수 없다.

(C) 미래시제라서 오답

(D) to부정사는 부사의 기능이 있으므로 수식어가 될 수 있고, much cheaper raw materials는 to부정사의 목적어가 되므로 정답

정답 (D)

해석 Ms. Ruiz는 현지 공급 업체를 방문했다 / 훨씬 더 저렴한 원자재를 구하기 위해 / 자신이 개발 중이었던 제품을 위한.

표현 정리 visit 방문하다 **local supplier** 현지 공급 업체 **procure** 구하다, 조달하다 **cheap** 저렴한 **raw materials** 원자재 **develop** 개발하다

4. 빈칸 앞에는 be동사, 뒤에는 전치사가 있으므로 빈칸은 보어가 되는 과거분사 자리이다.

(A) 동사원형이자 동사의 복수형이라서 오답

(B) 동사의 단수형이라서 오답

(C) 과거분사라서 정답

(D) 현재분사라서 오답. 현재분사는 목적어가 필요하다.

정답 (C)

해석 저희 서비스에 만족하시는 고객들은 / 친절하게 권고 받습니다 / 제공된 설문지를 작성하도록.

표현 정리 be satisfied with ~에 만족하다 **kindly** 친절하게 **be advised to do** ~하도록 권고 받다 **fill out** (양식 등을) 작성하다 **questionnaire** 설문지

5. 빈칸 앞에는 정동사, 뒤에는 '관사＋명사'가 있으므로 빈칸은 목적어를 가지는 준동사 자리이다.

(A) consider는 to부정사를 목적어로 갖지 않아서 오답

(B) consider의 목적어가 되는 동명사이므로 정답

(C) 정동사라서 오답

(D) 과거시제 또는 과거분사라서 오답. 과거분사는 consider의 목적어가 될 수 없다.

정답 (B)

해석 시 의회는 고려해야 한다 / 부지를 구입하는 것을 / 새로운 주민 자치 센터를 위한 / 여론에 응하여.

표현 정리 city council 시 의회 **consider** 고려하다 **community center** 주민 자치 센터 **in response to** ~에 응하여 **public opinion** 여론

6. 빈칸 앞에는 전치사, 뒤에는 관사(the)와 명사(ingredients)가 있으므로 빈칸은 뒤에 타동사로 만든 동명사 자리이다.

(A) 명사라서 오답. 명사는 목적어를 갖지 않는다.

(B) 동명사라서 정답. 타동사로 만든 동명사는 뒤에 목적어를 가진다.

(C) 과거시제 또는 과거분사라서 오답

(D) 동사원형이자 동사의 복수형이라서 오답

정답 (B)

해석 그 수석 요리사는 자부한다 / 가장 신선한 재료만을 선택하는 것에 대해 / 자신의 모든 요리를 위해.

표현 정리 head chef 수석 요리사 **pride oneself on** ~에 대해 자부한다[자랑하다] **ingredient** 재료 **cuisine** 요리

7. 빈칸 앞에는 관사, 뒤에는 명사가 있으므로 빈칸은 명사를 수식해 줄 형용사 자리이다.

(A) 과거분사이므로 형용사 기능이 있으며 '값(value)을 평가한다'는 의미상 목적어 관계가 되므로 정답

(B) 명사라서 오답. appraisal value라는 복합명사는 없다.

(C) 명사라서 오답. apparition value라는 복합명사는 없다.

(D) 현재분사이므로 형용사 기능이 있으나 '값(value)이 평가한다'는 의미상 주어 관계가 되어 오답

정답 (A)

해석 한 뉴스 보도에 따르면 / 주택 소유주들은 자신들의 주택에 가격을 매겼다 / 1.5퍼센트 더 높게 / 이번 분기에 평가된 가격보다.

표현 정리 according to ~에 따르면 **homeowner** 주택 소유주 **price** 가격을 매기다 **appraised** 평가된, 감정된 **value** 값, 가치 **quarter** 분기

8. 문장 맨 앞의 It이 가리키는 말이 없으므로 가주어/진주어 구문이다. 빈칸에는 동사원형이 들어가 to부정사를 이루어야 진주어가 될 수 있다.

(A) 동사원형이라서 정답. 'to + 동사원형'은 to부정사가 되며, 따라서 to 이하가 진주어가 된다.

(B) 미래시제라서 오답. 이미 정동사 is가 있다.

(C) 동사의 단수형이라서 오답. 이미 정동사 is가 있다.

(D) 과거시제 또는 과거분사라서 오답

정답 (A)

해석 중요하다 / Annex Apartment의 모든 세입자들이 그들의 자동차를 등록하는 것이 / 관리 부서에 / 주차증을 받기 위해.

표현 정리 tenant 세입자 **register A with B** A를 B에 등록하다 **Administrative Department** 관리 부서 **parking permit** 주차증

9. 빈칸은 접속사 As 뒤에 주어와 be동사가 생략된 분사구문의 분사 자리로, 뒤에 목적어가 없으므로 과거분사 자리이다.

(A) 명사라서 정답

(B) 동사원형이라서 오답

(C) 현재분사라서 오답. 현재분사가 올 경우는 분사의 목적어가 필요하다.

(D) 과거분사라서 정답. 특히 접속사 as/once/unless/if 뒤에는 주로 과거분사가 온다.

정답 (D)

해석 어제 전화 회의에서 논의된 대로 / 관리자들을 위한 회사의 연례 야유회가 / 연기될 것이다 / 7월 말까지.

표현 정리 discuss 논의하다 **conference call** 전화 회의 **annual retreat** 연례 야유회 **postpone** 연기하다

10. 빈칸 앞에는 be동사, 뒤에는 전치사가 있으므로 빈칸은 보어가 되는 과거분사 자리이다.

(A) 과거분사라서 정답

(B) 동사의 단수형이라서 오답

(C) 현재분사라서 오답. 현재분사는 뒤에 목적어가 필요하다.

(D) 동사원형이자 동사의 복수형이라서 오답

정답 (A)

해석 자신들의 지원서를 보내는 개인들은 / 인터넷을 통해 / 마감일 후에 / 면접에 고려되지 않을 것이다.

표현 정리 individual 개인 application 지원서 due date 마감일 consider 고려하다 interview 면접

11. 빈칸은 정동사(hope)의 목적어가 될 준동사 자리로, hope는 to부정사를 목적어로 취하는 동사이다.

(A) 미래시제라서 오답

(B) to부정사라서 정답. initiatives는 to부정사의 목적어이다.

(C) to부정사이지만 수동태라서 오답. to부정사의 수동태는 목적어(initiatives)를 갖지 않는다.

(D) 동명사 혹은 현재분사라서 오답

정답 (B)

해석 지방 자치 정부는 앞장서기를 바란다 / 미세 먼지를 줄이는 것에 / 삼림을 유지하는 것뿐만 아니라.

표현 정리 municipal government 지방 자치 정부 take initiatives in ~에 앞장서다, 주도하다 reduce 줄이다 micro-dust 미세먼지 sustain 유지하다 forestry 삼림

▶고난도!
12. 빈칸은 접속사 if 뒤에 주어와 be동사가 생략된 분사구문의 분사 자리로, 뒤에 목적어가 없으므로 과거분사 자리이다.

(A) to부정사라서 오답

(B) 과거분사라서 정답. 특히 접속사 as/ once/unless/if 뒤에는 주로 과거분사가 온다.

(C) 현재분사라서 오답. 현재분사가 올 경우는 분사의 목적어가 필요하다.

(D) 동사원형이자 동사의 복수형이라서 오답

정답 (B)

해석 1년 계약이 이루어질 수 있다 / 수락이 된다면 / 비록 공급업체가 처음에 제안했더라도 / 6개월 계약을.

표현 정리 agreement 계약 accept 수락하다 supplier 공급업체 initially 처음에 offer 제안하다, 제시하다 contract 계약

13. 빈칸 앞에는 전치사, 뒤에는 전명구가 있으므로 빈칸은 전명구의 수식을 받을 명사 자리이다. 그러나 '자동사+with'의 동명사 형태도 올 수 있다는 것을 몰랐다면 함정에 빠질 수 있다.

(A) 동명사라서 정답. partner with(~와 제휴하다)는 덩어리 동사이며, be in the process of ~ing라는 숙어와도 잘 어울린다.

(B) 명사이지만 의미상 어색해서 오답. be in the process of 다음에는 행위를 나타내는 말이 어울린다. partnership은 행위보다는 제휴 관계 자체를 가리킨다.

(C) 명사이지만 단수명사이므로 앞에 관사/소유격 등이 와야 해서 오답

(D) 과거시제 또는 과거분사라서 오답

정답 (A)

해석 Neo Soft는 Nespress와 제휴하는 과정에 있다 / 커피 자판기를 설치하기 위해 / 자사의 구내에.

표현 정리 be in the process of ~ing ~하는 과정에 있다 partner with ~와 제휴하다 install 설치하다 vending machine 자판기 premises 구내, 부지

14. 빈칸 앞에는 명사, 뒤에는 전명구가 있으므로 빈칸은 전명구의 수식을 받는 복합명사를 만들 명사나 명사를 뒤에서 수식해줄 형용사 자리이다.

(A) 'that+동사'는 형용사절로 뒤에서 명사를 수식할 수 있지만, 단수 주어(lane)에 수일치되지 않는 동사의 복수형이라서 오답

(B) 수동태 동사의 복수형이라서 오답

(C) 현재분사도 명사 뒤에서 수식할 수 있지만 뒤에 목적어가 필요하므로 오답

(D) 과거분사라서 정답. 과거분사는 뒤에서 명사를 수식할 수 있다.

정답 (D)

해석 자전거 이용자들을 위해 지정된 도로는 / 이용되어서는 안 된다 / 보행자들에 의해 / 어느 때라도 / 안전을 보장하기 위해.

표현 정리 lane 도로, 노선 designated 지정된 bicyclist 자전거 이용자 pedestrian 보행자 ensure 보장하다 safety 안전

▶고난도!
15. 빈칸 앞에는 정관사, 뒤에는 명사가 있으므로 빈칸은 명사를 수식해줄 형용사 자리이다. overwhelm은 사람을 수식할 경우 과거분사(-ed), 사물을 수식할 경우 현재분사(-ing)를 쓴다.

(A) 현재분사라서 정답. 사물인 number를 수식한다.

(B) 동사원형이자 동사의 복수형이라서 오답

(C) 부사라서 오답

(D) 동사의 단수형이라서 오답

정답 (A)

해석 압도적인 수로 판단하건대 / 사전 등록된 참석자들의 / 저희는 추정합니다 / 올해 총회가 역대 가장 성공적일 것이라고.

표현 정리 judging from ~로 판단하건대 overwhelming 압도적인 preregistered 사전 등록된 attendee 참석자 assume 추정하다 successful 성공적인

16. 빈칸 뒤의 콤마까지는 이어지는 완전한 문장을 수식하는 to부정사나 콤마 뒤의 주어를 수식하는 분사가 필요하다.

(A) to부정사라서 정답. to부정사는 문장 전체를 수식하는 기능이 있다.

(B) 동사라서 오답. 문장에 동사가 2개면 접속사가 필요하다.

(C) 분사나 동명사의 수동태 표현으로, 뒤에 목적어가 있어서 오답

(D) 과거시제로 보면 (B)와 같은 이유로 오답이고, 과거분사로 보면 목적어를 갖지 않아서 오답

정답 (A)

해석 조용한 사무실 환경을 조성하기 위해서 / 경영진은 요청했다 / 직원들이 그들의 휴대 전화를 무음으로 해놓도록 / 근무 시간 중에.

표현 정리 establish 조성하다, 확립하다 office setting 사무실 환경 management 경영진 silence 조용하게 하다, (휴대 전화를) 무음으로 해놓다 during working hours 근무 시간 중에

> 고난도!

17. 빈칸 앞에 완전한 문장이 있으므로 빈칸은 동사를 수식하는 to부정사 또는 빈칸 앞 명사를 수식하는 분사 자리이다.

(A) to부정사가 오면 '초점을 맞추기 위해서 합류했다'는 어색한 의미가 되어 오답. TV 쇼가 초점을 맞추는 것이지 사람이 초점을 맞추는 것이 아니다.

(B) 동사원형이자 동사의 복수형이라서 오답

(C) 현재분사라서 정답. '이국적인 음식 여행에 초점을 맞춘 TV 쇼'라는 자연스러운 의미 관계가 형성된다.

(D) 미래시제라서 오답

정답 (C)

해석 칼럼니스트 Susan Jang은 *Weekly Gourmet*에 합류했다 / 유명한 TV 쇼인 / 이국적인 음식 여행에 초점을 맞추는.

표현 정리 join 합류하다 famous 유명한 focus on ~에 초점을 맞추다, ~에 집중하다 exotic 이국적인

18. 빈칸은 5형식 동사 made의 목적어 뒤에 목적격 보어가 될 형용사 자리이다. annoy는 감정 동사로서 보통 사람을 수식할 땐 annoyed, 사물을 수식할 땐 annoying을 쓴다.

(A) make는 목적격 보어로 동사원형이 가능하나 이 경우 annoy의 목적어가 필요하다.

(B) make는 목적격 보어로 명사를 취할 수는 있으나 목적어는 사람이고 목적격 보어인 annoyance는 사람이 아니므로 동격이 될 수 없어서 오답

(C) annoying은 목적어가 사물일 때 사용하므로 오답

(D) annoyed는 목적어가 사람일 때 사용하므로 정답

정답 (D)

해석 Mr. Clark은 그의 직속 상사를 짜증나게 만들었다 / 직장에 자주 늦음으로써.

표현 정리 immediate supervisor 직속 상사 annoyed 짜증난 frequently 자주

19. 빈칸 앞에 about은 전치사이므로 이어서 명사나 동명사가 와야 한다고 생각하면 함정에 빠질 수 있다. 미래 상당 어구 'be about to 동사원형'을 알고 있으면 쉽게 풀 수 있는 문제이다.

(A) 과거시제라서 오답. 이미 is 동사가 나와 있으므로 동사가 또 나올 수 없다.

(B) 'be about to 동사원형'은 '~할 예정이다'라는 표현으로 '전시회가 다음 주에 열릴 것'이라는 자연스러운 의미를 이루므로 정답

(C) 미래완료시제 동사라서 오답

(D) 동명사로 볼 경우 '전시회가 다음 주에 열리는 것에 관한 것'이라는 어색한 의미가 되어 오답

정답 (B)

해석 Ms. Lee는 요즘 아주 바쁘다 / 그녀가 준비하고 있는 전시회가 / 다음 주에 열릴 예정이어서.

표현 정리 these days 요즘 exhibition 전시회 organize 준비하다, 조직하다 be about to do ~할 예정이다 take place 열리다, 개최되다

20. 빈칸은 동사의 단수형 is 앞에 오는 주어 자리로, 뒤에 명사절을 목적어로 가지는 동명사가 와야 한다.

(A) to부정사라서 오답. 속담, 격언 같은 특수한 경우를 제외하고 to부정사는 주어로 쓸 수 없다.

(B) 명사라서 오답. that절이 완전한 형태의 명사절이기 때문에 그 앞에 명사는 올 수 없다.

(C) 동사라서 오답

(D) 동명사라서 정답. 동명사는 명사절(that절)을 목적어로 취할 수 있다.

정답 (D)

해석 확실히 하는 것은 / 제조 장비가 제대로 작동하는 것을 / 정비 요원들의 책무 중 하나이다.

표현 정리 ensure 확실히 하다 manufacturing equipment 제조 장비 work 작동하다 properly 제대로, 적절하게 maintenance crew 정비 요원들 responsibility 책무

21. 빈칸은 정동사 is 뒤에 보어 자리로, 현재분사나 과거분사를 생각할 수 있다. 하지만 목적어가 없다고 해서 수동태를 만들기 위해 과거분사를 고르면 함정에 빠진다. increase는 자동사, 타동사가 모두 가능하므로 '스마트폰 사용자들의 수가 증가하고 있다'는 진행의 의미라면 -ing도 올 수 있기 때문이다. 의미상 스마트폰 사용자들의 수가 증가하고 있는 것이 완료된 상황이 되어야 p.p.를 쓸 수 있다.

(A) 동사원형이자 동사의 복수형이라서 오답

(B) 동사의 단수형이라서 오답

(C) 과거분사가 오면 증가가 완료된 느낌이다. '여전히 기능성 휴대폰의 사용이 여전히 흔하다'는 것은 스마트폰 사용자들의 수가 계속 증가하는 상황이지 증가가 완료된 상황이라 보기 어려우므로 오답

(D) 현재분사가 오면 증가가 계속되고 있는 느낌이므로 정답

정답 (D)

해석 개발도상국들에서 / 스마트폰 사용자들의 수가 증가하고 있다 / 기능성 휴대폰의 사용이 여전히 흔한 반면에.

표현 정리 developing country 개발도상국 feature phone 기능성 휴대폰(스마트폰 전 단계인 전화 기능 위주의 휴대폰) common 흔한

> 고난도!

22. 빈칸 앞에는 정동사 has been, 뒤에는 목적어가 없으므로 빈칸은 과거분사 자리이다. 여기서 to부정사는 목적어가 아니다. confirm은 to부정사를 목적어로 취하지 않기 때문이다.

(A) 과거분사라서 정답

(B) 동사원형이자 동사의 복수형이라서 오답

(C) 동명사 또는 현재분사라서 오답

(D) 동사의 단수형이라서 오답

정답 (A)

해석 새로 임명된 지역 관리자가 확인되었다 / 받은 것으로 / 올해의 영업

사원 상을 / 그의 뛰어난 성과에 대해.

표현 정리 **newly appointed** 새로 임명된 **regional manage** 지역 관리자 **be confirmed** 확인되다 **receive** 받다 **outstanding performance** 뛰어난 성과

'준동사' 종합 문제 |파트6|

문제 23-26번은 다음 이메일을 참조하시오.

수신: 전 직원
발신: angela@genetech.com
날짜: 12월 12일
제목: 설문조사

좋은 아침입니다.

이제 작성할 때입니다 / 연례 직원 만족도 조사를. 이것은 여러분이 저희에게 알릴 기회입니다 / 여러분의 생각을 / 여기 GeneTech에서 일하는 것에 대해. 여러분이 제공하는 답변들은 / 우리가 만드는 데 도움이 될 것입니다 / 여러분의 일자리를 가능한 한 좋게.

알아두세요 / 여러분의 응답은 기밀이라는 것을. 여러분은 요청되지 않을 것입니다 / 어떠한 개인 정보도 제공하도록 / 이름 또는 직원 번호 같은 / 설문조사를 작성할 때. 또한 설문조사를 실시하는 회사는 직접적인 의견을 공유하지 않을 것입니다 / GeneTech와.

여러분은 내일까지 이메일을 받아야 합니다. ²⁶그것에는 링크가 포함되어 있을 것입니다 / 설문조사에, 그곳으로 가세요 / 그리고 여러분의 생각을 공유해 주세요 / 회사에 관한.

Angela Hartman
인사부

표현 정리 **complete** (양식을) 작성하다 **annual** 연례의 **satisfaction survey** 만족도 조사 **chance** 기회 **thought** 생각, 의견 **provide** 제공하다 **employment** 일자리, 고용 **possible** 가능한 **aware** 알고 있는 **personal information** 개인 정보 **employee** 직원 **in addition** 또한, 게다가 **conduct** 실시하다 **share** 공유하다 **direct** 직접적인 **comment** 의견 **contain** 포함하다

23. 빈칸은 전치사 뒤 명사 자리이다.

(A) 일하는 중이다 ➡ 동사라서 오답

(B) 일하는 것 ➡ 동명사라서 정답. work는 자동사라서 목적어가 없이도 동명사 형태로 쓸 수 있다.

(C) 일해졌다 ➡ 동사라서 오답

(D) 작업하다 ➡ 동사라서 오답

정답 (B)

24. 팟6에서 형용사 어휘 문제는 주로 빈칸 문장이 아닌 다른 문장에서 단서가 제시된다.

(A) 승인된 ➡ 답변을 승인 받을 이유가 없어서 오답

(B) 개인의 ➡ 답변이 개인적이라는 말은 어색해서 오답

(C) 기밀의 ➡ 빈칸 뒤의 문장에서 어떠한 개인 정보도 요청되지 않는다고 하므로 정답

(D) 모호한 ➡ 답변이 모호하다는 말은 어색해서 오답

정답 (C)

25. 빈칸은 명사와 명사 사이에 들어갈 전치사 자리이다. 동사 share와 어울리는 전치사를 골라야 한다.

(A) ~에게 ➡ share와 어울릴 수 없어 오답. to는 보내거나 덧붙이는 동작과 어울린다.

(B) ~와 함께 ➡ share A with B(A와 B를 공유하다)의 형태로 쓰이므로 정답. 설문조사를 시행하는 회사가 GeneTech와 직접적인 내용을 공유하지 않는다는 내용이 자연스럽다.

(C) ~사이에 ➡ among 뒤에는 복수명사가 와야 하므로 오답

(D) ~에 ➡ at 뒤에는 회사명을 쓸 수 있으나 설문조사를 시행하는 회사가 GeneTech에 와서 공유하는 것은 아니라서 오답

정답 (B)

26. 빈칸 앞의 문장은 '내일 받을 이메일'에 관한 내용이다. 따라서 이어지는 문장도 이와 같은 주제가 나와야 한다.

(A) 대부분의 직원들이 이미 제출했습니다 / 그들의 답변을. ➡ 아직 응답을 하지 않았기 때문에 오답

(B) 저희는 고대하고 있습니다 / 여러분을 그곳에서 보기를. ➡ 앞 문장과 뒤의 문장에 장소에 대한 언급이 없어서 오답

(C) 여러분의 응답에 감사합니다. ➡ 아직 응답을 하지 않았기 때문에 오답

(D) 그것에는 링크가 포함되어 있을 것입니다 / 설문조사에. ➡ 이메일에 관한 이야기이므로 정답

정답 (D)

표현 정리 **turn in** 제출하다 **look forward to ~ing** ~하기를 고대하다 **response** 응답

문제 27-30번은 다음 정보를 참조하시오.

여러분이 구매한 Dension 전자레인지는 / 중요한 가전제품이 될 것입니다 / 여러분의 주방에. 따라서 그것을 제대로 작동하는 것이 확실히 보장해줄 것입니다 / 여러분의 오븐을 최대한 활용하도록. 여기에 그렇게 하기 위한 약간의 조언이 있습니다. 첫째, Denison에서 제조한 용품들을 쓰는 것이 가장 좋습니다 / 여러분의 오븐을 작동시킬 때. 저희의 다양한 종류의 접시, 냄비, 그리고 프라이팬은 / 사용하기에 안전하도록 보장해줍니다 / 여러분의 전자레인지에서. 둘째, 여러분의 오븐이 제대로 작동하지 않는다면 / 스스로 고치려고 시도하지 마세요. ²⁹이것이 추가적인 문제를 유발할 수 있습니다 / 여러분의 보증으로 보장되지 않는. 대신에, 저희 수신자 부담 전화번호로 전화해서 / 가장 가까운 자격 있는 기술자가 있는 곳을 찾아보고 / 그 사람이 여러분의 오븐을 살펴보도록 약속을 잡으세요.

표현 정리 **microwave oven** 전자레인지 **purchase** 구매하다 **appliance** 가전제품 **kitchen** 주방 **operate** 작동시키다, 조작하다 **properly** 제대로 **ensure** 확실히 하다, 보장하다 **get the most out of** ~을 최대한 활용하다 **tip** 조언 **manufacture** 제조하다 **pot** 냄비 **guarantee** 보장하다 **safe** 안전한 **attempt** 시도하다 **repair** 수리하다; 수리 **toll-free** (전화가) 수신자 부담의, 무료의 **arrange** 준비하다, 약속을 정하다 **look at** 살펴보다

27. 접속부사 문제는 빈칸 앞뒤 문장을 요약한 후 논리 관계를 따져보고 역접 → 인과 → 시간 → 조건 → 추가/강조 → 예시 순으로 대입하여 푼다. 빈칸 앞은 '구매한 제품이 주방에서 중요하다'는 것이고 빈칸 뒤는 '제대로 작동시켜야 제품을 최대한 활용할 수 있음을 보장해준다'는 것이다. 이는 인과 관계이다.

(A) 또 한편으로는 ➡ 추가 관계의 접속부사라서 오답

(B) 마지막으로 ➡ 앞에 여러가지를 언급하고 마지막으로 결론을 짓는 상황이 아니므로 오답

(C) 이럼에도 불구하고 ➡ 역접 관계가 아니므로 오답

(D) 그러므로 ➡ 인과 관계이므로 정답. 중요하니까 제대로 작동시켜야 하는 것이다.

정답 (D)

28. 팟6에서 명사 어휘 문제는 주로 빈칸이 있는 문장만 봐서는 풀리지 않고 앞뒤의 문장에서 근거를 찾아야 한다.

(A) 음식 ➡ manufactured(제작된)과 잘 어울리지 않아서 오답

(B) 용품 ➡ manufactured(제작된)과 잘 어울리므로 정답. 또한 뒤의 문장에서 다양한 주방 용품이 열거되어 있다.

(C) 전기 ➡ manufactured(제작된)과 잘 어울리지 않아서 오답

(D) 조종 장치 ➡ 문맥상 전혀 관련이 없어 오답

정답 (B)

29. 빈칸 앞의 문장은 자가 수리 금지에 관한 언급인데, 이어지는 문장도 이와 같은 주제가 나와야 한다.

(A) 이것이 추가적인 문제를 유발할 수 있습니다 / 여러분의 보증으로 보장되지 않는. ➡ 자가 수리에 대한 추가적인 설명을 하고 있으므로 정답

(B) 반드시 여러분 오븐의 플러그를 뽑으세요 / 언제든 그것을 쓰지 않을 때는. ➡ 플러그에 대한 내용이므로 오답

(C) 여러분의 식사는 완벽하게 나올 것입니다 / 요리법을 주의 깊게 따른다면. ➡ 레시피에 대한 내용이므로 오답

(D) 여러분의 오븐을 가끔 청소하세요 / 그것의 수명을 늘리는 데 도움이 되도록. ➡ 수명에 관한 내용이므로 오답

정답 (A)

표현 정리 additional 추가적인 warranty 보증(서) unplug 플러그를 뽑다 perfectly 완벽하게 follow 따르다 recipe 요리법 clean 청소하다 from time to time 가끔, 이따금 extend 연장하다 lifetime 수명

30. 명사를 수식해주는 형용사 자리이다.

(A) 자격을 주는 ➡ 수식을 받는 명사가 자격을 주는 주체가 아니라서 오답

(B) 자격증 ➡ 명사라서 오답

(C) 자격이 있는 ➡ 사람과 쓰이므로 정답. '자격 있는 기술자'란 의미를 이룬다.

(D) 자격을 얻다[주다] ➡ 동사라서 오답

정답 (C)

Unit 07 가산/불가산 혹은 의미 구분으로 푼다. - 명사 문법

전략 1 | 점검 퀴즈

1. 괄호 뒤에 단수동사 is가 쓰였으므로 단수명사인 summary가 답이다.

정답 summary

해석 요약본은 첨부되어 있다 / 이메일에.

표현 정리 summary 요약본 attach 첨부하다

2. 괄호 앞에 부정관사 a가 있으므로 단수명사인 confirmation이 답이다.

정답 confirmation

해석 주최자는 발급할 것이다 / 당신에게 / 확인서를 / 곧.

표현 정리 organizer 주최자 issue 발급하다 confirmation 확인서

3. 괄호 앞에 관사도 소유격도 없는데, 보기가 가산명사이므로 복수명사인 managers가 답이다.

정답 managers

해석 정책은 요구한다 / 매니저들에게 / 증명서를 가지고 있을 것을.

표현 정리 policy 정책 require 요구하다 manager 매니저 certificate 증명서

4. several은 복수와 어울리는 형용사이므로 복수명사인 files가 답이다.

정답 files

해석 몇개의 파일들이 있다 / 캐비닛에 / 당신이 참고할 수 있는.

표현 정리 several 몇 개의 file 파일 cabinet 캐비닛 refer to 참고하다

전략 2 | 점검 퀴즈

1. knowledge는 불가산명사이므로 복수형을 쓰지 않는다. 따라서 knowledge가 답이다.

정답 knowledge

해석 우리의 판매 직원들은 가지고 있다 / 광범위한 지식을 / 그 분야에서.

표현 정리 sales clerk 판매 직원 extensive 광범위한 knowledge 지식 field 분야

2. refund는 가산명사이므로 a refund가 답이다.

정답 a refund

해석 당신은 제시해야만 합니다 / 원래의 영수증을 / 환불을 받기 위해서.

표현 정리 present 제시하다 original 원래의 receipt 영수증 get a refund 환불을 받다

3. readership은 '구독자 수'라는 뜻으로 쓰일 때 불가산명사이므로 readership이 답이다.

정답 readership

해석 출판물 구독자 수는 / HQ Magazine의 / 감소할 것이다.

표현 정리 print 인쇄(물), 출판물 readership 독자 수 decrease 감소하다

4. support는 '지지'라는 뜻일 때 불가산명사이므로 support가 답이다.

정답 support

해석 우리는 우리의 목표를 달성했다 / 지지 때문에/ 지역 사회로부터의.

표현 정리 reach ~에 이르다, 달성하다 due to ~때문에 support 원조, 조력, 지지 community 지역 사회, 공동체

---

1. 소인이 찍히는 것은 사람이 아닌 사물이므로 application이 답이다.

정답 application

해석 당신의 신청서는 소인이 찍혀야만 한다 / 6월 3일까지.

표현 정리 application 신청서 applicant 신청자, 지원자 postmark ~에 소인을 찍다

2. 증가하는 것은 사람이 아닌 참석률이 자연스러우므로 attendance가 답이다.

정답 attendance

해석 현지 극장의 참석률은 증가했다 / 최근에.

표현 정리 attendant 종업원, 안내원 residence 참석률 local theater 현지 극장 increase 증가하다 recently 최근에

3. 불평은 사람이 하는 것이므로 residents가 답이다. residences는 '거주지'라는 뜻이다.

정답 residents

해석 대부분의 주민들은 항의했다 / 새로운 정책에 대해.

표현 정리 resident 거주자, 주민 residence 주택, 거주지 complain 불평하다, 항의하다 policy 정책

4. experienced는 사람과 어울리는 형용사이므로 architect가 답이다.

정답 architect

해석 우리는 고를 것이다 / 가장 경험 있는 건축가를 / 그 프로젝트를 위해.

표현 정리 architecture 건축학 architect 건축가 project 프로젝트 experienced 경험 있는

---

1. 증가할 수 있는 것은 '농산물'이 아닌 '생산성'이다. 따라서 productivity 가 답이다.

정답 productivity

해석 조립 라인의 현대화 덕분에 / 생산성이 증가했다 / 20%만큼.

표현 정리 thanks to ~덕분에 modernization 현대화 assembly line 조립 라인 produce 생산물, 농산품 productivity 생산성 increase 증가하다

2. 수익성 있는 회사로 '변천'했다는 의미가 자연스러우므로 transition이 답이다.

정답 transition

해석 Balot 사는 성공적으로 변천했다 / 수익성 있는 회사로.

표현 정리 successfully 성공적으로 transition 변천 transit 수송 profitable 수익성 있는 business 회사

3. 근처 가게의 '개업'이 있을 것이라는 의미가 자연스러우므로 opening 이 답이다.

정답 opening

해석 근처 가게의 개업이 있을 것이다 / 내일.

표현 정리 grand opening 개업 openness 솔직함 nearby 근처의 store 가게 take place 일어나다, 개최되다

4. 정부가 발표한 것은 '성명서'일 것이므로 statement가 답이다.

정답 statement

해석 정부에 의해 발표된 성명서는 / 놀라게 했다 / 많은 사람들을.

표현 정리 state 주(州), 상태 statement 성명서 issue 발급하다 government 정부 surprise 놀라게 하다

---

1. a large number of는 복수명사와 쓰이므로 shipments가 답이다.

정답 shipments

해석 많은 가전제품의 배송품들이 한국에 도착했다 / 작년에.

표현 정리 a large number of 많은 appliance 가전제품 shipment 배송(품) come to ~에 오다

2. office supplies는 '사무용품'이라는 복합명사이므로 supplies가 답이다. office supplier는 '사무실 공급자'라는 의미가 되는데 의미도 어색하지만 supplier가 가산명사이므로 office 앞에 한정사를 쓰거나 복수형인 suppliers로 써야 하므로 오답이다.

정답 supplies

해석 사무용품은 주문되어야 한다 / 지금 당장.

표현 정리 office supplies 사무용품 supplier 공급자 order 주문하다 right away 지금 당장

3. three가 있으므로 뒤에 복수명사가 와야 한다. branch가 단수명사이므로 뒤에 locations와 복합명사를 이룬다는 것을 알 수 있다. located를 답으로 하면 branches라고 해야 하므로 오답이다.

정답 locations

해석 내년까지 / Holon사는 가지게 될 것이다 / 세 개의 지점들을 / 한국에서.

표현 정리 branch location 지점

4. 기사를 기고할 때 참고할 것은 글자 수, 글자 크기 등 '제출을 위한 지침'이지 '제출된 지침'이 아니다. 제출되는 것은 기사이므로 submitted는 오답이고 guidelines와 복합명사를 이루는 submission이 답이다.

정답 submission

해석 참고하세요 / 제출 지침서를 / 당신의 기사를 기고할 때.

표현 정리 refer to ~를 참고하다 submission guidelines 제출 지침서 contribute 기고하다 article 기사

실전 적용 문제

1. 빈칸 앞에 완전한 문장이 있다고 생각하여 부사를 답으로 하면 함정에 빠질 수 있다. 항상 복수명사의 가능성도 생각해야 한다. piano와 결합된 복합명사도 가능하며 이는 해석으로 구분해야 한다. 새로운 앨범이 피아노를 포함할지 피아노 변주곡을 포함할지를 생각할 수 있어야 풀 수 있는 문제이다.

(A) 형용사라서 오답

(B) 단수명사가 오면 a와 결합하여 복합명사를 이룬다. '하나의 피아노 변주곡을 포함한다'는 해석도 자연스럽다.

(C) 완전한 문장 뒤에는 부사가 답이라고 생각하여 정답으로 한다면 '앨범이 피아노를 포함한다'는 어색한 의미가 된다.

(D) a piano와 같이 사용할 수 없는 복수명사라서 오답

정답 (B)

해석 Nilsson의 새 앨범은 포함하고 있다 / 전통 민요에 대한 피아노 변주곡을 / 1870년대에 유래된.

표현 정리 include 포함하다 piano variation 피아노 변주곡 traditional folk song 전통 민요 originate 유래하다

2. 빈칸 앞에는 '타동사 + 형용사'가 뒤에는 전치사구가 있으므로 빈칸은 명사 자리이다. 그리고 앞에 관사나 소유격 같은 한정사가 없으므로 복수명사나 불가산명사가 들어가야 한다.

(A) 단수명사라서 오답

(B) 동사의 과거시제 또는 수식어 역할을 할 수 있는 과거분사라서 오답

(C) 불가산명사라서 정답. access는 '접속, 이용'이라는 뜻으로 쓰인다.

(D) 단수명사라서 오답

정답 (C)

해석 DIY 가이드는 제공한다 / 무료 접속을 / 다양한 온라인 설명서에 / 정원을 만드는 것에 대한.

표현 정리 do-it-yourself guide DIY 가이드 access 접속, 이용 various 다양한 online tutorial 온라인 설명서

3. 빈칸은 문장의 주어가 될 동명사나 명사 자리로, 앞에 관사나 소유격 등 한정사가 없으므로 복수명사나 불가산명사가 들어가야 한다.

(A) 동명사로 주어 자리에 올 수 있지만 동명사 자신의 목적어가 필요해서 오답

(B) 복수명사라서 정답

(C) 단수명사라서 오답. 상품권은 사람이 받는 것이므로 의미상으로도 적절하지 않다.

(D) 단수명사이자 형용사라서 오답

정답 (B)

해석 응답자들은 제공받을 것이다 / 500달러 상품권을 / 상환될 수 있는 / 어느 Lohaio 체인점에서나.

표현 정리 respondent 응답자 gift certificate 상품권 redeem 상환하다

4. 빈칸은 수량형용사 뒤에서 문장의 주어가 될 명사 자리로, registered는 사람이 하는 행위이므로 사람 명사가 들어가야 한다.

(A) '전시회'라는 뜻의 사물 명사이자 '전시하다'라는 동사의 단수형이라서 오답

(B) '전시회'라는 뜻의 사물 명사라서 오답

(C) 복수의 사람 명사라서 정답. '(전시회 등의) 출품자, 전시자'라는 뜻으로 쓰인다.

(D) 과거시제 또는 과거분사라서 오답

정답 (C)

해석 많은 출품자들이 이미 등록했다 / 올해의 가전 제품 전시회에.

표현 정리 exhibitor 출품자, 전시자 register for ~에 등록하다 consumer electronics 가전 제품

5. 빈칸 앞에 타동사인 정동사 write와 그 목적어인 letters가 있으므로 빈칸은 명사를 수식해줄 형용사 자리이다. 그러나 빈칸에 명사가 와서 복합명사가 될 가능성도 고려해야 함정에 빠지지 않는다.

(A) 동사라서 오답

(B) '추천서(reference letter)'라는 뜻의 복합명사를 만들 수 있으므로 정답

(C) 과거분사로 보면 형용사 자리에 올 수 있지만, '언급된 편지들'이라는 의미는 어색하므로 오답

(D) reference는 가산/불가산명사가 모두 되지만 복합명사를 만들 때는 불

가산명사만 가능하므로 오답

정답 (B)

해석 Ms. Hepburn은 추천서를 써줄 것이다 / 학생들에게만 / 모든 시험을 보고 / 그녀가 주는 과제들을 완료하고 / 그리고 높은 점수를 받는.

표현 정리 reference letter 추천서 take an exam 시험을 보다 complete 완료하다 assignment 과제 grade 점수

6. 빈칸은 동사 learn 앞의 주어가 될 수 있는 사람 명사 자리이다.

(A) 동명사로 주어 자리에 올 수 있지만 이어서 동명사의 목적어가 필요해서 오답

(B) 사람 명사라서 정답. University graduates는 '대학 졸업생'이라는 뜻이다.

(C) 동사의 과거형 또는 수식 역할을 할 수 있는 과거분사라서 오답

(D) 사물 명사라서 오답

정답 (B)

해석 대학 졸업생들은 배울 수 있다 / 고용 기회에 대해 / 자신들의 연구 분야와 관련된 / 캠퍼스의 직업 센터를 방문함으로써.

표현 정리 graduate 졸업생 employment opportunity 고용 기회 related to ~와 관련된 field of study 연구 분야 career center 직업 센터

7. 빈칸 앞에는 전치사, 뒤에는 부사절이 있으므로 빈칸은 전치사의 목적어가 될 명사 자리로, 빈칸 앞에 한정사가 없으므로 복수나 불가산명사가 필요하다.

(A) 단수명사이므로 앞에 한정사가 필요해서 오답

(B) 명사가 될 수 있지만 단수명사이므로 앞에 한정사가 필요해서 오답

(C) 부사라서 오답

(D) 불가산명사라서 정답. '일정 수준의 전문성을 가지고 있다'라는 의미도 자연스럽다.

정답 (D)

해석 분석가들은 입증해야 한다 / 그들이 가지고 있다는 것을 / 일정 수준의 전문성을 / 그들의 연구 결과를 발표할 때.

표현 정리 analyst 분석가 prove 입증하다 professionalism 전문성 present 발표하다 research result 연구 결과

8. 빈칸은 4형식 동사 gives의 직접목적어가 될 명사 자리로, 앞에 형용사만 있고 한정사가 없으므로 복수명사나 불가산명사 자리이다.

(A) 동사의 과거형 또는 과거분사라서 오답

(B) 동명사는 4형식 문장의 직접목적어가 될 수 없어서 오답

(C) '복귀자, 귀환자'라는 뜻의 단수명사라서 오답

(D) '수익'이란 뜻의 복수명사가 될 수 있으므로 정답. '비교적 높은 수익을 제공한다'라는 의미도 자연스럽다.

정답 (D)

해석 30년간의 사업 후에도 / 패션 업계에서 / Merit Apparel는 제공한다 / 자사의 투자자들에게 / 비교적 높은 수익을.

표현 정리 fashion industry 패션 업계 investor 투자자 comparatively 비교적, 상대적으로 return 수익

9. 빈칸 앞에는 전치사, 뒤에는 부사절이 있으므로 빈칸은 전치사의 목적어가 될 명사 자리로, 앞에 관사나 소유격 등 한정사가 없으므로 복수명사나 불가산명사 자리이다.

(A) 복수명사라서 정답

(B) 동명사는 자신의 목적어가 필요해서 오답

(C) 단수명사라서 오답. be entitled to 다음에는 동사도 올 수 있으므로 discount를 동사로 본다면 discount의 목적어가 필요하다.

(D) 형용사라서 오답

정답 (A)

해석 Lora사의 정규 직원들은 / 할인 받을 자격이 있다 / 그들이 Fitness X에 등록할 때 / 제공된 판촉 코드를 이용함으로써.

표현 정리 full-time employee 정규 직원 be entitled to ~을 받을 자격이 있다 register 등록하다 promotional code 판촉 코드

▶고난도!

10. 빈칸 앞에 정관사, 뒤에 전치사구가 있으므로 빈칸은 전치사구의 수식을 받는 명사 자리이다. 정관사(the)나 소유격은 단/복수 모두 올 수 있어 동사를 확인해야 하는데, 정동사 is가 단수이고 주어도 단수명사이므로 특별한 이유가 없는 한 빈칸도 단수명사가 와야 자연스럽다.

(A) 복수명사라서 오답. 주어와 명사 보어를 수일치하지는 않지만, 복수명사를 쓸 하등의 이유가 없어서 오답

(B) 동명사는 정관사 뒤에 올 수 없어서 오답

(C) 단수명사라서 정답. '그의 결정의 산물'이라는 의미도 자연스럽다.

(D) 동사이자 명사로, 명사일 경우 '농산물, 생산물'이라는 뜻인데 결정(decision)과 연결이 어색하므로 오답.

정답 (C)

해석 Mr. Hershel의 지역적인 평판은 / 주로 그의 결정의 산물이다 / 회사로 옮기기로 한 / 그의 고향에 기반을 둔.

표현 정리 local reputation 지역적인 평판 largely 주로 product 산물 decision 결정 based in ~에 기반을 둔

11. 빈칸 앞에 불가산명사 heavy equipment 앞에 부정관사 a가 있는 것으로 보아 빈칸은 heavy equipment와 함께 복합명사를 만들어줄 명사 자리이다. 앞에 부정관사(a)가 있으므로 단수의 복합명사를 완성해줄 단수명사가 들어가야 한다.

(A) 부사라서 오답

(B) 복수명사라서 오답

(C) 단수명사라서 정답

(D) 형용사라서 오답

정답 (C)

해석 커뮤니케이션 고문인 Mr. Jin이 / Water Resources의 캘리포니아 지부의 / 확인했다 / 한 근로자가 부상당했다는 것을 / 중장비 사고로.

표현 정리 advisor 고문, 조언가 Water Resources 수자원 confirm 확인하다 be injured 부상당하다 heavy equipment 중장비

accident 사고

12. 빈칸은 the city와 함께 복합명사를 형성하여 within의 목적어가 될 수 있는 명사 자리이다.

(A) 동명사라서 오답. 동명사는 앞에 the city와 쓸 수 없고 limiting 자신의 목적어가 필요하다.

(B) 복수명사라서 정답. within the city limits(시 경계 내에서)를 하나의 표현으로 알아두자.

(C) '(능력의) 한계, 약점'이라는 뜻의 불가산명사인데, city와 복합명사를 만들지 못한다.

(D) 형용사라서 오답

정답 (B)

해석 새로운 규정은 명기한다 / 운전자들이 허용되지 않는다는 것을 / 그들의 휴대폰을 사용하는 것이 / 시 경계 내에서 운전하는 동안.

표현 정리 regulation 규정 stipulate 명기하다, 규정하다 be allowed to do ~하는 것이 허용되다 within the city limits 시 경계 내에서

13. 빈칸 앞에는 형용사, 뒤에는 전치사구가 있으므로 빈칸은 명사 자리이다. 앞에 단수를 나타내는 부정관사(a)가 있으므로 단수명사가 들어가야 한다.

(A) 복수명사라서 오답

(B) '그룹을 짓기'라는 불가산명사일 때는 a와 사용하지 않아서 오답이고, 단수명사의 기능이 있지만 어떤 분류에 따라 배치된 일단의 무리를 뜻하는 말이므로 어색해서 오답.

(C) 단수명사라서 정답

(D) 과거시제 또는 과거분사라서 오답

정답 (C)

해석 그것의 제한된 크기 때문에 / 소규모 그룹의 사람들만이 해안으로 갈 수 있다 / 구명보트를 타고.

표현 정리 limited 제한된, 한정된 ride to ~로 타고 가다 shore 해안 lifeboat 구명보트

14. 빈칸 앞에는 불가산명사 safety, 뒤에는 복수의 정동사 are posted가 있으므로, 빈칸은 주어가 될 복합명사를 완성해줄 명사 자리이다. 앞에 한정사가 없고 정동사가 복수이므로 복수명사가 들어가야 한다.

(A) '지배, 판정'이라는 뜻의 불가산명사라서 오답

(B) 동사의 복수형 혹은 동사원형 혹은 단수명사라서 오답

(C) '지배자들'이라는 뜻의 사람명사이므로 게시된다는 말과 어울리지 않는다.

(D) 복수명사라서 정답. '안전 수칙들(safety rules)'이라는 의미도 자연스럽다.

정답 (D)

해석 여러분은 발견할 수도 있습니다 / 안전 수칙들이 게시된 것을 / 공장 입구 옆의 벽에.

표현 정리 safety rules 안전 수칙 be posted 게시되다 entrance 입구

15. 빈칸은 be동사의 보어가 될 형용사나 명사 자리로, There will be 뒤에는 명사가 연결되어야 하는데 앞에 한정사가 없으므로 복수명사나 불가산명사가 들어가야 한다.

(A) 동사의 과거형 또는 과거분사라서 오답

(B) 동명사로, 명사 역할을 할 수 있지만 자신의 목적어가 필요하므로 오답

(C) 복수명사라서 정답

(D) 단수명사라서 오답

정답 (C)

해석 지연이 있을 것이다. / 두세 시간 동안 / 도시를 빠져나가는 데 / 다가오는 퍼레이드로 인해 / 이번 금요일에 예정된.

표현 정리 delay 지연, 지연시키다 exit 나가다, 빠져나가다 upcoming 다가오는 parade 퍼레이드 scheduled 예정된

16. 빈칸은 수량형용사 뒤에 명사 tourist와 함께 주어가 될 복합명사를 만들어줄 명사 자리로, a large variety of 뒤에는 복수명사가 들어가야 한다.

(A) 복수명사라서 정답. tourist attractions(관광 명소들)을 하나의 표현으로 알아두자.

(B) 동명사는 단수취급하므로 오답

(C) 단수명사라서 오답

(D) 동사의 과거형 또는 과거분사라서 오답

정답 (A)

해석 아주 다양한 관광 명소들이 / 개발될 것이다 / 미국 관광 협회에 의해 / 내년에.

표현 정리 a large variety of 아주 다양한 tourist attraction 관광 명소 develop 개발하다 American Tourism Association 미국 관광 협회

Unit 08 비교급/최상급 혹은 문법성으로 푼다. - 형용사/부사 문법

전략 1 | 점검 퀴즈

1. later와 latest는 둘 다 부사이지만 than이 비교급의 단서가 되어 later가 답이다.

정답 later

해석 주문품은 배송되었다 / 이틀 더 늦게 / 평소보다.

표현 정리 order 주문(품) deliver 배송하다 than usual 평소보다

2. sharper와 sharpest는 둘 다 형용사이지만 소유격 its와 yet은 최상급의 단서가 되어 sharpest가 답이다.

정답 sharpest

해석 그 회사는 기록했다 / 가장 급격한 증가를 / 판매에서 / 지금껏.

표현 정리 company 회사 record 기록하다 sharpest 가장 급격한 increase 증가 sales 판매 yet 지금껏

3. most widely와 more widely는 둘 다 부사이지만 전치사 in이 최상급의 단서가 되어 most widely가 답이다.

정답 most widely

해석 중국어는 가장 널리 쓰이는 언어이다 / 세계에서.

표현 정리 Chinese 중국어 widely 폭넓게, 널리 language 언어

4. efficiently는 부사, more efficient와 efficient는 형용사이다. as ~ as 사이에는 원급만이 올 수 있고 work는 1형식 동사로 앞의 문장이 완전하므로 부사인 efficiently가 답이다.

정답 efficiently

해석 모든 직원들은 일했다 / 가능한 효율적으로.

표현 정리 employee 직원 work 일하다 efficiently 효율적으로 possible 가능한

전략 2 | 점검 퀴즈

1. another 뒤에는 단수명사, several 뒤에는 복수명사가 온다. 단, 6 months 같은 기간 명사가 오면 하나의 묶음으로 보아 another를 쓸 수 있으며 '추가로 ~만큼 더'라는 뜻을 나타낸다. several을 쓰려면 숫자가 없어야 한다.

정답 another

해석 저는 연장하고 싶습니다 / 저의 임대를 / 6개월 더.

표현 정리 extend 연장하다 lease 임대

2. every 뒤에는 단수명사, various 뒤에는 복수명사가 온다. 괄호 뒤에 복수명사인 areas가 있으므로 various가 답이다.

정답 various

해석 Kevin은 직책을 맡았다 / 다양한 지역에서.

표현 정리 occupy (직책을) 맡다 position 직책 various 다양한 area 지역

3. many는 복수명사 앞에 오는 형용사, plenty는 명사이다. 따라서 괄호 뒤에 복수명사가 있으므로 many가 답이다. plenty는 of가 있어야 뒤에 복수명사나 불가산명사를 수식하는 형용사가 된다. 'plenty of 복수/불가산명사'로 기억하자.

정답 many

해석 Chris Bike Rentals는 보유하고 있다 / 많은 손님들을 / 겨울 동안.

표현 정리 many 많은 customer 손님 during ~동안 winter 겨울

4. 명사 year 앞은 형용사 자리이므로 부사인 soon은 제외한다. 미래시제와 잘 어울리는 형용사인 upcoming이 답이다.

정답 upcoming

해석 다가오는 해에 / Linda Auto는 건설할 것이다 / 새로운 시설을.

표현 정리 soon 곧 upcoming 다가오는 build 짓다, 건설하다 facility 시설

전략 3 | 점검 퀴즈

1. 문장의 동사가 과거시제이므로 과거와 어울리는 부사인 previously가 답이다. in a moment는 미래시제와 어울린다.

정답 previously

해석 Mr. Park은 이전에 일했다 / 매니저 조수로서.

표현 정리 in a moment 곧, 바로 previously 이전에, 미리 serve 일하다

2. 괄호는 형용사 앞에 있다. 정도부사는 주로 형용사 앞에 위치해 정도를 묘사하는 부사로, 정도부사인 relatively가 답이다. carefully는 '주의 깊게'라는 뜻으로 주로 동사를 수식한다.

정답 relatively

해석 뉴스는 비교적 널리 퍼졌다 / 대중 사이에서.

표현 정리 relatively 비교적 widespread 널리 퍼진 public 대중

3. 괄호는 전명구 앞에 있다. 초점부사는 주로 전명구 앞에 위치하여 강조하는 부사로, 초점부사인 only가 답이다. closely는 주로 동사를 수식하는 부사이다.

정답 only

해석 50% 할인은 이용 가능하다 / 오직 다음 주까지만.

표현 정리 discount 할인 available 이용 가능한 closely 밀접하게, 친밀하게

4. hard는 부사로 쓰일 경우 '힘들게'란 뜻이며 동사 뒤에 위치한다. 준부정어인 seldom은 일반동사나 형용사의 앞에 오므로 정답이다. seldom과 같은 말은 hard가 아니고 hardly이다.

정답 seldom

해석 Mr. Watanabe는 거의 시간이 없다 / 당신을 만날 / 그는 바쁘기 때문에.

표현 정리 available 시간이 있다 meet 만나다 busy 바쁜

전략 4 | 점검 퀴즈

1. reliant를 쓰면 수식 받는 명사, 즉 source가 reliant(의존하는)의 주체가 되어 어색한 뜻이 된다. reliable을 쓰면 '믿을 수 있는 출처'라는 자연스러운 뜻을 이루므로 reliable이 답이다.

정답 reliable

해석 Michael은 정보를 얻었다 / 믿을 수 있는 출처로부터.

표현 정리 get 얻다 information 자료 reliable 믿을 수 있는 reliant 의존하는 source 출처, 정보원

2. comprehensible은 수식 받는 명사, 즉 knowledge가 이해의 주체가 되어 어색하다. comprehensive는 '종합적인 지식'이란 뜻을 이루므로 정답이다.

정답 comprehensive

해석 매니저는 가지고 있다 / 종합적인 지식을 / 마케팅에서의.

표현 정리 manager 매니저 comprehensible 이해할 수 있는 comprehensive 종합적인 knowledge 지식

3. lately는 '최근에'라는 뜻으로 현재완료시제와 어울린다. late는 '늦게'라는 뜻으로 stay up과 사용하여 '늦게까지 깨어 있었다'는 뜻을 이루므로 정답이다.

정답 late

해석 최근의 대량 주문을 이행하기 위해서 / Mr. Kim은 늦게까지 깨어 있었다 / 지난밤에.

표현 정리 fulfill 이행하다 recent 최근의 large order 대량 주문 stay up (자지 않고) 깨어 있다 late 늦게

4. 괄호 뒤에 숫자가 있으므로 숫자수식부사인 nearly가 답이다. near는 '가까이에'라는 뜻이다.

정답 nearly

해석 거의 75,000명의 사람들이 참석할 것으로 예상된다 / 전시회에 / 올해.

표현 정리 nearly 거의 be expected to do ~할 것으로 예상되다 attend 참석하다 exhibition 전시회

실전 적용 문제

▶고난도!

1. 빈칸 앞에는 정관사, 뒤에는 명사가 있으므로 빈칸은 명사를 수식해줄 형용사 자리이다. 형용사인 likely(있을 법한, 있음직한)를 -ly가 붙은 부사로 착각하면 함정에 빠질 수 있다.

(A) 단수동사라서 오답

(B) 형용사라서 정답. in the likely event that은 '혹시 ~인 경우에'라는 뜻이다.

(C) 과거분사로 형용사 역할을 할 수 있지만 '좋아진'이라는 의미가 어울리지 않아서 오답

(D) '애호, 좋아함'이라는 뜻의 명사이자 현재분사로 형용사 역할을 할 수 있지만 '좋아하는'이란 의미가 어울리지 않아서 오답

정답 (B)

해석 영업 부장이 고용할 준비를 하고 있다 / 전시회를 위한 추가 직원들을 / 그의 부서가 인원이 부족할 것 같은 경우에.

표현 정리 sales director 영업 부장 prepare to do ~할 준비를 하다 hire 고용하다 additional employees 추가 직원들 exhibition 전시회 in the event that ~한 경우에 understaffed 인원이 부족한

▶고난도!

2. 빈칸 뒤에 '형용사＋명사'가 있으므로, 빈칸은 형용사 앞에 위치해 형용사를 수식해줄 부사 자리이다.

(A) 형용사 앞에 쓸 수는 있으나 '여전히/아직도 교육적인'이라는 의미 관계는 앞에 역접의 내용을 이끄는 although, but 등이 있어야 어울리므로 오답

(B) '공손하게 교육적인'이라는 의미 관계는 어색해서 오답

(C) 전명구나 명사, 부사절을 강조하는 초점부사이자 비교급 수식 부사이므로 오답

(D) 주로 형용사/부사의 앞에 위치해 정도를 묘사하는 '매우'라는 뜻의 정도부사로 '매우 교육적인'이란 의미 관계를 형성하므로 정답

정답 (D)

해석 Wilson Academy는 제공한다 / 무료 심화 교육 세미나들을 / 지역 주민들에게 / 매주.

표현 정리 offer 제공하다 free 무료의 educational seminar 교육 세미나 local resident 지역 주민

3. 빈칸 앞까지 완전한 문장이므로 빈칸은 부사 자리이다.

(A) 명사라서 오답

(B) 형용사의 비교급이라서 오답. 형용사의 비교급도 형용사이다.

(C) 부사라서 정답

(D) 형용사의 최상급라서 오답. 형용사의 최상급도 형용사이다.

정답 (C)

해석 일기 예보에 따르면 / 태평양 지역은 너무 따뜻했다 / 최근에.

표현 정리 according to ~에 따르면 weather report 일기 예보 pacific region 태평양 지역 warm 따뜻한

4. 빈칸은 조동사와 정동사 사이에 있으므로 동사를 수식해줄 부사 자리로, 미래시제와 어울리는 부사가 들어가야 한다.

(A) 미래시제와 어울리는 부사라서 정답

(B) 형용사나 부사를 수식하는 정도부사라서 오답

(C) 주로 부정문, 의문문, 최상급에 쓰이는 부사라서 오답. 미래시제에서 쓰일 경우 주로 문장 끝에 위치하고, '이제, 앞으로'라는 뜻을 나타낸다.

(D) 전치사라서 오답

정답 (A)

해석 세계에서 두 번째로 높은 마천루가 곧 건설될 것이다 / Dubai의 남쪽 지역에.

표현 정리 skyscraper 마천루, 초고층 건물 be built 건설되다, 지어지다 southern part 남쪽 지역

5. 빈칸 앞까지 완전한 문장이므로 빈칸은 부사 자리로, 미래시제와 어울리는 부사가 들어가야 한다.

(A) '똑같이'라는 뜻의 부사인데 앞에 '명사 and 명사'가 언급되어야 하므로

(B) '대신에'라는 뜻의 부사로 '대신 토요일에 방영될 것이다'라는 자연스러운 의미를 이루므로 정답

(C) 주로 과거 또는 현재완료시제 동사와 함께 쓰는 부사라서 오답

(D) '거의 ~않다'라는 뜻으로, 조동사 뒤나 일반동사 앞에 위치하므로 오답

정답 (B)

해석 새로운 프로그램의 첫 방송은 / 일정이 재조정되었다 / 그리고 그것은 토요일에 방영될 것이다 / 대신에.

표현 정리 premiere (영화의) 개봉, 첫 방송 reschedule 일정을 재조정하다 be shown 방영되다

6. 빈칸 앞에는 서수, 빈칸 뒤에는 형용사 역할을 하는 현재분사가 있으므로 빈칸은 형용사를 수식해줄 부사 자리이다. 서수 뒤에는 최상급 표현이 올 수 있다.

(A) 형용사라서 오답

(B) 동사라서 오답

(C) 최상급 부사라서 정답

(D) 비교급 부사라서 오답. 비교급을 쓰려면 than 등의 표현과 함께 비교 대상이 있어야 한다.

정답 (C)

해석 260만 주민들로 / Greenville은 네 번째로 가장 빠르게 성장하고 있는 도시이다 / 그 나라에서.

표현 정리 residents 주민 fourth 네 번째 growing 성장하는 nation 나라, 국가

7. 빈칸 앞에는 정동사, 뒤에는 숫자가 있으므로 빈칸은 형용사인 숫자를 수식해 줄 숫자수식부사 자리이다.

(A) 숫자수식부사라서 정답

(B) 부사로 쓰일 때는 동사 뒤에 위치해 '가장, 최고로 (많이)'라는 뜻을 나타내므로 오답

(C) the most는 형용사의 앞에 위치하여 최상급을 만드는 부사이므로 오답

(D) '대개는, 주로'라는 뜻이며, 명사, 동사, 형용사, 전명구를 수식하는 부사라서 오답

정답 (A)

해석 Mr. Yoon은 Sentiano Supply에서 일했음에도 불구하고 / 단 두 달 동안 / 그는 벌써 거의 10번 방문했다 / 지역 지사들을.

표현 정리 although ~에도 불구하고 work at ~에서 일하다 already 벌써, 이미 pay a visit 방문하다 local branch 지역 지사

8. 빈칸 앞에 시간 명사가 있으므로 빈칸은 시간 명사에 결합될 수 있는 시간부사 자리이다.

(A) 주로 문두에 오는 '마침내'라는 뜻의 부사라서 오답

(B) 뒤에 of가 연결되면 in spite of(~에도 불구하고)라는 전치사구가 되는데, 이럴 경우 72 hours가 명사로서 완전한 문장 다음에 오게 되므로 오답

(C) 뒤에 of가 연결되면 in case of(~인 경우에)라는 전치사구가 되는데, 이

럴 경우 72 hours가 명사로서 완전한 문장 다음에 올 수 없으므로 오답

(D) '미리, 사전에'라는 뜻의 부사로, 앞뒤의 말과 결합하여 '출발 72시간 이전에'라는 부사구를 형성하므로 정답

정답 (D)

해석 Star Airways는 승객들에게 권고한다 / 그들의 돌아오는 항공편을 재확인하도록 / 가급적이면 출발 72시간 이전에.

표현 정리 advise 권고하다, 조언하다 reconfirm 재확인하다 return flight 돌아오는 항공편 preferably 가급적이면 departure 출발

9. 빈칸 뒤의 item이 단수명사인데 앞에 한정사가 없으므로 한정사가 필요하다.

(A) 형용사라서 오답. 형용사는 명사를 수식할 수 있으나 여전히 앞에 한정사가 필요하다.

(B) 한정사의 기능을 하므로 정답. each는 단수명사와 잘 어울린다.

(C) 복수명사나 불가산명사를 수식하는 형용사라서 오답

(D) 형용사라서 오답. 형용사는 명사를 수식할 수 있으나 여전히 앞에 한정사가 필요하다.

정답 (B)

해석 확인해 주세요 / 목록에 각 항목을 / 주의 깊게 / 다음 단계로 이동하기 전에.

표현 정리 item 항목, 품목 carefully 주의 깊게, 신중히 move on to ~로 이동하다 stage 단계

▶고난도!

10. 빈칸은 뒤의 숫자를 수식할 숫자수식부사 자리이다.

(A) '~이상'이란 뜻으로 숫자 수식이 가능한 부사이지만, 3 hours 부분은 'before 구/절'과 함께 '~의 3시간 전에'라는 뜻을 나타내고, 'over 3 hours before 구/절'은 보통 앞에 전치사 for가 덧붙여져 '~전에 3시간 이상 동안'의 뜻을 나타낸다.

(B) '~보다 적게'라는 뜻인데, 2시간도 3시간보다 적은 것이고 1시간도 3시간보다 적은 것이다. 이렇게 되면 1시간 전에 도착해도 된다는 내용이 되어 어색한 의미가 되므로 오답

(C) '적어도'라는 뜻으로, 3 hours가 before와 함께 사용되면 '적어도 3시간 전에'라는 의미가 되어 정답

(D) '전혀'라는 뜻으로 주로 부정문과 함께 쓰이는 부사라서 오답

정답 (C)

해석 비행기 승객들은 도착해야 한다 / 적어도 3시간 전에 / 그들의 항공기가 출발하기 / 탑승 수속을 진행하기 위해.

표현 정리 airline passengers 비행기 승객들 arrive 도착하다 depart 출발하다 proceed with ~을 진행하다 boarding process 탑승 수속

11. 빈칸 앞에는 be동사, 뒤에는 전치사가 있으므로 빈칸은 보어가 될 명사나 형용사 자리이다. 모양이 유사하여 의미 구분이 필요한 형용사는 해석 및 앞뒤의 전치사 등을 단서로 정답을 고른다.

(A) 동사원형이라서 오답

(B) 동사의 단수형이라서 오답

(C) 형용사이지만 '의존할 수 있는'이라는 의미가 어색해서 오답

(D) 형용사로 '의존하는'이라는 의미가 자연스러워서 정답. be dependent on (~에 의존하다, ~에 달려 있다)을 하나의 표현으로 알아두자.

정답 (D)

해석 새로운 도서관의 건설은 / 시의 역량에 달려 있다 / 새로운 예산안을 통과시킬.

표현 정리 construction 건설 library 도서관 be dependent on ~에 달려 있다, ~에 의존하다 ability 역량, 능력 pass 통과시키다 budget 예산안

➤ 고난도!

12. 빈칸을 포함한 security personnel까지 주어이므로 빈칸에는 주어인 복합명사를 수식해줄 말이 필요하다. 이 경우 명사 앞에 위치해 그 의미를 강조해 줄 수 있는 초점부사(강조부사)를 골라야 한다.

(A) 명사를 수식해 그 의미를 강조해 줄 수 있는 초점부사라서 정답

(B) 전치사라서 오답. 전치사가 오면 are 앞이 전명구가 되어 주어가 없는 문장이 된다.

(C) 접속사라서 오답

(D) '꽤'라는 뜻의 부사이자 '예쁜'이라는 뜻의 형용사로, 형용사로 들어간다면 '예쁜 보안 요원들'이라는 의미가 어색하므로 오답

정답 (A)

해석 오직 보안 요원들만 / 들어가도록 허용된다 / 공장의 제한 구역에.

표현 정리 security personnel 보안 요원 be permitted to do ~하도록 허용되다 enter 들어가다 restricted area 제한 구역 factory 공장

13. 빈칸은 뒤에 전명구의 수식을 받으며 문장의 주어가 될 명사 혹은 대명사 자리로, 뒤의 than과 어울려야 하므로 비교급 표현이 필요하다.

(A) 대명사 기능이 있으나 앞에 the도 없고 비교급이 아니라서 오답

(B) 대명사 기능이 있으나 비교급이 아니라서 오답

(C) few의 비교급으로 대명사의 기능이 있어서 정답. '더 적은 사람들'이란 뜻이다.

(D) 대명사 기능이 있으나 비교급이 아니라서 오답

정답 (C)

해석 새로운 병가 정책의 시행으로 인해 / 그 회사 직원들의 더 적은 수가 / 병가를 낸다 / 이전의 어느 때보다.

표현 정리 due to ~로 인해 implementation 시행 sick leave policy 병가 정책 employee 직원 call in sick 병가를 내다 than ever before 이전의 어느 때보다.

➤ 고난도!

14. 빈칸 앞에는 주어, 뒤에는 정동사가 있으므로 빈칸은 부사 자리로, 현재시제와 어울리는 시제부사가 들어가야 한다. 단, 오답이 왜 오답인지 모르면 함정에 빠질 수 있다.

(A) '최근에'라는 뜻으로 주로 현재완료시제와 쓰는 부사라서 오답

(B) '정기적으로'라는 뜻으로 주로 현재시제와 함께 쓰는 부사라서 정답

(C) '신속하게'라는 뜻으로 동사와 함께 '신속하게 처리하다'라는 의미를 이루지만, 몇 주 전에 미리 신청을 해야 한다는 말과 모순되어 오답

(D) '동등하게'라는 뜻으로 주로 형용사를 수식하는 부사이며 동등하려면 비교 대상이 있어야 해서 오답

정답 (B)

해석 총무부는 정기적으로 요청들을 처리한다 / 그래서 직원들은 전근을 요청해야 한다 / 몇 주 전에 미리.

표현 정리 General Affairs Department 총무부 process 처리하다 request 요청 put in for 요청하다, 신청하다 transfer 전근 several weeks in advance 몇 주 전에 미리

15. 빈칸 뒤에 단수명사가 있으므로, 빈칸은 단수명사를 수식해줄 형용사 자리이다.

(A) 불가산명사나 복수명사를 수식하는 형용사라서 오답

(B) 단수명사 앞에 올 수 있는 형용사라서 정답

(C) 소유대명사라서 오답. 소유대명사는 형용사 기능이 없다.

(D) 뒤에 복수명사가 연결되어야 하는 수량 표현이라서 오답

정답 (B)

해석 저희 부서의 모든 컴퓨터는 / 다음 월요일에 점검 받기로 되어 있습니다 / 그것의 소프트웨어가 최신임을 확실히 하기 위해.

표현 정리 be to do ~하기로 되어 있다 check 점검하다 ensure 확실히 하다 up to date 최신(식)의

➤ 고난도!

16. 빈칸은 뒤에 전명구를 수식해줄 부사 자리로, 주절의 내용과 now(지금)와 대조될 수 있는 내용이 될 수 있어야 한다.

(A) 대명사 및 형용사라서 오답. little은 부사 기능이 있으나 전명구를 수식하지는 않는다.

(B) '충분한'이라는 뜻의 형용사인데, 딱히 수식해줄 성분이 없어서 오답

(C) '한쪽으로, 따로'라는 뜻의 부사로, 주로 동사 put, set 등과 사용하므로 오답. 딱히 수식해줄 말이 없다.

(D) seldom은 전명구인 out of town을 수식할 수 있으며 '거의 출장을 가지 않는'이란 뜻이 된다. 이 부분이 주어인 Mr. Gu를 수식하게 되면, 뒤이어 '이제는 공식 방문하고 있다'는 내용과 대조적으로 자연스럽게 연결되므로 정답

정답 (D)

해석 좀처럼 시외로 나가지 않는 / Mr. Gu가 이제는 공식 방문하고 있다 / 해외 고객들을 / 더 많은 사업 기회를 확보하기 위해.

표현 정리 out of town 시외로 나가는 make an official visit 공식 방문하다 overseas client 해외 고객 secure 확보하다 opportunity 기회

'품사 문법' 종합 문제 |파트5|

1. 빈칸은 조동사와 동사 사이에 위치한 부사 자리로, 미래시제와 어울리는 부사가 들어가야 한다.

(A) '곧'이라는 뜻으로 미래시제와 어울리는 부사라서 정답

(B) 과거 또는 현재완료시제와 어울리는 부사라서 오답

(C) 현재 또는 현재진행시제와 어울리는 부사라서 오답

(D) 주로 형용사/부사의 앞에 위치해 정도를 묘사하는 정도부사라서 오답

정답 (A)

해석 연구 결과가 곧 도와줄 것이다 / 과학자들이 발견하도록 / 고대사의 알려지지 않은 비밀들을.

표현 정리 research findings 연구 결과 scientist 과학자 discover 발견하다 unknown 알려지지 않은 secret 비밀 ancient history 고대사

2. 빈칸은 앞의 명사와 함께 복합명사를 만들어줄 명사 자리로, 정동사 are listed가 복수이므로 복수명사가 들어가야 한다. All community만으로는 복수명사가 아니다.

(A) 복수명사라서 정답

(B) 부사라서 오답

(C) 단수명사라서 오답

(D) 단수명사라서 오답

정답 (A)

해석 Hannahville에서 열리고 있는 모든 지역 사회 활동들은 / 게시판에 열거되어 있다 / 입구 근처에 있는.

표현 정리 community 지역 사회 be held 열리다, 개최되다 be listed on ~에 열거되어 있다 display board 게시판 entrance 입구

3. 빈칸은 5형식 동사인 make의 목적격 보어가 될 형용사 자리로, 앞에 비교급 수식부사인 even이 있으므로 형용사 비교급이 들어가야 한다.

(A) 형용사의 원급이라서 오답

(B) 부사라서 오답

(C) 형용사의 비교급이라서 정답

(D) 명사라서 오답

정답 (C)

해석 의제에 너무 많은 항목들은 / 훨씬 더 어렵게 만든다 / 우리 팀이 집중하는 것을 / 임박한 문제에.

표현 정리 item 항목 agenda 의제, 안건 focus on ~에 집중하다, ~에 초점을 맞추다 imminent 임박한 issue 문제, 사안

4. 빈칸은 접속사와 분사 사이에 위치한 부사 자리로, 추가/보충의 의미를 가진 분사를 연결해 줄 연결부사가 들어가야 한다.

(A) 추가/보충의 의미를 가진 연결부사라서 정답

(B) '마침내'라는 뜻이며 앞뒤 시간의 흐름이 다를 때 쓰는 부사라서 오답

(C) 주로 부정문, 의문문, 최상급과 어울리는 부사라서 오답

(D) 과거 또는 현재완료시제와 어울리는 부사라서 오답

정답 (A)

해석 매주 지역의 거리 축제는 돕는다 / 지역 경제를 부양하는 것을 / 또한 역할을 하면서 / 유명한 관광 목적지로서의.

표현 정리 weekly 매주의, 주 1회의 street fair 거리 축제 boost

부양하다, 증진시키다 local economy 지역 경제 serve as ~의 역할을 하다 famous 유명한 tour destination 관광 목적지 finally 마침내 previously 이전에

5. 빈칸은 형용사 뒤에 be동사의 보어가 되는 명사 자리로, 뒤에서 수식하는 that절의 동사가 단수이므로 단수명사가 들어가야 한다. 한편 형용사인 tech-oriented를 빼내면 앞에 부정관사 a도 단수명사에 대한 단서이다.

(A) 복수명사라서 오답

(B) 형용사의 비교급이라서 오답

(C) 동사의 과거형 또는 과거분사라서 오답

(D) 단수명사라서 정답

정답 (D)

해석 Lohan 사는 기술 지향의 회사이다 / 구축하는 것을 전문으로 하는 / 새로운 기술적인 솔루션을 / 그리고 새롭고 첨단인 제품들을 제공하는.

표현 정리 tech-oriented 기술 지향의 specialize in ~을 전문으로 하다 build 구축하다 technical 기술적인 offer 제공하다 advanced 첨단의, 고급의

6. 빈칸은 형용사 any의 수식을 받는 전치사의 목적어가 될 명사 자리로, 참조 번호를 언급할 대상을 나타내는 사물 명사가 들어가야 한다.

(A) 동사라서 오답

(B) '서신'이라는 뜻의 사물 명사라서 정답

(C) '특파원들'이라는 뜻의 복수의 사람 명사라서 오답

(D) '특파원'이라는 뜻의 단수의 사람 명사라서 오답. 형용사의 기능도 있으나 명사 자리이므로 오답

정답 (B)

해석 언급하는 것을 잊지 마세요 / 이 참조 번호를 / 어떤 서신에서도 / 저희 서비스 담당자들과의.

표현 정리 forget to do ~하는 것을 잊다 mention 언급하다 reference number 참조 번호 service representative 서비스 담당자

7. 빈칸은 be동사의 보어가 되는 형용사 자리로, 뒤에 than이 있으므로 형용사의 비교급이 들어가야 한다.

(A) 형용사의 최상급이라서 오답

(B) 동명사이자 현재분사라서 오답

(C) 형용사의 비교급이라서 정답

(D) 형용사의 원급이라서 오답

정답 (C)

해석 지난 분기별 보고서는 보여줬다 / TNQ Electronics의 수익이 더 낮았다는 것을 / 예상된 것보다.

표현 정리 last 지난 quarterly report 분기별 보고서 show 보여주다 earnings 수익, 수입 than anticipated 예상된 것보다

8. 빈칸 앞에는 정동사, 뒤에는 명사가 있으므로 빈칸은 뒤의 명사를 수식

해 줄 형용사 자리로, 복수명사 앞에 올 수 있는 형용사가 들어가야 한다.

(A) 단수명사 앞에 오는 형용사라서 오답

(B) 명사라서 오답. 형용사로 사용되려면 plenty of가 되어야 한다.

(C) 복수명사 앞에 오는 형용사라서 정답

(D) 불가산명사 앞에 오는 형용사라서 오답

정답 (C)

해석 Vegas 사에서 / 저희는 많은 방법들을 제공합니다 / 신입 사원들이 그들의 능력을 향상시킬.

표현 정리 provide 제공하다 way 방법, 방안 new recruit 신입 사원 enhance one's ability 능력을 향상시키다

▶고난도!

9. 빈칸 앞에는 형용사, 뒤에는 전치사구가 있으므로 빈칸은 형용사의 수식을 받는 명사 자리로, 앞에 한정사가 없으므로 복수명사나 불가산명사가 들어가야 한다.

(A) '비판, 비난'이라는 뜻의 불가산명사라서 정답

(B) '비평가'라는 뜻의 단수명사라서 오답

(C) '비평가들'이라는 뜻의 복수명사이므로 일단 들어갈 수 있으나 '비평가들 아래로 왔다'는 의미는 어색하고, '비판 하에 놓이게 되었다' 즉 '비판을 받았다'는 의미가 적절하므로 오답

(D) 부사라서 오답

정답 (A)

해석 사장이 혹독한 비판을 받았다 / 대중으로부터 / 그가 어떠한 즉각적인 조치도 취하지 않았다는 뉴스가 / 방송된 후에.

표현 정리 president 사장 come under harsh criticism 혹독한 비판을 받다 public 대중 take immediate measures 즉각적인 조치를 취하다 be broadcast 방송되다

10. 빈칸 앞에는 완전한 문장, 뒤에는 전명구가 있으므로 빈칸은 부사 자리로, 전명구 앞에 위치해 그 의미를 강조해줄 초점부사(강조부사)가 들어갈 수 있다.

(A) 초점부사라서 정답

(B) more가 오려면 비교 대상(than ~ 혹은 내용상)이 있어야 하므로 오답

(C) 전치사 또는 접속사라서 오답

(D) 주로 부정문, 의문문, 최상급과 어울리는 부사라서 오답

정답 (A)

해석 모든 직원은 쉽게 예측할 수 있었다 / 누가 다음 CEO가 될지 / 심지어 공식 발표 전에도.

표현 정리 employee 직원 be able to do ~할 수 있다 easily 쉽게 predict 예측하다 official announcement 공식 발표

▶고난도!

11. 빈칸 앞에 완전한 문장이 있어 부사가 들어갈 자리라고 판단하면 함정에 빠질 수 있다. 빈칸 앞의 명사와 함께 타동사의 목적어가 될 복합명사를 만들어 줄 명사 자리이다.

(A) 형용사라서 오답

(B) 부사로, '유용하게 확인한다'라는 말은 어색해서 오답

(C) 사람 명사로, '전기 사용자를 확인하다'는 말은 마치 작업자들이 다른 누군가 한 사람을 확인한다는 어색한 의미가 되므로 오답

(D) 명사로 '그들의 전기 사용량'이라는 의미가 적절해서 정답. 복합명사 electricity usage(전기 사용량)을 알아두자.

정답 (D)

해석 현장 근로자들은 정기적으로 확인해야 한다 / 그들의 전기 사용량을 / 특히 여름 동안에.

표현 정리 site worker 현장 근로자 regularly 정기적으로 electricity usage 전기 사용량 especially 특히

▶고난도!

12. 빈칸은 타동사 hired의 목적어로 형용사의 수식을 받는 명사 자리로, 앞에 관사(a)가 있으므로 고용한 대상이 될 수 있는 단수의 사람 명사가 들어가야 한다.

(A) 앞에 관사가 올 수 없는 '건축학', '건축 양식'이라는 뜻의 불가산명사라서 오답

(B) 복수명사라서 오답

(C) 형용사라서 오답

(D) 단수명사라서 정답

정답 (D)

해석 건설 회사가 고용했다 / 창의적인 건축가를 / 새로운 법인 사무실을 설계하기 위해.

표현 정리 construction company 건설 회사 hire 고용하다 creative 창의적인 design 설계하다 corporate office 법인 사무실 architectural 건축학[술]의

13. 빈칸 앞에는 완전한 문장, 뒤에는 숫자 표현이 있으므로 빈칸은 이 숫자 표현을 수식해 줄 숫자수식부사 자리이다.

(A) 숫자수식부사라서 정답

(B) than과 함께 쓰는 비교급 표현이라서 오답

(C) 비교급 혹은 최상급 강조부사라서 오답

(D) 주로 부정문, 의문문, 최상급에 쓰는 부사라서 오답

정답 (A)

해석 Maxstar의 최신 소프트웨어는 데이터를 처리한다 / 거의 두 배 빠르게 / 우리가 지금 쓰는 프로그램보다.

표현 정리 updated 최신의 process 처리하다 data 데이터 twice as fast as 두 배만큼 빠르게

14. 빈칸은 소유격 뒤에 오는 전치사의 목적어 자리로, 목적어 자리에 올 수 있는 명사 중에 의미상 적절한 것을 찾아야 한다.

(A) 명사로, '여러분의 참가'라는 의미가 자연스러워서 정답

(B) 동사라서 오답

(C) 명사이지만 '당신의 참가자'는 어색한 의미라서 오답

(D) 동사의 과거형 또는 과거분사라서 오답

정답 (A)

해석 저희는 여러분의 참여를 감사하게 생각합니다 / Help the Environment 운동에.

표현 정리 be grateful for ~을 감사하게 생각하다 participation 참여, 참가 environment 환경 initiative 계획

15. 빈칸은 be동사 is뒤에 오는 보어가 될 명사나 형용사 자리로, 앞뒤에 서로 비교 대상이 제시되어 있으므로 형용사 원급이나 비교급이 들어갈 수 있다.

(A) 뒤에 than이 필요한 비교급 표현이라서 오답

(B) 뒤에 than이 필요한 비교급 표현이라서 오답

(C) 접속사라서 오답

(D) '~보다 적은'이라는 뜻의 형용사 비교급이라서 정답. last year's 뒤에 registration fee가 생략된 문장이다.

정답 (D)

해석 올해 화훼 컨벤션의 등록비는 / 작년 것보다 적습니다 / 그러나 제공되는 무료 점심은 없습니다 / 이번에는.

표현 정리 registration fee 등록비 flower convention 화훼 컨벤션 free lunch 무료 점심 provided 제공되는 this time 이번에

16. 빈칸 앞에는 정동사, 뒤에는 전치사구가 있으므로 빈칸은 정동사의 목적어로 전치사구의 수식을 받는 명사 자리로, 앞에 한정사가 없으므로 복수명사나 불가산명사가 들어가야 한다.

(A) 동사의 과거형 또는 과거분사라서 오답

(B) 동사라서 오답

(C) '보조, 조수'라는 뜻의 단수명사로 앞에 한정사가 필요해서 오답

(D) 불가산명사라서 정답

정답 (D)

해석 이 장학금 프로그램은 계획된 것이다 / 도움을 구하고 있는 이들을 위해 / 고등 교육을 위한 재정 지원에.

표현 정리 scholarship 장학금 be planned for ~을 위해 계획되다 seek 구하다, 찾다 funding 재정 지원, 자금 제공 higher education 고등 교육, 대학 교육

▶고난도!
17. 빈칸은 정동사 앞에 위치해 있어 앞의 명사와 함께 복합명사를 만들어 줄 명사 자리로, 앞에 한정사도 없고 동사가 복수형이므로 복수명사 자리다. 주어와 동사 사이에 오는 부사 자리라고 성급히 단정하면 함정에 빠진다.

(A) 복수명사로 '시장 분석가들(Market analysts)'라는 의미도 자연스러워서 정답

(B) 부사라서 오답. 한정사가 없는 명사 Market 홀로 주어가 될 수 없으므로 뒤에 동사를 수식하는 부사는 들어갈 수 없다. 설사 한정사가 있다 하더라도 단수명사이므로 동사의 복수형과 같이 쓸 수 없다.

(C) 형용사라서 오답

(D) '분석'이라는 뜻의 불가산명사로 복합명사는 형성되지만 동사의 단수형으로 받아야 하므로 오답. 또한 '시장 분석(Market analysis)'은 사람이 아니라서 동사 assume과 어울리지 않는다.

정답 (A)

해석 시장 분석가들은 추측한다 / 많은 국가들이 점차적으로 낮출 것이라고 / 무역 장벽을 / 다양한 부문들에서의.

표현 정리 marker analyst 시장 분석가 assume 추측하다, 가정하다 nation 국가 gradually 점차적으로 reduce 낮추다, 줄이다 trade barrier 무역 장벽 various 다양한 sector 부문, 분야

18. 빈칸은 주어인 명사와 be동사 사이에 오는 부사 자리로, 앞뒤를 역접 관계로 이어줄 연결부사가 들어가야 한다.

(A) '게다가'라는 뜻으로 추가적인 내용을 연결할 때 쓰는 부사라서 오답

(B) 전치사라서 오답

(C) 역접의 의미를 가진 연결부사라서 정답

(D) 부정문 끝에 '또한'이라는 의미로 쓰는 부사라서 오답

정답 (C)

해석 상을 받은 영화임에도 불구하고 / Asian Cultural Festival에서 / My President는 그럼에도 불구하고 비평가들의 혹평을 받았다.

표현 정리 in spite of ~에도 불구하고 award-winning 상을 받은 be badly received 혹평을 받다 critic 평론가, 비평가

19. 빈칸은 소유격 뒤에 오는 명사 자리로, 뒤에 that절과 동격이 되는 사물 명사가 들어가야 한다.

(A) 동사라서 오답

(B) '확인하는 사람'이라는 뜻의 사람 명사라서 오답

(C) '확인'이라는 뜻의 사물 명사라서 정답

(D) 부사라서 오답

정답 (C)

해석 예약 부서의 확인에도 불구하고 / 회의실이 이용 가능하다는 / Mr. Watanabe는 그것에 대해 매우 걱정했다.

표현 정리 despite ~에도 불구하고 reservation department 예약 부서 conference room 회의실 available 이용 가능한 worried 걱정하는, 우려하는

20. 빈칸은 완전한 문장 뒤에 오는 부사 자리로, 미래시제와 어울리며 열리는 장소를 나타내 줄 장소부사가 들어가야 한다.

(A) 현재완료와 어울리는 부사라서 오답

(B) 행사가 열릴 장소를 나타내는 장소부사라서 정답

(C) '거의 ~아니다'라는 뜻의 준부정어로, 조동사나 be동사 뒤, 일반동사 앞에 위치하므로 오답

(D) 주로 형용사/부사의 앞에 위치해 정도를 묘사하는 정도부사라서 오답

정답 (B)

해석 연례 기금 모금 행사가 / 지역 사회 센터와 병원을 위한 / 다른 곳에서 열릴 것이다 / 내년에

표현 정리 annual 연례의 fundraising event 기금 모금 행사 local community 지역 사회 hospital 병원 be held 열리다 next year 내년에.

21. 빈칸은 형용사 no의 수식을 받으며 there was 다음 주어가 되는 명사 자리이다. There is 부사이며 주어가 아니다.

(A) '대안'이라는 뜻의 명사라서 정답. '대체의', '대체 가능한'이라는 뜻의 형용사로도 쓰인다.

(B) '교대, 교체'라는 뜻의 명사로, 의미상 어울리지 않아 오답

(C) 부사라서 오답

(D) '번갈아 하다'라는 뜻의 동사이자 '번갈아 하는'이라는 뜻의 형용사라서 오답

정답 (A)

해석 편집자가 불평했다 / 다른 대안이 없었다고 / 발행일을 미루는 것 외에는 / 그가 자료를 더 받을 때까지 / 작가로부터.

표현 정리 editor 편집자 complain 불평하다 delay 미루다, 연기하다 publication date 발행일 receive 받다 resource 자료, 자원 writer 작가

22. 빈칸은 비교급 표현 more than의 수식을 받으며 뒤의 명사를 수식해줄 형용사 자리로, 뒤의 to부정사와도 잘 어울리는 형용사를 찾아야 한다.

(A) '숙련된'이란 뜻으로 사람 명사를 수식하는 형용사라서 오답

(B) '준비된'이란 뜻으로 의미상 어울리지 않는 형용사라서 오답

(C) 단수명사를 수식하는 형용사라서 오답

(D) more than enough(충분한 것 이상의, 너무 많은)의 형태로 사용되며 뒤의 to부정사와도 잘 어울리므로 정답

정답 (D)

해석 유명한 교수 Grant McAllister는 가지고 있다 / 충분한 것 이상의 자료를 / 올해 1주일간의 세미나를 이끌기 위한.

표현 정리 renowned 유명한, 명성 있는 professor 교수 more than enough 충분한 것 이상의, 너무 많은 resource 자료, 자원 lead 이끌다 weeklong seminar 1주일간의 세미나

'품사 문법' 종합 문제 |파트6|

문제 23~26번은 다음 웹페이지를 참조하시오.

> Eagle 항공 보상
>
> Eagle 항공 보상 카드는 제공합니다 / 가장 완벽한 보상 프로그램을 / 국내 어떤 항공사 중에서. ²⁴보상 카드 회원들은 포인트를 얻습니다 / 자신들의 신용카드를 쓸 때마다. 특별한 행사가 있을 때 / 두 배 또는 심지어 세 배 포인트를 받는 것이 가능합니다 / 승인된 장소에서 이루어진 구매에 대하여. 개인은 자신들의 포인트를 쓸 수 있습니다 / 항공권을 구입하고 / 좌석을 업그레이드하고 / 호텔 객실을 예약하고 / 차량을 대여하는 데 / 전 세계 175개국에서. 게다가, 이점들이 있습니다 / 카드 소지자가 되는 것에. 그것들 중에는 추가 수하물 허용과 / 우선 탑승이 있습니다. 카드를 신청하기 위해 / www.eagleair.com/rewards를 방문하세요.

표현 정리 reward 보상 offer 제공하다 airline 항공사 double 두 배의 triple 세 배의 purchase 구매 location 장소 individual 개인 rent 대여하다 vehicle 차량 around the world 전 세계에서

advantage 이점 cardholder 카드 소지자 extra 추가의, 여분의 baggage allowance 수하물 허용(량) priority boarding 우선 탑승 apply for ~을 신청하다

23. 빈칸 앞에 the, 빈칸 뒤에 명사가 있으므로 형용사 자리이다. 빈칸 앞에 최상급을 수식하는 the와 빈칸 뒤에 '~중에'라는 의미로 최상급을 수식할 수 있는 of가 있을 때는 최상급 형용사가 정답이다.

(A) 완성된 ➡ '~중에' 라는 의미의 of와 맞지 않아서 오답

(B) 가장 완벽한 ➡ 최상급 형용사라서 정답

(C) 완성 ➡ 명사라서 오답. completion rewards program이라는 복합명사는 없다.

(D) 가장 완성된 ➡ completed(완성된)의 비교급(더 완성된)이나 최상급(가장 완성된)의 개념은 어색해서 오답

정답 (B)

24. 빈칸 앞의 문장은 '항공사 보상 제도'에 관한 내용이다. 따라서 이어지는 문장도 이와 같은 주제가 나와야 한다.

(A) 보상 카드 회원들은 포인트를 얻습니다 / 자신들의 신용카드를 쓸 때마다. ➡ 보상 제도에 대한 이야기라서 정답. 다음 문장에서도 포인트에 대한 이야기를 하고 있다.

(B) 보상 카드 회원들은 / 신용카드를 받을 수 있습니다 / 이 지침들을 따름으로써. ➡ 신용카드에 대한 이야기라서 오답

(C) 귀하의 잔고는 현재 / 현재 4,500마일 이상인 상태입니다. ➡ 잔고에 대한 이야기라서 오답

(D) 저희는 귀하에게 알려드리게 되어 기쁩니다 / 귀하가 새로운 카드에 승인되셨음을. ➡ 카드 승인에 대한 내용이므로 오답

정답 (A)

표현 정리 credit card 신용카드 follow 따르다 instruction 지침, 설명 balance 잔고, 잔액 stand (어떤 상태에) 있다 approve 승인하다

25. 빈칸 앞에 전치사, 빈칸 뒤에 명사가 나오므로 명사를 꾸미는 형용사 자리이다.

(A) 승인하다 ➡ 동사라서 오답

(B) 승인하다 ➡ 동사라서 오답

(C) 승인된 ➡ 분사도 형용사 기능이 있어서 정답

(D) 승인 ➡ 명사라서 오답. approval locations라는 복합명사는 없다.

정답 (C)

26. 접속부사 문제는 빈칸 앞뒤 문장을 요약한 후 논리 관계를 따지고 역접 → 인과 → 시간 → 조건 → 추가/강조 → 예시 순으로 대입하여 푼다. 빈칸 앞의 내용은 '포인트 사용'에 관한 것이고, 뒤의 내용은 '카드 소지에 대한 이점'에 관한 것이다. 이것은 '추가'의 관계이다.

(A) 그러므로 ➡ 인과 관계의 접속부사라서 오답

(B) 그러나 ➡ 역접 관계의 접속부사라서 오답

(C) 추가적으로 ➡ 추가 관계의 접속부사라서 정답

(D) 결과적으로 ➡ 인과 관계의 접속부사라서 오답

정답 (C)

문제 27~30번은 다음 이메일을 참조하시오.

발신: customerservice@modernarchaeology.org
수신: wendschnell@personalmail.com
날짜: 5월 15일
제목: 환영합니다
첨부 파일: 양식

Mr. Schnell 귀하,

저희는 기쁩니다 / 귀하를 새로운 구독자로 모시게 되어. 이제, 귀하는 통지를 받을 것입니다 / 최신 뉴스에 관해 / 고고학의 세계에서. 귀하는 모두 알게 될 것입니다 / 전 세계에서 진행 중인 발굴에 관해 / 귀하의 거주지 인근에서의 발굴을 포함하여. Modern Archaeology의 6월호가 도착할 것입니다 / 일주일 이내에. 그 이후에, 잡지를 받으실 것입니다. / 매달 첫 주 중에. ²⁸그것이 10일까지 도착하지 않을 경우 / 즉시 저희에게 연락해 주십시오.

구독자로서 / 이제 귀하는 접근할 수 있습니다 / 저희 웹사이트에서 있는 모든 기사에. 로그인만 하세요 / 귀하의 구독이 이루어진 이름과 비밀번호를 사용하여 / 그것은 신청서에 있습니다 / 이 이메일에 첨부된.

David Chun
고객 서비스 담당자

표현 정리 attachment 첨부 파일 subscriber 구독자 be informed about ~에 대해 통지 받다 the latest 가장 최신의 archaeology 고고학 dig 발굴 including ~을 포함하는 issue 호 within ~이내에 magazine 잡지 during ~ 중에, ~ 동안 have access to ~에 접근할 수 있다 article 기사 subscription 구독 registration form 신청서 attached 첨부된

27. 접속부사 문제는 빈칸 앞뒤 문장을 요약한 후 논리 관계를 따지고 역접 → 인과 → 시간 → 조건 → 추가/강조 → 예시 순으로 대입하여 푼다. 요약하면 빈칸 앞은 '구독자가 되었다는 사실', 뒤는 '구독자로서 앞으로 받을 혜택'이다. 이것은 '인과'의 관계이다.

(A) 현재 ➡ now는 시간의 전후이자 인과 관계를 나타내는 접속부사이므로 정답

(B) 분명 ➡ 이미 구독자라는 사실과 혜택을 받는 것은 분명한 사실이고 굳이 이야기할 필요가 없는 말이 되어서 오답

(C) 나중에 ➡ 단순히 시간의 전후 관계만 나타내므로 오답. 이제 곧 받게 될 것인데, 굳이 '나중에'라는 말을 강조할 이유가 없다.

(D) 그러는 동안에 ➡ '동시 발생' 관계에 사용해서 오답

정답 (A)

28. 빈칸 앞 문장은 '잡지 수령'에 관한 내용이다. 따라서 이어지는 문장도 이와 같은 주제가 나와야 한다.

(A) 구독하기 위해 / 언제든 저희 무료 수신자 번호로 전화하세요. ➡ 구독 신청에 대한 이야기라서 오답

(B) 그것이 10일까지 도착하지 않을 경우 / 즉시 저희에게 연락해 주십시오. ➡ 잡지 수령과 관련된 이야기이므로 정답

(C) 기사에 대해 감사합니다 / 귀가 제출하신 / 발행을 위해. ➡ 기사 제출에 대한 이야기라서 오답

(D) 귀하는 자원봉사자로 지원할 수 있습니다 / 여러 발굴에서. ➡ 자원봉사자 지원에 대한 이야기라서 오답

정답 (B)

표현 정리 toll-free number 무료 수신자 번호 fail to do ~하지 못하다 at once 즉시 article 기사 submit 제출하다 publication 발행, 출간 apply 지원하다 volunteer 자원봉사자

29. 빈칸 앞에 동사 have가 나오고 뒤에는 전치사 to가 나온다 따라서 빈칸에 위치해야 할 품사는 명사이다.

(A) 접근 가능한 ➡ 형용사라서 오답

(B) 액세서리 ➡ accessory는 명사이지만 전치사 to와 어울리지 않고 의미도 어색해서 오답

(C) 접근된 ➡ 명사가 아닌 분사라서 오답. accessed를 넣으면 have p.p.인 현재완료 형태가 되는데, 이때는 동사의 목적어가 필요하다.

(D) 접근 ➡ 명사이고 access to는 '~에 대한 접근(권)'이라는 뜻도 자연스러워서 정답

정답 (D)

30. '비밀번호가 양식에 적혀 있다'라는 의미를 이루는 전치사가 정답이다.

(A) ~에 통과하여 ➡ 의미가 맞지 않아서 오답

(B) ~에 의해, ~옆에 ➡ 의미가 맞지 않아서 오답

(C) ~에 있는 ➡ '~에 있다'라는 의미이므로 정답. be on the ~ form은 '~양식에 있다'라는 표현이다.

(D) ~중에 ➡ 'among + 복수명사'이므로 오답

정답 (C)

Unit 09 주변을 볼지 해석을 할지 구분하여 푼다. - 인칭/재귀/소유대명사

전략 1 | 점검 퀴즈

1. 부사절 접속사 after 뒤에는 완전한 문장이 와야 하며, 동사인 secured 앞이므로 주격인 he가 답이다.

정답 he

해석 매니저는 승진했다 / 그가 거래를 따낸 후에.

표현 정리 manager 매니저 receive 받다 promotion 승진 after ~후에 secure 확보하다, 획득하다 deal 거래, 합의

2. 앞에는 전치사, 뒤에는 명사가 나와 있으므로 소유격인 his가 답이다. whose도 소유격으로 쓰이지만 접속사이어서 뒤에 문장이 와야 한다.

정답 his

해석 Mr. Alan은 워크샵에 참석할 것이다 / 그의 직원들과 함께.

표현 정리 attend 참석하다 workshop 워크샵 employee 직원

3. 괄호는 동사인 help의 목적어 자리이므로 us가 답이다. 목적어 뒤의 finish는 앞에 to가 생략되어 있는 준동사다. 따라서 주격인 we는 오답이다.

정답 us

해석 새로운 소프트웨어는 도울 것입니다 / 우리가 프로젝트를 끝내는 것을 / 제때에.

표현 정리 new 새로운 software 소프트웨어 help 돕다 finish 끝내다 project 프로젝트 in time 제때에

4. 첫 번째 괄호는 명사 앞이므로 소유격인 Our가 답이다. 두 번째 괄호는 동사가 두 개(have, are)이므로 접속사인 whom이 답이다.

정답 Our

해석 우리 직원들은 / 그들 대부분이 박사 학위를 가지고 있는 / 아는 것이 아주 많다.

표현 정리 employee 직원 doctoral degree 박사 학위 knowledgeable 아는 것이 많은, 많이 아는

전략 2 | 점검 퀴즈

1. '그들 스스로 일하는 것이 허락되지 않는다'라는 의미가 자연스러우므로 재귀대명사 themselves가 답이다. them은 Interns를 가리킬 수 없고 달리 가리키는 말이 없으므로 오답이다.

정답 themselves

해석 인턴들은 허락되지 않는다 / 일하는 것이 / 그들 스스로.

표현 정리 intern 인턴 allow 허락하다 work 일하다

2. 주어와 동사 사이는 부사 자리이다. 따라서 부사의 기능을 하는 재귀대명사 herself가 답이다.

정답 herself

해석 호텔 안내원은 직접 바래다 주었다 / 그 손님을 / 방으로.

표현 정리 hotel receptionist 호텔 안내원 escort 바래다 주다 guest 손님 room 방

3. Matthew가 자신을 다른 사람들과 구별 지을 수 있다는 내용으로 himself가 답이다. his는 소유격이나 소유대명사인데, 소유격은 뒤에 명사가 와야 하고 소유대명사는 '그의 것'이 무엇을 가리키는지 드러나야 하므로 오답이다.

정답 himself

해석 Matthew는 굉장히 자격이 뛰어나서 / 그는 자기 자신을 다른 사람과 구별 지을 수 있다.

표현 정리 so 매우 qualified 자격이 있는 distinguish oneself from ~와 자기 자신을 구별 짓다

4. '스스로'라는 의미의 관용 표현인 on one's own을 알고 있다면 괄호 앞에 on이 있으므로 his own을 답으로 고를 수 있다. on his own은 by himself와 같은 뜻이다.

정답 his own

해석 Mr. Bloomberg는 시행했다 / 새로운 규정을 / 스스로.

표현 정리 implement 시행하다 policy 규정, 정책 on one's own 스스로

전략 3 | 점검 퀴즈

1. his file을 대신할 수 있는 것이 필요하므로 소유대명사 his가 답이다. him은 Mr. Weaving을 가리키게 되는데, file이 사람과 동격이 되므로 오답이다.

정답 his

해석 Mr. Weaving이 말했다 / 책상 위에 있는 파일은 그의 것이 아니라고.

표현 정리 file 파일 desk 책상

2. 주어의 기능은 둘 다 있으나 you는 동사의 복수형을 써야 하므로 동사의 단수형인 does와 어울릴 수 없다. your warranty를 가리키는 yours는 does로 받을 수 있어서 정답이다.

정답 yours

해석 나의 보증서와는 달리, / 당신의 것은 제공하지 않는다 / 전액 환불을.

표현 정리 different from ~와는 다른 warranty (제품의) 보증, 보증서 provide 제공하다 full refund 전액 환불

3. 전치사의 목적어 자리로, '그녀의 책무들 중 하나의 책무'를 뜻하므로 hers가 답이다. 이러한 표현법을 '이중 소유격'이라고 한다.

정답 hers

해석 Ms. Rolling이 말했다 / 제안을 하는 것은 그녀의 책무들 중 하나의 책무라고.

표현 정리 say 말하다 make a suggestion 제안하다 responsibility 책무, 책임

4. 전치사 뒤 목적격 자리이므로 다 가능할 것 같지만 일단 of myself라는 말은 쓰지 않는다. '내 자신의 세 마디 말'이란 뜻이 필요한데, '내 자신의'라는 표현은 of me라고 하지 않고 of my own이라고 한다.

정답 my own

해석 나는 세 마디 말로 마치겠습니다 / 내 자신의.

표현 정리 close 끝내다 word 단어, 말

전략 4 | 점검 퀴즈

1. 말하는 주체는 앞에 나온 각 회사의 대표들이므로 복수명사이다. 따라서 복수 명사를 받는 they가 답이다.

정답 they

해석 기자 회견에서 / 각 회사의 대표들은 발표했다 / 공동 성명서를 / 변화가 없을 것이라는 / 그들의 서비스들에 / 합병 후에도, 그들은 또한 말했다 / 해고에 대한 계획도 없다고.

표현 정리 press conference 기자 회견 representative 대표(자), (회사의) 직원 issue 발급하다 joint statement 공동 성명서 change 변화 service 서비스 merger 합병 also 또한 plan 계획 layoff 해고

2. 괄호는 Small- to medium-sized companies를 가리키므로 their가 답이다. 갑자기 화자가 자신의 성공을 이야기할 이유가 없다.

정답 their

해석 한국에 있는 중소 규모의 회사들은 / 영향을 미친다 / 한국의 경제에. 우리는 발견했다 / 우리의 조사로 / 그들의 성공이 주로 이 회사들에서 헌신적인 직원들에게 그 원인이 있다고.

표현 정리 small- to medium-sized company 중소 기업 affect 영향을 미치다 economy 경제 research 조사, 연구 success 성공 attributable to ~가 원인인, ~에 기인하는 largely 주로 dedicated 헌신적인

3. 앞에서 상대방의 연설에 대해 칭찬하는 내용이 나왔고, 뒤이어 새로운 인턴들을 위한 연설을 요청하는 것이므로 이 제안은 수신자에게 하는 것이다. 따라서 you가 답이다.

정답 you

해석 저는 매우 감사합니다 / 귀하께서 이끌어 주신 것에 대해 / 이번 달의 세미나를. 귀하의 연설은 유익했을 뿐 아니라 또한 매우 재미있었습니다 / 그리고 저희 직원들의 의욕과 생산성이 상승했습니다 / 매우 급격하게. 귀하께서는 관심이 있으십니까 / 연설을 하는 것에 대해서 / 우리의 새로운 인턴들에게 / 다음 달에?

표현 정리 be grateful for ~에 감사하다 lead 이끌다 seminar 세미나 speech 연설 informative 유익한 highly 매우 entertaining 재미있는 motivation 동기 부여, 열의 productivity 생산성 sharply 급격하게 be interested in ~에 관심이 있다 give a talk 강연하다, 연설하다 intern 인턴

실전 적용 문제

1. 빈칸은 동사 앞에 문장의 주어 자리로, 주어 자리에 올 수 있는 주격 대명사가 들어가야 한다.

(A) 소유격 자리에 올 수 있는 one's own 표현이라서 오답

(B) 소유대명사로 주어 자리에 올 수 있지만 가리키는 대상이 없어서 오답

(C) 주격 대명사라서 정답

(D) 단독으로 주어가 될 수 없는 재귀대명사라서 오답

정답 (C)

해석 마케팅 컨설턴트로서 / 귀하는 책임이 있을 것입니다 / 시장 조사를 하고 / 광고에 이용할 데이터를 종합하는 것에.

표현 정리 as ~로서 be responsible for ~에 책임이 있다 market

---

research 시장 조사 compile 종합하다, 편집하다 advertising 광고

2. 빈칸은 부사의 수식을 받는 정동사 뒤에 목적어 자리로, 동작의 주체와 목적어가 같을 때는 재귀대명사가 들어가야 한다.

(A) 목적격 대명사이지만 가리키는 대상이 제시되어 있지 않아서 오답

(B) 소유대명사라서 오답. 보통 '소유격+명사' 또는 'the+명사'로 가리키는 말이 제시된 문장에 쓸 수 있다.

(C) 목적어 자리에 올 수 있고, 동작의 주체와 목적어가 같을 때 쓰는 재귀대명사라서 정답

(D) 주어가 you일 때 yourself를 쓸 수 있으므로 오답

정답 (C)

해석 그 미디어 기업의 특파원들은 / 의도적으로 스스로를 배치시켰다 / 그 나라의 주요 도시들에.

표현 정리 correspondent 특파원, 통신원 media company 미디어 기업 intentionally 의도적으로, 고의로 place 자리를 잡아주다, 배치하다 major city 주요 도시

3. 빈칸은 전치사의 목적어 자리로, 동작의 주체와 같은지 또는 가리키는 대상을 알 수 있는지를 확인하여 알맞은 대명사를 골라야 한다.

(A) ours는 '우리의 것'이란 뜻인데, 앞의 your role을 통해 ours는 our roles임을 알 수 있으므로 정답. 당신의 역할과 우리의 역할을 비교하는 문맥이다.

(B) 목적어 자리에 올 수 있는 재귀대명사이지만, role과 사람을 비교하는 것은 어색해서 오답

(C) 목적어 자리에 올 수 있는 목적격대명사이지만, role과 사람을 비교하는 것은 어색해서 오답

(D) 소유격 대명사는 명사 앞에 위치해야 하므로 오답

정답 (A)

해석 마케팅 매니저로서 귀하의 역할은 / 전적으로 달라야 합니다 / 저희의 것과.

표현 정리 role 역할 marketing manager 마케팅 매니저 totally 완전히, 전적으로 different 다른, 차이가 나는

▶고난도!

4. 빈칸은 동사의 목적어 자리로, 동작의 주체와 같은지 또는 가리키는 대상을 알 수 있는지를 확인하여 알맞은 대명사를 골라야 한다.

(A) 주격 대명사라서 오답

(B) 목적격 대명사라서 정답. team members가 Mr. John을 돕는 것이므로 Mr. John은 him으로 받아야 한다.

(C) 소유격 또는 소유대명사라서 오답. 보통 '소유격+명사' 또는 'the+명사'로 가리키는 말이 제시된 문장에 쓸 수 있다.

(D) 재귀대명사로, 동작의 주체(team members)와 목적어(himself)는 같을 수 없어서 오답

정답 (B)

해석 Mr. John이 허락했다 / 팀원들이 그를 돕는 것을 / 프로젝트의 기획 단계를.

표현 정리 allow 허락하다 team member 팀원 assist 돕다

planning stage 기획 단계

5. 빈칸 앞에 완전한 문장이 있으므로 빈칸은 부사 자리로, 완전한 문장 뒤에 올 수 있는 강조 용법의 재귀대명사가 들어가야 한다.

(A) 주격 대명사라서 오답

(B) 소유격 대명사라서 오답

(C) 소유대명사라서 오답

(D) 주어를 강조하며 부사 역할을 할 수 있는 재귀대명사라서 정답

정답 (D)

해석 마케팅 부장인 Jordy Brook이 강조했다 / 그녀가 전략 회의를 직접 이끌 것이라고.

표현 정리 marketing director 마케팅 부장 stress 강조하다 lead 이끌다 strategy meeting 전략 회의

▶고난도!

6. 빈칸은 전치사의 목적어 자리로 목적격 대명사나 소유대명사가 올 수 있다.

(A) 소유대명사도 올 수 있지만 a picture of mine은 '내가 소유한 사진'이라는 뜻이므로 문맥에 맞지 않아 오답

(B) 소유격 대명사라서 오답

(C) 주격 대명사라서 오답

(D) 목적격 대명사가 오면 a picture of me가 되며 이는 '나의 모습이 나온 사진'이란 뜻이므로 정답

정답 (D)

해석 저는 매우 감사했습니다 / Mr. Night가 저의 사진을 찍어주셔서 / 어제 졸업식에서.

표현 정리 grateful 감사하는 take a picture of ~의 사진을 찍다 graduation ceremony 졸업식

7. 빈칸은 전치사의 목적어 자리로, 빈칸 앞에 by나 for가 왔을 때 '혼자서, 스스로'라는 의미로 해석되면 재귀대명사가 정답이다.

(A) by oneself(혼자서, 스스로)라는 관용 용법을 완성해줄 재귀대명사라서 정답. '혼자서 새로운 사업을 시작했다'는 말이 자연스럽다.

(B) 목적격 대명사로 쓰일 수 있지만 동작의 주체와 다른 인물을 가리켜야 하므로 오답

(C) 소유격 또는 소유대명사라서 오답

(D) 주격 대명사라서 오답

정답 (A)

해석 Mr. Harry가 혼자서 새로운 사업을 시작했다 / 하지만 나중에 합류되었다 / 더 많은 개인들에 의해.

표현 정리 start 시작하다 new business 새로운 사업 by himself 혼자서 later 나중에 join 동참하다, 합류하다 individual 개인

8. 빈칸은 be동사의 보어 자리로, 대명사가 올 경우 주어와 같은 관계 즉, 동격이 된다.

(A) 주격 대명사가 보어가 될 수는 있으나 '임대 차량'과 '우리'는 동격의 관

계가 아니라서 오답

(B) 소유격 대명사라서 오답

(C) 목적격 대명사가 보어가 될 수는 있으나 '임대 차량'과 '우리'는 동격의 관계가 아니라서 오답

(D) 소유대명사는 보어가 될 수 있으며 '임대 차량'과 '우리의 것'이 동격의 관계가 형성되므로 정답

정답 (D)

해석 전체 임대 차량의 일부는 / 저희가 관리하는 / 저희 것이 아니고 / 저희 파트너 업체들의 소유입니다.

표현 정리 rental 임대의 fleet 전체 보유 차량 manage 관리하다 own 소유하다 partner business 파트너 업체

9. 빈칸 앞에는 한정사, 뒤에는 명사가 있으므로 빈칸은 명사를 수식해줄 형용사 자리로, 명사 앞에서 형용사 역할을 할 수 있는 소유격 대명사가 들어가야 한다. all, both 등은 소유격보다 앞에 위치하는 한정사이다.

(A) 주격 대명사라서 오답

(B) 소유격 대명사라서 정답

(C) 소유대명사라서 오답. 소유대명사는 명사이므로 명사 앞에 오지 않는다.

(D) 재귀대명사라서 오답

정답 (B)

해석 우리는 내일 아주 중요한 회의가 있습니다 / 그러니 확실히 하세요 / 회의실에 모든 우리의 장비가 / 제대로 되어 있는지를.

표현 정리 important 중요한 tomorrow 내일 make sure 확실히 하다 all 모든 equipment 장비 be in order 제대로 된

▶고난도!

10. 빈칸은 타동사 help의 목적어 자리로, free beverages와 같은 음식과 관련 지어 '마음껏 먹다'라는 관용 표현을 완성해 줄 재귀대명사가 들어가야 한다.

(A) 주격 대명사라서 오답

(B) 소유대명사라서 오답

(C) 재귀대명사라서 정답. help oneself to(마음껏 먹대[쓰다])는 재귀대명사의 관용 용법으로 알아두자.

(D) 소유격 자리에 올 수 있는 one's own 표현이라서 오답

정답 (C)

해석 Hong Kong 투어 버스가 출발하기 전에 / 잊지 마세요 / 무료 음료들을 마음껏 드시는 것을.

표현 정리 before 전에 depart 출발하다 forget 잊다, 잊어버리다 free beverage 무료 음료

11. 빈칸은 4형식 동사 offer 뒤에 오는 간접목적어 자리로, 사람을 나타내는 목적격 대명사가 필요하다.

(A) 목적격 대명사라서 정답

(B) 재귀대명사라서 오답. 동작의 주체(Ms. Yoon)와 목적어(me)가 같은 경우에 쓸 수 있다.

(C) 소유격 대명사라서 오답

(D) 주격 대명사라서 오답

정답 (A)

해석 Ms. Yoon이 약속했습니다 / 저에게 관리직 일자리를 제공하겠다고 / 가까운 미래에.

표현 정리 promise 약속하다 offer 제공하다 managerial 관리의, 경영의 job 일자리 in the near future 가까운 미래에, 머지 않아

12. 빈칸은 be동사의 보어 자리로, 대명사가 올 경우 주어와 같은 관계 즉, 동격이 된다.

(A) them은 보어 자리에 올 수 있지만 이 문장에서 them이 가리킬 수 있는 말은 passengers, numbers 뿐인데, 이 중 어느 것도 the seats와 동격이 아니라서 오답

(B) they도 보어 자리에 올 수 있으나 이 문장에서 they가 가리킬 수 있는 말은 passengers, numbers뿐이므로 the seats와 동격이 아니라서 오답.

(C) theirs는 '그들의 것' 즉 '승객들의 좌석들'이라는 말이므로 the seats 와 동격이 되어 정답

(D) 재귀대명사가 들어갈 경우 the seats가 곧 themselves가 되어야 하는데, 이는 마치 you are yourself처럼 '자기가 자신'이라는 말이므로 오답

정답 (C)

해석 모든 승객들은 자신들의 좌석 번호를 확인하도록 권고된다 / 확실히 하기 위해 / 그들이 차지한 좌석들이 / 그들의 것임을.

표현 정리 passenger 승객 be advised to do ~하도록 권고되다 seat number 좌석 번호 ensure 확실히 하다

13. 빈칸 앞에는 동사, 뒤에는 명사가 있으므로 빈칸은 명사를 수식해줄 형용사 자리로, 명사 앞에서 형용사 역할을 할 수 있는 소유격 대명사가 들어가야 한다.

(A) 목적격 대명사라서 오답

(B) 재귀대명사라서 오답

(C) 소유격 대명사라서 정답

(D) 주격 대명사라서 오답

정답 (C)

해석 질문이 있는 직원들은 / 자신들의 소지품을 안전하게 둘 곳에 관해 / 행정 사무실에 전화해야 한다.

표현 정리 employee 직원 question 질문 secure 안전하게 하다 personal belongings 개인 소지품 administration office 행정 사무실

14. 빈칸은 타동사의 목적어 자리로, 끝내지 못한 대상이 our budget이므로 이를 가리키는 소유대명사가 들어가야 한다.

(A) 소유격 대명사라서 오답

(B) 소유대명사는 명사이므로 목적어 자리에 올 수 있고 가리키는 대상(our budget)을 알 수 있어서 정답

(C) 재귀대명사로, 목적어 자리에 올 수 있지만 ourselves는 끝내지 못한 대상이 될 수 없어서 오답

(D) 목적격 대명사로, 목적어 자리에 올 수 있지만 us는 끝내지 못한 대상이

될 수 없어서 오답

정답 (B)

해석 마케팅 부서는 자체 예산안을 완성했다 / 내년도의 / 하지만 영업 부서의 우리는 / 우리의 것을 아직 끝내지 못했다.

표현 정리 marketing department 마케팅 부서 complete 완성하다, 완료하다 budget 예산안 sales department 영업 부서 finish 끝내다

15. 빈칸 앞에는 부사절 접속사, 뒤에는 동사가 있으므로 빈칸은 주어 자리이므로 주격 대명사가 들어가야 한다.

(A) 주격 대명사라서 정답

(B) 목적격 대명사라서 오답

(C) 소유격 대명사라서 오답

(D) 단독으로 주어가 될 수 없는 재귀대명사라서 오답

정답 (A)

해석 Mr. Dean이 검토할 것이다 / 건축 회사들의 제안서를 / 그가 그들과 회의하기 전에 / 다음 주에.

표현 정리 go over 검토하다 architectural company 건축 회사 proposal 제안서 have a meeting with ~와 회의하다 next week 다음 주에

16. 빈칸 앞에 완전한 문장이 있으므로 빈칸은 부사 자리로, 완전한 문장 뒤에 올 수 있는 강조용법의 재귀대명사가 들어가야 한다.

(A) 목적격 대명사라서 오답

(B) 소유격 자리에 올 수 있는 one's own 표현이라서 오답

(C) 주격 대명사라서 오답

(D) 주어를 강조하며 부사 역할을 할 수 있는 재귀대명사라서 정답

정답 (D)

해석 Mr. Donald는 그 자신이 도급업체의 CEO와 만났다 / 처리하기 위해 / 아주 중요한 매매 계약을.

표현 정리 contractor 도급업체, 계약자 in order to do ~하기 위해 deal with 처리하다 sales contract 매매 계약

Unit 10 품사 자리, 단수/복수, 사람/사물을 확인하여 푼다. – 지시/부정대명사

전략 1 | 점검 퀴즈

1. 괄호 안은 전치사구(of our office supplies)의 수식을 받는 명사 자리이다. some은 명사와 형용사가 다 되지만, other는 형용사의 기능만 있으므로 some이 답이다.

정답 Some

해석 우리 사무용품들의 일부가 채워져야 한다.

표현 정리 office supply 사무용품 stock 채우다, 갖추다

2. working은 준동사이며 문장에 정동사는 will receive뿐이다. 따라서 '누구든지'란 의미를 갖는 대명사인 anyone이 답이다. whoever는 접속사로 정동사 두개가 있어야 하므로 오답이다.

정답 Anyone

해석 누구든지 / 프로젝트 작업을 하고 있는 / 받을 것이다 / 시간외 수당을.

표현 정리 work 일하다 project 프로젝트 receive 받다 overtime allowance 시간외 수당

3. 명사 앞에서 형용사 기능을 할 수 있는 each가 답이다. each other는 명사이다.

정답 Each

해석 각각의 직원은 열심히 일한다 / 맞추기 위해서 / 빠듯한 매출 목표를.

표현 정리 employee 직원 hard 열심히 meet 맞추다, 충족시키다 tight 빠듯한 sales goal 매출 목표

4. 괄호안은 전치사구(of the candidates)의 수식을 받는 명사 자리이다. most는 명사의 기능이 있어 정답이고, almost는 부사라서 오답이다.

정답 Most

해석 후보자들의 대부분은 자격이 되었다 / 그 일에 대한.

표현 정리 candidate 후보자 qualify 자격을 주다[얻다] job 직업, 일

전략 2 | 점검 퀴즈

1. information은 불가산명사이므로 all이 답이다. 복수 취급하는 a few는 불가산명사인 information을 받을 수 없다.

정답 All

해석 모든 정보는 판명되었다 / 틀린 것으로.

표현 정리 information 정보 turn out 판명되다 wrong 틀린, 잘못된

2. 괄호 안은 앞에 있는 명사(swimming suit)의 반복을 피하기 위해 사용하는 one이 알맞다. any는 앞에 있는 형용사의 수식을 받지 않는다.

정답 one

해석 Rania 수영복은 가장 싼 것이다 / 판매되는 / 우리 매장에서.

표현 정리 swimming suit 수영복 cheap 값싼 on sale 판매되는 shop 매장

3. 괄호 뒤 동사가 단수이므로 단수 취급하는 대명사인 either가 답이다. both는 복수 취급한다.

정답 Either

해석 둘 중 아무나 나에게 오늘 전화할 필요가 있다 / 인터뷰 일정을 잡기 위해서.

표현 정리 need to do ~해야 한다 call 전화하다 schedule 일정을 잡다 interview 인터뷰, 면접

4. 괄호 안은 앞의 명사(sales)의 반복을 피하기 위해 사용하는 those가 알맞다. that은 단수명사의 반복을 피하기 위해서 사용한다.

정답 those

해석 우리의 매출이 훨씬 더 높다 / 당신의 회사의 것들보다.

표현 정리 sales 판매, 매출 higher 더 높은 company 회사

전략 3 | 점검 퀴즈

1. anyone은 사람, anything은 사물을 가리킨다. 괄호와 you can do 사이에 목적격 관계대명사인 that이 생략된 문장으로 문맥상 '당신이 할 수 있는 어떤 것이라도'라는 말이 어울리므로 사물을 가리키는 anything이 답이다.

정답 Anything

해석 어떤 것이라도 / 당신이 할 수 있는 / 결실을 얻을 것이다 / 결국에는.

표현 정리 pay off 보상이 되다, 결실을 얻다 in the end 결국에는

2. those는 those people의 줄임말로 '~하는 사람들'이란 뜻이며, 'those who 주어+동사'의 표현을 기억하자. 이 자리에 these는 올 수 없다.

정답 Those

해석 비만인 사람들은 운동해야 한다 / 매일.

표현 정리 obese 비만인 work out 운동하다 every day 매일

3. 세 가지 중 마지막 남은 하나를 가리키는 말은 the other이다. other는 형용사로 주어가 될 수 없다.

정답 the other

해석 세 가지 중에서 / 두 가지는 받아들일 수 있다 / 하지만 남은 하나는 받아들일 수 없다.

표현 정리 acceptable 받아들일 수 있는

4. all이나 none 모두 복수 취급을 할 수 있는 대명사이지만, but과의 어울림을 볼 때 '아무도 자격이 되지 않았다'고 보는 것이 타당하다. all이 오려면 '모두가 자격이 되었다'라는 의미가 되므로 앞에 and가 필요하다.

정답 none

해석 많은 사람들이 지원했다 / 그 직책에 / 그러나 아무도 자격이 되지 않았다.

표현 정리 apply for 지원하다 position 직책 qualify 자격을 주다[얻다]

1. 뒤의 문장은 앞 문장에 대한 이유이다. 다른 사람들이 사용할 필요가 있을 수도 있기 때문에 회의실을 할당된 시간에만 사용할 수 있다고 규정하는 것이다. 따라서 others가 답이다. none이 들어가면 아무도 방을 사용할 필요가 없다는 뜻인데, 그럴 경우 굳이 할당된 시간에만 회의실을 사용할 수 있다고 규정할 이유가 없다. 따라서 None은 오답이다.

정답 Others

해석 당신은 사용할 수 있다 / 회의실을 / 오직 당신의 할당된 시간에만. 다른 사람들이 사용할 필요가 있을지도 모릅니다 / 그 회의실을.

표현 정리 use 사용하다 conference room 회의실 allotted 할당된 time 시간 only 오직 need to do ~할 필요가 있다

2. 앞의 문장에서 100개 이상의 회사에게 설문조사 참여 기회가 제공되었고, 뒤의 문장에서는 그 중 89개의 회사만 참여했다고 하므로 일부 회사는 참여하지 않았다고 볼 수 있다. 따라서 all은 오답, some이 정답이다.

정답 Some

해석 100개 이상의 회사들이 제공받았다 / 설문조사에 참여할 기회를. 몇몇 회사들은 결정했다 / 참여하지 않기로. 89개의 회사들이 설문조사되었다 / 결국에는.

표현 정리 business 회사 offer 제공하다 participate 참여하다 survey 설문조사 firm 회사 decide 결정하다 survey 설문조사하다 in the end 결국에는

3. 기숙사가 10개의 층을 가지고 있고 각각의 층마다 가구가 비치된 로비를 설치한다는 내용이므로 각각의 층을 나타내는 each가 답이다. everything은 '모든 것'이란 뜻으로 앞에 언급된 10층 모두를 가리키는 말이 아니고, 막연히 '모든 것'을 나타내는 말이다.

정답 Each

해석 기숙사 건물은 10층이다. 각각의 층은 갖춰질 것이다 / 가구가 비치된 로비로 / 자체 세탁실뿐만 아니라 친목을 위한.

표현 정리 dormitory 기숙사 floor 층 be equipped with ~을 갖추다 furnished 가구가 비치된 lobby 로비 socializing 친목, 사교 A as well as B B뿐만 아니라 A도 laundry room 세탁실

실전 적용 문제

1. 빈칸은 전치사의 목적어이자 과거분사의 후치 수식을 받는 명사 자리로, 고안된 세미나를 들을 대상이 될 수 있는 사람 명사가 들어가야 한다.

(A) 앞에 '둘 다'를 가리키는 대상이 없어서 오답

(B) 뒤에 후치 수식어구가 있을 때 '사람들'이라는 의미로 쓰이는 대명사라서 정답. 빈칸 뒤에 주격 관계대명사 who와 be동사가 생략되어 있는 형태(~those (who are) involved ~)이다.

(C) 접속사라서 오답. involved는 동사가 아니고 과거분사이므로 접속사는 올 수 없다.

(D) 접속사라서 오답. involved는 동사가 아니고 과거분사이므로 접속사는 올 수 없다.

정답 (B)

해석 Benjamin Park이 이끄는 정보 세미나는 / 관련된 이들을 위해 계획된 것이다 / 곧 있을 협상들에.

표현 정리 informational 정보의 lead 이끌다 be designed 고안되다 involved 관련된, 연루된 upcoming 곧 있을, 다가오는 negotiation 협상

> 고난도!

2. 빈칸은 문장의 주어가 되는 단수명사 employee를 수식해줄 형용사 자리로, 한정사 기능의 단어가 필요하다.

(A) 단수명사를 수식하려면 명사 앞에 관사나 소유격 등의 한정사가 필요해서 오답

(B) 전치사라서 오답

(C) 복수명사나 불가산명사를 수식하는 형용사라서 오답

(D) 단수명사를 수식하는 형용사이자 한정사의 기능이 있어 정답

정답 (D)

해석 모든 최근에 고용된 직원은 / Tower Industries에서 / 접속 코드를 받았다 / 급여 지급 시스템에 대한.

표현 정리 recently 최근에 hired 고용된 employee 직원 receive 받다 access code 접속 코드 payroll system 급여 지급 시스템

3. 빈칸은 뒤에 전명구의 수식을 받는 문장의 주어가 될 (대)명사 자리이다.

(A) 대명사이자 형용사라서 정답

(B) 형용사라서 오답. 명사 기능은 없다

(C) 형용사라서 오답. 명사 기능은 없다

(D) each other나 one another는 주어 자리에 쓰지 않으므로 오답

정답 (A)

해석 그것들의 증가하는 인기 때문에 / 우리 책들의 일부가 / 품절될 것입니다 / 이번 주에.

표현 정리 increase 증가하는 popularity 인기 run out of stock 품절되다

4. 빈칸은 전치사의 목적어 자리로, from A to B 구문에서 location을 받을 수 있는 사물 대명사가 들어가야 한다.

(A) '이미 언급한 것 이외의 또 다른 하나'라는 의미의 대명사로 another location을 줄인 말이 되므로 정답

(B) 형용사라서 오답. other는 형용사 기능만 있다.

(C) 두 사람 혹은 두 대상을 받아야 하므로 오답. 앞에 그런 사람이나 대상이 제시되어 있지 않다.

(D) 뒤에 수식할 명사가 필요한 부정 형용사라서 오답. one other 뒤에는 단수명사가 와야 한다.

정답 (A)

해석 Hynix Engineering은 현재 항공 우편을 이용 중이다 / 화물을 빠르게 옮기기 위해 / 한 장소에서 다른 장소로.

표현 정리 airmail 항공 우편 quickly 빠르게 cargo 화물 location 장소 from A to B A에서 B로

➤ 고난도!

5. 빈칸 뒤에 정동사가 두 개(talked, will be) 있으므로, 빈칸에는 접속사가 필요하다고 생각해 바로 that을 답으로 고르면 함정에 빠진다. 명사절 접속사 that 다음에는 이어지는 절이 완전해야 한다. 오히려 anything that S+V에서 목적격 관계대명사인 that이 생략될 수도 있기에 그 가능성도 생각해야 하는 문제이다.

(A) 대명사로도 쓰이지만 가리키는 대상이 불명확해서 오답

(B) 대명사로 가리키는 대상을 알 수 있어서 정답. Anything that S+V에서는 목적격 관계대명사인 that이 생략될 수 있으며 이 경우 Anything S+V+V의 형태가 가능하다.

(C) 단수명사를 수식하는 형용사라서 오답. every는 형용사 기능만 있다.

(D) 명사절 접속사 뒤에 완전한 절이 와야 하는데 전치사 about의 목적어가 없는 불완전한 절이 와서 오답

정답 (B)

해석 저희 회장님께서 말씀하셨던 무엇이든 / 이사회에서 / 공유될 것입니다 / 각 부서 회의에서 / 이번 주에.

표현 정리 president 회장 board meeting 이사회 (회의) share 공유하다 departmental meeting 부서 회의

6. 빈칸은 타동사의 목적어로 뒤에 전명구의 수식을 받는 명사 자리로, 목적어 자리에 올 수 있는 대명사를 고른다.

(A) 목적어 자리에 올 수 있는 '각각'이라는 뜻의 부정대명사라서 정답

(B) 형용사라서 오답. every는 형용사 기능만 있다.

(C) 접속사라서 오답

(D) 목적어 자리에 올 수 있지만, 주어가 복수일 때 쓰는 표현이므로 오답

정답 (A)

해석 인사 부장이 정했습니다 / 세 개의 각각의 시간대를 / 세 명의 최종 지원자들 각각을 면접볼 / 우리가 좁혀 놓은.

표현 정리 personnel manager 인사 부장 respective 각각의 time slot 시간대 final 최종의 candidate 지원자 narrow down 좁히다

7. 빈칸 앞에는 초점부사 only, 뒤에는 사람 선행사를 갖는 주격 관계대명사 who가 있으므로 빈칸은 사람을 나타내는 대명사 자리이다.

(A) 사물을 나타내는 대명사라서 오답

(B) 사람을 나타내는 대명사라서 정답. 'those who(~하는 사람들 = the people who)'를 하나의 표현으로 알아두자.

(C) 관계대명사절의 동사 have에 수일치되지 않는 단수 대명사라서 오답

(D) 형용사라서 오답. other는 형용사 기능만 있다

정답 (B)

해석 주차 허가증을 가진 사람들만이 / 자신들의 차량 창문에 보여지는 / 피할 수 있다 / 딱지를 떼고 벌금을 부과 받는 것을.

표현 정리 parking permit 주차 허가증 display 보여주다, 전시하다 avoid 피하다 get ticketed and fined 딱지를 떼고 벌금을 부과 받다

➤ 고난도!

8. 빈칸 뒤에 '관사+형용사+복수명사' 형태가 제시되어 있으므로 빈칸은 이를 받을 수 있는 '명사+전치사' 자리이다. '관사+형용사+복수명사' 형

태를 목적어로 가지는 '전치사'와 그 전명구의 수식을 받는 '명사'가 필요한 것이다.

(A) 부사라서 오답

(B) '명사+전치사'라서 정답. Most of는 '~의 대부분'이라는 뜻이다.

(C) 형용사 또는 명사라서 오답. 뒤에 of가 오면 가능하다.

(D) 뒤에 정관사(the)가 올 수 없고 복수명사와 불가산명사를 수식하는 수량 형용사라서 오답

정답 (B)

해석 재능 있는 건축가들 대부분이 / 해외에서 일한 경험이 있는 / 생각해내기 위해 모였다 / 새로운 스포츠 단지 건설에 관한 아이디어들을.

표현 정리 talented 재능 있는 architect 건축가 experience 경험 overseas 해외에서 come up with ~을 생각해내다 sport complex 스포츠 단지

9. 빈칸 앞에는 명사절 접속사 that, 뒤에는 전치사구가 있으므로 빈칸은 that절의 주어로 전치사구의 수식을 받는 명사 자리이다.

(A) 앞에 한정사가 필요한 단수명사라서 오답

(B) 접속사라서 오답. 정동사가 두 개(indicate, should be)인 문장에 이미 접속사 that이 있으므로 또 다른 접속사는 불필요하다.

(C) 형용사라서 오답

(D) 형용사이자 명사라서 정답

정답 (D)

해석 그 설문조사 결과는 나타낸다 / AC Auto의 소형 승용차 모델들 중 몇몇은 / 단종되어야 한다는 것을.

표현 정리 survey results 설문조사 결과 indicate 나타내다 compact car 소형 승용차 be discontinued 단종되다

10. 빈칸 앞에는 타동사, 뒤에는 불완전한 절이 있으므로 빈칸은 타동사의 목적어가 될 명사절 접속사 자리이다.

(A) 명사절 접속사이면서 like의 목적어 역할을 할 수 있어 정답

(B) many, much의 최상급 표현이라서 오답

(C) 명사절 접속사이지만 이어 완전한 절이 와야 해서 오답. 또한 bring은 that절을 목적어로 취하지 않는다.

(D) 대명사라서 오답

정답 (A)

해석 직원들은 가져올 수 있다 / 그들이 좋아하는 무엇이든 / 그것이 목록에 있지 않다면 / 금지된 품목들의.

표현 정리 bring 가져오다 list 목록 prohibited 금지된 item 품목, 물품

11. 빈칸 뒤에는 동사의 단수형이 있으므로 단수 취급하는 대명사가 와야 한다. 또한 계약을 따내는 것은 사람이므로 사람을 나타내는 표현을 선택한다.

(A) 사람을 가리키는 대명사이며 단수 취급하므로 정답

(B) 주로 부정문 또는 의문문에 쓰는 것으로 수식어 없이 사용될 경우 지칭

하는 대상을 알 수 없는 대명사라서 오답

(C) 복수 취급하는 대명사라서 오답

(D) 사물을 지칭하는 대명사라서 오답

정답 (A)

해석 분명하다 / 누구도 수익성 좋은 계약들을 확보하지 못한다는 것은 / Mr. Oldman보다 더 잘.

표현 정리 clear 분명한, 명백한 secure 확보하다 lucrative 수익성 좋은 contract 계약

12. 빈칸은 타동사의 목적어 자리로, 앞에 제시된 두 명사를 받을 수 있는 대명사가 들어가야 한다.

(A) 형용사라서 오답

(B) '둘 다'라는 뜻으로, 앞에 제시된 두 명사를 받으며 목적어 자리에 올 수 있는 대명사라서 정답

(C) 부사라서 오답

(D) 부사라서 오답

정답 (B)

해석 Mr. Sandman이 두 개의 다른 제안서를 제출했다 / 구도심을 개발하는 것에 관한 / 그리고 시 정부가 둘 다 수락했다.

표현 정리 submit 제출하다 proposal 제안 develop 개발하다 old downtown 구도심 government 정부 accept 수락하다

13. 빈칸 앞에는 부사절 접속사, 뒤에는 동사가 있으므로 빈칸은 주어가 될 명사 자리로, 둘 중 하나를 가리킬 수 있는 부정대명사가 들어가야 한다.

(A) 형용사라서 오답

(B) 지칭하는 대상을 알 수 없어 오답

(C) 둘 중에 다른 하나를 가리킬 때 쓰는 부정대명사라서 정답. 두 개의 사람[사물]을 가리킬 경우 하나는 one, 또 다른 하나는 the other로 나타낸다. the other는 the other winner를 가리킨다.

(D) each other나 one another는 주어 자리에 올 수 없으므로 오답

정답 (C)

해석 시상식에서 한 수상자는 감사를 표했다 / 청중에게 / 반면 다른 이는 자신의 이전 관리자에게 감사했다 / 그날 참석하지 않았던.

표현 정리 winner 수상자 awards ceremony 시상식 express gratitude 감사를 표하다 audience 청중 former 이전의 supervisor 관리자 present 참석하다

▶고난도!
14. 빈칸 앞에는 동사, 뒤에는 전명구가 있으므로 빈칸은 전명구의 수식을 받을 명사 자리로, 타동사 has의 목적어가 될 대명사가 들어가야 한다.

(A) of와 결합되면 전치사가 되어 has의 목적어 부분이 없어지므로 오답

(B) 형용사라서 오답. of와 결합되면 be동사 뒤에 와야 한다

(C) 대명사라서 정답

(D) 대명사이지만 지칭하는 대상을 알 수 없어서 오답

정답 (C)

해석 Mr. Owhana Lee는 가지고 있다 / 가장 최첨단 시설들 중의 하나를 / 자신의 분야에서.

표현 정리 state-of-the-art 최첨단의, 최신식의 facility 시설 field 분야

15. 빈칸은 부사절 접속사 다음에 주어가 될 명사 자리로, 뒤에 단수동사 is가 있으므로 단수명사 또는 불가산명사가 들어가야 한다.

(A) 복수명사라서 오답

(B) 단수명사라서 정답. '아무도 일할 수 없다면 마감일을 맞출 가능성이 희박하다'는 내용이 문맥상 자연스럽다.

(C) 단수명사이지만 긍정의 의미가 되어 내용상 모순이므로 오답. '누구든지 일할 수 있다면 마감일을 맞출 가능성이 희박하다'는 것은 의미상 모순이다.

(D) 복수 또는 불가산명사로 쓸 수 있지만 지칭하는 대상을 알 수 없어서 오답

정답 (B)

해석 만약 아무도 가능하지 않다면 / 이번 주에 초과 근무하는 것이 / 마감을 맞추는 것의 가능성은 / 희박해질 것이다.

표현 정리 available 시간이 되는, 여유가 되는 work overtime 초과 근무하다 possibility 가능성 meet the deadline 마감일을 맞추다 remote 희박한

16. 빈칸은 뒤에 전명구의 수식을 받으며 주어가 될 명사 자리로, 단수 동사 is가 있으므로 단수명사 또는 불가산명사가 들어가야 한다.

(A) 'Most of 복수명사' 뒤에는 동사의 복수형이 와야 하는데 동사의 단수형이 있어서 오답

(B) 형용사라서 오답. every는 형용사 기능만 있다.

(C) 소유대명사로 가리키는 말에 따라 단수나 복수 모두 가능하지만 가리키는 말이 드러나지 않아서 오답

(D) 단수명사라서 정답

정답 (D)

해석 우리 부서의 컴퓨터 각각이 / 다음 월요일에 점검될 예정입니다 / 그 소프트웨어가 최신임을 확실히 하기 위해.

표현 정리 be to do ~할 예정이다 check 점검하다 ensure 확실히 하다 up to date 최신인

'대명사' 종합 문제 |파트5|

1. 빈칸은 정동사 앞에 문장의 주어 자리로, 동사의 복수형 promise 앞에 복수명사 자리이다.

(A) 복수명사를 받을 수 있는 대명사이므로 정답. 여기서는 companies를 가리킨다.

(B) 단수 취급하는 대명사라서 오답

(C) 복수나 불가산명사를 받을 수 있으나 주로 부정문, 의문문에 사용하므로 오답

(D) 형용사의 기능만 하므로 오답

정답 (A)

해석 비록 많은 회사들이 비슷한 급여를 주지만 / 그것을 다음 해에 인상한다고 약속하는 곳은 거의 없다 / 우리가 그러는 것처럼.

표현 정리 even though 비록 ~이지만 offer 주다, 제공하다 comparable 비슷한, 비교할 만한 salary 급여 promise 약속하다 raise 인상하다

➤ 고난도!
2. 빈칸은 타동사의 목적어인 historical meanings을 수식해줄 형용사나 소유격 대명사 자리이다.

(A) 접속사라서 오답

(B) 접속사라서 오답

(C) 소유격 대명사라서 정답. '그것들의 역사적 의미'라는 것은 곧 오래된 무덤들의 역사적 의미를 말한다.

(D) 지시형용사의 기능이 있어 복수명사 앞에는 올 수 있으나 theses는 무덤들을 받을 수 없고 단지 역사적 의미를 가리키게 되어 어색하다.

정답 (C)

해석 고고학자들은 오래된 무덤들을 발굴하고 / 그것들의 역사적 의미를 연구한다 / 다양한 기술을 통해서.

표현 정리 archeologist 고고학자 excavate 발굴하다 tomb 무덤 study 연구하다 historical meaning 역사적 의미 technique 기술

3. 빈칸은 뒤에 전명구의 수식을 받는 주어 자리로, agree하는 것은 사람이므로 사람 명사 자리이다.

(A) 사람 명사라서 정답

(B) 사물 명사라서 오답

(C) 접속사라서 오답

(D) each other, one another는 주어 자리에 쓸 수 없어 오답

정답 (A)

해석 주민 자치회의 모두가 제안에 동의했다 / 아파트의 옥상을 정원으로 바꾸자는.

표현 정리 residents' association 주민 자치회 agree with ~에 동의하다 proposal 제안 transform A into B A를 B로 바꾸다[변형시키다] rooftop 옥상

4. 빈칸 앞에 완전한 문장이 있으므로 빈칸은 부사 자리로, 완전한 문장 뒤에 올 수 있는 강조용법의 재귀대명사가 들어가야 한다.

(A) 주어를 강조하며 부사 역할이 가능한 재귀대명사라서 정답

(B) 소유격 대명사라서 오답

(C) 목적격 대명사라서 오답

(D) 주격 대명사라서 오답

정답 (A)

해석 지원자들에게 연락하기 전에 / 면접을 위해 / Mr. Grove가 검토할 것이다 / 그들의 자격을 직접.

표현 정리 contact 연락하다 applicant 지원자 review 검토하다 qualification 자격, 자질

5. 빈칸 앞에는 전치사, 뒤에는 명사가 있으므로 빈칸은 명사를 수식해줄 형용사 자리로, 수식 역할을 할 수 있는 소유격 대명사가 들어가야 한다.

(A) 주격 대명사라서 오답

(B) 소유격 대명사라서 정답

(C) 소유대명사라서 오답

(D) 재귀대명사라서 오답

정답 (B)

해석 Mr. Woo는 통지 받고 싶어한다 / 몇 시에 리허설이 시작될지에 관해 / 그녀의 공연을 위한.

표현 정리 would like to do 하고 싶다 be informed 통지 받다 rehearsal 리허설 performance 공연

6. 빈칸은 전치사의 목적어가 되면서 주격 관계대명사 who 앞에 와야 하므로 사람을 가리키는 대명사 자리이다.

(A) 주로 부정문, 의문문과 사용하며 가리키는 말이 있을 때 사용하므로 오답

(B) who 이하 절과 함께 '~하는 사람들'이란 뜻으로 사용될 수 있어서 정답

(C) 접속사라서 오답

(D) 주격 대명사이고 누구를 가리키는지 알 수 없어서 오답

정답 (B)

해석 처리 수수료가 공제될 것입니다 / 그들의 보증금에서 / 그들의 예약을 취소한 이들에게는 / 체크인 날짜 24시간이 안 되는 시간 전에.

표현 정리 processing fee 처리 수수료 be deducted from ~에서 공제되다 deposit 보증금 cancel 취소하다 reservation 예약

7. 빈칸은 전치사의 목적어 자리에 올 수 있는 목적격 대명사가 들어가야 한다.

(A) 주격 대명사라서 오답

(B) 목적격 대명사라서 정답

(C) 소유대명사도 목적어가 될 수 있으나 무엇을 가리키는지 알 수 없고, 질문은 사람에게 보내는 것이지 사물에게 보내는 것이 아니라서 오답

(D) 질문을 보내는 주체는 '당신'이고 받는 대상은 '나'이므로 주체와 대상이 달라서 오답

정답 (B)

해석 제 직속 상사가 휴가 중이기 때문에 / 모든 질문들은 저에게 보내야 합니다.

표현 정리 immediate supervisor 직속 상사 be on vacation 휴가 중이다 be directed to ~에게 보내지다

8. 빈칸 앞에 완전한 문장이 있으므로 빈칸은 부사 자리로, 완전한 문장 뒤에 올 수 있는 강조용법의 재귀대명사가 들어가야 한다.

(A) 주어를 강조하며 부사 역할이 가능한 재귀대명사라서 정답

(B) 소유격 대명사라서 오답

(C) 소유대명사라서 오답

(D) 소유격 자리에 올 수 있는 one's own 표현이라서 오답

정답 (A)

해석 관리자인 Ms. Kwon이 결정했다 / 스스로 그 일을 떠맡기로 / 자신의 부서에 모두가 / 다른 일들을 하느라 바빴기 때문에.

표현 정리 decide 결정하다 take on ~을 떠맡다 task 일, 업무 department 부서 be busy ~ing ~하느라 바쁘다

9. 빈칸은 수동태 동사 뒤에 발급될 대상이 될 명사 자리로, 앞에 사물인 employee ID card를 가리키는 대명사가 들어가야 한다.

(A) 형용사라서 오답

(B) other one은 단수가 되려면 앞에 정관사 the가 필요해서 오답

(C) each other나 one another는 동작의 주체가 복수명사일 때 사용할 수 있어서 오답

(D) another는 하나의 신분증(one ID card)에 이어 또 하나의 신분증(another ID card)의 개념이 되므로 정답

정답 (D)

해석 인사 부서에 연락해 주세요 / 당신이 직원 신분증을 잃어버려서 / 또 하나를 재발급되기를 원한다면.

표현 정리 contact 연락하다 Personnel Department 인사 부서 lose 잃어버리다, 분실하다 employee ID card 직원 신분증 reissue 재발급하다

10. 빈칸 앞에는 부사절 접속사, 뒤에는 정동사가 있으므로 빈칸은 주어가 될 명사 자리이다.

(A) 단독으로 주어가 될 수 없는 재귀대명사라서 오답

(B) 여기서 그들의 것은 '그들의 출품작들'을 가리키게 되어 정답. 주어가 될 수 있고 복수 취급도 가능하다.

(C) 사람을 나타내는 주격 대명사라서 오답. 거부된 것은 그들이 아니고 '그들의 출품작들'이다.

(D) 목적격 대명사라서 오답

정답 (B)

해석 비록 출품작들의 대부분이 받아들여졌지만 / Mr. Roberts와 Ms. Roman은 실망했다 / 그들의 것이 거부되었을 때

표현 정리 although 비록 ~이긴 하지만 entry 출품작 accept 받아들이다 disappointed 실망한 reject 거부하다, 거절하다

11. 빈칸 앞에는 명사절 접속사, 뒤에는 동사가 있으므로 빈칸은 주어 자리이다.

(A) 주격 대명사라서 정답

(B) 소유격 대명사라서 오답

(C) 목적격 대명사라서 오답

(D) 단독으로 주어가 될 수 없는 재귀대명사라서 오답

정답 (A)

해석 ANA 사의 경영진이 결정했다 / 그들이 해외 시장들로 확장할 것을 / 국내 판매의 감소를 상쇄하기 위해.

표현 정리 executives 경영진 expand into ~로 확장하다 oversea

market 해외 시장 offset 상쇄하다 decline 감소, 하락 domestic 국내의 sales 판매

12. 빈칸은 타동사 have 뒤에 위치하여 전명구의 수식을 받는 명사 자리이다.

(A) 형용사라서 오답

(B) 부사라서 오답

(C) 부사라서 오답

(D) 대명사라서 정답. none은 machine parts를 가리킨다.

정답 (D)

해석 저희는 연기하게 되어 죄송합니다 / 기계 부품들의 배송을 / 다음 주까지 / 저희가 재고가 없기 때문에.

표현 정리 sorry 죄송한, 유감스러운 postpone 연기하다 shipment 배송 machine parts 기계 부품 have none in stock 재고가 없다

13. 단수명사인 company에 관사나 소유격 등의 한정사가 없다. 따라서 소유격 대명사가 답이다.

(A) 주격 대명사라서 오답

(B) 목적격 대명사라서 오답

(C) 소유격 대명사라서 정답

(D) 재귀대명사라서 오답

정답 (C)

해석 Mr. Green이 그 문제에 신속해 대응했기 때문에 / 그의 회사는 파산 선고하는 것을 피했다.

표현 정리 swiftly 신속히, 빨리 react 대응하다, 반응하다 matter 문제 avoid 피하다 declare bankruptcy 파산 선고를 하다

➤고난도!
14. 빈칸 앞에는 전치사, 뒤에는 목적어가 빠진 절이 있다. 일단 빈칸은 전치사의 목적어가 될 수 있는 (대)명사 자리이다.

(A) 대명사로, 목적어가 될 수 있으나 2개에 대한 언급이 없어 오답

(B) 대명사로, 목적어가 될 수 있으나 2개에 대한 언급이 없어 오답

(C) 형용사라서 오답

(D) 대명사라서 정답. 빈칸 뒤 목적격 관계대명사 that이 생략되어 있고 이어서 목적어가 빠진 절의 수식을 받는 구조이다.

정답 (D)

해석 Mr. Sim은 모든 것에 참가했다 / 유명한 강연자 Mr. Gu가 이끌었던 / 작년 동안.

표현 정리 take part in ~에 참가하다[참여하다] famous 유명한 lecturer 강연자 lead 이끌다

➤고난도!
15. 빈칸은 주절의 주어가 될 명사 자리로, 참석이 더 나았던 대상이 될 수 있는 사물 명사가 들어가야 한다.

(A) 사람을 나타내는 주격 대명사라서 오답

(B) 목적격 대명사라서 오답

(C) 주어 자리에 올 수 있는 소유대명사라서 정답. mine은 my presentation으로 가리키는 대상을 알 수 있을 때는 소유대명사가 답이 된다.

(D) 재귀대명사라서 오답. 단독으로 주어 자리에 오지 않는다.

정답 (C)

해석 비록 Mr. Janita가 열심히 했지만 / 자신의 프레젠테이션에 참석률을 높이려고 / 나의 것이 참석률이 더 나았다.

표현 정리 work hard 열심히 하다 boost 높이다, 북돋우다 attendance 참석률 presentation 프레젠테이션

16. 빈칸은 타동사 doing의 목적어 자리로, 목적어 자리에 올 수 있는 명사나 대명사가 들어가야 한다.

(A) 명사 앞에 위치하는 수식어구라서 오답

(B) 형용사라서 오답

(C) 뒤에 to부정사가 연결될 수 있는 '충분한 양/수'라는 뜻의 명사라서 정답. enough는 형용사와 부사 외에 이처럼 대명사 기능도 한다.

(D) 비교급 형용사라서 오답. 비교급은 비교 대상(than ~)이 필요하다.

정답 (C)

해석 이사회가 확인했다 / 자신들의 회사가 충분히 하고 있었음을 / 그 야심 찬 판매 목표를 달성하기 위해.

표현 정리 board of directors 이사회 confirm 확인하다 meet 달성하다 ambitious 야심 찬 sales goal 판매 목표

17. 빈칸은 전명구의 수식을 받는 동사의 목적어 자리로, 목적어 자리에 올 수 있는 대명사가 들어가야 한다.

(A) 'of the 복수명사'의 수식을 받을 수 있는 대명사라서 정답

(B) 형용사라서 오답

(C) 형용사라서 오답

(D) 'of the 불가산명사'의 수식을 받는 대명사이므로 오답

정답 (A)

해석 계약 조건들을 모두 확인하세요 / 철저하게 / 그것에 서명하기 전에.

표현 정리 check 확인하다 contract terms and conditions 계약 조건 thoroughly 철저하게 sign 서명하다

18. 빈칸은 접속사 even though로 시작하는 부사절의 주어가 될 명사 자리로, 의문을 제기한 주체가 될 수 있는 사람 명사나 대명사 자리이다.

(A) one member를 가리키는 대명사라서 정답

(B) each other나 one another는 주어 자리에 쓰지 못하므로 정답

(C) one에 대한 언급이 있어야 another가 존재하므로 오답

(D) 형용사라서 오답

정답 (A)

해석 그 제안은 호의적으로 여겨졌다 / 대부분의 이사들에 의해 / 한 명이 의문을 제기했음에도 / 제한된 예산에 관해.

표현 정리 proposal 제안 consider 여기다, 고려하다 favorably

호의적으로 board members 이사들 raise a question 의문을 제기하다

19. 빈칸은 타동사 introduced의 목적어 자리에 오는 대명사 자리이다.

(A) 소유격 자리에 올 수 있는 one's own 표현이라서 오답

(B) 목적어 자리에 올 수 있고 동작의 주체와 대상이 같을 때 쓰는 재귀대명사라서 정답

(C) 주격 대명사라서 오답

(D) 소유격 대명사라서 오답

정답 (B)

해석 재결합한 그 밴드가 자신들을 소개했다 / 간절히 기다리는 청중에게 / 콘서트의 시작 때.

표현 정리 reunite 재결합하다 introduce oneself 자신을 소개하다 eagerly 간절히 awaiting 기다리는 audience 청중

20. 빈칸은 뒤의 명사를 수식해줄 형용사 자리로, 뒤에 복수명사를 수식해줄 수량형용사가 들어가야 한다.

(A) 불가산명사를 수식하는 수량형용사라서 오답

(B) 복수명사를 수식하는 수량형용사라서 정답

(C) 대명사라서 오답

(D) 대명사라서 오답

정답 (B)

해석 멸종 위기에 처한 종을 보호하기 위해 / 일부 국가들은 강요당한다 / 가능한 한 적은 고래를 사냥하도록 / 그들의 필요를 충족시키기 위해.

표현 정리 protect 보호하다 endangered species 멸종 위기에 처한 종 nation 국가 be forced to do ~하도록 강요당하다 hunt 사냥하다 whale 고래 fulfill one's needs ~의 필요를 충족시키다

▶고난도!

21. 빈칸을 전치사 of의 목적어 자리라고 생각해 바로 목적격을 답으로 하면 함정에 빠진다. 전치사 of 다음에 소유격이 와서 이중소유격이 될 가능성을 확인해야 한다.

(A) 목적어 자리에 올 수 있지만, 동작의 주체와 목적어가 같을 때 쓰는 재귀대명사라서 오답

(B) '그녀의 책무들 중 하나의 개인적 책무'라는 뜻을 이루어야 하는데, '그녀 중의 하나의 개인적 책무'는 어색하여 오답

(C) '그녀의 책무들 중 하나의 개인적인 책무'라는 뜻을 이루는 이중 소유격이 되어야 하므로 정답

(D) 주격 대명사라서 오답

정답 (C)

해석 그 여자 축구팀 주장은 강조했다 / 그녀의 팀을 결승전으로 이끄는 것은 / 그녀의 책무들 중 하나의 개인적인 책무였다고.

표현 정리 captain 주장 soccer team 축구팀 stress 강조하다 lead 이끌다 final match 결승전 personal 개인적인 responsibility 책임, 책무

22. 빈칸은 타동사 proved의 목적어 자리로, 목적어 자리에 올 수 있는 대명사가 들어가야 한다.

(A) 소유격으로 보면 오답이고, 소유대명사로 보면 '그의 것'이 무엇을 가리키는지 알 수 없어서 오답

(B) 명사 앞에 와야 해서 오답

(C) 주어는 사람인데, itself는 사물을 나타내는 재귀대명사라서 오답

(D) 목적어 기능이 있어 정답. 'prove oneself to be 명사/형용사'는 '자기 자신을 ~하다고 증명해 보이다'라는 뜻의 재귀대명사 숙어이다.

정답 (D)

해석 John Harris는 스스로 입증했다 / 열정적이고 재능 있는 직원임을 / Solomon 주식회사에서.

표현 정리 prove oneself 스스로 입증하다 enthusiastic 열정적인 talented 재능 있는 employee 직원

'대명사' 종합 문제 |파트6|

문제 23-26번은 다음 편지를 참조하시오.

> Mr. Martinez 귀하,
>
> 저와의 만남에 감사 드립니다 / 일할 기회에 대해 말하기 위한 / Powell Technology의 중역으로서. 대단히 흥미로웠습니다 / 그 직책에 대한 귀하의 생각을 듣게 되어. 그렇게 함으로써 / 저는 확신합니다 / 저의 자격이 저를 이상적인 지원자로 만든다는 것을 / 그 직책에. 저는 엄청난 양의 지식을 가지고 있습니다 / 귀사가 시행하고 있는 실험들에 대해 / 귀사의 실험실에서. ²⁵특히, 저는 경험이 아주 많습니다 / 리튬 배터리에 대한. 또 다른 장점은 / 업계 내에 저의 인맥이 / 귀하의 조직에 큰 혜택이 될 것이라는 점입니다.
>
> 시간을 내주셔서 감사합니다.
>
> Steven Wilkinson

표현 정리 executive 경영 간부, 중역 fascinating 대단히 흥미로운, 매력적인 thought 생각 positive 확신하는, 긍정적인 qualification 자격, 자질 ideal 이상적인 candidate 지원자, 후보자 tremendous 대단한, 엄청난 amount 양 experiment 실험 conduct 시행하다 lab 실험실(laboratory) advantage 장점, 이점 contact 연줄, 인맥 industry 업계 benefit 혜택, 장점

23. 문장에 thank가 정동사이며 빈칸은 준동사 자리이다. chance는 to부정사와 잘 어울리는 명사이다

(A) 일할 ➡ chance와도 잘 어울리고, '일할 기회'라는 해석도 자연스러워서 정답

(B) 일했다 ➡ 정동사라서 오답. work는 1형식 동사인데, 1형식 동사의 p.p.는 수식어 기능이 없다.

(C) 일했었던 ➡ '일했었던 기회'라는 말을 쓰려면 이어지는 문맥에서 과거에 대한 이야기가 있어야 해서 오답. 앞으로 있을 기회에 대한 이야기를 하고 있다.

(D) 일하다 ➡ 정동사라서 오답. 명사로 본다고 해도 명사가 연속해서 올 수 없다.

정답 (A)

24. 팟6에서 대명사 문제는 문맥상의 주체가 누구인지 파악해야 한다. 또한 가리키는 말을 확인해야 한다.

(A) 당신 ➡ 발신자에 대한 이야기이지 수신자에 대한 이야기가 아니므로 오답

(B) 그들 ➡ 그들이 언급된 적이 없어서 오답

(C) 나 ➡ 빈칸 뒤의 a tremendous amount of knowledge on the experiments를 가지고 있는 사람은 지원자인 편지의 발신인이므로 정답

(D) 우리 ➡ 발신인은 지원자이고, 위에서 I ~로 이야기하는 것으로 보아 지원자는 여러 사람이 아니고 한 사람임을 알 수 있다. 따라서 주어가 '우리'라고 할 수 없으므로 오답

정답 (C)

25. 빈칸 앞의 문장은 '발신자의 경력 즉 경쟁력'에 관한 내용이다. 따라서 이어지는 문장도 이와 같은 주제가 나와야 한다. 빈칸 뒤의 문장에서도 추가적인 자신의 경쟁력에 대해 이야기하므로 빈칸도 같은 맥락의 이야기가 나와야 한다.

(A) 귀하를 만나면 좋겠습니다 / 언젠가 곧. ➡ 이후 계획에 대한 내용이라서 오답. 경쟁력에 대한 언급이 없다.

(B) 고용되는 것은 어렵습니다 / 어디서든 임원으로. ➡ 채용의 어려움에 대한 내용이라서 오답. 경쟁력에 대한 언급이 없다.

(C) 제 이력서를 봐주시기 바랍니다 / 귀하가 가능하실 때. ➡ 이력서에 대한 내용이라서 오답. 경쟁력에 대한 언급이 없다.

(D) 특히, 저는 경험이 아주 많습니다 / 리튬 배터리에 대한. ➡ 발신자의 경력에 대한 내용을 구체적으로 설명하고 있어서 정답. 게다가 이어지는 문장에서 추가적인 경쟁력에 대한 이야기도 하고 있다.

정답 (D)

표현 정리 sometime 언젠가 difficult 어려운, 힘든 get hired 고용되다 executive 임원, 중역 take a look at ~을 보다 résumé 이력서 in particular 특히 experience 경험

26. 팟6에서 명사 어휘 문제는 빈칸이 있는 문장만 봐서는 풀 수 없는 경우가 많으니 다른 문장에서 단서를 찾아야 한다.

(A) 세미나 ➡ 세미나에 대한 언급이 없어서 오답. benefit(혜택)과 어울리지 않을 뿐만 아니라 회사에 지원하는 글이다.

(B) 경험 ➡ 편지는 발신자의 경험에 대한 내용이므로 오답. 빈칸에는 수신자를 언급하는 말이 와야 한다.

(C) 기관 ➡ 발신자를 채용하면 결국 수신자의 회사에 도움이 된다는 이야기이며, organization이 company를 대신하여 쓸 수 있는 말이므로 정답

(D) 외관 ➡ benefit(혜택)과 연관성이 없어서 오답. 외관에 혜택을 줄 수도 없고, 무엇의 외관인지 알 수 없다.

정답 (C)

문제 27-30번은 다음 공지를 참조하시오.

> 수많은 요청들을 받은 후에 / Heathcliff Apartments의 세입자들로부터 / 관리팀이 결정했습니다 / 공간을 제공하기로 / 세입자들의 의류를 위한 / 건물의 지하층에.
>
> 세탁 시설에 인접한 공간이 / 개조될 것입니다 / 40개의 사물함을 수용하도록. 각각은 물건들을 걸 공간을 가질 것입니다 / 2개의 서랍들뿐만

아니라 / 여러분이 보관이 필요한 의류를 놓을. 이 작업은 대략 2주가 걸릴 것입니다 / 완료하는 데

그곳에 의류를 보관하는 것에 관심이 있으시면, / 여러분의 이름과 아파트 호수, 그리고 이메일 주소를 제공해 주세요 / 로비의 프런트 데스크에 있는 사람에게. ³⁰사물함들은 대여될 수 있습니다 / 한 달에 20달러에. 요금은 지불되어야 합니다 / 여러분이 등록할 때.

표현 정리 numerous 수많은 request 요청 tenant 세입자 management team 관리팀 decide 결정하다 provide 제공하다 space 공간 basement floor 지하층 adjacent 인접한 laundry facility 세탁 시설 renovate 개조하다 locker 사물함 hang 걸다 A as well as B B뿐만 아니라 A도 drawer 서랍 apparel 의류 store 보관하다 roughly 대략 complete 완료하다 garment 의류 fee 요금 pay 지불하다 at the moment 그때 register 등록하다

27. 팟6에서 명사 어휘 문제는 빈칸이 있는 문장만으로 풀지 못하는 경우가 많고, 특히 첫 번째 문제의 경우 지문의 중반부나 후반부를 봐야 풀리는 경우가 있다.

(A) 차량들 ➡ hang items, drawers와 어울리는 물건이 아니라서 오답

(B) 가구 ➡ hang items, drawers와 어울리는 물건이 아니라서 오답

(C) 방문자들 ➡ hang items, drawers와 어울리는 물건이 아니라서 오답

(D) 의류 ➡ hang items, drawers와 문맥상 잘 어울려서 정답. 지문 내에 apparel(의류), garment(의류)라는 동일 의미의 단어도 등장한다.

정답 (D)

28. 팟6에서 대명사 문제는 가리키는 명사가 빈칸이 포함된 문장에 없는 경우가 많다. 빈칸에는 앞 문장의 40 lockers를 가리키는 말이 필요하다.

(A) 각각 ➡ each가 가리키는 것은 앞 문장의 40 lockers이라서 정답. each locker를 나타낸다.

(B) 둘 다 ➡ 앞에 두 개에 대한 언급이 있어야 하므로 오답

(C) 어떤 것이든 ➡ 정해지지 않은 것을 나타낼 때 사용하는 대명사라서 오답. 즉, anything은 lockers를 가리킨다고 볼 수 없고, '무엇이든지'라는 말이므로 오답이다. 빈칸의 문장은 40 lockers에 대한 설명이다.

(D) 이것 ➡ 단수명사를 가리키는 말이라 오답. 40 lockers는 복수이다.

정답 (A)

29. 빈칸은 숫자를 수식하는 부사 자리이다.

(A) 개략적인 ➡ 형용사라서 오답. '거칠게'라는 뜻으로 부사 기능이 있으나 숫자 앞에 오는 부사는 아니다.

(B) 더욱 대략적인 ➡ 비교급 형용사라서 오답. 비교급의 단서(than~ 등)가 없다.

(C) 가장 대략적인 ➡ 최상급 형용사라서 오답. 최상급의 단서(in, of 등)가 없다.

(D) 대략적으로 ➡ 숫자수식부사라서 정답

정답 (D)

30. 빈칸 앞의 문장은 의류 보관에 관심이 있을 때 취해야 할 조치에 관한 내용이고 뒤의 문장은 요금에 관한 내용이다. 따라서 빈칸은 사물함의 대여에 관해 언급되는 것이 자연스럽다.

(A) 저희에게 이것에 대해 알려주셔서 감사합니다. ➡ 전체적인 내용은 공지

인데 이와 어울리지 않는 내용이라서 오답

(B) 사물함들은 대여될 수 있습니다 / 한 달에 20달러에. ➡ 사물함의 대여에 대한 내용이라서 정답

(C) 모든 세입자들은 유지해야 합니다 / 세탁실을 깨끗하게. ➡ 세탁실 관리에 대한 내용이라서 오답

(D) 대여료는 오를 것으로 예상됩니다 / 향후 몇 개월 안에. ➡ 처음 시행하는 것이고, 대여료 책정에 대한 내용이 아직 언급되지 않아서 오답

정답 (B)

표현 정리 inform 알리다 rent 대여하다 laundry room 세탁실 rent 임대료, 대여료 go up (가격 등이) 오르다

Unit 11 선행사의 유/무, 사람/사물을 확인하고 완전/불완전 절을 구분하여 푼다. – 명사절/형용사절 접속사

전략 1 점검 퀴즈

1. 정동사 was 앞에는 주어가 되는 명사절이 온다. 괄호부터 was 앞까지 불완전한 절이므로 what이 답이다. that은 명사절로 쓰일 경우 완전한 절이 온다.

정답 What

해석 Mr. Sun이 오늘 말했던 것은 / 그 후보자에겐 실망스러운 것이었다.

표현 정리 disappointing 실망시키는 candidate 후보자

2. 괄호 안은 명사절 접속사 자리로, 뒤에 or not과 함께 쓸 수 있는 접속사는 whether이다. 또한 whether 뒤에 주어와 동사를 줄여 to로 쓴 것도 단서가 된다. that은 주어와 동사가 있어야 하고 생략할 수 없다.

정답 whether

해석 Mr. Wilson은 결정할 것이다 / 방문 할지 말지를 / 그의 고객을 / 오늘.

표현 정리 decide 결정하다 visit 방문하다 client 고객

3. 괄호 안은 명사절 접속사 자리로 명사절 안에 주어가 없으므로 주어의 역할을 하는 who가 답이다. where는 뒤에 완전한 절이 와야 한다.

정답 who

해석 직무 설명서는 명시한다 / 누가 책임이 있는지 / 그 업무에.

표현 정리 job description 직무 설명서 state 명시하다 accountable 책임이 있는 task 업무

4. 괄호 뒤에 단수명사 manager가 있으므로 의문형용사인 which가 답이다. 문장에 동사의 개수가 2개 (approves, depends) 있으므로 빈칸은 접속사 자리이다. That이 오면 여전히 단수명사인 manger 앞에 한정사가 없어서 오답이다.

정답 Which

해석 어떤 매니저가 송장을 승인하는지는 / 상황에 따라 다르다.

표현 정리 manager 매니저 approve 승인하다 invoice 송장 depend on ~에 달려 있다, ~에 따라 다르다 situation 상황

1. 선행사가 사람이므로 사람을 수식하는 형용사절 접속사인 who가 답이다. which는 형용사절 접속사로 쓰일 때 사물 선행사가 와야 한다.

정답 who

해석 그런 전문가들이 / 디자인 소프트웨어를 사용할 수 있는 / 고용될 것이다.

표현 정리 expert 전문가 use 사용하다 design software 디자인 소프트웨어 hire 고용하다

2. 선행사가 사물이고 괄호 뒤는 주어가 빠진 절이므로 주격 관계대명사 that이 답이다. when은 관계부사로 쓰일 때 선행사가 시간, 괄호 뒤에는 완전한 절이 온다.

정답 that

해석 안전은 타협되어서는 안 되는 것이다.

표현 정리 safety 안전 something 무엇, 어떤 것 compromise 타협하다

3. 괄호 앞 선행사가 사물이므로 형용사절 접속사 which가 답이다. who는 사람 선행사에 쓴다.

정답 which

해석 환불금이 나올 것입니다 / 제품들에 대해서 / 배송 중에 손상된.

표현 정리 refund 환불 issue 발급하다, 발행하다 product 제품, 상품 damaged 손상된

4. 괄호 뒤에 applications란 명사가 있으므로 소유격으로 쓰일 수 있는 관계대명사인 whose가 답이다. 선행사가 사람이라고 who를 쓰면 안 된다. who 다음에는 동사가 온다.

정답 whose

해석 후보자들은 / 신청서 작성이 불완전한 / 실격될 것이다.

표현 정리 candidate 후보자 application 신청서 incomplete 불완전한, 미완성의 disqualify 실격시키다

1. whether는 명사절 접속사로 주어와 조동사가 생략되어 to로 줄여 쓸 수 있고, 문장 뒤 or도 단서가 되므로 whether가 답이다. both 다음에는 A and B의 구조이거나 복수명사가 와야 한다.

정답 whether

해석 나는 결정할 수 없다 / 더 높은 임금을 받을지 또는 더 많은 휴가를 받

을지.

표현 정리 decide 결정하다 receive 받다 higher 더 높은 salary 임금 time off 휴가

2. 괄호 다음의 to는 주어와 조동사(will, should 등)를 줄여 쓴 것으로 뒤에 동사와 목적어가 있어 완전한 절로 볼 수 있다. 따라서 how가 답이다. what은 불완전할 때 쓴다.

정답 how

해석 이 간단한 매뉴얼은 보여준다 / 당신에게 / 어떻게 조립하는지 / 당신의 사무용 의자를.

표현 정리 short manual 간단한 매뉴얼 show 보여주다 assemble 조립하다 office chair 사무용 의자

3. 문장 안에 별 이유 없이 be가 있다는 것은 앞에 should가 생략된 것이다. 이때 insisted를 답으로 하면 동사 뒤 명사절 접속사 that이 생략된 것으로 볼 수 있으므로 정답이다. insisting을 답으로 하면 문장에 be가 단독으로 올 이유가 없다.

정답 insisted

해석 관리자는 주장했다 / 주차장이 개방되어야 한다고 / 주민들에게 / 항상.

표현 정리 director 이사, 관리자 insist 주장하다 parking lot 주차장 resident 주민, 거주자 at all times 항상

4. electricity와 people 사이에 목적격 관계대명사 that이 생략되어 있다. 따라서 use가 답이다. people use는 형용사절인데 목적어가 없는 것처럼 보인다고 수동태를 고르면 안 된다. 생략된 목적격 관계대명사가 곧 목적어이므로 능동태가 답이다.

정답 use

해석 대부분의 전기는 / 사람들이 사용하는 / 생산된다 / 발전소에서.

표현 정리 electricity 전기 use 사용하다 produce 생산하다 power plant 발전소

1. 주어가 빠진 복합관계대명사 자리로, 우승자로서 선택되는 것은 사람이므로 Whoever가 답이다.

정답 Whoever

해석 선택된 누구든지 / 우승자로 / 받을 것이다 / 현금 보너스를.

표현 정리 select 선택하다 as ~로서 winner 우승자 receive 받다 cash bonus 현금 보너스

2. 괄호 뒤의 문장이 완전하므로 완전한 문장 앞에 쓰이는 복합관계부사인 whenever가 답이다. whichever는 주어나 목적어가 빠지거나 바로 뒤에 명사를 수식하는 형태로 쓰인다.

정답 whenever

해석 저에게 연락하세요 / 당신이 확신이 없을 때는 언제든지 / 업무에 대해서.

표현 정리 contact 연락하다 whenever 언제든지 uncertain 확신이 없는 assignment 업무, 과제

3. 어순이 틀어진 문장으로 형용사나 부사를 앞으로 가지고 올 수 있는 however가 답이다. 'However + 형/부 + 주어 + 동사'의 어순을 기억하자. although는 뒤에 주어와 동사가 바로 나와야 한다.

정답 however

해석 내가 아무리 세심하게 설명해도 / Mr. Smith는 여전히 이해하지 못했다.

표현 정리 however 하지만, 아무리 ~해도 carefully 조심스럽게, 세심하게 explain 설명하다 still 여전히 understand 이해하다

4. 괄호 뒤의 문장이 완전하고 어순도 정상이므로 no matter when이 답이다. no matter when은 whenever와 같은 뜻이다. however는 바로 뒤에 형용사나 부사가 따라 나와야 한다.

정답 no matter when

해석 나의 상사는 항상 격려한다 / 우리를 / 우리가 실수를 할 때는 언제든지.

표현 정리 always 항상 encourage 격려하다, 용기를 북돋우다 no matter when 언제든지 mistake 실수

실전 적용 문제

1. 빈칸 앞뒤에 정동사가 2개(may be put, can answer) 있으므로 빈칸은 접속사 자리로, 이어지는 절의 주어가 되어야 하므로 주격 관계대명사 자리이다.

(A) 사람 선행사를 받는 주격 관계대명사라서 정답

(B) 접속사가 아니라서 오답

(C) 접속사가 아니라서 오답

(D) 뒤에 완전한 절이 와야 하는 부사절 접속사라서 오답

정답 (A)

해석 전화를 건 사람들은 직접 연결될 수 있습니다 / 대답할 수 있는 기술자들에게 / 복잡한 질문들에 / 오작동하는 제품들에 관한.

표현 정리 put through (전화로) 연결해주다 directly 곧장 technician 기술자 sophisticated 복잡한, 정교한 malfunctioning 오작동하는

2. 3형식 동사 wonder 다음에는 목적어가 되는 명사절이 필요하므로 빈칸은 명사절 접속사 자리다.

(A) 부사절 접속사라서 오답

(B) 부사절 접속사라서 오답

(C) 명사절 접속사라서 정답. whether는 ask, wonder, don't know, would like to know 등의 동사와 잘 어울린다.

(D) 부정대명사라서 오답

정답 (C)

해석 공청회에 참석했던 주민들은 궁금해했다 / 오래 계류 중인 프로젝트가 / 이번 5월에 재개될지 여부를.

표현 정리 resident 주민 public meeting 공청회 wonder 궁금하다 long-pending 오래 계류 중인 resume 재개되다

3. 빈칸 뒤에 바로 부사가 있고 뒤에 정동사가 2개(may be working, is) 있으므로 빈칸은 접속사 자리이다.

(A) 복수명사와 불가산명사를 수식하는 형용사라서 오답. other는 형용사 기능만 있다.

(B) 부사라서 오답

(C) 부사절 접속사라서 정답. however가 접속사로 쓰일 경우 바로 뒤에 형용사나 부사가 온다.

(D) 부사라서 오답

정답 (C)

해석 우리의 전 직원이 아무리 빠르게 일할 수 있다 해도 / 마감을 맞추는 것은 여전히 불가능하다 / 연장이나 시간 외 근무 없이는.

표현 정리 quickly 빠르게 entire 전체의 staff 직원 meet the deadline 마감을 맞추다 extension (기간의) 연장 overtime work 시간 외 근무

4. 빈칸 뒤에 정동사가 2개(is, will be held) 있으므로 빈칸은 접속사 자리로, 앞의 명사를 수식해주며 뒤따르는 절의 주어가 될 수 있는 형용사절 접속사가 들어가야 한다.

(A) 부사라서 오답

(B) 명사절 접속사라서 오답

(C) 이유나 목적, 결과를 나타내는 등위접속사라서 오답. 이어서 완전한 절이 온다.

(D) 형용사절 접속사라서 정답

정답 (D)

해석 의무적인 교육 세션이 / 직원들에게 참석하도록 / 6월 8일, 금요일에 열릴 것이다.

표현 정리 training session 교육 세션 mandatory 의무적인 be held 열리다, 개최되다

▶고난도!

5. 빈칸 뒤에 정동사가 2개(needs, is) 있으므로 빈칸은 접속사 자리이다. ~ emphasized까지의 절을 이끌며 주어 역할을 할 수 있는 명사절 접속사가 들어가야 하는데, 명사절이 완전하면 that, 불완전하면 what이 들어간다.

(A) 명사라서 오답

(B) 명사절 접속사이지만 선택 사항이 제시된 문장이 아니라서 오답

(C) 명사절 접속사이지만 해당 절이 불완전해서 오답. 명사절 접속사 that 뒤에는 완전한 절이 온다.

(D) 명사절 접속사로 뒤에 주어가 빠진 불완전한 절이 있어서 정답. 명사절

접속사 what 뒤에는 불완전한 절이 온다.

정답 (D)

해석 강조되어야 하는 것은 / 이 제안의 실행 가능성과 / 그것의 상당한 영향입니다 / 지역 경제에.

표현 정리 emphasize 강조하다 proposal 제안 feasibility 실행 가능성 substantial impact 상당한 영향 local economy 지역 경제

6. 빈칸은 앞에 전치사가 있으므로 전치사의 목적어가 될 수 있는 명사절 접속사가 들어가야 한다.

(A) 명사절 접속사라서 정답. 뒤에 '주어 + 조동사(will, should 등)'는 to로 줄여 쓸 수 있다.

(B) 명사절 접속사이지만 what은 이어지는 절이 불완전할 때 사용하므로 오답. 여기서 to 이하는 '(주어 + 조동사) + 동사 + 목적어'로 완전한 구조이다.

(C) 전치사의 목적어 역할을 할 수 없는 부사절 접속사라서 오답

(D) to부정사구라서 오답. 위에 to와 연결되어 '~하기 위해서(so as to ~)'라는 뜻으로 쓰인다.

정답 (A)

해석 온종일 경영 세미나가 / 좋은 평가를 받았다 / 그것이 주로 다뤘기 때문에 / 효과적인 사업 계획들을 작성하는 방법을.

표현 정리 all-day 온종일 하는 management 경영 be well received 좋은 평가를 받다 deal with ~을 다루다 largely 주로 effective 효과적인

7. 빈칸 앞뒤에 정동사가 2개(is reviewing, is set)이 있으므로 빈칸은 접속사 자리이다. 선행사가 사물이고 빈칸 뒤의 절에 주어가 빠져 있으므로 사물 선행사와 쓰는 주격 관계대명사가 들어가야 한다.

(A) relocation을 수식하는 주격 관계대명사라서 정답

(B) 주격 관계대명사로 쓸 수 있으나 전치사나 콤마 뒤에는 올 수 없어서 오답

(C) 선행사가 reason일 때 쓰는 관계부사라서 오답. 또한 뒤에 이어지는 절이 완전해야 한다.

(D) 명사절 접속사라서 오답. 또한 뒤에 이어지는 절이 완전해야 한다.

정답 (A)

해석 이사회가 검토하고 있다 / 시설의 이전에 관한 제안을 / 일어날 예정인 / 내년에.

표현 정리 board of directors 이사회 review 검토하다 facility 시설 relocation 이전, 재배치 be set to do ~할 예정이다 take place 일어나다, 발생하다

➤고난도!
8. 빈칸 앞에 the way와 your group이 연속으로 올 수 없으므로 그 사이에 접속사 how가 생략된 것임을 알아야 한다. (물론 the way how로 쓸 수 없고 the way that은 가능하다) 따라서 빈칸은 정동사 자리이다.

(A) 동사원형이자 동사의 복수형이라서 오답

(B) to부정사인 준동사라서 오답

(C) 정동사 자리에 올 수 있는 '조동사 + 동사'라서 정답

(D) 현재분사이자 동명사인 준동사라서 오답

정답 (C)

해석 급행 지하철 노선을 타는 것이 방법입니다 / 여러분의 단체가 이동할 수 있는 / 다음 관광지로 / 쉽고 빠르게.

표현 정리 express 급행의 subway line 지하철 노선 move on to ~로 이동하다 tourist destination 관광지 easily 쉽게

9. 빈칸 앞뒤에 정동사가 3개(stressed, had, needed) 있는데 접속사는 1개(that)뿐이므로 빈칸은 접속사 자리이다. 완전한 문장 앞에 위치할 수 있는 부사절 접속사가 들어가야 한다.

(A) 재귀대명사라서 오답

(B) 부사절 접속사라서 정답

(C) 부사라서 오답

(D) 부사절 접속사의 기능이 있으나 빈칸 뒤에 불완전한 절이나 관사나 소유격 없는 명사가 와야 해서 오답

정답 (B)

해석 입사 면접 중에 / Ms. Mell은 강조했다 / 그녀가 해외 여행을 하는 데 아무 문제가 없었다고 / 그녀의 회사가 요구했을 때마다 / 그녀에게 그렇게 하도록.

표현 정리 job interview 입사 면접 stress 강조하다 travel 여행하다 company 회사

10. 빈칸 앞에 전치사가 있으므로 빈칸은 전치사의 목적어가 될 명사 자리로, 뒤에 to는 '주어 + 조동사'를 줄여 쓴 것이므로 그 앞에는 명사절 접속사가 들어가야 한다.

(A) 명사절 접속사라서 정답. wh- 접속사 뒤에 '주어 + 조동사(will, should 등)'는 to로 줄여 쓸 수 있다.

(B) 명사절 접속사로 뒤에 불완전한 문장이 와야 하므로 오답

(C) 뒤에 관사나 소유격이 없는 명사가 와야 해서 오답

(D) 명사절 접속사 that은 전치사 뒤에 오지 않아서 오답. 또한 to로 줄여 쓸 수 없어서 오답

정답 (A)

해석 저희의 최종 결정은 / Main Street에 공지를 취득할지 여부에 관한 / 기반을 둘 것입니다 / 평가의 결과에.

표현 정리 final decision 최종 결정 acquire 취득하다 empty lot 공지 be based on ~에 기반을 두다 result 결과 assessment 평가, 감정

11. 빈칸 앞뒤에 정동사가 2개(advised, familiarize) 있으므로 빈칸은 접속사 자리로, 앞에 타동사가 있으므로 타동사의 목적어가 될 수 있는 명사절 접속사가 들어가야 한다.

(A) 등위접속사라서 오답

(B) 부사절 접속사라서 오답

(C) 명사절 접속사라서 정답

(D) 명사절 접속사이지만 이어지는 절이 불완전할 때 써야 하므로 오답. 또한, '어떤 ~지'의 의미가 어울리는 상황이 아니라서 오답

정답 (C)

해석 그 컨설턴트는 권고했다 / 모든 생산직 근로자들이 / 안전 규정들에 익숙해지고 / 보호 장비를 착용해야 한다고 / 작업 중에 / 항상.

표현 정리 advise 권고하다, 조언하다 familiarize oneself with ~에 익숙해지다 safety regulation 안전 규정 protective gear 보호 장비 all the times 항상, 늘

12. 빈칸 앞뒤에 정동사가 2개(should be, find) 있으므로 빈칸은 접속사 자리로, 앞에 전치사가 있으므로 전치사의 목적어가 될 수 있는 명사절 접속사가 들어가야 한다.

(A) 부사절 접속사라서 오답

(B) 부사라서 오답

(C) 명사절 접속사라서 정답

(D) 형용사라서 오답

정답 (C)

해석 운전자들은 주의해야 합니다 / 무엇이든 그들이 발견하는 특이한 것에 / 자신들의 자동차에서 / 그것이 아무리 사소하게 보일지라도.

표현 정리 motorist 운전자 be careful about ~에 주의하다 unusual 특이한 no matter how 아무리 ~해도 trivial 사소한

▶고난도!
13. 빈칸 앞에는 명사, 뒤에는 완전한 문장이 있는데, 이 경우 생략된 명사절 접속사가 있는지 따져 봐야 한다. 이 문장에서는 빈칸과 his audience 사이에는 명사절 접속사 that이 생략된 것이므로 빈칸은 정동사 자리이다.

(A) 명사라서 오답

(B) believing이 오면 his audience가 현재분사인 believing의 목적어가 되는데, '청중을 믿는 Edward가 그의 강의들이 더 유익하고 교육적이기를 원했다'는 어색한 말이 된다. Edward가 청중을 믿을 이유가 전혀 없다.

(C) 과거시제 동사라서 정답. believe는 확정적인 느낌을 가진 '생말예제' 동사의 하나로, 그 뒤에 명사절 접속사인 that을 생략할 수 있다.

(D) 단수 주어에 수일치되지 않는 동사의 복수형이라서 오답

정답 (C)

해석 비록 그의 강의들이 비교적 높게 평가되었지만 / Edward Giordano는 생각했다 / 자신의 청중은 여전히 원했다고 / 그것들이 더 유익하고 교육적이기를.

표현 정리 lecture 강의 rate high 높게 평가되다 relatively 비교적 audience 청중 informative 유익한, 유용한 정보를 주는 educational 교육적인

▶고난도!
14. 보기들 모두 접속사이므로 부사절인지 형용사절인지 확인해야 하는 어려운 문제이다. 일단 company가 선행사라고 가정해보고 출발해보자.

(A) 접속사로 쓰일 때 바로 뒤에 형용사나 부사가 와야 해서 오답

(B) 선행사 다음에 오는 which는 관계대명사이므로 이어지는 절에 주어나 목적어, 보어가 없어야 하는데, 주어(presence)와 동사(is)와 보어(phenomenal)가 다 있으므로 오답

(C) 소유격 관계대명사라서 정답. whose는 명사 앞에서 소유격 its의 기능과 앞의 문장을 연결하는 접속사의 기능을 함께 하는 단어이다.

(D) 부사절 접속사가 오면 presence(입지, 존재감) 부분이 아무런 수식을 받지 않아 무엇을 가리키는지 다소 엉뚱하다.

정답 (C)

해석 Star Rental Car가 합의에 들어갔다 / 한 소셜미디어 회사와 / 제주에서의 그 입지가 경이적인.

표현 정리 enter into an agreement with ~와 합의에 들어가다 presence 입지, 존재 phenomenal 경이적인

15. 빈칸 앞뒤에 정동사가 2개(is, is situated) 있으므로 빈칸은 접속사 자리로, 앞에 be동사가 있으므로 보어 자리에 올 수 있는 명사절 접속사가 들어가야 한다.

(A) what's는 what is의 줄임말이므로 동사가 하나 더 늘어나 접속사가 한 개 더 필요하므로 오답

(B) 전치사라서 오답

(C) 명사절 접속사라서 정답

(D) which가 명사절 접속사로 사용되면 이어지는 절이 불완전하거나 관사나 소유격이 빠진 형태의 명사가 오므로 오답

정답 (C)

해석 Stanley Avenue에서 세 번째 블록이 / 저희 본사가 위치해 있는 곳입니다.

표현 정리 headquarters 본사 be situated 위치해 있다

▶고난도!
16. The artwork와 our young talented painters 사이에 목적격 관계대명사가 생략되어 있으므로 빈칸에는 능동태의 정동사가 와야 한다.

(A) to부정사인 준동사라서 오답

(B) 명사라서 오답

(C) 복수 주어에 수일치되지 않는 동사의 단수형이라서 오답

(D) 정동사의 능동태 표현이므로 정답

정답 (D)

해석 우리의 젊은 재능 있는 화가들이 완성한 미술품이 / 로비의 벽에 전시될 것입니다 / 다음 2주 동안.

표현 정리 artwork 미술품 talented 재능 있는 painter 화가 display 전시하다

Unit 12 절의 형태, 절과 절의 의미 관계를 보고 푼다. – 부사절 접속사, 등위/상관접속사

전략 1 | 점검 퀴즈

1. 괄호 앞뒤 문장이 완전하므로 완전한 문장을 뒤에서 수식해주는 부사절 접속사인 if가 답이다. what은 명사절 접속사이므로 오답이다.

정답 if

해석 모든 입장권들은 환불될 것이다 / 야외 콘서트가 취소된다면.

표현 정리 ticket 표, 입장권 refund 환불하다 outdoor 야외의 concert 콘서트 cancel 취소하다

2. 괄호 안은 둘 다 부사절 접속사이므로 해석으로 풀어야 한다. 괄호 앞의 절은 '승진을 한다'는 내용이고 괄호 뒤의 절은 '작년에 업무를 잘 수행했다'는 내용이므로 이유를 나타내는 now that이 답이다. although는 양보(역접)의 관계일 때 사용한다.

정답 now that

해석 Mr. Kim은 곧 승진될 것이다 / 그가 업무를 잘 수행했기 때문에 / 작년에.

표현 정리 get promoted 승진되다 **soon** 곧 **now that** ~이기 때문에 **perform well** 업무를 잘 수행하다

3. 시간/조건의 부사절은 현재(혹은 현재완료)시제가 미래시제를 대신한다. 주절이 미래이고 수식하는 부사절이 현재완료라서 시간의 부사절 접속사인 as soon as를 우선 대입해보면 해석이 자연스러우므로 정답이다. so that은 '~하기 위해서'라는 뜻으로 조동사 can, may, will 등과 잘 어울리며 주로 목적을 나타내기 위해 쓰이므로 오답이다.

정답 as soon as

해석 그 가게는 재개할 것이다 / 영업을 / 리모델링 공사가 완료되자마자.

표현 정리 resume 재개하다 **operation** 운영, 영업 **as soon as** ~하자마자 **so that** ~하기 위해서 **complete** 완성하다 **remodeling work** 리모델링 공사

4. 콤마 앞 문장의 시제가 현재이고 수식 받는 문장의 시제가 미래라서 조건의 부사절 접속사인 once를 우선 대입해보면 해석이 자연스러우므로 정답이다. as if는 '마치 ~인 것처럼'이란 뜻으로 의미상 어색하다.

정답 Once

해석 Ms. Nakano가 그 학교의 입학을 승인 받기만 하면, / 그녀는 장학금을 받을 것이다.

표현 정리 once 일단 ~하면, ~하자마자 **be admitted to** (~에 입학을) 승인 받다 **receive** 받다 **scholarship** 장학금

전략 2 | 점검 퀴즈

1. 등위접속사 but은 문두에 올 수 없으므로 오답. 콤마 앞의 절이 주절을 수식하는 부사절 접속사 although가 답이다.

정답 Although

해석 Mr. Wright는 실무 경력이 거의 없음에도 불구하고 / 그는 그 일을 끝냈다 / 제때에.

표현 정리 little 거의 없는 **working experience** 실무 경력 **finish** 끝내다 **job** 일 **on time** 제때에

2. 등위접속사 but이 들어가면 주어인 Mr. Lee가 생략된 것이므로 Mr. Lee was his assistant가 되는데, 의미상 앞뒤 내용이 연결되지 않는다. his assistant was가 was his assistant로 바뀌는 현상을 도치라고 하며, 접속사 nor(또한 ~아니다)가 들어가면 도치가 일어난다.

정답 nor

해석 Mr. Lee는 참석하지 않았다. / 그리고 그의 조수도 참석하지 않았다.

표현 정리 present 참석하다 **assistant** 조수

3. 콤마 앞은 '복사기에서 소리가 난다'는 내용이고, 이어지는 문장은 '새로운 것의 구매를 고려 중'이라는 내용으로 인과 관계가 성립되므로 so가 답이다. but은 역접의 관계에서 사용한다.

정답 so

해석 우리 복사기가 이상한 소리를 낸다. / 그래서 우리는 고려 중이다 / 새로운 것을 사는 것을.

표현 정리 copier 복사기 **strange** 이상한 **so** 그래서 **consider** 고려하다 **buy** 사다

4. 콤마 앞은 '회사의 수익이 떨어졌다'는 내용이고, 이어지는 문장은 '확장을 포기했다'는 내용으로 인과 관계가 성립되므로 so가 답이다. because가 들어가면 확장을 포기해서 이윤이 떨어졌다는 어색한 의미가 된다.

정답 so

해석 회사의 수익이 급격하게 떨어졌다 / 지난 분기에 / 그래서 회사는 포기했다 / 확장 계획을.

표현 정리 revenue 수익 **fall** 떨어지다 **sharply** 급격하게 **so** 그래서 **give up** 포기하다 **expansion plan** 확장 계획

전략 3 | 점검 퀴즈

1. rather cold와 bright and sunny를 병치 구조로 연결하는 등위접속사 yet이 답이다. so는 뒤에 완전한 문장이 와야 한다.

정답 yet

해석 날씨가 다소 춥지만 / 밝고 화창하다.

표현 정리 weather 날씨 **rather** 다소 **cold** 추운 **bright** 밝은 **sunny** 화창한

2. rather than이 오면 주어인 the HR director가 생략되어 '외부 채용보다는 내부 채용을 하겠다'는 자연스러운 의미를 이루므로 정답이다. in order to 다음에는 동사원형이 올 수 있으나 '외부 채용을 위해 내부에 채용 공고를 낸다'는 어색한 의미가 된다.

정답 Rather than

해석 외부 직원들을 채용하기보다는 / 인사부장은 게시했다 / 모든 공석들을 / 내부에.

표현 정리 rather than ~하기보다는, ~에 대신에 **recruit** 채용하다 **outside** 외부의 **worker** 직원 **director** 책임자, 감독 **post** 게시하다 **opening** 공석 **internally** 내부적으로, 내부에

3. 원래의 문장은 The secretary's responsibilities include (answering phone calls), but (the secretary's responsibilities) are not limited to answering phone calls.이다. 등위접속사 중 병치 구조가

가능한 but이 정답이다. so 다음에는 완전한 문장이 와야 한다.

정답 but

해석 비서의 책무들은 포함한다 / (전화 받는 것을) / 하지만 (비서의 책무들은) 국한되지는 않는다 / 전화 받는 것에만.

표현 정리 secretary 비서 responsibility 책무 include 포함하다 limit 제한하다 answer phone calls 전화를 받다

4. 세 개 이상 열거 후에는 끝에 접속사 and나 or를 쓸 수 있다. 따라서 and가 답이다. but은 셋 이상을 열거할 때 쓰지 못한다.

정답 and

해석 우리는 이 소포들을 배송할 수 있다 / 아시아 국가들로 / 한국, 일본 그리고 중국과 같은.

표현 정리 deliver 배송하다 package 소포 nation 국가 such as ~와 같은

전략 4 점검 퀴즈

1. 괄호 뒤가 A or B의 구조이고, 동사의 개수가 하나이므로 either가 답이다. Whether는 접속사이므로 뒤에 절이 와야 한다.

정답 either

해석 우리는 받는다 / 현금 또는 신용카드 둘 중 하나를.

표현 정리 accept 받다, 받아들이다 cash 현금 credit card 신용카드

2. 괄호 앞에 not only가 있으므로 but also가 답이다. not only A but also B의 구문을 기억하자. nor가 오려면 앞에 neither가 있어야 한다.

정답 but also

해석 이 스포츠 종합단지는 가장 최신일 뿐만 아니라 한국에서 가장 넓다.

표현 정리 sports complex 스포츠 종합단지 newest 가장 최신의 not only A but also B A뿐만 아니라 B도 largest 가장 넓은

3. 괄호 뒤에 nor가 있으므로 neither가 답이다. neither A nor B(A와 B 둘 다 ~아니다)의 구문을 기억하자. no는 형용사로 명사를 수식하기는 하지만 nor와 어울리지 못한다.

정답 Neither

해석 방문객들과 직원들은 허락되지 않는다 / 그 지역에 입장하는 것이.

표현 정리 visitor 방문객 employee 직원 allow 허락하다 enter 입장하다

4. 콤마 앞 문장과 콤마 뒤의 문장을 연결할 수 있는 접속사인 but이 답이다. 특히 앞의 절에 not이 있으므로 not A but B (A가 아니라 B다) 구문이 쓰인 것이다. both는 접속사가 아니므로 문장을 연결하지 못한다.

정답 but

해석 휴가 날짜는 / 확인되지 않았다 / 공식적으로는 / 하지만 그것은 구두로 승인되었다.

표현 정리 date 날짜 vacation 휴가 confirm 확인하다 officially 공식적으로 orally 구두로 approve 승인하다

실전 적용 문제

1. 빈칸은 문장 맨 앞에 위치하여 문장 전체를 수식해줄 부사절 접속사 자리로, 이 경우 '양보, 이유, 시간, 조건' 순으로 대입하여 해석해봐야 한다.

(A) '~(때)까지'라는 뜻으로 시간의 부사절 접속사이며 해석이 부자연스러워서 오답

(B) '~하기 위해서'라는 뜻으로 목적, 결과의 부사절 접속사이며 해석이 부자연스러워서 오답

(C) '~이든 아니든(부사절 접속사)', '~인지 아닌지(명사절 접속사)'라는 뜻으로 해석이 부자연스러워서 오답

(D) '만약 ~라면'이라는 뜻으로 조건 부사절 접속사이며 '조립 설명서가 명확하지 않다면 전화를 해달라'는 해석도 자연스럽다.

정답 (D)

해석 여러분이 발견하신다면 / 조립 설명서가 명확하지 않다는 것을 / 저희 고객지원센터에 전화해 주세요.

표현 정리 assembly instruction 조립 설명서 unclear 명확하지 않은 customer support center 고객지원센터

2. 빈칸 뒤에 두 개의 명사를 연결하는 등위접속사 and가 있으므로 빈칸은 이와 짝을 이룰 상관접속사 자리이다.

(A) 부사 또는 접속사라서 오답

(B) 부사라서 오답

(C) 전치사 또는 접속사라서 오답

(D) both A and B(A와 B 둘 다)를 완성해줄 상관접속사라서 정답

정답 (D)

해석 합격자들은 면허를 소지하고 있어야 합니다 / 크레인과 굴착기 둘 다 조작할 수 있는.

표현 정리 successful candidate 합격자 licensed 면허를 소지한, 허가 받은 operate 조작하다 crane 크레인 backhoe 굴착기

3. 빈칸 앞뒤에 정동사가 2개(is, is) 있으므로 빈칸은 접속사 자리로, 괄호 앞에 있는 콤마를 통해 등위접속사인 so가 대입의 우선순위가 된다. 빈칸 앞뒤로 완전한 절이 있고 선행사는 없으므로 형용사절은 아니다.

(A) 관계부사는 장소 명사가 선행사로 와야 해서 오답. 명사절 접속사로 보면 바로 앞에 동사가 있어야 해서 오답

(B) '그러므로'라는 뜻의 부사라서 오답

(C) 등위접속사 nor와 짝을 이루는 상관접속사라서 오답. neither A nor B는 'A와 B 모두 ~ 아니다'라는 뜻이다.

(D) '그래서'라는 뜻으로 인과 관계의 문장을 연결해줄 등위접속사라서 정답

정답 (D)

해석 적합한 임대 주택을 찾는 것은 / Honeyville 지역에서 / 거의 쉽지 않다 / 그래서 연락할 필요가 있다 / 전문적인 부동산 중개인에게.

표현 정리 suitable 적합한 rental house 임대 주택 hardly 거의 ~않다 contact 연락하다 professional 전문적인 realtor 부동산 중개인

4. 빈칸 앞뒤에 정동사가 2개(may work, is)가 있으므로 빈칸은 접속사 자리로, 앞의 절을 수식해줄 부사절 접속사가 들어가야 한다.

(A) 빈칸 앞의 home을 장소 선행사로 생각하여 관계부사 where를 답으로 하면 함정에 빠질 수 있다. 보수 공사는 집에서 하는게 아니다. 보수 공사를 하는 동안 집에서 일을 한다는 문맥이다.

(B) 전치사라서 오답

(C) 시간의 부사절 접속사라서 정답

(D) 전치사라서 오답

정답 (C)

해석 직원들은 재택 근무를 할 수도 있다 / 부속 건물을 증축하는 보수 프로젝트가 진행 중인 동안에.

표현 정리 employee 직원 work from home 재택 근무를 하다 renovation 개조, 보수 add a wing 부속 건물을 증축하다 underway 진행 중인

5. 빈칸 앞뒤로 병치 구조를 이루는 형용사가 2개(alphabetical, chronological) 있으므로 빈칸은 이 둘을 연결해줄 등위접속사 자리이다.

(A) 등위접속사이지만 '그렇지만, 그럼에도'라는 뜻으로 앞뒤의 형용사의 내용이 서로 반대의 의미를 나타내야 해서 오답

(B) either 단독으로는 대명사나 형용사라 오답. 혹은 either A or B 형태로 쓰는 상관접속사이다.

(C) 부사절 접속사라서 오답

(D) '또는'이라는 뜻의 등위접속사라서 정답. '알파벳 또는 연대순으로'라는 의미를 완성해준다.

정답 (D)

해석 연구 과학자들은 찾을 수 있다 / 다양한 참고 자료를 / 알파벳 또는 연대순으로.

표현 정리 research scientist 연구 과학자 search for ~을 찾다 various 다양한 reference data 참고 자료 alphabetical 알파벳의 chronological order 연대순

6. 빈칸은 앞뒤의 두 절을 연결해 줄 접속사 자리로, 서로 상반되는 내용이 전개될 경우 역접의 등위접속사가 들어가야 한다.

(A) '그러면, 그 다음에'라는 뜻의 접속부사라서 오답

(B) 조건의 부사절 접속사라서 오답

(C) whichever는 부사절 접속사의 기능이 있으나 바로 뒤의 완전한 절과 쓸 경우 명사 앞에 관사가 없어야 해서 오답

(D) 역접의 관계를 나타내는 등위접속사라서 정답. '한국에서 운영되는 것'과 '세계 시장으로 확장을 원하는 것'은 역접 관계이다.

정답 (D)

해석 Kim & Lee 법률 사무소는 현재 한국에서 운영되고 있다 / 하지만 파트너들은 그 서비스를 확장하기를 원한다 / 세계 시장으로.

표현 정리 law office 법률 사무소 operate 운영되다 expand 확장하다 international market 세계 시장

7. 빈칸은 앞뒤의 명사구를 연결해 줄 접속사 자리로, 서로 상반되는 내용이 전개될 경우 역접의 등위접속사가 들어가야 한다.

(A) 상관접속사라서 오답. either는 등위접속사 or와 어울리며, either A or B는 'A나 B 둘 중 하나'라는 뜻이다.

(B) 역접의 관계를 나타내는 등위접속사라서 정답. 방문하는 곳과 방문하지 않는 곳은 역접 관계로 이어지는 것이 적절하다. B but not A = not A but B(A가 아니라 B다)는 숙어로 기억해두자.

(C) 전치사 또는 이유 및 시간의 부사절 접속사라서 오답

(D) '또는'이라는 뜻의 등위접속사로 not과 어울리지 않으므로 오답

정답 (B)

해석 핀란드에서 오는 공무원들이 방문할 것이다 / 인천에 있는 Dongmak 시설을 / 하지만 부산에 있는 것은 아니다.

표현 정리 official 공무원 facility 시설, 기관

▶고난도!
8. 빈칸 뒤 or만 보고 무조건 either를 답으로 고르면 안 된다. whether도 or와 쓰일 수 있기 때문이다.

(A) whether는 접속사이므로 일단 빈칸 앞에도 동사, 뒤에도 동사가 있어야 한다. 뒤에는 동사가 있으나 앞에는 조동사만 있어서 오답

(B) 부사절 접속사라서 조동사 바로 다음에 올 수 없다

(C) 등위접속사 or과 함께 either A or B(A 또는 B) 표현을 완성시키는 상관접속사라서 정답

(D) 명사절이나 부사절 접속사이므로 조동사 바로 다음에 올 수 없다.

정답 (C)

해석 예기치 않은 부족의 경우에 / 귀하는 주문을 취소하거나 / 대체 제품을 받을 수 있습니다 / 모양과 색상이 비슷한.

표현 정리 in case of ~의 경우에 unexpected 예기치 않은 shortage 부족 cancel 취소하다 order 주문 alternative 대체의 similar 유사한

9. 빈칸 앞에 상관접속사 neither가 있으므로 빈칸은 이와 짝을 이루는 표현이 필요하다.

(A) 상관접속사 both 또는 전치사 between과 어울리는 등위접속사라서 오답

(B) '명사 as well as 명사' 형태로 쓰는 표현이라 오답

(C) 뒤에 복수명사를 취하는 전치사라서 오답

(D) 상관접속사 neither는 등위접속사 nor와 어울리므로 정답. neither A nor B 는 'A도 B도 ~아니다'라는 뜻이다.

정답 (D)

해석 서쪽 부속 건물 개조 때문에 / 카페테리아도 기념품점도 / 이용할 수 없을 것입니다 / 다음 주에

표현 정리 **due to** ~로 인해, ~때문에 **wing** 부속 건물 **renovation** 개조, 보수 **cafeteria** 카페테리아, 구내 식당 **gift shop** 기념품점 **accessible** 이용 가능한, 접근 가능한

10. 빈칸 뒤에 정동사가 2개(reopened, visited) 있으므로 빈칸은 접속사 자리로, 부사절 접속사 중 선택하는 경우 '양보, 이유, 시간, 조건' 순으로 대입하여 해석해봐야 한다.

(A) '곧'이라는 뜻의 부사라서 오답

(B) '다시 문을 열었을 때, 단골손님들이 다시 방문했다'는 내용이 자연스러워서 정답

(C) '마치 ~처럼'이라는 뜻으로, 그렇지 않은 상황을 가정하여 발생하는 일을 묘사할 때 쓴다.

(D) '마침내'라는 뜻의 부사라서 오답

정답 (B)

해석 리모델링 후 Kim's Café가 다시 문을 열었을 때 / 오랜 단골손님들이 그곳을 방문했다 / 그곳의 메인 요리들을 먹어보기 위해.

표현 정리 **reopen** 다시 문을 열다 **remodeling** 리모델링 **longtime** 오랫동안의 **patron** 단골손님 **main dish** 메인 요리

▶고난도!
11. 빈칸 앞뒤에 병치 구조를 이루는 준동사가 2개(to replace, (to) repair) 있으므로 빈칸은 이 둘을 연결해줄 등위접속사 자리이다.

(A) '즉시' 또는 '동시에'라는 뜻의 부사라서 오답

(B) '~라기 보다는, ~대신에'라는 뜻의 등위접속사라서 정답. 교체하는 것과 수리하는 것은 추가/제거의 관계이다.

(C) '예를 들면'이라는 뜻의 접속부사라서 오답

(D) '~대신에'라는 뜻이지만 전치사라서 오답. 전치사 뒤에는 동명사나 명사가 와야 한다.

정답 (B)

해석 중앙 난방 장치가 너무 낡아서 / 경영진이 그것을 교체하기로 결정했다 / 그것을 수리하는 대신에.

표현 정리 **heating unit** 난방 장치 **management** 경영진 **replace** 교체하다 **repair** 수리하다

12. 빈칸 앞뒤에 정동사가 2개(announced, believed) 있으므로 빈칸은 접속사 자리로, 앞뒤의 절이 완전하며 빈칸 앞에 콤마가 있으므로 등위접속사를 우선순위로 대입해야 한다.

(A) 등위접속사라서 정답. '정부가 발표를 했다'는 내용과 '사람들이 그것을 믿었다'는 내용은 순접의 관계이다.

(B) 접속사로 쓰일 경우 바로 이어서 형용사나 부사가 와야 해서 오답

(C) '그러므로'라는 뜻의 부사라서 오답

(D) '게다가'라는 뜻의 부사라서 오답

정답 (A)

해석 정부가 발표했다 / 개발할 것이라고 / 교외에 좀 더 가격이 적당한 주택을 / 그리고 그 지역의 많은 주민들은 / 그 발표를 믿었다.

표현 정리 **government** 정부 **develop** 개발하다 **affordable** (가격이) 알맞은, 적당한 **housing** 주택 **suburb** 교외 **resident** 주민

announcement 발표

13. 동사인 show 앞에 주어가 없으므로 빈칸은 주어가 같을 때 생략되는 등위접속사나 빈칸 앞이 선행사가 되는 주격관계대명사가 답이다.

(A) 부사절 접속사라서 오답. 부사절 접속사 다음에는 완전한 절이 온다.

(B) 등위접속사라서 정답. documents that include ~ and (that) show에서 주어에 해당하는 주격 관계대명사 that을 쓰지 않은 구조이다.

(C) so 다음에는 완전한 절이 와야 해서 오답

(D) 역접 관계에 사용하는 등위접속사라서 오답

정답 (B)

해석 적극 권장됩니다 / 귀하가 모든 서류를 가져오는 것이 / 귀하의 직무 기술서를 포함하고 귀하의 업무 성과를 보여주는 / 업무 평가에.

표현 정리 **highly recommend** 적극 권장하다 **document** 서류 **include** 포함하다 **job description** 직무 기술서 **job performance** 업무 성과 **performance appraisal** 업무 평가

14. 빈칸 뒤에 정동사가 2개(cut, has increased) 있으므로 빈칸은 접속사 자리로, 절의 형태로 보아 부사절 접속사가 들어가야 한다. 부사절의 시제는 과거이고 주절이 현재완료이므로 since(~이래로)가 우선이다.

(A) '비록 ~이긴 하지만'이라는 뜻의 양보의 부사절 접속사이므로 논리적인 해석이 되지 않아 오답. 이 접속사를 쓰려면 도로 개선 예산을 삭감했음에도 불구하고 사고 건수가 증가하지 않았다는 내용이 되어야 자연스럽다.

(B) '그럼에도 불구하고'라는 뜻의 전치사라서 오답

(C) '심지어 그렇다고 해도'라는 뜻의 부사라서 오답

(D) '도로 개선 예산을 삭감한 이래로 사고 건수가 증가했다'는 내용이 자연스러워서 정답

정답 (D)

해석 교통 당국이 삭감했던 이래로 / 도로 개선 예산을 / 작년에 / 교통 사고 건수가 증가했다.

표현 정리 **transportation authority** 교통 당국 **cut** 삭감하다 **improvement** 개선 **budget** 예산 **traffic accident** 교통 사고

▶고난도!
15. notify 앞에 주어가 없으므로 일단 부사절 접속사는 올 수 없다. 자신에게 익숙한 'in order to 동사원형'을 고르지 않도록 유의하자.

(A) 부사절 접속사라서 오답

(B) 인과 관계의 등위접속사라서 정답. '부서 명부를 업데이트한다'는 것과 '새로운 전화번호를 알리는 것'은 인과 관계이다.

(C) 추가/제거 관계의 등위접속사라서 오답. 통보하는 대신에 다른 것을 할 때 쓸 수 있는 표현이다.

(D) in order to는 동사원형 앞에 올 수 있으나, 앞에 콤마를 찍을 이유가 없고 내용도 어색하다.

정답 (B)

해석 Mr. Alex가 부서 명부를 업데이트할 것입니다 / 그러므로 그에게 알려주세요 / 여러분의 전화번호가 변경되었다면.

표현 정리 **department directory** 부서 명부 **notify** 알리다, 통고하다

16. 빈칸 앞에 not only가 있으므로 빈칸은 이와 짝을 이룰 상관접속사 자리이다.

(A) '만약 ~라면'이라는 뜻의 부사절 접속사라서 오답. 이어서 완전한 절이 와야 한다.

(B) '심지어 ~라 할지라도'라는 뜻의 부사절 접속사라서 오답. 이어서 완전한 절이 와야 한다.

(C) '~하는 바로 그 순간에'라는 뜻의 부사절 접속사라서 오답. 이어서 완전한 절이 와야 한다.

(D) not only와 어울리는 상관접속사라서 정답. not only A but also B는 'A뿐만 아니라 B도'라는 뜻이다.

정답 (D)

해석 독자들이 호의적이지 않은 피드백을 준다면 / 책에 대해 / 그것은 영향을 미칠 것이다 / 그 책뿐만 아니라 그 출판사에도.

표현 정리 reader 독자 unfavorable 호의적이지 않은, 비판적인 influence 영향을 미치다 title 책이름, 책 publisher 출판사

'접속사' 종합 문제 | 파트 5 |

1. 빈칸 앞뒤에 병치 구조를 이루는 두 개의 명사구가 있으므로 빈칸은 접속사 자리로, 앞에 both와 짝을 이루어 구를 연결해줄 수 있는 접속사가 들어가야 한다.

(A) 인과 관계를 나타내며 절을 연결해주는 부사절 접속사라서 오답

(B) 양보의 의미를 나타내며 절을 연결해주는 부사절 접속사라서 오답

(C) 이유를 나타내며 절을 연결해주는 부사절 접속사라서 오답

(D) 구를 연결할 수 있고 both A and B(A와 B 둘 다)를 완성해줄 상관접속사라서 정답

정답 (D)

해석 Tofu House는 둘 다 제공한다 / 건강에 좋은 영양가 있는 음식과 / 그리고 편안하고 동양적인 분위기를 / 미식가들에게.

표현 정리 provide 제공하다 healthy 건강에 좋은 nutritional 영양가 있는 meal 식사 relaxing 편안한 oriental 동양적인 ambience 분위기 gourmet 미식가

▶고난도!

2. 빈칸은 앞에 타동사 choose의 목적어 자리로 명사절 접속사 자리이다. 뒤의 best는 부사이고 represent는 동사이므로 주어가 빠진 불완전한 절이다.

(A) 명사절 접속사이나 이어지는 절이 완전해야 해서 오답

(B) 명사절 접속사이자 주어가 될 수 있는 복합관계대명사이지만 사람을 가리켜야 해서 오답. 여기서는 entry를 가리켜야 한다.

(C) 명사절 접속사이자 주어가 될 수 있는 복합관계대명사이고 entry를 가리킬 수 있어 정답

(D) 부사절 접속사라서 오답. 또한 이어지는 절이 완전해야 한다.

정답 (C)

해석 모든 출품작들 중에 / 참가자들에 의해 제출된 / 심사위원단은 선정할 것이다 / 어느 것이든 가장 잘 나타내는 것을 / 그 공연의 주제를.

표현 정리 entry 출품작 submit 제출하다 contestant 참가자

judging panel 심사위원단 choose 선정하다 represent 나타내다 theme 주제

3. 빈칸 뒤에 정동사가 2개(is, can)이므로 접속사 자리이다.

(A) '~이기만 하면, ~하는 한'이라는 뜻으로 부사절 접속사라서 정답

(B) 전치사라서 오답

(C) 부사라서 오답

(D) 부사라서 오답

정답 (A)

해석 가지고 계신 처방이 / 2년 미만이기만 하면 / 임상 시험의 시작 시점에 / 귀하는 그것에 참여하실 수 있습니다.

표현 정리 prescription 처방(전) less than ~미만인 clinical trial 임상 시험 participate in ~에 참여하다

4. 빈칸 앞에 선행사가 있으므로 빈칸은 형용사절 접속사 자리이다.

(A) 명사절 접속사라서 오답

(B) 형용사절 접속사로 쓰일 때 빈칸이 포함된 절에 목적어가 빠져야 사용하므로 오답

(C) 형용사절 접속사로 쓰일 때 명사 앞에 위치하므로 정답. 이를 소유격 관계대명사라고 한다.

(D) 형용사절 접속사로 쓰일 때 선행사가 장소 명사가 되어야 하므로 오답

정답 (C)

해석 마케팅 관리자는 매우 기뻐했다 / 그의 성취가 모범이 되었던 Jongsu Kim이 / 그의 팀의 다른 사람들에게 동기를 부여했다는 것에.

표현 정리 pleased 기뻐하는, 만족해 하는 achievement 성취, 달성 exemplary 모범적인, 본보기가 되는 motivate 동기를 부여하다, 의욕을 갖게 하다 others 다른 사람들

▶고난도!

5. 빈칸 앞뒤에 정동사가 2개(is, skip) 있으므로 빈칸은 접속사 자리이다. '이점을 안다는 것'과 '여러 이유들로 그렇게 못한다는 것'은 역접의 관계이다.

(A) '그렇지 않으면'이라는 뜻의 부사라서 오답

(B) 인과 관계의 등위접속사라서 오답

(C) 역접 관계의 등위접속사라서 정답

(D) 부사라서 오답

정답 (C)

해석 그렇게 어렵지 않다 / 우리가 아는 것은 / 규칙적으로 운동하는 것의 이점들을 / 그렇지만 우리는 종종 그것을 건너뛴다 / 여러 가지 이유들로.

표현 정리 difficult 어려운, 힘든 know 알다 benefit 이점 do exercise 운동하다 regularly 규칙적으로 often 종종 skip 건너뛰다 reason 이유

6. 빈칸 앞뒤에 정동사가 2개(changed, offered) 있으므로 빈칸은 접속사 자리이다.

(A) 부사절 접속사라서 정답

(B) 부사라서 오답

(C) 부사라서 오답

(D) 부사라서 오답

정답 (A)

해석 그 회사는 자사의 공급업체를 바꾸었다 / 또 다른 제공업체가 / 더 낮은 가격을 제시했기 때문이다.

표현 정리 supplier 공급업체, 공급자 provider 제공업체, 제공자 offer 제시하다 lower 더 낮은 price 가격

7. 빈칸 뒤에 정동사가 2개(includes, is) 있으므로 빈칸은 접속사 자리이다. 빈칸 뒤에 바로 동사가 있는 것으로 보아 주어의 기능을 할 수 있는 접속사가 필요하다.

(A) 대명사라서 오답

(B) 재귀대명사라서 오답

(C) 주격 관계대명사라서 정답

(D) 소유격 관계대명사라서 오답. 소유격 관계대명사는 바로 뒤에 명사가 와야 한다.

정답 (C)

해석 저희 스프레드시트의 최신 버전은 / 지출 추적용의 / 업데이트된 계산을 포함하는 / 실제로 사용하기 꽤 쉽습니다.

표현 정리 latest 최신의, 최근의 track 추적하다 expense 지출, 비용 include 포함하다 calculation 계산 actually 실제로 quite 꽤 easy to ~하기 쉬운

8. 빈칸 앞뒤에 타동사 attend의 목적어가 되는 두 개의 명사구가 제시되어 있으므로 빈칸은 이 둘을 연결해줄 접속사 자리이다. 병치 구조의 명사와 명사를 연결해 줄 수 있는 등위접속사가 들어가야 한다.

(A) 부사절 접속사라서 오답. 부사절 접속사는 뒤에 완전한 절이 와야 한다.

(B) 병치 구조에 쓸 수 있고 둘 중 하나를 선택하는 의미를 나타내는 등위접속사라서 정답

(C) 병치 구조에 쓸 수 있지만 역접의 의미를 나타내는 등위접속사라서 오답

(D) 부사절 접속사라서 오답. 부사절 접속사는 뒤에 완전한 절이 와야 한다.

정답 (B)

해석 세미나 참가자들은 참석할 수 있을 것입니다 / 야외 환영회 또는 책 사인회에.

표현 정리 participant 참가자 attend 참석하다 outdoor reception 야외 환영회 book singing 책 사인회

➤고난도!
9. 빈칸 앞뒤에 정동사가 2개(will be awarded, contributed) 있으므로 빈칸은 접속사 자리로, 전치사의 목적어가 되는 뒤의 명사절을 이끌어줄 명사절 접속사가 들어가야 한다.

(A) 복합관계형용사는 명사절 접속사의 기능이 있어 정답. whichever pharmaceutical company contributed는 any pharmaceutical company that contributed와 같은 말이 된다.

(B) 형용사라서 오답

(C) 대명사라서 오답

(D) 형용사라서 오답

정답 (A)

해석 Technology Innovation Prize는 수여될 것이다 / 어느 제약 회사에게든 / 개발에 기여한 / 희귀한 난치병을 위한 약들의.

표현 정리 be awarded to ~에게 수여되다 pharmaceutical company 제약 회사 contribute to ~에 기여하다 development 개발 medicine 약 rare 희귀한 incurable diseases 난치병

10. be동사의 원형인 be가 그대로 문장에 있다는 것에서 구조 분석이 시작된다. be는 should be가 생략된 형태이며, should를 생략시키는 구조는 '요번주의 명제' 동사들이다(Unit 2 참고). 즉, 빈칸에 정동사가 오고 이어서 that이 생략되었으며 should 또한 생략되었다고 생각해야 한다.

(A) 단수 주어에 수일치되지 않는 동사의 복수형이라서 오답

(B) 현재분사이자 동명사인 준동사라서 오답

(C) 정동사의 과거시제라서 정답

(D) 명사라서 오답

정답 (C)

해석 연구 책임자가 요청했다 / 보조금 제안서가 정부에 제출되도록 / 이번 달 말까지.

표현 정리 research director 연구 책임자 grant proposal 보조금 제안서 be submitted to ~에 제출되다 government 정부 by the end of ~의 말까지

11. 빈칸 앞뒤에 정동사가 2개(will be phased, is) 있으므로 빈칸은 접속사 자리이다.

(A) 접속사라서 정답

(B) 전치사라서 오답

(C) 전치사라서 오답

(D) 전치사라서 오답

정답 (A)

해석 수작업은 점차 단계적으로 폐지될 것이다 / 앞으로 2년에 걸쳐 / 공장 자동화로의 전환이 완료될 때까지.

표현 정리 manual work 수작업 gradually 점차적으로 be phased out 단계적으로 폐지되다 transition 전환, 이행 factory automation 공장 자동화 complete 완료된, 완성된

➤고난도!
12. 빈칸 앞뒤에 정동사가 2개(is, enters) 있으므로 빈칸은 접속사 자리로, 전치사 of의 목적어가 되는 절을 이끌며 사람을 나타내는 주어 자리에 올 수 있는 명사절 접속사가 들어가야 한다.

(A) 대명사라서 오답

(B) 사물을 나타낼 때 쓰는 명사절 접속사라서 오답

(C) 사람을 나타낼 내 쓰는 명사절 접속사라서 정답

(D) 대명사라서 오답

정답 (C)

해석 할 일입니다 / 누구든 사무실에 맨 먼저 들어가는 사람의 / 히터와 불

을 켜는 것은 / 아침에.

표현 정리 job 일 enter 들어가다 office 사무실 turn on 켜다
heater 히터 light 불, 조명

13. serves가 동사인데, 앞에 주어가 없는 것으로 보아 접속사 중 등위접속사의 가능성을 생각할 수 있다.

(A) 부사절 접속사라서 오답. 이어서 완전한 절이 와야 한다.

(B) 부사절 접속사라서 오답. 이어서 완전한 절이 와야 한다.

(C) 부사라서 오답

(D) '그리고 또한'이라는 뜻으로, 병치 구조를 이루는 동사를 연결해줄 등위접속사라서 정답

정답 (D)

해석 이 이메일은 귀하의 예약을 확인해주고 / 저희 호텔에 / 그리고 또한 귀하의 지불에 대한 영수증의 역할을 합니다 / 귀하가 요청했던 야시장 투어를 위한.

표현 정리 confirm 확인해주다 booking 예약 serve as ~의 역할을 하다 receipt 영수증 payment 지불 night market tour 야시장 투어 request 요청하다

14. 빈칸 앞뒤에 정동사가 2개(are checking, can lead) 있으므로 빈칸은 접속사 자리로, 동사 뒤 목적어가 되는 명사절을 이끄는 명사절 접속사 자리이다.

(A) 주어 자리에 올 수 있는 의문대명사인 명사절 접속사라서 정답

(B) 명사절 접속사이나 뒤의 절이 완전해야 해서 오답

(C) 명사절 접속사이나 뒤의 절에 목적어가 없어야 해서 오답

(D) 대명사라서 오답

정답 (A)

해석 조사관들이 확인하고 있습니다 / 무엇이든 이어질 수 있는 / 잠재적으로 위험한 배선 문제로 / 향후에.

표현 정리 inspector 조사관 lead to ~로 이어지다, ~을 초래하다 potentially 잠재적으로 dangerous 위험한 wiring problems 배선 문제

15. 빈칸 앞뒤로 완전한 절이 있고 빈칸 앞에 콤마가 있는 것으로 보아 등위접속사 자리이다.

(A) 부사절 접속사라서 오답. 의미상으로도 어울리지 않지만, if 다음에 가정법이 올 경우 be동사는 was가 아니고 were가 된다.

(B) 등위접속사로 의미상 어울리지 않는다.

(C) 역접의 관계를 나타내는 등위접속사라서 정답. 예측한 것과 실제 사실이 달랐기 때문에 두 절이 역접 관계로 전개되는 것이 적절하다.

(D) 등위접속사로 의미상 어울리지 않는다.

정답 (C)

해석 주최측이 참가자들의 수를 예상했다 / 올해 학회에 / 작년의 두 배가 될 것이라고 / 하지만 그것은 실제로 동일했다.

표현 정리 organizer 조직자, 주최자 predict 예상하다 participant

참가자 double 두 배의, 갑절의 same 같은, 동일한

▶고난도!

16. 부사절 접속사 while 뒤에는 완전한 절이 와야 한다. 그런데 그 절 안에 또 동사가 두개(follows, is) 있으므로 접속사가 필요한데, follows의 주어가 없는 것으로 보아 주어 역할을 하는 주격 관계대명사가 필요하다.

(A) 부사라서 오답

(B) 부사절 접속사라서 오답

(C) 사물 선행사를 받으며 주어 자리에 올 수 있는 주격 관계대명사라서 정답

(D) 앞에 선행사를 갖지 못하고, 이어지는 절이 완전해야 해서 오답

정답 (C)

해석 새로 개봉된 다큐멘터리의 상영은 / 대중에게 공개된다 / 반면 그것에 뒤이은 연회는 / 초청에만 한한다.

표현 정리 screening 상영 newly released 새로 개봉된 open to public 대중에게 공개된 while ~인 반면에 banquet 연회 follow 뒤따르다 by invitation 초청에 한하는

17. 빈칸 앞뒤에 두 개의 명사(printers, scanners)가 있으므로 빈칸은 접속사 자리로, 병치 구조를 이루는 두 개의 명사를 연결해줄 등위접속사가 들어가야 한다.

(A) 서로 상반되는 역접의 병치 구조를 연결할 때 쓸 수 있는 등위접속사라서 오답

(B) 뒤에 등위접속사 and와 함께 both A and B(A와 B 둘 다)를 완성해줄 상관접속사라서 오답

(C) 두 명사를 대등하게 연결할 때 쓰는 등위접속사라서 정답

(D) 부사라서 오답

정답 (C)

해석 미술 부서 컴퓨터들은 연결되어 있다 / 프린터 그리고 스캐너들에 / C 구역에서.

표현 정리 art department 미술 부서 be connected to ~에 연결되다 area 구역

18. 빈칸 뒤에 있는 nor에 어울리는 상관접속사가 들어가야 한다.

(A) 부사절 접속사라서 오답

(B) 부사라서 오답. 뒤에 제시된 nor와 함께 쓸 수 없다

(C) 뒤에 nor와 함께 neither A nor B(A도 B도 ~아니다)의 표현을 완성해줄 상관접속사라서 정답

(D) 뒤에 or과 함께 either A or B(A 또는 B)의 표현을 완성해줄 상관접속사라서 오답

정답 (C)

해석 Pine City의 시장은 거부하지도 승인하지도 않았다 / 변화시키자는 우리의 제안을 / Canal Street를 더 보행자 친화적인 환경으로.

표현 정리 mayor 시장 reject 거부하다 approve 승인하다 proposal 제안 transform A into B A를 B로 변화시키다 pedestrian-friendly 보행자 친화적인 setting 환경

19. 빈칸 앞에는 동사, 뒤에는 to부정사가 있으므로 빈칸은 타동사 determine의 목적어가 될 명사절 접속사 자리이다. '명사절 접속사+to부정사' 형태의 구문이라는 것을 파악하면 바로 정답을 찾을 수 있다.

(A) 부사절 접속사라서 오답

(B) 동사라서 오답

(C) 목적어 자리에 올 수 있는 명사절 접속사라서 정답. 'how to 동사원형'의 형태로 '~하는 방법'이란 뜻을 나타낸다.

(D) 부사절 접속사라서 오답

정답 (C)

해석 마케팅 팀이 회의를 할 것이다 / 다음 주에 / 홍보할 방법을 결정하기 위해 / 최신 Loofook 장신구를.

표현 정리 have a meeting 회의를 하다 determine 결정하다 publicize 홍보하다 latest 최신의 jewels 보석류, 장신구

20. 빈칸 앞뒤로 병치 구조를 이루는 to부정사가 2개(to make, to vote) 있으므로 빈칸은 이를 연결해줄 접속사 자리로, 앞에 제시된 not only와 어울리는 상관접속사가 들어가야 한다.

(A) not only A but also B(A뿐만 아니라 B도) 표현을 완성해줄 상관접속사라서 정답

(B) 전치사라서 오답

(C) 부사절 접속사라서 오답

(D) 전치사라서 오답

정답 (A)

해석 Pleasantville의 주민들이 서로 만났다 / 제안을 하기 위해서 뿐만이 아니라 / 진행 중인 건설 프로젝트에 대한 / 차기 위원장 선거에 투표하기 위해.

표현 정리 resident 주민 make suggestions 제안을 하다 ongoing 진행 중인 vote for ~선거에 투표하다 president 위원장, 회장

21. 빈칸 앞에는 동사, 뒤에는 완전한 절이 있으므로 빈칸은 접속사 자리로, 타동사 determine의 목적어가 될 명사절 접속사가 들어가야 한다.

(A) 뒤에 등위접속사 or와 함께 either A or B(A 또는 B)를 완성해줄 상관접속사라서 오답

(B) 부사절 접속사라서 오답

(C) 부사절 접속사라서 오답

(D) 명사절 접속사라서 정답

정답 (D)

해석 저희 재활용 계획의 목표는 / 여부를 결정하는 것입니다 / 우리의 일일 운영 비용이 절감될 수 있을지.

표현 정리 goal 목표 recycling initiative 재활용 계획 daily 일일의 operating expenses 운영 비용 reduce 절감하다, 줄이다

22. 빈칸 앞뒤에 완전한 절이 있으므로 빈칸은 부사절 접속사 자리이다.

(A) 복합관계사는 부사절 접속사라서 정답

(B) 접속사인 경우 형용사나 부사가 빈칸 뒤에 바로 와야 해서 오답

(C) 부사절 접속사의 기능이 있으나 바로 뒤에 동사가 와야 해서 오답

(D) 부사절 접속사의 기능이 있으나 바로 명사가 올 수는 있어도 대명사로 시작하는 완전한 절이 올 수 없어서 오답

정답 (A)

해석 Mr. Andrew의 의무입니다 / 새로운 인턴들에게 정보를 제공하는 것이 / 그들이 확실히 알지 못할 때마다 / 배정된 업무들에 대해.

표현 정리 duty 의무 give information to ~에게 정보를 제공하다 uncertain 확신하지 못한, 확실히 알지 못하는 assigned 배정된

'접속사' 종합 문제 | 파트6 |

문제 23~26번은 다음 안내를 참조하시오.

Dave's 중고 서점은 알리게 되어 기쁩니다 / 지역 작가인 Andrea Lincoln이 / 저희의 다음 초대손님이 될 것임을 / 8월 22일 이번 토요일 오후 3시에. 그녀의 소설들이 전 세계에 알려진 Ms. Lincoln은 / 공개할 것입니다 / 자신의 최신 스릴러 *A Time to Flee*를 / 9월 1일에. 그녀는 첫 두 장을 읽으려고 합니다 / 곧 나올 그녀의 책에서 / 그런 다음 짧은 연설을 할 것입니다 / 소설가로서 자신의 삶에 관해. ²⁵그녀는 또한 질문을 받는 것에 동의했습니다 / 청중으로부터.

공간이 제한되어 있기 때문에 / 150명만 행사에 참석할 수 있을 것입니다. 관심 있는 분들은 좌석을 예약할 수 있습니다 / www.davesusedbooks.com에서 온라인으로 등록함으로써.

표현 정리 announce 알리다, 발표하다 local 지역의 writer 작가 novel 소설 known 알려진 around the world 전 세계에 release 공개하다, 발매하다 latest 가장 최신의 thriller 스릴러물 intend to do ~할 작정이다, ~하려고 생각하다 chapter (책의) 장 upcoming 곧 있을, 다가오는 give a short speech 짧은 연설을 하다 novelist 소설가 space 공간 limited 제한된, 한정된 attend 참석하다 interested 관심 있는 individual 개인 seat 좌석, 자리 book 예약하다 register 등록하다

23. 앞에 사람 명사가 선행사이고, 뒤에 동사가 2개(are, will be) 있으므로 접속사 자리이다.

(A) 그녀의 ➡ 접속사가 아니라서 오답

(B) 모두 ➡ 접속사가 아니라서 오답

(C) 누구 ➡ 빈칸 뒤에 주어가 없어야 하나 novels라는 주어가 있기 때문에 오답

(D) 누구의 ➡ whose는 소유격 관계대명사이다. '선행사+whose+명사+동사' 순으로 쓰이므로 정답

정답 (D)

24. 앞 문장에서 책이 출시될 예정이라고 했기 때문에 아직 출시되지 않았음을 나타내는 형용사가 와야 한다.

(A) 분명한 ➡ book과 어울리지 않아서 오답

(B) 출간된 ➡ book과 어울리지만 앞 문장에서 책이 아직 출간되지 않았음을 알 수 있으므로 오답

(C) 곧 있을, 다가오는 ➡ book과 잘 어울리고 또한 아직 출간되지 않은 책

을 일컫는 말이므로 정답

(D) 베스트 셀러의 ➡ book과 잘 어울리지만 아직 출간되지 않았기에 오답

정답 (C)

25. 빈칸 앞의 문장은 '작가가 행사장에서 하게 될 일'에 관한 내용이다. 따라서 이어지는 문장도 이와 관련된 주제가 나와야 한다.

(A) 그녀는 또한 질문을 받는 것에 동의했습니다 / 청중으로부터. ➡ 행사장에서 할 일을 나타내므로 앞의 내용과 자연스럽게 이어져서 정답. also도 좋은 단서가 된다.

(B) 그녀는 도착할 것으로 예상합니다 / 늦어도 오후 4시까지. ➡ 도착 일정에 대한 내용이므로 오답

(C) 그 작품이 이미 다 팔리고 있습니다 / 많은 매장들에서. ➡ 아직 출간된 책이 아닌데 팔렸다고 해서 오답

(D) 출간 날짜는 아직 발표되지 않았습니다. ➡ 날짜가 윗부분에 언급되어 있으므로 오답

정답 (A)

표현 정리 take questions 질문을 받다 audience 청중, 관객 no later than 늦어도 ~까지 sell out 다 팔리다 publication 발행, 출간 announce 발표하다

26. 인원이 150명으로 제한된다는 내용이 앞에 나와 있으므로 한정된 공간을 나타내는 명사가 정답이다.

(A) 시간 ➡ 공간의 개념이 아니므로 오답

(B) 위치 ➡ 하나의 location 안에서 개개인의 자리를 뜻해야 하는 상황이라 오답

(C) 좌석, 자리 ➡ 앞에 제한 인원에 대한 언급이 있으므로 개인들이 예약할 것은 좌석을 가리킨다고 볼 수 있어 정답

(D) 소설 ➡ 공간의 개념이 아니므로 오답

정답 (C)

문제 27-30번은 다음 기사를 참조하시오.

어젯밤에 / 시청이 그것의 결정을 연기했다 / 새로운 경기장 건설에 관한 / 지역의 고등학교를 위한. 시장 Kenneth Ross에 따르면 / 경기장을 위한 충분한 자금이 조성되어야 한다 / 그가 그것을 짓는 데 기꺼이 동의하기 전에. ²⁹일부 지역 주민들은 주장한다 / 그 경기장이 필요하다고, 하지만 많은 다른 사람들은 주장한다 / 학교의 기존 건축물이 안전할 뿐만 아니라 / 충분히 넓다고. 일부 개인들은 주장한다 / 오래된 경기장을 유지하는 것에 대한 지지의 증가가 / 경제적 위기와 관련되어 있다고 / 시가 직면하고 있는 / 그것이 예산을 초과했기 때문에 / 지난달 20년 만에 처음으로.

표현 정리 mayor's office 시청 decision 결정 regarding ~에 관한 stadium 경기장 high school 고등학교 according to ~에 따르면 funding 자금 raise (자금을) 모으다 be willing to do 기꺼이 ~하다 resident 거주자, 주민 claim 주장하다 existing 기존의 structure 건축물 not only A but also B A뿐만 아니라 B도 spacious 널찍한 increase 증가 support 지지 maintain 유지하다 economic crisis 경제적 위기 face 직면하다 go over budget 예산을 초과하다 for the first time 처음으로

27. 동사 어휘 문제로 해석하여 논리적인 단서를 찾아야 한다. 바로 뒤의 문장에서 경기장을 짓는 것에 동의하기 전에 충분한 자금을 모아야 한다고 했으므로 새로운 경기장은 아직 지어지지 않았음을 알 수 있다. 또한 그 다음 내용에서도 찬반 의견에 대해 나오므로 132번을 풀기 전이라고 해도 정답을 고르는 데 별 문제가 없다.

(A) 연기했다 ➡ 경기장은 아직 지어지지 않았으므로 논리적으로 타당하므로 정답

(B) 만들었다 ➡ 경기장은 아직 지어지지 않았으므로 오답

(C) 알렸다 ➡ 아직 경기장 공사를 한다는 결정이 난 것이 아니므로 오답

(D) 재차 확인했다 ➡ 전에 확인한 사실이 없는데 재차 확인할 수는 없으므로 오답

정답 (A)

28. 연결어 문제이므로 앞뒤 문맥을 파악해야 한다. 충분한 자금을 모으는 것은 시장이 기꺼이 동의할 수 있는 조건이기 때문에 '동의하기 전에 충분한 자금이 모여야 한다'고 보는 것이 논리적으로 타당하다.

(A) 그래서 ➡ 앞뒤 내용이 인과 관계가 아니라서 오답

(B) 전에 ➡ 그가 동의하기 전에 자금이 모여야 한다는 것, 즉 자금이 모여야 동의한다는 것이 타당하므로 정답

(C) 동안에, 반면에 ➡ 역접의 관계로 의미가 상반되는 내용이 아니므로 오답

(D) 왜냐하면 ➡ 뒤의 내용과 앞의 내용이 인과 관계가 아니라서 오답

정답 (B)

29. 빈칸 뒤에서 '다른 많은 사람들'이란 말이 나오므로 앞에는 다른 사람들을 제외한 사람들이 언급되어야 한다. 빈칸 앞까지는 경기장 건설에 대한 시청의 결정에 대한 이야기이다.

(A) 다양한 스포츠 행사들이 열린다 / 그 경기장에서. ➡ 운동 행사에 대한 내용이므로 오답

(B) Mr. Ross는 두 아이가 있다 / 그 학교에 입학한. ➡ 아이에 대한 내용이므로 오답

(C) 시 의회의 투표는 만장일치였다. ➡ 투표에 관한 내용이므로 오답

(D) 일부 지역 주민들은 주장한다 / 그 경기장이 필요하다고. ➡ 다른 많은 사람들을 제외한 사람들에 대한 언급이므로 정답 '일부 지역 주민들'이란 말이 없으면 '다른 사람들'이란 말도 올 수 없다.

정답 (D)

표현 정리 various 다양한 take place 열리다 enroll 입학하다, 등록하다 unanimous 만장일치의 resident 주민

30. 명사 어휘 문제이지만 뒤에 전치사 in과 어울리는 단어를 찾으면 쉽게 풀 수 있는 문제이다.

(A) 결정 ➡ to부정사와 잘 어울리므로 오답. 정답이 되기 위한 내용상의 근거도 없다.

(B) 투표 ➡ 전치사 for, against와 잘 어울리므로 오답. 정답이 되기 위한 내용상의 근거도 없다.

(C) 증가 ➡ 전치사 in과 잘 어울리므로 정답. 내용상으로도 '시의 예산 부족으로 인해 기존 경기장 유지에 대한 지지가 증가된다'고 보는 것이 맞다.

(D) 승진, 홍보 ➡ 전치사 from, to와 잘 어울리므로 오답. 정답이 되기 위한 내용상의 근거도 없다.

정답 (C)

전략 1 | 점검 퀴즈

1. 괄호 뒤 the meeting은 기간 명사이므로 일단 during부터 대입하여 해석한다. '회의 동안 휴대폰 소리를 무음으로 만들었다'는 내용이 자연스러우므로 during이 답이다. behind는 장소 명사 앞에 사용하는 전치사이다.

정답 during

해석 이벤트 진행자는 그의 휴대폰을 무음으로 만들었다 / 회의 동안에.

표현 정리 event 이벤트, 행사 coordinator 진행자 silence 조용하게 하다, 소리를 없애다 meeting 회의

2. 문장에 동사가 두 개이므로 접속사인 until을 우선 대입해보면 '전기가 다시 들어올 때까지 발표가 연기된다'는 내용이 자연스러우므로 until이 답이다. 특히 postpone이나 defer 등 '연기하다' 계열의 동사는 until과 잘 어울린다. for는 주로 전치사로 쓰이며, 접속사로 쓰일 때는 보통 앞에 콤마를 찍고 부가적인 설명이나 이유를 제시한다. for를 넣어 '왜냐하면 ~이니까'라고 해석해봐도 어색하다.

정답 until

해석 발표는 연기될 것이다 / 전기가 다시 들어올 때까지.

표현 정리 presentation 발표 postpone 연기하다 electricity 전기 come back on 다시 들어오다

3. 괄호 뒤 two days는 기간 명사이므로 within이 답이다. 괄호 앞이 완전한 문장이므로 괄호에는 전치사가 와야 바로 뒤의 명사인 two days와 함께 전명구가 될 수 있다. only는 부사라서 오답이다.

정답 within

해석 당신은 받을 지도 모른다 / 당신의 주문을 / 2일 이내에 / 달리 통보된 바가 없으면.

표현 정리 receive 받다 order 주문 unless otherwise notified 달리 통보된 바가 없으면

4. 제안서는 6월 3일까지 한 번만 제출하는 것이므로 by가 답이다. until은 stay, wait 등과 같은 동사들과 어울려 지속적인 동작을 나타낼 때 쓴다.

정답 by

해석 제출하세요 / 당신의 제안서를 / 버려진 땅을 바꾸기 위한 / 6월 3일까지.

표현 정리 submit 제출하다 proposal 제안서 transform 바꾸다, 변형시키다 abandoned 버려진, 유기된

전략 2 | 점검 퀴즈

1. 서 있다는 것은 움직임이 없는 것이므로 위치를 나타내는 장소의 전치사 opposite이 답이다. from은 방향을 나타내는 장소의 전치사라서 오답이다.

정답 opposite

해석 당신은 볼 수 있다 / Mr. Chang을 / 나의 맞은 편에 서 있는 / 사진에서.

표현 정리 see 보다 stand 서다 opposite 맞은편에 picture 사진

2. from은 출처를 나타낼 때 사용한다. 짐이 출처가 아니고 짐이 붙이는 동작의 대상이므로 to가 답이다. affix A to B로 기억하면 쉽다.

정답 to

해석 이름표는 부착 되어야한다 / 짐에.

표현 정리 name tag 이름표 affix 붙이다 luggage 짐

3. hall은 장소이며 hall에서의 공연은 방향이 아니라 위치를 나타내므로 at이 답이다. onto는 방향의 전치사이다.

정답 at

해석 그 가수의 공연은 / 홀에서의 / 많은 사람들을 끌어들였다.

표현 정리 singer 가수 performance 공연 hall 홀 attract 끌어들이다, 유인하다

4. 괄호 뒤 rear entrance는 장소이고, 괄호 앞의 enter는 움직임과 방향성을 가지고 있는 동사로서 이와 잘 어울리는 전치사는 through다. upon은 on과 같은 뜻으로 위치 전치사라서 오답이다.

정답 through

해석 손님들은 들어갈 수 있다 / 지하 주차장으로 / 후문을 통해서.

표현 정리 guest 손님 enter 입장하다, 들어가다 underground 지하의 parking lot 주차장 rear entrance 후문

전략 3 | 점검 퀴즈

1. 서명도 일종의 허가, 허락의 개념이고, '서명 없이는 유효하지 않다'는 의미도 자연스러우므로 without이 답이다. except가 들어가면 뒤의 서명보다 포괄적인 개념이 앞에 와야 하는데, 계약서는 서명의 포괄적인 개념이 되지 않으므로 오답이다.

정답 without

해석 계약서는 유효하지 않을 것이다 / 양측의 서명 없이는.

표현 정리 contract 계약서 valid 유효한 without ~없이는 party 당사자 signature 서명

2. 귀중품이 관광객들을 소유한 것이 아니고, 귀중품은 관광객들이 소유한 것이므로 with가 답이다.

정답 with

해석 관광객들은 / 귀중품을 소지한 / 책임이 있다 / 그것들을 안전하게 간수할.

표현 정리 tourist 관광객 **valuables** 귀중품 **be responsible for** ~에 대한 책임이 있다 **secure** 안전한

3. 수동태인 be p.p와 잘 어울리는 전치사는 by이다. '정부 기관들이 구매했다'는 내용을 수동태로 바꾸면 동작의 주체를 by로 표시한다.

정답 by

해석 그 휴대폰들은 구매된다 / 정부 기관들에 의해.

표현 정리 mobile phone 휴대폰 **buy** 사다, 구매하다 **government agency** 정부 기관

4. 길이가 긴 지형지물 명사(river, street, canal, beach, coast 등)와 함께 쓰이는 전치사는 along이다. along with는 '~와 함께'라는 뜻이므로 어울리지 않는다.

정답 along

해석 Mr. Logan은 뛴다 / 근처의 강을 따라서 / 매일.

표현 정리 run 뛰다 **every day** 매일 **river** 강

전략 4 | 점검 퀴즈

1. 마지막 페이지는 판매 계약서의 일부분에 해당된다. 따라서 부분의 관계를 나타내는 of가 답이다. upon은 계약서가 있고 그 위에 다른 무언가의 마지막 페이지가 있다는 의미라서 오답이다. 이미 마지막 페이지라는 말을 통해 계약서가 여러 페이지로 구성되어 있음을 예상할 수 있는 상황이다.

정답 of

해석 참고하세요 / 판매 계약서의 마지막 페이지를.

표현 정리 refer to ~을 참고하다 **last page** 마지막 페이지

2. '소프트웨어의 이점'은 소유의 관계이므로 소유격 of가 답이다. 하지만 이 문제를 더 빨리 푸는 방법은 take advantage of라는 숙어를 기억하고 있는 것이다. to는 방향 전치사로서 보내거나 덧붙이는 동사들과 사용한다.

정답 of

해석 당신은 그래픽 소프트웨어를 이용할 수 있습니다.

표현 정리 take advantage of ~을 이용하다 **graphic software** 그래픽 소프트웨어

3. aware는 전치사 of와 어울린다. be aware of라는 숙어를 기억하고 있으면 쉽게 풀리는 문제이다.

정답 of

해석 필수적이다 / 엔지니어들이 안전을 의식하는 것은.

표현 정리 necessary 필수적인 **engineer** 엔지니어 **be aware of** ~을 알다, ~을 의식하다 **safety** 안전

4. inquire가 '~에게 묻다'라는 뜻으로 뒤에 사람이 나오면 of가 쓰인다. 물론 '~에 대해 묻다'라는 뜻이라면 about으로 쓸 수 있으나 여기서는 뒤에 about the selection process가 나오므로 'Mr. Rose에 대해 묻는 것'이 아니라 'Mr. Rose에게 묻는 것'이라는 의미가 자연스러우므로 of가 답이다.

정답 of

해석 나는 Ms. Rose에게 물어보았다 / 선발 과정에 대하여.

표현 정리 inquire of ~에게 묻다 **selection process** 선발 과정

실전 적용 문제

1. 빈칸 뒤 '3일의 영업일'이라는 기간이 나오므로 기간과 어울리는 전치사를 선택한다.

(A) ~안으로 ➡ 방향을 나타내는 전치사라서 오답

(B) ~부터 ➡ 시점이나 출처와 쓰는 전치사라서 오답

(C) ~이내에 ➡ 기간과 쓰이는 전치사라서 정답

(D) ~와 동반하여 ➡ 동반의 전치사라서 오답

정답 (C)

해석 3일의 영업일 이내에 / 지원자들은 일반적으로 받는다 / Brill & Quinn 서점 멤버십 카드를.

표현 정리 business days 영업일 **applicant** 지원자 **normally** 일반적으로 **receive** 받다

2. 빈칸 뒤에 장소 명사가 있고 동사가 동작을 나타내므로 방향의 전치사를 써야 한다.

(A) ~를 제외하고 ➡ except는 앞에 포괄적인 단어가 와야 하므로 오답

(B) ~의 바깥으로 ➡ out of는 나가는 방향의 전치사라서 오답. enter는 들어가는 방향의 동사이다.

(C) ~보다는 오히려 ➡ 비교의 대상으로 적절한 것이 없으므로 오답

(D) ~을 통해 ➡ 방향의 전치사로 뒤의 장소(서쪽 문)와도 어울리고 enter (들어가다)와도 어울리므로 정답

정답 (D)

해석 정문에서 진행 중인 보수 공사 때문에 / 방문객들은 입장해야 한다 / 서문을 통해.

표현 정리 due to ~때문에 **renovation** 보수, 개조 **main gate** 정문 **visitor** 방문객 **enter** 입장하다 **entrance** 입구, 문

3. 빈칸 뒤의 '착수금'과 어울리는 전치사를 선택한다.

(A) ~을 제외하고 ➡ 예약과 착수금은 '포함, 제외'의 관계가 아니므로 오답

(B) ~에 덧붙여 ➡ 추가의 전치사인데 예약과 착수금은 추가될 수 있는 관계가 아니므로 오답

(C) ~가운데 ➡ among은 뒤에 복수명사가 와야 해서 오답

(D) ~없이 ➡ '착수금 없이 예약이 확정되지 않는다'는 내용이 적절하므로 'without + 영수증, 허가, 허락, 통행증, ~ing' 등으로 쓰이는 without이 정답

정답 (D)

해석 예약은 확정되지 않을 것이다 / 착수금 없이는.

표현 정리 reservation 예약 confirm 확정하다, 확인하다 down payment 착수금, 계약금

4. 빈칸 뒤에 장소 명사 웹사이트가 언급되어 있으므로 이와 어울리는 전치사를 고른다

(A) ~전에 ➡ 시간과 어울리는 전치사라서 오답

(B) ~에서 ➡ 특정 장소인 Web site와 어울리므로 정답

(C) 그리고 ➡ 등위접속사인데 hotel room과 Traveler's Hot Deals Web site가 내용상 병치가 될 수 없으므로 오답

(D) ~에 관해서 ➡ 주제의 전치사인데 'Web site에 관한 호텔 객실'이라는 말은 어색하므로 오답

정답 (B)

해석 Ms. Renner는 예약했다 / 호텔 객실을 / Travelers' Hot Deals 웹사이트에서 / 그녀의 상사의 출장을 위해.

표현 정리 reserve 예약하다 Web site 웹사이트 business trip 출장

> ➤고난도!
5. 빈칸 뒤에 end라는 시점이 나와 있으므로 이와 어울리는 전치사를 고른다.

(A) ~동안 ➡ 기간과 어울리는 전치사라서 오답

(B) ~까지 ➡ 시점과 어울리는 전치사라서 정답

(C) 너무, 지나치게 ➡ 품사가 부사이므로 오답

(D) ~로부터 ➡ 시점과 어울리는 전치사이기는 하지만 미래완료시제와 어울리지 않는다.

정답 (B)

해석 올해 말까지 / Glasgow Retail은 열 것이다 / 3개의 추가의 지점을 / 뉴욕에.

표현 정리 the end of this year 올해 말 open 열다 branch 지점, 지사

6. 노력은 헌신적인 직원이 '소유'하고 있는 것이므로 소유의 의미를 갖는 전치사를 고른다.

(A) ~에게 ➡ 방향의 전치사이고 소유의 의미가 없어서 오답

(B) ~의 ➡ 소유의 의미가 있어서 정답

(C) ~위에 ➡ 위치의 전치사이고 소유의 의미가 없어서 오답

(D) ~위에 ➡ 위치 혹은 시간의 전치사이고 소유의 의미가 없어서 오답

정답 (B)

해석 CTRA Corporation은 마침내 달성했다 / 자사의 영업 목표를 / 합심한 노력 덕분에 / 자사의 헌신적인 직원들의.

표현 정리 corporation 회사 finally 마침내 attain 달성하다, 이루다 thanks to ~덕분에 concerted 합심한, 협동의 effort 노력 devoted 헌신적인 employee 직원

> ➤고난도!
7. 빈칸 앞에 나오는 위치를 나타내는 동사(is located)와 어울리면서 slightly(약간)의 수식을 받기에 적절한 전치사를 선택해야 한다.

(A) ~로 ➡ 방향의 전치사이므로 위치를 나타내는 동사와 어울리지 않아서 오답

(B) ~위에, ~동안에 ➡ 위치를 나타낼 수는 있지만 '전자상가 위에 위치하고 있다'는 내용이 부적절함으로 오답

(C) ~사이에 ➡ 뒤에 복수명사가 와야 하는 전치사라서 오답

(D) 지나서 ➡ 위치의 전치사이고 slightly와도 어울려서 정답

정답 (D)

해석 New-star 백화점은 위치해 있다 / 약간 지나서 / 용산 전자상가를 / 한강 거리에 있는.

표현 정리 department store 백화점 be located 위치하다 slightly 약간 Electronics Market 전자상가 avenue 거리, ~가

8. 빈칸 앞뒤의 명사인 관객들과 아이들의 관계를 고려하여 올바른 전치사를 선택한다

(A) ~위에, ~에 대해서 ➡ 관객들과 아이들의 관계에 적절하지 않아서 오답

(B) ~와 함께 ➡ 동반의 전치사로 관객들과 아이들의 관계에 적절해서 정답

(C) ~밖으로 ➡ 방향의 전치사로 관객들과 아이들의 관계에 적절하지 않아서 오답

(D) ~에게 ➡ 방향의 전치사로 관객들과 아이들의 관계에 적절하지 않아서 오답

정답 (B)

해석 아이들과 있는 관객들은 / 요구된다 / 그들을 조용하게 유지시킬 것을 / 공연 동안.

표현 정리 spectator 관객 be required to do ~할 것이 요구되다 during ~동안 performance 공연

> ➤고난도!
9. Korea라는 장소 명사와 어울리는 전치사를 선택한다.

(A) 전국적인 ➡ 형용사이므로 Korea라는 명사를 문장에 연결시키는 전치사의 역할을 할 수 없어서 오답

(B) 먼, 아득한 ➡ 형용사이므로 Korea라는 명사를 문장에 연결시키는 전치사의 역할을 할 수 없어서 오답

(C) ~의 전역에 걸쳐서, ~의 도처에 ➡ 장소의 전치사이므로 장소 명사인 Korea와 어울리므로 정답. 앞의 all은 부사로 쓰여서 across Korea를 수식한다.

(D) ~을 따라 ➡ 장소의 전치사이지만 뒤의 명사와 의미상 어울리지 못하므로 오답

정답 (C)

해석 Joy Science Shop은 판매한다 / 그것의 유익한 시청각 자료를 직접 / 한국 전역의 교육기관들에게.

표현 정리 instructive 유익한 audiovisual 시청각의 material 자료 directly 직접 educational 교육의 institute 기관

10. 빈칸 뒤의 기간 명사 weeklong conference와 어울리는 전치사를 선택한다.

(A) ~로서 ➡ 자격을 나타내는 전치사로 기간과 어울리지 않으므로 오답

(B) 더 늦은, 그 후에 ➡ 형용사나 부사이므로 명사 앞에 쓰여서 함께 수식어 역할을 할 수 없어서 오답

(C) ~동안 ➡ 기간을 나타내는 명사와 어울리는 전치사라서 정답

(D) ~위에 ➡ 장소를 나타내는 전치사이므로 시간과 어울리지 않아서 오답

정답 (C)

해석 지난달 한 주에 걸친 회의 동안에 / 우리 회사는 확보했다 / 많은 잠재적인 고객들을.

표현 정리 weeklong 한 주에 걸친 secure 확보하다 potential 잠재적인 customer 고객

11. 빈칸 뒤의 복수명사 ones와 어울리는 전치사를 선택한다.

(A) ~로 ➡ 방향의 전치사로 복수명사와 어울리지 않는 전치사라서 오답

(B) ~와 함께 ➡ 동반의 전치사로 ones와 어울리지 않아서 오답

(C) ~중에 ➡ 3개 이상의 복수명사와 어울리는 전치사라서 정답. 'be among 복수명사'는 'be one of 복수명사'와 같은 말이다.

(D) ~후에 ➡ 시간의 전치사로 ones와 어울리지 않는 전치사라서 오답

정답 (C)

해석 Pittsburgh Daily지에 게재된 기사들은 / 가장 설득력 있는 것들에 해당된다 / 그녀가 지금까지 쓴.

표현 정리 article 기사 publish 출판하다, (기사를) 게재하다 persuasive 설득력 있는

➤고난도!
12. 빈칸 앞에 나와 있는 동사 are done과 어울리는 전치사를 선택한다

(A) ~와 함께 ➡ be done with가 '~을 끝내다, 처리하다'라는 의미를 가지므로 정답

(B) ~밖에 ➡ 업무와 상관없는 위치의 전치사라서 오답

(C) ~에 의해 ➡ 수단의 전치사로 tasks와 관련이 없어서 오답

(D) ~에 ➡ 장소 명사나 분야와 어울리는 전치사라서 오답

정답 (A)

해석 관리직 업무들은 일반적으로 철저한 점검을 요구한다 / 그들의 부하들이 끝냈을 때 / 그들의 할당된 업무를.

표현 정리 managerial 관리의 normally 일반적으로 require 필요하다, 요구하다 thorough 철저한 subordinate 부하 assigned 할당된 task 업무

13. 빈칸 뒤의 시점 명사와 어울리는 전치사를 골라야 한다.

(A) 거의 ➡ 품사가 부사이므로 오답

(B) 충분한 ➡ 품사가 전치사가 아닌 부사, 형용사, 명사이므로 오답

(C) ~앞에 ➡ 장소의 전치사이므로 오답

(D) ~전에 ➡ 시점과 어울리는 전치사이므로 정답

정답 (D)

해석 클럽 멤버들은 / 다음 달 전에 멤버십을 갱신하는 / 10% 할인을 받을 것이다 / 정규 요금에서.

표현 정리 renew 갱신하다 regular fee 정규 요금

14. 빈칸 뒤에 행위(are used)의 주체가 나와 있으므로 그와 어울리는 전치사를 선택한다.

(A) ~에, ~에 관한 ➡ 시간이나 장소의 전치사라서 오답

(B) ~에서 ➡ 시간이나 장소의 전치사라서 오답

(C) ~안으로 ➡ 방향의 전치사이므로 are used와 어울리지 않아서 오답

(D) ~에 의해 ➡ 수동태의 주체를 표시할 수 있는 전치사이므로 정답

정답 (D)

해석 Black Power 전화기는 주로 사용된다 / 공무원들에 의해.

표현 정리 primarily 주로 be used 사용되다 government official 공무원

15. 길게 이어져 있는 장소와 어울리는 전치사를 선택한다.

(A) 한쪽으로 ➡ 품사가 부사이므로 명사와 명사를 연결해줄 수 없어서 오답

(B) 아래에 ➡ 장소의 전치사이긴 하지만 Canal(운하)과 어울리는 전치사가 아니므로 오답

(C) ~따라서 ➡ 길게 이어져 있는 Canal과 어울리는 전치사이므로 정답

(D) ~중에 ➡ 뒤에 복수명사가 와야 하므로 오답

정답 (C)

해석 Santa Maria 심야 크루즈는 로맨틱한 여행을 제공한다 / 달빛이 비치는 풍경에서 / Aria 운하를 따라서.

표현 정리 cruise 크루즈, 유람선 여행 offer 제공하다 moon-lit 달빛이 비치는 canal 운하

➤고난도!
16. 시간 관련 명사인 예비 교육과 함께 쓰일 수 있는 전치사를 선택한다.

(A) ~로부터 ➡ 시점과 쓰이는 전치사이긴 하지만, 예비 교육이 출발점이나 출처를 나타내는 말이 아니므로 오답

(B) ~후에 ➡ 시점과 쓰이는 전치사이면서 '예비 교육 후에 통지될 것'이라는 의미도 적절하기 때문에 정답

(C) ~보다 미리[앞서] ➡ 품사가 부사이므로 오답

(D) while ➡ 의미는 적절하지만 품사가 접속사이므로 오답

정답 (B)

해석 새롭게 고용된 직원들은 / 그들의 구체적인 업무들을 통지 받을 것이다 / 간단한 예비 교육 후에.

표현 정리 newly 새롭게 hired 고용된 employee 직원 specific 구체적인, 명확한 responsibility 책임, 업무 brief 간단한, 간략한 orientation 오리엔테이션, 예비 교육

Unit 14 해석해서 푼다. - 양보/이유, 목적/대상, 주제/근거의 전치사

전략 1 | 점검 퀴즈

1. '세미나 참석자들을 위한 식사'라는 의미로 대상을 나타내는 전치사 for가 답이다. to는 방향의 전치사이므로 오답이다. prepare A for B 혹은 prepare for로 기억하는 것이 좋다.

정답 for

해석 Mr. Saporo는 준비할 것이다 / 세미나 참석자들을 위한 식사를.

표현 정리 prepare 준비하다 meal 식사 seminar 세미나 attendee 참석자

2. 호의적이지 않은 평가와 Mr. Albert가 긍정적이었다는 것은 서로 양보(역접)의 관계이므로 전치사인 in spite of가 답이다. because of는 인과 관계에 사용한다.

정답 In spite of

해석 호의적이지 않은 평가에도 불구하고 / Mr. Albert는 낙관적이다 / 그의 미래에 대해서.

표현 정리 unfavorable 호의적이 아닌, 비판적인 review 평가, 논평 optimistic 낙관적인 future 미래

3. 자금의 부족과 예산이 수정되어야 한다는 것은 인과 관계이므로 이유의 전치사인 because of가 답이다. opposite은 맞은편의 위치를 나타내는 장소 전치사로 자금 부족(a lack of funding)은 장소가 아니라서 오답이다.

정답 because of

해석 우리의 예산은 수정되어야 한다 / 자금의 부족 때문에.

표현 정리 budget 예산 revise 수정하다 lack 부족 funding 자금

4. 일을 끝낼 수 있었던 이유가 동료들의 도움이라는 내용이므로 '~덕분에'라는 뜻의 이유 전치사인 thanks to가 답이다. despite는 양보(역접) 전치사로 서로 상반된 내용이 나와야 하므로 오답이다.

정답 thanks to

해석 Ms. Walker는 일을 끝낼 수 있었다 / 그녀의 동료들의 도움 덕분에.

표현 정리 finish 끝내다 help 도움 colleague 동료

전략 2 | 점검 퀴즈

1. 괄호 앞에 포괄적인 개념인 매일(every day)이 왔고 뒤에는 구체적인 개념인 휴일(holidays)이 있으므로 제외 전치사인 except가 답이다. with는 동반 전치사라서 오답이다.

정답 except

해석 당신은 출근해야만 한다 / 매일 / 공휴일들을 제외하고는.

2. 괄호 앞에 포괄적인 개념인 다수의 책들(a wide array of books)이 왔고 괄호 뒤엔 구체적인 개념인 대학 교과서들(college books)이 있으므로 포함 전치사인 including이 답이다. without은 동반/수단을 나타내는 전치사로 주로 뒤에 허가, 허락, 통행증, 영수증 등이 나온다.

정답 including

해석 우리는 매우 다양한 책들을 가지고 있다 / 대학 교과서들을 포함하여.

표현 정리 a wide array of 매우 다양한 college 대학 textbook 교과서

3. 괄호 앞뒤의 weekend hours와 weekday schedule은 동등한 개념이므로 추가의 전치사인 in addition to가 답이다. except는 제외의 전치사로 앞에는 포괄적인 개념과 뒤에는 구체적인 개념이 와야 하므로 오답이다.

정답 in addition to

해석 그 상점은 게시했다 / 그것의 주말 시간을 / 그것의 평일 스케줄에 덧붙여서.

표현 정리 store 상점, 가게 post 게시하다 weekend hours 주말 시간 weekday 평일 schedule 스케줄 in addition to ~을 추가하여, ~에 더하여

4. 종이 형태 대신에 전자식으로 잡지를 읽을 수 있다는 말은 추가/제거의 관계를 나타내며 이때 쓸 수 있는 전치사가 instead of이다. through는 뒤에 또 전명구가 올 수 없다.

정답 instead of

해석 구독자들은 이제 읽을 수 있다 / 우리의 잡지를 / 전자식으로 / 종이 형태 대신에.

표현 정리 subscriber 구독자 read 읽다 magazine 잡지 electronically 전자식으로 in paper form 종이 형태로

전략 3 | 점검 퀴즈

1. '이 상품을 사용하는 것에 관하여 가장 좋아하는 것'이란 해석이 자연스러우므로 '~에 관하여'란 뜻의 주제 전치사인 about이 답이다. among은 뒤에 복수명사가 와야 하므로 오답이다.

정답 about

해석 내가 가장 좋아하는 것은 / 이 상품을 사용하는 것에 관하여 / 그것의 품질이다.

표현 정리 use 사용하다 product 상품 quality 품질

2. 근거의 전치사 according to는 뒤에 주로 뉴스, 조사, 보고, 연구 등의 명사가 온다. 괄호 뒤에 뉴스가 있으므로 먼저 넣어 보면 '뉴스 보도에 따르면'이란 의미가 되고, 뒤의 '초과 근무가 질병을 초래한다'는 것이 뉴스의 내용임을 알 수 있다. 따라서 according to가 정답이다. despite는 양보(역접)의 전치사로, '초과근무가 질병을 초래한다'는 것과 뉴스 보도가 상반된 것이

되지 않으므로 오답이다.

정답 according to

해석 뉴스 보도에 따르면 / 초과 근무를 하는 것은 / 종종 심각한 질병들을 초래할 수 있다.

표현 정리 news report 뉴스 보도 overtime 초과 근무, 시간외 근무 lead to ~을 초래하다 serious 심각한 illness 병

3. 괄호 뒤 한계점과 어울리는 전치사는 within이다. 한계점이 회사 운영의 주제는 아니므로 about은 오답이다.

정답 within

해석 우리 회사는 운영된다 / 법규의 제한 범위 내에서.

표현 정리 operate 운영하다 limit 제한, 한계 law 법, 법규

4. 괄호 뒤에 고객 요구(customer demand)라는 명사가 있으므로 전치사인 in response to가 답이다. 특히 in response to는 3단어가 항상 함께 쓰여 '~에 대한 대응[응답]으로'라는 뜻을 나타낸다. in order to 뒤에는 동사원형이 오고 명사는 올 수 없으므로 오답이다.

정답 in response to

해석 그 제품은 개발되었다 / 고객의 요구에 대한 대응으로.

표현 정리 product 제품 develop 개발하다 customer 고객 demand 수요, 요구

실전 적용 문제

1. 빈칸 뒤의 '안전상의 이유'라는 뜻의 명사와 특별히 관련된 전치사가 없으므로 해석을 통해서 푼다.

(A) ~의 밖으로 ➡ 위치의 전치사인데 뒤의 명사는 위치와 관련된 명사가 아니므로 오답

(B) ~쪽으로 ➡ 방향의 전치사이므로 오답

(C) ~때문에 ➡ for safety reasons는 '안전상의 이유로'라는 뜻인데, 접근이 금지된다는 것에 대한 이유로 잘 어울리므로 정답

(D) ~의해서, ~까지 ➡ by는 수동태 표현과 어울리거나 시간의 전치사이므로 오답

정답 (C)

해석 Judan Building의 옥상은 / 접근이 제한된다 / 일반 방문객들에게는 / 안전상의 이유로.

표현 정리 rooftop 옥상 off-limits 접근이 제한된 casual visitors 일반 방문객들

▶고난도!
2. 빈칸 앞에 있는 Questions와 뒤에 있는 exhibition map의 관계를 해석을 통해 파악하여 푼다.

(A) ~의 맞은편에 ➡ 장소 관련 전치사이므로 오답

(B) ~에 관한 ➡ 주제의 전치사로 '전시회 지도에 관한 질문들'이라는 해석이 적절하므로 정답

(C) ~와 함께 ➡ 동반의 의미를 가지는 전치사이므로 오답

(D) ~을 제외하고 ➡ 제외의 전치사인데, questions 자리에는 map을 포함할 수 있는 포괄적 개념의 단어가 와야 하므로 오답

정답 (B)

해석 전시장 지도에 관한 질문들은 / 보내질 수 있다 / 안내 담당자에게.

표현 정리 question 질문 exhibition 전시장 direct A to B A를 B에게 보내다 receptionist 안내 담당자

3. decrease(감소)와 loss(손해)는 인과 관계에 있는 단어들이므로 이와 관련된 전치사를 선택해야 한다.

(A) ~때문에 ➡ '고객 수요가 감소했기 때문에 손해를 입었다'는 내용이 논리적이므로 정답

(B) ~을 대신해서 ➡ 감소와 손해를 연결하기에 부적절한 의미이므로 오답

(C) ~을 제외하고는 ➡ 문장의 앞에 올 수 없어서 오답

(D) ~을 포함하여 ➡ 손실이 고객 수요의 감소를 포함하는 개념이 아니므로 오답

정답 (A)

해석 소비자 수요의 감소 때문에 / 공중 전화에 대한 / Nippon Telecom은 손해를 입어 왔다 / 5년 연속으로.

표현 정리 decrease 감소 consumer demand 소비자 수요 public telephone 공중 전화 suffer losses 손해를 입다 consecutive 연속의

4. 장소에 대해서 anywhere(어디든지)는 포괄적인 개념이고 designated smoking area는 구체적인 개념이므로 이를 적절히 연결할 전치사가 필요하다.

(A) ~을 제외하고 ➡ 제외의 전치사 except (for)가 포괄적인 개념 중에서 구체적인 개념을 제외하는 데 적절하므로 정답

(B) ~위에 ➡ 위치의 전치사이므로 오답

(C) 그래서 ➡ 등위접속사 혹은 부사이므로 오답

(D) 언제나, 항상 ➡ 부사이므로 오답

정답 (A)

해석 흡연은 구내의 어느 곳에서든지 허용되지 않는다 / 지정된 흡연 구역을 제외하고 / 1층에 있는.

표현 정리 allow 허용하다 premises 구내 designated 지정된

5. 다가오는 휴일에도 문을 여는 것과 최근 많은 주문량과 인과 관계를 가지므로 이에 적합한 전치사를 선택해야 한다.

(A) ~에도 불구하고 ➡ 전치사가 아닌 종속접속사이므로 오답

(B) 어디에 ➡ 전치사가 아닌 종속접속사이므로 오답

(C) ~에 대해서 ➡ 인과 관계를 나타낼 수 있는 전치사가 아니므로 오답

(D) ~때문에 ➡ '최근의 많은 주문량 때문에 휴일에도 문을 연다'는 내용이 인과 관계로 적절하므로 정답

정답 (D)

해석 Gang Manufacturing은 문을 열 것이다 / 심지어 다가오는 휴일 동안에도 / 최근의 많은 주문량 때문에.

표현 정리 even ~조차 upcoming 다가오는 holiday 휴일 volume of orders 주문량

6. 기간 명사 time limits와 관련된 전치사를 선택한다.

(A) ~무렵에, ~쪽으로 ➡ 시점, 방향과 어울리는 전치사이므로 오답

(B) ~를 지나서 ➡ 시점과 어울리는 전치사이므로 오답

(C) ~근처에 ➡ 시점과 어울리는 전치사이므로 오답

(D) ~이내에 ➡ 기간과 어울리는 전치사로, '제한 시간 이내에 자료를 처리한다'는 내용이 적절하므로 정답

정답 (D)

해석 회계사들은 처리한다 / 상당한 양의 자료를 / 엄격한 제한 시간 이내에.

표현 정리 accountant 회계사 process 처리하다 considerable 상당한 material 자료 strict 엄격한 time limit 제한 시간

▶▶고난도!

7. 계약 종료와 보증금이 환불되지 않는다는 것을 연결해줄 적절한 전치사를 찾는다.

(A) 만약 ~할 경우에는 ➡ 조건의 의미가 포함되어 있어서 계약 종료와 보증금 환불 불가를 연결하기에 적절하므로 정답. in case of가 같은 의미이다.

(B) ~옆에, 나란히 ➡ 계약 종료를 목적어로 받기에 부적절한 전치사이므로 오답

(C) ~을 고려해볼 때 ➡ 접속사이므로 오답

(D) ~너머 ➡ 위치, 시간, 능력을 넘어설 때 사용하는 전치사로 계약 종료와 어울리지 않아서 오답

정답 (A)

해석 만약 계약을 종료할 경우에는 / 보증금은 환불되지 않는다 / 계약서에 명시된 대로.

표현 정리 termination 종료 contract 계약 deposit 보증금 refund 환불하다 specified 명시된 agreement 계약서

8. 비즈니스 항공 승객들과 그들에게 제공되는 편안한 분위기와 가벼운 식사를 연결할 전치사를 선택한다.

(A) ~을 위해서 ➡ 비즈니스 항공 승객들을 위해서 제공되는 것들을 말하고 있으므로 정답

(B) ~에 관하여, ~위에 ➡ 주제의 전치사인데 승객들이 음식의 주제가 아니므로 오답

(C) ~의 ➡ 승객들과 제공되는 것의 관계가 부분이나 소유에 대한 것이 아니므로 오답

(D) ~안으로 ➡ 방향의 전치사이므로 오답

정답 (A)

해석 공항 라운지는 제공한다 / 매우 편안한 분위기와 가벼운 식사를 / 비즈니스 항공 승객들에게.

표현 정리 lounge 라운지 offer 제공하다 relaxing 편안한 atmosphere 분위기 casual food 가벼운 식사 aviation 항공 passenger 승객

9. 빈칸 뒤에 project manager라는 직책이 나와 있으므로 이와 관련된 전치사를 선택한다. 또한 Mr. Thompson씨가 project manager이므로 이를 표현할 수 있는 전치사가 필요하다.

(A) ~를 위해 ➡ '프로젝트 매니저를 위해'라고 해석되면 Mr. Thompson과 프로젝트 매니저가 다른 사람이 되므로 오답

(B) ~에 의해 ➡ '프로젝트 매니저에 의해서'라고 해석되면 Mr. Thompson과 프로젝트 매니저가 다른 사람이 되므로 오답

(C) ~로서 ➡ 자격, 신분을 나타내는 전치사로, 프로젝트 매니저인 Mr. Thompson을 가리키므로 정답

(D) ~에 대해서 ➡ 주제의 전치사이므로 오답

정답 (C)

해석 프로젝트 관리자로서 / Mr. Thompson은 책임을 맡고 있다 / 현재 진행 중인 보수 공사의 성공적인 수행에 대한 / 시청에서.

표현 정리 be responsible for ~에 대한 책임을 맡다 successful 성공적인 implementation 수행, 이행 ongoing 현재 진행 중인 renovation 보수

10. 회사가 할당해준 소프트웨어와 다른 바이러스 백신 소프트웨어를 연결시켜줄 전치사를 선택한다.

(A) ~의 밖으로 ➡ 뒤에 오는 명사가 장소와 관련 없으므로 오답

(B) ~인 경우에 ➡ 소프트웨어와 다른 소프트웨어를 연결하기에 부적절하므로 오답

(C) ~대신에 ➡ '할당된 것 대신에 다른 것을 사용할 수 있다'는 내용이 적절하므로 정답

(D) ~의 앞쪽에 ➡ 앞뒤 명사의 관계가 위치의 전치사로 연결하기에 부적절하므로 오답

정답 (C)

해석 당신은 사용할 수 있다 / 다른 바이러스 백신 소프트웨어를 / 회사가 할당해준 것 대신에.

표현 정리 anti-virus software 바이러스 백신 소프트웨어 assign 할당하다, 지정하다

11. 완공되었다는 내용과 근처 주민들에 의한 반대를 연결할 전치사를 선택한다.

(A) ~을 제외하고 ➡ 앞뒤의 명사가 포괄적이거나 구체적인 개념의 명사들이 아니므로 오답

(B) ~에도 불구하고 ➡ '반대에도 불구하고 완공되었다'는 것이 논리적이므로 정답

(C) ~의 앞쪽에 ➡ 위치의 전치사로 앞뒤 명사의 관계를 연결할 수 없으므로 오답

(D) ~안으로 ➡ 방향의 전치사로 앞뒤 명사의 관계를 연결할 수 없으므로 오답

정답 (B)

해석 Motrial Highway의 10km 직선 구간 건설이 완료되었다 / 예정대로 / 인근 주민들의 반대에도 불구하고.

표현 정리 construction 건설 stretch 직선 구간[코스] complete 완료하다 on schedule 예정대로 objection 반대 nearby 인근의, 근처의 resident 주민, 거주자

12. 적절한 부서에 배정되는 것과 적성 검사 결과를 연결할 적절한 전치사를 선택한다.

(A) ~에 인접한 ➡ 장소의 전치사이므로 오답

(B) ~을 제외하고 ➡ 앞뒤의 명사가 포괄적이고 구체적인 관계가 아니므로 오답

(C) ~에 기반하여 ➡ 부서 배정의 기준이 검사 결과라는 것이 논리적이므로 정답

(D) ~대신에 ➡ 앞뒤의 명사가 대치할 수 있는 관계가 아니므로 오답

정답 (C)

해석 신입 사원들은 배치될 것이다 / 적절한 부서에 / 그들의 적성 검사의 결과에 기반하여.

표현 정리 new hire 신입 사원 assign 배치하다 appropriate 적절한 department 부서 aptitude test 적성 검사 result 결과

13. 이전 모델과 Miracle Rice Cooker를 비교하기에 적절한 전치사를 찾는다.

(A) 이전에 ➡ 시간의 전치사이므로 오답. the previous model은 시간이 아니다.

(B) ~와는 다른 ➡ 형용사이므로 오답. 전치사로 쓰이려면 contrary to가 되어야 한다.

(C) 대신에 ➡ 부사이므로 오답. 전치사로 쓰이려면 instead of가 되어야 한다.

(D) ~와는 달리 ➡ 이전 모델과 Miracle Rice Cooker를 비교할 수 있는 전치사이므로 정답

정답 (D)

해석 이전 모델과는 달리 / Miracle Rice Cooker는 특징으로 한다 / 자동이면서 원격인 작동을.

표현 정리 previous 이전의 feature 특징으로 하다 automatic 자동의 remote 원격의, 원격 조작의 operation 작동

14. of와 함께 whether가 이끄는 명사절 앞에 올 수 있는 전치사를 선택한다.

(A) ~에 상관없이 ➡ regardless of의 형태로 전치사로 쓰이므로 정답

(B) ~라고 여기다[간주하다] ➡ 동사 형태이므로 오답

(C) 간주된 ➡ 과거분사 형태이므로 오답

(D) ~에 관하여 ➡ 전치사이지만 of와 함께 쓰이지 않으므로 오답

정답 (A)

해석 Anywhere Travel은 맞출 수 있다 / 모든 당신의 여행 요구사항을 / 당신이 출장을 가든지 놀러 가든지 상관없이.

표현 정리 suit 맞추다, 만족시키다 needs 요구사항 travel for business 출장을 가다 pleasure 즐거움

> **고난도!**

15. 기록적인 독자 수와 최대한 빨리 좌석을 예약하는 것 사이에 들어갈 수 있는 전치사를 선택한다.

(A) ~없이 ➡ without은 뒤에 허가, 허락, 통행증, 영수증 등이 와야 하므로 오답

(B) ~을 고려해볼 때 ➡ '기록적인 독자 수를 고려해서 최대한 빨리 좌석을 예약해야 한다'는 내용이 적절하므로 정답

(C) ~위로 ➡ 방향의 전치사이므로 오답

(D) 결과로 초래된 ➡ 현재분사 형태의 형용사이므로 오답. 전치사처럼 사용하려면 result from/in의 형태가 되어야 한다.

정답 (B)

해석 Dr. Callahan의 이전 소설의 기록적인 독자 수를 고려해볼 때 / 그의 책 사인회 참석에 관심 있는 사람들은 / 자리를 예약해야 한다 / 가능한 한 빨리.

표현 정리 record 기록적인 readership 독자 수 previous 이전의 novel 소설 those ~하는 사람들 attend 참석하다 reserve 예약하다 seat 자리 as soon as possible 가능한 한 빨리

> **고난도!**

16. 공청회와 새로운 지역제 정책과의 관계를 연결할 수 있는 전치사를 찾는다.

(A) ~동안에 ➡ 시간의 전치사이므로 오답

(B) ~에 관하여 ➡ 공청회의 내용이 지역제 정책에 대한 것이므로 주제의 전치사가 정답

(C) 가운데에 ➡ 위치의 전치사이므로 오답

(D) 아래에 ➡ 위치의 전치사이므로 오답

정답 (B)

해석 새로운 지역제 정책에 관한 공청회는 / 개최될 것이다 / Mahogany County Center에서 / 다음 주 금요일에.

표현 정리 public hearing 공청회 zoning 지역제, 지구제 policy 정책 hold 개최하다

'전치사' 종합 문제 | 파트5 |

1. 획득하는 동작과 각 부서장을 연결하기에 어울리는 전치사를 고르는 문제이다.

(A) ~와 함께, ~의 측면을 따라 ➡ '부서장들과 함께 얻는다'는 의미가 부적절하므로 오답

(B) ~에 관하여 ➡ 주제의 전치사인데 각 부서장과 '얻어진다'는 의미의 동사를 연결할 수 없으므로 오답

(C) ~로부터 ➡ '각 부서장으로부터 얻을 수 있다'는 출처에 관련된 전치사이므로 정답

(D) ~후에 ➡ 시간의 전치사인데 부서장이라는 명사와 어울리지 않아서 오답

정답 (C)

해석 연장된 휴가를 얻기 위해서 / 허가는 얻어져야 한다 / 각 부서장들로부터.

표현 정리 in order to do ~하기 위해서 extended 연장된 permission 허가 obtain 얻다 supervisor 관리자, 부장

2. 훌륭한 업무와 보너스의 관계를 적절하게 연결시킬 수 있는 전치사를 찾는다.

(A) 단독으로 ➡ 부사이므로 오답

(B) 항상 ➡ 부사이므로 오답

(C) ~의 주위에 ➡ 장소의 전치사이므로 뛰어난 업무와 어울리지 않아서 오답

(D) ~때문에 ➡ 이유를 나타내는 전치사로 훌륭한 업무가 보너스의 이유가 되므로 정답

정답 (D)

해석 작년에 / 최고의 다섯 이사들이 보너스를 받았다 / 그들의 우수한 업무 때문에.

표현 정리 executive 경영진 receive 받다 outstanding 뛰어난, 우수한

3. 직원 안내서와 허용된 유급 휴가 날짜들을 연결할 주제의 전치사를 선택한다.

(A) ~사이에 ➡ 주제의 전치사가 아니라서 오답

(B) ~이래로 ➡ 뒤에 과거 시점을 나타내는 명사나 문장이 와야 해서 오답

(C) 단지 ➡ 부사이므로 오답

(D) ~에 관하여 ➡ 주제의 전치사로 유급 휴가 날짜들이 안내서의 내용이 되므로 정답

정답 (D)

해석 직원 안내서를 참조 하세요 / 허용된 유급 휴가 날짜들에 관해서.

표현 정리 consult 참고하다 allowed 허락된, 허용된 paid vacation 유급 휴가 concerning ~에 관해

▶고난도!
4. 기간 명사 앞에 쓰이는 시간의 전치사를 찾는다.

(A) ~전에 ➡ 시점 명사와 함께 쓰이므로 오답

(B) ~사이에 ➡ 시간의 전치사가 아니라 위치의 전치사이므로 오답

(C) ~이내에 ➡ 기간 명사와 함께 쓰이므로 정답

(D) ~아래에 ➡ 장소의 전치사이므로 오답

정답 (C)

해석 우리의 EasyDoc 소프트웨어는 당신이 할 수 있게 합니다 / 어떠한 사업 서류를 만드는 것을 / 10분 이내에 / 사용하기 쉬운 견본을 제공하므로써.

표현 정리 enable A to do A가 ~할 수 있게 하다 business 회사 document 서류 easy to use 사용하기 쉬운 template 견본, 본보기

5. 전자 기기에 휴대전화와 개인 휴대용 단말기가 포함되므로 이에 적절한 전치사를 선택한다.

(A) ~라기 보다는 ➡ 앞의 명사와 뒤의 명사가 추가/제거의 관계에서 사용하는 전치사라서 오답

(B) ~를 대신해서 ➡ 회사, 기관 등을 목적어로 취하는 전치사이므로 오답

(C) ~같은 ➡ 빈칸 앞 명사의 포괄적인 개념에 빈칸 뒤 명사들의 구체적인 개념을 자연스럽게 연결할 수 있는 전치사이므로 정답

(D) ~없이 ➡ 앞 명사의 포괄적인 개념과 뒤 명사들의 구체적인 개념을 나타낼 수 없으므로 오답

정답 (C)

해석 당신이 만약 전자 기기를 사용하고 싶다면 / 휴대전화와 개인 휴대용 단말기 같은 / 항상 그렇게 해주세요 /착륙과 이륙 동안을 제외하고는.

표현 정리 electric device 전자 기기 mobile phone 휴대전화 personal digital assistant 개인 휴대용 단말기 takeoff 이륙 landing 착륙

6. 빈칸 뒤의 A and B 형태와 어울리는 전치사를 찾는다.

(A) ~을 가로질러 ➡ 장소의 전치사라서 오답

(B) ~없이 ➡ 허가, 허락, 영수증 –ing 등을 목적어로 취하는 전치사이므로 오답

(C) ~사이에 ➡ alternate 뒤에서 between A and B 구문으로 쓰이므로 정답

(D) ~옆에 ➡ 위치의 전치사라서 오답

정답 (C)

해석 Campbel Dining에서는 / 서빙하는 사람들이 교대로 한다 / 식사하는 사람들로부터 주문을 받는 것과 테이블로 요리를 가져가는 것을.

표현 정리 server 서빙하는 사람 alternate between A and B A와 B를 교대로 하다 take orders 주문을 받다 dish 요리

7. 낮은 유지 비용과 보다 많은 사람들이 전기나 하이브리드 차를 사고 싶어한다는 내용을 연결할 전치사를 선택한다.

(A) ~를 제외하고 ➡ 문두에 사용하지 않으며, 앞뒤 명사가 포괄적인 개념과 구체적인 개념이 아니므로 오답

(B) ~에도 불구하고 ➡ 낮은 유지 비용과 차의 수요 증가가 역접의 관계는 아니므로 오답

(C) ~에 덧붙여 ➡ 낮은 유지 비용과 차의 수요 증가가 추가의 관계는 아니므로 오답

(D) ~때문에 ➡ 낮은 유지 비용이 차의 수요 증가의 원인이 되므로 정답

정답 (D)

해석 낮은 유지 비용 때문에 / 더욱더 많은 사람들이 사는 것을 원한다 / 전기 혹은 하이브리드 차를.

표현 정리 maintenance 유지, 보수 cost 비용 electric 전기의 hybrid 하이브리드

▶고난도!
8. 보통예금 계좌와 Central 은행을 연결할 적절한 전치사를 찾는다. 우리말로는 '은행의 계좌'라는 말이 자연스러워서 틀리기 쉬운 문제이다.

(A) ~의 ➡ 앞뒤의 명사들이 동격, 소유, 부분의 관계가 아니므로 오답

(B) ~에 관해 ➡ 주제의 전치사로 계좌의 주제가 은행이 아니므로 오답

(C) ~하에서 ➡ 위치의 전치사로 앞뒤 명사들의 관계를 나타내기에 부적절하므로 오답

(D) ~와 함께 ➡ 동반/위탁의 전치사로 'Central 은행이 관리하는 나의 보통예금 계좌'라는 뜻이므로 정답

정답 (D)

해석 우리는 정중히 요청합니다 / 이 설문지를 작성해 주시도록 / 만약 귀하가 귀하의 보통예금 계좌를 폐쇄하길 원하신다면 / Central 은행에서.

표현 정리 kindly 친절하게, (부탁할 때) 부디, 정중히 questionnaire 설문지 savings account 보통예금 계좌

▶고난도!
9. 정전과 서버가 계속 운영된다는 내용 사이를 연결할 전치사를 선택한다. 또한 UPS가 사용된다는 내용과도 자연스럽게 연결되어야 한다.

(A) ~때문에 ➡ 정전과 서버의 계속적인 운영이 인과 관계는 아니므로 오답

(B) 예를 들어서 ➡ 부사이므로 오답

(C) ~의 경우에 ➡ '정전일 경우에 서버가 계속해서 운영되도록 UPS가 사용될 수 있다'는 것이므로 정답

(D) ~하자마자 ➡ 접속사이므로 오답

정답 (C)

해석 특별 UPS가 사용될 수 있을 것이다 / 보장하기 하기 위해서 / 서버들이 계속 작동하는 것을 / 정전일 경우에도.

표현 정리 uninterruptible power supply 무정전 전원 장치(UPS) ensure 보장하다 in the event of ~일 경우에 power failure 정전

10. 시점 명사와 함께 쓸 수 있는 전치사를 선택한다. 또한 regain(되찾다)이라는 1회성 동작과도 어울리는 전치사를 찾는다.

(A) ~없이 ➡ 시간의 전치사가 아니므로 오답

(B) ~사이에 ➡ 시간의 전치사가 아니고 뒤에 복수명사가 와야 해서 오답

(C) ~까지 ➡ 시점 명사와 함께 쓸 수 있는 시간의 전치사이고 1회성 동작과도 어울리므로 정답

(D) ~까지 ➡ 시점 명사와 함께 쓸 수 있는 시간의 전치사이지만 지속적인 동작과 어울리므로 오답

정답 (C)

해석 Sun-ultimate Machinery는 자사의 위치를 되찾을 것 같다 / 휴대전화의 최대 생산 업체로서 / 올해 말까지.

표현 정리 be likely to do ~할 것 같다 regain 되찾다 producer 생산업체 mobile phone 휴대전화

11. be dependent와 함께 쓰여 '~에 의존하다'라는 의미를 가지는 전치사를 찾는다.

(A) ~쪽으로 ➡ 방향의 전치사이므로 오답. onto는 on과 동의어가 아님에 유의해야 한다.

(B) ~안에 ➡ 시간이나 장소의 전치사이므로 오답

(C) ~동안에 ➡ 기간 명사와 함께 사용되어야 하므로 오답

(D) ~위에 ➡ be dependent upon 형태로 쓰이며 '~에 의존한다'라는

의미가 적절하므로 정답. upon 대신 on을 쓸 수 있으며, 동의 표현은 be reliant on이다.

정답 (D)

해석 이번에 승진을 하는 것은 / 성공적으로 수행하는지에 달려 있다 / 새로운 회사 방침을.

표현 정리 promotion 승진 be dependent upon ~에 달려 있다 implement 수행하다 company policy 회사 방침

12. 효과적인 관리와 하루 안에 배송이 가능하다는 내용을 연결해줄 전치사를 선택한다.

(A) ~때문에 ➡ 접속사이므로 오답

(B) ~덕분에 ➡ 효과적인 관리가 원인이 되고 하루 안에 배송이 가능하다는 주절의 내용이 결과가 되므로 정답

(C) ~라는 결과를 낳아 ➡ 효과적인 관리는 원인이지 결과가 아니라서 오답

(D) ~할 경우에 ➡ 원인과 결과를 연결하는 전치사가 아니므로 오답

정답 (B)

해석 효과적인 우리의 재고 관리 덕분에 / 우리는 재고에 있는 모든 물품을 배송할 수 있다 / 그것을 주문 받아 하루 안에

표현 정리 thanks to ~덕분에 effective 효과적인 management 관리 inventory 재고(품) deliver 배송하다 in stock 재고로, 비축하고 있는 within ~이내에

▶고난도!
13. catch up과 함께 쓰일 수 있는 전치사를 선택한다.

(A) ~까지, ~에 의해서 ➡ 시간 명사 앞이나 수동태 뒤에 오는 전치사이므로 오답

(B) ~으로 ➡ 방향의 전치사이므로 오답

(C) ~와 함께 ➡ catch up with 형태로 사용되어 '~을 따라잡다'라는 의미를 나타내므로 정답

(D) ~이래로 ➡ 이어서 과거 시점 명사가 와야 해서 오답

정답 (C)

해석 최신 경향들을 따라잡기 위해서 / Polianta 사는 정기적으로 파견한다 / R&D 직원들을 / 해외 기술 엑스포에.

표현 정리 catch up with ~을 따라잡다 latest trend 최신 경향 dispatch 파견하다 personnel 직원들 overseas 해외의 tech expo 기술 엑스포[박람회]

14. 해외 식품들의 유입과 국내 과자류의 가격 하락의 관계를 연결할 적절한 전치사를 찾는다.

(A) ~을 준수해서 ➡ 해외 식품들의 유입은 준수할 대상이 아니므로 오답

(B) ~인지 아닌지 ➡ 접속사이므로 오답

(C) 더욱이 ➡ 부사이므로 오답

(D) ~의 결과로서 ➡ 해외 식품들의 유입과 국내 과자류의 가격 하락은 인과 관계라 볼 수 있어서 정답

정답 (D)

해석 해외 식품들의 국내로 최근 유입의 결과로서 / 국내 과자류의 가격이

떨어졌다.

표현 정리 as a result of ~의 결과로서 recent 최근의 influx 유입 oversea 해외의 domestic 국내의 confectionery 과자류

> **고난도!**

15. 관리 업무와 정상적인 업무 사이를 연결하며, 대리로 고용되었다는 내용과도 관련된 전치사를 찾는다.

(A) ~을 넘어서 ➡ 관리 업무들은 매니저의 일이고, 이는 대리의 정상적인 업무들(normal duties)을 넘어서는 것이므로 정답

(B) ~사이에 ➡ '정상적인 업무들 사이에 관리 업무들이 있다'는 내용은 어색하므로 오답. 경영 업무는 대리의 주요 업무가 아니다.

(C) ~사이에 ➡ '정상적인 업무들 사이에 관리 업무들이 있다'는 것은 어색하므로 오답. 경영 업무는 대리의 주요 업무가 아니다.

(D) ~하에 ➡ '정상적인 업무들 아래에 관리 업무들이 있다'는 것은 어색하므로 오답. 경영 업무는 대리의 주요 업무가 아니다.

정답 (A)

해석 그녀는 대리로 고용되었지만, / Ms. Lee는 자주 관리 업무도 맡는다 / 그녀의 정상적인 업무를 넘어서는.

표현 정리 assistant manager 대리, 부팀장 assume 떠맡다 managerial 경영의, 관리의 task 업무 normal 보통의, 정상적인

16. 웹사이트와 관련된 전치사를 찾는다.

(A) ~을 넘어서 ➡ 웹사이트와 어울리지 않아서 오답

(B) ~에도 불구하고 ➡ 양보의 내용이 아니므로 오답

(C) ~까지 ➡ 시간의 전치사이므로 오답

(D) ~을 통해서 ➡ 수단/방법의 전치사이고 뒤에 인터넷, TV, 신문 등이 자주 나오므로 정답

정답 (D)

해석 이 일자리에 지원하기 위해서 / 우리에게 연락하세요 / 우리 회사의 웹사이트를 통해서.

표현 정리 apply for ~에 지원하다 contact 연락하다

17. 시점 명사 앞에 쓸 수 있는 전치사이면서 scheduled와 어울릴 수 있는 전치사를 선택한다.

(A) ~까지 ➡ 시점과 어울리는 전치사이지만 was scheduled와 어울리지 않아서 오답

(B) ~에 ➡ 뒤에 요일을 쓸 수 있지만 last가 있을 경우 on과 같이 사용하지 않아서 오답

(C) ~위로 ➡ 방향의 전치사이므로 오답

(D) ~로 ➡ be scheduled for는 '~로 일정이 잡히다'라는 표현이므로 정답

정답 (D)

해석 Mr. Jackson의 발표는 지난주 금요일로 잡혀 있었지만 / 그것은 연기되었다 / 기상 악화 때문에.

표현 정리 presentation 발표, 설명회 delay 연기하다 due to ~때문에 poor weather 기상 악화

18. 일반적인 보상과 몇몇 특전을 적절히 연결할 수 있는 전치사를 선택한다.

(A) 그 결과 ➡ 부사이므로 오답

(B) ~옆에 ➡ 위치의 전치사이므로 오답. besides(~외에도, 게다가)와 혼동해서는 안 된다.

(C) ~에 더하여 ➡ 앞의 내용에 추가되는 내용을 설명할 때 쓰이므로 정답. 보통 'in addition to A, 주어 also B'의 형태로 쓰인다.

(D) ~에도 불구하고 ➡ 접속사이므로 오답.

정답 (C)

해석 스포츠부는 발표했다 / 일반적인 보상 패키지 외에도 / 메달리스트들은 또한 몇몇 특전을 받을 거라고.

표현 정리 ministry (정부의) 부처 announce 발표하다 compensation 보상 receive 받다 perk 특전

> **고난도!**

19. 판매 개선을 위한 단결된 노력과 경쟁에서 뒤처졌다는 내용을 연결할 전치사를 선택한다.

(A) ~이외에도 ➡ 추가 설명을 해주는 관계가 아니므로 오답

(B) ~에도 불구하고 ➡ 빈칸 앞과 빈칸 뒤의 내용이 역접의 관계이므로 정답

(C) ~를 통해 ➡ 역접의 관계가 아니라서 오답

(D) ~가 아닌 다른 ➡ 제외의 관계에서 사용하는 전치사라서 오답

정답 (B)

해석 판매량 개선을 위한 단결된 노력과 경쟁에도 불구하고 / Norian Auto는 경쟁에서 뒤처졌다 / 최근 몇 개월 동안.

표현 정리 concerted efforts 단결된 노력 improve 개선하다 sales 판매(량) fall behind 뒤처지다 in recent months 최근 몇 개월 동안

20. 고객의 메시지를 받는 것과 관련된 전치사를 선택한다.

(A) ~쪽으로 ➡ 빈칸 뒤의 명사가 방향과 관련된 것이 아니므로 오답

(B) ~에 반하여 ➡ 고객의 메시지를 받는 것과 실수를 한 것이 반대되는 내용이 아니므로 오답

(C) ~에 둘레에 ➡ 장소의 전치사이므로 오답

(D) ~할 때 ➡ in은 ~ing와 사용하면 '~할 때'라는 뜻을 가지므로 정답

정답 (D)

해석 고객의 메시지를 받을 때 / 그 비서는 실수로 잘못된 전화번호를 적었다.

표현 정리 customer 고객 message 메시지 secretary 비서 mistakenly 실수로 jot down 받아 적다

21. 계약서의 조건과 Lyang Steel 사가 전체 금액을 송금해야 한다는 내용을 적절하게 연결할 전치사를 찾는다.

(A) ~까지 ➡ 시점 명사와 쓰이는 시간의 전치사이므로 오답

(B) ~때문에 ➡ 접속사이므로 오답

(C) ~에 따르면 ➡ 근거의 전치사로서 '계약 조건에 따라 전체 금액을 송금해야 한다'는 내용이 논리적이므로 정답

(D) ~을 이용해서 ➡ '계약 조건을 이용해 전액을 송금해야 한다'는 내용이 부적절하므로 오답

정답 (C)

해석 계약서 조건에 따르면 / Lyang Steel 사는 총 금액에 대한 지불금을 보내야 한다 / 도급 업체에게 / 공사가 완료되자마자.

표현 정리 terms of the contract 계약 조건 payment 지불(금) total amount 총 금액 contractor 계약자, 도급 체 completion 완료

▶고난도!

22. 48시간이라는 기간 관련 시간 명사와 예정 출발 시간이라는 시점 관련 시간 명사 사이에 들어가기에 적절한 전치사를 선택한다.

(A) 나중에 ➡ 품사가 형용사 혹은 부사이므로 오답

(B) ~이전에 ➡ '예정 출발 시간의 적어도 48시간 전에'라는 의미가 적절하므로 정답. 이처럼 기간 관련 시간 명사와 시점 관련 시간 명사 사이에 쓰여서 '~의 얼마 전에, ~의 얼마 후에'라는 의미를 나타내는 전치사로는 before, prior to, after, following 등이 있다.

(C) ~에도 불구하고 ➡ 앞뒤의 내용이 양보의 관계가 아니므로 오답

(D) ~가 따라오는 ➡ '예정 출발 시간이 뒤따르는 48시간'이라는 의미가 어색하므로 오답

정답 (B)

해석 당신은 당신의 항공편을 재확인해야 합니다 / 당신의 예정된 출발 시간의 적어도 48시간 이전에.

표현 정리 reconfirm 재확인하다 at least 적어도 departure time 출발 시간

'전치사' 종합 문제 |파트6|

문제 23~26번은 다음 기사를 참조하시오.

> 8월 29일 – 지난주 / 컴퓨터 프로그래머 Tomas Lemieux가 / 새로운 회사를 시작했다. Lemieux Technology라고 불리는 이 회사는 / 디자인하는 데 주력할 것이다 / 회사들의 웹사이트를. Mr. Lemieux의 직원들은 / 7명이 / 특히 숙련되어 있다 / 고객들로부터 데이터를 수집하는 것에. / 그리고 확실히 하는 것에 / 그들의 웹사이트가 반영하도록 / 그들의 핵심 고객층을. **25그들은 주로 이 업무를 수행한다 / 상점 고객들의 구매 습관을 분석함으로써.** Mr. Lemieux는 예상한다 / 그의 회사가 빠르게 일거리를 얻을 것이라고. 그는 말한다 / "우리는 더 나은 웹사이트를 제공할 수 있습니다 / 향상된 경험들을 위해 / 사용자들과 회사 소유주들 둘 다의"

표현 정리 firm 회사 focus on ~에 주력하다, ~에 집중하다 particularly 특히 be skilled at ~에 능숙하다 collect 수집하다 make sure 확실히 하다 reflect 반영하다 core 핵심적인 customer base 고객층 expect 예상하다 acquire 얻다, 획득하다 rapidly 빠르게 comment 말하다 provide 제공하다 enhanced 향상된 experience 경험 user 사용자 owner 소유주

23. 동사 어휘 문제로 목적어와의 어울림을 본 후 최종 결정은 빈칸이 포함되지 않은 다른 문장을 근거로 해서 한다.

(A) 고용했다 ➡ 주로 사람을 목적어로 취하지만 회사를 하청 업체로 고용하

는 경우도 있어 그러한 상황인지 파악한다. 뒤의 내용을 보면 창업자의 신생 회사에 대한 이야기이므로 오답이다.

(B) 시작했다 ➡ 목적어로 사업, 계획, 신제품 등이 오는 동사로, 목적어인 새 회사와도 잘 어울리므로 정답. 전체적으로 신생 회사에 대한 이야기이다.

(C) 고려했다 ➡ consider는 목적어로 동명사나 합병, 인수 등이 와야 해서 오답

(D) 전근시키다, 이전시키다 ➡ a new firm을 목적어로 갖기에도 어색하고, A to B 혹 A from B 등의 어울림이 없으므로 오답

정답 (B)

24. 동명사 안의 동사 collect와 어울리는 전치사를 선택한다.

(A) ~를 통하여 ➡ through는 중간 매개체를 뜻하는 것으로 출처를 나타내는 것이 아니므로 오답

(B) ~에게, ~쪽으로 ➡ collect와 함께 쓰이는 전치사가 아니므로 오답

(C) ~로부터 ➡ collect A from B의 형태로 쓰이므로 정답

(D) ~안에 ➡ 위치의 전치사이므로 동작을 묘사하는 collect와 어울리지 않아서 오답

정답 (C)

25. 빈칸 앞의 문장은 '7명의 직원들의 업무'에 관한 내용이므로 이어지는 문장도 이와 같은 주제가 나와야 한다.

(A) 고객들이 상점에 방문해왔다 / 상점을 / 지난 한 달간. ➡ 직원 업무와 상관없는 내용이므로 오답

(B) 시장 분석가들은 확신한다 / 경제가 나아지기 시작할 것으로. ➡ 직원 업무와 상관없는 내용이라서 오답

(C) 그들은 주로 이 업무를 수행한다 / 상점 고객들의 구매 습관을 분석함으로써. ➡ 대명사 this가 가리키는 것이 앞서 언급된 업무라고 볼 수 있으며, 이것을 실행하기 위한 방법이 서술되어 있으므로 정답

(D) 대부분의 고객들은 선호한다 / 온라인으로 쇼핑하는 것을 / 실제 상점들에 방문하기보다는. ➡ 직원들의 업무에 관한 내용이 아니라서 오답. 게다가 웹사이트에 반영한다는 것과 고객들의 온라인 쇼핑몰 이용의 상관관계에 대해 앞뒤에 전혀 언급되지 않았다.

정답 (C)

표현 정리 market analyst 시장 분석가 confident 확신하는 improve 나아지다, 개선되다 mostly 주로 analyze 분석하다 buying habit 구매 습관 prefer 선호하다 physical store 실제 매장

26. 빈칸 앞에 전치사, 뒤에 명사가 있으므로 형용사 자리이다.

(A) 상승, 향상 ➡ enhancement experiences라는 복합명사는 없으므로 오답

(B) 향상시키다 ➡ 동사 자리가 아니므로 오답

(C) 향상시키다 ➡ 동사 자리가 아니므로 오답

(D) 향상된 ➡ 준동사인 과거분사로, 명사를 수식하는 형용사 역할을 하므로 정답

정답 (D)

문제 27-30번은 다음 회람을 참조하시오.

수신: 전 직원
발신: Peter Cole
날짜: 12월 18일
제목: 소식

친애하는 여러분,

올해는 단연코 우리의 최고의 해였습니다. 우리가 아주 잘하고 있기 때문에 / 우리는 두 번째 지점의 문을 열 것입니다 / 다가오는 몇 달 안에. 그 추가 매장은 위치할 것입니다 / 453 Sheraton Avenue에 / 그곳은 Logan Shopping Mall의 길 건너편에 있습니다.

관심이 있으신 경우 / 우리는 관리직에 대한 지원서를 받고 있습니다 / 2월 첫째 주까지. 우리는 모든 지원서를 검토할 것이고 / 둘째 주 중에 / 그리고 교육은 그 다음 주에 시작될 것입니다. ³⁰이것은 좋은 기회입니다 / 여러분 중 일부가 승진할. 반드시 관심 있는 사람들에게도 알려주세요.

Peter Cole
Cole Clothing

표현 정리 by far (비교급, 최상급 수식) 단연코, 훨씬 do well 잘하다 location 장소, 지점 coming 다가오는 additional 추가적인 be located at ~에 위치하다 across the street 길 건너에 in case ~인 경우에 accept 받다, 수용하다 application 지원서 managerial position 관리직 review 검토하다 following 그 다음의 interested 관심 있는 individual 개인, 사람 let A know A가 알게 하다

27. 동사 어휘 문제로 이어지는 문장에서 미래시제로 추가 매장이 위치할 장소를 언급하고 있으므로 아직 두번째 지점은 열지 않았음을 알 수 있다.

(A) 이전한다 ➡ 개점하지 않은 지점을 이전할 수 없으므로 오답

(B) 폐점한다 ➡ 개점하지 않은 지점을 폐점할 수 없으므로 오답

(C) 확장한다 ➡ 개점하지 않은 지점을 확장할 수 없으므로 오답

(D) 개점한다 ➡ 새로운 매장을 개점하는 것이므로 정답

정답 (D)

28. 전치사 어휘 문제는 일단 빈칸 앞뒤를 보고 푼다. 빈칸 뒤에 시점이 나왔으므로 일단 (A), (B)로 선택의 폭을 좁힌다.

(A) ~까지 ➡ 시점과 어울리며, 다음 문장에서 언급된 지원서 검토 일정과도 자연스럽게 연결되므로 정답

(B) ~후에 ➡ 시점과 사용 가능하지만 다음 문장에서 언급된 신청서 검토가 둘째 주라는 것과 신청서를 받는 일정이 겹치게 되어 오답

(C) ~에 관하여 ➡ 시간과 어울리는 전치사가 아니라서 오답

(D) ~와 함께 ➡ 시간과 어울리는 전치사가 아니라서 오답

정답 (A)

29. 주어 자리에 올 수 있는 품사는 명사이다.

(A) 훈련하다 ➡ 정동사라서 오답. 빈칸은 주어 자리이고 will start라는 정동사가 있으므로 정동사가 또 올 수 없다.

(B) 훈련 ➡ 명사라서 정답

(C) 훈련시키는 사람 ➡ 명사이지만 단수명사이므로 앞에 관사가 필요해서 오답

(D) 훈련된 ➡ 정동사 또는 과거분사라서 오답. 과거형으로 쓰일 땐 will start라는 정동사가 있으므로 정동사가 또 올 수 없고, 과거분사로 쓰일 땐 형용사 기능이므로 주어 자리에 올 수 없다.

정답 (B)

30. 빈칸 앞의 문장은 관리직 지원에 관한 내용이므로 이어지는 문장도 이와 같은 주제가 나와야 한다.

(A) 이것은 좋은 기회입니다 / 여러분 중 일부가 승진할. ➡ 관리직 지원을 장려하는 내용이라서 정답

(B) 확인하는 것을 잊지 마세요 / 웹사이트에서 수정된 일정을. ➡ 수정에 대한 다른 언급이 전혀 없어서 오답

(C) 여러분의 상사에게 연락하세요 / 아직 응답을 받지 못했다면. ➡ 응답은 질문이 있어야 존재하는 것인데, 이제 처음 공지하는 내용이라서 오답

(D) 매장은 문을 닫을 것입니다 / 올해 마지막 주말 동안. ➡ 매장 운영 및 영업 시간에 대한 내용이라서 오답

정답 (A)

표현 정리 get a promotion 승진하다 forget 잊다 revised 수정된 contact 연락하다 supervisor 관리자, 상사 response 응답 weekend 주말

Unit 15 주제와 흐름을 알고 푼다. - 팟6 문장삽입 문제 -

전략 1 | 점검 퀴즈

1. (A) 이 결함은 운전자를 위험한 상황에 빠트릴 수 있다. ➡ 결함에 대한 이야기라서 정답. 결함의 결과로 발생할 수 있는 위험성을 알리는 '결과' 유형이다.

(B) 우리는 확신한다 / 당신이 만족할 것이라고 / 우리의 자동차에. ➡ 주제가 달라서 오답. 동의어인 cars를 통해 오답을 유도하는 패턴이다.

정답 (A)

해석 DM3 모델에서 / 비상 브레이크를 제어하는 부품에 결함이 있다.
———————
___1.___

표현 정리 control 통제 emergency brake 비상 브레이크 faulty 결함이 있는, 불완전한 defect 결함 certain 확신하는, 틀림없는

2. (A) 우리 가게를 방문하세요 / 만약 당신이 더 많은 질문들을 가지고 있다면. ➡ 빈칸 뒤 this information을 받는 부분이 없어서 오답

(B) 우리는 확인해보았습니다 / 당신의 배송 상태를 / 추적 시스템으로. ➡ 배달이라는 동일한 주제에 추가되는 내용으로 this information이 가리키는 부분은 '당신의 배송 상태'라고 할 수 있으므로 정답

정답 (B)

해석 대단히 죄송합니다 / 귀하가 귀하의 주문품을 아직 받지 못하신 것에. 일반적으로 이틀이 걸립니다 / 배송품이 도착하는데. ___2___. 이 정보에 따르면 / 귀하의 배송품은 도착할 것입니다 / 귀하의 사무실에 / 다음 주 월요일에.

표현 정리 receive 받다 usually 일반적으로 delivery 배달

according to ~에 따르면 tracking system 추적 시스템

1. (A) 이제 / 그는 다양한 음식을 제공한다 / 매우 빠른 시간에. ➡ 음식 준비 시간이라는 같은 주제라서 정답

(B) 지금까지 / 그는 요리에 대해 배우지 못했다. ➡ 앞에서 요리 학교에 다녔다고 했는데, 요리를 배우지 못했다는 것은 상반되는 내용이므로 오답

정답 (A)

해석 Mr. Chen은 지역 요리 학교에 다녔다 / 그리고 나서 그 자신의 가게를 열었다 / 그의 고향에. 그때는 / 메뉴가 매우 간단했다 / 그리고 많은 시간이 걸렸다 / 음식을 준비하는 데. ----1----.

표현 정리 culinary school 요리 학교 hometown 고향 at that time 그때에 so far 지금까지

2. (A) 쓰레기를 버리지 마세요 / 어떤 상황에서도. ➡ 야유회와 야유회의 다양한 활동과는 상관없는 내용이므로 오답

(B) 우리는 희망합니다 / 당신이 참석할 수 있기를. ➡ 야유회가 개최된다는 것을 알리고 그 야유회에서 다양한 활동이 있을 것이라고 했으므로 참석을 유도하는 문장은 정답이 될 수 있다.

정답 (B)

해석 우리는 회사 전체 야유회를 개최하기로 되어 있습니다 / 다음 주에. 많은 활동들이 있을 것입니다 / 우리가 참여할. ----2----.

표현 정리 company-wide outing 회사 전체 야유회 activity 활동 take part in ~에 참여하다 litter (쓰레기를) 버리다, 어질러 놓다

1. (A) 책무는 포함할 것입니다 / 일과 운영을 관리하는 것을. ➡ 책무에 대한 이야기는 지원 방법보다 더 전에 위치해야 하므로 부적절한 흐름 유형의 오답

(B) 오직 5명의 지원자들만이 연락을 받을 것입니다 / 면접을 위해. ➡ 지원 방법, 면접자들 선정, 합격자 발표의 흐름이므로 정답

정답 (B)

해석 만약 이 직책에 흥미가 있다면 / 우리에게 당신의 이력서를 보내세요 / 두 통의 추천서와 함께 / 이상적으로는 다른 조직들로부터의. ----1----. 합격자는 발표될 것입니다 / 우리의 웹사이트에서.

표현 정리 résumé 이력서 reference 추천서 ideally 이상적으로 organization 조직, 기구 successful candidate 합격자 responsibility 책무, 책임 daily operation 일과 운영 applicant 지원자 contact 연락하다 interview 인터뷰, 면접

2. (A) 당신의 구독 마지막 날은 12월 31일입니다. ➡ 구독 종료일이 구독이 만료될 것임을 알리는 맨 앞 문장(I am writing ~ will soon expire.) 뒤에 와야 하므로 부적절한 흐름 유형의 오답.

(B) 추가로 / 우리는 더 많은 혜택을 제공합니다 / 당신이 누렸던 것보다 /

작년에. ➡ 잡지의 변경 사항에 대해 추가로 이야기하고 있어 정답

정답 (B)

해석 저는 귀하에게 알리기 위해 씁니다 / 귀하의 연간 구독이 / 우리 잡지에 대한 / 곧 만료된다는 것을. 우리는 정중히 요청합니다 / 귀하가 갱신할 것을 / 귀하의 구독을. 우리는 우리 잡지의 구성 방식을 변경했을 뿐만 아니라 / 온라인 버전도 제공합니다 / 귀하의 편의를 위해서. ----2----. 만약 귀하가 어떤 질문이라도 있다면 / 망설이지 말고 저에게 연락주세요. 감사합니다.

표현 정리 subscription 구독 expire 만료되다, 끝나다 provide 제공하다 convenience 편의, 편리 hesitate to do ~하는 것을 망설이다 in addition 게다가, 덧붙여서 benefit 이익, 혜택

실전 적용 문제 1

문제 1-4번은 다음 회람을 참조하시오.

> 수신: Prentice, Inc. 전 직원
> 발신: Stacy Jackson 부사장
> Re: 좋은 소식
> 날짜: 4월 20일
>
> 여러분께 알리게 되어 기쁩니다 / Prentice 사가 Kelly Manufacturing과 합병할 것임을 / 5월 14일에. 그 날짜 이후로 / 우리 회사는 PK Manufacturing으로 불리게 될 것입니다. 일단 절차가 완료되면 / 우리는 최대 자동차 부품 제조업체가 될 것입니다 / 유럽에서.
>
> 분명 여러분 다수가 질문을 갖고 계실 것입니다 / 합병의 효과들에 관해. 아무런 변화가 없을 것임을 알아두세요 / 여러분의 직책 또는 급여의 상태에. ³실제로 / 여러분은 승진될 기회를 가질 수도 있습니다.
>
> 당연히, 이곳에 몇몇 변화들은 있을 것입니다. 이것들은 CEO인 Hauser에 의해 설명될 것입니다 / 4월 28일에 / 그가 우리 인트라넷에서 모두에게 이야기하게 될

표현 정리 inform 알리다 merge with ~와 합병하다 firm 회사 process 절차, 과정 complete 완성된, 완료된 maker 제조업체, 제조사 automobile parts 자동차 부품 effect 효과 merger 합병 be aware 알아두다 status 상황, 상태 position 직책 salary 급여, 임금 naturally 당연히, 물론 explain 설명하다 address 연설하다, 이야기하다

1. 부사 어휘 문제로 명사인 that date 뒤에 위치하는 것을 선택한다.

(A) 이래로 ➡ 명사 뒤에 오는 부사가 아니라서 오답

(B) 이후에 ➡ 'from that + 날짜/시간/순간 + forward'는 '그 날짜/시간/순간 이후로'라는 뜻이 되므로 정답

(C) 곧 ➡ 명사 뒤에 오는 부사가 아니라서 오답

(D) 뒤에, 나중에 ➡ after가 부사로 쓰이는 경우 '뒤에, 나중에'라는 뜻이 있지만 'from 시점'과 결합해 사용하지 않아서 오답

정답 (B)

2. 빈칸은 품사 자리 문제로, 빈칸 앞 형용사인 biggest를 빼내면 관사 뒤 전치사 앞 명사 자리이다.

(A) 만드는 중인 ➡ 명사가 아니라서 오답

(B) 만들어진 ➡ 명사가 아니라서 오답

(C) 제조업체 ➡ 명사라서 정답. we와 maker는 동격의 관계이다.

(D) 만들다 ➡ 동사라서 오답

정답 (C)

3. 빈칸 앞의 문장은 '합병의 영향/변화'에 관한 이야기이다. 이어지는 문장도 이와 같은 주제가 나와야 한다.

(A) 실제로 / 여러분은 승진될 기회를 가질 수도 있습니다. ➡ 합병으로 인한 변화에 해당되는 내용이라서 정답. 빈칸 앞의 문장에 대해 추가되는 내용이다.

(B) 기뻤습니다 / 여러분 모두와 함께 일해서. ➡ 합병 후 발생할 수 있는 미래의 일들을 이야기 하는 상황인데, 작별을 암시하는 것은 엉뚱한 내용이므로 오답

(C) 우리가 보낼 것입니다 / 새로운 급여 체계를 / 내일. ➡ 앞에서 급여에 대한 변화가 없을 것이라고 언급한 내용과 모순이 되는 오답

(D) 여러분은 다시 지원할 수 있습니다 / 여러분의 직책들에 / 빠르면 다음 주에. ➡ 앞에서 직책에 대한 변화가 없을 것이라고 언급한 내용과 모순이 되는 오답

정답 (A)

표현 정리 promote 승진하다 send out 보내다, 발송하다 pay scale 급여 체계 reapply 다시 지원하다 as early as next week 빠르면 다음 주에

4. 대명사 문제이므로 가리키는 말을 찾아야 한다. changes를 받을 수 있는 복수 형태의 대명사가 필요하다.

(A) 이것 ➡ 단수라서 오답

(B) 이것들 ➡ 복수라서 정답

(C) 모든 ➡ 형용사라서 오답. 빈칸은 주어 자리이므로 (대)명사가 필요하다.

(D) 저것 ➡ 단수라서 오답

정답 (B)

문제 5-8번은 다음 공지를 참조하시오.

7월 11일

Golden Field Neighborhood의 모든 주민들에게,

건설 공사가 있을 것임을 숙지해 두세요 / Golden Field Neighborhood의 여러 도로들에 / 7월 15일부터 19일까지. 영향을 받은 구역들은 포함합니다 / Kingston Street와 Declan Avenue, 그리고 Wilbur Road를. 운전자들은 지연을 예상해야 합니다 / 공사 기간 중에. 또한 수많은 시 작업반들이 있을 것입니다 / 그 지역에, 공사의 지속 기간 동안. 게다가, 일부 도로들은 완전히 봉쇄될 것입니다 / 그것들이 포장되는 동안. ⁸그 지역에 사는 사람들만 허용될 것입니다 / 이 도로들에서 운전하도록. 이 기간 동안 여러분의 양해를 부탁 드립니다.

Daniel Lansing
시 행정 담당관

표현 정리 resident 거주자, 주민 be advised that ~를 숙지하다

construction work 건설 공사 affected 영향을 받은 include 포함하다 motorist 운전자 delay 지연, 지체 numerous 수많은 completely 완전히 be closed off 봉쇄되다 pave (길을) 포장하다 request 부탁하다, 요청하다 patience 인내(심), 참을성 period 기간

5. 시제 문제로 시제의 단서를 찾아야 한다. 공사가 시작되는 시점은 미래이므로 운전자들이 이 기간 동안 겪을 일도 미래이기 때문에 미래시제가 정답이다.

(A) 예상하고 있는 중이다 ➡ 현재진행시제라서 오답. 현재진행은 정확한 미래 시점과 함께 사용될 때 예정된 미래를 나타낼 수 있으나 정확한 미래 시점이 제시된 상황이 아니다.

(B) 예상해야 한다 ➡ 조동사 should는 의무/권고의 의미가 있어서 정답

(C) 예상했다 ➡ 현재완료시제라서 오답

(D) 예상하고 있었던 중입니다 ➡ 과거진행시제라서 오답

정답 (B)

6. 명사 어휘 문제로 빈칸 앞의 전치사 for와 빈칸 뒤의 of the construction period와 어울리는 표현을 찾는다. 앞 문장의 '지연'도 공사 기간 중에 있을 일이며, also로 연결되는 '지역에 수많은 시 작업반들이 있는 것'도 공사 기간 중에 있을 일이다.

(A) 선택 ➡ '공사 기간의 선택을 위해서'이란 뜻이 되어 오답

(B) 중단 ➡ '공사 기간의 중단을 위해서'란 뜻이 되어 오답

(C) 지속 기간 ➡ '공사 기간 중에'라는 말이 되어 정답

(D) 규모 ➡ '공사 기간의 규모에 대해서'라는 뜻이 되어 오답

정답 (C)

7. 접속부사 문제는 앞뒤 문장의 논리 관계를 보고 풀어야 한다. 빈칸 앞은 '작업자들이 많다'는 내용이고 빈칸 뒤는 '도로가 봉쇄된다'는 내용이다. 이것은 추가의 관계이다.

(A) 게다가 ➡ 추가 관계의 접속부사라서 정답

(B) 그렇지 않으면 ➡ 조건 관계의 접속부사라서 오답

(C) 되풀이하여 ➡ 반복되는 사실이 없으므로 오답

(D) 다시 말해서 ➡ 요약 관계의 접속부사라서 오답

정답 (A)

8. 빈칸 앞의 문장은 '도로의 봉쇄/접근'에 관한 내용이다. 따라서 이어지는 문장도 같은 주제가 나와야 한다.

(A) 그 지역에 사는 사람들만 허용될 것입니다 / 이 도로들에서 운전하도록. ➡ 도로의 봉쇄/접근에 대한 내용이라서 정답

(B) 작업반들이 보고합니다 / 그들이 작업 모두를 거의 끝냈다고. ➡ 아직 공사가 시작되지 않았는데 작업을 끝냈다고 보고하는 것은 시제 모순으로 오답

(C) 시에 따르면 / 그 작업은 비용이 훨씬 덜 듭니다 / 작년 수리에 들었던 것보다. ➡ 비용에 대한 이야기라서 오답

(D) 인도를 추가하자는 제안이 있습니다 / 일부 도로들에, 현재 고려 중인. ➡ 제안에 대한 내용이므로 오답. 앞 문장의 주제와도 맞지 않고, 전체 주제인 '도로 포장 작업에 관한 공지'와도 어울리지 않는다.

정답 (A)

표현 정리 individual 개인 be permitted to do ~하도록 허용되다

nearly 거의 cost 비용이 ~들다 repair 수리 proposal 제안
sidewalk 인도 consider 고려하다

(D) ~와 같은 → 전치사라서 정답. such as는 빈칸 앞의 포괄적 어휘
new rooms와 빈칸 뒤의 구체적 어휘 lounge, recreation center를
연결한다.

정답 (D)

실전 적용 문제 2

문제 9~12번은 다음 발표문을 참조하시오.

> Desmond 주식회사가 자금을 확보하고 있습니다 / 상황을 개선하기
> 위해 / Pomona에 있는 자사의 공장에. 그 공장은 현재 220명의 정규
> 직 근로자들을 고용하고 있으며 / 1년 365일 쉬지 않고 가동합니다. 많
> 은 제품들이 생산됩니다 / 그 공장 근로자들에 의해.
>
> ⁹이 업그레이드는 포함합니다 / 에어컨 시스템의 설치를. 또한, 그 자금
> 은 지불될 것입니다 / 새로운 방들의 건설에 대한 / 비번 근로자들을 위
> 한 휴게실과 레크리에이션 센터 같은. 일단 이런 개선이 이루어지면 /
> 모든 남은 기금들은 사용될 것입니다 / 개선을 하는 데 / 근로자 자신들
> 에 의해 추천된.
>
> 회사의 부사장인 Edward Marsh가 / 작업을 감독할 것입니다 / 공장
> 장인 Hans Carol과 함께.

표현 정리 set aside (돈, 시간을) 따로 떼어 두다, 확보하다 **fund**
자금, 기금 **improve** 개선하다 **employ** 고용하다 **full-time worker**
정규직 근로자 **operate** 가동하다, 운영하다 **nonstop** 쉬지 않고, 중단
없이 **a number of** 많은 **manufacture** 생산하다, 제조하다 **plant**
공장 **construction** 건설 **lounge** 라운지, 휴게실 **off-duty** 비번인
remaining 남은 **fund** 기금, 자금 **make improvements** 개선하다
recommend 추천하다 **supervise** 감독하다 **alongside** ~와 함께
plant manager 공장장

9. 빈칸이 문단의 맨 앞에 있는 경우 뒤의 문장을 봐야 한다. 특히, 연결어
(In addition) 뒤는 '자금의 사용처'에 관한 내용이므로 앞의 문장도 같은 주
제가 나와야 한다.

(A) Desmond 주식회사는 제조업체입니다 / 최첨단 전자 제품의. → 회사
에 대한 이야기로 '자금의 사용처'와 관련이 없으므로 오답

(B) 이 업그레이드는 포함합니다 / 에어컨 시스템의 설치를. → 업그레이드
는 확보된 자금으로 하는 것이므로 '자금의 사용처'와 관련이 있어서 정답

(C) Mr. Marsh는 이끌었습니다 / 많은 유사한 프로젝트들을 / 과거에. → 인
물의 경력에 대한 이야기라서 오답

(D) 회사는 전념합니다 / 높은 급여의 일자리를 만드는 것에 / 자사의 직원들
을 위해. → 회사의 급여/일자리 정책에 대한 이야기라서 오답

정답 (B)

표현 정리 manufacturer 제조업체, 제조사 **high-end** 최고급의
installation 설치 **air-conditioning system** 에어컨 시스템 **similar**
유사한, 비슷한 **be dedicated to** ~에 전념하다, ~에 헌신하다
high-paying job 높은 급여의 일자리

10. 빈칸 앞에 완전한 문장이 있고, 빈칸 뒤에 명사가 있으므로 빈칸은 전
치사 자리이다.

(A) ~할 때 → 접속사라서 오답

(B) ~하는 → 접속사라서 오답

(C) 마치 ~처럼 → 접속사라서 오답

11. 빈칸 앞 these는 앞 문장에서 언급된 에어컨 설치, 비번 근로자들을 위
한 휴게실과 레크리에이션 센터 건설 같은 시설 개선을 가리킨다.

(A) 지출금 → 개선 사항이 아니라서 오답

(B) 결정 → 개선 사항이 아니라서 오답

(C) 개선 사항 → 빈칸 앞 문장에서 에어컨 설치, 비번 근로자들을 위한 방
들의 건설 같은 시설 개선에 관한 내용이 나왔으므로 정답

(D) 진보 사항 → 과학, 기술, 지식 등에 대한 진보를 의미할 때 사용하는 단
어라서 오답

정답 (C)

12. 동사 문제로 일단 정동사 자리이며, 시제를 확인해서 풀어야 한다.

(A) 감독할 것이다 → 미래시제라서 정답. 앞 문장들에서 자금의 사용처에
대해 미래시제로 언급하고 있으므로 공사도 미래에 시작될 일임을 알 수 있
다.

(B) 감독하는 → 정동사가 아니라서 오답

(C) 감독하기 위해 → 정동사가 아니라서 오답

(D) 감독하는 중이었다 → 과거진행시제라서 오답. 공사는 아직 시작된 것이
아니다.

정답 (A)

문제 13~16번은 다음 편지를 참조하시오.

> 고객님 귀하,
>
> 저희는 당신을 따뜻하게 맞이하고 싶습니다 / Silent Forest Inn에 오
> 신. 이 시설은 저의 조부모님에 의해 설립되었습니다 / 70년 전에 / 그
> 리고 그 후 저의 부모님에게. 그런 다음 저에게 물려졌습니다. 보시다
> 시피 / 이곳은 호텔일 뿐만 아니라 집이며 / 당신은 이제 제 가족의 일
> 원입니다. 저희는 투숙객들에게 제공하고자 노력합니다 / 그들을 즐겁
> 게 할 다양한 활동들을. ¹⁴행사들의 전체 일정을 보실 수 있습니다 / 게
> ~~시판에서~~. 이용 가능한 옵션들은 포함합니다 / 하이킹, 승마, 그리고 호
> 수에서의 수영을. 반드시 식사를 하세요 / 저희 식당에서 / 최고의 가정
> 요리를 이용해 보시려면 / 이 지역에서.
>
> 숙박을 즐기시기 바랍니다 / 저희와 함께 하는

표현 정리 establishment 시설 **be founded** 설립되다 **pass on to**
~에게 전달하다[넘겨주다] **strive to do** ~하려고 노력하다 **provide**
제공하다 **various** 다양한 **activity** 활동 **keep 목적어 p.p.** 목적어를
p.p. 상태로 유지하다 **entertain** 즐겁게 하다, 대접하다 **available** 이용
가능한 **horseback riding** 승마 **meal** 식사 **take advantage of**
~을 이용하다 **home cooking** 가정 요리 **region** 지역

13. 앞에서 언급한 Inn(숙박 시설)을 대명사 this로 받았으므로 빈칸에는
이와 동격인 명사가 들어가야 한다.

(A) 학교 → 숙박 시설과 동격이 아니라서 오답

(B) 레스토랑 ➡ 숙박 시설과 동격이 아니라서 오답

(C) 피트니스 센터 ➡ 숙박 시설과 동격이 아니라서 오답

(D) 호텔 ➡ 숙박 시설과 호텔은 서로 동격의 관계이므로 정답

정답 (D)

14. 빈칸 앞에서 '투숙객들을 위한 다양한 활동들'을 이야기하고 있다. 따라서 이어지는 내용도 동일한 주제가 나와야 한다.

(A) 행사들의 전체 일정을 보실 수 있습니다 / 게시판에서. ➡ 행사에 대한 이야기로, 앞의 내용에 추가되는 내용이므로 정답

(B) 저희는 조용한 지역에 위치해 있습니다 / 대도시들에서 먼. ➡ 호텔의 위치에 대한 이야기라서 오답

(C) 확실히 해주세요 / 가능한 한 적은 물과 전기를 쓰도록. ➡ 절약 관련 협조 사항에 대한 이야기라서 오답

(D) 모든 것을 발견하실 것입니다 / 아마도 필요하실 수도 있는 / 이미 여러분 방 안에서. ➡ 방안에서 다양한 활동들이 있다고 볼 수 없어서 오답. 이어지는 문장에 승마, 하이킹, 수영 등의 활동이 언급된다.

정답 (A)

표현 정리 complete 전체의, 완전한 noticeboard 게시판 be located in ~에 위치해 있다 far from ~에서 먼 electricity 전기 as little as possible 가능한 한 적은 possibly 아마도 already 이미

15. 문장에 동사가 없으므로 우선 정동사 자리이며, 목적어가 있다는 점과 시제까지 고려해야 풀리는 문제이다.

(A) 포함되다 ➡ 수동태인데 뒤에 목적어가 있어서 오답

(B) 포함한다 ➡ 일반적인 사실을 묘사할 때 현재시제를 쓸 수 있으므로 정답

(C) 포함했다 ➡ 현재완료시제라서 오답. 현재완료는 지금까지 있었던 일에 대해 쓰이는 시제이다.

(D) 포함하는 ➡ 준동사라서 오답

정답 (B)

16. 가정 요리 서비스를 이용하는 사람은 편지의 수신자인 guest(투숙객)이고, 처음 문장에서 you로 언급되었다.

(A) 그들의 ➡ you가 아니라서 오답. 누구를 가리키는지 알 수 없다.

(B) 그녀의 ➡ you가 아니라서 오답. 누구를 가리키는지 알 수 없다.

(C) 나의 ➡ 발신자를 가리키므로 오답. 발신자는 호텔측이지 고객이 아니다.

(D) 당신의 ➡ 고객을 가리키므로 정답. your는 you의 소유격 표현이다.

정답 (D)

실전 적용 문제 3

문제 17-20번은 다음 보도 자료를 참조하시오.

Barrow's의 소유주인 Candice Barrow가 / West Haven에서 인기 있는 식당인 / 발표했다 / 그녀가 5,000달러를 기부할 것이라고 / 시의 최신 은퇴 센터의 건립에. 모든 자금은 모아졌다 / 이틀 전 열렸던 자선 행사에서 / 그녀의 시설에서. Ms. Barrow가 시장에게 수표를 전해줄

것이다 / 이번 주말에 열릴 행사에서. 지난 10년에 걸쳐 / Ms. Barrow는 많은 특별한 행사를 열었다 / 시와 시의 주민들을 돕고자 하는. / 20가장 최근의 행사가 가장 성공적이었다 / 이들 중에.

표현 정리 popular 인기 있는 construction 건립, 건설 retirement center 은퇴 센터 fund 자금, 기금 raise 모으다 charity event 자선 행사 hold 개최하다, 열다 check 수표 mayor 시장 ceremony 의식, 행사 intended to ~하기로 의도된 resident 주민

17. 빈칸은 동사 자리로 시제까지 봐야 풀 수 있는 문제이다. 문장 중반부에 'Barrow가 시장에게 수표를 전달할 것'이라고 했으므로 기부는 미래에 일어날 일임을 알 수 있다.

(A) 기부할 것이다 ➡ 미래시제라서 정답

(B) 기부했다 ➡ 과거시제라서 오답

(C) 기부할지도 모른다 ➡ might는 미래의 일을 추측하는 조동사인데, 여기서는 기부 행위가 계획된 것이지 추측이 아니므로 오답

(D) 기부하는 ➡ 현재분사라서 오답

정답 (A)

18. 명사 어휘 문제인데, 그녀는 Candice Barrow이고 식당 소유주임이 앞에서 언급되어 있으므로 이틀 전에 열린 행사 장소가 그녀의 식당임을 알 수 있다.

(A) 미술관 ➡ 식당이 아니므로 오답

(B) 호텔 ➡ 식당이 아니므로 오답

(C) 공장 ➡ 식당이 아니므로 오답

(D) 시설, 영업소 ➡ 앞에 restaurant이라는 말이 나왔는데, 이를 establishment로 바꿔 표현할 수 있으므로 정답

정답 (D)

19. 전치사 어휘 문제로 빈칸 뒤의 기간 명사(decade)와 어울리는 전치사를 찾는다.

(A) 이래로 ➡ 과거 시점 앞에 쓰는 전치사라서 오답

(B) ~에 걸쳐 ➡ 기간 앞에 쓰는 전치사라서 정답

(C) ~사이에 ➡ A and B 혹은 둘을 가리키는 복수명사 앞에 쓰는 전치사라서 오답

(D) 대략 ➡ 부사라서 오답. 빈칸은 뒤의 명사와 함께 수식어가 되어 콤마 다음의 문장을 수식하는 전치사 자리이다.

정답 (B)

20. 빈칸 앞의 문장은 'Ms. Barrow가 10년간 해온 자선 행사'에 관한 내용이다. 따라서 이어지는 문장도 같은 주제가 와야 한다.

(A) 행사에서 기부가 이루어질 수 있다 / 그것이 개최될 때. ➡ 그녀가 해온 자선 행사에 대한 이야기가 아니라서 오답

(B) 은퇴 센터는 제공할 것이다 / 많은 다양한 프로그램들을. ➡ 그녀가 해온 자선 행사에 대한 이야기가 아니라서 오답

(C) 가장 최근의 행사가 가장 성공적이었다 / 이들 중에. ➡ 그녀가 해온 자선 행사 중 하나에 대한 이야기라서 정답

(D) Ms. Barrow는 감사한다 / 모든 사람들이 그녀에게 주었던 도움에. ➡ 그녀가 해온 자선 행사에 대한 이야기가 아니라서 오답. 만약 넣고 싶다면

132번 문제의 빈칸 다음에 올 수 있다. 이러한 오답 유형을 부적절한 흐름이라고 한다.

정답 (C)

표현 정리 donation 기부 offer 제공하다 successful 성공적인 appreciate 감사하다

문제 21~24번은 다음 안내서를 참조하시오.

> 이 안내서는 설명하기 위해 작성되었습니다 / 우리 창고에서 재고를 모니터할 방법을. 우리 소매점들은 정확한 재고 관리에 의존합니다 / 그들이 주문한 의류를 제때에 받기 위해. 오직 우리는 우리의 재고를 주의 깊게 모니터하기 때문에 / 우리는 보장할 수 있습니다 / 우리의 제품들이 제때에 매장에 도착하도록. 우리는 확실히 함으로써 이렇게 합니다 / 적절한 수량을 가지고 있음을 / 우리가 판매하는 각 제품의 / 우리의 창고에. 이것은 우리가 제품들을 제때에 발송할 수 있도록 합니다 / ²³그러나 우리는 그렇게 할 수 없습니다 / 일부 제품들이 다 떨어지면. / 모든 직원들은 따라서 확실히 해야 합니다 / 모든 절차들이 정확히 준수되도록.

표현 정리 manual 안내서, 설명서 explain 설명하다 inventory 재고(품) warehouse 창고 retail store 소매점 depend on ~에 의존하다 inventory control 재고 관리 receive 받다 clothes 옷, 의류 on time 제때에, 제시간에 guarantee 보장하다 get to ~에 도착하다 make sure 확실하게 하다 proper 적절한 warehouse 창고 send out 보내다, 발송하다 process 절차, 과정 correctly 정확하게

21. 형용사 어휘 문제로 앞뒤 문맥을 확인하여 어울리는 단어를 골라야 한다. 제때에 의류를 받기 위해 어떠한 재고 관리를 해야 하는지 파악해야 한다.

(A) 정확한 ➡ '정확한 재고 관리'를 해야 제시간에 의류를 받을 수 있으므로 정답

(B) 전형적인 ➡ '전형적인 재고 관리'를 해야 한다는 것은 전형적인 것이 좋은 것인지 나쁜 것인지 알 수 없어서 오답

(C) 비싼 ➡ '비싼 재고 관리'가 제시간에 주문된 의류를 받는 것은 아니므로 오답

(D) 기계화된 ➡ '기계화된 재고 관리'가 정확한 재고 관리에 도움이 될 순 있지만 무조건 그런 것은 아니므로 오답

정답 (A)

22. 빈칸은 부사절인 because ~의 주절에 해당되며, 부사절이 Only의 수식을 받아 도치가 발생한 문장이다.

(A) be able to는 도치의 형태가 아니라서 오답

(B) to be able은 도치의 형태가 아니라서 오답

(C) our abilities to는 도치의 형태가 아니라서 오답

(D) are we able to는 도치된 형태라서 정답

정답 (D)

23. 빈칸 앞 문장의 내용은 '올바른 재고 관리'에 대한 내용이므로 이어지는 문장도 같은 주제가 나와야 한다.

(A) 귀하의 주문에 대한 총 비용이 / 귀하에게 이메일로 보내질 것입니다. ➡ 글의 수신자는 직원들이며 고객이 아니므로 오답

(B) 귀하가 주문하신 물품들은 / 도착하기까지 5~7일 걸릴 것입니다. ➡ 글의 수신자는 직원들이며 고객이 아니므로 오답

(C) 저희는 귀하에게 알리게 되어 유감입니다 / 그 물품들이 이제 구입 가능하지 않음을. ➡ 글의 수신자는 직원들이며 고객이 아니므로 오답

(D) 그러나 우리는 그렇게 할 수 없습니다 / 일부 제품들이 다 떨어지면. ➡ 올바른 재고 관리가 안 되는 경우에 발생할 수 있는 일에 관한 내용이므로 여전히 재고 관리에 대한 이야기라서 정답

정답 (D)

표현 정리 total 총, 전체의 cost 비용 take (시간이) ~걸리다 regret 유감이다 inform 알리다 available 구입 가능한 run out of ~이 다 떨어지다

24. 동사 어휘 문제로 우선 목적어와의 어울림을 보고 이어서 문맥을 살펴본다.

(A) 따르다, 준수하다 ➡ 앞 문장들에서 정확한 재고 관리를 해야 하는 이유를 설명하고 있는데, 이러한 재고 관리는 직원이 모든 절차를 정확히 준수해야 가능한 일이므로 정답

(B) 받아쓰다 ➡ 절차를 받아 쓴다고 정확한 재고 관리가 되는 것은 아니므로 오답

(C) 승인하다 ➡ 절차를 승인한다고 정확한 재고 관리가 되는 것은 아니므로 오답

(D) 기록하다 ➡ 절차를 기록한다고 정확한 재고 관리가 되는 것은 아니므로 오답

정답 (A)

Unit 16 해석 없이 푼다. - 동사 어휘(Ⅰ)

전략 1 | 점검 퀴즈

1. 괄호 안 두 단어 중 전치사 until과 잘 어울리는 동사인 postponed가 답이다. proposed는 1회성 동작으로 until과 어울리지 않는다.

정답 postponed

해석 전시회의 개막식이 연기될 것입니다 / 추후 공지가 있을 때까지.

표현 정리 opening 개막식 exhibition 전시회 postpone 연기하다 until further notice 추후의 공지가 있을 때까지

2. 괄호 안 두 단어 중 전치사 for와 어울리는 동사인 registered가 답이다. enroll은 전치사 in과 함께 쓰인다.

정답 registered

해석 이번 주 수업에 등록하는 사람들은 / 받을 것이다 / 30% 할인을.

표현 정리 register for ~에 등록하다 enroll in ~에 등록하다 class 수업 receive 받다 discount 할인

3. 괄호 안 두 단어 중 with와 잘 어울리는 자동사인 interact가 답이다. familiarize는 타동사이므로 바로 전치사와 붙여 쓰지 못하고 familiarize A with B(A를 B와 친숙[익숙]하게 하다)의 형태로 쓰인다.

정답 interact

해석 그것은 당신에게 기회를 줄 것입니다 / 사람들과 상호작용하기 위한 / 각계각층의.

표현 정리 give 주다 opportunity 기회 interact with ~와 상호작용하다 all walks of life 각계각층

4. 괄호 뒤가 be p.p.의 수동태이다. proceed with가 눈에 익다고 답으로 하면 함정에 빠진다. proceed는 자동사이므로 proceed with 형태의 능동태로 써야 목적어를 가질 수 있다. replace A with B가 수동태로 변하면서 뒤에 with B만 남은 형태이므로 replaced가 답이다.

정답 replaced

해석 의자들은 교체되어야만 한다 / 새로운 것들로.

표현 정리 stool (등받이가 없는) 의자 replace A with B A를 B로 교체하다

전략 2 | 점검 퀴즈

1. 괄호 뒤에 목적어가 없으므로 자동사인 depart가 답이다. reach는 '(장소나 목적지에) 도달하다'라는 뜻으로 쓰일 때는 목적어가 필요한 타동사이다.

정답 depart

해석 San Francisco로 향하는 당신의 비행기는 / 출발할 것이다 / 오전 7시에.

표현 정리 flight 비행기 depart 출발하다

2. 괄호 뒤에 목적어가 없으므로 자동사인 expire가 답이다. reject는 타동사로 뒤에 목적어가 와야 하므로 오답.

정답 expire

해석 우리는 요청합니다 / 당신이 당신의 구독을 갱신할 것 / 그것이 다음 주에 만기가 될 것이기 때문에.

표현 정리 ask 요청하다 renew 갱신하다 subscription 구독 expire 만기가 되다

3. 괄호 뒤에 명사를 목적어라고 생각하면 함정에 빠진다. '인구 증가가 곧 심각한 문제'이므로 괄호 앞뒤가 동격의 관계라서 2형식 동사인 remain이 답이다. consider를 답으로 하려면 is considered 형태로 써야 '~로 간주된다'는 의미가 되어 동격이 될 수 있다.

정답 remain

해석 인구 증가는 여전히 심각한 문제이다 / 몇몇 국가들에서.

표현 정리 population growth 인구 증가 remain 여전히 ~이다 consider 간주하다 serious issue 심각한 문제

4. 괄호 뒤에 형용사인 obsolete가 있는 것으로 보아 2형식 동사인 became이 답이다. emerge는 1형식 동사라서 뒤에 부사류가 와야 한다.

정답 became

해석 필름 카메라는 쓸모가 없게 되었다 / 디지털 카메라들이 도입되자.

표현 정리 film camera 필름 카메라 emerge 나타나다, 출현하다 become 되다 obsolete 쓸모 없게 된, 구식의 once ~하자마자, 일단 ~하면 digital camera 디지털 카메라 introduce 소개하다, 도입하다

전략 3 | 점검 퀴즈

1. 괄호 뒤에 목적어가 사람이므로 inform이 답이다. 이렇게 사람을 바로 목적어로 쓰는 동사들을 '인어노리' 동사로 암기하도록 한다. note는 that절을 바로 목적어로 쓰는 3형식 동사라서 오답이다.

정답 inform

해석 당신의 매니저에게 알려주세요 / 모임이 취소되었다는 것을.

표현 정리 inform 알리다 manager 매니저 gathering 모임 cancel 취소하다

2. 괄호 뒤에 목적어가 두 개이므로 4형식 동사인 gave가 답이다. reach는 '~에 도달하다'라는 뜻으로 쓰일 때는 타동사임을 기억해두자.

정답 gave

해석 MK Universal은 주었다 / Wolf Manufacturing에게 / 1년 계약을.

표현 정리 give 주다 a one-year contract 1년 계약

3. 괄호 뒤에 목적어와 목적격 보어가 있으므로 help가 답이다. help 동사는 목적격 보어 앞에 to를 써도 되고 쓰지 않아도 된다. enable의 경우에는 반드시 to가 필요하다.

정답 help

해석 업데이트된 소프트웨어가 도와주었다 / 내가 일하는 것을 / 효율적으로.

표현 정리 updated 업데이트된 software 소프트웨어 help 돕다 work 일하다 effectively 효율적으로

4. 괄호 뒤에 목적어와 to부정사가 있는 것으로 보아 5형식 동사인 enable을 정답의 우선순위로 놓고 확인한다. '내가 집에서 일하는 것을 가능하게 했다'는 말은 to부정사의 주체가 me라서 자연스럽다. improve는 주로 3형식 동사로 쓰이는데, '집에서 일하기 위해 나를 개선시켰다'는 의미는 어색하다.

정답 enable

해석 기술 발전은 가능하게 했다 / 내가 집에서 일하는 것을.

표현 정리 advance 진보, 발전 technology 기술 enable 가능하게 하다 work 일하다

1. 빈칸 뒤의 depending on ~ performance는 전명구라서 목적어가 없는 문장이다. 즉, 빈칸은 1형식 동사 자리이다.

(A) 다르다 ➡ 1형식 동사라서 정답

(B) 보상하다 ➡ 3형식 동사라서 오답. A for B나 A with B로 형태로 사용한다.

(C) 제외하다 ➡ 3형식 동사라서 오답

(D) 지지하다 ➡ 3형식 동사라서 오답

정답 (A)

해석 금전적 보상은 다를 것이다 / 회사의 재정 상태와 각 직원의 성과에 따라서.

표현 정리 monetary compensation 금전적 보상(금) depending on ~에 따라서 financial 재정의 performance 성과, 실적

2. 빈칸 뒤의 as ~ care까지가 전부 전명구이므로 목적어가 없는 문장이다. 즉, 빈칸은 1형식 동사 자리이다.

(A) 선택하다 ➡ 3형식 동사라서 오답

(B) 야기시키다 ➡ 3형식 동사라서 오답

(C) 떠오르다 ➡ 1형식 동사라서 정답

(D) 전시하다 ➡ 3형식 동사라서 오답

정답 (C)

해석 인도의 뉴델리는 / 떠올랐다 / 주요한 의료 목적지로서 / 심장병 치료를 위한.

표현 정리 prime 주요한 medical 의학의, 의료의 destination 목적지, 장소 cardiac 심장의, 심장병의 care 돌봄, 치료

▶고난도!
3. 빈칸 뒤의 전치사 until과의 어울림을 보고 푸는 문제이다.

(A) 연기하다 ➡ A until B 형태로 사용하므로 정답. '소방 훈련이 한 달 늦게까지 연기되었다'는 해석도 자연스럽다.

(B) 전념하다 ➡ oneself to 명사/–ing 형태로 '~에 전념하다'의 뜻으로 사용하므로 오답

(C) 동의하다 ➡ agree with/on/to 형태로 사용하며, 수동태는 'be agreed with/on/to + 수식어' 형태로 사용해야 하므로 오답

(D) 준수하다 ➡ 법이나 규정이 준수되는 것이므로 오답

정답 (A)

해석 소방 훈련은 연기될 것이다 / 원래 예정된 것보다 한 달 늦게까지 / 그 날이 국경일에 해당되기 때문에 / 이번 달에.

표현 정리 fire drill 소방 훈련 defer 연기하다 originally 원래 fall on (어떤 날이) 해당되다

4. 목적어를 취하는 타동사 중에서 목적어인 customer inquires와 어울리는 것을 찾는 문제이다.

(A) 처리하다, 다루다 ➡ 3형식 동사이고 inquiry, problem, issue 등의 목적어와 어울리므로 정답

(B) 반응하다 ➡ 전치사 없이는 목적어를 취할 수 없는 자동사이므로 오답. respond to(~에게 응답하다)의 형태로 쓴다.

(C) 옮기다 ➡ 3형식 동사로 쓸 수 있지만 inquires는 옮길 수 있는 대상이 아니므로 오답

(D) 따르다 ➡ to와 함께 쓰여야 목적어를 취할 수 있는 자동사이므로 오답

정답 (A)

해석 조수인 Mr. Julian은 고객 문의들을 처리해야 한다 / 그의 상관이 도시를 떠나 있는 동안 / 업무상.

표현 정리 assistant 조수 inquiry 질문, 문의 supervisor 상사, 상관 be out of town 도시를 떠나 있다 on business 업무상

5. 빈칸 뒤의 into와 어울리는 동사를 고르는 문제이다.

(A) 나누다 ➡ separate A into B, divide A into B 형태로 사용하므로 정답. 수동태 형태인 be separated into, be divided into도 기억해두어야 한다.

(B) 반영하다, 반사하다 ➡ 목적어로 image, view, opinion 등과 주로 사용하므로 오답

(C) 확신시키다 ➡ assure 뒤에는 사람 목적어(~에게)가 나와야 하므로 오답

(D) 공급하다 ➡ supply A with B, provide A with(A에게 B를 제공하다) 형태로 주로 사용하므로 오답

정답 (A)

해석 Gomez 교수는 그녀의 세미나를 나누려 한다 / 세 개의 작은 세션으로.

표현 정리 professor 교수 intend to do ~할 작정이다, ~하려고 생각하다 seminar 세미나

6. 전치사 with와 어울리면서 해석이 자연스러운 동사를 찾는 문제이다.

(A) 어울리다, 적합하다 ➡ 자동사일 때 with와 함께 사용되지만 해석상 어색하므로 오답

(B) 만나다 ➡ meet with someone or something 형태로 사용되며, '팀원들과 매주마다 만난다'는 해석이 자연스러우므로 정답

(C) 주목하다 ➡ 목적어가 필요한 타동사이므로 오답

(D) 진행하다, 나아가다 ➡ with와 어울리는 자동사이지만 해석상 어색하므로 오답

정답 (B)

해석 Ms. Norlan은 그녀의 팀원들과 만난다 / 매주마다 / 업무들에 대한 후속 조치를 하기 위해서 / 그러나 그녀는 무슨 이유로 이번 주를 건너뛰었다.

표현 정리 meet with ~와 만나다 on a weekly basis 매주마다 follow up on ~에 대해 후속 조치를 하다 skip 건너뛰다

▶고난도!
7. 빈칸 뒤의 목적어와 목적격 보어를 갖는 5형식 동사를 찾는 문제이다.

(A) 알게 되다, 발견하다 ➡ 대표적인 5형식 동사로 '학생들이 강의들을 지루해 한다'는 해석이 적절하므로 정답

(B) 듣다 ➡ 2형식이나 3형식 동사로 쓰이므로 오답

(C) ~와 달리 ➡ 전치사이므로 오답

(D) 참석하다 ➡ 3형식 동사이므로 오답

정답 (A)

해석 최근 조사결과들은 보여준다 / 점점 더 많은 학생들이 50분 넘게 지속되는 강연들을 / 매우 지루해 한다는 것을.

표현 정리 recent 최근의 survey 조사 result 결과 indicate 나타내다 lecture 강연

➤고난도!

8. 빈칸 뒤의 the largest electricity provider를 목적어라고 생각하면 함정에 빠질 수 있는 문제이다. '합병 후 최대 공급업체가 되었다'는 내용으로, 주어인 Heilung Power가 the largest electricity provider와 동격의 관계이다. the largest electricity provider는 목적어가 아니고 주격 보어이므로 2형식 동사가 답이 되는 문제이다.

(A) 준수하다 ➡ with와 함께 쓰여서 regulation, rule, policy 등과 어울리므로 오답

(B) 되다 ➡ '주어가 최대 공급업체가 되었다'는 내용이므로 정답

(C) 운영하다 ➡ 3형식 동사이므로 해석이 어색해져 오답

(D) 분배하다 ➡ 3형식 동사이므로 해석이 어색해져 오답

정답 (B)

해석 Changlin과의 합병 후 / Heilung Power는 중국의 북쪽 지역에서 최대 전기 공급업체가 되었다.

표현 정리 merge 합병하다 electricity 전기 provider 공급업체 northern 북부의

9. 빈칸 뒤의 목적어를 취할 수 있는 타동사를 찾는 문제이다.

(A) 참여하다 ➡ 전치사 in과 함께 쓰는 자동사이므로 오답

(B) 이끌다, ~에 이르다 ➡ 자동사일 때는 to와 함께 쓰여 '(결과적으로) ~에 이르다'라는 의미를 나타내지만, 타동사일 때는 '~을 이끌다'라는 의미이므로 정답

(C) 응답하다 ➡ 전치사 to와 함께 쓰는 자동사이므로 오답

(D) 말하다 ➡ 전치사 to, about 등과 함께 쓰는 자동사이므로 오답

정답 (B)

해석 Semi Norman은 교육을 진행할 것입니다 / 회계 부서의 새로운 데이터베이스 시스템에 대한.

표현 정리 training 교육, 훈련 database 데이터베이스 Accounting Department 회계 부서

➤고난도!

10. 수동태가 되었을 때 뒤에 명사가 올 수 있는 5형식 동사를 찾는 문제이다.

(A) 결정하다 ➡ 수동태가 되었을 때 뒤에 명사가 남을 수 없으므로 오답

(B) 초대하다 ➡ 수동태가 되었을 때 뒤에 수식어 혹은 to부정사가 오므로 오답

(C) 임명하다 ➡ 5형식 동사로 수동태가 되었을 때 목적격 보어인 명사가 뒤에 남을 수 있으므로 정답

(D) 위치시키다 ➡ 수동태로 쓰이면 뒤에 주로 장소의 전치사와 함께 쓰이고 해석도 어색하므로 오답

정답 (C)

해석 Ms. Terri는 그 프로젝트 리더로 임명되었다 / 한 시간에 걸친 토론 후에.

표현 정리 hourlong 한 시간에 걸친 discussion 토론

11. 간접목적어와 직접목적어를 가지는 4형식 동사를 찾는 문제이다.

(A) 제공하다 ➡ 주로 provide A with B 구문으로 쓰이는 3형식 동사이므로 오답

(B) 보호하다 ➡ 3형식 동사이므로 오답

(C) 수여하다 ➡ '~에게 ~을 수여하다'라는 뜻을 나타내는 4형식 동사로 목적어를 두 개 취할 수 있으므로 정답

(D) 기부하다 ➡ 3형식 동사이므로 오답

정답 (C)

해석 최고경영자는 / 수여하기로 결정했다 / Mr. Goo와 그의 팀원들에게 상당한 현금 보너스와 일주일의 유급 휴가를 / 그들의 성과에 대해.

표현 정리 decide to do ~하기로 결정하다 substantial 상당한 paid vacation 유급 휴가 achievement 성과, 업적

12. 전치사 with와 어울리는 자동사를 찾는 문제이다.

(A) 참여하다 ➡ 전치사 in과 어울리는 자동사이므로 오답

(B) 언급하다 ➡ 3형식 동사이므로 오답

(C) 알리다 ➡ '~에게'라는 뜻의 목적어를 가지는 타동사이므로 오답

(D) 의사소통하다 ➡ with와 어울려 사용되는 자동사이므로 정답

정답 (D)

해석 Wireless Connection을 이용함으로써 / 당신은 당신 회사의 모든 사람들과 의사소통을 할 수 있습니다 / 당신이 어디에 있든지.

표현 정리 wireless 무선의 be able to do ~할 수 있다 no matter where(= wherever) 어디서든지

13. to부정사를 목적격 보어로 취하는 5형식 동사를 찾는 문제이다.

(A) 환영하다 ➡ 3형식 동사이고, 형용사로 쓰일 때는 'be welcome to부정사' 형태로 쓰이므로 오답

(B) 서명하다 ➡ for와 어울려 목적어를 취하는 동사이므로 오답

(C) 보호하다 ➡ 3형식 동사이므로 오답

(D) 요구하다 ➡ 5형식 동사로 목적어 뒤의 목적격 보어 자리에 to부정사가 오므로 정답

정답 (D)

해석 Dormy 호텔은 요구한다 / 고객들이 여권을 제시해 줄 것을 / 투숙 절차를 밟을 때.

표현 정리 patron 고객 present 제시하다 passport 여권 check in 투숙 절차를 밟다

14. 사람 목적어 뒤에 명사절 접속사 that이 이끄는 직접목적어를 취하는 4형식 동사를 찾는 문제이다.

(A) 보여주다 ➡ 3형식 동사이므로 오답

(B) 말하다 ➡ 3형식 동사이므로 오답

(C) 제안하다 ➡ 3형식 동사이므로 오답

(D) 알리다 ➡ 사람 목적어를 취하며 그 뒤에 that이 이끄는 직접목적어를 취하는 4형식 동사이므로 정답

정답 (D)

해석 우리는 우리의 고객들에게 알리게 되어 기쁩니다 / 7월 2일에 / 우리가 Main Street에 또 하나의 지점을 열게 되었다는 것을 / 많은 고객들의 유입을 수용하기 위해서.

표현 정리 be pleased to do ~해서 기쁘다 patron 단골손님, 고객 branch 지점 accommodate 수용하다 influx 유입

15. 빈칸 뒤에 목적어로 shoppers를 가질 수 있는 타동사를 찾는 문제이다.

(A) 끌어들이다 ➡ 3형식 동사이며 주로 customers, shoppers, people 등을 목적어로 가지므로 정답

(B) 특징으로 하다 ➡ 타동사이지만 '시즌 마감 세일이 고객들을 특징으로 한다'는 내용이 어색하므로 오답

(C) 보다 ➡ 2형식 자동사이므로 오답

(D) 호소하다 ➡ to와 어울려 쓰이는 1형식 자동사이므로 오답

정답 (A)

해석 시즌 마감 세일은 / Endo 백화점이 개최하는 / 5000명 이상의 쇼핑객들을 끌어들일 것이다 / 이번에.

표현 정리 season end sale 시즌 마감 세일 attract 끌어들이다 shopper 쇼핑객 over ~이상

➤고난도!

16. 목적어를 취하고 목적격 보어로 to부정사를 취하는 5형식 동사를 찾는 문제이다.

(A) 개선하다 ➡ 3형식 동사라서 오답. to부정사를 부사 기능으로 보고 '기술 혁신이 노동력을 감소시키기 위해서 Sherwood Company를 향상시킨다'는 해석이 그럴 듯하게 여겨져 함정에 빠지기 쉽다. improve는 대개 효율성이나 생산성을 목적어로 취하는 동사일 뿐만 아니라 노동력을 줄이는 것은 회사가 하는 것이지 기술이 하는 것이 아니다.

(B) 확장하다 ➡ 3형식 동사라서 오답

(C) 포함하다 ➡ 3형식 동사라서 오답

(D) 할 수 있게 하다 ➡ 목적격 보어로 to부정사를 취하는 5형식 동사라서 정답

정답 (D)

해석 기술 혁신은 가능하게 했다 / 가정용 가구 제조사인 Sherwood Company가 노동력을 감소시키는 것을.

표현 정리 innovation 혁신 home furnishing 가정용 가구 manufacturer 제조사 workforce 노동력

Unit 17 해석해서 푼다. – 동사 어휘(Ⅱ)

전략 1 | 점검 퀴즈

1. 영화 시사회는 일종의 행사에 해당되며 행사를 목적어로 취하는 attend를 우선순위로 대입하여 해석해보면 '시사회 참석을 위해서 (자리를) 예약했다'는 의미가 자연스럽다. 시사회를 감독한다(oversee)는 것은 어색하고 감독을 위해 예약했다는 것도 어울리지 않는다.

정답 attend

해석 Ms. Elmore는 예약했다 / 영화 시사회에 참석하기 위해서.

표현 정리 made a reservation 예약하다 attend 참석하다 oversee 감독하다 movie preview 영화 시사회

2. 괄호 뒤의 목적어인 이력서와 어울림이 좋은 동사는 review이므로 우선순위로 대입하여 해석해본다. '후보자들을 인터뷰하기 전에 이력서를 검토한다'는 의미가 자연스러우므로 review가 답이다. operate는 3형식 동사일 땐 '가동시키다, 운영하다'의 뜻을 나타내며 기계나 회사 등을 목적어로 취하므로 오답이다.

정답 review

해석 매니저는 이력서들을 검토할 것이다 / 후보자들을 인터뷰하기 전에.

표현 정리 manager 매니저 review 검토하다 résumé 이력서 interview 인터뷰하다 candidate 후보자

3. 괄호 뒤의 목적어인 멤버십 카드와 어울림이 좋은 동사는 renew이므로 우선순위로 대입하여 해석해본다. '할인을 받기 위해 멤버십 카드를 갱신한다'는 의미가 자연스러우므로 renew가 답이다. invent는 제품 등을 목적어로 취하는 동사로, 할인을 받는 것과 어울리지 않는다.

정답 renew

해석 당신의 멤버십 카드를 갱신해 주세요 / 할인을 받기 위해서 / 당신의 구매품에 대해.

표현 정리 renew 갱신하다 membership card 멤버십 카드 get discounts 할인 받다 purchase 구매(품)

4. 괄호 뒤의 목적어인 a decision과 어울림이 좋은 동사는 reach이므로 우선순위로 대입하여 해석해본다. 'CEO가 합병 가능성에 대해 결정을 한다'는 의미가 자연스러우므로 reach가 답이다. inform은 사람 명사를 목적어로 취해야 해서 오답이다.

정답 reach

해석 CEO는 결정할 것이다 / 합병 가능성에 대해서 / 다음 주에.

표현 정리 reach a decision 결정하다 potential merger 합병 가능성

전략 2 | 점검 퀴즈

1. '판매량을 증가시키기 위해서 효율적인 전략을 이행한다'는 것이 논리적

으로 타당하므로 implement가 답이다. terminate는 '중단하다'라는 뜻이므로 어울리지 않는다.

정답 implemented

해석 판매량을 증가시키기 위해서 / 회사는 이행했다 / 효율적인 전략을.

표현 정리 increase 증가시키다 sales 판매량 company 회사 implement 이행하다, 시행하다 effective 효율적인 strategy 전략

---

2. 가게를 쉽게 찾아낼지 쉽게 열지에 대한 단서는 콤마 앞의 부사절 부분에 있다. 건물을 발견하는 것과 관련성이 있는 것은 위치를 찾아내는 것이므로 locate가 답이다.

정답 locate

해석 당신이 MKZ 빌딩을 발견한다면 / 당신은 쉽게 찾을 수 있습니다 / 우리 가게를 / 그것 옆에 있는.

표현 정리 find 찾다, 발견하다 easily 쉽게 locate (위치를) 찾아내다, 알아내다 store 가게 beside 옆에

---

3. 괄호 뒤 증감 부사 considerably와의 어울림을 보아도 increase가 답이지만, 이윤이 상당히 증가한 것이 확장을 원하는 이유가 되므로 의미상으로도 자연스럽다.

정답 increase

해석 그 회사는 확장하기를 원한다 / 자사의 이윤이 증가해왔기 때문에 / 상당히.

표현 정리 want to do ～하기를 원하다 expand 확장하다 since ～때문에 profit 이윤 increase 증가하다 considerably 상당히

---

4. but 이후의 절에서 '여전히 5일이 남아 있다'는 것은 아직 마감일이 지난 것이 아니라 다가오고 있다고 보는 것이 타당하므로 approaching이 답이다.

정답 approaching

해석 제출 마감일이 빠르게 다가오는 중이다 / 하지만 당신에게는 여전히 5일이 남아 있다.

표현 정리 submission deadline 제출 마감일 approach 다가오다 quickly 빠르게

전략 3 | 점검 퀴즈

1. 앞 문장에서 수신자가 Lotus Online Shopping Center에서 주문을 했었다는 사실을 알 수 있으므로 뒤에 오는 문장은 '우리 상점에서 지속적으로 구매해주기를 희망한다'는 의미를 이루는 것이 타당하므로 shopping이 답이다.

정답 shopping

해석 당신의 주문에 감사드립니다 / Lotus Online Shopping Center에서. (중략) 우리는 감사드립니다 / 당신의 거래에 / 그리고 희망합니다 / 당신이 계속 쇼핑을 해주시기를 / 우리 상점에서.

표현 정리 order 주문 appreciate 감사하다 business 거래 continue 지속하다 dine 식사하다 shop 쇼핑하다

2. 뒤의 문장에서 첨부된 예산안을 숙지해줄 것을 당부하고 있으므로 '예산안을 검토해달라'는 의미를 이루는 review가 답이다. Ignore는 '무시하다'라는 뜻이므로 뒤의 내용과 상충되어 오답이다.

정답 review

해석 첨부된 올해의 예산안을 검토하세요. 저는 원합니다 / 여러분 모두가 그것에 익숙해지기를 / 그리고 저와 공유해 주시기를 / 여러분 생각에 / 우리가 어디에 돈을 더 쓰고 덜 써야 하는지 / 다음 회의 동안에.

표현 정리 review 검토하다 attached 첨부된 budget proposal 예산안 familiarize oneself with ～에 익숙해지다 share 공유하다 spend 소비하다

---

3. 또 다른 가게를 여는 것인지 닫는 것인지에 대한 단서는 다음 문장에 있다. '이 추가 공간(This additional space)'이 고객들에게 쉬운 접근을 제공한다는 것으로 보아 추가 공간이 가리키는 말은 새로운 지점이라고 할 수 있으므로 '또 하나의 가게를 연다'는 의미를 이루는 opening이 답이다.

정답 opening

해석 저는 알리고자 합니다 / Samson Hardware가 또 하나의 가게를 연다는 것을 / 이번 봄에. 이 추가된 공간은 제공할 것입니다 / 쉬운 접근을 / 기존의 그리고 잠재적인 고객들에게 / 이 지역에서.

표현 정리 announce 알리다 another 또다른 additional 추가의 space 공간 provide 제공하다 access 접근 existing 기존의 potential 잠재적인 customer 고객

실전 적용 문제

1. 동사 자리가 빈칸이므로 목적어인 급여 기대(salary expectations)와의 어울림을 본 후 해석하여 논리적 단서를 찾는다.

(A) 보내다 ➡ 목적어와 의미상 어울리지 않아서 오답. 목적어인 보내는 대상은 주로 inquiry(질문), document(서류) 등이 나온다.

(B) 충족시키다 ➡ 목적어와 잘 어울리므로 정답. 일자리를 받아들일 것이라는 부분이 급여 기대를 충족시킨다는 것의 결과이므로 논리적으로 타당하다.

(C) 부과하다 ➡ 목적어와 의미상 어울리지 않아서 오답. 목적어로 주로 dollar와 같은 금액이 온다.

(D) 나타나다, ～인 것처럼 보이다 ➡ 자동사로 목적어를 가질 수 없으므로 오답

정답 (B)

해석 Kaiako Eugene은 일자리 제의를 받아들일 것이 확실합니다 / 왜냐하면 그녀는 생각하기 때문입니다 / 그것(일자리 제의)이 그녀의 희망 급여를 충족시킨다고.

표현 정리 be sure to do 확실히 ～하다 accept 받아들이다 job offer 일자리 제의 salary expectations 희망 급여

▶고난도!

2. to부정사의 목적어인 revisions(수정사항들)과의 어울림을 본 후 해석하여 논리적 단서를 찾는다.

(A) ~을 설립하다 ➡ 목적어와 의미상 어울리지 않아서 오답. 목적어로는 주로 goal, aim(목표), plan(계획), business(사업) 등이 온다.

(B) ~을 전문으로 하다 ➡ 목적어와 의미상 어울리지 않아서 오답. 목적어로 field(전공 분야) 등이 온다.

(C) ~안으로 이동하다 ➡ 목적어와 의미상 어울리지 않아서 오답. 목적어로 주로 장소 명사가 온다.

(D) ~을 감안하다[고려하다] ➡ 목적어 revisions와 어울리며 마감일을 연장해준 이유가 편집자가 내용을 수정하는 것을 감안했기 때문이라고 볼 수 있으므로 정답

정답 (D)

해석 그 신문은 작가에게 마감시한 연장을 해주었다 / 기사들을 제출하는 것에 대한 / 내용에 대한 편집자의 수정사항들을 감안하기 위해서.

표현 정리 newspaper 신문 deadline 마감시한 extension 연장 submit 제출하다 article 기사 in order to do ~하기 위하여 editor 편집자 revision 개정 content 내용

3. 목적어인 marketing campaign(마케팅 캠페인)과의 어울림을 본 후 해석하여 논리적 단서를 찾는다.

(A) 시작하다 ➡ 목적어인 marketing campaign이 시작[개시]할 수 있는 대상이므로 정답

(B) 인쇄하다 ➡ 목적어와 의미상 어울리지 않아서 오답. 목적어로는 주로 copy(책), newspaper(신문) 등이 온다.

(C) 실험하다 ➡ 목적어를 가질 수 없는 자동사이므로 오답. experiment on (with) 뒤에 실험 대상이 온다.

(D) 호소하다, 관심을 끌다 ➡ 목적어를 가질 수 없는 자동사이므로 오답. 전치사 to와 함께 쓰여 목적어로 사람이나 law(법) 등이 온다.

정답 (A)

해석 5월에 / 스위스에 기반을 둔 제약회사인 La Roche 사는 시작할 것이다 / 마케팅 캠페인을 / 자사의 새로운 진통제를 위한.

표현 정리 -based ~에 기반을 둔 pharmaceutical company 제약회사 marketing campaign 마케팅 캠페인 painkiller 진통제

▶고난도!

4. 목적어인 his presentation과의 어울림을 본 후 해석하여 논리적 단서를 찾는다.

(A) 깨닫다 ➡ 목적어와 의미상 어울리지 않아서 오답

(B) 즉흥적으로 하다 ➡ 목적어 presentation(발표)과 잘 어울리며 영사기가 갑자기 작동하지 않은 상황의 결과로 볼 수 있으므로 정답

(C) 교육하다 ➡ 목적어와 의미상 어울리지 않아서 오답. 목적어로는 주로 child, public과 같은 사람 명사가 온다.

(D) 사회를 보다 ➡ 목적어와 의미상 어울리지 않아서 오답. 대개 전치사 at이나 over와 함께 자동사로 쓰이고, 목적어로는 meeting(회의) 등이 온다.

정답 (B)

해석 Mr. Porter는 그의 발표를 즉흥적으로 했다 / 영사기가 갑자기 작동하지 않았을 때.

표현 정리 presentation 발표 projector 영사기 work 작동하다

all of a sudden 갑자기

5. 목적어인 company expectations(회사의 기대치)와의 어울림을 본 후 해석하여 논리적 단서를 찾는다.

(A) 넘어서다 ➡ 목적어인 expectations(기대치)와 어울리고 기대치를 넘어선 직원이 상을 받는 것이 논리적이므로 정답

(B) 묘사하다 ➡ 목적어와 의미상 어울리지 않아서 오답. 대개 목적어로 problem(문제), situation(상황) 등이 온다.

(C) 명령하다 ➡ 목적어와 의미상 어울리지 않아서 오답

(D) 믿다 ➡ 목적어와 의미상 어울리지 않아서 오답

정답 (A)

해석 Holden Enterprises는 직원들에게 상을 준다 / 지속적으로 회사의 기대치를 넘어서는.

표현 정리 reward ~에게 상을 주다 consistently 지속적으로 expectation 기대(치), 예상

▶고난도!

6. 목적어인 the development and implementation(개발과 시행)과의 어울림을 본 후 해석하여 논리적 단서를 찾는다.

(A) 다투다, 겨루다 ➡ 목적어와 어울리지 않으므로 오답. 주로 with와 함께 자동사로 쓰이며 뒤에는 겨루는 대상이 온다.

(B) 나아가다, 진행하다 ➡ 자동사라서 목적어를 갖지 않으므로 오답

(C) 감독하다 ➡ 목적어인 '품질 보증 공정의 개발과 시행'과 어울리므로 정답.

(D) 접촉하다, 연락하다 ➡ 목적어와 의미상 어울리지 않아서 오답. 목적어로는 연락할 수 있는 대상이 온다.

정답 (C)

해석 Mr. Stevens는 감독할 것이다 / 품질 보증 공정의 개발과 시행을 / Romandie 시설에서.

표현 정리 development 개발 implementation 이행, 시행 quality-assurance 품질 보증 process 과정, 공정 facility 시설

▶고난도!

7. 목적어인 the opinion과의 어울림을 본 후 해석하여 논리적 단서를 찾는다. that절은 opinion과 동격을 이루는 명사절이다.

(A) 제안하다 ➡ 엄격한 복장 규정이 개인의 표현을 억압한다는 것이 의견(opinion)인데, 주어인 제복을 지지하는 사람들이 그런 의견을 제안했다는 것이 논리적으로 맞지 않으므로 오답

(B) 의존하다 ➡ 전치사 on과 함께 쓰이는 자동사인데 목적어를 가질 수 없으므로 오답

(C) 펼치다, 퍼뜨리다 ➡ 엄격한 복장 규정이 개인의 표현을 억압한다는 의견을 퍼뜨리는 것도 그런 의견에 동의할 때나 가능한 일이므로 (A)와 같은 이유로 오답

(D) 거절하다, 거부하다 ➡ 엄격한 복장 규정이 개인의 표현을 억압한다는 의견을 제복 지지자들이 거부했다는 내용이 논리적으로 타당하므로 정답

정답 (D)

해석 제복의 지지자들은 의견을 거부한다 / 엄격한 복장 규정이 개인의 표현을 억압할 수 있다는.

표현 정리 **supporter** 지지자 **uniform** 유니폼, 제복 **opinion** 의견 **strict** 엄격한 **dress code** 복장 규정 **suppress** 억압하다 **individual** 개인의 **expression** 표현

> **고난도!**

8. 목적어인 the development of new drugs(신약 개발)과의 어울림을 본 후 해석하여 논리적 단서를 찾는다. '개발에 투자한다'는 의미가 잘 어울린다고 생각되어 invest를 답으로 하면 함정에 빠진다.

(A) 투자하다 ➡ 목적어와 의미상 어울리지 않아서 오답. 목적어로 money(돈), time(시간) 등이 온다. invest in으로 쓰면 답으로 가능하다.

(B) 모집하다 ➡ 목적어와 의미상 어울리지 않아서 오답. 목적어로 new employee(신입사원), member(회원) 등이 온다.

(C) 즐기다 ➡ 목적어와 의미상 어울리지 않아서 오답. 목적어로 음식, 운동, 독서, 여행 등이 온다.

(D) 자금을 대다 ➡ 신약 개발에 자금을 대기 위해 이윤의 5퍼센트를 지출한다는 내용이 논리적으로 타당하므로 정답

정답 (D)

해석 Trueo 사는 대략 수익의 5퍼센트를 지출할 것이다 / 신약 개발에 자금을 지원하기 위해.

표현 정리 **spend** 소비하다 **roughly** 대략 **profit** 수익 **development** 개발 **drug** 약

9. 목적어인 a plaque(상패)와의 어울림을 본 후 해석하여 논리적 단서를 찾는다.

(A) 받아들이다, 수락하다 ➡ 목적어가 받을 수 있는 대상이고, '공로에 대한 상패를 받았다'는 의미가 논리적으로 타당하므로 정답

(B) 축하했다 ➡ 목적어와 의미상 어울리지 않아서 오답. 목적어로 anniversary(기념일), ceremony(의식) 등이 온다.

(C) 지정했다, 지명하다 ➡ 목적어와 의미상 어울리지 않아서 오답. designate A as B(A를 B로 지정하다)의 형태로 많이 쓰인다.

(D) 신뢰했다 ➡ 목적어와 의미상 어울리지 않아서 오답. 목적어로 신뢰할 수 있는 대상이 나와야 한다.

정답 (A)

해석 시상식에서 / Mr. McDonald는 상패를 받았다 / 그의 공로로 / 연례 자선 행사에 대한.

표현 정리 **awards ceremony** 시상식 **plaque** 상패 **contribution** 공로, 기부(금) **charity event** 자선 행사

10. 목적어인 their yearly subscription(연간 구독)과의 어울림을 본 후 해석하여 논리적 단서를 찾는다.

(A) 개발하다 ➡ 목적어와 의미상 어울리지 않아서 오답

(B) 갱신하다 ➡ 목적어와 어울리고, 고객들이 잡지사로부터 '구독을 갱신하도록 권장된다'는 것이 논리적으로 타당하므로 정답

(C) 설득하다 ➡ 목적어와 의미상 어울리지 않아서 오답. 목적어로는 사람이 온다.

(D) 호소하다 ➡ 자동사이므로 목적어가 올 수 없어서 오답

정답 (B)

해석 *China Daily Magazine*의 고객들은 권장된다 / 그들의 연간 구독을 갱신하도록 / 이번 달 말까지.

표현 정리 **patron** 단골손님, 고객 **magazine** 잡지 **recommend** 추천하다, 권장하다 **subscription** 구독

11. 목적어인 a voice-activated typewriter(음성 인식 타자기)와의 어울림을 본 후 해석하여 논리적 단서를 찾는다.

(A) 발명하다 ➡ 음성 인식 타자기는 발명할 수 있는 대상이고, 그런 인물이 연설자가 된다는 것도 논리적으로 타당하므로 정답

(B) 능가하다 ➡ 목적어와 의미상 어울리지 않아서 오답. 목적어로 record(기록), expectation(기대) 등이 온다.

(C) 관리하다 ➡ 목적어와 의미상 어울리지 않아서 오답

(D) 옮기다, 이동하다 ➡ '특별 연설자가 타자기를 옮겼다'는 내용은 논리적이지 않으므로 오답

정답 (A)

해석 오늘 강연의 특별 연설자인 Yim Jinsu 교수는 / 발명했다 / 음성 인식 타자기를.

표현 정리 **professor** 교수 **featured speaker** 특별 연설자 **lecture** 강의, 강연 **voice activated typewriter** 음성 인식 타자기

12. 목적어인 the new project와의 어울림을 본 후 해석하여 논리적 단서를 찾는다.

(A) 반대하다 ➡ 목적어와 의미상 어울리고, '제안에 반대 투표를 하라'는 내용이 새로운 프로젝트에 반대한다는 것과 논리적으로 타당하므로 정답

(B) 반대하다 ➡ 전치사 to와 함께 쓰여야 반대하는 대상이 올 수 있는 자동사이므로 오답

(C) 얻다 ➡ 목적어와 의미상 어울리지 않으며, '제안에 반대 투표를 하라'는 내용과도 어울리지 않아서 오답

(D) 받아들이다 ➡ '제안에 반대 투표를 하라'는 내용과 모순되는 관계이므로 오답

정답 (A)

해석 만약 당신이 새로운 프로젝트에 반대한다면 / 원자력 발전소를 개발하는 것에 대한 / 그 제안에 반대 투표를 해주세요.

표현 정리 **develop** 개발하다 **nuclear power plant** 원자력 발전소 **vote against** ~에 반대 투표를 하다 **proposal** 제안

13. 목적어인 a number of policies와의 어울림을 본 후 해석하여 논리적 단서를 찾는다.

(A) (말로) 표현했다 ➡ 목적어와 의미상 어울리지 않아서 오답. 목적어로는 주로 complaint(불만), objection(반대), doubt(의심) 등이 온다.

(B) 제휴했다 ➡ 목적어와 의미상 어울리지 않아서 오답

(C) 몸짓을 했다 ➡ 목적어와 의미상 어울리지 않아서 오답

(D) 제정했다, 설립했다 ➡ 목적어인 '정책'과 어울리고, 직원들의 직무를 명확히 하고 직원들의 권리를 보호하기 위해 '정책들을 제정했다'는 것이 논리적으로 타당하므로 정답

정답 (D)

해석 30년 전 설립 이후로 / Lesley Company는 많은 정책들을 제정해왔다 / 직원들의 직무들을 명확히 하기 위해 / 그리고 그들의 권리를 보호하기 위해.

표현 정리 found 설립하다 a number of 많은 clarify 명확하게 하다 duty 의무, 직무 protect 보호하다 right 권리

14. 목적어인 home farming과의 어울림을 본 후 해석하여 논리적 단서를 찾는다.

(A) 예측하다 ➡ 목적어와 의미상 어울리지 않아서 오답

(B) 장려하다 ➡ 묘목장들이 홈파밍을 고객들에게 장려하려면 신문에 광고를 하라는 내용이 논리적으로 타당하므로 정답

(C) 생각하다 ➡ 목적어와 의미상 어울리지 않아서 오답

(D) 발행하다 ➡ 목적어와 의미상 어울리지 않아서 오답. 목적어로 book(책), magazine(잡지) 등이 온다.

정답 (B)

해석 Daily Farm News는 권장한다 / 소규모 묘목장들이 광고 지면을 사라고 / 그들이 홈파밍을 장려하기를 원한다면.

표현 정리 recommend 추천하다, 권장하다 nursery 묘목장 advertising space 광고 지면 home farming 홈파밍(집이나 텃밭에서 비상업적으로 작물을 키우기)

15. 목적어인 images와의 어울림을 본 후 해석하여 논리적 단서를 찾는다.

(A) 자금을 대다 ➡ 목적어와 의미상 어울리지 않아서 오답. 목적어로 project(프로젝트), business(사업), work(일) 등이 온다.

(B) 생산하다, 만들어 내다 ➡ '레이저 프린터가 이미지를 만들어 낸다'는 내용이 논리적으로 타당하므로 정답

(C) 탐지하다 ➡ 프린터와 이미지를 연결하기에는 의미상 어울리지 않아서 오답

(D) 분류하다 ➡ 프린터와 이미지를 연결하기에는 의미상 어울리지 않아서 오답

정답 (B)

해석 최신 레이저 프린터는 이미지를 만들어 낸다 / 더 높은 해상도를 가진 / 일반 잉크젯 프린터들보다.

표현 정리 state-of-the-art 최신의 laser printer 레이저 프린터 high resolution 고해상도 inkjet 잉크 제트 방식의

16. 목적어인 exotic locations와의 어울림을 본 후 해석하여 논리적 단서를 찾는다.

(A) 관련 짓다 ➡ A to[with] B 형태로 사용해서 'A와 B를 연결시켜주다'라는 뜻을 나타내므로 오답

(B) 옮기다 ➡ 목적어와 의미상 어울리지 않아서 오답

(C) 주차하다 ➡ 목적어와 의미상 어울리지 않아서 오답. 목적어로 vehicle(차) 등이 온다.

(D) 특징[특색]으로 하다 ➡ '영화가 이국적인 장소들을 특징으로 한다'는 내용이 논리적으로 타당하므로 정답

정답 (D)

해석 유명한 영화인 Catch Me If You Want는 특징으로 한다 / 이국적인 장소들을 / 세계 도처의.

표현 정리 famous 유명한 exotic 이국적인 location 장소 all over the world 세계 도처에

'동사 어휘' 종합 문제 |파트5|

1. 목적어 welcome과의 어울림을 보고 정답을 찾는다.

(A) (노력, 시간 등을) 바치다, 쏟다 ➡ devote A to B(A를 B에 바치다) 형태로 쓰이지만, 목적어 welcome과는 어울리지 않으므로 오답

(B) 얻다 ➡ 목적어와 어울리지 않으므로 오답

(C) 사직하다 ➡ 목적어와 어울리지 않으므로 오답. 주로 전치사 as나 from이 뒤따른다.

(D) 연장하다, 확대하다 ➡ extend는 감정을 나타내는 명사 a welcome(환영), thanks(감사), sympathy(애도) 등을 목적어로 취하면 그러한 감정을 표시하다(express)나 나타내다(show)의 뜻이 있으므로 정답

정답 (D)

해석 우리는 따뜻한 환영을 해주고 싶습니다 / 우리의 새로운 부사장인 Ms. Hito를.

표현 정리 would like to do ~하고 싶다 a warm welcome 환대 vice president 부사장

2. 목적어 feasibilities(실행 가능성)와의 어울림을 보고 정답을 찾는다. to부정사의 의미상의 주어가 entrepreneurs인 것도 참고한다.

(A) 보호하다 ➡ 목적어와 어울리지 않으므로 오답

(B) 간소화하다 ➡ 목적어와 어울리지 않으므로 오답. 적절한 목적어로는 process(과정), business(사업) 등이 있다.

(C) 진행하다, 나아가다 ➡ 자동사이므로 목적어가 올 수 없어서 오답

(D) 평가하다 ➡ '기업가들이 사업 계획의 실행 가능성을 평가한다'는 내용이 논리적으로 타당하므로 정답

정답 (D)

해석 1주일에 걸친 세미나는 기회를 제공할 것이다 / 기업가들이 / 그들의 사업 계획의 실행 가능성을 평가할.

표현 정리 weeklong 1주일에 걸친 seminar 세미나 opportunity 기회 entrepreneur 기업가 feasibility 실행 가능성 business plan 사업 계획

3. be동사와 to부정사 사이에 들어가면서 해석이 논리적인 정답을 찾는다.

(A) 마련된, 정리된 ➡ 주어 I와 어울리지 않아서 오답

(B) 환영 받는 ➡ 주어와 to부정사 뒤의 내용과 어울리지 않아서 오답

(C) 기뻐하는 ➡ be pleased to, be satisfied to, be amused to와 같이 감정 동사의 수동태 뒤에는 to부정사가 오며, '제출한 단편이 출판을 위한 승인을 받았다는 것을 확인하게 되어 기쁘다'는 내용이 논리적으로 타당하므로 정답

(D) (타고난) 재능이 있는 ➡ to부정사의 내용과 어울리지 않아서 오답

정답 (C)

해석 나는 확인하게 되어 기쁘다 / 당신이 제출한 New Adventure라는 제목의 단편이 / 출판을 위한 승인을 받아서.

표현 정리 be pleased to do ~해서 기쁘다 confirm 확인하다 submit 제출하다 adventure 모험 accept 수락하다, 승인하다 publication 출판

▶고난도!
4. 수동태 뒤에 직접목적어를 가질 수 있는 4형식 동사 중에서 해석이 논리적인 정답을 찾는다.

(A) 얻다, 이기다 ➡ 3형식 동사이므로 수동태일 때 목적어를 가질 수 없어서 오답

(B) 수여하다 ➡ '~에게 ~을 수여하다'라는 뜻의 4형식으로 쓰일 수 있는 동사이고, 선생님들이 잘 가르친 것에 대해서 상을 받았다는 것이 논리적으로 타당하므로 정답

(C) 주다, 제시하다 ➡ 3형식 동사이므로 수동태일 때 목적어를 가질 수 없어서 오답. present A to B(A를 B에게 주다)의 형태로 쓴다.

(D) 받아들이다 ➡ 3형식 동사이므로 수동태일 때 목적어를 가질 수 없어서 오답

정답 (B)

해석 Crimson 음악원의 선생님들은 받았다 / 최우수 음악인 상을 / 모든 수준의 학생들을 지도하는 데 있어 그들의 우수성에 대해.

표현 정리 conservatory 음악 학교, 음악원 musicianship 음악적 지식[솜씨, 안목] prize 상 excellence 뛰어남, 우수성

5. 목적어인 evening shift를 가질 수 있는 타동사이면서 해석이 논리적인 정답을 찾는다.

(A) 보다, 찾다 ➡ 자동사이므로 목적어를 가질 수 없다.

(B) 돌보다, 조심하다 ➡ '돌보다'의 뜻일 때는 숙어인 take care of로 쓰고, '조심하다'의 뜻일 때는 목적어 자리에 that절이나 to부정사가 오므로 오답

(C) 감독하다 ➡ 타동사이고 '저녁 근무를 감독한다'는 것이 논리적으로 타당하므로 정답

(D) 생각하다 ➡ 목적어로 명사가 오는 경우는 주로 자동사로 사용하므로 오답. 보통 'think of[about]＋목적어' 형태로 사용한다.

정답 (C)

해석 우리는 정규직 보조 매니저를 구하고 있는 중이다 / 저녁 근무를 감독할 수 있는 / 주말마다.

표현 정리 seek 구하다 full-time 상근의, 전임의 assistant 보조, 조수 evening shift 저녁 근무

6. 목적어가 not only A but also B 구문인데 수식어를 제외한 목적어 customers와 어울리는 정답을 찾는다.

(A) 요청하다 ➡ 목적어와 어울리지 않으므로 오답

(B) 명령하다 ➡ 목적어와 어울리지 않으므로 오답

(C) 소리치다, 외치다 ➡ 목적어와 어울리지 않으므로 오답

(D) 관심을 끌다, 호소하다 ➡ 로고를 다시 디자인하는 이유가 '국내와 해외

고객들에게 관심을 끌기 위해서'라는 것이 논리적으로 타당하므로 정답

정답 (D)

해석 Horizon Company의 로고는 다시 디자인될 것이다 / 관심을 끌기 위해 / 국내 고객들 뿐만 아니라 해외 고객들에게도.

표현 정리 logo 상징, 로고 redesign 다시 디자인하다 not only A but also B A뿐만 아니라 B도 domestic customers 국내 고객들 international 해외의

7. 목적어인 Mr. Tanaka보다 그 뒤에 부사 highly와 어울리는 정답을 찾는다.

(A) (상, 벌, 감사 등을) 받을 만하다 ➡ 목적어와 어울리지 않으므로 오답

(B) 추천하다 ➡ highly recommend(적극 추천하다)는 같이 어울려 쓰이는 표현이므로 정답

(C) 전념하다, 헌신하다 ➡ 목적어와 어울리지 않으므로 오답. commit A to B 구문의 수동태인 'be committed to 동명사(~에 전념하다)' 구문이 주로 쓰인다.

(D) (일, 책임 등을) 배정하다 ➡ highly와 어울리지 않으므로 오답

정답 (B)

해석 우리 이사들 중 한 명이 Mr. Tanaka를 적극 추천했다 / 회사 명부를 대폭 재정비하는 일을 위해.

표현 정리 executive 간부, 이사 highly 매우, 아주 reorganize 재정비하다 company directory 회사 명부 substantially 상당히, 대폭

8. 목적어 employee productivity and morale과 어울리는 정답을 찾는다.

(A) 이해하다 ➡ 주어인 '고객 인센티브 제도를 시행하는 것'과 어울리지 않아서 오답

(B) 이르다, 도달하다 ➡ 목적어와 어울리지 않아서 오답

(C) 끝내다 ➡ 목적어와 어울리지 않아서 오답

(D) 향상시키다 ➡ 생산성을 향상시킬 수 있는 것은 고객 인센티브 제도를 시행한 결과로 볼 수 있으므로 정답

정답 (D)

해석 고객 인센티브 제도를 시행하는 것은 / 직원 생산성과 사기를 향상시킬 것이다 / Emerson Industry에서.

표현 정리 implement 시행하다 incentive program 인센티브 제도, 동기 부여책 productivity 생산성 morale 사기 industry 산업

9. 목적어를 가질 수 있는 타동사와 her가 가리키는 말을 확인한 후 콤마 앞의 부사절과 논리적으로 어울리는 동사를 찾는다.

(A) 대신하다 ➡ 'Ms. Yamamoto가 물러나면서(step down) 그녀를 대신할 사람을 찾는다'는 내용이 논리적으로 타당하므로 정답

(B) 드러나다, 나타나다 ➡ 자동사이므로 목적어를 가질 수 없어서 오답

(C) 인정하다 ➡ 물러나는 것과 인정하는 것은 어울리지 않으므로 오답

(D) 협력하다 ➡ 자동사이므로 목적어를 가질 수 없어서 오답

정답 (A)

해석 Ms. Yamamoto가 물러남에 따라 / 최고경영자 자리에서 / 내년에 / 이사회는 찾고 있다 / 그녀를 대신할 사람을.

표현 정리 as ~함에 따라, (자격, 직위 등이) ~로서 **step down** 사직하다, 물러나다 **CEO** 최고경영자(chief executive officer) **the board** 이사회 **search for** ~을 찾다

➤고난도!
10. 'be ~ to 동사원형' 형태로 쓰이는 5형식 동사의 수동태 표현을 우선 순위로 대입하여 해석한다. 빈칸 뒤 to부정사와의 어울림을 보지 않고 풀면 함정에 빠질 수 있다.

(A) 받아들이다 ➡ accepted까지는 말이 되는 것 같지만 이어지는 to부정 사와 어울리지 않아서 오답

(B) 놀라게 하다 ➡ 정부 허가를 받았다는 내용과 어울리지 않아서 오답

(C) (위험 등을) 알리다 ➡ 정부 허가를 받았다는 내용과 어울리지 않아서 오답

(D) 권한을 부여하다, 인가하다 ➡ 'be allowed to 동사원형'과 마찬가지로 '~하도록 인가를 받았다'라는 의미이므로 정답

정답 (D)

해석 정부 허가를 받은 소매상인들만 / 술과 담배를 팔도록 인가를 받았다 / 어떤 국가들에서는.

표현 정리 retailor 소매상인 **permit** 허가(증) **sell** 팔다, 판매하다 **alcohol** 술, 알코올 **tobacco** 담배 **certain** 어떤, 특정한

11. 목적어 status와 함께 전치사 with와 어울리는 동사를 찾는다.

(A) 나누다, 가르다 ➡ 목적어와 어울리지 않으므로 오답. 주로 divide A into B(A를 B로 나누다) 구문으로 쓰이고 수동태인 be divided into 구문도 기억해 두어야 한다.

(B) 공유하다 ➡ share A with B가 'A를 B와 함께 공유하다'라는 뜻이고, '다리 건설 현황을 주민들과 공유한다'는 의미가 논리적으로 타당하므로 정답

(C) 모형[견본]을 만들다 ➡ 목적어와 어울리지 않으므로 오답

(D) 제안하다 ➡ 목적어와 어울리지 않으므로 오답

정답 (B)

해석 시는 공유할 예정이다 / 다리 건설 현황을 / 주민들과 / 시의 웹사이트 에서 / 이번 주에.

표현 정리 status 현황 construction 건설 resident 주민

➤고난도!
12. 수동태 뒤에 명사가 올 수 있는 동사를 찾는다. 4형식 동사나 5형식 동사가 올 수 있는데, 주어와 동격이라면 5형식 동사가 와야 한다.

(A) 간주하다, 여기다 ➡ consider A B 구문이 수동태가 되면 A is considered B 형태가 된다. 'Ms. Rachael이 선두주자로 여겨진다'는 것이 논리적으로 타당하므로 정답

(B) 여기다 ➡ 5형식 동사로 regard A as B 구문으로 쓰이기 때문에 수동 태가 되면 be regarded as 구문이 되어야 하므로 오답

(C) 측정하다 ➡ 3형식 동사이므로 수동태일 때 명사가 뒤에 올 수 없어서 오답

(D) 존경하다 ➡ 3형식 동사이므로 수동태일 때 명사가 뒤에 올 수 없어서

오답

정답 (A)

해석 Mr. Rachael은 가장 유력한 후보이다 / 공석인 Exelon Electrics의 CEO 자리에.

표현 정리 front-runner 선두 주자, 가장 유력한 후보 vacant 공석의 position 자리, 위치

13. 목적어 caterer(출장 요리사)와 어울리는 정답을 찾는다.

(A) 다시 시작하다 ➡ 목적어와 어울리지 않아서 오답

(B) 끝내다 ➡ 목적어와 어울리지 않아서 오답

(C) 고용하다 ➡ 목적어와 어울리며, '승진을 축하하기 위해서 파티를 준비할 출장 요리사를 고용한다'는 것이 논리적으로 타당하므로 정답

(D) 겪다 ➡ 목적어와 어울리지 않아서 오답

정답 (C)

해석 Mr. Schmitt의 부회장으로의 승진을 축하하여 / 우리는 출장 요리사를 고용해야 한다 / 파티를 준비하기 위해서.

표현 정리 in celebration of ~을 축하하여 promotion 승진 caterer 출장 요리사, 출장 연회업자

14. 목적어인 request(요청, 신청)와 어울리는 정답을 찾는다.

(A) 시작하다, 개시하다 ➡ 주절의 내용이 환급 신청을 할 때 해야 할 일을 서술하고 있으므로 정답

(B) 맡기다, 배정하다 ➡ 주절의 내용이 배정하는 것과 관계가 없으므로 오답

(C) 구별하다 ➡ 목적어와 어울리지 않으므로 오답. 보통 A from B의 형태로 사용한다.

(D) 드러내다, 밝히다 ➡ 목적어와 어울리지 않으므로 오답

정답 (A)

해석 환급 신청을 개시하기 위해서는 / 이 양식을 완전히 작성해 주세요 / 각 부분에 대해서 / 회사 규정에 부합하는.

표현 정리 reimbursement request (경비의) 환급 신청 fill out (양식을) 작성하다 form 양식 completely 완전히 section 부분, 부문 correspond to ~에 일치하다[부합하다] company's regulations 회사 규정

15. that이 이끄는 명사절의 내용을 목적어로 받기에 적절한 것을 찾는다.

(A) 요청하다 ➡ 도서들이 저작권법을 준수하는 것을 목적어로 취하기에 내용이 어색하므로 오답

(B) 강화하다 ➡ 도서들이 저작권법을 준수하고 있다는 것을 목적어로 취하기에 내용이 어색하므로 오답

(C) 보장하다, 확실히 하다 ➡ '도서들이 저작권법을 준수하는 것을 확실히 해야 할 책임을 지고 있다'는 것이 적절하므로 정답

(D) 예상하다, 기대하다 ➡ 예상하는 것을 책임지고 있다는 내용이 어색하므로 오답

정답 (C)

해석 그 법률 전문가는 확실히 할 책임이 있다 / Delta Books가 출판하는 도서들이 저작권법을 준수하는지를.

표현 정리 legal expert 법률 전문가 be responsible for ~에 책임이 있다 publish 출판하다 comply with ~을 준수하다[지키다] copyright law 저작권법

▶고난도!
16. her company has ------ 부분이 reputation을 수식하는 형용사절이므로 reputation을 목적어로 가질 수 있는 정답을 찾는다.

(A) 보장하다 ➡ 목적어 자리에 '~에게'라는 사람 관련 목적어가 나와야 하므로 오답

(B) 행동하다 ➡ '행동하다'라는 뜻을 가질 때는 자동사이므로 목적어를 가질 수 없어서 오답

(C) 완성하다 ➡ reputation을 목적어로 가지면 어색하므로 오답

(D) 쌓다, 만들다 ➡ build reputation(명성을 쌓다)가 적절한 표현이므로 정답

정답 (D)

해석 Ms. Mu는 그녀의 동료들 덕분으로 돌렸다 / 그녀의 회사가 쌓은 훌륭한 명성을 / 지난 5년 동안.

표현 정리 attribute to ~의 덕분으로 돌리다 colleague 동료 reputation 평판, 명성

17. 자동사 중에서 주어인 due date와 어울리는 것을 찾는다.

(A) 어울리다 ➡ 주어인 due date와 어울리지 않고 타동사이므로 오답

(B) 의미하다, 뜻하다 ➡ 주어인 due date와 어울리지 않아서 오답

(C) 다가오다 ➡ 자동사로 쓸 수 있으며 due date(마감일)와 어울리므로 정답

(D) 성공하다, 연속하다 ➡ 자동사로 쓰일 때 '성공하다'라는 의미가 주어인 due date와 어울리지 않아서 오답

정답 (C)

해석 이것은 당신에게 알리기 위한 것입니다 / 기고문에 대한 제출 마감일이 / 환경 주제들에 관한 / 빠르게 다가오고 있음.

표현 정리 inform 알리다 due date 만기일, 마감일 contribute 기고하다 article 기사 regarding ~에 관해 environmental topic 환경 주제 rapidly 빠르게

18. 목적어 himself는 주어 Mr. Park과 동일하기 때문에 쓰인 재귀대명사이고 전치사 from과 어울리는 동사를 찾아야 한다.

(A) 구별하다, 차별화하다 ➡ differentiate A from B나 differentiate between A and B 구문으로 쓰이고 의미상으로도 적절하므로 정답

(B) 지정하다 ➡ 전치사 from과 어울리지 않으므로 오답. 보통 designate A as B(A를 B로 지정하다) 구문으로 쓰인다.

(C) (손으로) 만들다 ➡ fashion A from B(B로 A를 만들다) 구문을 쓰지만 의미가 어울리지 않아서 오답

(D) 특징으로 하다 ➡ 전치사 from과 어울리지 않아서 오답

정답 (A)

해석 그의 우수한 디자인으로 / Mr. Park은 이미 그 자신을 그의 동료들과 차별화했다.

표현 정리 superior 우수한 already 이미 differentiate oneself from ~와 자신을 차별화하다 peer 동료

▶고난도!
19. 목적어 demand(수요)와 어울리는 것을 찾는다. to부정사 앞의 주절이 논리적 단서가 될 수 있다.

(A) 할당하다 ➡ 목적어와 어울리지 않으므로 오답

(B) 점검하다, 검사하다 ➡ 목적어와 어울리지 않으므로 오답

(C) 연습하다, 실행하다 ➡ 목적어와 어울리지 않으므로 오답.

(D) 수용하다, 부응하다 ➡ to accommodate increasing demand(증가하는 수요를 수용하기 위해서)가 생산 시설들을 이전한 이유로 적절하므로 정답

정답 (D)

해석 Fox Engineering은 이전할 예정이다 / 멕시코에 있는 기존의 제조 시설들을 / 최근 증가하는 미국에서의 수요를 수용하기 위해서.

표현 정리 relocate 이전하다 existing 기존의 manufacturing facility 제조 시설 recent 최근의 increasing 증가하는 demand 수요

▶고난도!
20. 목적어 birthday와 어울리는 것을 찾는다.

(A) ~와 동시에 일어나다[일치하다] ➡ 주어인 the last day와 birthday가 어울리므로 정답

(B) ~로 전근 가다[옮기다] ➡ birthday와 어울리지 않으므로 오답

(C) ~에 대해 묻다 ➡ 주어 the last day와 어울리지 않으므로 오답

(D) ~에 답하다[대응하다] ➡ birthday와 어울리지 않으므로 오답

정답 (A)

해석 근무 마지막 날은 / 은퇴하는 부회장인 Jim Katerson에게 / Moon Corporation에서 / 그의 생일과 일치할 것이다.

표현 정리 retire 은퇴하다 vice-president 부사장 corporation 기업, 법인

21. 목적어 groups와 어울리면서 해석이 논리적으로 타당한 것을 찾는다.

(A) 결정하다 ➡ 목적어와 어울리지 않아서 오답

(B) 모으다, 집합시키다 ➡ 그룹들을 모아야 각 그룹에게 일들을 할당하는 것이 가능하므로 정답

(C) 거래하다, 교환하다 ➡ 목적어와 어울리지 않아서 오답

(D) 획득하다 ➡ 목적어와 어울리지 않아서 오답. 목표(goal) 등을 목적어로 취한다.

정답 (B)

해석 대화식 토론을 이끌기 위해서 / 여러 그룹들을 모아라 / 그리고 각 그룹에게 몇 가지 과제를 할당하라.

표현 정리 lead 이끌다 interactive 대화식의, 쌍방향의 discussion 토론 interactive discussion 대화식 토론 assign 맡기다, 배정하다 task 일, 과제

22. 타동사이면서 목적어 design software와 어울리는 것을 찾는다.

(A) 사용하다 ➡ 주어 workers와 목적어 design software 사이에 들어가기에 적절하므로 정답

(B) 응답하다, 반응하다 ➡ 목적어가 올 수 없는 자동사이므로 오답

(C) (장소, 위치에) 놓다, 부착하다 ➡ 목적어와 어울리지 않아서 오답

(D) 제출하다, 제공하다 ➡ 높은 수요는 소프트웨어를 사용할 수 있는 사람에 대한 것이지 제공할 수 있는 사람에 대한 것은 아니므로 오답

정답 (A)

해석 전문가들에 대한 수요가 / 설계 소프트웨어를 사용할 수 있는 / 3D 이미지를 생성하기 위해 / 높아져 왔다.

표현 정리 demand for ~에 대한 수요 professional worker 전문가 design software 설계 소프트웨어 become high 높아지다

'동사 어휘' 종합 문제 |파트6|

문제 23-26번은 다음 이메일을 참조하시오.

> 수신: 전 직원
> 발신: Roberta Jones
> 날짜: 5월 21일
> 제목: 소프트웨어 업그레이드
>
> 소프트웨어 업그레이드가 이루어질 것입니다 / 회사의 모든 컴퓨터들에 / 오늘. ²³업그레이드는 자동으로 시작될 것입니다 / 정오에. 당신은 컴퓨터를 작동시킬 수 있을 것입니다 / 프로그램이 업로드되는 동안 / 하지만 당신은 알아차리게 될 겁니다 / 그것이 상당히 느리게 작동한다는 것을. 일단 업그레이드가 완료되면 / 당신은 당신의 컴퓨터에 메시지를 받을 것입니다 / 그것을 다시 시작하라는. 하지만 이것이 즉시 실행될 필요는 없습니다. 그것은 기다릴 수 있습니다 / 당신이 하는 것을 끝낼 때까지 / 당신이 작업 중인 업무가 무엇이든지. 우리는 미리 사과 드립니다 / 당신의 작업에 대한 어떤 방해라도.

표현 정리 be made 이루어지다 run 작동시키다, 운영하다 might ~일지도 모르다 notice 알아차리다 fairly 상당히, 꽤 slowly 느리게 once 일단 ~하면 complete 완료된 receive 받다 restart 다시 시작하다 immediately 바로, 즉각적으로 wait 기다리다 finish 끝내다 task 업무 apologize 사과하다 in advance 미리, 사전에 interruption 방해

23. 빈칸 앞의 문장은 '모든 컴퓨터에 소프트웨어 업그레이드가 이루어진다'는 내용이다. 이어지는 문장도 이와 같은 주제가 나와야 한다.

(A) 업그레이드는 자동으로 시작될 것입니다 / 정오에. ➡ 업그레이드에 대한 부가 설명을 이야기하고 있으므로 정답

(B) 여러분은 이미 이용할 수 있습니다 / 새 소프트웨어를. ➡ 업그레이드는 아직 시작되지 않았으므로 모순이 되는 오답

(C) 저는 제 사무실에 있을 것입니다 / 여러분이 질문이 있다면 ➡ 업그레이드와 발신자의 소재와는 아무런 관련이 없어서 오답

(D) 이 신제품은 하나입니다 / 저희의 베스트셀러들 중에. ➡ 이 회사가 소프트웨어 업체라는 단서가 전혀 없어서 오답

정답 (A)

표현 정리 automatically 자동으로 at noon 정오에 new product 신제품

24. 동사 어휘 문제로 빈칸 뒤의 that절과 잘 어울리는 동사를 찾고 글의 유형까지 생각해야 풀 수 있는 문제다.

(A) 고려하다, 생각하다 ➡ that절을 취할 수 있지만, 이때는 '생각하다'란 뜻이 되어 '컴퓨터가 느리게 작동한다는 것'이 개인 의견이 되는데, 여기서는 공지성 이메일로 객관적인 사실을 전달하는 상황이므로 오답

(B) 기억해내다 ➡ that절과 쓰이지 않으므로 오답

(C) 나타나다 ➡ 자동사로 뒤에 목적어가 오지 못하므로 오답

(D) 알아차리다 ➡ that절을 목적어로 취할 수 있고, '컴퓨터가 느리게 작동한다는 것'이 객관적인 사실이 되어 공지성 이메일에 잘 어울리므로 정답

정답 (D)

25. 접속부사 문제는 빈칸 앞뒤 문장을 요약한 후 논리 관계를 따지고 역접 → 인과 → 시간 → 조건 → 추가/강조 → 예시 순으로 대입하여 푼다. 요약하면 빈칸 앞은 '다시 시작하라는 메시지를 받는다'는 내용이고 뒤는 '이것이 즉시 이행되지 않아도 된다' 내용이다. 두 내용이 서로 역접 관계이다.

(A) 그러나 ➡ 역접 관계의 접속부사라서 정답

(B) 그러므로 ➡ 인과 관계의 접속부사라서 오답

(C) 특히 ➡ 초점부사라서 오답. 초점부사는 주로 전명구, 부사절, 명사 등의 바로 앞에 위치한다.

(D) 다소 ➡ '문장 A. Rather, 문장 B'는 'A가 아니라 오히려 B다'라는 논리 관계에서 사용하는데, '다시 시작하라는 메시지를 받을 것이다'에 rather와 어울리는 문장은 '다시 시작하라는 메시지를 받지 않을 것이다'가 되어야 하므로 오답

정답 (A)

26. 빈칸은 전치사 for에 대한 목적어이자 형용사 any 뒤의 명사 자리이다.

(A) 방해하다 ➡ 동사라서 오답

(B) 방해하는 ➡ 형용사라서 오답

(C) 중단된 ➡ 형용사라서 오답

(D) 방해 ➡ 명사라서 정답

정답 (D)

문제 27-30번은 다음 보도 자료를 참조하시오.

> Melissa Sanders와 Roger Woodson에 의해 진행되는 *Your Town*은 / 라디오 프로그램입니다 / 지역의 최신 소식을 제공하는 / Amity 지역에 대한 다른 이야기들과 함께. / Your Town은 방송되어 왔습니다 / 10년 동안. 이것은 처음에 1인 방송이었습니다 / 하지만 다음에 Mr. Woodson이 Mr. Sanders에게 합류했습니다 / 7년 전에. 일단 그렇게 되자 / 라디오 방송의 소유주가 프로그램을 확대하기로 선택했습니다 / 생방송 인터뷰들을 다루도록 / 유명한 지역 주민들의 / 때때로. ³⁰이 사람들은 포함합니다 / 정치인들과 기업가들을. Your Town은 청취할 수 있습니다 / 매일 오후 1시부터 2시까지.

표현 정리 host 진행하다, 주최하다 provide 제공하다 local 지역의 be on the air 방송되다 initially 처음에 one-person show 1인 방송 once ~하자마자, ~할 때 happen 발생하다 radio station 라디오

방송국 **owner** 소유주, 주인 **expand** 확대하다 **carry** (방송에서) 보도하다, 다루다 **notable** 유명한, 주목할 만한 **resident** 주민 **at times** 때때로

27. 빈칸은 명사와 명사 사이라서 전치사 자리이며, 문맥에 맞는 전치사를 골라야 한다. '지역 최신 소식'과 '지역에 대한 다른 이야기들'은 추가의 관계이다. 예를 들면, '사과'에 추가하여 '배'라는 말이다.

(A) ~에 관해서 ➡ 주제의 전치사로, 'Amity 지역에 대한 다른 이야기들에 관한 최신 소식'이라는 내용이다. 예를 들면, '배'에 관한 '사과'라는 말이 되므로 오답

(B) 다시 말해서 ➡ 부사라서 오답

(C) 명백하게 ➡ 부사라서 오답

(D) ~와 함께, ~에 추가하여 ➡ 최신 지역 뉴스에 다른 이야기들이 추가되는 관계라서 정답

정답 (D)

28. 동사 어휘 문제로 전후 문맥을 파악해야 풀 수 있는 문제이다. '처음에는 1인 방송이었다'는 앞 문장 내용과 '프로그램을 확대했다'는 뒤의 문장 내용과 어울리는 동사를 찾아야 한다.

(A) 합류했다 ➡ 처음에는 1인 방송이었다는 것을 생각하면 프로그램을 확대한 이유는 사람이 늘었기 때문으로 볼 수 있으므로 정답

(B) 대체했다 ➡ 처음엔 1인 방송이었다는 내용과 프로그램을 확대했다는 내용으로 보아 사람을 대체했다고 볼 수 없으므로 오답

(C) 만났다 ➡ 단순히 만난 것만으로는 프로그램을 확대한 근거가 부족하므로 오답

(D) 전근시키다 ➡ transfer A to B의 형태로 쓰여 'A를 B로 전근시키다'라는 뜻을 나타내는데, 이런 구조에도 맞지 않고 해석도 어울리지 않아서 오답

정답 (A)

29. 빈칸 앞뒤로 동사가 없으므로 빈칸은 동사 자리이다. 보기에 시제가 다른 동사가 두 개 있으므로 시제 문제이다.

(A) 선택 ➡ 명사라서 오답

(B) 선택했다 ➡ 과거시제로, 시간의 부사절(Once that happened)이 과거이므로 정답

(C) 선택하는 ➡ 현재분사인 준동사라서 오답

(D) 선택한다 ➡ 시간의 부사절이 과거일 때 주절에는 과거시제나 과거완료시제만 쓸 수 있어 오답

정답 (B)

30. 빈칸 앞의 문장은 '유명한 지역 주민들의 생방송 인터뷰를 다루도록 프로그램을 확장했다'는 내용이다. 따라서 다음 문장도 이와 같은 주제가 나와야 한다.

(A) 저희는 바랍니다 / 저희 청취자들이 저희의 모든 프로그램들을 즐기기를. ➡ 인터뷰에 대한 내용이 아니므로 오답

(B) 뉴스는 청취할 수 있습니다 / 방송국에서 매시 정각에. ➡ 바로 이어지는 내용에서 방송 시간을 언급하고 있는데 다른 시간을 얘기하고 있으므로 오답

(C) 이 사람들은 포함합니다 / 정치인들과 기업가들을. ➡ 인터뷰에 등장할 유명인들에 관한 설명으로 정답

(D) 라디오는 전보다 더 인기를 얻고 있습니다 / 요즘에. ➡ 라디오 매체의

인기에 대한 일반적인 내용이므로 오답

정답 (C)

표현 정리 **enjoy** 즐기다 **at the top of every hour** 매시 정각에 **include** 포함하다 **politician** 정치인 **entrepreneur** 기업가 **popular** 인기 있는 **these days** 요즘에

Unit 18 해석 없이 푼다. – 부사 어휘(Ⅰ)

전략 1 점검 퀴즈

1. return이 현재시제이므로 이와 잘 어울리는 부사인 frequently가 답이다. mutually는 시제와의 어울림이 없으므로 오답이다.

정답 frequently

해석 단골손님들은 빈번히 우리에게 돌아온다 / 우리의 뛰어난 서비스 때문에.

표현 정리 **patron** 단골손님 **frequently** 빈번하게, 자주 **mutually** 상호간에 **return** 돌아오다 **due to** ~때문에 **outstanding** 뛰어난 **service** 서비스

2. 현재시제와 잘 어울리는 customarily가 답이다. recently는 과거나 현재완료시제와 어울리므로 오답이다.

정답 customarily

해석 우리의 판매 매니저는 습관적으로 방문한다 / 그의 고객들의 사무실에.

표현 정리 **sales manager** 판매 매니저 **customarily** 습관적으로, 관례상 **recently** 최근에 **visit** 방문하다 **client** 고객

3. 현재진행시제와 잘 어울리는 currently가 답이다. shortly는 미래시제와 잘 어울리므로 오답이다.

정답 currently

해석 그 회사는 현재 찾고 있는 중이다 / 뛰어난 전문가를.

표현 정리 **currently** 현재 **seek** 찾다, 구하다 **exceptional** 뛰어난 **expert** 전문가

4. 현재시제와 잘 어울리는 routinely가 답이다. once는 과거나 현재완료와 어울리므로 오답이다.

정답 routinely

해석 Middletown Coffee House는 보통 늦게까지 문을 연다.

표현 정리 **routinely** 보통, 일상적으로 **stay** 머물다, 유지하다 **open** (문을) 열다 **late** 늦게까지

1. 괄호 안의 두 단어 중 숫자를 수식할 수 있는 부사인 nearly가 답이다. frequently는 현재시제와 잘 쓰이는 부사이므로 오답이다.

정답 nearly

해석 그 회사의 웹사이트는 접근할 수 없었다 / 거의 이틀 동안.

표현 정리 firm 회사 **remain** 여전히 ~이다 **inaccessible** 접근할 수 없는 **nearly** 거의

2. 형용사의 정도를 묘사하는 정도부사인 extremely가 답이다. carefully는 주로 동사를 수식하며 '조사하다', '검토하다' 등의 동사가 오므로 오답이다.

정답 extremely

해석 설문조사의 결과를 얻는 것은 / 다음 주까지 / 지극히 어려울 것이다.

표현 정리 survey 설문조사 **extremely** 지극히 **carefully** 주의 깊게

3. 괄호 뒤에 a month라는 숫자가 있으므로 숫자수식부사인 over가 답이다. a month가 기간 명사이므로 기간 명사 앞에 쓰는 전치사 within을 답으로 하면 within a month 부분이 수식어가 되는데, 3형식 동사 take의 목적어가 없어서 오답이다.

정답 over

해석 한 달 이상이 걸릴 것이다 / 처리하기 위해서는 / 이러한 대량 주문을.

표현 정리 process 처리하다, 정리하다 **big order** 대량 주문

4. 주로 동사를 수식하며 뒤에 '검토하다', '조사하다' 등의 동사와 잘 어울리는 carefully가 답이다. extremely는 형용사 앞에 위치하는 정도부사이므로 오답이다.

정답 carefully

해석 제안서를 주의 깊게 검토한 후에 / CEO는 그것을 받아들였다.

표현 정리 review 검토하다 **proposal** 제안서 **accept** 받아들이다

1. hardly는 준부정어로 not과 함께 쓰이지 않으므로 오답이다. not entirely는 부분부정이 되어 자연스럽다.

정답 entirely

해석 고객은 전적으로 만족한 것은 아니었다 / 취해진 조치에.

표현 정리 customer 고객 **entirely** 전적으로, 완전히 **satisfied** 만족하는 **measure** 조치

2. after나 before가 와서 '~직전에/직후에'라는 뜻을 나타내는 immediately가 답이다. scarcely는 준부정어로 주로 동사를 수식하며 '거의 ~하지 않다'라는 뜻으로 쓰이므로 오답이다.

정답 immediately

해석 확인하세요 / 재고 상태를 / 당신이 출근한 직후에.

표현 정리 check 확인하다 **inventory status** 재고 상태 **immediately** 즉시 **report to work** 출근하다

3. '아직 ~하지 못하다'라는 표현의 have yet to do를 알고 있다면 쉽게 풀 수 있는 문제이다. recently는 have와 to 사이에 올 수 없으므로 오답이다.

정답 yet

해석 우리는 아직 보지 못했다 / 어떠한 만족스러운 결과도 / 회사 전반에 걸친 재활용 운동으로부터.

표현 정리 have yet to 아직 ~하지 못했다 **satisfactory** 만족스러운 **result** 결과 **company-wide** 회사 전반의 **recycling initiative** 재활용 운동

4. 괄호 뒤에 not이 있으므로 그 앞에 위치할 수 있는 부사인 still이 답이다. well은 p.p.나 전명구 앞에 오거나 동사보다 뒤에 위치한다.

정답 still

해석 나는 여전히 제품 샘플을 받지 못했다 / 회의가 끝난 이래로.

표현 정리 receive 받다 **product sample** 제품 샘플

실전 적용 문제

1. 빈칸은 현재완료시제와 어울리는 부사 자리이다.

(A) 꽤 ➡ 정도부사로 형용사 big, good, cold 등의 앞에 쓰이므로 오답

(B) 흔히, 보통 ➡ 현재시제와 어울리는 부사라서 오답

(C) 이미, 벌써 ➡ 현재완료와 어울리는 부사라서 정답

(D) 조심스럽게 ➡ get it serviced의 의미와 어울리지 않아서 오답

정답 (C)

해석 Mr. Joshua는 중고차를 샀다 / 3달 전에 / 하지만 그는 이미 차 점검을 받았다 / 3번.

표현 정리 buy 사다 **used car** 중고차 **3 month ago** 3달 전 **service** 서비스를 제공하다 **3 times** 3번

2. 빈칸은 형용사 better의 정도를 묘사하는 정도부사 자리이다.

(A) 주로 ➡ 정도부사가 아니고 해석도 어색해서 오답

(B) 현저하게, 두드러지게 ➡ 정도부사이고 비교급과도 잘 어울려서 정답

(C) 알맞게, 감당할 수 있게 ➡ 정도부사가 아니고 해석도 어색해서 오답

(D) 불가분하게, 떼어 놓을 수 없게 ➡ 정도부사가 아니고 해석도 어색해서 오답

정답 (B)

해석 새로운 매니저가 고용된 이래로 / Quince Grocery의 전체 서비스가 / 현저하게 더 나아졌다.

표현 정리 since 때문에 new manager 새로운 매니저 hire 고용하다 overall 종합적인, 전체의 become ~이[으로] 되다 better 더 나은

3. 빈칸은 현재시제 동사와 어울리는 부사 자리이다.

(A) 튼튼하게 ➡ '튼튼하게 평가한다'라는 해석이 어색해서 오답

(B) 대략, 거의 ➡ 숫자 앞에 오는 부사라서 오답

(C) 일상적으로, 정기적으로 ➡ 현재시제 동사와 어울리는 부사라서 정답

(D) 대단히, 크게 ➡ '크게 평가한다'라는 해석이 어색해서 오답

정답 (C)

해석 *Car Watch Magazine*은 통상적으로 평가합니다 / BTW의 전기자동차를 / 세계에서 가장 환경친화적인 차량들 중 하나로서.

표현 정리 rank 평가하다 electric car 전기자동차 as ~로서 environmentally friendly vehicle 환경친화적인 차량

4. 빈칸은 형용사 small과 어울리는 정도부사 자리이다.

(A) 면밀하게 ➡ 형용사와 어울리지 않아서 오답. closely examine, closely related처럼 쓰인다.

(B) 주의 깊게 ➡ 형용사와 어울리지 않아서 오답. drive, listen, look과 같은 동사와 주로 쓰인다.

(C) 비교적, 상대적으로 ➡ (다른 것과 비교해서) '상대적으로 작은 부분'이라는 의미가 적절하므로 정답

(D) 고상하게, 멋있게 ➡ 형용사와 어울리지 않아서 오답

정답 (C)

해석 오직 회사의 수익의 비교적 작은 부분이 / 투자되고 있다 / 현재 생산 시설의 확장에.

표현 정리 only 오직 small portion 작은 부분 company's profits 회사의 수익 invest 투자하다 expansion 확장 current 현재의 manufacturing facility 생산 시설

5. 빈칸은 동사 needs를 앞에서 꾸미기에 적절한 부사가 들어가야 한다.

(A) 잘 ➡ 과거분사 형태가 아닌 동사에는 앞이 아니라 뒤에 위치해야 하므로 오답

(B) 고르게 ➡ 동사와 어울리지 않으므로 오답

(C) 항상, 한번이라도 ➡ 비교급, 최상급을 제외하고는 대부분 의문문이나 부정문에 쓰이므로 오답

(D) 여전히 ➡ 긍정문, 부정문, 의문문에 모두 쓰이며, '지난달에 제출한 제안서가 여전히 승인이 필요하다'는 내용이 적절하므로 정답

정답 (D)

해석 제안서는 / 우리가 지난달에 제출했던 / 여전히 승인될 필요가 있습니다 / CEO에 의해서.

표현 정리 proposal 제안서 submit 제출하다 last month 지난달 need to do ~할 필요가 있다 approve 승인하다

6. 빈칸은 동사 manage(관리하다)를 수식하면서 very(매우)의 수식을 받기에 적절한 부사가 들어가야 한다.

(A) 아직 ➡ have yet to 구문을 제외하고는 대부분 긍정문에 쓰이지 않으며 현재완료시제와 주로 쓰이므로 오답

(B) 심지어 ➡ 전명구 앞에 잘 나오는 초점부사라서 오답

(C) 부분적으로, 불완전하게 ➡ '이런 종류의 프로젝트를 처음으로 맡았음에도 불구하고'라는 부사절의 내용과 어울리지 않으므로 오답

(D) 잘 ➡ managed를 수식하고 very의 수식을 받으며, '매우 잘 관리했다'는 내용이 적절하므로 정답

정답 (D)

해석 비록 Ms. Lao가 맡았음에도 불구하고 / 이런 종류의 프로젝트를 / 처음으로 / 그녀는 그것을 매우 잘 관리했다.

표현 정리 even though 비록 ~일지라도 take on 떠맡다 type 종류 project 프로젝트 for the first time 처음으로 manage 관리하다

7. 빈칸은 전명구 앞에 오는 초점부사 자리이다.

(A) 심지어 ➡ 전명구 앞에 자주 쓰이는 초점부사이며 '심지어 불경기에도 ~ 경쟁력을 유지했다'는 내용이 적절하므로 정답

(B) 마침내, 드디어 ➡ 초점부사가 아니라서 오답. 과거시제 또는 현재완료와 어울리는 부사이다.

(C) 하지만 ➡ 등위접속사 혹은 전치사라서 오답

(D) 그럼에도 불구하고 ➡ 문장 맨 앞에 많이 쓰이는 접속부사라서 오답

정답 (A)

해석 이번 세미나의 목적은 가르치는 것입니다 / 참가자들에게 / 어떻게 취업 시장에서 경쟁력을 유지할 수 있는가를 / 심지어 불경기에도.

표현 정리 purpose 목적 teach 가르치다 participant 참가자 remain 여전히 ~이다 competitive 경쟁하는, 경쟁력 있는 job market 인력 시장, 취업 시장 retire 은퇴하다 economic recession 경기 침체, 불경기

8. 빈칸은 전명구 앞에 오는 초점부사 자리이다.

(A) 오로지, 독점적으로 ➡ 초점부사라서 전명구와 잘 어울리고 '오로지 일과 관련된 문제들을 위해서만 사용되어야 한다'는 내용이 적절하므로 정답

(B) 서로, 상호간에 ➡ mutually는 두 개의 대상이 언급되어야 하므로 오답. 주로 mutually beneficial(상호간에 혜택이 되는) 같은 표현으로 쓰인다.

(C) 부분적으로, 어느 정도 ➡ 승합차가 회사 소유라고 했는데 일과 관련된 문제보다는 다른 일에 주로 쓰인다고 암시하는 partly는 논리적으로 타당하지 않아서 오답

(D) 대신에 ➡ 전명구와 어울리지 않으므로 오답

정답 (A)

해석 승합차는 우리의 회사 소유입니다 / 그리고 오로지 사용되어야 합니다 / 오로지 일과 관련된 문제들을 위해서만.

표현 정리 van 밴, 승합차 own 소유하다 be used for ~을 위해 사용되다 work-related 일과 관련된 issue 문제

➤고난도!

9. 빈칸은 동사 rose(오르다)를 수식하기에 적절한 부사가 들어간다.

(A) 강력하게 ➡ 동사 rose와 어울리지 않아서 오답

(B) 들리는 바에 따르면, 소문에 의하면 ➡ '들리는 바에 따르면 Dingdong Bistro의 수익이 증가했다'는 내용이 적절하므로 정답

(C) 극도로, 극히 ➡ 동사 rose와 어울리지 않아서 오답. important, useful, complicated 등을 수식하는 부사이다.

(D) 적당하게, 알맞게 ➡ 동사 rose와 어울리지 않아서 오답

정답 (B)

해석 Dingdong Bistro의 수익은 들리는 바에 따르면 증가했다 / 근처의 스포츠 종합단지가 문을 연 후에 / 5월에.

표현 정리 revenue 수익 bistro 식당 rise 증가하다 nearby 인근의 sports complex 스포츠 종합단지

10. 빈칸은 현재시제 동사와 잘 쓰이는 부사 자리이다.

(A) 더 일찍 ➡ 현재시제와 어울리지 않아서 오답. 주로 a week earlier(일주일 전에)와 같은 표현이나 than과 함께 비교급으로 쓴다.

(B) 지나쳐서 ➡ 동사 뒤에 사용하며 주로 walk, drive 등의 이동하는 동사와 사용한다.

(C) 지금 ➡ 현재시제와 어울리는 부사라서 정답. 주로 앞의 내용보다 나중 일에, 앞의 내용과 반대되는 상황을 묘사할 때 사용한다.

(D) (거리, 공간, 시간 등이) 떨어져 ➡ 주로 동사보다 뒤에 위치하며, operates를 수식하기에 부적절한 단어이므로 오답

정답 (C)

해석 Books Around the Corner는 문을 열었다 / 단지 6개월 전에 / 2명의 야심 있는 지역 주민들에 의해서 / 그리고 지금 5개의 가게를 운영한다 / Milltown City에서.

표현 정리 just 단지 6 months ago 6개월 전에 ambitious 야심 있는 local residents 지역 주민들 operate 운영하다

11. 빈칸은 a month, a week, a day와 잘 어울리는 부사가 들어가야 한다.

(A) 한 번 ➡ once a month(한 달에 한 번)의 표현을 이루고 동사의 현재시제 visits와도 잘 어울리므로 정답. 여기서 once는 '한 번'이라는 의미의 부사로 once a week(일주일에 한 번), once a day(하루에 한 번) 등의 표현으로 쓰인다.

(B) 즉시, 정각에 ➡ a month와 어울리지 않아서 오답. act promptly(즉시 행동했다) 혹은 promptly at three o'clock(3시 정각에)처럼 쓰인다.

(C) 간접적으로 ➡ a month와 어울리지 않아서 오답

(D) 여전히 ➡ a month와 어울리지 않아서 오답

정답 (A)

해석 한 달에 한 번 / Serena Systems에서 나온 조사관이 방문합니다 / 그것의 지역 공장들을 / 그들의 안전 규정 준수를 확실히 하기 위해서.

표현 정리 once a month 한 달에 한번 visit 방문하다 local factory 지역 공장 ensure 확실하게 하다 compliance with ~의 준수 safety regulations 안전 규정

➤고난도!
12. have[has]와 to 사이에 들어갈 적절한 단어를 찾는다.

(A) 마지막으로, 끝으로 ➡ has to(~해야 한다) 사이에 어울리지 않아서 오

답. 주로 문두에 사용한다.

(B) 아직 ➡ 부정문이나 의문문에 주로 쓰이는 yet이 have[has]와 to 사이에 쓰여서 '아직 ~ 않다'라는 의미로 쓰이므로 정답

(C) 가까이, 바싹 ➡ has to(~해야 한다) 사이에 어울리지 않아서 오답

(D) 이전에 ➡ 과거시제나 현재완료시제와 어울리므로 오답

정답 (B)

해석 Ms. Lee는 아직 어려움을 겪지 않았다 / 그의 부하직원들과 교류하는 데 / 그의 5년 재임 기간 동안에.

표현 정리 have difficulties ~ing ~하는 데 어려움을 겪다 interact with ~와 교류하다 subordinate 부하 during ~동안에 tenure 재임 기간

13. 빈칸은 일반적인 사실을 표현하는 현재시제와 어울리는 부사 자리이다.

(A) 습관적으로, 관례상 ➡ 현재시제와 어울리는 부사라서 정답. '관례상 현금을 팁으로 남겨둔다'는 내용이 적절하므로 정답이다.

(B) 잘못하여, 실수로 ➡ 현재시제와 어울리는 부사가 아니라서 오답. '식사하는 사람들이 실수로 약간의 현금을 팁으로 남겨둔다'는 내용이 되는데, 일반적인 사실을 표현하는 현재시제와 어울리지 않는다.

(C) 귀중하게 ➡ 동사 leave를 수식하기에 내용상 어울리지 않아서 오답

(D) 절약하여, 부족하여 ➡ 동사 leave를 수식하기에 내용상 어울리지 않아서 오답

정답 (A)

해석 식사하는 사람들은 관례상 남겨두어야 합니다 / 적은 액수의 현금을 / 팁으로 / 그들이 받은 서비스에 대한.

표현 정리 dinner 식사하는 사람 leave 남겨두다 a small amount of 적은 액수[양]의 cash 현금, 현찰 as ~로서

14. 빈칸은 부사절 앞에 오는 초점부사 자리이다.

(A) 한 번, 한때 ➡ '한때'라는 의미일 때는 과거시제와 어울리는 부사이므로 오답

(B) 오직, 오로지 ➡ 초점부사라서 정답. only after가 '~한 후에야'라는 의미를 나타낸다.

(C) 여전히 ➡ 부사절을 수식하기에 부적절한 부사이므로 오답

(D) 거의 ➡ 부사절을 수식하기에 부적절한 부사이므로 오답

정답 (B)

해석 공식적인 평가 보고서는 발급될 것입니다 / 감독관들이 결과를 분석하는 것을 끝낸 후에야.

표현 정리 official 공식적인 assessment 평가 report 보고서 issue 발급하다, 발행하다 inspector 감독관 finish 끝내다 analyze 분석하다 result 결과

15. 빈칸은 전치사구 앞에 오는 초점부사 자리이다. 의문사와 to부정사로 이루어진 how to는 명사 역할을 한다는 점에 유의한다.

(A) 머뭇거리며, 주저하며 ➡ 초점부사가 아니라서 오답. '주저하며 다룬다'는 내용도 어색하다.

(B) 이전에 ➡ 과거시제와 어울리는 부사라서 오답

(C) 분명히, 명확하게 ➡ 초점부사라서 정답. '세미나가 좋은 상인을 알아볼 수 있는 방법을 명확하게 다룰 것이라'는 내용이 적절하므로 정답

(D) 수상쩍게, 의심하듯이 ➡ deal with(다루다)를 수식하기에 부적절하므로 오답

정답 (C)

해석 새로운 교육 세미나는 / Lamington Landscaping을 위한 / 명확히 다룰 것입니다 / 어떻게 좋은 상인을 알아보는지를.

표현 정리 training seminar 교육[연수] 세미나 deal with ~을 다루다 identify 확인하다, 알아보다 vendor 노점상, 상인

16. 빈칸은 현재시제와 어울리면서 are made를 수식하는 부사 자리이다.

(A) ~할 것 같은 ➡ likely는 형용사이며 be likely to do(~할 것 같다)로 쓰이므로 오답

(B) 두드러지게, 현저히 ➡ 증감 부사라서 오답. 증가, 감소의 뜻을 가진 동사나 p.p와 잘 어울린다.

(C) 민감하게, 예민하게 ➡ are made를 수식하는 부사로는 어울리지 않아서 오답

(D) 보통, 일반적으로 ➡ 현재시제와 잘 어울리는 부사라서 정답

정답 (D)

해석 관리자들을 위한 호텔과 식당의 예약들은 / 일반적으로 이루어진다 / 그들의 조수들에 의해서 / 달리 언급되지 않는다면.

표현 정리 restaurant 식당 make a reservation 예약하다 manager 관리자, 운영자 assistant 조수, 보조원 unless otherwise noted 달리 언급되지 않는다면

Unit 19 해석해서 푼다. – 부사 어휘(Ⅱ)

전략 1 | 점검 퀴즈

1. 괄호 뒤 동사 affect와 어울림이 좋은 부사는 adversely이므로 우선 대입하여 해석해보면 자연스럽게 연결된다. 공격적인 홍보는 당연히 긍정적 효과를 위한 것인데, 놀랐다는 것은 악영향을 주었다는 것이므로 adversely가 답이다.

정답 adversely

해석 우리는 놀랐다 / 공격적인 홍보가 악영향을 주었다는 것에 / 우리의 새로운 제품군의 판매에.

표현 정리 surprised 놀란 aggressive 공격적인 promotion 홍보, 판촉 adversely affect 악영향을 주다 sales 판매 product line 제품군

2. previously는 과거시제와 잘 쓰이므로 오답. temporarily는 '문을 닫는다'는 closed와 어울림이 좋아 우선순위로 대입해본다. '수리되는 동안 일시적으로 문을 닫는다'는 것은 논리적으로 타당하다.

정답 temporarily

해석 우리의 식당은 일시적으로 문을 닫을 것이다 / 수리되는 동안에.

표현 정리 restaurant 식당 temporarily 일시적으로 closed (문을) 닫은 while ~하는 동안 repair 수리

3. 괄호 뒤 successful과 어울려 '적당히 성공했다'는 의미를 이루는 부사 moderately가 답이다. newly는 주로 뒤에 '새롭게 건설된', '새롭게 문을 연' 등의 의미를 이룰 때 사용되며 successful과는 어울리지 않는다.

정답 moderately

해석 TV 광고를 방영하는 것은 단지 그럭저럭 성공적이었다 / 판매를 증가시키는 데에.

표현 정리 ad 광고 moderately 적당히, 적절하게 successful 성공적인 increasing sales 판매를 증가시키는 것

4. look at 사이에 들어가 '살펴보다'의 의미를 강조하여 '면밀히 살펴보았다'는 의미를 이루는 closely가 답이다. approximately는 숫자수식부사이므로 어울리지 않는다.

정답 closely

해석 품질 관리 직원들은 면밀하게 살펴봤다 / 모든 출고 제품들을 / 어떤 결함에 대해.

표현 정리 quality control 품질 관리 look at 검토하다 closely 면밀하게 outgoing products 출고 제품들 defect 결함

전략 2 | 점검 퀴즈

1. closely는 work나 look at 등과 어울리는 부사이기 때문에 이미 오답이라는 것을 알 수 있지만, 해석을 통해 briefly가 답이 되는 근거를 찾는다. 근거는 because 이하 부사절이다. 또 다른 약속이 있었다는 것으로 보아 '답변을 간략하게 했다'는 것이 논리적으로 타당하므로 briefly가 답이다.

정답 briefly

해석 발표자는 질문들에 답했다 / 간략하게 / 그는 또다른 약속이 있었기 때문에 / 그것 직후에.

표현 정리 speaker 발표자 answer 대답하다 briefly 간략하게 because 왜냐하면 engagement 약속 right after ~직후에

2. in order not to 뒤의 내용이 '물을 주지 않고 돌보지 않기 위해서'라고 했으므로 자연의 나무가 아닌 인공적인 나무가 어울린다. 따라서 '인공적으로 만든 나무들'이라는 의미를 이루는 artificially가 답이다.

정답 artificially

해석 호텔은 인공적으로 만든 나무들을 배치하였다 / 로비에 / 물을 주지 않고 돌보지 않기 위해 / 그것들을.

표현 정리 place 두다, 배치하다 artificially 인공적으로 lobby 로비 water 물을 주다 care for ~을 돌보다

3. so that 뒤에서 '더 건강하게 먹을 수 있도록 하기 위해서'라고 했으므로

인공 조미료와 방부제는 드물게 사용해야 한다. 따라서 sparingly가 답이다.

정답 sparingly

해석 우리는 인공 조미료와 방부제를 드물게 사용한다 / 우리 요리에 / 당신이 더 건강하게 먹을 수 있도록 하기 위해서.

표현 정리 artificial flavor 인공 조미료 **preservation** 방부제 **sparingly** 절약하게, 삼가서, 드물게 **dish** 요리 **so that** ~하기 위해서 **healthily** 건강하게

4. 인턴 과정은 일을 시작하기 전 단계이므로 인턴 후에 '일을 공식적으로 시작했다'는 내용이 논리적으로 타당하다. 따라서 formally가 답이다. inadvertently는 '무심코 일을 시작했다'는 어색한 의미가 되므로 오답이다.

정답 formally

해석 Ms. Yoon은 일했었다 / 인턴으로서 / 그녀가 공식적으로 일을 시작하기 전에 / 마케팅 부서에서.

표현 정리 intern 인턴 **formally** 공식적으로 **inadvertently** 무심코, 우연히 **start** 시작하다

전략 3 │ 점검 퀴즈

1. 뒤의 내용에서 회사 이윤의 적은 부분은 운영 비용으로 쓰인다는 것을 알 수 있다. 따라서 '이윤이 전적으로 쓰인다'는 의미의 entirely보다는 '주로 쓰인다'는 의미의 primarily가 답이다.

정답 primarily

해석 회사가 얻는 이윤은 / 주로 쓰인다 / 투자하는 데. 그것(회사)은 계획한다 / 인수하는 것을 / 작은 회사들을 / 오직 약간의 부분이 쓰이는 반면에 / 운영 비용으로.

표현 정리 profit 이윤 **go toward** ~의 비용으로 들어가다[쓰이다] **entirely** 전적으로, 완전히 **primarily** 주로 **make investments** 투자하다 **acquire** 인수하다 **firm** 회사 **slight** 약간의 **portion** 부분 **be used for** ~에 쓰이다 **operating expenses** 운영 비용

2. 앞 문장은 '무료 배송'을 언급하는 내용이고 뒤의 문장은 '할인 쿠폰을 준다'는 내용인데, 무료배송과 할인 쿠폰은 동등한 개념이므로 추가의 의미인 in addition이 답이다. for example은 '예를 들면'이라는 의미로 앞에는 포괄적인 내용이 뒤에는 구체적인 내용이 와야 해서 오답이다.

정답 In addition

해석 당신의 충성심에 대한 응답으로 / 우리는 무료 배송을 제공하는 중입니다 / 어떠한 주문들에 대해서든. 추가로, 우리는 발급하고 있습니다 / 30퍼센트 할인 쿠폰을 / 당신의 다음 구매에 사용될 수 있는.

표현 정리 in response to ~에 응하여 **loyalty** 충성심 **provide** 제공하다 **free delivery** 무료 배송 **order** 주문 **in addition** 추가로 **issue** 발급하다 **discount coupon** 할인 쿠폰 **be used for** ~에 쓰이다 **purchase** 구매

3. 앞 문장은 '금액이 잘못 청구되었다'는 내용이고 뒤의 문장은 '그것에 대해서 수정 조치를 취했다'는 내용이므로 인과 관계이다. 따라서 as a result

가 답이다. on the contrary는 역접의 관계로 서로 상반되는 내용이 와야 하므로 오답이다.

정답 As a result

해석 1월 2일에, 나는 나의 조수인 Anna Oh로부터 들었습니다 / 당신이 실수로 금액을 청구 받았다는 것을 / 당신이 주문하지 않은 신발 한 켤레에 대해서. 그 결과로 / 그 다음 날 / 저는 수정 조치를 취했습니다.

표현 정리 assistant 조수 **mistakenly** 실수로 **charge** (요금, 대금을) 부과하다, 청구하다 **a pair of** 한 쌍의 **order** 주문하다 **as a result** 그 결과로 **on the contrary** 반대로 **the following day** 다음 날 **adjustment** 조정, 수정

실전 적용 문제

1. 빈칸에는 book(예약하다)을 수식하기에 적절한 부사가 들어가야 한다.

(A) 엄격히, 엄하게 ➡ book과 어울리지 않아서 오답.

(B) 효율적으로 ➡ book과 어울리고 시스템을 업그레이드한 것이 효율적인 것과 관련성이 있으므로 정답

(C) 거의 ~아니다 ➡ 시스템을 업그레이드했다는 내용과 어울리지 않아서 오답

(D) 억세게, 기운차게 ➡ book과 어울리지 않아서 오답

정답 (B)

해석 CTL Hotel은 개선했다 / 예약 시스템을 / 고객들이 객실을 예약하는 것을 허용하기 위해서 / 전보다 더 효율적으로.

표현 정리 upgrade 개선하다 **reservation** 예약 **customer** 손님 **book** 예약하다

2. 빈칸에는 finished(끝내다)를 수식하기에 적절한 부사가 들어가야 한다.

(A) 거의 ➡ '프로젝트가 거의 끝나지 않는다면'이라는 내용이 마감시한을 연장하는 이유로 적절하므로 정답

(B) 가까운 ➡ finished와 어울리지 않아서 오답. nearly(거의)가 finished와 어울리는 단어이다.

(C) 자주, 종종 ➡ 반복되는 의미의 often이 일회적인 내용과 어울리지 않으므로 오답

(D) 늘, 항상 ➡ 비교급, 최상급을 제외하고는 대부분 부정문, 의문문에 쓰이므로 오답

정답 (A)

해석 감독관은 연장할 것이다 / 마감시한을 다음 주로 / 프로젝트가 거의 끝나지 않는다면 / 이번 주 말까지.

표현 정리 supervisor 감독관, 관리자 **extend** 연장하다 **deadline** 마감시한 **unless** ~하지 않는 한 **finish** 끝내다 **by the end of this week** 이번 주 말까지

▶고난도!
3. 빈칸은 so ~ that 구문 사이에 들어가므로 terminated(끊기다)와 어울리면서 that절 내용의 이유로 적절한 것을 찾는다.

(A) 두드러지게, 현저히 ➡ terminated와 어울리지 않아서 오답. change prominently 등으로 쓰인다.

(B) 주로 ➡ terminated와 어울리지 않아서 오답

(C) 필수적으로 ➡ terminated와 어울리지 않아서 오답

(D) 갑자기, 불시에 ➡ terminated를 수식하기에 적절하고, 전기가 갑자기 끊기는 바람에 정전에 대비할 시간이 있었던 주민들이 별로 없었다는 이유로 타당해서 정답

정답 (D)

해석 마을에서 전기 공급이 중단됐습니다 / 너무 갑자기 / 그래서 극소수의 주민들만이 정전에 대비할 시간이 있었다.

표현 정리 supply 공급 electricity 전기 terminate 끝내다, 중단하다 few 극소수의, 거의 없는 resident 거주자, 주민 prepare for ~을 준비하다, ~에 대비하다 power outage 정전

4. 빈칸에는 동사 gives를 수식하기에 적절한 부사가 들어가야 한다.

(A) 여전히 ➡ gives를 수식하기에 적절하고, '직책에서 물러났지만 여전히 가치 있는 조언을 해준다'는 내용이 논리적으로 타당하므로 정답. still은 even though, although, but 등 역접의 의미를 갖는 단어와 잘 어울린다.

(B) 아직 ➡ 부정문, 의문문에 주로 쓰이는 부사이므로 오답

(C) 되는대로, 아무렇게나 ➡ gives를 수식하기에 부적절하고 대부분 문장의 맨 처음이나 맨 끝에 오는 부사이므로 오답

(D) 분명히, 명확하게 ➡ 주는 행위가 명확할 수는 없기 때문에 오답. 빈칸은 gives를 수식하는 부사인 것에 주의해야 한다.

정답 (A)

해석 Sonya Lane이 물러났음에도 불구하고 / 그녀의 직책에서 / 그녀는 여전히 제공한다 / 가치 있는 조언을.

표현 정리 even though 그럼에도 불구하고 step down 물러나다 position 직책 provide 제공하다 valuable 가치 있는, 소중한 advice 충고, 조언

5. 빈칸에는 prohibited를 수식하기에 적절한 부사가 들어가야 한다.

(A) 오직 ➡ prohibited를 수식하기에 부적절해서 오답

(B) 거의 ~않다, 겨우 ➡ prohibited를 수식하기에 부적절해서 오답

(C) 엄격히, 엄하게 ➡ prohibited를 수식하기에 적절하므로 정답. strictly regulated, strictly forbidden과 같은 유사한 표현들에 사용된다.

(D) 멀리, 떨어져서 ➡ prohibited를 수식하기에 부적절해서 오답

정답 (C)

해석 승객들의 안전을 위해서 / 전자기기를 사용하는 것은 / 이륙하고 착륙할 때 / 엄격하게 금지된다.

표현 정리 passengers' safety 승객들의 안전 electronic device 전자 기기 take off 이륙하다 land 착륙하다 prohibit 금지하다

6. 빈칸에는 professionally와 함께 performed를 수식할 적절한 부사가 들어가야 한다.

(A) 원래, 본래 ➡ professionally와 짝을 이루어 performed를 수식하기에 부적절해서 오답

(B) 효과적으로 ➡ professionally(전문적으로)와 잘 어울리고, '전문적이고 효과적으로 업무를 수행했다'는 내용으로 자연스럽게 연결되므로 정답

(C) 극도로, 극히 ➡ 형용사나 부사를 수식하는 부사라서 오답

(D) 넓게, 거대하게 ➡ professionally와 짝을 이루어 performed를 수식하기에 부적절해서 오답

정답 (B)

해석 병원에서 그녀의 6년 동안에 / Ms. Lee는 수행했다 / 그녀의 직무를 / 전문적이고 효과적으로.

표현 정리 during ~동안에 hospital 병원 perform 수행하다 duty 의무, 직무 professionally 전문적으로, 직업적으로

➤ 고난도!

7. 빈칸에는 앞의 동명사 안의 동사 communicate를 수식할 수 있는 부사가 들어가야 한다. be동사 뒤에 오는 부사를 답으로 하면 함정에 빠진다.

(A) 빈번하게, 자주 ➡ '팀원들 간에 대화를 자주 나눈다'는 내용이 자연스러우므로 정답

(B) 주로 ➡ mainly는 be동사 뒤에 오거나 전명구를 수식하는 부사라서 오답. 이것이 communicate를 수식하려면 그 앞에 써야 한다.

(C) 엄청나게 ➡ communicate를 수식하기에 부적절해서 오답

(D) 무작위로, 임의로 ➡ '팀원들 간에 무작위로 대화를 나눈다'는 것을 성공 요소라고 보는 것은 논리적으로 타당하지 않아서 오답

정답 (A)

해석 그 프로젝트 팀장은 강조했다 / 팀원들 간에 대화를 자주 하는 것이 요소들 중 하나라고 / 성공에 이르는.

표현 정리 stress 강조하다 communicating 의사소통을 하다. 대화를 나누다 between ~사이에 lead to ~을 초래하다, ~로 이어지다

➤ 고난도!

8. 빈칸에는 문장 전체를 수식하는 부사로, 현재시제(are allowed)와 어울리는 것이 들어가야 한다.

(A) 조만간 ➡ 미래시제와 어울리는 부사이므로 오답

(B) 가끔, 때때로 ➡ 부사가 반복적인 행동을 수식하기에 적절하고 현재시제(are allowed)와 어울려서 정답

(C) 그런데 ➡ 대화의 화제를 바꿀 때 쓰는 표현으로, 빈칸 뒤의 내용과 연관성이 없으므로 오답

(D) 곧 ➡ 현재시제와 어울리는 부사가 아니므로 오답

정답 (B)

해석 가끔 / 직원들은 일찍 떠나는 것이 허용된다 / 금요일에 / 만약 그들이 그들의 일과를 끝내면.

표현 정리 employee 직원 be allowed to do ~하는 것이 허용되다 leave 떠나다 finish 끝내다 daily work 일과

9. 빈칸에는 question(질문하다)을 수식하면서 than과 어울리는 부사가 들어가야 한다.

(A) 더욱이 ➡ 주로 문장 맨 앞에 접속부사로 쓰이며 than과 어울리지 않으므로 오답

(B) 오히려 ➡ would rather A than B(B하느니 오히려 A를 하겠다) 구문이므로 정답

(C) 조심스럽게 ➡ than과 어울리지 않으므로 오답

(D) 게다가 ➡ than과 어울리지 않으므로 오답

정답 (B)

해석 조사 결과는 보여주었다 / 어떤 사람들은 차라리 그들의 관리자에게 질문하려 한다는 것을 / 처음에 / 할당된 업무의 마지막보다는.

표현 정리 research 조사 result 결과 show 보여주다 question 질문하다 supervisor 감독관, 관리자 at the beginning 처음에 assigned 할당된 task 업무

10. 빈칸에는 형용사 true를 수식하면서 부사 not과 어울리는 것이 들어가야 한다.

(A) 노력하지 않고, 쉽게 ➡ true를 수식하기에 부적절하므로 오답

(B) 전적으로, 완전히 ➡ not entirely(전적으로 ~한 것은 아닌)로 쓰이는 표현으로 true와 결합하면 '완전히 사실인 것은 아닌'이라는 적절한 의미를 이루므로 정답. not entirely는 그렇지 않은 경우도 있다는 부분 부정 구문을 만든다.

(C) 당연히, 올바르게 ➡ 문장 전체를 수식하거나 동사를 수식하는 부사이므로 오답

(D) 주의 깊게, 조심스럽게 ➡ 주로 동사를 수식하는 부사이므로 오답

정답 (B)

해석 그 주장은 / 수입된 고급 차들의 판매가 한국에서 증가하고 있다는 / 완전히 사실은 아니다.

표현 정리 claim 주장 sales 판매(량) imported 수입된 luxury car 고급 차 increase 증가하다 true 사실인

11. 빈칸은 동사 serve를 수식하면서 현재시제와 어울리는 부사가 들어가야 한다.

(A) 그렇게 함으로써 ➡ 인과 관계를 나타내는 부사인데, 앞의 절과 뒤의 절이 역접의 관계이므로 오답

(B) 지금은 ➡ 지나간 일과 지금의 일을 대조할 때 사용하는 부사로서 현재시제와도 잘 어울리므로 정답

(C) 다소 ➡ 형용사 앞에 사용하는 정도부사라서 오답. 동사를 수식할 때는 would rather와 같은 숙어 형태로 사용한다.

(D) 꽤 ➡ 형용사나 부사 앞에 오는 정도부사라서 오답

정답 (B)

해석 그녀는 기계공학을 전공했음에도 / Ms. Kim은 지금 소프트웨어 디자이너로 일한다.

표현 정리 even though 비록 ~일지라도 major in ~을 전공하다 mechanical engineering 기계공학

▶고난도!
12. 빈칸에는 ranked first를 수식할 적절한 부사가 들어가야 한다.

(A) 분할, 나누기 ➡ ranked first를 수식하기에 부적절하므로 오답

(B) 종합적으로, 전체적으로 ➡ 어떤 분야에서 종합적으로 1위를 차지했다는 내용이 적절하므로 정답

(C) 연속하여 ➡ last year(작년에)라는 일회성 부사와 어울리지 않으므로 오답

(D) 보통, 정상적으로 ➡ 현재시제와 쓰이는 부사인데, last year와 어울리지 않으므로 오답

정답 (B)

해석 작년에 / Miami는 전체적으로 1위를 차지했다 / 애완동물에 우호적인 식당들과 카페에서 / 1인당.

표현 정리 last year 작년에 rank (순위를) 차지하다 pet-friendly 애완동물에 우호적인 restaurant 식당 per capita 1인당

13. 빈칸에는 promoted(홍보된)를 수식하며 주절의 now와 대조를 이룰 수 있는 부사가 들어가야 한다.

(A) 극도로, 극히 ➡ 형용사나 부사 앞에 오는 정도부사이고 해석도 어색해서 오답

(B) 이전에 ➡ '이전에 홍보되었다'는 내용도 적절하고, 주절의 now와 대조를 이루는 부사이므로 정답

(C) 갑자기, 불시에 ➡ 주절의 now와 대조를 이룰 수 없으므로 오답

(D) 대략, 거의 ➡ now와도 어울리지 않고, 숫자 앞에 쓰는 부사라서 오답

정답 (B)

해석 이전에는 오직 개인 블로그에서만 홍보되던 / the Willy Vacuum Cleaner는 지금 광고되고 있다 / 텔레비전과 온라인에서.

표현 정리 promote 홍보하다 individual blog 개인 블로그 advertise 광고하다

14. 빈칸에는 unless와 짝을 이루는 부사가 들어가야 한다. unless부터는 부사절이 축약된 분사구문이다.

(A) 꽤 ➡ unless 와 어울리지 않으므로 오답

(B) 거의 ~아니다 ➡ unless는 if ~ not과 같은 의미인데, hardly가 부정어이므로 다른 부정어와 함께 쓸 수 없어서 오답

(C) 한 번, 한때 ➡ 주절이 미래이고 unless 이하는 조건의 부사절이므로 현재시제와 어울리는 말이 와야 하는데, once는 부사일 때 과거시제와 어울리므로 오답

(D) 그렇지 않으면 ➡ unless otherwise p.p 구문 혹은 unless p.p otherwise 구문은 '달리 ~되지 않는다면'이라는 뜻으로 쓰이므로 정답. 여기서 otherwise는 '다르게, 다른 방식으로, 달리'로 해석된다.

정답 (D)

해석 이번 주에 CEO의 여행 일정표는 / 바뀌지 않을 것이다 / 달리 언급되지 않는다면.

표현 정리 itinerary 여행 일정표 keep 지속하다, 유지하다 unchanged 바뀌지 않은 unless otherwise noted 달리 언급되지 않는다면

15. 빈칸에는 dangerous(위험한)를 수식할 부사가 들어가야 한다.

(A) 조심스럽게 ➡ dangerous를 수식하기에 부적절하므로 오답

(B) 가능성 있게, 잠재적으로 ➡ 바이러스 퇴치 프로그램을 개발한 것은 '잠재적으로 위험한 상황으로부터 사용자들을 보호하기 위한 것'이라는 내용이 논리적으로 타당하므로 정답

(C) 공식적으로 ➡ dangerous를 수식하기에 부적절하므로 오답

(D) 처음에는 ➡ 처음에 위험한 상황이 아니고 앞으로 위험할 수도 있는 상황을 묘사해야 하므로 오답

정답 (B)

해석 Welburm Lab은 개발했다 / 새로운 바이러스 퇴치 프로그램을 / 사용자들을 보호하기 위해서 / 잠재적인 위험한 상황에 처하는 것으로부터.

표현 정리 develop 개발하다 anti-virus software 바이러스 퇴치 프로그램 protect 방어하다, 막다 dangerous 위험한 situation 상황

16. 빈칸에는 be divided(나뉘다)를 수식하면서 fairness(공정성)과 의미적으로 연관성이 있는 것을 찾는다.

(A) 비례해서, 비교적으로 ➡ fairness를 보장하는 것과 어울리지 않으므로 오답

(B) 완전히, 전적으로 ➡ fairness를 보장하는 것과 어울리지 않으므로 오답

(C) 무작위로, 임의로 ➡ 'fairness를 보장하기 위해서 무작위로 그룹을 나눈다'는 것이 논리적으로 타당하므로 정답

(D) 상당히 ➡ divided와 어울리지 않으므로 오답.

정답 (C)

해석 설문조사 결과의 공정성을 보장하기 위해서 / 응답자들은 무작위로 나뉠 것이다 / 두 개의 그룹으로.

표현 정리 ensure 보장하다 fairness 공정성 survey result 설문조사 결과 respondent 응답자 divide 나누다

'부사 어휘' 종합 문제 |파트5|

1. 빈칸은 동사 conducts(수행하다)를 수식하는 부사 자리로, 현재시제와 어울리는 것을 찾아야 한다.

(A) 지나치게 ➡ 전체 문장의 내용과 어울리지 않아서 오답. excessively high, excessively hot 등의 표현으로 쓰인다.

(B) 일상적으로 ➡ 반복적인 행동을 표현하는 부사로, 현재시제 동사와 잘 어울리므로 정답

(C) 엄청나게, 대단히 ➡ conduct와 어울리지 않아서 오답

(D) 상당히 ➡ conduct와 어울리지 않아서 오답. significantly different, decrease significantly 등의 표현으로 쓰인다.

정답 (B)

해석 최신 동향을 따르기 위해서 / Rohi Deli는 일상적으로 수행한다 / 고객 만족 조사를.

표현 정리 keep up with 시류[유행]를 따르다. ~에 정통하다 trend 동향, 경향 conduct 수행하다 satisfaction 만족

2. follow(따르다)를 수식할 적절한 부사를 찾는다.

(A) 솔직히, 정말로 ➡ '절차를 따른다'는 내용을 수식하기에 부적절하므로 오답

(B) 정확히, 바로 ➡ 최고의 성능을 보장하기 위해 '작동 절차를 정확히 따른다'는 것이 논리적으로 타당하므로 정답

(C) 합법적으로 ➡ '최고의 성능을 보장하기 위해서'라는 to부정사의 내용과

연관성이 없으므로 오답

(D) 극도로 ➡ 형용사나 부사를 수식하는 부사이므로 오답

정답 (B)

해석 공장 기계를 작동할 때는 / 확실히 하세요 / 작동 절차를 정확히 따르는 것을 / 최상의 성능을 보장하기 위해.

표현 정리 operate 작동하다 machine 기계 make sure 확실히 하다 operating procedure 작동 절차 ensure 보장하다 performance 성능

3. 현재시제 동사를 수식하기에 적절한 부사를 찾는다.

(A) ~옆에, ~까지 ➡ 전치사이므로 오답

(B) 지금은 ➡ 현재시제 동사와 어울리는 부사이므로 정답

(C) 이전에 ➡ 과거시제 동사와 어울리는 부사이므로 오답

(D) 매우 ➡ 형용사나 부사를 수식하는 부사이므로 오답

정답 (B)

해석 재포장 작업은 / 지금 반쯤 끝났다 / Anderson Highway의 5km 직선 구간에서.

표현 정리 repave (도로를) 재포장하다 halfway (거리, 시간상으로) 반쯤, 중도에 stretch 직선 구간

4. grew를 수식할 증감 부사를 고른다.

(A) 빨리 ➡ 증가나 감소와 관련된 동사를 수식하는 증감부사이므로 정답. 이런 부사에는 sharply, dramatically, drastically 등이 있다.

(B) 잘, 좋게 ➡ 동사 뒤에 위치해야 하므로 오답

(C) 비교적 ➡ 형용사나 부사를 수식하는 부사이므로 오답

(D) 긴급하게 ➡ 성장한다는 내용은 긴급한 것과 상관이 없으므로 오답

정답 (A)

해석 Coffee Cong은 시작했다 / 작은 마을의 가족 경영 카페로 / 그러나 빨리 성장했다 / 유명한 커피 체인점으로.

표현 정리 family-owned 가족에 의해 운영되는 town 마을 grow 성장하다 brand-name 유명한, 널리 알려진 franchise 체인점, 가맹점

5. 부정어 not보다 앞에 쓰이면서 의미가 적절한 부사를 찾는다.

(A) 아직 ➡ 부정문, 의문문에 주로 쓰이는 부사이지만, 부정문에서 부정어보다 뒤에 와야 하므로 오답

(B) 여전히 ➡ 부정문에서 yet과 같은 의미를 가지지만, 부정어보다 앞에 위치하므로 정답

(C) 곧 ➡ 미래시제와 어울리는 부사이므로 오답

(D) 거의 ➡ 숫자 앞이나 almost complete, almost finished 등의 표현으로 쓰이므로 오답.

정답 (B)

해석 일련의 정보 안내 시간에도 불구하고 / 많은 직원들은 여전히 익숙해지지 못했다 / 새로운 급여 제도에.

표현 정리 a series of 일련의 informational 정보의, 정보를 제공하는

session (특정 활동) 시간, 세션 employee 직원 get used to ~에 익숙해지다 payroll system 급료 제도

비용 report 보고하다 submit 제출하다 incur (비용을) 발생시키다, (빚을) 지다

6. 현재완료시제 동사와 어울리는 부사를 찾는다.

(A) 이전에, 사전에 ➡ 과거시제 혹은 현재완료시제 동사를 수식하기에 적절하므로 정답. 또 This year와 대조를 이룰 수 있는 부사이므로 정답

(B) 부응해서, 그에 맞춰 ➡ alternate를 수식하기에 부적절하므로 오답

(C) 밀접하게, 면밀히 ➡ alternate를 수식하기에 부적절하므로 오답. closely resemble, closely investigate 등의 표현으로 쓰인다.

(D) 두드러지게 ➡ alternate를 수식하기에 부적절하므로 오답. 증감 부사로 increase, decrease markedly와 함께 쓰인다.

정답 (A)

해석 올해 / 음악가 Tina Jerry는 바이올린을 연주할 것이다 / 그녀의 연례 콘서트에서 / 그녀가 이전에는 기타와 피아노 사이를 오락가락했지만.

표현 정리 musician 음악가 play 연주하다 annual 연례의 even though ~에도 불구하고 alternate between A and B A와 B 사이를 오락가락하다

7. unaware를 수식하기에 적절한 부사를 찾는다.

(A) 오직 ➡ 초점부사로 전명구나 부사절을 주로 수식하므로 오답

(B) 더 ➡ 형용사 앞에 more가 붙으면 비교급 형용사가 되는데 이 경우 than이 있어야 하므로 오답

(C) 아직, 여전히 ➡ 동사나 형용사 앞에서 수식하는 부사이고 'Dr. Lee가 여전히 모르고 있는 문제'라는 내용이 적절하므로 정답

(D) 훨씬, 단연코 ➡ unaware를 수식하기에 부적절하므로 오답. 최상급 형용사나 부사를 주로 수식한다.

정답 (C)

해석 문제 때문에 / Dr. Lee가 여전히 인지하지 못하는 / 그는 통보 받았다 / 그의 제안서가 거절되었다고 / 이번에.

표현 정리 be unaware of ~을 인지하지[알지] 못하다 inform 알리다 proposal 제안 reject 거절하다 this time 이번에

8. after나 before 앞에 자주 쓰이는 부사를 찾는다.

(A) 측정할 수 있게, 어느 정도 ➡ submitted를 수식하거나 after가 이끄는 부사절을 수식하기에 부적절하므로 오답

(B) 모호하게, 애매하게 ➡ submitted를 수식하거나 after가 이끄는 부사절을 수식하기에 부적절하므로 오답

(C) 독특하게 ➡ submitted를 수식하거나 after가 이끄는 부사절을 수식하기에 부적절하므로 오답

(D) 지체 없이, 즉시 ➡ after나 before 앞에 쓰여 '직후에', '직전에'라는 뜻을 나타내는 부사이므로 정답. right, immediately, shortly, just 등도 같은 뜻을 나타낸다.

정답 (D)

해석 Mr. Yamanaka는 선호한다 / 직원 경비 보고서가 제출되는 것을 / 경비가 발생된 직후에.

표현 정리 prefer 좋아하다, 선호하다 employee 근로자 expense

9. 형용사 recognizable(알아볼 수 있는)을 수식하기에 적절한 부사를 찾는다.

(A) 거의 ~ 않다 ➡ '거의 식별할 수 없다'는 의미가 적절하고 even though 부사절과의 내용과도 잘 어울리므로 정답

(B) 정확히 ➡ even though 부사절이 '많은 양의 커피를 쏟았다'는 내용이라면 주절은 이와 상반되는 내용이 되어야 하는데 accurately recognizable은 그렇지 않으므로 오답

(C) 적절히 ➡ even though 부사절이 '많은 양의 커피를 쏟았다'는 내용이라면 주절은 이와 상반되는 내용이 되어야 하는데 properly recognizable은 그렇지 않으므로 오답

(D) 우연히, 무심코 ➡ recognizable을 수식하기에 부적절하므로 오답

정답 (A)

해석 검은 옷에 있는 얼룩들은 / 거의 알아볼 수 없다 / 비록 상당한 양의 커피가 쏟아졌지만 / 그것 위에.

표현 정리 stain 얼룩 clothing 옷, 의복 recognizable 알아볼 수 있는, 식별할 수 있는 even though 비록 ~일지라도 considerable 상당한 spill 쏟다

10. increase와 함께 쓸 증감부사를 선택한다.

(A) 능숙하게 ➡ increase를 수식하기에 부적절한 부사이므로 오답

(B) 꾸준하게 ➡ 증감부사로 increase를 수식하기에 적절하므로 정답

(C) 엄격하게 ➡ increase를 수식하기에 부적절한 부사이므로 오답

(D) 열망하여, 열심히 ➡ increase를 수식하기에 부적절한 부사이므로 오답

정답 (B)

해석 설문조사 결과는 보여준다 / 숙련된 근로자들에 대한 계절적 수요가 / 꾸준하게 증가할 것이라고.

표현 정리 survey 설문조사 result 결과 show 보여주다 seasonal demand 계절적 수요 skillful 능숙한 increase 증가하다

11. 원급 비교 as ~ as 사이에 들어갈 수 있는 부사 자리이면서, leave를 대신하는 do를 수식하는 적절한 부사를 찾는다.

(A) 희미하게, 식별할 수 없을 정도로 ➡ leave를 수식하기에 부적절하므로 오답

(B) 조용히 ➡ leave를 수식하기에 적절한 부사이고 강의 중에 교실을 나갈 때는 '가능한 한 조용히 그렇게 하라'는 내용이 논리적으로 타당하므로 정답

(C) 대체로 ➡ leave를 수식하기에 부적절하므로 오답

(D) 마지막으로 ➡ 주로 문두에 쓰여 말을 끝낼 때 사용하는 부사이므로 오답

정답 (B)

해석 당신이 교실에서 나가야 한다면 / 강의 시간 동안 / 당신은 그렇게 해도 됩니다 / 가능한 한 조용히.

표현 정리 leave 나가다, 떠나다 lecture 강의

12. is located(위치해 있다)를 수식하기에 적절한 부사를 찾는다.

(A) 편리하게 → located를 수식하기에 적절한 부사이므로 정답

(B) 꾸준히 → located를 수식하기에 부적절하므로 오답. 증감부사이다

(C) 반복적으로, 되풀이하여 → located를 수식하기에 부적절하므로 오답

(D) 보통은 → 일반적인 동작이나 상태를 표현하는 normally가 고유명사인 The Godin Public Library의 위치를 표현하는 것이 부적절하므로 오답. 즉, 일반적이지 않은 특수한 경우에도 위치할 수도 있는가를 생각해보면 오답이라는 것을 알 수 있다.

정답 (A)

해석 The Godin Public Library는 / 편리하게 위치해 있다 / 몇몇 지하철 노선들 근처에 / 당신을 도시의 모든 지역과 연결해 주는.

표현 정리 be located 위치해 있다 near ~근처에 several 몇몇의 subway 지하철 connect 연결하다

13. just의 수식을 받기에 적절한 부사이면서 has been given(받았다)과 관련된 것을 찾는다.

(A) 그에 따라서 → 무엇에 따른 것인지 알 수 없으므로 오답

(B) 한 번 → just once(단지 한 번)는 현재완료시제와 잘 어울리는 부사라서 정답

(C) 대략, 거의 → 숫자 앞에 사용하는 부사이다.

(D) 언제든 → 비교급, 최상급을 제외하고는 긍정문에 쓰이지 않아서 오답

정답 (B)

해석 제품 출시 이후로 / CS 관리자는 받아 왔다 / 부정적인 평가를 / 고객에 의해 / 단 한 번.

표현 정리 product 제품 launch 출시하다 negative 부정적인 rating 평가

▶고난도!

14. decrease를 수식할 증감부사를 찾는다.

(A) 의심스럽게 → decrease를 수식하기에 부적절하므로 오답

(B) 들리는 바에 의하면 → decrease를 수식하기에 부적절하므로 오답

(C) 찬란하게, 뛰어나게 → decrease를 수식하기에 부적절하므로 오답

(D) 점차적으로 → 증가나 감소를 나타내는 동사를 수식하기에 적절한 증감부사이므로 정답

정답 (D)

해석 Mr. Shawn은 강조해왔다 / 태블릿 PC 사용자 수가 점차적으로 감소할 것이라고 / 스마트폰 사용이 확대됨에 따라.

표현 정리 stress 강조하다 the number of ~의 수 decrease 감소하다 expand 확대하다, 확장하다

15. 동사 assemble을 수식하기에 적절하고 detailed manual과 연관성 있는 부사를 찾는다.

(A) 처음에 → '상세한 설명서가 딸려 있다'는 내용과 연관성이 없어서 오답

(B) 드물게, 좀처럼 ~하지 않는 → 상세한 설명서가 딸려 있는데 조립을 못할 리가 없으므로 오답

(C) 특히 → 초점부사로서 주로 전명구나 명사 앞에 오므로 오답

(D) 쉽게, 용이하게 → 상세한 설명서가 딸려 있는 것이 쉽게 조립할 수 있는 원인으로 자연스럽게 연결되므로 정답

정답 (D)

해석 상세한 설명서가 의자에 딸려 있다 / 당신은 그것을 쉽게 조립할 수 있도록 / 당신 스스로.

표현 정리 comes with ~이 딸려 있다 so that ~ can ~할 수 있도록 assemble 조립하다 on one's own 스스로, 혼자서

▶고난도!

16. gives a tour(견학을 시켜주다)를 수식하면서 현재시제 동사를 수식하기에 적절한 부사를 선택한다.

(A) 일 년에 한 번 → '잠재적인 고객이 방문했을 때'라는 내용과 annually가 어울리지 않아서 오답

(B) 아직 → 대부분 부정문, 의문문에 쓰이므로 오답

(C) 잘, 좋게 → well은 과거분사 형태의 동사 외에는 동사보다 앞에 오지 않아서 오답

(D) 보통 → 반복적으로 일어나는 동작이나 상태를 표현하는 현재시제와 쓰이는 부사이므로 정답

정답 (D)

해석 CEO나 공장 매니저가 보통 우리 시설의 견학을 시켜준다 / 잠재적인 고객이 방문할 때.

표현 정리 give a tour 견학을 시켜주다 potential customer 잠재적인 고객 pay a visit 방문하다

17. 형용사 important를 수식하면서 two options(두 개의 선택사항)와 연관성이 있는 부사를 찾는다.

(A) 즉각, 지체없이 → important를 수식하기에 부적절하므로 오답

(B) 정기적으로 → important를 수식하기에 부적절하므로 오답

(C) 똑같이, 동등하게 → '두 개의 선택사항이 똑같이 중요하다'는 내용으로 자연스럽게 연결되므로 정답

(D) 최근에 → 과거시제나 현재완료시제와 함께 쓰이는 부사이므로 오답

정답 (C)

해석 현재 상황을 고려해 볼 때 / 제안된 두 가지 선택사항은 / 똑같이 중요해 보인다 / 우리 회사에.

표현 정리 given ~을 고려해 볼 때 current 현재의 situation 상황 option 선택사항 seem ~처럼 보이다 important 중요한

18. half라는 숫자 표현을 수식하기에 적절한 부사를 선택한다.

(A) 잠깐 → 숫자를 수식하기에 부적절하므로 오답

(B) 빨리 → 숫자를 수식하기에 부적절하므로 오답

(C) 무작위로 → 숫자를 수식하기에 부적절하므로 오답

(D) 대략 → 숫자를 수식하는 부사들 중 하나이므로 정답. roughly, about, nearly, just, only 등도 있다.

정답 (D)

해석 우리의 심사위원회는 / 대략 30분이 필요할 것이다 / 선발 과정을 완

료하기 위해 / 그리고 알리기 위해 / 결승 출전자들을.

표현 정리 judging panel 심사위원회 half an hour 30분 complete 완료하다 selection 선발 process 과정 announce 알리다 finalist 결승 출전자

19. 동사 have been punctual(시간을 엄수했다)를 수식하면서 부정문에서 not보다 앞에 쓰이는 부사를 선택한다.

(A) 언제든, 한번이라도 ➡ ever는 not과 결합하면 have never been으로 써야 하므로 오답

(B) 여전히 ➡ 부정문에서는 not보다 앞에 쓰이고, '사전 통보를 했다'는 내용과 but으로 연결되기에 적절하므로 정답

(C) 곧 ➡ 미래시제와 쓰이는 부사이므로 오답

(D) 잘, 좋게 ➡ well은 과거분사 형태의 동사 외에는 동사보다 앞에 오지 않아서 오답

정답 (B)

해석 우리는 사전 통보를 했다 / 하지만 대부분의 직원들은 여전히 시간을 엄수하고 있지 않다 / 그들의 출근에서.

표현 정리 advance notice 사전 통보 punctual 시간을 엄수하는 attendance 출근, 참석

20. 동사 arrive를 수식하기에 적절한 부사를 찾는다.

(A) 가까스로, 거의 ~ 않다 ➡ 빈도부사는 일반동사보다 앞에 위치하므로 오답

(B) 기분 좋게, 편안하게 ➡ 배송품이 도착하는 것은 기분이 좋고 나쁜 감정 상태와 관련이 없으므로 오답

(C) 일찍 ➡ arrive나 on Monday를 수식하기에 모두 적절하므로 정답

(D) 열광적으로 ➡ 배송품이 도착하는 것은 열광적인 감정 상태와 관련이 없으므로 오답

정답 (C)

해석 포장 재료는 / 깨지기 쉬운 물건을 위한 / 도착하기로 되어 있다 / 월요일 일찍.

표현 정리 packaging materials 포장 재료 fragile 깨지기 쉬운 be supposed to do ~하기로 되어 있다 arrive 도착하다

➤고난도!
21. consented(동의하다)를 수식하면서 현재완료시제와 어울리는 부사를 찾는다.

(A) 언제든 ➡ 부정문 혹은 의문문에 주로 쓰는 부사이므로 오답

(B) 아직 ➡ 부정문 혹은 의문문에 주로 쓰이는 부사이므로 오답

(C) 매우 ➡ 동사를 수식할 수 없으므로 오답

(D) 그 이후로 ➡ 접속사, 전치사로도 쓰이는 단어이지만, 부사로 쓰일 수 있고 현재완료시제와 잘 어울리므로 정답

정답 (D)

해석 그 CFO는 반대했다 / 그 제안을 / 처음에는 / 그러나 그 이후에 동의했다.

표현 정리 object to ~에 반대하다 proposal 제안 at first 처음에

consent 동의하다

22. 동사 accepted를 수식하면서 following deliberation(심사숙고 후에)와 연관성이 있는 부사를 찾는다.

(A) 마침내 ➡ '많은 심사숙고 후에 제안이 마침내 받아들여졌다'는 내용으로 자연스럽게 연결되므로 정답. finally는 after 계열의 단어와 잘 어울린다.

(B) 이전에 ➡ '많은 심사숙고 후에'라는 내용과 연관성이 없으므로 오답

(C) 깔끔하게 ➡ accepted를 수식하기에 부적절하므로 오답

(D) 심하게, 엄하게 ➡ accepted를 수식하기에 부적절하므로 오답

정답 (A)

해석 많은 심사숙고 후에 / 그 시설에 직원 휴게실을 짓자는 제안이 / 마침내 받아들여졌다.

표현 정리 a great deal of 많은 deliberation 심사숙고 employee lounge 직원 휴게실 facility 시설 accept 받아들이다

'부사 어휘' 종합 문제 |파트6|

문제 23-26번은 다음 광고를 참조하시오.

> 1개월 무료 체험 기간 덕택에 / Grayson Community 센터에서의 / 당신은 이용할 수 있습니다 / 저희의 모든 강좌와 시설들을. ²³**당신은 절대로 아무것도 지불하지 않습니다 / 이 전체 기간 중에.** 당신에게는 전혀 아무런 위험이 없습니다. 당신이 등록할 때 / 저희에게 당신의 연락처만 주세요. 당신이 30일 이상 유지하기로 결정하실 경우 / 지불하도록 요청 받으실 것입니다. 당신이 더 이상 방문하지 않기로 선택하실 경우 / Grayson Community 센터를 / 언제라도 / 그저 저희에게 전화해서 알려주세요. 저희 접수담당자들 중 한 명이 / 당신의 멤버십을 취소하고 / 쓰지 않은 자금을 당신에게 환불해드릴 수 있습니다.

표현 정리 thanks to ~덕택에 trial period 체험 기간 have access to ~을 이용할 수 있다 facility 시설 risk 위험 sign up 등록하다 contact information 연락처 decide to do ~하기로 결정하다 stay 유지하다 make a payment 지불하다 no longer 더 이상 ~아닌 at any time 언제라도, 어느 때나 receptionist 접수담당자 refund 환불하다 unused 쓰지 않은 fund 자금

23. 빈칸 앞 문장은 '강좌와 시설의 무료 체험 기간'에 관한 내용이다: 다음 문장도 이와 같은 주제가 나와야 한다.

(A) 당신은 절대로 아무것도 지불하지 않습니다 / 이 전체 기간 중에. ➡ 무료 체험 기간에 관한 이야기이므로 정답

(B) 체육관이 현재 개조되고 있습니다. ➡ 공사에 대한 내용이므로 오답. 무료 체험에 대한 이야기를 하면서 군이 부정적인 이야기를 할 이유가 없다.

(C) 모든 신입 회원들은 제공해야 합니다 / 신용카드 번호를. ➡ 의무 사항에 대한 내용이라 오답. 무료 체험 기간을 알리는 홍보성 글인데 신용카드 번호를 요구할 이유가 없다.

(D) 938-3933으로 전화하세요 / 문의 사항이 있으시면. ➡ 연락 방법은 홍보성 글의 후반부에 나오는 것이 적절하므로 오답

정답 (A)

표현 정리 absolutely 전혀, 틀림없이 entire 전체의 gym 체육관 currently 현재 renovate 개조하다 credit card 신용카드

24. thirty days라는 숫자 표현 앞에 사용하는 적절한 숫자수식부사를 선택하는 문제다. 앞에서 1개월의 무료 체험 기간을 언급했고 뒤의 내용은 비용이 발생한다고 한 것으로 보아, 비용이 발생하는 시점은 1개월 무료 체험 기간이 지난 후라는 것을 알 수 있다.

(A) 대략 ➡ 30일 가량 머문다고 비용을 지불하는게 아니고, 그 이상이 될 때 지불하는 것이 타당하므로 오답

(B) 대략 ➡ 30일 가량 머문다고 비용을 지불하는게 아니고, 그 이상이 될 때 지불하는 것이 타당하므로 오답

(C) ~이상 ➡ 30일까지는 무료 체험 기간이므로 30일 이상 머물면 비용을 지불하는 것이 타당하므로 정답

(D) ~보다 적은 ➡ 30일까지는 무료 체험 기간인데, 30일 이상 머물지 않으면 지불할 이유가 없어서 오답

정답 (C)

25. 부사 어휘 문제로, 더 이상 방문하기를 원하지 않을 때 대처 방법에 대해 이야기하고 있으므로 이에 어울리는 부사를 골라야 한다.

(A) 거의 ➡ 숫자수식부사로 뒤에 숫자가 아니므로 오답

(B) 정기적으로 ➡ 방문을 원하지 않는 것을 정기적으로 연락해서 알려야 할 이유가 없으므로 오답

(C) 끊임없이 ➡ 방문을 원하지 않는 것을 끊임없이 알려야 할 이유가 없으므로 오답

(D) 간단히, 그저 ➡ 방문을 원하지 않을 때 취해야 할 조치가 복잡하지 않음을 강조하는 표현이므로 정답

정답 (D)

26. 동사 어휘 문제로, 접수담당자가 사용 안 된 금액에 대해 환불을 해준다는 빈칸 뒤의 내용으로 보아 환불 바로 전 단계를 나타내는 동사를 찾는다.

(A) 승인하다 ➡ 멤버십을 승인하고 바로 환불을 해줄 이유가 없어서 오답

(B) 부과하다 ➡ 멤버십에 비용을 부과하고 바로 환불을 해줄 이유가 없어 오답

(C) 취소하다 ➡ 멤버십을 취소해야만 사용 안 된 비용을 환불해줄 수 있는 것이므로 정답

(D) 시작하다 ➡ 멤버십의 시작은 회원이 하는 것이고 환불은 접수담당자가 해주는 것이므로 오답

정답 (C)

문제 27-30번은 다음 기사를 참조하시오.

Daily Tribune

경제 뉴스

11월 11일 – Baked Delights가 / 빵과 케이크 그리고 기타 제빵류 제조업체인 / 발표했다 / 그것의 설립자이자 CEO인 Justine Richards가 은퇴할 계획이라고 / 올해 말에. Ms. Richard는 Baked Delights를 운영해왔다 / 1998년 이래로 줄곧. ²⁸그녀는 회사를 시작했다 / 케이크를 판매함으로써 / 그녀가 자신의 주방에서 만든. 한 보도 자료에 따르면 / Ms. Richards는 자신이 제품을 만들 수 있다고 생각했다 / 더

맛있고 더 영양가 높게 / 그녀가 슈퍼마켓에서 구매했던 것들보다. 머지 않아 그녀는 주문을 받게 되었다 / 그녀의 친구들과 가족들로부터. 그러고 나서 그녀는 자신만의 회사를 설립했다 / 그리고 (회사는) 고객들을 얻기 시작했다 / 주로 입소문을 통해서. "Ms. Richards 없이는 전과 같지 않을 것입니다." / 회사의 부사장인 Ted Garret가 말했다.

표현 정리 maker 제조업체 announce 발표하다 founder 설립자 intend to do ~하려고 하다 retire 은퇴하다 ever since ~이후로 줄곧 according to ~에 따르면 press release 보도 자료 item 제품, 물품 nutritious 영양가 높은 purchase 구매하다 found 설립하다, 창립하다 obtain 얻다, 획득하다 primarily 주로 through word of mouth 입소문을 통해서 without ~없이 vice president 부사장

27. 시제 문제로 시제 관련 힌트인 ever since와 어울리는 시제를 찾는다.

(A) 운영해왔다 ➡ 현재완료시제로 ever since와 같이 쓸 수 있고, '1998년 이래로 지금껏 운영해왔다'는 내용을 나타내므로 정답

(B) 운영할 것이다 ➡ 미래시제라서 오답. 미래시제는 미래에 일어날 일을 묘사하므로 과거부터 계속된 일을 묘사하는 '~이래로 줄곧'이라는 뜻의 ever since와 같이 쓰지 않는다.

(C) 운영 중이다 ➡ 현재진행시제라서 오답. 현재진행시제는 지금 이 순간의 일만 묘사하므로 '~이래로 줄곧'이라는 뜻의 ever since와 같이 쓰지 않는다.

(D) 운영하고 있었다 ➡ 은퇴 시점이 미래이므로 아직은 일하고 있다는 것을 알 수 있어 과거완료시제를 쓸 수 없다. 과거완료시제는 특정 과거 시점에 혹은 그 전에 완성된 일을 나타낼 때 쓴다.

정답 (A)

28. 이야기의 흐름은 Baked Delights의 설립자이자 CEO인 Justine Richards의 은퇴 소식에 이어 회사의 설립 배경으로 진행되고 있으므로 이에 대한 이야기가 필요하다.

(A) 그녀의 회사는 하나이다 / 그 지역에서 서비스를 제공하는 많은 회사들 중. ➡ 회사에 대한 이야기라서 오답

(B) Ms. Richards는 가게를 닫기로 결정했다 / 더 많은 시간을 보내기 위해 / 집에서. ➡ CEO가 은퇴하는 것이지 회사를 닫는 것은 아니므로 오답

(C) 그녀는 회사를 시작했다 / 케이크를 판매함으로써 / 그녀가 자신의 주방에서 만든. ➡ CEO와 회사 설립의 배경에 대한 이야기라서 정답

(D) 그녀는 친분이 두텁다 / 그 회사를 시작했던 사람과. ➡ 그녀가 이미 회사 설립자이므로 다른 설립자가 있을 수 없어 오답

정답 (C)

표현 정리 serve 서비스를 제공하다 close (문을) 닫다 at home 집에서 sell 판매하다 kitchen 주방 be good friends with ~와 친분이 두텁다

29. 접속부사 문제는 빈칸 앞뒤 문장을 요약한 후 논리 관계를 따져서 푼다. 빈칸 앞은 '더 맛있고 영양가 높은 제품을 만들 수 있다고 생각했다'는 것이고, 빈칸 뒤는 '가족과 친구들로부터 주문을 받았다'는 것이다. 그리고 '회사를 설립했다'는 이야기가 나오는데, 이 내용들은 인과 관계가 아니고 시간적인 순서에 따라 연결되는 상황이다.

(A) 그 결과, 따라서 ➡ 더 나은 제품을 만들 수 있다고 생각한 것과 지인들의 주문을 받는 것이 인과 관계가 아니므로 오답

(B) 머지 않아 ➡ 더 나은 제품을 만들 수 있다고 생각한 것과 그 후에 주문을 받은 것이 시간의 흐름을 나타내고 있으므로 정답

(C) 그럼에도 불구하고 ➡ 역접의 관계가 아니어서 오답

(D) 그와 정반대로 ➡ 역접의 관계가 아니어서 오답

정답 (B)

30. began은 begin의 과거시제이며 자동사이다. 한편, begin은 자/타동사 둘 다 가능하며 to부정사를 목적어로 취할 수 있다.

(A) 얻다 ➡ 정동사라서 오답

(B) 얻기 ➡ to부정사가 목적어가 되어 정답

(C) 얻어지다 ➡ 정동사라서 오답

(D) 획득에 있어 ➡ 명사와 명사를 쓸 수 있는 경우는 복합명사뿐인데 obtainment customers라는 복합명사는 없으므로 오답

정답 (B)

Unit 20 해석 없이 푼다. – 명사 어휘(Ⅰ)

전략 1 | 점검 퀴즈

1. 괄호 뒤의 in과 잘 쓰이는 명사인 increase를 우선순위로 대입 후 해석하면 '가격 증가가 급격한 판매 감소의 원인이었다'는 내용이 적절하므로 정답. addition은 주로 전치사 to와 쓴다.

정답 increase

해석 최근의 식료품들의 가격 증가는 / 야기시켰다 / 판매의 급격한 감소를.

표현 정리 recent 최근의 increase 증가 price 가격 grocery 식료품 sharp 급격한 drop 감소 sales 판매

2. 괄호 뒤의 to와 잘 쓰이는 명사인 answers를 우선순위로 대입 후 해석하면 '설문조사 질문들에 대한 답변'이라는 내용이 적절하므로 정답. consideration은 주로 전치사 under 뒤에 온다.

정답 answers

해석 우리는 사용하지 않을 것이다 / 우리의 설문조사 질문들에 대한 당신의 답변들을 / 다른 목적으로.

표현 정리 survey 설문조사 purpose 목적

3. 두 보기 모두 전치사 as와 잘 쓰이므로 앞의 20 years of와 동사 retire와 어울리는지 확인해보면 service가 답이다. '20년간 평판 후에 은퇴한다'는 내용보다는 '20년간 근무 후에 은퇴한다'는 내용이 더 적절하다. 평판을 목적어로 취하는 동사로는 build, earn, establish, garner 등이 있다.

정답 service

해석 Mr. Wales는 은퇴할 것이다 / 20년간 근무 후에 / Emersion, Inc의 CEO로서.

표현 정리 retire 은퇴하다 after ~후에 service as ~로서 근무 reputation as ~로서의 평판

4. in preparation for라는 숙어 표현을 알고 있다면 쉽게 풀리는 문제이다. '다가오는 회의에 대한 준비로'라는 해석도 자연스럽다. courtesy는 '공손함'이란 뜻으로 as a courtesy of(~에 대한 예우로)의 형태로 쓴다.

정답 preparation

해석 다가오는 회의에 대한 준비로 / Mr. Yoshi는 종합했다 / 설문조사 데이터를.

표현 정리 in preparation for ~에 대한 준비로 upcoming 다가오는 meeting 회의 compile 종합하다, 편집하다 survey 설문조사

전략 2 점검 퀴즈

1. certificate는 가산명사이므로 앞에 관사나 소유격이 있어야 한다. 따라서 불가산명사인 demand가 답이다. 특히 increase in demand(수요의 증가)는 덩어리 표현으로 기억하자.

정답 demand

해석 수요의 증가 때문에 / 손님들은 예상해야 한다 / 배송 지연을.

표현 정리 due to ~때문에 increase 증가 demand 수요 customer 손님 expect 예상하다 shipping delay 배송 지연

2. 괄호 앞의 talented는 '재능 있는'이란 뜻이므로 사람 명사인 applicants가 답이다. initiative는 '계획'이란 뜻으로 사람 명사가 아니라서 오답이다.

정답 applicants

해석 우리는 찾는 중이다 / 재능 있는 지원자들을 / 우리의 해외 지점에서 일할 수 있는.

표현 정리 look for ~을 찾다 talented 재능 있는 applicant 지원자 oversea 해외의 branch 지점

3. 동사와의 어울림을 볼 때 소개되는 것은 사람이므로 '( ) of judges'가 사람 명사가 되어야 한다. panel of judges는 '심사위원단'을 뜻하는 말이라서 정답. extent는 '정도, 크기'라는 뜻으로 사람 명사가 아니라서 오답이다.

정답 panel

해석 심사위원단은 소개되었다 / 관중에게.

표현 정리 panel of judge 심사위원단 introduce 소개하다 audience 관중

4. destination은 사물이므로 사람을 수식하는 interested는 오답. 따라서 복수명사와 잘 어울리는 multiple이 답이다.

정답 multiple

해석 Dream Tours의 우리는 제공한다 / 여행들을 / 중국의 다양한 목적지로의.

표현 정리 offer 제공하다 trip 여행 multiple 다수의, 다양한 destination 목적지

1. to부정사와 잘 쓰이는 opportunity를 우선 대입하여 해석하면 '방문할 기회를 갖는다'는 내용이 적절하므로 정답. progress는 뒤에 전치사 to를 쓸 수 있지만 이 경우 to 뒤에는 동사가 아닌 명사가 와야 하므로 오답이다.

정답 opportunity

해석 모든 직원들은 가질 것이다 / 방문할 기회를 / 새로운 시설을.

표현 정리 staff member 직원 opportunity 기회 progress 진행, 진전 facility 시설

2. to부정사와 잘 쓰이는 ability를 우선 대입하여 해석하면 '일본어를 유창하게 말할 수 있는 능력'이라는 내용이 적절하므로 정답. increase는 뒤에 전치사 in과 주로 사용한다.

정답 ability

해석 Mr. Smith는 능력을 가지고 있다 / 일본어를 유창하게 말할 수 있는.

표현 정리 ability 능력 speak 말하다 Japanese 일본어 fluently 유창하게

3. '주어 is to부정사'의 구조로 주어와 to부정사는 동격의 관계다. '모든 사람들의 진행을 확인하는 것'과 '매니저의 방문 목적'은 동격의 관계가 성립하므로 objective가 답이다. '방문 목적지'는 '모든 사람들의 진행을 확인하는 것'과 동격이 아니라서 오답이다.

정답 objective

해석 매니저의 이곳 방문 목적은 / 확인하는 것이다 / 모든 사람들의 진행을.

표현 정리 objective 목적 manager 매니저 visit 방문 check 확인하다 progress 진행, 진척

4. 괄호 뒤의 that절과 잘 어울리는 명사는 idea이다. 이때 뒤에 오는 that절은 완전한 명사절이 오는데 이를 '동격의 that'이라 부른다. effort는 주로 뒤에 to부정사가 온다.

정답 idea

해석 당신의 생각은 / 우리가 중고 보석을 재활용해야 한다는 / 호평을 받았다.

표현 정리 idea 생각 recycle 재활용하다 used 중고의 jewelry 보석 be well received 호평을 받다

실전 적용 문제

1. accept의 목적어로 쓰이면서 Award(상)와 관련된 명사를 선택한다.

(A) 기부들 ➡ award와 관련이 없으므로 오답

(B) 후보 추천들 ➡ '후보 추천을 받고 있다'는 내용이 적절하고 award와도 연관성이 있으므로 정답

(C) 지지자들 ➡ accept와 어울리지 않으므로 오답

(D) 환경들 ➡ accept와 어울리지 않으므로 오답

정답 (B)

해석 시 의회는 받고 있다 / 시민들의 추천을 / Most Helpful Volunteer Award에 대한.

표현 정리 city council 의회 accept 받아들이다 citizen 시민 volunteer 자원봉사자

2. be used as(~로써 사용되다)와 어울리면서 뒤에 전치사 to와 연관성이 있는 명사를 찾는다.

(A) 결정 ➡ to부정사와 어울리는 명사라서 오답

(B) 선택 ➡ as 다음에는 자격이나 수단을 나타내는 말이 와야 하며 전치사 to와의 어울림도 없어서 오답

(C) 대안 ➡ '베이킹 파우더가 청소용품의 대안으로 사용된다'는 내용이 적절하므로 정답

(D) 기회 ➡ to부정사와 어울리는 명사라서 오답

정답 (C)

해석 베이킹 파우더는 / 사용될 수 있다 / 강력하고 효과적인 대안으로 / 청소용품의.

표현 정리 baking powder 베이킹 파우더 powerful 강력한 effective 효과적인 cleaning product 청소용품

3. 전치사 for와 어울리는 명사를 찾는다.

(A) 열정 ➡ '본인 소유의 회사에서 일하는 것에 대한 열정'이라는 내용이 적절하고 strong이라는 형용사와도 자연스럽게 연결되므로 정답. passion for(~에 대한 열정)를 기억해두자.

(B) 여러 가지, 다양성 ➡ strong이라는 형용사와 어울리지 않으므로 오답

(C) 닮음, 유사함 ➡ strong이라는 형용사와 어울리지 않으므로 오답

(D) 존재, 참석, 영향력 ➡ '본인 소유의 회사에서 일하는 것에 대한 영향력'이라는 내용이 어색해서 오답

정답 (A)

해석 이사인 Mr. Gu의 열정은 / 본인 소유의 회사에서 일하는 것에 대한 / 더 강하다는 것이 드러난다 / 어떤 다른 중역의 그것(열정)보다도.

표현 정리 director 이사 turn out to be ~인 것으로 드러나다[판명되다] executive (기업의) 임원, 경영진, 중역

4. 함께 참석할 수 있는 적절한 대상을 찾아야 한다.

(A) 직업들 ➡ training session에 참석할 수 있는 대상이 아니므로 오답

(B) 친척들 ➡ 급여 체계에 대한 training session에 참석하기에 부적절한 대상이므로 오답

(C) 주민들 ➡ 급여 체계에 대한 training session에 참석하기에 부적절한 대상이므로 오답

(D) 동료들 ➡ 본사에서 열리는 급여 시스템에 대한 training session에 참석하는 대상으로 적절하므로 정답

정답 (D)

해석 새로운 급여 체계에 관한 교육이 / 본사에서 열릴 예정입니다 / 그러니 그것에 참석하세요 / 지사에 있는 당신의 동료들과 함께.

표현 정리 training session 교육 payroll 급여 지불 명부, 급여 지급 총액 hold 열다, 개최하다 headquarters 본부, 본사 attend 참석하다 regional office 지사

고난도!

5. competition(대회)을 위해 제출할 수 있는 대상을 선택한다.

(A) 배송품들 ➡ 제출할 수 있는 대상이 아니므로 오답

(B) 수입들 ➡ 제출할 수 있는 대상이 아니므로 오답

(C) 개인들 ➡ 제출할 수 있는 대상이 아니므로 오답

(D) 참가 작품들 ➡ 제출할 수 있는 대상이면서 대회와 관련이 있으므로 정답

정답 (D)

해석 수천 명의 참가자들이 있을 것이므로 / 참가작들을 제출하는 것이 예상되는 / 대회에 우리는 받을 것입니다 / 오직 개인당 2개만 / 이번에는.

표현 정리 contestant 참가자 expect 예상하다 submit 제출하다 competition 경쟁, 대회 accept 받아들이다

6. '드러나서는 안 되는 고객 자료에 접근하는'이라는 to부정사의 수식을 받기에 적절한 명사를 찾는다.

(A) 결론 ➡ '드러나서는 안 되는 고객 자료에 접근하는'이라는 to부정사의 수식을 받기에 부적절하므로 오답

(B) 지출 ➡ '드러나서는 안 되는 고객 자료에 접근하는'이라는 to부정사의 수식을 받기에 부적절하므로 오답

(C) 수요 ➡ '드러나서는 안 되는 고객 자료에 접근하는'이라는 to부정사의 수식을 받기에 오답

(D) 허가, 권한 ➡ to부정사와 잘 어울리며, '드러나서는 안 되는 고객 자료에 접근할 수 있는 권한을 갖고 있다'는 내용도 논리적으로 타당하므로 정답

정답 (D)

해석 보안 담당자는 가졌다 / 고객 자료에 접근할 수 있는 권한을 / 밝히기로 되어 있지 않은 / 명확하게 허가되지 않았다면.

표현 정리 security 보안 manager 담당자 access 접근하다 customer 고객 be supposed to do ~하기로 되어있다 reveal 밝히다

7. 고객의 수하물 허용량과 관련된 명사이면서 became stricter(강화되었다)와 자연스럽게 연결되는 것을 찾는다.

(A) 정책 ➡ '고객의 수하물 허용량에 대한 Alta 항공의 정책'이라는 내용이 적절하고, 정책은 강화될 수 있는 대상이므로 정답

(B) 디자인 ➡ '고객의 수하물 허용량에 대한'이라는 전명구의 수식을 받기에 부적절하므로 오답

(C) 탄원서 ➡ became stricter(강화되었다)와 어울리지 않으므로 오답

(D) 원천 ➡ '고객의 수하물 허용량에 대한'이라는 전명구의 수식을 받기에 부적절하므로 오답

정답 (A)

해석 고객의 수하물 허용량에 관한 Alta 항공의 정책은 / 최근에 더욱 엄격

해진 / 표지판들에서 볼 수 있다 / 체크아웃 카운터 근처에 있는.

표현 정리 baggage 수하물 allowance 허용(량) recently 최근에 strict 엄격한 sign 표지판

고난도!

8. 경영진을 비난하는(condemn) 주체가 될 수 있는 사람 명사를 선택한다.

(A) 지침들 ➡ 경영진을 비난하는 주체가 될 수 없으므로 오답

(B) 견습생들 ➡ 경영진을 비난하는 주체가 될 수 없으므로 오답

(C) 생활 편의 시설들 ➡ 경영진을 비난하는 주체가 될 수 없으므로 오답

(D) 지지자들 ➡ '노동조합장의 지지자들이 경영진을 비난했다'는 내용이 논리적으로 타당하므로 정답

정답 (D)

해석 노동조합장의 지지자들은 / 경영진을 비난했다 / 주지 않는 것에 대해서 / 그들에게 / 충분한 유급 휴가를.

표현 정리 labor union 노동조합 condemn 비난하다 sufficient 충분한

9. 진주어인 to maintain high levels of productivity(높은 수준의 생산성을 유지하는 것)과 동격이 되는 명사를 선택한다.

(A) 인사 ➡ '생산성을 유지하는 것'과 '매니저의 인사'가 동격의 관계가 아니므로 오답

(B) 약속, 임명 ➡ '생산성을 유지하는 것'과 '매니저의 약속[임명]'이 동격의 관계가 아니므로 오답

(C) 인정 ➡ '생산성을 유지하는 것'과 '매니저의 인정'이 동격의 관계가 아니므로 오답

(D) 책임 ➡ '생산성을 유지하는 것이 곧 생산 관리자의 책임[업무]이라는 것'은 동격의 관계를 이루므로 정답

정답 (D)

해석 생산 관리자의 책임이다 / 유지하는 것은 / 높은 수준의 생산성을.

표현 정리 production 생산 maintain 유지하다 level 수준 productivity 생산성

고난도!

10. '대기 오염을 줄이는 것에 대한'이라는 전명구의 수식을 받기에 적절한 명사를 선택한다.

(A) 비상사태 ➡ '대기 오염을 줄이는 것에 대한' 이라는 내용의 수식을 받기에 부적절하므로 오답

(B) 전망, 가망 ➡ '대기 오염을 줄이는 것에 대한 전망'이라는 내용이 논리적으로 타당하므로 정답

(C) 염려 ➡ '대기 오염을 줄이는 것에 대한'이라는 내용의 수식을 받기에 부적절하므로 오답. concern은 주로 전치사 about이나 over와 어울린다.

(D) 조작 ➡ 주민들을 만족시킬 만한 의미를 지닌 명사가 아니므로 오답

정답 (B)

해석 새로운 환경 규제는 주민들을 만족시켰다 / 전망으로 / 대기 오염을 줄이는 것에 대한.

표현 정리 environmental 환경의 regulation 규제 satisfy A with B A를 B로 만족시키다 resident 주민 reduce 줄이다, 감소시키다

air pollution 대기 오염

11. 전치사 due to와 어울리면서 그 뒤에 장소 명사(Hsim Sai Airport)가 올 수 있는 명사를 찾는다.

(A) 지시, 방향 ➡ '방향 때문에 highly rated(높은 평가를 받았다)'는 내용은 부적절하므로 오답

(B) 관계 ➡ to명사와 어울리지 않으며, '관계 때문에 highly rated(높은 평가를 받았다)'는 내용도 부적절하므로 오답

(C) 근처 ➡ in the vicinity of(~의 부근에)라는 표현으로 쓰이므로 오답

(D) 근접성 ➡ proximity는 to와 함께 쓰여 '~와의 근접성'이란 뜻으로 사용되므로 정답

정답 (D)

해석 New Guilderoy Hotel은 높게 평가된다 / Blackpool에서 / 주로 그것의 근접성 때문에 / Hsim Sai Airport와의.

표현 정리 highly 매우, 높게 **rate** 평가하다 **mostly** 주로 **due to** ~때문에

12. to the account(계정에)라는 전명구의 수식을 받기에 적절하며, be blocked(차단되다)와 어울리는 주체를 선택한다.

(A) 근접성 ➡ to 뒤에 오는 장소와 결합해 '장소에 대한 근접성'이란 뜻으로 사용되는 어휘이므로 오답

(B) 약속 ➡ to와의 어울림이 없고, 계정(account)이나 차단된다(be blocked)는 것과도 어울리지 않는다.

(C) 접근 ➡ to와 잘 어울리고, '계정에 대한 접속이 차단된다'는 내용과도 잘 어울리므로 정답

(D) 헌신, 전념 ➡ '계좌에 대한 헌신[전념]'이라는 것도 어색하고 '차단된다'는 내용의 주체가 될 수 없어서 오답

정답 (C)

해석 만약 누구든 시도한다면 / 계정에 접속하려고 / 잘못된 비밀번호로 / 3번 / 계정에 대한 접속은 / 자동적으로 차단될 것이다.

표현 정리 try to do ~하려고 시도하다 **log on to** ~에 접속하다 **account** 계정 **automatically** 자동적으로 **block** 차단하다

13. trained(훈련을 받은)의 수식을 받을 수 있는 사람 명사를 선택한다.

(A) 계정들 ➡ 사람 명사가 아니라서 오답

(B) 전문가들 ➡ 훈련을 받을 수 있는 사람 명사이므로 정답

(C) 사례들 ➡ 사람 명사가 아니라서 오답

(D) 비용들 ➡ 사람 명사가 아니라서 오답

정답 (B)

해석 높은 양의 수은 때문에 / 오직 훈련된 전문가들만 / 유독한 화학물질을 다루는 데 / 시설에 접근할 수 있다.

표현 정리 level 정도, 수준, 양 **mercury** 수은 **deal with** ~을 다루다 **toxic** 독성의 **chemical** 화학 물질, 화합물 **access** 접근, 입장 **facility** 시설

14. 'be to부정사' 구문이므로 주어 자리에는 '목표, 계획, 이유' 등의 명사를 우선순위로 대입하여 해석해본다.

(A) 목표 ➡ '세계적인 인식을 높이는 것'이 목표라는 내용이 적절하며, 'the goal/purpose/aim is to부정사' 형태의 구문이다.

(B) 목적지 ➡ '세계적인 인식을 높이는 것'이 목적지라고 볼 수 없어서 오답

(C) 관점 ➡ '세계적인 인식을 높이는 것'이 관점이라고 볼 수 없어서 오답

(D) 행동 ➡ '세계적인 인식을 높이는 것'이 행동이라고 볼 수 없어서 오답

정답 (A)

해석 이 프로젝트의 궁극적인 목표는 / 세계적인 인식을 높이는 것입니다 / 인도네시아의 노동 착취 공장에 대한.

표현 정리 ultimate 궁극적인 **raise** 높이다 **awareness** 인식 **sweatshop** 노동 착취 공장

15. 동사 make의 목적어로 적절하면서 전치사 in과도 어울리는 명사를 찾는다.

(A) 투자 ➡ make an investment(투자하다)의 표현으로 쓰이며 분야를 의미하는 in과도 어울리므로 정답. 동사인 invest도 in과 함께 쓰인다는 것도 알아두자.

(B) 보호 ➡ make의 목적어로 부적절해서 오답

(C) 의무 ➡ small의 수식을 받기 부적절해서 오답

(D) 소지품 ➡ make의 목적어로 부적절해서 오답

정답 (A)

해석 Sana Finance는 / 소규모의 초기 투자를 했다 / 신흥 기술 벤처 기업 Nanotech에.

표현 정리 initial 초기의 **emerging** 신흥의 **technology** 기술 **venture** 벤처 기업

16. 전치사 in과 with 사이에 쓰이기에 적절한 명사이면서 safety rules(안전 규정)와 관련이 있는 것을 찾는다.

(A) 완성 ➡ 두 전치사 사이에 들어가기에 부적절하고, safety rules와 연관성이 없으므로 오답

(B) 보조 ➡ safety rules와 연관성이 없으므로 오답

(C) 지원 ➡ 두 전치사 들어가기에 부적절하고, safety rules와 연관성이 없으므로 오답

(D) 준수 ➡ in compliance with(~을 준수하여)라는 표현이 적절하고, 보호 장비를 입어야 하는 것이 규정들을 준수하는 것이므로 정답

정답 (D)

해석 안전 규정을 준수하기 위해서 / 모든 생산라인 노동자들은 반드시 착용해야 한다 / 보호 장비를 / 공장에서 일하는 동안.

표현 정리 safety rules 안전 규정 **wear** 입다, 착용하다 **protective gear** 보호 장비 **factory** 공장

전략 1 점검 퀴즈

1. hold는 회의, 워크샵, 세미나 등 행사와 잘 쓰이는 동사이다. 환영회도 행사의 일종이므로 우선 대입하여 해석하면 잘 어울리므로 reception이 답이다. construction은 '건설을 개최한다'는 어색한 의미가 되므로 오답이다.

정답 reception

해석 행사 주최자는 개최하기로 결정했다 / 환영회를 / 기조 연설 후에.

표현 정리 event 행사 organizer 조직자, 주최자 decide to do ~하기로 결정하다 hold 열다, 개최하다 reception 환영회 following ~후에 keynote speech 기조 연설

2. 'a variety of 복수명사'는 '다양한'이란 뜻을 나타내며, wide는 다양함의 정도를 강조해주는 역할을 한다. a wide variety of(매우 다양한)를 묶음 표현으로 기억하자. a wide objective of는 쓰지 않는 말이다.

정답 variety

해석 우리 Home Furnishing은 / 제공한다 / 매우 다양한 인테리어 장식을.

표현 정리 provide 제공하다 a wide variety of 매우 다양한 interior decoration 인테리어 장식

3. unforeseen은 '예기치 않은'이란 뜻의 형용사로 '상황'이란 말과 잘 어울리므로 circumstances가 답이다. 상황은 예측하고 못하고의 개념이 있지만, '자격'은 그러한 개념을 갖지 못하므로 오답이다.

정답 circumstances

해석 예기치 않은 상황 때문에 / 많은 사람들이 해고되었다 / 지난달에.

표현 정리 unforeseen 예기치 않은, 뜻밖의 circumstances 상황 qualification 자격, 자질 lay off 해고하다

4. draw a comparison은 '비교하다'라는 뜻이므로 정답. 또한 비평가가 두 식당 간에 할 수 있는 것을 생각해보면 비교했다고 보는 것이 타당하다. '두 식당 간에 차이를 만들었다'는 것은 비평가가 할 일이 아니라 오히려 식당 주인이 할 일이므로 오답이다.

정답 comparison

해석 혹독한 음식 비평가는 비교했다 / 두 개의 유명한 식당 사이를.

표현 정리 harsh 혹독한 food critic 음식 비평가 draw a comparison 비교하다 between ~사이에 famous 유명한 restaurant 식당

전략 2 점검 퀴즈

1. '자기소개서와 이력서가 첨부되어 있다'고 하는 것은 채용에 대한 '고려'를 위해서 부탁하는 말이므로 고려의 뜻을 갖는 consideration이 답이다.

정답 consideration

해석 첨부된 저의 자기소개서와 이력서를 확인해 주세요 / 당신의 고려를 위해서.

표현 정리 Attached, please find ~가 첨부되어 있으니 확인해 주세요 cover letter 자기소개서 résumé 이력서 consideration 고려 participation 참가

2. much는 불가산명사를 수식하므로 문법적으로도 불가산명사인 enthusiasm이 정답이다. opinion은 가산명사라서 복수형으로 써야 한다. 그러나 정답의 논리적인 근거도 뒤에 제시된다. '독자들의 열정이 대단했기 때문에 소설이 영화로 만들어졌다'는 내용이 논리적으로 타당하다.

정답 enthusiasm

해석 독자들이 보여주었기 때문에 / 매우 큰 열정을 / 소설에 대한 / 그것은 영화로 만들어졌다.

표현 정리 reader 독자 show 보여주다 enthusiasm 열정, 열망 opinion 의견 novel 소설 develop 발전시키다 movie 영화

3. travel expenses(여행 경비)와 travel destinations(여행지) 둘 다 사용 가능한 말이므로 문장 안에서 단서를 찾아야 한다. 환급 받을 수 있는 것은 '경비'이지 '여행지'가 아니므로 expenses가 답이다.

정답 expenses

해석 해외 컨퍼런스에 참석했던 매니저들은 / 환급 받아야 한다 / 그들의 여행 경비에 대해.

표현 정리 manager 매니저 attend 참석하다 conference 회의, 컨퍼런스 oversea 해외의, 해외에 reimburse 상환하다, 환급해주다 travel expense 여행 경비[비용] destination 목적지

4. 부사절 while 앞에 '회사가 한정된 예산을 가지고 있었다'는 말이 있으므로 이어지는 문장에서도 새로운 프로젝트가 요구하는 것이 '비용'이라고 하는 것이 타당하다. 따라서 expenditures가 답이다. '무게'와는 상관이 없다.

정답 expenditures

해석 그 회사는 한정된 예산을 가지고 있었다 / 자사의 새로운 프로젝트가 필요했던 반면에 / 많은 지출들을.

표현 정리 limited budget 한정된 예산 while ~인 반면에 heavy 많은 expenditure 지출

전략 3 점검 퀴즈

1. 앞 문장만으로는 부하직원에게 무엇을 제공하겠다는 것인지 알 수 없다. 다음 문장에 나오는 '잘하는 혹은 못하는 영역들에 대해 말해줘야 한다'는 부분에서 제공해야 하는 것이 software가 아니라 feedback임을 알 수 있다.

정답 feedback

해석 당신의 의무이다 / 제공하는 것은 / 당신의 부하직원들에게 피드백을. 예를 들어 / 당신은 말해줘야 한다 / 그들에게 / 그들이 잘하는 혹은 못하는 영역들에 대해 / 그리고 또한 제공해야 한다 / 그들에게 / 조언을 / 향상되는

방법에 대해서.

표현 정리 **duty** 의무 **provide** 제공하다 **subordinate** 부하직원 **feedback** 의견, 피드백 **for example** 예를 들어 **area** 영역 **good** 잘하는 **poor** 미숙한, 부족한 **advice** 조언 **improve** 개선되다, 향상되다

2. 뒤의 문장에서 '발표가 훌륭했고 사업을 시작할 수 있는 용기를 주었다' 는 내용을 통해 화자는 주방에 있었던 것이 아니라 청중 가운데 한 사람이었 다고 봐야 하므로 audience가 답이다.

정답 audience

해석 나는 청중 속에 있었다 / 당신이 연설을 할 때. 당신의 발표는 훌륭했 고 / 격려해 주었다 / 내가 나의 사업을 시작할 수 있도록.

표현 정리 **audience** 청중 **make a speech** 연설하다 **presentation** 발표 **wonderful** 훌륭한 **encourage** 격려하다 **start** 시작하다 **business** 사업

3. 앞 문장에서 '식당의 개조 공사가 끝났다'고 하였으므로 이를 upgrade 로 받을 수 있다. contract(계약)과는 아무 상관이 없다.

정답 upgrade

해석 우리 공장 내 구내 식당의 개조 공사가 끝났습니다. (중략). 이 업그레 이드로 / 우리의 직원들은 더이상 필요하지 않습니다 / 저녁식사를 위해 밖 으로 나가는 것이 / 이는 그들에게 돈도 아껴줄 것입니다 / 시간뿐 아니라.

표현 정리 **renovation** 개조 **cafeteria** 구내 식당 **facility** 공장, 시설 **upgrade** 업그레이드, 개선 **employee** 직원 **no longer** 더 이상 ~하지 않는 **A as well as B** B뿐만 아니라 A도

실전 적용 문제

1. 형용사 intellectual의 수식을 받으면서 protect의 목적어로 적절한 명 사를 찾아야 한다.

(A) 안전, 안전성 ➡ intellectual의 수식을 받기에 부적절하므로 오답

(B) 역할, 기능 ➡ protect의 목적어로 부적절하므로 오답

(C) 재산, 소유물 ➡ intellectual property가 '지적 재산'이라는 뜻으로 보호할 대상이므로 정답

(D) 물질, 실체 ➡ intellectual의 수식을 받기에 부적절하므로 오답

정답 (C)

해석 우리 회사의 지적 재산을 보호하기 위해서 / 필수적이다 / 모든 직원들 이 기밀 유지 협약서에 서명하는 것은.

표현 정리 **protect** 보호하다 **intellectual** 지적인 **mandatory** 의무적인 **confidentiality** 기밀성, 비밀 **agreement** 합의, 협정, 협약 **confidentiality agreement** 기밀 유지 협약서

2. marketing과 복합명사를 이루면서 to be achieved(성취되어야 할) 대상이 되는 것을 찾는다.

(A) 목표, 목적 ➡ 목표가 성취되어야 하는 것이 논리적으로 타당하므로 정 답

(B) 지표 ➡ 성취되어야 할 대상이 아니므로 오답

(C) 참고 자료, 추천서 ➡ 성취되어야 할 대상이 아니므로 오답

(D) 해설 ➡ 성취되어야 할 대상이 아니므로 오답

정답 (A)

해석 회의 안건은 포함한다 / 마케팅 목표들 중 하나를 / 달성되어야 할 / 내년에.

표현 정리 **meeting agenda** 회의 안건 **include** 포함하다 **marketing** 마케팅 **achieve** 달성하다, 성취하다

➤고난도!

3. compensation(보상, 보수)과 복합명사를 이루면서 구직자들에게 중요 하게 여겨지는 대상을 찾는다.

(A) 존경, 감탄 ➡ compensation과 복합명사를 이루기에 부적절해서 오답

(B) 균형, 잔액 ➡ compensation과 복합명사를 이루기에 부적절해서 오답

(C) 과실, (시간적) 경과 ➡ compensation과 복합명사를 이루기에 부적절 해서 오답

(D) 패키지, 일괄 프로그램 ➡ compensation packages가 '(급여 및 복 리후생 등을 포함한) 보수'라는 의미의 복합명사이고 구직자들에게 중요하므 로 정답

정답 (D)

해석 Xiong Mao 그룹은 매우 높게 평가된다 / 구직자들에 의해서 / 경쟁력 있는 보수 때문에.

표현 정리 **highly** 매우, 대단히 **regard** ~로 여기다[평가하다] **job seeker** 구직자 **competitive** 경쟁력 있는

4. 가게 주인들이 accept할 수 있는 대상이자 신용카드와 대비되는 명사 를 찾아야 한다.

(A) 상환, 환급 ➡ 가게 주인들이 수락할 수 있는 대상이 아니므로 오답

(B) 합계, 총합 ➡ 가게 주인들이 수락할 수 있는 대상이 아니므로 오답

(C) 급여 ➡ 가게 주인들이 수락할 수 있는 대상이 아니므로 오답

(D) 현금 ➡ accept cash가 '현금을 받는다'는 의미로 가게에서 적은 금 액은 현금으로만 받는다는 내용은 신용카드 사용에 대한 수수료를 피하기 위한 것과도 잘 연결되므로 정답

정답 (D)

해석 신용카드 사용에 대한 수수료를 피하기 위해 / 소매점 주인들은 현금 만 받는다 / 10달러 이하의 구매에 대해.

표현 정리 **avoid** 방지하다, 피하다 **charge** 요금, 수수료 **credit card** 신용카드 **owner** 주인, 소유주 **accept** 받다, 수락하다 **purchase** 구입, 구매 **under** ~이하의

5. gift와 복합명사를 이룰 수 있는 명사이면서 손님들에게 감사의 표시로 줄 수 있는 것을 찾아야 한다.

(A) 청구서, 계산서 ➡ gift와 복합명사를 이루기에 부적절하므로 오답

(B) 독촉장, 상기시켜주는 것 ➡ gift와 복합명사를 이루기에 부적절하므로 오답

(C) 증명서 ➡ gift certificate이 '상품권'이라는 의미의 복합명사이므로 정답. 손님들에게 감사의 표시로 증정할 수 있는 것이기도 하다.

(D) (TV, 라디오의) 채널, 수단 ➡ gift와 복합명사를 이루기에 부적절하므로 오답

정답 (C)

해석 여러분의 지속적 거래에 대한 감사의 표시로 / 상품권이 여러분 각각에게 발송될 것입니다.

표현 정리 as a token of our appreciation for ~에 대한 우리의 감사 표시로 patronage 애용, 단골 거래 mail (우편으로) 보내다, 이메일을 보내다 each of you 여러분 각각 gift certificate 상품권

➤고난도!

6. advantages(장점)보다 더 크다는 표현에 적절한 대상을 찾는다.

(A) 결점, 단점 ➡ 장점과 대조를 이루면서 장점보다 더 클 수 있는 대상이므로 정답

(B) 업적 ➡ 장점보다 더 크다는 표현을 쓰기에 부적절하므로 오답

(C) 고통 ➡ 세탁기와 어울리는 명사가 아니므로 오답

(D) 칭찬 ➡ 장점보다 더 크다는 표현을 쓰기에 부적절하므로 오답

정답 (A)

해석 Mr. Donald는 결정했다 / 새로운 세탁기의 단점들이 훨씬 더 크다고 / 그것의 장점들보다.

표현 정리 decide 결정하다 washing machine 세탁기 much (비교급 수식 부사) 훨씬, 더

7. 관사 an과 of 사이에 쓰여서 적절한 표현을 이룰 수 있는 명사이면서 뒤에 복수명사(gardening tools)를 수식할 수 있는 것을 찾는다.

(A) 배열 ➡ an array of는 '다수의'라는 표현으로 뒤의 복수명사와도 잘 어울려서 정답. a selection of, a range of, a variety of도 같은 뜻이다.

(B) 목표, 물건 ➡ 원예 도구들(gardening tools)의 수식을 받기에 부적절하므로 오답

(C) 가지런함, 정렬 ➡ 원예 도구들(gardening tools)의 수식을 받기에 부적절하므로 오답

(D) 각도 ➡ 원예 도구들(gardening tools)의 수식을 받기에 부적절하므로 오답

정답 (A)

해석 Smith Hardware는 제공한다 / 다양한 원예 도구들 / 시 주민들이 그들만의 식물을 기르는 것을 돕기 위해.

표현 정리 provide 제공하다 an array of 다양한, 다수의 gardening tool 원예 도구 resident 거주자, 주민 grow 기르다, 재배하다 plant 식물

8. online의 수식을 받으면서 complete(완성하다, 완료하다)의 목적어가 될 수 있는 것을 찾는다. 또 research grant(연구 보조금)을 위해서 필요한 것이어야 한다.

(A) 서술, 묘사 ➡ 작성해야 하는 것 아니고, 연구 보조금을 위해서 필요한 것이 아니므로 오답

(B) 신청서 ➡ 연구 보조금을 받기 위해서 작성해야 하는 것이므로 정답

(C) 기부금 ➡ 작성해야 하는 것도 아니고, 연구 보조금을 위해서 필요한 것이 아니므로 오답

(D) 기관, 시설 ➡ 작성해야 하는 것이 아니므로 오답

정답 (B)

해석 자금을 마련하는 것을 희망하는 연구소들은 / 온라인 신청서를 반드시 작성해야 합니다 / 연구 보조금을 위해 / 이번 달 말까지.

표현 정리 research lab 연구소 wish 원하다, 바라다 obtain 얻다, 구하다 funds 자금 complete (양식을) 작성하다 research grant 연구 보조금

➤고난도!

9. lunch와 복합명사로 쓸 수 있으면서 make의 목적어로 적절한 명사를 찾아야 한다.

(A) 약속, 약혼 ➡ lunch와 복합명사를 이루어 '점심 약속'이라는 뜻을 나타내고 make의 목적어로도 적절하므로 정답

(B) 계약 ➡ lunch와 복합명사를 만들기에 부적절하므로 오답

(C) 휴식 (시간) ➡ lunch break(점심 시간)는 적절하지만 make의 목적어로 부적절하므로 오답

(D) 서비스 ➡ lunch와 복합명사를 만들기에 부적절하므로 오답

정답 (A)

해석 Mr. Conan은 점심 약속을 잡았다 / 6월 3일 월요일로.

표현 정리 make a lunch engagement 점심 약속을 하다

10. personal devices(개인용 기기들)의 수식을 받으면서 be prohibited(금지된다)를 동사로 갖기에 적절한 명사를 찾는다.

(A) 사용 ➡ '개인용 기기들의 사용이 금지된다'는 것이 논리적으로 타당하므로 정답

(B) 저장, 보관 ➡ 기기들의 보관은 적절하지만, 보관이 금지되는 대상이 될 수 없으므로 오답

(C) 파손 ➡ 금지되는 대상으로 부적절하므로 오답

(D) 요구 ➡ 금지되는 대상으로 부적절하므로 오답

정답 (A)

해석 Marryat 극장은 요청한다 / 개인용 기기의 사용을 엄격히 금지해 줄 것을 / 공연 중에.

표현 정리 request 요청하다 personal device 개인용 기기 strictly 엄격히 prohibit 금지하다 during ~동안 performance 공연

11. travel과 복합명사로 쓰이면서 TV 프로그램에 소개될 수 있는 대상을 찾아야 한다. 또한 the spot(장소)와 관련이 있어야 한다.

(A) 대리점, 단체 ➡ spot이 아니므로 오답

(B) 주간지, 매주의 ➡ spot이 아니므로 오답

(C) 승인, 인정 ➡ spot이 아니므로 오답

(D) 목적지, 도착지 ➡ travel destination(관광지)은 spot이고 TV에 소개될 수 있으므로 정답

정답 (D)

해석 그 장소가 TV 프로그램에 소개된 이후로 / Cancun은 최고의 여행지가 되었다.

표현 정리 ever since ~이후로 줄곧 spot 장소 introduce 소개하다 Cancun 칸쿤(멕시코 남동부의 휴양지) become ~이 되다 premier 최고의 travel destination 여행지

12. company와 복합명사를 이루면서 stipulate(명시하다)의 주체가 될 수 있는 명사를 찾아야 한다. 또한 that이 이끄는 명사절의 내용과 관련성이 있어야 한다.

(A) 이론 ➡ company와 복합명사를 이루기에 부적절하므로 오답

(B) 주제 ➡ company와 복합명사를 이루기에 부적절하므로 오답

(C) 규정 ➡ company regulations(회사 규정)이 명시할 수 있는 주체이고, '근로자들이 규칙적으로 휴식을 취해야 한다'는 내용이 규정이므로 정답

(D) 비용 ➡ stipulate의 주체가 될 수 없으므로 오답

정답 (C)

해석 회사 규정은 명기하고 있다 / 모든 생산직 근로자들은 휴식을 취해야 한다 / 규칙적으로.

표현 정리 stipulate 규정하다, 명기하다 line worker 생산직 근로자 take a break 휴식을 취하다 on a regular basis 정기적으로, 규칙적으로

13. from today's meeting(오늘 회의에서의)의 수식을 받을 수 있어야 하고, 모든 참석자들에게 be distributed(배포되다)될 수 있는 것을 찾는다.

(A) 메모 ➡ 회의 내용을 담은 메모가 배포되는 것이 적절하므로 정답

(B) 카탈로그 ➡ 회의와 연관성이 없으므로 오답

(C) 여행일정표 ➡ 회의와 연관성이 없으므로 오답

(D) 공연, 성과 ➡ 배포될 수 있는 대상이 아니므로 오답

정답 (A)

해석 오늘 회의의 메모가 배포될 것이다 / 모든 참석자들에게 / 사람들이 어떠한 중요한 사항이라도 놓칠 경우에 대비해서 / 회의 도중에 언급된.

표현 정리 distribute 배포하다 attendee 참석자 just in case ~할 경우에 (대비해서) miss 놓치다 critical 중요한 point 요점, 사항 during ~동안에

14. goal(목표)과 함께 복합명사를 만들면서 profits(수익)와 연관성이 있는 명사를 찾는다.

(A) 수익 ➡ 다른 부서의 profits와 연관성이 있으므로 정답

(B) 배달, 전달 ➡ profits와 연관성이 없으므로 오답

(C) 여행 ➡ profits와 연관성이 없으므로 오답

(D) 혼합(물) ➡ profits와 연관성이 없으므로 오답

정답 (A)

해석 TV 사업부만 단독으로 수익 목표를 초과 달성했다 / 그러나 다른 부서들은 낮은 수익을 보고했다.

표현 정리 TV division TV 사업부 alone 단독으로 surpass 능가하다, 뛰어넘다 earnings goal 수익 목표 department 부서 low profits 낮은 수익

15. sales와 복합명사를 이루면서 record(기록하다)할 수 있는 것을 찾는다. 10퍼센트와의 어울림도 필요하다.

(A) 측정, 측량 ➡ sales와 복합명사를 이루기에 부적절하므로 오답

(B) 증가, 인상 ➡ sales increase(판매 증가)라는 복합명사를 이루며 기록할 수 있는 대상이므로 정답

(C) 전략, 계획 ➡ sales strategy(판매 전략)라는 복합명사를 이루지만 10퍼센트와 어울리지 않아서 오답

(D) 대리인, 에이전트 ➡ sales agent(판매 대리인)는 가능하지만 10퍼센트와 어울리지 않아서 오답

정답 (B)

해석 Greenhouse Produce는 기록했다 / 10%의 분기별 판매 증가를.

표현 정리 record 기록하다 quarterly 분기별의 sales increase 판매[매출] 증가

▶고난도!
16. satisfy our visitors(방문객들을 만족시키다)와 연관성이 있고 방문객을 대하면서 필요한 명사를 고른다.

(A) 업적 ➡ 방문객을 대하면서 필요한 것이 아니므로 오답

(B) 승진, 진보 ➡ 방문객을 대하면서 필요한 것이 아니므로 오답

(C) 부담 ➡ 방문객을 돕기 위해 필요한 것이 아니므로 오답.

(D) 열정 ➡ 열정을 가지고 고객을 도와야 방문객을 만족시킬 수 있으므로 정답

정답 (D)

해석 Oaktown 현대 미술관에서 / 우리는 자랑스럽게 여깁니다 / 우리의 방문객들을 만족시키는 것에 대해서 / 그러므로 모든 사람들을 도와주세요 / 열정적으로.

표현 정리 contemporary art museum 현대 미술관 take pride in ~을 자랑스러워 하다 visitor 방문객 with enthusiasm 열심히, 열정적으로

'명사 어휘' 종합 문제 |파트5|

1. 일단 빈칸 뒤의 전치사 to와 어울리는 명사를 찾아야 한다. 특정 장소가 이상적인 장소로 여겨지는 이유에 대해, 빈칸 앞의 조용한 환경이라는 장점에 이어 또 다른 장점이 될 수 있는 것을 선택한다.

(A) 성취 ➡ to와의 어울림이 없고, 장소의 장점으로 적절하지 않으므로 오답

(B) 근접성 ➡ proximity to 가 '~에 가까움[근접성]'이라는 표현으로 장소의 장점이 되므로 정답

(C) 수용력 ➡ to와의 어울림이 없어 오답

(D) 면제 ➡ to와의 어울림이 없고, 장소의 장점으로 적절하지 않으므로 오답

정답 (B)

해석 Cedar Hill은 여겨진다 / 이상적인 장소로서 / 그것의 조용한 환경뿐만 아니라 / 도시와의 근접성 때문에.

표현 정리 be considered as ~로 여겨지다[간주되다] ideal 이상적인 due to ~때문에 not only A but also B A뿐만 아니라 B도 tranquil

조용한 **setting** 환경

2. 인센티브 제도를 시행하여 증진시켜야 할 대상을 찾아야 한다.

(A) 적합성 ➡ increase의 목적어로 부적절하므로 오답

(B) 상태 ➡ increase의 목적어로 부적절하므로 오답

(C) 생산성 ➡ 생산성은 증진시킬 수 있는 대상이고, 그러한 목적으로 인센티브 프로그램을 시행하는 것이 적절하므로 정답

(D) 적성 ➡ increase의 목적어로 부적절하므로 오답

정답 (C)

해석 생산성을 증진시키기 위해서 / Boz 사는 인센티브 제도를 실행했다 / 직원들이 더욱 주의를 기울일 수 있는.

표현 정리 increase 증가시키다, 증진시키다 implement 실행하다 incentive program 인센티브 제도 attentive 주의를 기울이는

3. 진주어인 to 이하, 즉 '질문들을 기술자들에게 보내는 것'과 동격이 되는 명사를 고른다.

(A) 상태 ➡ '질문들을 기술자들에게 보내는 것'이 곧 서비스 직원의 상태는 아니므로 오답

(B) 업무, 책임 ➡ '질문들을 기술자에게 보내는 것'이 서비스 직원의 업무가 되기 때문에 정답

(C) 정확(성) ➡ '질문들을 기술자들에게 보내는 것'이 곧 서비스 직원의 정확성은 아니므로 오답

(D) 운영, 가동 ➡ '질문들을 기술자들에게 보내는 것'이 서비스 직원의 운영은 아니므로 오답

정답 (B)

해석 고객 질문들이 해결될 것 같지 않다면 / 서비스 직원의 책임이다 / 이런 문제들을 기술자들에게 보내는 것이.

표현 정리 customer questions 고객 질문들 be likely to do ~할 것 같다 solve 해결하다 direct 보내다

➤고난도!
4. of thousands of innovative startups(수천 개의 신생 기업들의)의 수식을 받기에 적절한 명사이면서 take pride in(~을 자랑스러워하다)의 대상을 선택해야 한다.

(A) 번역 ➡ 신생 기업들과 관련이 없으므로 오답

(B) 집회 ➡ 자랑스럽게 여길 대상이 아니므로 오답

(C) 집중(도) ➡ '수천 개의 신생 기업들이 집중되어 있는 것을 자랑스럽게 여긴다'는 내용이 적절하므로 정답

(D) 유동성 ➡ 신생 기업들과 관련이 없으므로 오답

정답 (C)

해석 YS Tech Valley는 자랑스러워 한다 / 집중되어 있는 것에 / 수천 개의 혁신적인 신생 기업들과 그들의 특허 받은 지적 재산들이.

표현 정리 take pride in ~을 자랑스러워 하다 thousands of 수천 개의 innovative 혁신적인 startups 신생 기업들 patented 특허 받은 intellectual properties 지적 재산들

5. different sellers(다른 판매자들)에게 받을 수 있고, 공식 합의서를 구성하기 위해 필요한 명사를 선택한다.

(A) 혼합물 ➡ 다른 판매자들에게 받을 수 있는 명사가 아니므로 오답

(B) 행동 ➡ 다른 판매자들에게 받을 수 있는 명사가 아니므로 오답

(C) 견적(서) ➡ 다른 판매자들에게서 받을 수 있는 것이고, '공식 합의서를 구성하기 위해 계약서에 견적서를 포함해야 한다'는 내용이 적절하므로 정답

(D) 협력 ➡ include(포함하다)의 대상이 될 수 없으므로 오답

정답 (C)

해석 공식적인 합의서를 구성하기 위해서 / 구매 계약서는 반드시 포함해야 한다 / 적어도 두 통의 견적서를 / 다른 판매자들로부터.

표현 정리 form 구성하다, 만들다 official 공식적인 agreement 합의(서), 계약(서) purchasing contract 구매 계약서 include 포함하다 at least 적어도 different 다른 seller 판매자

6. proofreader(교정자)와 관련된 명사이고, 빈칸 뒤의 to와 어울림이 있는 명사부터 선택한다.

(A) 제안서 ➡ proofreader와 관련이 없으므로 오답

(B) 기사문 ➡ proofreader와 관련이 없으므로 오답

(C) 수정사항 ➡ revisions는 to와 어울려 '~에 대한 수정사항'이란 뜻을 나타내며, proofreader가 하는 일이 원고에 수정을 하는 것이므로 정답

(D) 추천서 ➡ proofreader와 관련이 없으므로 오답

정답 (C)

해석 마감일을 맞추기 위해서 / 교정자들은 반드시 제출해야 한다 / 원고에 대한 모든 수정사항들을 / 저자들에게 / 월요일까지.

표현 정리 meet 맞추다, 충족시키다 deadline 마감일 proofreader 교정자 turn in 제출하다 manuscript 원고 writer 저자

7. 부서 관리자들이 확인해야 할 명사이면서 license와 복합명사로 쓸 수 있는 것을 찾는다.

(A) 요건 ➡ license requirements(면허증 자격 요건들)가 부서 관리자들이 확인해야 하는 것이고 정부가 발표할 수 있는 것이므로 정답

(B) 분배 ➡ 정부가 발표할 수 있는 대상이 아니므로 오답

(C) 디자이너 ➡ 정부가 발표할 수 있는 대상이 아니므로 오답

(D) 자산 ➡ license와 복합명사를 이루기에 부적절하므로 오답

정답 (A)

해석 부서 관리자들은 확인하는 과정에 있다 / 면허증 자격 요건들을 / 정부가 발표한 / 지난주에.

표현 정리 department supervisors 부서 관리자들 be in the process of ~하는 과정에 있다 check 확인하다 license 면허증 government 정부 issue 발표하다, 발부[발행]하다

8. 전치사 at과 어울리면서 study(공부하다)와 관련된 명사를 찾는다.

(A) 행동 ➡ 전치사 at과 관련이 없으므로 오답

(B) 속도 ➡ speed, pace와 같은 속도 관련 명사들 앞에는 at 전치사가 어울리며, '공부를 자신만의 속도로 하기를 원한다'는 것이 언어 개인지도 교

사들을 보내는 적절한 이유가 되므로 정답

(C) 안정성 ➡ study와 관련이 없으므로 오답

(D) 방식 ➡ 전치사 at과 관련이 없어서 오답

정답 (B)

해석 Deacon Logic Institute는 언어 개인지도 교사들을 보낼 수 있다 / 학생들이 공부하기를 원한다면 / 그들만의 속도로.

표현 정리 language 언어 tutor 과외 교사, 개인지도 교사 want to do ~하기를 원하다

➤고난도!

9. 빈칸 뒤 'of 명사'나 'to 명사'와 어울려야 하고, 회사의 중국 시장 진출을 돕기 위해서 필요한 명사를 찾는다.

(A) 목록 ➡ 회사의 중국 시장 진출을 도울 수 있는 명사가 아니므로 오답

(B) 추가 ➡ 사람과 사물을 모두 받을 수 있는 명사로, '마케팅 전문가들의 추가가 회사의 중국 시장 진출을 도울 수 있다'는 내용도 적절하므로 정답

(C) 노력 ➡ to the current staff(현재의 직원들)에 전명구와 노력이 어울리지 않으므로 오답

(D) 진보, 발전 ➡ of marketing experts의 수식을 받기에 부적절하므로 오답

정답 (B)

해석 마케팅 전문가들의 추가는 / 현재의 직원들에 / 우리의 회사를 도울 것이다 / 중국 시장에 진출하는 것을.

표현 정리 marketing expert 마케팅 전문가 current 현재의 penetrate 뚫고 들어가다, 침투하다

10. 동사 have와 전치사 to와 어울리는 명사를 찾는다.

(A) 진술 ➡ 전치사 to와 어울리지 않아서 오답

(B) 허가 ➡ 전치사 to와 어울리지 않아서 오답

(C) 노력 ➡ 전치사 to와 어울리지 않아서 오답. to부정사는 올 수 있다.

(D) 접근 ➡ have access to가 '~에 접근 권한을 가지다, ~에 접근할 수 있다'라는 뜻을 가진 표현이므로 정답

정답 (D)

해석 오직 승인된 직원들만이 접근 권한을 가질 것이다 / 고객들의 개인 자료에 / 사생활 문제 때문에.

표현 정리 authorized 승인된, 인가된 personnel 직원들 customer 고객 personal data 개인 자료 due to ~때문에 privacy issue 사생활 문제

11. key(중요한)의 수식을 받는 명사이면서 품질과 훌륭한 서비스에 대한 헌신과 관련된 명사를 찾는다.

(A) 요인 ➡ key factor가 '핵심적인 요소'라는 뜻을 나타내는 표현이며, '품질과 훌륭한 서비스에 대한 헌신이 핵심적인 요소'라는 내용도 적절하므로 정답

(B) 단어 ➡ 품질과 훌륭한 서비스에 대한 헌신과 관련이 없으므로 오답

(C) 기원 ➡ 품질과 훌륭한 서비스에 대한 헌신과 관련이 없으므로 오답

(D) 조직 ➡ 품질과 훌륭한 서비스에 대한 헌신과 관련이 없으므로 오답

정답 (A)

해석 우리의 헌신은 / 품질과 우수한 서비스에 대한 / 핵심적인 요소이다 / 고객들을 만족시키는 데.

표현 정리 commitment 약속, 전념, 헌신 quality 품질 excellent 우수한 key 핵심적인, 가장 중요한 satisfy 만족시키다

12. secretary(비서)와 handling appointment scheduling(약속 일정을 처리하는 것)을 연결할 명사를 찾는다.

(A) 올리기, 높이 ➡ 비서와 관련이 없으므로 오답

(B) 기부 ➡ 약속 일정을 처리하는 것과 관련이 없으므로 오답

(C) 건설 ➡ 비서와 관련이 없으므로 오답

(D) 의무, 업무 ➡ 비서의 업무가 약속 일정을 처리하는 것이므로 정답

정답 (D)

해석 CEO 비서의 업무는 포함한다 / 약속 일정을 처리하는 것과 / 전화 통화에 응답하는 것을.

표현 정리 secretary 비서 handle 다루다 appointment 약속 scheduling 일정 answer 응답하다 telephone call 전화 통화

13. mounting(증가하는)의 수식을 받기에 적절한 명사이면서 operating과 함께 쓸 수 있는 것을 찾는다.

(A) 비용 ➡ operating costs[expenses]가 '운영비'라는 뜻의 명사이며, mounting(증가하는)의 수식을 받을 수 있으므로 정답

(B) 관행들 ➡ 증가할 수 있는 대상이 아니므로 오답

(C) 의뢰인들 ➡ 증가할 수 있는 대상이 아니므로 오답

(D) 사례들 ➡ 증가할 수 있는 대상이 아니므로 오답

정답 (A)

해석 내년에 / Nexson 사는 계속해서 줄일 것이다 / 자사의 증가하는 운영비.

표현 정리 keep ~ing 계속해서 ~하다 reduce 줄이다 mounting 증가하는 operating costs 운영비

14. 뒤에 cardiac disease(심장병)와 앞에 breakthrough(돌파구)라는 단서들을 보고 관련 단어를 찾는다.

(A) 언급, 참조 ➡ disease와 관련이 없으므로 오답

(B) 치료(법) ➡ 병과 관련된 단어이고, 치료법은 breakthrough가 될 수 있으므로 정답

(C) 발생 ➡ 병의 발생이 breakthrough가 될 수 없으므로 오답

(D) 관여 ➡ breakthrough와 관련이 없으므로 오답

정답 (B)

해석 만약 연구가 인간에게로 옮겨질 수 있다면 / 돌파구가 될 수 있다 / 심장병 치료에.

표현 정리 research 연구 transfer 이동하다 breakthrough 돌파구, 타개책 cardiac disease 심장병

15. 좌석 업그레이드와 관련된 단어로 additional(추가적인)의 수식을 받기에 적절한 것을 찾는다.

(A) 현금 ➡ 불가산명사이므로 앞에 부정관사인 an과 함께 쓸 수 없어서 오답

(B) 요금, 비용 ➡ 서비스를 이용하기 위해 들어가는 돈을 의미하므로 정답

(C) 자금 (제공) ➡ 불가산명사이므로 앞에 부정관사인 an과 함께 쓸 수 없어서 오답

(D) 급료, 보수 ➡ 일하고 받는 돈을 의미하므로 오답

정답 (B)

해석 Routan Express Train에서 당신의 예약된 좌석은 / 업그레이드될 수 있습니다 / 앞 좌석 중 하나로 / 좀 더 큰 다리 쪽 공간을 가진 / 추가 요금으로.

표현 정리 reserved seat 예약 좌석 be upgraded to (상위 등급으로) 업그레이드되다 front 앞의 legroom 다리를 뻗을 수 있는 공간 additional 추가의

16. according to와 잘 어울리고, 빈칸 뒤에 나오는 반품하는 과정과 관련된 명사를 찾는다.

(A) 환불 ➡ according to(~에 따라서)와 어울리지 않으므로 오답

(B) 정책 ➡ according to(~에 따라서)와 잘 어울리고, 주절의 내용이 반품 정책에 대한 내용이므로 정답

(C) 성격, 특징 ➡ 반품하는 과정과 관련된 명사가 아니므로 오답

(D) 옷, 복장 ➡ according to(~에 따라서)와 어울리지 않으므로 오답

정답 (B)

해석 Bestguard Apparel의 정책에 따르면 / 모든 반품은 받아야 한다 / 영업일 5일 이내에 / 배달된 날로부터.

표현 정리 according to ~에 따르면 return 반품 receive 받다 within ~이내에 business days 영업일 deliver 배달하다

17. 긍정적인 요소들(hard work, generous contributions)에 의해 상쇄될(offset) 수 있는 부정적 개념의 단어를 찾는다.

(A) 비용 ➡ 비용은 긍정적 요소들에 의해 상쇄될 수 있는 부정적 개념이므로 정답

(B) 수입 ➡ 긍정적인 의미의 단어이므로 오답

(C) 도움 ➡ this benefit dinner의 수식을 받기에 부적절하므로 오답

(D) 합병 ➡ benefit dinner와 관련이 없으므로 오답

정답 (A)

해석 이 자선 만찬의 비용은 상쇄될 것이다 / 자원봉사자들의 노고와 개인 기부자들의 후한 기부에 의해.

표현 정리 benefit dinner 자선 만찬 be offset by ~에 의해 상쇄되다 volunteer 자원봉사자 hard work 노고 generous 후한 contribution 기부, 기여 private donor 개인 기부자

18. rescue(구조)와 복합명사를 이루면서 failed(실패한)의 수식을 받을 수 있는 명사를 찾는다.

(A) 감각 ➡ rescue와 복합명사를 이루기에 부적절하므로 오답

(B) 통지 ➡ rescue와 복합명사를 이루기에 부적절하므로 오답

(C) 의견 ➡ rescue와 복합명사를 이루기에 부적절하므로 오답

(D) 노력 ➡ rescue와 복합명사를 이루어 '구조 노력'이라는 의미를 나타내고, '실패한 구조 노력이 대재앙을 야기했다'는 내용도 적절하므로 정답

정답 (D)

해석 아무도 원하지 않는다 / 책임지는 것을 / 실패한 구조 노력에 대해 / 이는 대재앙을 야기했다 / 어린아이들에게 영향을 미친.

표현 정리 be responsible for ~에 대해 책임이 있다 failed 실패한 rescue 구조 cause 야기하다 big disaster 대재앙

19. housing(주택)과 복합명사를 이루면서 architect(건축가)가 제안서를 만들 수 있는 명사를 찾는다.

(A) 다양성 ➡ housing과 복합명사로 어울리지 않아서 오답

(B) 본질적인 것 ➡ housing과 복합명사로 어울리지 않아서 오답

(C) 개발 ➡ housing development는 '주택 개발 단지'라는 뜻의 복합명사이며, 건축가가 제안서를 만들 수 있는 것이므로 정답

(D) 사례 ➡ housing과 복합명사로 어울리지 않아서 오답

정답 (C)

해석 일류 건축가로서 / Sider Cosino은 몇몇 제안서를 만들었다 / 그 마을의 새로운 주택 개발 단지에 대한.

표현 정리 as ~로서 leading 선도적인, 일류의 architect 건축가 several 몇몇의 proposal 제안 housing development 주택 개발 단지

20. to부정사의 형용사적 용법으로 쓰인 to sign the contract(계약서에 서명할)의 수식을 받으며 have(가지다)의 목적어가 될 수 있는 적절한 명사를 찾는다.

(A) 가설 ➡ 계약서에 서명하는 것과 관련이 없으므로 오답

(B) 평가 ➡ 가질 수 있는 대상이 아니므로 오답

(C) 인식 ➡ 계약서에 서명하는 것과 관련이 없으므로 오답

(D) 의무 ➡ '서비스에 만족하지 않으면 계약서에 서명할 의무가 없다'는 내용이 적절하므로 정답

정답 (D)

해석 당신은 의무가 없다 / 계약서에 서명할 / 만약 당신이 충분히 만족하지 않는다면 / 우리의 서비스에.

표현 정리 sign 서명하다 contract 계약서 unless ~하지 않는다면 be satisfied with ~에 만족하다

21. build(쌓다, 만들다)의 목적어로 적절한 명사를 찾는다.

(A) 예보 ➡ build의 목적어로 부적절하므로 오답

(B) 공손함 ➡ build의 목적어로 부적절하므로 오답

(C) 평판 ➡ build a reputation이 '명성[평판]을 쌓다'라는 표현이므로 정답

(D) 공지 ➡ build의 목적어로 부적절하므로 오답

정답 (C)

해석 Nelson County Institute에서 / 당신은 배울 수 있다 / 개인지도 교사로서 명성을 쌓는 방법을 / 이 단계별 지침서를 가지고.

표현 정리 learn 배우다 how to do ~하는 방법 build 만들다 tutor 개인지도 교사 step-by-step 단계별 guide 안내서, 지침서

22. a 와 of 사이에 들어가서 표현을 만드는 명사이면서 뒤에 복수명사가 오는 것을 찾는다.

(A) 종류 ➡ 앞 부분에서 풀서비스를 제공하는 회사라고 했는데 한 종류만 돕는다는 표현은 어색하므로 오답. 특히, 문어체에서는 a kind of 다음에 단수명사나 불가산명사가 온다.

(B) 예금 ➡ of financial and business needs(재정적 그리고 사업적 요구사항의)의 수식을 받기에 적절하지 않으므로 오답

(C) 범위 ➡ a range of(다양한)가 숙어이고, 뒤에 복수명사가 오므로 정답. 앞 부분에서 풀서비스를 제공하는 회사라고 하였으므로 '다양한 재정적 그리고 사업적 요구사항들에 대해 돕는다'는 내용도 적절하다.

(D) 방법 ➡ '요구사항들의 방법'이라는 표현이 부적절하므로 오답

정답 (C)

해석 Greene and Burch는 풀서비스를 제공하는 회계 회사이다 / 당신을 도울 수 있는 / 다양한 재정적 그리고 사업적 요구사항들에 대해서.

표현 정리 accounting firm 회계 회사 assist 돕다 a range of 다양한 financial 재정적인 need 요구사항

'명사 어휘' 종합 문제 |파트6|

문제 23-26번은 다음 편지를 참조하시오.

> Mr. Twiling 귀하,
>
> 이 편지는 작성되고 있습니다 / 귀하의 최근 이메일에 대한 회신으로 / 서비스들에 관한 / 저희 Hampton Financial이 제공할 수 있는. 귀하는 일부 정보를 요청하셨습니다 / 다양한 자금과 기타 투자 기회들에 관한 / 저희가 제공할 수 있는. 동봉된, 안내책자를 봐 주세요 / 모든 것을 설명하고 있는 / 귀하가 저희에 대해 아실 필요가 있는. ²⁵귀하는 알아차리실 것입니다 / 저희가 무엇인가를 제공한다는 것을 / 모든 유형의 투자자들에게.
>
> 관심이 있으시다면 / 저희와 어떤 유형의 계좌라도 개설하는 것에 / 저희를 방문해 주세요 / 584 Main Street에 있는. 저희의 재무분석가들 중 한 명이 / 기꺼이 귀하와 대화를 나눌 것입니다 / 귀하의 투자 요구사항에 관해.
>
> 귀하로부터 곧 소식을 듣기를 바랍니다.

표현 정리 in response to ~에 회신으로 regarding ~에 관한 provide 제공하다 ask for 요청하다 various 다양한 fund 자금 investment opportunity 투자 기회 brochure 안내책자 describe 설명하다 open 개설하다 account 계좌, 계정 pay a visit 방문하다 financial analyst 재정 분석가 be willing to do 기꺼이 ~하다 need 필요, 요구사항 soon 곧

23. 형용사 어휘 문제로 앞뒤 문맥을 파악해야 한다.

(A) 최근의 ➡ 빈칸이 포함된 문장의 다음 문장에서 고객이 이미 정보를 요청했다는 내용이 나오고, 이 편지는 그 요청사항에 답변하기 위한 것이므로 고객이 최근에 이메일 보낸 것으로 보기에 무리가 없다.

(B) 제안된 ➡ 제안할 수 있는 것은 예산안, 사업 계획 등이 있으며, 이메일 자체는 제안할 수 없으므로 오답

(C) 반환된 ➡ 수신자에게 다시 돌아간 이메일에 굳이 회신할 이유가 없으므로 오답

(D) 논란이 많은 ➡ 단순히 정보를 요구하기 위한 이메일이 논란이 많다고 볼 수 없고 논란에 대한 어떤 단서도 없으므로 오답

정답 (A)

24. 빈칸 뒤에 완전한 문장이 있으므로 빈칸은 수식어 자리이다. 빈칸은 원래 brochure를 수식하는 형용사/분사 자리였으나 비즈니스 서신에서 종종 강조 등의 이유로 문장 앞으로 위치시킨다.

(A) 동봉하는 ➡ enclose는 타동사이므로 -ing 형태의 분사로 쓰이면 목적어가 있어야 하는데 없으므로 오답

(B) 울타리를 친 장소, (편지에) 동봉된 것 ➡ 명사가 완전한 문장 앞에 단독으로 올 수 없어서 오답

(C) 동봉된 ➡ '동봉합니다'란 뜻으로 주로 편지 서식에 쓰이는 표현이므로 정답

(D) 동봉하다 ➡ 수식어 자리에 동사원형이 올 수 없으므로 오답

정답 (C)

25. 빈칸 앞의 문장은 '동봉된 안내책자'에 관한 내용이다. 따라서 이어지는 문장도 이와 같은 주제가 나와야 한다.

(A) 저희와 첫 달을 함께 하신 잔고가 / 포함되어 있습니다. ➡ 아직 계좌 개설 전 단계이므로 오답

(B) 귀하는 알아차리실 것입니다 / 저희가 뭔가를 제공한다는 것을 / 모든 유형의 투자자들에게. ➡ 안내책자에 담긴 내용에 대해 언급하고 있으므로 정답

(C) 저희가 논의했던 할인이 / 귀하의 청구서에 적용될 것입니다. ➡ 논의를 했다고 보기도 어렵고, 청구서 이야기를 계좌 개설 전 단계에서 언급할 이유가 없으므로 오답

(D) 저희는 늘 감사합니다 / 저희에게 제공해 주실 수 있는 어떠한 피드백. ➡ 동봉된 안내책자에 대한 이야기가 아니므로 오답. 이 글은 서비스 문의에 대한 답변을 하는 상황이므로 굳이 상대방에게 피드백을 구할 필요가 없다.

정답 (B)

표현 정리 balance 잔고, 잔액 include 포함하다 notice 알아차리다 all kinds of 모든 유형의 investor 투자자 discuss 논의하다 apply 적용하다 bill 청구서 appreciate 감사하다

26. 명사 어휘 문제로 먼저 동사(open)와의 어울림을 보고, 이어 전체 글의 성격을 통해 단서를 찾는다.

(A) 제공 ➡ open과 어울리지 않아서 오답

(B) 버전 ➡ open과 어울리지 않아서 오답

(C) 환불 ➡ open과 어울리지 않아서 오답

(D) 계좌 ➡ '계좌를 개설하다'라는 의미를 이루고, '계좌 개설에 관심이 있다면 방문해달라'는 내용이 적절하므로 정답

정답 (D)

문제 27-30번은 다음 회람을 참조하시오.

수신: 전 직원
발신: Janet Remy
날짜: 5월 23일
제목: 새로운 정책

저희가 변경했다는 것을 숙지해 주세요 / 저희 극장의 좌석 정책을. 많은 영화팬들이 예약된 표를 가지고 극장에 오셔서 / 자신들의 좌석이 변경되도록 요청합니다 / 통로 옆으로 / 그들에게 다리 뻗을 공간을 더 제공해줄 수 있는. 이제부터 / 이러한 요청들은 허용될 것입니다 / 오직 구매 시에만. 또한, 추가 공간을 원하는 관객들은 / 앞줄에 앉는 것이 더욱 환영됩니다. ³⁰그 좌석들은 거의 항상 마지막에 판매됩니다. 이 정책을 도입함으로써 / 저희 매표소 직원들은 / 좌석 안내원들뿐만 아니라 / 너무 바쁘게 않게 될 것입니다 / 영화가 시작되기 직전에.

표현 정리 be advised that ~을 숙지하다 **seating policy** 좌석 정책 **theater** 극장 **moviegoer** 영화팬, 영화 보러 가는 사람 **reserved** 예약된 **aisle** 통로 **legroom** 다리를 뻗을 수 있는 공간 **starting now** 이제부터 **permit** 허용하다 **in addition** 또한, 게다가 **audience member** 관객 **extra room** 추가 공간 **in front row** 앞줄에 **institute** 도입하다 **box office** 매표소 **usher** 좌석 안내원 **keep from ~ing** ~하지 않고 있다, ~하는 것을 막다 **right before** ~직전에

27. 명사 어휘 문제로, 뒤의 문장에서 영화팬들의 좌석 변경 요구에 대해 언급하고 있으므로 이 글은 좌석 정책 변경에 관한 내용임을 알 수 있다.

(A) 환불 ➡ 환불 정책이므로 오답
(B) 분명한, 외관상의 ➡ 정책과는 어울리지 않는 형용사이므로 오답
(C) 좌석, 자리 ➡ 좌석 정책이므로 정답
(D) 구매 (행위) ➡ 구매 정책이므로 오답

정답 (C)

28. 빈칸은 완전한 문장 뒤 부사 자리로 전명구를 수식할 수 있는 초점부사가 정답이다.

(A) 오직 ➡ only는 초점부사이므로 정답. 또한 '이 요청들은 구매 시에만 허용될 것입니다'라는 내용도 적절하다.
(B) 모든 ➡ every는 형용사라서 오답. 'every + 단수명사'로 쓴다.
(C) 이래로, 때문에 ➡ since는 전치사, 접속사, 부사가 모두 될 수 있지만, 부사인 경우에는 have p.p. 사이에 위치해야 하므로 오답.
(D) 이전에 ➡ 전치사, 접속사, 부사가 모두 될 수 있지만, 부사인 경우에는 문장의 맨 앞이나 뒤에 위치하므로 오답

정답 (A)

29. 빈칸 뒤 동사 are가 있으므로 동사 자리는 아니다. audience members를 뒤에서 수식하는 성분이 필요하다.

(A) 원했다 ➡ 접속사 없이 동사만 올 수 없으므로 오답
(B) 원하는 ➡ 선행사인 members를 수식하는 형용사절로 앞으로 시행될 정책을 이야기하고 있으므로 정답
(C) 그들이 원하는 ➡ they want extra room은 완전한 절이므로 앞에 선행사가 올 수 없어서 오답
(D) 원했던 ➡ 앞으로 이행될 정책이므로 굳이 완료형 분사를 사용해 '~했던'이란 말을 쓸 이유가 없어 오답

정답 (B)

30. 빈칸 앞의 문장은 추가 공간을 원하는 관객들에게 앞줄 좌석을 권장하는 내용이다. 따라서 다음 문장도 앞줄 좌석에 관한 내용이 나와야 한다.

(A) 그 구역은 예약되었습니다 / 프리미엄 표 소유자들을 위해. ➡ 앞줄 좌석에 앉으라고 말한 후 누군가를 위해 예약이 되었다고 말하는 것은 모순이라서 오답
(B) 주말 공연들은 항상 가장 많은 사람들을 끌어들입니다. ➡ 주말 공연 혹은 관객 수에 대한 이야기로 주제가 달라서 오답
(C) 극장 문들은 닫힐 것입니다 / 일단 영화가 시작하면. ➡ 영화가 시작하면 문을 닫는다는 것은 좌석에 대한 정책이 아니므로 오답
(D) 그 좌석들은 거의 항상 마지막에 판매됩니다. ➡ 앞줄 좌석에 대한 이야기라서 정답. 앞줄 좌석에 많이 앉게 되면 넓은 좌석에 대한 요구사항이 줄어들어 결국 직원들이 덜 바쁘게 된다는 흐름이다.

정답 (D)

표현 정리 area 구역 **holder** 소지자 **weekend** 주말 **attract** 끌어들이다, 유치하다 **once** 일단 ~하면 **be sold** 판매되다

Unit 22 해석 없이 푼다. - 형용사 어휘(I)

전략 1 점검 퀴즈

1. 주체가 사람(anyone)이고 with와 잘 쓰이는 unfamiliar를 우선순위로 대입 후 해석하면, '새로운 안전 조치에 익숙하지 않은 사람에게 매뉴얼이 도움이 된다'는 내용이 적절하므로 정답이다. common은 with 다음에 사람 명사가 와야 하므로 오답이다.

정답 unfamiliar

해석 이 매뉴얼은 도움이 된다 / 새로운 안전 조치에 익숙하지 않은 누구에게나.

표현 정리 manual 매뉴얼, 취급 설명서 **helpful** 도움이 되는 **unfamiliar with** ~에 익숙하지 않은 **safety measures** 안전 조치

2. be appreciative of는 '~에 감사하다'라는 뜻으로 우선순위로 대입 후 해석하면, '당신의 도움에 감사한다'는 내용이 적절하므로 정답이다. initiative는 형용사일 때 '처음의, 초보의'라는 뜻으로, 전치사 of와 쓰이지 않으며 의미도 맞지 않아서 오답이다.

정답 appreciative

해석 우리는 매우 감사한다 / 이 문제에 대한 당신의 도움에.

표현 정리 be appreciative of ~에 감사하다 **help** 도움

3. be optimistic about은 '~에 대해 낙관적이다'라는 뜻으로 우선순위로 대입 후 해석하면, '성장에 대해 낙관적이다'라는 내용이 적절하므로 정답이다. impressive는 전치사와의 어울림이 없다.

정답 optimistic

해석 Star Auto는 당연히 낙관적이다 / 그것의 성장에 대해 / 내년에.

표현 정리 **justifiably** 정당하게, 당연히 **be optimistic about** ~에 대해 낙관적이다 **growth** 증가, 성장

4. be subject to는 '~을 받기[당하기] 쉽다'라는 뜻으로 우선순위로 대입 후 해석하면, '회비가 변할 수도 있다'는 내용이 적절하므로 정답이다. capable은 전치사 to가 아니라 of와 쓰인다.

정답 subject

해석 연간 회비는 변할 수도 있다 / 사전 공지 없이.

표현 정리 **annual** 연간의 **membership fee** 회비 **be subject to** ~을 받기[당하기] 쉽다 **without** ~없이 **prior** 사전의 **notice** 공지

---

1. satisfied는 사람을 수식하는 형용사이므로 오답이다. competitive는 사람, 사물 둘 다 수식할 수 있으며, '경쟁력 있는 보상을 제공한다'는 내용이 적절하므로 정답이다.

정답 competitive

해석 우리는 기쁘다 / 제공하는 것에 / 당신에게 / 경쟁력 있는 보상을.

표현 정리 **be happy to do** ~해서 기쁘다 **offer** 제공하다 **competitive** 경쟁력 있는 **compensation** 보상

2. considerate(사려 깊은)은 사람을 수식하는 형용사라서 오답. common(흔한, 공통의, 평범한)은 사람, 사물 둘 다 수식할 수 있으며, '공통의 문제들이 논의된다'는 내용이 적절하므로 정답이다.

정답 common

해석 공통의 문제들이 논의될 것이다 / 주간 회의 동안에.

표현 정리 **common** 흔한, 공통의, 평범한 **issue** 문제 **discuss** 논의하다 **during** ~동안에 **weekly meeting** 주간 회의

3. various는 뒤에 복수명사가 와야 하며 앞에 관사 a도 쓸 수 없어서 오답이다. sealed는 무언가를 '봉인한, 밀봉한'이라는 뜻으로, '봉인된 봉투에 넣어 제출되어야 한다'는 내용이 적절하므로 정답이다.

정답 sealed

해석 콘테스트를 위한 각각의 출품작은 / 제출되어야 한다 / 봉인된 봉투에 넣어서.

표현 정리 **entry** 출품작 **contest** 콘테스트, 대회 **submit** 제출하다 **sealed** 봉인된 **envelop** 봉투

4. aware는 보통 뒤에 of나 that절이 오며 명사 앞에는 쓰지 않아서 오답이다. unexpected를 넣고 해석하면 '예기치 않은 부재'라는 의미로 인터뷰 일정이 변경되는 이유를 설명하므로 정답이다.

정답 unexpected

해석 오늘 Mr. Jin의 예기치 않은 부재 때문에 / 당신의 인터뷰는 일정이 다

시 잡혔습니다.

표현 정리 **owing to** ~때문에 **unexpected** 예기치 않은 **absence** 결석, 부재 **interview** 인터뷰, 면접 **reschedule** 일정을 다시 잡다

---

1. be eligible to는 '~할 자격이 있다'라는 뜻으로 우선순위로 대입 후 해석하면, '참가할 자격이 있다'는 내용이 되므로 정답이다. convenient는 '편리한'이라는 뜻으로 to부정사가 올 수 있지만 사람(혹은 사람 명사 역할을 하는 회사)이 주어가 될 수 없어서 오답이다.

정답 eligible

해석 오직 지역의 회사들만 자격이 될 것이다 / 그 프로젝트에 참여할.

표현 정리 **only** 오직 **local** 지역의 **be eligible to do** ~할 자격이 되다 **participate in** ~에 참여하다

2. 괄호 뒤 to부정사와 잘 쓰이는 able을 우선순위로 대입 후 해석하면, '그의 업무를 재개할 수 있었다'는 내용이 적절하므로 정답이다. possible은 주로 가주어/진주어와 잘 어울리며, 사람을 주어로 쓰지 못해서 오답이다.

정답 able

해석 많은 어려움들을 겪은 후 / Mr. Long은 마침내 재개할 수 있었다 / 그의 업무를.

표현 정리 **after** ~후에 **undergo** 겪다 **hardship** 어려움 **be able to do** ~할 수 있다 **resume** 재개하다, 다시 시작하다 **duty** 의무, 업무

3. 동사의 p.p. 형태로 to부정사와 잘 쓰이는 asked를 우선순위로 대입 후 해석하면, '설문지를 작성하도록 요청된다'는 내용이 적절하므로 정답이다. decided는 능동태에서 to부정사를 목적어로 취하는 동사이다.

정답 asked

해석 쇼핑하는 사람들은 작성하도록 요청될 것이다 / 간략한 설문조사를.

표현 정리 **shopper** 쇼핑하는 사람 **be asked to do** ~하도록 요청되다 **complete** (양식을) 작성하다 **brief** 간략한 **survey** 설문조사

4. 괄호 뒤 that절의 수식을 잘 받는 형용사인 hopeful을 우선순위로 대입 후 해석하면, '내년에 판매가 급증할 것으로 기대한다'는 내용이 적절하므로 정답이다. cheerful은 '쾌활한'이란 뜻으로 that절과 함께 쓰이지 않으므로 오답이다.

정답 hopeful

해석 우리는 기대한다 / 새로운 제품의 판매가 / 급격하게 증가할 것이라고 / 내년에.

표현 정리 **hopeful** 희망에 찬, 기대하는 **sales** 판매 **product** 제품 **increase** 증가하다 **sharply** 급격하게

실전 적용 문제

1. 빈칸 앞의 is(be 동사)와 빈칸 뒤의 to부정사와 어울리는 형용사를 선택한다.

(A) 어려운 ➡ It is difficult to부정사(~하는 것이 어렵다) 구문으로 쓰이므로 오답

(B) ~할 것 같은 ➡ be likely to부정사(~할 것 같다)가 be lower와 어울리므로 정답

(C) 가능한 ➡ It is possible to부정사(~하는 것이 가능하다) 구문으로 쓰이므로 오답

(D) 늦은 ➡ to부정사와 어울리지 않는 형용사라서 오답

정답 (B)

해석 올해의 평균 납세 신고 비율이 / 더 낮을 것 같다 / 이전의 해들보다.

표현 정리 average 평균의 tax return rate 납세[소득] 신고 비율 be lower than ~보다 더 낮다 previous 이전의

2. 동사 train과 관련이 있고 사람 명사 musicians와 어울리는 형용사를 선택한다.

(A) 분명한 ➡ 사람 명사 musicians를 수식하기에 부적절하므로 오답

(B) 부적절한 ➡ 사람 명사 musicians를 수식하기에 부적절하므로 오답.

(C) 남용된 ➡ 사람 명사 musicians를 수식하기에 부적절하므로 오답. 물건을 수식하는 데 쓰이는 형용사이다.

(D) 경험이 없는, 미숙한 ➡ 미숙해서 훈련을 받아야 한다는 것이 논리적으로 타당하므로 정답

정답 (D)

해석 Crevel City 음악 학교는 훈련시킨다 / 미숙한 음악가들을 / 그리고 그들을 교사들로 바꾼다 / 전문적 연주자들뿐만 아니라.

표현 정리 conservatory 음악 학교 musician 음악가 transform A into B A를 B로 바꾸다 A as well as B B뿐만 아니라 A도 professional 전문적인 performer 연주자

3. 주어가 동명사이므로 사물에 해당되고, 전치사 for와 어울리는 형용사를 선택한다.

(A) 지원하는 ➡ 전치사 for와 어울리지 않고 of와 함께 쓰여 '~을 지원하다[지지하다]'라는 의미를 나타내므로 오답

(B) 사려 깊은 ➡ acquiring Endo, Inc.(Endo 사를 인수하는 것)에 어울리지 않아서 오답. 주로 사람을 수식할 때 사용하는 형용사이다.

(C) 포괄적인 ➡ acquiring Endo, Inc.(Endo 사를 인수하는 것)에 어울리지 않아서 오답

(D) 적절한 ➡ 전치사 for와 함께 쓰여 '~에 적절하다'라는 의미를 나타내므로 정답

정답 (D)

해석 이사회는 동의했다 / Endo 주식회사를 인수하는 것이 / 적절하다는 것을 / 그들의 필요에.

표현 정리 board of directors 이사회 agree 동의하다 acquire 인수하다 need 필요, 요구

➤ 고난도!

4. 빈칸 뒤 solution을 수식하기에 어울리는 형용사를 고른다.

(A) 재능 있는 ➡ solution과 어울리지 않아서 오답. talented는 사람 명사를 수식한다.

(B) 수많은 ➡ 관사 a와 어울리지 않아서 오답. numerous는 복수명사와 앞에 쓰인다.

(C) 열망하는 ➡ solution과 어울리지 않아서 오답. eager는 be동사 뒤에서 사람 주어를 묘사할 때 쓴다.

(D) 현명한 ➡ solution(해결책)과 어울리는 형용사이므로 정답

정답 (D)

해석 오래된 기계를 교체하는 것은 현명한 해결책이다 / 생산 공정을 간소화하는 것에 / Juran 시설에서.

표현 정리 replace 교체하다 solution 해결책 streamline 간소화하다 production process 생산 공정 facility 시설

5. 빈칸 앞의 specialist와 관련이 있고 사람 명사인 speaker과 함께 쓰일 수 있는 형용사를 선택한다.

(A) 연이은 ➡ 사람 명사를 수식하기에 부적절하므로 오답

(B) 주된 ➡ principal speaker(주요 연설자)가 어울리므로 정답

(C) 극한의, 극단적인 ➡ 사람 명사를 수식하기에 어울리지 않아서 오답

(D) 즉각적인 ➡ 사람 명사를 수식하기에 어울리지 않아서 오답

정답 (B)

해석 환경 문제 전문가인 Miyuki Moriguchi는 / 주요 연설자일 것이다 / Green Peace Convention에서.

표현 정리 specialist 전문가 environmental 환경의 issue 문제 speaker 연설자 convention 대회, 협의회

6. problems를 수식하기에 적절한 형용사를 선택한다.

(A) 할 수 있는 ➡ problems와 어울리지 않아서 오답. capable은 '유능한'이란 뜻을 지닌 형용사이다.

(B) 일반적인 ➡ that이 이끄는 형용사절의 동사가 현재시제인데 현재시제는 일반적인 사실을 나타낼 때 쓰이므로 정답. problems를 수식하기에도 적절하다.

(C) 사려 깊은 ➡ 사람을 수식하는 형용사이므로 오답

(D) 예측되는 ➡ that절의 현재시제와 어울리지 않아서 오답. 시간이나 금액을 수식하는 형용사이다.

정답 (B)

해석 일반적인 문제들은 / 노동자들이 조립 라인에서 직면하는 / 다루어질 것이다 / 다가오는 회의 동안에.

표현 정리 problem 문제 face 직면하다 assembly line 조립 라인 addressed 다루다 upcoming 다가오는

7. 빈칸에는 목적어(payroll system)를 수식하기에 적절하고 전치사 to와 어울리는 형용사가 들어가야 한다.

(A) 할 수 있는 ➡ system과 어울리지 않고, 전치사 of와 함께 쓰이므로 오답

(B) 접근 가능한 ➡ 전치사 to와 함께 쓰이고 '직원들이 접근 가능한 system'이란 내용이 논리적으로 타당하므로 정답

(C) 끝없는 ➡ system과 어울리지 않아서 오답

(D) 익숙한 ➡ system과는 어울리지만 전치사 with와 함께 쓰이므로 오답

정답 (B)

해석 Arton 사는 자동화된 급여 시스템을 만들었다 / 직원들이 접근할 수 있는 / 손으로 시간 기록계 자료를 계산하는 것에 대해 불평했던.

표현 정리 automated 자동화된 **payroll system** 급여 시스템 **employee** 직원 **complain** 불평하다 **compute** 계산하다 **time clock** 시간 기록계 **by hand** 손으로

8. knowledge를 수식하기에 적절하고 lack(부족하다)과 대조를 이루는 형용사를 선택한다.

(A) 광범위한 ➡ knowledge를 수식하기에 적절한 형용사이면서 lack과 대조를 이루기 때문에 정답

(B) 똑똑한 ➡ knowledge와 어울리지 않아서 오답. 사람을 수식할 때 쓰이는 형용사이다.

(C) 조심스러운 ➡ knowledge와 어울리지 않아서 오답

(D) 열정적인 ➡ knowledge와 어울리지 않아서 오답. 사람과 함께 쓰이는 형용사이다.

정답 (A)

해석 Mr. Romansky는 가르친 경험이 부족함에도 불구하고 / 그의 공학 기술 지식은 광범위하다.

표현 정리 although ~에도 불구하고 **lack** ~이 없다[부족하다] **experience** 경험 **knowledge** 지식 **engineering** 공학

9. 사람 명사인 interns를 수식하고, '편집하는 것에 대해'라는 전명구의 해석과 자연스럽게 연결되는 형용사를 선택한다.

(A) 열정적인 ➡ 사람 명사를 수식하기에 적절하고 '책을 편집하는 것에 대해 열정적이다'라는 내용이 논리적으로 타당하므로 정답

(B) 공손한 ➡ 사람 명사를 수식하기에는 적절하지만 책을 편집하는 것과 관련이 없으므로 오답

(C) (가격이) 알맞은, 감당할 수 있는 ➡ 사람 명사를 수식하기에 부적절하므로 오답. 가격이나 제품을 수식한다.

(D) 영광스러운 ➡ 사람 명사를 수식하기에 부적절하므로 오답

정답 (A)

해석 Cardio Weekly는 인턴을 찾는다 / 책들을 편집하는 것에 대해 열정적인 / 그리고 그들 중 몇몇은 결국 일하게 될 것이다 / 편집자나 필자로 / 그 회사에서.

표현 정리 intern 인턴 **edit** 편집하다 **end up ~ing** 결국 ~하게 되다 **editor** 편집자

➤ 고난도!
10. 'It is 형용사 that절' 구문으로 쓰이면서, '직원 유지를 위해 경쟁력 있는 보상 프로그램을 시행해야 한다'는 것과 관련된 형용사를 찾는다.

(A) 주의 깊은 ➡ '공정하고 경쟁력 있는 보상 프로그램을 시행한다'는 것과 어울리지 않으므로 오답.

(B) 꼭 해야 하는, 필수적인 ➡ '공정하고 경쟁력 있는 보상 프로그램을 시행한다'는 것과 '직원 유지가 중요하다'는 내용을 연결해 주기에 적절하므로 정답. 'It is imperative that 주어 (should 생략) 동사원형' 구문을 기억해야 한다.

(C) 웅장한 ➡ '공정하고 경쟁력 있는 보상 프로그램을 시행한다'는 것과 '직원 유지가 중요하다'는 내용을 연결해 주기에 부적절하므로 오답

(D) 골칫거리인 ➡ '공정하고 경쟁력 있는 보상 프로그램을 시행한다'는 것과 '직원 유지가 중요하다'는 내용을 연결해 주기에 부적절하므로 오답

정답 (B)

해석 직원의 유지는 중요하다 / 우리 회사에 / 따라서 필수적이다 / 우리가 실시하는 것이 / 공정하고 경쟁력 있는 보상 프로그램을.

표현 정리 employee retention 직원의 유지[이직 방지] **critical** 중요한 **implement** 실시하다 **fair** 공정한 **competitive** 경쟁력 있는 **reward program** 보상 프로그램

11. 전치사 of와 어울리는 형용사를 선택한다.

(A) 알아차린, 알고 있는 ➡ 전치사 of와 함께 '~에 대해 알아차리다'라는 의미로 쓰이므로 정답. be conscious of, be cognizant of도 같은 뜻으로 기억해둬야 한다.

(B) 현재의, 존재하는 ➡ 전치사 of와 어울리지 않아서 오답

(C) 심각한 ➡ 전치사 of와 어울리지 않아서 오답

(D) 주의를 기울이는 ➡ 전치사 of와 어울리지 않아서 오답. 전치사 to와 함께 써서 '~에 주위를 기울이다'라는 의미를 가진다.

정답 (A)

해석 판매 증가를 경험한 후 / 지난해 / SMT Solutions는 충분히 깨닫게 되었다 / 성공적인 광고의 중요성을.

표현 정리 experience 경험하다 **sales increase** 판매[매출] 증가 **importance** 중요성 **successful** 성공적인 **advertising** 광고

12. more than(~이상)의 수식을 받으면서 people을 수식하기에 적절한 형용사를 찾는다. 뒤의 to부정사와도 어울려야 한다.

(A) 할 수 있는 ➡ more than의 수식을 받기에 부적절해서 오답

(B) 수많은 ➡ more than의 수식을 받기에 부적절해서 오답

(C) 확실한 ➡ people을 수식하기에 부적절해서 오답

(D) 충분한 ➡ 'more than enough 명사'가 '충분한 것 이상의 명사, 지나치게 많은 명사'라는 의미를 나타내므로 정답. enough는 형용사로 쓰일 때 명사를 앞에서 수식하며 뒤에 to부정사가 이어져 '~하기에 충분한'이란 의미를 나타낸다.

정답 (D)

해석 내부 조사를 실시한 후에 / 경영진은 알아냈다 / 지나치게 많은 사람들이 있다는 것을 / 그 계획을 시행하기에.

표현 정리 conduct 실시하다 **internal** 내부의 **survey** 조사 **management** 경영진 **figure out** 깨닫다, 알아내다 **power** 작동시키다 **initiative** 계획

13. 빈칸 앞의 가주어 it과 빈칸 뒤의 진주어 that절 사이에 들어가기에 적

절한 형용사를 선택한다.

(A) 보수적인 ➡ 가주어/진주어 용법과 어울리지 않는 형용사라서 오답

(B) 예견할 수 있는 ➡ 가주어/진주어 용법과 어울리지 않고 그들에게 실현 가능한 사업 계획을 보여주는 행위와 관계가 없으므로 오답

(C) 필수적인 ➡ 'it is essential that 주어 (should 생략) 동사원형' 구문으로, '그들에게 실현 가능한 사업 계획을 보여주는 것이 필수적이다'라는 내용이 적절하므로 정답

(D) (어떤 일이) 있을 것 같은 ➡ 사람들에게 확신을 주기 위해 해야 할 일인데, '아마도 그럴 것 같다'고 하는 추측성 단어는 논리적으로 어색하다.

정답 (C)

해석 사람들이 투자하도록 설득하기 위해서 / 우리의 새로운 프로젝트에 / 필수적이다 / 우리가 그들에게 실현 가능한 사업 계획을 보여주는 것이.

표현 정리 convince 설득하다 invest 투자하다 present 보여주다, 제시하다 feasible 실현 가능한

14. 빈칸 뒤의 전치사 with와 어울리는 형용사를 선택한다.

(A) 공식적인 ➡ with와 어울리지 않고 스마트폰이 공식적이라는 의미가 부적절하므로 오답

(B) 외관의 ➡ with와 어울리지 않고 스마트폰을 수식하기에 부적절하므로 오답

(C) 다른 ➡ from과 어울리는 형용사이므로 오답

(D) 호환 가능한 ➡ be compatible with 구문으로 쓰이므로 정답

정답 (D)

해석 새로운 P7 스마트폰의 또 다른 이점은 / 호환 가능하다는 것이다 / 이전 모델들과.

표현 정리 another 또 다른 advantage 이점 previous 이전의

15. 주어인 offer를 수식하면서 until the end of the week의 수식을 받기에 적절한 형용사를 찾는다.

(A) 빈번한 ➡ until the end of the week와 어울리는 형용사가 아니므로 오답

(B) 유효한 ➡ '특가 판매가 이번 주 말까지 유효하다'는 내용이 논리적으로 타당하므로 정답

(C) 긍정적인 ➡ offer를 수식하기에 부적절하므로 오답

(D) 헌신하는 ➡ offer를 수식하기에 부적절하므로 오답. 주로 사람을 수식하는 형용사이다.

정답 (B)

해석 이번 홍보 행사를 통한 특가 판매는 / 이번 주 말까지 유효합니다 / 그러니 기다리지 마세요.

표현 정리 special offer 특가 판매 through ~을 통해 promotional 홍보의

▶고난도!
16. 빈칸 뒤의 전치사 to와 어울리는 형용사이면서 사람 명사 enthusiasts를 수식할 수 있는 것을 선택한다.

(A) 운 좋은 ➡ 전치사 to와 어울리지 않아서 오답. to부정사가 와야 한다.

(B) 분명한, 확실한 ➡ 전치사 to와 어울리지 않아서 오답

(C) 동등한 ➡ 전치사 to와 함께 쓰이지만 '사람(enthusiasts)이 영화(films)와 동등하다'라는 내용이 부적절하므로 오답

(D) 익숙한 ➡ be accustomed to(=be used to)라는 표현이 '~에 익숙하다'라는 의미를 가지므로 정답

정답 (D)

해석 영화의 열광적인 팬들은 / 기존의 영화들에 익숙한 / 최근 영화들에 의해 충격을 받을 것이다 / 그것들의 구성들이 인터넷 만화를 기반으로 한.

표현 정리 enthusiast 열광적인 팬 conventional 관습적인, 전통적인 astonished 깜짝 놀란 recent 최근의 plot 구성, 플롯 Internet-based 인터넷 기반의 cartoon 만화

Unit 23 해석해서 푼다. - 형용사 어휘(Ⅱ)

전략 1 | 점검 퀴즈

1. 괄호 뒤의 price와 잘 쓰이는 reasonable을 우선 대입하여 해석하면, '적정한 가격'이란 의미를 이루므로 정답이다. popular는 '인기 있는'이란 의미로 가격이나 요금과는 어울리지 않아서 오답이다.

정답 reasonable

해석 증가하는 경쟁 때문에 / 휴대전화는 점점 더 제공될 것이다 / 적정한 가격으로.

표현 정리 due to ~때문에 mounting 증가하는 competition 경쟁 mobile phone 휴대전화 increasingly 점점 더 offer 제공하다 reasonable (가격이) 적정한, 비싸지 않은 price 가격

2. 주어인 documents와 잘 쓰이는 confidential을 우선 대입하여 해석하면, '문서들이 기밀로 유지된다'라는 의미를 이루므로 정답이다. protective는 '보호용의'란 뜻으로 장비, 의류, 조치 등의 명사를 수식한다. 또한 '기밀 서류'라는 말은 있어도 '보호 서류'라는 말은 없다.

정답 confidential

해석 이 문서들은 기밀로 유지된다 / 그래서 그것들은 배포되지 않는다 / 승인되지 않은 어떤 사용자들에게도.

표현 정리 document 서류, 문서 confidential 기밀의 distribute 배포하다 unauthorized 승인되지 않은 user 사용자

3. 괄호 뒤의 knowledge와 잘 쓰이는 extensive를 우선 대입하여 해석하면, '광범위한 지식'이란 의미를 이루므로 정답이다. concerted는 '협동의, 합심한'이란 뜻으로 주로 effort와 쓰여 '혼신의 노력'이란 의미를 나타낸다.

정답 extensive

해석 우리는 고용하기를 원한다 / 누군가를 / 광범위한 지식을 가진.

표현 정리 hire 고용하다 extensive 광범위한 knowledge 지식

4. 괄호 뒤의 product와 잘 쓰이는 형용사인 reliable를 우선 대입하여 해석하면, '믿을만한 건강 관리 제품들'이란 의미를 이루므로 정답이다. latest는 최상급이라 바로 앞에 정관사 the가 필요하다.

정답 reliable

해석 선두적인 제조업체들 중 하나인 Medicare 사가 / 믿을 만한 건강 관리 제품들의 / 곧 상장할 것이다.

표현 정리 leading 선두적인, 일류의 manufacturer 제조업체[회사] reliable 믿을 만한 healthcare 건강 관리, 의료 product 제품 go public (기업이) 상장하다 soon 곧

전략 2 │ 점검 퀴즈

1. 주절의 '사고를 예방했다'는 부분이 단서이다. 이를 위해서는 '빈번한 점검'이 필요하므로 frequent가 답이다. comfortable inspections는 '편안한 점검'으로 해석될 수 있지만, 안전 사고를 예방하기 위한 방법으로는 적절하지 않아서 오답이다.

정답 frequent

해석 빈번한 점검들을 통해서 / 그 식품 회사는 예방했다 / 스스로를 / 안전과 관련된 사고로부터.

표현 정리 frequent 빈번한, 잦은 inspection 점검 food company 식품 회사 prevent 막다, 예방하다 safety-related 안전과 관련된 accident 사고

2. 국경일에는 공장이 문을 닫는 것이 보편적인데, 앞에 역접의 의미인 부사절 접속사가 있어서 '공장이 여전히 가동될 것이다'라는 의미를 이루는 operational이 답이다.

정답 operational

해석 국경일임에도 불구하고 / 공장은 여전히 가동될 것이다 / 최근의 대량 주문을 맞추기 위해서.

표현 정리 although ~에도 불구하고 nation holiday 국경일 factory 공장 remain 여전히 ~이다 operational 가동의, 운영의 fulfill 충족시키다, 이행하다 recent 최근의 large order 대량 주문

3. 주절의 내용이 '면접관의 질문에 자신감을 갖고 대답하라'는 것인데, 이는 면접에서 성공하기 위한 것이므로 successful이 답이다. 명령문의 대상은 사람이므로 possible과 어울리지 않는다.

정답 successful

해석 취업 면접에서 성공하기 위해서 / 대답하세요 / 면접관들의 질문에 / 자신감을 가지고.

표현 정리 successful 성공적인 job interview 취업 면접 interviewer 면접관 confidence 자신감

4. 시장 상태가 악화되는 것과 우호적인 것 둘 다 가능하므로 콤마 뒤에서 단서를 찾아야 한다. so는 문장을 연결해주는 등위접속사로 원인과 결과를 나타낸다. '회사가 새로운 모델의 출시를 연기했다'는 내용으로 보아 시장의 상태가 악화되고 있음을 알 수 있으므로 괄호 앞 not과 함께 부정의 의미를

나타낼 수 있는 favorable이 답이다.

정답 favorable

해석 시장 상태가 우호적이지 않다 / 그래서 그 회사는 연기했다 / 자사의 새로운 모델의 출시를.

표현 정리 market conditions 시장 상태 worsen 악화되다 favorable 우호적인 delay 연기하다 launch 출시 new model 새로운 모델

전략 3 │ 점검 퀴즈

1. 두 번째 문장에서 '다른 직원들은 야외 주차장을 사용해야 한다'고 했으므로, 회사의 중역들과 VIP 고객들은 공용 주차장이 아니라 '전용 주차장'을 이용하는 것이 타당하므로 exclusive가 답이다.

정답 exclusive

해석 1층에 있는 주차장은 / 전용 구역입니다 / 회사 중역들 그리고 VIP 고객들을 위한. 다른 직원들은 사용해야 합니다 / 야외에 있는 것을 / 바로 길 건너편에 있는.

표현 정리 parking lot 주차장 first floor 1층 exclusive 독점적인, 전용의 area 구역 company executives 회사 중역들 customer 고객, 손님 employee 직원 outdoor 야외의 across the street 길 건너편에

2. 두 번째 문장에서 '응답들이 관리되고 숨겨진다'고 했으므로 화자가 '응답들을 기밀로 유지한다'고 보는 것이 타당하다. 따라서 confidential이 답이다.

정답 confidential

해석 우리는 당신의 응답들을 기밀로 유지할 것입니다. 그것들은 관리되고 숨겨집니다 / 외부 계약자에 의해서 / 그리고 우리는 오직 설문조사 결과만 사용합니다.

표현 정리 keep 유지하다 response 응답 informative 유용한, 교육적인 confidential 기밀의 manage 관리하다, 감독하다 hide 숨기다, 감추다 outside contractor 외부 계약자 survey results 설문조사 결과

3. 앞 문장에서 '다음 주에 책이 출간된다'고 했으므로, 이어지는 문장도 다음 주에 출간될 책에 대한 내용이다. bestselling은 가장 많이 팔린 책인데, 책이 아직 출간되지 않았으므로 모순된다. '곧 출간될 책에서 발췌한 부분'이라는 내용이 타당하므로 upcoming이 답이다.

정답 upcoming

해석 유명한 책 *Creative Thinking*의 저자인 Na-Yoon Jin이 등장할 것입니다 / 우리의 책 사인회에 / 다음 주에 출간되는 그녀의 새로운 책과 함께. 그녀는 읽을 것입니다 / 곧 출간될 이 책에서 발췌한 부분을 / 그리고 언론의 인터뷰가 있을 예정입니다.

표현 정리 author 저자 appear 나타나다, 등장하다 book-signing event 책 사인회 excerpt 발췌, 발췌한 부분 upcoming 다가오는, 곧 있을 interview 인터뷰하다 press 언론

1. information을 수식해야 하고, not be disclosed(공개 되지 않는다)와 관련된 형용사를 찾는다.

(A) 조심스러운, 신중한 ➡ 사람과 어울리는 형용사이므로 오답

(B) 비밀의 ➡ '비밀로 유지되는 것'이 '공개되지 않는다'는 내용과 일치하므로 정답

(C) 꼬치꼬치 캐묻는 ➡ 사람과 어울리는 형용사이므로 오답

(D) 솔직한, 숨김 없는 ➡ 사람과 어울리는 형용사이므로 오답

정답 (B)

해석 계약에 관한 모든 정보는 / 비밀로 유지될 것이다 / 그리고 어떠한 제3자에게도 공개되지 않을 것이다.

표현 정리 information 정보 regarding ~에 관한 contract 계약 disclose 공개하다 the third party 제3자

2. service를 수식하면서 benefit from(~로부터 혜택을 받다)과 관련된 긍정적인 의미의 형용사를 찾는다.

(A) 우수한, 훌륭한 ➡ exceptional service(특별한 서비스)가 어울리는 표현이고, 이 서비스로 승객들이 혜택을 누릴 수 있다는 것이 논리적으로 타당하므로 정답

(B) 엄청난, 대단한 ➡ service와 어울리는 형용사가 아니므로 오답

(C) 능률적인, 유능한 ➡ babysitting service와 어울리지 않으므로 오답

(D) 분명한, 명백한 ➡ service와 어울리는 형용사가 아니므로 오답

정답 (A)

해석 Kodiak Express를 이용하는 승객들은 / 혜택을 받을 수 있다 / 우리의 특별한 아이 돌보기 서비스로부터 / 심지어 승차하고 있는 동안에도.

표현 정리 passenger 승객 benefit from ~로부터 혜택을 받다 babysit 아이를 돌봐주다

3. 동사 make의 목적격 보어 자리이므로 목적어 costs(비용)를 수식하기에 적절한 형용사를 찾는다.

(A) (가격이) 알맞은, 적절한 ➡ '비용을 적절하게 하기 위해 온라인 과정을 개설했다'는 내용이 논리적으로 타당하므로 정답

(B) 허가 받은, 허용된 ➡ costs와 어울리는 형용사가 아니므로 오답

(C) 줄이는 ➡ 현재분사는 수식하는 단어와 능동의 관계를 가지게 되는데 costs(비용)이 reduce(줄이다)의 주체가 되는 것은 어색하므로 오답

(D) 요청된 ➡ costs와 어울리는 형용사가 아니므로 오답

정답 (A)

해석 SC Edu는 몇몇 온라인 강좌를 개설했다 / 비용을 적절하게 하기 위해 / 그것의 교육 프로그램들에 대한.

표현 정리 open 개설하다, 열다 online course 온라인 강좌 cost 비용 education 교육

▶고난도!

4. find의 목적격 보어 자리이므로 목적어인 artists' initials(예술가들의 이름 이니셜)와 관련 있고 plaque(명판)와도 연관성이 있는 것을 찾는다.

(A) 정교한 ➡ initials와 관련성이 없으므로 오답

(B) 새겨진 ➡ '명판에 예술가들의 이니셜들이 새겨져 있다'는 것이 논리적으로 타당하므로 정답

(C) 혁신적인 ➡ initials와 관련성이 없으므로 오답

(D) 선진의 ➡ initials와 관련성이 없으므로 오답

정답 (B)

해석 명판 하단에서 / 당신은 쉽게 찾을 수 있을 것입니다 / 예술가들의 이름 이니셜들이 새겨져 있는 것을.

표현 정리 bottom 하단 plaque 명판 easily 쉽게 initial 이니셜, (이름의) 머리글자

5. understanding(이해)을 수식하면서 회의 안건을 이사들에게 미리 제공하는 이유와 관련된 형용사를 찾는다.

(A) 기본적인 ➡ 미리 회의 안건을 보내주는 이유가 '기본적인 이해를 시켜준다'는 내용이 논리적으로 타당하므로 정답

(B) 만족하는 ➡ 사람을 수식하는 형용사라서 오답

(C) 즉흥의 ➡ understanding을 수식하기에 부적절하므로 오답

(D) 깨끗한, 순수한 ➡ understanding을 수식하기에 부적절하므로 오답

정답 (A)

해석 이사들에게 제공하는 것은 / 회의 안건을 / 사전에 / 그들에게 기본적인 이해를 시켜줄 것이다.

표현 정리 provide 제공하다 board member 이사 meeting agenda 회의 안건 in advance 미리, 사전에 understanding 이해

6. weather conditions(기상 상태)를 수식하면서 수확량이 초기의 예상보다 감소한 이유와 관련된 형용사를 찾는다.

(A) 재능 있는 ➡ weather conditions를 수식하기에 부적절하므로 오답. 사람 명사를 수식하는 형용사이다.

(B) 약간의 ➡ weather conditions를 수식하기에 부적절하므로 오답

(C) ~을 나타내는, ~을 보여주는 ➡ weather conditions를 수식하기에 부적절하므로 오답

(D) 예기치 않은 ➡ '예기치 않은 기상 상태가 초기의 예상보다 더 낮은 수확량을 야기했다'는 내용이 논리적으로 타당하므로 정답

정답 (D)

해석 올 여름에 예기치 않은 기상 상태가 야기했다 / 남아프리카공화국의 옥수수 수확량이 감소하는 것을 / 초기의 예상보다 더.

표현 정리 weather condition 기상 상태 crop yield 곡물 수확량 drop 감소하다 initial 처음의, 초기의 estimate 추정(치), 추산

7. materials(소재)를 수식하면서 많은 마모를 겪을 기계에 필요할 만한 형용사를 찾는다.

(A) 심각한 ➡ materials를 수식하기에 부적절하므로 오답

(B) 유사한 ➡ '많은 마모를 겪는다'는 것과 '유사한 소재가 필요하다'는 것이 관련성이 없으므로 오답

(C) 내구성 있는 ➡ '많은 마모를 겪을 기계 장치에는 내구성 있는 소재가

필요하다'는 내용이 논리적으로 타당하므로 정답

(D) 활동적인 ➡ materials를 수식하기에 부적절하므로 오답

정답 (C)

해석 내구성 있는 소재가 필요하다 / 기계 장치가 겪을 것이기 때문에 / 상당한 양의 마모를 / 그것의 수명 기간에 걸쳐서.

표현 정리 material 소재 mechanism 기계 장치 undergo 겪다 an amount of 상당한 양의 lifespan 수명

8. step(단계)를 수식하면서 '리더십을 강화하는 노력'과 '관리자가 되려는 바람'을 연결할 수 있는 형용사를 찾는다.

(A) 사소한, 하찮은 ➡ 관리자가 되기 위해 리더십을 강화하는 것이 사소한 단계는 아니므로 오답

(B) 동등한 ➡ 관리자가 되기 위해 리더십을 강화하는 것이 동등한 단계는 아니므로 오답

(C) 고마워하는 ➡ 관리자가 되기 위해 리더십을 강화하는 것이 고마워하는 단계는 아니므로 오답

(D) 필수적인 ➡ '관리자가 되기 위해 리더십을 강화하는 것이 필수적인 단계'라는 내용이 논리적으로 타당하므로 정답

정답 (D)

해석 인사부장은 강조했다 / 리더십 강화를 위한 지속적인 노력이 / 필수적인 단계라고 / 관리자가 되는 것을 바라는 사람들에게.

표현 정리 stress 강조하다 continuous 지속적인 effort 노력 enhance 높이다, 강화하다 step 단계 wish 바라다

9. sound quality(음질)를 수식하면서 음악 애호가들을 열광시키는 특징이 될 만한 형용사를 선택해야 한다.

(A) 깨끗한 ➡ sound quality를 수식하기에 적절하고, 음악 애호가들을 열광시킬 수 있는 긍정적인 의미의 형용사이므로 정답

(B) 깨지기 쉬운 ➡ sound quality를 수식하기에 부적절하므로 오답. merchandise, product 등을 수식한다.

(C) 투명한 ➡ sound quality를 수식하기에 부적절하므로 오답

(D) 상하기 쉬운 ➡ sound quality를 수식하기에 부적절하므로 오답. fruit, food, produce 등을 수식한다.

정답 (A)

해석 음악 애호가들은 열광적이다 / 깨끗한 음질에 대해 / T500 헤드폰의.

표현 정리 lover 애호가 enthusiastic 열광적인 sound quality 음질 headset 헤드폰

10. in a(an) 뒤, array of 앞에 위치하여 array를 수식할 수 있는 형용사를 선택한다.

(A) 다수의 ➡ in a diverse array of가 하나의 표현으로 쓰이므로 정답. in a diverse array[range, variety, selection] of 등의 표현으로 쓰이고, diverse 대신 large, wide 등도 가능하다.

(B) 긴, 장황한 ➡ array를 수식하기에 부적절하므로 오답

(C) 동등한 ➡ array를 수식하기에 부적절하므로 오답

(D) 연설을 잘 하는, 유창한 ➡ 사람 명사를 수식하는 형용사이므로 오답

정답 (A)

해석 Prestige Autos는 요구한다 / 자사의 경영진이 정기적으로 참여하기를 / 다수의 관리직 워크숍들에.

표현 정리 require 요구하다 executive 경영진, 임원 regularly 정기적으로 participate in ~에 참여하다 an array of 다수의 ~ managerial 관리의

11. growth(성장)를 수식하면서 새로운 시스템을 시행한 것과 관련된 형용사를 찾는다.

(A) 꾸준한 ➡ steady growth가 '꾸준한 성장'이라는 뜻으로 새로운 시스템을 설치한 것의 결과가 될 수 있으므로 정답

(B) 구체적인, 명확한 ➡ growth를 수식하기에 부적절한 형용사이므로 오답

(C) 재활용할 수 있는 ➡ growth를 수식하기에 부적절한 형용사이므로 오답

(D) 완성된 ➡ growth를 수식하기에 부적절한 형용사이므로 오답

정답 (A)

해석 Phoenix Productions는 경험했다 / 꾸준한 성장을 / 새로운 시스템을 시행한 이후로.

표현 정리 experience 경험하다 growth 성장 since ~이후로 implement 시행하다

▶고난도!

12. book을 수식하면서 38페이지라는 책의 분량과 관련이 있는 형용사를 찾는다.

(A) 요약된 ➡ condensed book(요약된 책)과 38페이지라는 책의 분량이 어울리므로 정답

(B) 복사된 ➡ 38페이지라는 책의 분량과 관련이 없으므로 오답

(C) 만족해하는 ➡ 사람 명사를 수식해야 하므로 오답

(D) 끊임없는 ➡ book을 수식하기에 부적절하므로 오답

정답 (A)

해석 좀처럼 단편을 출간하지 않는 / New Town Books가 현재 출시하고 있다 / 38페이지의 요약된 책을.

표현 정리 seldom 거의 ~않는 publish 출판[출간]하다 a short book 단편, 얇은 책

13. division head(부서장)을 수식하면서 질문이 보내져야 하는 대상을 설명하는 형용사를 찾는다.

(A) 결정적인 ➡ division head를 수식하기에 부적절하므로 오답

(B) 적절한, 해당되는 ➡ '병가에 대한 문의가 해당 부서장에게 전달되어야 한다'는 내용이 논리적으로 타당하므로 정답

(C) 그 다음의 ➡ 병가에 대한 문의가 전달되어야 하는 대상을 수식하기에 부적절하므로 오답

(D) 분배할 수 있는 ➡ division head를 수식하기에 부적절하므로 오답

정답 (B)

해석 병가에 대한 어떠한 문의 사항이든지 / 보내져야 한다 / 해당 부서장에게.

14. experience(경력, 경험)를 수식하면서 Ms. Auxi가 가장 자격을 갖춘 이유가 될 수 있는 형용사를 찾는다.

(A) 폭넓은 ➡ '폭넓은 경력'이 가장 자격을 갖춘 이유가 될 수 있으므로 정답

(B) 즉각적인 ➡ experience를 수식하기에 부적절하므로 오답

(C) 잠재적인 ➡ experience를 수식하기에 부적절하므로 오답

(D) 일반적으로 인정되는 ➡ experience를 수식하기에 부적절하므로 오답

정답 (A)

해석 그녀의 폭넓은 경력을 고려해 볼 때 / 이 분야에서 / Ms. Auxi가 그 자리에 가장 자격을 갖추고 있다.

표현 정리 given ~을 고려해볼 때 experience 경험 field 분야 qualified 적합한, 자격이 있는

▶ 고난도!
15. easy와 함께 make의 목적격 보어 자리이므로 목적어 selection process와 관련된 형용사를 찾는다. 주절에서 '명확한 기준을 발표했다'는 것도 논리적인 근거가 된다.

(A) 웅장한, 멋진 ➡ selection process를 easy to understand와 함께 수식하기에 부적절하므로 오답

(B) 투명한 ➡ '선출 과정을 이해하기 쉽고 투명하게 하다'라는 내용이 논리적으로 타당하므로 정답

(C) 고르지 못한, 불규칙한 ➡ selection process를 수식하기에 부적절하므로 오답

(D) 관련 있는 ➡ easy to understand와 함께 selection process를 수식하기에 부적절하므로 오답

정답 (B)

해석 선발 과정을 이해하기 쉽고 투명하게 하기 위해서 / Mr. Picker가 발표했다 / 명확한 기준을 / 합격자들에 대한.

표현 정리 selection process 선발 과정 understand 이해하다 announce 발표하다 clear 명확한 standard 기준

▶ 고난도!
16. issues(문제, 안건)를 수식하면서 '정기적으로 통보 받는다'는 내용과 관련된 형용사를 찾는다.

(A) 의존하는, 의지하는 ➡ issues를 수식하기에 부적절하므로 오답. 보통 전치사 on과 같이 쓰인다.

(B) ~을 나타내는[보여주는] ➡ issues를 수식하기에 부적절하므로 오답. 보통 전치사 of와 같이 쓰인다.

(C) 미결정의, 현안의 ➡ pending issues가 '현안'이라는 의미이고, '주민들이 현안에 관한 최신 정보를 정기적으로 통보 받는다'는 내용이 논리적으로 타당하므로 정답

(D) 유능한 ➡ issues를 수식하기에 부적절하고 사람 명사를 수식하는 형용사이므로 오답

정답 (C)

해석 주민들은 권고를 받았다 / 자동화된 문자 알림에 등록하도록 / 최신 정보를 정기적으로 통보 받기 위해서 / 모든 현안들에 대한.

표현 정리 resident 거주자, 주민 be advised to do ~하도록 권고 받다 register 등록하다 automated 자동화된 reminder 알림, 상기시키는 것 regularly 정기적으로 inform 알리다, 통보하다 an update on ~에 대한 최신 정보 pending issue 현안

'형용사 어휘' 종합 문제 |파트5|

1. was(be 동사)와 to부정사 사이에 들어갈 적절한 형용사를 찾는다.

(A) ~의 가치를 가진, 귀중한 ➡ be동사와 to부정사 사이에 들어가기에 부적절하고 운영을 재개하는 것과도 연관성이 없으므로 오답

(B) 책임이 있는 ➡ be accountable for 혹은 'be accountable to 명사' 구문으로 쓰이며, 운영을 재개하는 것과 연관성이 없으므로 오답

(C) ~할 수 있는 ➡ be able to(~할 수 있다)는 숙어로 쓰이고, '재정비를 한 후 운영을 재개할 수 있게 되었다'는 내용이 적절하므로 정답

(D) 가능한 ➡ it is possible to부정사 형태로 사용하므로 오답

정답 (C)

해석 전반적인 재정비 작업 이후에 / 그 상점은 마침내 영업을 재개할 수 있었다.

표현 정리 following ~후에 extensive 광범위한, 대규모의 refurbish 재정비하다 resume 재개하다 operation 영업, 운영

2. sales(판매)를 수식하면서 제품이 TV 드라마에 나왔다는 내용과 관련된 형용사를 찾는다.

(A) 현대의 ➡ sales를 수식하기에 부적절하므로 오답

(B) 자격을 갖춘 ➡ 주로 사람 명사를 수식하는 형용사라서 오답

(C) 꾸준한 ➡ 'TV 드라마에 나온 후 제품이 꾸준한 판매를 보이고 있다'는 내용이 적절하므로 정답

(D) 만족하는 ➡ 사람 명사를 수식해야 하는 형용사이므로 오답

정답 (C)

해석 여성용 향수로 출시되었지만 / Sasha는 꾸준한 판매를 보여주었다 / 심지어 남성용으로 / 그 브랜드가 TV 드라마에 등장한 후에.

표현 정리 though 비록 ~이긴 하지만 launch 출시하다 perfume 향수 sales 판매 be featured (~에) 등장하다

3. 가주어/진주어와 어울리는 형용사이자 참가자들이 자신들의 쓰레기를 수거하는 것과 관련성이 있어야 한다.

(A) ~할 것 같은 ➡ 가주어/진주어로 쓸 수 있으나 미래의 가능성을 나타낼 때 쓰는 that절에도 주로 미래적인 내용이 와야 하므로 오답

(B) 필수적인 ➡ '모든 참가자들이 견학이 끝난 후에 자신들의 쓰레기를 수거하는 것이 필수적이다'라는 내용이 적절하므로 정답. 'It is vital that 주어 (should 생략) 동사원형' 구문이다.

(C) 고요한, 평화로운 ➡ 참가자들이 자신들의 쓰레기를 수거하는 것과 관련성이 없으므로 오답

(D) 완성하는 ➡ 참가자들이 자신들의 쓰레기를 수거하는 것과 관련성이 없으므로 오답

정답 (B)

해석 필수적이다 / 모든 참가자들이 수거하는 것이 / 그들 자신의 쓰레기를 / 견학 프로그램의 마지막에.

표현 정리 participant 참가자 collect 모으다, 수거하다 garbage 쓰레기 at the conclusion of ~의 마지막에

---

4. stains(얼룩)를 수식하면서 remove(제거하다)와 관련이 있는 형용사를 찾는다.

(A) 통지된 ➡ 주로 과거시제로 사용하며, 명사를 앞에서 수식하는 분사로는 사용하지 않는 편이므로 오답

(B) ~하기를 꺼리는 ➡ stains를 수식하기에 부적절하므로 오답. 'be reluctant to부정사' 구문으로 쓰인다.

(C) 원하지 않는 ➡ **'원하지 않는 얼룩을 제거한다'는 내용이 적절하므로 정답**

(D) 단호한 ➡ stains를 수식하기에 부적절하므로 오답. 주로 차이, 의견, 태도 등을 수식한다.

정답 (C)

해석 Power Clean은 가정용 세제이다 / 원하지 않는 얼룩을 지우는 / 모든 표면의 / 몇 초 이내에.

표현 정리 household 가정용의 cleaner 세제 remove 제거하다 stain 얼룩 surface 표면 within ~이내에

---

5. understanding(이해)을 수식하면서 세미나에 참석하기 전에 가지고 있을 수 있는 것과 관련된 형용사를 찾는다.

(A) 도전적인 ➡ understanding을 수식하기에 부적절하므로 오답. 주로 job, task 등을 수식한다.

(B) 기본적인 ➡ **'세미나에 참석하기 전에 환경 문제들에 대한 기본적인 이해를 가지고 있었다'는 내용이 적절하므로 정답**

(C) 간주된 ➡ understanding을 수식하기에 부적절하므로 오답

(D) 야생의 ➡ understanding을 수식하기에 부적절하므로 오답

정답 (B)

해석 유익한 세미나에 참석하기 전에 / 지구 온난화에 대한 / 참가자들은 가지고 있었다 / 기껏해야 기본적인 이해를 / 환경 문제들에 대한.

표현 정리 informational 정보의, 정보를 제공하는 seminar 세미나 global warming 지구 온난화 participant 참가자 at best 기껏해야 understanding 이해 environmental 환경의

---

6. bonuses를 수식하기에 적절한 형용사를 찾는다.

(A) 비판적인, 중대한 ➡ bonuses를 수식하기에 부적절해서 오답

(B) 다수의, 복합적인 ➡ bonuses를 수식하기에 부적절해서 오답

(C) 상당한 ➡ **보너스의 크기를 묘사할 수 있는 형용사로, '성과에 대한 상당한 보너스'라는 내용이 적절하므로 정답**

(D) 가장 큰 ➡ 최상급 형용사로서 앞에 the가 필요하므로 오답

정답 (C)

해석 작년에 Stark Tech는 보상해 주었다 / 자사의 근로자들에게 / 상당한

보너스와 유급 휴가를 / 그들의 성과에 대한.

표현 정리 reward 보상하다 paid leave 유급 휴가 achievement 성취

---

7. business opportunities(사업 기회)를 수식하고, 관광객을 많이 유치해 가져올 수 있는 결과로 적절한 형용사를 찾는다.

(A) 전시된 ➡ business opportunities를 수식하기에 부적절하므로 오답

(B) 증가된, 늘어난 ➡ **'관광객들을 많이 유치하면 증가된 사업 기회를 가져올 수 있다'는 내용이 적절하므로 정답**

(C) 계승된 ➡ succeed는 타동사로 쓰일 때 '계승하다'라는 의미를 가진다. business opportunities를 수식하기에 부적절하므로 오답

(D) 남는 ➡ business opportunities를 수식하기에 부적절하므로 오답

정답 (B)

해석 이 역사 박물관은 유치할 것이다 / 1만 명 이상의 관광객을 / 내년에 / 주변 지역에 가져오면서 / 증가될 사업 기회들을.

표현 정리 historic 역사적인 attract 끌어들이다, 유치하다 more than ~이상 tourist 관광객 bring 가져오다 surrounding 주변의 opportunity 기회

---

8. licenses(자격증)를 수식하면서 위험한 화학물질들을 다루는 데 필요한 것과 관련된 형용사를 찾는다.

(A) 궁극적인 ➡ licenses를 수식하기에 부적절하므로 오답. 목표, 결론 등의 명사를 수식한다.

(B) 끈질긴, 계속하는 ➡ licenses를 수식하기에 부적절하므로 오답. 주로 사람을 수식하거나 가뭄, 침체 등을 수식한다.

(C) 관련 있는 ➡ **'위험한 화학물질들을 다루려면 관련 자격증을 소지해야 한다'는 내용이 적절하므로 정답**

(D) (기계 등이) 제대로 작동하지 않는 ➡ license를 수식하기에 부적절하므로 오답. 주로 기계, 차량 등을 수식한다.

정답 (C)

해석 잠재적으로 위험한 화학물질들을 다루기 위해서 / 실험실에서 / 모든 연구원들은 관련 자격증을 소지해야 한다.

표현 정리 in order to do ~하기 위해서 handle 다루다 potentially 잠재적으로 dangerous 위험한 chemical 화학물질 laboratory 실험실 researcher 연구원 license 자격증

---

9. Ms. Tanaka를 설명하는 주격 보어 자리에 적절한 형용사를 찾는다.

(A) 허락된 ➡ permitted는 이어서 'be permitted to부정사'의 형태로 쓰여 '~하도록 허락되다'는 뜻을 나타내므로 오답

(B) 많이 아는, 박식한 ➡ **'환불 정책에 대해 가장 많이 알고 있다'는 내용이 적절하므로 정답. about 계열의 전치사와 잘 어울린다.**

(C) 복잡한 ➡ 사람을 수식하기에 부적절한 형용사이므로 오답

(D) 용인된, 인정된 ➡ accept는 사람을 목적어로 취하는 동사가 아니므로 수동태 문장에서 주어 자리에 사람이 오면 어색하여 오답. 제안, 호의, 선물 등을 받아들일 때 쓰는 동사가 accept이다.

정답 (B)

해석 Ms. Tanaka가 가장 박식합니다 / 우리의 환불 정책에 관하여 / 그러므로 당신은 그녀에게 연락해야 합니다.

표현 정리 regarding ~에 관하여 refund policy 환불 정책 contact 연락하다

▶고난도!
10. 주어인 '회사의 재무 상태'를 수식하는 형용사이자, among과 잘 어울리는 말을 찾는다. 빈칸부터 meeting까지가 보이며, 주어는 was 다음으로 도치되어 있는 문장이다.

(A) 능숙한 ➡ 사람을 수식하는 형용사이므로 오답

(B) 맞는, 정확한 ➡ 재무 상태가 옳고 그름의 개념은 아니므로 오답

(C) 주된 ➡ '재무 상태가 우려사항들 중 주된 것'이라는 내용이 적절하므로 정답

(D) 똑바른, 솔직한 ➡ 재무 상태가 똑바르거나 똑바르지 않다의 개념은 아니므로 오답

정답 (C)

해석 우려사항들 중 가장 주된 것은 / 이사들이 회의에서 표명한 / 회사의 현재 재무 상태였다.

표현 정리 among ~중 하나 concerns 우려사항 board members 이사들 express 표명하다 financial situation 재무 상태

▶고난도!
11. company executives(회사 임원들)를 수식하면서 about과 어울림이 있는 형용사를 고른다.

(A) 중요한, 유명한 ➡ about과 어울림이 없고, 후보자를 선택하는 것과 관련성이 없으므로 오답

(B) 즉각적인 ➡ 사람을 수식하는 형용사가 아니므로 오답

(C) 심각한 ➡ 사람을 수식하는 형용사가 아니므로 오답

(D) 까다로운, 조심해서 고르는 ➡ '어떤 후보를 선택할지에 대해서 까다로운 임원들'이라는 내용이 적절하므로 정답

정답 (D)

해석 최종 면접에 참석했던 회사 임원들은 / 까다롭다 / 그들이 어떤 후보자를 선택할지에 대해.

표현 정리 executive 임원, 경영 간부 attend 참석하다 interview 면접 candidate 후보자 choose 선택하다

12. evacuation drills(대피 훈련)를 수식하는 형용사이면서 허리케인의 증가하는 피해와도 연관성이 있는 것을 찾는다.

(A) 책임이 있는 ➡ evacuation drills를 수식하는 형용사가 아니므로 오답

(B) 가장 좋은 ➡ 최상급 형용사는 정관사 the나 소유격 뒤에 와야 하므로 오답

(C) 희미한 ➡ evacuation drills를 수식하는 형용사가 아니므로 오답

(D) 의무적인 ➡ '허리케인의 위협이 증가하면서 대피 훈련은 필수적이다'라는 내용이 적절하므로 정답

정답 (D)

해석 허리케인의 위협이 증가함에 따라 / 대피 훈련은 의무적이다 / 해변 근처에 사는 주민들에게.

표현 정리 growing 증가하는 threat 위협 hurricane 허리케인 evacuation drill 대피 훈련 resident 거주자, 주민 beach 해변

13. map을 수식하기에 적절한 형용사를 찾는다.

(A) 상세한 ➡ '주변 지역에 대해 상세한 지도'라는 내용이 적절하므로 정답

(B) 묘사된 ➡ 지도를 수식하기에 부적절하므로 오답

(C) 열거된 ➡ 지도를 수식하기에 부적절하므로 오답

(D) 동의된 ➡ 지도를 수식하기에 부적절하므로 오답

정답 (A)

해석 주변 지역들에 대한 상세한 지도를 얻기 위해서는 / 당신은 방문하면 된다 / 그 마을의 관광 안내 센터를.

표현 정리 surrounding areas 주변 지역들 visit 방문하다 tourist information center 관광 안내 센터

▶고난도!
14. be동사와 전치사 to 사이에 들어가기에 적절하고 previous models(이전 모델들)와 연관성이 있는 형용사를 찾는다.

(A) 유사한 ➡ be similar to(~와 유사하다)라는 표현으로 '이전 모델과 모양 면에서 유사하다'는 내용이 적절하므로 정답

(B) 호감이 가는 ➡ 전치사 to와 어울리지 않아서 오답

(C) 반영된 ➡ '새로운 T7 전화기가 반영되었다'는 내용이 부적절하므로 오답. to와도 어울리지 않는다.

(D) 사려 깊은 ➡ 사람을 수식하는 형용사이므로 오답

정답 (A)

해석 새로운 T7 전화기가 비슷할지라도 / 이전 모델들과 / 모양 면에서 / 무게는 그것들의 반밖에 나가지 않는다.

표현 정리 even though ~일지라도 previous 이전의 shape 모양 weigh 무게가 ~이다

15. advantage(장점)를 수식할 형용사이면서 unique contents와 관련된 것을 찾는다.

(A) 주의 깊은 ➡ advantage를 수식하기에 부적절하므로 오답. 주로 사람을 수식할 때 쓴다.

(B) 극도의 ➡ advantage를 수식하기에 부적절하므로 오답

(C) 경쟁력 있는 ➡ competitive advantage가 '경쟁 우위'라는 뜻을 나타내므로 정답

(D) 여러 가지의 ➡ 부정관사 a와 어울리지 않고 뒤에 단수명사와도 어울리지 않아서 오답

정답 (C)

해석 독특한 콘텐츠를 판매하고 구독 기반으로 전환함으로써 / Netflix는 그 자체에 경쟁 우위를 부여하고 있다.

표현 정리 sell 판매하다 unique 독특한 switch to ~로 전환하다 subscription 구독 advantage 장점, 유리한 점

▶고난도!
16. market share(시장 점유율)를 수식하고 majority equity(다수의 지분)를 매입한 것과 관련된 형용사를 찾는다.

(A) 긴 ➡ market share를 수식하기에 부적절하므로 오답

(B) 많은, 풍부한 ➡ market share를 수식하기에 부적절하므로 오답

(C) 상당한 크기의, 꽤 큰 ➡ market share를 수식하기에 적절하고, '다수의 지분을 매입한 것이 상당한 시장 점유율을 얻은 것'과 관련이 있으므로 정답

(D) 내구성 좋은 ➡ market share를 수식하기에 부적절하므로 오답. 제품 등을 수식하는 형용사이다.

정답 (C)

해석 Zambia에서 / PCC는 다수의 지분을 매입했다 / 한 담배 제조업체의 / 그것이 상당한 시장 점유율을 차지하는 데 도움이 되면서.

표현 정리 purchase 매입하다 majority 다수의 equity 소유권, 지분 cigarette 담배 manufacturer 제조업체 capture 차지하다 market share 시장 점유율

17. version(버전, 판)을 수식하면서 current operating software와 관련된 형용사를 찾는다.

(A) 다양한 ➡ 뒤에 복수명사가 와야 하므로 오답

(B) 최신의 ➡ '현재의 운영 소프트웨어 최신 버전'이라는 내용이 적절하므로 정답

(C) 확신하는 ➡ 명사를 앞에서 수식하는 형용사가 아니므로 오답

(D) 알고 있는 ➡ 명사를 앞에서 수식하는 형용사가 아니고 version과 어울리지 않아서 오답

정답 (B)

해석 현재의 운영 소프트웨어 최신 버전이 / 공개될 것이다 / 다음 달에.

표현 정리 current 현재의 operate 운영하다 make public ~을 공개하다

18. sales goal(판매 목표)을 수식할 수 있고 luxury sedan을 개발한 것과도 관련성을 찾는다.

(A) 야심 찬 ➡ 내년 판매 목표를 수식하기에 적절한 형용사이므로 정답

(B) 흔하지 않은, 드문 ➡ sales goal을 수식하기에도 부적절하고, luxury sedan을 개발한 것과도 연관성이 없어 오답

(C) 질투하는, 시기하는 ➡ 사람을 수식하는 형용사이므로 오답

(D) 도착하는 ➡ sales goal을 수식하기에 부적절하므로 오답

정답 (A)

해석 Sayora Automobiles는 고급 세단을 개발했다 / 그리고 발표했다 / 야심 찬 판매 목표를 / 내년을 위한.

표현 정리 develop 개발하다 luxury 고급의 announce 발표하다 sales 판매, 매출

➤고난도!
19. products를 수식하는 형용사이면서 milk, fresh와 관련된 형용사를 찾는다.

(A) 풍부한 ➡ 예로 든 milk와 관련이 없으므로 오답

(B) 상하기 쉬운 ➡ milk가 perishable products이고 fresh와 상반된 의미이므로 정답

(C) 생산적인 ➡ 예로 든 milk와 관련이 없으므로 오답

(D) ~와는 반대되는 ➡ 예로 든 milk와 관련이 없으므로 오답

정답 (B)

해석 유지하기 위해 / 우유같이 부패하기 쉬운 제품들을 신선하게 / 우리는 냉장 저장 탱크가 필요하다.

표현 정리 product 제품 fresh 신선한 refrigerated 냉장한 storage 저장

20. 가주어/진주어와 잘 어울리면서 중장비를 가지고 일하는 사람들이 안전 지침을 준수하는 것과 관련 있는 형용사를 선택한다.

(A) 매우 중요한 ➡ 'it is critical that 주어 (should 생략) 동사원형' 구문으로 쓰이며 '안전 지침을 준수하는 것이 매우 중요하다'는 내용이 적절하므로 정답

(B) 구체적인 ➡ 안전 지침을 준수하는 것이 구체적이라는 것이 부적절하므로 오답

(C) 상당한 ➡ 안전 지침을 준수하는 것이 상당하다는 것이 부적절하므로 오답

(D) 즉각적인 ➡ 안전 지침을 준수하는 것이 즉각적이라는 것이 부적절하므로 오답

정답 (A)

해석 매우 중요하다 / 중장비로 작업하는 사람들이 / 안전 지침을 준수하는 것이.

표현 정리 those ~하는 사람들 heavy equipment 중장비 comply with ~을 준수하다 safety guidelines 안전 지침

21. tour information source(관광 정보 출처)를 수식하기에 적절한 형용사를 찾는다.

(A) 가장 많은 ➡ many나 much의 최상급인 the most 뒤에는 복수가산명사 혹은 불가산명사가 오는데 source가 단수명사라서 오답

(B) 늦은 ➡ source를 수식하기에 부적절하므로 오답

(C) 확실한 ➡ 명사를 앞에서 수식하지 않으므로 오답

(D) 주요한 ➡ '주요한 관광 정보 출처로 여겨진다'는 내용이 적절하므로 정답

정답 (D)

해석 Anywheretravel.com은 유명한 웹사이트이다 / 그리고 주요한 관광 정보 출처로 여겨진다 / 여행을 자주 하는 여행객들에게는.

표현 정리 renowned 유명한 be regarded as ~로 여겨지다 source 원천, 출처 frequent 빈번한, 자주 일어나는 traveler 여행객

22. be 동사와 전치사 for 사이에 들어갈 적절한 형용사이면서 절반의 월급을 받는다는 내용과 관련된 것을 찾는다.

(A) 이로운, 유리한 ➡ be advantageous to(~에게 유리하다) 형태로 쓰이고, 절반의 월급을 받는다는 내용에 부적절하므로 오답

(B) 자격이 있는 ➡ be eligible for(~할 자격이 있다)의 표현을 이루어 '3개월의 수습 기간 동안에 절반의 월급을 받을 자격이 있다'는 내용이 적절하므로 정답

(C) 편리한 ➡ 전치사 for와 함께 쓰일 수 있으나 사람 주어와 어울리지 않아서 오답

(D) 적절한, 관련 있는 ➡ 전치사 to와 함께 쓰는 형용사이므로 오답

정답 (B)

해석 숙지하시기 바랍니다 / 당신은 오직 절반의 임금을 받을 자격이 됩니다 / 정규직 사무 직원들이 받는 / 3개월 수습 기간 동안.

표현 정리 be advised that ~을 숙지하다 be eligible for ~할 자격이 있다 wage 임금 regular worker 정규직 probation period 수습 기간

'형용사 어휘' 종합 문제 |파트6|

문제 23-26번은 다음 공지를 참조하시오.

> 지역 사회를 부양하는 것은 / Thompson Group의 임무의 주요한 측면입니다. 우리에게는 중요합니다 / 우리 지역 사회의 더 많은 불우한 구성원들을 돕는 것이. 그 결과 / 우리는 결정했습니다 / 우리의 수입 전체의 20%가 / 이번 달 / 다양한 지역 자선 단체들에게 제공되도록. 이는 특정 품목들에만 적용됩니다.
>
> 해당되는 품목들은 포함합니다 / 우리의 전체 제품군을 / 스웨터와 넥타이, 그리고 남성 정장의. 세일 품목들은 해당되지 않습니다. 기타 제외되는 품목들에는 꼬리표가 붙어 있을 것입니다 / 매장에서.
>
> 우리는 작년에도 같은 일을 했고 / 가까스로 모았습니다 / 거의 25만 달러를. ²⁶우리는 그보다 더 잘하려고 합니다 / 올해. 그러니 반드시 고객들에게 알리세요 / 이 특별한 기회에 대해.

표현 정리 provide for ~을 부양하다[원조하다] local community 지역 사회 major 주요한, 주된 aspect 측면 vital 중요한, 필수적인 assist 돕다 unprivileged 불우한 as a result 그 결과 revenue 수입, 수익 various 다양한 charity 자선 단체 apply 적용되다, 해당되다 qualify 자격이 되다 complete 전체의, 완전한 tag 꼬리표 place 두다, 배치하다 manage to do 가까스로 ~하다 raise (기금 등을) 모으다 a quarter of a million 25만 opportunity 기회

23. 전치사 어휘 문제로 빈칸 앞뒤 명사의 의미 관계를 파악하여야 한다.

(A) ~의 ➡ '주요한 측면'과 '그룹의 미션'은 동격이라고 볼 수 있으므로 동격을 나타내는 of가 정답

(B) ~을 위한 ➡ '그룹의 미션'과 '주요한 측면'은 동격이므로 이유나 목적을 나타내는 for는 오답

(C) ~주변에, 약 ~ ➡ 장소의 주변이나 대략적인 시간을 나타내는 전치사이므로 오답

(D) ~에, ~안에 ➡ 위치 전치사로 그룹의 미션 안에 주요한 측면이 포함되는 것이 아니므로 오답

정답 (A)

24. 정동사 문제로 빈칸 뒤에 목적어가 없으므로 수동태를 고른다.

(A) 주고 있다 ➡ 능동태라서 오답

(B) 주어질 것이다 ➡ 수동태이자 미래시제라서 정답. 앞으로 일어날 일에 대한 결정을 하고 있다.

(C) 줄 것이다 ➡ 능동태라서 오답

(D) 주어졌다 ➡ 이미 일어났던 일을 결정할 수는 없으므로 오답. 수동태이지만 시제가 잘못되었다.

정답 (B)

25. 형용사 어휘 문제로 보기 모두 items와 쓰일 수 있으므로 추가적인 단서가 필요하다. 여기서는 빈칸 앞 other와 그 앞 문장이 단서이다.

(A) 회수된 ➡ '다른 회수된'이란 말은 앞에서도 회수된 물건에 대한 언급이 있어야 하므로 오답

(B) 교체된 ➡ '다른 교체된'이란 말은 앞에서도 교체된 물건에 대한 언급이 있어야 하므로 오답

(C) 제외된 ➡ '다른 제외된'이란 말은 앞에서도 제외된 물건에 대한 언급이 나와야 하는데, sale items(할인 제품들)이 바로 그것이라 정답

(D) 팔린 ➡ '다른 팔린'이란 말은 앞에도 팔린 물건에 대한 언급이 있어야 하므로 오답

정답 (C)

26. 빈칸 앞의 문장은 '작년의 모금 행사'에 관한 이야기이다. 이어지는 문장은 올해에 대한 이야기를 할 가능성이 높다.

(A) 요금은 없습니다 / 프로그램에 참가하기 위한. ➡ 요금이 부과될 이유가 없으므로 오답

(B) 우리 수입은 증가해야 합니다 / 1년 내내. ➡ 모금 행사는 연간 수입 증가와 상관없으므로 오답

(C) 단 며칠이 남아 있습니다 / 이 판촉 행사에. ➡ 자선 행사를 위한 것이고 판촉과는 상관이 없으므로 오답

(D) 우리는 그보다 더 잘하려고 합니다 / 올해. ➡ 올해 행사에 대한 언급으로 작년과 비교하여 추가 설명을 하고 있으므로 정답

정답 (D)

표현 정리 charge 요금 participate in ~에 참가하다 increase 증가하다 for the entire year 1년 내내 promotion 프로모션, 판촉 행사 intend to do ~하려고 하다

문제 27-30번은 다음 이메일을 참조하시오.

> 수신: 전 직원
> 발신: Dana Morrison
> 날짜: 11월 22일
> 제목: Let's Read
>
> 저는 알리게 되어 기쁩니다 / 저희가 지역 자선 단체 Let's Read와 함께 했던 것을 / 도우려는 노력으로 / 불우한 청년들을 / 올해. 여러분은 아마도 보셨을 것입니다 / 큰 박스를 / 정문 옆에. ²⁸그것은 거기에 놓였습니다 / 이틀 전에. Let's Read가 저희에게 그 박스를 보냈습니다 / 중고 책과 새 책을 그 안에 넣도록. 그 박스가 가득 차면 바로 / Let's Read로부터 직원이 도착하여 / 그것을 가져가고 / 그것을 새 것으로 교체해 놓을 것입니다. 반드시 그 박스 안에는 책들만 놓으세요. Let's Read는 다루지 않습니다 / 다른 어떤 자료들은. 모두 기증합시다 / 그래서 지역 아이들이 읽을 책을 갖도록 / 다가오는 휴일 동안.
>
> Dana Morrison
> 사무장

표현 정리 join together 함께 하다 charity 자선 단체 in an effort to do ~하려는 노력으로 underprivileged 불우한 youth 청년 front door 정문 place 놓다 as soon as ~하면 바로 representative 직원 arrive 도착하다 take away 가져가다, 치우다 replace A with B A를 B로 교체하다 be sure to do 반드시 하다 deal with ~을 다루다 contribute 기증[기부]하다 coming 다가오는 holiday 휴일

27. 빈칸은 be동사 뒤의 주격 보어 자리로 형용사나 명사가 와야 한다.

(A) X ➡ 현대 영어에서 pleasure(기쁨)는 동사로 쓰이지 않고 명사로만 쓰이는 단어라서 오답

(B) 기뻐하는 ➡ 과거분사라서 정답. 'be pleased to 동사원형' 형태로 사용한다.

(C) 기쁘게 하다 ➡ 정동사라서 오답

(D) 기쁘게 하다 ➡ 정동사라서 오답

정답 (B)

28. 빈칸 앞뒤 문장을 함께 봐야 쉽게 풀 수 있다. 앞 문장은 '정문 옆에 놓인 박스'에 관한 이야기이고 빈칸 뒤의 문장은 '박스를 둔 목적'에 대한 이야기이다. 따라서 빈칸 문장도 이와 같은 주제가 나와야 한다.

(A) 제가 그것을 치울 것입니다 / 오늘 오후 늦게. ➡ 빈칸 뒤의 문장에서 박스에 책을 넣으라고 했으므로 치우라고 하는 것은 모순이므로 오답

(B) 그것을 마음껏 살펴보세요 ➡ 여기서 it은 박스를 의미하는데 살펴봐야할 이유가 없다.

(C) 그것은 거기에 놓였습니다 / 이틀 전에. ➡ 정문에 놓여 있는 박스에 대한 부연 설명으로 그것이 놓인 시점을 이야기하고 있으므로 정답

(D) 저에게 말해주세요 / 그것에 관해 생각하시는 것을. ➡ 이어서 박스의 용도가 나오는데, 굳이 이 단계에서 의견을 구할 필요가 없으므로 오답

정답 (C)

표현 정리 remove 치우다, 제거하다 feel free to do 마음껏 ~하다 look through 훑어보다, 살펴보다 put 놓다

29. 형용사 어휘 문제로 부사절 접속사와 주절의 관계를 파악하여 답을 고르는 문제이다.

(A) 가득 찬 ➡ 박스에 책을 넣으면 박스는 가득 찬 상태가 되며, 가득 차자마자 새것으로 교체된다는 내용이 되므로 정답

(B) 깨끗한 ➡ 깨끗한 박스를 치울 이유가 없으므로 오답

(C) 반환된 ➡ 반환되는(is returned) 것은 치워지는(take it away) 것과 중복되는 내용이므로 오답

(D) 확인된 ➡ identify는 신원 등을 확인할 때 사용하는 말이다. '이것이 박스다'라는 확인을 했다고 해서 치울 이유가 없으므로 오답

정답 (A)

30. 명사 어휘 문제로 앞 문장에서 상자에는 오직 책만 넣으라고 했으므로 책이 아닌 다른 것들은 받지 않겠다는 의미이다. 따라서 빈칸에는 '다른 것들'에 해당하는 말 즉, 책을 포함할 수 있는 포괄적 어휘가 필요하다. 쉽게 말해, 사과의 포괄적 어휘는 과일이다. '사과만 먹겠습니다, 다른 과일은 안 먹어요'의 관계이다.

(A) 보고서들 ➡ 책을 포함할 수 있는 포괄적 어휘가 아니라서 오답

(B) 요금 ➡ 책을 포함할 수 있는 포괄적 어휘가 아니라서 오답

(C) 기부자들 ➡ 책을 포함할 수 있는 포괄적 어휘가 아니라서 오답

(D) 물질, 물체 ➡ 책을 포함할 수 있는 포괄적 어휘라서 정답

정답 (D)

PART 7

Unit 01 초반 세 줄 안에 단서가 있다. – 주제/목적 문제

직독직해 연습

문제 165-167번은 다음 편지를 참조하시오.

발신: *Westmoreland Daily* (543 E. Main St. Westmoreland, PA)
날짜: 5월 21일
수신: Cynthia Lake (292 Spring Street Westmoreland, PA)

친애하는 Ms. Lake에게,

6월 1일에 / 귀하의 2개월 시험 구독권이 / *Westmoreland Daily*에 대한 / 만료가 될 것입니다. 만약 당신이 관심이 있다면 / 지속하는 것에 대해 / 이 지역의 가장 종합적인 신문을 받는 것을 / 그러면 작성해 주십시오 / 동봉된 카드를 / 그리고 그것을 저희에게 돌려주세요 / 당신이 할 수 있는 한 빨리. 선택사항들 중에는 / 당신이 확인할 수 있는 / 6개월, 1년 그리고 2년 구독이 있습니다. 귀하는 알아차리실 것입니다 / 가장 많은 절약이 제공된다는 것을 / 2년짜리 선택사항에.

저희는 귀하에게 감사드립니다 / Westmoreland Daily의 구독자였던 것에 대해. 저희 직원들은 열심히 일합니다 / 매일 / 저희 독자들에게 제공하기 위해 / 가장 종합적인 이야기들을 / 지역과 국가의 뉴스, 스포츠, 문화, 사회, 그리고 더 많은 것들에 관한. 저희는 항상 환영합니다 / 의견을 / 저희가 귀하에게 더 나은 서비스를 제공하는 것에 도움이 될 수 있는. 그저 방문해 주세요 / 저희 웹사이트 www.westmorelanddaily.com에 / 그리고 의견 양식을 작성해 주세요.

Harold Potter
고객 서비스 담당자

전략 1 점검 퀴즈

수신: 마케팅 직원들
발신: Owen Jackson
날짜: 7월 27일
제목: 고객 설문조사
첨부: 설문 원고

안녕하세요, 여러분.

여러분이 기억하는 것처럼 / 우리는 이야기를 했습니다 / 설문조사를 시행하는 것에 대해 / 우리의 가장 큰 고객들에 대한 / 지난주 목요일 회의에서. 저는 생각해냈습니다 / 몇 가지 질문들을 / 제 생각에 / 우리가 질문해야만 하는. 그것들을 봐주세요 / 여러분이 가능한 한 빨리. 만약 여러분이 느낀다면 / 그것들 중 어느 것이라도 변경할 필요가 있거나 / 우리가 질문해야 한다고 / 어떤 다른 주제들에 대해 / 저는 기꺼이 듣도록 하겠습니다 / 여러분이 생각하는 것을.

Owen Jackson
마케팅 부장

표현 정리 conduct a survey 설문조사를 하다 come up with (아이디어 등을) 떠올리다 take a look at ~를 보다 inquire about

~에 관해 문의하다

1. 이메일의 목적은 무엇인가?

(A) 최근 설문조사의 결과를 제공하기 위해

(B) 회사의 상위 고객들의 명단을 공유하기 위해

(C) 이전에 언급한 주제에 대한 후속 조치를 취하기 위해

(D) 새로운 프로젝트가 시작할 수 있도록 승인하기 위해

해설 초반부 세 줄을 보면 지난주 회의에서 다룬 내용에 대해 언급한 후 질문이나 의견을 요청하고 있다. 따라서 이를 포괄적으로 이야기하는 것은 '후속 조치를 취하기 위한 것'이라고 할 수 있으므로 (C)가 정답이다.

정답 (C)

표현 정리 follow up on ~에 대해 후속 조치를 취하다 give approval 승인하다

전략 2 점검 퀴즈

Familia Healthcare Center
101 Rutland Avenue
Portland, OR

3월 13일

Judy Haber
393 W. Symington Drive
Portland, OR

Ms. Haber에게,

Familia Healthcare Center는 결정했습니다 / 더 이상 받지 않기로 / 의료보험을 / 결제 수단으로써 / 우리의 고객들로부터. 대신에, 서비스들은 지불되어야 합니다 / 현금, 수표 또는 신용카드로 / 고객들이 시설을 떠나기 전에. 첨부한 책자를 봐주세요 / 완전한 목록을 보기 위해서 / 우리가 부과하는 비용의.

최근 몇 달 사이에 / 우리는 고용하지 않을 수 없었습니다 / 몇 명의 새로운 직원들을 / 문서 작업을 처리하기 위해 / 보험 문제들과 관련된. 결제 방법을 변경함으로써 / 우리는 돌아갈 수 있습니다 / 우리의 임무에 집중하는 것으로 / 우리 고객들에게 우수한 의료 서비스를 제공하는 / 동시에 저렴한 가격을 유지하면서.

만약 당신이 어떠한 질문이라도 있다면 / 이 문제에 대해 / 연락해 주십시오 / Catherine Rudolph에게 / 930-2933으로.

Familia Healthcare Center

표현 정리 decide 결정하다 no longer 더 이상 ~아닌 accept 받다, 받아들이다 medical insurance 의료보험 payment 결제 customer 고객 instead 대신에 pay for ~에 대해 지불하다 cash 현금 check 수표 credit card 신용카드 facility 시설 attach 첨부하다 brochure 소책자 complete 완전한 fee 수수료 be forced to do ~하지 않을 수 없다 hire 고용하다 employee 직원 deal with ~을 다루다 paperwork 문서 작업 regarding ~에 관하여 alter 변경하다 return to ~로 돌아가다 focus on ~에 초점을 맞추다 mission 임무 provide A with B A에게 B를 공급하다 outstanding 뛰어난 maintain 유지하다

1. 편지는 왜 Ms. Haber에게 보내졌는가?

(A) 그녀가 했던 시간 약속을 취소하기 위해

(B) 그녀가 물어본 가격을 그녀에게 알리기 위해

(C) 정책 변경을 알리기 위해

(D) 서비스에 대한 지불을 요청하기 위해

해설 초반부 세 줄에서 지불 방식의 변경에 대한 이야기를 하고 있는데, '정책 변경'은 이에 대한 포괄적인 표현이므로 (C)가 정답이다.

정답 (C)

표현 정리 cancel 취소하다 make an appointment 약속하다 announce 알리다 change 변경사항 policy 정책

전략 3 | 점검 퀴즈

> 발신: Christine Moore
>
> 수신: Jacob Marshall
>
> 제목: Order #59585
>
> 날짜: 4월 11일
>
> Mr. Marshall에게,
>
> 우리는 당신의 이메일을 받았습니다 / 그리고 취소했습니다 / 당신이 했던 주문을. 여기 당신의 주문 정보가 있습니다.
>
> 주문 번호 #59585: Greenbrier 전기 블렌더 (4월 9일 주문) 32.99달러
>
> 숫자 5684로 끝나는 당신의 신용카드에 / 입금될 것입니다 / 구매 금액 전액이 / 다음 영업일 3일 이내에.
>
> 우리는 희망합니다 / 당신이 쇼핑하기를 / 우리와 다시 / 향후에도.
>
> Christine Moore
>
> 고객 서비스 담당자
>
> Whistler Online Shopping

표현 정리 cancel 취소하다 order 주문 information 정보 credit card 신용카드 credit A with B A에 B를 입금하다 end in ~로 끝나다 amount 액수 purchase 구매(품) business day 영업일

1. 이메일의 목적은 무엇인가?

(A) 회사가 환불했음을 알리기 위해서

(B) 주문이 변경되었음을 확인하기 위해서

(C) 고객이 상품을 기다리도록 요청하기 위해서

(D) 신용카드 기계의 오류를 언급하기 위해서

해설 (A)는 canceled the order에서 refund로 연상되는 단어를 사용한 오답. 환불을 해줄 예정이고 이미 환불을 해준 것이 아니므로 오답이다. (B)는 주문 취소나 수정, 이후 조치 등은 모두가 '주문의 변경 사항'에 대한 포괄적 표현에 해당되므로 정답이다. (C)는 지문과 관련 없는 내용이라서 오답이다. (D)는 동일 단어인 credit card를 사용한 오답이며, 내용상으로도 너무 구체적이다.

정답 (B)

표현 정리 issue a refund 환불하다 confirm 확인하다 wait for ~을 기다리다 credit card machine 신용카드 기계

전략 4 | 점검 퀴즈

> 수신: 모든 직원
>
> 발신: Thomas Carol
>
> 제목: Hanover Advertising Conference
>
> 날짜: 4월 16일
>
> 첨부: 지원 양식
>
> 좋은 오후입니다.
>
> 여러분이 잘 알고 있듯이 / Hanover Advertising Conference는 열릴 예정입니다 / 여기에서 / 6월 15일부터 17일까지. 올해의 행사는 더욱 커질 것 같습니다 / 그 어느 때보다도 / 10,000명 이상의 사람들이 참석할 것으로 예상되기 때문에 / 적어도 컨퍼런스 중 하루는. 사장인 Melissa Wardon은 믿습니다 / 우리 Wardon Adverting은 완벽한 기회를 가지고 있다고 / 우리의 인지도를 증가시키기 위한 / 이번 컨퍼런스에서. Ms. Wardon은 기조 연설을 할 예정입니다. 그녀는 논의할 생각입니다 / 어떻게 줄어든 사람들의 수가 / 요즘에 텔레비전을 시청하는 / 영향을 끼치는지 / 광고 산업에. 저는 작업을 할 것입니다 / 우리가 컨퍼런스에서 가질 부스에 대한. 여러분 중 누구라도 / 저를 돕고 싶으시면 / 응답해 주세요 / 이 이메일에 / 오늘까지.
>
> 덧붙여 / 누구라도 관심이 있다면 / 컨퍼런스에서 연설하는 것에 대해 / 첨부된 양식을 작성해주세요 / 그리고 그것을 돌려 주세요 / 4월 20일 금요일까지. 분명히 밝히세요 / 여러분이 이야기하고자 하는 바에 대해. 모든 발표는 45분에서 60분 사이가 되어야 합니다 / 길이가. 경영진은 제안되는 주제들을 볼 것입니다 / 그리고 결정할 것입니다 / 어떤 것을 / 받아들일지 / 4월 27일까지.
>
> Thomas

표현 정리 conference 컨퍼런스, 회의 be set to do ~할 예정이다 take place 개최되다 promise to do ~할 것 같다, ~할 조짐이다 individual 개인, 사람 be expected to do ~할 것으로 예상되다 opportunity 기회 increase 증가하다 profile 인지도 be scheduled to do ~할 예정이다 keynote speech 기조 연설 intend to do ~할 생각이다 discuss 논의하다 reduced 줄어든, 감소된 affect 영향을 끼치다 assist 돕다 respond to ~에 응답하다 fill out (양식을) 작성하다 attached 첨부된 presentation 발표 between A and B A와 B 사이에 propose 제안하다 decide 결정하다

1. 이메일의 목적은 무엇인가?

(A) 사업 설문조사에 관한 정보를 제공하기 위해

(B) 부스 디자인에 관한 제안을 요청하기 위해

(C) 행사를 신청하도록 사람들에게 상기시키기 위해

(D) 사람들이 양식을 제출하도록 요청하기 위해

해설 초반부 세 줄에 단서가 없고, 후반부 요청사항이 곧 주제/목적인 문제이다. 후반부에서 양식을 작성해서 달라고 하므로 이것이 글의 목적이다. 따라서 (D)가 정답이다.

정답 (D)

표현 정리 provide 제공하다 request 요청하다 suggestion 제안 remind 상기시키다 sign up for ~을 신청하다 submit 제출하다 form 서식, 양식

문제 1~3번은 다음 공지를 참조하시오.

런던 은행 협의회

컨벤션 센터 규칙들
ID 카드들

[1]협의회에 등록한 개인들 / 그들의 손님들, 직원들, 그리고 다른 허가된 사람들만이 / 컨벤션 센터에 입장할 수 있습니다.

센터에 있는 모든 사람들은 / 반드시 소지해야 합니다 / 공식 ID 카드를 / 반드시 착용해야 하는 / 목 주위에 / 항상

– ID 카드는 발급됩니다 / 런던 컨벤션 센터에서 / 그리고 배포됩니다 / 회사 혹은 개인들에게 / 행사에 등록한. [2]다수의 카드들을 받는 회사들은 / 책임이 있습니다 / 그것들을 분배할.
– 각 회사는 받습니다 / 특정 개수의 ID 카드를 / 수수료에 기반하여 / 등록 시 지불한.
– 모든 허가 받지 않은 사람들은 / ID 카드가 없는 / 요청될 것입니다 / 건물에서 떠나도록.
– [3]어떤 시도는 / ID 카드를 변경하거나 / 다른 사람의 ID 카드를 사용하려는 / 야기할 것입니다 / 컨벤션 센터에서 쫓겨날 것임을.

표현 정리 conference 컨퍼런스, 협의회, 학회 convention center 컨벤션 센터 guest 손님 staff member 직원 authorized 허가된, 인가된 issue 발급하다 distribute 분배하다, 배포하다 register for ~에 등록하다 multiple 다수의 be responsible for ~에 책임이 있다 specific 특정한 based upon ~에 기반을 둔 fee 수수료, 요금 lack ~이 없다 premises 건물, 부지 attempt 시도 alter 바꾸다, 변경하다 result in ~을 야기하다 eject 내쫓다

1. 정책 공지의 목적은 무엇인가? **주제/목적 문제**

(A) 누가 컨벤션 센터에 입장이 허용되는지 설명하기 위해서

(B) 다가오는 행사에 어떻게 등록하는지 언급하기 위해서

(C) 잃어버린 ID카드를 어떻게 교체하는지 설명하기 위해서

(D) 등록 과정에 관한 상세한 설명을 제공하기 위해서

해설 첫 번째 문장에서 어떤 사람이 컨벤션 센터에 입장할 수 있는지 밝히고 있으므로 (A)가 정답이다.

정답 (A)

표현 정리 be allowed in 입장이 허용되다 register for ~에 등록하다 replace 대체하다 missing 없어진, 잃어버린

2. 회사와 함께 참여한 개인들은 그들의 ID 카드를 어떻게 받을 수 있는가? **세부내용 문제**

(A) 그것들은 작업 현장에 있는 사람들에게 보내질 것이다.

(B) 그들의 회사에서 나온 한 사람이 그것들을 나눠줄 것이다

(C) ID 카드들은 그들이 등록할 때 수령될 것이다.

(D) 그들은 카드를 이메일로 받을 것이고, 그것을 프린트할 수 있다.

해설 세 번째 문단의 첫 번째 항목에서 다수의 ID 카드를 받는 회사는 그것들을 분배할 책임이 있다고 했으므로 그들의 회사에서 나온 사람이 ID 카드를 나눠준다고 볼 수 있다. 따라서 (B)가 정답이다.

정답 (B)

표현 정리 hand out 나눠주다 pick up (어디에서 물건을) 찾다, 찾아오다

3. 다른 사람의 ID 카드를 쓴 사람에게 어떤 일이 일어나는가? **세부내용 문제**

(A) 그 사람은 센터로부터 내보내질 것이다.

(B) 그 사람은 벌금을 물게 될 것이다.

(C) 그 사람은 경찰에 신고될 것이다.

(D) 그 사람은 새로운 ID 카드를 받을 것이다.

해설 세 번째 문단의 마지막 항목에서 카드를 바꾸거나 다른 사람의 카드를 사용하려고 시도한 사람은 센터에서 쫓겨날 것이라고 전하므로 (A)가 정답이다.

정답 (A)

표현 정리 remove 치우다, 내보내다 fine 벌금을 물리다 report 신고하다

문제 4~6번은 다음 이메일를 참조하시오.

수신: Emily Baines
발신: Bruce Caldwell
제목: Mr. Rappaport
[4]날짜: 9월 12일

Emily,

[4]Mr. Rappaport가 내게 전화했습니다 / 약 10분 전에. 그는 말했습니다 / 대당 가격이 / 계약서에 있는 / 당신이 어젯밤에 그에게 이메일로 보낸 / 초기 견적이었다고 / 우리가 그에게 제시한 / 9월 7일에. [4, 5]그러나 우리는 협상했습니다 / 약간 낮은 액수로 / 9월 9일에.

Mr. Rappaport는 희망하고 있습니다 / 배송품을 받기를 / 9월 16일까지 / 그래서 우리는 계약서를 마무리시켜야 합니다 / 늦어도 9월 13일까지는 / 신속한 배송을 보장할 수 있도록. 그는 말했습니다 / 다른 회사가 기꺼이 맞추겠다는 의향을 보였다고 / 우리의 제안을 / 그래서 문서 작업이 해결되지 않는다면 / 앞으로 몇 시간 이내로 / 그는 거래할 예정이라고 / 그 회사와.

나는 공항으로 가고 있는 중입니다 / 런던으로 가기 위해 / 그래서 나는 원합니다 / 당신이 이 문제를 해결하기를. [6]Mr. Rappaport에게 전화를 하십시오 / 그리고 그에게 말하십시오 / 계약서를 이메일로 보낼 것이라고 / 한 시간 이내에. 그 다음에, 반드시 그 일이 마무리되도록 해주십시오.

Bruce

표현 정리 per unit (상품의) 한 대당 contract 계약서 quote 견적(서) negotiate 협상하다 slightly 약간 hope 희망하다 delivery 배송 finalize 마무리하다 no later than 늦어도 ~까지 prompt 신속한 mention 말하다, 언급하다 be willing to do 기꺼이 ~하다 match 맞추다 paperwork 문서 작업 straighten out 해결하다, 정리하다 make deal with ~와 거래하다 head to ~로 향하다 handle 다루다 be sure to do 반드시 ~하다

4. 이메일이 쓰여진 이유는? **주제/목적 문제**

(A) 계약서를 승인하기 위해

(B) 여행 일정표를 보내기 위해

(C) 문제를 설명하기 위해

(D) 소개를 하기 위해

해설 첫 번째 문단에서 Mr. Rappaport가 받은 계약서에서 9월 9일에 협상한 가격이 아닌 9월 7일에 처음 제시했던 견적 가격이 나와 있어 문제가 발생했다는 것을 알 수 있다. 따라서 (C)가 정답이다.

정답 (C)

표현 정리 approve 승인하다 itinerary 여행 일정표 describe 설명하다 introduction 소개

5. 계약은 언제 수정되었는가? **세부내용 문제**

(A) 9월 7일

(B) 9월 9일

(C) 9월 13일

(D) 9월 16일

해설 첫 번째 문단 마지막 문장에 9월 9일에 이미 더 낮은 가격에 협상했다는 내용이 나와 있으므로 (B)가 정답이다.

정답 (B)

표현 정리 agreement 합의, 계약 modify 수정하다, 변경하다

6. Mr. Caldwell은 Ms. Baines에게 무엇을 하라고 지시하는가?

세부내용 문제

(A) 계약서를 보낼 것

(B) 그에게 이메일로 지시사항을 보내는 것

(C) 가격 협상을 하는 것

(D) 그들의 경쟁자에게 연락하는 것

해설 글의 마지막 부분에서 '그 일이 마무리되도록 해달라'고 했는데, 여기서 그 일이란 앞 문장에서 계약서를 한 시간 내에 보내겠다고 Mr. Rappaport에게 전화하라는 내용이다. 따라서 Mr. Caldwell의 지시는 Mr. Rappaport에게 계약서를 보내라는 것이므로 (A)가 정답이다.

정답 (A)

표현 정리 instruction 지시 contact 연락하다 competitor 경쟁자

Unit 02 키워드 주변에 단서가 있다. – 세부내용 문제

직독직해 연습

문제 158–160번은 다음 편지를 참조하시오.

> Mr. Snyder에게,
>
> 올 여름에 / Kicker Footwear는 시작할 것입니다 / 광고 캠페인을 / 우리의 가장 최신 제품군을 위한 / 스니커즈와 운동화의. 캠페인은 시

작될 것입니다 / 6월에 / 그리고 지속될 것입니다 / 9월 초까지. 우리는 광고할 것입니다 / Running Magazine과 Sports Weekly에 / 그리고 또한 구매할 것입니다 / 인터넷 광고를.

우리는 고려했었습니다 / 라디오 광고를 / 하지만 그것들을 안 하기로 결정했습니다 / 그 매체의 감소하는 인기 때문에. 하지만, 우리는 광고할 것입니다 / 텔레비전 전국 방송에 / 몇 차례 / 7월에.

동봉된 몇 장의 포스터와 팸플릿을 보세요 / 고객에게 제공하기 위한. 당신이 더 필요로 하다면 / 요청하십시오.

Gus Wilson
Kicker Footwear

전략 1 ┃ 점검 퀴즈

> SANDHURST (2월 19일) – 정부 통계에 따르면 / 소고기의 판매는 / 지역에서의 / 감소되었다 / 30퍼센트 / 지난 3개월 동안. 이것은 충격적인 소식이다 / 왜냐하면 Sandhurst 지역은 소로 매우 유명하기 때문에 / 그곳의 농부들이 사육하는. 하지만, 많은 지역 농부들이 지적했다 / [1]가축 사료의 오르는 가격이 야기했다는 것을 / 그들로 하여금 인상하도록 / 그들 자신의 가격들을.
>
> [2]지역 음식점들도 어느새 깨닫고 있다 / 그들의 메뉴를 조정하고 있다는 것을. 햄버거와 스테이크가 가격이 인상됨에 따라 / 닭고기와 돼지고기를 위주로 한 식사들이 / 더욱 중요해지고 있다. 업계 분석가들은 예상한다 / 소고기 가격이 떨어질 것이라고 / 여름철 동안에.

표현 정리 according to ~에 따르면 government 정부 statistics 통계 sales 판매 beef 소고기 local region 지역 decline 감소하다 past 지난 shocking 충격적인, 놀라운 since 때문에 widely 폭넓게 regard (높이) 평가하다, 존중하다 cow 소 farmer 농부 raise 사육하다 point out 지적하다 rising price 오르는 가격 livestock feed 가축 사료 cause 야기하다 restaurant 식당 find oneself ~ing 어느새 ~하는 것을 알게 되다 adjust 조정하다 hamburger 햄버거 steak 스테이크 increase in price 가격이 오르다 meal 식사 feature ~을 특징[특색]으로 하다 pork 돼지고기 prominent 중요한, 두드러진 industry analysts 업계 분석가들 expect 예측하다 during ~동안에

1. 기사에 따르면, 왜 소고기 판매가 감소했는가?

(A) 사람들이 더욱 건강을 의식하고 있다.

(B) 가축들을 먹이는 것이 더욱 비싸졌다.

(C) 농부들이 요즘에 소를 더 적게 사육하고 있다.

(D) 정부가 닭고기와 돼지고기를 홍보하고 있다.

유형: 이유 **키워드: decreased**

해설 먼저 문제 안의 키워드는 '판매 감소'이다. 바로 다음 문장에서는 판매 감소의 이유가 나오지 않는다. 이어서 많은 지역 농부들이 그 이유에 대해 가축 사료의 가격 증가를 말하고 있으므로 정답이다. '가축 사료 증가 ➡ 소고기 값 상승 ➡ 소고기 판매 감소'로 연결되는 내용이다.

정답 (B)

표현 정리 feed (가축에게) 먹이를 주다 health conscious 건강을 의식하는 nowadays 요즘

2. 식당들이 어떻게 추세에 반응하는가?

(A) 그들이 판매하는 상품들을 바꿈으로써

(B) 고객들에게 할인들을 제공함으로써

(C) 그들의 광고 예산을 증가함으로써

(D) 밤 늦게까지 영업함으로써

유형: 방법   키워드: responding

해설 문제 안의 키워드는 responding이다. 두 번째 문단에서 지역 음식점들이 메뉴를 조정하고 있다는 말이 나오는데, 판매하는 상품을 바꾼다는 것은 이를 포괄적으로 패러프레이징 한 표현이므로 정답이다.

정답 (A)

표현 정리 trend 추세, 경향 budget 예산

수신: Rosalie Cash 〈rcash@quarkmail.com〉
발신: John Thomas john_thomas@ttp.com
날짜: 5월 11일
제목: 귀하의 주문

Ms. Cash에게,

귀하의 주문에 감사합니다 / 귀하가 최근에 해주신. 우리는 귀하에게 우편으로 보냈습니다 / 제품들의 대부분을 / 오늘 아침에. ¹유감스럽게도, 귀하가 주문한 하나의 제품이(제품 번호 950-LF-59) 대단히 인기가 많습니다 / 그래서 현재 재고가 없습니다 / 저희 창고에. 우리는 더 주문했습니다 / 제조업체로부터 / 하지만 우리는 들었습니다 / 그것들이 배송될 수 있다고 우리에게 / 다음 주나 되어서야. 우리는 희망합니다 / 귀하가 꺼리시지 않기를 / 약간의 배송 지연에. ²우리의 방식으로서 / 귀하에게 사과하는 / 우리는 배송비를 면제해 드리고자 합니다 / 그 제품에 대한 / 그리고 그것을 귀하에게 보내 드리겠습니다 / 빠른 우편으로.

John Thomas
고객 서비스 담당자

표현 정리 make an order 주문하다 recently 최근에 mail 우편으로 보내다 item 제품, 물품 unfortunately 불행히도, 유감스럽게도 extremely 지극히, 대단히 popular 인기 있는 currently 현재 be out of stock 품절된, 재고가 없는 warehouse 창고 manufacturer 제조업체 ship 보내다, 발송하다 not ~ until next week 다음 주가 되어야 ~하다 delay 지연, 지체 delivery 배송 way 방법, 방식 apologize 사과하다 waive 면제하다 delivery fee 배송비 product 제품 express mail 빠른 우편

1. 왜 주문의 일부분이 지연되었는가?

(A) 요청한 색상이 이월 주문 상태이다.

(B) 한 제품이 현재 없다.

(C) Ms. Cash가 제품에 대한 지불을 못했다.

(D) 제조업체가 제품 만들기를 중단했다.

문제의 키워드: delayed   지문의 키워드: short delay   패러프레이징 유형: ①

해설 문제의 키워드는 delayed이고 지문의 키워드는 short delay이다. 그 앞부분에 제품이 인기가 많아서 재고가 없다는 말이 있다.

정답 (B)

표현 정리 back order (재고가 없어) 처리하지 못한 주문, 이월 주문 unavailable 구할 수 없는, 얻을 수 없는

---

2. Ms. Cash는 무엇을 받을 것인가?

(A) 대체 상품

(B) 무료 제품을 위한 상품권

(C) 그녀의 구매품에 대한 환불

(D) 제품에 대한 무료 배송

문제의 키워드: receive   지문의 키워드: We'll waive   패러프레이징 유형: ④

해설 문제의 키워드는 receive이지만 지문에 드러나지 않아서 단서 문장인 we will waive ~ 부분을 분석해야 한다. 배송비를 면제해 준다는 것은 free shipping을 받는다는 말로 패러프레이징이 될 수 있다.

정답 (D)

표현 정리 replacement item 대체 상품 complimentary 무료의 refund 환불

Mario's Pizzeria
단골 손님 쿠폰

다음 번에는 / 당신이 주문하는 / 피자, 파스타 식사, 또는 샌드위치를 / ¹제시하세요 / 이 쿠폰을 당신의 담당 종업원에게 / 무료 주문을 받기 위해서 / 치킨윙의 이 쿠폰은 유효하지 않습니다 / 어떠한 다른 제공들과 함께.

저희를 도와주세요 / 저희가 서비스를 향상시키는 것을. ²당신의 담당 종업원에게 요청하세요 / 고객 서비스 카드를 / 그리고 저희에게 알려주세요 / 당신이 어떻게 느끼는지 / Mario's에 대해서. 사인해 주세요 / 당신의 이름을 / 카드를 제출하기 전에, ²그러면 당신은 콘테스트에 참가할 수 있습니다 / 무료 피자 저녁식사를 얻기 위한 / Mario's Pizzeria에서.

표현 정리 frequent customer 단골 손님 order 주문하다 pizza 피자 pasta meal 파스타 식사 sandwich 샌드위치 present 제시하다, 제출하다 coupon 쿠폰 server 서버, 시중드는 사람 receive 받다 complimentary 무료의 order 주문 chicken wing 치킨윙 valid 유효한 offer 제공, 제의, 할인 help 돕다 improve 향상시키다 sign 사인하다, 서명하다 submit 제출하다 enter (대회 등에) 출전시키다, 참가시키다 contest 시합, 대회 win 얻다

1. 손님이 이 쿠폰으로 무슨 무료 아이템을 받을 수 있는가?

(A) 피자

(B) 샌드위치

(C) 파스타

(D) 치킨윙

패러프레이징 유형: ①

해설 문제의 키워드는 free item이고 동의어 표현으로 지문에서는 complimentary order가 사용되었다. 이 주변을 해석해보면 쿠폰을 제시하여 무료로 주문할 수 있는 것이 치킨윙임을 알 수 있다. 지문의 치킨윙이 정답에도 그대로 사용되었으므로 동일 단어 사용 패러프레이징이다.

정답 (D)

2. 손님은 어떻게 무료 식사를 받을 수 있는가?

(A) 종업원을 칭찬함으로써

(B) 웹사이트를 방문함으로써

(C) 큰 피자를 주문함으로써

(D) 피드백을 제공함으로써

패러프레이징 유형: ②

해설 문제의 키워드는 receive a free meal이다. 지문에서는 두 번째 문단의 마지막 문장에서 you'll be ~ to win a free pizza부분이 지문의 키워드이다. 그 앞부분을 보면 식당에 대해 느낀 점을 적은 카드를 제출해야 한다는 말이 있는데, 이를 한 마디로 줄여 feedback이라고 한다. 따라서 이는 동의어를 사용한 패러프레이징 유형이다.

정답 (D)

표현 정리 compliment 칭찬하다 **feedback** 피드백, 의견

전략 4 | 점검 퀴즈

http://rosemarytheater.com

알려드립니다. 모든 연극 팬 여러분:

¹Gorge MacDonald 감독이 처음으로 공연을 할 것입니다 / 그의 최신 연극 공연을 / Rosemary 극장에서 / 금요일에 / 4월 23일. 이것은 현대판입니다 / William Shakespeare의 명작인 *A Midsummer Night's Dream*의. 티켓은 인터넷으로 구매될 수 있습니다 www.rosemarytheater.com에서 / 또는 847-3092로 전화함으로써.

Mr. MacDonald의 복귀를 축하하기 위해서 / Bridgewater로의 / 우리는 개최할 것입니다 / 콘테스트를. ²제출하세요 / 500자 또는 더 짧은 에세이를 / 당신의 가장 좋아하는 연극에 대하여 / Shakespeare가 쓴 / 그리고 무료 좌석을 얻으세요 / 맨 앞줄에 있는 / 첫 공연일 밤에. 또한 무대 뒤에 갈 기회를 / 배우들을 만나기 위해. 당신의 출품작을 보내주세요 / shakespearecontest@rosemarytheater.com으로.

표현 정리 Attention 주목해 주세요, 알립니다 **theater fan** 연극 팬 **director** 감독 **premiere** 첫 공연을 하다 **newest** 최신의 **theatrical performance** 연극 공연 **modern** 현대의 **interpretation** 해석 **masterpiece** 명작 **ticket** 티켓, 표 **purchase** 구매하다 **online** 온라인으로 **call** 전화하다 **celebrate** 축하하다 **return** 복귀, 귀환 **hold** 개최하다 **contest** 콘테스트 **submit** 제출하다 **essay** 에세이 **play** 연극 **win** (경기, 대회에서) 타다, 얻다 **free** 무료의 **seat** 좌석 **front row** 앞줄 **opening night** (공연의) 첫날 밤 **plus** 보태어, 덧붙여 **opportunity** 기회 **backstage** 무대 뒤에서 **actor** 배우 **send** 보내다 **entry** 출품작

---

1. 4월 23일에 무엇이 발생하는가?

(A) 공연을 위한 티켓이 판매에 들어갈 것이다.

(B) 연극을 위한 오디션이 개최될 것이다.

(C) 연극이 처음으로 공연될 것이다.

(D) 감독이 공연에 대해 연설을 할 것이다.

문제와 지문의 키워드: 4월 23일

해설 (A) ② : performance, ticket 등의 동일 단어를 사용한 오답. 4월 23일이 티켓 판매 날짜라는 이야기는 없다.

(B) ① ② ③ : 키워드에서 멀리 떨어져 있고, play는 동일 단어, audition은 연상 단어이다. 4월 23일이 오디션 날짜는 아니다.

(C) 지문의 premiere가 be performed for the first time으로 패러프레이징이 되어 있으므로 정답

(D) ② director, performance 등의 동일 단어를 사용한 오답. 4월 23일이 연설 날짜는 아니다.

정답 (C)

표현 정리 go on sale 판매에 들어가다

---

2. 어떻게 콘테스트에 참가할 수 있는가?

(A) 글을 씀으로써

(B) 티켓을 구매함으로써

(C) 이름과 주소를 제출함으로써

(D) 극장을 방문함으로써

문제의 키워드: enter the contest 지문의 키워드: holding a contest

해설 (A) 지문의 submit essay가 보기의 writing a paper로 패러프레이징이 되어 있으므로 정답

(B) ①, ②: 티켓 구매 이야기는 키워드에서 거리가 먼 첫 번째 문단에 있다. 지문에 나온 단어와 동일 단어인 티켓이 사용되었다.

(C) ②, ③: submit이라는 동일 단어가 사용되었으나 이름과 주소를 제출하라는 내용은 없으므로 오답

(D) ①, ②: 지문에 나온 단어와 동일 단어인 theater가 키워드에서 멀리 위치한다. 방문에 대해서는 언급된 바가 없다.

정답 (A)

표현 정리 enter (대회 등에) 참가하다, 참가시키다

실전 적용 문제

문제 1-3번은 다음 이메일을 참조하시오.

수신: Orlando Thomas

발신: Tara West

날짜: 6월 23일

제목: 카페 계획들

Orlando,

저는 약간의 좋은 소식을 갖고 있어요. ¹저는 부동산 중개업자를 만났어요 / 그리고 그는 저에게 알려주었습니다 / 우리가 원하는 장소의 주인이 / 동의한다는 것을 / 우리의 가격에. 자, 확실히 하기 위해서 / 우리의 카페가 8월 1일에 오픈하는 것을 / 다음 사항들을 실천합시다 / 매달.

7월 : 사업 면허를 얻기, 평면도를 결정하고 / 빌딩을 개조할 준비를 하기, 결정하기 / 어떤 가구와 장비를 구매할지.

8월 : 그 공간을 개조하고 치장하기, ²우리 카페에 대한 광고를 시작하기, 알리기 / 우리가 인원을 채용 중이라는 것을 / 그리고 면접 과정을 시작하기.

9월 : 우리 직원들을 고용하고 / 그들을 교육하기, 가구와 장비를 설치하기, 카페 검사를 받기 / 보건 및 소방 당국에 의해, 확실히 하기 / 우리가 모든 도시와 주의 규정들을 준수한다는 것을.

³만약 당신이 동의하지 않는다면 / 이 제안들의 어떤 것이라도 / 알려주세요 / 당신이 생각하는 바를 / 가능한 한 빨리. 저는 하고 싶습니다 / 앞으로 3개월이 가능한 한 순조롭게 지나가게 / 우리는 굉장히 바쁠 것이기 때문에 / 일단 우리가 사업을 시작하게 되면.

Tara

표현 정리 real estate agent 부동산 중개업자 inform 알리다 owner 주인, 소유주 price 가격 make sure 확실히 하다 café 카페 open (문을) 열다, 개업하다 following 다음에 말하는 것, 다음 사항 business license 사업 면허증 floorplan 평면도 arrange 마련하다, 준비하다 renovate 개조하다 furniture 가구 equipment 장비 purchase 구매하다 decorate 장식하다 advertise 광고하다 announce 알리다, 발표하다 hire 고용하다 interview 인터뷰, 면접 process 과정 train 교육하다 set up 설치하다 inspect 점검하다 in compliance with ~을 준수하여 regulation 규정 disagree with ~에 동의하지 않다 suggestion 제안 as soon as possible 가능한 한 빨리 as smoothly as possible 가능한 한 순조롭게 since ~때문에 extremely 극히, 극도로 once 일단 ~하면

1. Ms. West에 대해 드러나 있는 것은? **사실확인 문제**

(A) 그녀는 이미 사업 면허를 가지고 있다.

(B) 그녀는 부동산을 빌리는 것에 동의했다.

(C) 그녀는 사업을 혼자 시작하고 있다.

(D) 그녀는 9월에 그녀의 카페를 열기를 희망한다

해설 첫 번째 문단에서 Ms West가 부동산 중개업자를 만났고, 원하는 가격에 주인이 동의했다는 얘기를 들었다고 하므로 그녀가 부동산을 빌리는 것에 동의했다고 볼 수 있다. 따라서 (B)가 정답이다.

정답 (B)

표현 정리 rent 임대하다, 임차하다 property 부동산, 소유지, 건물

2. 8월에 어떤 업무가 제안되었는가? **세부내용 문제**

(A) 건축가를 고용하는 것

(B) 새로운 사업의 개업을 알리는 것

(C) 모든 신입 직원들을 고용하는 것

(D) 카페를 위한 장비를 구매하는 것

해설 세 번째 문단에서 카페를 광고한다는 것에 대해 명시되어 있으므로 (B)가 정답이다.

정답 (B)

표현 정리 architect 건축가 equipment 장비

3. Ms. West는 왜 의견을 요청하는가? **세부내용 문제**

(A) 그녀는 그녀의 계획이 효율적이라는 것을 확신하기를 원한다.

(B) 그녀는 Mr. Thomas가 무엇을 사기를 원하는지 알아내는 것에 관심이 있다.

(C) 그녀는 혼자서 면접을 다룰 수 없다.

(D) 그녀는 그들이 어떤 장비를 살 필요가 있는지 확신할 수 없다.

해설 다섯 번째 문단에서 상대방에게 생각하는 바를 가능한 한 빨리 알려 달라고 말한 후, 3개월의 준비 기간이 순조롭게 진행되기를 바란다고 했는데, 이는 효율성에 대해서 의견을 구한다고 볼 수 있는 부분이다. 따라서 (A)가 정답이다.

정답 (A)

표현 정리 ensure 보증하다, 확실하게 하다 handle 다루다, 처리하다

문제 4~6번은 다음 웹페이지의 정보를 참조하시오.

www.greenville.gov

| 홈 | 지역 소식 | **공지사항** | 서비스 | 연락처 |

⁴Greenville 시는 가끔 안내문들을 게시합니다 / 도시에서 일어나는 다양한 일들에 대해서. 이것들은 관련되어 있을 수도 있습니다 / 교통 또는 건설 문제들과. 그것들은 때로는 관련됩니다 / 앞으로 개최될 정부 회의들과. 이 페이지를 확인하세요 / 중요한 통지들에 대해 / 매일 갱신되는.

*⁵운전이 허용되지 않습니다 / 시내의 Somerset District에서 / 7월 17일 이번 토요일에. 시는 주최할 것입니다 / 연례 축제를 / 그날. 행사들이 개최될 것입니다 / Somerset 지역 전체에서 / 그래서 보행자들, 자전거 타는 사람들, 그리고 시에서 후원하는 셔틀 버스들만 허가됩니다 / 거리들에 / 오전 6시부터 오후9시까지.

* Wright Elementary School은 긴급 수리 일정이 잡혀 있습니다 / 지난주에 뇌우가 야기한 후에 / 광범위한 손상을 / 건물의 지붕에. 여러 교실들이 물에 의한 손상을 입었지만 / 심각한 피해는 없었습니다. 작업은 예상됩니다 / 완성될 것으로 / 가을 학기의 시작 전에.

*⁶시 의회는 만날 것입니다 / 103호실에서 / 시청에 있는 / 6시 반에 / 7월 23일 금요일에. 논의될 사안들 중에는 지역의 재산세를 인상하는 것과 / 도시 도로를 따라 몇 개의 자전거 도로를 건설하는 것이 있습니다.

모든 지역 거주자들은 정중히 요청됩니다 / 참석하고 / 그들의 의견들이 들려질 수 있도록.

표현 정리 post 게시하다 notice 안내문 various 다양한 event 사건, 행사 happen 일어나다 be related to ~와 관련이 있다 construction 건설 issue 문제, 사안 sometimes 가끔, 때때로 concern 관련되다 governmental 정부의 be held 개최되다 check 확인하다 notification 알림, 통지 updated 업데이트되는, 갱신되는 daily 매일 allow 허락하다, 허용하다 downtown 시내에 host 주최하다 annual 연례의 festival 축제 throughout ~의 전체에 걸쳐 pedestrian 보행자 cyclists 자전거 타는 사람 shuttle bus 셔틀 버스 permit 허가하다 be scheduled to do ~할 예정이다 undergo 겪다, 당하다 emergency 긴급한, 비상용의 repair 수리 thunderstorm 뇌우 cause 야기하다 extensive 광범위한 damage 손상 suffer 겪다 major 주요한, 심각한 harm 피해 is expected to do ~할 것으로 예상되다 complete 끝나다, 완료하다 prior to ~이전에 fall semester 가을 학기 city council 시 의회 city hall

시청 **matter** 문제 **local** 지역의 **property tax** 재산세 **bike lane** 자전거 전용 도로 **alongside** ~옆에, 나란히 **resident** 주민, 거주자 **be invited to do** ~하도록 정중히 요청되다 **attend** 참석하다 **voice** 목소리, 의견

4. 이 정보의 목적 중 하나는 무엇인가? **주제/목적 문제**

(A) 도시의 소식에 대한 세부사항들을 제공하기 위해서

(B) 주민들에게 문제들에 대해서 경고하기 위해서

(C) 사람들에게 선거에 대해서 알리기 위해서

(D) 회의 취소를 알리기 위해서

해설 첫 번째 문단에서 도시에서 일어난 다양한 일들에 대해서 게시한다고 명시하고 있으므로 (A)가 정답이다.

정답 (A)

표현 정리 warn 경고하다 **inform** 알리다 **election** 선거 **cancelation** 취소

5. Somerset District는 왜 7월 17일에 차량 통행이 차단되는가?

세부내용 문제

(A) 도로 공사가 있을 것이다.

(B) 학교 축제가 그때 있을 것이다.

(C) 특별한 행사가 그곳에서 개최될 것이다.

(D) 수도관이 보수관리되어야 한다.

해설 두 번째 문단에서 7월 17일에 연례 축제가 개최되어서 운전이 허용되지 않는다고 밝히고 있으므로 (C)가 정답이다.

정답 (C)

표현 정리 take place 발생하다, 일어나다 **maintain** 유지하다, 보수관리하다

6. 웹 페이지에 따르면, 7월 23일에 무슨 일이 일어나는가? **세부내용 문제**

(A) 세금이 증가될 것이다.

(B) 지역 문제들이 거론될 것이다.

(C) 시 의회의 후보자들이 발표될 것이다.

(D) 자전거 전용 도로의 건설이 승인될 것이다.

해설 네 번째 문단에서 7월 23일에 지역의 재산세 인상과 자전거 도로의 건설에 대해 논의된다고 했는데, 이것들은 모두 지역의 문제들이므로 (B)가 정답이다.

정답 (B)

표현 정리 candidates 후보자 **approve** 승인하다

Unit 03 보기를 먼저 읽고 세 줄씩 읽고 대조한다. – 사실확인 문제

직독직해 연습

문제 162–164번은 다음 공지를 참고하시오.

가치 있는 일을 위한 자원봉사자 모집!

우리 Shinny Art Gallery는 / 후원하고 있습니다 / 지역 학교들을 / Plant Art 프로그램을 통해서 / 기금을 모금하는 / 구매하기 위한 / 그들을 위한 미술 용품들을. 우리는 찾고 있습니다 / 자원봉사 미술가들을 / 이러한 일을 위해.

만약 당신이 원한다면 / 이것의 일원이 되기를 / 첫째로, 우리 미술관을 방문하세요 / 8월 언제라도 / 우리의 영업 시간 동안. 단지 접수원에게 말하세요 / 이 프로그램에 관해 / 그러면 당신은 받을 것입니다 / 새로운 무늬가 없는 전등갓을 / 다양한 사이즈에서 당신이 선택.

다음 단계는 가지고 가는 것입니다 / 당신의 전등갓을 / 그리고 그것을 칠하는 것입니다 / 가능한 한 독창적으로, 잊지 마세요 / 그것에 서명하는 것을 / 당신이 그것을 우리에게 돌려줄 때 / 당신의 명함과 함께. 마감일은 8월 28일입니다.

9월 동안 / 이 채색된 전등갓은 제공될 것입니다 / 판매를 위해. 모든 수익금은 Plant Art에 쓰일 것입니다. 당신의 명함은 진열될 것입니다 / 게시판에 / 채색된 전등갓 근처에 설치된.

만약 당신이 어떤 질문이라도 있다면 / 자유롭게 전화하세요 / 우리에게 / 555-7589로 / 그리고 말하세요 / 참조 번호 123을 / 접수 담당자에게.

전략 1 점검 퀴즈

---

www.brooklinezoo.com

Brookline 동물원

Brookline 동물원은 발표하게 되어서 기쁩니다 / 가장 새로운 전시회가 문을 연다는 것을 / 5월 1일에. 전시회는 Animals of Rainforest라고 불립니다 / 그리고 마련됩니다 / 최근에 건설된 전시관에 / 동물원의 동쪽 구역에 있는.

[1]50종이 넘는 동물들이 이 전시회의 일부가 될 것입니다. 그것들은 포함합니다 / 포유동물, 조류, 파충류, 양서류, 그리고 어류를. 재규어, 큰부리새, 독화살개구리, 아나콘다. 그리고 방문객들이 구경할 더 많은 동물들이 있습니다. 이 동물들은 수용될 것입니다 / 그들의 자연 서식지와 비슷한 전시회에. 동물원 방문객들은 전시회를 관람할 수 있습니다 / 추가 비용 없이.

Animals of Rainforest는 영구적인 전시회입니다. [2]큐레이터인 Martina Gonzalez는 30년 이상을 보냈습니다 / 아마존 열대 우림의 생물들을 연구하는 데. 그녀는 이전에 일했습니다 / Brazilian Amazon 연구소에서 / 그녀가 생물학적 연구를 수행했던. 그녀는 또한 시간제로 가르칩니다 / Brookline 대학에서.

또한 연구 기관도 생길 것입니다 / 이 전시회와 관련된. 세 명의 과학자들이 실험을 하고 연구를 할 것입니다 / 열대우림과 관련된. [3]과학자들을 보조하는 자원봉사에 관심 있는 사람들은 글을 보내 주세요 / volunteers@brooklonezoo.org로.

표현 정리 **be pleased to do** ~하게 되어 기쁘다 **exhibit** 전시회 **rainforest** 열대우림 **house** 보관하다, 수용하다 **specie** 종 **include** 포함하다 **mammal** 포유류 **reptile** 파충류 **amphibian** 양서류 **toucan** 큰부리새 **position** **dart frog** 독화살 개구리 **anaconda** 아나콘다 **resemble** 닮다 **natural habitat** 자연 서식지 **at no extra cost** 추가 비용 없이 **permanent** 영구적인 **curator** 큐레이터, 학예사 **spend** (돈, 시간을) 쓰다 **decade** 10년 **denizen** (특정 지역에 서식하는) 생물, 주민 **previously** 이전에 **institute** 협회, 연구소 **conduct** 수행하다 **biological research** 생물학적 연구 **organization** 조직, 단체 **associated with** ~와 관련된 **experiment** 실험 **related to** ~와 관련된 **individual** 개인 **volunteer** 자원봉사를 하다 **assist** 돕다

1. Animals of the Rainforest에 대해 나타나 있는 바는 무엇인가?
사실확인 문제

(A) 그것은 브라질에서 빌려온 동물들을 포함하고 있다.

(B) 그것은 많은 종류의 동물들을 포함한다.

(C) 그것은 임시 전시회이다.

(D) 그것은 방문객들에게 추가 비용을 부과한다.

보기 키워드: on loan from Brazil, many types of animals, temporary exhibit, extra fee

해설 두 번째 문단에 50종이 넘는 동물들이 이 전시회의 일부가 된다고 했으므로 이 전시회는 많은 종류의 동물들을 포함한다는 것을 나타낸다. (A)는 언급된 바가 없고, (C)는 세 번째 문단의 영구적인 전시회라는 말과 상충된다. (D)는 두 번째 문단의 추가 비용이 없다는 말과 상충되므로 오답이다.

정답 (B)

표현 정리 **contain** 포함하다 **on loan** 차용한, 대여한 **include** 포함하다 **temporary** 일시적인, 임시의 **charge** 청구하다

2. Ms. Gonzalez는 누구인가? **세부내용 문제**

(A) Brazilian Amazon Institute에서 일하는 직원

(B) 동물원 직원

(C) 대학 관리자

(D) 연구원

키워드: Ms. Gonzales

해설 세 번째 문단에서 Ms. Gonzalez가 큐레이터라는 말이 있는데, 이것이 (B)에서 동물원 직원(a zoo employee)으로 패러프레이징 되었다.

정답 (B)

표현 정리 **administrator** 관리자 **researcher** 연구원

3. 웹 페이지에 따르면, 사람들은 왜 동물원에 이메일을 보내야 하는가?
세부내용 문제

(A) 박물관의 시간을 물어보기 위해서

(B) 후원자가 되는 방법을 알기 위해서

(C) 무료 작업에 대해서 논의하기 위해서

(D) 과학자들에게 질문하기 위해서

키워드: e-mail

해설 네 번째 문단에서 과학자들을 도울 자원봉사에 관심 있는 사람은 이메일을 보내달라는 문장을 통해 이메일을 보내야 하는 이유를 알 수 있다. 따라서 (B)가 정답이다.

정답 (B)

표현 정리 **sponsor** 후원자 **discuss** 논의하다

전략 2 | 점검 퀴즈

> 수신 : Sara Millwood
> 발신 : Tabitha Hawkins
> 날짜 : 9월 21일
> 제목 : 주문
>
> Ms. Millwood에게,
>
> 저는 확인하고 싶습니다 / 우리가 논의한 것을 / 전화로 / 오늘 아침 일찍. 당신은 원합니다 / 저희 음식 공급 회사가 당신의 사무실에 제공하기를 / 충분한 음식을 / 50명을 위한 / 다음 주 금요일 4시에. 당신은 요청했습니다 / 샌드위치 요리와 해산물 요리를 / 여러 가지의 디저트와 음료들 뿐만 아니라. 저는 기억합니다 / 지난번에 / 당신은 특히 칭찬했습니다 / 훈제 연어의 맛을 / 해산물 요리에 같이 나온. 유감스럽게도, 저희 공급업체가 폐업했습니다 / 그리고 저희는 아직 확인하지 못했습니다 / 훈제 연어의 대체품을. 제가 제안을 해도 될까요 / 그것을 교체하는 것을 / 새우 튀김으로? 저는 생각합니다 / 당신은 알게 될 것이라고 / 그것이 꽤 맛있다는 것을. 제게 알려주세요 / 이것이 받아들일 만한 대체품이 되는지를 / 이메일로 응답함으로써. 일단 당신이 그렇게 해주시면 / 저는 당신에게 팩스로 보낼 수 있습니다 / 가격표를 / 당신이 서명해야 할 계약서 뿐만 아니라. 부담없이 제게 전화 주세요 / 859-9352로 / 당신이 질문이 있으시면.
>
> Tabitha Hawkins
> Hawkins Catering

표현 정리 **confirm** 확인하다 **discuss** 논의하다 **over the phone** 전화로 **catering firm** 음식 공급 회사 **provide A with B** A에게 B를 제공하다 **request** 요청하다 **platter** (음식을 차려내는 타원형의) 큰 접시 **A as well as B** B뿐만 아니라 A도 **an assortment of** 여러가지의 **beverage** 음료 **recall** 기억하다 **specifically** 특히 **compliment** 칭찬하다 **smoked salmon** 훈제 연어 **accompany** 동반하다 **unfortunately** 불행하게도, 유감스럽게도 **supplier** 공급업체 **go out of business** 폐업하다 **identify** 확인하다 **replacement** 대체품 **suggest** 제안하다 **replace A with B** A를 B로 대체하다 **shrimp scampi** 새우 튀김 **price list** 가격표 **contract** 계약서

1. Ms. Millwood에 대해서 나타나 있는 바는 무엇인가? **사실확인 문제**

(A) 그녀는 다음 주에 사직할 것이다.

(B) 그녀는 그녀의 주문을 바꾸길 원한다.

(C) 그녀는 생일 파티를 계획하고 있다.

(D) 그녀는 Hawkins Catering을 이전에 이용한 적이 있다.

보기 키워드: resigning next week, change her order, planning a birthday party, used Hawkins Catering

해설 지문을 세 줄씩 읽으면서 점검하면, next Friday 부분에서 (A)의 사실 여부를 확인할 수 있는데, 사직에 대한 이야기는 없으므로 오답이다. 다음 세

줄을 읽어보면 the last time, you specifically complimented ~를 통해 이전에도 이용한 적이 있음을 확인할 수 있으므로 (D)가 정답이다. 다음 세 줄을 더 읽어봐도 주문 변경 요청에 대한 이야기가 없어서 (B)는 오답이고, 어떤 행사인지에 대한 언급도 나오지 않으므로 (C)도 오답이다.

정답 (D)

표현 정리 resign 사직하다 order 주문

전략 3 | 점검 퀴즈

> 감사의 말
>
> 오직 하나의 이름만이 적혀 있지만 / 표지에 작가로서 / 이 책은 필요로 했습니다 / 노고와 헌신을 / 많은 사람들의 / 5년 동안 / 제가 완성하기까지 걸렸던. 그들이 없었더라면 / *Travels through the Countryside*는 결코 출판되지 못했을 것입니다.
>
> 우선, 저는 감사하고 싶습니다 / Theodore Wright에게 / 그의 지칠 줄 모르는 작업은 편집 과정이 순조롭게 진행되게 하였습니다. 그는 많은 제안을 했습니다 / 크게 향상시켰던 / 본문의 전반적인 질. 그는 수정했습니다 / 제가 원고에서 저지른 수많은 실수들도. Wendy Chapman은 또한 중요한 역할을 했습니다 / 거의 모든 사진들을 제공함으로써 / 이 책에 나오는.
>
> 게다가, 저는 감사하고 싶습니다 / 저의 여행 친구인 Richard Purcell에게. 그는 저에게 보여주었습니다 / 제가 꿈에도 생각하지 못했던 / 존재하리라고는 / 그리고 제게 알려주었습니다 / Piedmont 지역의 진정한 아름다움을. Richard 덕분에 / 저는 만났습니다 / 많은 매력적인 사람들을 / 그들의 이야기의 상당수가 등장합니다 / 바로 이 페이지들에. 한마디로 저는 이 작업을 끝낼 수 없었을 것입니다 / Richard의 도움이 없었더라면.
>
> Ronald Dancer

표현 정리 author 작가 front cover 표지 require 필요로 하다 hard work 노고 dedication 헌신 publish 출판하다 tireless 지칠 줄 모르는 editorial 편집의 process 과정 go smoothly 순조롭게 진행하다 a number of 많은 make a suggestion 제안하다 improve 개선하다 overall 전반적인 quality 질, 품질 correct 정정하다 numerous 수많은 manuscript 원고 provide 제공하다 appear 나타나다 travel companion 여행 친구 exist 존재하다 introduce 소개하다 region 지역 encounter 만나다 fascinating 매혹적인, 매력적인 complete 완료하다 assistance 도움

1. Ms. Chapmam에 대해서 언급된 것은 무엇인가? **사실확인 문제**

(A) 그녀는 사진들로 도움을 주었다.

(B) 그녀는 책을 편집했다.

(C) 그녀는 오류들을 수정했다.

(D) 그녀는 작품을 출판했다.

키워드: Mr. Chapman

해설 두 번째 문단 마지막 문장의 Wendy Chapman ~ 부분에서 그녀가 책에 들어간 사진들을 제공함으로써 중요한 역할을 했다는 점을 언급하고 있다. 따라서 (A)가 정답이다.

정답 (A)

표현 정리 edit 편집하다 correct 정정하다, 수정하다 publish 출판하다 work 작품

전략 4 | 점검 퀴즈

> 수신: 모든 직원들, Hal's Family Restaurant
> 발신: Lucy Winthrop
> 날짜: 11월 4일
> 제목: 겨울 메뉴
>
> 모든 직원들에게,
>
> 가을이 빨리 끝나고 있습니다 / 겨울이 다가오면서. 날씨는 점점 추워집니다 / 그리고 이럴 때 / 사람들의 저녁식사 선택도 달라집니다. 가벼운 음식을 즐기기보다는 / 그들은 선호합니다 / 더 푸짐하고 풍부한 음식을. 이번 겨울에 / 우리는 변경을 하려고 합니다 / 메뉴에. 하지만 우리는 당신의 도움이 필요합니다 / 그렇게 하기 위해서. 생각해 주세요 / 당신이 즐기는 음식을 / 겨울 동안에 / 그리고 그것들을 적어 주세요 / 제안서에. 저는 고를 겁니다 / 그것들 중 다섯 개를 / 메뉴로. 만약 당신의 음식이 선택되면 / 당신은 받을 것입니다 / 100달러짜리 상품권을 / 당신이 Brisbane Shopping Center에서 사용할 수 있는
>
> 당신은 제안서를 받을 수 있습니다 / Cara로부터. 저는 당신의 아이디어를 얻고 싶습니다 / 이번 주 말까지. 고려해 주십시오 / (C)음식의 맛, (B)지역의 재료를 얻을 가능성, (D)그리고 생산의 용이함을.

표현 정리 rapidly 빠르게 happen 발생하다 rather than ~라기보다는 prefer 선호하다 hearty (식사가) 푸짐한, 왕성한 heavy (식사가) 양이 많은 intend to do ~할 의도이다 make alternations 변경을 가하다 think of ~를 생각하다 write down ~을 적다 suggestion form 제안서 choose 선택하다 dish 요리 receive 받다 gift certificate 상품권 by the end of the week 이번 주 말까지 take into consideration ~을 고려하다 possibility 가능성 ingredient 재료 local source 지역의 출처 production 생산

1. 제안된 품목들 중 중요한 측면으로서 언급되지 않은 것은?

(A) 보기 좋은 모양을 갖는 것

(B) 근처에서 그것들에 사용된 식품을 얻을 수 있는 것

(C) 좋은 맛을 갖는 것

(D) 쉽게 만들 수 있는 것

지문의 단서 유형: 가로 열거형 – 음식의 맛, 지역의 재료를 얻을 가능성, 생산의 용이함

해설 제안된 품목들의 중요한 측면이 아닌 것을 묻는 문제로, 중요한 측면 세 가지가 지문의 마지막에 열거되어 있다. 즉, the taste of the food는 (C), the possibility of getting the ingredients from local sources는 (B), the ease of production은 (D)에 대한 근거이다. (A)는 제시되지 않았다.

정답 (A)

표현 정리 pleasant 즐거운 appearance 외모, 외관 nearby 근처에

문제 1-3번은 다음 기사를 참조하시오.

지역 경제 뉴스

[1]HAVEN (August 11) – Prentiss 사는 어제 밤에 발표했다 / 자사가 동의했다는 것을 / 시설을 건설하기로 / 지역 제조업체인 PPR Industry와 함께.

[2]그 시설은 새로운 상업 구역에 위치할 것이다 / 도시의 남쪽 지역에. Haven은 장려해왔다 / 기업들이 그곳에 시설들을 건설하도록 / 세금 우대 조치와 다른 장려책들을 제공함으로써. 긍정적으로 반응을 보인 회사는 거의 없었다 / 지금까지. 그 거래는 / Prentiss 와 PPR업계 사이에 / 하지만 / 필요로 할 것이다 / 1000만 달러의 투자금.

"우리는 공간의 사용을 공유할 것입니다 / 건설이 완료될 때 / Prentiss CEO Lionel Woolworth가 말했다. "우리는 일했습니다 / PPR과 함께 / 과거에 / 그리고 항상 갖고 있었습니다 / 긍정적인 경험들을. 나는 확신합니다 / 이 프로젝트가 성공적일 것임을 / 우리의 과거 벤처 사업만큼."

건물 공사 완료 후에 / 16개월간 진행될 / [3]Prentiss는 옮길 계획이다 / R&D 부서를 그곳으로. 직원들은 작업할 것이다 / 회사의 미래 부엌용 가전제품군을 개발하는. PPR는 나타내지 않았다 / 어떻게 자사가 그 공간을 사용할 것인지. 하지만, 그 회사는 확장할 계획이다 / 그래서 그 시설은 들이게 될 것 같다 / 그 회사의 새로운 직원들을.

표현 정리 announce 발표하다 agree to do ~하는 것에 동의하다 construct 건설하다 facility 시설, 공장 manufacturer 제조업체 business park 상업 구역 encourage A to B A가 B하도록 장려하다 tax break 세금 우대 조치 incentive 장려책 respond 응답하다 in a positive manner 긍정적으로 as yet 아직까지 deal 거래 require 요구하다 investment 투자(금) share 공유하다 construction 공사 complete 완료하다 venture 벤처 사업 following ~후에 intend to do ~할 의도[계획]이다 develop 개발하다 appliance 가전제품 indicate 나타내다 plan to do ~할 계획이다 expand 확장하다 likely 아마도 house 수용하다, 거처를 제공하다

1. 기사의 목적은 무엇인가? **주제/목적 문제**

(A) 정부 정책을 설명하기 위해서

(B) 합병을 발표하기 위해서

(C) 새로운 프로젝트를 설명하기 위해서

(D) 최근의 경향을 비판하기 위해서

해설 첫 번째 문단에서 PPR Industry와 함께 공장을 건설하는 것에 동의했다는 말에 이어서 그에 대한 세부사항들이 나온다. 건설, 보수공사 등은 프로젝트라고 할 수 있다. 따라서 글을 쓴 목적은 새로운 프로젝트를 설명하기 위한 것이므로 (C)가 정답이다.

정답 (C)

표현 정리 explain 설명하다 policy 정책 merger 합병 describe 설명하다 criticize 비판하다 trend 추세, 경향

2. Haven 시에 대해 언급된 것은 무엇인가? **사실확인 문제**

(A) 그것은 건축물의 건설에 대한 자금을 지원할 것이다.

(B) 그것은 큰 제조 기반을 가지고 있다.

(C) 그것은 주민들에 대한 세금을 낮출 것이다

(D) 그것은 최근에 상업 구역을 설립했다.

해설 두 번째 문단의 첫 문장에서 시설이 새로운 상업 구역에 위치할 것이라고 전하는 내용으로 보아 Haven 시에 최근에 상업 구역이 설립되었음을 알 수 있다. 따라서 (D)가 정답이다.

정답 (D)

표현 정리 provide 제공하다 fund 자금 lower 낮추다 tax 세금 establish 설립하다

3. Prentiss 사에 대해서 나타나 있는 바는 무엇인가? **사실확인 문제**

(A) 그것의 본사가 Haven에 위치해 있다.

(B) 그것은 주방 가전제품들을 만든다.

(C) 그것은 더 많은 직원들을 곧 고용할 것이다

(D) 그것은 PPR Industry 인수를 희망한다.

해설 네 번째 문단에 Prentiss 직원들이 주방 가전제품군을 개발하는 작업을 할 것이라고 나와 있으므로 (B)가 정답이다.

정답 (B)

표현 정리 headquarter 본사 be located in ~에 위치하다 hire 고용하다 hope to do ~하기를 희망하다 acquire 인수하다

문제 4-7번은 다음 웹페이지를 참조하시오.

---

http://www.bentongallery.org

Benton 미술관

겨울 전시회 / Benton 미술관의!

추위를 벗어나세요 / 그리고 Benton 미술관을 방문하세요 / 이번 겨울에. 저희는 몇몇 임시 전시회들을 계획하였습니다 / 특별 세미나들뿐만 아니라. 특히, 세미나들은 당신에게 비용이 들지 않습니다 / 관람하는 무엇이든.

미술관 운영 시간

화요일 – 토요일, 11:00 A.M. – 6:00 P.M.

[4]일요일, 1:00 P.M. – 8:00 P.M.

월요일 폐관

겨울 전시회

[5(B)] [6]Marina Stuart의 조각품

[5(C)]Peter Graves: 유명 인상주의 화가

[5(A)]19세기 미국에서 온 그림들

세미나

12월 3일 7:00 P.M.

Chris Watson이 강연할 것입니다 / 그의 고모인 Marina Stuart와 그녀가 만든 작품에 대해서. Ms. Stuart의 작품은 임시 대여한 것입니다 / Mr. Watson의 개인 소장품에서.

1월 11일 4:00 P.M.

[7]Fields Museum of Art의 큐레이터인 Dolores Washington이 19세기 인상주의 운동에 대해 이야기할 것입니다. Ms. Washington은 가져올 것입니다 / 여러 점의 그녀의 미술관 작품들을 / Cezanne, Monet, 그리고 Renoir의 작품을 포함하여.

2월 28일 4:00 P.M.

Union College의 미술사 교수인 Ken Remington이 강연할 것입니다 / 19세기 미국의 미술에 대해. 그는 그러고 나서 진행할 것입니다 / 가이드 안내 견학을 / 작품들에 대해 / 주 미술관에서 전시되고 있는.

표현 정리 get out of ~로부터 벗어나다 visit 방문하다 temporary 일시적인 exhibit 전시품, 전시회 A as well as B B뿐만 아니라 A도 best of all 특히, 무엇보다도 cost 비용이 들다 view 보다 sculpture 조각품 impressionist 인상주의; 인상주의의 painting 그림 give a talk 강연하다 aunt 고모, 이모 produce 만들다, 창조하다 on loan 대여한 private 개인의, 사적인 collection 수집품 impressionist movement 인상주의 운동 including ~을 포함하여 professor 교수 lecture 강연하다 conduct 수행하다 guided tour 가이드가 안내해주는 견학 display 전시하다

4. Benton Gallery에 대해서 나타나 있는 바는 무엇인가? **사실확인 문제**

(A) 그것은 겨울에 운영 시간을 연장한다.

(B) 그것은 방문자들에게 입장료를 청구한다.

(C) 그것의 큐레이터는 대학에서 가르친다.

(D) 그것은 일요일에 문을 늦게까지 연다.

해설 갤러리 시간을 보면 화요일 – 토요일은 6:00 P.M.까지 문을 열고, 일요일에는 8:00 P.M.까지 문을 여는 것으로 나와 있으므로 일요일에는 다른 날보다 문을 더 늦게까지 연다는 사실을 알 수 있다. 따라서 (D)가 정답이다.

정답 (D)

표현 정리 extend 연장하다 charge (금액을) 청구하다, 부과하다 admission fee 입장료 teach 가르치다

5. Benton 미술관 전시회의 일부로 언급되지 않은 것은 무엇인가?

사실확인 문제

(A) 미국에서 온 미술품

(B) 조각품들

(C) 인상주의 그림들

(D) 소묘

해설 Benton Gallery's exhibits의 세부사항을 묻는 문제로 Winter Exhibitions 문단에 Paintings from 19th-Century America에서 (A)의 근거를, The Sculptures of Marina Stuart에서 (B)의 근거를, Peter Graves: Master Impressionist에서 (C)의 근거를 찾을 수 있지만 (D)는 제시되지 않았다.

정답 (D)

표현 정리 art 미술품 statue 조각상 drawing 소묘, 데생

6. Ms. Stuart는 누구인가? **세부내용 문제**

(A) 교수

(B) 큐레이터

(C) 조각가

(D) 화가

해설 Winter Exhibitions 단락에 The Sculptures of Marina Stuart라고 나와 있는 것으로 보아 조각가임을 알 수 있으므로 (C)가 정답이다.

정답 (C)

표현 정리 sculptor 조각가 painter 화가

7. 1월 프레젠테이션은 무엇에 관한 내용이겠는가? **세부내용 문제**

(A) 예술 학파

(B) 그림 방법

(C) 현대 화가

(D) 미술품 수집

해설 January 11 부분을 보면 프레젠테이션의 주제가 19세기 인상주의 운동이라는 것을 알 수 있고 이것은 예술 학파 중 하나이므로 (A)가 정답이다. school을 학교라고 이해하면 풀기 힘든 문제이다.

정답 (A)

표현 정리 a school of art 예술 학파

Unit 04 추론의 근거는 상상이 아닌 지문에서 찾는다. – 추론 문제

직독직해 연습

문제 147–148번은 다음 구인 광고를 참조하시오.

> **판도라**
>
> 한 회사인 판도라는 / 매장을 가지고 있는 / 유럽과 북미의 17개국에 / 현재 확장 중입니다. 우리는 필요합니다 / 요리사, 고객 안내원, 서빙 직원, 그리고 청소 직원을 / 우리의 세 군데 새로운 지점에서 / 모두 베를린에 있는. 요리사들은 갖고 있어야 합니다 / 전문적인 경험을 / 또는 요리 학교의 졸업자여야 합니다 / 반면에 고객 안내원들과 웨이터들은 가져야 합니다 / 1년간의 경력을 / 유사한 일을 하는. 경력 있는 분들은 / 청소직에 지원하는 / 선호될 것입니다 / 하지만 필수는 아닙니다. 인터뷰는 열릴 것입니다 / 3월 11일에 / 베를린에 있는 판도라에서. 가져오세요 / 이력서와 재직 증명서를. www.pandora.com를 방문하세요 / 더 많은 정보를 위해서.

전략 1 점검 퀴즈

Robinson 리모델링
작업 지시서

날짜: 10월 11–12일　　　　　전화번호: 908–1283
고객: Weber International　　소재지: 42 Causeway Dr.
　　　　　　　　　　　　　　　　　　　　Lucasville
도급 업체: Harvey Carmichael　주문 번호: 859–49548

재료: 20캔 아이보리 페인트, 페인트 통, 페인트 믹서기, 붓, 비닐 덮개
예상 노동 시간 : 12시간
²엘리베이터: 있음(용량: 4,000파운드)

설명:
²7개의 방을 페인트칠함 / Weber International의 사무실에 있는 / 빌

딩의 4층에 있는. 가구들을 옮길 수도 있음 / 일부 사무실에서는. 반드시 비닐 덮개를 씌워야 함 / 튀는 것을 피하기 위해서 / 가구들과 카펫들에. 사무실에 전화 요망 / 당신이 도착할 때. ¹반드시 감독되어야 합니다 / 항상 / 민감한 특성 때문에 / 그곳에서 진행되는 작업의.

표현 정리 plastic covering 비닐 덮개 description 묘사, 설명 paint 페인트를 칠하다 apply 붙이다, 대다 avoid 피하다 splash (물, 페인트 등이) 튀다 supervise 감독하다, 관리하다 at all times 항상, 언제나 due to ~때문에 sensitive 민감한 nature 특성

1. Weber International에서의 작업에 대해 나타나 있는 바는?

사실확인 문제

(A) 작업은 사무실의 누군가에 의해서 주시되어야 한다.

(B) 그것은 3일간의 과정 동안 완성되어야 한다.

(C) 그것은 완료하기 위해 여러 사람을 필요로 한다.

(D) 도급업체는 보안 사무실에 등록해야 한다.

해설 아래 Description 부분에서 작업 장소인 Weber International에 도착하면 그곳 사무실에 전화를 해야 하고, 작업의 민감한 특성 때문에 감독을 받아야 한다는 것을 지시하고 있다. Must be supervised ~ 부분이 보기에서 watched로 패러프레이징 되었다. 작업 기간은 이틀이므로 (B)는 오답이고, 작업자가 여러 명이라는 단서가 없어 (C)도 오답이다. 보안 사무실에 등록하라는 언급도 나오지 않으므로 (D)도 오답이다.

정답 (A)

표현 정리 watch 주시하다, 지켜보다 course 과정 security office 보안 사무실

2. 빌딩에 대해 암시된 것은? **추론 문제 – 사실확인 추론 문제**

(A) 그곳은 최근에 보수되었다.

(B) 그곳은 여러 층이 있다.

(C) 그곳은 주거 빌딩이다.

(D) 그곳의 외관이 페인트칠이 되고 있다.

해설 전체적으로 Weber International Building의 보수공사에 대한 이야기라서 문제의 building을 키워드로 보고 풀기 어렵고, 지문 전체에서 각 보기별로 추론 가능 여부를 확인해야 하므로 '사실확인 추론 문제'에 해당한다. 지문의 중반부에 엘리베이터가 있다는 부분과 빌딩의 4층에 사무실이 있다는 부분을 통해 (B)에 대한 유추가 가능하다. 사무실에서 작업이 이루어지므로 외부가 아니고 내부 작업이라고 볼 수 있어 (D)는 오답이다.

정답 (B)

표현 정리 renovate 개조하다, 보수하다 residential 주거의 exterior 외부; 외부의

전략 2 점검 퀴즈

수신: Rick Waters 〈rickwaters@harperretail.com〉
발신: Melina Schubert 〈melina_s@harperretail.com〉
제목: 최신 정보
날짜: 11월 10일

Rick에게,

저는 원합니다 / 당신이 알기를 / 제가 우리의 웹사이트를 변경했다는 것을 / 당신이 요청하신. 저는 항목을 추가했습니다 / 다가오는 12월 할인 판매에 관해서 / 그리고 저는 확실히 했습니다 / 모든 신제품들을 추가하는 것을 / 우리가 판매할 예정인. 저는 통지 사항을 포함시켰습니다 / 이러한 품목들이 할인 판매될 것이라는 / 첫 2주 동안에 / 그것들이 출시된 이후에. 마지막으로, 저는 한 페이지를 포함시켰습니다 / 어떻게 고객들이 받을 수 있을지에 관한 / 전문적인 서비스를 / 우리의 매장들에서 / 영국, 스페인, 그리고 이탈리아에 있는.

제가 좀 더 추가 변경을 하기를 원하시면 / 저에게 알려주세요.

Melina

표현 정리 update 최신[갱신된] 정보 I'd like you to do 당신이 ~하기를 원하다 make a change 변경하다 request 요청하다 add 추가하다 section 섹션, 항목 upcoming 다가오는 sale 판매, 할인 판매 make sure 확실히 하다 include 포함하다, 포함시키다 note 통지, 통고 on sale 할인 중인 release 출시하다 specialized 전문적인, 전문화된 let me know 알려주세요

1. Harper Retail에 관해 암시하는 바는 무엇인가? **사실확인 추론 문제**

(A) 국제적으로 사업을 운영한다. (키워드: internationally)

(B) 몇 개의 새로운 매장을 열 계획이다. (키워드: new stores)

(C) 최근에 몇 가지 신제품들을 출시했다. (키워드: new products)

(D) 다음 달에 신입사원을 고용할 예정이다. (키워드: new employees)

보기 키워드: internationally, new stores, new products, new employees

해설 글 전체가 Harper Retail에 관한 내용이므로 사실확인 추론 문제이며 보기에서 키워드를 잡는다. 글의 마지막 부분에 our stores in England, Spain, and Italy 부분을 통해 매장이 여러 나라에 있다는 것을 알 수 있고 이것을 (A)에서 internationally(국제적)이란 말로 패러프레이징 하였으므로 정답이다. (B)와 (D)는 본문에 언급되지 않아서 오답이다. (C)가 혼동될 수 있는데, '우리가 판매할 예정인'이란 말로 보아 제품들은 아직 출시된 것이 아니다. 출시 후 첫 2주간 진행되는 할인 판매는 12월이며, 웹사이트는 그 전에 준비하는 것이다.

정답 (A)

표현 정리 conduct (활동을) 하다, 수행하다 release 출시하다

전략 3 점검 퀴즈

홈	당사 서비스	요금	연락 방법

문제가 되지 않습니다 / 얼마나 크든 작든 / 당신의 소포가 / 또는 당신이 얼마나 많이 보내든지. Roper 사는 모든 것을 그곳에 도달하게 할 것입니다 / 제시간에 / 그리고 더 저렴한 가격에 / 저희 경쟁사들이 부과하는 것보다도.

저희 수송기들은 물품을 배송합니다 / 전 세계 언제든지 / 하루 내내. 저희는 특수한 냉장 컨테이너들을 보유하고 있습니다 / 당신이 보낼 경우에 대비하여 / 상하기 쉬운 물품들을. 저희는 심지어 도와드릴 것입니다 / 세관을 통과하는 것도 / 당신의 물품들을 위해 / 효율적인 방식으로 / 수령인들이 그들의 물품들을 소유할 수 있도록.

표현 정리 package 물품, 소포 send 보내다 get there 도착하다, 도달하다 on time 정각에, 제시간에 competitor 경쟁자, 경쟁업체 charge 청구하다 fleet (한 회사가 보유한) 비행단, 차단 around the world 전 세계에서 all hours of the day 언제든, 시도 때도 없이 refrigerated container 냉장 컨테이너[용기] in case ~할 경우에 대비해서 perishable 상하기 쉬운 assist 돕다 clear customs 세관을 통과하다 in an efficient manner 효율적인 방식으로 recipient 수령인, 받는 사람 take possession of 손에 넣다, 소유하다 representative 직원 show up 나타나다 pick up ~을 찾다[찾아가다] 24 hours a day 하루 24시간 언제든

1. Roper 사의 고객들은 누구일 것 같은가?

(A) 레스토랑 소유주들

(B) 포장 재료 납품업체들

(C) 배송 회사들

(D) 식품 수출업자들

해설 상하기 쉬운 물품들을 보내야 하고 그런 물품들을 통관시켜야 하는 업체가 어떤 업체일지 생각해보면 (D)를 추론할 수 있다.

정답 (D)

표현 정리 supplier 공급업체 exporter 수출업자

전략 4 | 점검 퀴즈

Ms. Sinclair에게,

우리는 바랍니다 / 당신이 마음에 들었기를 / 음악 서비스가 / Lakeland Academy에서 제공된. 말해 보는 게 어떠세요 / 당신의 친구들과 가족들에게 / 우리에 대해? 만약 그들이 등록한다면 / 악기를 배우기 위해 / 그들은 언급해야 합니다 / 코드 PIANO434를 / 15% 할인을 받기 위해서. 게다가, 새로운 학생이 당신의 이름을 언급할 때마다 / 등록할 때 / 당신은 추첨에 참여하게 될 것입니다 / 2장의 무료 입장권을 얻을 수 있는 / Westside Orchestra를 보기 위한. 방문해 주세요 / www.lakelandacademy.com을 / 더 자세히 알아보려면.

표현 정리 provide 제공하다 academy 학원, 예술원 Why don't you ~? ~해보는 게 어때요? family member 가족 구성원 sign up 등록하다 musical instrument 악기 mention 말하다, 언급하다 receive 받다 discount 할인 in addition 게다가 each time ~할 때마다 enter into ~에 참여[참가]하다 drawing 추첨 win 얻다, 획득하다 orchestra 오케스트라, 관현악단

1. Ms. Sinclair에 대해 암시하는 바는 무엇인가?

(A) 그녀는 몇 가지 서비스들에 대해 문의했다.

(B) 그녀는 가족들로부터 학원에 대해 알게 되었다.

(C) 그녀는 최근에 음악 수업을 들었다.

(D) 그녀는 오케스트라 공연에 자주 참석한다.

해설 추론의 정답 패턴 중 '이전에 ~한 적이 있다'는 패턴으로 정답으로 예상되는 보기는 (A)나 (C)이다. 첫 문장에서 Ms. Sinclair가 Lakeland Academy에서 제공했던 음악 서비스를 받은 것에 만족했기를 바란다는 것으로 보아 그녀는 최근에 이곳에서 수업을 들었다는 것을 알 수 있으므로 (C)가 답이다.

정답 (C)

표현 정리 inquire about ~에 대해 문의하다 learn about ~에 대해 알게 되다

실전 적용 문제

문제 1-3번은 다음 계약서를 참조하시오.

Bright Day Landscaping [1]계약 갱신 서식

[1]다시 우리를 선택해 주셔서 감사합니다.

성명: Andrew Masterson
주소: 435 Marlin Lane, Tampa, FL
우편번호: 20393
전화번호: 894-948-2948

서명: Andrew Masterson
지불해야 할 금액: 599달러

기본형: 599달러	고급형: 789달러
1년 동안 Bright Day Landscaping은 제공할 것입니다 / 기본적인 잔디 관리 서비스를 / 귀하의 집에. 이 서비스는 포함합니다: - 잔디 깎기 - [2C]깎아낸 잔디 모두 제거하기 - [2B]관목 다듬기 - [2A]낙엽 긁어 모으기	이 1년형은 제공합니다 / 기본형과 동일한 서비스를. 하지만, 조경사들이 물을 줄 것입니다 / 정원의 잔디와 꽃에. / [2D]그들은 또한 잔디에 비료를 줄 것입니다 / 그리고 모든 해충들을 제거할 것입니다 / 벌, 말벌, 땅다람쥐 그리고 개미와 같은.

방문: 두 서비스 모두 제공됩니다 / 매주 / 4월 1일부터 10월 31일까지는 / 그리고 한 달에 한 번 / 11월 1일부터 3월 31일까지는. 384-2938로 전화하세요 / 방문 일정을 잡기 위해.

[3]**서비스 요청:** 조경사들이 요청을 받는다면 / 어떤 다른 날에 방문해 줄 것을 / 정기 일정 외의 / 고객들에게 60달러의 비용이 부과됩니다 / 매 방문마다. 이것은 적용되지 않습니다 / 고급형 이용자들에게는.

표현 정리 landscaping 조경 contract 계약(서) renewal 갱신 form 양식, 서식 choose 선택하다 address 주소 zip code 우편번호 signature 서명 amount due 지불해야 할 금액 basic plan 기본형 provide 제공하다 lawncare 잔디 관리 include 포함하다 grass 잔디 remove 제거하다 clipping 깎아낸 것 trim 다듬다, 손질하다 bush 관목, 덤불 rake 긁어 모으다 leaves 낙엽(leaf의 복수형) advanced plan 고급형 landscaper 조경사 water 물을 주다 yard 마당, 정원 fertilize 비료를 주다 pest 해충 bee 벌 wasp 말벌 gopher 땅다람쥐 ant 개미 on a weekly basis 매주, 주 단위로 once a month 한 달에 한 번 schedule 일정을 잡다 service call 서비스 요청 request 요청하다 other than ~외에 regularly 정기적으로 charge (요금을) 청구하다 per ~마다 apply to ~에 적용되다 subscriber (서비스) 가입자, 이용자

1. Mr. Masterson에 대해 암시되는 바는 무엇인가? **추론 문제**

(A) 그는 월요일마다 주간 서비스를 받고 싶어 한다.

(B) 그는 이전에 Bright Day Landscaping과 계약을 맺었다.

(C) 그는 올해 고급형으로 업그레이드할 것이다.

(D) 그는 그의 잔디에 긴급 관리를 요청한다.

해설 추론의 정답 패턴 중 '이전에 ~한 적이 있다'는 패턴이므로 정답으로 예상되는 보기는 (B)이다. 계약서에 서명한 사람이 Mr. Masterson이고 계약서의 제목이 계약 갱신 서식이라는 것을 다시 선택해 주어서 감사하다는 내용으로 보아 Mr. Masterson이 이전에 Bright Day Landscaping을 이용한 적이 있다는 것을 추론할 수 있다.

정답 (B)

표현 정리 weekly 주간의, 매주 1회의 contract 계약서 lawn 잔디

2. 기본형의 일부가 아닌 것은 무엇인가? **사실확인 문제**

(A) 지면의 낙엽 제거

(B) 관목을 작은 사이즈로 자르기

(C) 잔디 깎기 후 정돈하기

(D) 잔디에 비료 주기

해설 기본형에 관한 서비스 사항을 묻는 문제로, (D) 잔디에 비료 주기 서비스는 고급형의 세 번째 문장 They will also fertilize the grass에 명시되어 있으므로 기본형에 포함되지 않는 사항이다. (A)는 기본형에 포함된 서비스 항목 중 네 번째 항목, (B)는 세번째 항목, (C)는 두 번째 항목에 명시되어 있다.

정답 (D)

표현 정리 remove 제거하다 bush 관목, 덤불 grass 잔디

3. 고급형에 포함된 추가 혜택은 무엇인가? **세부내용 문제**

(A) 매주 2회 주택 방문

(B) 잔디 깎는 데 더 많은 시간을 들이기

(C) 추가 방문에 대한 수수료 면제

(D) 집에 있는 동물들을 돌보기

해설 지문 하단부 Service Calls 부분에서 조경사 방문 서비스를 요청할 경우 비용이 청구되지만, 이는 고급형에 적용되지 않는다는 말이 나오므로 추가 방문에 대한 수수료 면제가 고급형의 추가 혜택이라고 볼 수 있다.

정답 (C)

표현 정리 twice each week 매주 두 번 waive 면제하다, (규칙 등을) 적용하지 않다 extra 추가의 take care of ~을 돌보다

문제 4-6번은 다음 이메일을 참조하시오.

수신: Vladimir Andropov (vladandropov@personalmail.com)
발신: Martin Corvus (mcorvus@destinenviroconference.org)
날짜: 4월 23일
제목: Destin 환경 학회

Mr. Andropov에게,

---

⁴귀하의 긍정적인 답변에 감사 드립니다 / 저의 요청에 대한 / 귀하가 기조 연설을 하는 것에 대한 / 제5회 연례 Destin 환경 학회에서 / 다가오는 주말인 4월 27일에. —[1]—. 저는 사과 드립니다 / 이러한 요청을 너무 늦게 드려서 / 하지만 George Herbert가 갑작스런 병을 앓게 되었습니다 / 그가 물러나려 했던 / 그가 회복할 필요가 있기 때문에. 저는 확신합니다 / 태양열 발전과 다른 대체 에너지원에 대한 당신의 지식이 도움이 될 것이라고 / 매력적인 연설에. —[2]—. ⁵어찌 되었건, Mr. Herbert의 연설 시간은 / 지열 에너지에 관한 / 2년 전 / 대단히 인기가 많았습니다.

저는 생각이 들었습니다 / 몇 권의 소설을 출간한 작가로서 / 귀하가 관심이 있을지 모른다는 / 그것들을 학회에서 판매하는 데. —[3]—. ⁶귀하는 부담 없이 그것들을 테이블에 배열해 놓아도 됩니다 / 판매를 위해 / 귀하가 연설하는 회의실 밖에서. —[4]—. 마지막으로, 저에게 보내주신다면 / 당신이 강조하고자 하는 사항들에 대한 간략한 개요를 / 저는 매우 감사하겠습니다. 그것은 가능하게 할 것입니다 / 제가 귀하를 더 잘 소개하는 것을 / 학회에서. 다시 한번 감사 드립니다 / 당신의 도움에.

Martin Corvus

표현 정리 environmental 환경의 conference 학회, 회의 appreciate 고마워하다, 감사하다 positive 긍정적인, 확신하는 response 회신, 응답 request 요청 give the keynote address 기조 연설을 하다 annual 연례의, 매년의 coming 다가오는 apologize for ~에 대해 사과하다 sudden 갑작스러운 illness 병 cause 야기하다 step aside 물러나다, 비키다 recover 회복되다 solar power 태양열 발전 source 원천, 근원 alternative energy 대체 에너지 make for 도움이 되다 fascinating 매력적인, 대단히 흥미로운 after all 결국, 어찌 되었건 session 세션, 시간 geothermal energy 지열 에너지 extremely 매우, 극도로 popular 인기 있는 realize 알아차리다, 인식하다 author 작가 novel 소설 publish 출간하다 be interested in ~에 관심이 있다 feel free to do 자유롭게[부담 없이] ~하다 set up 놓다, 세우다, 설치하다 for sale 팔려고 내놓은 send 보내다 outline 개요 make a point 강조하다 intend to do ~할 작정이다 allow 허락하다, 가능하게 하다 introduce 소개하다 assistance 도움

4. Mr. Corvus는 왜 이메일을 보냈겠는가? **주제/목적 문제**

(A) 연설 주제에 대해 묻기 위해서

(B) Mr. Andropov를 학회에 초대하기 위해서

(C) 제안에 대한 수락을 확인하기 위해서

(D) 행사 일정을 제공하기 위해

해설 이메일의 목적을 묻는 문제로 정답의 단서가 초반부에 나온다. 지문의 첫 번째 줄에서 긍정적인 답변에 감사한다는 내용으로 보아 Corvus가 이전에 기조연설을 요청했고 Andropov가 이에 긍정적으로 답했으며, 이에 대해 확인하고자 감사의 이메일을 보낸 것임을 알 수 있다. (A), (D)는 본문에 언급이 없으며 (B)는 학회 초대가 아니라 연설자로 초대하는 것이므로 오답이다.

정답 (C)

표현 정리 topic 주제 confirm 확인하다 acceptance 수락

5. Mr. Herbert에 대해 암시되는 바는? **추론 문제**

(A) 몇 권의 소설을 썼다.

(B) 이전 학회에서 연설을 했다.

(C) Destin 지역에 살고 있다.

(D) Mr. Andropov를 직접 만났다.

해설 첫 번째 문단 마지막 문장에서 2년 전 Mr. Herbert의 지열 에너지에 대한 연설 시간이 매우 인기가 많았다는 내용으로 보아 그는 이전 학회에서 연설을 했다는 것을 추론할 수 있다. (A)는 Mr. Andropov에 관한 내용이므로 오답이고, (D)는 서로 직접 만났다는 언급이 없으므로 오답이다.

정답 (B)

표현 정리 fiction 소설 in person 직접, 몸소

6. [1], [2], [3], [4]로 표시된 곳 중에서 다음 문장이 들어가기에 가장 적합한 곳은? **문장삽입 문제**

"한 직원이 배정될 것입니다 / 당신이 그 일을 하는 것을 돕기 위해."

(A) [1]

(B) [2]

(C) [3]

(D) [4]

해설 삽입할 문장의 앞 문장은 지시어 that이 가리킬 수 있는 말, 즉 직원의 도움이 필요한 일에 대한 언급이 있어야 한다. [4]번 앞에 '회의실 밖 테이블에 판매할 책을 배열해 놓으라'는 말이 있는데, 이것이 곧 직원의 도움이 필요한 일이다.

정답 (D)

표현 정리 be assigned to ~에 배정되다 assist A with B A가 B하는 것을 돕다

Unit 05 삽입할 문장의 앞에 위치한 내용을 예상한다. – 문장삽입 문제

직독직해 연습

문제 162–165번은 다음 이메일을 참조하시오.

수신: Jessica Crawford ⟨jcrawford@crp.com⟩
발신: Thomas Forsythe ⟨thomas@dextermoving.com⟩
제목: 정보
날짜: 9월 3일
첨부 파일:

Ms. Crawford에게,

저는 후속 조치를 취하고 있습니다 / 우리의 대화에 관해 / 9월 1일에 / 귀하가 문의하셨던 / 이용하는 것에 관해 / Dexter Moving의 서비스를. 저희 회사는 잘 알려져 있습니다 / 이 지역에서 / 이사를 처리하는 것으로 / 신속하고 능률적이며 효율적인 방식으로. —[1]—. 저희는 희망합니다 / 귀하가 저희의 다음 차례의 만족한 고객이 되시기를. —[2]—. 여기에 제안서가 있습니다 / 제가 작성한 / 정보로부터 / 귀하가 저에게 제공하신.

분명히 말씀 드리자면, 저희 회사는 책임질 것입니다 / 포장하는 것에 대해 / 모든 물품들을 / Crawford Rental Properties의 / 가구와 전자제품을 포함하는. 그런 다음에, 저희는 옮길 것입니다 / 그것들을 / 귀

하의 새로운 주소지로 / 도시 건너편의 / 모든 짐을 풀고 / 물품들을 정리할 것입니다 / 귀하의 요청대로. —[3]—. 만일 더 빠른 서비스를 요청하시면 / 그러면 추가 요금이 부과될 것입니다.

저희는 기대하겠습니다 / 귀하의 답변을 듣기를. —[4]—. 저희는 준비가 되어 있습니다 / 귀하의 이삿짐을 / 다가오는 이번 화요일에 바로.

Thomas Forsythe

전략 1 | 점검 퀴즈

오토바이 지역 제조업체인 Delta Industries는 고용할 예정입니다 / 새로운 마케팅 부서의 차장을 / Genevieve Kennedy를 대신할. Ms. Kennedy은 알렸습니다 / 그녀의 의사를 / 다음 달 5월 20일에 은퇴한다는 / Delta에서 근무한 후 / 25년 이상. —[1]—.

Ms. Kennedy는 대단히 성공적인 재직 기간을 보냈습니다 / Delta에서. 그녀는 그곳에서 일하기 시작했습니다 / 회사 직원이 불과 15명뿐이었을 때. —[2]—. Ms. Kennedy는 담당했습니다 / 매우 성공적인 "Get Biking" 캠페인을 / Delta에 의해 시작된 / 4년 전에. 그녀는 또한 역할을 해왔습니다 / 많은 직원들의 멘토로서.

"Genevieve는 여기에서 훌륭한 일을 해왔습니다." 마케팅 부장인 Allan Gray는 말했습니다. —[3]—. "그녀는 경험과 창의성을 둘 다 갖고 있습니다 / 성공적인 마케팅 담당자가 되기 위해 요구되는. 어려울 것입니다 / 그녀를 대체하는 것은."

Mr. Gray는 말했습니다 / 지원서들이 접수되고 있는 중이라고 / 그 직책에 대한. 면접은 시작될 것입니다 / 다음 주에. —[4]—. 그는 희망합니다 / 신입 직원이 일을 시작할 준비가 되기를 / 5월 20일까지는.

표현 정리 local 지역의 manufacturer 제조업체 motorcycle 오토바이 intend to do ~할 예정이다 hire 고용하다 assistant director 차장 replace 대체하다, 대신하다 announce 알리다, 발표하다 intention 의사, 의도 retire 은퇴하다 more than ~이상의 highly 매우 successful 성공적인 tenure 재임 기간, 임기 be responsible for ~의 담당이다, ~에 책임이 있다 launch 시작하다, 개시하다 serve as ~의 역할을 하다 mentor 멘토, 좋은 지도자 numerous 많은 employee 직원 exceptional 훌륭한, 특출한 Marketing Department head 마케팅 부장 experience 경험 creativity 창의성 marketer 마케팅 담당자 application 지원, 지원서 accept 받다 interview 인터뷰, 면접 new hire 신입 직원

1. [1], [2], [3], [4]로 표시된 곳 중에서 다음 문장이 들어가기에 가장 적합한 곳은?

"현재, 그것은 3000명을 보유하고 있습니다 / 4개 시설들에 / 전국에 위치한."

(A) [1]

(B) [2]

(C) [3]

(D) [4]

요약: 현재 직원이 많다 / 앞의 내용 예상: 회사의 과거 상황(특히 직원 규모)

해설 삽입할 문장은 지금은 회사 직원이 3000명이라는 내용인데, '현재 직원이 많다'는 것으로 요약할 수 있다. 또한 Today라는 연결어를 통해 삽입

할 문장의 앞에는 과거에 대한 내용이 나온다는 것을 예상할 수 있다. 회사의 과거 직원 규모를 나타내는 것은 [2]번 앞이다.

정답 (B)

전략 2 | 점검 퀴즈

1. 첫 번째 문단 : 세미나의 일정/주제
2. 두 번째 문단 : 세미나의 발표자
3. 세 번째 문단 : 세미나의 등록 방법/기한

발신: Ophelia Stewart ⟨o_stewart@oec.org⟩
수신: Emilio Horner ⟨emilio-horner@centraluniversity.edu⟩
날짜: 10월 11일
제목: 세미나

Horner 교수님께,

이번 주 토요일, 10월 16일 오후 3시부터 5시까지 / the Office of Economic Cooperation(OEC, 경제 협력 협의회)이 세미나를 개최할 것입니다 / "청년들에게 해외 실무 경험 제공"이라는 주제의. 귀하와 같은 분들께서 / 특히 관심이 있는 / 젊은이들의 취업 전망을 향상시키는데 특히 관심 있는 / 세미나에 참석할 예정입니다 / 논의하기 위해 / 어떻게 그런 문제들이 착수될 수 있는지. —[1]—.

발표자들 중에는 Stone College의 경제학 교수인 Janet Prentice 박사 / GTP 사의 설립자이자 지역 자선가인 Mr. Franz Spitz, / 그리고 국제 청소년 연맹의 회장인 Ms. Maybelle Deacon이 포함될 것입니다. —[2]—. 세 분 모두 유명합니다 / 불우한 청소년들을 위한 그들의 공헌으로.

세미나에 참석하시려면 / 873-9383으로 전화하십시오 / 좌석 예약을 위해. —[3]—. 또한 www.oec.org/seminar에서 온라인으로 등록하실 수도 있습니다. 귀하께서는 이것을 하셔야 합니다 / 10월 15일까지. 10월 17일에는 / 세미나의 영상이 공개될 것입니다 / OEC 웹사이트에 —[4]—.

Ophelia Stewart
OEC 회장

표현 정리 seminar 세미나, 학회 professor 교수 economic 경제의 cooperation 협력 hold 개최하다 entitled ~라는 주제의 provide A with B A에게 B를 제공하다 practical 실용적인, 실전의 abroad 해외에 individual 사람, 개인 such as ~와 같은 particularly 특별히 be interested in ~에 관심이 있다 advance 발전시키다 job prospects 취업 전망 attend 참석하다 discuss 토론하다 matter 문제 undertake 착수하다, 시작하다 among ~중에서 founder 설립자 philanthropist 자선가 be noted for ~로 유명하다 contribution 공헌, 기여 disadvantaged 사회적으로 혜택을 받지 못한, 불우한 reserve 예약하다 register 등록하다 release 공개하다, 발표하다

1. [1], [2], [3], [4]로 표시된 곳 중에서 다음 문장이 들어가기에 가장 적합한 곳은?

"그들은 또한 논의할 것입니다 / 자금을 / 다양한 프로그램을 시행하는 데 필요한."

(A) [1]

(B) [2]

(C) [3]

(D) [4]

해설 삽입할 문장은 '세미나에서 다뤄질 내용'이다. 글의 전체 이야기 흐름은 '세미나 주제 – 발표자 소개 – '등록 방법/기한'이므로 [1]에 들어가는 것이 적합하다. 점검 차원에서 지시어인 They가 무엇을 가리키는지 살펴보면 앞의 individuals를 가리킨다는 것을 알 수 있다. 한편, '추가'의 접속부사인 also 뒤에 talk about은 앞 문장의 discuss에 추가되는 것이다.

정답 (A)

전략 3 | 점검 퀴즈

수신: Joseph Daniels ⟨jdaniels@robinsons.com⟩
발신: Marvin Dinkins ⟨marvin_d@robinsons.com⟩
날짜: 1월 28일
제목: 피트니스 혜택

Mr. Daniels 귀하,

저는 파일들을 검토했습니다 / 귀하가 보내주신 / 회사의 새로운 건강과 체력 향상 프로그램에 관한. 저는 Houston 지사 직원들에게 알려줄 것입니다 / 저희가 내일 주간 회의를 가질 때. —[1]—. 이러한 새로운 혜택은 발효되지 않기 때문에 / 3월까지는 / 그들은 충분한 시간이 있을 것입니다 / 어떤 헬스장 혹은 피트니스 센터를 결정할지 / 그들이 가입에 관심을 가지는. —[2]—.

저는 명확히 해야 합니다 / 몇 가지 요점들을 / 이 프로그램에 관한 / 당신과 함께. —[3]—. 저는 궁금합니다 / 언제쯤 당신이 시간이 있는지 / 이 사안을 논의하기 위한 / 전화상으로.

저는 고대합니다 / 당신으로부터 곧 답변을 듣기를. —[4]—.

Marvin Dinkins
인사부

표현 정리 fitness 체력 단련 benefit 혜택 look over 살펴보다 concerning ~에 관한 inform 알리다 branch 지점, 지사 weekly meeting 주간 회의 go into effect 실시되다, 발효되다 plenty of 많은 determine 결정하다 clarify 명확하게 하다 regarding ~에 관한 wonder 궁금해하다 discuss 논의하다 matter 문제, 사안 look forward to ~ing ~하기를 고대하다 soon 곧

1. [1], [2], [3], [4]로 표시된 곳 중 다음 문장이 들어가기에 가장 적합한 곳은?

"그들은 분명 기뻐할 것입니다 / 회사가 제공할 것이라는 것을 알게 된다면 / 그들에게 무료 회원권을."

(A) [1]

(B) [2]

(C) [3]

(D) [4]

해설 삽입할 문장의 they는 사람을 가리키는 말인데, [1]과 [2] 앞에 모두 복수의 사람을 가리키는 인칭대명사가 있어 혼동될 수 있다. 이때는 삽입할 문장의 뒤의 문장에서 단서를 찾아본다. 삽입할 문장이 [1]에 위치하는 경우, [1] 바로 뒤에 this new benefit이 삽입할 문장의 a free health club

---

membership(무료 회원권)을 가리키므로 (A)가 정답이다.

정답 (A)

실전 적용 문제

문제 1-4번은 다음 기사를 참조하시오.

주민 센터 보수 공사 예정

Fred Thomas

Washburn (10월 11일) – 지난밤 시청에서 / 시 의회가 만장일치로 투표했다 / 자금을 제공하기로 / Washburn 주민 센터의 보수를 위한. 10년이 된 그 센터는 보수가 절실히 필요한 상태였다 / 지난 3년 동안. —[1]—. 하지만, 시의 경제 상황 때문에 / 자금을 확보할 수 없었다 / 최근까지. Janet Irving 시장은 말했다 / "저는 자랑스럽습니다 / 시의 경제가 ¹호전되어서 / 제가 시장으로서 재임하는 동안. 이제 우리는 프로젝트들에 자금을 댈 수 있습니다 / 주민 센터 보수와 같은."

Washburn 주민 센터는 이 도시의 가장 인기 있는 장소들 중 하나입니다. ³그곳은 갖추고 있습니다 / 실내 수영장, 여러 개의 라켓볼과 스쿼시 코트, 그리고 다른 운동 시설들을. —[2]—. 야외에는, 가지고 있습니다 / 농구장과 테니스 코트, 야구장, 그리고 조깅과 걷기 운동을 위한 트랙을.

²·⁴주민 센터는 또한 제공합니다 / 많은 강습들을 / 지역 주민들에게. 많은 사람들이 그곳에 갑니다 / 미술과 공예를 배우기 위해 / 요가와 에어로빅을 하기 위해 / 그리고 외국어를 공부하기 위해. —[3]—. 그곳은 인기 있는 장소입니다 / 주말에 소풍객들에게도.

³보수 공사는 중점을 둘 예정입니다 / 주민 센터의 내부에. 이에 따라 / 그 건물은 문을 닫게 될 것입니다 / 5개월 동안 / 12월부터. 하지만, 야외 시설들을 이용하는 것은 여전히 가능할 것입니다 / 전체 프로젝트의 진행 동안. —[4]—. 추산됩니다 / 보수 공사에 170만 달러가 소요될 것으로, 그 비용은 지불될 것입니다 / 전적으로 시에 의해.

표현 정리 undergo 겪다 renovation 보수, 수리 city hall 시청 city council 시 의회 unanimously 만장일치로 vote 투표하다 provide 제공하다 funding 자금 decade 10년 be in need of ~을 필요로 하다 dire 긴급한, 절실한 repair 보수, 수리 past 지난 on account of ~때문에 economic situation 경제 상황 fund 기금 unavailable 확보할 수 없는, 획득할 수 없는 mayor 시장 state 말하다 proud 자랑스러운 turn around (경기, 경제 등이) 호전되다 during ~동안 finance 자금을 대다 feature 특별히 포함하다, 특징으로 삼다 indoor 실내의 swimming pool 수영장 several 몇몇의 racquetball 라켓볼 squash court 스쿼시 코트 facility 시설 outside 밖의 baseball diamond 야구장 track 트랙 offer 제공하다 numerous 많은 local resident 지역 주민 craft 공예 yoga 요가 aerobics 에어로빅 foreign language 외국어 picnicker 소풍객 on weekends 주말에 focus on ~에 초점을 맞추다 as such 이에 따라 access 접근, 출입, 이용 estimate 추산하다 in its entirety 전적으로, 전부

1. 첫 번째 문단 다섯 번째 줄의 단어 "turned around"와 의미상 가장 가까운 것은? **동의어 문제**

(A) 반전시켰다

(B) 접근했다

(C) 향상되었다

(D) 시작했다

해설 turn around는 '(경기, 경제 등이) 호전되다'라는 뜻이 있다. 주어가 economy이므로 문맥을 파악하지 않아도 풀 수 있는 문제이다. 또한, 이어지는 문장에서 이제 프로젝트에 자금 지원을 할 수 있게 되었다는 말이 나오는데, 이는 경제가 나아졌기에 할 수 있는 일이 된다. 따라서 '향상되었다'라는 뜻의 improved가 답이다.

정답 (C)

2. 일부 주민들은 이 센터를 어떻게 이용하는가? **사실확인 문제**

(A) 그들의 지식을 향상시키기 위하여

(B) 조직화된 스포츠 리그에 참여하기 위해

(C) 미식축구와 축구를 하기 위해

(D) 다른 지역 주민들을 만나기 위해

해설 두 번째 문단에서는 주민 센터가 제공하는 서비스로 여러 운동 시설들이 열거되어 있고, 세 번째 문단에서는 미술과 공예, 요가와 에어로빅, 외국어 공부와 같은 강습들이 열거되어 있다. 세 번째 문단을 통해 일부 주민들이 주민 센터를 이용하는 목적은 지식을 향상시키기 위한 것으로 볼 수 있으므로 (A)가 정답이다.

정답 (A)

표현 정리 improve 향상시키다 take part in ~에 참여하다

3. 센터의 보수 공사에 대해 나타낸 바는 무엇인가? **사실확인 문제**

(A) 그것에 드는 비용을 위해 세금이 인상될 것이다.

(B) 시작일이 아직 정해지지 않았다.

(C) 사람들은 그 기간 동안 수영을 못하게 될 것이다.

(D) 완료되기까지 최대 1년이 소요될 것이다.

해설 수영장은 실내에 있는데, 보수 공사는 센터의 내부에 중점을 두어 실시되며 12월부터 5개월간 문을 닫는다고 하므로 (C)가 정답이다. (A)는 언급된 바가 없어 오답이고, (B)와 (D)는 마지막 문단에서 보수 공사 기간을 12월부터 5개월간이라고 명시하고 있으므로 오답이다.

정답 (C)

표현 정리 tax 세금 starting date 시작일 up to ~까지

4. [1], [2], [3], [4]로 표시된 곳 중에서 다음 문장이 들어가기에 가장 적합한 곳은? **문장삽입 문제**

"몇몇은 또한 참석합니다 / 개최되는 세미나에 / 그곳에서 가끔."

(A) [1]

(B) [2]

(C) [3]

(D) [4]

해설 attend는 사람을 주어로 갖는 동사이다. 따라서 some은 몇몇의 사람들을 가리킨다. 삽입할 문장이 사람들의 활동에 대한 이야기이므로 연결어 also를 통해 예상하면 그 앞에도 같은 이야기가 나와야 한다. [3]의 앞에서 미술과 공예를 배우기 위해, 요가와 에어로빅을 하기 위해, 그리고 외국어를 공부하기 위해서 주민 센터에 간다는 것이 바로 '사람들의 활동'에 해당되므

로 (C)가 답이다.

정답 (C)

표현 정리 attend the seminars 세미나에 참석하다 on occasion 가끔

문제 5–8번은 다음 편지를 참조하시오.

4월 10일

Sylvia Reynolds
⁶Cloverdale Apartments Unit 5D
Dublin, Ireland

⁶Ms. Reynolds 귀하,

⁵매년 4월 말에 / 저희는 실시합니다 / 단지 내 각 가구별 점검을. ⁶저희는 방문을 계획입니다 / 귀하의 아파트를 / 화요일, 4월 18일, 오후 1시에. ⁶정부 규정에 따르면 / 세입자들은 아파트 내에 있어야 합니다 / 점검을 실시할 때. 만일 이번 방문 시간이 맞지 않는다면 / 귀하의 일정에 / 제게 즉시 연락 주세요 / 그것을 재조정할 수 있도록 / 서로 편한 시간으로. —[1]—.

점검이 실시될 때 / 저희는 확인할 것입니다 / 아파트 전체의 상태를. 이것은 포함합니다 / 배관, 전기 배선, 그리고 가전 기기들을. ⁸저희는 시도할 것입니다 / 어떤 수리 작업이든 / 진행될 필요가 있는 / 현장에서. —[2]—.

⁷저희 기록에 따르면 / 귀하의 벽은 페인트칠이 되었습니다 / 작년에. 만일 원하신다면 / 그것들을 다시 칠하기를 / 귀하는 그렇게 할 수 있습니다. 하지만, 귀하는 부담해야 합니다 / 그 비용의 50%를. —[3]—. 귀하의 카펫은 교체되지 않았습니다 / 4년 동안 / 그러므로 귀하는 자격이 됩니다 / 새로운 카펫을 깔 수 있는 / 모든 방에. 귀하는 저희 웹사이트 www.cloverdaleapartments.com/carpeting에 방문하셔야 합니다 / 선택을 하시려면. —[4]—.

제게 584–3958로 전화 주십시오 / 문의 사항이나 염려 사항이 있으시다면.

Tom O'Malley
아파트 관리자

표현 정리 every year 매년 the end of April 4월 말 conduct an inspection 점검을 실시하다 unit (공동 주택의) 한 가구 complex 단지, 복합 건물 plan to do ~하기를 계획하다 according to ~에 따르면 regulation 규정, 규제 tenant 세입자 inspection 조사 fit (일정에) 맞다 contact 연락하다 at once 즉시 reschedule 재조정하다 mutually 서로, 상호간에 convenient 편한 conduct 실행하다 condition 상태 entire 전체의 include 포함하다 plumbing 배관 electric wiring 전기 배선 appliance 가전 기기 attempt to do ~하기를 시도하다 make repairs 수리하다 on the spot 현장에서 repaint 다시 칠하다 assume (떠)맡다 replace 교체하다 be eligible to do ~할 자격이 되다, ~할 대상이 되다 make your selections 선택하다 concern 걱정, 염려

5. Ms. Reynolds에게 편지가 보내진 이유는? **주제/목적 문제**

(A) 그녀에게 의견을 묻기 위해

(B) 그녀에게 점검에 대해 알리기 위해

(C) 몇 가지 수리된 내용을 열거하기 위해

(D) 그녀가 일부 사항을 변경하도록 요청하기 위해

해설 지문의 첫 문장에서 매년 4월 말 점검을 실시한다는 것과 다음 문장에서 방문 계획에 대해 전하고 있으므로 편지의 목적은 점검 실시를 알리기 위한 것임을 알 수 있다.

정답 (B)

표현 정리 inform A of B A에게 B를 알리다 list 열거하다, 목록을 작성하다

6. Ms. Reynolds는 4월 18일에 무엇을 하도록 요청 받았는가?
세부내용 문제

(A) 전화 걸기

(B) 회의 참석

(C) 그녀의 집에 있기

(D) 아파트 열쇠를 제공하기

해설 키워드인 4월 18일 부분을 보면 점검할 때 세입자들이 아파트에 있어야 한다고 하므로 세입자인 Ms. Reynolds도 아파트에 있도록 요청 받았다고 할 수 있다. Ms. Reynolds가 세입자라는 것은 편지의 주소 부분과 Dear Ms. Reynolds에서 확인할 수 있다.

정답 (C)

표현 정리 make a phone call 전화하다 attend 참석하다

7. Ms. Reynolds가 지불해야 할 주택 개선 작업은 무엇인가?
세부내용 문제

(A) 페인트칠

(B) 카펫 깔기

(C) 배선 작업

(D) 배관 공사

해설 키워드인 '지불하다' 부분을 지문에서 찾아보면, 세 번째 문단에서 페인트칠 비용의 50%를 부담해야 한다는 말이 나오므로 (A)가 정답이다. 두 번째 문단을 보면, (C)나 (D)는 현장에서 조치가 되는 부분이다. (B)에 대한 내용은 세 번째 문단 끝에 나오지만 비용에 대한 이야기는 없다.

정답 (A)

표현 정리 improvement 개량, 개선

8. [1], [2], [3], [4]로 표시된 곳 중에서 다음 문장이 들어가기에 가장 적합한 곳은? **문장삽입 문제**

"만일 그것들이 너무 복잡하다면 / 저희는 그것들의 일정을 잡겠습니다 / 나중으로."

(A) [1]

(B) [2]

(C) [3]

(D) [4]

해설 일단 지시어 they가 복수의 사물을 가리키는 것이고, 복잡하면 나중에 하겠다는 것으로 보아 점검, 수리, 보수 등에 대한 이야기가 앞에 복수명사 형태로 있으리라는 것을 예상한다. [2]번 앞에 복수명사 repairs가 있으므로

정답이다. 수리를 시도하겠지만 너무 복잡하면 일정을 나중으로 잡겠다는 말로 자연스럽게 연결된다. [4]번 앞에 selections가 있지만 카펫 선택은 복잡할 이유도 없고 일정을 잡는 것과 상관없는 일이다.

정답 (B)

Unit 06 앞뒤의 말로 상황을 파악하여 푼다. - 의도파악 문제

직독직해 연습

문제 155-156번은 다음 문자 메시지를 참조하시오.

> **Demetrius Carter 2:32 P.M.**
> Allison, 저는 빵집에서 기다리고 있는 중이에요 / 케이크 두 개가 완성되기를. 당신은 테이블들을 준비해 주시겠어요? 당신은 찾을 수 있을 거예요 / 모든 것을 위한 지침들을 / 제 사무실에서.
>
> **Allison Randolph 2:34 P.M.**
> 물론이죠. 제가 그것들을 처리 할게요 / 지금 당장.
>
> **Demetrius Carter 2:35 P.M.**
> 좋습니다. 은퇴식이 시작할 거예요 / 5시에, 하지만 우리는 모든 것을 준비해 놓아야 합니다 / 가능한 한 빨리.
>
> **Allison Randolph 2:36 P.M.**
> 무도회장에서 열리는 거죠, 맞나요?
>
> **Demetrius Carter 2:37 P.M.**
> 맞아요. 하지만 만찬은 열릴 거예요 / 우리 식당에서. 전체 공간이 예약되었어요. 제가 돌아올 때 / 우리는 시작할 수 있어요 / 그것을 장식하는 것을.
>
> **Allison Randolph 2:38 P.M.**
> 좋아요. 제가 지금 일에 착수할게요.
>
> **Demetrius Carter 2:39 P.M.**
> 정말 고마워요.

전략 1 │ 점검 퀴즈

> **Ray Harris 10:37 A.M.**
> Samantha, 당신은 오늘 휴가였어요?
>
> **Samantha Dillard 10:40 A.M.**
> 아니요. 저는 견학 중이에요 / 새로운 시설을 / Salem에 있는 / 지금. 무슨 일이에요?
>
> **Ray Harris 10:41 A.M.**
> Mr. Suzuki가 몇 개의 파일을 요청했어요 / Sanderson Corporation에 관한. 저는 그것들을 갖고 있지 않아요 / 하지만 저는 알아요 / 그것들이 당신의 컴퓨터에 있다는 것을. 제가 당신 것을 사용해서 그것들을 프린트해도 될까요?
>
> **Samantha Dillard 10:43 A.M.**
> <u>괜찮아요.</u> 사무실 열쇠를 받아가세요 / Ms. Carpenter에게서.
>
> **Ray Harris 11:04 A.M.**
> 다 끝냈어요. 고마워요. 저는 문을 잠그고 열쇠를 돌려주었습니다.

표현 정리 take the day off 휴가 가다 tour 견학하다 facility 시설 What's going on? 무슨 일이에요? request 요청하다 regarding ~에 관한 print 프린트하다, 인쇄하다 key 열쇠 lock up 문을 잠그다, 문단속을 하다 return 돌려주다

1. 오전 10시 43분에 Ms. Dillard가 "괜찮아요"라고 쓸 때 아마도 무엇을 의미하겠는가?

(A) 그녀의 사무실 문이 열려 있다.

(B) Mr. Harris는 그녀의 컴퓨터를 사용할 수 있다.

(C) 그녀는 Sanderson Corporation에 전화할 것이다.

(D) 그녀는 몇몇 서류들을 제공할 수 있다.

해설 대화에서 열쇠를 받아가라고 한 것은 문이 잠겨 있다는 의미이므로 (A)는 내용과 맞지 않다. 동일어(office)를 사용한 오답이다. 바로 앞 문장에서 Ray Harris가 Samantha Dillard에게 '당신 컴퓨터를 사용해서 안에 있는 파일을 프린트해도 될까요?'라고 물어 보았는데, '괜찮아요'라는 것은 Harris가 컴퓨터를 사용해도 된다는 허락의 답변이므로 (B)는 정답이다. 전화를 한다는 내용이 나오지 않는 (C)는 동일어(Sanderson Corporation)를 사용한 오답이다. (D)가 답이 되려면 그 앞 문장에 파일을 제공해달라는 요청이 있어야 하므로 오답이다.

정답 (B)

전략 2 │ 점검 퀴즈

> **Ken Nguyen 3:33 P.M.**
> Hans, Dr. Bobo가 전화 했어요 / 저에게 말하기 위해서 / 그가 세미나에 참석할 수 없다고 / 이번 토요일에 / 왜냐하면 그는 국외로 나가야 하기 때문에.
>
> **Hans Bader 3:35 P.M.**
> 우리가 무엇을 해야 한다고 생각하세요? / 대체 인물을 구하는 것에 대해?
>
> **Ken Nguyen 3:37 P.M.**
> 저는 생각해요 / Central University의 Pitt 교수가 / 괜찮을 거라고. 저는 본 적이 있어요 / 그가 연설하는 것을 / 전에. 그리고 그는 일을 정말 잘 합니다 / 하지만 저는 모르겠어요 / 그가 시간이 되는지를 / 이번 주말에.
>
> **Hans Bader 3:38 P.M.**
> <u>제가 그것을 확인해 볼게요.</u>
>
> **Ken Nguyen 3:39 P.M.**
> 고마워요. 만약 그가 시간이 안 되면 / 우리는 생각해야만 합니다 / 다른 것을.
>
> **Hans Bader 3:40 P.M.**
> 알겠습니다.

표현 정리 call 연락하다, 전화하다 head out of ~로부터 떠나다 replacement 대신할 사람, 후임자 outstanding 뛰어난, 눈에 띄는 available 시간이 있는 weekend 주말 check on ~을 확인하다 something else 다른 무언가

1. 오후 3시 38분에 Mr. Bader가 "제가 그것을 확인해 볼게요."라고 쓸 때 무엇을 의미하는가?

(A) 그는 Dr. Bobo에게 다시 고려해 달라고 요청하기 위해 연락할 것이다.

(B) 그는 세미나의 시간을 변경하는 것에 대해 물어볼 것이다.

(C) 그는 Central University로 출장 갈 계획을 세울 것이다.

(D) 그는 Pitt 교수가 시간이 되는지에 대해 알아볼 것이다

해설 이 문제는 의도를 파악할 문장의 바로 앞 문장인 '그가 시간이 되는지를 모르겠다'는 부분을 봐도 풀리지만, 뒤의 문장인 '그가 시간이 안 되면 ~'을 봐도 풀리는 문제이다. Pitt 교수가 주말에 시간이 되는지를 확인해보겠다는 뜻으로 한 말이므로 (D)가 답이다.

정답 (D)

표현 정리 reconsider 재고하다 availability 이용 가능성, 입수 가능성

전략 3 점검 퀴즈

1. 대화 장소: Cathy Jacobs 사무실 / Greg King 지하철 역

2. 인물 관계: Cathy Jacobs 상사 / Greg King 부하직원

3. 문제점: 팩스 번호를 찾을 수 없어서 송장을 팩스로 보내지 못한 것

4. 해결책/다음 일정: 택배를 이용함

> **Cathy Jacobs 4:04 P.M.**
> 당신은 정말 시간에 쫓겼어요. 당신은 지하철을 막 타려던 참이었죠?
>
> **Greg King 4:08 P.M.**
> 막 그것을 놓쳤어요. 하지만 다른 게 있어요 / 지금부터 5분 후에 오는.
>
> **Cathy Jacobs 4:10 P.M.**
> 좋습니다. 기억하고 있었나요 / 송장을 팩스로 보내는 것을 / Denton Pharmaceuticals로 / 당신이 떠나기 전에?
>
> **Greg King 4:11 P.M.**
> 저는 그러고 싶었어요 / 하지만 찾을 수가 없었어요 / 팩스 번호를. 그래서 저는 그것을 보냈어요 / 택배로 / 대신에.
>
> **Cathy Jacobs 4:12 P.M.**
> 괜찮아요. 그것은 도착해야 합니다 / 오늘 안에.
>
> **Greg King 4:13 P.M.**
> 그것이 제가 예상하는 겁니다.

표현 정리 in a hurry 서둘러, 바쁜 catch (기차, 버스 등을 시간에 맞춰) 잡다, 타다 subway 지하철 miss 놓치다 remember to do ~할 것을 기억하다 fax 팩스로 보내다 invoice 송장 fax number 팩스 번호 courier 배달원, 택배 회사 arrive 도착하다 expect 기대하다, 예상하다

1. 오후 4시 13분에 Mr. King이 "그것이 제가 예상하는 겁니다."라고 쓸 때 아마도 무엇을 의미하겠는가?

(A) 송장이 곧 지불될 것이다.

(B) 택배를 이용하는 것이 괜찮다.

(C) 팩스기가 수리되어야 한다.

(D) Denton Pharmaceuticals가 곧 전화할 것이다.

해설 바로 앞의 말을 보고 푸는 것은 어렵고 상황 파악을 해야 풀리는 문제이다. 팩스 번호를 찾을 수 없던 것이 문제이고, 택배를 통해 보낸 것이 해결책이다. 이 해결책에 대해 화자 모두가 동의하는 상황이다.

정답 (B)

표현 정리 repair 수리하다 call 전화하다

실전 적용 문제

문제 1-2번은 다음 문자 메시지를 참조하시오.

> **Sandra Watson 9:35 A.M.**
> ¹Carl, 저는 지금 막 도착했어요 / 식당에. 저는 시작할 예정이었어요 / 애피타이저를 준비하는 것을 / 특별 행사를 위한 / / 오늘 오후에 있을. 그런데 문이 잠겨 있네요 / 그리고 아무도 여기에 없어요.
>
> **Carl Westwood 9:37 A.M.**
> 거기에 Marcus 없나요? ²그는 항상 도착해요 / 몇 시간 일찍 / 우리가 이와 같은 행사를 가질 때는.
>
> **Sandra Watson 9:38 A.M.**
> ²맞아요, 정말 이상하군요. 당신은 여기에 몇 시에 도착하나요?
>
> **Carl Westwood 9:40 A.M.**
> ¹사실, 저는 회의에 참석할 거예요 / 지역 사업가들을 위한 / 하루 종일 / 하지만 저는 먼저 거기에 들를 수 있어요 / 당신이 들어갈 수 있도록. 제가 거기로 갈게요 / 15분 후에.
>
> **Sandra Watson 9:41 A.M.**
> 정말 감사해요. 저는 현관에서 기다리고 있을게요.

표현 정리 just 막, 방금 arrive at ~에 도착하다 prepare 준비하다 appetizer 애피타이저, 식욕을 돋우는 것 special 특별한 event 행사 lock 잠그다 function 행사 actually 사실, 실제로 attend 참석하다 local business owner 지역 사업가 all day 하루 종일 drop by 들르다 front door 현관

1. Mr. Westwood는 아마도 누구일 것 같은가? **추론 문제**

(A) 식당 소유주

(B) 요리사

(C) 종업원

(D) 배달원

해설 Mr. Westwood가 지역 사업가들을 위한 회의에 참석한다는 것은 그가 사업가이기 때문이고, 그가 문을 열어주러 가는 곳은 맨 앞에 언급된 식당이므로 이를 종합해보면 Mr. Westwood는 식당 소유주임을 추론할 수 있다.

정답 (A)

표현 정리 chef 요리사 delivery person 배달원

2. 오전 9시 38분에 Ms. Watson이 "맞아요, 정말 이상하군요."라고 쓸 때 무엇을 의미하는가? **의도파악 문제**

(A) Marcus가 지난밤에 그녀에게 열쇠를 주는 것을 잊었다.

(B) 그녀는 지금 Marcus가 어디에 있는지 알고 있다.

(C) 그녀는 여러 사람들이 거기에 있을 것이라 예상하고 있었다.

(D) 그녀의 동료는 항상 직장에 일찍 도착한다.

해설 '맞아요, 정말 이상하군요'라는 말은 앞의 말인 '그는 항상 일찍 도착한다'에 대해 동의하고 이번에는 그렇지 않아서 예상 밖이라는 뜻이다. 따라서

앞의 말과 동일한 내용을 묘사하고 있는 (D)가 답이다.

정답 **(D)**

문제 3-4번은 다음 문자 메시지를 참조하시오.

Amy Chang 1:11 P.M.
안녕하세요. ¹저는 온라인 광고를 봤습니다 / 자원봉사자들을 요청하는 / 가을 축제를 도와줄 / 이 도시가 2주 후에 개최하는. 이 번호로 문자를 보내게 되어 있네요 / 알아보려면 / 어떻게 제가 도움이 될 수 있는지.

Joseph Devine 1:15 P.M.
정말 감사합니다 / 문자를 주셔서. ²저희는 시작하려고 합니다 / 축제 마당을 준비하는 것을 / 다음 주에. 저희는 많은 사람들이 필요할 것입니다 / 여러 가지 작업을 하기 위해서 / 저희를 위해 / 그 시간 동안.

Amy Chang 1:17 P.M.
²좋아요, 그건 제가 할 수 있을 것 같네요. 언제 그리고 어디로 제가 가기를 원하세요? ²저는 저의 사무실에 갑니다 / 오후 1시에.

Joseph Devine 1:18 P.M.
제게 보내주세요 / 당신의 이메일 주소를. 몇 사람 더 응답이 오면 / 그때 제가 일정을 짜겠습니다 / 모든 사람들이 가능한 시간을 기준으로.

Amy Chang 1:19 P.M.
말이 되네요. 제 연락처는 amychang@quarkmail.com입니다.

표현 정리 online 온라인의 ad 광고 volunteer 자원봉사자 help out 도와주다 be supposed to do ~하기로 되어 있다 text 문자를 보내다 learn 배우다, 알게 되다 be of assistance 도움이 되다 set up 준비하다, 마련하다 festival ground 축제 마당 a variety of 여러 가지의 send 보내다 e-mail address 이메일 주소 respond 응답하다 schedule 일정 available 이용 가능한, 시간 여유가 있는 make sense 말이 되다, 이해되다 contact information 연락처

3. Ms. Chang이 왜 Mr. Devine에게 메시지를 보냈는가? **주제/목적 문제**

(A) 축제 티켓에 대해 문의하기 위해서

(B) 축제를 위한 부스를 빌리기 위해서

(C) 그녀에게 주어진 일에 대해 질문하기 위해서

(D) 자원봉사를 하는 법을 알기 위해서

해설 1시 11분 문자를 보면 Chang이 자원봉사 모집에 대한 온라인 광고를 보았고, 자신이 도움을 줄 수 있는 방법에 대해 물어보고 있다. 따라서 Chang이 문자 메시지를 보낸 이유는 자원봉사에 참여하기 위한 절차를 문의하기 위한 것이므로 (D)가 정답이다.

정답 **(D)**

표현 정리 inquire about ~에 대해 문의하다 rent 빌리다 assignment 할당된 일, 과제 volunteer 자원하다, 자원봉사를 하다

4. 오후 1시 17분에 Ms. Chang이 "저는 오후 1시에 저의 사무실에 갑니다."라고 쓸 때 아마도 무엇을 의미하겠는가? **의도파악 문제**

(A) 그녀는 오전에 도울 수 있다.

(B) 그녀는 Mr. Devine에게 더 길게 말할 수 없다.

(C) 그녀는 직장에서 전화로 이야기할 수 있다.

(D) 그녀는 직장에 지각할 수도 있다.

해설 오후 1시 15분 문자를 보면 자원봉사의 주요 임무가 축제 마당을 준비하는 것임을 알 수 있고 Ms. Chang은 자신이 할 수 있을 것 같다고 답하고 있다. 하지만 1시에 사무실에 나가야 한다는 것으로 보아 그녀가 자원봉사를 할 수 있는 시간은 오전임을 알 수 있으므로 (A)가 정답이다.

정답 **(A)**

표현 정리 talk on the phone 전화로 이야기하다 be late for work 직장에 늦다

Unit 07 문맥 안에서 확인한다. - 동의어 문제

직독직해 연습

문제 161-163번은 다음 구인 광고를 참조하시오.

운동 조력자 구함

Richmond 공원 레크리에이션 부서는 구하고 있습니다 / 운동 조력자를 / 운영할 / 시의 다양한 스포츠 프로그램들을. 책무 중에는 조직하는 일이 있습니다 / 야구, 축구, 소프트볼, 그리고 농구 리그를 / 일년 내내 / 확실히 하면서 / 도시의 운동 시설들이 이상적인 상태에 있도록 / 그리고 장려하면서 / 지역 주민들에게 운동을.

이상적인 후보는 필요로 합니다 / 좋은 신체 조건을. 그 사람은 가져야 합니다 / 외향적인 성격을 / 그리고 가져야 합니다 / 이전 경력을 / 다른 사람들을 관리한. 대학 학위는 선호됩니다 / 하지만 필수는 아닙니다. 훌륭한 조직력과 리더십 기술을 그리고 다중 작업 처리 능력이 / 필수 사항입니다 / 그래도.

관심 있는 사람들은 지원할 수 있습니다 / 보냄으로써 / 이력서, 자기소개서 / 그리고 3명의 전문적 추천인들의 연락처를 / job@richmondcitypard.gov로.

www.richmondcity.gov/jobs에 가보세요 / 자세히 알아보려면 / 시의 채용 관례에 대해.

전략 1 | 점검 퀴즈

발신: Sandra Crawford
수신: 전 직원
제목: 최신 소식
날짜: 3월 2일

¹3월 5일 이번 주 금요일에 / *Singapore Daily News*에서 온 두 명의 기자들이 방문합니다 / 우리의 시설에 / 기사를 위한 논평을 하기 위해서 / 그들이 작성 중인. 그들은 동행할 것입니다 / 홍보부의 George Yan과. 하지만 그들은 허락을 받았습니다 / 이야기를 나누는 것을 / 어떤 직원들과도 / 그들이 마주치는. ¹만약 그들이 당신과 대화를 하게 된다면 / 친절하고 공손하게 대하세요 / 그리고 대답해 주세요 / 그들의 질문에 바로. 그러나 확실히 하세요 / ²공개하지 않는 것을 / 어떠한 정보도 / 우리의 제조 방법과 관련된 / 왜냐하면 그것은 소유권이 있기 때문에. 만약 당신이 확신하지 못한다면 / 무엇을 말할 수 있을지 / Mr. Yan에게 조언을 구해보세요 / 말하기 전에.

모두에게 감사를 표합니다.

표현 정리 journalist 기자 visit 방문하다 facility 시설 make an observation (보거나 들은 바에 대해) 논평을 하다, 소견을 밝히다 article 기사 work on ~을 작업하다 accompany 동반하다, 동반하다 publicity department 홍보 부서 grant (권한 등을) 주다 permission 허락, 승인 encounter 마주치다 courteous 공손한 disclose 공개하다 regarding ~와 관련된 manufacturing method 제조 방법 proprietary 소유(주)의, 소유권의 advice 조언, 충고

1. 메모의 목적은 무엇인가? **주제/목적 문제**

(A) 방문객들을 대하기 위한 지침을 주기 위해

(B) 직원들에게 뉴스를 읽으라고 조언하기 위해

(C) 회사에 대해 쓰인 기사를 홍보하기 위해

(D) 새로운 제조 방법을 알리기 위해

해설 글의 전체를 읽어야 주제를 알 수 있는 문제이다. 초반부에 두 명의 기자가 방문할 예정이라는 것을 알린 후, 글의 중반/후반부에서 직원들이 이 방문객들과 만나면 어떻게 행동해야 하는지 알려주고 있다.

정답 (A)

표현 정리 guideline 지침 advise A to do A가 ~하도록 조언하다 promote 홍보하다

2. 다섯 번째 줄에 있는 단어인 disclose와 의미상 가장 가까운 것은?
동의어 문제

(A) 쓰다

(B) 잊어버리다

(C) 추정하다

(D) 드러내다

해설 disclose는 '공개하다'라는 뜻이며, '제조 방법에 대한 정보를 공개하지 말라'는 이유로 소유권 문제를 언급하고 있다. '밝히다, 드러내다'라는 뜻의 reveal이 비슷한 뜻을 가지고 있으므로 (D)가 정답이다.

정답 (D)

전략 2 | 점검 퀴즈

Rosewood 호텔 　　　　　　　　　　이용권 48538

이 이용권의 소유자는 자격이 있습니다 / 2일 숙박을 제공 받을 / 2인실에서 / Rosewood Hotel의 / Destin, Cordova, Piedmont 또는 Jasper에 있는. 객실은 예약되어야 합니다 / 이 이용권을 사용하기 적어도 24시간 <u>전에</u>. 이 이용권은 사용될 수 없습니다 / 다른 할인들과 결합하여.

고객 서명:

날짜:

문의는 해야 합니다 / 이메일을 보내거나 / help@rosewoodhotel. com로 / 또는 908-8373으로 전화함으로써.

표현 정리 holder 소유자 voucher 상품권, 할인권, 이용권 be entitled to do ~할 자격이 있다 receive 받다 stay 숙박 double room 2인실 book 예약하다 at least 적어도 in advance of ~하기 전에 in combination with ~와 결합[조합]하여 offer 제안, 제공, 할인

1. 첫 번째 문단 세 번째 줄에 있는 구인 in advance of와 의미상 가장 가까운 것은?

(A) ~의 목적으로

(B) 시간이 갈수록

(C) ~전에

(D) ~보다 뛰어난

해설 1. in advance of가 없다고 생각하고 문제를 풀어본다. '기간 before/after 시점'의 표현은 '시점의 기간 전/후에'라는 뜻을 형성한다. 따라서 '적어도 24시간 before 이용권 사용'은 '이용권 사용 24시간 전에'라는 뜻을 나타낸다. prior to는 전치사로서 before의 뜻을 갖는다. 문맥상으로도 예약은 이용권을 사용하기 전에 하는 것이 맞다. (B)는 시간과 어울릴 것 같지만 '시간이 지남에 따라'라는 뜻의 부사절이므로 앞의 명사와 뒤의 동명사를 연결해줄 수 없다.

정답 (C)

전략 3 | 점검 퀴즈

저는 감사 드리고 싶습니다 / Ms. Lisa Waverly에게 / 특히 그녀의 도움에. 그녀의 노고와 헌신 <u>덕분입니다</u> / 제가 완성할 수 있었던 것은 / 저의 데뷔 소설을. 의심을 품었던 적이 있었습니다 / 제 자신과 제 능력에 대해 / 그 작품을 완성하기 위한 / 그러나 그녀는 격려해 주었습니다 / 제가 집필을 계속하도록. 저는 잘 알고 있습니다 / 이 책이 절대로 되지 못했으리라는 것을 / 현실이 / 만약 그녀가 없었다면. 또한 그것은 지금처럼 성공적이지 못했을 것입니다.

Joseph Graves

표현 정리 thank A for B A에게 B에 대해 감사하다 in particular 특히 assistance 도움 hard work and dedication 헌신과 노고 be able to do ~할 수 있다 complete 완성하다 debut 데뷔(의), 첫 출연의 novel 소설 doubt 의심하다 ability 능력 encourage A to do A가 ~하도록 격려하다 continue ~ing 계속 ~하다 writing 집필 fully 충분히, 잘 reality 현실

1. 첫 번째 줄에 있는 구인 thanks to와 의미상 가장 가까운 것은?

(A) ~에 감사하는

(B) ~에 기인하는

(C) ~을 책임지는

(D) ~한 결과를 낳는

해설 thanks to의 thanks 부분으로 연상되는 (A)를 선택한다면 함정에 빠질 수 있다. thanks to는 '~덕분에'라는 뜻인데, 이 뜻을 몰랐다고 해도 문맥을 통해 풀 수 있다. thanks to 부분을 없다고 생각하고 풀어보면, 그녀의 수고와 헌신은 소설을 완성할 수 있었던 원인에 해당된다. 따라서 '~가 원인인, ~에 기인하는'이라는 뜻을 가진 (B)가 정답이다. (A)는 주어가 사람일 때 쓰는 말이다.

정답 (B)

실전 적용 문제

문제 1–5번은 다음 메모와 이메일을 참조하시오.

회람

발신: 인사부
수신: 전 직원
제목: 최신 정보
날짜: 8월 11일

¹지난달 / Duncan 사의 인사부는 채택했습니다 / 새로운 정책을 / 직원들의 식사 행동과 관련한. ²악취에 대한 많은 불만들의 결과로 / 직원들은 지금부터 삼가야 합니다 / 어떠한 음식이든 섭취하는 것을 / 그들의 책상에서. 이것은 포함하지 않습니다 / 음료들을 / 그러나 포함합니다 / 음식들을 / 흔히 간식으로 여겨지는(초콜릿, 사탕 등). 대부분의 직원들이 규정을 준수하는 반면에 / 몇몇 사람들이 있었습니다 / 그것을 위반하는. 지금부터 / 규정을 따르지 않는 사람들은 인사부에 회부될 것입니다 / 처벌을 위해.

표현 정리 human resources department 인사부 adopt 채택하다 policy 정책 related to ~와 관련된 numerous 많은 complaint 불만 dining behavior 식사 행동 as a result of 그 결과로 concerning ~와 관련된 refrain from ~ing ~을 삼가다 include 포함하다 beverage 음료 commonly 흔히, 보통 snack 간식 comply with 따르다, 준수하다 violate 위반하다 from now on 지금부터 fail to do ~하지 않다 be referred to ~로 회부되다 punishment 처벌

수신: 전 직원
발신: Kathy Lee
제목: 회사 습관에 대한 설문 조사
날짜: 8월 19일

친애하는 직원 여러분께,

³다음 주인 8월 22일 / Partridge Consulting의 Nancy Radcliffe가 Duncan 사를 방문할 것입니다 / 직원들의 인터뷰를 하기 위해 / 기꺼이 이야기하려는 / 그녀에게 그들의 생각에 대해 / 회사 환경 안에서 식사하는 것에 대해. 그녀는 궁금해 합니다. / 직원들이 어떻게 느끼는지 / 여러 가지 규칙들에 대해 / 언제 그리고 어디서 그들이 먹는 것이 허용되는지 결정하는 / 그들의 식사와 간식을.

Ms. Radcliffe는 또한 실시할 것입니다 / 설문조사를. ⁴모든 Duncan 사 직원들은 자격이 있습니다 / 그것을 작성할. 알아 두십시오 / 여러분은 그것을 하지 않아도 된다는 것을 / 그리고 여러분의 답변들은 엄격히 기밀로 유지된다는 것을. 여러분이 양식에 작성한 것은 / 여러분 본인의 ⁵것으로 여겨지지 않을 것입니다 / 또한 그것은 영향을 미치지 않을 것입니다 / Duncan 사에서 여러분의 고용에 / 어떤 식으로도.

더 많은 정보를 위해서는 / 연락하십시오 / David Pierce에게 / 내선전화 902로.

표현 정리 conduct 행동하다 willing to do 기꺼이 ~하는 environment 환경 curious 궁금한 various 여러가지의 rule 규칙 determine 결정하다 be permitted to do ~하도록 허용되다 meal 식사 administer 실시하다, 시행하다 be eligible to do ~할 자격이 있다 complete (양식, 서식) 작성하다 be aware that ~을 알다 be required to do ~하도록 요구되다, ~해야 한다 remain 남다,

---

1. 회람이 왜 배포되었는가? **주제/목적 문제**

(A) 직원들에게 정책에 대해 상기시키기 위해서

(B) 직원들이 어떻게 처벌 받을 수 있는지 설명하기 위해

(C) 잠재적 규칙 변경을 명확히 밝히기 위해

(D) 구내식당의 개업을 발표하기 위해

해설 회람의 두 번째 문장에서 악취에 대한 많은 불만의 결과로 직원들은 앞으로 그들의 책상에서 음식을 섭취할 수 없다는 새로운 정책에 대해 설명하고 있다.

정답 (A)

표현 정리 remind 상기시키다 policy 정책 explain 설명하다 punish 처벌하다 clarify 명확하게 하다, 분명히 밝히다 potential 잠재적인 opening 개장, 개업, 개막 cafeteria 구내식당

---

2. 일부 직원들이 불만을 갖게 된 원인은? **세부내용 문제**

(A) 공간의 부족

(B) 불쾌한 행동

(C) 시끄러운 소음

(D) 악취

해설 회람의 두 번째 문장에서 악취 때문에 많은 불만이 있었다고 하므로 bad smells를 bad orders로 패러프레이징을 한 (D)가 정답이다.

정답 (D)

표현 정리 unpleasant 불쾌한 order 냄새, 악취

---

3. Ms. Radcliffe의 방문 목적은? **세부내용 문제**

(A) 규정의 성공을 밝히기 위해

(B) 어떻게 하면 직원들이 구내식당 음식을 좋아할지 알아내기 위해

(C) 직원들에게 그들의 의견을 묻기 위해

(D) 그녀의 최신 연구를 설명하기 위해

해설 이메일의 첫 번째 문장에서 Ms. Radcliffe가 회사 환경에서 식사하는 것에 대해 직원들의 생각을 듣기 위해 방문할 것이라고 설명하고 있다.

정답 (C)

표현 정리 determine 밝히다, 결정하다 find out 알아내다 research 연구 describe 설명하다

---

4. 설문조사에 대해 나타나 있는 바는 무엇인가? **세부내용 문제**

(A) 그것을 작성하는 것은 자발적이다.

(B) 작성하는 데 몇 분 정도 소요될 것이다.

(C) 직원들은 온라인으로 그것을 할 수 있다

(D) 답변은 경영진과 공유될 것이다.

해설 이메일의 두 번째 문단의 두 번째, 세 번째 문장에서 Duncan 사의 모

든 직원들은 설문조사를 작성할 자격이 있지만, 설문조사에 반드시 응해야 하는 것은 아니라고 언급되어 있다.

정답 (A)

표현 정리 voluntary 자발적인 management 경영진

---

5. 이메일에서 두 번째 문단 세 번째 줄에 있는 단어인 attributed와 의미 상 가장 가까운 것은? **동의어 문제**

(A) 비난 받는

(B) (~에게) 속하는 것으로 여겨진

(C) 저술된

(D) 보내진, 위탁된

해설 attribute는 '(글, 그림 등을) ~의 것으로 보다, ~의 탓으로 여기다'라는 뜻이다. 바로 앞의 문장에서 '답변이 엄격히 기밀로 유지된다'고 하였으므로 '여러분이 작성한 것은 여러분의 것으로 여겨지지 않는다'는 의미가 자연스럽다. credit은 '~의 덕분으로 돌리다, ~에게 속하는 것으로 여기다'라는 뜻이므로 attribute 대신 쓰일 수 있다.

정답 (B)

문제 6-10번은 다음 이메일들과 행사 정보를 참조하시오.

> 발신: Francis Jenkins
> 수신: Roger Morris
> 날짜: 11월 18일
> 제목: 프로그램 사본
> 첨부: 12월 18일 행사
>
> 좋은 아침입니다, Roger.
>
> 저는 첨부하였습니다 / 프로그램을 위한 파일을 / 우리가 인쇄할 필요가 있는. 저는 가장 좋겠다고 생각합니다 / 우리가 500부를 인쇄한다면 / 보장하기 위해서 / 우리가 충분히 가지고 있는 것을. 색깔에 관해서라면 / 저는 생각합니다 / 밝은 청색 배경이 / 모든 글자들은 검은색으로 인쇄된 / 이상적일 것이라고. [6]그리고 반드시 써야 합니다 / 수상자들의 이름을 / 독특한 글꼴로 / 그것들이 눈에 띄도록 하기 위해서.
>
> 당신이 프로그램을 보내기 전에 / 인쇄업자에게 / 변경 사항들을 전부 변경하고 / 그것을 프린트해서 / 저에게 완성본을 보내주세요 / 검토할. 그것을 저에게 주세요 / 늦어도 내일 퇴근 전까지.
>
> Francis Jenkins

표현 정리 copy 복사본, 한 부 attach 첨부하다 print 인쇄하다 ensure 보장하다 enough 충분한 light blue 밝은 청색의 background 바탕 ideal 이상적인 award recipient 수상자 unique 독특한 font 글꼴 stand out 눈에 띄다, 두드러지다 printer 인쇄업자 change 변경사항 hard copy (컴퓨터 처리 결과를 출력한) 인쇄물, (인쇄 직전의) 완성 원고 look over 검토하다 no later than 늦어도 ~까지

> Sunrise Manufacturing
> 제20회 연례 송년회
> Florentine Resort, [7]12월 18일
> 6:00 P.M. - 7:30 P.M — 저녁식사

> 7:30 P.M. - 8:00 P.M — 한 해를 되돌아보기, Lysander Mayfield, CEO
> 8:00 P.M. - 8:30 P.M — [7]시상식 Simone Maginot, 부사장
> [6]최우수 신입사원 – Rosemary Davis
> 최고 관리자 – Martin Desmond
> [8,10]골드 서비스 – Harold Carter
> 올해의 직원 – Cynthia Yates

표현 정리 annual 연례의 year-end reception 송년회 The year in Review 한 해를 되돌아 보기 presentation 시상식 Employee of the Year (award) 올해의 직원 (상)

> 발신: Roger Morris
> 수신: Francis Jenkins
> 날짜: 11월 26일
> 제목: 12월 18일 행사를 위한 프로그램
>
> Francis에게,
>
> 저는 살펴보았습니다 / 프로그램 사본을 / 당신이 저에게 보내준. 저는 마음에 듭니다 / 당신이 선택한 색깔이 / 그리고 생각합니다 / 프로그램이 훨씬 더 좋아 보인다고 / 이전 연도들의 어떤 것들보다도.
>
> [8]당신은 알고 싶어하실 것 같습니다 / 우리가 일반적으로 시상한다는 것을 / 골드 서비스 상을 먼저. 수상자는 항상 회사에 근무한 사람입니다 / 적어도 20년간 / 그래서 우리는 선호합니다 / 그 사람에게 주는 것을 / 그날 밤의 첫 번째 상을 받는 영광을. [9]당신은 확인하기를 원하실 것 같습니다 / Harold 씨에게 / 알아보기 위해 / 올해의 [10]순서가 그에게 괜찮은지를. 그리고 확인해 주십시오 / 모든 사람의 이름 철자가 제대로 쓰였는지를. 우리는 원하지 않습니다 / 작년에 발생한 일이 되풀이 되기를.
>
> 이것은 인쇄업자에게 전달되어야 합니다 / 늦어도 다음 주 월요일까지는. 어떤 문제가 있을 경우에 대비해 / 우리는 충분한 시간이 필요합니다 / 프로그램을 수정할 / 필요하다면.
>
> Roger Morris

표현 정리 choose 선택하다 previous 이전의 aware 알고 있는 normally 보통, 일반적으로 award 상 at least 적어도 prefer to do ~하는 것을 선호하다 honor 영광 receive 받다 check with ~에게 (물어봐서) 알아보다, 확인하다 order 순서 confirm 확인하다 spell 철자를 쓰다 properly 제대로, 올바르게 repeat 반복, 되풀이 happen 발생하다 amend 수정하다 if necessary 필요하다면

---

6. 누구의 이름이 아마도 프로그램에 특별한 스타일로 나타나겠는가?

추론 문제 – 지문 1&2 연계

(A) Lysander Mayfield의 이름

(B) Rosemary Davis의 이름

(C) Simone Maginot의 이름

(D) Francis Jenkins의 이름

해설 첫 번째 이메일의 첫 번째 문단 마지막 문장에서 수상자들의 이름을 독특한 글꼴로 해달라고 요청하고 있고, 행사 프로그램을 보면 Rosemary Davis가 수상자 명단에 포함되어 있음을 알 수 있다.

정답 (B)

7. 어떤 행사가 12월 18일에 개최되는가? **세부내용 문제**

(A) 은퇴식

(B) 오리엔테이션

(C) 교육 프로그램

(D) 시상식

해설 행사 프로그램을 보면, 12월 18일 연례 송년회에서 시상식이 있다는 것을 알 수 있다. presentation이 '발표'가 아니라 '시상식'의 의미로 쓰였다.

정답 (D)

표현 정리 retirement party 은퇴식 **awards ceremony** 시상식

8. Mr. Carter에 대해 나타낸 바는 무엇인가? **사실확인 문제 – 지문 2&3 연계**

(A) 올해의 직원 상 수상자이다

(B) Mr. Morris와 같은 부서에서 일한다

(C) 20년 이상 Sunrise Manufacturing에서 근무했다

(D) 그의 가족을 12월 18일 행사에 참석시킬 예정이다.

해설 두 번째 이메일 두 번째 문단에서 골드 서비스 상은 회사에 적어도 20년 이상 근무한 사람에게 주어진다고 설명하고 있다. 행사 프로그램에서는 Harold Carter가 골드 서비스상 수상자로 명시되어 있으므로 그는 20년 이상 근무했음을 알 수 있다.

정답 (C)

9. Mr. Morris는 Ms. Jenkins에게 무엇을 하라고 지시하는가?

세부내용 문제

(A) 인쇄업자에게 견적서를 요청하라고

(B) 실수들을 확인하라고

(C) 색과 글꼴을 변경하라고

(D) 그에게 프로그램의 복사본을 보내라고

해설 마지막 이메일 두 번째 문단에서 Ms. Jenkins에게 올해의 순서가 괜찮은지 Harold 씨에게 확인하고, 모든 사람들의 이름 철자가 맞게 쓰였는지 확인해달라고 요청한다. 또한 작년에 발생한 일이 되풀이되는 것을 원하지 않는다고 하였으므로 종합해 보면 실수에 대한 확인을 요청한다고 볼 수 있다.

정답 (B)

10. 두 번째 이메일에서 두 번째 문단 네 번째 줄에 있는 단어인 order와 의미상 가장 가까운 것은? **동의어 문제**

(A) 요청

(B) 지시

(C) 순서

(D) 명령

해설 order는 다의어로서 문맥을 통해 정답을 찾아야 한다. 두 번째 이메일 두 번째 문단에서 Mr. Morris는 골드 서비스 수상자가 회사에 적어도 20년을 근무한 사람에게 주어지므로 보통 그 상을 제일 먼저 시상한다는 것을 알리고 있다. 행사 프로그램을 보면 올해의 골드 서비스 시상이 세 번째로 나와 있기 때문에 Mr. Morris는 Mr. Jenkins에게 골드 서비스 수상자인 Harold에게 시상 순서를 변경해도 괜찮은지를 확인해 달라고 요청하고 있

다. 따라서 여기서 order는 '순서'라는 뜻으로 쓰였으므로 비슷한 뜻의 (C)가 답이다.

정답 (C)

Unit 08 목적, 수신/발신자, 요청사항을 확인한다. – 이메일/편지 지문

직독직해 연습

문제 169–171번은 다음 이메일을 참조하시오.

수신: Catherine Moss ⟨catherinemoss@rtt.com⟩
발신: Hannah Chin ⟨hannah@ihac.org⟩
주제: 국제 주택 건축가 협회 총회
날짜: 7월 1일

Ms. Moss에게,

저는 글을 쓰는 중입니다 / 당신에게 알리기 위해서 / 국제 주택건설업자 협회 총회가 더 이상 개최되지 않는다는 것을 / 7월 13일부터 16일까지. Manchester Conference 센터는 / 우리가 공간을 예약했던 장소인 / 문을 닫을 예정입니다 / 7월 한 달 동안 / 그래서 이 행사는 이제 열릴 것입니다 / 8월 2일부터 5일까지. 당신은 예정되어 있습니다 / 발표를 하기로 / 행사의 두 번째 날에. 하지만, 당신은 이제 그것을 하게 될 것입니다 / 일정이 변경된 총회의 마지막 날에. 저희는 진심으로 사과 드립니다 / 이 불편에 대해.

저희는 알고 있습니다 / 당신이 바쁘다는 것을 / 그리고 바랍니다 / 당신이 총회에 참석할 수 있기를. 저희에게 알려주십시오 / 당신의 계획을 / 가능한 한 빨리 / 저희가 필요한 준비를 할 수 있도록. 만약 도움이 필요하시면 / 비행기 표나 호텔 객실을 다시 예약하는 것에 / 저희에게 알려 주십시오.

Hannah Chin
총회 조직자

전략 1 점검 퀴즈

[2]수신: 전 직원
발신: Craig Justice
날짜: 9월 25일
제목: 최신 소식

[1]10월 1일 부로 / Desmond Groceries는 제공할 것입니다 / 당일 무료 가정 배달 서비스를 / 고객들에게 / 최소 100달러를 소비하고 Jacksonville 시 경계 안에 거주하는.

안내문이 있을 것입니다 / 모든 계산대에 게시된 / 내일부터. [2]저희 쇼핑 클럽의 모든 회원들은 받을 것입니다 / 이러한 혜택에 관한 이메일을 / 또한. 만약 고객들이 배달을 요청한다면 / 그들을 고객 안내데스크로 보내시기 바랍니다 / 그곳에서 그들은 필요한 준비를 할 수 있습니다. 대단히 감사합니다.

Craig Justice

표현 정리 starting ~부로, ~부터 provide 제공하다 free same-day home delivery 당일 무료 가정 배달 서비스 spend 소비하다, 지출하다 a minimum of 최소한의 within ~이내에 city limits 시 경계 checkout counter 계산대 regarding ~에 관한 benefit 혜택 as well 또한 refer A to B A를 B로 보내다 customer information desk 고객 안내데스크 necessary 필요한 make arrangements 준비하다

1. 이메일의 목적은 무엇인가? **주제/목적 문제**

(A) 할인 판매를 알리기 위해

(B) 새로운 정책을 설명하기 위해

(C) 불만 사항에 대한 조언을 제공하기 위해

(D) 교육 과정의 일정을 재조정하기 위해

해설 지문의 초반부에 10월 1일부터 시행되는 새로운 정책을 전 직원에게 알리고 있다.

정답 (B)

표현 정리 announce 알리다 advice 조언, 충고 reschedule 일정을 재조정하다 training session 교육 과정

2. Craig Justice는 아마도 누구일 것 같은가? **추론 문제**

(A) 지역 주민

(B) 배달원

(C) 매장 책임자

(D) 쇼핑객

해설 Craig Justice는 발신자이다. 정책의 변화를 전 직원에게 알리는 업무를 수행하는 직책은 매니저[책임자]이다. 또한 '저희 쇼핑 클럽'이라는 말을 통해 매장의 책임자임을 알 수 있다.

정답 (C)

표현 정리 store manager 매장 책임자, 점장

전략 2 | 점검 퀴즈

수신: 전 직원
발신: Stacy Dean
날짜: 7월 31일
제목: 긴급 공지사항

전 직원들에게,

여러분들도 아시다시피 / 우리는 대대적으로 광고하고 있습니다 / 현재 진행 중인 할인 판매를 / 몇 종류의 지역 매체들에서. 알아 두세요 / *Hagerstown Daily*에서 실었습니다 / 저희 광고들 중 하나를 / 하지만 실수를 범했습니다. 거기에는 우리의 할인 판매가 8월 15일까지 계속된다고 실려 있습니다 / 8월 5일이 아니라. 그 신문은 약속했습니다 / 정정 보도를 하기로 / 앞으로 3일 동안; 그러나 일부 쇼핑객들은 분명 그것을 놓칠 것입니다. 8월 6일부터 15일까지 / 할인 판매를 언급하는 모든 고객들에게 / 쿠폰이 제공될 것입니다 / 15퍼센트 할인에 유효한. 여러분들은 또한 사과를 하고 설명해야 합니다 / 무슨 일이 있었는지에 대해. 만일 누군가가 만족하지 않는다면 / 그러한 설명에 / 근무 중인 매장 관리자에게 연락하십시오 / 상황을 좀 더 상세히 설명할 수 있도록.

Stacy Dean

표현 정리 urgent information 긴급 공지사항 as you know 알다시피 heavily 대대적으로 advertise 광고하다 ongoing 계속 진행 중인 sale 세일, 할인 판매 several 몇몇의 type 종류, 유형 local media 지역 매체 be aware that ~을 알아두세요 publish 출간하다, 싣다 advertisement 광고 make a mistake 실수를 저지르다 run (얼마의 기간이) 계속되다 until ~까지 rather than ~보다는 promise to do ~하기를 약속하다 correction 정정, 수정 (행위) for the next three days 앞으로 3일 동안 shopper 쇼핑객 be sure to do 분명 ~할 것이다 miss 놓치다 mention 언급하다 coupon 쿠폰, 할인권 good 유효한 15% off 15퍼센트 할인된 apologize 사과하다 describe 설명하다 happen 발생하다 be satisfied with ~에 만족하다 explanation 설명 supervisor 감독관, 관리자 on duty 근무 중인 explain 설명하다 situation 상황 further 더 나아가, 추가로

1. Ms. Dean은 직원들에게 무엇을 하라고 말하는가? **세부내용 문제**

(A) 환불을 요청하는 모든 고객들에게 환불을 처리하기

(B) 만료일 이후의 쿠폰을 받아 주기

(C) 고객들이 관리자와 이야기를 나누게 하기

(D) 사용되는 모든 쿠폰의 가치를 두 배로 하기

해설 Ms. Dean은 이 글의 발신자이고 전 직원에게 보내는 글임을 먼저 확인한다. 요청사항은 보통 이메일의 후반부에 언급되는데, 마지막 부분 please로 시작하는 문장에서 요청사항을 전하고 있다. 고객이 설명에 만족하지 않으면, 상황을 좀 더 자세히 설명할 수 있도록 매장 관리자에게 연락하라고 했으므로 '고객들이 관리자와 이야기를 나눌 수 있게 하라'고 패러프레이징이 된 (C)가 정답이다.

정답 (C)

표현 정리 process refunds 환불 요청을 처리하다 accept coupons 쿠폰을 받다 expiration date 만료일 double 두 배로 하다 value 가치

전략 3 | 점검 퀴즈

발신: chris@davisrentalcars.com
수신: terrywelch@mymail.com
제목: 귀하의 의견
날짜: 10월 28일
첨부파일: 상품권

Mr. Welch에게,

저는 읽었습니다 / 관심을 갖고 / 당신이 우리 웹사이트에 남겨 주신 / 우리 회사의 차량 임대와 관련하여. 저는 기뻤습니다 / 당신이 생각해 주셔서 / 차량이 깨끗했고 완벽한 상태였다고. 하지만, 저는 실망했습니다 / 당신이 차량을 받지 못했다는 사실을 알고 / 당신이 예약했던. 저는 이야기를 나눠 보았습니다 / 당신이 상대한 직원과 / 그리고 그는 인정했습니다 / 실수했다는 것을. 저는 당신이 알아주셨으면 합니다 / 우리가 추가 교육을 실시했다는 것을 / 전 직원들을 대상으로 / 확실히 하기 위해서 / 이 같은 일이 다시는 발생하지 않도록.

저는 보냅니다 / 당신에게 상품권을 / 어떤 차종이든 무료로 임대할 수 있는 / 3일 동안. 그것은 반드시 교환되어야 합니다 / 앞으로 6개월 안에. 그리고 우리는 감사 드립니다 / 당신의 의견에 / 긍정적인 것과 부

정적인 것 둘 다.

Chris Pearl

표현 정리 comment 견해, 의견 attachment 첨부 voucher 상품권, 할인권 with interest 흥미를 갖고 leave 남기다 regarding ~에 관하여 rental 임대, 대여 vehicle 차량 pleased 기쁜 in perfect condition 완벽한 상태인 disappointed 실망한, 낙담한 reserve 예약하다 deal with ~를 다루다, ~와 상대하다 admit 인정하다 make a mistake 실수하다 provide 제공하다 extra training 추가 교육 make sure 확실히 하다 incident 사건, 일 happen 발생하다, 일어나다 redeem (상품권을) 상품이나 현금으로 교환하다 appreciate 고마워하다 both A and B A와 B 둘 다 positive 긍정적인 negative 부정적인

1. 최근에 Davis Rental Car Agency에서 무슨 일이 있었는가?

세부내용 문제

(A) 직원들은 그들의 직무 수행을 위한 교육을 받았다.

(B) 몇몇 사람들이 해고되었다.

(C) 고객들을 위해 가격이 인하되었다.

(D) 신형 차량들이 그 회사의 전체 차량에 추가되었다.

해설 이메일/편지 유형의 세부내용을 묻는 문제로, 문제의 키워드는 recently happened이다. 고객 불만에 대한 조치로 첫 번째 문단 마지막 부분에서 앞으로 실수가 발생하지 않도록 직원들을 재교육시켰다는 말이 나오므로 (A)가 정답이다.

정답 (A)

표현 정리 do one's job 직무를 수행하다 fire 해고하다 lower 낮추다, 내리다 add 더하다 fleet (회사가 보유한) 차량 전체

실전 적용 문제

문제 1–4번은 다음 이메일을 참조하시오.

수신: 전 직원

발신: Beth Perry

날짜: 6월 1일

안녕하십니까, 여러분.

여러분들은 알아야 합니다 / Framingham이 개최할 것임을 / 연례 행사인 제7회 여름 축제를 / 올해 6월 20일부터 23일까지. ²시는 요청했습니다 / 우리가 그 행사의 후원자들 중 하나가 되어 주기를 / 그리고 우리는 그렇게 하기로 동의했습니다. —[1]—. 이에 따라 / 우리 식품과 음료들이 주로 선보일 것입니다 / 그 축제에서. ²우리 사장님인 Martina Herbert는 원합니다 / 이번 행사를 활용하기를 / 우리의 인지도를 향상시키기 위해 / Framingham 주민들에게. Herbert Groceries가 받는 어떠한 이목도 확실히 도움을 줄 것입니다 / 우리가 더 많은 고객들을 끌어들이는 데. —[2]—. ¹,³따라서 우리는 요청합니다 / 여러분들 중 몇몇이 자원해 주시도록 / 그 축제에 참석하는 것을 / 우리 상품의 무료 견본품들을 나눠 주기 위해 / 그리고 다른 제품들을 판매하기 위해. 우리는 부스를 설치할 것입니다 / 그곳에 / 제가 담당하게 될 / 가끔씩 / 하지만 우리는 원합니다 / 개인별로 그 축제 현장을 둘러보시기를 / 또한. —[3]—.

⁴여러분이 관심이 있다면 / 돕는 데 / 이 메일에 답장을 주시거나 / 저를

방문해 주세요 / 제 사무실로 / 6월 15일까지. —[4]—. 여러분은 보상을 받게 될 것입니다 / 이 일을 하는 데 대한 / 당신의 정규 급여에 맞게.

감사합니다.

Beth

표현 정리 employee 직원 be aware that ~을 알다[인지하다] hold 개최하다 annual 연례의 request 요청하다 sponsor 후원자 agree 동의하다 as such 이에 따라 feature 특별히 포함하다, 특색으로 삼다 prominently 두드러지게 owner 소유주 utilize 활용하다 improve 향상시키다 visibility 가시성, 시계 resident 주민 publicity 널리 알려짐, 평판, 주목 grocery 식료품 잡화점, 식료 잡화류(~s) surely 확실히, 분명히 attract 끌어들이다 pass out 나눠주다 free sample 무료 견본품 product 상품, 제품 booth 부스 man 담당하다, 인원을 배치하다 at time 때로는, 가끔씩 individual 개인 be interested in ~에 관심이 있다 assist 돕다 respond to ~에 응답하다 be compensated for ~에 대한 보상을 받다 at one's regular rate ~의 정규 급여에 따라

1. 이메일의 목적은 무엇인가? **주제/목적 문제**

(A) 신입 직원들에 대한 추천서를 요청하기 위해

(B) 직원들에게 행사를 도와주도록 요청하기 위해

(C) 시 축제를 홍보하기 위해

(D) 직원들에게 근무시간 기록표 제출을 상기시키기 위해

해설 주제가 초반부에 나오지 않는 유형으로 이런 경우에는 다른 문제들부터 먼저 풀고 나중에 풀도록 한다. 첫 번째 문단의 후반부의 'We therefore request ~ to sell others.' 부분에서 요청사항이 나오고 있으며 이것이 곧 이 글의 주제이다.

정답 (B)

표현 정리 recommendation 추천서 assist with ~을 돕다 timecard 근무시간 기록표

2. Herbert Groceries에 관해 암시되는 것은? **추론 문제**

(A) 최근에 설립되었다.

(B) 그 축제의 단독 후원자이다.

(C) 곧 새로운 매장들을 열 것이다.

(D) Framingham에 위치해 있다.

해설 첫 번째 문단 초반부에 Framingham 시가 축제를 개최하는데, 우리에게 행사의 후원을 요청했고 이에 동의했다는 내용이 나온다. 또한 우리 사장, 즉 Herbert Groceries의 사장이 이 행사를 통해 Framingham 주민들에게 인지도를 높이고자 하는 상황이다. 따라서 Herbert Groceries라는 식료품점은 Framingham에 위치해 있다고 유추할 수 있으므로 (D)가 정답이다.

정답 (D)

표현 정리 be founded 설립되다 be located in ~에 위치해 있다

3. 이메일에 따르면, 직원들은 이 축제에 어떻게 참여하도록 요청 받는가?

세부내용 문제

(A) 부스를 설치하는 데 도움을 줌으로써

(B) 상점의 제품들을 선물로 증정함으로써

(C) 행사에 성금을 기부함으로써

(D) 그들의 가족들과 함께 참여함으로써

해설 첫 번째 문단의 후반부에 직원들에게 축제에 참가하여 상품의 무료 견본품들을 나눠주라는 요청사항이 나온다. 식료품점이므로 free samples(무료 견본품)은 the store's items(상점의 제품)으로, pass out은 give away로 패러프레이징 되었다.

정답 (B)

표현 정리 set up ~를 설치하다 give away (선물 등으로) 주다 donate 기부하다

4. [1], [2], [3], [4]로 표시된 곳 중에서 다음 문장이 들어가기에 가장 적합한 곳은? **문장삽입 문제**

"제가 얼마나 많은 사람들이 관심이 있는지 알게 된다면 / 저는 일정을 잡을 수 있을 겁니다."

(A) [1]

(B) [2]

(C) [3]

(D) [4]

해설 지시어나 연결어가 없으므로 이야기의 흐름으로 접근해야 한다. 삽입할 문장은 '사람들의 관심 여부 파악 / 일정 잡기'에 대한 내용으로 자원자 모집에 대한 내용 전개에서 초반부와 중반부에서는 상황 설명을 했기 때문에 구체적 지원 방법 등에 대한 이야기는 후반부에 나올 것을 예상한다. [4]번 앞에서 관심이 있으면 연락하라는 말이 있으므로 뒤이어 관심 있는 인원이 파악되면 일정을 잡겠다는 말이 자연스럽게 연결된다.

정답 (D)

문제 5-8번은 다음 이메일을 참조하시오.

발신: information@readingtrain.com
수신: tcarpenter@visualmail.com
제목: 요청사항
날짜: 10월 8일

Ms. Carpenter에게,

⁶저희는 받았습니다 / 당신의 이메일을 / 그리고 확인했습니다 / 분실물 보관 센터를. 몇몇 수화물들이 있습니다 / 당신이 해준 설명과 일치하는. 하지만, 그것들 중 어느 것도 이름표가 붙어 있지 않습니다 / 그것이 당신의 것임을 나타내는. 저희는 요청 드립니다 / 당신이 우리를 방문해 주시기를 / 589 Apple Drive에 / 당신의 분실물을 찾기 위해 / 직접.

⁵도착 즉시 / 당신은 확인하도록 요청을 받게 될 것입니다 / 당신이 어떤 기차에 탑승했는지 / 어디로 가고 있었는지 / 그리고 ⁷어디에 앉아 있었는지. 만일 당신이 승차권을 아직 가지고 있다면 / 가지고 오시기 바랍니다.

당신은 방문하실 수 있습니다 / 센터에 / 평일 아침 7시에서 저녁 9시 사이에. ⁸하지만 알아두세요 / 승객들께서 분실하기 때문에 / 많은 물품들을 / 저희는 제한된 규모의 공간만을 갖고 있다는 점을. 그러므로 저희는 처분합니다 / 모든 물품들을 / 발견된 지 10일이 경과된.

Tim Holt

표현 정리 receive 받다 missing item center 분실물 보관 센터 several pieces of ~ 몇 개의 baggage 수화물, 짐 match 일치하다 description 묘사, 설명 nametag 이름표 indicate 나타내다 search for ~을 찾다 in person 직접 upon arrival 도착하자마자 identify 확인하다 every day of the week 평일 passenger 승객 a large number of 많은 a limited amount of space 제한된 규모의 공간 therefore 그러므로 dispose of ~을 처분하다

5. Mr. Holt는 어디에서 일을 하는가? **추론 문제**

(A) 정부 기관에서

(B) 운송 회사에서

(C) 보험 회사에서

(D) 여행사에서

해설 발신자 추론 문제이므로 지문을 다 읽고 여러가지 요소를 종합하여 추론한다. 일단 이메일 주소도 하나의 단서가 된다. 이메일 주소에 train이란 단어가 포함되어 있다. 또한 두 번째 문단에서 Ms. Carpenter가 도착하면 어떤 기차에 탔는지 물을 것이고, 승차권이 있다면 갖고 오라고 하므로 발신자는 철도 회사의 분실물 센터에서 근무한다는 것을 유추할 수 있다. 보기 중에 분실물 센터, 철도 회사 등의 말은 없지만 '운송 회사'가 이를 포괄하는 개념이므로 (B)가 정답이다. ..

정답 (B)

6. Ms. Carpenter는 아마도 무엇에 대해 문의했겠는가? **추론 문제**

(A) 높은 가격

(B) 분실물

(C) 분실한 영수증

(D) 예약

해설 첫 번째 문단 첫 번째 줄에서 발신자가 이메일을 받고 분실물 보관 센터에 확인했다는 것은 Ms. Carpenter가 이전에 분실물에 대해 문의를 했었다고 유추할 수 있다.

정답 (B)

표현 정리 receipt 영수증 reservation 예약

7. Ms. Carpenter는 어떤 정보를 제공하도록 요청 받았는가?

세부내용 문제

(A) 그녀의 좌석 번호

(B) 그녀의 주소

(C) 그녀의 직장 번호

(D) 그녀의 출발 지점

해설 두 번째 문단에서 도착하면 어떤 기차에 탑승했는지, 어디로 가고 있었는지, 그리고 어디에 앉아 있었는지 확인하도록 요청을 받을 것이라고 한다. 보기 중 (A)가 이 내용에 해당되므로 정답이다.

정답 (A)

표현 정리 seat number 좌석 번호 departure 출발

8. Ms. Carpenter는 무엇을 하도록 권고 받는가? **세부내용 문제**

(A) 그녀의 소지품을 잘 챙기기

(B) 그녀가 갖고 있는 쿠폰들을 제시하기

(C) 향후 온라인으로 예약하기

(D) 가능한 한 빨리 센터에 가기

해설 권고 사항을 묻는 문제이다. 후반부 please be advised가 키워드이며, 이어서 공간 부족으로 인해 10일이 지난 물품들은 처분한다고 했다. 이 말은 10일 내에 빨리 분실물을 찾아가야 한다는 뜻이므로 (D)가 내용에 부합된다.

정답 (D)

표현 정리 take good care of ~을 잘 돌보다 possession 소지품 present 제시하다

Unit 09 빈출 주제와 이야기 흐름으로 정복한다. - 기사문

직독직해 연습

문제 166-168번은 다음 기사를 참조하시오.

Hanna West의 대담한 변화

글 Mark Snyder

Dallas (10월 5일) – Hanna West는 알려져 있다 / 전 세계에 / 그녀의 주연 출연으로 / 많은 영화들에서. 그녀의 재능들은 / 여배우로서의 / 가능하게 했다 / 그녀가 공연하는 것을 / 다양한 장르에서 / 액션부터 코미디와 드라마까지. 그녀는 받아왔다 / 여러 상들을 / 그녀의 연기로 / Devers 여우주연상을 포함하여 / 그녀의 연기로 / It Takes Two to Tango에서 /지난해 최대 히트작이었던. —[1]—

충격적인 발표에서 / Ms. West는 지난밤에 밝혔다 / 그녀는 생각하고 있다고 / 은퇴할 것을 / 영화 연기를 하는 것에서 / 추구하기 위해서 / 그녀의 현재 관심사를: 라이브 공연하는 것 / 뮤지컬의 무대에서. Ms. West는 언급했다 / 그녀가 일할 것이라고 / Diane Carter와 함께 / 뮤지컬 It's My Life의 제작을 위해 / Western Theater에서 상연될 / Dallas에 있는. 그것의 공연 첫날 밤은 예정되어 있다 / 1월 18일로. 이것은 세 번째 뮤지컬이 될 것이다 / Ms. Carter가 감독한 / 개막하는 / Dallas에서. —[2]—

이메일로 연락했을 때 / Ms. West는 말했다 / "저는 이제 지쳤어요 / 연기하는 것에 / 카메라 앞에서. 이제, 저는 연기를 하고 싶어요 / 실제 청중에게. 이것은 훨씬 어렵습니다 / 왜냐하면 제가 실수를 하면 / 저는 그것을 다시 하지 못하기 때문입니다. 그래서 저는 연마해야 합니다 / 저의 연기력을 더욱." —[3]—

Western Theater의 대변인은 확인했다 / Ms. West가 공연할 것이라고 / 그곳에서. 그는 말했다 / 티켓에 대한 문의 수가 크게 증가했다고 / 그리고 그는 기대한다고 / 그것들이 매진되기를 / 곧. —[4]—

전략 1 점검 퀴즈

LEXINGTON (10월 3일) – 놀라운 발표에서 / Jonathon Dawkins가 / Denton Enterprises의 최고경영자이자 컴퓨터 소프트웨어 산

업의 선도자인 / 말했다 / 그는 물러날 것이라고 / 그의 직책에서. Mr. Dawkins는 회사를 맡아 왔다 / 지난 15년 동안. —[1]— 그가 처음 일하기 시작했을 때 / Denton Enterprises에서 / 그 회사는 주로 비디오 게임들의 제작업체였다. 회사는 여전히 출시하지만 / 몇몇 새로운 게임들을 / 1년에 / 그 회사는 확장했다 / 많은 다른 분야로. —[2]— Mr. Dawkins는 책임을 지고 있었다 / 회사의 확장에 / 이러한 분야로. 그의 활동들은 판명되었다 / 효과적인 것으로 / Denton Enterprises가 완전히 바뀌었기 때문에 / 그의 10년 반의 리더십으로. —[3]— 회사는 빚을 지고 있었고 / 고위 간부들은 고려 중이었다 / 파산을 선언하는 것을 / Mr. Dawkins가 인계 받았을 때. 그는 즉시 없앴다 / 회사의 빚을 / 그리고 그것의 연구개발 및 IT 팀들을 확장했다. 그 이후로 / 회사는 수익을 냈다 / 지난 12년 동안 / 연속으로. —[4]— 발표에 따르면 / Mr. Dawkins는 회사를 떠날 것이다 / 또 다른 벤처 사업을 추구하기 위해서. 하지만 그것에 관련된 세부사항은 제공되지 않았다.

표현 정리 surprise announcement 놀라운 발표 leader 선도자 computer software industry 컴퓨터 소프트웨어 산업 step down 물러나다, 사직하다 position 직책 be in charge of ~을 맡다[담당하다] mostly 주로 video game 비디오 게임 release 출시하다 branch 확장하다 a number of 많은 field 분야 expansion 확장 firm 회사 action 행동 effective 효과적인, 효율적인 completely 전적으로, 완전히 transform 바꾸다 decade 10년 leadership 리더십 in debt 빚을 진 top executive 고위 간부 declare 선언하다 bankruptcy 파업, 파산 take over 떠맡다, 인계 받다 promptly 즉시 eliminate 제거하다, 없애다 make a profit 수익을 내다 in a row 연속으로 according to ~에 따르면 announcement 발표 pursue 추구하다 business venture 벤처 사업 specifics 세부사항 regarding ~에 관한

1. 기사의 목적은 무엇인가? **주제/목적 문제**

(A) 회사의 미래 계획을 설명하기 위해서

(B) 한 고위 간부의 직책에 대한 빈자리를 홍보하기 위해서

(C) 한 직원의 떠남을 알리기 위해서

(D) 회사의 짧은 역사를 알려주기 위해서

해설 초반부 세 줄에서 Jonathon Dawkins가 그의 직책에서 물러난다는 것을 알 수 있고, 이것이 곧 이 기사의 주제이다.

정답 (C)

표현 정리 describe 묘사하다, 설명하다 publicize 알리다, 홍보하다 opening 공석, 빈자리 departure 떠남, 출발

전략 2 점검 퀴즈

첫 번째 문단: 확장 공사 계획 승인

두 번째 문단: 기존 공항 확장 배경

세 번째 문단: 구체적 실행 계획

네 번째 문단: 예상 비용 및 예상 항공편 수

공항의 확장

(12월 9일) – 확장을 위한 계획이 / Fairfield Airport의 / 승인되었다. 추가적인 터미널의 공사가 완료될 것이다 / 10개월 후에. —[1]—
'도시의 인구가 늘었기 때문에 / 상당히 / 최근 몇 년에 걸쳐 / 공항 당

국은 고려 중이다 / 두 번째 활주로를 추가하는 것을. 하지만, 많은 땅이 / 인수되어야 할 / 남아 있다 / 개인의 소유로. 그래서 도시는 고려 중이다 / 두 번째 공항을 짓는 것을 / 다음 5년 내에. ―[2]―

²현재, Baker Group이 고용되었다 / 시작하기 위해서 / 새로운 터미널의 건설 공사를. 회사는 말했다 / 공사가 방해하지는 않을 것이라고 / 기존 터미널의 매일 운영을. ³―[3]― 회사는 약속한다 / 최선을 다하겠다고 / 줄이는 것에 / 소음을 허용 수준으로.

터미널 공사는 예상된다 / 5억 달러의 비용이 들것으로. 두 번째 터미널이 문을 열면 / 일일 항공편의 수가 / 공항으로의 / 두 배 이상 될 것이다. ―[4]―

표현 정리 plan for ~을 위한 계획 expansion 확장 approve 승인하다 terminal (공항의) 터미널 construction 건설, 공사 complete 완성하다, 완료하다 population 인구 expand 늘다, 확장하다 in recent years 최근 몇 년에 걸쳐 airport 공항 authority 당국 consider 고려하다 runway 활주로 acquire 인수하다 remain 남아 있다 in private hands 개인의 소유로 at present 현재는 hire 고용하다 state 말하다, 명시하다 interfere with ~을 방해하다 operation 운영 existing 기존의, 현재 사용되는 reduce 줄이다 noise 소음 acceptable level 허용 수준 cost 비용이 ~ 들다 flight 비행, 항공편 double 두 배로 되다

1. 왜 공항은 확장을 겪고 있는가? **세부내용 문제**

(A) 그것은 현재 국제 항공편을 다룰 수 없다.

(B) 다른 공항들과 경쟁이 있다.

(C) 공항이 있는 도시가 커지고 있다.

(D) 주민들이 지연됨에 대해 불평해왔다.

해설 이야기 흐름 중 확장 배경에 대해 묻는 질문으로 단서가 초/중반부에 나올 것을 예상할 수 있다. 두 번째 문단 첫 번째 줄에서 도시의 인구가 늘었다는 것으로 보아 도시가 커지고 있다는 것을 알 수 있고 이것이 공항 확장의 이유이다.

정답 (C)

표현 정리 undergo 겪다 handle 다루다 competition 경쟁 complain 불평하다

2. Baker Group은 무엇을 하기 위해 고용되었는가? **세부내용 문제**

(A) 공항에서의 매일의 운영을 다루는 것

(B) 공항에 추가물을 짓는 것

(C) 또 하나의 활주로를 건설하는 것

(D) 소음 공해에 대한 조사를 실시하는 것

해설 이야기 흐름 중 구체적 실행 계획에 대해 묻는 질문으로 중/후반부에 단서가 나올 것을 예상할 수 있다. 키워드인 Baker Group이 나오는 세 번째 문단에서 이 회사가 새로운 터미널을 짓기 위해서 고용되었음을 언급하고 있다. new terminal이 addition으로 패러프레이징 되었다. (C)의 활주로 건설은 개인 부지의 매입 문제로 어려움이 있기 때문에 추진되고 있는 것이 아니다.

정답 (B)

표현 정리 addition 증축 부분, 추가물 noise pollution 소음 공해

3. [1], [2], [3], [4]로 표시된 곳 중에서 다음 문장이 들어가기에 가장 적합한 곳은? **문장삽입 문제**

"그러나 소음에 대한 고려사항이 있을 것이다."

(A) [1]

(B) [2]

(C) [3]

(D) [4]

해설 삽입 문장에 소음에 대한 고려사항이란 말이 나오므로 앞뒤 문장도 소음에 대한 이야기가 나와야 한다. 소음에 대한 이야기는 세 번째 문단에 나오는데, '소음을 줄이기 위해 최선을 다하겠다'는 말과 잘 어울린다. 또한 이 야기의 흐름상 구체적 실행 계획에 대한 내용의 일부분에 해당되므로 세 번째 문단과 잘 어울린다.

정답 (C)

전략 3 | 점검 퀴즈

1. Henderson : Henderson's Café 이름의 일부
2. Dave McClain : 부동산 중개업자
3. Baxter : Henderson's Café의 설립자
4. Sal Antonio : 현장 감독

> **최신 지역 뉴스**
>
> Henderson's Café는 발표했다 / 빈 건물을 매입했다고 / 44 Madison Avenue에 위치한. 그것은 소개되었다 / 지역 부동산 중개업자인 Dave McClain에 의해서. 그것은 하청을 주었다 / 그것의 보수 공사를 / Wong Interiors에게.
>
> "우리가 사업을 해왔던 5년 동안 / 우리는 보아왔습니다 / 우리의 고객들이 증가되는 것을 / 엄청나게." 설립자인 Robert Baxter가 말했다. "많은 사람들이 의심했습니다 / 뜨겁게 요리된 식사들을 파는 카페가 성공할 것인가를 / 하지만 저는 생각합니다 / 우리는 증명해왔다고 / 그들이 틀렸다는 것을."
>
> "적어도 두 달이 걸릴 것입니다 / 새로운 건물을 완벽한 상태로 만드는 데." 하청업체의 현장 감독인 Sal Antonio가 말했다. "그 후에 / 그들은 필요할 것입니다 / 신입 직원들을 고용하고 교육시키는 것이 / 새로운 지점에서 일할."

표현 정리 announce 알리다, 발표하다 purchase 구매하다 empty 빈 located at ~에 위치한 renovation 개조, 보수 realtor 부동산 중개업자 contract 계약하다, 하청을 주다 in business 사업을 하는 clientele 모든 고객들 tremendous 엄청난, 어마어마한 amount 양, 합계 founder 설립자 doubt 의심하다 hot-cooked 뜨겁게 요리된 meal 식사 at least 적어도 foreman 현장 감독 hire 고용하다 train 훈련시키다, 교육시키다 branch 지점

1. Sal Antonio는 누구인가? **추론 문제**

(A) 요리사

(B) 사업체 사장

(C) 부동산 직원

(D) 건설사 직원

해설 지문의 마지막 문단에 Sal Antonio의 이름과 하청업체의 현장감독이라는 말이 나온다. 첫 번째 문단에서 하청업체는 보수공사를 맡은 회사이므로 건설사의 직원임을 유추할 수 있다.

정답 (D)

문제 1~4번은 다음 기사를 참조하시오.

> **확장하는 Alderson, Inc.**
>
> 3월 30일 – ²지역에서 가장 큰 고용주인 Alderson 사가 발표했다 / 확장할 계획이라고 / 자사의 현재 시설을 / 성장하는 시장을 고려하여 / 선박에 대해. ¹이 회사는 / 세계적인 선도자인 / 선박의 제조에서 / 특히 상선들과 유조선들과 천연가스 운반선들의 / 받아 왔다 / 기록적인 수의 주문들을 / 지난 6개월 동안. ²이와 같이 그것은 겪게 될 것이다 / 즉 각적인 확장을 / Portsmouth 시설에서. —[1]—
>
> 현재, Portsmouth 시설은 고용하고 있다 / 7,500명 이상의 정규직 근로자들을. —[2]— 그 수는 즉시 증가될 것이다 / 2,000명만큼 / 회사가 희망하기 때문에 / 숙련된 직원들을 찾는 것을 / 자사의 부두들을 위한. 확장을 완성한 후 / 2년이 걸리는 / 15,000명 이상의 사람들이 일할 것으로 예상된다 / 그곳에서 정규직으로.
>
> Alderson 사의 사장인 Corey Wellman은 말했다. "5년 동안의 낮은 판매 후에 / 시장은 호전되는 것으로 보입니다. ⁴—[3]— 지역 사람들은 정말로 지지합니다 / 우리를 / 그리고 우리는 갖추고 있습니다 / 유능한 인력 풀을 / 선택할 수 있는. ³우리는 또한 더 많은 근로자들을 데려올 것입니다 / Miami, Shanghai, 그리고 Melbourne에서 / 그리고 Cape Town 지점의 규모를 증대시킬 것입니다. ²하지만 여기 있는 우리 본사가 확장될 것입니다 / 가장 크게."
>
> 뉴스 보도에 따르면 / Alderson 사는 받았다 / 150개 이상의 주문들을 / 다양한 크기의 선박들의 / 지난 11월 이후로. —[4]— 이 선박들은 배송될 것으로 예상된다 / 향후 7년 이내에.

표현 정리 employer 고용주 announce 알리다, 발표하다 expand 확장하다 current 현재의 facility 시설, 공장 in light of ~을 고려하여 growing 성장하는 ship 배, 선박 manufacture 제조 particularly 특히 merchant ship 상선 natural gas 천연 가스 tanker 대형 선박, 운반선 record 기록적인 order 주문 undergo 겪다 immediate 즉각적인 expansion 확장 facility 시설 currently 현재 employ 고용하다 immediately 즉시 increase 증가(증대)시키다 skilled 숙련된 dock 부두 complete 완성하다 be expected to do ~할 것으로 예상되다 appear ~처럼 보이다 turn around 호전되다 talented 유능한 labor pool 인력 풀 headquarters 본사 according to ~에 따르면 news reports 뉴스 보도 deliver 배송하다

1. Alderson 사에 대해 옳은 것은? **사실확인 문제**

(A) 최근에 새로운 계약들을 맺었다.

(B) 오로지 한 국가에만 시설들을 가지고 있다.

(C) 작년에 수익을 기록했다

(D) 150년 동안 사업을 해왔다.

해설 첫 번째 문단에서 '지난 6개월 동안 기록적인 주문을 받았다'는 내용을 통해 최근에 새로운 계약을 맺었음을 알 수 있다.

정답 (A)

표현 정리 sign 서명하다, 계약하다 contract 계약 profit 수익

2. Portsmouth에 있는 Alderson 사의 시설에 대해 언급된 것은? **사실확인 문제**

(A) 그것은 다른 나라들로부터 근로자들을 데려올 것이다.

(B) 150척의 배들이 그곳에서 건조되는 중이다.

(C) 그것은 현재 15,000명을 고용하고 있다.

(D) 본사가 그곳에 위치하고 있다.

해설 첫 번째 문단의 초반부에 'Alderson 사가 현재의 시설을 확장할 것'이라는 부분과 '그 회사의 Portsmouth 시설이 즉각적인 확장을 겪을 것'이라는 부분, 그리고 세 번째 문단에서 '여기 있는 본사가 가장 크게 확장될 것'이라는 말을 종합해 보면 즉각적으로 가장 크게 확장될 곳은 본사가 있는 Portsmouth 시설임을 알 수 있다. 좀 더 쉽게 풀자면, 4번 문장삽입 문제에서 '여기 Portsmouth'라는 말이 나온다. 여기가 곧 본사가 있는 장소이므로 (D)가 답이다. 세 번째 문단에 Capetown 지점의 크기가 커질 것이라고 언급되어 있지만, 그것은 지문에서 '여기'라고 지칭하는 Portsmouth와는 상관 없는 이야기이다. 따라서 (A)도 관련 없는 내용이다. (B)의 150은 Alderson 이 받은 주문의 숫자이지만, Portsmouth 시설에서만 제작된다고 볼 수 없어서 오답이다. (C)는 향후 예상 수치라서 오답이다.

정답 (D)

3. 어디서 Alderson 사의 시설이 확장되는가? **세부내용 문제**

(A) Melbourne

(B) Cape Town

(C) Miami

(D) Shanghai

해설 세 번째 문단에서 '더 많은 직원들을 데려와서 Cape Town 지점의 규모를 증대시킬 것'이라는 이야기가 나온다. (A), (C), (D)는 직원들을 데려오는 장소라서 오답이다.

정답 (B)

표현 정리 expand 확장하다, 확장시키다

4. [1], [2], [3], [4]로 표시된 곳 중에서 다음 문장이 들어가기에 가장 적합한 곳은? **문장삽입 문제**

"우리는 매우 기대됩니다 / 여기 Portsmouth에서 확장하는 것이"

(A) [1]

(B) [2]

(C) [3]

(D) [4]

해설 삽입할 문장에 대명사 We가 사용되었는데, 이는 기사의 필자가 한 말이 아니고 인용문 안에서 쓰인 말이라고 할 수 있다. 세 번째 문단에서 Alderson 사 사장의 인용문이 나오므로 [3]에 들어가야 한다.

정답 (C)

문제 5-7번은 다음 기사를 참조하시오.

표현 정리 prominent 중요한, 유명한 structure 구조물, 건축물 ancestor 피상속인 original 원래의 put up ~ for sale ~을 팔려고 내놓다 cite (이유, 예를) 들다 high cost 높은 가격 maintain 유지보수하다 desire 바람, 열망 retire 은퇴하다 elsewhere 다른 곳에서 happen 일어나다, 발생하다 reveal 드러나다 purchase 구매하다; 구매, 매입 newcomer 새로 온 사람 according to ~에 따르면 source 출처, (뉴스의) 소식통 close to ~에 가까운 property 부지, 부동산 local resident 지역 주민 express 표현하다, 표시하다 alarm 불안감 ancestral 조상의, 조상 전래의 intention 의도 regarding ~에 관한 promptly 즉시 tear down 허물다 simply (부정문에서) 절대로, 전혀 contact 연락하다 insist 강조하다 interest 흥미, 관심 destroy 파괴하다 respect 존중하다 move 이사하다, 이사시키다

5. 기사는 무엇에 관한 것인가? **주제/목적 문제**

(A) 집의 공사

(B) 프로젝트의 계획

(C) **건축물의 미래**

(D) 사업체의 판매

해설 주제가 글 전체에 퍼져 있는 유형이며 지문을 다 읽고 마지막에 풀어야 한다. 첫 번째 문단에서 건물의 소개, 두 번째 문단은 건물의 매각, 세 번째 문단은 역사적인 건물이 사라질 수 있다는 지역 주민들의 염려, 네 번째 문단은 건물 소유주의 이사 정도로 요약할 수 있다. 이를 종합하면 기사의 주

제는 건축물의 미래임을 알 수 있다.

정답 (C)

표현 정리 construction 건설, 공사 business 사업체, 기업

6. Mr. Descartes에 대해 나타나 있는 것은? **사실확인 문제**

(A) **프랑스 출신이다.**

(B) SPA와 얘기를 나눴다.

(C) Madison의 사업가이다.

(D) 집에 대한 그의 최초의 제안은 거절되었다.

해설 세 번째 문단 마지막 문장에서 건물을 구매한 인물인 Mr. Descartes가 프랑스에 있는 그의 고향에서 역사적인 건물을 사서 허물었다고 하므로 그는 프랑스 출신임을 알 수 있다.

정답 (A)

표현 정리 entrepreneur 사업가, 기업가 offer 제안 reject 거절하다

7. SPA에 대해 암시되어 있는 것은? **추론 문제**

(A) **Mr. Descartes의 구매를 반대한다.**

(B) Mr. Sullivan이 이끈다.

(C) 그것의 회원들이 모두 Madison에 거주한다.

(D) Sullivan home을 허무는 것을 지지한다.

해설 세 번째 문단 후반부에 SPA 회장은 Mr. Descartes가 역사적인 건물을 구매해서 허물었던 과거의 사례를 들면서 절대로 그런 일이 여기서 일어나는 것을 허락할 수 없다고 밝힌다. 따라서 SPA는 Mr. Descartes의 건물 매입을 반대한다고 유추할 수 있다.

정답 (A)

표현 정리 disapprove of ~를 반대하다

Unit 10 대화의 상황을 파악한다. - 문자/채팅 지문

직독직해 연습

문제 172-175번은 다음 온라인 채팅을 참조하시오.

> **Chris Hamilton [9:21 A.M.]**
> 우리는 몇 통의 전화를 받았어요 / 기계에 관해서 / 오늘 아침에. 우리는 어떻게 진행하는 중인가요 / 모든 문제들을 해결하는 것에 대해?
>
> **Douglas Warner [9:23 A.M.]**
> 저는 처리했어요 / Stanton Electronics에 있는 두 대의 기계들을. 그것들을 수리하는 건 쉬웠어요. 하지만 저는 수리할 수 없었어요 / Lakeland 빌딩의 자동판매기는. 저는 주문해야만 했어요 / 그것의 부품을.
>
> **Chris Hamilton [9:25 A.M.]**
> 고객이 그것을 알고 있나요?
>
> **Douglas Warner [9:26 A.M.]**
> 저는 그 문제를 설명했어요 / 하지만 그들은 별로 좋아하지 않았어요.

아무것도 없어요 / 제가 할 수 있는 / 그렇지만.

Trace Watson [9:28 A.M.]
제가 도움이 될 수 있을 것 같아요. 우리는 보유하고 있어요 / 많은 예비 부품들을 / 자동판매기를 위한 / 창고에. 당신이 제게 알려 주시면 / 당신이 찾고 있는 것을 / 제가 그것을 찾아 드릴 수 있을 거예요.

Douglas Warner [9:30 A.M.]
제가 사진을 찍었어요. 제가 그것을 이메일로 보내드릴게요 / 당신에게 / 바로.

Chris Hamilton [9:32 A.M.]
저는 희망해요 / 우리가 이 문제를 해결할 수 있기를 / 오늘. Donner Manufacturing은 우리의 가장 큰 고객들 중 하나예요.

Douglas Warner [9:34 A.M.]
저는 가는 중이에요 / 989 Baker Avenue로 / 지금. 만약 Trace가 가지고 있다면 / 제가 필요한 것을 / 저는 들를 거예요 / 사무실에 / 점심 시간 전에 / 그 부품을 가져가기 위해서.

전략 1 | 점검 퀴즈

Ed Watkins [10:11 A.M.]
Chris, 당신은 사무실에 있나요?

Chris Steele [10:13 A.M.]
아니요, 저는 Maple Drive에 있어요 / 그래서 저는 거기 도착할 거예요 / 10분 후에. 무슨 일이세요?

Ed Watkins [10:15 A.M.]
우리는 바닥나고 있어요 / 벽돌이 / 우리가 만들고 있는 벽을 위한 / Sanderson Street에. 우리가 얼마나 가지고 있나요 / 창고에? 저는 가고 싶지 않군요 / 가게에 / Delvin Road에 있는 / 더 구하기 위해서.

Chris Steele [10:17 A.M.]
제가 Tina를 이 대화창에 불렀어요 / 그녀가 사무실에 있기 때문에. 당신은 벽돌이 얼마나 필요하세요?

Ed Watkins [10:18 A.M.]
4상자면 충분할 것 같아요.

Tina Kennedy [10:23 A.M.]
제가 해결해 드릴게요.

Ed Watkins [10:25 A.M.]
좋아요. 저는 그것들이 필요해요 / 정오 전에 / 그러면 제가 거기로 운전해서 갈게요 / 그것들을 가져가기 위해.

Chris Steele [10:26 A.M.]
실은. 제가 방금 도착했어요 / 사무실에. 저는 배달을 가야 합니다 / 약간의 시멘트를 / Hamilton Avenue로 / 하지만 저는 벽돌을 실을 수 있어요 / 트럭에. 제가 들를게요 / 당신의 작업장에 / 먼저.

Ed Watkins [10:28 A.M.]
제가 당신에게 신세를 지는군요, Chris. Tina, 적어 주시겠어요 / 제 이름과 벽돌 수량을 / 기록지에?

Tina Kennedy [10:29 A.M.]
물론이죠.

표현 정리 be in the office 사무실에 있다 run low 점점 고갈되다.

떨어져 가다 **brick** 벽돌 **wall** 벽 **build** 건설하다, 만들다 **warehouse** 창고 **put someone on the line** (채팅에서) ~을 대화에 초대하다 **since** ~때문에 **sufficient** 충분한 **I've got you covered** 원하는 바를 제공하다[해주다] **wonderful** 훌륭한, 멋진 **deliver** 배달하다 **fit A in B** A를 B에 맞게 넣다 **drop by** ~에 들르다 **owe** 신세를 지다 **log sheet** (재고품 또는 작업 관련) 데이터를 기록하는 용지

1. Mr. Watkins는 어떤 종류의 직업에 종사하고 있을 것 같은가?

추론 문제

(A) 조경 회사

(B) 보안 업체

(C) 건설 회사

(D) 운송 회사

해설 화자의 직업을 묻는 문제로 몇 개의 단서들을 종합하여 추론한다. '우리가 만들고 있는 벽'이란 단서가 결정적이며, 추가로 '창고에 벽돌이 있다는 것', '기록지에 이름과 벽돌의 수량을 적는 것' 등을 종합해 보면 Mr. Watkins는 건설 회사에서 일한다고 추론할 수 있다. 배달한다(deliver)는 얘기를 통해 (D)를 답으로 하면 함정에 빠진다.

정답 (C)

전략 2 | 점검 퀴즈

1. 화자들의 장소: 불분명(서로 다른 장소)

2. 상하 관계: PG: 상관 / LR / SA: 부하 직원들

3. 문제점: 영업 담당 구역 변경 상의 혼동

4. 해결책 / 다음 일정: 일부 변동 없이 유지 / CEO 승인에 따라 진행

Pierre Gastineau [4:15 P.M.]
¹오늘의 영업 회의에 참석해 주셔서 감사해요. 여러분들 중 누구라도 질문이 있나요 / 그곳에서 다루지 않았던?

Luke Reinhold [4:18 P.M.]
Susan과 저는 약간 헷갈립니다 / 영업 담당 구역이 어떻게 바뀌었는지에 대해서. 이러한 변경사항들이 적용되나요 / 어떤 신규 고객들에게도 / 우리가 확보한?

Pierre Gastineau [4:19 P.M.]
꼭 그렇지만은 않아요. 그것들은 신규와 기존 고객들 둘 다를 위한 거예요.

Luke Reinhold [4:21 P.M.]
²그러면 저는 담당하지 않는 건가요 / PTR 사를 / 더 이상? 저는 받지 않는 거죠 / 수수료를 / 그 회사로부터?

Pierre Gastineau [4:23 P.M.]
²맞아요. Susan이 인계 받을 거예요 / 모든 고객을 / 프랑스 서부 지역의.

Susan Allard [4:25 P.M.]
²저는 상관없어요 / Luke가 PTR 사를 계속 담당해도.

Pierre Gastineau [4:27 P.M.]
²PTR 사는 우리의 가장 큰 계약들 중 하나예요.

Susan Allard [4:28 P.M.]
저도 알아요 / 하지만 저는 느껴지지 않을 것 같아요 / 돈을 벌었다고.

³Luke가 바로 그 사람이에요 / 그들을 설득시킨 / 최초 계약서에 서명하도록.

Pierre Gastineau [4:30 P.M.]
¹무슨 말인지 알겠어요, Susan / 그리고 그 의견을 존중해요. ⁴저는 기꺼이 허락해요 / 그것이 그렇게 되도록 하는 것을 / 만일 사장님이 그것을 승인한다면.

Luke Reinhold [4:31 P.M.]
제가 그에게 말해야 할까요?

Pierre Gastineau [4:33 P.M.]
그럴 필요는 없다고 생각해요.

Susan Allard [4:34 P.M.]
⁴알겠어요, 우리는 그냥 기다릴게요 / 당신이 우리에게 연락할 때까지.

표현 정리 attend 참석하다 sales meeting 영업 회의 address (문제, 상황 등을) 다루다 a bit 조금, 다소 confused 혼란스러운, 헷갈리는 sales territories 영업 담당 구역 apply to ~에 적용되다 land 유치하다, 획득하다 not quite 완전히 ~하진 않은 existing customer 기존 고객 be responsible for ~에 책임이 있다, ~을 담당하다 commission 수수료 take over ~을 인계 받다 keep 유지하다 contract 계약, 계약서 convince 확신시키다 sign 서명하다 initial 최초의, 처음의 respect 존중하다 decision 결정 be willing to do 기꺼이 ~하다 go through 이루어지다, 성사되다 CEO 최고경영자(chief executive officer) approve 승인하다, 찬성하다 necessary 필요한 get back to (나중에) ~에게 다시 연락하다

1. Mr. Gastineau는 누구일 것 같은가? **추론 문제**
(A) 최고경영자
(B) 영업 부장
(C) PTR 사 직원
(D) 회계 부서 직원

해설 화자가 누구인지 묻는 문제로 여러 단서들을 종합하여 답을 찾는다. 첫 대화에서 그가 오늘 영업 회의에 참석해주어 감사한다고 했으므로 부서는 영업부임을 알 수 있다. 또한 4시 30분 대화에서 CEO가 승인하면 자신이 허락한다는 말로 보아 그가 중간 관리자임을 알 수 있다. 이 단서들을 종합하면 그는 영업부를 책임지고 있는 사람임을 짐작할 수 있다.

정답 (B)

표현 정리 CEO 최고경영자(chief executive officer) sales manager 영업 부장 accounting department 회계 부서

2. 오후 4시 27분에 Mr. Gastineau가 "PTR 사는 우리의 가장 큰 계약들 중 하나예요"라고 쓸 때 무엇을 암시하는가? **의도파악 문제**
(A) 그는 PTR 사의 새로운 중개인이 되기를 원한다.
(B) 그는 Ms. Allard의 제안에 놀랐다.
(C) 그는 Mr. Reinhold가 실수했다고 생각한다.
(D) 그는 Ms. Allard의 결정을 찬성한다.

해설 의도파악 문장 바로 위의 말만 봐서는 상황 파악이 잘 안되기 때문에 좀 까다로운 문제이다. 4시 21분 대화부터 생각해야 한다. Mr. Reinhold는 자신이 지금껏 담당했던 곳에 대해 더 이상 수수료를 받지 않게 되는지 물었고 Mr. Gastineau는 그렇다고 답하며 Ms. Allard가 인계 받을 것이라고 했다. Ms. Allard는 가만히 있어도 수수료를 받을 수 있는 업체가 하나 생기는

셈인데, 오히려 그 업체를 인계 받지 않고 Mr. Reinhold가 계속 맡아도 된다고 하므로 Mr. Gastineau는 그녀의 말에 놀라서 의도파악 문장을 이야기한 것이다. 큰 계약 업체인데 받지 않아도 된다는 말에 놀라움을 표시한 것이다.

정답 (B)

표현 정리 contact 중개인 make a mistake 실수하다 approve of ~에 찬성하다

3. Mr. Reinhold에 관해 나타나 있는 바는 무엇인가? **사실확인 문제**
(A) 그는 프랑스로 전근될 것이다.
(B) 그는 회의에서 나온 소식에 기뻐한다.
(C) 그는 과거에 PTR 사와 계약을 했다.
(D) 그는 전에 회사의 CEO를 만난 적이 있다.

해설 4시 28분 Ms. Allard의 대화를 통해 Mr. Reinhold는 PTR 사와 최초의 계약을 추진했던 사람이라는 것을 알 수 있다.

정답 (C)

표현 정리 be transferred to ~로 전근 가다 be pleased with ~에 대해 기뻐하다

4. 다음에 무슨 일이 일어날 것 같은가? **추론 문제**
(A) Mr. Gastineau가 회사의 CEO와 대화할 것이다.
(B) 영업 담당 구역이 변경될 것이다.
(C) Mr. Reinhold가 Ms. Allard와 회의를 할 것이다.
(D) 일부 기존 고객들은 연락이 될 것이다.

해설 일단, (C)와 (D)에 대한 이야기는 전혀 없으므로 (A)와 (B)중 어떤 것이 먼저 일어날 일인지 확인한다. 4시 30분에 Mr. Gastineau가 사장이 승인한다면 허락해 주겠다는 말이 있으므로 사장에게 허락을 받을 것이라고 추측할 수 있다. 따라서 CEO가 승인한다는 것을 CEO와 대화를 한다고 패러프레이징을 한 (A)가 답이다. Mr. Reinhold가 다시 PTR 사를 맡게 되는 변화가 있을 수 있지만 이것은 CEO의 승인 이후에 일어날 일이므로 (B)는 정답이 될 수 없다.

정답 (A)

표현 정리 alter 바꾸다, 변경하다 contact 연락하다

전략 3 | 점검 퀴즈

Keith Gordon [9:03 A.M.]
좋은 아침입니다, 여러분. 여러분도 아시다시피 / 우리는 회의를 주최합니다 / 지점장들을 위한 / 다음 주 수요일에. 저는 알고 싶습니다 / 모든 사람들의 이동 정보를 / 제가 준비할 수 있도록 / 공항으로 모시러 가는 것을.

Sara Johnson [9:05 A.M.]
믿기지가 않아요. 전 아직 예약을 못했어요 / 그리고 저는 정말 확신해요 / Houston발 항공편들이 매진이라는 것을. 회사에서 제게 환급해 주나요 / 만약 제가 운전해서 간다면?

Elaine Burgess [9:08 A.M.]
저는 예약했어요 / Canary 항공 928편으로. 저는 도착할 거에요 /

Cincinnati에서 Dallas에 / 오전 10:30분에.

Keith Gordon [9:09 A.M.]
저는 확신할 수 없어요. 저는 확인해봐야 해요 / 저의 상사에게.

George Rose [9:11 A.M.]
저는 예약할 수 없었어요 / Miami발 항공편을 / 그래서 저는 가려고 해요 / Tampa로 운전해서 / 대신에. 저는 거기서 비행기를 탈 거예요 / 그리고 도착할 거예요 / Dallas에 / 오전 9시 5분에.

Keith Gordon [9:15 A.M.]
우리 회사 정책에 따르면 / 회사 직원들은 허용되지 않아요 / 행사에 운전해서 가는 것이 / 만약 그들이 이동해야 한다면 / 100마일 이상. 고려해보는 게 어때요 / 여기에 오시는 것을 / 버스를 타고 / 대신에? 저는 당신을 도울 수 있어요 / 만약 도움이 필요하시면.

Sara Johnson [9:18 A.M.]
알겠습니다. 제가 다시 연락 드릴게요 / 나중에.

Keith Gordon [9:22 A.M.]
Elaine과 George, 운전기사들이 있을 거예요 / 공항에서 여러분들을 기다리고 있는. 각자 보게 될 거예요 / 본인의 이름을 / 작은 포스터에 적혀 있는.

표현 정리 as you know 아시다시피 host 주최하다 branch manager 지점장 travel information 이동 정보 arrange (일을) 처리하다, 준비하다 pickup (사람을) 데리러 감 incredible 믿을 수 없는 make a reservation 예약하다 yet 아직 pretty 매우, 거의 sold out 매진된 reimburse 환급해 주다 get to ~에 도착하다 book 예약하다 flight 비행기, 항공편 instead 대신에 according to ~에 따르면 policy 정책, 방침 be allowed to do ~하도록 허용되다 more than ~이상 Why don't you ~? ~하는 게 어때요? look into ~을 고려하다, 자세히 살펴보다 assistance 도움 get back to ~에게 다시 연락하다 later 나중에 each one 각각, 각자

1. 글쓴이들은 주로 무엇에 대해 토론하고 있는가? **주제/목적 문제**

(A) 출장 수당

(B) 행사로 가는 교통 수단

(C) 몇몇 회의 안건들

(D) 다가올 연회

해설 주제를 묻는 문제로 대화문의 첫 대화자의 말에 주목한다. Mr. Gordon은 지점장 회의가 있을 것이고, 공항으로 방문객들을 데리러 가기 위해 그들의 이동 정보를 요청하고 있으므로 이를 포괄적으로 패러프레이징한 (B)가 답이다. 또한 이어지는 대화도 전부 교통 수단에 관한 내용으로 이루어져 있다.

정답 (B)

표현 정리 allowance 비용, 수당 transportation 교통 수단

실전 적용 문제

문제 1–4번은 다음 온라인 채팅을 참조하시오.

Lisa Dalton [10:22 A.M.]
우리가 들은 거 있나요 / Davis Consulting으로부터 / 이미? 우리의 입찰이 받아들여졌나요?

Rudolf Bender [10:23 A.M.]
Mr. Blair가 제게 말했어요 / 월요일에 / 그가 계획하고 있다고 / 오늘까지 결정하기로 / 그러나 저는 그와 연락하지 못했어요 / 아직.

Lisa Dalton [10:25 A.M.]
그거 좋지 않군요. 우린 알 필요가 있어요 / 어떤 팀을 우리가 배정할지 / 주말 동안 일하도록. [1,2]만일 우리가 보내야 한다면 / 야간 작업자들을 / 그의 사무실을 청소하기 위해 / 이번 주 토요일에 / 우린 작업자들이 충분하지 않을 수도 있어요.

Jeff Thomas [10:26 A.M.]
[2]저는 이미 배정했어요 / Tom과 그의 팀을 / Kudrow Electronics로 가도록 / 이번 주 토요일과 일요일에.

Lisa Dalton [10:28 A.M.]
[2]그것이 문제가 될 수도 있어요. 또 한편으로는 / 만일 우리가 계약을 따낸다면 / 나는 생각해요 / 이것이 좋은 문제라고 / 갖기에. [1]우리는 언제든 고용할 수 있어요 / 임시 청소 작업자들을 / 우리가 일정을 확정 지을 때까지.

Jeff Thomas [10:30 A.M.]
그냥 그에게 전화해서 그에게 물어보는 건 어때요 / 그가 결정했는지를? 우리는 이미 일한 적이 있어요 / 전에도 그를 위해 / 그래서 그는 선택할 것 같아요 / 우리를.

Rudolf Bender [10:35 A.M.]
[3]저는 막 통화를 마쳤는데요 / Mr. Blair와, 그는 말했어요 / 그가 결정했다고 / Delmar 사와 함께 하기로 / 이번에는 / 왜냐하면 그것의 입찰 가격이 조금 더 낮았다고 해요 / 우리 것보다.

Lisa Dalton [10:38 A.M.]
[4]유감이네요. 어쨌든, 우리는 가지고 있어요 / 몇몇 다른 잠재적인 신규 고객들을. 노력합시다 / 그들과 계약을 할 수 있도록.

표현 정리 consulting 컨설팅, 자문 yet 이미, 아직, 벌써 bid 입찰 accept 수락하다 plan to do ~할 계획이다 decide 결정하다 by ~까지 communicate with ~와 연락하다 need to do ~할 필요가 있다 assign 배정하다, 파견하다 late-night crew 야간 근무 직원들 then again 또 한편으로는 contract 계약 suppose 생각하다, 추측하다 hire 고용하다 temporary cleaning crew 임시 청소 팀원들 Why don't you ~? ~하는 게 어때요? make a decision 결정하다 be likely to do ~할 것 같다 choose 선택하다 get off the phone 전화를 끊다, 통화를 마치다 a bit 조금, 다소 That's a shame 유감이다 potential 잠재적인 client 고객 work on ~에 애쓰다[공들이다] get a contract with ~와 계약하다

1. 글쓴이들은 어떤 종류의 사업체에서 일하는 것 같은가? **추론 문제**

(A) 조경

(B) 사무실 청소

(C) 인테리어 디자인

(D) 건설

해설 화자의 직업을 묻는 추론 문제로 몇 개의 단서들을 종합하여 추론한다. 10시 25분에 사무실 청소를 위해 야간 근무 팀원들을 보내야 한다는 말과 10시 28분에 임시 청소 작업자들을 고용한다는 말을 통해 이들이 청소 업체임을 알 수 있다.

정답 (B)

표현 정리 landscaping 조경 office cleaning 사무실 청소

construction 건설, 공사

2. 오전 10시 28분에 Ms. Dalton이 "그것이 문제가 될 수도 있어요."라고 쓸 때 의미하는 바는 무엇인가? **의도파악 문제**

(A) 직원이 충분하지 않을 수도 있다.

(B) 입찰 가격이 충분히 낮지 않을 수 있다.

(C) 그녀는 더 많은 작업자들을 배정하는 것을 잊었다.

(D) Tom은 일할 시간이 없다.

해설 문제가 될 수 있는 부분은 10시 26분의 'Tom과 그의 팀을 토요일에 Kudrow Electronics로 가도록 배정한 것'이다. 이것이 왜 문제가 되는지는 10시 25분에 '이번 주 토요일에 야간 작업자들을 사무실 청소에 보내게 되면 직원이 부족할 수 있다'는 부분을 보면 알 수 있다. 즉, 토요일에는 직원이 부족할 수 있다는 우려를 나타낸 것이다.

정답 (A)

표현 정리 forget to do ~할 것을 잊어버리다

3. Mr. Bender는 어떤 정보를 제공하는가? **세부내용 문제**

(A) Davis Consulting 회사에서 일하게 될 업체

(B) Mr. Blair가 회신 전화를 늦게 건 이유

(C) 새로운 프로젝트가 시작되는 시기

(D) 업무를 완수하는 방법

해설 Mr. Bender는 지문에 두 번 등장하는데, 10시 23분에는 연락을 하지 못했다고 하므로 10시 35분 말에 주목한다. Mr. Blair와의 통화 결과 자신들이 아닌 Delmar 사와 일하기로 결정했다는 소식을 전하는데, 이는 Mr. Blair의 회사 즉 Davis Consulting에서 어떤 업체가 일할지에 대한 정보를 알려주고 있는 것이다.

정답 (A)

표현 정리 call back 다시 전화하다 assignment 업무, 임무

4. Ms. Dalton은 글쓴이들이 무엇을 하기를 원하는가? **세부내용 문제**

(A) Mr. Blair에게 재고해달라고 부탁하기

(B) 신규 고객들을 확보하기

(C) Delmar 사에 연락하기

(D) 작업 일정을 수정하기

해설 요청 사항을 묻는 문제로 Ms. Dalton의 마지막 말 '잠재적인 신규 고객들과 계약하기 위해 노력하자'고 말하고 있다.

정답 (B)

표현 정리 reconsider 재고하다 acquire 확보하다 revise 수정하다, 변경하다

문제 5-8번은 다음 온라인 채팅을 참조하시오.

Muriel Jones [1:32 P.M.]
⁵이제 모든 사람들이 시간이 좀 있으니 / 우리는 검토해야 합니다 / 가장 최근의 소식들을 / 축제에 관한. Deanna, 당신은 가지고 있죠 / 몇몇 정보를 / 우리를 위한 / 그렇지 않나요?

Deanna Freeman [1:33 P.M.]
⁵네 그래요. ⁶저는 겨우 설득했어요 / 시 의회를 / 우리가 축제를 열 수 있도록 / Stoneham 공원에서.

Sydney Frost [1:34 P.M.]
잘했어요.

Harold Simpson [1:35 P.M.]
저는 기뻐요/ 그것을 알게 되어. ⁶저는 걱정했어요 / 우리가 그것을 개최해야 할지도 모른다고 / 다른 어딘가에서.

Deanna Freeman [1:36 P.M.]
저는 그들을 만났어요 / 잠시 / 그리고 보여줬어요 / 우리의 세부 계획들을 / 행사를 위한. 의회 의원들은 걱정했어요 / 교통과 인파 문제들에 대해 / 그러나 저는 그들을 설득했어요 / 어쨌든

Muriel Jones [1:38 P.M.]
어떤 다른 소식이 있나요 / 이야기해줄?

Sydney Frost [1:40 P.M.]
Pieter's Deli가 설치할 거에요 / 부스를 / 그곳에. ⁷저는 기다리고 있어요 / 몇몇 다른 식당에서 연락이 오기를 / 그러나 저는 확신해요 / 회신들은 대부분 긍정적일 거고.

Harold Simpson [1:41 P.M.]
⁸지금까지 / 3개의 지역 밴드가 동의했어요 / 공연하기로. Bryan Gordon도 또한 구두로 약속했어요 / 그의 밴드와 함께 노래하기로 / 지난밤에.

Muriel Jones [1:43 P.M.]
그거 훌륭하군요. 그는 정말 인기 있어요 / 그리고 여러 개의 탑 40 히트곡들을 가지고 있어요.

표현 정리 now that ~이므로 go over 검토하다 regarding ~에 관해 festival 축제 manage to do 간신히 ~하다 convince 설득하다 city council 시 의회 be pleased to do ~해서 기쁘다 stage 개최하다, 열다 somewhere else 다른 어딘가에서 for a while 잠시 detailed 세부적인, 상세한 council members 의회 의원들 be concerned about ~을 걱정하다 crowd 군중, 인파 issue 문제 share 공유하다, 이야기해주다 set up 설치하다 booth (칸을 막아 임시로 만든) 점포, 전시장 hear back 연락 오다, 답장을 받다 eatery 음식점, 식당 response 반응, 응답 mostly 대부분 positive 긍정적인 so far 지금까지 local band 지역 밴드 perform 공연하다 verbally (글이나 행동이 아닌) 말로, 구두로 commit to ~하기로 약속하다 popular 인기 있는 top forty 음반 차트에서 상위 40위 hit 히트곡, 인기 작품

5. 글쓴이들은 무엇에 관해 논의하고 있는가? **주제/목적 문제**

(A) 텔레비전 프로그램

(B) 스포츠 경기

(C) 연극 공연

(D) 야외 행사

해설 주제를 묻는 문제로 대화문의 초반부에 단서가 나온다. Muriel Jones의 첫 번째 대화에서 축제에 관해 검토해야 한다고 하며 Deanna Freeman에게 그것에 관한 새로운 소식을 묻고 있고 이어서 Deanna Freeman이 시 의회를 설득해 Stoneham Park에서 축제를 열기로 했다고 하므로 이 축제가 야외 행사임을 알 수 있다.

정답 (D)

표현 정리 theatrical 연극의 performance 공연

6. 오후 1시 35분에 Mr. Simpson이 "저는 우리가 다른 어딘가에서 그것을 개최해야 할지도 모른다고 걱정했어요."라고 쓸 때 의미하는 바는 무엇인가? **의도파악 문제**

(A) 그는 교통이 문제가 될 거라고 생각하지 않았다.

(B) 그는 행사가 연기될 것이라고 생각했다.

(C) 그는 허가를 받지 못할 것이라고 생각했다.

(D) 그는 기부금이 충분하지 않다고 생각했다.

해설 1시 33분에 Deanna Freeman이 시 의회를 간신히 설득해서 Stoneham Park에서 축제를 열 수 있게 되었다고 말한 것으로 보아 Mr. Simpson은 시 의회가 Stoneham Park에서 축제를 여는 것을 허가해주지 않을 수도 있음을 걱정하고 있었다는 것을 알 수 있다.

정답 (C)

표현 정리 etraffic 교통 postpone 연기하다 grant 승인하다, 허가하다 donation 기부, 기부금

7. Ms. Frost는 무엇을 기대하고 있는가? **세부내용 문제**

(A) 시 의회의 승인

(B) 식당들의 회신

(C) 교통 뉴스

(D) 참석자 수 추정치

해설 1시 40분에 Ms. Frost의 대화를 보면 몇몇 다른 식당들로부터 연락이 오기를 기다린다는 부분을 통해 정답을 알 수 있다.

정답 (B)

표현 정리 approval 승인, 허가 traffic reports 교통 뉴스 attendance 참석, 참석자 수 estimate 추정치, 추산

8. Mr. Gordon은 누구일 것 같은가? **추론 문제**

(A) 공연자

(B) 시 의회 의원

(C) 후원자

(D) 자원봉사자

해설 Mr. Gordon은 1시 41분 Harold Simpson의 대화에 처음 언급된다. 3개의 지역 밴드가 공연하기로 했고, Bryon Gordon도 자신의 밴드와 함께 노래하기로 약속했다고 하므로 그는 가수임을 알 수 있다. performer는 가수, 연기자, 연주자, 배우 등을 포괄적으로 부르는 말이므로 정답이다.

정답 (A)

직독직해 연습

문제 158~160번은 다음 메모를 참조하시오.

> 수신: 전 직원, 연구개발 부서
> 발신: Wade Thomas, 부사장
> 제목: 알림
> 날짜: 7월 18일
>
> 저는 확신합니다 / 여러분 모두가 알 것이라고 / 여러분의 부서장인 Thomas Rand가 제출했다는 것을 / 그의 사직서를 / 돌아가기 위해 / 그의 고향으로 / 그가 직업을 구했던. 우리는 개최할 것입니다 / 송별회를 / Mr. Rand를 위한 / 7월 29일 금요일 오후 4시에 / 직원 휴게실에서. 여러분 모두 요청됩니다 / 참석하도록.
>
> 게다가 / 여러분은 기쁠 것입니다 / 알게 되어서 / 제가 고용했다는 것을 / 새로운 여러분의 부서장을. Wilson Park은 우리와 함께할 것입니다 / 8월 1일부터. Mr. Park은 일했습니다 / 수석 연구원으로 / Bantam Pharmaceuticals에서 / 몇 년 동안 / 그리고 가장 최근에는 수석 과학자였습니다 / JT Technology에서. Mr. Park은 발표했습니다 / 상당수의 널리 인정된 논문들을 / 그리고 또한 갖고 있습니다 / 폭넓은 관리 경험.
>
> 저는 소개할 것입니다 / Mr. Park을 / 회사에 / 8월 1일 오전 9시에 / 강당에서. 그는 몇 마디를 할 것입니다 / 그의 구상에 대해 / 부서를 위한 / 그리고 어떤 프로젝트들에 대해 / 그가 착수하기를 희망하는. 전 직원들이 있어야 합니다 / 이 회의에.

전략 1 | 점검 퀴즈

> **TASTY SNACKS**
>
> [1]평가해 주세요 / 우리 제품을 / 그리고 타세요 / 무료 스낵을
>
> [1]www.tastysnacks.com/survey로 가세요 / 간단한 설문지를 작성하기 위해서. 제공해 주세요 / 당신의 이름과 연락처를 / 그러면 당신은 콘테스트에 참가할 수 있습니다. 당신은 기회를 가질 것입니다 / [2]모든 종류의 경품을 탈 수 있는 / 포함하여 / 우리 페이스트리의 1년간 제공을 / 매장에 준비되는 / 매일.
>
> 오직 Helena의 주민들만이 참가할 자격이 있습니다. 당신은 반드시 가지고 있어야 합니다 / Tasty Snacks 회원 카드를 / 상품을 받기 위해서.

표현 정리 tasty 맛있는 snack 간단한 식사, 간식 rate 평가하다 product 제품 win (콘테스트에서 경품 등을) 타다, 차지하다 complete (서식을 완벽하게) 작성하다, 완성하다 questionnaire 설문지 provide 제공하다 contact information 연락처 enter 참가하다 contest 콘테스트, 경연 chance 기회 all sorts of 모든 종류의 prize 상, 경품 including 포함하여 supply 공급, 제공 pastry 페이스트리(빵) prepare 준비하다 premises 구내, 건물, 매장 each day 날마다, 매일 resident 주민 be eligible to do ~할 자격이 있다 participate 참가하다 membership 회원

1. 공고의 목적은 무엇인가? **주제/목적 문제**

(A) 어떻게 계약해야 하는지 설명하기 위해서

(B) 일자리에 대해 설명하기 위해서

(C) 당첨자를 발표하기 위해서

(D) 피드백을 요청하기 위해서

해설 초반부 세 줄에서 업체명이 나오고 제품을 평가하는 설문지를 작성하고 무료 스낵을 타라고 하므로 피드백을 요청하는 것이 이 공고의 목적임을 알 수 있다.

정답 (D)

표현 정리 job opening 빈 일자리 solicit 요청하다, 간청하다

2. 이 공고는 어디에서 볼 수 있을 것 같은가? **추론 문제**

(A) 제과점에서

(B) 편의점에서

(C) 구내식당에서

(D) 과일 가게에서

해설 모든 종류의 경품들 중 페이스트리가 포함되어 있고, 이것이 매장에 날마다 준비된다고 하는 것으로 보아 이곳이 제과점임을 추론할 수 있다.

정답 (A)

전략 2 | 점검 퀴즈

1. 글의 목적: 다과 제공에 대한 정책을 알리기 위해

2. 요청사항: 다과 이용에 대한 소정의 금액 지불하기

> 수신: Sandpiper Consulting 직원
> 발신: 관리자
> 날짜: 10월 11일
> 제목: 다과
>
> [1]이 시간 부로 / 모든 직원들은 요청됩니다 / 기부를 하도록 / 다과 비용에 / 직원 휴게실에 제공되는. 당신이 쿠키나 도넛을 먹을 때마다 / 우리는 바랍니다 / 당신이 50센트를 남겨 주시기를. 또한 우리는 요청합니다 / 당신이 지불할 것을 / 같은 액수를 / 당신이 커피나 차를 한 잔 따라 마실 때마다.
>
> [2]당신이 즐길 때 / 간식들 중 하나를 / 당신에게 제공되는 / 당신은 남겨놓을 수 있습니다 / 지불금을 / 바구니에 / 냉장고 옆 카운터에 있는. 이 정책에 대한 당신의 협조는 가능하게 할 것입니다 / 우리가 계속하도록 / 구매하는 것을 / 고품질의 간식과 음료들을 / 여기 있는 모든 사람들이 즐기는. 우리는 희망합니다 / 당신이 이해해 주시기를 / 현재의 경제적 상황 때문에 / 이런 요청이 필요하다는 것을.

표현 정리 starting at once 이 시간 부로 refreshments 다과 staff member 직원 request 요청[요구]하다 contribute 기부하다 cost 비용 provide 제공하다 employee lounge 직원 휴게실 every time ~할 때마다 would like A to do A가 ~하기를 원하다 furthermore 또한, 게다가 deposit (특정한 곳에) 두다, 예치하다, 지불하다 amount 액수, 양 whenever ~할 때면 언제든지 pour 따르다 leave 남기다 payment 지불금 basket 바구니 counter 카운터, 판매대 beside

~옆에 refrigerator 냉장고 cooperation 협조 policy 정책 enable 가능하게 하다 continue to do 계속 ~하다 purchase 구매하다 high-quality 고품질의 snack 간식 beverage 음료 on account of ~때문에 economic 경제적인 situation 상황

1. 회람의 목적은 무엇인가? **주제/목적 문제**

(A) 구내식당을 설명하기 위해

(B) 새로운 다과를 제안하기 위해

(C) 새로운 정책에 대해 논의하기 위해

(D) 최근의 불만사항을 처리하기 위해

해설 첫 번째 문장으로 풀 수 있는 문제이다. '이 시간 부로 직원들은 ~하도록 요청됩니다'는 식의 요청사항으로 시작되므로 이 회람의 목적은 새로운 정책에 대해 논의하기 위한 것이다.

정답 (C)

표현 정리 cafeteria 구내식당 suggest 제안하다 handle 다루다 complaint 불만사항

2. 직원들은 무엇을 하도록 요청 받는가? **세부내용 문제**

(A) 냉장고에서 오래된 음식을 치우는 것

(B) 물품들이 없어졌을 때 관리자에게 알리는 것

(C) 매일 간식을 제공하는 것

(D) 그들의 지불금을 용기에 넣는 것

해설 두 번째 문단 초반부에서 간식을 이용할 때 준비된 바구니에 금액을 넣어줄 것을 요청하고 있다. 지문의 basket이 보기에서는 container로 패러프레이징이 되었다.

정답 (D)

표현 정리 remove 치우다 inform 알리다 missing 없어진 on a daily basis 매일

전략 3 | 점검 퀴즈

> **주목하세요, 모든 Hanson, Inc. 직원 여러분**
>
> Hanson, Inc.가 폭넓게 확장함에 따라서 / 지난 4년 동안 / [1]우리는 더 이상 인쇄하지 않을 것입니다 / 우리의 직원 명부를 그리고 그것을 나눠주지 않을 것입니다 / 각 개인에게. 대신에, 우리는 게시할 것입니다 / 모든 관련된 자료를 / 우리의 웹사이트에.
>
> 우리는 아직 전송하지 않았습니다 / 그 정보를 / 그러나 우리가 전송할 때 / 그 정보는 접속될 수 있습니다 / www.hanson.com/directory 에서. 당신은 요구 받을 것입니다 / 입력하도록 / 당신의 사용자명과 비밀번호를 / 당신이 원하는 언제든지 / 그것에 접속하기를. 일단 명부가 이용 가능해지면 / [2]점검하세요 / 당신의 개인 항목을 / 확인하기 위해서 / 그 안에 있는 정보가 정확한지를. 저에게 알려주시기 바랍니다 / 즉시 / 만약 어떤 것이 빠져 있거나 오류가 있다면.
>
> Harry Masterson
> 인사부 부장, Hanson, Inc. .

표현 정리 expand 확장하다 extensively 광범위하게 no longer

더 이상 ~하지 않는 **print** 인쇄하다 **employee directory** 직원 명부 **hand out** 나눠주다 **individual** 개인 **instead** 대신에 **post** 게시하다 **relevant** 관련된 **material** 자료 **transfer** 전송하다 **access** 접근하다, 접속하다 **be required to do** ~하도록 요구되다 **enter** 기입하다, 써넣다 **login** (로그인을 위한) 사용자명 **password** 비밀번호 **gain access to** ~에 접속하다 **personal entry** 개인 항목 **confirm** 확인하다 **accurate** 정확한 **inform** 알리다 **at once** 즉시 **miss** 놓치다 **in error** 잘못된, 오류가 있는

1. 직원 명부는 이제부터 어디에서 찾을 수 있는가? **세부내용 문제**

(A) 모든 사람들의 책상 위에서

(B) 몇몇 인쇄된 자료에서

(C) 인사부에서

(D) 회사 웹사이트에서

해설 첫 번째 문단에서 이제 더 이상 직원 명부를 인쇄하지 않고 모든 자료를 웹사이트에 게시한다고 전한다. 따라서 이제부터 직원 명부는 웹사이트에서만 찾을 수 있으므로 (D)가 답이다. (B)는 기존의 방식이므로 오답이다.

정답 (D)

2. 공고에 따르면, 공고를 읽는 사람들은 왜 Mr. Masterson에게 연락해야 하는가? **추론 문제**

(A) 수정을 제안하기 위해서

(B) 사진을 제공하기 위해서

(C) 비밀번호를 변경하기 위해서

(D) 명부를 얻기 위해서

해설 두 번째 문단 마지막 부분에서 Mr. Masterson이 각자 명부를 확인 후 빠진 부분이나 오류가 있는 부분이 있으면 자신에게 연락하라고 하는데, 이는 직원 입장에서 보자면 수정을 제안하기 위한 것이므로 (A)가 정답이다.

정답 (A)

표현 정리 correction 수정 provide 제공하다 obtain 얻다

실전 적용 문제

문제 1-3번은 다음 메모를 참조하시오.

> 받는 사람: 전 직원
> 보내는 사람: Cathy Haught
> 날짜: 5월 5일 금요일
> 제목: 사무실 폐쇄
>
> 알아 두세요 / 사무실은 폐쇄될 것입니다 / 이틀 동안 / 다음 주 말에. ¹작업반이 올 것입니다 / 수리하기 위해 / 천장을 / 물이 새고 있는 / 지난 며칠 동안. 다른 작업자들은 교체할 것입니다 / 카펫을 / 그리고 페인트칠을 할 것입니다 / 벽들을. 시 규정은 지시합니다 / 어떤 직원들도 사무실에 있지 말 것 / 수리 작업이 진행되는 동안에. ²작업은 시작될 것입니다 / 5월 12일 목요일에 / 그리고 완료될 것입니다 / 5월 13일 금요일까지.
>
> 이 이틀은 휴가가 아닙니다 / 당신이 여전히 예상되므로 / 일할 것으로. 우리는 준비를 해놓았습니다 / 임시 업무 공간이 / 설치되도록 /

Winston Avenue 857번지에. 그곳은 단지 걸어서 2분 거리입니다 / 우리 건물로부터. 게다가 / ³여러분 중 몇몇은 허용될 것입니다 / 집에서 근무하는 것이. 이것을 요청하기 위해서는 / 이야기를 나눠 보세요 / Martin Frost와 / 당신에게 알려줄 / 어디에 당신이 있어야 하는지를 / 그 이틀 동안 / 늦어도 5월 11일까지는.

표현 정리 be aware that ~을 알고 있다 close 닫다, 폐쇄하다 work crew 작업반 fix 고치다, 수리하다 ceiling 천장 leak 새다, 새게 하다 several 몇몇의 replace 교체하다 carpeting 카펫류, 깔개류 paint (페인트) 칠을 하다 regulation 규정 dictate 지시하다, 명하다 employee 직원 renovation 수리 proceed 진행하다 vacation 휴가 be expected to do ~할 것으로 예상되다[기대되다] arrange 마련하다, 준비하다 temporary 임시의 workspace 업무[작업] 공간 set up 설치하다 a two-minute walk from ~로부터 걸어서 2분 거리 in addition 게다가 permit 허가하다, 허용하다 request 요청하다 inform 알리다 no later than ~보다는 늦지 않게, 늦어도 ~까지

1. 사무실 폐쇄의 이유는 무엇인가? **세부내용 문제**

(A) 파손된 파이프가 수리되어야 한다.

(B) 에어컨이 작동하지 않는다.

(C) 천장에 누수가 있다.

(D) 벽들이 도배될 것이다.

해설 지문의 첫 번째 줄에서 사무실 폐쇄를 전하고 바로 뒤에 그 이유를 밝히고 있다. 물이 새는 천장을 수리하기 위해 작업반이 올 것이라고 하므로 (C)가 답이다.

정답 (C)

표현 정리 air conditioning 에어컨 leak 누출, 누수 wallpaper 도배하다

2. 폐쇄는 언제 시작될 것인가? **세부내용 문제**

(A) 5월 5일

(B) 5월 11일

(C) 5월 12일

(D) 5월 13일

해설 첫 번째 문단 마지막 문장을 보면 작업은 5월 12일 목요일에 시작해서 5월 13일 금요일에 끝난다는 것을 알 수 있다.

정답 (C)

3. 일부 직원들은 무엇을 하도록 권고 받는가? **세부내용 문제**

(A) 일찍 퇴근하기

(B) 그들의 노트북을 가져가기

(C) 집에서 근무하기

(D) 상관하고 이야기하기

해설 두 번째 문단에서 일부 직원에 대해서는 재택 근무가 허용될 것이라는 말이 나오므로 (C)가 정답이다. speak with만 보고 (D)를 답으로 하기에는 Martin Frost가 상관이라는 단서가 없다.

정답 (C)

표현 정리 leave the office 퇴근하다 supervisor 관리자, 상관

문제 4-6번은 다음 공고를 참조하시오.

Jasper 벼룩 시장

연례 Jasper 벼룩 시장이 예정되어 있습니다 / 오전 10시부터 오후 6시까지로 / 7월 28일 토요일에. 모든 기증품들을 환영합니다. 여러분의 집을 샅샅이 뒤져보세요 / 어떤 불필요한 의류, 가구, 책, 장난감 그리고 다른 유사한 물품들을 위해. 그러고 나서 여러분은 그것들을 가져다 놓을 수 있습니다 / Jasper 공립도서관, Jasper 시청 또는 ⁴행사 장소인 Jasper 지역 문화 센터에. 우리는 받을 것입니다 / 물품들을 / 7월 27일까지.

⁵벼룩 시장에서 모인 모든 돈은 / 지불하는 데 쓰일 것입니다 / Jasper 초등학교의 비품들을 / 공예 강사들의 월급뿐만 아니라 / Jasper 지역 문화 센터의.

만약 여러분이 시간이 있다면 / 그리고 자원봉사를 할 수 있다면 / 벼룩 시장을 돕기 위해 / 우리는 정말 듣고 싶습니다 / 여러분들로부터. 우리는 사람들이 필요합니다 / 물품들을 정리하고 / 금전등록기를 운영하고 / 그리고 마지막에 청소를 해줄. ⁶David Stanton에게 전화하세요 / 875-8493으로 / 그에게 알리기 위해서 / 어떻게 여러분들이 도와줄 수 있는지.

벼룩 시장에서 만나요.

표현 정리 annual 매년의 flea market 벼룩 시장 schedule 예정하다, 일정을 잡다 donation 기부, 기증 search through ~을 샅샅이 뒤지다 unwanted 불필요한 clothing 의류 furniture 가구 drop off ~을 갖다 놓다 public library 공립도서관 city hall 시청 community center 지역 문화 센터 accept 받다 item 물건, 물품 raise (돈을) 모으다 go toward ~하는 데 쓰이다 pay for 지불하다 supplies 비품, 보급품 elementary school 초등학교 salary 월급 arts and crafts 공예 instructor 강사 available 시간이 되는, 여유가 되는 volunteer 자원봉사하다 assist 돕다 organize 정리하다 run 운영하다 cash register 금전등록기 clean up 청소하다 afterward 그 후에

4. 벼룩 시장은 어디서 열리는가? **세부내용 문제**

(A) 시청에서

(B) 도서관에서

(C) 학교에서

(D) 지역 문화 센터에서

해설 첫 번째 문단 마지막에 행사 장소가 Jasper 지역 문화 센터라고 언급되어 있다.

정답 (D)

5. 공고에 따르면, 판매에서 나오는 돈의 일부는 어떻게 사용될 것인가?

세부내용 문제

(A) 새로운 책을 구매하기 위해서

(B) 직원들에게 일한 대가를 지불하기 위해서

(C) 학생들을 현장 학습에 데려가기 위해서

(D) 무료 지역 문화 센터 회원권을 제공하기 위해서

해설 두 번째 문단에서 수익금이 초등학교 비품을 구입하고 공예 강사들의 월급을 지불하는 데 쓰일 것이라고 밝히고 있다.

정답 (B)

표현 정리 field trip 현장 학습

6. Mr. Stanton는 누구일 것 같은가? **추론 문제**

(A) 기부자

(B) 행사 주최자

(C) 계산원

(D) 학교 교사

해설 마지막 문단에서 돕기를 원하는 자원봉사자들은 Mr. Stanton에게 전화하라고 했으므로 그는 행사 주최측의 일원임을 추측할 수 있다.

정답 (B)

Unit 12 광고 제품의 특징/구매 방법을 확인한다. - 광고문 지문

직독직해 연습

문제 161-163번은 다음 구인 광고를 참조하시오.

실험실 지도교사 모집

Parkland 고등학교는 찾는 중입니다 / 일할 사람을 / 지도교사로서 / 그곳의 과학 실험실에서. 그 사람은 책임을 맡을 것입니다 / 실험실을 운영하는 것에 대해 / 확인하는 것에 대해 / 충분한 비품과 장비가 있는지를 / 보장하는 것에 대해 / 학생들의 안전을 / 그리고 실험실 수업을 가르치는 것에 대해.

자격요건은 포함합니다 / 4년제 학위를 / 화학, 물리학 또는 생물학의. 지원자들은 또한 갖춰야 합니다 / 가르친 경력과 훌륭한 의사소통 기술을. 그들은 관리할 수 있어야 합니다 / 최대 30명까지의 학생 그룹들을 / 한번에. 훌륭한 작문 실력은 긍정적 요소이지만 필수는 아닙니다.

지원하기 위해서는 / 이메일로 보내세요 / 자기소개서, 이력서 그리고 세 장의 추천서들을 / job@parklandhighschools.com로 / 늦어도 4월 12일까지.

더 알아보기 위해서는 / 이 자리와 다른 빈 자리들에 대해서 / Parkland School District에서 / 방문하세요 / www.parklandschools.com/jobs를.

전략 1 | 점검 퀴즈

새로운 제품!

¹, ²당신은 좋아할 것입니다 / 이 새로운 파카의 디자인을 / Treadway 사에 의해 만들어진 / 사업을 해온 / 지난 50년 동안 / 그리고 가지고 있는 / 천 개 이상의 소매점들을 / 전국에 걸쳐. 고안되었기 때문에 / 열

을 간직하도록 / 당신은 느낄 것 입니다 / 따뜻하고 편안하게 / 심지어 영하의 상태에서도. 걱정하지 마세요 / 비나 눈에 대해 / 그것은 완전히 방수가 되기 때문에. 두 개의 바깥주머니와 두 개의 안주머니가 있습니다 / 이것들 모두가 큽니다 / 휴대폰이나 지갑을 넣을 수 있을 만큼 충분히. 이것은 멋집니다 / 정장과 함께 갖춰 입기에 충분히 / 하지만 가지고 있습니다 / 멋진 캐쥬얼 룩 또한. 이것은 나옵니다 / 다양한 종류의 단색들로 / 그리고 구입할 수 있습니다 / 후두가 있거나 혹은 없는 것으로.

표현 정리 product 제품 look (유행 등의) 디자인, 모양새 parka 파카(모자가 달리고 흔히 안이 모피로 된 웃옷) be in business 사업 중인 over ~동안 retail chain 소매점 retain 유지하다, 간직하다 heat 열 comfortable 편안한 subzero 영하의 completely 완전히 waterproof 방수의 outer 외부의 inner 내부의 stylish 멋진, 우아한 suit 정장 casual look 캐쥬얼 룩, 격식을 갖추지 않은 가벼운 옷차림 as well 또한 a variety of 다양한 solid color 단색 hood 후드, (외투에 달린) 모자

1. 어떤 종류의 제품이 묘사되고 있는가? **세부내용 문제**

(A) 신발

(B) 장갑

(C) 재킷

(D) 지갑

해설 무엇을 광고하는지 묻는 문제로 초반부 세 줄에서 답을 찾을 수 있다. 단서는 첫 줄에 나오는 parka라는 단어인데, parka는 재킷의 한 종류이므로 (C)가 정답이다.

정답 (C)

2. Treadway 사에 대해 암시된 것은 무엇인가? **추론 문제**

(A) 이 회사의 상품들은 주문 제작된다.

(B) 이 회사는 천 개의 파카를 디자인했다

(C) 이 회사는 자리를 잡은 회사이다.

(D) 그 회사는 국제적인 영향력을 가지고 있다

해설 지문의 초반부에 50년 이상 사업을 해왔고 소매점이 1,000개 이상이라는 말로 보아 신생 업체가 아니라 이미 자리를 잡은 회사임을 추론할 수 있다

정답 (C)

표현 정리 custom-made 주문 제작된 established 인정 받은, 확실히 자리잡은 presence 영향력

게시된 물품 : Tilson 4000 경주용 자전거

가격 : 1,000달러

지역 : Duluth, MN

설명:

1년 전에 완전 신제품을 구매함. 1,200달러를 지불함. ¹단지 몇 번밖에 안 탔음 / 무릎 부상을 당하기 전에. 더 이상 사용할 수 없음. 거의 새것 상태임. 뒷바퀴는 교체할 필요가 없음.

---

²사진을 볼 수 있음 / 요청 시에.

가격은 협상 불가합니다.

처음 제시한 가격대로 팝니다. 구매자에게 배송하지 않음

답신: 874-9838로 전화 주세요 / 주소를 위해.

표현 정리 racing bicycle 경주용 자전거 description 설명 brand new 완전 새것인 a couple of times 몇 번, 두세 번 suffer 겪다, 당하다 knee injury 무릎 부상 anymore 더 이상 back tire 뒷바퀴 could use ~이 필요하다 available 이용 가능한, 구할 수 있는 upon request 요청 시에 be subject to ~의 대상이다, ~을 받기 쉽다 negotiation 협상 accept 받아들이다 deliver 배송하다 buyer 구매자

1. 자전거에 대해서 나타나 있는 바가 아닌 것은? **사실확인 문제**

(A) 새로운 타이어가 필요하다.

(B) 양호한 상태이다.

(C) 많이 사용되지 않았다.

(D) 경주에 출전했었다.

해설 광고 물품에 대한 사실확인이나 추론 문제는 지문의 중반부에 정답의 단서가 나온다. Description 부분에 (A), (B), (C)에 대한 내용은 언급되어 있지만 (D)의 내용은 명시되지 않았다.

정답 (D)

표현 정리 excellent condition 양호한 상태 race 경주

2. 판매자가 기꺼이 하겠다고 한 것은 무엇인가? **세부내용 문제**

(A) 주소를 보내는 것

(B) 구매자에게 자전거를 가져다 주는 것

(C) 사진들을 제공하는 것

(D) 호가를 낮추는 것

해설 중반부에서 요청 시 사진을 볼 수 있다고 하므로 (C)가 답이다. available은 '이용 가능한, 구할 수 있는'이란 뜻인데 여기서는 사진을 제공해 준다는 의미를 나타낸다. (B)나 (D)는 하지 않겠다고 했고, (A)는 주소를 알려면 전화를 달라고 한 것이지 보내주겠다고 한 것이 아니다.

정답 (C)

표현 정리 provide 제공하다 lower 내리다, 낮추다 asking price 부른 가격, 호가

Sylvan Center를 방문하세요

*주에서 가장 스릴 넘치는 야외 놀이기구들 몇 가지

*기회들 / 흥미진진한 게임들을 하고 / 상을 받을.

*매일 열리는 퍼레이드

*온갖 종류의 맛있는 음식과 음료들

*특별 놀이기구 / 6살 이하의 아이들을 위한

Sylvan Center는 엽니다 / 연중 매일.

표현 정리 visit 방문하다 outdoor 야외의 ride 놀이기구 exciting 흥미진진한 win a prize 상을 받다 parade 퍼레이드 daily 매일 delicious 맛있는 beverage 음료 entrance 입구 rate 요금 apply 적용하다 ID 신분증(identification)

1. 고객들은 그들의 티켓을 어떻게 구매할 수 있는가? **세부내용 문제**

(A) 여행사에 연락함으로써

(B) 웹사이트를 방문함으로써

(C) 예약함으로써

(D) 그들의 신분증을 제시함으로써

해설 구매 방법을 묻는 문제로 주로 후반부에 단서가 나온다. 글의 후반부를 보면 티켓의 구매 방법으로 두 가지를 제시하는데 그 중 하나가 인터넷으로 구매하는 방법이다.

정답 (B)

표현 정리 travel agency 여행사 make reservations 예약하다 present 제시하다, 제출하다 ID card 신분증

2. 누가 할인 받을 자격이 되는가? **세부내용 문제**

(A) 고령자들

(B) 학생들

(C) 6살 이하 아이들

(D) 단체 그룹

해설 지문의 맨 마지막 문장에서 특별 요금은 학생증을 보여주는 사람들에게 적용된다고 언급되어 있다.

정답 (B)

실전 적용 문제

문제 1-3번은 다음 광고를 참조하시오.

표현 정리 spend (시간을) 보내다 tourist destination 관광 명소 get in touch with ~와 접촉하다, ~와 연락하다 acre 에이커(약 4,050평방미터) private 사유의, 개인 전용의 cover 포함하다, ~에 이르다[걸치다] waterskiing 수상스키 go fishing 낚시하러 가다 game fish 낚시감 more than ~이상 trail 오솔길 a round of golf 골프의 1라운드 outdoor activities 야외 활동 lodge 오두막, 산장 five-star 5성급의, 최고의 back porch 뒷베란다 sunset 일몰 sunrise 일출 genre 장르 relaxing massage 피로 회복 마사지

1. Bear Lake는 무엇일 것 같은가? **추론 문제**

(A) 마을 회관

(B) 놀이 공원

(C) 주립 공원

(D) 휴가 리조트

해설 먼저 제목에서 여름을 보낼 장소이고 지역 최고의 관광 명소라고 했고, 온갖 야외 활동들과 식당 및 휴양 시설들이 열거되어 있으므로 이곳은 휴가 리조트임을 짐작할 수 있다.

정답 (D)

2. Bear Lake에 대해 나타나 있는 것은 무엇인가? **사실확인 문제**

(A) 높은 등급의 식당을 가지고 있다.

(B) 이번 달에 특가 상품을 제공하고 있다.

(C) 주요한 특징은 도서관이다.

(D) 야구장을 가지고 있다.

해설 두 번째 문단 초반부에서 5성급 식사를 할 수 있는 레스토랑이라고 했으므로 이 식당은 높은 등급을 받았음을 알 수 있다.

정답 (A)

표현 정리 rate 등급을 매기다 special deal 특가 상품 feature 특징, 특색 baseball field 야구장

3. 추가 비용으로 무엇이 제공되는가? **세부내용 문제**

(A) 레크레이션 센터에서의 마사지

(B) 사이클링

(C) 수상스키

(D) 골프 1라운드

해설 두 번째 문단 마지막 부분에서 수상스키를 제외한 모든 활동이 숙박 가격 안에 포함된다고 하므로 수상스키는 따로 비용을 지불해야 한다는 것을 알 수 있다.

정답 (C)

문제 4-6번은 다음 광고를 참조하시오.

---

http://www.lincolnnurseacademy.com

Lincoln Nurse Academy에 참가하세요 / 그리고 몇 개월 후에 간호사가 되세요!

직급이 낮은 직업에 피곤하신가요? 받기 원하시나요 / 최저 임금보다 더 많이? 어떠신가요 / 초봉 40,000달러? 만약 당신이 준비가 되어 있다면 / 직업을 바꿀 / 다니는 게 어떠세요 / Lincoln Nurse Academy에?

Lincoln Nurse Academy에서 / 당신은 밝게 됩니다 / 엄격한 과정을 / 당신의 간호조무사 수료증을 얻기 위해서. 당신은 대학 학위가 필요하지 않습니다 / 이 과정을 위해서. 필요한 것은 그저 고등학교 졸업장과 열심히 공부하려는 열정입니다. ⁴1년간의 프로그램 동안 / 당신은 받을 것입니다 / 교실 수업과 실습 교육을 함께 / 5개의 지역 병원 중 한 곳에서 / 우리가 제휴하고 있는. 따라서 당신은 실용적인 경험을 얻을 것입니다 / 당신이 공부하는 동안에.

⁵졸업 후 / 당신은 시험을 봐야 합니다 / 자격증을 얻기 위해서. 우리 프로그램은 특별히 고안되었습니다 / 보장하기 위해서 / 당신이 이 시험에 통과하는 것을. 간호사를 훈련시켰던 15년간 / 우리 학생들은 98.7%의 성공률을 갖고 있습니다. 금상첨화로 / 우리는 돕습니다 / 우리의 졸업생들이 직업을 구하도록 / 지역 병원들에서 / 그러므로 당신은 직장을 얻을 수 있습니다 / 빠르게.

"Apply Now"를 클릭하세요 / 당신의 지원서를 제출하기 위해서. 반드시 남겨두세요 / 당신의 전화번호를 / 왜냐하면 우리는 당신에게 전화할 것입니다 / 만약 우리가 생각하기에 당신이 가지고 있다면 / 간호사가 되기 위한 자질을. ⁶우리는 제공합니다 / 장학금과 다른 경제적인 도움을 / 형편이 어려운 학생들에게. 기다리지 마세요. 지금 신청하세요. 그리고 당신의 삶을 바꾸세요.

표현 정리 attend 참석하다, 다니다 nurse 간호사 low-level job 직급이 낮은 직업 minimum wage 최저 임금 salary 급여, 봉급 career 직업, 경력 undergo 겪다, 경험하다 rigorous 엄격한 licensed practical nurse 면허 실무 간호사, 간호조무사 diploma 수료증, 졸업장 college degree 대학 학위 high school diploma 고등학교 졸업장 desire 열정, 갈망 combination 조합 hands-on 실습의, 실무에 참가하는 training 교육, 훈련 have partnerships with ~와 협력[제휴]하다 thus 따라서, 그러므로 practical 실용적인 graduate 졸업하다 take an exam 시험을 보다 license 자격증 design 만들다, 고안하다 ensure 보장하다 pass 통과하다 success rate 성공률 even better 금상첨화로 graduate 졸업생 secure 확보하다, 획득하다 employment 취업, 직장 click on ~을 클릭하다 submit 제출하다 application 신청서, 지원서 leave 남기다 have what it takes to do ~하기 위한 자질이 있다 scholarship 장학금 financial 금전적인, 경제적인 assistance 도움 in need 어려움에 처한, 궁핍한

4. 프로그램의 일부로 언급된 것은 무엇인가? **사실확인 문제**

(A) 몇몇 실험 수업을 듣는 것

(B) 의사들과 긴밀히 협력하는 것

(C) 6개월 동안 공부하는 것

(D) 병원에서의 실습

해설 두 번째 문단 마지막 부분에서 제휴 관계를 맺고 있는 5개의 지역 병원 중 한 곳에서 실습을 받는다고 하므로 (D)가 내용과 일치한다.

정답 (D)

표현 정리 lab class 실험 수업 work closely with ~와 긴밀히 협력하다

---

5. 광고에 따르면, 학생들은 자격증을 얻기 위해 무엇을 해야만 하는가? **세부내용 문제**

(A) 근무 경력을 갖는 것

(B) 시험을 치르는 것

(C) 요금을 지불하는 것

(D) 인턴을 하는 것

해설 세 번째 문단 초반부에서 자격증을 얻기 위해서는 시험을 봐야 한다고 언급되어 있다.

정답 (B)

표현 정리 take a test 시험을 보다 pay a fee 요금을 내다

---

6. 광고에 따르면, Lincoln Nurse Academy에 있는 학생들에 대해서 사실인 것은 무엇인가? **세부내용 문제**

(A) 그들은 2년 동안 공부한다.

(B) 그들은 모두 지역 출신이다.

(C) 그들은 모두 대학 학위를 가지고 있다.

(D) 그들은 학비 지원을 받을 수 있다.

해설 네 번째 문단 마지막 부분에서 형편이 어려운 학생들에게 장학금이나 경제적인 도움을 제공한다고 나와 있다.

정답 (D)

표현 정리 tuition assistance 학비 지원

Unit 13 누가 왜 발행한 글인지 확인한다. – 안내문 지문

직독직해 연습

문제 149–151번은 다음 정보를 참조하시오.

SEYMOUR PHARMACEUTICALS

Terrance Shaw
관리자, 화학 연구소

화학 분야 전문가인 Mr. Shaw는 관리자입니다 / 화학 연구소의 / Seymour 제약회사 시설의 / Florence에 있는. 그는 근무해 왔습니다 / Florence에서 / 지난 5년간 / 전근 온 이후로 / Madison에서 / 그가 기반을 두었던 / 6년 동안.

그의 현 직책에서 / Mr. Shaw는 제공합니다 / 관리를 / 74명의 연구원들과 기술자들에게 / 근무하고 있는 / 화학 연구소에서 / Florence에 있는. 그의 팀이 맡아온 것입니다 / 여러 발견들은 / 수익성 있는 상품들을 낳게 된 / 회사를 위해.

Mr. Shaw는 자주 전국을 순회합니다 / 강연하기 위해서 / 회의와 워크숍에서. 그는 화학과 부교수입니다 / Watson 대학의 / 그가 가르치

는 / 세미나를 / 유기 화학에 관한. Mr. Shaw는 주요 저자입니다 / 20개 이상 논문들의 / 발간되어왔던 / 학술지들에서. Seymour 제약회사에서 근무하기 전에 / Mr. Shaw는 연구원이었습니다 / Davidson Machinery의.

전략 1 | 점검 퀴즈

Russell 4000 무선 진공 청소기

[1]구매해 주셔서 감사드립니다 / Russell 4000 무선 진공 청소기를. 당신의 기기는 포함되어 있습니다 / 신기술이 / 수백 시간의 사용을 제공하게 될 / 당신의 집이나 사무실에서. 기기를 사용하기 전에 / 읽어 주십시오 / 이 안내문을 / 올바르게 다루고 청소하는 법을 배우기 위해서 / 이 기기를. 올바른 관리는 보장할 것입니다 / 이것이 오랜 수명을 가지는 것을. 방지하기 위해서 / 기기를 손상시키는 것을 / 사용하십시오 / 부속품들만을 / 먼지 주머니와 충전기 같은 / Russell Corporation에 의해 승인된.

표현 정리 cordless 전선이 없는, 무선의 vacuum cleaner 진공 청소기 purchase 구매하다 device 장치, 기기 contain 포함하다 provide 제공하다 hundreds of 수백의 usage 사용 employ (기기, 장치 등을) 쓰다, 이용하다 guide 안내문, 지침서 properly 적절하게, 올바르게 handle 다루다 unit 기구, 장치 proper 알맞은, 적절한 care 돌봄, 관리 guarantee 보장하다, 보증하다 keep from ~ing ~하는 것을 방지하다 damage 손상시키다, 피해를 입히다 accessory 액세서리, 부속품 such as ~와 같은 vacuum bag (진공 청소기에 사용되는) 먼지 백 recharger 충전기 approve 승인하다, 인가하다

1. 이 정보의 목적은 무엇인가? **주제/목적 문제**

(A) 제품 보증서의 조건에 대해 설명하기 위해서

(B) 고객들이 제품에 대해 읽도록 권장하기 위해서

(C) 제품의 반납 또는 교환 방법에 대해 설명하기 위해서

(D) 할인되는 일부 제품들을 홍보하기 위해서

해설 초반부에 구매에 대해 감사하다는 말과 함께 안내문을 읽어달라는 말로 보아 일단 홍보성 글은 아니다. 기기를 올바르게 다루는 법을 위해 안내문을 읽어달라는 말이 나오므로 기기의 사용법을 안내하는 글이며 보증이나 반품에 대한 내용이 아니다.

정답 (B)

표현 정리 describe 묘사하다, 설명하다 terms 조건, 계약 warranty (제품의) 품질 보증서 encourage 권장하다, 장려하다 return 반납하다 exchange 교환하다 promote 홍보하다 discount 할인하다

전략 2 | 점검 퀴즈

Lionel Whitman
[1]*Sunrise over the Bay* (해안 너머의 일출)
캔버스에 그린 유화
60cm x 30cm

이 작품은 시리즈의 일부입니다 / Lionel Whitman이 그린. Mr. Whitman은 보냈습니다 / 2년을 / Truman 해안의 그림을 그리면서 / 그리고 이 그림은 10번째 작품입니다 / 27개의 그림 시리즈 중. 이 시리즈의 그림들은 선보였습니다 / 전 세계의 많은 전시회에서 / 그리고 몇몇은 영구히 전시되어 있습니다 / 미술관들에 / 런던의 Modern Museum, 시카고의 Hampton Gallery, 로스앤젤레스의 Desmond Gallery, 그리고 멕시코시티의 Prentice Hall 홀 같은. [1]*Sunrise over the Bay*는 구매되었습니다 / Deanna Hunter에 의해 / 그녀의 개인 소장품을 위해 / 6년 전에 / 그리고 그 다음에 기증되었습니다 / Mullholland Gallery에 / 4년 전에 / 그리고 그것은 거기에 있습니다 / 지금까지.

표현 정리 sunrise 일출 over ~을 넘어 bay 만, 해안 oil 유화, 유화 물감 canvas 캔버스 천(유화 물감을 사용하기 위한 천) work 작품 series 시리즈, 연속물 feature 특징으로 삼다, 특별히 포함하다 numerous 많은 exhibit 전시회 around the world 전 세계에 permanently 영구히 display 전시하다 gallery 미술관 such as ~와 같은 private collection 개인 소장품 then 그 다음에, 그러고 나서 donate 기부하다, 기증하다 remain 남아 있다 to this day 지금까지

1. 이 정보는 어디에 게시되어 있는가? **사실확인 문제**

(A) Mullholland Gallery에

(B) Hampton Gallery에

(C) Prentice Hall에

(D) Modern Museum에

해설 출처를 묻는 문제로 글의 목적과 같이 생각해본다. 글의 목적은 그림을 소개하는 것이다. 따라서 이 글은 미술관에서 볼 수 있는 내용이다. 그런데 보기가 모두 미술관이므로 지문에서 묘사하는 그림이 현재 어디에 있는지를 확인해야 한다. 그림의 제목은 Sunrise over the Bay인데, 지문의 후반부에서 이 그림이 개인 소장품이었지만 4년 전에 Mullholland Gallery에 기증되어 지금도 그곳에 있다고 하므로 (A)가 답이다. 나머지는 화가의 다른 작품들에 관한 내용이고 이 그림에 대한 설명은 아니므로 오답이다.

정답 (A)

전략 3 | 점검 퀴즈

http://www.whistler.com

주목해 주세요 / Gloria Redding의 모든 팬 여러분들!

[1]Redding의 최신 작품이 발매될 것입니다 / 8월 1일에. 이 소설은 예약 주문을 할 수 있습니다 / Whistler Publications의 온라인 상점 www.whistler.com에서. 이 소설은 또한 구입할 수 있습니다 / 작가의 개인 웹사이트인 www.gloriaredding.com에서도.

[2]만약 당신이 이 책을 주문한다면 / 7월 31일까지 / 당신은 자격을 얻을 수 있습니다 / Ms. Redding과 저녁식사를 할 수 있는 기회에 대한 / 그녀가 신간 도서 투어를 다니는 동안에. 그러기 위해서 / 이메일로 보내주십시오 / 당신의 주문 번호를 / specialchance@whistler.com으로. 만약 당신이 행운의 당첨자라면 / 당신은 통보 받을 것입니다 / 8월 5일까지.

표현 정리 attention 알립니다, 주목하세요 fan 팬, 애호가 latest

최신의 available 이용할 수 있는, 구할 수 있는 novel 소설 preorder 선주문하다, 예약 주문하다 publication 출판(물), 출판사 author 작가 personal 개인의 order 주문하다 qualify for ~의 자격을 얻다 as ~하는 동안에 order number 주문 번호 lucky 행운의 winner 당첨자, 우승자 notify 알리다, 통보하다

1. 8월 1일에 무슨 일이 일어날 것인가? 세부내용 문제

(A) 매장에서 할인 판매를 할 것이다.

(B) 책 투어가 시작될 것이다.

(C) 책이 발간될 것이다.

(D) 상이 수여될 것이다.

해설 문제의 키워드인 8월 1일 부분을 보면 Redding의 최신 작품이 발매될 것이라고 했으므로 (C)가 답이다.

정답 (C)

표현 정리 hold a sale 할인 판매하다 come out 출간되다, 생산되다 prize 상 award (상을) 수여하다

2. 콘테스트는 어떻게 참여할 수 있는가? 세부내용 문제

(A) 온라인으로 등록함으로써

(B) 번호를 제출함으로써

(C) 영수증을 제공함으로써

(D) 의견을 남김으로써

해설 신청이나 등록 방법 등은 주로 안내문의 후반부에 등장한다. contest 라는 말이 직접 언급되지 않았지만 저자와의 저녁식사 기회에 대한 자격을 얻는다는 것과 '당첨자'라는 말을 통해 저자와의 저녁식사 기회를 얻는 것이 일종의 콘테스트라 할 수 있다. 이 기회를 얻는 방법으로 주문 번호를 이메일로 보내라고 하였으므로 (B)가 답이다.

정답 (B)

표현 정리 sign up online 온라인으로 등록하다 submit 제출하다 receipt 영수증 leave 남기다 review 논평, 의견

실전 적용 문제

문제 1-3번은 다음 안내책자의 정보를 참조하시오.

> [1]만약 당신이 Columbus를 방문한다면 / 이 장소들을 반드시 살펴보세요!
>
> **Bayside Gallery**
> 월요일부터 토요일까지 개관, 오전 10시 – 오후 6시; 입장료 10달러
> 이 지역의 가장 훌륭한 예술품들을 보세요 / 인상파 작품들과 함께.
>
> **Snyder House**
> 매일 개관, 오전 9시 – 오후 4시; 입장료 4달러
> David Snyder의 고택을 둘러보세요 / Columbus의 설립자인. [3]집과 그 집 주변 터의 가이드 동반 투어가 가능합니다.
>
> [2]**Pine Amusement Park**
> 매일 개장, 오전 8시 – 오후 11시; 입장료 15달러
> 즐기세요 / 23개의 놀이기구, 동물 쇼, 게임들, 그리고 맛있는 길거리

음식들을 / 이 지역 최고의 놀이공원에서. 항구 옆에 위치한 / Pine Amusement Park는 최고의 장소입니다 / 하루를 보내기에 — 또는 주말에도 — 당신의 가족과 함께.

> **Columbus Museum**
> 월요일부터 금요일까지 개관, 오전 9시 – 오후 5시; 입장료 무료
> 알아보세요 / Columbus와 주변 지역의 역사에 대해 / 5개의 상설 전시관들을 둘러봄으로써. [3]투어가 가능합니다 / 요청 시에, 박물관은 종종 특별 전시를 합니다 / 임시 전시품들을 / 그리고 개최합니다 / 세미나와 강연을 / 지역의 관심사들에 대해.

표현 정리 visit 방문하다 be sure to do 반드시 ~하다 check out 확인하다, 살펴보다 gallery 미술관 admission 입장료 art 미술품, 예술 along with ~와 함께 collection 수집품, 소장품 impressionist 인상파의, 인상주의의 work 작품 ancestral home 조상 전래의 고택, 향략 founder 설립자, 창시자 guided tour 가이드를 동반한 투어[관광] ground 땅, 부지, 영역 available 이용 가능한 amusement park 놀이공원 ride 놀이기구 animal show 동물 쇼 delicious 맛있는 street food 길거리 음식 located (~에) 위치한 harbor 항구, 항만 spend (돈, 시간 등을) 소비하다 permanent exhibit hall 상설 전시관 feature ~를 특집으로 다루다, ~를 특징으로 하다 conduct a seminar 세미나를 개최하다

1. 이 정보의 목적은 무엇인가? 주제/목적 문제

(A) 장소들로 가는 길을 안내하기 위해

(B) 활동들의 일정을 제공하기 위해

(C) 관광지를 설명하기 위해

(D) 표 예매 방법을 설명하기 위해

해설 우선 제목으로 Columbus를 방문할 때 다음 장소들을 살펴보라고 했고, 이어서 미술관, 고택, 놀이공원, 박물관 같은 관광지들을 소개하고 있다. 따라서 이 글의 목적은 방문객들에게 관광지를 설명하는 글임을 알 수 있다. 시간이 나와 있어 일정표라고 생각하면 안 된다. 관광지가 문을 열고 닫는 시간을 알리는 것이지 일정표를 제시한 것이 아니다.

정답 (C)

표현 정리 give directions to ~로 가는 길을 안내하다 tourist destination 관광지 how to do ~하는 방법 book 예약하다

2. Pine Amusement Park에 관해 암시하는 바는? 추론 문제

(A) Columbus에서 인기 있는 장소이다.

(B) 국경일에는 휴장한다.

(C) 젊은 사람들을 위한 활동들이 있다.

(D) 최근에 보수되었다.

해설 문제의 키워드인 Pine Amusement Park의 설명 부분을 보면 놀이기구, 동물쇼, 게임 등은 모두 젊은 사람이 즐길 수 있는 것들이고 이를 통해 추론할 수 있는 보기는 (C)이다. 이 놀이공원은 휴일에도 운영하므로 (B)는 오답이다. 지역 최고의 놀이공원이라는 말로 인기가 있다고 볼 수는 없으므로 (A)도 오답이고, (D)는 언급되지 않아서 오답이다.

정답 (C)

표현 정리 popular 유명한, 인기 있는 national holiday 국경일 activity 활동, 프로그램 renovate 개조하다, 보수하다

worthy of ~할 만한 bear (이름 등을) 지니다, 가지다

3. 정보에 따르면, Snyder House와 Columbus Museum의 공통점은 무엇인가? **세부내용 문제**

(A) 둘 다 놀이공원 근처에 위치해 있다.

(B) 둘 다 방문객들에게 투어를 제공한다.

(C) 둘 다 입장료를 받는다.

(D) 둘 다 주말 내내 문을 연다.

해설 Snyder House는 집에 대한 가이드 동반 투어를 제공하고, Columbus 박물관도 요청 시 투어를 제공한다고 했다. 따라서 둘 다 관광객을 위한 투어를 제공한다는 것을 알 수 있다.

정답 (B)

표현 정리 near ~근처에 offer 제공하다 charge for ~에 대한 요금을 청구하다 all weekend long 주말 내내

문제 4~7번은 다음 정보를 참조하시오.

> 4, 51년 전인 작년 6월 / Anderson Technology는 포함시켰다 / Devers를 / 자사가 소유한 회사 그룹으로. 이 회사는 350만 달러 이상의 비용을 들였다 / 시설들을 개선하는 데 / 그 명품 시계 제조업체의 / 그곳의 장인들이 가질 수 있도록 / 최첨단 공장을. 이 회사는 막 발표했다 / 500만 달러를 더 투자할 것이라고 / 시설을 확장하기 위해 / Middletown에 있는.
>
> 4Anderson Technology의 대변인은 말했다 / 회사가 매입했다고 / Devers 건물에 인접한 몇몇 부지를 / 그리고 건설할 것이라고 그곳에 두 번째 공장을. 공사는 완료될 것이다 / 14개월 이내에.
>
> 4, 6기업 인수 이후 / Devers는 판매했다 / 5천만 달러 이상의 명품 시계를 / 작년에 / 그리고 추산한다 / 6천 5백만 달러 이상 판매할 것이라고 / 올해는. 이는 주로 금으로 만든 남성용과 여성용 시계의 최신 제품군 때문이다. / 전체 판매의 53%를 차지하는. 7대부분의 Devers의 시계들은 판매된다 / 고급 백화점에서, 다양한 온라인 상점에서 / 그리고 전 세계의 면세점에서.
>
> 4Anderson Technology의 보도자료에는 이렇게 적혀 있다 / "Devers에 대한 투자는 보여줍니다 / 회사 브랜드에 대한 우리의 헌신을. Devers는 제작합니다 / 최고급 품질의 시계를 / 그리고 회사의 장인들은 필요로 합니다 / 최상의 장비와 시설들을 / 계속해서 시계를 제작하기 위해 / Devers의 이름을 지닐 만한."

표현 정리 add 더하다, 포함시키다 own 소유하다 spend 쓰다, 소비하다 more than ~보다 많이 million 100만 update 업데이트하다, 개선하다 facility 시설, 공장 luxury 고급의, 명품의 watchmaker 시계 제작자 artisan 장인, 기술자 state of the art 최첨단의, 최신식의 invest 투자하다 another 또 하나의 expand 확장하다 spokesman 대변인 state 말하다 purchase 구매하다 adjacent to ~에 인접한 construct 건설하다 complete 완성하다 within ~이내에 takeover 기업 인수 sell 팔다, 판매하다 luxury watch 명품 시계 estimate 추산하다, 추정하다 mainly 주로 on account of ~때문에 gold 금으로 만든 line (상품의) 종류 be responsible for ~을 책임지다, ~을 차지하다 high-end department store (최)고급 백화점 various 다양한 online store 온라인 상점 duty-free shop 면세점 around the world 전 세계에 press release 보도자료 investment 투자 commitment to ~에 대한 헌신 manufacture 제조하다, 생산하다 of the highest quality 최고급 품질의 require 필요로 하다, 요구하다 equipment 장비

4. 이 정보는 어디에서 찾을 수 있을 것 같은가? **추론 문제**

(A) 시계 수리 설명서에서

(B) 시계 산업 관련 잡지에서

(C) 시계 제작자의 안내서에서

(D) 회사 내부 지침서에서

해설 수리법이나 규정 혹은 정책을 알려주는 글이 아니고 기업의 인수와 배경, 향후 계획 등이 언급되고 있으므로 이는 업계 소식을 알려주는 글에 소개된 내용으로 보아야 한다. 참고로, (D)는 회사에 대해서 광고하는 책자를 가리키는 말이 아니라 회사 내부 지침서를 뜻한다.

정답 (B)

표현 정리 repair manual 수리에 관한 설명서 journal 신문, 잡지, 학술지 industry 산업 watchmaker 시계 기술자[제작자] handbook 안내서 guidebook 지침서, 안내책자

5. Anderson Technology와 Devers는 어떤 관계인가? **세부내용 문제**

(A) Devers는 Anderson Technology가 만든 제품을 홍보한다.

(B) Anderson Technology는 Devers를 위한 부품을 만든다.

(C) Devers는 Anderson Technology가 소유하고 있다.

(D) Anderson Technology는 Devers를 위한 원자재를 공급한다.

해설 글의 첫 문장에서 Anderson Technology가 Devers를 그들의 기업 그룹에 포함시켰다는 말이 나오므로 현재 이 회사는 Devers를 소유하고 있음을 알 수 있다.

정답 (C)

표현 정리 promote 홍보하다 part 부품 raw material 원자재

6. Devers의 수익이 왜 증가해 왔는가? **세부내용 문제**

(A) 제품군이 매우 인기가 있다.

(B) 새로운 공장으로 더 많은 시계를 만들 수 있게 되었다.

(C) 회사 제품들의 일부 가격이 증가했다.

(D) 한 유명인사 대변인이 그것의 인기를 높였다.

해설 세 번째 문단을 보면 작년과 올해 수익 증가에 대한 이유로 금으로 만든 최신 시계 제품군을 언급하고 있다. 다시 말해 수익이 증가한 것은 제품군의 인기 때문이라고 볼 수 있다.

정답 (A)

표현 정리 celebrity 유명인사, 연예인 spokesperson 대변인 popularity 인기

7. 관심 있는 사람들이 Devers 시계를 구매할 수 없는 곳은 어디인가?

사실확인 문제

(A) 면세점

(B) 시계점

(C) 백화점

(D) 웹사이트

해설 세 번째 문단 마지막에 시계 판매 장소가 나열되어 있는데, 시계점은 명시되어 있지 않다.

정답 (B)

Unit 14 서식별 출제 포인트를 기억한다. - 각종 서식 지문

직독직해 연습

문제 149–151번은 다음 송장을 참조하시오.

발신: Davidson Services
487 Sanderson Avenue
Provo, UT

송장

지불인:	수신인 (5월 21일에):
Richard Moss	Crosby Manufacturing
Crosby Manufacturing	574 Watson Road, Provo, UT

품목 코드	내역	수량
859HR	잉크 카트리지, 검은색	3
363MM	볼펜, 파란색	8
094OL	리필용 잉크, 파란색	15
127PR	규격 메모지	9

*094OL 품목은 배송될 것입니다 / 일주일 후에 / 그것이 현재 없기 때문에 / 매장에.

전략 1 | 점검 퀴즈

팀워크: 당신의 직원들을 모이게 하기
8월 21–22일
Stanton Hotel, Toronto, Canada

이름: Bruce Hardy
직책: 사무장
회사: Duncan Consulting
주소: 675 Whitley Ave., Toronto, CA
이메일: bhardy@duncanconsulting.com
전화번호: 895–9584

나는 참가할 것입니다:

▨▨▨ 8월 21일: 오후 세션은 포함합니다 / 소개의 말, 기조 연설, 팀 구축 워크샵, 그리고 두 개의 세미나들을. (오후 1:30 – 오후 5:00)

  X   8월 22일: 종일 세션은 포함합니다 / 두 개의 워크샵, 세 개의 세미나들, 맺음말, 그리고 준비된 점심을. (오전 9:00 – 오후 4:00)

비용:
  X   하루(120달러)
_____ 이틀(200달러)

표현 정리 session (특정 활동을 위한) 시간, 기간 **introductory** 소개의 **comment** 논평하다 **keynote address** 기조 연설 **closing remarks**

맺음말, 마무리 발언 **catered lunch** 준비된 점심

1. 양식의 목적은 무엇인가? **주제/목적 문제**

(A) 지불을 확인하기 위해서

(B) 행사에 참가 신청을 하기 위해

(C) 날짜의 변경을 요청하기 위해서

(D) 호텔 방을 예약하기 위해서

해설 중반부 이후에 '나는 참가할 것입니다'라고 적혀 있고 그 아래에 8월 21일자와 8월 22일자 두 가지 세션 중 8월 22일자에 표시가 된 것으로 보아 참가 양식임을 알 수 있다. 신청자는 초반부에 나오는 Bruce Hardy이다.

정답 (B)

표현 정리 confirm 확인하다 **sign up for** ~에 신청하다 **reserve** 예약하다

전략 2 | 점검 퀴즈

청구서   Jordan, Inc.

지불인 : SSM Machinery
수신인 : Robert Messier, Manager
서비스 날짜와 시간: 8월 30일 오후 4시 – 오후 6시

품목/서비스	수량	가격	총액
1, 2(C)접시에 올린 샌드위치	4	30유로	120유로
1, 2(C)여러 종류의 간식들	20	3유로	60유로
1, 2(C)차가운 음료들	40	2유로	80유로
1, 2(B)종업원(2)	2시간	25유로	50유로
		총액	310유로

감사합니다. 2(A)연락주세요 / Lucille Meyers에게 / lucille@jordan.com으로 / 어떠한 질문이나 의견이 있으시면.

표현 정리 ATTN 수신인, ~앞 **invoice** 송장, 청구서 **item** 제품, 품목 **platter** (타원형의) 큰 접시 **beverage** 음료 **wait staff** (서빙하는) 종업원들 **quantity** 수량 **total** 총액 **comment** 논평, 의견

1. Jordan, Inc.는 어떤 종류의 회사일 것 같은가? **추론 문제**

(A) 카페

(B) 출장 요리 업체

(C) 슈퍼마켓

(D) 빵집

해설 샌드위치, 간식, 음료수는 보기의 모든 업체가 제공 가능하지만 종업원 서비스에 대해 비용을 따로 부과하는 것으로 보아 출장 요리 업체임을 추론할 수 있다.

정답 (B)

2. 어떠한 정보가 청구서에 포함되어 있지 않은가? **사실확인 문제**

(A) Jordan, Inc.에 있는 누구와 이야기를 해야 하는지

(B) 서빙하는 종업원들이 얼마나 고용됐는지

(C) 어떤 종류의 음식이 제공됐는지

(D) 음식이 어디로 배송됐는지

해설 청구서에 발신인과 수신인 이름만 명시되어 있을 뿐 음식이 배송된 장소는 명시되지 않았다.

정답 (D)

전략 3 | 점검 퀴즈

> **The Chophouse**
>
> 감사합니다 / Chophouse에서 식사해 주셔서. 우리는 노력합니다 / 만들기 위해서 / 식사 경험이 모두에게 가능한 한 만족스럽도록 / 하지만 우리는 그것을 할 수 없습니다 / 당신의 도움 없이는. [1]이 양식을 빠짐없이 작성해 주세요 / 그리고 그것을 주세요 / 저희 직원들 아무에게나 / 당신이 떠나기 전에.
>
> 당신의 식사를 어떻게 즐기셨나요 / Chophouse에서?
>
> 하나의 답변을 골라주세요 / 각 영역에서:
>
> | | | | |
> |---|---|---|---|
> | **음식** | <u>매우 만족</u> | 만족 | 만족하지 않음 |
> | **가격** | <u>매우 만족</u> | 만족 | 만족하지 않음 |
> | **서비스** | 매우 만족 | <u>만족</u> | 만족하지 않음 |
> | **분위기** | 매우 만족 | 만족 | <u>만족하지 않음</u> |
>
> 추천하시겠어요 / Chophouse를 / 다른 사람에게?
>
> 네   아마도   아니요
>
> **의견:**
>
> [2]Chophouse의 음식 맛은 더할 나위가 없습니다. 당신이 제공한 스테이크는 가장 맛있습니다 / 도시에서. 낮은 가격과 특가 제공들은 / 당신이 늘 가지고 있는 / 돕습니다 / 제가 피하는 것을 / 저의 월 예산을 초과하는 것을. 하지만, 이번에, 식당은 평소보다 훨씬 시끄러웠군요 / 평소보다 / 그것이 식사 경험을 망쳐 놓았습니다. 저의 웨이터인 Chris는 다 좋았습니다 / 하지만 그는 실수를 했습니다 / 제 아들의 저녁식사 주문에서.
>
> 만약 당신이 연락받길 원한다면 / 추가적인 피드백을 위해서 / 당신의 이름과 연락처를 남겨 주세요 / 아래에.
>
> Eric Hoff
> ehoff@personalmail.com

표현 정리 strive to do ~하려고 애쓰다 complete (양식을 빠짐없이) 작성하다 depart 떠나다 atmosphere 분위기 can't be beat 최고다, 더할 나위가 없다 special offer 특가 제안 constantly 계속적으로 help 목적어 (in) ~ing ~하는 데 도움을 주다 avoid 피하다 go over the budget 예산을 초과하다 than usual 평소보다 hurt 상처를 주다, 상하게 하다 make a mistake 실수하다 additional 추가적인 feedback 피드백, 의견

1. 식사하는 사람들은 무엇을 하도록 요청 받는가? **세부내용 문제**

(A) 쿠폰을 요청하는 것

(B) 서빙하는 종업원들에게 팁을 주는 것

(C) 온라인에서 식당 순위를 매기는 것

(D) 양식을 제출하는 것

해설 글의 첫 문단 마지막 부분에서 식당을 떠나기 전에 양식을 작성해서 직원에게 제출해줄 것을 요청하고 있다.

정답 (D)

표현 정리 rate 평가하다, 순위를 매기다 submit 제출하다

2. Mr. Hoff에 대해 암시되어 있는 것은 무엇인가? **추론 문제**

(A) 그는 분위기가 시끄러운 장소들에서 식사하는 걸 즐긴다.

(B) 그는 Chophouse에 방문한 것에 대해 기꺼이 이야기를 나누고자 한다.

(C) 그는 전에 Chophouse에서 한 번도 식사를 해본 적이 없다.

(D) 그는 Chophouse의 가격이 더 낮아지기를 바란다.

해설 글의 맨 마지막에 적힌 이름이 Eric Hoff인 것으로 보아 그가 이 설문지를 작성한 사람임을 알 수 있다. 또한 Comments란에 식사 경험에 대해 장황하게 이야기하고 있으므로 Eric Hoff는 식당에 방문한 경험에 대해 기꺼이 이야기를 나누고자 하는 사람임을 알 수 있어 (B)가 답이다. 시끄러운 분위기 때문에 상처를 받았다고 했으므로 (A)는 오답이다. Comments 중간 부분에서 항상 낮은 가격과 특가 제공 덕분에 월 예산 초과를 피할 수 있었다고 한 것으로 보아 (C)와 (D)는 오답이다.

정답 (B)

표현 정리 atmosphere 분위기 be willing to do 기꺼이 ~하다

실전 적용 문제

문제 1-3번은 다음 웹페이지를 참조하시오.

> | 홈 | **최신 소식** | 우리의 시설들 | 지도 | 연락처 |
> |---|---|---|---|---|
>
> [1]알아두세요 / 유명 웹사이트인 www.yourstateparks.com에 명시되어 있음을 / Duncan State Park의 운영 시간이 오전 8시에서 오후 5시까지라고 / 일주일 내내. 우리는 당신이 알기를 원합니다 / [2]그것들이 단지 겨울 동안의 운영 시간이라는 것을 / 공원이 감소된 직원들을 보유할 때 / 그리고 그곳의 많은 부분들이 폐쇄될 때 / 좋지 않은 날씨 때문에.
>
> 3월 1일부터 11월 15일까지 / Duncan State Park는 개장합니다 / 매일 오전 5시부터 오후 8시까지 / 주말과 공휴일을 포함해서. [3]게다가 / 방문객들은 허가됩니다 / 공원에서 야영하는 것이 / 하룻밤을 / 만약 그들이 준비를 한다면 / 방문객 센터에서 / 공원 정문에 위치한 / Springfield 근처의, 그러나 야영은 허가되지 않습니다 / 11월 16일부터 2월 28일까지. 좀 더 알아보기 위해서는 / 공원의 운영 시간에 대해 / 전화하세요 / 874-8323으로.

표현 정리 be aware that ~을 알아두세요 well-known 잘 알려진, 유명한 mention 말하다, 언급하다 reduced staff 감소된 직원들 closed 폐쇄된 due to ~때문에 including ~을 포함하여 weekend 주말 holiday 공휴일 in addition 게다가, 덧붙여 camp 야영하다 overnight 하룻밤 동안 make arrangements 준비하다 be located at ~에 위치해 있다 main entrance 정문 operation 운영, 영업

1. 이 공지는 아마도 누구를 위해 의도된 것인가? **추론 문제**

(A) 공원 방문객들

(B) Springfield의 주민들

(C) 구직자들

(D) 공원 직원들

해설 주제와 출처를 연계하여 생각하면 쉽게 풀 수 있다. 공지의 주제는 공원 운영 시간의 변경이며, 공원 홈페이지의 최신 소식란에 올라와 있는 글이므로 이러한 공지를 읽을 만한 사람들은 공원 방문객들이다.

정답 (A)

2. 웹사이트 www.yourstateparks.com에 대해 암시되어 있는 것은? **추론 문제**

(A) 그곳은 Duncan State Park의 사진들을 가지고 있다.

(B) 그곳은 방문객들에게 그곳을 이용하는 것에 대한 요금을 부과한다.

(C) 부정확한 정보를 포함하고 있다.

(D) 그곳은 최근에 업데이트되었다.

해설 첫 번째 문단 중간 부분을 보면 이 웹사이트에는 공원 운영 시간이 매일 오전 8시부터 오후 5시까지로 나와 있지만, 이 시간대는 겨울 동안에만 해당된다며 보충 및 수정 설명을 하고 있다. 즉, 이 웹사이트에 실린 운영 시간은 부분적으로만 맞는 내용이므로 부정확한 정보라고 할 수 있다.

정답 (C)

표현 정리 charge 청구하다 fee 요금 incorrect 부정확한

3. 공지에 포함되어 있는 것은 무엇인가? **세부내용 문제**

(A) 공원 정문으로 가는 방법에 대한 길안내

(B) 공원 입장료에 대한 정보

(C) 공원에서 하룻밤을 보내는 것에 대한 설명

(D) 공원에서의 날씨 상황에 대한 최신 정보

해설 두 번째 문단 중반부를 보면 방문객 센터에서 미리 절차를 갖추면 공원에서 야영하는 것이 가능하다고 나와 있다.

정답 (C)

표현 정리 directions 길안내 admission fee 입장료 instruction 지시, 설명 update 최신 정보

문제 4-6번은 다음 안건을 참조하시오.

> **4워크숍: 올바른 직원들 찾기**
> 6(C)6월 11일
> 오전 10시부터 오후 5시까지
> 6(D)1인당 60유로
>
> **오전 10시 : 채용**
> 4, 5배우세요 / 이력서를 평가하는 법 / 당신이 시간을 낭비하지 않도록 / 자격 없는 지원자들에게, 집중하세요 / 적절한 질문들을 하는 것에 / 면접에서 / 최대한 많이 알아보기 위해 / 지원자들에 대해.
>
> **오전 11시 : 승진**
> 4배우세요 / 결정하기 위해서 / 어떤 직원들이 승진될 자격이 있는지 / 그리고 해고돼야 하거나 다른 부서들로 전근을 가야 되는지.
>
> **오후 12시 : 점심 시간**
> 6(A)식사하세요 / 당신의 동료 참석자들과 / 호텔의 식당에서. 고를 수 있습니다 / 두 개의 주요리 중 하나를: 야채를 곁들인 구운 돼지고기 혹은 야채 라자냐를.

> **오후 1시 30분 : 역할극 활동**
> 실험해보세요 / 정보로 / 당신이 그룹 멤버들과 함께 배웠던. 연습하세요 / 논의된 기술들을 사용하여 / 그리고 완벽하게 하세요 / 당신의 그것들의 사용.
>
> **오후 3시 30분 : 평가**
> 당신의 역할극 활동들을 평가 받으세요 / 저희 직원들에게. 팁을 얻으세요 / 당신이 맞게 한 것과 틀리게 한 것에 관한.

표현 정리 hiring 채용, 고용 learn 알다, 파악하다 evaluate 평가하다 résumés 이력서 so that ~하기 위해서 waste 낭비하다 unqualified 자격 없는 candidate 지원자, 후보자 focus on ~에 집중하다 interview 인터뷰, 면접 promotion 승진 determine 결정하다 employee 직원 be worthy of ~할 자격이 있다 fire 해고하다 transfer 전근을 보내다 department 부서 dine 식사하다 fellow 동료 choose 고르다 entrées 주요리, 앙트레 roasted 구운 pork 돼지고기 vegetable 채소 vegetarian 채식주의의, 야채만의 lasagna 라자냐 role-playing 역할극 experiment 실험하다 practice 연습하다 technique 기술 discuss 논의하다, 의논하다 perfect 완벽하게 하다, 완전하게 하다 usage 사용 evaluation 평가

4. 워크숍은 아마도 누구를 위해 의도된 것인가? **추론 문제**

(A) 인사부장들

(B) 구직자들

(C) 기자들

(D) 식당 주인들

해설 워크숍의 주제가 '올바른 직원들 찾기'이고, 10시와 11시 프로그램들이 인사 문제와 관련된 일들이므로 워크숍에 참석해야 할 사람들은 인사부장들임을 추론할 수 있다. .

정답 (A)

5. 어떤 세션이 문서화된 정보를 살펴보는 것을 포함하는가? **세부내용 문제**

(A) 채용

(B) 승진

(C) 역할극 활동들

(D) 평가

해설 10시 '채용'에서 이력서를 평가하는 법을 배우라고 나와 있다. 이력서가 문제에서 문서화된 정보로 패러프레이징이 되었다.

정답 (A)

6. 워크숍에 대해서 나타나 있지 않은 것은? **사실확인 문제**

(A) 그것은 팀을 만드는 기술에 집중한다.

(B) 식사는 그곳에서 제공될 것이다.

(C) 그것은 하루 동안 열린다.

(D) 참석자들은 요금을 지불해야 한다.

해설 날짜와 요금은 맨 위에 명시되어 있고 식사 장소도 12시 점심시간 부분에 명시되어 있다. 하지만 팀을 만드는 기술은 언급되지 않았다.

정답 (A)

표현 정리 team-building skill 팀을 만드는 기술 take place 열리다
attendee 참석자 pay a fee 요금을 지불하다

Unit 15 연계 문제를 예상하여 푼다. - 이중 지문

직독직해 연습

문제 176~180번은 다음 편지와 설문조사를 참조하시오.

April 12

Ms. Lana Wright
83 Apple Lane
San Diego, CA

친애하는 Ms. Wright에게,

대단히 감사합니다 / 충실한 고객이 되어 주셔서 / Hopkins 의류 매장
에서 / 지난 몇 년 동안. 개선시키기 위한 노력으로 / 우리의 고객 서비
스를 / 우리는 설문조사를 실시하고 있습니다 / 우리 쇼핑객 클럽의 회
원들을 대상으로. 이 편지와 함께 간단한 설문지가 동봉됩니다. 이것을
작성해 주시겠습니까 / 그런 다음 그것을 우편으로 보내주시겠습니까 /
우리에게 / 반신용의 우표가 붙어 있는 봉투에 넣어서 / 우리가 그것과
함께 포함시켰던? 만약 당신이 답변해 주신다면 / 4월 30일까지 / 당신
은 받을 것입니다 / 무료인 Gergen 선글라스를. 만약 당신이 그것을
보내 주신다면 / 5월 중 언제라도 / 당신은 받을 것입니다 / 10% 할인을
받을 수 있는 쿠폰을 / 당신의 다음 번 구매 시 / 우리 매장에서.

감사합니다.

Mandy Carle,
고객 서비스 담당자
Hoskins 의류 매장

Hoskins 의류 매장

감사합니다 / 시간을 내주셔서 / 이 설문지를 작성하기 위해.

이름: <u>Lana Wright</u>   날짜: <u>4월 21일</u>

1. 원치 않으세요 / 만약 우리가 당신에게 전화한다면 / 논의하기 위해
   서 / 당신의 답변에 대해 / 추후에?
   □ 네   ☑ 아니요 - 전화번호: <u>569-9431</u>

2. 당신은 보통 어떻게 쇼핑하시나요 / Hoskins 의류 매장에서?
   ☑ 오프라인 매장에서   □ 우리의 웹사이트에서   □ 둘 다

   당신의 답변을 설명해 주세요:
   <u>저는 선호합니다 / 옷을 입어 보는 것을 / 그것을 사기 전에. 게다가 / 당신의
   매장이 바로 도로 맞은 편에 있습니다 / 제 사무실에서 / 그래서 그곳을 방문
   하기가 쉽습니다.</u>

3. 당신이 Hoskins 의류 매장에서 쇼핑했던 지난번에 / 당신은 찾으셨
   나요 / 당신이 원했던 것을?
   □ 네   □ 아니요   ☑ 비슷한 종류

   당신의 답변을 설명해 주세요:
   <u>저는 당신의 매장을 방문했습니다 / 지난주에 / 봄맞이 할인 행사 때문에 /
   당신이 열고 있었던. 저는 원했습니다 / 블라우스 하나를 구입하기를 / 그러
   나 제가 원하는 색깔이 없었습니다. 저는 고려했습니다 / 구매할 것을 / 그것</u>

실전 적용 문제

문제 1~5번은 다음 이메일과 잡지 색인을 참조하시오.

발신: tstover@cookingwithtara.com
날짜: 3월 11일
수신: mhall@wondermail.com
제목: 콘테스트 출품

친애하는 Mr. Hall에게,

당신에게 알려드리게 되어 기쁩니다 / ⁴당신이 제출한 구운 닭 Kiev의
레시피가 선정되었음을 / 이번 달 콘테스트의 레시피의 우승자로. ¹그러
므로 그것은 특집으로 실릴 것입니다 / 저희 잡지 4월호에. 그러나 가능
합니다 / 우리는 수정하는 것이 / 몇몇 단계를 / 공간적인 고려사항 때문
에.

¹명확히 하기 위해서 / 우리는 필요합니다 / 몇 가지 추가 정보가 / 레시
피에 관한. 당신은 적었습니다 / 그 ²요리는 더 빨리 조리될 수 있다고 /
더 높은 온도에서 / 그리고 그 맛은 영향 받지 않을 것이라고. ³⁽ᴮ⁾더 높
은 온도는 몇 도이고 / 그리고 그 요리는 얼마나 오래 조리되어야 하나
요? 게다가 / 당신은 말했습니다 / 당신은 말린 파슬리를 사용하는 것을
선호한다고 / 그러나 신선한 파슬리도 사용할 수 있다고. 그럴 경우, /
³⁽ᴰ⁾얼만큼의 신선한 파슬리가 레시피에 필요한가요?

우리는 게재하길 원합니다 / 각 수상자들의 사진을 / 따라서 ³⁽ᴬ⁾보내주
십시오 / 우리에게 당신의 사진을 / 우리가 넣을 수 있는 / 잡지에.

Tara Stover
Cooking with Tara Magazine

표현 정리 contest (경연) 대회, 공모전 entry 출품, 출품작 be
pleased to do ～하게 되어 기쁘다 inform 알리다 recipe 레시피,
조리법 submit 제출하다 baked 구운 select 선택하다 winner
우승자, 수상자(award winner) therefore 그러므로 feature 특집으로
다루다 edition (출간 횟수를 나타내는) 판, (정기 간행물의) 호
magazine 잡지 rewrite 다시[고쳐] 쓰다 step 단계 due to ～때문에
space 공간, 자리 consideration 고려사항 in the interest of
～을 위하여 clarity 명확성, 명료성 additional 추가의 regarding
～에 관하여 dish 요리 cook 요리하다, 요리되다 temperature 온도
taste 맛 affect 영향을 미치다 in addition 게다가 prefer to do
～하는 것을 선호하다 parsley 파슬리 in that case 그런 경우에는,
그렇다면 call for ～을 필요로 하다, ～을 요구하다 publish 출판하다,
게재하다 award 상 include 포함시키다

Cooking with Tara Magazine   제75호

레시피 색인

Tara가 가장 좋아하는 것

8   크리미 마늘 가리비: 당신은 놓치고 싶지 않을 것입니다 / 이렇게
     맛있는 레시피를.

11 바삭바삭한 치킨 파마산: 오랫동안 사랑 받는 음식의 새로운 버전을 맛보세요. 당신은 사랑할 것입니다 / 이 저칼로리 음식의 맛을.

디저트 코너

17 크림 치즈 컵케이크: 당신은 매료될 겁니다 / 이 체리 치즈 컵케이크에 / 초콜릿칩 쿠키 크러스트가 들어간.

⁴콘테스트 우승자

23 구운 닭 Kiev: 이 주요리는 훌륭합니다 / 그런 밤에 / 당신이 저녁 식사 준비에 들일 시간이 많지 않은.

⁵즉석에서

31 망고 치킨 샐러드: 점심을 위한 이 맛있는 샐러드를 만드세요 / 단 몇 분 전에 / 여러분의 친구들이 오기.

이달의 재료

48 햇볕에 말린 토마토: 크림 소스 연어의 풍미를 느껴보세요. 토마토는 만듭니다 / 이 요리를 특별하게.

표현 정리 index 색인 favorite 특히 좋아하는 것 creamy 크림이 많이 든 garlic 마늘 scallop 가리비 miss out on ~을 놓치다 delicious 맛있는 crispy 바삭바삭한, 바삭바삭하게 튀긴 Parmesan 파마산 (치즈) try 시도하다 version 버전 an old favorite 오랫동안 사랑 받는 것 low-calorie meal 저칼로리 음식 dessert 디저트, 후식 cupcake 컵케이크 enchant 넋을 잃게 만들다, 매혹하다 crust (빵)껍질, 딱딱한 층 entrée 주요리, (혹은 그 앞에 나오는) 전채 요리 spend (돈, 시간 등을) 쓰다 in a flash 순식간에, 즉석에서 come over (누구의 집에) 들르다

1. 이메일이 왜 Mr. Hall에게 보내졌는가? **세부내용 문제**

(A) 레시피의 인쇄에 대해 논의하기 위해서

(B) 그에게 출품물을 제출하도록 요청하기 위해서

(C) 음식의 사진들을 요청하기 위해서

(D) 그가 받을 상을 설명하기 위해서

해설 첫 번째 문단 마지막에서 출품된 레시피는 잡지에 실리지만 공간적 제한 때문에 수정이 필요하다고 했고, 두 번째 문단 초반부에서 추가 정보를 요구하고 있는 것으로 보아 글쓴이는 잡지에 실을 레시피에 대해 Mr. Hall과 논의하고 싶어한다는 것을 알 수 있다.

정답 (A)

표현 정리 discuss 논의하다 printing 인쇄, 출간물 submit 제출하다 describe 설명하다, 묘사하다 prize 상

2. 이메일에서, 두 번째 문단 두 번째 줄의 단어 "dish"와 의미상 가장 가까운 단어는 무엇인가? **동의어 문제**

(A) 접시

(B) 조리 도구

(C) 식사

(D) 재료

해설 dish는 보통 '접시'라는 뜻으로 쓰이지만 '요리'라는 뜻도 있으므로 주변 문맥을 통해 확인해야 한다. '더 빨리 조리될 수 있다'는 말을 통해 dish가 '요리'라는 뜻으로 쓰인 것을 알 수 있으므로 보기 중 (C)가 가장 비슷한 뜻을 나타낸다.

정답 (C)

3. Ms. Stover가 Mr. Hall에게 제공해 달라고 요청하지 않은 것은 무엇인가? **사실확인 문제**

(A) 그의 사진

(B) 조리 온도

(C) 요약된 설명서

(D) 재료의 양

해설 이메일 두 번째 문단에서 조리 온도와 파슬리의 양, 그리고 세 번째 문단에서 사진을 요청하고 있다. 하지만 요약된 설명서는 지문에 나와 있지 않다.

정답 (C)

4. Mr. Hall의 레시피는 몇 페이지에 나오는가? **추론 문제 – 연계**

(A) 11

(B) 17

(C) 23

(D) 48

해설 두 번째 지문에 목록이 열거되어 있으므로 이 문제는 연계 문제일 것을 예상한다. 그런데 두 번째 지문에는 Mr. Hall이란 이름이 나오지 않으므로 이는 첫 번째 지문에서 추가 단서를 찾아야 한다. 첫 번째 지문 초반부에서 Mr. Hall이 이번 달 콘테스트에서 우승했다고 했고, 두 번째 지문에서는 23페이지 제목이 '콘테스트 우승자'라고 되어 있는 것으로 보아 레시피는 23페이지에 실렸음을 알 수 있다.

정답 (C)

5. 31페이지에 있는 레시피에 대해 나타나 있는 바는 무엇인가? **세부내용 문제**

(A) 빨리 만들 수 있다.

(B) 채식주의자를 위한 요리이다.

(C) 칼로리가 낮다.

(D) 단지 몇 가지 재료만 들어 있다.

해설 두 번째 지문의 31페이지 부분을 보면 이 샐러드는 몇 분만에 만들 수 있다고 언급되어 있으므로 이 요리는 빨리 만들 수 있는 요리임을 알 수 있다.

정답 (A)

표현 정리 vegetarian dish 채식주의자를 위한 요리 calorie 열량, 칼로리(식품의 에너지를 측정하는 단위)

문제 6-10번은 다음 보고서와 기사를 참조하시오.

Mayweather Technology
연구 개발부

연간 업무 평가를 위한 직원 보고서
성명: Joseph Swift
직책: 연구원

기술해 주십시오 / 주요 프로젝트와 행사들에 대해 / 당신이 참여한 / 올해.

[10]1. International Chemists Society 연례 컨퍼런스에 참석함 / 스페인 마드리드에서 열린 / 1월 11-14일.

2. 연구팀을 이끌었음 / Mayweather Technology에서 / 리튬 배터리를 연구하며 / 전기 자동차들을 위한.

[6]3. "리튬 배터리 수명 연장" 논문을 발표함 / 화학 심포지움에서 / 캐나다 토론토에서 열린 (5월 19-23일).

4. 획기적인 발전을 이룸 / 리튬 배터리를 연구하는 동안 / 낮출 수 있는 / 그것들을 제조하는 비용을 / 30% / 반면에 효율성을 증가시키면서 / 25%. 논문이 Journal of Chemistry에 제출됨 / 그리고 발간을 위해 승인됨.

[7]5. 연구 개발부 대표로 참석함 / 새로운 연구소 개관식에 / New Haven 시설의 (10월 29일).

표현 정리 Research and Development Department 연구 개발부 employee report 직원 보고서 annual 연간의, 연례의 performance review 업무 평가 title 직책 describe 기술하다, 묘사하다 major project 주요 프로젝트 event 행사, 사건 participate in ~에 참가하다 attend 참가하다, 참석하다 International Chemists Society 국제 화학자 협회 conference 컨퍼런스, 학술 대회 work on ~에 착수하다, ~작업을 하다 present the paper 논문을 발표하다 lithium 리튬 symposium 심포지엄, 학회, 학술 토론회 make breakthrough 획기적인 발전을 이루다 lower 낮추다 cost 비용, 단가 increase 증가시키다 efficiency 효율성 submit 제출하다 accept 승인하다 publication 출판, 발간 represent 대표하다 opening 개관식, 기념식 laboratory 연구소 facility 시설, 기관

New Haven의 Joseph Swift가 상을 타다
Maria West

12월 19일 – [8]New Haven 태생인 Joseph Swift가 선정되었다 / Peterman 상의 수상자로 / National Chemistry Organization가 수여하는 / 해마다. 그는 이 상을 받았다 / 그가 했던 연구로 / 지역 기업인 Mayweather Technology를 위한 리튬 배터리에 대해.

Mr. Swift의 상사인 Emily Forester는 말했다 / 그는 회사의 최고 연구원 중 한 명이라고, "비록 여기서 근무한 지 18개월 밖에 되지 않았지만 / Joseph는 놀라운 일을 해왔습니다." 그녀는 말했다. [9]"우리는 보기를 기대합니다 / 그가 할 수 있는 다른 무언가를 / 미래에."

Mr. Swift는 Mayweather Technology에 입사했다 / 화학 석사 학위를 받은 후 / 인근의 Placid 대학에서. [10]그는 받을 것이다 / 그의 상을 / International Chemist Society의 컨퍼런스에서 / 그런데 그것은 개최되기로 예정되어 있다 / 러시아 모스크바에서 / 1월 18일부터 22일까지.

표현 정리 win an award 수상하다 native 토박이, 현지인 be named ~로 선정되다 winner 수상자 National Chemistry Organization 세계 화학 기구 local firm 지역 기업 supervisor 감독관, 관리자, 상사 researcher 연구원 despite ~에도 불구하고 incredible 놀랄 만한, 믿을 수 없는 comment 말하다, 논평하다 look forward to ~ing ~하기를 고대하다 in the future 장차, 미래에

6. 보고서에 따르면, Mr. Swift는 왜 토론토에 갔는가? **세부내용 문제**

(A) 계약을 협상하기 위해서

(B) 취업 면접을 보기 위해서

(C) 발명품을 시연하기 위해서

(D) 연설을 하기 위해서

해설 문제의 키워드인 토론토는 첫 번째 지문 3번 항목에 나오는데, 그곳에서 그는 논문을 발표했다고 명시되어 있다. Presented가 보기에서 give a talk로 패러프레이징 되었다.

정답 (D)

표현 정리 negotiate a contract 계약 협상을 하다 interview for a job 취업 면접을 보다 demonstrate an invention 발명품을 시연하다 give a talk 연설하다

7. 보고서에서 10월에 Mayweather Technology에서 일어났다고 추론할 수 있는 것은 무엇인가? **추론 문제**

(A) 몇몇 사람들이 고용되었다.

(B) 컨퍼런스가 개최되었다.

(C) 새로운 시설이 문을 열었다.

(D) 논문들이 제출되었다.

해설 10월에 일어난 일은 첫 번째 지문 5번 항목에 명시되어 있다. New Haven 시설의 새로운 연구소 개관식에 연구 개발부 대표로 참석했다고 하므로 (C)가 내용과 일치한다.

정답 (C)

표현 정리 hire 고용하다 host 열다, 개최하다, 개관하다

8. 기사가 처음 나온 곳은 아마도 어디이겠는가? **추론 문제**

(A) 웹사이트

(B) 지역 신문

(C) 연구 저널

(D) 컨퍼런스 안내책자

해설 기사 초반부를 보면 Mr. Swift가 지역 출신인 것과 Mayweather Technology가 지역 기업임을 밝히고 있다. 지역 사람과 지역 기업에 관심을 갖는 독자들은 해당 지역 주민들일 것이고 이러한 기사는 지역 신문에 나올 것임을 추론할 수 있다.

정답 (B)

9. Ms. Forester가 Mr. Swift에 대해 암시하고 있는 것은 무엇인가? **추론 문제**

(A) 그는 관리직으로 승진할지도 모른다.

(B) 그는 회사에 계속 기여할 것이다.

(C) 그는 다른 시설로 전근 갈 것이다.

(D) 그는 다른 분야에서 연구하기를 희망한다.

해설 기사의 두 번째 단락 끝부분에서 Ms. Forester는 Mr. Swift가 미래에 할 수 있는 일이 기대된다고 하였다. 이것으로 Mr. Swift가 회사에 계속 남아서 연구를 계속하게 된다는 것을 짐작할 수 있다.

정답 (B)

표현 정리 get promoted to ~로 승진하다 management position

관리직 contribute to ~에 기여[공헌]하다 be transferred to ~로 전근 가다 field 분야

10. International Chemist Society의 컨퍼런스에 대해 암시되어 있는 바는 무엇인가? **추론 문제 – 연계**

(A) 그것은 매년 다른 도시에서 열린다.

(B) 그것은 일주일 내내 열린다.

(C) 그것은 전 세계 화학자들에게 초대장을 발송한다.

(D) 그것은 특정 개인들에게 할인을 제공한다.

해설 보고서의 1번 항목에서 International Chemist Society의 컨퍼런스가 매년 개최되는 행사이고 개최 장소가 올해는 스페인이었다고 나온다. 하지만 기사의 세 번째 문단 끝부분에서 다음에 개최될 컨퍼런스의 장소가 러시아 모스크바로 나와 있다. 이것을 종합하면 이 컨퍼런스는 매년 열리지만 장소는 바뀐다는 것을 알 수 있다.

정답 (A)

표현 정리 last 지속되다, 유지하다 for an entire week 일주일 내내 extend an invitation 초대장을 발송하다 around the world 전 세계에 discount 할인

Unit 16 두 개의 연계 문제를 예상하여 푼다. – 삼중 지문

직독직해 연습

문제 191~195번은 다음 편지들과 송장을 참조하시오.

Duncan and Lloyd
940 Western Avenue
Baltimore, MD 20384

담당자께,

저는 발견했습니다 / 당신의 서점을 / 제 친구를 통해서 / 그런데 그는 희귀 책들과 초판의 수집가입니다. 저 역시 정말 즐기기 때문에 / 둘 다 구매하는 것을 / 저는 방문했습니다 / 당신의 웹사이트를 / 그리고 둘러보았습니다 / 당신의 책들을. 그리고 나서 저는 구입했습니다 / 몇 권의 책들을 / 그런데 그것들 모두가 열거되어 있었습니다 / 초판으로. 제가 받았을 때 / 저의 주문품을 / 저는 다소 실망했습니다 / 제가 우연히 발견했을 때 / Hampton의 책. 당신의 웹사이트에서 / 그 책은 리스트에 명시되어 있었습니다 / 초판의 첫 인쇄본으로 / 하지만 그 책에 명시된 출판 날짜는 1904년입니다. 하지만 그 책은 인쇄되었습니다 / 처음으로 / 1902년에.

저는 감사하겠습니다 / 당신이 연락해 주시면 / 저에게 / 이 상황에 관하여 / 우리가 논의할 수 있도록 / 어떻게 해결할지를 / 이 문제를.

Martin Wilson

Duncan and Lloyd
940 Western Avenue
Baltimore, MD 20384

S. Walton, The Prince's Journey   85.00달러

T. Hampton, Strange Tales	105.00달러
G. Cuthbert, A Man at Sea	70.00달러
P. Washington, Lives of the English Kings	90.00달러
E. Yates, Collected Poems	130.00달러

총액: 480달러

모든 판매는 변경할 수 없습니다. 예외는 없습니다

Martin Wilson
49 Cherry Lane
Arlington, VA 20459

친애하는 Mr. Wilson에게.

저는 당신에게 확실히 밝혀두고자 합니다 / 당신이 책을 받았다는 것을 / 초판이자, 첫 인쇄본이었던. 말씀하신 그 책은 미국판의 첫 인쇄본입니다 / 1904년에 출간된. 1902년 날짜는 / 당신이 언급한 / 그 책의 영국판이 인쇄되었던 때입니다 / 처음으로. 명확하게 명시되어 있습니다 / 웹사이트에 나온 책의 항목에 / 그 책의 출판사인 Simpson House가 미국 출판사라고. 만약 당신이 관심이 있다면 / 얻는 것에 / 영국판의 첫 인쇄본을 / 우리는 가지고 있습니다 / 그 물건도 / 재고로 / 또한.

저는 이해합니다 / 당신이 어떻게 느끼고 있는지를 / 이 시점에 / 그래서 저는 결정했습니다 / 환불해 드리기로 / Cuthbert book의 가격을. 이것은 반영될 것입니다 / 당신의 다음 신용카드 명세서에. 만약 다른 어떤 일이 있다면 / 제가 당신을 위해 할 수 있는 / 물어보세요.

Sheldon Duncan
Bookseller

실전 적용 문제

문제 1~5번은 다음 기사와 이메일들을 참조하시오.

향후 예정된 개보수 공사

[1]수요일 저녁에 / 발표되었습니다 / Cooperstown 시 의회의 주간 회의에서 / 그 도시의 초등학교의 최근 공사가 완료되었다는 것이 / 예산보다 훨씬 적은 비용으로, 그 결과로 / 남은 자금이 있습니다 / 사용될 수 있는 / 다른 프로젝트들에.

시 의회는 만장일치로 투표했습니다 / 그 돈을 사용하는 것에 / 다음의 3개의 프로젝트들 중 하나에: Cooperstown 지역 문화 센터의 보수 / Lakeland Park에 테니스 코트 건설 / 또는 847 Mountain Avenue의 주차장 건설. [2]이 사안은 결정될 것입니다 / 회의에서 / 8월 11일. 지역 주민들은 환영 받습니다 / 회의에 참석하는 것을 / 그들의 의견을 제시하기 위해서. 그들은 또한 제출할 수도 있습니다 / 이메일을 / 늦어도 8월 20일까지는. 최종 결정은 이루어질 것입니다 / 8월 25일까지.

표현 정리 renovation 개보수, 개조 announce 알리다, 발표하다 city council 시 의회 elementary school 초등학교 complete 완성하다, 완료하다 significantly 상당히 under budget 예산보다 더 적은 (비용으로) leftover 남은 unanimously 만장일치로 vote 투표하다 following 다음과 같은 matter 문제, 사안 resident 거주자, 주민 voice one's opinion ~의 의견을 내다 submit 제출하다 no later than 늦어도 ~까지

수신: citycouncil@cooperstown.gov
발신: dansteele@personalmail.com
날짜: 8월 18일
제목: 저의 의견

담당자께,

저는 흥미를 가지고 읽었습니다 / 기사를 / 가능한 프로젝트를 설명하는 / 시 의회가 지금에 댈 / 가까운 미래에. ²저는 출장을 가서 / 회의에 참석할 수 없었지만 / 저는 여전히 저의 의견이 고려되기를 원합니다. 저는 느낍니다 / ⁵세 가지 선택들 중 가장 최선은 건설하는 것이라고 / 몇 개의 새로운 테니스 코트를. 그것들은 사용될 수 있을 것입니다 / 지역사회의 모든 구성원들에 의해 / 그리고 또한 기여할 것입니다 / Cooperstown 주민들의 전체적인 건강에. 저는 희망합니다 / 당신이 알기를 / 돈을 쓰는 것이 적절하다는 것을 / 이런 식으로.

Dan Steele

표현 정리 To Whom It May Concern 담당자께 with interest 흥미롭게 article 기사 in the near future 가까운 미래에 travel on business 출장 가다 consider 고려하다 choice 선택 contribute to ~에 기여[공헌]하다 in this manner 이런 식으로

수신: citycouncil@cooperstown.gov
발신: wendyjones@mymail.com
날짜: 8월 19일
제목: 새로운 프로젝트

시 의회에게,

저는 듣게 되어서 기쁩니다 / 시에서 지역의 초등학교의 보수 작업을 완료했다는 것을. ³저의 아들과 딸은 둘 다 그 학교에 다닙니다 / 그리고 그곳은 개선이 절실히 필요했습니다. 저는 또한 기쁩니다 / 남은 돈이 쓰이게 되리라는 것에 / Cooperstown 지역 사회를 돕기 위한 또 다른 프로젝트에.

제 생각에는 / 주차장은 건설할 필요가 없습니다 / 이미 ⁴충분한 주차장이 있기 때문에 / 대부분의 시 도로들에. ⁵대신에, 지역 문화 센터는 보수되어야 합니다. 저의 가족은 빈번하게 그곳을 이용합니다 / 그리고 우리는 알고 있습니다 / 많은 다른 가족들이 – 부모님과 아이들 둘 다 – 그곳의 시설들을 이용한다는 것을 / 다양한 이유들로, 그곳이 분명 그 돈이 가장 잘 쓰이는 곳이 될 것입니다.

Wendy Jones

표현 정리 be pleased to do ~하게 되어 기쁘다 community center 지역 문화 센터 attend 다니다, 참석하다 in dire need of ~을 절실히 필요로 하는 improvement 개선 ample 충분한 ought to do ~해야 한다 frequently 빈번하게

---

1. Cooperstown은 왜 사용할 추가 자금을 가지고 있는가? **세부내용 문제**

(A) 정부가 도시에 보조금을 주었다.

(B) 더 많은 세금이 거둬졌다.

(C) 지역 주민이 약간의 돈을 기부했다.

(D) 한 프로젝트가 예상보다 적은 비용이 들었다.

해설 첫 번째 지문 초반부에서 초등학교 공사 비용이 예산보다 훨씬 적게 들었고 그 결과 다른 프로젝트에 쓸 돈이 남았다고 하였다.

정답 (D)

표현 정리 grant 보조금 donate 기부하다 less than ~보다 적은

---

2. Mr. Steele은 언제 출장을 갔는가? **세부내용 문제 – 지문 1&2 연계**

(A) 8월 11일

(B) 8월 18일

(C) 8월 20일

(D) 8월 25일

해설 두 번째 지문 초반부에 Mr. Steele은 출장 중이라 회의에 참석하지 못했다고 했다. 따라서 그가 출장 중인 날짜와 회의 날짜가 겹쳤음을 알 수 있다. 첫 번째 지문 후반부에서 8월 11일에 남은 예산의 용도를 결정하는 회의가 열린다고 명시되어 있다.

정답 (A)

---

3. Ms. Jones가 초등학교에 대해 나타내고 있는 것은 무엇인가?
사실확인 문제

(A) 그 학교는 열악한 환경에 있었다.

(B) 그녀는 과거에 그 학교에 다녔다.

(C) 학교는 이전되어야 한다.

(D) 너무 많은 학생들이 그 학교에 다닌다.

해설 세 번째 지문의 발신인이 Ms. Jones이다. 초반부에 그녀의 두 자녀가 그 학교에 다닌다고 하면서 개선이 절실히 필요했다고 한 것으로 보아 이 초등학교가 과거에는 시설이 좋지 않았음을 알 수 있다.

정답 (A)

표현 정리 condition 상태, 환경 in the past 과거에 relocate 이전하다, 이동시키다

---

4. 두 번째 이메일에서 두 번째 문단 첫 번째 줄에 있는 단어 "ample"과 의미상 가장 가까운 단어는 무엇인가? **동의어 문제**

(A) 무료의

(B) 충분한

(C) 가끔의

(D) 널찍한

해설 ample은 '(남아돌 만큼) 충분한'이란 뜻으로 '시 도로들에 충분한 주차장이 있다'라는 문맥을 이루고 있다. 따라서 역시 '충분한'이라는 뜻을 지닌 (B)가 동의어이다. (D)는 특정 공간의 크기를 묘사하는 개념으로 '(방이나 건물 등의 공간이) 널찍한'이라는 뜻을 나타낸다.

정답 (B)

---

5. Mr. Steele과 Ms. Jones는 어떤 점에 동의할 것 같은가?
추론 문제 – 지문 2&3 연계

(A) 지역 주민들이 몇몇 프로젝트들을 위해서 돈을 기부해야 한다.

(B) 주차장은 제안된 프로젝트들 중에서 가장 중요하다.

(C) 선택된 프로젝트는 전체 지역 사회에 유익해야 한다.

(D) 지역 문화 센터는 다른 어떤 장소보다 더 수리가 필요하다.

해설 첫 번째 이메일에서 Mr. Steele은 새로운 테니스 코트 건설을 추천하는데, 이는 지역의 모든 주민들이 사용할 수 있고 그들의 건강에도 도움이 될 것이라고 한다. 두 번째 이메일에서 Ms. Jones는 지역 문화 센터를 보수할 것을 추천하면서 그곳의 시설들이 자신의 가족이나 다른 가족들이 많이 이용한다는 것을 추천 이유로 들고 있다. 이를 종합해보면 두 사람 모두 이런 프로젝트들이 지역 사회에 도움이 되어야 한다는 면에서 동의한다고 볼 수 있으므로 (C)가 답이다.

정답 (C)

표현 정리 suggested 제안된 selected 선택된 benefit ~에게 이익이 되다

문제 6-10번은 다음 웹페이지와 이메일을 참조하시오.

www.abnercement.com

| 홈 | **우리 제품** | 주문 | 찾기 |

우리 Abner Cement는 여기 있습니다 / 당신의 다음 공사 프로젝트를 돕기 위해서. 저희는 50개 이상의 지점들을 가지고 있습니다 / 전국에 걸쳐서. 당신은 방문할 수 있습니다 / 그곳들 중 어느 곳이든 / 논의하기 위해서 / 우리 제품들 중 어느 것이 당신의 필요를 가장 잘 맞춰 주는지.

우리는 판매합니다 / Portland 시멘트, 빨리 굳는 콘크리트, 다목적 콘크리트, 디딤돌 시멘트, 그리고 몇몇 다른 것들을. 우리는 또한 다른 모든 것들을 판매합니다 / 당신이 필요로 하는 / 콘크리트 또는 시멘트로 만들기 위해.

만약 당신이 주문하기를 원한다면 / 그저 전화하세요 / 1-800-905-9478에 / 우리 판매부에 연결하기 위해서. ⁶당신은 또한 찾을 수 있습니다 / 전화번호를 / 당신과 가장 가까운 지점의 / 온라인으로 접속함으로써 / www.abnercement.com/findus에. 당신은 주문할 수 있습니다 / 하루 24시간 내내. ⁸주문품들은 수령될 수 있습니다 / 12시간 후에 / 온라인이나 전화로 그것들을 주문한 지.

⁷오랜 대기를 피하기 위해서 / 전화상으로 / 간단히 이메일을 보내세요 / orders@abnercement.com으로 / 우리가 알 수 있도록 / 당신이 무엇을 원하는지.

표현 정리 assist with ~을 돕다 location 장소, 지점 throughout the county 전국에 걸쳐 discuss 논의하다 suit 적합하다 need 필요, 요구 sell 팔다 all-purpose 다목적의 stepping-stone 디딤돌 order 주문하다 simply 그저, 간단히 call 전화하다 reach 연락하다 place orders 주문하다 by phone 전화로 wait 기다리기, 대기

수신: 불특정 수신자들@abnercement.com
발신: sales@abnercement.com
날짜: 7월 28일
제목: 새로운 지불 옵션들

친애하는 고객님,

돌아온 고객으로서 / 당신은 지금 자격이 있습니다 / Abner Cement의 새로운 지불 옵션에 대한. ⁹만약 당신이 1000달러 이상을 쓴다면 / 우리의 제품들에 / 당신은 지불만 하시면 됩니다 / 비용의 반만 / 결

재 시에. 그리고 나서 당신은 지불하셔도 됩니다 / 나머지 절반을 / 당신이 주문한 지 2주 이내에. 만약 당신이 더 많은 정보를 원한다면 / 이 과정에 대해서 / 전화 주세요 / 1-903-958-2733으로 / 그리고 Mr. Powers와의 대화를 요청하세요.

Abner Cement

표현 정리 option 옵션, 선택(권) returning 돌아오는 payment 지불 make one's order 주문하다 regarding ~에 관하여 ask to speak with (전화상으로) ~와의 대화를 요청하다, ~을 바꿔 달라고 요청하다

수신: orders@abnercement.com
발신: Davelincoln@lincolnconstruction.com
날짜: August 8
제목: Portland Cement

담당자께,

⁸정말 감사합니다 / 예외로 하는 데 동의해 주셔서 / 주문에 대해 / 30분 전에 제가 했던. 시멘트는 / 제가 당신으로부터 주문했던 / 지난주에 / 충분하지 않았습니다 / 저의 필요에. ¹⁰저는 당신의 Henderson 지점에 갈 것입니다 / 1시간 후에 / 가지러 / 제가 구매한 Portland cement를. 확인하자면 / 저는 Portland 시멘트 3,000파운드를 수령해 갈 것입니다 / 10파운드짜리 포대들에 담긴 / ⁹총 4,800달러의 비용으로. 제가 운전할 트럭은 나를 수 없습니다 / 한번에 모든 것을 / 그래서 저는 두 번에 걸쳐 이동해야 할 것 같습니다. 저는 희망합니다 / 그것이 당신에게 문제가 되지 않기를.

정말 감사합니다.

Dave Lincoln

표현 정리 agree to do ~하는 것에 동의하다 make an exception 예외로 하다 regarding ~에 관하여 pick up 픽업하다, 가지러 가다 purchase 구매하다 confirm 확인하다 be unable to do ~할 수 없다

6. 웹사이트에 따르면, Abner Cement 고객들은 가게가 어디에 위치해 있는지 어떻게 알 수 있는가? **세부내용 문제**

(A) 온라인으로 접속함으로써

(B) 번호로 전화함으로써

(C) 문자메시지를 보냄으로써

(D) 지도를 봄으로써

해설 첫 번째 지문 후반부에 가까운 지점의 전화번호를 온라인으로 접속하여 찾으라고 하며 웹사이트 주소가 나와 있다.

정답 (A)

7. Abner Cement에 대해서 암시되어 있는 것은 무엇인가? **추론 문제**

(A) 국가의 가장 큰 시멘트 판매업자이다.

(B) 자체 제품들을 생산한다.

(C) 많은 전화를 받는다.

(D) 무료 배송을 제공한다.

해설 첫 번째 지문 마지막에 전화 시 오랜 대기 시간을 피하기 위해 주문을

시험에 최적화된 기본서

시험

시험 중심 1

토익 41회 만점자의 '해석 없이 푸는 전략' 공개!

토익 강의 경력 15년 베테랑 강사의 토익 풀이법을 모두 공개했다. 파트 5·6에서는 **'해석 없이 5초 안에 푸는 전략'**으로, 파트 7에서는 **'다 읽지 않고 단서를 찾는 전략'**으로 빠르고 정확하게 문제를 풀 수 있다.

시험 중심 2

출제율에 따라 학습 분량 조절!

출제 비중에 따라 내용의 양을 조절하고, 출제되지 않는 내용은 과감히 솎아내어 학습 부담을 줄이고 성과를 극대화했다.

시험 중심 3

적중률 99%의 문제를 충분하게 제공!

토익 출제 코드가 정확히 반영된 문제를 1,000개 이상 담았다. 또한 모의고사 1회를 온라인에서 무료로 다운로드할 수 있다.

시험 중심 4

정답, 오답의 이유에 출제 원리까지 파헤친 해설!

문제마다 출제 원리를 담아 자세히 설명했고, 연관 전략 번호를 표기하여 필요할 때 찾아서 학습할 수 있다.

시험 중심 5

동영상 강의와 고득점용 부가 자료 제공!

저자의 풀이 비법이 담긴 40개의 동영상 강의를 해당 사이트에서 바로 볼 수 있다. 파트 7 고득점을 위한 '패러프레이징 훈련 노트'와 '지문 유형별 어휘집'도 무료로 다운로드할 수 있다.

이 책을 권장하는 점수대

400 ┼┼┼┼ 500 ┼┼┼┼ 600 ┼┼┼┼ 700 ┼┼┼┼ 800 ┼┼┼┼ 900

03740

9 791159 242083

ISBN 979-11-5924-208-3